D1692490

Albert Speer · Erinnerungen

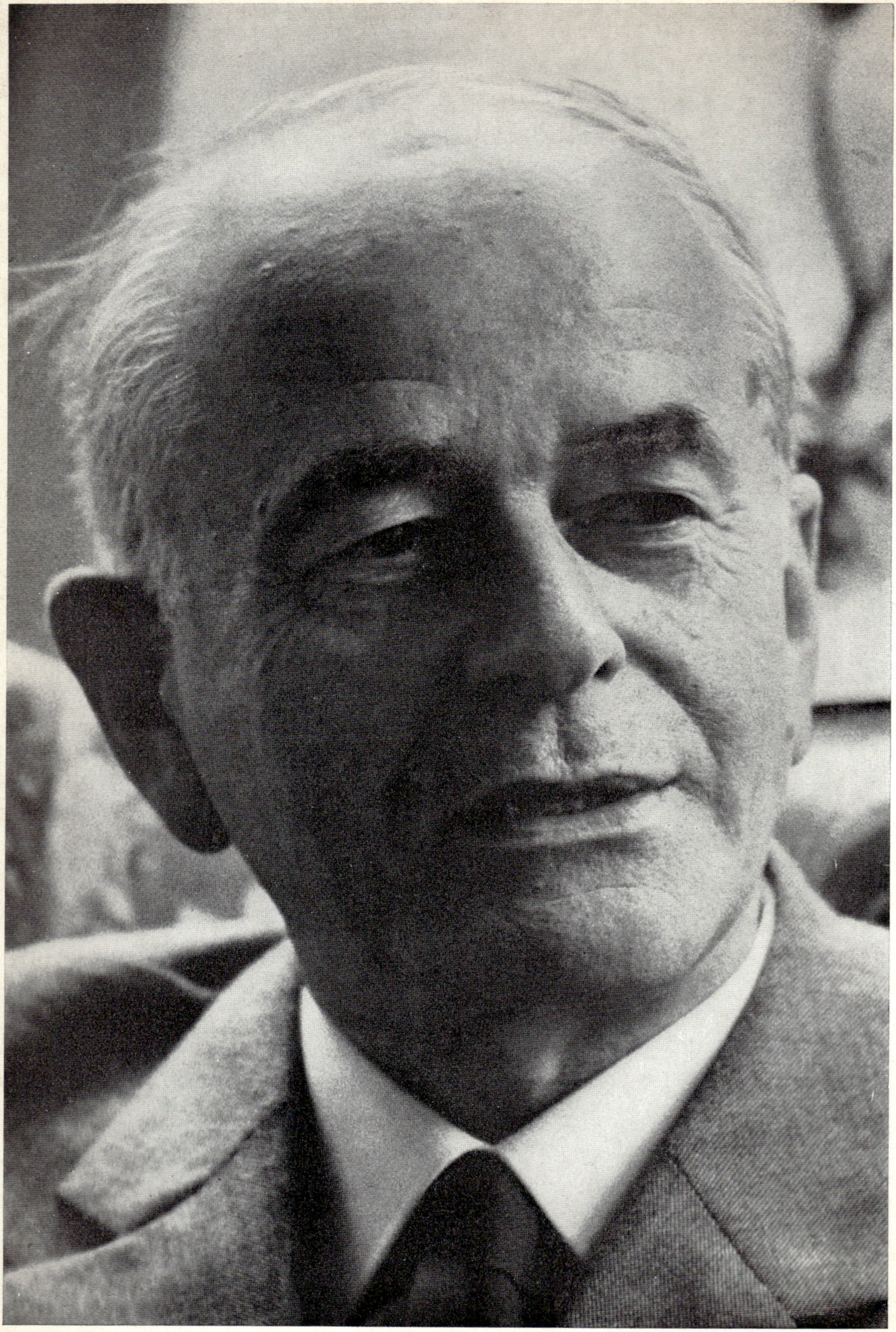

Albert Speer
Erinnerungen

Propyläen Verlag Berlin

Mit 78 zum Teil unbekannten Bild- und Textdokumenten
auf Tafeln

© 1969 by Verlag Ullstein GmbH, Frankfurt/Main – Berlin – Wien
Propyläen Verlag
Alle Rechte vorbehalten
Bildlayout Günter Halden
Druck: Süddeutsche Verlagsanstalt, Ludwigsburg
Printed in Germany 1975

Erste Auflage September 1969
Zweite Auflage Oktober 1969
Dritte Auflage Oktober 1969
Vierte Auflage November 1969
Fünfte Auflage Dezember 1969
Sechste Auflage Januar 1970
Siebte Auflage Mai 1970
Achte Auflage November 1970
Neunte Auflage Oktober 1971
Zehnte Auflage November 1972
Elfte Auflage Januar 1974
Zwölfte Auflage Februar 1975

ISBN 3 549 07258 9

»Jede Selbstbiographie ist ein so fragwürdiges Unternehmen, weil dabei notwendig vorausgesetzt wird, es gebe einen Stuhl, auf den einer sich setzen könne, um das eigene Leben von da aus zu betrachten, in seinen Phasen zu vergleichen, es in seiner Entwicklung zu überschauen und zu durchschauen. Der Mensch kann und soll sich wohl sehen. Überschauen kann er sich nicht einmal im je gegenwärtigen Augenblick und auch nicht im Ganzen seine Vergangenheit.«

KARL BARTH

Inhalt

Vorwort 15

Erster Teil
───────────

1. Kapitel · *Herkommen und Jugend* 19
Jugend · Elternhaus · Studium · Inflation · Assistent bei Tessenow · Hochzeit

2. Kapitel · *Beruf und Berufung* 30
Angebot aus Afghanistan · Architekt ohne Aufträge · Wanderungen · Die Wahl vom 14. September 1930 · Nationalsozialismus und Technische Hochschule · Erste Versammlung mit Hitler · Goebbels im Sportpalast · Eintritt in die Partei

3. Kapitel · *Weichenstellung* 35
Erster Parteiauftrag in Berlin · Zurück nach Mannheim · Mit Hitler zur Berliner Kundgebung · Umbau des Gauhauses der Partei und des Propagandaministeriums · Ausgestaltung der Maikundgebung 1933 · Bauherr Hitler · Erstmals privat bei Hitler

4. Kapitel · *Mein Katalysator* 45
Hitler als Katalysator · Gast in Hitlers Wohnung · Göring als Bauherr · Mit Hitler unterwegs · Hitlers geistige Abkunft · Sein Kunstverständnis · Die alten Kämpfer · Auf dem Obersalzberg · Bergtouren mit Eva Braun · Jubel und Besessenheit · Der Architekt Hitlers

5. Kapitel · *Gebaute Megalomanie* 63
Der »Röhmputsch« · Papen wird aus seinem Haus vertrieben · Beerdigung Hindenburgs · Erster Großauftrag in Nürnberg: Zeppelinfeld · Ruinenwerttheorie · Lichtdom · Grundsteinlegungen · Schauspieler ihrer selbst · Autofahrt über Land · Gesamtplan Nürnberg · Weltmachtarchitektur

6. Kapitel · *Der größte Auftrag* 85
Pläne für Berlin · Konkurrenzbild Wien und Paris · Hitler und seine Architekten · Der deutsche Pavillon auf der Pariser Weltausstellung · Neoklassizismus als Zeiterscheinung · Unterbrochene Frankreichreise · Neuraths Weigerung

7. Kapitel · *Obersalzberg* 97
Bormann und Hitler · Tagesablauf auf dem Obersalzberg · Teegespräche: Germanenkult, Kirche, Griechen, Jagd, Ribbentrop · Wutausbruch Hitlers · Linz als Alterssitz · Vertraulichkeiten der Umgebung · Hitlers Gespräch mit Kardinal Faulhaber

8. Kapitel · *Die neue Reichskanzlei* 116
Der Auftrag · Hitlers Krankheit · Morell · Ereignisse 1938: Das Revirement, Österreich, Münchner Konferenz, 9. November 1938 · Die Bismarckbüste zerbricht · Hacha in der Neuen Reichskanzlei

9. Kapitel · *Ein Tag Reichskanzlei* 131
Der Empfang · Sonderling Hess · Niveau der Führungsschicht · Die Radikalen: Bormann und Goebbels · Späße Hitlers · Besprechungen · Eintönige Abende · Hitler und die Musik

10. Kapitel · *Entfesseltes Empire* 147
»Ihr seid komplett verrückt geworden« · Anlage der Prachtstraße: Triumphplätze, Soldatenhalle, Reichsmarschallamt, Bau Hess · Megalomanie · Bautermine · Kosten · Hausse in Architektur · Hitlers Skizzen · Affaire Goebbels-Baarova · Inkognito nach Italien · Hitlers 50. Geburtstag · In Bayreuth bei der Familie Wagner · Frau Goebbels

11. Kapitel · *Die Weltkugel* 166
Machtzentrum Hitlers · Die Größte Halle der Welt · Reichstag für 140 Millionen · Der Palast Hitlers · Vorsorge gegen Aufstände · Empirestil · Die Weltkugel als neues Symbol

12. Kapitel · *Beginn der Talfahrt* 176
Der Paktabschluß mit Moskau · Nordlicht auf dem Obersalzberg: »Dieses Mal gibt es Blut« · Kriegsunlust · Kriegs- und Friedenspartei · Hitler fährt in den Krieg · Im Hauptquartier · Waffenstillstand · Mit Hitler in Paris · Berliner Bauten zur wichtigsten Kriegsaufgabe erklärt

13. Kapitel · *Das Übermaß* 189
Siegesparaden unter dem Triumphbogen · Englandflug Hess · Hitler und Göring als Gemäldesammler · »Les Preludes« von Liszt und der Krieg gegen die Sowjetunion · Der Bleistiftstrich am Ural · Beutewaffen für die Prachtstraße · Drontheim und die Oststädte · Meine letzte Kunstreise · Nachschubkatastrophe in Rußland · Der zweite Mann

Zweiter Teil

14. Kapitel · *Start ins neue Amt* 205
Flug nach Dnjepropetrowsk · Flug ins Hauptquartier · Besprechungen mit Hitler und Todt · Absturz Todts · Audienz bei Hitler · Ernennung zum Minister · Görings Auftritt · Erste Amtshandlungen · Im Reichskabinettssaal

15. Kapitel · *Organisierte Improvisation* 219
Das neue Organisationsschema · Görings Rücktrittsdrohung · Architekt und Technik · Ursprünge unserer »Selbstverantwortungsidee« · Organisation des Ministeriums · Erfolge

16. Kapitel · *Versäumnisse* 229
Der technische Krieg · Versuche zur Mobilisierung aller Kräfte · Die Parteispitze lehnt Opfer ab · Mehr Rohstahl für die Kriegswirtschaft · Bankrotterklärung der Reichsbahn · Die versäumte Atombombe

17. Kapitel · *Oberbefehlshaber Hitler* 244
Rüstungsbesprechungen mit Hitler · Mein System der Fachleute · Hitlers technischer Verstand · Waffenvorführungen · Besuche in Südrußland · Einnahme des Elbrus und die Folgen · Hitlers Lagebesprechungen · Die amerikanische Landung in Nordafrika · Göring und die Katastrophe von Stalingrad

18. Kapitel · *Intrigen* 265
Bormann · Wieder Kabinettssitzungen · Über Vereinfachung des Lebens · Stalingradrede von Goebbels · Pläne zur Reaktivierung Görings · Frontenbildungen: mit Göring und Goebbels, gegen Bormann, Keitel, Lammers · Bormanns System der persönlichen Abwertung · Mit Goebbels im Führerhauptquartier, mit Göring in Berlin · Das Fiasko · Himmlers Drohung

19. Kapitel · *Zweiter Mann im Staat* 280
Goebbels verbündet sich mit Bormann · Hitler rügt Goebbels · Keine Gefangenen im Kursker Bogen · Stellungsbau und Brücke nach Asien · Guderian und Zeitzler einigen sich · Übernahme der Marinerüstung und der Kriegsproduktion

20. Kapitel · *Bomben* 291
Die dritte Front · Görings Illusionismus · Angriff auf die Ruhrtalsperren · »Querschnittangriffe« · Angriffe auf Hamburg · Die Kugellagerindustrie · Strategische Fehler des Gegners · Luftoffensive auf Berlin · Fehler Hitlers · Galland gegen Göring · Die verlorene Realität

21. Kapitel · *Hitler im Herbst 1943* 305
Wandlungen · Hitlers Starrheit, seine Übermüdung · Tagesablauf · Hitler und Hund · Schweigsamkeit · Gefangener seiner selbst · Hitler beleidigt den Generalstab · Hitlers Einstellung zu West und Ost · Der Prinz von Hessen · Mussolini befreit und betrogen

22. Kapitel · *Abstieg* 322
Ausdehnung der Rüstung auf besetzte Gebiete · Abkommen mit Bichelonne · Sauckels Reaktion · Reichs-Exekutive gefordert · Die Gauleiterrede · Mangandenkschrift · Entfremdungen · Fahrt nach Lappland · Infanterieprogramm · Schwierigkeiten mit Sauckel · Görings Geburtstag

Dritter Teil

23. Kapitel · *Krankheit* 339
Versuch, mich zu beseitigen · Rekonvaleszenz · Gründung Jägerstab · Hitlers Rührung und neue Entfremdung · Anwärter auf mein Ministeramt, Rücktrittsabsichten · Wieder auf dem Berghof · Hitler gibt nach · Der Observer-Artikel

24. Kapitel · *Der Krieg dreifach verloren* 357
Rückkehr ins Amt · Strategischer Luftkrieg gegen die Treibstoffbasis · Denkschriften · Rommel und die Küstenverteidigung · Invasionsbeginn · Übernahme der Luftrüstung · Rede Hitlers vor der Industrie

25. Kapitel · *Fehldispositionen, Wunderwaffen und SS* 372
Strahljäger als Bomber · Peenemünde · Konzentrationslagerhäftlinge in der Rüstung · Himmler dringt in die Raketenforschung ein · Pläne zu einem Wirtschaftskonzern der SS · Arbeiterraub · Auschwitz

26. Kapitel · *Unternehmen Walküre* 387
Gespräche mit den Verschwörern · Goebbels erhält Nachricht vom Attentat · Im Zentrum der Gegenaktionen · Abgeriegelte Bendlerstraße · Begegnung mit Fromm · Himmler bei Goebbels · Besuch Kaltenbrunner · Auf der Ministerliste der Verschwörer des 20. Juli · Nachwirkungen · Verhaftungen im eigenen Kreis · Filmvorführungen der Exekution

27. Kapitel · *Die Welle von Westen* 405
Goebbels gewinnt an Macht · Hitlers Autoritätsverlust · Vordringen Himmlers · Leveé en masse · Eigene Frontbesuche · Militärische Ohnmacht September 1944 · Hitlers Zerstörungsabsichten · Überlistet und abgesagt · Chrommangel · Rüstung läuft aus · Wunderwaffen und Propaganda

28. Kapitel · *Der Absturz* 420
Rüstungsorganisation zersplittert · Rüstungsnotprogramm · Reise zur Ardennenoffensive · Nach Oberschlesien · Denkschrift · »Der Krieg ist verloren!« · Reaktion auf Jalta · Gas gegen Hitlers Bunker

29. Kapitel · *Die Verdammung*   440
Sorge um die Nachkriegszeit: Gegenaktivitäten · Neue Denkschrift zur Sicherung der Volkssubstanz · Hitlers Antwort: »Das deutsche Volk mag untergehen« · Geplante Katastrophe an der Saar · Hitlers Todesurteil über die Industrie

30. Kapitel · *Hitlers Ultimatum*   450
Das Ruhrgebiet bedroht · Fieberhafte Reisen · Befehlssabotage · Hitlers 24-Stunden-Ultimatum · Befohlene Siegesgewißheit · Ein nicht gelesener Brief · Hitler gibt wieder nach

31. Kapitel · *Fünf Minuten nach zwölf*   465
Verhinderte Rundfunkrede · Finale der Götterdämmerung · Roosevelts Tod · Ley erfindet Todesstrahlen · Eva Braun · Vorbereitungen zur Flucht · Selbstmordabsichten der Verantwortlichen · Letzte Hirngespinste Hitlers · Die »Rebellenrede« · Zusammenarbeit mit Heinrici · Berlin wird nicht verteidigt

32. Kapitel · *Die Vernichtung*   474
Hitlers Zustand · Furcht und Mitleid · Letzter Geburtstag · Göring geht nach Berchtesgaden · Meine Flucht · Im Hamburger Rundfunkbunker · Letzter Flug zu Hitler · Lagebesprechung · Abschied von Magda Goebbels und Eva Braun · Zum letzten Mal bei Hitler · Flug nach Rechlin · Himmler und seine Vorstellungen · Dönitz unterschlägt Hitlers Kabinettsliste · Der Weinkrampf · Verantwortung

Epilog

33. Kapitel · *Stationen der Gefangenschaft*   495
Flensburg, Mondorf, Versailles, Kranzberg, Begegnungen mit den Siegern, im Nürnberger Gefängnis

34. Kapitel · *Nürnberg*   509
Vernehmungen, zwei Parteien, Gesamtverantwortung, Kreuzverhör

35. Kapitel · *Folgerungen*   521
Das Urteil, die Technokratie und das eigene Schicksal, Skepsis

Nachwort   527

Anmerkungen   529

Register   599

Vorwort

»Jetzt schreiben Sie wohl Ihre Erinnerungen?« meinte einer der ersten Amerikaner, die ich im Mai 1945 in Flensburg traf. Unterdessen sind vierundzwanzig Jahre vergangen, von denen ich einundzwanzig in der Klausur eines Gefängnisses zubrachte. Eine lange Zeit.
Nun lege ich meine Memoiren vor. Ich war bemüht, das Vergangene so zu schildern, wie ich es erlebt habe. Manchem wird es verzerrt erscheinen, mancher wird finden, daß meine Perspektive unrichtig sei. Das mag zutreffen oder nicht: Ich schilderte, was ich erlebt habe und wie ich es heute sehe. Ich bemühte mich dabei, der Vergangenheit nicht auszuweichen. Meine Absicht war, mich weder der Faszination noch dem Schrecken jener Jahre zu entziehen. Mitbeteiligte werden an mir Kritik üben, doch das ist unvermeidlich. Ich wollte aufrichtig sein.
Diese Erinnerungen sollen einige der Voraussetzungen zeigen, die fast zwangsläufig zu den Katastrophen führten, in denen jene Zeit zu Ende ging; es soll sichtbar werden, welche Folgen es hatte, daß ein Mensch allein unkontrollierte Macht in Händen hielt; deutlich werden sollte auch, wie dieser Mensch beschaffen war. Vor dem Gericht in Nürnberg habe ich gesagt: wenn Hitler Freunde gehabt hätte, dann wäre ich sein Freund gewesen. Ich verdanke ihm die Begeisterungen und den Ruhm meiner Jugend ebenso wie spätes Entsetzen und Schuld.
In der Beschreibung Hitlers, wie er mir und anderen entgegentrat, wird mancher sympathische Zug sichtbar werden. Auch wird der Eindruck eines in vieler Hinsicht Befähigten und Hingegebenen entstehen. Aber je länger ich schrieb, desto mehr fühlte ich, daß es sich dabei um oberflächliche Eigenschaften handelte.
Denn solchen Eindrücken steht eine unvergeßliche Erfahrung entgegen: der Nürnberger Prozeß. Ich werde nie ein Dokument vergessen, das eine jüdische Familie zeigt, die in den Tod geht: der Mann mit seiner Frau und seinen Kindern auf dem Weg zum Sterben. Es steht mir noch heute vor Augen.
In Nürnberg wurde ich zu zwanzig Jahren Gefängnis verurteilt. Der Spruch des Militärtribunals, wie unzulänglich er Geschichte aufgezeichnet haben mag, hat eine Schuld zu formulieren versucht. Die Strafe, immer wenig geeignet, historische Verantwortung zu messen, hat mein bürgerliches Dasein beendet. Jenes Bild dagegen hat meinem Leben die Substanz entzogen. Es hat das Urteil überdauert.

11. Januar 1969   Albert Speer

Erster Teil

1. Kapitel

Herkommen und Jugend

Meine Vorfahren waren Schwaben oder stammten von armen Bauern des Westerwaldes, auch kamen sie aus Schlesien und aus Westfalen. Sie gehörten zur großen Masse der unauffällig Dahinlebenden. Mit einer Ausnahme: dem Reichserbmarschall[1] Graf Friedrich Ferdinand zu Pappenheim (1702–1793), der mit meiner unverheirateten Urahnin Humelin acht Söhne zeugte. Freilich scheint er sich nicht allzusehr um deren Wohlergehen gekümmert zu haben.

Drei Generationen später war mein Großvater Hermann Hommel, Sohn eines armen Schwarzwälder Försters, am Ende seines Lebens alleiniger Besitzer eines der größten Handelshäuser Deutschlands für Werkzeugmaschinen und einer Fabrik zur Herstellung von Präzisionswerkzeugen. Trotz seines Reichtums lebte er bescheiden, seine Untergebenen behandelte er gütig. Er war nicht nur fleißig, sondern bewies auch die Kunst, andere selbständig für sich arbeiten zu lassen: ein Schwarzwälder Sinnierer, der stundenlang auf einer Bank im Wald sitzen konnte, ohne ein Wort zu verlieren.

Mein anderer Großvater, Berthold Speer, wurde zur gleichen Zeit in Dortmund ein wohlhabender Architekt; er errichtete zahlreiche Bauten im damals üblichen klassizistischen Stil. Er starb zwar früh, doch reichten die hinterlassenen Mittel zur Ausbildung seiner vier Söhne. Den Großvätern kam bei ihrem Aufstieg die in der zweiten Hälfte des 19. Jahrhunderts einsetzende Industrialisierung zugute. Aber vielen half sie nicht, die unter besseren Voraussetzungen beginnen konnten. Die früh schon weißhaarige Mutter meines Vaters flößte mir in meiner Jugend mehr Ehrfurcht als Liebe ein. Sie war eine ernste Frau, in einfachen Auffassungen vom Leben verankert und mit einer beharrlichen Energie ausgestattet. Sie beherrschte ihre Umgebung.

An einem Sonntag, dem 19. März 1905, 12 Uhr mittags, kam ich in Mannheim zur Welt. Der Donner eines Frühjahrgewitters übertönte, wie mir meine Mutter oft erzählte, das Glockengeläute von der nahen Christuskirche.

Mein Vater war, seitdem er sich 1892 mit neunundzwanzig Jahren selbständig gemacht hatte, einer der meistbeschäftigten Architekten Mannheims, der damals aufblühenden badischen Industriestadt. Er hatte sich bereits ein ansehnliches Vermögen erworben, als er 1900 die Tochter des wohlhabenden Mainzer Handelsherren heiratete.

Der großbürgerliche Stil unserer Wohnung in einem seiner Mannheimer Häuser entsprach dem Erfolg und Ansehen meiner Eltern. Große Eisentore mit arabesken Schmiedearbeiten öffneten sich zur Einfahrt: ein imponierendes Haus, in dessen Hof die Automobile einfahren konnten. Sie hielten vor einem Treppenaufgang, der dem reich ausgestatteten Hause angemessen war. Wir Kinder – meine zwei Brüder und ich – mußten allerdings die Hintertreppe benutzen. Sie war dunkel, steil und eng und endete recht nüchtern auf einem rückwärtigen Flur. Doch hatten Kinder im vornehmen, teppichbelegten Treppenhaus nichts zu suchen.

Unser Kinderreich erstreckte sich im Hinterhaus von unseren Schlafzimmern bis zu einer saalartigen Küche. An ihr vorbei ging es in den vornehmen Teil der Vierzehn-Zimmer-Wohnung. Von einer mit holländischen Möbeln eingerichteten Diele mit einer Kamin-Attrappe aus wertvollen Delfter Kacheln wurden die Gäste in ein großes Zimmer mit französischen Möbeln und Empirestoffen geleitet. Der Erinnerung besonders eingeprägt, greifbar bis heute, sind mir der vielkerzige, glitzernde Kristallüster sowie der Wintergarten, dessen Einrichtung mein Vater auf der Pariser Weltausstellung 1900 gekauft hatte: mit reichgeschnitzten indischen Möbeln, handgestickten Vorhängen und teppichbelegtem Divan, mit Palmen und exotischen Gewächsen, eine geheimnisvoll-fremde Welt wachrufend. Hier nahmen meine Eltern ihr Frühstück ein und hier bereitete mein Vater uns Kindern Brötchen mit Schinken aus seiner westfälischen Heimat. Die Erinnerung an das anschließende Wohnzimmer ist zwar verblaßt, doch hat das vertäfelte, neugotische Eßzimmer seinen Zauber bewahrt. An der Tafel konnten über zwanzig Personen Platz nehmen. Hier wurde meine Taufe gefeiert, hier finden auch heute noch unsere Familienfeste statt.

Meine Mutter sorgte mit viel Freude und Bürgerstolz dafür, daß wir zu den gesellschaftlich führenden Familien Mannheims gehörten. Sicher gab es nicht mehr, aber auch nicht weniger als zwanzig bis dreißig Haushaltungen in dieser Stadt, die sich einen ähnlichen Aufwand leisteten. Zahlreiches Dienstpersonal diente dazu, der Repräsentation zu genügen. Meine Eltern beschäftigten neben der von uns Kindern aus verständlichen Gründen geliebten Köchin noch ein Küchenmädchen, ein Dienstmädchen, oft auch einen Diener und immer einen Chauffeur, sowie zu unserer Beaufsichtigung ein Kinderfräulein. Die Mädchen trugen weiße Häubchen, schwarze Kleider und eine weiße Schürze, der Diener eine violette Livree mit vergoldeten Knöpfen; am prächtigsten war der Fahrer.

Meine Eltern versuchten alles, um ihren Kindern eine schöne und sorglose Jugend zu bereiten. Aber der Erfüllung dieses Wunsches standen Reichtum und Repräsentation, gesellschaftliche Verpflichtungen, der große Haushalt, Kinderfräulein und Bedienstete entgegen. Ich fühle noch heute das

Künstliche und Unbehagliche dieser Welt. Zudem wurde mir oft schwindlig, manchmal fiel ich in Ohnmacht. Der konsultierte Heidelberger Professor konstatierte »Gefäßnervenschwäche«. Diese Unzuträglichkeit bedeutete eine beträchtliche seelische Belastung und setzte mich früh dem Druck äußerer Lebensumstände aus. Ich litt um so mehr, als meine Spielgefährten und meine beiden Brüder körperlich robuster waren, so daß ich mich ihnen unterlegen fühlte. In ihrem Mutwillen ließen sie mich das nicht selten spüren.

Eine Unzulänglichkeit läßt oft Gegenkräfte wirksam werden. Jedenfalls führten diese Schwierigkeiten dazu, daß ich lernte, mich geschmeidiger der Umwelt eines Jungen anzupassen. Wenn ich später eine beharrliche Geschicklichkeit im Umgang mit widrigen Umständen und unbequemen Menschen zeigte, so war dies wohl nicht zuletzt auf meine damalige körperliche Schwäche zurückzuführen.

Wenn wir von unserer französischen Erzieherin ausgeführt wurden, mußten wir, um unserem gesellschaftlichen Status zu entsprechen, in adretter Kleidung auftreten. Natürlich war uns das Spielen in den städtischen Parks oder gar auf der Straße verboten. So befand sich unser Spielfeld in unserem Hof – nicht viel größer als einige unserer Zimmer zusammengenommen – von Rückseiten der mehrgeschossigen Mietshäuser umgeben und eingeengt. Dieser Hof hatte zwei oder drei dahinkümmernde, nach Luft hungernde Platanen, eine mit Efeu bewachsene Wand, Tuffsteine in einer Ecke deuteten eine Grotte an. Eine dicke Rußschicht überdeckte bereits im Frühjahr Bäume und Blätter, und auch sonst war alles, was wir anfassen konnten, nur geeignet, uns in recht unvornehme, schmutzige Großstadtkinder zu verwandeln. Geliebte Spielgefährtin, vor meiner Schulzeit, wurde die Tochter Frieda unseres Hausmeisters Allmendinger. Gern hielt ich mich bei ihr in der bescheidenen, dunklen Wohnung des Untergeschosses auf. Die Atmosphäre von karger Anspruchslosigkeit und die Geschlossenheit einer eng zusammenlebenden Familie zogen mich merkwürdig an.

Den ersten Unterricht erhielt ich in einer vornehmen Privatschule, in der den Kindern führender Familien unserer Industriestadt das Lesen und Schreiben beigebracht wurde. Wohlbehütet wie ich war, fielen mir die ersten Monate in der Oberrealschule, inmitten ausgelassener Mitschüler, besonders schwer. Mein Freund Quenzer machte mich jedoch bald mit allerhand Unsinn bekannt, verleitete mich auch dazu, von meinem Taschengeld einen Fußball zu kaufen. Eine plebejische Anwandlung, die zu Hause großes Entsetzen hervorrief, zumal Quenzer aus ärmlichen Verhältnissen stammte. In dieser Zeit regte sich wohl zum ersten Mal mein Hang zur statistischen Erfassung von Tatbeständen: Ich schrieb alle tadelnden Eintragungen im Klassenbuch in meinen »Phönixkalender für Schüler« und zählte jeden Monat, wer am häufigsten vermerkt worden war. Bestimmt hätte ich das unterlassen, wenn ich keine Aussicht gehabt hätte, manchmal an der Spitze dieser Tabelle zu stehen.

Das Architekturbüro meines Vaters schloß sich unserer Wohnung an. Hier wurden die großen Perspektiven für die Bauherren gemalt; Zeichnungen aller Art entstanden auf einem bläulichen Ölpapier, dessen Duft sich mir heute noch mit der Erinnerung an dieses Büro verbindet. Die Bauten meines Vaters waren von der Neorenaissance beeinflußt, hatten den Jugendstil übersprungen. Später war ihm Ludwig Hoffmann, der einflußreiche Berliner Stadtbaurat, mit seinem ruhigeren Klassizismus Vorbild.

In diesem Büro entstand etwa in meinem zwölften Jahr als Geburtstagsgeschenk für meinen Vater mein erstes »Kunstwerk«, eine Zeichnung zu einer Art Lebensuhr, in einem sehr verschnörkelten Gehäuse, das von korinthischen Säulen und durch schwungvolle Voluten gehalten werden sollte. Ich benutzte dazu alle Tuschfarben, deren ich habhaft werden konnte. Von den Büroangestellten unterstützt, entstand ein Gebilde, das deutlich Neigungen zur Stilepoche des »Spätempire« erkennen ließ.

Neben einem offenen Sommerauto besaßen meine Eltern vor 1914 einen geschlossenen Wagen, der im Winter und für Stadtfahrten verwendet wurde. Diese Wagen waren Mittelpunkt meiner technischen Schwärmereien. Bei Kriegsbeginn mußten sie, um die Reifen zu schonen, aufgebockt werden; wenn wir uns aber mit dem Fahrer gut stellten, durften wir uns in der Garage an das Steuerrad setzen: Es waren meine ersten Empfindungen eines technischen Rausches in einer damals noch kaum technisierten Welt. Erst als ich im Spandauer Gefängnis für zwanzig Jahre wie ein Mensch etwa des 19. Jahrhunderts ohne Radio, Fernsehen, Telefon und Auto auskommen mußte, als selbst die Bedienung des Lichtschalters mir abgenommen war, bewegte mich wieder ein ähnlich glückliches Gefühl, als ich nach zehn Jahren eine elektrische Bohnermaschine bedienen durfte.

1915 stand ich vor einer anderen Erfindung der technischen Revolution dieser Jahre. Bei Mannheim war einer der Zeppeline stationiert, die zu Angriffen gegen London eingesetzt wurden. Der Kommandant und seine Offiziere waren bald ständige Gäste in unserem Haus. Sie luden meine zwei Brüder und mich zu einer Besichtigung ihres Luftschiffes ein; ich stand, zehnjährig, vor dem technischen Riesen, kletterte in die Motorgondel, durch die geheimnisvollen halbdunklen Laufgänge im Inneren des Flugkörpers und in die Führergondel. Wenn das Luftschiff gegen Abend startete, ließ der Kommandant eine schöne Schleife über unser Haus ziehen, und die Offiziere schwenkten aus der Gondel ein Leintuch, das sie sich von unserer Mutter ausgeliehen hatten. Nacht für Nacht ängstigte mich die Vorstellung, das Schiff könne in Flammen aufgehen, so daß die Freunde alle tot wären[2].

Meine Phantasie beschäftigte sich mit dem Krieg, mit den Fortschritten und Rückschlägen an der Front, mit den Leiden der Soldaten. Nachts hörte man zuweilen ein fernes Grollen der Materialschlacht von Verdun; aus kindlich glühendem Mitgefühl schlief ich oft einige Nächte neben meinem weichen Bett auf dem harten Fußboden, weil mir das härtere Lager eher zu den Entbehrungen der Frontsoldaten zu passen schien.

Die schlechte Ernährung in der Großstadt und der »Kohlrübenwinter« blieben auch uns nicht erspart. Wir besaßen allen Reichtum, aber keine Verwandten und Bekannten auf dem besser versorgten Land. Zwar verstand es meine Mutter gut, immer neue Variationen von Kohlrübengerichten auszudenken, aber ich war oft so hungrig, daß ich insgeheim nach und nach einen ganzen Sack voller steinharter Hundekuchen, die noch aus der Friedenszeit stammten, mit großem Appetit verschlang. Die Fliegerangriffe auf Mannheim, die nach heutigen Begriffen recht harmlos waren, begannen sich zu häufen; eine kleine Bombe traf eines der benachbarten Häuser; ein neuer Abschnitt meiner Jugend begann.

In der Nähe von Heidelberg besaßen wir seit 1905 ein Sommerhaus, auf den Halden eines Steinbruches gebaut, der zur Errichtung des nahebei gelegenen Heidelberger Schlosses gedient haben soll. Hinter dem Gelände erhoben sich die Berglinien des Odenwaldes, Wanderwege zogen sich an den Hängen entlang durch die alten Wälder, Schneisen gaben gelegentlich den Blick auf das Neckartal frei. Hier waren Ruhe, ein schöner Garten, Gemüse und auch eine Kuh beim Nachbarn. Im Sommer 1918 zogen wir um.

Gesundheitlich ging es mir bald besser. Jeden Tag, auch bei Schnee, Sturm und Regen, legte ich den dreiviertel Stunden langen Schulweg zurück, die letzte Strecke oft im Dauerlauf. Denn Fahrräder gab es in der wirtschaftlich schwierigen ersten Nachkriegszeit nicht.

Der Weg führte am Clubhaus eines Rudervereins vorbei. 1919 wurde ich Mitglied und für zwei Jahre Steuermann des Rennvierers und Rennachters. Trotz meiner noch schwächlichen Konstitution war ich bald einer der fleißigsten Ruderer. Mit sechzehn Jahren avancierte ich zum Schlagmann im Schülervierer und Schülerachter und bestritt einige Rennen. Erstmalig hatte mich der Ehrgeiz gepackt. Er verlangte mir Leistungen ab, die ich nicht in mir vermutet hatte. Es war die erste Leidenschaft meines Lebens. Die Möglichkeit, durch meinen Rhythmus den der Mannschaft zu bestimmen, zog mich noch stärker an als die Chance, in der allerdings recht kleinen Welt der Ruderer Beachtung und Achtung zu erwerben.

Zwar wurden wir meist besiegt. Da es sich dabei jedoch um eine Mannschaftsleistung handelte, war die eigene Fehlleistung nicht abwägbar. Im Gegenteil: Es entstand ein Gefühl für gemeinschaftliches Handeln und Versagen. Ein Vorzug solchen Trainings lag auch in der feierlich abgegebenen Verpflichtung zur Enthaltsamkeit. Ich verachtete damals diejenigen meiner Schulkameraden, die in Tanz, Wein und Zigaretten ihre ersten Vergnügungen fanden.

Auf meinem Schulweg lernte ich, mit siebzehn Jahren, meine spätere

Lebensgefährtin kennen. Dies beflügelte meinen Lerneifer in der Schule, denn wir verabredeten schon ein Jahr später, nach Beendigung meines Studiums, zu heiraten. Ich war seit Jahren ein guter Mathematiker; aber nun verbesserten sich auch die Noten der anderen Fächer, und ich wurde einer der Besten der Klasse.

Unser Deutschlehrer, ein begeisterter Demokrat, las uns oft aus der liberalen »Frankfurter Zeitung« vor. Ohne diesen Lehrer hätte ich mich auf der Schule in einem gänzlich unpolitischen Raum bewegt. Denn man erzog uns nach bürgerlich-konservativem Weltbild, die Machtverteilung in der Gesellschaft, die hergebrachten Autoritäten, wurden uns trotz der Revolution immer noch als gottgegebene Ordnung eingeprägt. Von den Strömungen, die sich in den frühen zwanziger Jahren allenthalben regten, blieben wir weitgehend unberührt. Auch Kritik an der Schule, an den Lehrstoffen oder gar an der Obrigkeit wurde unterdrückt, unbedingte Gläubigkeit in die unbefragte Autorität der Schule verlangt; wir kamen nicht einmal dazu, die Ordnung anzuzweifeln, denn in der Schule waren wir dem Diktat eines gewissermaßen absoluten Herrschaftssystems unterworfen. Zudem gab es keine Fächer wie Gesellschaftskunde, die unsere politische Urteilskraft hätte fördern können. Im Deutschunterricht wurden selbst noch in der Oberprima Aufsätze nur über literarhistorische Themen geschrieben, die ein Nachdenken über Probleme der Gesellschaft geradezu verhinderten. Natürlich regte diese Enthaltsamkeit des Schulbetriebes auch nicht dazu an, im Schulhof oder außerhalb der Schule zu politischen Ereignissen Stellung zu nehmen. Ein entscheidender Unterschied zur Gegenwart bestand auch in der Unmöglichkeit, in das Ausland zu fahren. Es gab keine Organisation, die sich der Jugendlichen angenommen hätte, selbst wenn das Geld zu Auslandsreisen vorhanden gewesen wäre. Mir scheint es notwendig, auf diese Mängel hinzuweisen, die eine Generation den damals sich schnell vervielfachenden technischen Beeinflussungsmitteln ungerüstet auslieferten.

Auch zu Hause gab es keine politischen Gespräche. Dies war um so erstaunlicher, als mein Vater bereits vor 1914 ein überzeugter Liberaler war. Jeden Vormittag erwartete er mit Ungeduld die »Frankfurter Zeitung«, jede Woche las er die kritischen Zeitschriften »Simplicissimus« und »Jugend«. Er gehörte der geistigen Welt Friedrich Naumanns an, der sich für soziale Reformen in einem mächtigen Deutschland einsetzte. Nach 1923 wurde mein Vater Anhänger Coudenhove-Kalerghis und vertrat mit Eifer dessen paneuropäische Ideen. Er hätte sicherlich gerne mit mir über Politik gesprochen, aber ich wich solchen Möglichkeiten eher aus, und mein Vater drängte nicht darauf. Dieses politische Desinteresse entsprach zwar dem Verhalten einer durch den verlorenen Krieg, durch Revolution und Inflation müden und enttäuschten Jugend; zugleich aber hinderte es mich, politische Maßstäbe, Kategorien eines Urteils, zu gewinnen. Eher lag mir, meinen Schulweg über den Park des Heidelberger Schlosses zu nehmen, einige Minuten von der Scheffelterrasse aus verträumt die alte Stadt und die Schloßruine zu betrachten. Diese romantische Neigung für verfallene Burgen und verwinkelte Gassen blieb mir erhalten und drückte sich später auch in meiner Sammelleidenschaft für Landschaften, besonders Heidelberger Romantiker aus. Manchmal begegnete ich auf dem Weg zum Schloß Stefan George, der extrem würdevoll und stolz wirkte und eine geradezu sakrale Bedeutung ausstrahlte. So ähnlich mußten große Bekehrer gewirkt haben, denn er hatte etwas magnetisch Anziehendes. Mein älterer Bruder war Primaner, als er in den inneren Zirkel des Meisters Zugang fand.

Mich zog am stärksten die Musik an. In Mannheim hörte ich bis 1922 den jungen Furtwängler und dann Erich Kleiber. Damals fand ich Verdi eindrucksvoller als Wagner, und Puccini war für mich »schrecklich«. Eine Symphonie Rimsky-Korsakows gefiel mir dagegen sehr, auch Mahlers V. Symphonie schien mir zwar »ziemlich kompliziert, aber sie hat mir gefallen«. Nach einem Besuch im Schauspielhaus bemerkte ich, daß Georg Kaiser der »bedeutendste moderne Dramatiker sei, der in seinen Werken um den Begriff, den Wert und die Macht des Geldes ringe«, und bei Ibsens »Wildente« fand ich, daß die Eigenschaften der führenden Gesellschaftsschicht auf uns lächerlich wirkten: diese Personen seien »komödienhaft«. Romain Rolland steigerte durch seinen Roman »Jean Christophe« meine Begeisterung für Beethoven[3].

So war es nicht nur eine Aufwallung jugendlichen Trotzes, wenn mir das aufwendige gesellschaftliche Leben zu Hause nicht gefiel. Es hatte durchaus oppositionellen Charakter, wenn meine Neigung gesellschaftskritischen Autoren galt, wenn ich in der Rudergesellschaft oder in den Hütten des Alpenvereins meinen bevorzugten Kameradenkreis suchte. Selbst die Hinneigung zu einer schlicht-bürgerlichen Handwerkerfamilie ging gegen die Gepflogenheit, sich seinen Umgang und seine zukünftige Frau in der abgeschirmten sozialen Schicht zu suchen, der das Elternhaus angehörte. Ich empfand sogar spontane Sympathie für die äußerste Linke – ohne daß diese Neigung jemals greifbare Formen angenommen hätte. Vor irgendeinem politischen Engagement war ich gefeit; daran änderte auch nichts, daß ich national empfand und mich beispielsweise zur Zeit der Ruhrbesetzung 1923 über unpassende Vergnügungen oder über die drohende Kohlenkrise aufregte.

Zu meinem Erstaunen schrieb ich den besten Abitur-Aufsatz meines Jahrganges. Dennoch dachte ich mir: »Das kommt für Dich kaum in Frage«, als der Rektor der Schule in seiner Abschiedsrede den Abiturienten verkündete, daß nun für uns »der Weg frei sei zu höchsten Taten und Ehren«.

Als bester Mathematiker der Schule wollte ich dieses Fach studieren. Mein Vater wandte sich mit einleuchtenden Gründen gegen diese Absicht, und ich wäre nicht ein mit der Logik vertrauter Mathematiker gewesen, wenn ich ihm nicht nachgegeben hätte. Am nächsten lag der Beruf des Architekten, von dem ich seit früher Jugend so viel aufgenommen hatte. So entschied ich mich, zur großen Freude meines Vaters, Architekt zu werden, wie er und sein Vater auch.

Das erste Semester studierte ich, aus finanziellen Gründen, an der Technischen Hochschule im benachbarten Karlsruhe, denn die Inflation überschlug sich von Tag zu Tag. Ich mußte daher meinen Wechsel wöchentlich abholen, am Ende der Woche war die märchenhafte Summe schon wieder in ein Nichts zerschmolzen. Von einer Radtour durch den Schwarzwald schrieb ich Mitte September 1923: »Sehr billig hier! Übernachten 400 000 Mark und Abendessen 1 800 000 Mark. Milch ein halber Liter 250 000 Mark.« Sechs Wochen später, kurz vor Beendigung der Inflation, kostete ein Mittagessen im Gasthaus zehn bis zwanzig Milliarden und in der Mensa über eine Milliarde, was sieben Goldpfennigen entsprach. Für eine Theaterkarte mußte ich 300 bis 400 Millionen bezahlen.

Meine Familie sah sich durch diese finanzielle Katastrophe schließlich gezwungen, das Handelshaus und die Fabrik meines verstorbenen Großvaters an einen Konzern zu verkaufen; zu einem Bruchteil des Wertes, aber gegen »Dollarschatzanweisungen«. Nun betrug mein monatlicher Wechsel sechzehn Dollar, womit ich, aller Sorgen enthoben, glänzend leben konnte.

Nach Beendigung der Inflation wechselte ich im Frühjahr 1924 zur Technischen Hochschule München. Obwohl ich dort bis zum Sommer 1925 blieb, und Hitler, nach Entlassung aus der Festungshaft, im Frühjahr 1925 wieder von sich reden machte, nahm ich nichts davon wahr. In meinen ausführlichen Briefen schrieb ich nur von meiner Arbeit bis in die Nachtstunden, von unserem gemeinsamen Ziel, in drei bis vier Jahren zu heiraten.

In den Ferien zogen meine spätere Frau und ich oft mit einigen Studenten in den österreichischen Alpen von Hütte zu Hütte; mühsame Aufstiege vermittelten das Gefühl wirklicher Leistung. Mitunter überzeugte ich in bezeichnender Hartnäckigkeit meine Mitwanderer, selbst bei schlechtestem Wetter, trotz Sturm, Eisregen und Kälte, die einmal begonnene Tour nicht abzubrechen, obwohl Nebel die Gipfelsicht verdarb.

Oft sahen wir von den Bergspitzen über der fernen Ebene eine tiefgraue Wolkenschicht. Unter ihr lebten nach unseren Begriffen gequälte Menschen; wir meinten, hoch über ihnen zu stehen. Jung und etwas überheblich waren wir davon überzeugt, daß sich nur anständige Menschen in die Berge verirrten: wenn wir dann von unseren Höhenfahrten zurück in das normale Leben des Tieflandes mußten, war ich nicht selten zunächst eher verwirrt über das hektische Treiben in den Städten.

»Verbundenheit mit der Natur« suchten wir auch bei Fahrten mit unseren Faltbooten. Damals war diese Art des Wanderns noch neu, die Gewässer nicht wie heute mit Booten aller Art belebt; in der Stille zogen wir die Flüsse hinunter, und am Abend konnten wir am landschaftlich schönsten Platz unser Zelt aufschlagen. Dieses gemächliche Wandern vermittelte uns ein Stück jener Glückseligkeit, die unseren Vorfahren selbstverständlich war. Noch mein Vater unternahm 1885 zu Fuß und mit Pferdewagen eine Wanderung von München nach Neapel und zurück. Später, als er mit seinem Auto durch ganz Europa reisen konnte, bezeichnete er gerade diese Wanderung als sein schönstes Reiseerlebnis.

Viele unserer Generation suchten diesen Kontakt mit der Natur. Es handelte sich dabei nicht nur um einen romantischen Protest gegen die bürgerliche Enge – wir flüchteten auch vor den Anforderungen der sich komplizierenden Welt. Uns beherrschte das Gefühl, die Umwelt sei aus dem Gleichgewicht geraten – in der Natur der Berge und der Flußtäler war die harmonische Schöpfung noch spürbar. Je unberührter die Berge, je einsamer die Flußtäler waren, um so mehr zogen sie uns an. Ich gehörte freilich keiner Jugendbewegung an, da ihr Massenbetrieb diese Isolierungsbestrebungen wieder aufgehoben hätte und ich eher zur Absonderung neigte.

Im Herbst 1925 ging ich mit einer Gruppe Münchener Architekturstudenten an die Technische Hochschule Berlin-Charlottenburg. Ich wählte Professor Poelzig zum Lehrer, doch hatte er die Teilnehmerzahl seines Entwurfsseminars beschränkt. Da meine zeichnerische Begabung nicht genügte, wurde ich nicht angenommen. Ohnehin hatte ich Bedenken, jemals ein guter Architekt zu werden und nahm daher diesen Schiedsspruch ohne Überraschung hin. Im nächsten Semester wurde Professor Heinrich Tessenow nach Berlin berufen, ein Verfechter des Kleinstädtisch-Handwerklichen, der seinen architektonischen Ausdruck auf das sparsamste reduzierte: »Ein Minimum an Aufwand ist das Entscheidende.« Ich schrieb sogleich meiner späteren Frau: »Mein neuer Professor ist der bedeutendste, geklärteste Mann, den ich je traf. Ich bin ganz begeistert von ihm und arbeite mit großem Eifer. Er ist nicht modern, aber in gewissem Sinne noch moderner als alle anderen. Er ist nach außen genauso phantasielos und nüchtern wie ich, aber trotzdem haben seine Bauten etwas tief Erlebtes. Sein Verstand ist erschreckend scharf. Ich werde mir Mühe geben, in einem Jahr in seine »Meisterschule« zu kommen, und ich werde nach einem weiteren Jahr versuchen, bei ihm Assistent zu werden. Das ist natürlich alles zu optimistisch gesehen und zeigt den Weg, den ich im besten Fall gehen werde.« Ich wurde schon ein halbes Jahr nach Beendigung meines Examens sein Assistent. In ihm hatte ich meinen ersten Katalysator gefunden – bis er sieben Jahre später durch einen mächtigeren abgelöst wurde.

Sehr schätzte ich auch unseren Lehrer für Geschichte der Architektur. Professor Daniel Krencker, Elsässer von Geburt, war nicht nur ein hingegebener Archäologe, sondern auch ein emotionaler Patriot: als er in seiner Vorlesung das Straßburger Münster zeigte, brach er in Tränen aus und mußte den Vortrag abbrechen. Bei ihm referierte ich über das Buch von

Albrecht Haupt: »Die Baukunst der Germanen.« Gleichzeitig aber schrieb ich an meine spätere Frau: »Ein wenig Rassenmischung ist immer gut. Und wenn wir heute auf dem absteigenden Ast sind, dann nicht, weil wir eine Mischrasse sind. Denn die waren wir schon im Mittelalter, als wir noch einen kräftigen Keim in uns hatten und uns ausbreiteten, als wir die Slawen aus Preußen verdrängten oder später die europäische Kultur nach Amerika verpflanzten. Wir steigen ab, weil unsere Kräfte aufgebraucht sind; gerade so wie es einst den Ägyptern, Griechen oder Römern ging. Daran ist nichts zu ändern.«

Die Zwanziger Jahre Berlins waren die inspirierende Kulisse meiner Studienzeit. Zahlreiche Theateraufführungen beeindruckten mich sehr: die Inszenierung des »Sommernachtstraumes« durch Max Reinhardt, Elisabeth Bergner in der Shawschen »Jungfrau von Orleans«, Pallenberg in der Piscator-Inszenierung von »Schwejk«. Aber auch die Charellschen Ausstattungs-Revuen mit ihrem großen Aufwand fesselten mich. Dagegen hatte ich am bombastischen Pomp von Cecil B. de Mille noch keinen Gefallen gefunden; nicht ahnend, daß ich diese Filmarchitektur zehn Jahre später übertrumpfen würde. Ich fand seine Filme noch »recht amerikanisch geschmacklos«.

Doch wurden alle Eindrücke verdunkelt von Armut und Arbeitslosigkeit. Spenglers »Untergang des Abendlandes« hatte mich überzeugt, daß wir in einer Periode des Verfalls lebten, die Ähnlichkeit mit der spät-römischen Epoche hatte: Inflation, Verfall der Sitten, Ohnmacht des Reiches. Der Essay »Preußentum und Sozialismus« faszinierte mich durch die Verachtung von Luxus und Bequemlichkeit. Hier trafen sich Spenglers mit Tessenows Lehren. Jedoch sah mein Lehrer, im Gegensatz zu Spengler, Hoffnung für die Zukunft. Mit ironischem Ton wandte er sich gegen den »Heldenkult« der Zeit. »Vielleicht sind ringsum überall unverstandene wirklich ›größte‹ Helden, die in einem höchsten Wollen und Können sehr wohl berechtigt sind, auch Allergrausigstes als unbedeutende Nebenerscheinung gut sein zu lassen und zu belachen. Vielleicht bevor Handwerk und Kleinstadt wieder blühen können, muß es zunächst noch so etwas wie Schwefel regnen, ihre nächste Blüte will vielleicht Völker, die durch Höllen gegangen sind[4].«

Im Sommer 1927, nach neun Semestern Studium, bestand ich die Diplomprüfung. Im darauffolgenden Frühjahr wurde ich mit dreiundzwanzig Jahren einer der jüngsten Assistenten der Hochschule. Als im letzten Kriegsjahr ein Bazar veranstaltet wurde, prophezeite mir eine Wahrsagerin: »Du wirst früh zu Ruhm kommen und Dich früh zur Ruhe setzen.« Nun hatte ich Grund, an diese Voraussage zu denken; denn ich konnte mit einiger Sicherheit annehmen, daß ich, wenn ich es nur wollte, einmal ebenso wie mein Professor an der Technischen Hochschule lehren würde.

Diese Assistentenstelle ermöglichte die Heirat. Die Hochzeitsreise machten wir nicht nach Italien, sondern mit Faltboot und Zelt durch die abgeschiedene, waldumkränzte mecklenburgische Seenkette. Wir brachten unsere Boote in Spandau zu Wasser, einige hundert Meter von dem Gefängnis entfernt, in dem ich zwanzig Jahre meines Lebens verbringen sollte.

2. Kapitel

Beruf und Berufung

Fast wäre ich schon 1928 Staats- und Hofarchitekt geworden. Aman Ullah, Herrscher der Afghanen, wollte sein Land reformieren; dazu wünschte er junge deutsche Techniker. Joseph Brix, Professor für Stadt- und Straßenbau, stellte die Gruppe zusammen. Ich war als Stadtplaner, Architekt und dazu als Architekturlehrer an einer technischen Lehranstalt vorgesehen, die in Kabul gegründet werden sollte. Meine Frau studierte mit mir zusammen alle erreichbaren Bücher über das einsame Land; wir überlegten, wie man aus den einfachen Bauten einen landeseigenen Stil entwickeln könne und machten beim Anblick unberührter Berge Pläne über Skiwanderungen. Günstige Vertragsbedingungen wurden vorgelegt; aber kaum war alles so gut wie sicher, der König gerade noch mit großen Ehren von Hindenburg empfangen, als die Afghanen ihren Herrscher durch einen Staatsstreich zu Fall brachten.

Jedoch entschädigte mich die Aussicht, weiterhin bei Tessenow zu arbeiten. Zweifel hatten sich schon vorher gemeldet, und ich war froh, durch den Sturz Aman Ullahs einer Entscheidung enthoben zu sein. Im Seminar hatte ich wöchentlich nur drei Tage zu arbeiten; außerdem gab es fünf Monate Hochschulferien. Dennoch erhielt ich dafür 300 RM; das mochten nach heutigem Geldwert rund 800 DM gewesen sein. Tessenow hielt keine Vorlesungen, sondern korrigierte im großen Seminarsaal die Arbeiten seiner wohl fünfzig Studenten. Er erschien jede Woche nur etwa vier bis sechs Stunden, die übrige Zeit waren die Studenten auf meine Auskünfte und Korrekturen angewiesen.

Besonders die ersten Monate wurden für mich sehr anstrengend. Die Studenten zeigten sich mir gegenüber zunächst kritisch und suchten mich bei einer Unkenntnis oder Schwäche zu ertappen. Erst allmählich legte sich meine anfängliche Befangenheit. Bauaufträge freilich, die ich in meiner reichlich bemessenen freien Zeit zu erledigen hoffte, blieben aus. Wahrscheinlich machte ich einen zu jugendlichen Eindruck, auch lag infolge der wirtschaftlichen Depression die Bautätigkeit darnieder. Eine Ausnahme bildete der Auftrag für das Heidelberger Haus meiner Schwiegereltern. Es wurde ein unauffälliger Bau, der noch den einen oder anderen unbedeutenden Nachfolger fand: zwei Garagen-Anbauten für Wannsee-Villen und die Herrichtung des Berliner Heims des »Akademischen Austauschdienstes«.

1930 fuhren wir mit unseren zwei Faltbooten von Donaueschingen die

Donau bis Wien hinab. Als wir zurückkamen, hatte, am 14. September, eine Wahl zum Reichstag stattgefunden, die mir nur deshalb in Erinnerung blieb, weil das Ergebnis meinen Vater außergewöhnlich erregte. Die NSDAP errang 107 Reichstagsmandate und war plötzlich in den Mittelpunkt der politischen Diskussion gerückt. Der unvorhergesehene Wahlerfolg rief in meinem Vater schwärzeste Befürchtungen wach, die sich vor allem gegen die sozialistischen Tendenzen der NSDAP richteten; war er doch bereits über die Stärke der Sozialdemokraten und der Kommunisten beunruhigt.

Unsere Technische Hochschule war inzwischen zu einem Zentrum nationalsozialistischer Bestrebungen geworden. Während die kleine Gruppe kommunistischer Architektur-Studenten vom Seminar Professor Poelzigs angezogen wurde, sammelten sich die nationalsozialistischen bei Tessenow, obwohl dieser ein erklärter Feind der Hitler-Bewegung war und auch blieb. Es gab jedoch unausgesprochen und unbeabsichtigt Parallelen zwischen seinen Lehren und der Ideologie der Nationalsozialisten. Sicherlich war sich Tessenow dieser Parallelen nicht bewußt. Ihn hätte der Gedanke an eine Verwandtschaft zwischen seinen Vorstellungen und nationalsozialistischen Auffassungen zweifellos entsetzt.

Tessenow lehrte unter anderem: »Stil kommt aus dem Volk. Es ist selbstverständlich, daß man seine Heimat liebt. International kann es keine wahre Kultur geben. Die kommt nur aus dem mütterlichen Schoß eines Volkes[1].« Auch Hitler verwahrte sich gegen die Internationalisierung der Kunst, seine Mitstreiter sahen im heimatlichen Boden die Wurzel einer Erneuerung. Tessenow verurteilte die Großstadt, setzte ihr bäuerliche Vorstellungen entgegen: »Die Großstadt ist ein furchtbares Ding. Die Großstadt ist ein Gewirr von Altem und Neuem. Die Großstadt ist Kampf, brutaler Kampf. Alles Gemütliche soll man draußen lassen ... Wo Städtisches mit Bauern zusammenkommt, da geht das Bauerntum kaputt. Schade, man kann nicht mehr bäuerlich denken.« Nicht anders wandte sich Hitler gegen die Zersetzung der Sitten in den Großstädten, warnte vor den Zivilisationsschäden, die der biologischen Substanz des Volkes drohten und betonte die Wichtigkeit des staatserhaltenden Kerns eines gesunden Bauerntums.

Einfühlsam verstand Hitler es, solche und andere Strömungen, die im Zeitbewußtsein, teilweise noch diffus und ungreifbar, vorhanden waren, zu artikulieren und für seine Zwecke auszubeuten.

Bei meinen Korrekturen verwickelten mich nationalsozialistische Studenten oft in politische Diskussionen. Natürlich wurden dabei die Meinungen Tessenows leidenschaftlich diskutiert. Schwache Einwände, die ich aus dem Vokabular meines Vaters hervorsuchte, wurden mit dialektischer Gewandtheit leicht abgetan.

Die studentische Jugend suchte damals ihre Ideale überwiegend bei den

Extremisten, und Hitlers Partei wandte sich gerade an den Idealismus dieser aufgeregten Generation. Und ermunterte nicht auch Tessenow ihre gläubige Bereitschaft? Etwa 1931 meinte er: »Es wird wohl einer kommen müssen, der ganz einfach denkt. Das Denken heute ist zu kompliziert geworden. Ein ungebildeter Mann, gewissermaßen ein Bauer, würde alles viel leichter lösen, weil er eben noch unverdorben ist. Der hätte auch die Kraft, seine einfachen Gedanken zu verwirklichen[2].« Uns schien diese hintergründig wirkende Bemerkung auf Hitler anwendbar zu sein.

Um diese Zeit sprach Hitler in der Berliner »Hasenheide« zu den Studenten der Berliner Universität und der Technischen Hochschule. Meine Studenten drängten mich, den zwar noch nicht Überzeugten, aber schon Unsicheren, und daher ging ich mit. Schmutzige Wände, enge Aufgänge und ein verwahrlostes Inneres machten einen ärmlichen Eindruck; hier fanden sonst Bierfeste der Arbeiter statt. Der Saal war überfüllt. Es schien, als ob nahezu die ganze Studentenschaft Berlins diesen Menschen hören und sehen wollte, dem von seinen Anhängern so viel Bewundernswertes, von seinen Gegnern so viel Übles nachgesagt wurde. Zahlreiche Professoren saßen auf bevorzugten Plätzen in der Mitte einer schmucklosen Empore; ihre Anwesenheit erst machte eigentlich die Veranstaltung beachtenswert und gesellschaftsfähig. Auch unsere Gruppe hatte gute Plätze auf der Tribüne nicht weit vom Rednerpult erobern können.

Hitler erschien, von seinen zahlreichen Anhängern unter den Studenten stürmisch begrüßt. Schon diese Begeisterung machte auf mich großen Eindruck. Aber auch sein Auftreten überraschte mich. Von den Plakaten und den Karikaturen kannte ich ihn in Uniformhemd mit Schulterriemen, mit Hakenkreuzbinde am Arm und einer wilden Mähne in der Stirn. Hier aber trat er in gutsitzendem blauem Anzug auf, auffallend demonstrierte er bürgerliche Korrektheit, alles unterstrich den Eindruck vernünftiger Bescheidung. Später lernte ich, daß er es durchaus – bewußt oder intuitiv – verstand, sich seiner Umgebung anzupassen.

Die minutenlangen Ovationen trachtete er, fast abwehrend, zu beenden. Wie er dann, mit leiser Stimme, zögernd und etwas schüchtern, nicht etwa eine Rede, sondern eine Art geschichtlichen Vortrags begann, hatte für mich etwas Gewinnendes; um so mehr, als es allem widersprach, was ich aufgrund der gegnerischen Propaganda erwartet hatte: einen hysterischen Demagogen, einen schreienden, gestikulierenden Fanatiker in Uniform. Er ließ sich auch durch den stürmischen Beifall nicht von seiner dozierenden Tonart abbringen.

Wie es schien, legte er freimütig und offen seine Sorgen um die Zukunft dar. Seine Ironie war durch einen selbstbewußten Humor gemildert, sein süddeutscher Charme heimelte mich an; undenkbar, daß ein kühler Preuße mich eingefangen hätte. Hitlers anfängliche Schüchternheit war bald verschwunden; zuweilen steigerte er nun seine Tonlage, sprach eindringlicher und mit suggestiver Überzeugungskraft. Dieser Eindruck war weitaus tiefer als die Rede selbst, von der ich nicht viel in der Erinnerung behielt.

Überdies wurde ich durch die Begeisterung mitgerissen, die den Redner von Satz zu Satz geradezu physisch spürbar trug. Sie machte skeptische Vorbehalte zunichte. Gegner kamen nicht zu Wort. Dadurch entstand, wenigstens momentweise, der falsche Eindruck der Einmütigkeit. Hitler schien am Ende nicht mehr zu sprechen, um zu überzeugen; vielmehr schien er davon überzeugt, das auszudrücken, was das zur Masse gewordene Publikum von ihm erwartete: als handele es sich um die selbstverständlichste Sache der Welt, Studenten und einen Teil des Lehrkörpers der zwei größten Hochschulen Deutschlands willig an der Leine zu führen. Dabei war er an diesem Abend noch nicht der absolute, vor jeder Kritik abgeschirmte Herrscher, sondern den Angriffen aller Seiten ausgesetzt.

Andere mögen bei einem Glas Bier den aufrührenden Abend besprochen haben; sicher forderten meine Studenten auch mich dazu auf. Mich jedoch drängte es, mit mir ins Reine zu kommen, meiner Verwirrung Herr zu werden; ich hatte das Bedürfnis, allein zu sein. Aufgewühlt fuhr ich in meinem kleinen Wagen durch die Nacht, hielt in einem Kiefernforst der Havellandschaft und wanderte lange.

Hier, so schien mir, gab es eine Hoffnung, hier gab es neue Ideale, ein neues Verständnis, neue Aufgaben. Auch Spenglers düstere Voraussagen schienen nun widerlegt und seine Prophezeiung eines kommenden Imperators zugleich erfüllt. Die Gefahr des Kommunismus, der sich unaufhaltsam der Macht zu nähern schien, so überzeugte uns Hitler, war zu bannen, und am Ende konnte es statt trostloser Arbeitslosigkeit sogar einen wirtschaftlichen Aufschwung geben. Das Judenproblem wurde von ihm nur am Rande erwähnt. Doch störten mich solche Bemerkungen nicht, obwohl ich kein Antisemit war, sondern aus Schulzeit und Studium, wie eigentlich fast jeder andere auch, jüdische Freunde besaß.

Einige Wochen nach dieser Rede, die für mich so wichtig wurde, nahmen mich Freunde in eine Kundgebung im Sportpalast mit; der Berliner Gauleiter Goebbels sprach. Wie verschieden von Hitler der Eindruck: viele Phrasen, gut placiert und schneidend formuliert; eine tobende Menge, die zu immer fanatischeren Begeisterungs- und Haßstürmen geführt wurde, ein Hexenkessel entfesselter Leidenschaft, wie ich ihn bis dahin nur bei den Nächten der Sechstagerennen erlebt hatte. Ich fühlte mich angewidert; die positive Wirkung Hitlers auf mich war gemindert, wenn auch nicht ausgelöscht.

Der Sportpalast leerte sich, die Menschen zogen in Ruhe die Potsdamer Straße hinab. Infolge der Goebbelschen Rede in ihrem Selbstbewußtsein gesteigert, nahmen sie herausfordernd die ganze Breite der Fahrbahn ein, so daß Autoverkehr und Straßenbahn blockiert wurden. Die Polizei ließ das zunächst in Ruhe geschehen, vielleicht wollte sie die Menge auch nicht reizen. In den Seitenstraßen jedoch hielten sich berittene Kommandos und Lastwagen mit Einsatzmannschaften bereit. Die Polizei saß auf und ritt mit erhobenem Gummiknüppel in die Menge, um die Fahrbahn zu räumen. Aufgewühlt verfolgte ich den Vorgang, ich hatte solche Gewaltanwendung bis dahin noch nicht erlebt. Zugleich spürte ich, wie eine aus Mitgefühl und Widersetzlichkeit gemischte Parteinahme von mir Besitz ergriff, die vermutlich mit politischen Motiven nichts zu tun hatte. Eigentlich war nichts Außergewöhnliches geschehen. Nicht einmal Verletzte hatte es gegeben. An einem der folgenden Tage meldete ich mich für die Partei an und wurde im Januar 1931 Mitglied Nummer 474 481 der NSDAP.

Es war ein gänzlich undramatischer Entschluß. Auch empfand ich mich jetzt und für immer weniger als Mitglied einer politischen Partei: ich wählte nicht die NSDAP, sondern trat zu Hitler, dessen Erscheinung mich in der ersten Begegnung suggestiv berührt und seither nicht mehr freigegeben hatte. Seine überredende Kraft, die eigentümliche Magie seiner keineswegs angenehmen Stimme, die Fremdartigkeit seines eher banalen Gehabes, die verführerische Einfachheit, mit der er die Kompliziertheit unserer Probleme anging – das alles verwirrte und bannte mich. Von seinem Programm wußte ich so gut wie nichts. Er hatte mich ergriffen, bevor ich begriffen hatte.

Auch der Besuch einer Veranstaltung des völkischen »Kampfbundes Deutscher Kultur« irritierte mich nicht, obwohl hier vieles, was unser Lehrer Tessenow an Zielen vertrat, verdammt wurde. Einer der Redner forderte Rückkehr zu altväterlichen Formen und Kunstauffassungen, griff die Moderne an und beschimpfte schließlich die Architektenvereinigung »Der Ring«, der außer Tessenow auch Gropius, Mies van der Rohe, Scharoun, Mendelssohn, Taut, Behrens und Poelzig angehörten. Einer unserer Studenten sandte daraufhin ein Schreiben an Hitler, in dem er gegen diese Rede Stellung nahm und in schülerhafter Begeisterung auf unseren bewunderten Meister hinwies. Auf einem repräsentativen Briefbogen erhielt er bald darauf ein vertraulich-routinehaftes Schreiben der Parteizentrale, daß man dem Wirken Tessenows die größte Achtung zolle. Uns schien das recht bedeutsam zu sein. Tessenow erzählte ich damals freilich nichts von meiner Parteizugehörigkeit[3].

Es wird in diesen Monaten gewesen sein, daß meine Mutter einen Aufmarsch der SA in den Straßen Heidelbergs erlebte: der Anblick der Ordnung in einer Zeit des Chaos, der Eindruck von Energie in der Atmosphäre allgemeiner Hoffnungslosigkeit muß auch sie gewonnen haben: jedenfalls trat sie, ohne je eine Rede gehört oder eine Schrift gelesen zu haben, der Partei bei. Wir beide scheinen diesen Entschluß als Bruch einer liberalen Familientradition empfunden zu haben; jedenfalls hielten wir ihn voreinander und vor meinem Vater verborgen. Erst nach Jahren, als ich längst zum Kreise um Hitler gehörte, entdeckten wir durch einen Zufall die frühe gemeinsame Zugehörigkeit.

3. Kapitel

Weichenstellung

Es wäre richtiger, wenn ich bei der Schilderung jener Jahre vorwiegend von meinem Berufsleben, von meiner Familie und von meinen Neigungen erzählen würde. Denn die neuen Erlebnisse und Erfahrungen nahmen in meinem Denken eine untergeordnete Rolle ein. Ich war vor allem Architekt.

Als Besitzer eines Autos wurde ich Mitglied der neugegründeten Kraftfahrervereinigung der Partei (N.S.K.K.), und da es eine neue Organisation war, wurde ich gleichzeitig der Leiter der Sektion Wannsee, unseres Wohnortes. Eine ernsthafte parteipolitische Betätigung lag mir jedoch zunächst fern. Ich war übrigens der einzige in Wannsee, und damit in meiner Sektion, der ein Auto besaß, die anderen Mitglieder wollten erst noch eines erringen, falls die »Revolution« stattgefunden habe, von der sie träumten. Vorbereitend erkundeten sie, wo es in dem reichen Villenvorort geeignete Kraftwagen für den Tag X gäbe.

Dieses Parteiamt führte mich manchmal in die »Kreisleitung West«, die von einem einfachen, aber intelligenten und energiegeladenen jungen Müllergesellen, Karl Hanke, geleitet wurde. Gerade hatte er im vornehmen Grunewald eine Villa als zukünftiges Quartier seiner Kreisorganisation gemietet. Denn nach dem Wahlerfolg vom 14. September 1930 war die mächtig gewordene Partei bemüht, sich salonfähig zu machen. Er bot mir an, die Villa herzurichten; natürlich ohne Honorar.

Wir berieten über Tapeten, Vorhänge und Farben; der junge Kreisleiter wählte auf meinen Vorschlag hin Bauhaustapeten, obwohl ich ihn darauf hingewiesen hatte, daß dies »kommunistische« Tapeten seien. Er aber erledigte diesen Hinweis mit grandioser Handbewegung: »Wir nehmen das Beste von allen, auch von den Kommunisten.« Er sprach damit aus, was Hitler und sein Stab schon seit Jahren betrieben: ohne Rücksicht auf Ideologie von überall her das Erfolgversprechende zusammenzusuchen, ja sogar ideologische Fragen nach ihrer Wirkung auf den Wähler zu entscheiden.

Ich ließ den Vorraum knallrot streichen und die Arbeitsräume in einem starken Gelb, wozu rote Vorhänge erheblichen Lärm machten. Diese Freisetzung eines lange zurückgedrängten architektonischen Tatendranges, mit dem ich wohl revolutionären Geist ausdrücken wollte, fand allerdings recht geteilten Beifall.

Die Gehälter der Assistenten wurden Anfang 1932 gekürzt; ein kleiner

Beitrag, um den angespannten Haushalt des preußischen Staates auszugleichen. Größere Bauten waren nicht in Sicht, die Wirtschaftslage hoffnungslos. Drei Jahre Assistententätigkeit reichten uns; meine Frau und ich beschlossen, die Stelle bei Tessenow aufzugeben und nach Mannheim zu ziehen. Finanziell gesichert durch die Verwaltung der im Familienbesitz befindlichen Häuser, wollte ich dort mit der Architektentätigkeit, die bisher recht ruhmlos verlaufen war, nun ernsthaft beginnen. Als »selbständiger Architekt« verschickte ich daher an umliegende Unternehmungen und Geschäftsfreunde meines Vaters unzählige Schreiben. Aber natürlich wartete ich vergeblich darauf, einen Bauherrn zu finden, der es mit einem 26jährigen Architekten versuchen wollte. Denn selbst alteingesessene Architekten Mannheims erhielten damals keine Aufträge. Durch Beteiligung an Wettbewerben suchte ich einige Aufmerksamkeit zu erregen; über dritte Preise und »Ankäufe« aber kam ich nicht hinaus. Der Umbau eines Ladens in einem elterlichen Miethaus blieb die einzige bauliche Aktion dieser trostlosen Zeit.

In der Partei ging es badisch-gemütlich zu. Nach dem aufregenden Berliner Parteigetriebe, in das ich nach und nach hineingezogen worden war, kam ich mir in Mannheim wie in einer Vereinigung von Kegelbrüdern vor. Es gab kein N.S.K.K., also wurde ich von Berlin aus der Motor-SS zugewiesen; wie ich damals meinte, als Mitglied, aber anscheinend nur als Gast; denn als ich 1942 die Mitgliedschaft erneuern wollte, stellte sich heraus, daß ich der Motor-SS nicht angehört hatte.

Als die Vorbereitungen zur Wahl vom 31. Juli 1932 anliefen, fuhren meine Frau und ich nach Berlin, um etwas von der erregenden Wahlatmosphäre mitzubekommen und – wenn möglich – auch mitzuhelfen. Denn die anhaltende berufliche Aussichtslosigkeit hatte mein politisches Interesse, oder was ich so nannte, sehr intensiviert. Ich wollte meinen Teil zu Hitlers Wahlsieg beitragen. Es sollte zwar nur eine Unterbrechung von einigen Tagen werden, denn von Berlin aus wollten wir weiter, zu einer lange vorher festgelegten Faltboottour durch die ostpreußischen Seen.

Mitsamt meinem Auto meldete ich mich bei meinem N.S.K.K.-Chef der Berliner Kreisleitung West, Will Nagel, der mich für Kurierfahrten in die verschiedensten Parteilokale einsetzte. Wenn es dabei in die von den »Roten« beherrschten Stadtviertel ging, wurde mir nicht selten höchst unbehaglich zumute. In Kellerwohnungen, die mehr Löchern glichen, hausten NS-Trupps, die dort ein verfolgtes Dasein führten. Nicht anders erging es den Vorposten der kommunistischen Seite in den Herrschaftsgebieten der Nazis. Das übernächtigte, vergrämte und verängstigte Gesicht eines Truppführers inmitten von Moabit, einem der gefährlichsten Pflaster damals, kann ich nicht vergessen. Diese Menschen wagten ihr Leben und opferten ihre Gesundheit für eine Idee, ohne zu wissen, daß sie für phantastische Vorstellungen eines machthungrigen Mannes ausgenutzt wurden.

Am 27. Juli 1932 sollte Hitler von einer Morgenkundgebung in Eberswalde auf dem Flugplatz Berlin-Staaken eintreffen. Ich war eingeteilt, einen Melder von Staaken nach dem Platz der nächsten Kundgebung, dem Stadion in Brandenburg, zu fahren. Das dreimotorige Flugzeug rollte aus, Hitler sowie einige Mitarbeiter und Adjutanten entstiegen ihm. Außer uns befand sich kaum jemand auf dem Flugplatz; zwar hielt ich mich in respektvoller Distanz, aber ich sah doch, wie Hitler nervös einem seiner Begleiter Vorwürfe machte, weil die Kraftwagen noch nicht eingetroffen seien. Zornig ging er auf und ab, schlug mit einer Hundepeitsche auf seine hohen Stiefelschäfte und machte insgesamt den Eindruck eines unbeherrschten, mürrischen Mannes, der seine Mitarbeiter wegwerfend behandelt.

Dieser Hitler war sehr verschieden von dem sich ruhig und zivilisiert gebenden Mann, den ich in der Studentenversammlung erlebt hatte. Ohne daß ich mir viel Gedanken darüber gemacht hätte, war ich damals zum erstenmal auf die merkwürdige Mehrgesichtigkeit Hitlers gestoßen: Mit großer schauspielerischer Intuition konnte er sein Benehmen in der Öffentlichkeit wechselnden Situationen anpassen, während er sich gegenüber seiner nächsten Umgebung, seinen Dienern oder Adjutanten, gehen ließ.

Die Wagen kamen, ich setzte mich mit meinem Melder in mein knatterndes Sportgefährt und fuhr mit höchster Geschwindigkeit einige Minuten der Hitlerschen Wagenkolonne voraus. In Brandenburg waren die Straßenränder nahe dem Stadion von Sozialdemokraten und Kommunisten besetzt und wir mußten – mein Begleiter war in Parteiuniform – eine aufgebrachte Menschenkette passieren. Als einige Minuten später Hitler mit seinem Gefolge eintraf, verwandelte sich die Menge in eine tobende und wütende Masse, die auf die Straße drängte. Im Schrittempo mußte das Auto sich durchzwängen, Hitler stand aufrecht neben dem Fahrer. Ich zollte damals seinem Mut allen Respekt und empfinde das heute noch. Der negative Eindruck, den ich am Flugplatz erhalten hatte, wurde durch dieses Bild wieder beseitigt.

Mit meinem Auto wartete ich außerhalb des Stadions. Daher hörte ich nicht die Rede, wohl aber die Stürme des Beifalls, die Hitler minutenlang unterbrachen. Als die Parteihymne den Schluß anzeigte, machten wir uns erneut auf die Fahrt. Denn Hitler sprach an diesem Tag noch auf einer dritten Kundgebung im Berliner Stadion. Auch hier war alles überfüllt. Draußen auf den Straßen standen Tausende, die keinen Einlaß gefunden hatten. Die Menge wartete seit Stunden geduldig, wieder hatte Hitler große Verspätung. Meine Meldung an Hanke, daß er in Kürze eintreffen werde, wurde sogleich durch die Lautsprecher bekanntgegeben. Ein tosender Beifallssturm brach los – übrigens der erste und einzige, den ich selber je ausgelöst habe.

Der nächste Tag entschied über meinen weiteren Weg. Die Faltboote lagerten bereits auf dem Bahnhof, die Fahrkarten nach Ostpreußen waren gelöst, der Abfahrtstermin stand für den Abend fest. Aber mittags erhielt ich einen Anruf. N.S.K.K.-Chef Nagel teilte mir mit, daß Hanke, der zum Organisationsleiter des Berliner Gaues aufgestiegen war, mich zu sehen wünsche. Hanke empfing mich freudig: »Sie habe ich überall gesucht. Wollen Sie unser neues Gauhaus umbauen?«, fragte er bei meinem Eintreten. »Ich werde es noch heute dem Doktor[1] vorschlagen. Wir haben es sehr eilig.« Einige Stunden später hätte ich im Zug gesessen und an den einsamen ostpreußischen Seen wäre ich für viele Wochen unauffindbar gewesen; der Gau hätte sich einen anderen Architekten suchen müssen. Jahrelang hielt ich diesen Zufall für die glücklichste Wendung meines Lebens. Die Weiche war gestellt. Zwei Jahrzehnte später las ich in Spandau bei James Jeans: »Der Lauf eines Eisenbahnzuges ist in den allermeisten Punkten der Reise eindeutig festgelegt durch Schienen. Aber hie und da kommt ein Knotenpunkt, wo verschiedene Fahrtrichtungen möglich sind und wo er in die eine oder andere Richtung gelenkt werden kann, durch den ganz geringfügigen Energieaufwand, der zur Weichenstellung erforderlich ist.«

Das neue Gauhaus lag in der repräsentativen Voss-Straße, umrahmt von den Gesandtschaften der deutschen Länder. Aus den rückwärtigen Fenstern konnte ich den achtzigjährigen Reichspräsidenten im angrenzenden Park spazierengehen sehen, nicht selten begleitet von Politikern oder Militärs. Die Partei wollte, wie mir Hanke sagte, schon optisch in die nächste Nähe des politischen Kraftzentrums vorrücken und auf diese Weise ihren politischen Anspruch anmelden. Weniger anspruchsvoll war mein Auftrag: er erschöpfte sich wieder in einem Neuanstrich der Wände und kleineren Renovierungsarbeiten. Auch die Möblierung eines Sitzungssaales und des Gauleiterzimmers fiel noch verhältnismäßig einfach aus, teils wegen der mangelnden Mittel, teils weil ich noch unter dem Einfluß Tessenows stand. Aber diese Bescheidenheit wurde durch die pompösen Holz- und Stuckarbeiten aus der Gründerzeit beeinträchtigt. Ich arbeitete Tag und Nacht mit größter Eile, da die Gauorganisation auf schnellste Fertigstellung drängte. Goebbels sah ich selten. Ein Feldzug für die Wahl vom 6. November 1932 nahm ihn voll in Anspruch. Abgehetzt und völlig heiser ließ er sich einige Male, ohne viel Interesse zu haben, die Räume zeigen.

Der Umbau war fertig, der Kostenanschlag bei weitem überschritten, die Wahl verloren. Die Mitglieder verringerten sich, der Schatzmeister rang die Hände über die eingehenden Rechnungen, den Handwerkern konnte er nur eine leere Kasse zeigen, die als Parteimitglieder, um einen Bankrott zu vermeiden, einer mehrmonatigen Stundung zustimmen mußten.

Einige Tage nach der Einweihung besichtigte auch Hitler das nach ihm benannte Gauhaus. Ich hörte, daß der Umbau seinen Beifall fand, was mich mit Stolz erfüllte, obwohl nicht klar wurde, ob er die angestrebte Schlichtheit meiner architektonischen Bemühung oder die Überladenheit des wilhelminischen Baues lobte.

Bald darauf kehrte ich wieder zurück in mein Mannheimer Büro. Alles war beim alten geblieben: die wirtschaftliche Lage und damit die Aussicht auf Bauaufträge war eher noch schlechter geworden, die politischen Verhältnisse wurden immer wirrer. Eine Krise folgte der anderen, ohne daß wir es noch zur Kenntnis nahmen. Denn nichts änderte sich. Am 30. Januar 1933 las ich von der Ernennung Hitlers zum Reichskanzler, aber auch das blieb für mich zunächst ohne Bedeutung. Bald darauf machte ich eine Mitgliederversammlung der Ortsgruppe Mannheim mit. Mir fiel auf, welch geringe persönliche und geistige Substanz in der Partei versammelt war. »Mit solchen Leuten kann ein Staat nicht regiert werden«, ging es mir durch den Kopf. Die Sorge war überflüssig. Der alte Beamtenapparat führte auch unter Hitler reibungslos die Geschäfte weiter[2].

Dann kam die Wahl vom 5. März 1933, und eine Woche später erhielt ich einen Fernruf aus Berlin. Gauorganisationsleiter Hanke war am Apparat: »Wollen Sie nach Berlin kommen? Es gibt hier bestimmt für Sie zu tun. Wann können Sie da sein?«, fragte er. Unser kleiner Sport-BMW wurde durchgeölt, ein Köfferchen gepackt, wir fuhren die Nacht durch nach Berlin. Unausgeschlafen stellte ich mich am Morgen im Gaugebäude bei Hanke ein: »Sie fahren gleich mit dem Doktor. Er will sein neues Ministerium ansehen.«

So hielt ich mit Goebbels Einzug in den schönen Schinkelbau am Wilhelmsplatz. Einige hundert Menschen, die dort auf irgend etwas, vielleicht auf Hitler, warteten, winkten dem neuen Minister zu. Nicht nur hier fühlte ich, daß in Berlin ein neues Leben eingezogen war – die Menschen schienen nach der langen Krise frischer und hoffnungsvoller. Alle wußten, daß es sich dieses Mal nicht um einen der üblichen Kabinettswechsel gehandelt hatte. Alle schienen das Gefühl einer entscheidenden Stunde zu haben. Gruppen von Menschen standen auf den Straßen zusammen. Obwohl einander fremd, wechselte man Belanglosigkeiten aus, lachte miteinander oder äußerte politische Zustimmung zu den Ereignissen – während irgendwo, unbeachtet, der Apparat gnadenlos die Rechnungen mit den Gegnern jahrelanger politischer Machtkämpfe beglich, Hunderttausende wegen ihrer Abstammung, ihrer Religion, ihrer Überzeugung zitterten.

Nach der Besichtigung des Gebäudes beauftragte mich Goebbels, sein Ministerium umzubauen und verschiedene wichtige Räume, wie sein Arbeitszimmer und die Sitzungssäle, einzurichten. Er gab mir den festen Auftrag, unverzüglich mit der Arbeit zu beginnen, ohne einen Kostenvoranschlag abzuwarten und ohne festzustellen, ob Mittel bereitgestellt seien. Das war, wie sich danach herausstellte, etwas selbstherrlich, denn für das neugeschaffene Propaganda-Ministerium war noch kein Etat aufgestellt, geschweige denn für diesen Umbau. Ich bemühte mich, meinen Auftrag in bescheidener

Unterordnung gegenüber der Innenarchitektur Schinkels durchzuführen. Goebbels fand jedoch die Möblierung zu wenig repräsentativ. Nach einigen Monaten erteilte er den Vereinigten Werkstätten in München den Auftrag, die Räume noch einmal im »Dampferstil« zu möblieren.

Hanke hatte sich im Ministerium die einflußreiche Stellung eines »Sekretärs des Ministers« gesichert und beherrschte dessen Vorzimmer mit durchgreifendem Geschick. Bei ihm sah ich in diesen Tagen den Entwurf der Stadt Berlin für die auf dem Tempelhofer Feld vorgesehene nächtliche Massenkundgebung zum 1. Mai. Der Plan empörte sowohl meine revolutionären, wie auch meine architektonischen Gefühle: »Das sieht aus wie die Dekoration zu einem Schützenfest.« Hanke meinte: »Wenn Sie was besseres machen können, nur los!«

In der gleichen Nacht entstand der Entwurf zu einer großen Tribüne, hinter der drei mächtige Fahnen, jede von ihnen höher als ein zehngeschossiges Haus, zwischen hölzernen Streben gespannt werden sollten, zwei davon schwarz-weiß-rot, in der Mitte die Hakenkreuzfahne. Statisch war das gewagt, denn bei kräftigem Wind mußten diese Fahnen wie Segel wirken. Sie sollten mit starken Scheinwerfern angestrahlt werden, um den Eindruck eines erhobenen Mittelpunktes wie auf einer Bühne noch intensiver herauszuarbeiten. Der Entwurf wurde sofort angenommen, und wieder war ich eine Etappe weiter.

Voller Stolz zeigte ich das vollendete Werk Tessenow; er blieb aber mit beiden Beinen im Solid-Handwerklichen stehen: »Glauben Sie, daß Sie da etwas geschaffen haben? Es macht Eindruck, das ist alles.« Hitler dagegen war, wie mir Hanke erzählte, von der Anlage begeistert – allerdings habe Goebbels den Erfolg für sich in Anspruch genommen.

Einige Wochen danach bezog Goebbels die Dienstwohnung des Ernährungsministers. Er nahm sie nicht ohne einige Gewaltanwendung in Besitz; denn Hugenberg verlangte, daß sie ihm, dem deutsch-nationalen Ernährungsminister, zur Verfügung bleibe. Aber dieser Streit erledigte sich bald, da Hugenberg schon am 26. Juni aus dem Kabinett ausschied.

Mir wurde nicht nur die Herrichtung der Ministerwohnung übertragen, sondern auch der Anbau einer großen Wohnhalle. Ich versprach etwas leichtsinnig, in zwei Monaten Haus und Anbau bezugsfertig zu übergeben. Hitler glaubte nicht an die Einhaltung dieses Termines und Goebbels, um mich anzuspornen, erzählte mir davon. Tag und Nacht ließ ich in drei Schichten arbeiten, die verschiedensten Bauabschnitte waren bis ins Einzelne aufeinander abgestimmt, in den letzten Tagen setzte ich eine große Trockenanlage in Betrieb und schließlich wurde der Bau pünktlich zur versprochenen Frist möbliert übergeben.

Von Eberhard Hanfstaengl, dem Direktor der Berliner Nationalgalerie, lieh ich zur Ausschmückung der Goebbelsschen Wohnung einige Aquarelle von Nolde aus. Goebbels und seine Frau akzeptierten sie mit Begeisterung –

bis Hitler zur Besichtigung kam, sie auf das schärfste mißbilligte und der Minister mich sofort zu sich rief: »Die Bilder müssen augenblicklich weg, sie sind einfach unmöglich!«

In diesen ersten Monaten nach der Übernahme der Regierung hatten zumindest einige Richtungen der modernen Malerei, die dann 1937 ebenfalls als »entartet« gebrandmarkt wurden, noch eine Chance. Denn Hans Weidemann, ein altes Parteimitglied aus Essen mit dem goldenen Parteiabzeichen, leitete im Propagandaministerium die Abteilung für Bildende Kunst. Ohne von dieser Episode mit den Aquarellen Noldes zu wissen, stellte er für Goebbels zahlreiche Bilder, etwa der Nolde-Munch-Richtung, zusammen und empfahl sie dem Minister als Ausdruck einer revolutionären, nationalen Kunst. Goebbels, klug geworden, ließ die kompromittierenden Bilder unverzüglich entfernen. Als Weidemann sich daraufhin weigerte, diese ausnahmslose Verdammung der Modernen mitzumachen, wurde ihm bald darauf eine untergeordnete Tätigkeit innerhalb des Ministeriums zugewiesen. Unheimlich wirkte damals auf mich dieses Nebeneinander von Macht und Fügsamkeit; gespenstisch auch, welche bedingungslose Autorität Hitler selbst bei den langjährigen und engsten Mitarbeitern noch in Geschmacksfragen geltend machen konnte. Goebbels hatte sich bedingungslos von Hitler abhängig gezeigt. Es ging uns allen so. Auch ich, in der modernen Kunst zu Hause, nahm Hitlers Entscheidung schweigend hin.

Kaum hatte ich den Auftrag für Goebbels fertiggestellt, als ich im Juli 1933 aus Nürnberg angerufen wurde. Dort bereitete man den ersten Parteitag der nunmehrigen Regierungspartei vor. Die gewonnene Macht der siegreichen Partei sollte schon in der Architektur der Kulisse zum Ausdruck kommen; der örtliche Architekt konnte jedoch keinen befriedigenden Entwurf vorlegen. Ich wurde mit einem Flugzeug nach Nürnberg geholt und machte meine Skizzen. Nicht allzu ideenreich glichen sie dem Aufbau vom 1. Mai, nur sah ich als Bekrönung beim Zeppelinfeld statt der Fahnensegel einen riesigen Adler von über dreißig Metern Spannweite vor, den ich an ein Fachwerkgerüst, wie einen Schmetterling in einer Sammlung, angepiekt hatte.

Der Nürnberger Organisationsleiter wagte nicht, über diesen Vorschlag selber zu entscheiden und schickte mich daher nach München zur Zentrale. Ein Begleitschreiben wies mich aus, da ich außerhalb Berlins noch immer vollkommen unbekannt war. Im »Braunen Haus« nahm man anscheinend die Architektur oder besser: die Festdekoration außerordentlich wichtig. Schon nach einigen Minuten stand ich mit meiner Zeichenmappe in einem luxuriös eingerichteten Zimmer vor Hess. Er ließ mich nicht zu Worte kommen: »So etwas kann nur der Führer selbst entscheiden.« Dann telefonierte er kurz und sagte: »Der Führer ist in seiner Wohnung, ich werde Sie hinfahren lassen.« Zum erstenmal bekam ich einen Begriff davon, was das Zauberwort »Architektur« unter Hitler bedeutete.

Wir hielten vor einem mehrstöckigen Mietshaus in der Nähe des Prinzregenten-Theaters. Die Wohnung Hitlers lag zwei Treppen hoch. Ich wurde zunächst in einen Vorraum eingelassen, der mit Andenken oder Geschenken niedrigen Niveaus vollgestellt war. Auch die Möblierung zeugte von schlechtem Geschmack. Ein Adjutant kam, öffnete eine Tür, sagte formlos »Bitte«, und ich stand vor Hitler, dem mächtigen Reichskanzler. Vor ihm auf einem Tisch lag eine auseinandergenommene Pistole, mit deren Reinigung er anscheinend beschäftigt gewesen war. »Legen Sie Ihre Zeichnungen hier drauf«, meinte er knapp. Ohne mich anzusehen, schob er die Pistolenteile auf die Seite, betrachtete interessiert, aber wortlos meinen Entwurf: »Einverstanden«. Nichts weiter. Da er sich wieder seiner Pistole zuwandte, verließ ich etwas verwirrt den Raum.

In Nürnberg wurde ich staunend empfangen, als ich von der durch Hitler persönlich erteilten Genehmigung berichtete. Hätten die dortigen Organisatoren gewußt, welche Zugkraft ein Entwurf auf Hitler ausübte, so wäre eine große Abordnung nach München gefahren und man hätte mich bestenfalls im hintersten Glied teilnehmen lassen. Hitlers Liebhaberei war aber damals noch nicht allgemein bekannt.

Im Herbst 1933 beauftragte Hitler seinen Münchener Architekten Paul Ludwig Troost, der den Überseedampfer »Europa« eingerichtet und das »Braune Haus« umgebaut hatte, nun auch die Wohnung des Reichskanzlers in Berlin gründlich neu zu gestalten und zu möblieren. Der Bau sollte möglichst schnell beendet sein. Der Bauleiter Troosts kam aus München und kannte sich infolgedessen unter den Berliner Firmen und Baugewohnheiten nicht aus. Da erinnerte sich Hitler daran, daß ein junger Architekt bei Goebbels einen Anbau in unerwartet kurzer Zeit fertiggestellt hatte. Er bestimmte, daß ich dem Münchner Bauführer bei der Firmenauswahl helfen, ihm meine Kenntnisse des Berliner Baumarktes zur Verfügung stellen und mich, wo immer erforderlich, einschalten sollte, damit der Umbau schnellstens fertiggestellt werde.

Diese Mitarbeit begann mit einer eingehenden Besichtigung der Reichskanzlerwohnung durch Hitler, seinen Bauführer und mich. Sechs Jahre später schrieb er, im Frühjahr 1939 in einem Artikel über den früheren Zustand dieser Wohnung: »Nach der Revolution 1918 begann das Haus allmählich zu verkommen. Nicht nur der Dachstuhl war in großen Teilen durchgefault, sondern auch die Böden vollkommen vermorscht... Da meine Vorgänger im allgemeinen an sich nur mit einer Amtsdauer von drei oder fünf Monaten rechnen konnten, sahen sie sich weder veranlaßt, den Schmutz derer wegzuräumen, die vor ihnen in diesem Haus wohnten, noch dafür zu sorgen, daß der nach ihnen kommende es besser haben würde als sie selber. Repräsentative Verpflichtungen gegenüber dem Ausland besaßen sie nicht, da dieses von ihnen ohnehin wenig Notiz nahm. So war das Gebäude in vollem Verfall begriffen, Decken und Böden vermodert, Tapeten und Fußböden verfault, das Ganze von einem kaum erträglichen Geruch erfüllt[3].«

Das war gewiß übertrieben. Dennoch war es kaum glaublich, in welchem Zustand sich diese Wohnung befand. Die Küche war fast ohne Licht und mit technisch längst überholten Herden. Für alle Bewohner gab es nur ein einziges Bad im Hause, dessen Einrichtung zudem aus der Zeit der Jahrhundertwende stammte. Auch gab es zahlreiche Geschmacklosigkeiten: Türen, deren Anstrich Naturholz imitierte und Marmorbecken für Blumen, die in Wirklichkeit nur marmorierte Blechkästen waren. Hitler triumphierte: »Da sehen Sie die ganze Verkommenheit der alten Republik. Noch nicht einmal das Haus des Reichskanzlers kann man einem Ausländer zeigen; ich würde mich genieren, hier auch nur einen Besucher zu empfangen.«

Während dieses gründlichen Rundganges, der vielleicht drei Stunden dauerte, kamen wir auch in das Dachgeschoß. Der Hausverwalter erklärte: »Und das ist die Tür, die zum nächsten Haus führt.« – »Wieso?« – »Es gibt durch die Dachstühle von hier über alle Ministerien hinweg eine Verbindung bis zum Hotel Adlon.« – »Warum?« – »Bei Unruhen zu Beginn der Weimarer Republik hat sich herausgestellt, daß der Reichskanzler durch die Aufständischen in seiner Wohnung von der Außenwelt abgeriegelt werden kann. Auf diesem Weg soll jederzeit ein Rückzug möglich sein.« Hitler ließ sich die Tür aufschließen, und tatsächlich befand man sich in dem anschließenden Auswärtigen Amt. »Die Tür soll zugemauert werden. Wir brauchen so was nicht«, meinte er.

Nachdem der Umbau begonnen hatte, erschien Hitler fast jeden Tag zur Mittagszeit auf der Baustelle, gefolgt von einem Adjutanten, betrachtete die Fortschritte und freute sich an den entstehenden Räumen. Bald grüßten ihn die zahlreichen Bauarbeiter freundlich und ungezwungen. Trotz der zwei SS-Leute in Zivil, die unauffällig im Hintergrund standen, hatte das alles etwas von einem Idyll. Man merkte es Hitler an, daß er auf dem Bau »zu Hause« war. Dabei vermied er jede billige Popularitätshascherei.

Der Bauleiter und ich begleiteten ihn auf diesen Rundgängen. Nicht unfreundlich, aber knapp, richtete er seine Fragen an uns: »Wann ist dieser Raum geputzt?« – »Wann kommen die Fenster?« – »Sind die Detailzeichnungen jetzt aus München angekommen? Noch nicht? Ich werde selbst beim Professor«, wie er Troost zu nennen pflegte, »danach fragen.« Ein neuer Raum wurde besichtigt: »Hier ist ja schon geputzt. Das war gestern noch nicht. Dieses Deckenprofil ist aber sehr schön. Sowas macht der Professor wunderbar.« – »Wann glauben Sie fertig zu sein? Es eilt mir sehr. Ich habe jetzt nur die kleine Staatssekretärswohnung im Dachgeschoß. Dort kann ich niemanden einladen. Es ist lächerlich, wie sparsam die Republik war. Haben Sie den Eingang gesehen? Und den Fahrstuhl? Jedes Warenhaus hat einen besseren.« Der Fahrstuhl blieb wirklich von Zeit zu Zeit stecken und war nur für drei Personen zugelassen.

So also gab sich Hitler. Es ist leicht vorstellbar, daß mich diese Natürlichkeit beeindruckte; immerhin war er nicht nur der Reichskanzler, sondern auch der Mann, durch den in Deutschland alles aufzuleben begann, der den Arbeitslosen wieder Arbeit verschaffte und große Wirtschaftsprogramme ankurbelte. Erst viel später, aufgrund winziger Kleinigkeiten, begann mir zu dämmern, daß auch ein gut Teil propagandistischer Berechnung dabei im Spiele war.

Wohl zwanzig- bis dreißigmal hatte ich ihn schon begleitet, als er mich während eines Rundganges einlud: »Kommen Sie heute mit zum Essen?« Natürlich war ich über diese unerwartete persönliche Geste glücklich, zumal ich wegen seiner unpersönlichen Art nie damit gerechnet hatte.

Oft war ich schon auf Baustellen herumgestiegen, aber gerade an diesem Tag fiel mir von einem Gerüst eine Kelle Putz auf den Anzug. Ich muß ein ziemlich unglückliches Gesicht gemacht haben, denn Hitler meinte: »Kommen Sie nur mit; das bringen wir oben schon in Ordnung.«

In der Wohnung warteten die Gäste; unter ihnen Goebbels, nicht wenig erstaunt, mich in diesem Kreis auftauchen zu sehen. Hitler nahm mich in seine Privaträume mit, sein Diener kam und wurde nach Hitlers eigener dunkelblauer Jacke geschickt: »So, ziehen Sie solange das da an!« So zog ich hinter Hitler in den Speiseraum, saß bevorzugt vor allen Gästen an seiner Seite. Offenbar hatte er Gefallen an mir gefunden. Goebbels entdeckte, was mir in meiner Aufregung ganz und gar entgangen war. »Sie haben ja das Abzeichen des Führers an[4]! Das ist doch nicht Ihr Rock?« Hitler nahm mir die Antwort ab: »Das ist ja auch meiner!«

Bei diesem Essen richtete Hitler erstmals einige persönliche Fragen an mich. Da erst stellte sich für ihn heraus, daß ich die Dekorationen zum 1. Mai entworfen hatte. »So, und Nürnberg, das haben Sie auch gemacht? Da war doch ein Architekt bei mir mit den Plänen! Richtig das waren Sie! ... Daß Sie den Goebbelsbau termingerecht fertigbekommen würden, hätte ich nie gedacht.« Nach meiner Zugehörigkeit zur Partei fragte er nicht. Bei Künstlern war ihm das, wie mir schien, ziemlich gleichgültig. Stattdessen wollte er möglichst viel über mein Herkommen, meine Laufbahn als Architekt, von den Bauten meines Vaters und meines Großvaters wissen.

Jahre später kam Hitler auf diese Einladung zurück: »Sie fielen mir bei den Rundgängen auf. Ich suchte einen Architekten, dem ich einmal meine Baupläne anvertrauen könnte. Jung sollte er sein; denn wie Sie wissen, gehen diese Pläne weit in die Zukunft. Ich brauche einen, der auch nach meinem Tode mit der von mir verliehenen Autorität weitermachen kann. Den habe ich in Ihnen gesehen.«

Nach Jahren des vergeblichen Bemühens war ich voller Tatendrang und achtundzwanzig Jahre alt. Für einen großen Bau hätte ich wie Faust meine Seele verkauft. Nun hatte ich meinen Mephisto gefunden. Er schien nicht weniger einnehmend als der von Goethe.

4. Kapitel

Mein Katalysator

Ich war von Natur fleißig, aber immer schon brauchte ich einen besonderen Anstoß, um neue Fähigkeiten und Energien zu entwickeln. Nun hatte ich meinen Katalysator gefunden; einem mächtigeren und stärker wirkenden konnte ich nicht begegnen. Alle meine Kräfte wurden mir abverlangt in immer sich steigerndem Tempo und mit ständig größerer Beanspruchung.

Damit begab ich mich des eigentlichen Mittelpunktes meines Lebens: der Familie. Angezogen und angefeuert durch Hitler, dem ich verfallen war, hatte von nun an die Arbeit mich – und ich nicht sie. Hitler verstand es, seine Mitarbeiter zu größten Anstrengungen zu steigern. »Der Mensch wächst mit seinen höheren Zwecken«, meinte er.

Ich habe mich während der zwanzig Jahre, die ich im Spandauer Gefängnis zubrachte, oft gefragt, was ich getan hätte, wenn ich Hitlers wirkliches Gesicht und die wahre Natur der von ihm aufgerichteten Herrschaft erkannt hätte. Die Antwort war banal und deprimierend zugleich: Meine Stellung als Hitlers Architekt war mir bald unentbehrlich geworden. Noch nicht einmal dreißig, sah ich die erregendsten Aussichten vor mir, die ein Architekt sich erträumen kann.

Überdies verdrängte meine Arbeitswut Probleme, die sich mir hätten stellen müssen. In der täglichen Hast erstickte manche Ratlosigkeit. Beim Niederschreiben dieser Erinnerungen war ich in zunehmendem Maße darüber erstaunt und dann geradezu bestürzt, daß ich vor 1944 so selten, eigentlich fast gar nicht Zeit gefunden hatte, über mich selbst, mein eigenes Tun nachzudenken, daß ich die eigene Existenz nie reflektierend überdachte. Heute, in der Rückerinnerung, habe ich mitunter das Gefühl, daß mich damals etwas vom Boden hob, mich von allen Verwurzelungen löste und zahlreichen fremden Kräften unterwarf.

Rückblickend beängstigt mich fast am meisten, daß in jener Zeit gelegentliche Unruhe hauptsächlich dem Weg galt, den ich als Architekt nahm, der Entfernung von den Lehren Tessenows. Dagegen muß ich die Empfindung gehabt haben, daß es mich persönlich nichts angehe, wenn ich hörte, wie Juden, Freimaurer, Sozialdemokraten oder Zeugen Jehovas von meiner Umgebung wie Freiwild beurteilt wurden. Ich meinte, es genüge, wenn ich selber mich daran nicht beteiligte.

Der kleinere Parteigenosse wurde dazu erzogen, daß die große Politik viel zu kompliziert sei, um von ihm beurteilt zu werden. Infolgedessen fühlte man sich ständig verantwortet, wurde nie zu eigener Verantwortung aufgerufen. Die ganze Struktur des Systems ging dahin, Gewissenskonflikte gar nicht aufkommen zu lassen. Das hatte eine vollkommene Sterilität aller Gespräche und Auseinandersetzungen unter Gleichgesinnten im Gefolge. Es war uninteressant, sich die uniformen Meinungen gegenseitig zu bestätigen.

Noch bedenklicher war die ausdrücklich geforderte Beschränkung der Verantwortung nur auf den eigenen Bereich. Man bewegte sich in seiner Gruppe, etwa der Architekten, Ärzte, Juristen, Techniker, Soldaten oder Bauern. Die Berufsorganisationen, denen jeder zwangsweise angehörte, nannte man Kammern (Ärztekammer, Kunstkammer) und diese Bezeichnung definierte treffend die Abgrenzung in einzelne, voreinander wie durch Mauern geschiedene Lebensbezirke. Je länger Hitlers System andauerte, um so mehr bewegte sich auch die Vorstellung in solchen einzelnen Kammern. Hätte sich diese Übung auf einen Zeitraum von Generationen ausgedehnt, wäre schon allein dadurch, wie ich glaube, das System verdorrt, da wir zu einer Art »Kastenwesen« gekommen wären. Verblüffend war mir immer der Widerspruch zur 1933 proklamierten »Volksgemeinschaft«; denn die Integration, die sie anstrebte, wurde auf diese Weise negiert oder doch behindert. Letztlich war es eine Gemeinschaft von Isolierten. Anders als es heute klingen mag, war es für uns doch keine leere Propagandaformel, daß über allem »der Führer denkt und lenkt«.

Die Anfälligkeit für solche Erscheinungen war uns von Jugend auf mitgegeben. Wir hatten unsere Grundsätze noch vom Obrigkeitsstaat bezogen, und zwar in einer Zeit, als die Gesetze des Krieges seinen Subordinationscharakter weiter verschärft hatten. Vielleicht waren wir durch diese Erfahrungen wie die Soldaten auf ein Denken präpariert, das uns in Hitlers System erneut entgegentrat. Die straffe Ordnung lag uns im Blute; die Liberalität der Weimarer Republik schien uns, damit verglichen, lax, fragwürdig und keineswegs erstrebenswert.

Damit ich jederzeit bei meinem Bauherrn sein konnte, hatte ich als Büro ein Maleratelier in der Behrenstraße, wenige hundert Meter von der Reichskanzlei entfernt, gemietet. Meine Mitarbeiter, ausnahmslos jung, arbeiteten ohne Rücksicht auf ihr Privatleben von morgens bis spät in die Nacht hinein; das Mittagessen wurde gewöhnlich durch ein paar Schnitten ersetzt. Erst gegen zehn Uhr abends beendeten wir erschöpft den Arbeitstag mit einem Imbiß in der nahen »Pfälzer Weinstube«, wo die Arbeiten des Tages dann noch einmal durchgesprochen wurden.

Großaufträge ließen allerdings noch auf sich warten. Weiterhin bekam ich von Hitler eilige Gelegenheitsarbeiten, da er anscheinend meine hervorstechendste Fähigkeit in der schnellen Abwicklung von Aufträgen sah: das Arbeitszimmer des bisherigen Reichskanzlers im ersten Stock des Bürogebäudes ging mit seinen drei Fenstern nach dem Wilhelmsplatz. In diesen ersten Monaten des Jahres 1933 sammelte sich fast immer wieder eine Menge an, die in Sprechchören den »Führer« zu sehen verlangte. Infolgedessen war das Zimmer für die Arbeit unbrauchbar geworden; Hitler mochte es ohnehin nicht: »Viel zu klein! Mit sechzig Quadratmetern ist es gerade für einen meiner Mitarbeiter ausreichend. Wohin soll ich mich mit einem Staatsgast setzen? Etwa in diese kleine Ecke? Und dieser Schreibtisch ist im Format gerade recht für meinen Bürodirektor.«

Hitler beauftragte mich, einen nach dem Garten zu gelegenen Saal als neues Arbeitszimmer herzurichten. Fünf Jahre begnügte er sich mit diesem Raum, den er allerdings als Provisorium ansah. Aber auch seinen Arbeitsraum im Neubau der Reichskanzlei von 1938 empfand er bald schon als ungenügend. Bis 1950 sollte nach seinen Angaben und meinen Plänen eine endgültige Reichskanzlei gebaut werden: Dort war für Hitler und die Nachfolger kommender Jahrhunderte ein Arbeitssaal vorgesehen, der mit 960 Quadratmetern sechzehnmal so groß war wie das Zimmer seiner Vorgänger. Dieser Halle hatte ich, nach Rücksprache mit Hitler, allerdings ein privates Arbeitszimmer beigefügt; es maß wieder etwa sechzig Quadratmeter.

Das alte Arbeitszimmer durfte in Zukunft nicht mehr benutzt werden; denn von hier aus wollte er ungestört den neuen »historischen Balkon« betreten, den ich in größter Eile angebaut hatte, damit er sich dort der Menge zeigen konnte. »Das Fenster war mir zu unbequem« meinte Hitler zu mir befriedigt, »ich wurde nicht von allen Seiten gesehen. Schließlich kann ich mich doch nicht herausbeugen.« Der Architekt des ersten Neubaus der Reichskanzlei, Professor Eduard Jobst Siedler von der Technischen Hochschule Berlin, erhob Einspruch gegen diesen Eingriff, und Lammers, Chef der Reichskanzlei, bestätigte, daß unser Vorgehen gegen das Urheberrecht verstoße. Höhnisch wies Hitler den Einwand zurück: »Siedler hat den ganzen Wilhelmplatz verschandelt. Das sieht doch aus wie das Verwaltungsgebäude eines Seifenkonzerns, nicht wie das Zentrum des Reiches. Was glaubt der denn! Daß er mir auch noch den Balkon baut?!« Aber er stimmte zu, den Professor mit einem Bauauftrag zu entschädigen.

Wenige Monate später hatte ich ein Barackenlager für die Arbeiter der eben begonnenen Autobahn zu errichten. Hitler beanstandete die bisherige Unterbringung und wollte von mir einen Typ entwickelt haben, der für alle Lager verwendet werden konnte. Mit anständigen Küchen-, Wasch- und Duschräumen, mit einem Aufenthaltsraum und Kabinen zu je zwei Betten unterschied er sich zweifellos vorteilhaft von den bis dahin üblichen Baustellen-Quartieren. Hitler kümmerte sich bis in die Details um diesen Musterbau und ließ sich von mir über die Wirkung auf die Arbeiter berichten. So hatte ich mir den national-sozialistischen Führer vorgestellt.

Hitler wohnte, bis der Umbau seiner Kanzlerwohnung beendet war, in der Wohnung seines Staatssekretärs Lammers, im obersten Geschoß des Dienstgebäudes. Hier nahm ich des öfteren an seiner Mittag- oder Abendtafel teil. An den Abenden fand sich meist die ständige Begleitung Hitlers ein, sein langjähriger Fahrer Schreck, der Kommandeur der SS-Leibstandarte Sepp Dietrich, Pressechef Dr. Dietrich, die beiden Adjutanten Brückner und Schaub sowie Heinrich Hofmann, der Fotograf Hitlers. Da die Tafel nicht mehr als zehn Personen faßte, war sie damit nahezu besetzt. Zur Mittagstafel dagegen kamen vorwiegend alte Münchner Mitkämpfer wie Amann, Schwarz und Esser oder der Gauleiter Wagner, oft auch Werlin, der Leiter der Münchner Filiale von Daimler-Benz und Lieferant der Hitlerschen Autos. Die Minister kamen offenbar selten; auch Himmler sah ich so wenig wie Röhm oder Streicher, sehr oft jedoch Goebbels und Göring. Ausgeschlossen waren schon damals alle Beamten aus der Umgebung des Reichskanzlers. So fiel beispielsweise auf, daß selbst Lammers, obwohl Hausherr, nie geladen war; sicherlich mit gutem Grund.

Denn in diesem Kreis glossierte Hitler oft den Verlauf des Tages. Ohne großen Anspruch, ließ er lediglich sein Tagespensum ausklingen. Gern erzählte er, wie er es verstanden habe, sich der Bürokratie zu entwinden, die ihn in seiner Tätigkeit als Reichskanzler zu überwältigen drohte: »Die ersten Wochen wurde mir aber auch jede Kleinigkeit zur Entscheidung vorgelegt. Stöße von Akten fand ich jeden Tag auf meinem Tisch vor, und ich konnte arbeiten was ich wollte, sie wurden nicht geringer. Bis ich diesen Unsinn radikal abstellte! Hätte ich weiter so gearbeitet, ich wäre nicht mehr zu positiven Resultaten gekommen, weil sie mir einfach keine Zeit zum Nachdenken ließen. Als ich es ablehnte, die Akten zu sehen, wurde mir gesagt, daß dadurch wichtige Entscheidungen verzögert würden. Aber erst dadurch wurde es mir ja möglich, über wichtige Dinge nachzudenken, die ich entschied. Damit bestimmte ich die Entwicklung und ich wurde nicht mehr von den Beamten bestimmt.«

Manchmal sprach er von seinen Reisen: »Schreck war der beste Fahrer, den ich mir vorstellen kann und unser Kompressor machte 170. Wir fuhren immer sehr schnell. Aber in den letzten Jahren habe ich Schreck befohlen, nicht mehr über 80 zu fahren. Nicht auszudenken, wenn mir etwas passiert wäre! Ein besonderer Spaß war das Hetzen großer Amerikaner. Immer hinterher, bis die der Ehrgeiz packte. Diese Amerikaner sind ja Dreck, verglichen mit einem Mercedes. Ihr Motor hielt das nicht aus, lief nach einiger Zeit sauer und sie mußten mit langem Gesicht am Straßenrand anhalten. Geschah ihnen recht!«

Abends wurde regelmäßig ein primitiver Filmapparat aufgebaut, um nach der Wochenschau ein oder zwei Spielfilme vorzuführen. Die Diener beherrschten in der ersten Zeit die Apparatur höchst unvollkommen. Oft stand das Bild auf dem Kopf oder das Filmband riß; Hitler nahm das damals noch mit mehr Gleichmut hin als seine Adjutanten, die ihre vom Chef abgeleitete Macht nur zu gerne ihren Untergebenen gegenüber herauskehrten.

Die Auswahl der Filme besprach Hitler mit Goebbels. Meist handelte es sich um das, was gleichzeitig in den Berliner Kinos gezeigt wurde. Hitler bevorzugte harmlose Unterhaltungs-, Liebes- und Gesellschaftsfilme. Möglichst bald herbeigeschafft werden mußte auch alles mit Jannings und Rühmann, mit Henny Porten, Lil Dagover, Olga Tschechowa, Zarah Leander oder Jenny Jugo. Revuefilme mit vielen nackten Beinen konnten seines Beifalls sicher sein. Öfter sahen wir ausländische Produktionen, auch solche, die dem deutschen Publikum vorenthalten blieben. Fast völlig fehlten dagegen Sport- und Bergsteigerfilme, und auch Tier- oder Landschafts- oder informierende Filme über fremde Länder wurden nie vorgeführt. Er hatte auch keinen Sinn für Groteskfilme, wie ich sie damals liebte, etwa mit Buster Keaton oder gar Charlie Chaplin. Die deutsche Produktion reichte bei weitem nicht aus, jeden Tag die benötigten zwei neuen Filme zu liefern. Viele wurden daher zweimal und noch häufiger gegeben: auffälligerweise nie solche mit tragischen Handlungen, häufig aber Ausstattungsfilme oder Filme mit seinen Lieblingsschauspielern. Diese Auswahl und den Brauch, sich allabendlich ein bis zwei Filme vorführen zu lassen, behielt er bis Kriegsbeginn bei.

Bei einem dieser Mittagessen, im Winter 1933, saß ich neben Göring: »Macht Speer Ihre Wohnung, mein Führer? Ist er Ihr Architekt?« Ich war es zwar nicht, aber Hitler bejahte. »Dann erlauben Sie, daß er mir auch meine Wohnung umbaut.« Hitler willigte ein, und ohne daß Göring mich lange nach Lust und Neigung fragte, setzte er mich nach dem Essen in sein großes offenes Auto, um mich wie ein kostbares Beutestück in seine Wohnung zu schleppen. Er hatte sich den ehemaligen Dienstsitz des preußischen Handelsministers in einem der hinter dem Leipziger Platz liegenden Gärten ausgesucht, ein Palais, das der preußische Staat vor 1914 mit viel Aufwand erbaut hatte.

Vor einigen Monaten erst war diese Wohnung nach eigenen Angaben Görings mit Geldern des preußischen Staates aufwendig umgebaut worden. Hitler hatte sie besichtigt und abfällig fallen lassen: »Dunkel! Wie kann man nur so im Dunkeln wohnen! Vergleichen Sie damit die Arbeit meines Professors. Alles hell, klar und einfach!« Tatsächlich fand ich ein romantisch verwinkeltes Gehege von kleinen Räumen mit düsteren Glasfenstern und schweren Samttapeten vor, das mit klobigen Renaissancemöbeln ausgestattet war. Eine Art Kapelle stand im Zeichen des Hakenkreuzes, aber auch in den übrigen Räumen war das neue Symbol an Decken, Wänden und Fußböden angebracht. Es sah aus, als ob in dieser Wohnung ständig irgend etwas besonders Feierlich-Tragisches vorgehen würde.

Bezeichnend für das System wie wohl für alle autoritären Gesellschaftsformen war es, wie Kritik und Vorbild Hitlers Göring augenblicklich veränderten. Denn unverzüglich gab er seine soeben fertiggestellte Einrichtung preis, obwohl er sich in ihr wahrscheinlich wohler gefühlt hatte, da sie eher seinem Naturell entsprach: »Schauen Sie das hier nicht an. Ich kann es selbst nicht sehen. Machen Sie es, wie Sie wollen. Ich gebe Ihnen den Auftrag; nur so wie beim Führer muß es werden.« Es war eine schöne Aufgabe; Geld spielte, wie immer bei Göring, keine Rolle. So wurden Wände herausgerissen, um aus den vielen Zimmern des Erdgeschosses vier große Räume zu erhalten; der größte davon, sein Arbeitsraum, maß fast 140 Quadratmeter und kam damit demjenigen Hitlers nahe. Ein Anbau wurde in einer leichten Konstruktion von verglasten Bronzerahmen angefügt. Bronze war zwar knapp, sie wurde als Mangelmetall bewirtschaftet und auf ihrer mißbräuchlichen Verwendung standen hohe Strafen, aber das störte Göring nicht im mindesten. Er war begeistert, freute sich bei jedem Rundgang, strahlte wie ein Kind am Geburtstag, rieb sich die Hände und lachte.

Görings Möbel entsprachen seiner Körperfülle. Ein alter Renaissance-Schreibtisch hatte gewaltige Übermaße, desgleichen ein Schreibsessel, dessen Rückenlehne sich weit über sein Haupt erhob, wahrscheinlich der Thronsessel eines Fürsten. Auf dem Schreibtisch ließ er zwei silberne Leuchter mit überdimensionierten Pergamentschirmen aufstellen, dazu eine übergroße Fotografie Hitlers: das ihm von Hitler geschenkte Original war ihm nicht imposant genug. Er ließ es zu diesem Zweck vielfach vergrößern und jeder Besucher wunderte sich über diese besondere Ehrung durch Hitler, da es in Partei- und Regierungskreisen bekannt war, daß Hitler seinen Paladinen sein Bild in immer gleichbleibender Größe in einem eigens dafür von Frau Troost entworfenen Silberrahmen verschenkte.

In der Halle wurde ein übergroßes Bild an die Decke gezogen, um Öffnungen zu einer hinter der Wand liegenden Filmkammer freizulegen. Mir kam das Bild bekannt vor. Tatsächlich hatte Göring, wie ich in Erfahrung brachte, in seiner unbedenklichen Art »seinem« preußischen Direktor des Kaiser-Friedrich-Museums befohlen, das berühmte Bild von Rubens »Diana auf der Hirschjagd«, bis dahin eines der herausragendsten Meisterwerke dieses Museums, in seine Wohnung zu liefern.

Göring lebte während des Umbaus im Palais des Reichstagspräsidenten, gegenüber dem Reichstag, einem Bau des beginnenden zwanzigsten Jahrhunderts mit starken Anklängen an ein neureiches Rokoko. Hier fanden unsere Besprechungen über die Gestaltung seines endgültigen Sitzes statt. Öfter war dabei einer der Direktoren der kultivierten »Vereinigte Werkstätten«, Herr Paepke, anwesend, ein älterer, grauhaariger Herr, voll der besten Absichten, Göring zu gefallen, aber verschüchtert durch die schnelle und unverblümte Art, mit der Göring untergeordnete Personen zu behandeln pflegte.

Eines Tages saßen wir mit Göring in einem Zimmer, dessen Wände im Stile des wilhelminischen Neu-Rokoko von oben bis unten mit Rosenornamenten in Flachrelief überwuchert waren – der Inbegriff von Scheußlichkeit.

Soviel wußte auch Göring, als er anfing: »Wie finden Sie diese Dekoration, Herr Direktor? Nicht schlecht, nicht wahr?« Anstatt zu sagen: »Das ist scheußlich«, wurde der alte Herr unsicher, wollte es mit seinem hohen Auftraggeber und Kunden nicht verderben und gab eine ausweichende Antwort. Sogleich witterte Göring einen Spaß, zwinkerte mir Einverständnis zu: »Aber Herr Direktor, Sie finden das nicht schön? Ich habe die Absicht, alle Räume in dieser Weise von Ihnen dekorieren zu lassen. Wir haben darüber gesprochen, nicht wahr, Herr Speer?« – »Ja, natürlich, die Zeichenunterlagen sind schon in Bearbeitung.« – »Na also, Herr Direktor, sehen Sie, das ist unser neuer Stil. Ich bin sicher, daß er Ihnen gefällt.« Der Direktor wand sich, sein künstlerisches Gewissen trieb ihm Schweißperlen auf die Stirn, sein Spitzbart zitterte erregt. Göring hatte es sich nun in den Kopf gesetzt, den alten Mann zu einem Bekenntnis zu zwingen: »Also, nun sehen Sie sich diese Wand einmal genau an. Wie wunderbar die Rosen heraufranken. Wie wenn man im Freien wäre in einer Rosenlaube. Und Sie können sich für so etwas nicht begeistern?« – »Doch, doch!« meinte der Verzweifelte zaghaft. – »Sie müßten doch begeistert sein von solch einem Kunstwerk, Sie als bekannter Kunstkenner. Sagen Sie mir, finden Sie es nicht schön?« So zog sich das Spiel lange hin, bis der Direktor nachgab und die geforderte Begeisterung heuchelte.

»So sind sie alle!«, meinte Göring hinterher voller Verachtung und in der Tat: so waren alle, das bezog sich nicht zuletzt auf Göring selbst, der sich nicht genug tun konnte, während der Mahlzeiten bei Hitler davon zu erzählen, wie seine Wohnung jetzt so hell und großzügig werden würde, »genau wie die Ihre, mein Führer.«

Hätte Hitler Rosen an den Wänden seiner Räume ranken lassen, auch Göring hätte Rosen verlangt.

Schon im Winter 1933, also nur einige Monate nach dem entscheidenden Mittagessen bei Hitler, war ich in den Kreis seiner engsten Umgebung aufgenommen. Es gab nur wenige außer mir, die eine ähnlich bevorzugte Behandlung erfuhren. An mir hatte Hitler zweifellos besonderen Gefallen gefunden, obwohl ich meiner Art entsprechend zurückhaltend und ungesprächig war. Oft habe ich mich gefragt, ob er auf mich seinen unerfüllten Jugendtraum des großen Architekten projizierte. Doch läßt sich bei dem oft rein intuitiven Verhalten Hitlers kaum eine befriedigende Erklärung für seine sichtliche Sympathie finden.

Von meiner späteren klassizistischen Linie war ich noch weit entfernt. Zufällig haben sich Pläne zu einem Wettbewerb für eine Reichsführerschule der NSDAP in München-Grünwald erhalten, an dem im Herbst 1933 alle deutschen Architekten teilnehmen konnten. Der Entwurf ist zwar schon auf Repräsentation und auf eine beherrschende Achse ausgerichtet, aber noch mit den zurückhaltenden Mitteln, die ich bei Tessenow gelernt hatte.

Hitler sah sich mit Troost und mir diesen Wettbewerb noch vor der Entscheidung an. Die Entwürfe waren, wie das bei Wettbewerben Vorschrift ist, anonym abgegeben worden. Natürlich war ich durchgefallen. Erst nach der Entscheidung, als das Inkognito gelüftet wurde, hob Troost in einem Ateliergespräch meinen Entwurf hervor, und Hitler konnte sich zu meiner Verwunderung, obwohl er meine Pläne unter hundert anderen nicht länger als ein paar Sekunden angesehen hatte, noch genau daran erinnern. Stillschweigend überging er das Lob, das Troost ausgesprochen hatte; wahrscheinlich wurde ihm dabei klar, daß ich noch weit davon entfernt war, ein Architekt nach seinen Vorstellungen zu sein.

Alle zwei bis drei Wochen fuhr Hitler nach München; immer öfter nahm er mich auf diese Reisen mit. Nach der Ankunft begab er sich meist direkt vom Bahnhof ins Atelier von Professor Troost. Schon unterwegs im Zug pflegte er sich lebhaft darüber zu äußern, was der »Professor« an Zeichnungen fertiggestellt haben werde: »Den Erdgeschoß-Grundriß vom ›Haus der Kunst‹ wird er wohl geändert haben. Es waren da einige Verbesserungen zu machen ... Ob die Details zum Speisesaal schon entworfen sind? Und dann werden wir vielleicht die Skizzen für die Skulpturen von Wackerle zu sehen bekommen.«

Das Atelier lag in einem verwahrlosten Hinterhof der Theresienstraße, unweit der Technischen Hochschule. In einem kahlen Treppenhaus, das seit Jahren nicht gestrichen war, ging es zwei Treppen hoch; Troost, seines Standes bewußt, kam Hitler nie auf der Treppe entgegen, geleitete ihn auch nie die Treppe hinunter. Hitler begrüßte ihn im Vorraum: »Ich kann es gar nicht abwarten, Herr Professor! Zeigen Sie, was gibt es Neues.« Und schon waren wir, Hitler und ich, im Arbeitsraum, wo Troost ihm, selbstsicher und zurückhaltend wie immer, seine Pläne und Ideenskizzen zeigte. Es ging dem ersten Architekten Hitlers jedoch nicht besser als später mir: Hitler ließ sich seine Begeisterung selten anmerken.

Danach wurden von der »Frau Professor« Farbmuster von Stoffen und Wandtönen für die Räume des Münchner »Führerbaus« vorgeführt, dezent und raffiniert aufeinander abgestimmt, eigentlich viel zu zurückhaltend für Hitlers auf Effekte gerichteten Geschmack. Aber es gefiel ihm. Die bürgerlich ausgewogene Atmosphäre, die damals in der reichen Gesellschaft Mode war, sprach ihn in ihrem dezenten Luxus sichtlich an. Es vergingen stets zwei oder mehr Stunden; dann verabschiedete sich Hitler kurz, aber sehr herzlich, um dann erst in seine eigene Wohnung zu fahren. Zu mir noch schnell: »Aber zum Mittagessen in der Osteria.«

Zur üblichen Zeit, um etwa halb drei, fuhr ich zur »Osteria Bavaria«, einem kleinen Künstlerrestaurant, das zu einem unerwarteten Ruf kam, als es Hitlers Stammlokal wurde. Hier hätte man sich eine Künstlerrunde um Lenbach oder Stuck, mit langen Haartrachten und gewaltigen Bärten, eher vorstellen können, als Hitler mit seiner korrekt gekleideten oder uniformierten Umgebung. In der Osteria fühlte er sich wohl, als »verhindertem Künstler« gefiel ihm offensichtlich das von ihm einst angestrebte und nun endgültig zugleich verpaßte und überholte Milieu.

Nicht selten mußte der begrenzte Kreis der Eingeladenen stundenlang auf Hitler warten: ein Adjutant, der Gauleiter von Bayern, Wagner, falls er seinen Rausch ausgeschlafen hatte, natürlich sein ständiger Begleiter und Hoffotograf Hofmann, der um diese Zeit manchmal schon leicht alkoholisiert war, sehr oft die sympathische Miss Mitford, mitunter, wenn auch nur selten, ein Maler oder ein Bildhauer. Dann noch Dr. Dietrich, der Reichspressechef und stets Martin Bormann, der überaus unscheinbar wirkende Sekretär von Rudolf Hess. Auf der Straße warteten einige hundert Menschen, denen unsere Gegenwart genügte, um zu wissen, daß »er« komme.

Lauter Jubel draußen: Hitler steuerte auf unsere Stammecke zu, die nach einer Seite mit einer halbhohen Wand abgeschirmt war; bei gutem Wetter saßen wir in dem kleinen Hof mit der Andeutung einer Laube. Der Wirt und die beiden Serviererinnen wurden jovial begrüßt: »Was gibt's heute Gutes? Ravioli? Wenn sie nur nicht so gut schmecken täten. Es ist zu verführerisch!« Hitler schnalzte mit den Fingern: »Es wär ja alles schön bei Ihnen, Herr Deutelmoser, aber meine Linie! Sie vergessen, daß der Führer nicht essen kann, was er möchte.« Daraufhin studierte er lange die Speisekarte und wählte Ravioli.

Jeder bestellte, was ihm schmeckte: Schnitzel, Gulasch, auch den offenen Wein aus Ungarn; es wurde, trotz gelegentlicher Scherze Hitlers über »Leichenfresser« und »Weintrinker«, allem ungeniert zugesprochen. Hier in dieser Runde war man unter sich. Eine stille Vereinbarung galt: Politik durfte nicht erwähnt werden. Die einzige Ausnahme machte Miss Mitford, die auch in den späteren Jahren der Spannung zäh für ihre englische Heimat warb und Hitler oft geradezu anflehte, sich mit England zu arrangieren. Trotz Hitlers abwinkender Reserviertheit, ließ sie in all den Jahren nicht locker. Dann, im September 1939, machte sie am Tage der englischen Kriegserklärung im Münchener Englischen Garten mit einer zu kleinen Pistole einen Selbstmordversuch. Hitler übergab sie den besten Spezialisten Münchens und ließ sie alsbald im Sonderwagen über die Schweiz nach England bringen.

Hauptthema während der Mahlzeiten war regelmäßig der vormittägliche Besuch beim Professor. Hitler lobte überschwenglich, was er gesehen hatte; alle Details hatten sich ihm mühelos eingeprägt. Sein Verhältnis zu Troost war etwa das eines Schülers zum Meister; es erinnerte mich an meine unkritische Bewunderung Tessenows.

Dieser Zug gefiel mir sehr; ich war erstaunt, daß dieser Mann, der von seiner Umgebung angebetet wurde, noch zu einer Art von Verehrung fähig war. Hitler, der sich selbst als Architekt fühlte, respektierte auf diesem Feld die Überlegenheit des Fachmannes; in der Politik hätte er das nie getan.

Freimütig erzählte er, wie er von der Familie Bruckmann, einer hochkultivierten Verlegerfamilie Münchens, mit Troost bekanntgemacht worden war. Es sei ihm »wie Schuppen von den Augen gefallen«, als er dessen Arbeiten gesehen habe. »Ich konnte das, was ich bis dahin gezeichnet hatte, nicht mehr ertragen. Was für ein Glück, daß ich diesen Mann kennenlernte!« Das war es tatsächlich auch; nicht auszudenken, wie sein architektonischer Geschmack ohne den Einfluß Troosts ausgesehen hätte. Er zeigte mir einmal das Skizzenbuch aus den frühen zwanziger Jahren. Ich sah Versuche zu repräsentativen Bauten im neubarocken Stil der Wiener Ringstraße aus den neunziger Jahren des voraufgegangenen Jahrhunderts; sonderbarerweise waren solche Architekturentwürfe oft auf einer Seite mit Skizzen zu Waffen und Kriegsschiffen vermischt.

Im Vergleich dazu war Troosts Architektur geradezu karg. Sein Einfluß auf Hitler blieb folglich auch Episode. Bis an sein Ende lobte Hitler die Architekten und die Bauten, die ihm bei seinen frühen Skizzen zum Vorbild gedient hatten: Die Pariser Große Oper (1861–1874) von Charles Garnier: »Das Treppenhaus ist das schönste der Welt. Wenn da die Damen in ihren kostbaren Toiletten herunterwandeln und Uniformierte Spalier stehen: Herr Speer, so was müssen wir auch bauen!« Von der Wiener Oper schwärmte er: »Das prachtvollste Opernhaus der Welt mit einer großartigen Akustik. Wenn ich als junger Mann dort im vierten Rang saß ...« Über einen der zwei Architekten dieses Bauwerkes, van der Nüll, erzählte Hitler: »Er glaubte, die Oper sei ihm mißlungen. Sehen Sie, er war so verzweifelt, daß er sich einen Tag vor der Eröffnung eine Kugel durch den Kopf schoß. Bei der Einweihung wurde es dann sein größter Erfolg, alle Welt lobte den Architekten!« Dergleichen führte dann nicht selten zu Betrachtungen, in welchen schwierigen Situationen auch er schon gestanden und wie doch immer wieder eine günstige Wendung ihn errettet habe. Man dürfe nie aufgeben.

Seine Vorliebe galt besonders den zahlreichen Theaterbauten von Hermann Helmer (1849–1919) und Ferdinand Fellner (1847–1916), die nicht nur Österreich-Ungarn, sondern auch Deutschland zu Ende des 19. Jahrhunderts mit spätbarocken Theatergebäuden nach gleichbleibendem Schema versorgten. Er wußte, in welchen Städten ihre Bauten standen und ließ später das verwahrloste Theater in Augsburg herrichten.

Er schätzte aber auch die strengeren Baumeister des 19. Jahrhunderts wie Gottfried Semper (1803–1879), der in Dresden die Oper und die Gemäldegalerie, in Wien die Hofburg und die Hofmuseen erbaut hatte, sowie Theophil Hansen (1803–1883), der in Athen und in Wien einige bedeutende klassizistische Bauten errichtet hatte. Kaum hatten 1940 die deutschen Truppen Brüssel genommen, mußte ich hinfahren, um mir den riesigen Justizpalast von Poelaert (1817–1879) anzusehen, von dem er schwärmte, obwohl er ihn, wie auch die Pariser Oper, nur aus Plänen kennen konnte; nach meiner Rückkehr ließ er sich eingehend darüber unterrichten.

Das war Hitlers Architekturwelt. Letzten Endes zog es ihn aber immer wieder zum schwülstigen Neobarock, wie ihn auch Wilhelm II. durch seinen Hofbaumeister Ihne pflegen ließ: im Grunde lediglich »Verfallsbarock«, dem Stil gleich, der den Zerfall des römischen Weltreiches begleitete. So blieb Hitler auf dem Gebiet der Architektur, nicht anders als auf dem der Malerei und Plastik, in der Welt seiner Jugend stecken: es war die Welt von 1880 bis 1910, die seinem Kunstgeschmack ebenso wie seiner politischen und ideologischen Vorstellungswelt die besonderen Merkmale gegeben hat.

Widersprüchliche Neigungen waren für Hitler kennzeichnend. So schwärmte er zwar offen für seine Wiener Vorbilder, die sich ihm wohl in seiner Jugendzeit eingeprägt hatten, und erklärte im gleichen Atemzug: »Bei Troost lernte ich erst, was Architektur ist. Als ich etwas Geld hatte, kaufte ich mir ein Möbelstück nach dem anderen von ihm, sah mir seine Bauten, die Einrichtung der ›Europa‹ an, und war jenem Schicksal immer dankbar, das mir in Gestalt von Frau Bruckmann begegnete und mir diesen Meister zuführte. Als die Partei größere Mittel besaß, gab ich ihm den Auftrag, das ›Braune Haus‹ umzubauen und einzurichten. Sie haben es gesehen. Was für Schwierigkeiten habe ich gehabt deswegen! Diese Spießbürger in der Partei fanden es zu verschwenderisch. Und was habe ich bei diesem Umbau nicht alles vom Professor gelernt!«

Paul Ludwig Troost war ein Westfale von großem Wuchs, schlank, mit glattrasiertem Schädel. Zurückhaltend im Gespräch, ohne Gesten, gehörte er zu einer Gruppe von Architekten wie Peter Behrens, Joseph M. Olbrich, Bruno Paul und Walter Gropius, die vor 1914 in einer Reaktion auf den ornamentreichen Jugendstil eine in den architektonischen Mitteln sparsame, fast ornamentlose Richtung vertrat und einen spartanischen Traditionalismus sowie Elemente der Moderne in sich vereinigte. Troost hatte zwar gelegentliche Erfolge bei Wettbewerben, konnte aber vor 1933 nie zur Spitzengruppe vorstoßen.

Einen »Stil des Führers« gab es nicht, so sehr die Parteipresse sich darüber auch verbreitete. Was zur offiziellen Architektur des Reiches erklärt wurde, war lediglich der von Troost vermittelte Neoklassizismus, der dann vervielfacht, abgewandelt, übertrieben oder auch ins Lächerliche verzerrt wurde. Hitler schätzte im klassizistischen Stil dessen überzeitlichen Charakter umso mehr, als er sogar glaubte, in dem dorischen Stamm einige Anknüpfungspunkte an seine germanische Welt gefunden zu haben; trotzdem wäre es falsch, bei Hitler nach einem ideologisch begründeten Baustil zu suchen. Seinem pragmatischen Denken entsprach das nicht.

Zweifellos verfolgte Hitler eine Absicht, wenn er mich regelmäßig zu seinen Baubesprechungen nach München mitnahm. Offenbar wollte er mich ebenfalls zum Schüler von Troost machen. Ich war zum Lernen gern bereit und habe tatsächlich auch viel von Troost gelernt. Die reiche, aber in der Beschränkung auf einfache Formelemente dennoch zurückhaltende Architektur meines zweiten Lehrers beeinflußte mich entscheidend.

Das ausgedehnte Tischgespräch in der Osteria war beendet: »Der Professor hat mir heute gesagt, im Führerhaus wird das Treppenhaus ausgeschalt. Ich kann's kaum erwarten. Brückner, lassen Sie die Wagen kommen, wir fahren gleich hin. Sie kommen doch mit?«

Eilig lief er geradewegs auf das Treppenhaus des Führerbaus zu, besah es von unten, von der Galerie, von der Treppe, ging wieder nach oben und war hingerissen. Schließlich war die Baustelle in allen Winkeln besichtigt, Hitler hatte seine genaue Kenntnis jeder Einzelheit und aller Raummaße wieder einmal bewiesen und alle am Bau Beteiligten gebührend verblüfft. Zufrieden mit dem Fortschritt, zufrieden mit sich selbst, weil er Ursache und Motor dieser Bauten war, ging er zum nächsten Ziel: der Villa seines Fotografen in München-Bogenhausen.

Bei gutem Wetter wurde dort der Kaffee im kleinen Garten serviert, der von den Gärten anderer Villen umgeben, nicht größer als etwa zweihundert Quadratmeter war. Dem Kuchen suchte Hitler zu widerstehen, und ließ sich schließlich doch unter vielen Komplimenten an die Hausfrau etwas auf den Teller geben. Bei schönem Sonnenschein konnte es vorkommen, daß der Führer und Reichskanzler seinen Rock auszog und sich in Hemdsärmeln auf den Rasen legte. Bei Hofmanns fühlte er sich wie zu Hause; einmal ließ er sich einen Band von Ludwig Thoma kommen, wählte ein Stück und las daraus vor.

Besonders freute sich Hitler auf die Gemälde, die ihm der Fotograf zur Auswahl in die Wohnung kommen ließ. Anfangs war ich verblüfft, als ich sah, was Hitler von Hofmann vorgeführt wurde und was seinen Beifall fand, später gewöhnte ich mich daran, ohne mich freilich davon abbringen zu lassen, frühe romantische Landschaften, beispielsweise von Rottmann, Fries oder Kobell, zu sammeln.

Einer der Lieblingsmaler Hitlers wie Hofmanns war Eduard Grützner, der mit seinen weinseligen Mönchen und Kellermeistern eigentlich mehr in die Lebenssphäre des Fotografen paßte als in die des Abstinenzlers Hitler. Aber Hitler betrachtete diese Bilder unter »künstlerischem« Aspekt: »Was, das kostet nur 5 000 Mark?« Das Bild hatte bestimmt nicht mehr als 2 000 Mark Handelswert. »Wissen Sie, Hofmann, das ist geschenkt! Sehen Sie einmal diese Einzelheiten an! Grützner ist bei weitem unterschätzt.« Das nächste Bild dieses Malers kostete ihn bedeutend mehr. »Er ist eben noch nicht entdeckt. Rembrandt hat auch viele Jahrzehnte nach seinem Tod nichts gegolten. Da wurden seine Bilder fast verschenkt. Glauben Sie mir, dieser Grützner wird einmal so viel wert sein wie ein Rembrandt. Rembrandt hätte das auch nicht besser malen können.«

Auf allen Kunstgebieten hielt Hitler das späte 19. Jahrhundert für eine der größten Kulturepochen der Menschheit, nur meinte er, sie sei wegen des geringen zeitlichen Abstands noch nicht erkannt. Aber diese Wertschätzung hörte beim Impressionismus auf, während der Naturalismus eines Leibl oder eines Thoma seiner betulichen Kunstneigung entsprach. Makart rangierte am höchsten; auch Spitzweg schätzte er sehr. In diesem Falle konnte ich seine Vorliebe verstehen, wenn er auch weniger die großzügige und oft impressionistische Malart, als vielmehr das biedermännische Genre bewunderte, den liebenswürdigen Humor, mit dem Spitzweg die Münchner Kleinstadt seiner Zeit ironisierte.

Später stellte sich zur peinlichen Überraschung des Fotografen heraus, daß ein Fälscher diese Spitzwegliebhaberei ausgebeutet hatte. Hitler wurde zuerst unruhig, welche seiner Spitzwegs echt seien, unterdrückte aber diese Zweifel sehr bald und meinte schadenfroh: »Wissen Sie, die Spitzwegs, die beim Hofmann hängen, die sind zum Teil falsch. Ich kann es ihnen ansehen. Aber lassen wir ihm sei' Freud.« Hitler paßte sich in München gerne dem bayerischen Tonfall an.

Oft besuchte er »Carltons Teestuben«, ein pseudo-luxuriöses Lokal mit kopierten Stilmöbeln und falschen Kristallüstern. Er liebte es, weil die Münchner ihn bei solchen Aufenthalten ungestört ließen, ihn nicht mit Beifall oder Autogrammbitten belästigten, wie das anderswo meist der Fall war. Oft kam spät abends ein Anruf von der Wohnung Hitlers: »Der Führer fährt in das Café Heck und bittet Sie, auch hinzukommen.« Ich mußte aus dem Bett und hatte keine Aussicht, vor zwei bis drei Uhr morgens wieder zurückzukehren.

Hitler entschuldigte sich gelegentlich: »Das lange Aufbleiben habe ich mir in der Kampfzeit angewöhnt. Nach den Versammlungen mußte ich mich mit den Alten zusammensetzen, und außerdem war ich durch meine Reden regelmäßig so aufgeputscht, daß ich vor dem frühen Morgen doch nicht hätte schlafen können.«

Das Café Heck war im Gegensatz zu »Carltons Teestuben« mit einfachen Holzstühlen und Eisentischen eingerichtet. Es war das alte Parteicafé, in dem Hitler sich früher mit seinen Kampfgefährten getroffen hatte. In seinen Münchener Tagen der Jahre nach 1933 traf er mit ihnen jedoch nicht mehr zusammen, obwohl sie ihm so viele Jahre lang Hingabe bewiesen hatten. Ich hatte einen engen Münchener Freundeskreis erwartet; doch es gab nichts dergleichen. Hitler wurde im Gegenteil eher mißmutig, wenn ihn einer der Alten zu sprechen wünschte und fast immer verstand er es, solche Bitten unter Vorwänden abzulehnen oder zu verzögern. Die alten Parteigenossen trafen zweifellos nicht immer den Ton des Abstandes, den Hitler trotz aller äußerlich aufrecht erhaltenen Leutseligkeit nun geziemend fand. Oft zeigten sie sich unangemessen vertraulich, das vermeintlich wohlerworbene Recht auf Intimität paßte nicht mehr zu der geschichtlichen Rolle, die Hitler sich inzwischen zusprach.

Nur äußerst selten besuchte er einmal einen von ihnen. Sie hatten sich unterdessen herrschaftliche Villen angeeignet, die meisten hatten wichtige Ämter inne. Ihr einziges Treffen war der Jahrestag des Putsches vom 9. November 1923, der im »Bürgerbräukeller« gefeiert wurde. Erstaunlicherweise freute Hitler sich keineswegs auf dieses Wiedersehen, sondern zeigte regelmäßig seine Abneigung angesichts dieser Verpflichtung.

Ziemlich schnell hatten sich nach 1933 verschiedene Kreise gebildet, die einander fernstanden, sich aber gleichzeitig belauerten, miteinander rivalisierten und einander verachteten. Eine Mischung von Geringschätzung und Mißgunst breitete sich aus. Das hing auch damit zusammen, daß sich um jeden neuen Würdenträger schnell ein engerer Kreis von Menschen zu bilden pflegte. So verkehrte Himmler fast ausschließlich mit seiner SS-Gefolgschaft, bei der er auf bedingungslose Verehrung rechnen konnte; Göring hatte eine Schar von unkritischen Bewunderern um sich versammelt, teils aus seiner engeren Familie, teils aus seinen engsten Mitarbeitern und Adjutanten; Goebbels fühlte sich wohl in einer Umgebung von Verehrern aus Literatur und Film; Hess beschäftigte sich mit Problemen homöopathischer Heilkunde, liebte Kammermusik und hatte verschrobene, aber auch interessante Bekannte.

Als Intellektueller sah Goebbels auf die ungebildeten Spießer der führenden Münchener Gruppe herab, die sich ihrerseits über den literarischen Ehrgeiz des eingebildeten Doktors mokierten. Göring fand weder die Münchener Spießer noch Goebbels auf dem ihm angemessenen Niveau und vermied daher jeden gesellschaftlichen Verkehr mit ihnen, während Himmler sich durch den elitären Sendungsgedanken der SS, der sich zeitweise in der Bevorzugung von Prinzen- und Grafensöhnen ausdrückte, weit über alle anderen erhaben fühlte. Auch Hitler hatte ja seine engste Entourage, die mit ihm herumzog und in ihrer Zusammensetzung aus Chauffeuren, Fotograf, Pilot und Sekretären immer die gleiche blieb.

Hitler faßte diese auseinanderstrebenden Kreise zwar politisch zusammen. Aber man sah bei seiner Mittagstafel oder den Filmvorführungen nach einem Jahr der Machtausübung weder Himmler noch Göring noch Hess häufig genug, als daß man von einer Gesellschaft des neuen Regimes hätte sprechen können. Und wenn sie kamen, war ihr Interesse so sehr auf Hitler und seine Gunst konzentriert, daß Querverbindungen zu den übrigen Gruppen nicht zustande kamen.

Allerdings wurde eine gesellschaftliche Verbindung der Führungsgruppe von Hitler auch nicht gefördert. Je kritischer sich die Lage später entwickelte, um so mißtrauischer wurden wechselseitige Annäherungsversuche beobachtet. Erst als alles zu Ende war, in der Gefangenschaft, fanden sich, nun allerdings zwangsweise, die noch überlebenden Oberhäupter dieser in sich abgeschlossenen Miniaturwelten zum erstenmal in einem Luxemburger Hotel zusammen.

Hitler kümmerte sich in diesen Münchener Tagen wenig um Staats- oder Parteigeschäfte, weniger noch als in Berlin oder auf dem Obersalzberg. Meist blieben nur ein oder zwei Stunden täglich für Besprechungen. Die meiste Zeit wurde vagabundierend und flanierend auf Bauplätzen, in Ateliers, Cafés und Speisehäusern verbracht, mit langen Selbstgesprächen zur immer gleichen Umgebung, die die immer gleichen Themen schon zur Genüge kannte und mühsam ihre Langeweile zu verbergen suchte.

Nach zwei oder drei Tagen in München befahl Hitler meist, die Fahrt auf den »Berg« vorzubereiten. In mehreren offenen Wagen fuhren wir über staubige Landstraßen; die Autobahn nach Salzburg gab es damals noch nicht, doch wurde sie mit Vorrang gebaut. In einem Dorfgasthaus in Lambach am Chiemsee wurde meist eine Jause mit nahrhaftem Kuchen eingelegt, dem Hitler kaum je widerstehen konnte. Dann schluckten die Insassen des zweiten oder dritten Wagens erneut zwei Stunden lang Staub, denn die Kolonne fuhr dicht aufgeschlossen. Nach Berchtesgaden folgte eine steile Bergstraße voller Schlaglöcher, bis uns am Obersalzberg Hitlers kleines gemütliches Holzhaus mit weit überstehendem Dach und bescheidenen Räumen erwartete: ein Eßzimmer, ein kleines Wohnzimmer, drei Schlafzimmer. Die Möbel entstammten der Vertiko-Periode altdeutscher Heimattümelei und gaben der Wohnung das Gepräge behaglicher Kleinbürgerlichkeit. Ein vergoldeter Käfig mit einem Kanarienvogel, ein Kaktus und ein Gummibaum verstärkten diesen Eindruck noch. Hakenkreuze fanden sich auf Nippessachen und von Anhängerinnen gestickten Kissen, kombiniert etwa mit einer aufgehenden Sonne oder dem Gelöbnis »Ewige Treue«. Hitler meinte verlegen zu mir: »Ich weiß, das sind keine schönen Sachen, und vieles davon ist auch ein Geschenk. Ich möchte mich davon nicht trennen.«

Bald kam er aus seinem Schlafzimmer, hatte das Jackett mit einer leichten bayerischen Joppe aus hellblauem Leinen vertauscht und dazu eine gelbe Krawatte gewählt. Meist begann er sofort Baupläne zu besprechen.

Nach einigen Stunden fuhr ein kleiner geschlossener Mercedes mit den beiden Sekretärinnen, Fräulein Wolf und Fräulein Schröder, vor; in deren Begleitung befand sich meist ein einfaches Münchener Mädchen. Es war eher nett und frisch als schön und wirkte bescheiden. Nichts deutete darauf hin, daß sie die Geliebte eines Herrschers war: Eva Braun.

Dieses geschlossene Auto durfte niemals in der offiziellen Wagenkolonne fahren, denn es sollte nicht mit Hitler in Verbindung gebracht werden. Die mitfahrenden Sekretärinnen hatten gleichzeitig die Fahrt der Geliebten zu tarnen. Mich überraschte, daß Hitler und sie alles vermieden, was auf eine intime Freundschaft hinwies – um dann spät abends doch in die oberen Schlafräume zu gehen. Mir ist immer unverständlich geblieben, warum diese unnütze, verkrampft wirkende Abstandshaltung selbst in diesem internen Kreis eingehalten wurde, dem das Verhältnis doch keineswegs verborgen bleiben konnte.

Eva Braun zeigte zu allen Personen der Umgebung Hitlers Abstand. Auch mir gegenüber änderte sich das erst im Laufe der Jahre. Als wir näher bekannt wurden, merkte ich, daß ihre zurückhaltende Art, die auf viele hochmütig wirkte, lediglich Verlegenheit war; sie war sich klar über ihre zweifelhafte Stellung am Hofe Hitlers.

In diesen ersten Jahren unserer Bekanntschaft wohnte Hitler mit Eva Braun, einem Adjutanten und einem Diener allein in dem kleinen Haus; wir fünf oder sechs Gäste, darunter auch Martin Bormann und der Reichspressechef Dietrich, sowie die zwei Sekretärinnen, wurden in einer nahebei gelegenen Pension untergebracht.

Die Wahl Hitlers, sich am Obersalzberg anzusiedeln, schien für seine Liebe zur Natur zu sprechen. Darin täuschte ich mich jedoch. Wohl bewunderte er oft eine schöne Aussicht, meist war er aber mehr von der Mächtigkeit der Abgründe als vom sympathischen Zusammenklang einer Landschaft angetan. Es mag sein, daß er mehr fühlte, als er zum Ausdruck kommen ließ. Es fiel mir auf, daß er an Blumen wenig Freude hatte und sie mehr als Dekoration schätzte. Als eine Abordnung der Berliner Frauenorganisation etwa 1934 Hitler am Anhalter Bahnhof empfangen und ihm dabei Blumen überreichen wollte, rief deren Leiterin bei Hanke, dem Sekretär des Propagandaministers, an, um die Lieblingsblume Hitlers zu erfahren. Hanke zu mir: »Ich habe rumtelefoniert, die Adjutanten gefragt, aber ohne Erfolg. Er hat keine!« Nach einigem Nachdenken: »Was meinen Sie, Speer? Wollen wir nicht Edelweiß sagen? Ich glaube, Edelweiß wäre das beste. Einmal ist es etwas Seltenes und dann kommt es auch noch von den bayerischen Bergen. Sagen wir doch einfach Edelweiß!« Von da an war Edelweiß offiziell die »Blume des Führers«. Der Vorgang zeigt, wie selbständig die Parteipropaganda zuweilen das Bild Hitlers gestaltete.

Oft erzählte Hitler von großen Bergtouren, die er früher unternommen habe. Vom Standpunkt des Bergsteigers aus gesehen waren sie allerdings unbedeutend. Bergsteigen oder alpines Skifahren lehnte er ab: »Wie kann jemand Gefallen dran finden, den greulichen Winter durch einen Aufenthalt in den Höhen künstlich zu verlängern?« Seine Abneigung gegen Schnee kam immer wieder zum Ausdruck, längst vor dem katastrophalen Winterfeldzug 1941/42. »Am liebsten würde ich diese Sportarten verbieten, da bei ihnen viele Unglücke passieren. Aber die Gebirgstruppe bezieht ja aus diesen Narren ihren Nachwuchs.«

In den Jahren zwischen 1934 und 1936 machte Hitler noch größere Spaziergänge auf öffentlichen Waldwegen, begleitet von seinen Gästen und drei oder vier Kriminalbeamten in Zivil, die zu seinem Begleitkommando der Leibstandarte gehörten. Dabei durfte auch Eva Braun ihn begleiten, allerdings nur im Gefolge der beiden Sekretärinnen am Ende der Kolonne.

Es galt als Bevorzugung, von ihm an die Spitze gerufen zu werden, obwohl die Unterhaltung mit ihm nur spärlich dahinfloß. Nach vielleicht einer halben Stunde wechselte Hitler den Partner: »Holen Sie mir den Pressechef!« und der Begleiter war zum Troß zurückversetzt. Es wurde in schnellem Tempo gewandert, oft begegneten uns andere Spaziergänger, blieben am Rande des Weges stehen, grüßten ehrfürchtig oder nahmen sich ein Herz, meist die Frauen oder Mädchen, ihn anzusprechen, worauf er mit einigen freundlichen Worten reagierte.

Das Ziel war manchmal der »Hochlenzer«, ein kleines Berggasthaus, oder die eine Stunde entfernte »Scharitzkehl«, wo man an einfachen Holztischen im Freien ein Glas Milch oder Bier trank. Selten fand eine größere Tour statt; so einmal mit Generaloberst von Blomberg, dem Oberbefehlshaber der Wehrmacht. Uns kam es so vor, als ob gravierend militärische Probleme erörtert würden, da sich alle auf Hörweite entfernt halten mußten. Auch als wir auf einer Waldwiese lagerten, ließ sich Hitler vom Diener die Decken in ziemlicher Entfernung ausbreiten, um sich darauf mit dem Generaloberst auszustrecken – ein scheinbar friedliches und unverdächtiges Bild.

Ein anderes Mal ging es mit dem Auto zum Königssee und von dort mit einem Motorboot zur Halbinsel Bartholomä; oder wir machten eine dreistündige Wanderung über die Scharitzkehl zum Königssee. Die letzte Strecke mußten wir uns durch zahlreiche Spaziergänger durchwinden, die das schöne Wetter angelockt hatte. Interessanterweise wurde Hitler von diesen vielen Menschen in seiner bayerisch-ländlichen Kleidung zunächst nicht erkannt, da kaum jemand ihn unter den Fußgängern vermutete. Erst kurz vor unserem Ziel, der Gastwirtschaft »Schiffmeister«, bildete sich eine Welle von Begeisterten, denen nachträglich bewußt geworden war, wem sie soeben begegnet waren. Erregt folgten sie unserer Gruppe. Mit knapper Not erreichten wir, Hitler im Eilschritt voran, die Tür, bevor wir von der schnell anwachsenden Menge eingekeilt wurden. Da saßen wir nun bei Kaffee und Kuchen und draußen füllte sich der große Platz. Erst wenn eine Verstärkung des Schutzkommandos eingetroffen war, bestieg Hitler den offenen Wagen. Stehend, neben dem Fahrer auf dem hochgeklappten Vordersitz, die linke Hand an der Windschutzscheibe, konnten ihn auch die entfernter Stehenden sehen. In solchen Momenten wurde die Begeisterung frenetisch, das stundenlange Warten war endlich belohnt. Zwei Mann des Begleitkommandos gingen vor dem Auto, an jeder Seite drei weitere, während sich der Wagen im Schrittempo durch die andrängende Menge zwängte. Ich saß, wie meist, auf dem Notsitz dicht hinter Hitler und nie werde ich diesen Anprall von Jubel, diesen Taumel vergessen, der sich in so vielen Gesichtern ausdrückte. Wo Hitler auch hinkam, wo immer sein Auto für kurze Zeit anhalten mußte, überall wiederholten sich in diesen ersten Jahren seiner Herrschaft diese Szenen. Sie waren nicht durch rhetorische oder suggestive

Behandlung der Massen hervorgerufen, sondern ausschließlich Wirkung der Gegenwart Hitlers. Während die einzelnen in der Menge meist nur für Sekunden diesem Einfluß erlagen, war Hitler einer Dauerbeeinflussung ausgesetzt. Ich bewunderte damals, daß er seine ungezwungenen Formen im privaten Umgang trotzdem beibehielt.

Vielleicht ist es begreiflich: Ich war von diesen Huldigungsstürmen mitgerissen. Aber noch überwältigender war es für mich, einige Minuten oder Stunden später mit dem Abgott eines Volkes über Baupläne zu sprechen, im Theater zu sitzen oder in der »Osteria« Ravioli zu essen – es war dieser Kontrast, der mich bezwang.

Während ich vor einigen Monaten noch von der Aussicht, Bauten entwerfen und ausführen zu können, begeistert war, stand ich nun völlig in seinem Bann, bedingungslos und besinnungslos von ihm festgehalten – ich wäre bereit gewesen, ihm überall hin zu folgen. Dabei wollte er mich offensichtlich nur einer glorreichen Laufbahn als Architekt zuführen. Jahrzehnte später las ich in Spandau Cassirers Formulierung von den Männern, die aus eigenem Antrieb das höchste Privileg des Menschen, souveräne Person zu sein, fortwerfen[1].

Jetzt war ich einer von diesen.

Zwei Todesfälle des Jahres 1934 markierten die private und die staatliche Sphäre: Nach einigen Wochen schwerer Erkrankung starb am 21. Januar Hitlers Architekt Troost; und am 2. August verschied Reichspräsident von Hindenburg, dessen Tod ihm den Weg freimachte zur unumschränkten Macht.

Am 15. Oktober 1933 hatte Hitler feierlich den Grundstein zum »Haus der Deutschen Kunst« in München gelegt. Die Hammerschläge führte er mit einem feinen silbernen Hammer aus, den Troost für diesen Tag entworfen hatte. Doch der Hammer brach in Stücke. Nun, vier Monate später, meinte Hitler zu uns: »Als der Hammer zerbrach, wußte ich gleich: das ist ein übles Vorzeichen! Nun wird sich irgend etwas ereignen! Jetzt wissen wir, warum der Hammer zerbrach: Der Architekt mußte sterben.« Ich habe nicht wenige Beispiele erlebt, die auf Hitlers Aberglauben hinwiesen.

Auch für mich bedeutete der Tod Troosts einen schweren Verlust. Gerade hatte sich zwischen uns ein engeres Verhältnis angebahnt, von dem ich mir menschlichen und künstlerischen Gewinn zugleich versprach. Funk, damals Staatssekretär bei Goebbels, war anderer Ansicht: Am Todestage Troosts traf ich ihn im Vorzimmer seines Ministers mit einer langen Zigarre im runden Gesicht: »Ich gratuliere! Jetzt sind Sie der Erste!«

Ich war achtundzwanzig Jahre alt.

5. Kapitel

Gebaute Megalomanie

Eine Zeit lang sah es so aus, als ob Hitler selber das Büro Troosts übernehmen wolle. Er hatte Sorge, daß die weitere Bearbeitung der Pläne nicht mit der notwendigen Einfühlung in die Gedanken des Verstorbenen durchgeführt würde: »Am besten, ich nehme das selbst in die Hand«, meinte er. Schließlich war diese Absicht auch nicht absonderlicher, als später das Oberkommando über das Heer auszuüben.

Zweifellos reizte es ihn einige Wochen lang, sich als Chef eines gut eingearbeiteten Ateliers vorzustellen. Schon auf der Fahrt nach München pflegte er sich zuweilen darauf vorzubereiten, indem er sich über Bauentwürfe unterhielt oder Skizzen anfertigte, um einige Stunden danach am Zeichentisch des eigentlichen Bürochefs zu sitzen und Pläne zu korrigieren. Aber Bürochef Gall, ein biederer einfacher Münchener, verteidigte mit unerwarteter Zähigkeit das Werk Troosts, ging auf die anfänglich sehr detaillierten zeichnerischen Vorschläge Hitlers nicht ein und machte es besser.

Hitler faßte Zutrauen zu ihm und ließ seine Absicht bald stillschweigend fallen; er erkannte das Können des Mannes an. Nach einiger Zeit betraute er ihn auch mit der Leitung des Ateliers und gab ihm zusätzliche Aufgaben.

Eng verbunden blieb er auch der Witwe seines verstorbenen Architekten, der er seit langem freundschaftlich nahe stand. Sie war eine Frau von Geschmack und Charakter, die ihre oft eigenwilligen Ansichten beharrlicher verteidigte als manche Männer in Amt und Würden. Für das Werk ihres verstorbenen Mannes trat sie erbittert und zuweilen allzu heftig ein und war aus diesem Grund bei vielen gefürchtet. Sie bekämpfte Bonatz, da er so unvorsichtig war, sich gegen Troosts Gestaltung des Münchener Königsplatzes auszusprechen; sie wandte sich heftig gegen die modernen Architekten Vorhoelzer und Abel und war in allen diesen Fällen mit Hitler einig. Andererseits brachte sie ihm Münchener Architekten ihrer Wahl nahe, äußerte sich ablehnend oder lobend über Künstler und künstlerische Ereignisse und wurde bald, da Hitler oft auf sie hörte, für München eine Art Kunstrichterin. Leider nicht in Fragen der Malerei. Hier hatte Hitler seinem Fotografen Hofmann die erste Sichtung der für die alljährliche »Große Kunstausstellung« eingesandten Bilder übertragen. Frau Troost kritisierte oft die einseitige Auswahl, doch gab Hitler ihr auf diesem Gebiet nicht nach, so daß sie bald auf eine Teilnahme an den Besichtigungen verzichtete. Wollte ich selbst Bilder an meine Mitarbeiter verschenken, so beauftragte ich meine Aufkäufer, sich im Keller des »Hauses der Deutschen Kunst« umzusehen, wo die ausgeschiedenen Bilder lagerten. Wenn ich diese Auswahl heute hie und da in den Wohnungen meiner Bekannten wiedersehe, fällt mir auf, daß sie sich kaum von denen der damaligen Ausstellungen unterscheiden. Die Unterschiede, einst so heftig umkämpft, sind unterdes in sich zusammengefallen.

Den Röhmputsch erlebte ich in Berlin. Es war Spannung über der Stadt; im Tiergarten lagerten feldmarschmäßig ausgerüstete Soldaten; Polizei, mit Gewehren bewaffnet, fuhr auf Lastwagen durch die Straßen; es herrschte ausgesprochen »dicke Luft«, ähnlich wie am 20. Juli 1944, den ich ebenfalls in Berlin erleben sollte.

Am nächsten Tag wurde Göring als der Retter der Berliner Situation präsentiert. Am späten Vormittag kehrte Hitler von seiner Verhaftungsaktion aus München zurück, und ich erhielt einen Anruf seines Adjutanten: »Haben Sie irgendwelche neuen Pläne? Dann bringen Sie sie her!«, was darauf hindeutete, daß Hitler von seiner Umgebung auf architektonische Interessen abgelenkt werden sollte.

Hitler war äußerst erregt und, wie ich noch heute glaube, innerlich davon überzeugt, eine große Gefahr heil überstanden zu haben. Immer wieder erzählte er in diesen Tagen, wie er in Wiessee in das Hotel »Hanselmayer« eingedrungen sei, vergaß dabei nicht, seinen Mut zu demonstrieren: »Wir waren ohne Waffen, denken Sie, und wußten nicht, ob die Schweine uns bewaffnete Wachen entgegenstellen konnten!« Die homosexuelle Atmosphäre habe ihn angeekelt. »In einem Zimmer überraschten wir zwei nackte Jünglinge.« Offenbar glaubte er, durch seinen persönlichen Einsatz in allerletzter Stunde eine Katastrophe verhindert zu haben: »Denn nur ich konnte das lösen! Niemand sonst!«

Seine Umgebung trachtete, die Abneigung gegen die erschossenen SA-Führer zu erhöhen, indem sie ihm eifrig möglichst viele Details aus dem intimen Leben Röhms und seiner Gefolgschaft berichtete. Brückner legte Hitler Speisekarten von Gastgelagen der ausschweifenden Kumpanei vor. Angeblich hatte man sie im Berliner Hauptquartier der SA gefunden: eine Vielzahl von Gängen war darauf verzeichnet, aus dem Ausland bezogene Delikatessen, Froschschenkel, Vogelzungen, Haifischflossen, Möveneier; dazu alte französische Weine und besten Champagner. Ironisch meinte Hitler: »Na, hier haben wir diese Revolutionäre! Und denen war unsere Revolution zu lahm!«

Von einem Besuch beim Reichspräsidenten kam er hocherfreut zurück; wie er erzählte, hatte Hindenburg das Vorgehen gebilligt, etwa mit den Worten: »Im geeigneten Moment darf man auch vor der äußersten Konsequenz nicht zurückschrecken. Es muß auch Blut fließen können.« Gleichzeitig war in den Zeitungen zu lesen, daß der Reichspräsident von Hindenburg seinen Reichskanzler Hitler und den preußischen Ministerpräsidenten Hermann Göring offiziell zur Tat beglückwünscht hatte[1].

Die Führung tat in einer fast hektischen Betriebsamkeit alles, um die Aktion zu rechtfertigen. Die tagelange Aktivität endete mit einer Rede Hitlers vor dem eigens zusammengerufenen Reichstag, die gerade in den Beteuerungen der Unschuld ein Schuldbewußtsein hörbar machte. Ein Hitler, der sich verteidigt: das wird uns in Zukunft nicht mehr begegnen, selbst nicht im Jahre 1939, beim Eintritt in den Krieg. Auch Justizminister Gürtner wurde zur Rechtfertigung herangezogen. Da er parteilos war und folglich nicht von Hitler abhängig schien, hatte sein Auftreten für alle Zweifler ein besonderes Gewicht. Daß die Wehrmacht den Tod ihres Generals Schleicher stillschweigend hinnahm, erregte beträchtliche Aufmerksamkeit. Die weitaus eindrucksvollste Berufungsmöglichkeit jedoch bot, nicht nur für mich, sondern auch für viele meiner unpolitischen Bekannten, die Haltung Hindenburgs. Der Feldmarschall des ersten Krieges war für die damalige Generation bürgerlicher Herkunft eine ehrwürdige Autorität. Schon in meiner Schulzeit verkörperte er den unbeugsamen, standhaften Helden neuester Geschichte; sein Nimbus hatte ihn uns Kindern stets in eine etwas sagenhafte Undeutlichkeit entrückt: Zusammen mit den Erwachsenen benagelten wir im letzten Kriegsjahr übergroße Hindenburg-Statuen mit eisernen Nägeln, von denen jeder einige Mark kostete. Seit meiner Schulzeit war er für mich die Verkörperung der Obrigkeit schlechthin. Hitler durch diese höchste Instanz gedeckt zu wissen, verbreitete ein Gefühl der Beruhigung.

Nicht zufällig stellte sich nach dem Röhmputsch die Rechte, vertreten durch Reichspräsidenten, Justizminister und Generalität, vor Hitler. Sie war zwar frei vom radikalen Antisemitismus, wie ihn Hitler vertrat; sie verachtete geradezu diesen Ausbruch von plebejischen Haßgefühlen. Ihr Konservatismus hatte mit dem Rassenwahn keine gemeinsame Basis. Die offen gezeigte Sympathie mit dem Eingreifen Hitlers hatte ganz andere Ursachen: in der Mordaktion vom 30. Juni 1934 wurde der starke linke Flügel der Partei, vornehmlich in der SA vertreten, beseitigt. Sie hatte sich um die Früchte der Revolution betrogen gefühlt. Nicht ohne Grund. Denn vor 1933 zur Revolution erzogen, hatte eine Mehrheit ihrer Mitglieder Hitlers vermeintlich sozialistisches Programm ernst genommen. Während meiner kurzen Tätigkeit in Wannsee hatte ich auf der untersten Ebene beobachten können, wie der einfache SA-Mann alle Entbehrungen, Zeitverluste und Risiken opferbereit in dem Gedanken ertrug, einst dafür handgreifliche Gegenleistungen zu erhalten. Als sie ausblieben, stauten sich Unzufriedenheit und Unwille; sie hätten leicht explosive Kraft gewinnen können. Möglicherweise hatte Hitlers Eingreifen tatsächlich das Ausbrechen der »Zweiten Revolution«, die Röhm im Munde geführt hatte, verhindert.

Mit solchen Argumenten beschwichtigten wir unser Gewissen. Ich und viele andere griffen gierig nach Entschuldigungen und erhoben, was uns noch zwei Jahre zuvor irritiert hätte, zur Norm unserer neuen Umwelt. Zweifel, die uns gestört hätten, wurden unterdrückt. Aus dem Abstand von Jahrzehnten bin ich betroffen über die Gedankenlosigkeit jener Jahre[2].

Mir brachten die Folgen dieses Ereignisses gleich am nächsten Tag einen Auftrag: »Sie müssen so schnell wie möglich das Borsigpalais umbauen. Ich will die oberste SA-Führung von München hierher verlegen, damit ich sie in Zukunft in der Nähe habe. Gehen Sie rüber und fangen Sie sofort an.« Auf meinen Einwand, dort befinde sich die Dienststelle des Vizekanzlers, erwiderte Hitler lediglich: »Die sollen sofort räumen! Nehmen Sie darauf keine Rücksicht!«

Mit diesem Auftrag versehen begab ich mich unverzüglich in den Dienstsitz Papens; verständlicherweise wußte der Bürodirektor von dem Vorhaben nichts. Es wurde mir vorgeschlagen, einige Monate zu warten bis neue Räume gefunden und umgebaut wären. Als ich zu Hitler zurückkam, wurde er wütend und ordnete nicht nur erneut die sofortige Räumung an, sondern befahl mir auch, mit der Bauarbeit ohne Rücksicht auf die Beamten zu beginnen.

Papen blieb unsichtbar, seine Beamten zögerten, versprachen aber, in ein bis zwei Wochen die Akten ordnungsgemäß in ein provisorisches Domizil zu verbringen. Ich ließ daraufhin kurzerhand die Handwerker in den noch besetzten Bau einziehen und forderte sie auf, in den Hallen und Vorräumen mit möglichst viel Lärm und Staub die reichen Stuckprofile von Wänden und Decken zu schlagen. Der Staub zog durch die Türritzen in die Büros, der Lärm machte jede Arbeit unmöglich. Hitler fand das großartig. Witzeleien über die »verstaubten Beamten« begleiteten seinen Beifall.

Vierundzwanzig Stunden später zogen sie ab. In einem der Zimmer sah ich eine große vertrocknete Blutlache auf dem Boden. Dort war am 30. Juni Herbert von Bose, einer der Mitarbeiter Papens, erschossen worden. Ich sah weg und vermied von da an den Raum. Weiter berührte es mich nicht.

Am 2. August starb Hindenburg. Am gleichen Tag noch gab Hitler mir persönlich den Auftrag, im ostpreußischen Tannenbergdenkmal die notwendigen Arbeiten für die Trauerfeierlichkeiten in die Hand zu nehmen.

Im Innenhof ließ ich eine Tribüne mit Holzbänken errichten, beschränkte mich auf schwarzen Flor, der anstelle von Fahnen von den hohen Türmen hing, die den Innenhof einrahmten. Himmler erschien für einige Stunden mit einem Stab von SS-Führern, ließ sich kühl von seinen Beauftragten die Sicherheitsmaßnahmen erklären; mit der gleichen Unnahbarkeit gab er mir Gelegenheit, meinen Entwurf zu erläutern. Er machte auf mich den Eindruck distanzierter Unpersönlichkeit. Die Menschen schien er nicht zu behandeln, vielmehr ging er mit ihnen um.

Die Bänke aus hellem, frischem Holz störten den beabsichtigten düsteren

Rahmen. Es war schönes Wetter und so ließ ich sie schwarz streichen; aber zum Unglück setzte in den Abendstunden ein Landregen ein, der die nächsten Tage andauerte; die Farbe blieb naß. Im Sonderflugzeug ließen wir Ballen schwarzen Stoffes aus Berlin kommen und die Bänke damit überspannen – aber trotzdem schlug die nasse schwarze Farbe durch, und mancher Trauergast wird seine Kleidung wohl verdorben haben.

In der Nacht vor der Trauerfeier wurde der Sarg auf einer Lafette von Gut Neudeck, dem ostpreußischen Besitz Hindenburgs, in einen der Türme des Denkmals gebracht. Traditionsfahnen deutscher Regimenter des Ersten Weltkrieges und Fackelträger begleiteten ihn; kein einziges Wort wurde gesprochen, kein Kommando gegeben. Diese ehrfurchtsvolle Stille beeindruckte mehr, als die organisierte Feierlichkeit der nächsten Tage.

Hindenburgs Sarg wurde am Morgen in der Mitte des Ehrenhofes aufgebahrt, gleich daneben war, ohne den gebotenen Abstand, das Rednerpult aufgebaut. Hitler trat heran, Schaub holte aus einer Mappe das Manuskript, legte es auf das Pult – Hitler setzte zum Reden an, zögerte, schüttelte unwirsch und ganz unfeierlich den Kopf – der Adjutant hatte das Manuskript verwechselt. Nachdem der Irrtum beseitigt war, las Hitler eine überraschend kühle, formelle Trauerrede ab.

Hindenburg hatte ihm lange, für Hitlers Ungeduld zu lange, durch seine schwer beeinflußbare Starrheit Schwierigkeiten bereitet; oft mußte er mit List, Witz oder Intrige Argumenten zugänglich gemacht werden. Einer der Schachzüge Hitlers war es, den Ostpreußen Funk, der damals noch Staatssekretär bei Goebbels war, zum allmorgendlichen Pressevortrag beim Reichspräsidenten zu schicken. Tatsächlich verstand es Funk durch landsmannschaftliche Vertrautheit, manche für Hindenburg politisch unerfreuliche Nachricht zu entschärfen oder so zu präsentieren, daß sie keinen Anstoß erweckte.

An eine Wiedereinführung der Monarchie, wie sie Hindenburg und zahlreiche seiner politischen Freunde von dem neuen Regime erwartet haben mögen, hat Hitler ernsthaft nie gedacht. Nicht selten ließ er sich vernehmen: »Den sozialdemokratischen Ministern wie Severing habe ich ihre Pensionen weiterzahlen lassen. Man kann denken über sie wie man will, ein Verdienst muß man ihnen lassen: sie haben die Monarchie beseitigt. Das war ein großer Schritt vorwärts. Durch sie erst wurde für uns der Weg bereitet. Und jetzt sollen wir diese Monarchie wieder einführen? Ich die Macht teilen? Sehen Sie nach Italien! Glauben die denn, ich sei so dumm? Monarchen waren immer undankbar gegen ihre ersten Mitarbeiter. Man muß nur an Bismarck denken. Nein, darauf falle ich nicht herein. Auch wenn die Hohenzollern jetzt sehr freundlich tun.«

Anfang 1934 überraschte mich Hitler mit meinem ersten Großauftrag. In Nürnberg sollte auf dem Zeppelinfeld die provisorische Holztribüne durch eine steinerne Anlage ersetzt werden. Ich quälte mich recht und redlich mit den ersten Skizzen herum, bis mir in einer guten Stunde die überzeugende Idee zuflog: Eine große Treppenanlage, oben gesteigert und abgeschlossen durch eine lange Pfeilerhalle, an beiden Enden flankiert von zwei abschließenden Steinkörpern. Zweifellos war das vom Pergamonaltar beeinflußt. Störend erwies sich die unentbehrliche Ehrentribüne, die ich so unauffällig wie möglich in der Mitte der Stufenanlage anzuordnen versuchte.

Unsicher bat ich Hitler, sich das Modell anzusehen – zaudernd, da der Entwurf weit über den gestellten Auftrag hinausging. Der große Steinbau hatte eine Länge von 390 Metern und eine Höhe von 24 Metern. Er übertraf die Länge der Caracalla-Thermen in Rom um 180 Meter, betrug also fast das Doppelte.

Hitler sah sich das Gipsmodell in aller Ruhe von jeder Seite an, nahm fachmännisch die richtige Augenhöhe, studierte wortlos die Zeichnungen und ließ keinerlei Reaktion erkennen. Ich meinte schon, er würde meine Arbeit verwerfen. Dann, genau wie seinerzeit beim ersten Zusammentreffen, ließ er ein knappes »Einverstanden« hören und verabschiedete sich. Bis heute ist mir nicht klar, warum er, der sonst zu langatmigen Äußerungen neigte, bei derartigen Entscheidungen so einsilbig blieb.

Meist lehnte Hitler bei anderen Architekten den ersten Entwurf ab, ließ einen Auftrag gern mehrmals bearbeiten und forderte selbst noch während der Bauarbeiten Änderungen im Detail. Mich ließ er von dieser ersten Probe meines Könnens an unbehelligt; er respektierte von nun an meine Ideen und behandelte mich als Architekten auf einer ihm gewissermaßen ebenbürtigen Stufe.

Hitler liebte zu erklären, daß er baue, um seine Zeit und ihren Geist der Nachwelt zu überliefern. Letztlich würden an die großen Epochen der Geschichte doch nur noch deren monumentale Bauwerke erinnern, meinte er. Was sei denn von den Imperatoren des römischen Weltreiches geblieben? Was würde für sie heute noch zeugen, wenn nicht ihre Bauten? In der Geschichte eines Volkes gäbe es immer wieder Schwächeperioden; dann aber würden die Bauwerke von der einstigen Macht zu sprechen beginnen. Natürlich sei ein neues Nationalbewußtsein nicht dadurch allein zu erwecken. Aber wenn nach einer langen Periode des Niederganges der Sinn für nationale Größe erneut entzündet würde, dann seien jene Denkmäler der Vorfahren die eindrücklichsten Mahner. So würden es heute die Bauten des römischen Imperiums Mussolini ermöglichen, an den heroischen Geist Roms anzuknüpfen, wenn er seine Idee eines modernen Imperiums seinem Volk populär machen wolle. Auch einem Deutschland der kommenden Jahrhunderte müßten unsere Bauwerke ins Gewissen reden. Mit dieser Begründung unterstrich Hitler auch den Wert einer dauerhaften Ausführung.

Mit dem Bau des Zeppelinfeldes wurde unverzüglich begonnen, um wenigstens die Tribüne bis zum kommenden Parteitag fertigzustellen.

Dieser mußte das Nürnberger Straßenbahndepot weichen. Als es gesprengt war, kam ich an dem Gewirr der zerstörten Eisenbetonkonstruktion vorbei; die Eiseneinlagen hingen heraus und hatten zu rosten begonnen. Ihr weiterer Verfall war leicht vorstellbar. Dieser trostlose Anblick gab den Anstoß zu einer Überlegung, die ich später unter dem etwas anspruchsvollen Namen »Theorie vom Ruinenwert« eines Baues Hitler vortrug. Modern konstruierte Bauwerke, das war ihr Ausgangspunkt, waren zweifellos wenig geeignet, die von Hitler verlangte »Traditionsbrücke« zu künftigen Generationen zu bilden: undenkbar, daß rostende Trümmerhaufen jene heroischen Inspirationen vermittelten, die Hitler an den Monumenten der Vergangenheit bewunderte. Diesem Dilemma sollte meine »Theorie« entgegenwirken: Die Verwendung besonderer Materialien sowie die Berücksichtigung besonderer statischer Überlegungen sollte Bauten ermöglichen, die im Verfallszustand, nach Hunderten oder (so rechneten wir) Tausenden von Jahren etwa den römischen Vorbildern gleichen würden[3].

Zur Veranschaulichung meiner Gedanken ließ ich eine romantische Zeichnung anfertigen: sie stellte dar, wie die Tribüne des Zeppelinfeldes nach Generationen der Vernachlässigung aussehen würde, überwuchert von Efeu, mit eingestürzten Pfeilern, das Mauerwerk hie und da zusammengefallen, aber in den großen Umrissen noch deutlich erkennbar. In Hitlers Umgebung wurde diese Zeichnung als »Blasphemie« angesehen. Allein die Vorstellung, daß ich für das soeben gegründete tausendjährige Reich eine Periode des Niederganges einkalkuliert hatte, schien vielen unerhört. Hitler jedoch fand die Überlegung einleuchtend und logisch; er ordnete an, daß in Zukunft die wichtigsten Bauten seines Reiches nach diesem »Ruinengesetz« zu errichten seien.

Bei einer Besichtigung des Parteigeländes verlangte Hitler, zu Bormann gewandt, mit einigen gut gelaunten Worten, daß ich künftig in Parteiuniform erscheinen solle. Seine enge Umgebung, der Begleitarzt, der Fotograf, selbst der Direktor von Daimler-Benz, hatte bereits eine Uniform erhalten. Der Anblick eines einzelnen Zivilisten fiel daher in der Tat aus dem Rahmen. Mit dieser kleinen Geste deutete Hitler gleichzeitig an, daß er mich nun endgültig zu seinem engeren Kreis rechnete. Nie hätte er seinen Unwillen geäußert, wenn einer seiner Bekannten in der Reichskanzlei oder auf dem Berghof in Zivil erschienen wäre, denn Hitler selbst bevorzugte, wann immer es möglich war, die Zivilkleidung. Bei seinen Fahrten und Besichtigungen jedoch trat er in offizieller Eigenschaft auf und dazu paßte nach seiner Meinung wohl nur die Uniform. So wurde ich Anfang 1934 Abteilungsleiter beim Stabe seines Stellvertreters Rudolf Hess. Einige Monate später verlieh mir Goebbels den gleichen Rang wegen meiner Tätigkeit für seine Massenkundgebungen des Parteitags, des Erntedankfestes und des 1. Mai.

Am 30. Januar 1934 wurde auf Vorschlag von Robert Ley, dem Leiter der deutschen Arbeitsfront, eine Freizeit-Organisation geschaffen, die sich »Kraft durch Freude« nannte. Ich sollte darin die Abteilung »Schönheit der Arbeit« übernehmen, deren Bezeichnung die Spottlust nicht weniger herausforderte als die Formel »Kraft durch Freude« selbst. Ley hatte kurz vorher, auf einer Reise durch die holländische Provinz Limburg, einige Zechenanlagen gesehen, die sich durch peinliche Sauberkeit und gärtnerisch gepflegte Umgebung auszeichneten. Daraus entwickelte er, wie es seinem verallgemeinernden Temperament entsprach, eine Nutzanwendung für die gesamte deutsche Industrie. Mir persönlich brachte diese Idee eine ehrenamtliche Nebenbeschäftigung, die mir viel Freude bereitete: Wir beeinflußten zunächst die Fabrikbesitzer, ihre Betriebsräume neu herzurichten und Blumen in den Werkstätten aufzustellen. Unser Ehrgeiz blieb dabei nicht stehen: Fensterflächen sollten vergrößert, Kantinen eingerichtet werden; aus mancher Abfallecke entstand ein Sitzplatz für die Arbeitspause, statt des Asphalts wurden Rasenflächen angelegt. Wir ließen ein einfaches, gut geformtes Eßgeschirr standardisieren, entwarfen schlichte Möbel, die normiert in größeren Stückzahlen aufgelegt wurden und sorgten dafür, daß die Unternehmen in Fragen der künstlichen Beleuchtung und Belüftung des Arbeitsplatzes durch Spezialisten und aufklärende Filme beraten wurden. Als Mitarbeiter bei diesen Projekten gewann ich ehemalige Funktionäre der Gewerkschaften sowie einige Angehörige des aufgelösten »Werkbundes«. Sie alle gingen, unterschiedslos, mit Hingabe an die Aufgabe, jeder entschlossen, zu einem kleinen Teil die Lebensbedingungen zu verbessern und die Parole der klassenlosen Volksgemeinschaft zu verwirklichen. Zu meinen überraschenden Erfahrungen gehörte allerdings, daß Hitler für diese Ideen nun kaum noch Interesse aufbrachte. Er, der sich über dem Detail eines Bauvorhabens verlieren konnte, zeigte sich bemerkenswert gleichgültig, wenn ich ihm aus diesem sozialen Bereich meiner Arbeit vortrug. Der britische Botschafter in Berlin jedenfalls schätzte sie höher ein als Hitler[4].

Meinen Parteiämtern verdankte ich im Frühjahr 1934 die erste Einladung zu einem offiziellen Abendempfang, den Hitler als Parteichef gab und zu dem auch die Frauen eingeladen waren. Im großen Speisesaal der Kanzlerwohnung waren wir in Gruppen von sechs bis acht Personen an runden Tischen plaziert; Hitler ging von Tisch zu Tisch, sagte ein paar Freundlichkeiten, ließ sich mit den Damen bekanntmachen, und als er bei uns herantrat, stellte ich ihm meine Frau vor, die ich ihm bis dahin verheimlicht hatte: »Warum haben Sie uns Ihre Frau so lange vorenthalten?« meinte er einige Tage später, sichtlich beeindruckt, im privaten Kreis. In der Tat hatte ich es vermieden, nicht zuletzt, weil ich eine spürbare Abneigung gegen die Art empfand, in der Hitler seine Geliebte behandelte. Überdies wäre es, so fand ich, Sache der Adjutanten gewesen, meine Frau einzuladen oder Hitler auf sie aufmerksam zu machen. Doch konnte man von ihnen kein Gefühl für

Etikette erwarten. Auch im Benehmen der Adjutanten spiegelte sich letzten Endes Hitlers Herkunft aus dem Kleinbürgertum.

Zu meiner Frau meinte Hitler an diesem ersten Abend der Bekanntschaft, nicht ohne feierlich zu werden: »Ihr Mann wird für mich Bauten errichten, wie sie seit vier Jahrtausenden nicht mehr entstanden sind.«

Auf dem Zeppelinfeld fand jedes Jahr eine Veranstaltung für das Korps der mittleren und kleinen Parteifunktionäre, die sogenannten Amtswalter, statt. Während die SA, der Arbeitsdienst und natürlich auch die Wehrmacht bei ihren Massenvorführungen durch exakte Disziplin großen Eindruck bei Hitler und den Besuchern erweckten, stellte es sich als schwierig heraus, die Amtswalter vorteilhaft zu präsentieren. Großenteils hatten sie ihre kleinen Pfründen in ansehnliche Bäuche umgesetzt; exakt ausgerichtete Reihen konnten ihnen schlechterdings nicht abverlangt werden. In der Organisationsabteilung der Parteitage fanden Beratungen über diesen Mißstand statt, der bereits zu ironischen Bemerkungen Hitlers Anlaß gegeben hatte. Mir kam die rettende Idee: »Lassen wir sie doch in der Dunkelheit aufmarschieren.«

Vor den Organisationsleitern des Parteitages entwickelte ich meinen Plan. Hinter den hohen Wällen des Feldes sollten bei der Abendveranstaltung die Tausende von Fahnen aller Ortsgruppen Deutschlands aufgestellt werden und sich auf Kommando in zehn Kolonnen in ebensoviele Gassen des Feldes zwischen die angetretenen Amtswalter »ergießen«; dabei sollten die Fahnen und die sie bekrönenden glitzernden Adler von zehn scharfen Scheinwerfern so angestrahlt werden, daß allein dadurch eine eindrucksvolle Wirkung erzielt werden mußte. Das schien mir aber noch nicht ausreichend: Ich hatte gelegentlich unsere neuen Flakscheinwerfer bis in viele Kilometer Höhe leuchten sehen und erbat mir nun von Hitler 130 Stück. Göring machte zwar zunächst einige Schwierigkeiten, da diese 130 Scheinwerfer den größten Teil der strategischen Reserve darstellten. Hitler jedoch überzeugte ihn: »Wenn wir sie in so großer Zahl hier aufstellen, wird man draußen denken, daß wir in Scheinwerfern schwimmen.«

Der Eindruck überbot bei weitem meine Phantasie. Die 130 scharf umrissenen Strahlen, in Abständen von nur zwölf Metern um das Feld gestellt, waren bis in sechs bis acht Kilometer Höhe sichtbar und verschwammen dort zu einer leuchtenden Fläche. So entstand der Eindruck eines riesigen Raumes, bei dem die einzelnen Strahlen wie gewaltige Pfeiler unendlich hoher Außenwände erschienen. Manchmal zog eine Wolke durch diesen Lichterkranz und verschaffte dem grandiosen Effekt ein Element surrealistischer Unwirklichkeit. Ich nehme an, mit diesem »Lichtdom« wurde die erste Lichtarchitektur dieser Art geschaffen, und für mich bleibt es nicht nur meine schönste, sondern auch die einzige Raumschöpfung, die, auf ihre Weise, die Zeit überdauert hat.» Gleichzeitig feierlich und schön, als ob man sich in einer Kathedrale aus Eis befände«, schrieb der britische Botschafter Henderson[5].

Nicht in die Dunkelheit konnte man bei Grundsteinlegungen die anwesenden Würdenträger, Reichsminister, Reichs- und Gauleiter verbannen, obwohl diese nicht minder unattraktiv aussahen. Mühselig wurden sie in Reih' und Glied verbracht. Sie waren dabei mehr oder weniger zu Statisten degradiert und ließen sich daher die Zurechtweisungen der ungeduldigen Ordner gefallen. Beim Erscheinen Hitlers wurde auf ein Kommando Haltung angenommen und die Hand zum Gruß ausgestreckt. – Bei der Grundsteinlegung zur Nürnberger Kongreßhalle sah er mich im zweiten Glied stehen; er unterbrach das feierliche Zeremoniell, um mir die Hand entgegenzustrecken. Ich war von dieser ungewöhnlichen Geste so beeindruckt, daß ich die zum Gruß erhobene Hand schallend auf die Glatze des vor mir stehenden Gauleiters von Franken, Streicher, fallen ließ.

Privat war Hitler während der Nürnberger Parteitage fast unsichtbar; er zog sich entweder zur Vorbereitung seiner Reden zurück oder besuchte eine der zahlreichen Veranstaltungen. Besondere Genugtuung zog er aus der jedes Jahr wachsenden Zahl ausländischer Besucher und Abordnungen, vor allem übrigens, wenn sie aus dem demokratischen Westen kamen. Er ließ sich deren Namen bei den hastigen Mittagessen nennen und genoß das spürbar wachsende Interesse an der Selbstdarstellung des nationalsozialistischen Deutschland.

Auch ich aß in Nürnberg hartes Brot, denn mir war die Verantwortung für die Ausgestaltung aller Gebäude übertragen, in denen Hitler im Verlauf des Parteitags auftrat; als »Chefdekorateur« mußte ich kurz vor Beginn der Veranstaltung nach dem Rechten sehen, um anschließend sogleich zur Vorbereitung der nächsten zu eilen. Fahnen liebte ich damals sehr und benutzte sie, wo ich nur konnte. Auf diese Weise ließ sich ein farbiges Spiel in die Steinarchitektur bringen. Mir kam entgegen, daß die von Hitler entworfene Hakenkreuzfahne sich für eine architektonische Verwendung weit besser eignete als eine in drei Farbstreifen aufgeteilte Fahne. Sicherlich entsprach es nicht ganz ihrer hoheitlichen Würde, wenn sie als Dekorationsmittel, zur Unterstützung rhythmisch unterteilter Fassaden verwandt oder benutzt wurde, um häßliche Häuser der Gründerzeit vom Dachgesimse bis herab zum Bürgersteig abzudecken, nicht selten noch mit goldenen Bändern versehen, durch die das Rot in der Wirkung gesteigert wurde – aber ich sah es mit den Augen eines Architekten. Fahnenorgien besonderer Art veranstaltete ich in den engen Straßen Goslars und Nürnbergs, indem ich von Haus zu Haus Fahne an Fahne hängte, so daß der Himmel fast nicht mehr zu sehen war.

Infolge dieser Tätigkeit versäumte ich alle Kundgebungen Hitlers, bis auf seine »Kulturreden«, die er selber oft seine oratorischen Höhepunkte nannte und die er regelmäßig schon auf dem Obersalzberg ausarbeitete. Damals bewunderte ich diese Reden, und zwar, wie ich meinte, gerade nicht so sehr aufgrund ihrer rhetorischen Brillanz, als vielmehr wegen ihres durchdachten Gehalts, ihres Niveaus. In Spandau nahm ich mir vor, sie nach der Gefangenschaft noch einmal zu lesen; denn ich glaubte, hier etwas aus meiner ehemaligen Welt zu finden, das mich nicht abstieß; aber ich sah mich in meinen Erwartungen getäuscht. Unter damaligen Zeitumständen hatten sie mir viel gesagt, nun erschienen sie inhaltslos, ohne Spannung, flach und unnütz. Deutlich ließen sie Hitlers Bestreben erkennen, den Begriff der Kultur, in spürbarer Umkehrung seines Sinnes, für die eigenen Machtziele zu mobilisieren. Unverständlich war mir, daß sie mich einst so tief beeindruckt hatten. Was war es gewesen?

Auch die Eröffnung der Parteitage durch eine Aufführung der »Meistersinger« mit dem Ensemble der Berliner Staatsoper unter Furtwängler ließ ich mir nie entgehen. Man hätte denken sollen, daß solch ein Galaabend, der nur noch in Bayreuth seinesgleichen fand, überfüllt gewesen wäre. Über tausend »Spitzen der Partei« erhielten Einladungen und Karten, aber sie zogen es augenscheinlich vor, sich über die Güte des Nürnberger Bieres oder des fränkischen Weines zu informieren. Dabei verließ sich wahrscheinlich jeder darauf, daß der andere seiner Parteipflicht nachkommen und die Oper absitzen würde: wie es überhaupt eine Legende ist, daß die Führungsspitze der Partei musikalisch interessiert war. Vielmehr waren ihre Repräsentanten im allgemeinen grobknochige, undifferenzierte Typen, die für die klassische Musik so wenig einzunehmen waren wie für Kunst und Literatur überhaupt. Selbst die wenigen Vertreter der Intelligenz in Hitlers Führungsschicht, wie etwa Goebbels, nahmen an Veranstaltungen wie den regelmäßigen Konzerten der Berliner Philharmoniker unter Furtwängler, nicht teil. Hier konnte man aus der gesamten Prominenz lediglich Innenminister Frick treffen; auch Hitler, der sich für Musik zu begeistern schien, ging ab 1933 nur bei seltenen offiziellen Anlässen in die Berliner Philharmonie.

Vor diesem Hintergrund wird verständlich, daß bei dieser Aufführung der »Meistersinger« im Jahre 1933 das Nürnberger Opernhaus fast leer war, als Hitler die Mittelloge betrat. Er reagierte höchst ärgerlich, denn nichts sei, so meinte er, beleidigender und schwieriger für einen Künstler, als vor leerem Hause zu spielen. Hitler ließ Streifen aussenden, die aus Quartieren, Bier- und Weinlokalen hohe Parteifunktionäre in das Opernhaus schaffen sollten; aber es gelang trotzdem nicht, den Zuschauerraum zu füllen. Am folgenden Tag wurden in der Organisationsleitung zahlreiche Witze erzählt, wo und wie man die Fehlenden aufgegriffen habe.

Daraufhin wurde den theaterunwilligen Parteispitzen im nächsten Jahr von Hitler ausdrücklich befohlen, an der Festaufführung teilzunehmen. Sie erschienen gelangweilt, viele wurden sichtbar vom Schlaf übermannt. Auch entsprach nach Hitlers Meinung der dünn gespendete Beifall bei weitem nicht der glanzvollen Aufführung. Ab 1935 wurde daher die kunstträge Parteimasse durch ein ziviles Publikum ersetzt, das die Karten für teures Geld erstehen mußte. Die dem Künstler unentbehrliche »Atmosphäre« und der von Hitler verlangte Beifall waren erst damit erreicht.

Spät abends kam ich von den Vorbereitungen in mein Quartier, das Hotel »Deutscher Hof«, das für Hitlers Stab, für Gau- und Reichsleiter reserviert war. Im Restaurant des Hotels fand ich regelmäßig eine Gruppe von alten Gauleitern vor. Sie randalierten und tranken wie die Landsknechte, redeten laut von Verrat der Partei an den Grundsätzen der Revolution, vom Verrat an den Arbeitern. Diese Fronde zeigte, daß die Ideen Gregor Strassers, der einst den antikapitalistischen Flügel innerhalb der NSDAP angeführt hatte, wenn auch zu Redensarten reduziert, noch immer am Leben waren. Aber nur noch im Alkohol fanden sie zum alten revolutionären Elan zurück.

Erstmalig im Jahre 1934 wurde auf dem Parteitag, in Gegenwart Hitlers, eine Gefechtsvorführung gezeigt. Am gleichen Abend besuchte Hitler offiziell das Biwak der Soldaten. Als ehemaliger Gefreiter schien er in eine ihm vertraute Welt zurückversetzt, an den Lagerfeuern mischte er sich unter die Soldaten, sah sich umringt, es gab Scherzworte hin und her. Hitler kam von dieser Besichtigung gelöst zurück und erzählte während der kurzen Mahlzeit manche bemerkenswerte Einzelheit.

Keineswegs begeistert indessen zeigte sich das Oberkommando des Heeres. Dessen Adjutant Hossbach sprach von »Disziplinlosigkeiten« der Soldaten, die vor dem Staatsoberhaupt ihre befohlene Paradeaufstellung verlassen hätten. Er drängte darauf, im folgenden Jahr derartige Vertraulichkeiten zu verhindern, da sie der Würde des Staatsoberhauptes entgegenstünden. Hitler war in privatem Kreis über diese Kritik verärgert, aber bereit, nachzugeben. Ich war erstaunt über die – fast möchte ich sagen – hilflose Zurückhaltung Hitlers, als er mit diesen Forderungen energisch konfrontiert wurde. Möglicherweise zwangen ihn dazu jedoch seine taktische Vorsicht gegenüber der Wehrmacht und sein noch ungefestigtes Selbstvertrauen als Staatsoberhaupt.

Während der Vorbereitungen zu den Parteitagen traf ich mit einer Frau zusammen, von der ich schon in meiner Studentenzeit beeindruckt war: Leni Riefenstahl, Star oder Regisseur in bekannten Berg- und Skifilmen. Sie bekam von Hitler den Auftrag, Filme von den Parteitagen herzustellen. Als einzige Frau mit offizieller Eigenschaft im Parteitagsgetriebe stand sie oft gegen die Parteiorganisation, die anfangs mitunter nahe daran war, eine Revolte gegen sie zu entfesseln. Auf die politischen Leiter der traditionell frauenfeindlichen Bewegung wirkte die selbstsichere Frau provozierend, die diese Männerwelt ungeniert für ihre Zwecke dirigierte. Intrigen wurden gesponnen, Verleumdungen bei Hess vorgebracht, um sie zu stürzen. Nach dem ersten Parteitagfilm, der auch die Zweifler um Hitler vom filmischen Können der Regisseurin überzeugte, hörten die Angriffe jedoch auf.

Als ich Kontakt zu ihr gefunden hatte, zog sie aus einer Kassette einen vergilbten Zeitungsausschnitt: »Als Sie vor drei Jahren das Gauhaus umgebaut hatten, da habe ich, ohne Sie zu kennen, aus der Zeitung Ihre Fotografie herausgeschnitten.« Auf meine verblüffte Frage nach dem Grund dafür, erwiderte sie: »Ich dachte damals, daß Sie mit diesem Kopf eine Rolle spielen könnten ... Natürlich in einem meiner Filme.«

Ich erinnere mich übrigens, daß die Filmaufnahmen von einer der feierlichen Tagungen des Parteikongresses 1935 verdorben waren. Hitler ordnete auf Leni Riefenstahls Vorschlag hin an, daß die Szenen im Atelier zu wiederholen seien. In einer der großen Filmhallen in Berlin-Johannistal wurde von mir als Kulisse ein Ausschnitt des Kongreßsaales sowie das Podium und das Rednerpult aufgebaut, Scheinwerfer darauf gerichtet, der Filmstab lief geschäftig herum – und im Hintergrund sah man Streicher, Rosenberg und Frank mit ihren Manuskripten auf und ab gehen, eifrig ihre Rollen memorierend. Hess kam an und wurde als erster zur Aufnahme gebeten. Genau wie vor den 30000 Zuhörern des Parteikongresses erhob er feierlich die Hand. Mit dem ihm eigenen Pathos aufrichtiger Erregung begann er sich genau dorthin zu wenden, wo Hitler nun eben nicht saß und rief in strammer Haltung: »Mein Führer, ich begrüße Sie im Namen des Parteikongresses. Der Kongreß nimmt seinen Fortgang. Es spricht der Führer!« Er wirkte dabei so überzeugend im Ausdruck, daß ich von diesem Zeitpunkt an nicht mehr ganz von der Echtheit seiner Gefühle überzeugt war. Auch die drei anderen spielten ihren Part wirklichkeitsgetreu in die Leere der Filmhalle und erwiesen sich als begabte Darsteller. Ich war reichlich irritiert; Frau Riefenstahl dagegen fand die gestellten Aufnahmen besser als die der originalen Darbietung.

Wohl bewunderte ich bereits die vorsorgliche Technik, wenn Hitler beispielsweise bei seinen Versammlungen oft lange hin- und hertastete, bis er den Punkt gefunden hatte, durch den er den ersten, ganz großen Beifallssturm herausforderte. Ich verkannte auch durchaus nicht das demagogische Element, zu dem ich ja durch die Ausgestaltung der wichtigsten Kundgebungen beitrug. Aber immerhin war ich bis dahin von der Echtheit der Gefühle überzeugt, mit denen die Redner die Begeisterung der Massen hervorriefen. Um so überraschender wirkte an diesem Tag im Johannistaler Filmatelier auf mich, daß diese ganze Bezauberungskunst auch ohne Publikum »echt« dargestellt werden konnte.

Bei den Nürnberger Bauten schwebte mir eine Synthese zwischen der Klassizität Troosts und der Einfachheit Tessenows vor. Ich nannte sie nicht neoklassizistisch, sondern neoklassisch, da ich glaubte, sie vom dorischen Stil abgeleitet zu haben. Ich täuschte mich selbst, indem ich mich vergessen ließ, daß diese Bauten eine monumentale Kulisse abzugeben hatten, wie sie zuvor während der französischen Revolution auf dem Pariser Marsfeld bereits, wenn auch mit bescheideneren Mitteln, versucht worden war. Die Kategorien klassisch und einfach vertrugen sich kaum mit den gigantischen Maßstäben, die ich in Nürnberg zugrunde legte. Trotzdem gefallen mir auch heute noch meine Nürnberger Entwürfe am besten, im Gegensatz zu vielen anderen, die ich später für Hitler anfertigte und die bedeutend prahlerischer ausfielen.

Meine erste Auslandsreise, im Mai 1935, machte ich wegen meiner Vorliebe für die dorische Welt, auch nicht nach Italien zu Renaissancepalästen und römischen Kolossalbauten, obwohl ich hier meine steinernen Vorbilder hätte eher finden können, vielmehr wandte ich mich – für mein damaliges Selbstverständnis bezeichnend – nach Griechenland. Hier suchten wir, meine Frau und ich, vor allem Zeugnisse der dorischen Welt auf und waren, wie mir unvergeßlich ist, tief beeindruckt von dem wiederaufgebauten Stadion Athens. Als ich zwei Jahre später selbst ein Stadion zu entwerfen hatte, übernahm ich dessen Grundform des Hufeisens.

In Delphi glaubte ich entdeckt zu haben, wie schnell der in den ionisch-asiatischen Kolonien gewonnene Reichtum die Reinheit griechischer Kunstschöpfungen degenerieren ließ. Demonstriert diese Entwicklung, wie empfindlich ein hohes Kunstbewußtsein ist und wie geringfügiger Kräfte es nur bedarf, um die ideale Vorstellung bis zur Unkenntlichkeit umzubilden? Solche Überlegungen stellte ich denkbar unbekümmert an; meine eigenen Arbeiten schienen mir diese Gefahren zu vermeiden.

Nach unserer Rückkehr im Juni 1935 wurde in Berlin-Schlachtensee mein eigenes Haus fertig. Ein kleines Heim mit einem Eß- und nur einem Wohnzimmer, den notwendigsten Schlafräumen und insgesamt 125 Quadratmeter Wohnfläche; bewußter Gegensatz zu der um sich greifenden Gewohnheit der Spitzen des Reiches, die damals in riesige Villen einzogen oder sich Schlösser aneigneten. Wir wollten vermeiden, was wir bei denen sahen, die sich mit Prunk und steifer Offizialität umgaben und sich infolgedessen in einem langsamen Prozeß zur »Versteinerung« auch ihres Privatlebens verurteilten.

Ich hätte aber auch nicht größer bauen können, denn mir fehlten die Mittel dazu. Mein Haus kostete 70000 Mark; um sie aufzubringen, mußte mir mein Vater eine Hypothek von 30000 Mark zur Verfügung stellen. Obwohl ich als freiberuflicher Architekt für Partei und Staat tätig war, blieben meine Geldmittel knapp. Denn in einer selbstlosen Regung, die von idealistischer Hingabe im Stil der Zeit inspiriert war, hatte ich für alle meine Bauten auf die Architektenhonorare verzichtet.

Diese Haltung stieß auf Unverständnis. Eines Tages sagte Göring in Berlin in bester Laune zu mir: »Na, Herr Speer, Sie haben jetzt ja viel zu tun. Da verdienen Sie auch eine Menge.« Als ich verneinte, sah er mich verständnislos an: »Was sagen Sie da? Ein Architekt, so beschäftigt wie Sie? Auf einige Hunderttausend im Jahr habe ich Sie geschätzt. Alles Unsinn mit Ihren Idealen. Geld müssen Sie verdienen!« In Zukunft ließ ich mir, bis auf die Nürnberger Bauten, für die ich monatlich 1000 Mark erhielt, die dem Architekten zustehenden Honorare auszahlen. Aber nicht nur deswegen achtete ich darauf, durch ein Beamtenverhältnis nicht meine berufliche Selbständigkeit zu verlieren; Hitler hatte, wie ich wußte, zu nichtbeamteten Architekten das größere Zutrauen – sein Vorurteil gegen die Beamten wirkte sich selbst auf diese Weise aus. Am Ende meiner Tätigkeit als Architekt war mein Vermögen auf etwa anderthalb Millionen angewachsen, und das Reich schuldete mir eine weitere Million, die ich nicht mehr einzog.

Meine Familie lebte glücklich in diesem Haus – ich wollte, ich könnte schreiben, daß auch ich an diesem Familienglück teilgenommen hätte, so wie ich es mir einst mit meiner Frau erträumt hatte. Kam ich abends spät und ermüdet nach Hause, waren die Kinder schon lange zu Bett, ich mit meiner Frau zusammen – stumm vor Erschöpfung. Diese Erstarrung stellte sich immer häufiger ein, und im Grunde, wenn ich es von heute aus überblicke, ging es mir nicht anders als den Parteigrößen, die sich ihr Familienleben durch einen pompösen Lebensstil verdarben. Sie erstarrten in Posen der Offizialität; ich dagegen in übermäßiger Arbeit.

Im Herbst 1934 rief mich Otto Meissner an, der nach Ebert und Hindenburg in Hitler seinen dritten Chef gefunden hatte: Ich solle mit ihm am nächsten Tag nach Weimar kommen, um mit Hitler zusammen nach Nürnberg zu fahren.

Bis in die Morgenstunden zeichnete ich Gedanken auf, die mich seit einiger Zeit beschäftigten. Für die Parteitage sollten weitere Großbauten erstellt werden: ein Feld für soldatische Vorführungen, ein großes Stadion, eine Halle für die Kulturreden Hitlers sowie für Konzertveranstaltungen. Warum nicht das alles mit dem bereits Bestehenden zu einem großen Zentrum zusammenfassen? Bis dahin hatte ich nicht gewagt, die Initiative in solchen Fragen zu übernehmen, denn deren Erörterung hatte sich Hitler selbst vorbehalten. Nur zaghaft ging ich daher an die Aufzeichnung dieses Planes.

In Weimar zeigte mir Hitler den Entwurf zu einem »Parteiforum«, der von Professor Paul Schultze-Naumburg stammte. »Es sieht aus wie ein übergroßer Marktplatz einer Provinzstadt«, meinte er: »Es hat nichts Typisches, unterscheidet sich nicht von früheren Zeiten. Wenn wir schon ein Parteiforum bauen, dann soll man später auch sehen, daß es in unserer Zeit und in unserem Stil gebaut wurde, wie etwa der Münchner Königsplatz.« Schultze-Naumburg, Autorität im »Kampfbund Deutscher Kultur«, erhielt keine Möglichkeit der Rechtfertigung; er wurde zu dieser Kritik gar nicht mehr geladen. Hitler nahm auf den Ruf dieses Mannes keine Rücksicht und veranlaßte einen neuen Wettbewerb unter verschiedenen Architekten seiner Wahl.

Weiter ging es in das Haus Nietzsches, wo dessen Schwester, Frau Förster-

Nietzsche, Hitler erwartete. Die exzentrisch-versponnene Frau konnte mit Hitler offensichtlich nicht zu Rande kommen, es entspann sich ein eigentümlich flaches, verquer laufendes Gespräch. Der Hauptgegenstand wurde jedoch zur Zufriedenheit aller gelöst: Hitler übernahm die Finanzierung eines Anbaues an das alte Haus Nietzsches, und Frau Förster-Nietzsche war damit einverstanden, daß Schultze-Naumburg dazu die Pläne entwarf: »Das kann er eher, sich dem alten Haus angleichen«, meinte Hitler. Er war sichtlich froh, dem Architekten einen kleinen Ausgleich bieten zu können.

Am nächsten Morgen fuhren wir im Auto nach Nürnberg, obwohl Hitler aus Gründen, die ich noch am gleichen Tag kennenlernen sollte, damals die Eisenbahn bevorzugte. Wie immer saß er neben seinem Fahrer im offenen dunkelblauen Sieben-Liter-Mercedes-Kompressor, hinter ihm auf einem der Notsitze ich, auf dem anderen der Diener, der aus einer Tasche auf Wunsch Autokarten, Brote, Pillen oder eine Brille hervorzog; auf den Rücksitzen Adjutant Brückner und Pressechef Dr. Dietrich; in einem Begleitwagen gleicher Größe und Farbe fünf kräftige Männer des Schutzkommandos und der Begleitarzt Dr. Brandt.

Kaum waren wir auf der anderen Seite des Thüringer Waldes in dichter besiedelten Gegenden, als auch die Schwierigkeiten begannen. Bei der Fahrt durch eine Ortschaft wurden wir erkannt; aber bevor die Menschen sich fassen konnten, waren wir vorbei. »Jetzt geben Sie acht«, meinte Hitler. »In der nächsten Ortschaft wird es nicht so einfach sein. Die Ortsgruppe der Partei hat sicher dort schon angerufen.« Tatsächlich waren, als wir eintrafen, die Straßen voll von jubelnden Menschen, der Dorfpolizist versuchte sein Bestes, aber nur schrittweise kam das Auto vorwärts. Kaum hatten wir uns durchgearbeitet, wurde von einigen Begeisterten auf offener Landstraße die Bahnschranke heruntergelassen, um Hitler zur Begrüßung anzuhalten.

Auf diese Weise kamen wir kaum voran. Als es Zeit zum Mittagessen wurde, kehrten wir in einem kleinen Gasthof in Hildburghausen ein, wo Hitler sich vor Jahren zum Gendarmeriekommissar hatte ernennen lassen, um die deutsche Staatsangehörigkeit zu erwerben. Aber niemand erwähnte das Thema. Die Wirtsleute konnten sich vor Aufregung nicht fassen. Mit Mühe bekam der Adjutant einen Essensvorschlag: Spaghetti mit Ei. Wir warteten lange, schließlich sah der Adjutant in der Küche nach: »Die Frauen sind so aufgeregt; sie können nicht mehr feststellen, ob die Spaghetti schon gar sind.«

Draußen sammelten sich unterdessen Tausende von Menschen, die in Sprechchören nach Hitler riefen. »Wenn wir nur schon hindurch wären«, meinte er. Langsam und unter einem Regen von Blumen erreichten wir das mittelalterliche Tor. Jugendliche schlossen es vor unseren Augen, Kinder kletterten auf die Trittbretter der Autos. Hitler mußte Autogramme geben, dann erst öffneten sie das Tor. Sie lachten und Hitler lachte mit.

Überall auf dem Lande ließen Bauern ihre Geräte stehen, Frauen winkten, es war eine Triumphfahrt. Während das Auto dahinrollte, lehnte sich Hitler zu mir zurück und rief: »So wurde nur ein Deutscher bisher gefeiert: Luther! Wenn er über das Land fuhr, strömten von weitem die Menschen zusammen und feierten ihn. Wie heute mich!«

Diese große Popularität war nur zu verständlich: Keinem anderen als Hitler selbst schrieb die Öffentlichkeit die Erfolge in Wirtschaft und Außenpolitik zu, und mehr und mehr sah sie in ihm den Verwirklicher einer tief eingewurzelten Sehnsucht nach einem mächtigen, selbstbewußten, in sich geeinten Deutschland. Argwöhnisch waren die wenigsten. Und wer gelegentliche Zweifel in sich aufsteigen spürte, beschwichtigte sich im Gedanken an die Erfolge und den Respekt, den das Regime auch im kritischen Ausland genoß.

Während dieses Huldigungsrausches der Landbevölkerung, von dem auch ich fasziniert war, blieb in unserem Wagen einer kritisch: Hitlers langjähriger Fahrer Schreck. Ich hörte Gesprächsfetzen: ». . .sind unzufrieden wegen . . . Parteileute eingebildet . . . stolz, vergessen, wo sie herkommen . . .« Nach seinem frühen Tod hingen im privaten Arbeitszimmer Hitlers auf dem Obersalzberg nebeneinander ein Ölbild Schrecks sowie ein Gemälde der Mutter Hitlers[6] – jedoch kein Bild des Vaters.

Kurz vor Bayreuth stieg Hitler allein in einen kleinen geschlossenen Mercedes um, der von seinem Leibfotografen Hofmann gesteuert wurde und fuhr unerkannt zur Villa Wahnfried, wo ihn Frau Winifred Wagner erwartete; wir begaben uns nach dem nahebei gelegenen Kurort Berneck, wo Hitler auf der Autofahrt von München nach Berlin regelmäßig zu übernachten pflegte. In acht Stunden hatten wir nur 210 Kilometer zurückgelegt.

Als ich erfuhr, daß Hitler erst spät in der Nacht von Haus Wahnfried abgeholt würde, befand ich mich in einiger Verlegenheit: denn am nächsten Morgen sollte die Fahrt nach Nürnberg weitergehen, und es war leicht möglich, daß Hitler dort das Bauprogramm im Sinne der Stadtverwaltung festlegte, die ihre eigenen Interessen verfolgte. Sollte sie sich durchsetzen, dann bestand kaum Aussicht auf eine Berücksichtigung meines Entwurfs, da Hitler nur ungern eine Entscheidung widerrief. Nur Schreck sah ihn noch in dieser Nacht; ich erklärte ihm meinen Plan für das Parteitagsgelände; er versprach mir, Hitler auf der Fahrt davon zu erzählen und wenn er darauf positiv reagieren sollte, die Skizze zu übergeben.

Am nächsten Morgen wurde ich kurz vor der Abfahrt in Hitlers Salon gerufen: »Mit Ihrem Plan bin ich einverstanden. Wir werden noch heute mit Oberbürgermeister Liebel darüber sprechen.«

Zwei Jahre später wäre Hitler bei einem Oberbürgermeister direkt auf sein Ziel losgegangen: »Hier ist der Plan für das Parteitaggelände; so wollen wir es machen!« Damals, im Jahre 1935, fühlte er sich noch nicht so souverän und brauchte zunächst eine Stunde vorbereitender Erläuterungen, bis er meine Skizze endlich auf den Tisch legte. Der Oberbürgermeister fand die

Entwurfsidee natürlich ausgezeichnet, denn als alter Parteigenosse war er zu zustimmender Haltung erzogen.

Nachdem mein Plan gelobt worden war, begann von seiten Hitlers ein erneutes Vortasten: mein Entwurf verlangte die Verlegung des Nürnberger Tiergartens. »Können wir das den Nürnbergern zumuten? Sie hängen doch sehr daran, wie ich weiß. Wir bezahlen natürlich einen neuen, noch schöneren.« Der Oberbürgermeister, immer zugleich ein guter Vertreter der Interessen seiner Stadt: »Man muß einmal die Aktionäre zusammenrufen, vielleicht versuchen, ihnen die Aktien abzukaufen...« Hitler zeigte sich mit allem einverstanden. Draußen sagte Liebel händereibend zu einem seiner Mitarbeiter: »Warum hat der Führer eigentlich so lange auf uns eingeredet? Natürlich bekommt er den alten Tiergarten; und wir einen neuen. Der alte war so nix mehr wert. Es muß der schönste werden in der Welt. Er wird uns ja bezahlt.« So kamen die Nürnberger wenigstens zu ihrem neuen Tiergarten; das einzige, was von dem damals beschlossenen Plan fertiggestellt werden konnte.

Noch am gleichen Tag fuhren wir mit dem Zug nach München. Am Abend rief mich Adjutant Brückner an: »Sie soll der Teufel holen mit Ihrem Plan! Können Sie denn nicht warten? Der Führer hat die letzte Nacht kein Auge zugetan, so hat er sich aufgeregt. Das nächste Mal fragen Sie gefälligst vorher mich!«

Zur Durchführung dieser Planungen wurde ein »Zweckverband Reichsparteitaggelände Nürnberg« gegründet, die Finanzierung übernahm widerstrebend der Reichsfinanzminister. Zum Vorsitzenden bestimmte Hitler, einer skurrilen Eingebung folgend, den Kirchenminister Kerrl und zu dessen Vertreter Martin Bormann, der damit erstmalig einen bedeutenden offiziellen Auftrag, außerhalb der Parteikanzlei, erhielt.

Die gesamte Anlage sah Bauten mit Gesamtkosten von etwa 700 bis 800 Millionen Mark, heute etwa drei Milliarden DM vor: ein Betrag, wie er von mir acht Jahre später in vier Tagen für Rüstungsgüter ausgegeben wurde[7]. Das Gelände nahm mit den Lagern für die Teilnehmer eine Fläche von rund 16,5 Quadratkilometern ein. Unter Wilhelm II. sollte übrigens bereits eine »Feststätte für deutsche Nationalfeste« mit einer Größe von 2000 auf 600 Meter errichtet werden.

Zwei Jahre nach der Genehmigung durch Hitler wurde mein städtebaulicher Entwurf für das Parteitaggelände als Modell auf der Pariser Weltausstellung 1937 gezeigt und mit dem »Grand Prix« ausgezeichnet. Am südlichen Ende der Gesamtanlage befand sich das »Märzfeld«, dessen Name nicht nur an den Kriegsgott Mars, sondern auch an den Monat erinnern sollte, in dem Hitler die Wehrpflicht eingeführt hatte. Auf diesem riesigen Gelände sollte auf einer Fläche von 1050 auf 700 Meter die Wehrmacht Kampfübungen vorführen, also kleinere Manöver abhalten. Der grandiose Bezirk des Palastes der Könige Darius I. und Xerxes in Persepolis aus dem 5. Jahrhundert v. Chr. umfaßte demgegenüber nur 450 auf 275 Meter. Tribünen von vierzehn Metern Höhe waren von mir zur Einfassung des ganzen Geländes vorgesehen; sie gaben 160 000 Zuschauern Platz; vierundzwanzig Türme von über vierzig Metern Höhe sollten diese Tribünen rhythmisch unterteilen, während in der Mitte eine Ehrentribüne hervorragte, die von einer weiblichen Skulptur gekrönt wurde. Nero ließ 64 n. Chr. auf dem Capitol eine Kolossalfigur von sechsunddreißig Metern Höhe errichten; die New Yorker Freiheitsstatue ist sechsundvierzig Meter hoch, doch unsere Figur sollte sie noch um vierzehn Meter überragen.

Nach Norden, genau in Richtung der alten Nürnberger Burg der Hohenzollern, die man in der Ferne sehen konnte, öffnete sich das Märzfeld zu einer zwei Kilometer langen und achtzig Meter breiten Paradestraße. Auf ihr sollte die Wehrmacht in etwa fünfzig Meter breiten Gliedern an Hitler vorbeimarschieren. Diese Straße wurde bereits vor dem Kriege fertig und mit schweren Granitplatten belegt, stark genug, um auch das Gewicht von Panzern auszuhalten; die Oberfläche war aufgerauht, damit die Soldaten beim Paradeschritt für ihre Stiefel Halt fanden. Zur rechten Hand erhob sich eine Stufenanlage, auf der Hitler, umrahmt von seiner Generalität, Paraden abnehmen wollte. Ihr gegenüber lag eine Pfeilerhalle, in der die Fahnen der Regimenter aufgestellt werden sollten.

Diese Pfeilerhalle mit ihrer Höhe von nur achtzehn Metern sollte als vergleichender Maßstab dienen für das dahinter herausragende »Große Stadion«, für das Hitler ein Fassungsvermögen von 400 000 Zuschauern festgelegt hatte. Die größte vergleichbare Anlage der Geschichte war der Circus Maximus in Rom für 150 000 bis 200 000 Personen, während unsere neuzeitlichen Stadien damals bei 100 000 Plätzen ihre Grenze fanden.

Die Cheopspyramide, um 2500 v. Chr. erbaut, umfaßt bei 230 Metern Länge und 146 Metern Höhe 2 570 000 Kubikmeter. Das Nürnberger Stadion wäre 550 Meter lang und 460 Meter breit geworden und hätte einen umbauten Raum von 8 500 000 Kubikmeter[8] aufgewiesen, also rund das dreifache der Cheopspyramide. Das Stadion sollte das bei weitem größte Bauwerk dieses Geländes und eines der gewaltigsten der Geschichte werden. Berechnungen ergaben, daß für die vorgesehene Zuschauermenge der Stadionrand eine Höhe von fast hundert Metern haben müßte. Ein Oval wäre eine unerträgliche Lösung gewesen; der dadurch entstandene Kessel hätte nicht nur die Hitze gesteigert, sondern sicherlich auch zu psychischen Beklemmungen geführt. Deshalb wählte ich die Athener Form des Hufeisens. Wir studierten an einem Hang etwa gleicher Neigung, dessen Unebenheiten wir durch eine Holzkonstruktion ausglichen, ob auf den oberen Rängen den sportlichen Vorführungen noch zu folgen war; das Ergebnis war positiver als ich angenommen hatte.

Wir überschlugen, daß das Nürnberger Stadion 200 bis 250 Millionen Mark, also nach heutigen Baupreisen rund eine Milliarde DM kosten würde. Hitler zeigte keine Bedenken: »Das ist weniger als zwei Schlachtschiffe vom Typ Bismarck. Wie schnell wird ein Panzerschiff zerstört, und wenn nicht, ist es in zehn Jahren sowieso Schrott. Aber dieser Bau, der steht noch in Jahrhunderten. Weichen Sie aus, wenn Sie vom Finanzminister gefragt werden, was das kostet. Sagen Sie, man hätte damit bei solch großen Bauvorhaben keine Erfahrungen.« Für einige Millionen Mark wurde Granit bestellt, hellroter für die Außenseiten, weißer für die Zuschauertribüne. An der Baustelle wurde eine riesige Grube für das Fundament ausgehoben, im Kriege ein malerischer See, der die Größenordnung des Baues ahnen ließ.

Weiter nördlich vom Stadion überquerte die Paradestraße eine Wasserfläche, in der sich die Bauten spiegeln sollten, darauf folgte als Abschluß ein Platz, rechts von der noch heute stehenden Kongreßhalle begrenzt und links von einer »Kulturhalle«, die eigens gebaut werden sollte, damit Hitler dort einen angemessenen Raum für seine Kulturreden fand.

Für alle Bauten des Parteitaggeländes – mit Ausnahme der Kongreßhalle, die bereits 1933 von dem Architekten Ludwig Ruff entworfen wurde – hatte Hitler mich als Architekten bestimmt. Er ließ mir in Plan und Ausführung freie Hand, und jedes Jahr nahm er von nun an eine feierliche Grundsteinlegung vor. Allerdings: die Grundsteine wurden anschließend auf den städtischen Bauhof verbracht, wo sie auf ihre Einmauerung warten sollten, bis der Bau weiter fortgeschritten sein würde. Bei der Grundsteinlegung des Stadions am 9. September 1937 gab mir Hitler vor den versammelten Parteigrößen feierlich die Hand: »Das ist der größte Tag Ihres Lebens!« Vielleicht war ich damals schon Skeptiker, denn ich antwortete ihm: »Nein, nicht heute, mein Führer, sondern erst, wenn der Bau fertig ist.«

Anfang 1939 versuchte Hitler vor Bauarbeitern die Dimensionen seines Baustils mit den Worten zu begründen: »Warum immer das Größte? Ich tue es, um dem einzelnen Deutschen wieder das Selbstbewußtsein zurückzugeben. Um auf hundert Gebieten dem Einzelnen zu sagen: Wir sind gar nicht unterlegen, sondern im Gegenteil, wir sind jedem anderen Volk absolut ebenbürtig[9].«

Man soll diesen Hang zu maßstäblicher Übergröße nicht auf die Regierungsform allein zurückführen; schnell gewonnener Reichtum hat ebenso teil daran wie das Bedürfnis, die eigene Kraft aus welchen Gründen auch immer zu demonstrieren. Daher finden wir im griechischen Altertum die größten Bauwerke auf den sizilianischen Inseln und in Kleinasien. Das mag mit den meist von Einzelherrschern bestimmten Verfassungen dieser Städte zu tun haben, aber selbst im perikleischen Athen war die Kultstatue der Athena Parthenos von Phidias zwölf Meter hoch. Zudem sind die meisten der sieben Weltwunder als Zeichen weltweiter Popularität gerade wegen ihrer übermäßigen Größe eben dazu geworden: der Tempel der Artemis zu Ephesus, das Mausoleum zu Halikarnassos, der Koloß von Rhodos oder der Olympische Zeus des Phidias.

Hitlers Anspruch auf maßstäbliche Übergröße ging jedoch weiter als er es den Arbeitern bekennen wollte: das Größte sollte sein Werk verherrlichen, sein eigenes Selbstbewußtsein erhöhen. Die Errichtung dieser Monumente sollte dazu dienen, einen Anspruch auf Weltherrschaft anzumelden, lange bevor er ihn seiner engsten Umgebung mitzuteilen wagte.

Auch mich berauschte die Vorstellung, mit Hilfe von Zeichnungen, Geld und Baufirmen steinerne Geschichtszeugen zu schaffen, und damit einen tausendjährigen Anspruch vorwegnehmen zu können. Ich begeisterte aber auch Hitler, wenn ich ihm beweisen konnte, daß wir geschichtlich hervorragende Bauwerke zumindest in den Größenverhältnissen »geschlagen« hätten. Sein Enthusiasmus war dabei niemals laut. Er sparte mit großen Worten. Vielleicht erfüllte ihn in diesen Augenblicken sogar eine gewisse Ehrfurcht; doch galt sie ihm selbst und der auf seinen Befehl erzeugten, in die Ewigkeit projizierten Vorstellung der eigenen Größe.

Auf dem gleichen Parteitag 1937, an dem Hitler den Grundstein zum Stadion legte, beendete er seine Schlußrede mit dem Satz: »Die deutsche Nation hat doch bekommen ihr germanisches Reich.« Beim anschließenden Mittagessen erzählte Hitlers Adjutant Brückner, daß der Feldmarschall von Blomberg an dieser Stelle vor Erschütterung in Tränen ausgebrochen sei. Hitler nahm dies als Bestätigung vollkommenen Einverständnisses über die grundsätzliche Bedeutung dieser Formulierung.

Damals wurde viel darüber gesprochen, daß dieser rätselhafte Ausspruch einen neuen Abschnitt in der großen Politik einleite: von ihm werde noch vieles ausgehen. Ich wußte etwa, was gemeint war, denn um die gleiche Zeit hielt mich Hitler eines Tages unvermittelt auf der Treppe zu seiner Wohnung fest, ließ die Begleitung weitergehen: »Wir werden ein großes Reich schaffen. Alle germanischen Völker werden darin zusammengefaßt sein. Das fängt in Norwegen an und geht bis Norditalien. Ich selbst muß das noch durchführen. Wenn ich nur gesund bleibe!«

Das war noch eine relativ zurückhaltende Formulierung. Im Frühjahr 1937 besuchte mich Hitler in meinen Berliner Ausstellungsräumen. Wir standen allein vor dem über zwei Meter hohen Modell des Stadions der Vierhunderttausend. Es war genau in Augenhöhe aufgebaut, jedes zukünftige Detail in ihm vorgebildet, starke Filmscheinwerfer strahlten es an, so daß wir uns mit geringem Aufwand an Phantasie die Wirkung vorstellen konnten, die von diesem Bauwerk ausgehen müßte. Neben dem Modell waren auf Tafeln die Pläne angeheftet. Ihnen wandte sich Hitler zu. Wir sprachen über die Olympischen Spiele; ich machte ihn, wie schon mehrmals zuvor, darauf aufmerksam, daß mein Sportfeld nicht die vorgeschriebenen olympischen Maße habe. Darauf meinte Hitler, ohne die Stimme zu ändern, so als handle es sich um eine undiskutierbare Selbstverständlichkeit: »Ganz unwichtig. 1940 finden die Olympischen Spiele noch einmal in Tokio statt. Aber danach, da werden sie für alle Zeiten in Deutschland stattfinden, in diesem Stadion. Und wie das Sportfeld zu bemessen ist, das bestimmen dann wir.«

Nach unserem genau ausgearbeiteten Zeitplan sollte dieses Stadion zum Parteitag des Jahres 1945 fertiggestellt sein...

6. Kapitel

Der größte Auftrag

Hitler ging im Garten des Obersalzbergs unruhig auf und ab. »Ich weiß wirklich nicht, was ich tun soll. Es ist eine zu schwere Entscheidung. Am liebsten würde ich mich den Engländern anschließen. Aber die Engländer haben sich oft in der Geschichte als unzuverlässig erwiesen. Gehe ich mit ihnen, dann ist es zwischen Italien und uns für immer aus. Die Engländer lassen mich danach fallen und wir sitzen zwischen beiden Stühlen.« So äußerte er sich häufig im Herbst 1935 zu seinem engeren Kreis, der ihn wie immer auf den Obersalzberg begleitet hatte. Mussolini hatte in diesen Tagen unter massierten Bombardements den Einmarsch in Abessinien begonnen, der Negus war geflohen, das neue römische Imperium proklamiert.

Seit Hitlers Italienbesuch vom Juni 1934 so wenig erfolgreich verlaufen war, mißtraute er zwar nicht Mussolini, aber doch den Italienern und der italienischen Politik. Nun, da er sich in seinen Zweifeln bestärkt sah, erinnerte sich Hitler eines politischen Vermächtnisses Hindenburgs, wonach Deutschland niemals wieder mit Italien zusammengehen dürfe. Unter Führung Englands verhängte der Völkerbund wirtschaftliche Sanktionen gegen Italien. Jetzt müsse er sich endgültig entscheiden, meinte Hitler, ob er mit den Engländern oder den Italienern zusammengehen wolle. Es sei eine Entscheidung auf weite Sicht. Wie später noch oft, sprach er von seiner Bereitschaft, den Engländern als Gegenleistung für ein globales Arrangement das Empire zu garantieren. Doch die Umstände ließen ihm keine Wahl. Sie zwangen ihn, sich für Mussolini zu entscheiden. Es war, trotz der ideologischen und sich anbahnenden persönlichen Beziehung keine leichte Entscheidung. Hitler äußerte noch Tage danach bedrückt, daß die Situation ihn zu diesem Schritt gezwungen habe. Um so erleichterter war er, als sich einige Wochen später herausstellte, daß die schließlich getroffenen Sanktionsmaßnahmen Italien gerade in den entscheidenden Punkten schonten. Hitler schloß daraus, daß England wie Frankreich kein Risiko eingehen und jeder Gefahr ausweichen wollten. Was später wie Mutwille wirkte, resultierte aus solchen Erfahrungen. Die westlichen Regierungen hätten sich, wie er damals abschließend bemerkte, als schwach und entschlußlos erwiesen.

In dieser Vorstellung wurde er überdies bestärkt, als am 7. März 1936 die deutschen Truppen ins entmilitarisierte Rheinland einmarschierten. Das war ein offener Bruch des Vertrages von Locarno, der einen militärischen Gegenzug der Partnermächte gerechtfertigt hätte. Nervös erwartete Hitler die ersten

Reaktionen. Der Sonderwagen, in dem wir am Abend dieses Tages nach München fuhren, war Abteil für Abteil von der hochgespannten Atmosphäre erfüllt, die sich vom Führerraum her verbreitete. Auf einer Station wurde eine Nachricht in den Wagen gereicht. Hitler atmete auf: »Endlich! Der englische König greift nicht ein. Er hält, was er versprochen hat. Damit kann alles gut gehen.« Hitlers Reaktion verriet seine Unkenntnis der geringen verfassungsmäßigen Möglichkeiten der englischen Krone gegenüber Parlament und Regierung. Immerhin hätte eine militärische Intervention wohl der Billigung des Königs bedurft, und vielleicht war es dies, was Hitler andeuten wollte. Seine Sorge jedenfalls war beträchtlich und später noch, als er mit fast der ganzen Welt Krieg führte, nannte er den Einmarsch in das Rheinland stets das gewagteste aller seiner Unternehmen: »Wir hatten keine nennenswerte Armee: sie hätte noch nicht einmal die Kampfkraft gehabt, sich gegen die Polen allein zu behaupten. Hätten die Franzosen ernst gemacht, wir wären mühelos besiegt worden; in ein paar Tagen wäre unser Widerstand am Ende gewesen. Und was wir an Luftstreitkräften besaßen, war geradezu lächerlich. Einige Ju 52 von der Lufthansa und noch nicht einmal dafür hatten wir genügend Bomben.« Nach der Abdankung Königs Eduards VIII., des späteren Herzogs von Windsor, kam er noch oft auf dessen scheinbares Verständnis für das nationalsozialistische Deutschland zu sprechen: »Ich bin sicher, durch ihn hätten sich dauerhafte freundschaftliche Beziehungen mit England erreichen lassen. Mit ihm wäre alles anders gewesen. Seine Abdankung war ein schwerer Verlust für uns«, woran sich Bemerkungen über dunkle deutschfeindliche Mächte anschlossen, die über den Gang der britischen Politik entschieden. Sein Bedauern, nicht mit England zusammengefunden zu haben, zog sich wie ein roter Faden durch die Jahre seiner Herrschaft. Es verstärkte sich noch, als der Herzog von Windsor mit seiner Frau am 22. Oktober 1937 Hitler auf dem Obersalzberg besuchte und sich angeblich günstig über die Errungenschaften des Dritten Reiches äußerte.

Einige Monate nach dem ungestörten Einmarsch in das Rheinland zeigte sich Hitler erfreut über die harmonische Atmosphäre während der Olympischen Spiele; die internationale Mißstimmung war offensichtlich vorüber. Er gab Anweisung, den zahlreichen prominenten Gästen des Auslandes den Eindruck eines friedlich gesinnten Deutschlands zu vermitteln, folgte mit großer Erregung den sportlichen Auseinandersetzungen, und während ihn jeder der unerwartet zahlreichen deutschen Erfolge glücklich machte, reagierte er überaus ärgerlich auf die Siegesserie des farbigen amerikanischen Wunderläufers Jesse Owens. Menschen, deren Vorfahren aus dem Dschungel stammten, seien primitiv – athletischer gebaut als die zivilisierten Weißen, meinte er achselzuckend, sie seien eine nicht zu vergleichende Konkurrenz, und folglich müsse man sie von den zukünftigen Spielen und sportlichen Wettbewerben ausschließen. Größten Eindruck machte auf Hitler der frenetische Jubel der Berliner beim feierlichen Einmarsch der französischen Mannschaft in das Olympiastadion. Mit erhobener Hand war sie an der Ehrentribüne Hitlers vorbeigezogen und hatte dadurch bei vielen Zuschauern spontane Begeisterung ausgelöst. Aber Hitler witterte im lang anhaltenden Beifall des Publikums eine Volksstimme, die von Sehnsucht nach Frieden und Verständigung mit dem westlichen Nachbarland getragen war. Wenn ich richtig deute, was ich damals beobachtete, war er über diesen Jubel der Berliner eher beunruhigt als erfreut.

Im Frühjahr 1936 besichtigte Hitler mit mir eine Teilstrecke der Autobahn. Im Gespräch ließ er die Bemerkung fallen: »Einen Bauauftrag habe ich noch zu vergeben. Den größten von allen.« Bei dieser Andeutung blieb es. Weiter äußerte er sich nicht.

Gelegentlich skizzierte er wohl einige Ideen zur Gestaltung Berlins, aber erst im Juni zeigte mir Hitler einen Plan des Berliner Stadtzentrums: »Ich habe dem Oberbürgermeister lang und ausführlich erklärt, warum diese neue Straße 120 Meter breit sein muß und nun zeichnet er mir eine von nur 90 Metern.« Einige Wochen später wurde Oberbürgermeister Dr. Lippert, ein altes Parteimitglied und Hauptschriftleiter des Berliner »Angriff«, erneut zitiert; aber es hatte sich nichts geändert, die Straße ihre 90 Meter behalten: Lippert konnte sich nicht für Hitlers Baupläne erwärmen. Zunächst zeigte Hitler lediglich Verdruß und meinte, Lippert sei kleinlich, unfähig eine Weltstadt zu regieren, noch unfähiger, die ihr zugedachte geschichtliche Bedeutung zu verstehen. Im Laufe der Zeit indessen steigerten sich diese Bemerkungen: »Lippert ist ein Nichtskönner, ein Idiot, ein Versager, eine Null.« Erstaunlich war, daß Hitler jedoch in Gegenwart des Bürgermeisters nie seine Unzufriedenheit zeigte und auch nie versuchte, ihn zu überzeugen. Mitunter schien er damals schon das mühsame Geschäft der Darlegung von Gründen zu scheuen. Nach vier Jahren, im Anschluß an einen Spaziergang vom Berghof zum Teehaus, auf dem er sich erneut erregt über Lippert geäußert hatte, ließ er sich mit Goebbels verbinden und befahl ihm kategorisch die Ablösung seines Oberbürgermeisters.

Bis zum Sommer 1936 hatte Hitler offenbar die Absicht gehabt, die Berliner Pläne durch die Stadtverwaltung bearbeiten zu lassen. Jetzt ließ er mich kommen und übergab mir kurzerhand und ganz unfeierlich den Auftrag: »Mit dieser Stadt Berlin ist nichts anzufangen. Von jetzt an machen Sie den Entwurf. Nehmen Sie diese Zeichnung mit. Wenn Sie etwas fertig haben, zeigen Sie es mir. Dafür habe ich, wie Sie wissen, immer Zeit.«

Wie Hitler mir sagte, ging seine Vorstellung einer überbreiten Straße auf das Studium unzulänglicher Berliner Pläne zurück, die ihn in den zwanziger Jahren gereizt hätten, eigene Ideen zu entwickeln[1]. Schon damals habe er den Entschluß gefaßt, den Anhalter- und Potsdamer Bahnhof in den Süden des Tempelhofer Feldes zu verlegen; dadurch würden umfangreiche Gleisanlagen im Zentrum der Stadt frei, so daß man mit wenigen Durchbrüchen, von der Siegesallee ausgehend, eine Prachtstraße mit repräsentativen Gebäuden erhalte, fünf Kilometer lang.

Alle baulichen Größenordnungen Berlins wurden durch zwei Bauwerke gesprengt, die Hitler an dieser neuen Repräsentationsstraße errichten wollte. Am nördlichen Ende, in der Nähe des Reichstages, sah er eine riesige Versammlungshalle vor, einen Kuppelbau, in dem der römische Petersdom mehrfach Platz gefunden hätte. Der Durchmesser der Kuppel sollte 250 Meter betragen. Darunter konnten sich auf einer rund 38 000 Quadratmeter großen frei überwölbten Fläche über 150 000 Menschen stehend versammeln.

Schon bei diesen ersten Besprechungen, als unsere städtebaulichen Überlegungen sich noch in den Anfängen befanden, glaubte Hitler mir erklären zu müssen, daß sich die Größe von Versammlungshallen an den Vorstellungen des Mittelalters ausrichten solle. Das Ulmer Münster, so meinte er beispielsweise, habe 2500 Quadratmeter Fläche; als man es im XIV. Jahrhundert zu bauen begann, hätten mit Kindern und Greisen aber nur 15 000 Menschen in Ulm gewohnt. »Also konnten sie den Raum nie füllen; demgegenüber ist für die Millionenstadt Berlin eine Halle für 150 000 Personen klein zu nennen.«

In einigem Abstand vom Südbahnhof wollte Hitler, als Gegenpol zu dieser Halle, einen Triumphbogen errichten, dessen Höhe er auf 120 Meter festgelegt hatte: »Das wird wenigstens ein würdiges Denkmal für unsere Toten des Weltkrieges. Der Name jedes unserer 1,8 Millionen Gefallenen wird in Granit eingemeißelt werden. Was ist dieses Berliner Ehrenmal der Republik doch für eine unwürdige Angelegenheit. Wie armselig und unwürdig für eine große Nation.« Er übergab mir zwei auf kleine Karten[2] gezeichnete Skizzen: »Diese Zeichnungen machte ich vor zehn Jahren. Ich habe sie immer aufgehoben, da ich nie daran zweifelte, daß ich sie eines Tages bauen werde. Und so wollen wir sie nun auch durchführen.«

Ein Vergleich mit den eingezeichneten Menschen beweise, erläuterte Hitler, daß er schon damals einen Kuppeldurchmesser von über zweihundert Metern und für den Triumphbogen eine Höhe von mehr als einhundert Metern vorgesehen habe. Das Verblüffende daran waren weniger die Größenvorstellungen als die erstaunliche Besessenheit, mit der er monumentale Triumphbauten plante, als noch nicht einmal ein Schimmer von Hoffnung auf deren Verwirklichung bestand. Und eher unheimlich wirkt es auf mich heute, daß er mitten im Frieden, unter Beschwörung der Verständigungsbereitschaft, Pläne zu verwirklichen begann, die nur in Verbindung mit kriegerisch hegemonialen Herrschaftsansprüchen gesehen werden konnten.

»Berlin ist eine Großstadt, aber keine Weltstadt. Sehen Sie Paris an, die schönste Stadt der Welt! Oder selbst Wien! Das sind Städte mit einem großen Wurf. Berlin aber ist nichts als eine ungeregelte Anhäufung von Bauten. Wir müssen Paris und Wien übertrumpfen«, meinte er bei den nun einsetzenden zahlreichen Besprechungen, die meist in seiner Reichskanzlerwohnung stattfanden. Bevor wir begannen, mußten sich regelmäßig alle anderen Besucher entfernen.

Die Pläne von Wien und Paris hatte er in früheren Jahren genau studiert. Bei unseren Diskussionen standen sie seinem Gedächtnis mit allen Details zur Verfügung. In Wien bewunderte er die städtebauliche Schöpfung der Ringstraße mit ihren großen Bauten, dem Rathaus, dem Parlament, dem Konzertsaal oder der Hofburg und den Museen. Er konnte diesen Teil der Stadt maßstäblich richtig auftragen und hatte gelernt, daß man repräsentative Großbauten ebenso wie Monumente frei von allen Seiten sichtbar planen müsse. Diese Bauten bewunderte er, selbst wenn sie seiner Auffassung nicht unmittelbar lagen, wie etwa das neugotische Rathaus: »Hier wird Wien würdig repräsentiert. Sehen Sie sich dagegen das Berliner Rathaus an. Berlin wird ein noch schöneres erhalten als Wien, verlassen Sie sich darauf.«

Mehr noch war er von den großen Straßendurchbrüchen, von den neuen Boulevards beeindruckt, die Georges E. Haussmann in Paris von 1853 bis 1870 mit einem Kostenaufwand von 2,5 Milliarden Goldfrancs errichtet hatte. Er hielt Haussmann für den größten Städtebauer der Geschichte, hoffte aber, daß ich ihn übertreffen würde. Die jahrelangen Kämpfe Haussmanns ließen ihn erwarten, daß sich auch den Berliner Plänen Widerstände entgegenstellen würden; nur seiner Autorität, so meinte er, werde es gelingen, sich durchzusetzen.

Zunächst wandte er allerdings eine List an, um die sich sträubende Stadtverwaltung willfährig zu machen; denn sie hielt Hitlers Pläne für ein Danaer-Geschenk, nachdem sich herausgestellt hatte, daß sie die erheblichen Kosten für die Freilegung und den Bau der Straßen, der öffentlichen Anlagen ebenso zu tragen haben werde wie für die Schnellbahnen. »Wir werden uns eine Zeit lang mit Plänen beschäftigen, unsere neue Hauptstadt am Müritzsee in Mecklenburg zu bauen. Sie sollen mal sehen, wie lebendig die Berliner werden, wenn sie Gefahr wittern, daß die Reichsregierung auszieht«, meinte er. In der Tat genügten einige Andeutungen dieser Art, und bald zeigten sich die Stadtväter bereit, die Kosten der Bauplanung zu akzeptieren. Immerhin fand Hitler einige Monate lang Gefallen an diesem Plan eines deutschen »Washington« und malte sich aus, wie man eine »Idealstadt« aus dem Nichts gestalten könne. Am Ende aber verwarf er alles: »Künstlich errichtete Hauptstädte blieben immer tot. Denken Sie an Washington oder Canberra. Auch bei uns in Karlsruhe entsteht kein Leben, weil dort die ledernen Beamten unter sich bleiben.« Bei dieser Episode wurde mir bis heute nicht klar, ob Hitler auch mir nur eine Komödie vorspielte oder ob er zeitweise ernsthaft mit dieser Idee umging.

Ausgangspunkt seiner städtebaulichen Vorstellungen für Berlin waren die zwei Kilometer langen Champs Elysées mit ihrem fünfzig Meter hohen »Arc de Triomphe«, den Napoleon I. 1805 gebaut hatte. Von hier stammte auch das Vorbild des »Großen Bogens«, und von hier leitete er seine Auffassung von der Straßenbreite ab: »Die Champs Elysées sind hundert Meter breit. Auf alle Fälle machen wir unsere Straße zwanzig Meter breiter. Als der weitsichtige große Kurfürst im XVII. Jahrhundert die ›Linden‹ mit ihren sechzig Metern Breite anlegte, konnte er den heutigen Verkehr genauso wenig vorhersehen, wie Haussmann, als er die Champs Elysées entwarf.

Zur Verwirklichung dieser Pläne erließ Hitler durch Staatssekretär Lammers eine Verordnung, die mir weitgehende Vollmachten einräumte und mich ihm unmittelbar unterstellte. Weder der Innenminister noch der Berliner Oberbürgermeister oder der Berliner Gauleiter Goebbels sollten mir gegenüber weisungsbefugt sein. Er enthob mich sogar ausdrücklich der Verpflichtung, Stadt und Partei von meinen Plänen zu unterrichten[3]. Als ich Hitler gegenüber den Wunsch äußerte, auch diesen Auftrag als selbständiger Architekt ausführen zu dürfen, stimmte er sofort zu. Staatssekretär Lammers fand eine rechtliche Konstruktion, die der Abneigung gegen eine beamtete Position entsprach; meine Dienststelle bekam keinen Behördencharakter, sondern wurde wie ein großes unabhängiges Forschungsinstitut behandelt.

Am 30. Januar 1937 wurde ich offiziell mit Hitlers »größter Bauaufgabe« betraut. Lange suchte er nach einer volltönenden, Respekt heischenden Bezeichnung, bis Funk die Lösung fand: »Der Generalbauinspektor für die Neugestaltung der Reichshauptstadt.« Bei der Übergabe meiner Ernennungsurkunde zeigte er sich, bezeichnend für sein Verhalten mir gegenüber, nahezu schüchtern. Nach dem Mittagessen drückte er sie mir in die Hand: »Machen Sie es gut.« Von da an kam mir in großzügiger Auslegung meines Vertrages der Rang eines Staatssekretärs der Reichsregierung zu. Mit meinen zweiunddreißig Jahren saß ich von nun ab neben Dr. Todt in der dritten Reihe der Regierungsbank, durfte bei offiziellen Staatsdiners am unteren Ende der Tafel Platz nehmen und bekam von jedem ausländischen Staatsbesucher automatisch einen dekorativen Orden in feststehender Ranghöhe verliehen. Monatlich bezog ich ein Gehalt von 1500 Mark, im Vergleich zu meinen Architekten-Honoraren eine unbedeutende Summe.

Noch im Februar forderte Hitler kurzerhand den Erziehungsminister auf, das ehrwürdige Gebäude der »Akademie der Künste« am Pariser Platz für meine Behörde, kurz »G. B. I.« genannt, freizumachen. Seine Wahl fiel auf dieses Gebäude, weil er dorthin, von der Öffentlichkeit unbemerkt, durch die dazwischenliegenden Ministergärten gelangen konnte. Bald machte er von dieser Möglichkeit reichlichen Gebrauch.

Die städtebauliche Idee Hitlers hatte einen erheblichen Nachteil: sie war nicht zu Ende gedacht. So sehr hatte er sich in die Vorstellung einer »Berliner Champs Elysées« mit zweieinhalbfacher Länge des Pariser Originals verbohrt, daß er darüber die Struktur der Vier-Millionen-Stadt gänzlich aus den Augen verlor. Für einen Stadtplaner konnte eine solche Straße nur als Kernstück einer städtebaulichen Neuordnung Sinn und Funktion haben. Für Hitler dagegen war sie dekoratives Prunkstück und hatte ihren Zweck in sich selbst. Auch das Berliner Bahnproblem war damit nicht gelöst worden. Der riesige Keil des Gleiskörpers, der die Stadt in zwei Teile trennte, wäre nur einige Kilometer nach Süden verschoben worden.

Ministerialdirektor Dr. Leibbrand vom Reichsverkehrsministerium, Chefplaner der damaligen Reichsbahn, sah in Hitlers Plänen eine Möglichkeit zu einer großzügigen Neuordnung des gesamten Bahnverkehrsnetzes der Reichshauptstadt. Gemeinsam fanden wir eine wohl ideale Lösung: Die Kapazität der Berliner Ringbahn sollte durch zwei Gleise so erweitert werden, daß der Fernverkehr eingefädelt werden konnte. Dadurch würden je ein Zentralbahnhof im Norden und im Süden möglich, die als Durchgangsstationen die zahlreichen Berliner Kopfbahnhöfe (Lehrter-, Anhalter- und Potsdamer-Bahnhof) überflüssig gemacht hätten. Die Kosten der neuen Bahnanlage wurden auf eine bis zwei Milliarden Mark geschätzt[4].

Auf diese Weise gewannen wir die Möglichkeit, den Straßendurchbruch auf der alten Gleisanlage nach Süden fortzusetzen und erhielten im Herzen der Stadt in nur fünf Kilometern Entfernung eine große freie Fläche für eine neue Wohnstadt von 400 000 Einwohnern[5]. Auch nach Norden ergab sich durch die Beseitigung des Lehrter Bahnhofs eine Fortsetzung des großen Straßenzuges zur Aufschließung neuer Wohngebiete. Nur wollten weder Hitler noch ich auf die Kuppelhalle als Abschluß der Prachtstraße verzichten; der gewaltige Vorplatz sollte verkehrsfrei bleiben. Die für den Verkehr günstige Konzeption wurde der Repräsentation zuliebe verlassen; der Fluß des Nord-Südverkehrs durch eine Umfahrung erheblich beeinträchtigt.

Es lag nahe, die bereits bestehende, sechzig Meter breite Ausfallstraße nach Westen, die Heerstraße, in gleicher Breite auch in östlicher Richtung weiterzuführen, ein Projekt, das dann nach 1945 durch den Ausbau der alten Frankfurter Allee teilweise verwirklicht wurde. Diese Achse sollte, nicht anders als die nord-südliche bis an ihr natürliches Ende, den Autobahnring, geführt werden, um auch im Osten Berlins neue Stadtgebiete für die Reichshauptstadt zu erschließen, deren Einwohnerzahl wir, trotz der gleichzeitigen Sanierung der Innenstadt, auf diese Weise nahezu verdoppeln konnten[6].

Beide Achsen sollten von hohen Büro- und Geschäftshäusern eingerahmt werden, die sich, nach beiden Seiten abgestuft, in immer niedrigeren Bauzonen fortsetzten, bis sie schließlich in Eigenheime, eingebettet in Grünflächen, übergingen. Durch dieses System hoffte ich, die Erdrosselung des Stadtzentrums durch die traditionellen, ringartig umklammernden Bebauungszonen zu vermeiden. Dieses System, das sich bei meiner Achsenstruktur zwangsläufig ergab, führte die Grünflächen radial tief ins Stadtzentrum.

Jenseits der Autobahn wurde an den vier Endpunkten des neuen Achsenkreuzes Gelände für je einen Verkehrsflughafen reserviert, außerdem war der Rangsdorfer See dazu vorgesehen, als Landefläche eines Wasserflughafens zu dienen, da nach damaliger Vorstellung Wasserflugzeuge eine größere Reichweite versprachen. Der Tempelhofer Flugplatz, zu sehr im Zentrum der neuen Stadtentwicklung gelegen, sollte stillgelegt und in einen Vergnügungspark nach dem Muster des Kopenhagener Tivoli verwandelt werden. In fernerer Zukunft, so erwogen wir, sollte dieses Achsenkreuz durch fünf Ringe und siebzehn Ausfallstraßen ergänzt werden, für die je sechzig Meter Breite vorgesehen waren, bei denen wir uns jedoch zunächst darauf beschränkten, neue Baufluchten festzulegen. Zur Verbindung zwischen dem Achsenkreuz und einem Teil der Ringe waren zur Entlastung der Straßen unterirdische Schnellbahnen geplant. Im Westen grenzte an das Olympiastadion ein neues Universitätsviertel, denn die meisten Instituts- und Lehrgebäude der alten Friedrich-Wilhelms-Universität unter den Linden waren überaltert und in einem unerträglichen Zustand. Nördlich davon schloß sich ein neues medizinisches Viertel mit Krankenhäusern, Laboratorien und Akademien an. Auch die Spreeufer zwischen Museumsinsel und Reichstag, ein stiefmütterlich behandeltes Stadtgebiet voller Schrottplätze und Kleinfabriken, sollten neu geordnet werden und Erweiterungen und Neubauten der Berliner Museen aufnehmen.

Jenseits des Autobahnringes waren Erholungsgebiete vorgesehen, die schon jetzt von einem dazu bevollmächtigten hohen Forstbeamten vom märkischen Kiefernwald auf Laubwald umgeforstet wurden. Nach dem Vorbild des Bois de Bologne sollte auch der Grunewald mit Wanderwegen, Erholungsplätzen, Restaurants und Sportanlagen für die Millionenbevölkerung der Hauptstadt aufgeschlossen werden. Auch hier ließ ich bereits Zehntausende von Laubbäumen pflanzen, um den alten Mischwald wieder herzustellen, den Friedrich der Große zur Finanzierung der Schlesischen Kriege abgeholzt hatte. Von dem ganzen riesigen Projekt der Neugestaltung Berlins sind diese Laubbäume alles, was geblieben ist.

Aus dem ursprünglichen Plan Hitlers zu einer städtebaulich sinnlosen Prachtstraße hatte sich während der Arbeit ein neues städtebauliches Konzept ergeben. Seine Ausgangsidee nahm sich, verglichen mit dieser umfassenden Neuplanung, belanglos aus. Ich hatte Hitlers Größenvorstellungen – zumindest was die Ausdehnung der städtebaulichen Planung anging – um ein Vielfaches übertroffen; das dürfte ihm in seinem Leben selten vorgekommen sein. Alle diese Erweiterungen machte er ohne Zögern mit und ließ mir freie Hand, aber erwärmen konnte er sich für diesen Teil der Planung nicht. Er sah sie sich wohl an, recht flüchtig allerdings, um dann nach einigen Minuten gelangweilt zu fragen: »Wo haben Sie die neuen Pläne für die Große Straße?«, worunter er noch immer nur das von ihm ursprünglich geforderte Mittelstück der Prachtstraße verstand. Dann schwelgte er in Ministerien, Verwaltungsbauten deutscher Großfirmen, einer neuen Oper, Luxushotels und Vergnügungspalästen – und ich schwelgte gern mit. Trotzdem: ich stellte die Gesamtplanung neben die Repräsentationsbauten; Hitler nicht. Seine Leidenschaft für Bauten der Ewigkeit ließ ihn völlig desinteressiert an Verkehrsstrukturen, Wohngebieten und Grünflächen: die soziale Dimension war ihm gleichgültig.

Hess dagegen interessierte sich nur für den Wohnungsbau und beachtete den repräsentativen Teil unserer Planung kaum. Am Schluß eines seiner Besuche machte er mir deswegen Vorhaltungen. Ich versprach ihm jeweils auf einen Backstein für Repräsentationsbauten einen für Wohngebäude zu verwenden. Als Hitler davon hörte, war er unangenehm überrascht, sprach von der Dringlichkeit seiner Forderungen, hob unsere Abmachung jedoch nicht auf.

Anders als vielfach angenommen wird, war ich allerdings nicht Hitlers Chefarchitekt geworden, dem alle anderen unterstanden. Die Architekten für die Neuplanung von München und Linz wurden gleichzeitig mit ähnlichen Vollmachten ausgestattet. Im Laufe der Zeit zog Hitler eine immer größere Zahl von Architekten für Sonderaufgaben heran; vor dem Kriege dürften es zehn oder zwölf gewesen sein.

Bei Baubesprechungen zeigte sich Hitlers Fähigkeit, einen Entwurf schnell zu erfassen, Grundriß und Ansichten zu einer plastischen Vorstellung zu verbinden. Trotz allen Regierungsgeschäften und obwohl es sich oft um zehn bis fünfzehn Großbauten in den verschiedensten Städten handelte, fand er sich bei erneuter Vorlage, oft nach Monaten, in den Zeichnungen augenblicklich zurecht, wußte sich zu erinnern, welche Änderungen er verlangt hatte, und mancher, der annahm, daß eine Anregung oder Forderung längst vergessen sei, sah sich getäuscht.

Meist blieb er bei den Besprechungen zurückhaltend und rücksichtsvoll. Änderungswünsche brachte er mit Freundlichkeit und ohne verletzenden Unterton vor: ganz im Gegensatz zu dem herrischen Ton, den er gegenüber seinen politischen Mitarbeitern anschlug. Von der Verantwortlichkeit des Architekten für seinen Bau überzeugt, sorgte er dafür, daß dieser und nicht der begleitende Gau- oder Reichsleiter das Wort führte. Denn er wollte keine unfachmännische höhere Instanz bei den Erläuterungen zwischengeschaltet sehen. Wenn seiner Idee eine andere entgegengesetzt wurde, beharrte Hitler keineswegs auf seinem Willen: »Ja, Sie haben Recht, so ist es besser.«

So blieb auch mir das Gefühl, daß ich die Verantwortung trüge für das, was ich unter Hitler entwarf. Oft hatten wir Meinungsverschiedenheiten, aber ich kann mich an keinen Fall erinnern, bei dem er mich als Architekt zur Übernahme seiner Meinung gezwungen hätte. In diesem vergleichsweise gleichberechtigten Verhältnis von Bauherrn und Architekt liegt die Ursache dafür, daß ich mir später als Rüstungsminister größere Selbständigkeit nahm als die Mehrzahl aller Minister und Marschalle.

Halsstarrig und ungnädig reagierte Hitler nur, wenn er eine stumme, aufs Grundsätzliche zielende Widersetzlichkeit spürte. So erhielt Professor Bonatz, der Lehrer einer ganzen Architektengeneration, keinen Auftrag mehr, seit er an den Neubauten Troosts auf dem Münchener Königsplatz Kritik geübt hatte. Nicht einmal Todt konnte es wagen, Bonatz für einige Brückenbauten an der Autobahn heranzuziehen. Erst meine Intervention bei Frau Troost, der Witwe seines verehrten Professors, brachte Bonatz wieder in Gnade: »Warum soll er nicht Brücken bauen«, meinte sie; »in technischen Bauten ist er ja ganz gut.« Ihr Wort war gewichtig genug, und Bonatz baute Autobahnbrücken.

Immer wieder versicherte Hitler: »Wie gern wäre ich Architekt geworden!« Und wenn ich dann erwiderte: »Aber dann hätte ich keinen Bauherrn«, hielt er mir entgegen: »Ach Sie, Sie hätten sich immer durchgesetzt!« Ich frage mich manchmal, ob Hitler seine politische Laufbahn abgebrochen hätte, wenn ihm Anfang der zwanziger Jahre ein vermögender Bauherr begegnet wäre. Im Grunde, so glaube ich, waren aber sein politisches Sendungsbewußtsein und seine Architektenleidenschaft immer untrennbar. Dies wird gerade durch die zwei Skizzen belegt, die der nahezu gescheiterte sechsunddreißigjährige Politiker um 1925 in der damals absurd erscheinenden Absicht gezeichnet hatte, später einmal seine staatsmännischen Erfolge mit Triumphbogen und Kuppelhalle zu bekrönen.

In eine unangenehme Lage geriet das deutsche Olympiakomitee, als Hitler sich vom zuständigen Staatssekretär im Innenministerium, Pfundtner, die ersten Pläne für den Neubau des Stadions zeigen ließ. Otto March, der Architekt, hatte einen Betonbau mit verglasten Zwischenwänden, ähnlich dem Wiener Stadion, vorgesehen. Von der Besichtigung kam Hitler zornig und erregt in seine Wohnung, wohin er mich mit Plänen bestellt hatte. Kurzerhand ließ er dem Staatssekretär mitteilen, daß die Olympischen Spiele abzusagen seien. Ohne seine Anwesenheit könnten sie nicht stattfinden, da das Staatsoberhaupt sie eröffnen müsse. Einen solchen modernen Glaskasten würde er jedoch nie betreten. Ich zeichnete über Nacht eine Skizze, die eine Umkleidung des Konstruktionsgerippes mit Naturstein sowie kräftigere Gesimse vorsah, die Verglasung fiel fort, und Hitler war zufrieden. Er sorgte für die Finanzierung des Mehraufwandes, Professor March stimmte der Änderung zu, und die Spiele waren für Berlin gerettet – wobei mir nicht klar war, ob er seine Drohung tatsächlich verwirklicht hätte oder ob sie nur Ausdruck jener Trotzhaltung war, mit der er seinen Willen durchzusetzen pflegte.

Auch die Beteiligung an der Pariser Weltausstellung von 1937 lehnte Hitler zunächst schroff ab, obwohl die Einladung bereits angenommen und der Bauplatz des deutschen Pavillons akzeptiert worden war. Die vorgelegten Entwürfe mißfielen ihm jedoch durchweg. Daraufhin bat mich das Wirtschaftsministerium um einen Entwurf. Auf dem Ausstellungsgelände lagen sich die Bauplätze des sowjetrussischen und des deutschen Pavillons genau gegenüber, eine beabsichtigte Pointe der französischen Ausstellungsleitung. Zufällig verirrte ich mich bei einem Besuch in Paris in den Raum, in dem der geheimgehaltene Entwurf des Sowjetpavillons ausgestellt war: Auf hohem Podest schritt eine Figurengruppe von zehn Metern Höhe triumphal auf den deutschen Pavillon zu. Daraufhin entwarf ich eine in schwere Pfeiler gegliederte, kubische Masse, die diesen Ansturm aufzuhalten schien, während vom Gesims meines Turmes ein Adler mit dem Hakenkreuz in den Fängen auf das russische Paar herabsah. Für den Bau erhielt ich eine Goldmedaille, mein sowjetischer Kollege ebenfalls.

Beim Einweihungsessen für unseren Pavillon traf ich den französischen Botschafter in Berlin, André François-Poncet. Er schlug mir vor, meine Arbeiten in Paris auszustellen, im Austausch gegen eine der modernen französischen Malerei gewidmeten Ausstellung in Berlin. Die französische Architektur sei zurückgeblieben, meinte er, »aber in der Malerei können Sie von uns lernen.« Ich berichtete Hitler bei nächster Gelegenheit von diesem Vorschlag, der mir eine Möglichkeit gab, international bekannt zu werden. Hitler überging die ihm unwillkommene Bemerkung mit Stillschweigen, was zunächst weder Ablehnung noch Zustimmung bedeutete, aber ausschloß, ihn darauf je wieder anzusprechen.

Während dieser Pariser Tage sah ich das »Palais de Chaillot« und das »Palais des Musées d'Art moderne« sowie das noch im Bau befindliche »Musée des Traveaux publics«, das der berühmte Avantgardist Auguste Perret entworfen hatte. Mich verblüffte, daß Frankreich in seinen repräsentativen Bauten ebenfalls zum Neoklassizismus neigte. Man hat später oft behauptet, daß dieser Stil ein Merkmal der Staatsbaukunst totalitärer Staaten gewesen sei. Dies trifft keineswegs zu. Er ist vielmehr Merkmal der Epoche und prägte Washington, London oder Paris ebenso wie Rom, Moskau oder unsere Planungen für Berlin[7].

Wir hatten uns einige französische Devisen beschafft. Meine Frau und ich fuhren mit Freunden im Auto durch Frankreich. Langsam bummelten wir an Schlössern und Kathedralen entlang südwärts, kamen in die einzigartig weitläufige Burganlage Carcassonne's, deren Anblick uns romantisch bewegte, obwohl es sich lediglich um eine der zweckmäßigsten Kriegsanlagen des Mittelalters handelt, für ihre Zeit nichts anderes als für unsere etwa ein Atombunker. Im Burghotel fanden wir einen alten französischen Rotwein und wollten die Stille der Gegend noch einige Tage genießen. Am Abend wurde ich ans Telefon gerufen. Ich hatte mich in diesem entlegenen Winkel vor den Anrufen der Adjutanten Hitlers sicher gefühlt, zumal niemand unsere Reiseroute kannte.

Indessen, die französische Polizei hatte unsere Fahrt aus Sicherheits- und Kontrollgründen verfolgt, jedenfalls konnte sie auf Anfrage vom Obersalzberg sofort mitteilen, wo wir uns befanden. Adjutant Brückner war am Apparat: »Sie sollen morgen Mittag zum Führer kommen.« Auf meinen Einwand, daß ich allein für die Rückfahrt zweieinhalb Tage brauchte, meinte er: »Morgen Nachmittag ist hier eine Besprechung angesetzt, und der Führer verlangt, daß Sie dabei sind.« Ich versuchte noch einmal schwachen Protest. »Augenblick ... Der Führer weiß, wo Sie sind, aber Sie müssen morgen hier sein.«

Ich war unglücklich, ärgerlich und ratlos. Telefongespräche mit Hitlers Piloten ergaben, daß seine Sondermaschine nicht in Frankreich landen könne. Aber er wolle mir einen Platz in einem deutschen Frachtflugzeug besorgen, das von Afrika aus um sechs Uhr morgens in Marseille zwischenlanden würde. Hitlers Sonderflugzeug werde mich dann von Stuttgart aus nach dem Flugplatz Ainring bei Berchtesgaden bringen.

Noch in der gleichen Nacht machten wir uns auf die Fahrt nach Marseille, sahen für einige Minuten bei Mondschein die römischen Bauten in Arles, die das eigentliche Ziel unserer Fahrt gewesen waren, und kamen um zwei Uhr morgens in einem Marseiller Hotel an. Drei Stunden später ging es schon zum Flugplatz, und nachmittags erschien ich, wie befohlen, auf dem Obersalzberg vor Hitler: »Ja, das tut mir aber leid, Herr Speer, die Besprechung habe ich verschoben. Ich wollte Ihr Urteil über eine Hängebrücke bei Hamburg haben.« Dr. Todt hatte ihm an diesem Tag einen Entwurf für eine Mammutbrücke vorlegen wollen, mit der die Golden Gate Bridge bei San Francisco übertroffen werden sollte. Da der Beginn dieses Baues aber erst für die vierziger Jahre vorgesehen war, hätte mir Hitler ruhig noch eine Woche Urlaub gönnen können.

Ein anderes Mal hatte ich mich mit meiner Frau auf die Zugspitze geflüchtet, als mich der übliche Anruf des Adjutanten erreichte: »Sie sollen zum Führer kommen. Morgen Mittag Osteria zum Essen.« Meinen Einwand schnitt er ab: »Nein, es ist dringend.« In der Osteria begrüßte mich Hitler: »Das ist aber schön, daß Sie zum Essen kommen. Was, Sie sind bestellt? – Ich habe gestern nur gefragt: Wo ist eigentlich der Speer? Aber, wissen Sie, geschieht Ihnen ganz recht. Warum müssen Sie auch Skilaufen.«

Von Neurath zeigte mehr Rückgrat. Als Hitler seinem Adjutanten einmal spätabends befahl: »Ich möchte den Reichsaußenminister sprechen«, erhielt er nach einem Telefongespräch die Antwort: »Der Reichsaußenminister hat sich schon zur Ruhe begeben.« – »Er soll geweckt werden, wenn ich ihn sprechen will.« Erneuter Anruf, der Adjutant kam verlegen zurück: »Der Herr Reichsaußenminister läßt sagen, er stehe morgen früh zur Verfügung, er sei jetzt müde und möchte schlafen.«

Vor solcher Entschiedenheit gab Hitler zwar nach, aber er zeigte nicht nur für den Rest des Abends schlechte Laune; solche Regungen der Selbständigkeit konnte er nie vergessen und revanchierte sich bei nächster Gelegenheit.

7. Kapitel

Obersalzberg

Jeder Inhaber von Macht, sei es der Leiter eines Unternehmens, der Chef einer Regierung oder der Herrscher einer Diktatur, ist einem beständigen Konflikt ausgesetzt. Sein Amt läßt seine Gunst so begehrenswert erscheinen, daß seine Untergebenen davon bestochen werden können. Die Umgebung aber ist nicht nur in der Gefahr, zu Höflingen zu korrumpieren, sie ist zugleich der Versuchung ausgesetzt, durch auffällige Hingabe den Machthaber ihrerseits zu bestechen.

Über den Wert des Mächtigen entscheidet, wie er auf diese dauernde Beeinflussung reagiert. Ich habe eine Reihe von Industriellen und Militärs erlebt, die sich dieser Versuchung zu erwehren wußten. Soweit Macht schon über Generationen ausgeübt wird, findet man sogar nicht selten eine gewisse ererbte Unbestechlichkeit. In Hitlers Nähe widerstanden nur Einzelne wie Fritz Todt den Versuchungen des Hofstaates. Hitler selbst leistete dieser Entwicklung keinen sichtbaren Widerstand.

Die besonderen Bedingungen seines Herrschaftsstils führten Hitler, besonders ab 1937, in wachsende Vereinsamung. Hinzu kam seine Unfähigkeit, menschlichen Kontakt zu finden. Im internen Kreis sprachen wir damals manchmal über einen Wandel, der bei ihm mehr und mehr sichtbar wurde. Gerade hatte Heinrich Hofmann eine Neuauflage seines Buches: »Hitler, wie ihn keiner kennt« veröffentlicht. Die alte Ausgabe durfte wegen eines Bildes, das Hitler freundschaftlich mit dem von ihm ermordeten Röhm zeigte, nicht mehr verkauft werden. Die neuen Fotos wählte Hitler persönlich aus; sie zeigten einen jovialen, ungezwungenen Privatmann. Man sah ihn in kurzen Lederhosen, im Ruderboot, auf Wiesen hingelagert, bei Wanderungen, umringt von begeisterter Jugend oder in den Ateliers von Künstlern. Immer sah man ihn gelockert, freundlich und umgänglich. Das Buch wurde Hofmanns größter Erfolg. Aber es war bereits bei seinem Erscheinen überholt. Denn dieser Hitler, den auch ich noch Anfang der dreißiger Jahre erlebt hatte, war selbst für seine engste Umgebung zu einem abweisenden, beziehungsarmen Despoten geworden.

In einem abgelegenen Hochtal der bayrischen Alpen, dem Ostertal, hatte ich ein kleines Jagdhaus ausfindig gemacht, groß genug, um Reißbretter aufzustellen, einige Mitarbeiter und die Familie gedrängt beherbergen zu können.

Dort zeichneten wir im Frühjahr 1935 an meinen Berliner Plänen. Es waren glückliche Zeiten für die Arbeit und für die Familie. Aber eines Tages machte ich einen entscheidenden Fehler; ich erzählte Hitler von diesem Idyll: »Aber das können Sie bei mir viel schöner haben. Ich stelle Ihrer Familie das Bechstein-Haus[1] zur Verfügung. Dort in der Glasveranda ist für Ihr Büro reichlich Platz.« Auch aus diesem Haus zogen wir Ende Mai 1937 in ein Ateliergebäude um, das Bormann auf Geheiß Hitlers nach meinen Entwürfen bauen ließ. So wurde ich neben Hitler, Göring und Bormann der vierte »Obersalzberger«.

Natürlich war ich glücklich, so offensichtlich herausgehoben und in den engsten Kreis aufgenommen zu sein. Doch bald mußte ich feststellen, daß es nicht gerade ein vorteilhafter Tausch war. Aus dem einsamen Hochtal kamen wir in ein Gelände, das, durch einen hohen Drahtzaun abgegrenzt, nur nach Kontrollen an zwei Toren betreten werden konnte. Es erinnerte an ein Freigehege für wilde Tiere; immer versuchten Neugierige, einige der prominenten Bewohner des Berges zu beobachten.

Bormann war der wahre Herr des Obersalzberges. Er kaufte unter Zwang jahrhundertealte Bauernhöfe auf und ließ sie ebenso abreißen wie die zahlreichen geweihten Marterln, obwohl hier die Kirchengemeinde Einspruch erhob. Auch Staatsforste kassierte er, bis das Gelände von einem fast 1900 Meter hohen Berg in das 600 Meter tiefer gelegene Tal reichte und eine Fläche von sieben Quadratkilometern umfaßte. Der Zaun um den inneren Bereich maß etwa drei, der um den äußeren vierzehn Kilometer.

Ohne jedes Empfinden für die unberührte Natur durchzog Bormann diese herrliche Landschaft mit einem Netz von Straßen; aus Waldwegen, bisher mit Tannennadeln bedeckt und von Wurzeln durchquert, wurden asphaltierte Promenaden. Eine Kaserne, ein ganzes Garagenhaus, ein Hotel für Hitlers Gäste, ein neuer Gutshof, eine Siedlung für die ständig wachsende Zahl der Angestellten entstanden so schnell hintereinander, wie bei einem plötzlich in Mode gekommenen Kurort. Wohnbaracken für Hunderte von Bauarbeitern klebten an den Berghängen, Lastwagen mit Baumaterial befuhren die Straßen, des Nachts waren verschiedene Baustellen erleuchtet, denn es wurde in zwei Schichten gearbeitet, und gelegentlich dröhnten Detonationen durch das Tal.

Auf der Spitze des Hitlerschen Privatberges errichtete Bormann ein Haus, das aufwendig in einem ins Bäuerliche abgewandelten Dampferstil möbliert war. Man gelangte auf einer kühn gebauten Straße dahin, die in einen in den Fels gesprengten Aufzug mündete. Allein in die Zufahrt zu diesem Haus, das Hitler nur einige Male besuchte, verbaute Bormann zwanzig bis dreißig Millionen. Spötter in Hitlers Umgebung meinten: »Es geht zu wie in einer Goldgräberstadt. Nur daß Bormann keines findet, sondern herausschmeißt.« Hitler bedauerte zwar diesen Trubel, meinte aber: »Das macht Bormann, da will ich mich nicht hineinmischen.« Und ein andermal: »Wenn alles fertig ist, suche ich mir ein stilles Tal und baue dort wieder ein kleines Holzhaus wie das erste.« Es wurde nie fertig. Bormann erdachte sich immer neue Straßen und Bauten, und als schließlich der Krieg ausbrach, begann er, für Hitler und seine Umgebung unterirdische Behausungen anzulegen.

Die riesige Anlage am »Berg« war, trotz Hitlers gelegentlicher Nörgelei über den ungeheuren Aufwand, bezeichnend für den Wandel in seinem Lebensstil, auch für die Neigung, sich von der weiteren Umwelt mehr und mehr zurückzuziehen. Sie kann nicht durch die Furcht vor Attentaten erklärt werden; denn fast täglich ließ er Tausende von Menschen innerhalb der Absperrung zur Huldigung an sich vorbeiziehen. Seine Begleitung hielt das für gefährlicher als improvisierte Spaziergänge auf öffentlichen Waldwegen.

Im Sommer 1935 hatte Hitler eine Erweiterung seines bescheidenen Berghauses zum repräsentativen »Berghof« beschlossen. Er bestritt den Bau aus eigenen Mitteln, was jedoch nichts als eine Geste war, da Bormann aus anderen Quellen für die Nebengebäude Summen vergeudete, die in keinem Verhältnis zu dem von Hitler selber aufgewendeten Betrag standen.

Die Pläne zum Berghof wurden von Hitler nicht nur skizziert. Er ließ sich vielmehr von mir Reißbrett, Reißschiene und anderes Gerät geben, um Grundriß, Ansichten und Schnitte seines Baues maßstäblich selbst aufzuzeichnen; jede fremde Hilfe lehnte er dabei ab. Nur zwei andere Entwürfe zeichnete Hitler noch mit der Sorgfalt, die er für sein Obersalzberger Haus aufwandte: die neue Reichskriegsflagge und seinen eigenen Stander als Staatsoberhaupt.

Während Architekten im allgemeinen die verschiedensten Ideen zu Papier bringen, um daraus eine Lösungsmöglichkeit zu entwickeln, war es für Hitler bezeichnend, daß er einen ersten Einfall ohne langes Zögern als den intuitiv richtigen ansah; nur noch durch kleine Retuschen suchte er offensichtliche Mängel zu beheben.

Das alte Haus blieb im neuen erhalten. Da beide Wohnräume durch eine große Öffnung verbunden wurden, entstand ein Grundriß, der für den Empfang offizieller Besucher höchst unpraktisch war. Ihre Begleitung mußte sich mit einem unfreundlichen Eingangsraum begnügen, der gleichzeitig die Verbindung zu Toiletten, Treppenhaus und großem Eßzimmer herstellte.

Bei solchen Besprechungen Hitlers wurden seine privaten Gäste in den oberen Stock verbannt; da aber die Treppe in den Eingangsraum zu Hitlers Wohnhalle mündete, mußte man von einem »Vorkommando« klären lassen, ob man den Raum passieren und das Haus zu einem Spaziergang verlassen konnte. Ein für seine Ausmaße berühmtes, versenkbares Fenster in der Wohnhalle war Hitlers Stolz; es gab den Blick auf den Untersberg, auf Berchtesgaden und auf Salzburg frei. Unterhalb dieses Fensters hatte Hitlers Eingebung die Garage für seinen Wagen placiert; bei ungünstigem Wind drang intensiver Benzingeruch in die Halle. Es war ein Grundriß, der in jedem Seminar einer Technischen Hochschule abgelehnt worden wäre.

Andererseits waren es gerade diese Mängel, die dem Berghof eine stark persönliche Note gaben: es war noch immer der primitive Betrieb des ehemaligen Wochenendhauses, nur ins Überdimensionale gesteigert.

Alle Kostenanschläge wurden weit überschritten, und Hitler war in einiger Verlegenheit: »Die Einnahmen aus meinem Buch habe ich vollkommen aufgebraucht, obwohl ich mir von Amann noch einen Vorschuß von einigen Hunderttausend besorgt habe. Trotzdem reicht das Geld nicht, wie mir Bormann heute sagt. Der Verlag hat mir Geld angeboten, wenn ich mein zweites Buch von 1928 zur Veröffentlichung freigebe[2]. Aber ich bin heilfroh, daß dieser Band nicht veröffentlicht worden ist. Welche politischen Schwierigkeiten würde mir das jetzt machen. Ich wäre zwar mit einem Schlag aus aller Verlegenheit heraus. Nur als Anzahlung hat mir Amann eine Million versprochen, darüber hinaus würde es Millionen einbringen. Später vielleicht, wenn ich weiter bin. Jetzt ist es unmöglich.«

Da saß er nun, ein freiwilliger Gefangener, mit dem Blick auf den Untersberg, von dem, wie die Sage wissen will, der noch schlafende Kaiser Karl eines Tages das Reich vergangener Herrlichkeit wieder aufrichten würde. Natürlich sah Hitler darin eine Beziehung zu seiner Person: »Sehen Sie den Untersberg da drüben. Es ist kein Zufall, daß ich ihm gegenüber meinen Sitz habe.«

Nicht nur durch seine Bautätigkeit um den Obersalzberg war Bormann mit Hitler verbunden; er verstand es vielmehr gleichzeitig, die Verwaltung der persönlichen Finanzen Hitlers an sich zu ziehen. Selbst Hitlers persönliche Adjutantur war auf Bormanns finanzielle Bereitwilligkeit angewiesen, und sogar Hitlers Geliebte war von ihm, wie sie mir offen gestand, abhängig, weil Hitler ihm die Erledigung ihrer an sich bescheidenen Bedürfnisse übertragen hatte.

Hitler lobte Bormanns finanzielles Geschick. Er erzählte einmal, wie Bormann sich im Notjahr 1932 ein erhebliches Verdienst um die Partei erworben habe, als er eine Zwangsversicherung für Unfälle in der Parteiarbeit gründete. Die Einnahmen dieser Hilfskasse seien bedeutend höher gewesen als die Ausgaben und der Überschuß der Partei für andere Zwecke zugeflossen. Um die endgültige Beseitigung Hitlerscher Geldsorgen nach 1933 machte Bormann sich nicht weniger verdient. Er fand zwei ergiebige Quellen: Zusammen mit dem Leibfotografen Hofmann und dessen Freund, dem Postminister Ohnesorge, kam er auf die Idee, daß Hitler als der Abgebildete auf Briefmarken ein Recht auf sein Bild besitze, das durch Zahlungen abgegolten werden könne. Der Anteil am Umsatz war zwar minimal, aber da Hitlers Kopf auf allen Werten erschien, kamen Millionen für die von Bormann verwaltete Privatschatulle zusammen.

Eine weitere Quelle erschloß Bormann mit der Gründung der »Adolf-

Hitler-Spende der deutschen Industrie«. Die am wirtschaftlichen Aufschwung gut verdienenden Unternehmer wurden kurzerhand aufgefordert, sich durch freiwillige Zahlungen dem Führer erkenntlich zu zeigen. Da andere Spitzenfunktionäre der Partei die naheliegende Idee ebenfalls gehabt hatten, besorgte sich Bormann einen Erlaß, der ihm das Monopol für derartige Spenden sicherte. Er war aber klug genug, daraus im »Auftrag des Führers« an die verschiedenen Parteiführer wieder zurückzuspenden. Fast jeder der obersten Parteigewaltigen bekam aus diesem Fonds Dotationen. Die Verfügungsgewalt über den Lebensstandard der verschiedenen Reichs- und Gauleiter wirkte zwar unscheinbar; im Grunde aber verlieh sie Bormann mehr Macht als manche Position innerhalb der Hierarchie.

Mit der für ihn typischen Beharrlichkeit folgte Bormann ab 1934 einer anderen einfachen Erkenntnis: Immer in nächster Nähe des Ursprungs von Gunst und Gnade zu bleiben. Er begleitete Hitler auf den Berghof, war auf Reisen bei ihm, wich in der Reichskanzlei bis zur letzten frühen Morgenstunde niemals von seiner Seite. So wurde Bormann zum fleißigen, zuverlässigen und schließlich unentbehrlichen Sekretär Hitlers. Nach jeder Seite zeigte er sich scheinbar gefällig, nahezu jeder bediente sich seiner Möglichkeiten, um so mehr, als er offenbar völlig selbstlos im Dienste Hitlers vermittelte. Auch seinem unmittelbaren Vorgesetzten Rudolf Hess schien es bequem, diesen Mitarbeiter in der Nähe Hitlers zu wissen.

Die Mächtigen unter Hitler standen sich zwar bereits damals wie Diadochen im Wartestand neidisch gegenüber; frühzeitig gab es häufige Positionskämpfe zwischen Goebbels, Göring, Rosenberg, Ley, Himmler, Ribbentrop, Hess; nur Röhm war bereits auf der Strecke geblieben, und Hess sollte bald ohne Einfluß sein. Die Gefahr aber, die ihnen allen von dem unermüdlichen Bormann drohte, wurde von niemandem erkannt. Es war ihm gelungen, sich unscheinbar darzustellen und seine Bastion unmerklich auszubauen. Selbst unter den vielen gewissenlosen Machtträgern stach er durch seine Brutalität und Gefühlsroheit hervor; er verfügte über keinerlei Bildung, die ihm Schranken auferlegt hätte und setzte in jedem Falle durch, was Hitler befohlen hatte oder er selber aus Andeutungen Hitlers herauslesen mochte. Von Natur aus subaltern, behandelte er seine Untergebenen, als hätte er es mit Kühen und Ochsen zu tun; er war Landwirt.

Ich mied Bormann; von Anfang an konnten wir uns nicht ausstehen. Wir gingen korrekt miteinander um, wie es die private Atmosphäre auf dem Obersalzberg erforderte. Mit Ausnahme meines eigenen Ateliers habe ich für ihn niemals einen Bau errichtet.

Der Aufenthalt auf dem »Berg« brachte Hitler, wie er oft betonte, die innere Ruhe und Sicherheit für seine überraschenden Entscheidungen. Auch seine wichtigsten Reden verfaßte er dort, und es war bemerkenswert, wie er sie schrieb. So zog er sich vor dem Nürnberger Parteitag regelmäßig für einige Wochen auf den Obersalzberg zurück, um seine langen Grundsatzreden auszuarbeiten. Der Termin rückte immer näher; die Adjutanten drängten ihn, mit dem Diktat anzufangen, hielten ihm alles, selbst Baupläne und Besucher fern, damit er nicht von der Arbeit abgehalten würde. Aber Hitler schob sie Woche für Woche, dann Tag für Tag hinaus, um erst unter äußerstem Zeitdruck unwillig an seine Pflichtaufgabe zu gehen. Meist war es dann zu spät geworden, um alle Reden fertigzustellen, und Hitler mußte während des Parteitages meist die Nächte zu Hilfe nehmen, um die am Obersalzberg vergeudete Zeit aufzuholen.

Ich hatte den Eindruck, daß er diesen Druck brauchte, um schaffen zu können, daß er in künstlerisch-bohemehafter Manier Arbeitsdisziplin verachtete, sich nicht zu regelmäßiger Arbeit zwingen konnte oder wollte. Er ließ den Inhalt seiner Reden oder seine Gedanken in den Wochen scheinbarer Untätigkeit reifen, bis das Angesammelte und Aufgestaute sich wie ein Sturzbach über Anhänger oder Verhandlungspartner ergoß.

Der Umzug von unserem Bergtal in das Getriebe des Obersalzberges war meiner Arbeit unzuträglich. Schon der immer gleiche Tagesablauf war ermüdend, der immer gleiche Kreis um Hitler – derselbe Kreis, der sich schon in München zu treffen und in Berlin zu versammeln pflegte – langweilend. Der einzige Unterschied zu Berlin und München war, daß hier auch die Frauen seiner Begleitung anwesend waren; außerdem noch zwei oder drei Sekretärinnen und Eva Braun.

Hitler erschien meistens spät, gegen elf Uhr, in den unteren Räumen, arbeitete dann die Presseinformationen durch, nahm einige Berichte Bormanns entgegen und traf erste Entscheidungen. Seinen eigentlichen Tagesablauf leitete ein ausgedehntes Mittagessen ein. Die Gäste versammelten sich im Vorraum. Hitler wählte seine Tischdame, während Bormann etwa ab 1938 das Privileg hatte, regelmäßig die links von Hitler sitzende Eva Braun zu Tisch zu führen, was seine beherrschende Stellung am Hof eindeutig demonstrierte. Der Speiseraum hatte eine Mischung von künstlerischer Rustikalität und städtischer Eleganz, wie man sie häufig in den Landhäusern reicher Stadtbewohner findet. Die Wände und Decken waren in hellem Lärchenholz getäfelt, die Sessel mit hellrotem Saffianleder bezogen. Das Geschirr war von einfachem Weiß. Das Silber mit Hitlers Monogramm das gleiche wie in Berlin. Die zurückhaltende Blumendekoration fand stets Hitlers Beifall. Es gab, gut bürgerlich zubereitet, Suppe, einen Fleischgang, Süßspeise, dazu Fachinger oder Flaschenwein; Diener in weißen Westen und schwarzen Hosen servierten, es waren Mitglieder der SS-Leibstandarte. An der langen Tafel saßen etwa zwanzig Personen, aber die Länge des Tisches ließ kein Gespräch aufkommen. In der Mitte nahm Hitler mit dem Blick auf das Fenster Platz; er unterhielt sich mit seinem Gegenüber, den er täglich neu bestimmte, oder mit seinen Tischdamen.

Nicht lange nach dem Essen formierte sich der Zug zum Teehaus. Die Breite des Weges ließ nur jeweils zwei Personen Platz, so daß der Zug einer Prozession ähnlich sah. Voran gingen in einigem Abstand zwei Sicherheitsbeamte, dann kam Hitler mit einem Gesprächspartner, dahinter in bunter Reihenfolge die Tischgesellschaft, gefolgt von weiterem Wachpersonal. Hitlers zwei Schäferhunde streunten im Gelände herum und mißachteten seine Befehle, die einzigen Oppositionellen bei Hofe. Zum Ärger Bormanns ging Hitler jeden Tag nur diesen einen immer gleichen Weg von einer halben Stunde und verschmähte es, die kilometerlangen, asphaltierten Waldwege zu benutzen.

Das Teehaus war an einem von Hitler bevorzugten Aussichtsplatz über dem Berchtesgadener Tal erbaut. Die Gesellschaft würdigte mit immer wieder den gleichen Ausdrücken das Panorama. Hitler stimmte mit immer wieder ähnlichen Worten zu. Das Teehaus selbst bestand aus einem runden Raum von etwa acht Metern Durchmesser, angenehm in der Proportion, mit einer in kleine Scheiben unterteilten Fensterreihe und einem an der gegenüberliegenden Innenwand brennenden Kamin. In bequemen Sesseln gruppierte man sich um den runden Tisch, wiederum Eva Braun und eine der anderen Damen zu Hitlers Seite. Wer von der Tischgesellschaft keinen Platz fand, ging in ein anschließendes kleines Zimmer. Ganz nach Wunsch gab es Tee, Kaffee oder Schokolade, verschiedene Sorten von Torte, Kuchen und Gebäck, danach einige Spirituosen. Hier, an der Kaffeetafel, verlor sich Hitler besonders gern in endlose Selbstgespräche, deren Themen der Gesellschaft meist bekannt waren und denen sie daher mit gespielter Aufmerksamkeit unaufmerksam folgte. Gelegentlich schlief selbst Hitler über seinen Monologen ein, die Gesellschaft unterhielt sich dann im Flüsterton weiter und hoffte, daß er rechtzeitig zum Abendessen wieder aufwache. Man war unter sich.

Nach ungefähr zwei Stunden ging die Teerunde, im allgemeinen gegen sechs, zu Ende. Hitler erhob sich dann, und der Pilgerzug begab sich zu dem zwanzig Minuten entfernten Halteplatz einer Wagenkolonne. Nach der Rückkehr zum Berghof pflegte Hitler sich sofort in seine oberen Räume zu begeben, während der Troß sich auflöste. Bormann entschwand oft, von Eva Braun boshaft kommentiert, im Zimmer einer der jüngeren Sekretärinnen.

Zwei Stunden später traf man sich schon wieder zum Abendessen mit genau dem gleichen Ritual wie am Mittag. Danach begab sich Hitler in die Wohnhalle, wiederum gefolgt von der noch immer gleichen Gesellschaft.

Die Halle war vom Atelier Troost zwar sparsam, aber mit übergroßen Möbeln eingerichtet: einem Schrank über drei Metern Höhe und fünf Metern Länge für Ehrenbürgerbriefe und Schallplatten; einer Glasvitrine von klassizistischer Monumentalität; einem mächtigen Uhrengehäuse, das von einem bronzenen Adler gekrönt war, der es zu behüten schien. Vor dem großen Schaufenster stand ein sechs Meter langer Tisch, auf dem Hitler Dokumente zu unterschreiben oder später Lagekarten zu studieren pflegte. Es gab zwei rotbezogene Sitzgruppen: die eine, im rückwärtigen Teil des Raumes, war durch drei Treppenstufen abgesetzt und um einen Kamin gruppiert; die andere, in der Nähe des Fensters, umgab einen runden Tisch mit einer Glasplatte zum Schutz der furnierten Tischplatte. Hinter dieser Sitzgruppe befand sich die Filmvorführkabine, deren Öffnungen durch einen Gobelin verborgen waren; an der gegenüberliegenden Wand stand eine mächtige Kommode, in die Lautsprecher eingebaut waren und auf der eine große Bronzebüste Richard Wagners von Arno Breker stand. Über ihr hing ebenfalls ein Gobelin, der die Filmleinwand verdeckte. Größere Ölgemälde bedeckten die Wände: eine dem Tizian-Schüler Bordone zugeschriebene Dame mit entblößtem Busen; ein malerisch hingestreckter Akt, der von Tizian selbst stammen sollte; von Feuerbach die Nana in einer besonders schönen Fassung; eine frühe Landschaft von Spitzweg; eine römische Ruinenlandschaft von Pannini und, überraschenderweise, eine Art von Altarbild des Nazareners Eduard von Steinle, König Heinrich, den Städtegründer, darstellend; jedoch kein Grützner. Hitler wies gelegentlich darauf hin, daß er diese Bilder aus eigenen Einkünften bezahlt habe.

Wir setzten uns auf Sofa oder Sessel einer der Sitzgruppen; die zwei Gobelins wurden hochgezogen, und mit den auch in Berlin üblichen abendfüllenden Spielfilmen begann der zweite Teil des Abends. Anschließend versammelte man sich um den riesigen Kamin, etwa sechs oder acht Personen auf einem überlangen, unbequem tiefen Sofa wie auf einer Stange aufgereiht, während Hitler, wiederum flankiert von Eva Braun und einer der Frauen in bequemen Sesseln Platz genommen hatte. Die Runde war infolge der ungünstigen Möblierung so auseinandergezogen, daß ein gemeinsames Gespräch nicht aufkommen konnte. Jeder unterhielt sich gedämpft mit seinem Nachbarn. Hitler sprach leise Belangloses mit den beiden Frauen an seiner Seite, oder tuschelte mit Eva Braun, manchmal hielt er ihre Hand. Oft aber schwieg er vor sich hin oder starrte brütend ins Kaminfeuer; die Gäste verstummten, um ihn nicht in bedeutenden Gedanken zu stören.

Gelegentlich wurden die Filme besprochen, wobei die weiblichen Darsteller vorwiegend von Hitler, die männlichen von Eva Braun beurteilt wurden. Niemand gab sich die Mühe, das Gespräch über das Bagatellniveau hinaus anzuheben und beispielsweise etwas über neue Ausdrucksformen der Regie zu äußern. Allerdings gab die Auswahl der Filme dazu auch kaum Anlaß; es waren durchweg Unterhaltungsprodukte. Filmische Experimente der Zeit dagegen, wie der Michelangelo-Film von Curt Örtel beispielsweise, wurden, jedenfalls in meiner Gegenwart, niemals gezeigt. Manchmal benutzte Bormann die Gelegenheit, das Ansehen von Goebbels, der für die deutsche Filmproduktion verantwortlich war, unauffällig zu schmälern: hämische Bemerkungen machte er etwa darüber, daß Goebbels dem Film »Der zerbrochene Krug« Schwierigkeiten gemacht hatte, da er sich in dem hinkenden Dorfrichter Adam von Emil Jannings verkörpert und verspottet sah. Mit spöttischem Vergnügen sah Hitler den zurückgezogenen Film und ordnete eine Wiederaufnahme im größten Berliner Kino an, die aber – typisch für den oft erstaunlichen Autoritätsmangel Hitlers – lange Zeit einfach nicht stattfand. Bormann aber ließ nicht locker, bis Hitler sich ernstlich verärgert zeigte und Goebbels energisch klar machen ließ, daß seinen Anordnungen nachzukommen sei.

Später im Krieg verzichtete Hitler auf die abendliche Filmvorführung, denn er wollte, wie er sagte, »aus Mitgefühl mit den Entbehrungen der Soldaten« auf seine Lieblingsunterhaltung verzichten. Statt dessen wurden Schallplatten aufgelegt. Doch galt Hitlers Interesse, trotz der ausgezeichneten Schallplattensammlung, immer der gleichen Musik. Weder Barock noch Klassik, weder Kammermusik noch Symphonien bedeuteten ihm etwas. Statt dessen wünschte er, nach einem bald feststehenden Ablauf, zunächst einige Bravour-Stücke aus Wagnerschen Opern, steuerte dann aber geradewegs der Operette zu. Dabei blieb es. Hitler setzte seinen Ehrgeiz darein, die Sängerinnen zu erraten und freute sich, wenn er, wie häufig, den richtigen Namen traf.

Zur Belebung dieser etwas kargen Nachtgeselligkeit wurde Sekt herumgereicht, nach der Besetzung Frankreichs erbeuteter Champagner einer billigen Sorte; die besten Marken hatten sich Göring und seine Luftmarschälle angeeignet. Ab ein Uhr nachts konnte dieser und jener trotz aller Beherrschung ein Gähnen nicht mehr unterdrücken. Aber in eintöniger, ermüdender Leere ging der Abend noch eine gute Stunde weiter, bis dann endlich Eva Braun mit Adolf Hitler einige Worte wechselte und in die oberen Räume entlassen wurde. Hitler selbst erhob sich erst eine Viertelstunde später, um sich zu verabschieden. Diesen lähmenden Stunden folgte oft ein ausgelassenes Zusammensein der wie befreit Zurückbleibenden bei Sekt und Cognac.

In den frühen Morgenstunden kamen wir dann todmüde nach Hause, müde vom Nichtstun. Nach einigen Tagen bekam ich, wie ich es damals nannte, die »Bergkrankheit«, das heißt, ich fühlte mich durch andauernde Zeitvergeudung erschöpft und leer. Nur wenn Hitlers Müßiggang durch Besprechungen unterbrochen wurde, blieb mir Zeit, mich mit meinen Mitarbeitern an die Pläne zu setzen. Als bevorzugter Dauergast und Bewohner des Obersalzberges konnte ich mich, so quälend es war, diesen Abenden nicht entziehen, ohne unhöflich zu erscheinen. Der Pressechef Dr. Dietrich wagte es einige Male, Vorstellungen der Salzburger Festspiele zu besuchen, doch zog er sich damit den Unwillen Hitlers zu. Bei längeren Aufenthalten blieb, wollte man seine Arbeit nicht vernachlässigen, nur die Flucht nach Berlin.

Manchmal kamen aus dem alten Münchner oder Berliner Kreis Hitlers Bekannte wie Schwarz, Goebbels oder Hermann Esser. Das geschah jedoch bemerkenswert selten und immer nur auf ein oder zwei Tage. Auch Hess, der alle Veranlassung gehabt hätte, durch seine Anwesenheit die Aktivität seines

Vertreters Bormann einzudämmen, sah ich dort nur zwei- oder dreimal. Selbst diese engsten Mitarbeiter, denen man am Mittagstisch der Reichskanzlei so häufig begegnen konnte, mieden offenbar den Obersalzberg. Das war besonders auffällig, weil Hitler sich bei ihrem Erscheinen zu freuen pflegte und sie meist bat, zu ihrer Erholung öfter und länger wiederzukommen. Für sie, die unterdes selbst Mittelpunkt eines Kreises geworden waren, bedeutete es eine erhebliche Unbequemlichkeit, sich dem ganz anderen Tagesablauf und der, trotz allem Charme wenig einladenden selbstbewußten Art Hitlers zu unterwerfen. Die alten Kämpfer aber, denen er in München bereits auswich und die eine Einladung auf den Berghof begeistert angenommen hätten, wollte er auch hier nicht sehen.

Bei den Besuchen seiner alten Parteimitarbeiter durfte Eva Braun anwesend sein. Sie wurde verbannt, sobald andere Würdenträger des Reiches, etwa Reichsminister, zur Tafel erschienen. Selbst wenn Göring mit seiner Frau kam, mußte Eva Braun in ihrem Zimmer bleiben. Hitler hielt sie offensichtlich nur in Grenzen gesellschaftsfähig. Ich leistete ihr in ihrem Exil, einem Zimmer neben dem Schlafraum Hitlers, manchmal Gesellschaft. Sie war so verschüchtert, daß sie nicht wagte, zu einem Spaziergang das Haus zu verlassen: »Ich könnte den Görings auf dem Gang begegnen.«

Überhaupt nahm Hitler wenig Rücksicht auf ihre Anwesenheit. Ganz ungeniert sagte er in ihrer Gegenwart über seine Einstellung zur Frau: »Sehr intelligente Menschen sollen sich eine primitive und dumme Frau nehmen. Sehen Sie, wenn ich nun noch eine Frau hätte, die mir in meine Arbeit hereinredet! In meiner freien Zeit will ich meine Ruh' haben... Heiraten könnte ich nie. Wenn ich Kinder hätte, welche Probleme! Am Ende versuchen sie noch, meinen Sohn zu meinem Nachfolger zu machen. Außerdem! Jemand wie ich hat keine Aussicht, einen tüchtigen Sohn zu bekommen. Das ist fast immer die Regel in solchen Fällen. Sehen Sie, Goethes Sohn, ein ganz unbrauchbarer Mensch!... Viele Frauen hängen an mir, weil ich unverheiratet bin. Das war besonders wichtig in der Kampfzeit. Es ist so, wie bei einem Filmschauspieler: wenn er heiratet, verliert er für die ihn anhimmelnden Frauen ein gewisses Etwas, er ist nicht mehr so sehr ihr Idol.«

Er glaubte zu wissen, daß er auf Frauen eine stark erotische Ausstrahlung habe. Doch war er auch hier voller Mißtrauen; er wisse nie, so pflegte er zu sagen, ob eine Frau ihn als »Reichskanzler« oder als »Adolf Hitler« bevorzuge, und geistreiche Frauen mochte er, wie er ungalant zu bemerken pflegte, auf keinen Fall in seiner Nähe haben. Bei solchen Äußerungen war er sich offenbar nicht bewußt, wie beleidigend das auf die anwesenden Damen wirken mußte. Doch konnte sich Hitler auch als guter Hausvater zeigen. Einmal, als Eva Braun Ski lief und etwas verspätet zur Teegesellschaft kam, zeigte er sich unruhig, sah nervös auf die Uhr, deutlich besorgt, daß ihr etwas zugestoßen sein könnte.

Eva Braun stammte aus bescheidenen Verhältnissen, ihr Vater war Schullehrer. Ich lernte ihre Eltern nie kennen, sie traten nicht in Erscheinung und lebten bis zum Schluß in kleinen Verhältnissen. Auch Eva Braun blieb schlicht, war unauffällig gekleidet und trug auffallend billigen Schmuck[3], den Hitler ihr zu Weihnachten oder zu Geburtstagen schenkte: meist waren es kleine Halbedelsteine, bestenfalls einige hundert Mark wert und eigentlich von beleidigender Bescheidenheit. Bormann legte eine Auswahl vor, und Hitler wählte, wie mir schien, mit kleinbürgerlichem Geschmack kleinlich aufgeteiltes Geschmeide.

Eva Braun war politisch uninteressiert, kaum je versuchte sie, Hitler zu beeinflussen. Mit einem gesunden Blick für die Gegebenheiten des Alltags, machte sie jedoch manche Bemerkung über kleine Mißstände im Münchner Leben. Bormann sah das nicht gern, da er in solchen Fällen sofort herangezitiert wurde. Sie war sportlich, eine gute, ausdauernde Skiläuferin, mit der wir des öfteren außerhalb des Freigeheges Bergtouren unternahmen. Einmal gab ihr Hitler sogar acht Tage Urlaub, natürlich zu einer Zeit, in der er selbst nicht auf dem Berg war. Sie fuhr mit uns für einige Tage nach Zürs, wo sie unerkannt mit großer Leidenschaft bis in die Morgenstunden mit jungen Offizieren tanzte. Sie war weit davon entfernt, eine moderne Madame Pompadour zu sein; für den Historiker ist sie nur als Folie Hitlerscher Charakterzüge interessant.

Aus einem gewissen Mitgefühl für ihre Lage begann ich bald Sympathie mit der unglücklichen Frau zu empfinden, die Hitler sehr anhing. Dazu verband uns unsere gemeinsame Abneigung gegen Bormann, damals allerdings wegen seiner arroganten plumpen Art, mit der er die Natur vergewaltigte und seine Frau betrog. Als ich im Nürnberger Prozeß hörte, daß Hitler Eva Braun für die letzten anderthalb Tage seines Lebens geheiratet hatte, freute ich mich für sie – obwohl auch dabei der Zynismus herauszuspüren war, mit dem Hitler sie und wohl die Frauen insgesamt behandelte.

Ich habe mir oft die Frage vorgelegt, ob Hitler so etwas wie Liebe zu Kindern empfunden habe. Immerhin gab er sich Mühe, wenn er mit Kindern, fremden oder ihm bekannten, zusammenkam: er versuchte sogar, ohne daß es ihm je überzeugend gelang, sich auf väterlich-freundliche Weise mit ihnen zu beschäftigen. Nie fand er die richtige, vorbehaltlose Art, mit ihnen zu verkehren; nach einigen huldreichen Worten wandte er sich bald anderem zu. Er beurteilte Kinder als Nachwuchs, als Repräsentanten der nächsten Generation und konnte sich daher eher an ihrem Aussehen (blond, blauäugig), ihrem Wuchs (kräftig, gesund) oder ihrer Intelligenz (frisch, zupackend) freuen, als an dem kindlichen Wesen. Auf meine eigenen Kinder blieb seine Persönlichkeit ohne Wirkung.

Von dem gesellschaftlichen Leben auf dem Obersalzberg ist nur die Erinnerung einer merkwürdigen Leere geblieben. Glücklicherweise habe ich in den ersten Jahren der Gefangenschaft, aus frischem Gedächtnis, einige Gesprächsfetzen niedergeschrieben, die ich nun als einigermaßen authentisch ansehen kann.

In den Hunderten von Teegesprächen wurden Fragen der Mode, der Hundeaufzucht, des Theaters und des Films, der Operette und ihrer Stars behandelt, daneben zahllose Kleinigkeiten aus dem Familienleben anderer. Kaum äußerte Hitler sich über die Juden, über seine innenpolitischen Gegner oder gar über die Notwendigkeit der Einrichtung von Konzentrationslagern. Das hatte vielleicht mehr mit der Banalität dieser Gespräche zu tun, als mit irgendeiner Absicht. Auffallend oft machte sich Hitler dagegen über seine nächsten Mitarbeiter lustig. Es ist kein Zufall, daß mir gerade diese Bemerkungen haften blieben, denn schließlich handelte es sich um Personen, die in der Öffentlichkeit von jeder Kritik ausgenommen waren. Der private Kreis um Hitler war nicht zum Schweigen verpflichtet, und bei den Frauen meinte Hitler ohnehin, daß eine Verpflichtung zur Verschwiegenheit zwecklos sei. Wollte er imponieren, wenn er von allem und jedem geringschätzig sprach? Oder war es seine generelle Mißachtung allen Personen und Ereignissen gegenüber?

Oft äußerte sich Hitler abwertend über Himmlers SS-Mythos: »Welcher Unsinn! Jetzt sind wir endlich so weit, in eine Zeit zu kommen, die alle Mystik hinter sich gelassen hat, und nun fängt der wieder von vorne an. Da könnten wir auch gleich bei der Kirche bleiben. Die hat wenigstens Tradition. Der Gedanke, daß ich einmal zum »SS-Heiligen« gemacht werde! Stellen Sie sich vor! Ich würde mich im Grabe umdrehen!«

»Da hat der Himmler schon wieder eine Rede gehalten, in der er Karl den Großen als ›Sachsenschlächter‹ bezeichnet. Der Tod vieler Sachsen war kein historisches Verbrechen, wie Himmler meint; Karl der Große tat sehr gut daran, Widukind zu unterwerfen, die Sachsen kurzerhand zu töten, denn dadurch hat er das Frankenreich und den Einzug der westlichen Kultur in das jetzige Deutschland möglich gemacht.«

Himmler ließ durch Wissenschaftler prähistorische Ausgrabungen vornehmen. »Warum stoßen wir die ganze Welt darauf, daß wir keine Vergangenheit haben? Nicht genug, daß die Römer schon große Bauten errichteten, als unsere Vorfahren noch in Lehmhütten hausten, fängt Himmler nun an, diese Lehmdörfer auszugraben und gerät in Begeisterung über jeden Tonscherben und jede Steinaxt, die er findet. Wir beweisen damit nur, daß wir noch mit Steinbeilen warfen und um offene Feuerstellen hockten, als sich Griechenland und Rom schon auf höchster Kulturstufe befanden. Wir hätten eigentlich allen Grund, über diese Vergangenheit stille zu sein. Statt dessen hängt Himmler das alles an die große Glocke. Wie müssen die heutigen Römer verächtlich über diese Enthüllungen lachen.«

Während er sich in Berlin im Kreise der politischen Mitarbeiter sehr scharf gegen die Kirche aussprach, hielt er sich in Gegenwart der Frauen an einen milderen Ton, eines der Beispiele dafür, wie er seine Bemerkungen auf die jeweilige Umgebung abstimmte.

»Die Kirche ist sicher notwendig für das Volk. Sie ist ein starkes und erhaltendes Element«, konnte er ein andermal in diesem privaten Kreis erklären. Allerdings stellte er sich darunter ein Instrument vor, das ihm zur Seite stand: »Wenn der Reibi (so nannte er Reichsbischof Ludwig Müller) nur Format hätte. Aber warum bestellt man so einen kleinen Armeepfarrer! Ich würde ihm ja gerne meine ganze Unterstützung geben. Was könnte er damit anfangen! Die evangelische Kirche könnte durch mich Staatskirche sein, wie in England.«

Selbst nach 1942 noch betonte Hitler in einem Obersalzberger Teegespräch, daß er die Kirche im Staatsleben für unbedingt notwendig halte. Er werde glücklich sein, wenn sich eines Tages ein bedeutender Kirchenmann finde, der geeignet sei, eine – oder möglichst beide Kirchen vereint – zu führen. Er bedaure immer noch, daß der Reichsbischof Müller nicht der richtige Mann gewesen sei, um seine weitreichenden Pläne durchzuführen. Dabei verurteilte er den Kampf gegen die Kirche in scharfer Weise als ein Verbrechen an der Zukunft des Volkes, denn es sei unmöglich, durch eine »Partei-Ideologie« die Kirche zu ersetzen. Zweifellos würde es die Kirche verstehen, im Laufe eines langen Zeitraumes sich den politischen Zielen des Nationalsozialismus anzupassen, sie habe das in der Geschichte weiß Gott immer getan. Eine neue Parteireligion würde nur einen Rückfall in den Mystizismus des Mittelalters bringen. Das zeige der SS-Mythos und Rosenbergs unlesbarer »Mythos des Zwanzigsten Jahrhunderts«.

Wäre in einem solchen Selbstgespräch Hitlers Urteil über die Kirche negativer ausgefallen, hätte Bormann gewiß eines der weißen Kärtchen, die er immer bei sich trug, aus seiner Rocktasche gezogen. Denn er notierte alle Bemerkungen Hitlers, die ihm wichtig zu sein schienen; und kaum etwas schrieb er gieriger auf als abfällige Bemerkungen über die Kirchen. Ich vermutete damals, daß er für eine Biographie Hitlers Material sammelte.

Als Hitler etwa 1937 davon hörte, daß auf Betreiben der Partei und der SS zahllose seiner Anhänger aus der Kirche ausgetreten seien, weil sich diese halsstarrig Hitlers Absichten widersetzte, befahl er aus Gründen der Opportunität, daß seine wichtigsten Mitarbeiter, vor allem aber Göring und Goebbels, weiter der Kirche anzugehören hätten. Auch er würde Mitglied der katholischen Kirche bleiben, obwohl er keine innere Bindung zu ihr habe. Er blieb es bis zu seinem Selbstmord.

Wie Hitler sich seine Staatskirche vorstellte, konnte man aus einer von ihm oft wiedergegebenen Erzählung einer Delegation vornehmer Araber entnehmen: Als die Mohammedaner, so hatten die Besucher erklärt, im achten Jahrhundert über Frankreich nach Mitteleuropa vordringen wollten, seien sie in der Schlacht von Poitiers zurückgeschlagen worden. Hätten die Araber diese Schlacht gewonnen, wäre die Welt heute mohammedanisch. Denn sie hätten damit den germanischen Völkern eine Religion aufgenötigt, die durch ihre Lehre: den Glauben mit dem Schwert zu verbreiten und alle Völker diesem Glauben zu unterjochen, den Germanen wie auf den Leib geschrieben sei. Infolge ihrer rassischen Unterlegenheit hätten sich die Eroberer auf die Dauer nicht gegen die in der rauheren Natur des Landes aufgewachsenen und kräftigeren Einwohner halten können, so daß schließlich nicht die Araber, sondern die mohammedanisierten Germanen an der Spitze dieses islamischen Weltreiches gestanden hätten.

Hitler pflegte diese Erzählung mit der Betrachtung zu schließen: »Wir haben eben überhaupt das Unglück, eine falsche Religion zu besitzen. Warum haben wir nicht die der Japaner, die das Opfer für das Vaterland als das Höchste ansieht? Auch die mohammedanische Religion wäre für uns viel geeigneter als ausgerechnet das Christentum mit seiner schlappen Duldsamkeit.« Merkwürdig, daß er schon vor dem Kriege manchmal fortfuhr: »Heute leben die Sibirer, die Weißrussen und die Menschen in der Steppe außerordentlich gesund. So sind sie entwicklungsfähig und den Deutschen auf die Dauer biologisch überlegen.« Eine Bemerkung, die er in den letzten Monaten des Krieges in drastischerer Weise wiederholen sollte.

Rosenberg verkaufte seinen 700seitigen »Mythus des Zwanzigsten Jahrhunderts« zu Hunderttausenden. Das Buch wurde in der Öffentlichkeit weithin als Standardwerk der Partei-Ideologie angesehen, aber Hitler bezeichnete es bei solchen Teegesprächen kurzweg als »Zeug, das niemand verstehen kann«, geschrieben von »einem engstirnigen Balten, der furchtbar kompliziert denkt«. Er wunderte sich, daß ein derartiges Buch überhaupt solch eine Auflage erreicht habe: »Ein Rückschritt in mittelalterliche Vorstellungen!« Es blieb unklar, ob Rosenberg solche privaten Äußerungen hinterbracht wurden.

Die Kultur der Griechen bedeutete für Hitler auf jedem Gebiet die höchste Vollendung. Ihre Lebensauffassung, so wie sie sich beispielsweise in der Architektur äußere, sei »frisch und gesund« gewesen. Eines Tages regte ihn das Foto einer schönen Schwimmerin zu schwärmerischen Überlegungen an: »Was für herrliche Körper Sie heute sehen können. Erst in unserem Jahrhundert nähert sich die Jugend durch den Sport wieder den hellenischen Idealen. Wie wurde der Körper in früheren Jahrhunderten vernachlässigt. Aber darin unterscheidet sich unsere Zeit von allen bisherigen Kulturepochen seit dem Altertum.« Für sich selber lehnte er jedoch den Sport ab. Er erwähnte auch nie, daß er irgendeine Sportart in seiner Jugend ausgeübt habe.

Mit den Griechen meinte er die Dorer. Natürlich war die von Wissenschaftlern seiner Zeit genährte Vermutung dabei im Spiel, daß der von Norden eingewanderte dorische Volksstamm germanischen Ursprungs und daher seine Kultur nicht der mediterranen Welt zugehörig gewesen sei.

Die Göringsche Jagdleidenschaft war eines der beliebtesten Themen: »Wie kann sich ein Mensch nur für so etwas begeistern. Tiere zu töten, wenn es sein muß, ist ein Geschäft des Metzgers. Aber dafür noch viel Geld ausgeben ... Ich verstehe ja, daß es Berufsjäger geben muß, um das kranke Wild abzuschießen. Wenn wenigstens noch eine Gefahr damit verbunden wäre, wie in den Zeiten, als man mit dem Speer gegen das Wild anging. Aber heute, wo jeder mit einem dicken Bauch aus der Entfernung sicher das Tier abschießen kann ... Jagd und Pferderennen sind letzte Überreste einer abgestorbenen, feudalen Welt.«

Auch fand Hitler ein Vergnügen daran, sich von Botschafter Hewel, dem Verbindungsmann Ribbentrops, in allen Einzelheiten den Inhalt der Telefongespräche mit dem Reichsaußenminister erzählen zu lassen. Er gab ihm sogar Ratschläge, wie er seinen Chef in Unruhe versetzen oder verwirren könne. Manchmal stellte er sich zu Hewel, der ihm bei zugehaltenem Telefon wiederholen mußte, was Ribbentrop sagte, und Hitler flüsterte ihm die Antworten zu. Meist handelte es sich dabei um sarkastische Bemerkungen, die die ständige Sorge des mißtrauischen Außenministers verstärken sollten, unzuständige Kreise könnten in außenpolitischen Fragen Hitler beeinflussen und seine Zuständigkeit in Frage stellen.

Selbst nach dramatischen Verhandlungen konnte Hitler sich über seine Kontrahenten lustig machen. Einmal erzählte er, wie er durch einen gespielten leidenschaftlichen Ausbruch Schuschnigg bei dessen Obersalzberger Besuch vom 12. Februar 1938 den Ernst der Situation klarmachte und ihn damit schließlich zum Nachgeben zwang. Manche hysterisch wirkenden Reaktionen, über die berichtet wird, dürften auf solche Schauspielerei zurückzuführen sein. Im allgemeinen war gerade die Selbstbeherrschung eine der bemerkenswertesten Eigenschaften Hitlers. In meiner Gegenwart verlor er damals nur wenige Male die Fassung:

Schacht war etwa 1936 zum Vortrag in der Wohnhalle des Berghofes erschienen. Wir Gäste saßen auf der anschließenden Terrasse, das große Fenster der Wohnhalle war weit geöffnet. Hitler schrie seinen Wirtschaftsminister offenbar aufs höchste erregt an, man hörte Schacht entschieden und mit lauter Stimme antworten. Der Dialog wurde von beiden Seiten immer heftiger und brach schließlich abrupt ab. Wütend kam Hitler auf die Terrasse und verbreitete sich noch lange über seinen widersätzlichen borniertten Minister, der ihm die Aufrüstung verzögere. Eine weitere ungewöhnliche Erregung verursachte 1937 Niemöller, der wieder einmal eine aufsässige Predigt in Dahlem gehalten hatte; gleichzeitig wurden Protokolle abgehörter Telefongespräche Niemöllers vorgelegt. Mit bellender Stimme befahl Hitler, Niemöller in ein Konzentrationslager zu verbringen und wegen erwiesener Unverbesserlichkeit nie mehr daraus zu entlassen.

Ein anderer Fall führt in seine frühe Jugend zurück: Auf einer Fahrt von Budweis nach Krems 1942 verwies ein großes Schild auf ein Haus in dem Dorfe Spital bei Weitra, nahe der tschechischen Grenze. In diesem Haus hatte, der Tafel zufolge, »der Führer in seiner Jugend gewohnt«. Ein schönes stattliches Haus in einem reichen Dorf. Ich erzählte Hitler davon. Er geriet augenblicklich aus der Fassung und schrie nach Bormann, der bestürzt hereinkam. Hitler fuhr ihn heftig an: er habe schon oft gesagt, daß dieser Ort auf keinen Fall erwähnt werden solle. Dieser Esel von Gauleiter habe aber gleichwohl dort ein Schild aufgestellt. Sofort sei das zu entfernen. Ich konnte mir damals seine Erregung nicht erklären, da er sich andererseits darüber freute, wenn Bormann ihm von der Renovierung anderer Erinnerungsstätten seiner Jugend um Linz und Braunau berichtete. Offenkundig gab es ein Motiv, diesen Teil seiner Jugend auszulöschen. Heute weiß man von dem unklaren Familienhintergrund, der sich in dieser Gegend des österreichischen Waldes verliert.

Manchmal skizzierte er einen Turm der historischen Befestigungsanlage von Linz: »Hier war mein liebster Spielplatz. Als Schüler war ich zwar schlecht, aber bei unseren Streichen vornedran. Diesen Turm will ich zur Erinnerung an diese Zeit einmal zu einer großen Jugendherberge ausbauen lassen.« Oft sprach er auch über die ersten wichtigen politischen Eindrücke seiner Jugend. Fast alle seine Mitschüler in Linz hätten ein ausgesprochenes Gefühl dafür gehabt, daß die Einwanderung der Tschechen nach Deutschösterreich abzulehnen sei; dies habe ihm das Nationalitätenproblem zum erstenmal bewußt gemacht. Dann aber, in Wien, sei ihm die Gefahr des Judentums schlagartig aufgegangen, viele Arbeiter, mit denen er zusammen war, seien scharf antisemitisch eingestellt gewesen. In einem habe er jedoch mit den Bauarbeitern nicht übereingestimmt: »Ihre sozialdemokratischen Anschauungen lehnte ich ab, ich bin auch nie einer Gewerkschaft beigetreten. Das machte mir meine ersten politischen Schwierigkeiten.« Möglicherweise war dies auch einer der Gründe, warum er Wien nicht in guter Erinnerung hatte, ganz im Gegensatz zu seiner Münchner Zeit vor dem Kriege, von der er schwärmen konnte: überraschend oft von den Metzgereien mit den guten Würsten.

Vorbehaltlose Achtung zollte er dem Linzer Bischof seiner Jugendzeit, der mit Energie und gegen zahlreiche Widerstände den Bau des Linzer Domes in ungewöhnlichen Ausmaßen durchsetzte; weil er sogar den Stephansdom in Wien übertreffen sollte, habe der Bischof Schwierigkeiten mit der österreichischen Regierung gehabt, die Wien nicht übertrumpft sehen wollte[4]. Gewöhnlich folgten einige Ausführungen über die Unduldsamkeit, mit der die österreichische Zentralregierung alle selbständigen kulturellen Regungen von Städten wie Graz, Linz oder Innsbruck unterdrückt hätte – ohne sich dabei anscheinend bewußt zu werden, daß er solche gewaltsame Gleichmacherei ganzen Ländern auferlegte: Nun, da er zu bestimmen habe, würde er seiner Vaterstadt zu ihrem Recht verhelfen. Sein Programm zur Umwandlung von Linz in eine »Weltstadt« sah eine Reihe repräsentativer Bauten beiderseits der Donau vor, eine Hängebrücke sollte beide Ufer verbinden. Höhepunkt seines Planes war ein großes Gauhaus der NSDAP mit einer riesigen Versamm-

Wenig anspruchsvoll war mein erster Auftrag für die Partei: er erschöpfte sich in einem Neuanstrich der Wände und kleineren Renovierungsarbeiten. Auch die Möblierung eines Sitzungssaales und des Zimmers des Gauleiters fiel verhältnismäßig einfach aus, schon wegen der mangelnden Mittel. Hitler gefiel der Umbau, vielleicht wegen der reichen Stuckornamente, die ich, um Kosten zu sparen, hatte erhalten müssen.

Nationalsozialistische Deutsche Arbeiterpartei
Gauleitung Groß-Berlin.

Abschrift

Berlin, den 10. November 1932

Sehr geehrter Herr Speer!

Nach Fertigstellung unserer neuen Geschäftsstelle in der Voßstrasse spreche ich Ihnen für die von Ihnen geleistete Arbeit meine volle Anerkennung und wärmsten Dank aus.

Wir haben es ganz besonders angenehm empfunden, dass Sie trotz der sehr knapp bemessenen Zeit den Umbau so rechtzeitig fertigstellten, dass wir die Wahlarbeit bereits in der neuen Geschäftsstelle in Angriff nehmen konnten. Ihr reibungsloses Zusammenarbeiten mit allen Parteidienststellen und vor allen Dingen mit den Handwerkern hat uns den Wechsel von unserer Geschäftsstelle kaum spürbar werden lassen.

Ganz besonders wird von mir die handwerklich einfache, ruhige Linie der von Ihnen entworfenen und ausgeführten Inneneinrichtung des Hauses, besonders meines Arbeitszimmers, der Arbeitszimmer meiner engeren Mitarbeiter und insbesondere der beiden Sitzungssäle gewertet.

gez. Dr. Goebbels

Mein erster Besuch in einer Goebbelsschen Kundgebung: eine tobende Menge, die zu immer fanatischeren Begeisterungs- und Haßstürmen geführt wurde, ein Hexenkessel entfesselter Leidenschaft, ich fühlte mich angewidert.

In den Ferien zogen meine spätere Frau und ich oft in den Alpen von Hütte zu Hütte, Erholung von der Misere eines Architekten ohne Aufträge suchend.

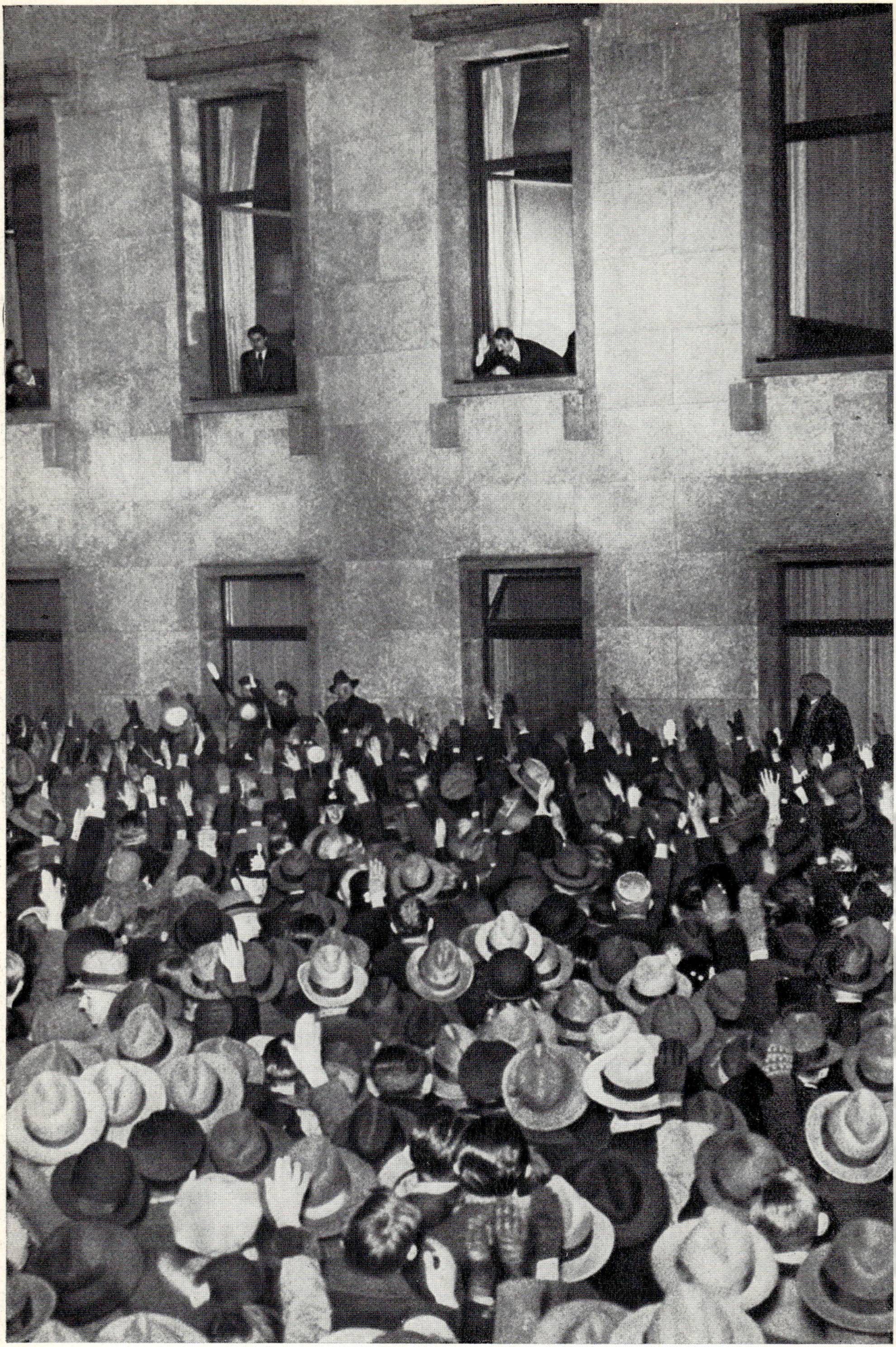

1933 hatte ich in größter Eile nach dem Wilhelmplatz zu den neuen »Historischen Balkon« angebaut, damit Hitler sich dort der jubelnden Menge repräsentativer zeigen konnte. »Das Fenster war mir zu unbequem«, meinte Hitler zu mir befriedigt, »ich wurde nicht von allen Seiten gesehen. Schließlich konnte ich mich doch nicht weit hinausbeugen.«

Hitlers Verhältnis zu Troost war wie das eines Schülers zum Meister.
Wenn er alle zwei bis drei Wochen nach München fuhr, war sein erstes ein Besuch beim »Professor«. Selbstsicher und zurückhaltend zeigte ihm Troost dann seine Pläne und Ideenskizzen.

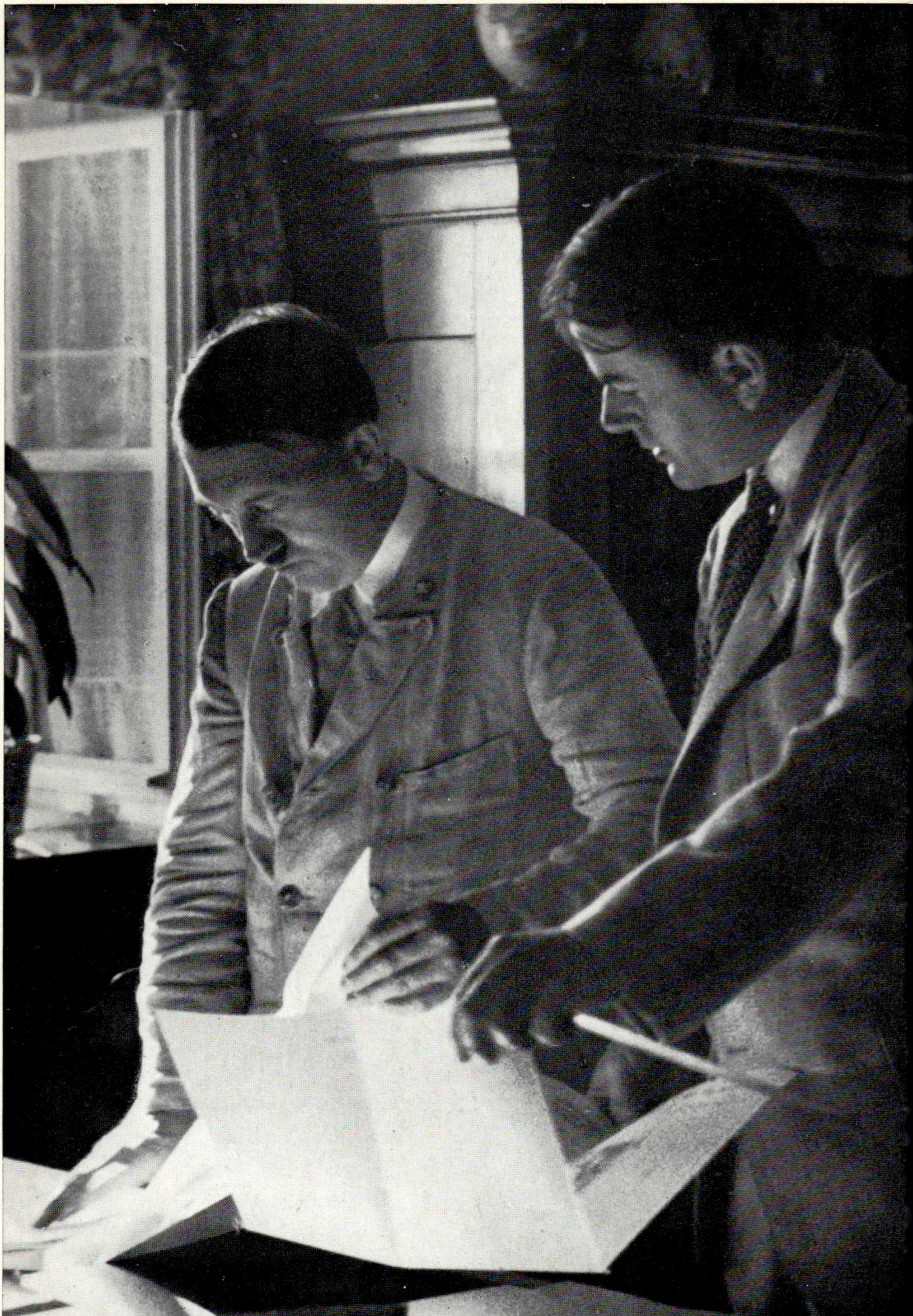

Die Einrichtung des alten gemütlichen Holzhauses Hitlers am Obersalzberg entstammte der Vertikoperiode altdeutscher Heimattümlerei und gab der Wohnung das Gepräge einer kitschigen Kleinbürgerlichkeit. Ein vergoldeter Käfig mit einem Kanarienvogel und Nippessachen, von Anhängerinnen gestickte Kissen, verstärkten diese Note.

Wie immer saß Hitler neben seinem Fahrer im offenen 7-l-Mercedes-Kompressor, hinter ihm auf einem Notsitz ich, auf der anderen Seite der Diener, der aus einer Tasche auf Wunsch Autokarten, Brote, Pillen, Brille hervorzog.

Langsam und unter einem Regen von Blumen fuhren wir durch die Dörfer und Städte Deutschlands. Jugendliche schlossen die Stadttore, Kinder kletterten auf die Trittbretter des Autos, Hitler mußte Autogramme geben. Dann erst gaben sie den Weg frei, sie lachten und Hitler lachte mit. Während der Fahrt lehnte sich Hitler zu mir zurück und rief: »So wurde nur ein Deutscher bisher gefeiert: Luther! Wenn er über das Land fuhr, strömten von weitem die Menschen zusammen und feierten ihn. Wie heute mich!«

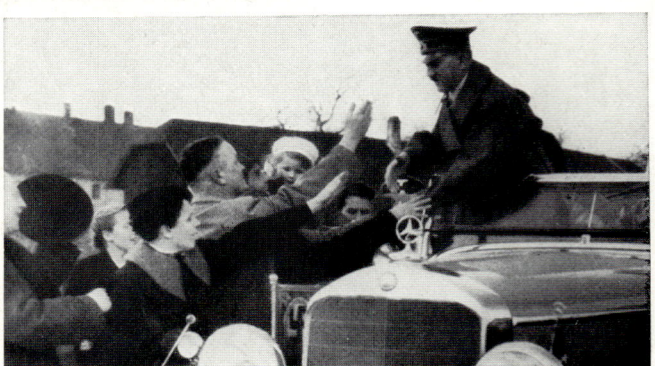

Nie werde ich diesen Anprall von Jubel, diesen Taumel vergessen. Mich durchschauerte die suggestive Kraft, die davon ausging.

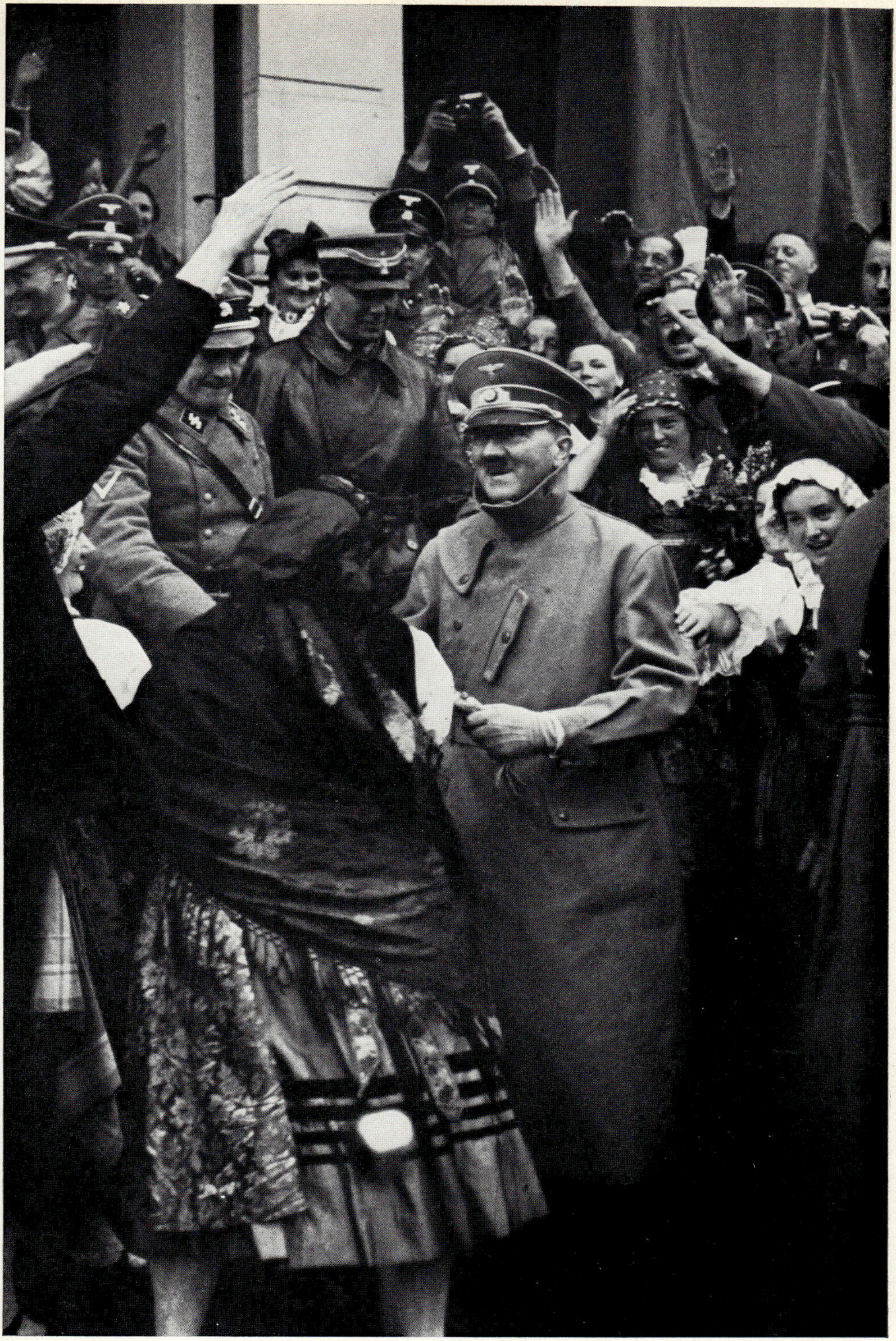

Die große Treppenanlage des Nürnberger Zeppelinfelds wurde oben gesteigert und abgeschlossen durch eine lange Pfeilerhalle, an beiden Enden flankiert von zwei abschließenden Steinkörpern.

Fahnen liebte ich damals sehr und wandte sie an, wo ich nur konnte. Auf diese Weise ließ sich ein farbiges Spiel in die Steinarchitektur bringen.

Auf der Baustelle des Nürnberger Stadions wurde in Naturgröße einer der Pfeiler aufgebaut, um Oberflächenbearbeitung und Farbwirkung der Granitsteine zu überprüfen. Hitler war von diesen ersten Zeichen einer beginnenden Verwirklichung des Riesenbaues begeistert.

Als wir das »Große Stadion« entwarfen, sagte Hitler: »1940 finden die Olympischen Spiele noch einmal in Tokio statt. Aber danach werden sie für alle Zeiten in Deutschland stattfinden.«

Der Rand des Stadions war fast 100 m hoch. An einem Berghang studierten wir, ob der Zuschauer auf dem obersten Rang hätte folgen können.

Nach der Besichtigung brachte Hitler im Freien Korrekturen in einer auf einem Tisch ausgebreiteten Zeichnung an.

Zur Bekrönung der provisorischen Tribüne des Zeppelinfeldes sah ich einen riesigen Adler mit 30 m Spannweite vor, den ich an ein Fachwerkgerüst, wie ein Schmetterling in einer Sammlung angepiekt, anbringen ließ.

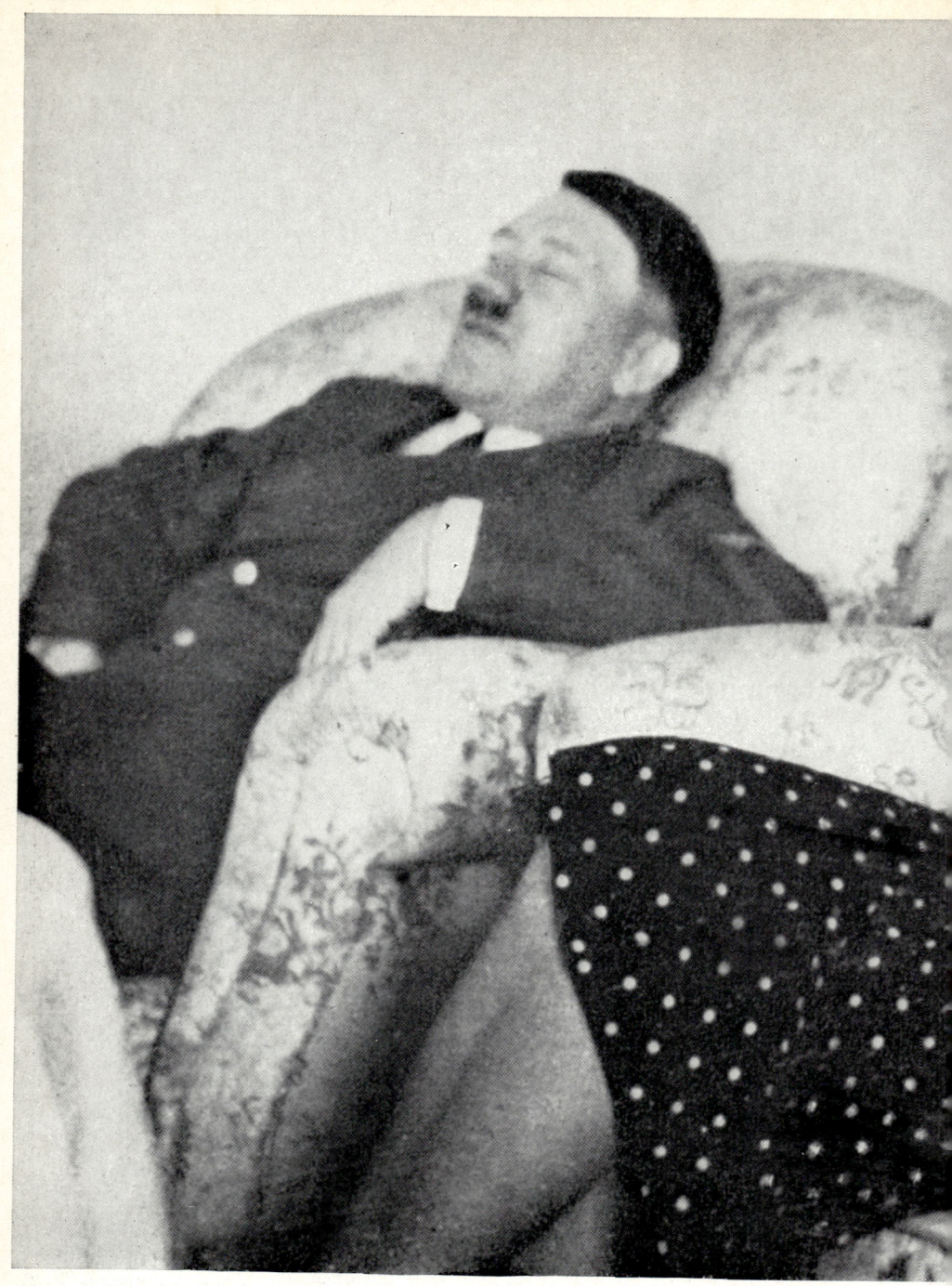

Während der Teestunden im Berghof gruppierten wir uns in bequemen Sesseln zwanglos um die runde Tafel. Hitler verlor sich in endlose Selbstgespräche; gelegentlich schlief er selbst über seine Gespräche ein, die Gesellschaft unterhielt sich nur noch im Flüsterton weiter und hoffte, daß er rechtzeitig zum Abendessen aufwache.

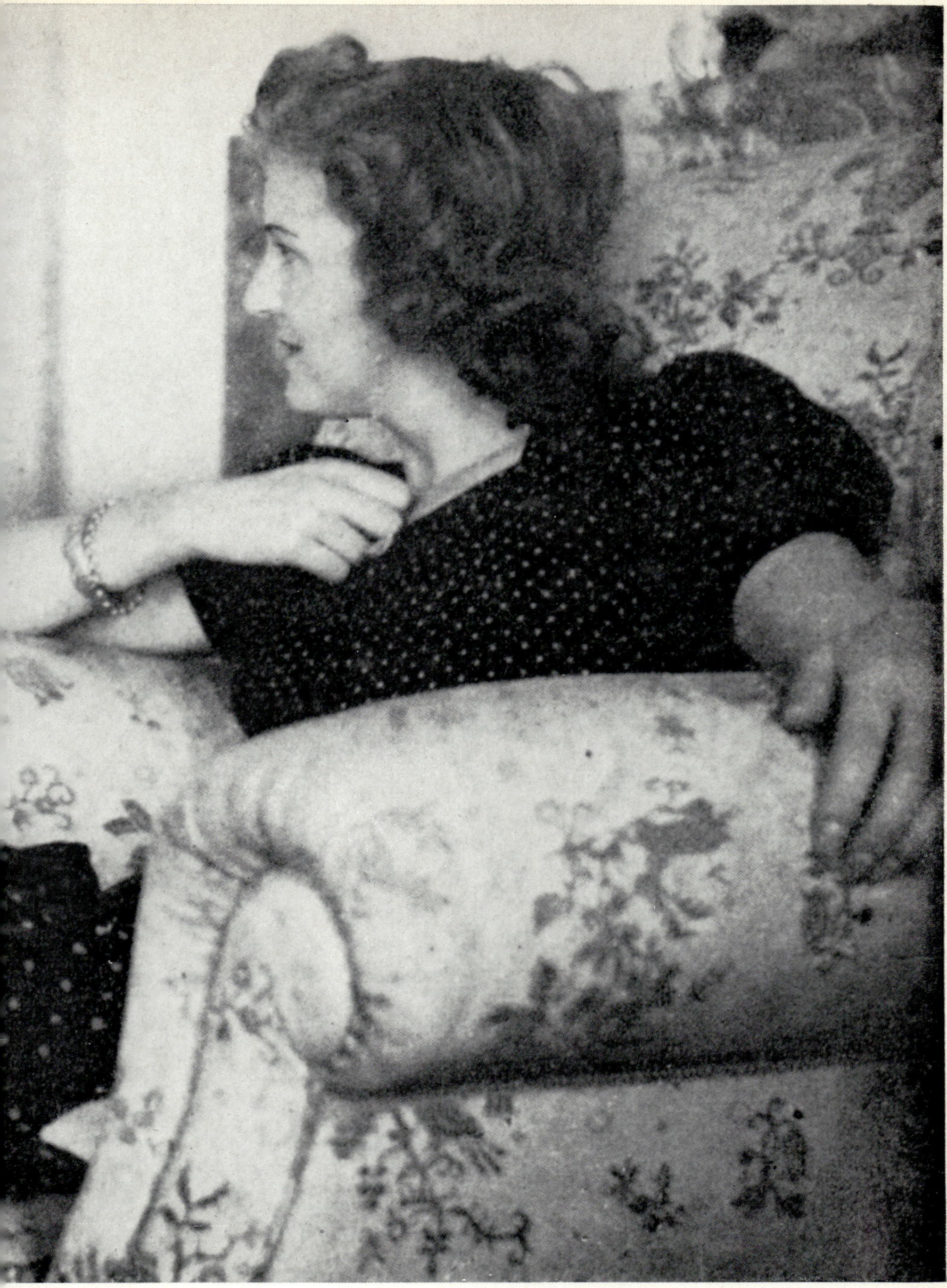

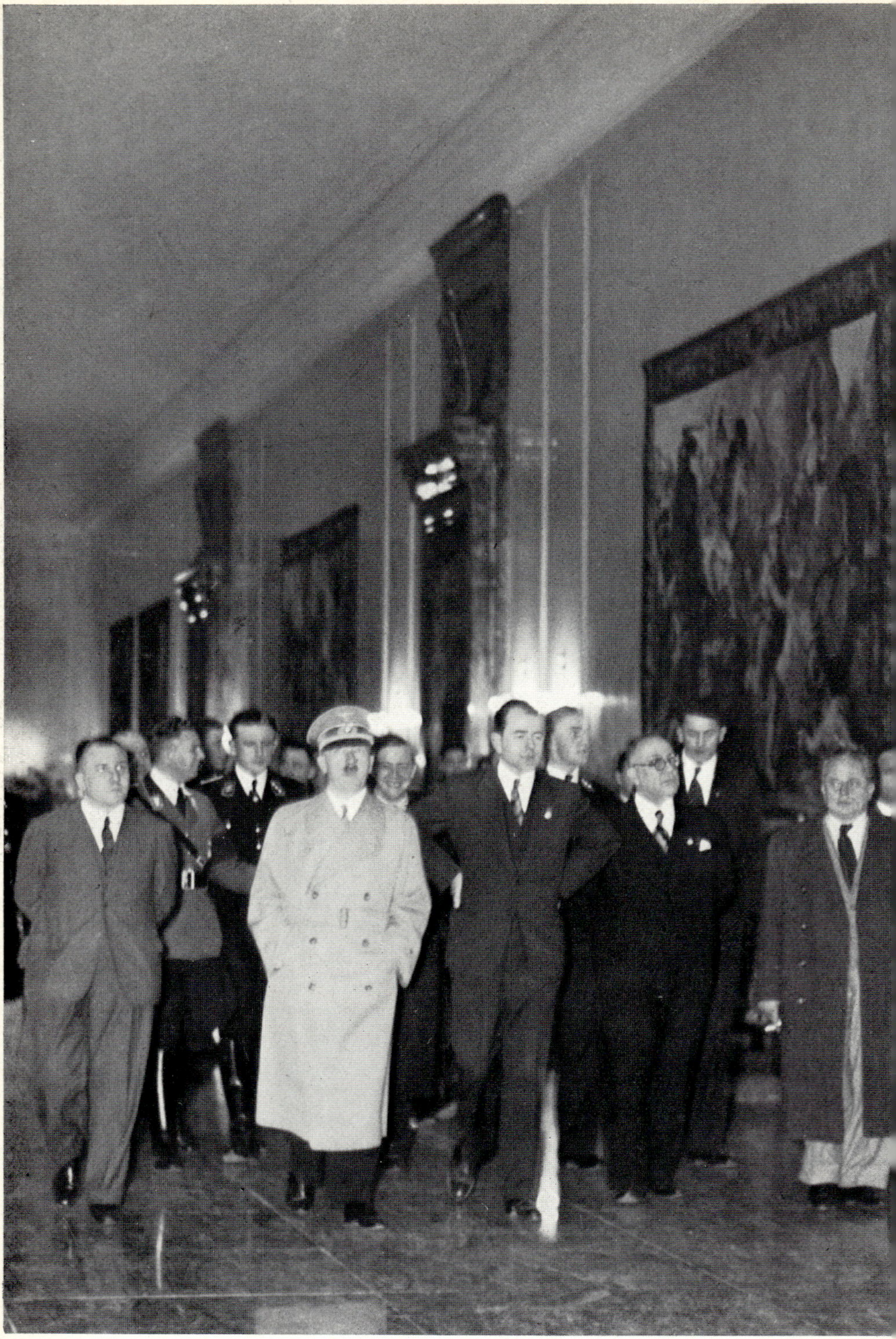

Zwei Tage vor der offiziellen Übergabe führte ich Hitler zum ersten Mal durch die Reichskanzlei. Er kannte aus den Plänen jedes Detail.

Der alte Kabinettsitzungssaal der Regierung Brüning maß kaum sechzig Quadratmeter. Im neuen, sechshundert Quadratmeter großen, hielt Hitler niemals eine Kabinettsitzung ab.

Die Gartenseite der Reichskanzlei. Hinter der Säulenfront befand sich der Arbeitssaal Hitlers.

Die Wohnhalle am Obersalzberg war vom Atelier Troost zu Hitlers großer Zufriedenheit ausgestattet worden. Der Fenstertisch diente später als Lagetisch, auf dem Globus hatte Hitler mit Bleistift am Ural einen Strich gezogen.

Es gab zwei Sitzgruppen: Die eine, im rückwärtigen Teil des Raumes durch drei Treppenstufen abgesetzt und um einen Kamin gruppiert, die andere in der Nähe des Fensters mit einem großen Wandsofa. Hier fanden im Krieg die militärischen Besprechungen statt. Und hier nahmen wir im Frieden zu den Kinovorführungen Platz.

Die Pläne zum Berghof wurden von Hitler nicht nur skizziert. Er ließ sich von mir Reißbrett, Reißschiene und anderes Zeichengerät geben, um Grundriß, Ansichten und Schnitte seines Baues maßstäblich selbst aufzuzeichnen.

Als ich mit Eva Braun näher bekannt wurde, merkte ich, daß ihre zurückhaltende Art, die auf viele hochfahrend wirkte, lediglich Verlegenheit war.

lungshalle und einem Glockenturm. In diesem Turm hatte er in einer Krypta seine Begräbnisstätte vorgesehen. Weitere Höhepunkte der Uferbebauung sollten ein Rathaus, ein repräsentatives Hotel, ein großes Theater, ein Generalkommando, ein Stadion, eine Gemäldegalerie, ein Bibliotheksbau, ein Waffenmuseum und ein Ausstellungsbau werden sowie schließlich ein Denkmal, das die Befreiung von 1938 feiern sollte und ein anderes zur Verherrlichung von Anton Bruckner[5]. Mir war der Entwurf der Gemäldegalerie und des Stadions zugedacht, das auf einem Hügel mit Blick über die Stadt liegen sollte. Sein Alterssitz sollte nicht weit davon entfernt, ebenfalls in erhöhter Lage, errichtet werden.

Hitler schwärmte von dem Uferbild, das in Budapest auf beiden Seiten der Donau im Laufe der Jahrhunderte entstanden war. Sein Ehrgeiz war es, Linz zum deutschen Budapest zu machen. Wien sei überhaupt falsch orientiert, meinte er in diesem Zusammenhang, da es der Donau nur seine Rückseite zukehre. Die Planer hätten damals versäumt, den Strom städtebaulich auszunutzen. Schon allein dadurch, daß ihm das in Linz gelingen würde, könne diese Stadt einst in Konkurrenz mit Wien treten. Zweifellos war es ihm mit solchen Bemerkungen nicht ganz ernst; seine Abneigung gegen Wien, die von Zeit zu Zeit immer wieder spontan hervorbrach, verführte ihn dazu. Denn bei anderen Gelegenheiten meinte er oft genug, welch großer städtebaulicher Wurf in Wien bei der Bebauung der ehemaligen Befestigungsanlagen gelungen sei.

Schon vor dem Kriege erklärte Hitler gelegentlich, daß er sich nach der Erreichung seiner politischen Ziele von den Staatsgeschäften zurückziehen und in Linz sein Leben beschließen wolle. Dann würde er keine politische Rolle mehr spielen; denn nur wenn er sich völlig zurückhalte, könne sein Nachfolger Autorität gewinnen. Er würde ihm nicht hineinreden. Die Menschen würden sich schnell seinem Nachfolger zuwenden, wenn sie erst herausgefunden hätten, daß der nun die Macht habe. Dann sei er ohnehin bald vergessen. Alle würden ihn verlassen. Nicht ohne Selbstmitleid diesen Gedanken ausspielend, fuhr er fort: »Vielleicht besucht mich dann gelegentlich noch einer meiner früheren Mitarbeiter. Aber ich rechne nicht damit. Außer Fräulein Braun nehme ich niemanden mit; Fräulein Braun und meinen Hund. Ich werde einsam sein. Wie soll es auch jemand freiwillig lange bei mir aushalten? Keiner wird mehr Notiz von mir nehmen. Alle laufen sie dann meinem Nachfolger nach! Vielleicht einmal im Jahr werden sie bei mir zum Geburtstag erscheinen.« Natürlich protestierten die Anwesenden der Tafelrunde und beteuerten, daß sie ihm treu und immer um ihn bleiben würden. Aus welchen Motiven heraus Hitler auch immer sich mit seinem frühzeitigem Rückzug aus der Politik beschäftigt haben mag –, jedenfalls schien er in solchen Momenten davon auszugehen, daß nicht seine Persönlichkeit und ihre Suggestivität, sondern seine Machtposition die Quelle und der Grund seiner Autorität sei.

Der Nimbus, von dem Hitler für jene Mitarbeiter umgeben war, welche mit ihm keinen näheren Umgang hatten, war unvergleichlich viel größer als für seinen engsten Kreis. Hier sprach man nicht respektvoll vom »Führer«, sondern vom »Chef«, sparte sich das »Heil Hitler« und begrüßte sich mit »Guten Tag«. Hitler wurde sogar, ohne daß er daran Anstoß nahm, offen ironisiert. Seine stehende Redeweise: »Da gibt es zwei Möglichkeiten«, wendete beispielsweise eine seiner Sekretärinnen, Fräulein Schröder, in seiner Gegenwart oft auf möglichst banale Fragen an. Etwa: »Da gibt es zwei Möglichkeiten. Entweder es regnet oder es regnet nicht.« Eva Braun machte Hitler ungeniert in Gegenwart der Tafelrunde darauf aufmerksam, daß seine Krawatte nicht zum Anzug passe, und gelegentlich bezeichnete sie sich aufgeräumt als »Landesmutter«.

Am großen runden Tisch des Teehauses begann Hitler mich einmal zu fixieren. Statt die Augen niederzuschlagen, faßte ich das als eine Herausforderung auf. Wer weiß, welche Urinstinkte solchen Zweikampf hervorrufen, in dem sich die Gegner fest ins Auge sehen, bis einer von ihnen nachgibt. Jedenfalls war ich gewohnt, solche Fixierungen immer zu gewinnen, aber dieses Mal mußte ich, anscheinend endlos, eine fast übermenschliche Energie aufbringen, um den immer stärker werdenden Drang, die Augen abzuwenden, nicht nachzugeben – bis plötzlich Hitler seine Augen schloß, um sich kurz danach seiner Nachbarin zuzuwenden.

Manchmal fragte ich mich: Was fehlt mir eigentlich, um Hitler als meinen Freund zu bezeichnen? Ich war ständig in seiner Umgebung, in seinem privatesten Kreis fast wie zu Hause und dazu sein erster Mitarbeiter auf dem ihm liebsten Gebiet, der Architektur.

Es fehlte alles. Nie in meinem Leben habe ich einen Menschen kennengelernt, der so selten seine Gefühle sichtbar werden ließ, und wenn er es tat, sich augenblicklich wieder verschloß. In meiner Spandauer Zeit unterhielt ich mich mit Hess über diese Eigenart Hitlers. Unseren gemeinsamen Erfahrungen zufolge gab es wohl Momente, in denen man annehmen konnte, ihm näher gekommen zu sein. Aber das war immer eine Täuschung. Falls man seinen herzlicheren Ton vorsichtig aufnahm, baute er sogleich abwehrend eine unübersteigbare Mauer auf.

Hess meinte allerdings, es habe eine Ausnahme gegeben: Dietrich Eckardt. Aber im Verlauf unseres Gespräches fanden wir, daß es sich auch dabei mehr um eine Verehrung des älteren und vor allem in antisemitischen Kreisen anerkannten Schriftstellers, als um eine Freundschaft gehandelt habe. Als Dietrich Eckardt 1923 starb, blieben vier Männer mit Hitler auf freundschaftlichem »Du«: Esser, Christian Weber, Streicher und Röhm[6]. Beim ersten benutzte er nach 1933 eine passende Gelegenheit, das »Sie« wieder einzuführen, dem zweiten ging er aus dem Weg, den dritten behandelte er unpersönlich, und den vierten ließ er ermorden. Auch Eva Braun gegenüber war er nie vollkommen gelöst und menschlich: die Distanz zwischen dem Führer der Nation und dem einfachen Mädchen blieb immer erhalten. Gelegentlich sprach er sie unangemessen – vertraulich mit »Tschapperl« an. Aber gerade diese bayrische Bauernvokabel kennzeichnete seine Beziehung zu ihr.

Das Abenteuerliche seiner Existenz, der hohe Einsatz seines Spiels, muß Hitler besonders zum Bewußtsein gekommen sein, als er im November 1936 mit Kardinal Faulhaber am Obersalzberg eine ausgedehnte Unterredung hatte. Nach dieser Besprechung saß Hitler mit mir allein während der Abenddämmerung im Erker des Speisezimmers. Nachdem er lange schweigend zum Fenster hinausgesehen hatte, meinte er nachdenklich: »Es gibt für mich zwei Möglichkeiten: Mit meinen Plänen ganz durchzukommen oder zu scheitern. Komme ich durch, dann werde ich einer der Größten der Geschichte – scheitere ich, werde ich verurteilt, verabscheut und verdammt werden.«

8. Kapitel

Die neue Reichskanzlei

Um seinem Aufstieg zu »einem der Größten der Geschichte« den passenden Hintergrund zu geben, verlangte Hitler jetzt schon eine bauliche Kulisse von imperialem Anspruch. Die Reichskanzlei, in die er am 30. Januar 1933 eingezogen war, nannte er »einem Seifenkonzern angemessen«. Die Zentrale des mächtig gewordenen Reiches sei das nicht.

Ende Januar 1938 empfing mich Hitler offiziell in seinem Arbeitszimmer: »Ich habe einen dringenden Auftrag für Sie«, sagte er feierlich, mitten im Raum stehend. »Ich muß in nächster Zeit wichtigste Besprechungen abhalten. Dazu brauche ich große Hallen und Säle, mit denen ich besonders kleineren Potentaten imponieren kann. Als Gelände stelle ich Ihnen die ganze Voss-Straße zur Verfügung. Was es kostet, ist mir gleichgültig. Aber es muß sehr schnell gehen und trotzdem solid gebaut sein. Wie lange brauchen Sie? Pläne, Abriß, alles zusammen? Anderthalb oder zwei Jahre wären mir schon zu viel. Können Sie zum 10. Januar 1939 fertig sein? Ich will den nächsten Diplomatenempfang in der neuen Kanzlei machen.« Ich war entlassen.

Den weiteren Verlauf des Tages schilderte Hitler in seiner Rede zum Richtfest des Gebäudes: »Nun erbat sich mein Generalbauinspektor einige Stunden Bedenkzeit, und am Abend kam er dann mit einem Terminkalender und sagte zu mir: ›Am soundsovielten März sind die Häuser abgerissen, am 1. August wird das Richtfest sein, und am 9. Januar, mein Führer, werde ich Ihnen die Vollendung melden.‹ Ich bin selbst von dem Geschäft, vom Bau, und weiß, was das heißt. Das war noch nie da. Das ist eine einmalige Leistung[1].« Tatsächlich war es die leichtsinnigste Zusage meines Lebens. Aber Hitler zeigte sich zufrieden.

Sofort wurde mit dem Abriß der Häuser in der Voss-Straße begonnen, um die Baustelle freizumachen. Gleichzeitig waren die Pläne fertigzustellen, um das Äußere des Baues sowie dessen Raumordnung festzulegen. Der Luftschutzkeller mußte sogar nach Handskizzen angefangen werden. Aber auch in einem späteren Stadium bestellte ich in aller Hast viele Bauteile, bevor ich die architektonischen Voraussetzungen eindeutig geklärt hatte. Die längsten Lieferfristen hatten beispielsweise die übergroßen, handgeknüpften Teppiche für mehrere große Säle. Ich legte sie in Farbe und Format fest, bevor ich wußte, wie die Räume aussehen sollten, für die sie bestimmt waren. Sie wurden gewissermaßen um diese Teppiche herum entworfen. Einen komplizierten Organisations- und Terminplan lehnte ich ab; er hätte nur die Undurchführbarkeit des Ganzen bewiesen. In vielem ähnelte diese improvisierte Arbeitsweise meinen Methoden, die ich vier Jahre später bei der Lenkung der deutschen Kriegswirtschaft anwenden sollte.

Das längliche Baugelände lud dazu ein, eine Folge von Räumen zu einer langen Achse aneinanderzureihen. Ich führte Hitler den Entwurf vor: Durch große Tore fuhr der Ankommende vom Wilhelmplatz in einen Ehrenhof; über eine Freitreppe gelangte er zunächst in einen kleineren Empfangssaal, von dem fast fünf Meter hohe Flügeltüren den Weg zu einer mit Mosaik ausgekleideten Halle öffneten. Anschließend stieg man einige Stufen empor, durchschritt einen kuppelüberwölbten runden Raum und sah sich vor einer Galerie von 145 Metern Länge. Hitler zeigte sich von meiner Galerie besonders beeindruckt, weil sie mehr als doppelt so lang wie die Versailler Spiegelgalerie war. Tiefe Fensternischen sollten ein indirektes Licht geben und jene angenehme Wirkung erzielen, die ich bei der Besichtigung des Großen Saales im Schloß von Fontainbleau gesehen hatte.

Insgesamt also eine Folge von Räumen, in unablässig wechselnden Materialien und Farbzusammenstellungen, die zusammen 220 Meter lang war. Dann erst erreichte man Hitlers Empfangssaal. Zweifellos eine Schwelgerei in Repräsentations-Architektur und sicherlich eine »Effekt-Kunst« – aber das gab es auch im Barock, hatte es immer gegeben.

Hitler war beeindruckt: »Die werden auf dem langen Weg vom Eingang bis zum Empfangssaal schon etwas abbekommen von der Macht und Größe des Deutschen Reiches!« Während der nächsten Monate ließ er sich immer wieder die Pläne zeigen, schaltete sich aber auch bei diesem für ihn selbst bestimmten Bau bemerkenswert selten ein, sondern ließ mich frei arbeiten.

Die Hast, mit der Hitler die Errichtung der neuen Reichskanzlei vorantrieb, hatte ihren tieferen Grund in der Sorge um seine Gesundheit. Er fürchtete ernsthaft, nicht mehr lange zu leben. Seit 1935 schon wurde seine Phantasie zunehmend von einem Magenleiden beherrscht, das er im Laufe der Zeit mit einem ganzen System von Selbstbeschränkungen zu kurieren versuchte; er glaubte zu wissen, welche Speisen ihm schadeten und verordnete sich dabei nach und nach eine Hungerdiät. Etwas Suppe, Salat, leichteste Speisen in geringer Menge – er nahm nur noch spärliche Kost zu sich. Es klang verzweifelt, wenn er auf seinen Teller wies: »Davon soll ein Mensch leben! Sehen Sie sich das an! Die Ärzte haben gut reden: Der Mensch soll essen, auf was er Appetit hat[2]. Mir bekommt fast nichts mehr. Nach jedem Essen stellen sich die Schmerzen ein. Noch mehr weglassen? Wie soll ich da existieren?«

Häufig kam es vor, daß er vor Schmerzen eine Besprechung unvermittelt abbrach, sich auf eine halbe Stunde und mehr zurückzog oder gar nicht mehr wiederkehrte. Auch litt er, wie er sagte, unter übermäßiger Gasbildung, Herzbeschwerden und Schlaflosigkeit. Einmal erzählte mir Eva Braun, daß der noch nicht einmal Fünfzigjährige zu ihr sagte: »Ich werde Dich bald freigeben müssen; was sollst Du mit einem alten Mann.«

Sein Begleitarzt Dr. Brandt war ein junger Chirurg, der Hitler zu überreden versuchte, sich von einem ersten Internisten gründlich untersuchen zu lassen. Wir alle unterstützten diesen Vorschlag. Namen berühmter Professoren wurden genannt und Pläne entwickelt, wie eine Untersuchung ohne Aufsehen durchgeführt werden könne. Man erwog, ihn in einem Militärkrankenhaus unterzubringen, da dort die Geheimhaltung am besten gesichert sei. Doch am Ende, immer wieder, wehrte Hitler alle Anregungen ab: Er könne es sich einfach nicht leisten, so meinte er, als krank zu gelten. Das schwäche seine politische Position, besonders im Ausland. Er weigerte sich sogar, unauffällig einen Internisten zu einer ersten Untersuchung in seine Wohnung kommen zu lassen. Meines Wissens wurde er damals nicht ernsthaft untersucht, sondern laborierte an seinen Symptomen nach eigenen Theorien herum – was übrigens seiner eingewurzelten Neigung zu dilettantischer Betätigung entsprach.

Dagegen zog er bei einer zunehmenden Heiserkeit den berühmten Berliner Halsspezialisten Professor von Eicken heran; von ihm ließ er sich in der Kanzlerwohnung gründlich untersuchen und war erleichtert, als kein Krebs festgestellt wurde. Monatelang vorher hatte er auf das Schicksal Kaiser Friedrichs III. verwiesen. Der Chirurg entfernte einen harmlosen Knoten; die kleine Operation fand ebenfalls in der Wohnung statt.

1935 war Heinrich Hofmann gefährlich erkrankt; Dr. Morell, ein alter Bekannter, pflegte und heilte ihn durch Anwendung von Sulfonamiden[3], die er aus Ungarn bezog. Hofmann erzählte Hitler immer wieder, wie wunderbar dieser Arzt ihm das Leben gerettet habe. Sicherlich war er guten Glaubens, denn eine der Fähigkeiten Morells bestand darin, eine von ihm geheilte Krankheit maßlos zu übertreiben, um seine Kunst ins rechte Licht zu setzen.

Dr. Morell gab an, bei dem berühmten Bakteriologen Elias Metschnikoff (1845–1916), Nobelpreisträger und Professor am Institut Pasteur[4], studiert zu haben. Metschnikoff habe ihn die Bekämpfung bakterieller Erkrankungen gelehrt. Später hatte Morell als Schiffsarzt große Reisen auf Passagierdampfern unternommen. Zweifellos war er kein echter Scharlatan; eher ein Fanatiker seines Berufes und des Geldverdienens.

Hitler ließ sich von Hofmann zu einer Untersuchung durch Morell überreden. Das Ergebnis überraschte, denn Hitler war erstmalig von der Wichtigkeit eines Arztes überzeugt: »So klar und präzis hat mir noch niemand gesagt, was mir fehlt. Sein Weg zur Heilung ist so logisch aufgebaut, daß ich größtes Zutrauen zu diesem Doktor habe. Ich werde mich genau an das halten, was er mir verordnet hat.« Hauptergebnis der Diagnose war nach Hitlers Schilderung eine völlige Erschöpfung der Darmflora, was Morell auf nervliche Überlastung zurückführte. Sei das erst geheilt, würden alle anderen Beschwerden automatisch abklingen. Er wolle aber noch durch Injektionen von Vitaminen, Drüsenstoffen, Phosphor und Traubenzucker den Heilungsprozeß beschleunigen. Die Kur dauere ein Jahr; vorher könne man nur Teilerfolge erwarten.

Das am meisten beredete Medikament waren von nun an Kapseln mit Darmbakterien, »Multiflor« genannt, und »aus bestem Stamm eines bulgarischen Bauern gezüchtet«, wie Morell versicherte. Was er Hitler sonst noch einspritzte und eingab, wurde nur andeutungsweise bekannt. Uns waren diese Methoden niemals ganz geheuer. Der Begleitarzt Dr. Brandt erkundigte sich bei befreundeten Internisten, die alle Morells Methoden als gewagt und unerforscht ablehnten, und Gewöhnungsgefahren sahen. Tatsächlich mußten immer häufiger Injektionen vorgenommen, in immer rascherer Folge biologische Zugaben, gewonnen aus Hoden und Eingeweiden von Tieren sowie aus chemischen und Pflanzenstoffen, in die Blutbahn gebracht werden. Göring beleidigte eines Tages Morell schwer, als er ihn mit »Herr Reichsspritzenmeister« anredete.

Jedoch verschwand bald nach Beginn der Behandlung ein Ekzem am Fuß, das Hitler seit langem große Sorgen bereitet hatte. Nach einigen Wochen ging es Hitler auch mit dem Magen besser; er aß bedeutend mehr und auch schwerere Gerichte, fühlte sich wohler und äußerte überschwenglich: »Wenn ich Morell nicht begegnet wäre! Er hat mir das Leben gerettet! Wunderbar, wie er mir geholfen hat!«

Wenn es Hitler verstand, andere in seinen Bann zu schlagen, so hatte sich in diesem Fall ein umgekehrtes Verhältnis ergeben: Hitler war von der Genialität seines Leibarztes völlig überzeugt und verbat sich alsbald jede Kritik. Morell jedenfalls gehörte von da an zum intimen Kreis und wurde – wenn Hitler nicht anwesend war – zum unfreiwilligen Gegenstand der Erheiterung, da er nur von Strepto- und anderen Kokken, von Stierhoden und neuesten Vitaminen sprechen konnte.

Hitler empfahl allen seinen Mitarbeitern bei den geringsten Beschwerden dringend, Morell zu konsultieren. Als 1936 mein Kreislauf und mein Magen durch den unvernünftigen Arbeitsrhythmus und die Anpassung an Hitlers abnorme Lebensgewohnheiten rebellierten, besuchte ich die Privatpraxis von Morell. Das Schild am Eingang lautete: »Dr. Theo Morell. Haut- und Geschlechtskrankheiten.« Praxis und Wohnung Morells lagen im mondänsten Teil des Kurfürstendamms, nahe der Gedächtniskirche. In seiner Wohnung konnte man zahlreiche Fotos mit Widmungen berühmter Filmdiven und Schauspieler sehen; auch traf ich dort den Kronprinzen. Mir verordnete Morell nach oberflächlicher Untersuchung seine Darmbakterien, Traubenzucker, Vitamin- und Hormontabletten. Zur Sicherheit ließ ich mich danach vom Internisten der Berliner Universität, Professor von Bergmann, einige Tage gründlich untersuchen. Organische Schäden, so lautete der Befund, lagen nicht vor, nur nervöse Erscheinungen, verursacht durch übermäßige Belastung. Ich drosselte mein Tempo so gut wie möglich, und die Beschwerden gingen zurück. Um eine Verstimmung Hitlers zu vermeiden, verbreitete ich kurzerhand, Morells Anweisungen sorgfältig zu erfüllen, und da es mir nun besser ging, wurde ich zeitweise Morells medizinisches Paradepferd. Auch Eva Braun wurde auf Hitlers Geheiß von ihm untersucht. Sie erzählte mir danach, daß er ekelerregend schmutzig sei und versicherte angewidert, sie lasse sich nicht länger von Morell behandeln.

Hitler ging es nur vorübergehend besser. Aber er ließ nicht mehr von seinem Leibarzt; im Gegenteil, dessen Haus auf der Insel Schwanenwerder bei Berlin wurde immer häufiger das Ziel Hitlerscher Teebesuche; der einzige Ort außerhalb der Reichskanzlei, zu dem es ihn noch hinzog. Sehr selten besuchte er Dr. Goebbels; zu mir kam er nur einmal nach Schlachtensee, um sich das Haus anzusehen, das ich mir gebaut hatte.

Seit Ende 1937, als auch Morells Kur unwirksam zu werden begann, nahm Hitler die alten Klagen wieder auf. Selbst wenn er Aufträge vergab und die Pläne besprach, fügte er gelegentlich hinzu: »Ich weiß nicht, wie lange ich lebe. Vielleicht werden die meisten dieser Bauten erst fertig, wenn ich nicht mehr bin[5] ...« Der Fertigstellungstermin zahlreicher Großbauten lag zwischen 1945 und 1950; Hitler rechnete also nur noch mit wenigen Lebensjahren. Oder: »Wenn ich einmal hier weggehe ... Ich werde nicht mehr viel Zeit haben[6] ...« Auch im privaten Kreis wurde es zu seiner stehenden Redeweise: »Ich werde nicht mehr lange leben. Ich dachte immer, mir für meine Pläne Zeit lassen zu können. Ich muß sie selbst durchführen! Von meinen Nachfolgern hat keiner die Energie, die Krisen, die dabei zu erwarten sind, durchzustehen. Meine Absichten müssen durchgeführt werden, solange ich sie mit meiner Gesundheit, die immer schlechter wird, noch durchsetzen kann.«

Am 2. Mai 1938 verfaßte Hitler sein persönliches Testament; sein politisches Vermächtnis hatte er bereits am 5. November 1937, in Gegenwart des Außenministers, der militärischen Spitze des Reiches offengelegt und seine ausgreifenden Eroberungspläne als »testamentarische Hinterlassenschaft für den Fall seines Ablebens« bezeichnet[7]. Vor seiner engsten Umgebung, die sich Nacht für Nacht belanglose Operettenfilme ansehen und endlose Tiraden über die katholische Kirche, Diätrezepte, griechische Tempel und Schäferhunde anhören mußte, verbarg er, wie wörtlich er seinen Traum von der Weltherrschaft nahm. Viele ehemalige Mitarbeiter Hitlers haben später versucht, die Theorie von einem Wandel Hitlers im Jahre 1938 aufzustellen und mit seiner verschlechterten Gesundheit aufgrund der Heilmethoden Morells zu erklären. Ich bin im Gegenteil der Ansicht, daß Hitlers Pläne und Ziele sich nie geändert haben. Krankheit und Todesfurcht brachten ihn lediglich dazu, seine Termine zu beschleunigen. Vereitelt werden konnten seine Absichten nur noch durch überlegene Gegenkräfte, und diese waren 1938 nicht sichtbar. Im Gegenteil: die Erfolge dieses Jahres ermutigten ihn, sein schon erhöhtes Tempo weiter zu forcieren.

Mit dieser inneren Unrast Hitlers hing, wie mir schien, auch die fieberhafte Bauhast zusammen, mit der er unsere Arbeiten vorantrieb. Beim Richtfest meinte er zu den Arbeitern: »Das ist jetzt kein amerikanisches Tempo mehr, das ist jetzt schon das deutsche Tempo. Ich bilde mir ein, daß ich auch mehr leiste als die anderen Staatsmänner leisten in den sogenannten Demokratien. Ich glaube, daß wir auch politisch ein anderes Tempo vorlegen und, wenn es möglich ist, einen Staat in drei oder vier Tagen dem Reich anzugliedern, dann muß es eben auch möglich sein, ein Gebäude in ein oder zwei Jahren aufzurichten.« Bisweilen allerdings frage ich mich, ob seine exzessive Bauleidenschaft nicht auch noch die Aufgabe hatte, seine Pläne zu tarnen und die Öffentlichkeit mit Bauterminen und Grundsteinlegungen zu täuschen.

Wir saßen etwa im Jahre 1938 im Deutschen Hof in Nürnberg. Hitler sprach von der Pflicht, nur Dinge auszusprechen, die für die Ohren der Allgemeinheit bestimmt seien. Unter den Anwesenden befand sich auch Reichsleiter Philip Bouhler mit seiner jungen Frau. Sie warf ein, daß solche Einschränkung wohl nicht für diesen Kreis gelte, denn wir alle wüßten ein Geheimnis zu wahren, das er uns anvertraue. Hitler lachte und antwortete: »Niemand versteht hier zu schweigen, außer einem.« Dabei wies er auf mich. Aber was sich in den nächsten Monaten ereignete, wußte ich nicht von ihm.

Am 2. Februar 1938 sah ich den verstörten Oberkommandierenden der Kriegsmarine, Erich Raeder, von Hitler kommend, die Halle der Wohnung durchqueren. Raeder war bleich, wankte beim Gehen und sah einem Menschen ähnlich, der kurz vor einer Herzattacke steht. Am übernächsten Tag las ich in der Zeitung: Außenminister von Neurath war durch von Ribbentrop, der Oberkommandierende des Heeres von Fritsch durch von Brauchitsch ersetzt worden. Das Oberkommando der Wehrmacht, bis dahin von Feldmarschall von Blomberg ausgeübt, hatte Hitler selbst übernommen und Keitel zu seinem Stabschef gemacht.

Generaloberst von Blomberg kannte ich vom Obersalzberg her; er war ein verbindlicher, vornehm wirkender Herr, der bei Hitler in hohem Ansehen stand und bis zu seiner Entlassung ungewöhnlich zuvorkommend behandelt wurde. Im Herbst 1937 hatte er auf Anregung Hitlers meine Räume am Pariser Platz besucht und sich die Pläne und Modelle der Berliner Planung zeigen lassen. Er blieb ruhig und interessiert etwa eine Stunde, begleitet von einem General, der jedes Wort seines Chefs mit beifälligem Kopfnicken unterstrich. Es war Wilhelm Keitel, der nun der engste militärische Mitarbeiter Hitlers im Oberkommando der Wehrmacht geworden war. Ohne Kenntnis der militärischen Hierarchie, hatte ich ihn für Blombergs Adjutanten gehalten.

Um die gleiche Zeit bat mich Generaloberst von Fritsch, dem ich bis dahin noch nicht begegnet war, in seine Arbeitsräume in der Bendlerstraße. Neugier allein bewegte ihn nicht bei dem Wunsch, die Berliner Pläne zu sehen. Ich breitete sie auf einem großen Kartentisch aus; kühl und auf Distanz haltend, mit militärischer Kürze, die an Unfreundlichkeit grenzte, nahm er meine Erklärungen entgegen. Seine Fragen machten den Eindruck, als wäge er ab, inwieweit Hitler durch seine großen, über lange Zeiträume geplanten Bauprojekte an einer friedlichen Entwicklung interessiert sein könne. Vielleicht täuschte ich mich.

Auch den Reichsaußenminister, Freiherr von Neurath, kannte ich nicht. Eines Tages, im Jahre 1937, fand Hitler, daß dessen Villa nicht für die offiziellen Verpflichtungen des Ministers ausreiche und sandte mich zu Frau von Neurath, um ihr eine wesentliche Erweiterung des Gebäudes auf Staatskosten anzubieten. Sie zeigte mir die Wohnung und stellte in abschließendem Ton fest, daß sie nach ihrer und des Außenministers Meinung ihren Zweck vollauf erfülle: sie lasse für das Angebot danken. Hitler war verstimmt und kam auf sein Angebot nicht mehr zurück. Hier zeigte einmal der alte Adel selbstbewußte Bescheidenheit und distanzierte sich offen von dem forcierten Repräsentationsbedürfnis der neuen Herren. Nicht so freilich Ribbentrop, der mich im Sommer 1936 nach London kommen ließ, weil er die Deutsche Botschaft erweitern und erneuern wollte; bis zu den Krönungsfeierlichkeiten für Georg VI. im Frühjahr 1937 sollte sie fertiggestellt sein und die Londoner Society bei den zu erwartenden gesellschaftlichen Ereignissen durch luxuriösen Aufwand beeindrucken. Ribbentrop überließ die Einzelheiten seiner Frau, die mit einem Innenarchitekten der Münchner »Vereinigte Werkstätten« so sehr in architektonische Schwelgereien geriet, daß ich mich für überflüssig halten durfte. Mir gegenüber betrug sich Ribbentrop konziliant; er zeigte sich jedoch in diesen Londoner Tagen stets schlechter Laune, wenn er vom Außenminister Telegramme erhielt, die er als Einmischung in seine Angelegenheiten betrachtete. Verärgert und laut erklärte er dann, seine Politik mit Hitler selbst abzustimmen, der ihn mit der Londoner Aufgabe unmittelbar betraut habe.

Vielen der politischen Mitarbeiter Hitlers, die auf gute Beziehungen mit England hofften, schien die Befähigung Ribbentrops zur Lösung dieser Aufgabe bereits zu diesem Zeitpunkt fraglich. Im Herbst 1937 unternahm Dr. Todt mit Lord Wolton eine Besichtigungsreise über die Baustellen der Autobahn. Danach erzählte er von dem inoffiziellen Wunsch des Lords, ihn an Stelle Ribbentrops als Botschafter nach London zu schicken; mit dem gegenwärtigen Botschafter würde man nie zu besseren Beziehungen kommen. Wir sorgten dafür, daß Hitler davon hörte. Er reagierte nicht.

Bald nach Ribbentrops Ernennung zum Außenminister machte Hitler ihm das Angebot, die alte Villa des Außenministers ganz abreißen und ihm das bisherige Reichspräsidentenpalais als Dienstwohnung ausbauen zu lassen. Ribbentrop nahm das Angebot an.

Das zweite Ereignis dieses Jahres, das die zunehmende Beschleunigung der Hitlerschen Politik greifbar werden ließ, erlebte ich am 9. März 1938 in der Halle der Berliner Wohnung Hitlers. Dort saß sein Adjutant Schaub am Radioapparat und hörte die Innsbrucker Rede des österreichischen Bundeskanzlers Dr. Schuschnigg. Hitler hatte sich in sein privates Arbeitszimmer im ersten Stock begeben. Augenscheinlich wartete Schaub auf irgend etwas Bestimmtes. Er machte sich Notizen, während Schuschnigg immer deutlicher wurde und eine Volksabstimmung in Österreich ankündigte: das österreichische Volk solle sich für oder gegen seine Unabhängigkeit entscheiden, und dann rief Schuschnigg seinen Landsleuten auf gut Österreichisch ein »Mander, 's ischt Zeit« zu.

Zeit war es auch für Schaub; er stürzte zu Hitler nach oben. Kurze Zeit später eilten Goebbels im Frack und Göring in Galauniform zu Hitler. Sie kamen von irgendeinem Fest der Berliner Ballsaison und verschwanden im Obergeschoß.

Wieder las ich erst einige Tage danach in der Zeitung, was vorgefallen war. Am 13. März marschierten die deutschen Truppen in Österreich ein. Etwa drei Wochen später fuhr auch ich im Auto nach Wien, um dort für die Wiener Großkundgebung die Halle des Nordwestbahnhofs vorzubereiten. Überall in den Städten und Dörfern wurden deutsche Wagen von winkenden Menschen gegrüßt. In Wien stieß ich im Hotel »Imperial« auf die banalere Rückseite des Anschlußjubels. Zahlreiche Prominente aus dem »Altreich«, wie zum Beispiel der Berliner Polizeipräsident Graf Helldorf, waren herbeigeeilt, offensichtlich von der Fülle in den Geschäften angelockt: »Da gibt es noch gute Wäsche... Dort wollene Decken, soviel man will... Ich habe einen Laden mit ausländischem Likör entdeckt...« Gesprächsfetzen in der Hotelhalle. Ich fühlte mich angewidert und beschränkte mich auf den Kauf eines Borsalino. Was ging das alles mich an?

Kurz nach dem Anschluß Österreichs ließ Hitler eine Karte Mitteleuropas kommen und zeigte seinem andächtig lauschenden Privatkreis, wie nun die Tschechoslowakei in eine »Zange« geraten sei. Noch nach Jahren betonte er oft, wie staatsmännisch selbstlos Mussolini gehandelt habe, als er seine Zustimmung zum Einmarsch nach Österreich gab; dafür würde er ihm immer dankbar bleiben. Denn für Italien sei Österreich als neutraler Puffer eine günstigere Lösung gewesen; nun stünden deutsche Truppen am Brenner, was auf die Dauer für Rom eine innenpolitische Belastung darstelle. Hitlers Italienreise von 1938 sollte in gewissem Sinne eine erste Geste seiner Dankbarkeit sein. Er freute sich aber auch auf die Baudenkmäler und Kunstschätze von Rom und Florenz. Prunkvolle Uniformen wurden der Begleitung angemessen und Hitler vorgeführt. Er liebte den Aufwand; die betont bescheidene Kleidung, die er selber bevorzugte, barg ein Element massenpsychologischer Berechnung: »Meine Umgebung muß großartig wirken. Dann wirkt meine Einfachheit auffallender.« Etwa ein Jahr später gab Hitler dem Reichsbühnenbildner Benno von Arent, der bis dahin Opern und Operetten ausgestattet hatte, den Auftrag, neue Diplomatenuniformen zu entwerfen. Die mit Goldstickerei überzogenen Fräcke fanden das Gefallen Hitlers. Spötter jedoch meinten: »Es sieht aus wie in der Fledermaus!« Auch Orden mußte Arent für Hitler entwerfen; sie hätten ebenfalls auf jeder Bühne Aufsehen erregen können. Ich nannte Arent daraufhin den »Blechschmied des Dritten Reiches«.

Als Hitler von der Reise zurückkehrte, faßte er seine Eindrücke zusammen: »Bin ich froh, daß wir keine Monarchie haben und daß ich nie auf diejenigen gehört habe, die mir die Monarchie aufschwätzen wollten. Diese Hofschranzen und diese Etikette! Es ist nicht auszudenken! Und der Duce, immer im Hintergrund! Bei allen Diners und auf den Tribünen nahm die königliche Familie die besten Plätze ein. Weit entfernt erst kam der Duce, der den Staat doch wirklich repräsentiert.« Hitler war nach dem Protokoll als Staatsoberhaupt dem König gleichrangig, Mussolini lediglich Ministerpräsident.

Nach dem Italienbesuch fühlte sich Hitler verpflichtet, für Mussolini eine besondere Ehrung vorzubereiten. Er legte fest, daß der Berliner »Adolf-Hitler-Platz« nach seinem Umbau im Rahmen der Neugestaltung Berlins Mussolinis Namen tragen solle[8]. Architektonisch fand er diesen Platz zwar scheußlich, da er durch moderne Bauten der »Systemzeit« verunstaltet sei, aber: »Wenn wir nun den ›Adolf-Hitler-Platz‹ später in ›Mussolini-Platz‹ umtaufen, dann bin ich ihn los und außerdem sieht es besonders ehrenvoll aus, wenn ich gerade meinen Platz dem Duce abtrete. Ich selbst habe dafür schon ein Mussolini-Denkmal entworfen!« Es kam nicht dazu, da der von Hitler angeordnete Umbau des Platzes nicht mehr verwirklicht wurde.

Das dramatische Jahr 1938 führte schließlich zu Hitlers Einigung mit den Westmächten über die Abtretung großer Teile der Tschechoslowakei. Einige Wochen zuvor gab Hitler sich in seinen Reden auf dem Nürnberger Parteitag als der zornige Führer seiner Nation; er versuchte, unterstützt vom frenetischen Beifall seiner Parteianhänger, das aufmerksam lauschende Ausland davon zu überzeugen, daß er auch einen Krieg nicht scheue. Das war, zurückblickend geurteilt, eine großangelegte Einschüchterung, deren Wirkung er in kleinerem Rahmen bereits in seiner Unterredung mit Schuschnigg erfolgreich ausprobiert hatte. Andererseits liebte er es, sich selbst durch Festlegungen in der Öffentlichkeit eine Mutgrenze zu setzen, die er nicht mehr zurücknehmen konnte, ohne sein Prestige aufs Spiel zu setzen.

Selbst seine engsten Mitarbeiter ließ er damals nicht im Zweifel über seine Bereitschaft zum Krieg und machte ihnen das Unausweichliche der Situation klar; während es sonst zu seinem Verhalten gehörte, kaum jemand in seine innersten Absichten Einblick zu gewähren. Seine Äußerungen der Kriegsentschlossenheit beeindruckten sogar seinen langjährigen Chefadjutanten Brückner. Wir saßen im September 1938 während des Parteitages auf einer Mauer der Nürnberger Burg, vor uns lag in einem Rauchschleier die alte Stadt in der milden Septembersonne, als Brückner niedergeschlagen meinte: »Vielleicht sehen wir dies zum letzten Mal so friedlich. Wahrscheinlich werden wir bald Krieg haben.«

Mehr der Nachgiebigkeit der westlichen Mächte als Hitlers Zurückhaltung war es zuzuschreiben, daß der Krieg, den Brückner prophezeite, noch einmal vermieden wurde. Vor den Augen einer erschreckten Welt und seiner von Hitlers Unfehlbarkeit nun vollends überzeugten Anhänger vollzog sich die Übergabe der Sudeten-Gebiete an Deutschland.

Allgemeines Staunen erregten die tschechischen Grenzbefestigungen. Bei einem Probeschießen hatte sich zur Überraschung der Fachleute herausgestellt, daß unsere Waffen, die dagegen eingesetzt werden sollten, nicht die gedachte Wirkung zeigten. Hitler fuhr selbst an die ehemalige Grenze, um sich ein Bild von den Bunkeranlagen zu verschaffen und kam beeindruckt zurück. Die Befestigungen seien überraschend massiv, außerordentlich geschickt angelegt und unter vorzüglicher Ausnutzung des Geländes weit in die Tiefe gestaffelt: »Eine Einnahme wäre bei entschlossener Verteidigung sehr schwierig geworden und hätte uns viel Blut gekostet. Jetzt haben wir sie ohne Blutverlust bekommen. Eines ist sicher! Ich werde nie mehr zulassen, daß die Tschechen eine neue Verteidigungslinie bauen. Was haben wir jetzt für eine vorzügliche Ausgangsstellung! Wir sind über die Berge hinweg schon in den Tälern Böhmens.«

Am 10. November kam ich auf der Fahrt in das Büro an den noch rauchenden Trümmern der Berliner Synagoge vorbei. Das war das vierte gravierende Ereignis, das den Charakter dieses letzten Vorkriegsjahres geprägt hat. Heute ist diese optische Erinnerung eine der deprimierendsten Erfahrungen meines Lebens, weil mich damals eigentlich vor allem das Element der Unordnung störte, das ich in der Fasanenstraße erblickte: verkohlte Balken, herabgestürzte Fassadenteile, ausgebrannte Mauern – Vorwegnahmen eines Bildes, das im Kriege fast ganz Europa beherrschen sollte. Am meisten aber störte mich das politische Wiedererwachen der »Straße«. Die zerbrochenen Scheiben der Schaufenster verletzten vor allem meinen bürgerlichen Ordnungssinn.

Ich sah nicht, daß damals mehr zerbrach, als etwas Glas, daß Hitler in dieser Nacht zum vierten Mal in diesem Jahr einen Rubikon überschritten und das Schicksal seines Reiches unwiderruflich gemacht hatte. Habe ich für einen flüchtigen Augenblick wenigstens gespürt, daß etwas begann, was mit der Vernichtung einer Gruppe unseres Volkes enden sollte? Daß es auch meine moralische Substanz veränderte? Ich weiß es nicht.

Ich nahm das Geschehene eher gleichgültig auf. Dazu trugen auch einige bedauernde Worte Hitlers bei, er habe diese Übergriffe nicht gewollt. Es schien, als geniere er sich. Später deutete Goebbels in kleinerem Kreise an, daß er der Initiator dieser trüben und ungeheuerlichen Nacht gewesen sei, und ich halte es für durchaus möglich, daß er einen zögernden Hitler vor vollendete Tatsachen gestellt hatte, um ihm das Gesetz des Handelns aufzunötigen.

Es hat mich immer wieder überrascht, daß mir antisemitische Bemerkungen Hitlers kaum haften geblieben sind. Rückblickend kann ich aus den unverlorenen Elementen meiner Erinnerung zusammensetzen, was mir damals auffiel: Abweichung von dem Bild, das ich mir gerne von Hitler gemacht hätte, Besorgnis über seinen zunehmenden gesundheitlichen Verfall, Hoffnung auf eine Milderung des Kirchenkampfes, die Ankündigung utopisch wirkender Fernziele, allerlei Kuriositäten – der Judenhaß Hitlers schien mir damals so selbstverständlich, daß er mich nicht beeindruckte.

Ich fühlte mich als Hitlers Architekt. Ereignisse der Politik gingen mich nichts an. Ich gab ihnen nur eindrucksvolle Kulissen. Hitler bestärkte mich täglich in dieser Auffassung, indem er mich fast nur zu architektonischen Fragen heranzog; überdies wäre es als Wichtigtuerei eines ohnehin ziemlich spät gekommenen Neulings aufgefaßt worden, wenn ich versucht hätte, mich an den politischen Erörterungen zu beteiligen. Ich fühlte und sah mich dispensiert von jeder Stellungnahme. Die nationalsozialistische Erziehung zielte überdies auf ein separiertes Denken; von mir erwartete man, daß ich mich auf die Bauerei beschränke. In welch groteskem Maße ich an dieser Illusion festhielt, zeigt meine Denkschrift an Hitler aus dem Jahre 1944: »Die Aufgabe, die ich zu erfüllen habe, ist eine unpolitische. Ich habe mich so lange in meiner Arbeit wohlgefühlt, als meine Person und auch meine Arbeit nur nach der fachlichen Leistung gewertet wurden[9].«

Doch war die Unterscheidung im Grunde unwesentlich. Heute scheint sie mir auf meine Bemühung hinzudeuten, das ordinäre Geschäft der Verwirklichung dessen, was an antisemitischen Parolen auf Spruchbändern an Ortseingängen hing und das Thema der Teerunden bildete, vom idealisierten Bild Hitlers fernzuhalten. Denn tatsächlich war es natürlich belanglos, wer den Pöbel der Straße gegen Synagogen und jüdische Geschäfte mobilisiert hatte; ob es auf Veranlassung oder nur mit Billigung Hitlers geschehen war.

In den Jahren nach meiner Entlassung aus Spandau bin ich immer wieder gefragt worden, was ich selbst mit mir allein in der Zelle zwei Jahrzehnte lang zu erforschen versucht habe: was mir von der Verfolgung, der Verschleppung und der Vernichtung der Juden bekannt ist; was ich hätte wissen müssen und welche Konsequenzen ich mir abverlangte.

Ich gebe die Antwort nicht mehr, mit der ich die Fragenden, vor allem aber mich selber so lange zu beruhigen versuchte: daß im System Hitlers, wie in jedem totalitären Regime, mit der Höhe der Position auch die Isolierung und damit die Abschirmung wächst; daß mit der Technisierung des Mordvorganges die Zahl der Mörder abnimmt und damit zugleich die Möglichkeit größer wird, nicht zu wissen; daß die Geheimhaltungsmanie des Systems Grade des Eingeweihtseins schafft und damit einem jeden Gelegenheiten zur Flucht vor der Wahrnehmung des Unmenschlichen offenhält.

Ich gebe alle diese Antworten nicht mehr; denn sie versuchen, dem Geschehen in Advokatenmanier zu begegnen. Zwar war ich als Günstling und später als einer der einflußreichen Minister Hitlers isoliert; zwar hatte das Denken in Zuständigkeiten dem Architekten wie dem Rüstungsminister zahlreiche Ausfluchtmöglichkeiten verschafft; zwar habe ich, was in jener Nacht vom 9. auf den 10. November 1938 eigentlich begann und in Auschwitz und Maidanek endete, nicht gewußt. Aber das Maß meiner Isolierung, die Intensität meiner Ausflüchte und den Grad meiner Unwissenheit bestimmte am Ende doch immer ich selbst.

Ich weiß deshalb heute, daß meine quälerischen Selbstprüfungen die Frage ebenso falsch stellten wie die Wißbegierigen, denen ich inzwischen begegnet bin. Ob ich gewußt oder nicht gewußt, und wieviel oder wie wenig ich gewußt habe, wird ganz unerheblich, wenn ich bedenke, was ich an Furchtbarem hätte wissen müssen und welche Konsequenzen schon aus dem wenigen, was ich wußte, selbstverständlich gewesen wären. Die mich fragen, erwarten von mir im Grunde Rechtfertigungen. Doch ich bin ohne Apologie.

Am 9. Januar 1939 sollte die neue Reichskanzlei fertig sein. Am 7. Januar kam Hitler von München nach Berlin. Er kam voller Spannung und offenbar in der Erwartung, ein Gewühl von Handwerkern und Reinigungskolonnen vorzufinden. Jeder kennt die fieberhafte Eile, in der kurz vor der Übergabe eines Baues noch Gerüste abgebaut, Staub und Abraum beseitigt, Teppiche aufgerollt und Bilder aufgehängt werden. Doch Hitler hatte sich getäuscht. Wir hatten von vornherein eine Reserve von einigen Tagen einkalkuliert, die wir dann nicht benötigten und waren daher bereits achtundvierzig Stunden vor der Übergabe des Baues fertig. Als Hitler durch die Räume ging, hätte er sich sofort an den Schreibtisch setzen können, um die Regierungsgeschäfte aufzunehmen.

Der Bau beeindruckte ihn sehr. Er zeigte sich voll des Lobes über den »genialen Architekten«, und äußerte das, ganz gegen seine Gewohnheit, auch mir gegenüber. Daß ich es aber fertiggebracht hatte, zwei Tage früher die Aufgabe zu beenden, trug mir den Ruf eines großen Organisators ein.

Hitler gefiel besonders der lange Anmarsch, den die Staatsgäste und Diplomaten in Zukunft zurücklegen mußten, bis sie in den Empfangssaal gelangten. Meine Bedenken wegen des polierten Marmorfußbodens, den ich nur ungern mit einem Läufer belegt sehen wollte, teilte er nicht: »Das ist gerade das Richtige; sie sollen sich als Diplomaten auf glattem Boden bewegen.«

Der Empfangssaal war ihm zu klein geraten. Er ordnete eine Vergrößerung auf das Dreifache an. Die Pläne dazu lagen zu Beginn des Krieges bereit. Das Arbeitszimmer dagegen fand seinen ungeteilten Beifall. Besonders freute ihn eine Intarsie seines Schreibtisches mit der Darstellung eines halb aus der Scheide gezogenen Schwertes: »Gut, gut ... Wenn das die Diplomaten sehen, die vor mir an diesem Tisch sitzen, werden sie das Fürchten lernen.« Von den vergoldeten Feldern, die ich über den vier Türen seines Raumes anbringen ließ, sahen die vier Tugenden »Weisheit, Besonnenheit, Tapferkeit und Gerechtigkeit« auf ihn herab. Ich weiß nicht, welche Vorstellung mir diese Idee eingab. Zwei Plastiken Arno Brekers flankierten im Runden Saal das Portal zur Großen Galerie, eine von ihnen stellte zwar den »Wagenden«, die andere jedoch den »Wägenden« dar[10]. Dieser eher pathetische Hinweis meines Freundes Breker, daß jedes Wagnis der Klugheit bedürfe, zeigte ebenso wie mein allegorischer Rat, neben der Tapferkeit die anderen Tugenden nicht zu vergessen, eine naive Überschätzung künstlerischer Empfehlungen, deutete aber wohl gleichzeitig auch eine gewisse Unruhe über die Gefährdung des Erreichten an.

Ein großer Tisch mit einer schweren Marmorplatte stand zunächst sinnlos am Fenster. An ihm wurden ab 1944 militärische Lagebesprechungen abgehalten; die ausgebreiteten Generalstabskarten verzeichneten das schnelle Vordringen der westlichen und östlichen Gegner in das deutsche Reichsgebiet. Hier war Hitlers letzte militärische Station über der Erde; die nächste befand sich in einhundertfünfzig Metern Entfernung unter vielen Metern Beton. Der Saal für die Kabinettssitzungen, aus akustischen Gründen ganz in Holz getäfelt, gefiel ihm zwar gut; jedoch wurde er von Hitler nie für den gedachten Zweck benutzt. Mancher der Reichsminister fragte mich, ob ich ihm einmal vermitteln könne, »seinen« Saal wenigstens zu sehen. Hitler genehmigte das und so stand mitunter ein Minister für einige Minuten stumm vor seinem Platz, den er nie eingenommen hatte und auf dem eine große blaulederne Schreibmappe lag, die in Goldlettern seinen Namen trug.

Viereinhalbtausend Arbeiter waren in zwei Schichten beschäftigt gewesen, um die knappen Termine einzuhalten. Dazu kamen einige Tausend, die über das Land verstreut, Teile hergestellt hatten. Sie alle, Steinmetzen, Tischler, Maurer, Installateure undsoweiter wurden eingeladen, sich den Bau anzusehen und wanderten beeindruckt durch die fertigen Räume.

Im Sportpalast sprach Hitler zu ihnen: »Hier bin ich Repräsentant des deutschen Volkes! Und wenn ich jemanden in der Reichskanzlei empfange, dann empfängt den Betreffenden nicht der Privatmann Adolf Hitler, sondern der Führer der deutschen Nation – und damit nicht ich ihn, sondern durch mich empfängt ihn Deutschland. Und ich will daher, daß diese Räume dieser Aufgabe entsprechen. Jeder Einzelne hat mitgeholfen an einem Bauwerk, das viele Jahrhunderte überdauern wird und das von unserer Zeit sprechen wird. Das erste Bauwerk des neuen großen deutschen Reiches!«

Nach den Mahlzeiten fragte er oft, wer von seinen Gästen noch nicht die Reichskanzlei gesehen habe und freute sich, wenn er einem von ihnen den Neubau zeigen konnte. Seine Fähigkeit, Daten zu speichern, demonstrierte er dabei seinen staunenden Begleitern. Er begann mich zu fragen: »Wie groß ist dieser Saal? Wie hoch?« Ich zuckte verlegen die Achseln, und er nannte die Maße. Es stimmte genau. Allmählich wurde daraus ein abgekartetes Spiel, da mir die Zahlen ebenfalls geläufig wurden. Aber da es ihm sichtlich Spaß bereitete, spielte ich mit.

Hitlers Ehrungen häuften sich: Er veranstaltete für meine engsten Mitarbeiter in seiner Wohnung ein Mittagessen; er verfaßte einen Aufsatz für ein Buch über die Reichskanzlei, verlieh mir das »Goldene Parteiabzeichen« und verehrte mir mit einigen schüchternen Worten eines der Aquarelle aus seiner Jugendzeit. 1909 in Hitlers düsterster Lebenszeit entstanden, zeigt es in einer äußerst genauen, geduldigen und pedantischen Arbeit eine gotische Kirche. Keinerlei eigene Regungen sind spürbar, kein Strich ist zu sehen, der mit Verve durchgeführt wurde. Aber nicht nur die Strichmanier läßt jede Persönlichkeit vermissen, das Bild scheint durch die Wahl des Gegenstandes, die flachen Farben, eine harmlose Perspektive ein unverfälschtes Zeugnis dieser frühen Periode Hitlers zu sein: alle Aquarelle aus der gleichen Zeit wirken wesenlos; und noch die Bilder des Meldegängers aus dem Ersten Weltkrieg sind unpersönlich. Der Wandel zum Selbstbewußtsein ist erst spät erfolgt; Zeugnis dafür waren die beiden Federskizzen zu der Berliner Großen Halle und zum Triumphbogen, die er etwa um 1925 zeichnete. Wiederum zehn Jahre später skizzierte er in meiner Gegenwart oft mit energischer Hand, in Rot- und Blaustift vielfach übereinander Schicht auf Schicht, bis er die ihm vorschwebende Form erzwungen hatte. Aber auch dann noch bekannte er sich zu den unscheinbaren Aquarellen der Jugendzeit, indem er sie gelegentlich als besondere Auszeichnung verschenkte.

In der Reichskanzlei gab es seit Jahrzehnten eine Marmorbüste Bismarcks von Reinhold Begas. Einige Tage vor der Einweihung fiel sie beim Umzug in die neuen Räume den Arbeitern zu Boden, so daß der Kopf abbrach. Eine üble Vorbedeutung, wie mir schien. Und da ich zudem Hitlers Erzählung kannte, daß genau zu Beginn des Ersten Weltkrieges der Reichsadler vom Postgebäude herabgestürzt sei, verheimlichte ich das Unglück und ließ durch Breker eine genaue Kopie anfertigen, die wir mit Tee etwas patinierten.

Selbstsicher meinte Hitler in seiner schon erwähnten Rede: »Das ist das Wunderbare gerade in der Bauerei: wenn schon gearbeitet wird, dann bleibt auch ein Monument stehen. Das hält, das wird etwas anderes als ein paar Stiefel, die man auch machen muß, die der andere dann in ein oder zwei

Jahren wieder abtritt und dann wegschmeißt. Das bleibt stehen und wird durch Jahrhunderte zeugen von all denen, die es geschaffen haben.« Am 12. Januar 1939 wurde dieser für die Jahrhunderte bestimmte Neubau eingeweiht: Hitler empfing die in Berlin akkreditierten Diplomaten zur Abgabe der Neujahrsadresse im Großen Saal.

Fünfundsechzig Tage nach der Einweihung, am 15. März 1939, wurde der Staatspräsident der Tschechoslowakei in das neue Arbeitszimmer geführt. In diesem Raum spielte sich jene Tragödie ab, die in der Nacht mit der Unterwerfung Hachas begann und am frühen Morgen mit der Besetzung seines Landes endete. »Schließlich hatte ich«, berichtete Hitler später, »den alten Mann so bearbeitet, daß er mit den Nerven völlig fertig war und schon unterschreiben wollte; da bekam er eine Herzattacke. Im Nebenzimmer gab ihm mein Dr. Morell eine Spritze, die aber in diesem Fall zu wirksam war. Hacha kam zu sehr zu Kräften, wurde wieder lebhaft und wollte nicht mehr unterschreiben, bis ich ihn endgültig hatte.«

Achtundsiebzig Monate nach der Einweihung, am 16. Juli 1945, ließ sich Winston Churchill durch die Reichskanzlei führen[11]. »Vor der Reichskanzlei stand eine große Menschenmenge. Sie ließen mich mit Ausnahme eines alten Mannes, der mißbilligend den Kopf schüttelte, hochleben. Diese Demonstration bewegte mich ebenso sehr, wie die abgezehrten Züge und die abgetragene Kleidung der Bevölkerung. Anschließend wanderten wir eine gute Weile durch die zerstörten Korridore und Säle der Reichskanzlei.«

Bald danach wurde der Bau abgetragen. Steine und Marmor lieferten das Material für das Ehrendenkmal der Russen in Berlin-Treptow.

9. Kapitel

Ein Tag Reichskanzlei

Etwa vierzig bis fünfzig Personen hatten jederzeit Zutritt zu Hitlers Mittagstafel in der Reichskanzlei. Sie brauchten lediglich den Adjutanten anzurufen und ihn von ihrem Kommen zu unterrichten. Meist waren es Gau- und Reichsleiter der Partei, einige Minister, dazu die Personen des engeren Kreises, jedoch außer Hitlers Wehrmachtsadjutanten keine Offiziere. Mehrmals wurde Hitler von seinem Adjutanten, Oberst Schmundt, dringend nahegelegt, auch die führenden Militärs an seiner Tafel teilnehmen zu lassen; aber Hitler lehnte immer wieder ab. Vielleicht war ihm klar, daß der Kreis seiner alten Mitarbeiter dem Offizierskorps Anlaß zu herablassenden Bemerkungen gegeben hätte.

Auch ich hatte freien Zutritt zur Wohnung Hitlers, und ich machte häufig davon Gebrauch. Der Polizist am Eingang des Vorgartens kannte mein Auto, öffnete das Tor ohne weitere Erkundigungen, ich stellte meinen Wagen im Hof ab und ging in die von Troost umgebaute Wohnung. Sie erstreckte sich zur rechten Seite der von mir neu erbauten Reichskanzlei und war durch eine Halle mit ihr verbunden.

Das wachhabende SS-Mitglied des Hitlerschen Begleitkommandos begrüßte mich vertraut, ich übergab meine Zeichenrolle und ging dann, unbegleitet wie jemand, der zum Haus gehört, in die geräumige Vorhalle: ein mit zwei bequemen Sitzgruppen ausgestatteter Raum, die weißen Wände mit Gobelins ausgeschmückt, der dunkelrote Marmorboden reichlich mit Teppichen belegt. Dort waren meist einige Gäste in einer Unterhaltung begriffen, andere führten private Telefongespräche – überhaupt wurde dieser Raum bevorzugt, da er der einzige war, in dem geraucht werden durfte.

Es war durchaus nicht üblich, daß man sich mit dem ansonsten obligatorischen »Heil Hitler« begrüßte; ein »Guten Tag« war weitaus häufiger. Auch die Sitte, durch das Abzeichen am Rockaufschlag die Parteizugehörigkeit zu demonstrieren, war in diesem Kreis wenig verbreitet, und Uniformen sah man relativ selten. Wer bis hierher vorgedrungen war, besaß das Privileg einer gewissen Formlosigkeit.

Durch einen quadratischen Empfangssalon, der wegen seiner unbequemen Möbel unbenutzt blieb, gelangte man in den eigentlichen Wohnraum, in dem die Gäste, meist stehend, miteinander plauderten. Dieses etwa hundert Quadratmeter große Zimmer, als einziges der ganzen Wohnung mit einem gewissen Anspruch auf Gemütlichkeit eingerichtet, war mit Rücksicht auf seine Bismarcksche Vergangenheit beim großen Umbau 1933/34 erhalten geblieben: mit einer Holzbalkendecke, einer halbhohen Holzvertäfelung und einem Kamin, den ein Wappen der florentinischen Renaissance schmückte, das Reichskanzler von Bülow einst aus Italien mitgebracht hatte. Es war der einzige Kamin des unteren Geschosses. Um ihn herum gruppierten sich mit dunklem Leder bezogene Möbel, hinter dem Sofa stand ein größerer Tisch, auf dessen Marmorplatte regelmäßig einige Zeitungen lagen. An den Wänden hingen ein Gobelin und zwei Gemälde von Schinkel. Die Nationalgalerie hatte sie der Kanzlerwohnung ausgeliehen.

Hitler war mit dem Zeitpunkt seines Erscheinens souverän unzuverlässig. Auf zwei Uhr etwa war das Essen festgelegt, aber meist wurde es drei Uhr oder noch später, bis Hitler kam, manchmal aus den oberen privaten Räumen der Wohnung, oft von einer Besprechung in der Reichskanzlei. Sein Eintreten war formlos wie das eines Privatmannes. Er begrüßte seine Gäste mit Händedruck; man stand im Kreis um ihn herum: Er äußerte seine Meinung über dieses oder jenes Tagesproblem; bei einigen Bevorzugten erkundigte er sich in meist konventionellem Ton nach dem Befinden der »Frau Gemahlin«, ließ sich von seinem Pressechef die Nachrichtenauszüge geben, setzte sich etwas abseits in einen Sessel und begann zu lesen. Manchmal reichte er einem der Gäste ein Blatt weiter, weil die Nachricht ihm besonders interessant schien und machte dazu einige leicht hingeworfene Bemerkungen.

So standen die Gäste etwa fünfzehn bis zwanzig Minuten herum, bis der Vorhang vor einer Glastür aufgezogen wurde, die zum Speiseraum führte. ›...tendant«, eine durch ihre Leibesfülle Vertrauen erweckende Wirtsfigur, meldete Hitler in dem privaten Ton, wie es der ganzen Atmosphäre angemessen war, daß das Essen bereit sei. Der »Führer« ging voran, die anderen schlossen sich ohne jede Rangordnung an, um in das Speisezimmer hinüberzugehen.

Von allen durch Professor Troost neu eingerichteten Räumen der Wohnung des Reichskanzlers war dieser große quadratische Raum (zwölf mal zwölf Meter) der abgewogenste. Eine Wand mit drei Glastüren zum Garten, gegenüber ein großes Buffet in Palisanderholz furniert, darüber ein Bild von Kaulbach, das unvollendet geblieben war: auf diese Weise nicht ohne Reiz, vermied es jedenfalls manche Peinlichkeit des eklektizistischen Malers. Die zwei anderen Wände wurden in der Mitte durch je eine Rundbogen-Nische unterbrochen, in denen auf einem hellen Marmorsockel eine Aktstudie des Münchener Bildhauers Wackerle stand. Auf beiden Seiten der Nischen befanden sich weitere Glastüren, die zur Anrichte, zu einer großen Wohnhalle und in den erwähnten Wohnraum führten, durch den man eintrat. Glatt gegipste Wände, mit einem ins gelbliche gebrochenen Weiß, dazu ebenso helle Vorhänge, gaben dem Raum eine lichte Weite. Leichte Vorsprünge auf den Wänden unterstrichen den klaren, strengen Rhythmus, ein kantiges Gesims faßte ihn zusammen. Die Möblierung war zurückhaltend und ruhig. Ein großer runder Tisch für etwa fünfzehn Personen nahm die Mitte ein, von unauffälligen Stühlen in dunklem Holz umgeben, die mit dunkelrotem Leder bezogen waren. Alle Stühle sahen gleich aus, auch der Hitlers hob sich nicht hervor. An den Ecken standen vier weitere kleine Tische mit je vier bis sechs gleichartigen Stühlen. Die Tische waren mit einem schlichten hellen Porzellan und einfachen Gläsern gedeckt, beides noch von Professor Troost ausgewählt. In der Mitte stand eine Schale mit einigen Blumen.

Das war das »Restaurant zum fröhlichen Reichskanzler«, wie Hitler es seinen Gästen gegenüber oft nannte. Er hatte seinen Platz an der Fensterseite, und er bestimmte bereits vor dem Einzug in den Speiseraum zwei Gäste, die an seiner Seite Platz nehmen sollten. Alle übrigen setzten sich, wie es sich gerade ergab, um den Tisch. Wenn viele Gäste erschienen, so nahmen die Adjutanten und weniger wichtige Personen, zu denen auch ich rechnete, an den Nebentischen Platz, ein Vorzug, wie mir schien, da man sich dort ungezwungener unterhalten konnte.

Das Essen war betont einfach. Eine Suppe, keine Vorspeise, Fleisch mit etwas Gemüse und Kartoffeln, eine Süßspeise. Als Getränk hatten wir die Auswahl zwischen Mineralwasser, einem gewöhnlichen Berliner Flaschenbier oder einem billigen Wein. Hitler selbst bekam sein vegetarisches Essen, trank »Fachinger«, und wer von seinen Gästen Lust hatte, konnte es ihm gleichtun. Aber das taten nur wenige. Es war Hitler selbst, der auf diese Einfachheit Wert legte. Er konnte damit rechnen, daß sich das in Deutschland herumsprach. Als eines Tages die Helgoländer Fischer ihm einen riesigen Hummer zum Geschenk machten, diese Delikatesse zur Genugtuung der Gäste auf die Tafel kam, machte Hitler nicht nur mißbilligende Äußerungen über die menschliche Verirrung, derart unästhetisch aussehende Ungeheuer zu verzehren; er wollte gleichzeitig solchen Luxus unterbunden wissen. Göring nahm selten an diesen Essen teil. Als ich mich zur Mittagstafel in der Reichskanzlei bei ihm abmeldete, erklärte er mir einmal: »Mir ist offengestanden das Essen dort zu schlecht. Und dann diese Parteispießer aus München! Unerträglich.«

Etwa alle zwei Wochen erschien Hess zur Tafel; ihm folgte in einem recht kuriosen Aufzug sein Adjutant, der ein Blechgefäß mit sich trug, in dem in verschiedenen Einsätzen ein speziell zubereitetes Essen in die Reichskanzlei gebracht wurde, um in der Küche aufgewärmt zu werden. Hitler blieb es lange verborgen, daß Hess sich ein eigenes vegetarisches Gericht hatte servieren lassen. Als es ihm schließlich hinterbracht worden war, wandte er sich vor der versammelten Tischgesellschaft ärgerlich zu Hess: »Ich habe hier eine erstklassige Diätköchin. Wenn Ihr Arzt etwas Besonderes für Sie verordnet hat, dann kann sie es gerne zubereiten. Aber Ihr Essen können Sie nicht mitbringen.« Hess, damals schon zu störrischem Widerspruch neigend, versuchte Hitler zu erklären, daß die Bestandteile seines Essens von besonderer biologisch-dynamischer Herkunft sein müßten, worauf ihm unverblümt eröffnet wurde, daß er dann eben sein Essen zu Hause einnehmen solle; Hess erschien daraufhin kaum noch zu den Mahlzeiten.

Als man in Deutschland sonntäglich auf Verlangen der Partei in allen Haushaltungen einen »Eintopf« essen sollte, um »Kanonen statt Butter« zu ermöglichen, gab es auch in der Wohnung Hitlers nur noch eine Terrine mit Suppe. Die Zahl der Gäste schrumpfte daraufhin oft auf nur zwei oder drei zusammen, was Hitler zu einigen sarkastischen Worten über den Opferwillen seiner Mitarbeiter veranlaßte. Denn es lag gleichzeitig eine Liste auf, in die man seine Spende eintragen konnte. Mich kostete jeder Eintopf etwa fünfzig bis hundert Mark.

Goebbels war der prominenteste Gast der Tafelrunde, selten erschien Himmler; Bormann versäumte natürlich keine Mahlzeit, gehörte aber wie ich ohnehin zum inneren Hofstaat und konnte nicht als Gast angesehen werden.

Hitlers Tischunterhaltung fand auch hier nicht über den verblüffend engen Themenkreis und die voreingenommene Art der Betrachtung hinaus, die den Obersalzberger Gesprächen ihren ermüdenden Charakter verschafft hatten. Nur durch härtere Formulierungen unterschieden, blieb es bei seinem Repertoire, das er weder erweiterte noch ergänzte, kaum um neue Gesichtspunkte und Einsichten bereichert. Er bemühte sich nicht einmal, die Peinlichkeit der zahlreichen Wiederholungen zu verbergen. Ich kann nicht sagen, daß ich wenigstens damals seine Äußerungen eindrucksvoll gefunden hätte, obwohl ich doch von seiner Persönlichkeit gefangen war; sie ernüchterten mich eher, da ich Ansichten und Urteile von höherem Rang erwartet hatte.

Oft behauptete er in seinen Selbstgesprächen, daß seine politische, künstlerische und militärische Vorstellungswelt eine Einheit sei, die er sich bis in die Einzelheiten hinein bereits zwischen Zwanzig und Dreißig gebildet habe. Das sei seine geistig fruchtbarste Zeit gewesen: Was er jetzt plane und schaffe, sei nur die Verwirklichung damaliger Ideen.

Große Bedeutung nahmen in der Tischunterhaltung die Erlebnisse des Weltkrieges ein; die Mehrzahl der Gäste hatte ihn noch selbst miterlebt. Hitler hatte zeitweilig den Engländern gegenüber gelegen, deren Tapferkeit und Verbissenheit ihm Respekt abgewonnen hatten, wenn er sich auch über manche ihrer Eigenarten lustig machte. So behauptete er voller Ironie, daß sie genau zur Teestunde ihr Geschützfeuer zu beenden pflegten, so daß er als Melder zu dieser Zeit seine Gänge stets ungefährdet hätte durchführen können.

Den Franzosen gegenüber äußerte er in unserer Runde 1938 keine Revanche-Gedanken; er wollte den Krieg von 1914 nicht wieder aufrollen. Es lohne sich nicht, so meinte er, wegen des unbedeutenden Gebietsstreifens von Elsaß-Lothringen einen erneuten Krieg zu führen. Zudem seien die Elsässer durch das dauernde Hin und Her ihrer Nationalität so charakterlos geworden, daß sie weder für die eine, noch für die andere Seite Gewinn bedeuten; man solle sie lassen, wo sie nun einmal seien. Natürlich ging Hitler dabei von der Voraussetzung aus, daß Deutschland nach dem Osten expandieren könne. Die Tapferkeit der französischen Soldaten hatte ihn im Weltkrieg beeindruckt; nur das Offizierskorps sei verweichlicht: »Mit deutschen Offizieren wären die Franzosen eine hervorragende Truppe.«
Das unter rassischen Gesichtspunkten eher fragwürdige Bündnis mit Japan lehnte er nicht gerade ab, aber er stand ihm für eine fernere Zukunft reserviert gegenüber. So oft er dieses Thema berührte, ließ er einen Ton des Bedauerns darüber vernehmen, daß er sich mit der sogenannten gelben Rasse verbündet habe. Aber er meinte, sich schon deswegen keine Vorwürfe darüber machen zu müssen, weil auch England im Weltkrieg Japan gegen die Mittelmächte mobilisiert habe. Hitler hielt Japan für einen Bundesgenossen vom Range einer Weltmacht, während er davon im Falle Italiens nicht sehr überzeugt war.
Die Amerikaner seien im Krieg 1914–1918 nicht stark hervorgetreten und hätten zudem keine großen Blutopfer gebracht. Einer großen Belastungsprobe würden sie gewiß nicht standhalten, denn ihr Kampfwert sei gering. Überhaupt, ein amerikanisches Volk als Einheit gäbe es ja gar nicht; das sei doch nichts als eine Masse von Einwanderern aus vielen Völkern und Rassen.
Fritz Wiedemann, der einst Regimentsadjutant und Vorgesetzter des Meldegängers Hitler gewesen und jetzt geschmackloserweise von Hitler zu seinem Adjutanten gemacht worden war, versuchte, ihm zu widersprechen und drängte auf Gespräche mit Amerika. Hitler sandte ihn schließlich, verärgert über den Widerspruch, der das ungeschriebene Gesetz der Tafelrunde verletzte, als Generalkonsul nach San Francisco: »Dort soll er von seinen Vorstellungen geheilt werden.«
An den Tischgesprächen nahmen keine Männer teil, die Welterfahrung hatten. Der dort vereinte Kreis war zumeist über Deutschland nicht hinausgekommen; wenn einer eine Vergnügungsreise nach Italien unternommen hatte, wurde das am Tisch Hitlers als Ereignis besprochen und dem Betreffenden Auslandserfahrung zuerkannt. Auch Hitler hatte von der Welt nichts gesehen und sich weder Kenntnisse noch Einsichten erworben. Zudem waren die Parteipolitiker seiner Umgebung im Durchschnitt ohne höhere Bildung. Von den fünfzig Reichs- und Gauleitern, der Elite der Reichsführung, hatten nur zehn eine abgeschlossene Universitätsausbildung, einige waren im Studium steckengeblieben, die meisten über die Mittelschule nicht hinausgelangt. Fast keiner von ihnen war auf irgend einem Gebiet mit einer bemerkens-

werten Leistung hervorgetreten, fast alle von einer erstaunlichen geistigen Uninteressiertheit. Ihr Bildungsstandard entsprach keineswegs den Erwartungen, die man in die Führungsauslese eines Volkes mit einem traditionell hohen geistigen Niveau setzen durfte. Hitler war es im Grunde lieber, Mitarbeiter der gleichen Herkunft in seiner engen Umgebung zu wissen; wahrscheinlich fühlte er sich unter ihnen am wohlsten. Überhaupt liebte er es, wenn seine Mitarbeiter einen Webfehler aufwiesen, wie man es damals nannte. Hanke meinte eines Tages: »Es ist immer ein Vorteil, wenn die Mitarbeiter Schönheitsfehler haben und sie wissen, daß das dem Vorgesetzten bekannt ist. Daher wechselt der Führer seine Mitarbeiter auch so selten aus. Denn mit ihnen arbeitet er am leichtesten. Fast jeder hat seinen schwarzen Punkt; das hilft, sie im Zaum zu halten.« Als Webfehler galten unsittlicher Lebenswandel, entfernt jüdische Vorfahren oder kurze Parteigenossenschaft.

Nicht selten erging sich Hitler in Überlegungen, daß es ein Fehler sei, Ideen wie den Nationalsozialismus zu exportieren. Dies führe nur zu einer unerwünschten nationalen Stärkung anderer Länder und damit zu einer Schwächung der eigenen Position. Es beruhigte ihn daher geradezu, daß in den nationalsozialistischen Parteien anderer Länder kein ihm ebenbürtiger Führer zu bemerken war. Mussert oder Mosley beurteilte er als Kopisten, denen nichts Originelles und Neues eingefallen sei. Die ahmen uns und unsere Methoden ja nur sklavisch nach, meinte er, das führe zu nichts. In jedem Lande müsse man von anderen Voraussetzungen ausgehen und danach die Methoden bestimmen. Degrelle schätzte er höher, versprach sich jedoch auch von ihm nichts.

Politik war für Hitler eine Sache der Zweckmäßigkeit. Selbst sein Bekenntnisbuch »Mein Kampf« nahm er nicht aus: es sei in großen Teilen nicht mehr zutreffend, er hätte sich nie so frühzeitig festlegen dürfen, eine Bemerkung, die mich meine vergeblichen Ansätze, das Buch zu lesen, aufgeben ließ.

Als nach der Machtergreifung die Ideologie in den Hintergrund trat, waren es vor allem Goebbels und Bormann, die gegen eine Verflachung und Verspießerung des Parteiprogramms Front machten. Unablässig versuchten sie, Hitler ideologisch zu radikalisieren. Seinen Reden nach gehörte zweifellos auch Ley zum Kreis der harten Ideologen, aber er hatte nicht das Format, sich nennenswerten Einfluß zu verschaffen. Himmler dagegen ging offensichtlich seine eigenen skurrilen Wege, die sich aus germanischem Urrasseglauben, Elitedenken sowie Reformhausideen zusammensetzten und verstiegene pseudoreligiöse Formen anzunehmen begannen. Zusammen mit Hitler machte vor allem Goebbels diese Bestrebungen Himmlers lächerlich, freilich nicht, ohne daß Himmler durch seine eitle Borniertheit dazu beitrug. Als er beispielsweise von den Japanern ein Samuraischwert geschenkt bekam, entdeckte er Verwandtschaften zwischen den japanischen und germanischen Kulten und rätselte mit Hilfe von Wissenschaftlern daran herum, wie man diese Übereinstimmungen auch rassisch auf einen Nenner bringen könne.

Hitlers besonderes Interesse galt der Frage, wie er seinem Reich einen geeigneten Nachwuchs auf lange Sicht sichern könne. Im Konzept entstammte der Entwurf dazu von Ley, dem Hitler auch die Organisation des Erziehungssystems übertragen hatte. Durch den Bau von »Adolf-Hitler-Schulen« für die frühe Jugend und von »Ordensburgen« für die höhere Ausbildung sollte eine fachlich und weltanschaulich geschulte Elite herangezogen werden. Wahrscheinlich wäre diese Auslese jedoch nur geeignet gewesen, Positionen in einer bürokratischen Parteiverwaltung zu besetzen; dem praktischen Leben wäre sie durch die in der Klausur verbrachte Jugend entfremdet, an Arroganz und Einbildung hinsichtlich der eigenen Fähigkeiten jedoch, wie es sich in Ansätzen schon zeigte, unübertrefflich gewesen. Es war bezeichnend, daß die hohen Funktionäre ihre eigenen Kinder nicht in diese Schulen sandten; selbst ein so fanatischer Parteigenosse wie Gauleiter Sauckel ließ keinen seiner zahlreichen Jungen diese Karriere einschlagen. Bormann sandte bezeichnenderweise einen seiner Söhne zur Strafe dorthin.

Zur Aktivierung der vernachlässigten Parteiideologie gehörte nach Bormanns Vorstellungen zweifellos der Kirchenkampf. Er war die treibende Kraft für dessen Verschärfung; dies machte er auch wiederholt in der Tafelrunde deutlich. Zwar konnte das Zögern Hitlers nicht darüber hinwegtäuschen, daß er auch dieses Problem nur auf einen günstigeren Zeitpunkt verschob. Denn hier, in diesem Männerkreis, war er roher und unverblümter als in seiner Obersalzberger Umgebung: »Wenn ich einmal meine anderen Fragen erledigt habe«, so äußerte er gelegentlich, »werde ich mit der Kirche abrechnen. Hören und Sehen wird ihr vergehen.«

Aber Bormann wollte diese Abrechnung nicht aufgeschoben wissen. Seiner brutalen Direktheit lag der abwägende Pragmatismus Hitlers nicht. Er benutzte jede Gelegenheit, um seine Absichten voranzutreiben; selbst beim Mittagessen brach er die unausgesprochene Verabredung, keine Themen zur Sprache zu bringen, die geeignet seien, Hitler die Laune zu verderben. Für solche Vorstöße hatte Bormann eine eigene Technik entwickelt: er ließ sich von einem Teilnehmer der Runde den Ball zuspielen, indem er ihn zunächst laut erzählen ließ, welche aufrührerischen Reden ein Pfarrer oder Bischof gehalten habe, bis Hitler schließlich aufmerksam wurde und Einzelheiten verlangte. Bormann entgegnete, etwas Unangenehmes sei passiert, immerhin, er wolle Hitler damit nicht beim Essen behelligen. Nun forschte Hitler weiter, und Bormann tat, als ließe er sich seinen Bericht abringen. Die zornigen Blicke seiner Mitgäste störten ihn ebenso wenig, wie das rotanlaufende Gesicht Hitlers. Irgendwann zog er dann ein Aktenstück aus der Tasche und begann Passagen aus einer aufsässigen Predigt oder einer Kirchenbotschaft zu verlesen. Hitler wurde daraufhin oft so erregt, daß er – untrügliches Zeichen seines Unmutes – mit den Fingern zu schnalzen begann, sein Essen abbrach und Vergeltung für später ankündigte. Er fand sich eher damit ab, Verruf und Empörung des Auslandes zu ertragen, als Widersetzlichkeit im Innern. Sie nicht sogleich ahnden zu können, brachte ihn zur Weißglut, auch wenn er sich meist gut zu beherrschen wußte.

Hitler besaß keinen Humor. Er überließ anderen das Späßemachen, lachte laut und hemmungslos, konnte sich sogar buchstäblich vor Lachen biegen; manchmal wischte er sich bei solchen Heiterkeitsausbrüchen die Tränen aus den Augen. Er lachte gern, doch im Grunde immer auf Kosten anderer.

Goebbels wußte am besten, wie man mit Hilfe von Witzen Hitler zugleich unterhalten und persönliche Gegner im internen Machtkampf abwerten konnte: »Da hat doch«, so erzählte er einmal, »die Hitlerjugend von uns verlangt, daß wir zum 25. Geburtstag ihres Stabsleiters Lauterbacher eine Pressenotiz verbreiten. Ich habe ihm einen Textentwurf schicken lassen, demzufolge er diesen Geburtstag in ›voller körperlicher und geistiger Frische‹ begangen habe. Wir haben nichts mehr von ihm gehört.« Hitler bog sich vor Lachen, und Goebbels hatte seine Absicht, die eingebildete Jugendführung zu diskreditieren, besser erreicht als durch einen langen Vortrag. Auch dieser Tafelrunde erzählte Hitler immer wieder von seiner Jugend und legte dabei Wert auf die Strenge seiner Erziehung: »Ich habe oft schwere Schläge von meinem Vater bekommen. Ich glaube aber auch, daß das notwendig war und mir geholfen hat.« Wilhelm Frick, der Innenminister, rief mit meckernder Stimme dazwischen: »Wie man heute sieht, ist das Ihnen, mein Führer, ja auch gut bekommen.« Lähmendes Entsetzen ringsum. Frick suchte die Situation zu retten: »Ich meine, deswegen, mein Führer, haben Sie es soweit gebracht.« Goebbels, der Frick für einen ausgemachten Trottel hielt, kommentierte sarkastisch: »Ich schätze, daß Sie, lieber Frick, in Ihrer Jugend keine Schläge bekommen haben!«

Walter Funk, Wirtschaftsminister und gleichzeitig Reichsbankpräsident, erzählte von den Tollhausstücken, die sein Vizepräsident Brinkmann, monatelang unbehelligt hatte ausführen können, bis er endlich als geisteskrank erkannt wurde. Funk wollte damit nicht nur Hitler erheitern, sondern ihn vor allem auf unverdächtige Weise mit Vorgängen bekannt machen, von denen er vermeintlich doch hören würde: Brinkmann hatte nämlich die Putzfrauen und Laufjungen der Reichsbank zu einem großen Diner in den Festsaal eines der besten Berliner Hotels, des Hotel Bristol, eingeladen und dann selber mit der Geige aufgespielt. Das paßte fast noch in die Bestrebungen des Regimes, Volksgemeinschaft zu demonstrieren; bedenklicher klang es schon, als Funk unter dem Gelächter der Tafelrunde fortfuhr: »Neulich stellte er sich vor dem Wirtschaftsministerium Unter den Linden auf, zog aus seiner Aktentasche ein großes Paket neu gedruckter Geldscheine – die Scheine sind von mir signiert, wie Sie wissen – und verteilte sie an die Passanten: ›Wer will von den neuen Funken haben?‹« Bald darauf, so fuhr Funk fort, sei seine Verrücktheit endgültig deutlich geworden. Er habe alle

Beamten der Reichsbank zusammengerufen: »Wer älter ist als Fünfzig auf die linke Seite, die jüngeren auf die rechte!« Und zu einem auf der rechten Seite: »Wie alt sind Sie?« – »Neunundvierzig, Herr Vizepräsident!« – Dann nach links! So, alle auf der linken Seite sind sofort entlassen, und zwar mit doppelter Pension.« Hitler tränten die Augen vor Lachen. Als er sich wieder gefaßt hatte, monologisierte er darüber, wie schwer es manchmal sei, einen Geisteskranken zu erkennen. Auf diesem Umweg hatte Funk gleichzeitig unverfänglich einer Möglichkeit vorgebaut: der zeichnungsberechtigte Reichsbankdirektor hatte, wie Hitler noch nicht wissen konnte, in seiner Unzurechnungsfähigkeit Göring einen Scheck über mehrere Millionen ausgestellt, die der »Wirtschaftsdiktator« auch unbekümmert einkassierte. Zwangsläufig wandte sich Göring daraufhin mit all seiner Macht gegen die These, daß Brinkmann unzurechnungsfähig sei. Es war zu erwarten, daß er auch Hitler in seinem Sinne informieren würde. Wer zuerst bei Hitler eine bestimmte Vorstellung wecken konnte, hatte erfahrungsgemäß schon halb gewonnenes Spiel, denn Hitler ging nur ungern von einer einmal geäußerten Auffassung ab. Funk hatte dennoch Schwierigkeiten, die einkassierten Millionen von Göring zurückzubekommen.

Ein bevorzugtes Ziel der Goebbelschen Scherze war Rosenberg, den er gern als »Reichsphilosophen« bezeichnete und anekdotisch herabsetzte. Im Falle Rosenbergs konnte Goebbels sicher sein, den Beifall Hitlers zu finden, und so griff er das Thema so oft auf, daß seine Erzählungen einem einstudierten Theater glichen, in dem die verschiedenen Akteure auf ihren Einsatz warteten. Fast konnte man sicher sein, daß Hitler am Ende mit den Worten einfiel: »Der ›Völkische Beobachter‹ ist genauso langweilig, wie sein Herausgeber Rosenberg. Eigentlich haben wir in der Partei ein sogenanntes Witzblatt: ›Die Brennessel‹. Das traurigste Blatt, das man sich vorstellen kann! Und auf der anderen Seite ist der VB nichts als ein Witzblatt.« Auch der Besitzer der Großdruckerei, Müller, wurde von Goebbels zum Vergnügen Hitlers aufgezogen, da Müller sich eifrig bemühte, neben der Partei seine alten Kunden aus den streng katholischen Kreisen Oberbayerns nicht zu verlieren. Vom frommen Kalender bis zu Rosenbergs antikirchlichen Schriften produzierte er ein vielseitiges Programm. Er konnte sich das leisten, denn er hatte in den zwanziger Jahren den »Völkischen Beobachter« trotz unbezahlter Rechnungen oft weiter gedruckt.

Manche Späße wurden sorgfältig vorbereitet, regelrecht zu Gliedern einer Kette von Aktionen verknüpft, über deren Stadium Hitler laufend Bericht erhielt. Goebbels zeigte sich auch hier allen anderen weit überlegen, während Hitler ihn durch seine beifällige Reaktion immer wieder zur Fortsetzung ermunterte.

Im Rundfunk hatte ein alter Parteigenosse, Eugen Hadamowski, als Reichssendeleiter eine Schlüsselposition bekommen, brannte jetzt aber darauf, Leiter des Reichsrundfunks zu werden. Der Propagandaminister, der einen anderen Kandidaten hatte, fürchtete, daß Hitler Hadamowski unterstützen könne, weil er vor 1933 die Lautsprecherübertragungen der Wahlfeldzüge mit beträchtlichem Geschick organisiert hatte. Hanke, Staatssekretär im Propagandaministerium, ließ ihn daraufhin zu sich kommen und eröffnete ihm offiziell, daß er soeben von Hitler zum »Reichsintendanten« ernannt worden sei. Hadamowskis Freudenausbruch über die ersehnte Ernennung wurde Hitler beim Essen, wahrscheinlich vergröbert und verzerrt, wiedererzählt, so daß er das Ganze als großartigen Spaß aufnahm. Am nächsten Tag ließ Goebbels einige Exemplare einer Zeitung drucken, in der die falsche Nachricht von der Ernennung gemeldet und der Ernannte in übertriebener Weise gefeiert wurde. Auf dergleichen verstand er sich; er konnte nun Hitler von all den Übertreibungen und Huldigungen berichten, die der Artikel enthalten, und wie erfreut Hadamowski sie entgegengenommen hatte. Eine erneute Lachsalve Hitlers und der Tischrunde war die Folge. Noch am gleichen Tage bat Hanke den Neuernannten, eine Begrüßungsansprache in ein Mikrophon zu sprechen, das nicht angeschlossen war, und wiederum gab es Stoff zu endloser Heiterkeit, als der Runde berichtet wurde, mit welch übertriebener Freude, Zeichen offensichtlicher Eitelkeit, der Hintergangene reagiert hatte. Goebbels brauchte eine Einmischung zugunsten Hadamowskis zunächst nicht mehr zu befürchten. Ein diabolisches Spiel, in dessen Verlauf der lächerlich Gemachte noch nicht einmal die Möglichkeit zur Verteidigung erhalten hatte; er ahnte wahrscheinlich nicht einmal, daß dieser Spaß dazu diente, ihn bei Hitler unmöglich zu machen. Niemand konnte auch kontrollieren, ob Goebbels Tatsachen zum Besten gegeben oder seiner Phantasie freien Lauf gelassen hatte.

Man könnte meinen, daß Hitler der Geprellte war, daß ihn der intrigante Goebbels irreführte. Meiner Beobachtung nach war Hitler in solchen Fällen Goebbels tatsächlich nicht gewachsen; diese Art von niederträchtigem Raffinement lag seiner direkteren Natur nicht. Aber bedenklich war eigentlich vor allem, daß Hitler durch seinen Beifall das böse Spiel unterstützte und sogar provozierte; eine kurze mißgestimmte Äußerung hätte es gewiß auf lange Zeit unterbunden.

Ich habe mich oft gefragt, ob Hitler beeinflußbar war. Sicherlich in einem hohen Grade für den, der sich darauf verstand. Hitler war zwar mißtrauisch; aber wie mir oft schien, in einem groberen Sinne, denn ausgeklügelte Schachzüge oder eine vorsichtig betriebene Lenkung seiner Meinung durchschaute er nicht immer – für methodisches »Falschspielen« hatte er offensichtlich kein Empfinden. Meister in diesem Spiel waren Göring, Goebbels, Bormann und, mit Abstand, auch Himmler. Da in entscheidenden Fragen eine offene Sprache Hitler meist nicht zu einer Sinnesänderung zu bewegen vermochte, wurde die Machtposition dieser Männer noch verstärkt.

Der Bericht von einem weiteren Spaß dieser perfiden Art mag die Erzählung von der Mittagstafel abschließen. Diesmal war der Auslandspressechef

Putzi Hanfstaengl, der dank seiner engen, persönlichen Bindung zu Hitler von Goebbels mit Mißtrauen beobachtet wurde, die Zielscheibe des Angriffs. Goebbels liebte es vor allem, den angeblichen Geiz Hanfstaengls anzuprangern. Nun versuchte er durch eine Schallplatte zu beweisen, daß Hanfstaengl sogar die Melodie eines von ihm komponierten populären Marsches mit dem Titel »Der Fön« von einem englischen Song gestohlen habe.

Der Auslandspressechef war also schon in Mißkredit, als Goebbels der Tafelrunde zur Zeit des Spanischen Bürgerkrieges erzählte, daß Hanfstaengl abfällige Bemerkungen über den Kampfgeist der dort kämpfenden deutschen Soldaten gemacht habe. Hitler war empört: Man müsse diesem feigen Kerl, der selbst kein Recht habe, über die Tapferkeit anderer zu urteilen, eine Lektion erteilen. Einige Tage später erschien bei Hanfstaengl ein Beauftragter Hitlers mit einer versiegelten Order, die er erst nach dem Start eines für ihn bereitstehenden Flugzeuges öffnen dürfe. Das Flugzeug startete, Hanfstaengl las entsetzt, daß er in »rotspanisches Gebiet« abgesetzt werde, um dort als Agent für Franco zu arbeiten. Jede Einzelheit wurde Hitler von Goebbels bei Tisch erzählt; wie Hanfstaengl nach Kenntnisnahme der Order verzweifelt den Flugzeugführer bat, wieder umzukehren, denn alles müsse auf einem Mißverständnis beruhen; wie das Flugzeug stundenlang in den Wolken über deutschem Gebiet gekreist sei, dem Fluggast falsche Standortmeldungen gegeben wurden, so daß er im Glauben blieb, er nähere sich dem spanischen Gebiet, bis schließlich der Pilot erklärte, er müsse zu einer Notlandung ansetzen und sicher auf dem Leipziger Flughafen niederging. Hanfstaengl, der am Landeplatz erkennen mußte, daß er das Opfer eines üblen Scherzes gewesen sei, erklärte nun aufgeregt, man trachte ihm nach dem Leben und verschwand bald darauf spurlos.

Alle Stadien dieser Geschichte lösten am Tische Hitlers große Heiterkeit aus, zumal er in diesem Fall den Spaß zusammen mit Goebbels ausgeheckt hatte. Als Hitler aber mehrere Tage danach erfuhr, daß sein Auslandspressechef im Ausland Zuflucht gesucht habe, befürchtete er, daß Hanfstaengl mit der Presse zusammenarbeiten werde, um seine intimen Kenntnisse zu Geld zu machen. Entgegen der ihm angedichteten Geldgier tat Hanfstaengl jedoch nichts dergleichen.

Mit seiner Neigung, den Ruf und die Selbstachtung auch naher Mitarbeiter und treuer Kampfgenossen durch mitleidlose Späße zu vernichten, fand Hitler auch bei mir eine gewisse Resonanz. Doch wenn ich auch noch immer von ihm gefangen war, so handelte es sich bei meiner Anhänglichkeit schon lange nicht mehr um jene Faszination, mit der er mich in den ersten Jahren unserer Zusammenarbeit beherrscht hatte. Im täglichen Umgang gewann ich Distanz und damit zuweilen auch schon die Fähigkeit zu kritischer Beobachtung.

Meine enge Bindung galt zudem immer mehr dem Bauherrn. Ihm mit allem Können zu dienen und seine Bauideen in die Wirklichkeit umzusetzen, begeisterte mich immer noch. Überdies brachte man auch mir, je größer und wichtiger die Bauaufgaben wurden, Verehrung und Respekt entgegen. Ich war im Begriff, so glaubte ich damals, ein Lebenswerk zu schaffen, das mich in eine Reihe mit den bekanntesten Baumeistern der Geschichte stellen würde. Dieses Bewußtsein gab mir gleichzeitig das Gefühl, nicht nur Empfänger Hitlerscher Gunst zu sein, sondern ihm eine gleichwertige Gegenleistung für die Berufung als Baumeister zu bieten. Hinzu kam, daß Hitler mich wie einen Kollegen behandelte und immer wieder zum Ausdruck brachte, daß ich ihm auf architektonischem Gebiet überlegen sei.

Ein Essen bei Hitler bedeutete regelmäßig erheblichen Zeitverlust, denn man saß bis etwa halb fünf Uhr zu Tisch. Natürlich konnte kaum jemand sich leisten, solchen Zeitaufwand jeden Tag zu betreiben. Auch ich ging in der Woche nur ein- bis zweimal zu den Mahlzeiten, um nicht meine Arbeit vernachlässigen zu müssen.

Aber es war gleichzeitig wichtig, bei Hitler zu Gast gewesen zu sein, denn das verlieh Ansehen; außerdem war es für die meisten Gäste wichtig, einen Überblick über die Tagesmeinung Hitlers zu besitzen. Auch für Hitler selbst war die Runde nützlich, denn er konnte auf diese Weise in unverbindlicher Form und mühelos eine politische Linie oder Parole unter die Leute bringen. Dagegen vermied es Hitler meistens, einen Einblick in seine eigene Arbeit, etwa in das Resultat einer wichtigen Besprechung, zu geben. Wenn er es tat, dann zumeist, um einen Gesprächspartner zu glossieren.

Einige der Gäste warfen bereits während des Essens wie Angler ihre Köder aus, um zu einem Gesprächstermin zu kommen. Sie erwähnten, daß sie Fotografien von dem neuesten Stand eines Bauvorhabens mitgebracht hätten; beliebt waren als Lockmittel auch Fotos von Theaterdekorationen eines neu inszenierten Stückes, am besten von Wagner oder von einer Operette. Aber als unfehlbares Zugmittel erwies sich doch immer: »Mein Führer, ich habe Ihnen neue Baupläne mitgebracht.« Dann konnte der Gast ziemlich sicher damit rechnen, daß Hitler antwortete: »Ja, schön, zeigen Sie sie mir gleich nach dem Essen.« Nach den Gepflogenheiten der Tischgesellschaft war dies ein verpöntes Vorgehen. Aber man lief andernfalls Gefahr monatelang zu warten, bis man einen offiziellen Termin bei Hitler erhielt.

Wenn das Essen beendet war, hob Hitler die Tafel auf, die Gäste verabschiedeten sich kurz und der Bevorzugte wurde in die anschließende Wohnhalle geführt, die aus einem unerfindlichem Grunde »Wintergarten« genannt wurde. Mir bedeutete Hitler dabei oft: »Warten Sie einen Augenblick. Ich möchte mit Ihnen noch etwas besprechen.« Aus diesem Augenblick wurden oft eine Stunde und mehr. Dann ließ Hitler mich hereinrufen, er gab sich jetzt ganz privat, setzte sich mir gegenüber in einen der bequemen Sessel und erkundigte sich nach dem Fortgang meiner Bauten.

Unterdessen war es dann oft sechs Uhr geworden. Hitler verabschiedete sich, ging in seine Räume im Obergeschoß, während ich in mein Büro fuhr, manchmal nur für kurze Zeit. Wenn ich vom Adjutanten einen Anruf bekam, daß Hitler mich zum Abendessen gebeten hatte, mußte ich schon nach zwei Stunden wieder in der Kanzlerwohnung sein. Oft, wenn ich Pläne vorzuzeigen hatte, kam ich aber auch unaufgefordert.

Es versammelten sich an diesen Abenden etwa sechs bis acht Tischgenossen, seine Adjutanten, der Begleitarzt, der Fotograf Hofmann, ein oder zwei Münchner Bekannte, oft Hitlers Pilot Bauer mit seinem Funker und Bordmonteur und als unentbehrlicher Begleiter Bormann. Das war der privateste Kreis in Berlin; denn politische Mitarbeiter wie Goebbels waren abends meist unerwünscht. Das Niveau der Gespräche war noch eine erhebliche Stufe anspruchsloser als am Mittag; sie verliefen im Unbedeutenden. Hitler ließ sich gern über Theateraufführungen berichten, auch die Skandalchronik interessierte ihn; der Pilot erzählte von Flügen, Hofmann steuerte Anekdoten aus dem Münchner Künstlermilieu bei, berichtete von der Jagd nach Gemälden, aber meist wiederholte Hitler Geschichten aus seinem Leben und erzählte von seinem Werdegang.

Das Essen bestand wieder aus einfachen Gerichten. Der Hausintendant, Kannenberg, versuchte zwar einige Male, in dieser privaten Atmosphäre Besseres aufzutischen. Einige Wochen aß Hitler sogar mit großem Appetit Kaviar löffelweise und lobte den guten, ihm neuen Geschmack. Er erkundigte sich bei Kannenberg nach den Kosten, entsetzte sich über den hohen Preis und verbot jede weitere Lieferung. Billiger roter Kaviar wurde ihm darauf vorgesetzt, aber auch dieser wurde als zu teuer abgelehnt. Natürlich spielten diese Kosten im Verhältnis zum gesamten Aufwand keine Rolle. Dem Selbstverständnis Hitlers war jedoch ein kaviaressender Führer unerträglich.

Nach dem Abendessen begab sich die Tischgesellschaft in die Wohnhalle, die sonst offiziellen Anlässen vorbehalten war. Man setzte sich in bequeme Sessel; Hitler knöpfte seinen Rock auf, streckte die Beine weit von sich. Das Licht verlosch langsam, während gleichzeitig durch eine Hintertür bevorzugte, auch weibliche Angestellte des Haushalts und Mitglieder des Hitlerschen Schutzkommandos eingelassen wurden. Der erste Spielfilm begann. Da saßen wir, wie am Obersalzberg, stumm für etwa drei bis vier Stunden, und wenn diese Filme etwa um ein Uhr morgens beendet waren, erhoben wir uns steif und benommen. Nur Hitler schien noch frisch, verbreitete sich mit Vorliebe über die schauspielerischen Leistungen, entzückte sich über das Spiel eines seiner Lieblingsakteure, ehe er zu anderen Themen überging. Im kleinen Wohnzimmer wurde die Unterhaltung schleppend fortgesetzt; Bier, Wein und belegte Brote wurden gereicht, bis sich Hitler endlich um zwei Uhr morgens verabschiedete. Oft mußte ich daran denken, daß dieser mediokre Kreis sich am gleichen Platz versammelte, an dem Bismarck sich mit Bekannten, Freunden und politischen Partnern zu unterhalten pflegte.

Einige Male regte ich an, einen berühmten Pianisten oder einen Wissenschaftler einzuladen, um die Eintönigkeit der Abende aufzulockern. Doch zu meiner Verblüffung wich Hitler diesem Vorschlag aus: »Die Künstler würden doch nicht so gern kommen, wie sie behaupten.« In Wirklichkeit hätten viele von ihnen eine Einladung als Auszeichnung empfunden. Wahrscheinlich wollte Hitler den stumpfsinnigen, banalen Abschluß seines Tagesablaufes, der ihm lieb war, nicht gestört wissen. Auch bemerkte ich oft, daß Hitler vor Menschen, die ihm fachlich überlegen waren, eine gewisse Scheu empfand. Er empfing sie zwar gelegentlich, jedoch in der reservierten Atmosphäre einer offiziellen Audienz. Vielleicht war dies einer der Gründe, daß er sich in mir einen noch ganz jungen Architekten verpflichtet hatte; mir gegenüber empfand er solche Minderwertigkeitskomplexe nicht.

In den ersten Jahren nach 1933 konnten von den Adjutanten Damen eingeladen werden, die teilweise aus dem Filmmilieu kamen und deren Auswahl Goebbels vornahm. Doch wurden im allgemeinen nur Verheiratete, meist mit ihren Männern, zugelassen. Hitler beobachtete diese Regel, um Gerüchte zu vermeiden, da sie dazu geeignet gewesen wären, den von Goebbels geschaffenen Eindruck des solide lebenden Führers zu beeinträchtigen. Diesen Frauen gegenüber benahm Hitler sich wie etwa der Absolvent einer Tanzstunde beim Abschlußball. Auch hier kam eine schüchterne Emsigkeit zum Vorschein, nichts falsch zu machen, Komplimente in genügender Zahl zu vergeben, mit dem österreichischen Handkuß zu begrüßen und zu verabschieden. Nach Schluß der Gesellschaft saß er meist noch einige Zeit mit seinem privaten Kreis zusammen, um von den Frauen dieses Abends zu schwärmen; mehr über deren Figur als über deren Charme oder deren Klugheit und stets ein wenig wie ein Schüler, der von der Unerreichbarkeit seiner Wünsche überzeugt ist. Hitler liebte vollschlanke, große Frauen; Eva Braun, eher klein und von zierlicher Figur, entsprach keineswegs seinem Typ.

Unvermittelt, meiner Erinnerung nach irgendwann im Jahre 1935, war es von einem Tag auf den anderen damit vorbei. Der Grund dafür ist mir immer verborgen geblieben; ein Klatsch vielleicht oder was immer auch: jedenfalls verkündete Hitler abrupt, daß die Einladung von Damen in Zukunft zu unterbleiben habe; von da an begnügte er sich damit, die Diven der abendlichen Filme zu preisen.

Erst später, etwa 1939, bekam Eva Braun ein Schlafzimmer in der Berliner Wohnung zugewiesen, an das seine anschließend, die Fenster einem engen Hof zu gelegen. Hier, noch mehr als am Obersalzberg, führte sie ein vollkommen abgeschlossenes Leben, stahl sich durch einen Nebeneingang herein und eine Nebentreppe hinauf, kam nie in die unteren Räume, selbst wenn nur die alten Bekannten im Hause waren, und freute sich sehr, wenn ich ihr in den langen Wartestunden Gesellschaft leistete.

Ins Theater ging Hitler in Berlin sehr selten, von Operetten abgesehen. Neuinszenierungen einer der schon klassisch gewordenen Operetten, wie der »Fledermaus« oder der »Lustigen Witwe« ließ er sich nicht entgehen. Ich bin sicher, in den verschiedensten Städten Deutschlands mit ihm die »Fledermaus« mindestens fünf- bis sechsmal gesehen zu haben, für deren verschwenderische Ausstattung er aus Bormanns Schatulle erhebliche Mittel beizusteuern pflegte.

Außerdem hatte er Gefallen an der »leichten Kunst«, ging einige Male in den »Wintergarten«, eine Berliner Varietéschau, und wäre sicherlich öfter hingegangen, doch scheute er sich davor. Mitunter schickte er an seiner Stelle seinen Hausintendanten, um sich am späten Abend anhand des Programms etwas von dem Geschehen erzählen zu lassen. Einige Male ging er auch in das »Metropoltheater«, in dem Revueoperetten mit vielen entkleideten »Nymphen« und schalem Inhalt gegeben wurden.

Jährlich besuchte er während der Bayreuther Festspiele ohne Ausnahme alle Vorstellungen des ersten Zyklus. Wie mir musikalischem Laien schien, zeigte er in Gesprächen mit Frau Winifred Wagner auch in musikalischen Einzelheiten Urteilsvermögen; mehr aber noch beschäftigten ihn die Leistungen der Regie.

Darüber hinaus jedoch besuchte er Opernaufführungen äußerst selten, und auch sein anfänglich etwas größeres Interesse für das Schauspiel ging bald zurück. Selbst seine Vorliebe für Bruckner blieb eher unverbindlich; zwar wurde vor jeder seiner »Kulturreden« auf dem Nürnberger Parteitag ein Satz aus einer Bruckner-Symphonie gespielt, im übrigen aber sorgte er nur dafür, daß Bruckners Lebenswerk in St. Florian weiter gepflegt wurde. In der Öffentlichkeit ließ er jedoch das Bild von der Intensität seines Kunstsinnes verbreiten.

Es blieb mir verborgen, ob und in welchem Umfange Hitler Interesse für die schöngeistige Literatur hatte. Meist sprach er von militärwissenschaftlichen Werken und von Flottenkalendern oder von Architektenbüchern, die er in den Nachtstunden mit großem Interesse immer wieder studierte. Sonst äußerte er sich nicht.

Ich war ein intensiver Arbeiter und konnte die Verschwendung, die Hitler mit seiner Arbeitszeit trieb, anfangs nicht verstehen. Ich hatte zwar Verständnis dafür, daß Hitler seinen Tag mit Langeweile und Zeitvertreib ausklingen ließ; nur geriet diese Phase mit durchschnittlich sechs Stunden nach meinen Begriffen etwas lang, während das eigentliche Tagewerk im Verhältnis dazu ziemlich kurz war. Wann, so fragte ich mich oft, arbeitete er eigentlich? Vom Tagesablauf blieb wenig übrig; spät am Vormittag stand er auf, erledigte dann ein oder zwei dienstliche Besprechungen, aber vom anschließenden Mittagessen an vertrödelte er mehr oder weniger seine Zeit bis zu den frühen Abendstunden[1]. Seltene Termine am Nachmittag wurden durch seine Vorliebe für Baupläne gefährdet. Oft baten mich die Adjutanten:

»Aber heute zeigen Sie bitte keine Pläne.« Die mitgebrachten Zeichnungen wurden dann am Eingang in der Telefonzentrale verborgen; auf Hitlers Frage erteilte ich ausweichende Auskünfte. Bisweilen durchschaute er dann dieses Spiel und suchte selber im Vorraum oder in der Garderobe nach meiner Planrolle.

In den Augen des Volkes war Hitler der Führer, der Tag und Nacht unermüdlich tätig war. Wer die Arbeitsweise manches künstlerischen Temperaments kennt, mag die undisziplinierte Zeiteinteilung Hitlers als den Lebensstil eines Bohemiens verstehen. Soweit ich es beobachten konnte, ließ er während der wochenlangen Beschäftigung mit unwichtigen Dingen oft ein Problem ausreifen, um dann, nach der »plötzlichen Erkenntnis«, die ihm richtig erscheinende Lösung in einigen intensiven Arbeitstagen endgültig zu formulieren; die Tischgesellschaften dienten ihm wohl auch als Mittel, neue Gedanken spielerisch zu erproben, sie immer verändert anzugehen, sie vor einem unkritischen Publikum auszufeilen und zu vervollkommnen. Hatte er eine Entscheidung getroffen, fiel er wieder in seinen Müßiggang zurück.

10. Kapitel

Entfesseltes Empire

Ein- oder zweimal in der Woche ging ich am Abend zu Hitler. Etwa um zwölf Uhr nachts, wenn der letzte Film abgerollt war, verlangte er mitunter meine Zeichenrolle und erörterte bis zwei oder drei Uhr am Morgen alle Einzelheiten. Die übrigen Gäste zogen sich zu einem Glas Wein zurück oder gingen, wohl wissend, daß Hitler kaum noch zu sprechen sei, nach Hause.

Am meisten zog Hitler unsere Modellstadt an, die in den ehemaligen Ausstellungsräumen der Akademie der Künste aufgestellt war. Um ungestört dorthin gehen zu können, hatte er durch die Mauern der Ministergärten, die zwischen der Reichskanzlei und unserem Gebäude lagen, Türen brechen und einen verbindenden Weg anlegen lassen. Mitunter lud er die kleine Tischgesellschaft in unser Atelier ein; mit Taschenlampen und Schlüsseln ausgerüstet, brachen wir auf. In leeren Sälen strahlten Scheinwerfer die Modelle an. Ich konnte auf jede Erläuterung verzichten, denn mit leuchtenden Augen erklärte Hitler seinen Begleitern jede Einzelheit.

Groß war die Spannung, wenn ein neues Modell aufgestellt und mit starken Scheinwerfern in Sonnenrichtung bestrahlt wurde. Meist waren sie im Maßstab 1:50 hergestellt, von Kunsttischlern bis in das Detail ausgearbeitet und den zukünftigen Materialien entsprechend bemalt. So konnten allmählich ganze Teile der neuen großen Straße zusammengestellt werden, und wir bekamen einen plastischen Eindruck von den Bauten, die ein Jahrzehnt später Wirklichkeit werden sollten. Etwa dreißig Meter erstreckte sich diese Modellstraße durch die ehemaligen Ausstellungsräume der Berliner Akademie der Künste.

Besonders begeisterte Hitler ein großes Gesamtmodell, das die geplante Prachtstraße im Maßstab 1:1000 zeigte. Es war in Einzelteile zerlegbar, die auf Rolltischen herausgezogen werden konnten. An beliebigen Punkten trat Hitler so »in seine Straße«, um die spätere Wirkung zu prüfen: beispielsweise nahm er die Perspektive des Reisenden ein, der am Südbahnhof ankam, oder er betrachtete die Wirkung von der großen Halle aus oder vom mittleren Teil der Straße nach beiden Seiten. Er kniete dazu fast nieder, das Auge einige Millimeter über dem Niveau der Modellstraße, um den richtigen Eindruck zu gewinnen und sprach dabei mit ungewöhnlicher Lebhaftigkeit; dies waren die wenigen Stunden, in denen er seine gewohnte Steifheit aufgab. Nie sonst habe ich ihn so lebhaft, so spontan, so gelöst erlebt wie in diesen Stunden, während ich selbst, oft müde und auch nach Jahren nicht ohne einen Rest respektvoller Befangenheit, meist schweigsam blieb. Einer meiner engeren Mitarbeiter faßte den Eindruck, den diese merkwürdige Beziehung auf ihn machte, in die Worte: »Wissen Sie, was Sie sind? Sie sind Hitlers unglückliche Liebe!«

Nur wenige Besucher fanden Zugang zu diesen sorgsam vor Neugierigen behüteten Räumen. Ohne ausdrückliche Genehmigung Hitlers durfte niemand die große Bauplanung Berlins besichtigen. Als Göring einmal das Modell der Großen Straße betrachtet hatte, ließ er seine Begleitung vorausgehen und sagte mit bewegter Stimme: »Der Führer hat vor ein paar Tagen mit mir über meine Aufgabe nach seinem Tod gesprochen. Alles überläßt er mir, wie ich es einmal für richtig finde. Aber eines hat er sich von mir versprechen lassen: daß ich Sie nie durch einen anderen ersetzen werde, wenn er sterben sollte; daß ich nicht in Ihre Pläne hereinrede, sondern alles Ihnen überlasse. Und daß ich Ihnen das Geld für die Bauten zur Verfügung stellen muß, alles Geld, das Sie von mir fordern.« Göring machte eine ergriffene Pause. »Ich habe dem Führer das alles feierlich durch Handschlag versprochen, und ich verspreche es jetzt auch Ihnen« – worauf er mir lange und pathetisch die Hand reichte.

Auch mein Vater sah sich die Arbeiten seines berühmt gewordenen Sohnes an. Er hob vor den Modellen nur die Achseln: »Ihr seid komplett verrückt geworden!« Abends besuchten wir ein Theater und sahen ein Lustspiel, in dem Heinz Rühmann auftrat. Zufällig befand sich Hitler in der gleichen Aufführung. In der Pause erkundigte er sich durch seine Adjutanten, ob der alte Herr neben mir mein Vater sei; dann bat er uns beide zu sich. Als mein Vater – trotz seiner fünfundsiebzig Jahre stets aufrecht und beherrscht – Hitler vorgestellt wurde, überkam ihn ein heftiges Zittern, wie ich es weder vorher noch nachher je an ihm gesehen habe. Er wurde bleich, reagierte nicht auf die Lobeshymnen, die Hitler auf seinen Sohn anstimmte und verabschiedete sich wortlos. Mein Vater erwähnte später diese Begegnung nie, und auch ich vermied es, ihn nach der Unruhe zu fragen, die ihn beim Anblick Hitlers offenbar überfallen hatte.

»Ihr seid komplett verrückt geworden.« Wenn ich heute in den zahlreichen Modellfotos unserer ehemaligen Prachtstraße blättere, sehe ich: es wäre nicht nur verrückt, es wäre auch langweilig geworden.

Wir hatten zwar erkannt, daß eine Bebauung der neuen Straße nur mit öffentlichen Gebäuden einen leblosen Eindruck hervorrufen muß und daher zwei Drittel ihrer Länge für Privatbauten reserviert. Versuche der öffentlichen Verwaltung, diese Geschäftshäuser zu verdrängen, konnten wir mit Hitlers Unterstützung abwehren. Wir wollten keinesfalls eine Straße der Ministerien entstehen lassen. Ein luxuriöses Uraufführungskino, ein Massenkino für zweitausend Personen, eine neue Oper, drei Theater, ein neues Konzerthaus, ein Kongreßbau, »Haus der Nationen« genannt, ein einundzwanzigstöckiges Hotel mit fünfzehnhundert Betten, Varietés, Groß- und Luxusrestaurants, sogar ein Hallenschwimmbad im römischen Stil und vom Ausmaß der Thermen der Kaiserzeit wurden mit der Absicht eingeplant, städtisches Leben in die neue Straße zu bringen[1]. Stille Innenhöfe mit Kolonnaden und kleinen gepflegten Geschäften sollten abseits vom Straßenlärm zum Spaziergang einladen, Lichtreklamen reichlich verwandt werden. Die ganze Straße war von Hitler und mir als eine fortwährende Verkaufsausstellung deutscher Waren gedacht, die besonders Ausländer anziehen sollte.

Wenn ich Modellfotos und Pläne heute durchsehe, kommen mir auch diese Teile der Straße leblos und reglementiert vor. Als ich am Morgen nach der Entlassung aus meiner Haft auf der Fahrt zum Flughafen an einem dieser Gebäude vorbeikam[2], sah ich in wenigen Sekunden, was ich vorher in Jahren nicht bemerkt hatte: wir bauten maßstablos. Selbst für private Unternehmungen ließen wir Blockeinheiten von hundertfünfzig bis zweihundert Meter Länge zu; wir legten die Höhe der Bauten, die Höhe der Ladenfronten einheitlich fest, verbannten die Hochhäuser hinter die Straßenflucht und begaben uns damit wiederum eines Mittels zur Belebung und Auflockerung. Selbst bei den Fotos der Geschäftsbauten erschrecke ich jedesmal aufs neue über die monumentale Starre, die alle unsere Bemühungen, großstädtisches Leben in diese Straße zu bringen, zerstört hätte.

Die vergleichsweise beste Lösung fanden wir beim Zentralbahnhof, dem südlichen Beginn von Hitlers Prachtstraße, der sich durch ein weitgehend sichtbares Stahlskelett, das mit Kupferplatten verkleidet und mit Glasflächen ausgefacht werden sollte, von den übrigen steinernen Ungetümen vorteilhaft abgehoben hätte. Er sah vier übereinanderliegende, mit Rolltreppen und Fahrstühlen verbundene Verkehrsebenen vor und sollte den New Yorker Grand Central Terminal übertreffen.

Staatsgäste wären eine große Freitreppe heruntergeschritten. Sie und die aus dem Bahnhof tretenden Reisenden sollten von dem städtebaulichen Bild und damit der Macht des Reiches überwältigt oder genauer: buchstäblich »erschlagen« werden. Der Bahnhofsplatz von tausend Meter Länge und dreihundertdreißig Meter Breite wäre, nach dem Muster der Widderallee von Karnak nach Luxor, von Beutewaffen umsäumt worden. Dieses Detail hatte Hitler nach dem Frankreichfeldzug angeordnet und nochmals im Spätherbst 1941, nach seinen ersten Niederlagen in der Sowjetunion, bestätigt.

Dieser Platz sollte in achthundert Meter Entfernung durch Hitlers Großen Bogen oder Triumphbogen, wie er ihn allerdings nur gelegentlich nannte, abgeschlossen und gekrönt werden. Napoleons Arc de Triomphe auf der Place de l'Etoile stellt mit fünfzig Metern Höhe zwar eine monumentale Masse dar und gibt den Champs Elysées nach zwei Kilometern Länge einen imponierenden Abschluß. Unser Triumphbogen mit hundertsiebzig Metern Breite, hundertneunzehn Metern Tiefe und hundertsiebzehn Metern Höhe hätte aber alle übrigen Bauten dieses südlichen Teils der Straße bei weitem überragt und maßstäblich geradezu degradiert.

Nach einigen vergeblichen Anläufen hatte ich keinen Mut mehr, Hitler zu Änderungen zu bewegen. Dies war ein Herzstück seiner Planung; lange vor dem läuternden Einfluß Professor Troosts entstanden, ist es das beste erhaltene Beispiel der architektonischen Vorstellungen, die Hitler in seinem verlorengegangenen Skizzenbuch aus den zwanziger Jahren entwickelt hatte. Allen Vorschlägen zur Änderung der Proportionen oder zur Vereinfachung blieb er unzugänglich, schien aber befriedigt, als ich auf den ausgearbeiteten Plänen den Architekten kurzerhand mit drei Kreuzen bezeichnete.

Hinter der achtzig Meter hohen Öffnung des »Großen Bogens« verlor sich in fünf Kilometern Entfernung, so stellten wir es uns vor, im Dunst der Großstadt das zweite Triumphbauwerk dieser Straße, die größte Versammlungshalle der Welt mit einer zweihundertneunzig Meter hohen Kuppel.

Elf einzelstehende Ministerien unterbrachen zwischen Triumphbogen und Halle unsere Straße. Neben einem Innen-, Verkehrs-, Justiz-, Wirtschafts- und Ernährungsministerium hatte ich nach 1941 noch nachträglich ein Kolonialministerium einzuplanen[3]; Hitler hatte also auch während des Rußlandkrieges noch keineswegs den Gedanken auf deutsche Kolonien aufgegeben. Diejenigen Minister, die sich von unserer Planung eine Konzentration ihrer in Berlin verstreuten Verwaltungsstellen erhofften, wurden enttäuscht, als Hitler anordnete, daß die neuen Gebäude vorwiegend den Repräsentationen zu dienen hätten, nicht der Unterhaltung des Behördenapparats.

Im Anschluß an den monumentalen Mittelteil wurde der Charakter einer Geschäfts- und Vergnügungsstraße noch einmal für eine Strecke von über einem Kilometer aufgenommen und mit dem »Runden Platz«, am Schnittpunkt mit der Potsdamer Straße, abgeschlossen. Von hier ab nach Norden begann es erneut feierlich zu werden: zur rechten Hand erhob sich die von Wilhelm Kreis entworfene »Soldatenhalle«, ein riesiger Kubus, über dessen Bestimmung sich Hitler nie offen ausgesprochen hat, doch mochte er an eine Verbindung von Zeughaus und Ehrenmal denken. Jedenfalls ordnete er nach dem Waffenstillstand mit Frankreich an, daß als erstes Schaustück der Speisewagen, in dem 1918 die Niederlage Deutschlands und 1940 der Zusammenbruch Frankreichs besiegelt worden waren, hier aufgestellt werden solle; eine Krypta war für die Särge der berühmtesten deutschen Feldmarschälle der Vergangenheit, Gegenwart und Zukunft gedacht[4]. Hinter der Halle erstreckten sich nach Westen bis zur Bendlerstraße die Bauten für ein neues Oberkommando des Heeres[5].

Nach einer Besichtigung dieser Pläne fühlte sich Göring mit seinem Luftfahrtministerium zurückgesetzt. Er gewann mich als Architekt[6], und gegenüber der Soldatenhalle fanden wir an der Grenze zum Tiergarten einen idealen Bauplatz für seine Zwecke. Meine Pläne für seinen neuen Bau, der die Fülle seiner Ämter nach 1940 unter dem Namen »Reichsmarschallamt« zusammenfassen sollte, fand Göring begeisternd, während Hitler entschieden meinte: »Der Bau ist für Göring zu groß, er hebt sich damit zu sehr heraus. Ich sehe es überhaupt nicht gern, wenn er sich meinen Architekten dazu nimmt.« Obwohl er sich noch häufig unmutig über die Göringschen Pläne äußerte, fand er jedoch nie den Mut, ihn in seine Schranken zu weisen. Göring kannte Hitler und beruhigte mich: »Lassen Sie es nur dabei bewenden und machen Sie sich keine Gedanken. Wir werden das so bauen und am Ende wird der Führer begeistert sein.«

Dergleichen Nachsichtigkeit zeigte Hitler häufig in der privaten Sphäre; so übersah er Eheskandale in seiner Umgebung – solange sie nicht, wie im Fall Blomberg, plötzlich für eine politische Konzeption auswertbar wurden. So konnte er über Prunkbedürfnis lächeln, im internen Kreis seine ätzenden Bemerkungen machen, ohne auch nur dem Betroffenen anzudeuten, daß er sein Verhalten für falsch hielt.

Der Entwurf für den Bau Görings enthielt ausgedehnte Folgen von Treppenhäusern, Hallen und Sälen, die mehr Raum einnahmen als die Arbeitsräume selber. Mittelpunkt des zur Repräsentation bestimmten Teiles sollte eine pompöse Treppenhalle werden, die eine nie benutzte Treppenanlage über vier Geschosse führte, denn natürlich wäre jedermann mit dem Fahrstuhl gefahren. Das Ganze war ein reines Schaustück; in meiner persönlichen Entwicklung war dies ein entscheidender Schritt von dem beabsichtigten Neo-Klassizismus, wie er im Neubau der Reichskanzlei vielleicht noch spürbar war, zu einer lärmenden und neureichen Repräsentationsarchitektur. Die Chronik meiner Dienststelle vermeldet am 5. Mai 1941, daß dem Reichsmarschall das Modell seines geplanten Amtes große Freude bereitet habe. Besonders begeisterte ihn das Treppenhaus. In ihm werde er alljährlich den Offizieren der Luftwaffe die Parole des Jahres ausgeben. »Für dieses größte Treppenhaus der Welt«, so fuhr Göring der Chronik zufolge wörtlich fort, »muß Breker ein Denkmal des Generalbauinspektors schaffen. Das wird hier aufgestellt für den Mann, der diesen Bau so großartig gestaltet hat.«

Dieser Teil des Ministeriums mit seiner zweihundertvierzig Meter langen Front zur »Großen Straße« war mit einem ebenso großen Flügel verbunden, der, nach dem Tiergarten gelegen, die von Göring geforderten Festsäle enthielt, die gleichzeitig seine Wohnräume sein sollten. Das Schlafappartement legte ich in das oberste Geschoß. Gründe des Luftschutzes vorschiebend, wollte ich über der obersten Decke vier Meter hoch Gartenerde aufschütten, so daß selbst große Bäume hätten Wurzeln fassen können. Vierzig Meter über dem Tiergarten wäre eine 11 800 Quadratmeter große Parkanlage mit Schwimmbecken und Tennisplatz entstanden; dazu Springbrunnen, Wasserbecken, Säulenumgänge, Pergolen und Erfrischungsräume sowie schließlich ein Sommertheater über den Dächern von Berlin für zweihundertvierzig Zuschauer. Göring war überwältigt und schwärmte bereits von den Dach-Gartenfesten, die er dort abhalten würde: »Die große Kuppel werde ich bengalisch beleuchten lassen und von dort aus ein großes Feuerwerk für meine Gäste veranstalten.«

Ohne Kellerräume hätte Görings Bau 580 000 Kubikmeter Inhalt gemessen: Hitlers soeben erbaute Neue Reichskanzlei dagegen nur 400 000 Kubikmeter. Gleichwohl fühlte Hitler sich von Göring nicht überspielt: In der für seine Bauideen aufschlußreichen Rede vom 2. August 1938 erklärte er, daß, dem großen Bauplan der Stadt Berlin zufolge, die gerade fertig gewordene Reichskanzlei überhaupt nur ungefähr zehn oder zwölf Jahre von ihm benutzt werden würde. Vorgesehen sei ein um ein vielfaches größerer Wohn- und Regierungssitz. Nach einer gemeinsamen Besichtigung des Hess'schen Berliner Dienstgebäudes hatte er spontan die endgültige Bestimmung des Baues in der Voss-Straße festgelegt. Denn bei Hess sah Hitler ein in heftigen roten Tönen gehaltenes Treppenhaus und eine Einrichtung, die bedeutend zurückhaltender und einfacher war als der von ihm und den Spitzen des Reiches bevorzugte Dampferstil. In die Reichskanzlei zurückgekehrt, kritisierte Hitler entsetzt das künstlerische Unvermögen seines Stellvertreters: »Hess ist total amusisch. Ich werde ihn nie in die Lage bringen, etwas Neues zu bauen. Er erhält später die jetzige Reichskanzlei als Sitz zugewiesen und an ihr wird er nicht das geringste ändern dürfen. Denn davon versteht er nichts.« Eine solche Kritik noch dazu des ästhetischen Urteilvermögens konnte mitunter eine Karriere beenden und ist im Falle von Rudolf Hess damals auch allerseits in diesem Sinne vermerkt worden: nur Hess selbst gegenüber hat Hitler seinem Urteil kaum Ausdruck gegeben. Er konnte nur am reservierten Verhalten des Hofstaates feststellen, daß sein Kurswert erheblich gefallen war.

Wie im Süden des geplanten Stadtzentrums trat man auch im Norden aus einem Zentralbahnhof. Über eine elfhundert Meter lange und dreihundertfünfzig Meter breite Wasserfläche blickte man auf die fast zwei Kilometer entfernte Zentralkuppel. Die Wasserfläche verbanden wir nicht mit der vom Großstadtunrat verunreinigten Spree. Als alter Wassersportler wollte ich in diesem See für die Schwimmer klares Wasser haben. Umkleideräume, Bootshäuser und Sonnenterrassen sollten inmitten der Großstadt ein Freiluftbad umsäumen, was vermutlich einen merkwürdigen Kontrast zu den großen Bauten gebildet hätte, die sich in diesem See spiegeln sollten. Der Ursprung meines Sees war sehr einfach: der moorige Untergrund war für Bauzwecke nicht geeignet.

Drei große Gebäude sollten an der westlichen Seite des Sees liegen: In der Mitte das fast einen halben Kilometer lange neue Berliner Rathaus. Hitler und ich bevorzugten verschiedene Entwürfe; nach vielen Diskussionen gewann ich gegen den anhaltenden Widerspruch Hitlers mit meinen Argumenten die Oberhand. Das Rathaus wurde von dem neuen Oberkommando der Kriegsmarine und dem neuen Berliner Polizeipräsidium flankiert. An der östlichen Seite sollte, inmitten von Grünanlagen, eine neue deutsche Kriegsakademie gebaut werden. Die Pläne zu all diesen Bauten waren bereits fertiggestellt.

Dieser Straßenzug zwischen den beiden Zentralbahnhöfen sollte zweifellos die in Architektur übersetzte Zusammenfassung der politischen, militärischen und wirtschaftlichen Macht Deutschlands demonstrieren. Im Zentrum saß der unumschränkte Herrscher des Reiches, und als höchster Ausdruck seiner Macht war in seiner unmittelbaren Nähe die große Kuppelhalle als dominierendes Bauwerk des zukünftigen Berlins vorgesehen. Zumindest in der Planung war Hitlers Satz verwirklicht, daß »Berlin sein Antlitz ändern müsse, um sich seiner großen neuen Mission anzupassen[7]«.

Fünf Jahre habe ich in dieser Welt gelebt und kann mich von meinen Vorstellungen, trotz aller Mängel und Skurrilitäten, nicht gänzlich losreißen. Mitunter scheint mir, wenn ich nach den Gründen meiner Abneigung gegen Hitler suche, daß neben all dem Fürchterlichen, was er tat oder plante, vielleicht auch die persönliche Enttäuschung zu nennen ist, die sein Spiel mit Krieg und Katastrophen mir bereitet hat; aber ich sehe auch, daß alle diese Pläne nur durch dieses bedenkenlose Machtspiel möglich geworden sind.

Entwürfe solcher Größenordnung deuten natürlich auf einen Ausbruch permanenter Megalomanie, und dennoch wäre es ungerecht, die ganze Planung dieser Nord-Süd-Achse leichthin abzutun. Diese breite Straße, diese neuen Zentralbahnhöfe mit ihren unterirdischen Verkehrsmitteln, waren nach heutigen Maßstäben in ihrer Größenordnung so wenig übersteigert, wie unsere Geschäftsbauten, die durch Bürohochhäuser und Ministerien heute in aller Welt bei weitem überboten werden. Es hatte mehr mit ihrer Aufdringlichkeit als mit ihrer Größe zu tun, wenn sie den menschlichen Rahmen sprengten. Die große Kuppelhalle, Hitlers künftige Reichskanzlei, Görings Prachtbau, die Soldatenhalle und der Triumphbogen: diese Bauten habe ich mit den politischen Augen Hitlers gesehen, der beim Betrachten der Modellstadt mich einmal am Arm nahm und mir mit feuchten Augen anvertraute: »Verstehen Sie nun, warum wir das so groß anlegen? Die Hauptstadt des germanischen Reiches – wenn ich nur gesund wäre...«

Hitler hatte es mit der Durchführung des sieben Kilometer langen Kerns seiner Planung eilig. Nach eingehenden Berechnungen versprach ich ihm im Frühjahr 1939, daß bis zum Jahre 1950 alle Bauten fertiggestellt sein würden. Ich hatte eigentlich gehofft, ihm damit eine besondere Freude zu bereiten; ich war daher enttäuscht, als er diesen Termin, der eine unaufhörliche Bautätigkeit voraussetzte, lediglich befriedigt zur Kenntnis nahm. Vielleicht dachte er gleichzeitig an seine militärischen Pläne, die meine Berechnungen illusorisch machen mußten.

An anderen Tagen war er jedoch so sehr auf die fristgerechte Fertigstellung versessen, und er schien das Jahr 1950 so wenig erwarten zu können, daß dies das beste seiner Täuschungsmanöver gewesen wäre, wenn seine städtebaulichen Phantasien nur seine expansiven Absichten verschleiern sollten. Angesichts der zahlreichen Bemerkungen Hitlers über die politische Bedeutung seiner Pläne hätte ich mißtrauisch sein müssen, aber solche Bemerkungen und die Sicherheit, mit der er einen ungestörten Ablauf meiner Berliner Bautermine vorauszusetzen schien, hielten sich die Waage. Ich war es gewohnt, daß er gelegentlich halluzinatorische Bemerkungen machte – nachträglich ist es leichter, den Faden zu finden, der sie miteinander und mit meinen Bauplänen verbindet.

Hitler war ängstlich darauf bedacht, daß unsere Entwürfe nicht veröffentlicht wurden. Lediglich Teile wurden bekanntgegeben, da wir nicht gänzlich unter Ausschluß der Öffentlichkeit arbeiten konnten: zu viele Personen waren mit den Vorarbeiten beschäftigt. So gaben wir gelegentlich in harmlos erscheinende Planungsteile Einblick, und auch die städtebauliche Grundkonzeption wurde mit Genehmigung Hitlers durch einen Artikel, den ich schrieb[8], publik gemacht. Als aber der Kabarettist Werner Finck sich über diese Projekte lustig machte, wurde er, obwohl auch anderes hinzugekommen sein mag, in ein Konzentrationslager verbracht. Übrigens einen Tag, bevor ich selbst die Vorstellung besuchen wollte, um zu zeigen, daß ich nicht verletzt sei.

Unsere Vorsicht zeigte sich auch in Kleinigkeiten: als wir die Möglichkeit erwogen, den Turm des Berliner Rathauses abzureißen, lancierten wir durch Staatssekretär Karl Hanke ein »Eingesandt« in eine Berliner Zeitung, um die Volksmeinung zu erkunden. Auf die wütenden Proteste der Bevölkerung hin verschob ich meine Absicht. Bei der Durchführung unserer Pläne sollten überhaupt die Gefühle der Öffentlichkeit geschont werden. So wurden Überlegungen angestellt, das liebenswürdige Schloß Monbijou, an dessen Standort ein Museumsbau geplant war, im Charlottenburger Schloßpark wieder aufzubauen[9]. Selbst der Funkturm blieb aus ähnlichen Gründen erhalten und die Siegessäule, die unseren Neubauplänen im Weg stand, wurde nicht beseitigt; Hitler sah darin ein Monument deutscher Geschichte, das er, der stärkeren Wirkung wegen, bei dieser Gelegenheit sogar um eine Säulentrommel erhöhen ließ; er zeichnete dazu eine noch erhaltene Skizze und mokierte sich über die Sparsamkeit selbst des triumphierenden preußischen Staates, der sogar an der Höhe seiner Siegessäule geknausert hatte.

Ich überschlug die Gesamtkosten der Berliner Bauplanung mit vier bis sechs Milliarden Reichsmark, was nach heutigen Baupreisen etwa sechzehn bis vierundzwanzig Milliarden DM gewesen wären. Während der bis 1950 noch verbleibenden 11 Jahre sollten jährlich etwa 500 Millionen Reichsmark verbaut werden; durchaus keine utopische Bauleistung, denn das war nur ein fünfundzwanzigstel des gesamten Volumens der deutschen Bauwirtschaft[10]. Zu meiner eigenen Beruhigung und Rechtfertigung stellte ich damals einen weiteren, allerdings recht zweifelhaften Vergleich an, indem ich den Prozentsatz ausrechnete, den der als sparsam bekannte preußische König Friedrich Wilhelm I., der Vater Friedrichs des Großen, mit seinen Berliner Bauten vom gesamten Steueraufkommen des damaligen preußischen Staates beanspruchte. Es war ein Vielfaches unserer Ausgaben, die nur etwa drei Prozent von 15 700 000 000 Mark Steueraufkommen betrugen. Der Vergleich war allerdings fragwürdig, da das Steueraufkommen jener Zeit mit dem Anteil der Steuerleistungen in der Gegenwart nicht zu vergleichen ist.

Professor Hettlage, mein Berater in Etatangelegenheiten, faßte unsere Ideen über die Finanzierung sarkastisch in die Bemerkung zusammen: »Bei der Stadt Berlin haben sich die Ausgaben nach den Einnahmen zu richten, bei uns ist es umgekehrt[11].« Diese jährlich aufzubringenden 500 Millionen sollten nach Hitlers und meiner Ansicht nicht in einer Summe angefordert werden, sondern sich auf möglichst viele Etats verteilen; jedes Ministerium oder jede öffentliche Behörde sollte ihren Bedarf in ihrem Etat ebenso unterbringen, wie die Reichsbahn für ihre Neuformung des Berliner Bahnnetzes oder die Stadt Berlin für Straßen und Untergrundbahnen. Die privaten Industrieunternehmungen trugen ihre Kosten ohnehin selbst.

Als wir 1938 schon alle Einzelheiten festgelegt hatten, meinte Hitler belustigt über diesen, wie er meinte, listigen Umweg einer unauffälligen Finanzierung: »Wenn es so verteilt wird, fällt es nicht auf, wieviel das Ganze kostet. Nur die große Halle und den Triumphbogen finanzieren wir direkt. Wir werden das Volk zu einer Spende aufrufen; außerdem soll der Finanzminister Ihrer Dienststelle jährlich sechzig Millionen dafür zur Verfügung stellen. Was Sie nicht gleich brauchen, heben wir auf.« 1941 hatte ich schon 218 Millionen angesammelt[12]; 1943 wurde auf Vorschlag des Finanzministers mit meinem Einverständnis das unterdessen auf 320 Millionen angelaufene Konto stillschweigend aufgelöst, ohne Hitler überhaupt noch davon zu unterrichten.

Der über diese Verschwendung öffentlicher Mittel erregte Finanzminister von Schwerin-Krosigk erhob immer wieder Einwände und Proteste. Um mir gegenüber diese Sorgen abzutun, verglich sich Hitler mit dem bayrischen König Ludwig II.: »Wenn der Finanzminister wüßte, was für Einnahmequellen der Staat durch meine Bauten schon in fünfzig Jahren haben wird! Wie war es doch mit Ludwig II.: Man erklärte ihn wegen der Kosten seiner Schlösser für verrückt. Und heute? Ein großer Teil der Fremden geht nur deshalb nach Oberbayern. Allein durch die Eintrittsgelder machten sich die Baukosten schon längst bezahlt. Was meinen Sie? Die ganze Welt kommt nach Berlin, um sich unsere Bauten anzusehen. Den Amerikanern brauchen wir nur bekanntzugeben, was die große Halle kostete. Vielleicht legen wir noch was drauf und sagen statt einer Milliarde eineinhalb! Das müssen sie dann gesehen haben: den teuersten Bau der Welt.«

Oft wiederholte er, wenn er über diesen Plänen saß: »Mein einziger Wunsch, Speer, ist, diese Bauten noch zu erleben. 1950 werden wir eine Weltausstellung veranstalten. Bis dahin bleiben die Bauten leer und dann dienen sie als Ausstellungsgebäude. Wir werden die ganze Welt einladen!« So konnte Hitler reden; es war schwer, seine wirklichen Gedanken zu erraten. Meiner Frau, die für elf Jahre den Verlust allen Familienlebens voraussehen mußte, versprach ich zum Trost eine Weltreise für das Jahr 1950.

Hitlers Rechnung, die Baukosten auf möglichst viele Schultern zu verteilen, ging in der Tat auf. Denn das aufstrebende, reiche Berlin zog durch die Zentralisierung der Behördenmacht immer neue Beamte an; auch die Industrieverwaltungen mußten dieser Entwicklung durch repräsentative Vergrößerung ihrer Berliner Zentralen Rechnung tragen. Für solche Bauabsichten gab es als »Schaufenster Berlins« bisher nur die Straße »Unter den Linden« und weniger wichtige andere Straßenzüge. So lockte die neue einhundertzwanzig Meter breite Straße, einmal, weil dort die Verkehrsnöte der alten Repräsentationsstraßen nicht zu erwarten, dann aber auch, weil die Baugrundstücke in diesen zunächst noch abgelegenen Gebieten relativ billig waren. Bei Beginn meiner Tätigkeit fand ich zahlreiche Baugesuche vor, die wahllos im ganzen Stadtgebiet verwirklicht werden sollten. Bald nach Hitlers Regierungsbeginn war der große Neubau der »Reichsbank« in einem unbedeutenden Viertel unter Niederreißung mehrerer Bauquadrate entstanden. Übrigens legte Himmler eines Tages nach dem Essen Hitler den Grundriß dieses Gebäudes vor und machte allen Ernstes darauf aufmerksam, daß der Quer- und Längstrakt innerhalb des rechteckigen Baublocks die Form des christlichen Kreuzes zeige, was eine verschleiete Verherrlichung des christlichen Glaubens durch den katholischen Architekten Wolf sei. Hitler verstand genug vom Bau, um von dergleichen nur amüsiert zu sein.

Schon einige Monate nach der endgültigen Festlegung der Pläne war der erste, noch vor Beendigung der Bahnverlegung bebaubare Teil der Straße mit 1200 Meter Länge vergeben; die Anmeldungen für das erst in einigen Jahren verfügbare Baugelände durch Ministerien, Privatunternehmen und Reichsbehörden stiegen so an, daß die Bebauung der gesamten sieben Kilometer nicht nur gesichert war, sondern daß wir mit der Verteilung von Bauplätzen südlich des Südbahnhofes begannen. Nur mit Mühe hielten wir den Leiter der deutschen Arbeitsfront, Dr. Ley, davon ab, mit seinen aus Arbeitsbeiträgen stammenden riesigen Mitteln, ein Fünftel der gesamten Straßenlänge für seine Zwecke zu belegen. Immerhin bekam er aber noch einen Block von dreihundert Meter Länge, in dem er einen großen Vergnügungsbetrieb aufmachen wollte.

Natürlich zählte zu den Motiven des ausbrechenden Baufiebers auch die Aussicht, durch Errichtung bedeutender Bauwerke Hitlers Neigungen entgegenzukommen. Da die Aufwendungen für diese Bauten höher als auf normalen Bauplätzen gewesen wären, empfahl ich Hitler, für alle zusätzlich ausgegebenen Millionen die Bauherren auszuzeichnen, was er impulsiv akzeptierte. »Warum nicht sogar einen Orden für diejenigen, die sich um die Kunst verdient gemacht haben? Den verleihen wir ganz selten und hauptsächlich an alle, die einen großen Bau finanziert haben. Mit Orden kann man da viel machen.« Selbst der britische Botschafter glaubte, nicht zu Unrecht übrigens, an einen Erfolg bei Hitler, als er ihm vorschlug, innerhalb der Berliner Neuplanung eine neue Botschaft zu errichten, und auch Mussolini zeigte ein außerordentliches Interesse an diesen Plänen[13].

Wenn Hitler über seine wirklichen Pläne auf dem Gebiet der Architektur auch Schweigen bewahrte, so wurde über das Bekanntgewordene doch schon genügend geredet und geschrieben. Als Folge zeigte sich eine Hausse in Architektur. Wäre Hitler an Pferdezucht interessiert gewesen, so wäre mit Sicherheit eine Pferdezuchtmanie unter den Führenden ausgebrochen; so aber entstand eine Massenproduktion von Entwürfen Hitlerscher Prägung. Zwar kann man nicht von einem Stil des Dritten Reiches sprechen, sondern nur von einer bevorzugten Richtung, die von bestimmten, eklektizistischen Elementen geprägt war; diese aber beherrschte alles. Dabei war Hitler durchaus nicht doktrinär. Er hatte Verständnis dafür, daß eine Autobahn-Raststätte oder ein Hitler-Jugend-Heim auf dem Lande nicht aussehen konnten wie ein städtischer Bau. Auch wäre es ihm nie eingefallen, eine Fabrik in seinem Repräsentationsstil zu bauen; für einen Industriebau in Glas und Stahl konnte er sich geradezu begeistern. Aber ein öffentlicher Bau in einem Staat, der sich anschickte, ein Imperium aufzurichten, mußte, wie er meinte, ein ganz bestimmtes Gepräge haben.

Zahlreiche Entwürfe in anderen Städten waren die Folgen der Berliner Planung. Jeder Gauleiter wollte sich von nun an in seiner Stadt verewigen. Fast jeder dieser Pläne wies wie mein Berliner Entwurf ein Achsenkreuz auf, sogar in den Himmelsrichtungen übereinstimmend; das Berliner Muster war zum Schema geworden. Unermüdlich zeichnete Hitler bei den Besprechungen der Pläne eigene Skizzen. Sie waren flott hingeworfen, zutreffend in der Perspektive: Grundrisse, Schnitte und Ansichten trug er maßstäblich auf. Ein Architekt konnte es nicht besser machen. Vormittags zeigte er manchmal eine gut ausgeführte Skizze, die er über Nacht angefertigt hatte; die meisten seiner Zeichnungen entstanden jedoch in wenigen eiligen Strichen während unserer Diskussionen.

Bis heute habe ich alle Skizzen aufbewahrt, die Hitler in meiner Gegenwart zeichnete, und versah sie mit Datum und Sujetbezeichnung. Es ist interessant, daß er von den insgesamt einhundertfünfundzwanzig Skizzen gut ein Viertel für die Linzer Bauvorhaben zeichnete, die ihm immer am allernächsten standen. Ebenso häufig finden sich Theaterentwürfe darunter. Eines Morgens überraschte er uns mit einem über Nacht sauber aufgetragenen Entwurf einer »Säule der Bewegung« für München, die als ein neues Wahrzeichen die Frauentürme zu einem Zwergdasein verurteilt hätte.

Dieses Projekt sah er, wie den Berliner Triumphbogen, als seine persönliche Domäne an und scheute sich daher nicht, den Entwurf eines Münchner Architekten auch im Detail zu verbessern. Noch heute scheint mir es sich dabei um echte Verbesserungen zu handeln, die den Übergang der statischen Kräfte in einem Sockel besser treffen als die Vorschläge des Architekten, der übrigens ebenfalls Autodidakt war.

Hermann Giessler, der von Hitler mit der Planung Münchens beauftragt war, konnte den stotternden Arbeiterführer Dr. Ley treffend kopieren. Hitler war von dieser Darbietung so angetan, daß er Giessler immer wieder aufforderte, die Schilderung eines Besuches des Ehepaares Ley in den Modellräumen der Münchener Stadtplanung zu wiederholen. Zuerst schilderte Giessler, wie der Führer der deutschen Arbeiter im hochfeinen Sommeranzug, mit weißen, abgesteppten Handschuhen und Strohhut, in Begleitung seiner nicht weniger auffallend gekleideten Frau das Atelier betrat, und wie er ihm die Münchener Planung vorführte, bis Ley unterbrach: »Ich bebaue hier den ganzen Block. Was kostet das? Ein paar Hundertmillionen? Ja, das bauen wir...« – »Und was wollen Sie dorthin bauen?« – »Ein großes Modehaus.« – »Die ganze Mode, sie wird von mir gemacht! Meine Frau macht das! Ein großes Haus brauchen wir dazu. Machen wir! Meine Frau und ich, wir bestimmen darin die deutsche Mode... Und... und... Und Nutten brauchen wir auch! Viele, ein ganzes Haus, ganz modern eingerichtet. Alles werden wir in die Hand nehmen, ein paar Hundertmillionen für den Bau, das spielt keine Rolle.« Hitler ließ sich, zum Überdruß Giesslers, diese Szene unzählige Male schildern und lachte Tränen über die verkommene Gesinnung seines »Arbeiterführers«.

Nicht nur meine eigenen Baupläne trieb Hitler unermüdlich voran. Ständig genehmigte er Forumsanlagen für die Hauptstädte der Gaue und ermunterte seine Führerschaft, sich als Bauherren repräsentativer Vorhaben zu betätigen. Hier schon stieß ich oft irritiert auf seine Neigung, einen rücksichtslosen Wettbewerb zu fordern, weil er davon ausging, daß nur auf diese Weise hohe Leistungen zustande kämen. Daß unsere Möglichkeiten begrenzt waren, konnte er nicht begreifen. Über den Einwand, daß bald keine Termine mehr einzuhalten sein würden, da die Gauleiter das bei ihnen vorhandene Steinmaterial für ihre Bauzwecke aufbrauchten, ging er hinweg.

Himmler kam Hitler zu Hilfe. Nachdem er von der drohenden Knappheit an Ziegelsteinen und Granit gehört hatte, bot er an, seine Häftlinge für die Produktion heranzuziehen. Er schlug Hitler vor, in Sachsenhausen bei Berlin unter SS-Leitung und in SS-Besitz ein ausgedehntes Ziegelwerk zu errichten. Da Himmler für Neuerungen sehr empfänglich war, stand auch bald ein

Erfinder mit einem neuartigen System der Ziegelherstellung zur Verfügung. Zu der versprochenen Produktion kam es jedoch zunächst nicht, da die Erfindung versagte.

Ähnlich endete das zweite Versprechen, das der unentwegt Zukunftsprojekten nachlaufende Himmler machte. Mit Hilfe von KZ-Häftlingen wollte er für die Nürnberger und Berliner Bauten Granitblöcke herstellen. Unverzüglich gründete er eine Firma mit unverfänglichem Namen und ging daran, die Steine zu brechen. Infolge der unvorstellbaren Laienhaftigkeit der SS-Unternehmen bekamen die Blöcke Sprünge und Risse, und schließlich mußte die SS zugeben, daß sie nur einen kleinen Teil der versprochenen Granitsteine liefern könne; Dr. Todts Straßenbau übernahm die übrige Produktion als Pflastersteine. Hitler, der große Hoffnungen in die Himmlerschen Zusagen gesetzt hatte, war mehr und mehr verstimmt, ehe er schließlich sarkastisch meinte, daß die SS sich besser mit der Produktion von Filzpantoffeln und Tüten abgäbe, wie es traditionellerweise in Haftanstalten üblich sei.

Von der Vielzahl der geplanten Bauten sollte ich selber auf Wunsch Hitlers den Platz vor der Großen Halle entwerfen. Außerdem hatte ich den neuen Bau Görings und den Südbahnhof übernommen. Das war mehr als genug, da ich ja noch die Nürnberger Parteitagsbauten zu entwerfen hatte. Da sich diese Projekte jedoch auf etwa ein Jahrzehnt verteilten, konnte ich, sofern ich die technischen Details vergab, mit einem noch übersehbaren Atelier von acht bis zehn Mitarbeitern auskommen. Mein Privatbüro befand sich in der Lindenallee in Westend, unweit des Adolf-Hitler-Platzes, des ehemaligen Reichskanzler-Platzes. Bis in die späten Abendstunden hinein waren meine Nachmittage jedoch regelmäßig meiner städtebaulichen Dienststelle am Pariser Platz vorbehalten. Hier beauftragte ich die meiner Meinung nach besten Architekten Deutschlands mit Großaufträgen: Paul Bonatz bekam nach vielen Brückenentwürfen seinen ersten Hochbau (Oberkommando der Kriegsmarine), dessen großzügiger Entwurf Hitlers lebhaften Beifall fand; Bestelmeyer erhielt den Entwurf für das neue Rathaus, Wilhelm Kreis das Oberkommando des Heeres, die Soldatenhalle und verschiedene Museen; Peter Behrens, der Lehrer von Gropius und Mies van der Rohe, wurde auf Vorschlag der AEG, seines traditionellen Bauherrn, mit dem Auftrag betraut, das neue Verwaltungsgebäude der Firma an der großen Straße zu bauen. Natürlich forderte diese Arbeit den Protest Rosenbergs und seiner Kulturwarte heraus, die es unmöglich fanden, daß dieser Vorkämpfer des architektonischen Radikalismus sich an der »Straße des Führers« verewige. Hitler, der die Petersburger Botschaft von Peter Behrens schätzte, ließ den Auftrag dennoch an Behrens gehen. Auch meinen Lehrer Tessenow forderte ich mehrmals zur Teilnahme an Wettbewerben auf. Tessenow wollte seinen schlichten handwerklich-kleinstädtischen Stil jedoch nicht aufgeben und hielt sich beharrlich von der Versuchung fern, Großbauten zu errichten.

Als Bildhauer beschäftigte ich hauptsächlich Josef Thorak, dessen Arbeiten der Generaldirektor der Berliner Museen, Wilhelm von Bode, ein Buch gewidmet hatte, sowie den Maillol-Schüler Arno Breker. Er vermittelte 1943 seinem Lehrer meinen Auftrag für eine Skulptur, die im Grunewald aufgestellt werden sollte.

Die Historiker meinen, daß ich mich im privaten Verkehr von der Partei ferngehalten hätte[14]; es ließe sich aber auch sagen, daß die Parteigrößen sich von mir fernhielten, weil sie mich als Eindringling betrachteten. Gefühle von Reichs- oder Gauleitern beeindruckten mich kaum, da ich Hitlers Vertrauen besaß. Außer Karl Hanke, der mich »entdeckt« hatte, war ich mit keinem von ihnen enger bekannt geworden, keiner verkehrte in meinem Hause. Statt dessen fand ich meinen Freundeskreis bei Künstlern, die ich beschäftigte, sowie bei deren Freunden. In Berlin war ich, sooft es meine knappe Zeit zuließ, mit Breker und Kreis zusammen, zu ihnen gesellte sich häufig der Pianist Wilhelm Kempff. In München verkehrte ich freundschaftlich mit Josef Thorak und dem Maler Hermann Kaspar, den man spätabends selten davon abhalten konnte, seiner Vorliebe für die bayerische Monarchie lauthals Luft zu machen.

Auch stand ich meinem ersten Bauherrn nahe, für den ich schon 1933, vor den Bauten für Hitler und Goebbels, ein Gutshaus in Sigrön bei Wilsnack umgebaut hatte. Bei ihm, Dr. Robert Frank, war ich mit meiner Familie häufig zu den Wochenenden, einhundertdreißig Kilometer vor den Toren Berlins. Frank war bis 1933 Generaldirektor der Preußischen Elektrizitätswerke, wurde jedoch nach der Machtübernahme von seinem Posten entfernt und lebte seitdem zurückgezogen als Privatmann; von der Partei gelegentlich bedrängt, war er durch meine Freundschaft vor Zugriffen geschützt. 1945 vertraute ich ihm meine Familie an, als ich sie in Schleswig, möglichst weit von dem Zentrum des Zusammenbruchs entfernt, unterbrachte.

Kurz nach meiner Ernennung hatte ich Hitler davon überzeugt, daß die tüchtigen Parteigenossen schon längst in führenden Stellungen seien, so daß für meine Aufgabe nur noch Parteimitglieder der zweiten Garnitur zur Verfügung stünden. Ohne Zögern gab er mir die Erlaubnis, meine Mitarbeiter nach Belieben zu wählen. Allmählich sprach sich herum, daß man in meiner Dienststelle ein sicheres, unbehelligtes Unterkommen finden könne, und so drängten sich mehr und mehr Architekten zu uns.

Einmal bat mich einer meiner Mitarbeiter um eine Referenz für die Aufnahme in die Partei. Meine Antwort machte in der Generalbauinspektion die Runde: »Warum? Es reicht doch, wenn ich in der Partei bin.« Hitlers Baupläne nahmen wir zwar ernst, aber die verbiesterte Feierlichkeit dieses Hitlerschen Reiches nicht so feierlich wie andere.

Auch besuchte ich weiterhin fast keine Parteiversammlungen, hatte kaum noch Kontakt mit den Parteikreisen etwa des Gaues Berlin und vernachlässigte die mir übertragenen Parteiämter, obwohl ich sie zu Machtstellungen

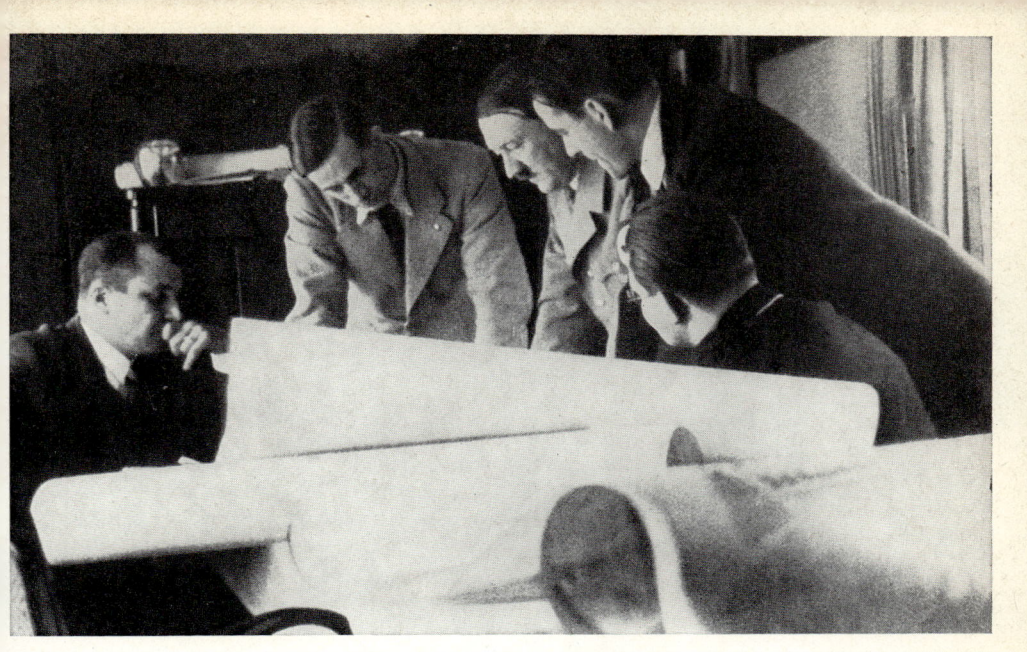

Oft betrachtete Hitler auch im Salonwagen die Pläne zu seinem Lieblingsbau, der Großen Halle. Im Kriege ließ er die Rollos herunterziehen, damit man ihn nicht beobachten konnte.

Die erste Skizze hatte Hitler schon im Jahre 1925 gezeichnet. Er schenkte sie mir mit den Worten: »Diese Zeichnung machte ich vor zehn Jahren. Ich habe sie immer aufgehoben, da ich nie daran zweifelte, daß ich sie eines Tages bauen werde.«

Große Halle
290 Meter

Reichstag
75 Meter

Brandenburger Tor
29 Meter

Die Große Halle sollte als Zentrale der Welthauptstadt die größte Versammlungshalle der Welt mit einem Kuppeldurchmesser von 250 m werden. Im Frühsommer 1939 deutete Hitler auf den Reichsadler, den ich auf ihrer Spitze in 290 m Höhe über dem Hakenkreuz angebracht hatte: »Als Bekrönung dieses größten Gebäudes der Welt muß der Adler nicht das Hakenkreuz, sondern die Weltkugel in den Fängen halten.« Einige Monate später begann der Zweite Weltkrieg.

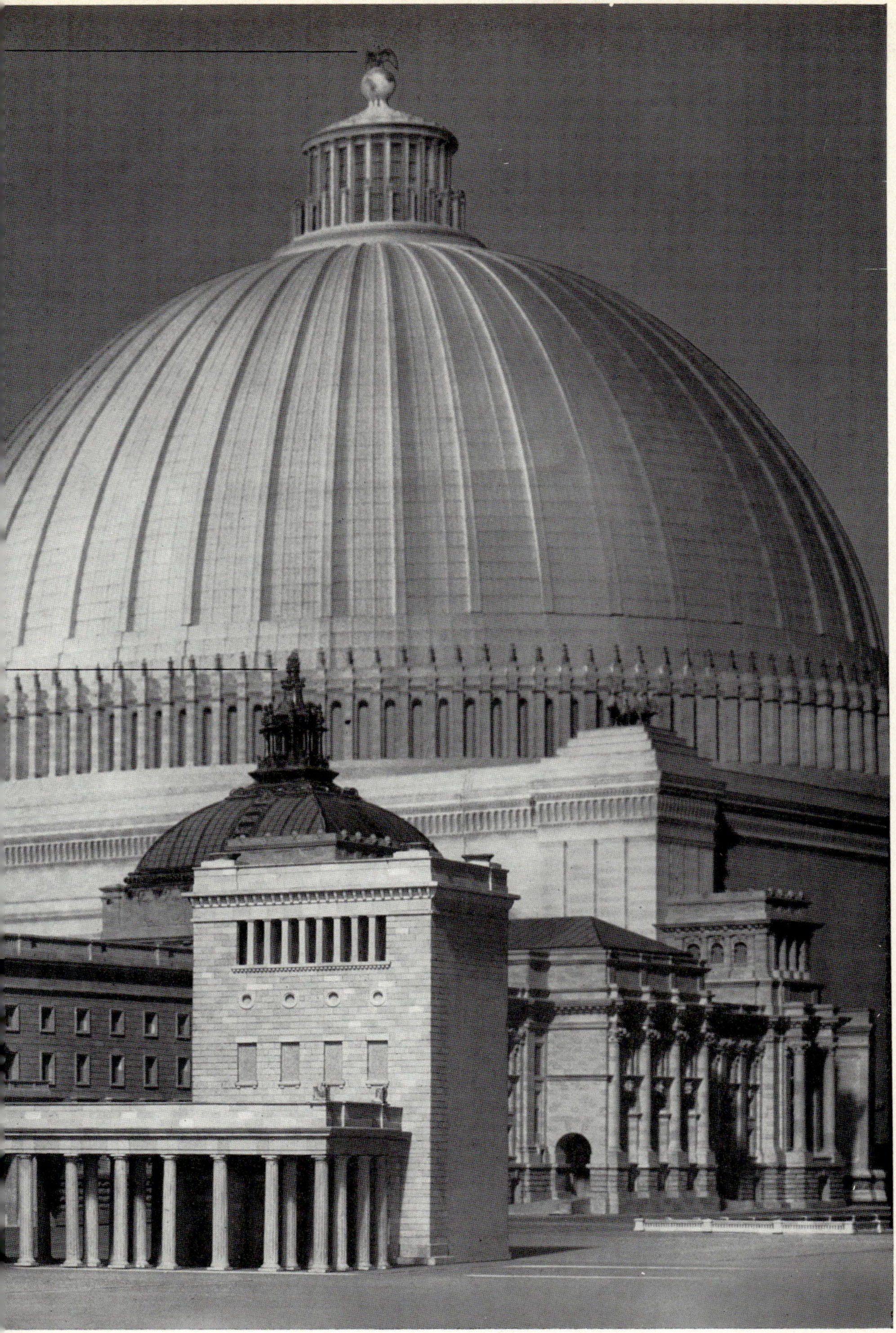

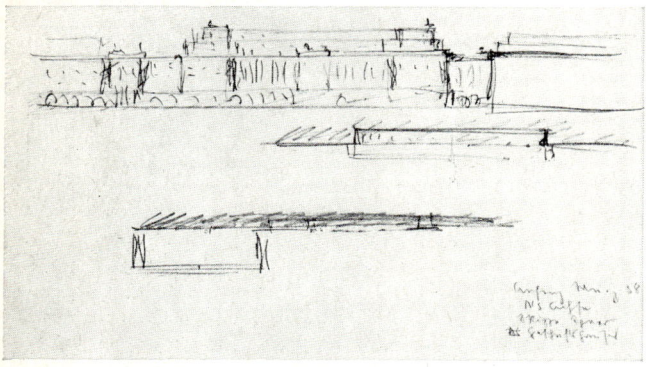

Hitlers Lieblingsbeschäftigung auf dem Obersalzberg war das gemeinsame Studium von Bauplänen.

In diesen Jahren fertigte ich eine Skizze für Ladenfronten an der großen Achse an, die vergeblich versuchten, Leben in die Prachtstraße zu bringen. – Unermüdlich zeichnete Hitler bei diesen Besprechungen eigene Skizzen.

Eines Morgens überraschte er mit einem über Nacht sauber aufgetragenen Entwurf einer »Säule der Bewegung« für München; den danach gezeichneten Entwurf seines Münchner Architekten suchte er auch im Detail zu verbessern.

Von dem geplanten Staatsbahnhof aus sollte man in 800 m Entfernung durch den Triumphbogen auf die mehrere Kilometer entfernte Große Halle sehen, neben der Reichstag und Brandenburger Tor zu einem Nichts verschwunden wären. Die notwendigen Abrißarbeiten hatten 1939 bereits begonnen.

Tempelhofer Feld

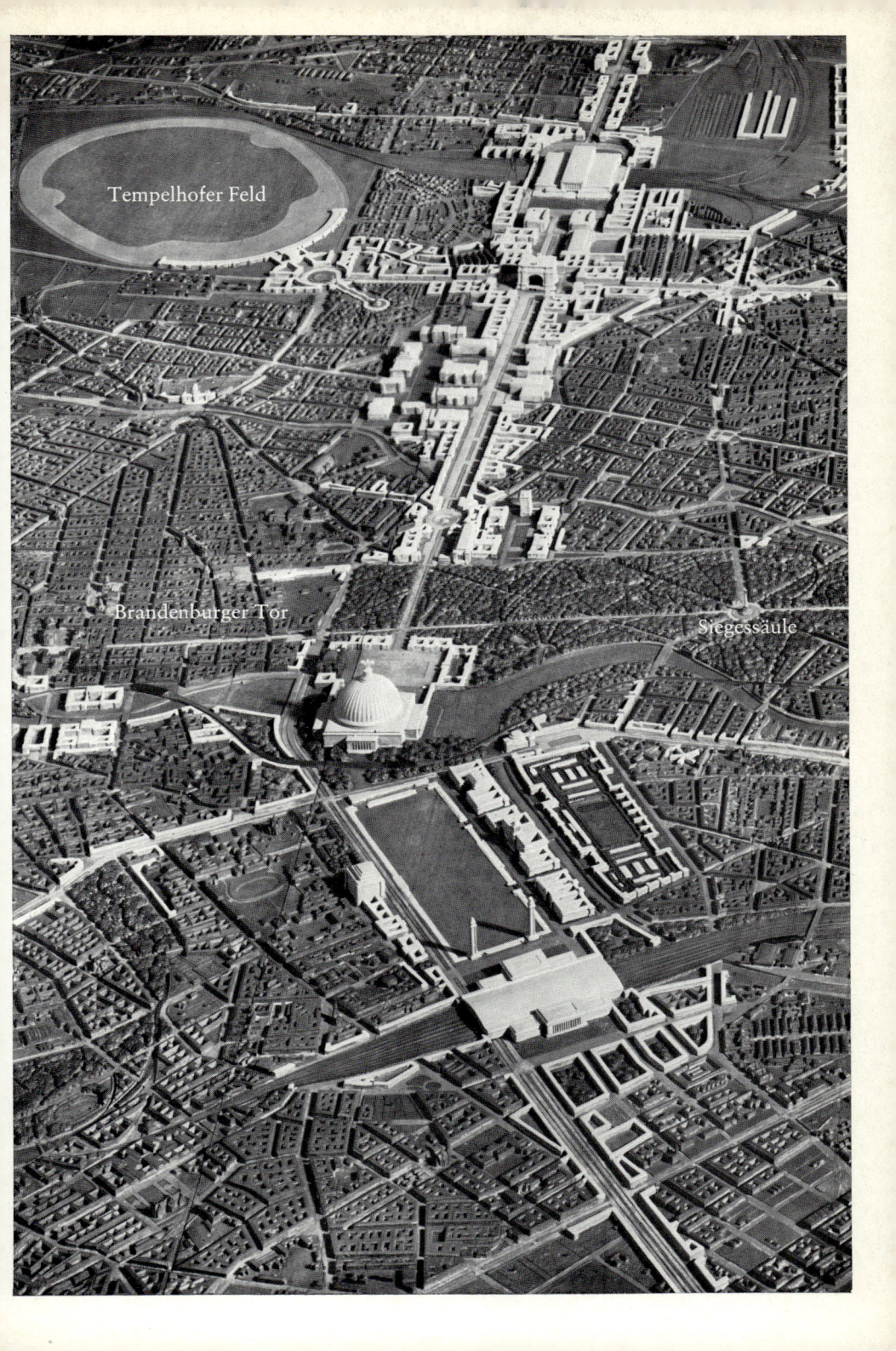

Brandenburger Tor

Siegessäule

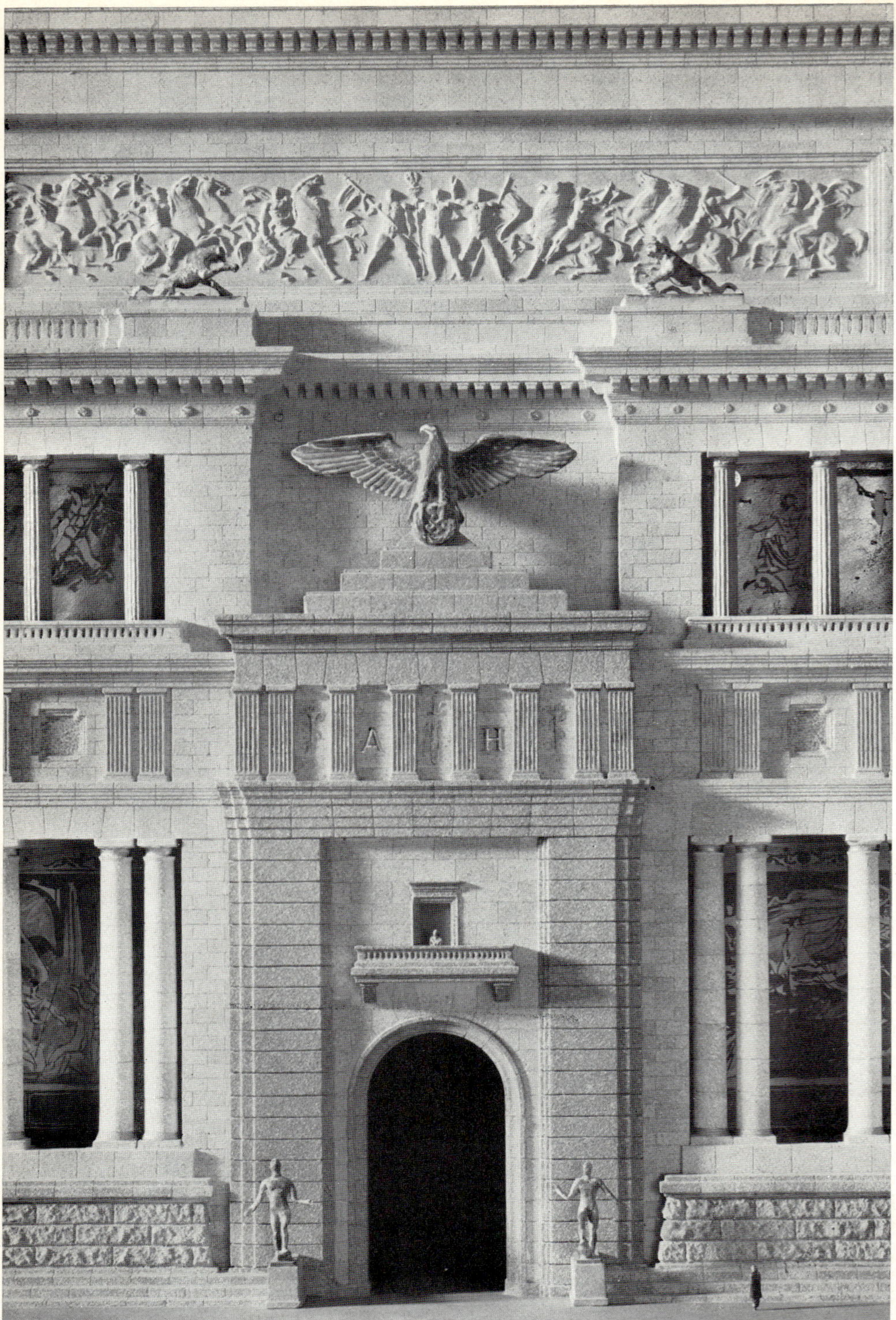

Der Grundriß des Führerpalastes:

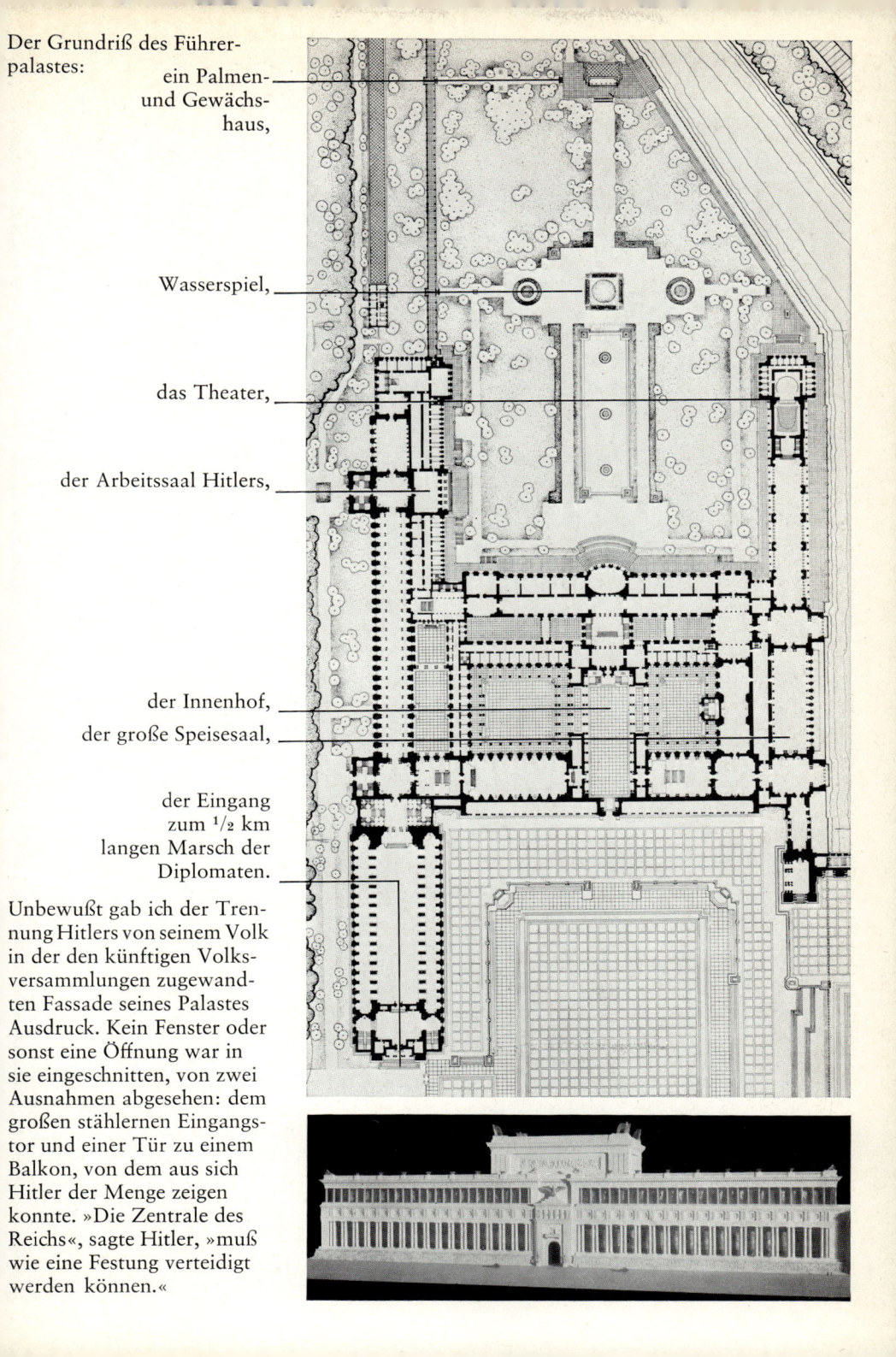

ein Palmen- und Gewächshaus,

Wasserspiel,

das Theater,

der Arbeitssaal Hitlers,

der Innenhof,

der große Speisesaal,

der Eingang zum ½ km langen Marsch der Diplomaten.

Unbewußt gab ich der Trennung Hitlers von seinem Volk in der den künftigen Volksversammlungen zugewandten Fassade seines Palastes Ausdruck. Kein Fenster oder sonst eine Öffnung war in sie eingeschnitten, von zwei Ausnahmen abgesehen: dem großen stählernen Eingangstor und einer Tür zu einem Balkon, von dem aus sich Hitler der Menge zeigen konnte. »Die Zentrale des Reichs«, sagte Hitler, »muß wie eine Festung verteidigt werden können.«

Der Tonfall der Glückwunschkarten, mit Maschine oder mit Hand geschrieben, signalisierte Stimmung und Gunst Hitlers. Nach Zerwürfnissen verstummte er ganz.

BERLIN, DEN 24. December 1936

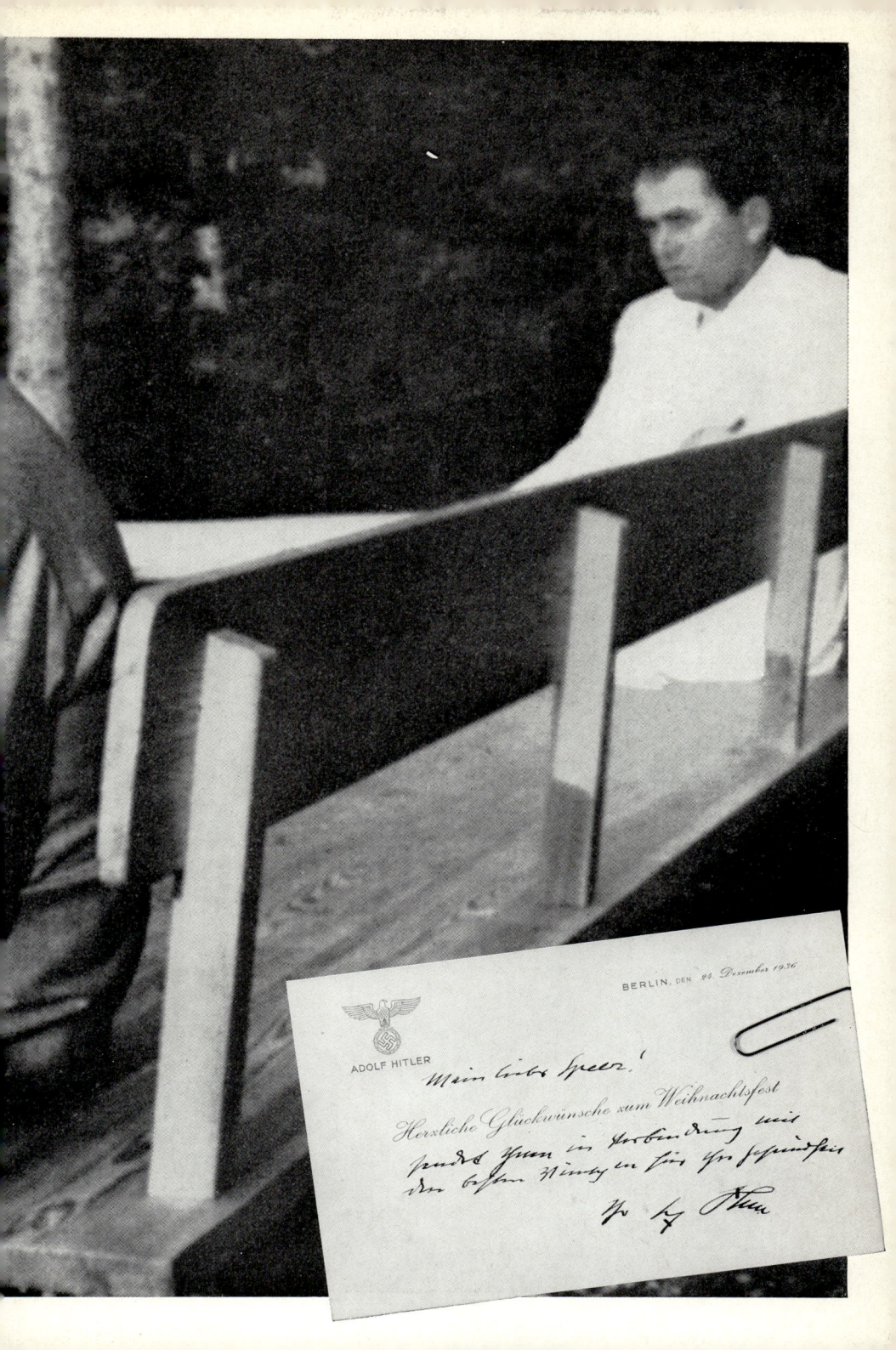

ADOLF HITLER

Mein lieber Speer!

Herzliche Glückwünsche zum Weihnachtsfest
sende Ihnen in Verbindung mit
den besten Wünschen für Ihr Gesundheit

Ihr Adolf Hitler

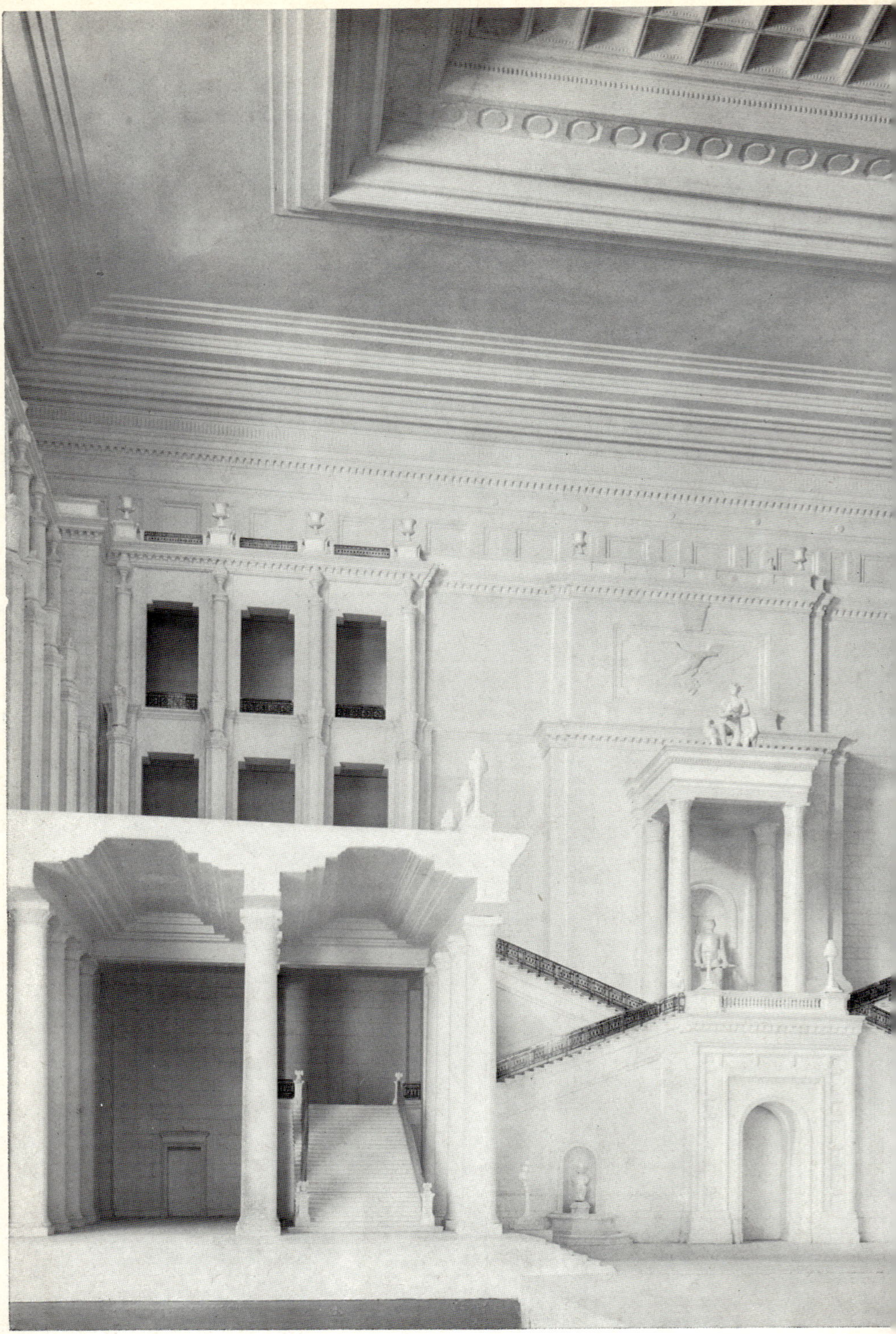

Mittelpunkt in Görings Reichsmarschallamt sollte eine Treppenhalle werden, die durch vier Geschosse die pompöse Entwicklung einer nie benutzten Treppenanlage vorsah, da Göring und alle Besucher natürlich die Fahrstühle benutzt hätten. In der Art von Filmkulissen errichteten wir in natürlicher Größe ein Modell, das Hitler mürrisch ansah: »Der Bau ist für Göring zu groß, er hebt sich damit zu sehr heraus.«

Hitler händigte mir etwa 1935 eine kleine Skizze aus (hier in natürlicher Größe), die 1925 entstanden war und auf der er, noch bayrischer Parteiredner, einen Triumphbogen für Berlin gezeichnet hatte. Sie erinnerte an die neubarocken Vorstellungen seines verlorengegangenen Skizzenbuches.

An Hitlers 50. Geburtstag 1939 hatte ich ein fast 4 m großes Modell seines Triumphbogens aufgestellt. Er betrachtete lange mit einiger Rührung den wenigstens schon im Modell Gestalt gewordenen Traum seiner jungen Jahre.

hätte ausbauen können. Selbst die Leitung des Amtes »Schönheit der Arbeit« überließ ich schon aus Zeitmangel immer mehr einem ständigen Vertreter. Zu Hilfe kam dieser Zurückhaltung allerdings, daß ich mich noch immer vor öffentlichen Reden scheute.

Im März 1939 unternahm ich mit meinem engsten Freundeskreis eine Fahrt durch Sizilien und Süditalien. Wilhelm Kreis, Josef Thorak, Hermann Kaspar, Arno Breker, Robert Frank, Karl Brandt und ihre Frauen bildeten die Reisegesellschaft. Zu ihnen gesellte sich die Frau des Propagandaministers Magda Goebbels, die auf unsere Einladung die Reise unter fremdem Namen mitmachte.

In der näheren Umgebung gab es zwar, von Hitler geduldet, viele Liebesaffären. So lud Bormann, brutal und rücksichtslos, wie es bei diesem gemüt- und sittenlosen Mann zu erwarten war, seine Geliebte, eine Filmschauspielerin, in sein Haus am Obersalzberg ein, wo sie für Tage inmitten seiner Familie lebte. Nur durch eine mir unverständliche Nachgiebigkeit von Frau Bormann wurde ein Skandal vermieden.

So hatte Goebbels zahlreiche Liebesgeschichten; halb belustigt, halb empört erzählte sein Staatssekretär Hanke, wie er junge Filmschauspielerinnen zu erpressen pflegte. Mehr als eine Affäre war jedoch seine Beziehung zu der tschechischen Filmdiva Lida Baarova. Seine Frau sagte sich damals von ihm los und verlangte, daß der Minister sich von ihr und den Kindern trenne. Hanke und ich standen ganz auf der Seite der Frau, Hanke indessen komplizierte die Ehekrise noch, als er sich in die viel ältere Frau seines Ministers verliebte. Ich lud sie, um sie der Verlegenheit zu entziehen, ein, mit uns gemeinsam nach dem Süden zu fahren. Hanke wollte ihr nachfahren, bestürmte sie auf der Reise mit Liebesbriefen; aber sie lehnte strikt ab.

Frau Goebbels war auch auf dieser Reise eine liebenswürdige, ausgeglichene Frau. Überhaupt haben sich die Frauen der Prominenz des Regimes durchweg zurückhaltender gegenüber den Versuchungen der Macht gezeigt als ihre Männer. Sie verloren sich nicht in deren Phantasiewelten, verfolgten den oft grotesken Höhenflug ihrer Männer mit innerem Vorbehalt und wurden durch den politischen Wirbelwind, der jene steil nach oben trug, nicht erfaßt. Frau Bormann blieb eine bescheidene, etwas verschüchterte Hausfrau, allerdings ihrem Mann und der Parteiideologie gleichermaßen blindlings ergeben; von Frau Göring hatte ich den Eindruck, daß sie über die Prunksucht ihres Mannes zu lächeln vermochte; letzten Endes bewies auch Eva Braun innere Überlegenheit; jedenfalls hat sie die Macht, die zum Greifen vor ihr lag, nie für persönliche Zwecke genutzt.

Sizilien war mit seinen dorischen Tempelruinen in Segesta, Syrakus, Selinunt und Agrigent eine wertvolle Ergänzung der Eindrücke unserer früheren Griechenlandreise. Beim Anblick der Tempelbauten von Selinunt und Agrigent stellte ich erneut und nicht ohne innere Befriedigung fest: auch die Antike war nicht frei von megalomanischen Anwandlungen; die Griechen der Kolonien verließen hier sichtlich die im Mutterland gerühmten Grundsätze des Maßes. Gegenüber diesen Tempelbauten verblaßten alle Zeugnisse der sarazenisch-normannischen Baukunst, denen wir begegneten, ausgenommen das wunderbare Jagdschloß Friedrichs II., das Oktogon von Castel del Monte. Paestum bedeutete einen neuen Höhepunkt. Pompeji dagegen schien mir von den reinen Formen Paestums weiter entfernt als unsere Bauten von der Welt der Dorer.

Auf der Rückreise gab es in Rom noch einige Tage Aufenthalt; die faschistische Regierung entdeckte unsere illustre Reisebegleiterin, und der italienische Propagandaminister Alfieri lud uns alle in die Oper ein; aber keiner von uns konnte so recht plausibel machen, weshalb die zweite Frau des Reiches allein im Ausland herumreiste, und infolgedessen fuhren wir so schnell wie möglich nach Hause.

Während wir uns träumend in der griechischen Vergangenheit bewegt hatten, ließ Hitler die Tschechei besetzen und dem Reich angliedern. In Deutschland fanden wir eine bedrückte Stimmung vor. Allgemeine Unsicherheit über die weitere Zukunft erfüllte uns alle. Seltsam berührt mich noch heute, wie ein Volk eine richtige Empfindung des Kommenden besitzen kann, ohne sich durch die offizielle Propaganda beeinflussen zu lassen.

Beruhigend wirkte immerhin, daß Hitler eines Tages gegen Goebbels Stellung nahm, als dieser beim Mittagessen in der Reichskanzlei über den einige Wochen zuvor zum Reichsprotektor von Böhmen und Mähren ernannten früheren Außenminister Konstantin von Neurath meinte: »Von Neurath ist als Leisetreter bekannt. In das Protektorat aber gehört eine strenge Hand, die Ordnung hält. Dieser Mann hat mit uns gar nichts gemein, er gehört einer ganz anderen Welt an.« Hitler verbesserte ihn: »Nur von Neurath kam in Frage. Er gilt in der angelsächsischen Welt als vornehmer Mann. International wird seine Ernennung beruhigend wirken, weil man darin meinen Willen erkennen wird, den Tschechen nicht ihr völkisches Leben zu nehmen.«

Hitler ließ sich von mir über meine Eindrücke in Italien berichten. Am meisten war mir aufgefallen, daß bis in die Dörfer die Mauern mit militanten Propagandasprüchen bemalt waren. »Wir haben das nicht nötig«, meinte Hitler nur. »Wenn es zu einem Krieg kommt, ist das deutsche Volk dafür hart genug. Diese Art von Propaganda ist vielleicht für Italien angemessen. Ob sie etwas nutzt, ist eine andere Frage[15].«

Hitler hatte mich schon mehrere Male dazu aufgefordert, an seiner Stelle die Rede zur Eröffnung der Münchner Architektur-Ausstellung zu halten. Bisher war es mir stets gelungen, derartige Wünsche unter immer neuen Vorwänden abzulehnen. Im Frühjahr 1938 entstand daraus sogar eine Art Handel, da ich mich bereit erklärte, Hitler die Gemäldegalerie für Linz sowie das dortige Stadion zu entwerfen, sofern ich keine Rede halten müßte.

Aber nun sollte, am Vorabend des 50. Geburtstages Hitlers, ein Teilstück der »Ost-West-Achse« dem Verkehr übergeben werden, und er hatte zugesagt, die Einweihung selbst vorzunehmen. Meine Jungfernrede war nicht zu vermeiden – und nun gleich vor dem Staatsoberhaupt, in aller Öffentlichkeit. Hitler verkündete an der Mittagstafel: »Eine große Neuigkeit, Speer hält eine Rede! Ich bin gespannt, was er sagen wird.«

Am Brandenburger Tor hatten sich in der Mitte der Fahrbahn die Honoratioren der Stadt aufgebaut, mit mir an ihrem rechten Flügel, während die Menschenmenge sich hinter Seilen, weitab auf den Bürgersteigen drängte. Aus der Ferne kam Jubel, schwoll mit der näherkommenden Autokolonne Hitlers an und wurde zum Tosen. Hitlers Auto hielt genau vor mir, er stieg aus und begrüßte mich mit Handschlag, während er den Gruß der Würdenträger durch ein kurzes Erheben seines Armes quittierte. Fahrbare Kameras begannen aus nächster Nähe zu filmen, während Hitler sich erwartungsvoll zwei Meter von mir entfernt aufstellte. Ich holte Luft und sagte dann wörtlich: »Mein Führer, ich melde die Fertigstellung der Ost-West-Achse. Möge das Werk für sich selber sprechen!« Es entstand eine längere Pause, bevor Hitler mit einigen Sätzen antwortete; dann wurde ich in sein Auto geladen und fuhr mit ihm das sieben Kilometer lange Spalier der Berliner ab, die ihm zu seinem 50. Geburtstag huldigten; es handelte sich sicherlich um eines der größten Massenaufgebote des Propagandaministeriums; aber der Beifall schien mir echt zu sein.

Als wir in der Reichskanzlei angekommen waren und dort auf den Beginn des Essens warteten, meinte Hitler freundlich: »Mit Ihren zwei Sätzen haben Sie mich in eine schöne Verlegenheit gebracht. Ich erwartete eine längere Rede und wie ich das so gewohnt bin, wollte ich mir meine Antwort unterdes überlegen. Da Sie gleich fertig waren, wußte ich nicht, was sagen. Aber das muß ich Ihnen lassen: Es war eine gute Rede. Eine der besten, die ich in meinem Leben hörte.« Diese Episode gehörte in den nächsten Jahren zu seinem ständigen Repertoire, und er erzählte sie oft.

Nachts um zwölf Uhr gratulierte die Tischgemeinschaft Hitler. Als ich ihm jedoch sagte, daß ich zu diesem Tage in einem Saal ein fast vier Meter großes Modell seines Triumphbogens aufgestellt habe, ließ er sofort die Festgesellschaft stehen und eilte unverzüglich in den Raum. Lange und mit sichtbarer Rührung betrachtete er den im Modell Gestalt gewordenen Traum seiner jungen Jahre. Überwältigt gab er mir wortlos die Hand, um dann seinen Geburtstagsgästen in euphorischer Stimmung die Bedeutung dieses Bauwerks in der zukünftigen Geschichte des Reiches zu preisen. Er ging in dieser Nacht noch mehrere Male zu seinem Modell. Auf dem Hin- und Rückweg passierten wir jedesmal den ehemaligen

Kabinettssitzungssaal, in dem Bismarck 1878 dem Berliner Kongreß vorgestanden hatte. Nun waren hier auf langen Tischen Hitlers Geburtstagsgeschenke aufgebaut – im wesentlichen eine Ansammlung von Kitsch, gespendet von seinen Reichs- und Gauleitern: weiß-marmorne Nuditäten, beliebte kleine Bronzeabgüsse, etwa vom römischen Dornauszieher, und Ölbilder, die ihr Niveau von den Ausstellungen im »Haus der Kunst« bezogen. Teils fanden die Geschenke Hitlers Beifall, teils machte er sich darüber lustig; aber die einen unterschieden sich kaum von den anderen.

Mit Hanke und Frau Goebbels waren die Dinge unterdes dahin gediehen, daß sie zum Entsetzen aller Eingeweihten heiraten wollten. Ein ungleiches Paar: Hanke war jung und ungeschickt, sie eine wesentlich ältere, elegante Dame der Gesellschaft. Hanke drängte bei Hitler auf Scheidung, aber Hitler weigerte sich aus Gründen der Staatsraison. Zu Beginn der Bayreuther Festspiele 1939 kam Hanke eines Morgens verzweifelt in mein Berliner Haus. Das Ehepaar Goebbels habe sich ausgesöhnt, berichtete er, und zusammen seien sie nach Bayreuth gefahren. Ich fand dies schließlich auch für Hanke das Vernünftigste. Aber einen verzweifelten Liebhaber kann man nicht mit einer Gratulation trösten. Ich versprach ihm daher, in Bayreuth zu erkunden, was sich ereignet hatte und fuhr sogleich ab.

Dem Hause Wahnfried hatte die Familie Wagner einen geräumigen Flügel angefügt, in dem Hitler und seine Adjutanten in diesen Tagen wohnten, während die Gäste Hitlers in Bayreuther Privatquartieren untergebracht waren. Übrigens suchte Hitler diese Gäste sorgfältiger aus als am Obersalzberg oder gar in der Reichskanzlei. Außer den diensttuenden Adjutanten lud er lediglich einige Bekannte mit ihren Frauen ein, von denen er sicher sein konnte, daß sie der Familie Wagner angenehm sein würden; eigentlich immer nur Dr. Dietrich, Dr. Brandt und mich.

Hitler wirkte an diesen Festspieltagen gelockerter als sonst; in der Familie Wagner fühlte er sich sichtlich geborgen und frei von dem Zwang der Machtdarstellung, dem er sich selbst in der abendlichen Runde der Reichskanzlei gelegentlich unterworfen glaubte. Er war heiter und zu den Kindern väterlich, zu Winifred Wagner freundschaftlich und fürsorglich. Ohne seine finanzielle Hilfe wären die Festspiele kaum aufrechtzuerhalten gewesen. Bormann schüttelte aus seinen Fonds jedes Jahr Hunderttausende aus, um sie zu einem Höhepunkt der deutschen Opernsaison zu machen. Als Schutzherr dieser Festspiele und als Freund der Familie Wagner verwirklichte sich für Hitler in diesen Bayreuther Tagen wahrscheinlich ein Traum, den er selbst in seiner Jugend vermutlich nicht zu träumen gewagt hatte.

Am gleichen Tag wie ich waren auch Goebbels und Frau in Bayreuth angekommen und hatten wie Hitler im Anbau des Hauses Wahnfried Quartier bezogen. Frau Goebbels machte einen überaus niedergeschlagenen Eindruck, sie redete ganz offen zu mir: »Es war furchtbar, wie mein Mann mich bedrohte. Gerade fing ich an, mich in Gastein zu erholen, als er unaufgefordert ins Hotel kam. Drei Tage redete er unaufhörlich auf mich ein; dann konnte ich nicht mehr. Mit unseren Kindern hat er mich erpreßt; er würde sie mir nehmen lassen. Was konnte ich tun? Wir haben uns nur äußerlich versöhnt. Albert, es ist furchtbar! Ich habe ihm versprechen müssen, nie mehr privat mit Karl zusammenzutreffen. Ich bin so unglücklich, aber ich habe keine Wahl.«

Was konnte besser zu dieser Ehetragödie passen, als ausgerechnet »Tristan und Isolde«, die Hitler, das Ehepaar Goebbels, Frau Winifred Wagner und ich in der großen Mittelloge anhörten. Frau Goebbels, zu meiner Rechten, weinte während der Vorstellung unablässig leise vor sich hin; während der Pause saß sie gebrochen und haltlos schluchzend in der Ecke eines Salons, während Hitler und Goebbels sich vom Fenster aus dem Publikum zeigten und zwischendurch bemüht waren, den peinlichen Vorgang zu übersehen.

Am nächsten Morgen konnte ich Hitler, dem das Verhalten von Frau Goebbels unverständlich war, den Hintergrund dieser Versöhnung erklären. Als Staatschef begrüßte er zwar die Wendung, ließ aber in meiner Gegenwart sogleich Goebbels kommen und eröffnete ihm mit einigen dürren Worten, es sei besser, wenn er mit seiner Frau noch am gleichen Tage Bayreuth verlasse. Ohne ihm Gelegenheit zu einer Erwiderung zu geben, sogar ohne ihm die Hand zu reichen, verabschiedete er den Minister und wandte sich darauf zu mir: »Bei Frauen ist Goebbels ein Zyniker.« Er selber war es, auf andere Weise, auch.

11. Kapitel

Die Weltkugel

Bei der Besichtigung meiner Berliner Baumodelle wurde Hitler von einem Teil der Planung geradezu magnetisch angezogen: der zukünftigen Zentrale des Reiches, die für Hunderte von Jahren die Macht dokumentieren sollte, die in Hitlers Epoche errungen worden war. Wie die Residenz der französischen Könige städtebaulich die Champs Elysées abschließt, so sollten sich im Blickpunkt der Prachtstraße diejenigen Bauten gruppieren, die Hitler als Ausdruck seines politischen Wirkens in seiner unmittelbaren Nähe haben wollte: die Reichskanzlei zur Leitung des Staates, das Oberkommando der Wehrmacht zur Ausübung der Befehlsgewalt über die drei Wehrmachtsteile, sowie je eine Kanzlei für die Partei (Bormann), für das Protokoll (Meissner) und für seine persönlichen Angelegenheiten (Bouhler). Daß in unseren Entwürfen auch das Reichstagsgebäude zum architektonischen Zentrum des Reiches gehörte, sollte nicht andeuten, daß dem Parlament eine wichtige Rolle in der Machtausübung zugedacht war; das alte Reichstagsgebäude stand lediglich zufällig an diesem Platz.

Ich schlug Hitler vor, den wilhelminischen Bau Paul Wallots abzureißen, doch traf ich auf unerwartet heftigen Widerstand: ihm gefiel das Gebäude. Hitler sah es jedoch nur noch für gesellschaftliche Zwecke vor. Über seine letzten Ziele war Hitler sonst eher wortkarg. Wenn er mir gegenüber die Hintergründe seiner Baupläne ohne Scheu aussprach, so aus jener Vertrautheit heraus, die das Verhältnis zwischen Bauherren und Architekten fast immer kennzeichnet: »Im alten Bau können wir Lesesäle und Aufenthaltsräume für die Abgeordneten einrichten. Meinetwegen kann das Plenum Bibliothek werden! Mit seinen fünfhundertachtzig Plätzen ist es für uns viel zu klein. Gleich nebenan bauen wir ein neues. Sehen Sie es für zwölfhundert Abgeordnete vor[1]!« Dies setzte ein Volk von etwa hundertvierzig Millionen voraus und damit gab Hitler die Größenordnungen zu erkennen, in denen er dachte, wobei er teils eine schnelle natürliche Vermehrung der Deutschen im Auge hatte, teils die Eingliederung anderer germanischer Völker – nicht aber die Bevölkerung unterjochter Nationen, denen er kein Stimmrecht zuerkannte. Ich schlug Hitler vor, kurzerhand die Zahl der Stimmen, die jeder Abgeordnete auf sich vereinigte, zu erhöhen, um so das Plenum des alten Reichstagsgebäudes beibehalten zu können. Aber Hitler wollte die von der Weimarer Republik übernommene Zahl von 60 000 Stimmen für jeden Abgeordneten nicht verändern. Über seine Gründe äußerte er sich nicht; er beharrte darauf ebenso, wie, der Form nach, auf dem überkommenen Wahlsystem mit Wahlterminen und Stimmscheinen, Wahlurnen und geheimer Stimmabgabe. In dieser Frage wollte er sichtlich eine Tradition wahren, die ihn zur Macht gebracht hatte, obwohl sie unterdes belanglos geworden war, nachdem er das Einparteiensystem eingeführt hatte.

Die Bauten, die den zukünftigen »Adolf-Hitler-Platz« einrahmen sollten, lagen im Schatten der großen Kuppelhalle, die, als wolle Hitler die Unwichtigkeit der Volksvertretung auch in den Proportionen deutlich machen, ein fünfzigmal größeres Volumen hatte als der für die Volksvertretung bestimmte Bau. Den Entschluß, die Baupläne für diese Halle ausarbeiten zu lassen, faßte er schon im Sommer 1936[2]. An seinem Geburtstag, am 20. April 1937, übergab ich ihm Ansichten, Grundrisse, Schnitte und ein erstes Modell. Er war begeistert, beanstandete lediglich, daß ich die Pläne mit der Formel unterzeichnet hatte: »Ausgearbeitet nach den Ideen des Führers.« Denn ich sei der Architekt, so meinte er, und mein Beitrag zu diesem Bau sei höher zu bewerten, als seine Ideenskizze von 1925. Es blieb jedoch bei dieser Formel, und Hitler mag meine Weigerung, für seinen Bau die Urheberschaft in Anspruch zu nehmen, mit Genugtuung aufgenommen haben. Nach den Plänen wurden Teilmodelle angefertigt und 1939 waren ein genaues Holzmodell des Äußeren von fast drei Meter Höhe und ein Modell des Innenraums fertiggestellt. Hier konnte man den Boden herausnehmen und in Augenhöhe die zukünftige Wirkung prüfen. Hitler versäumte bei seinen zahlreichen Besuchen nie, sich längere Zeit an diesen beiden Modellen zu berauschen. Was vor fünfzehn Jahren seinen Freunden als eine phantastische und verschrobene Spielerei erschienen sein muß, wies er nun triumphierend vor: »Wer wollte mir damals schon glauben, daß dies einmal gebaut würde!«

Die größte bis dahin erdachte Versammlungshalle der Welt bestand aus einem einzigen Raum; aber einem Raum, der 150 000 bis 180 000 stehende Zuhörer fassen konnte. Im Grunde handelte es sich, trotz der ablehnenden Haltung Hitlers zu den mystischen Vorstellungen Himmlers und Rosenbergs, um einen Kultraum, der im Laufe der Jahrhunderte durch Tradition und Ehrwürdigkeit eine ähnliche Bedeutung gewinnen sollte, wie St. Peter in Rom für die katholische Christenheit. Ohne einen solchen kultischen Hintergrund wäre der Aufwand für Hitlers Zentralbau sinnlos und unverständlich gewesen.

Der runde Innenraum hatte den fast unvorstellbaren Durchmesser von 250 Metern; in einer Höhe von 220 Metern hätte man den Abschluß einer riesigen Kuppel gesehen, die 98 Meter über dem Fußboden zu ihrer leicht parabolischen Kurve ansetzte.

In gewissem Sinne war das Pantheon in Rom für uns das Vorbild gewesen. Auch die Berliner Kuppel sollte eine runde Lichtöffnung erhalten; aber allein diese Lichtöffnung hatte sechsundvierzig Meter Durchmesser und übertraf damit den der gesamten Kuppel des Pantheon (dreiundvierzig Meter) und der Peterskirche (vierundvierzig Meter). Das Innere des Raumes umfaßte das siebzehnfache des Inhaltes der Peterskirche.

Die Gestaltung dieses Innenraumes sollte denkbar einfach sein: Um eine Kreisfläche von hundertvierzig Metern Durchmesser stiegen in drei Rängen Tribünen zu einer Höhe von dreißig Metern an, die sich kreisförmig um die Innenfläche erhoben. Ein Kranz von hundert rechteckigen Pfeilern aus Marmor, die mit vierundzwanzig Metern Höhe fast noch menschliches Maß besaßen, wurde dem Eingang gegenüber durch eine fünfzig Meter hohe und achtundzwanzig Meter breite Nische unterbrochen, deren Grund mit Goldmosaik ausgekleidet werden sollte. Vor ihr stand als einziger bildlicher Schmuck auf einem marmornen Sockel von vierzehn Metern Höhe ein vergoldeter Reichsadler mit dem eichenlaubumkränzten Hakenkreuz in den Fängen. So war das Hoheitszeichen gleichzeitig Abschluß der Prachtstraße Hitlers und ihr Ziel. Irgendwo unter diesem Zeichen befand sich der Platz des Führers der Nation, der von dort seine Botschaften an die Völkerschaften des Zukunftsreiches richten sollte. Ich versuchte, diesen Platz architektonisch herauszuheben; aber hier zeigte sich der Nachteil maßstablos gewordener Architektur: Hitler verschwand in ihr zu einem optischen Nichts.

Von außen hätte die Kuppel einem grünen Berg von zweihundertdreißig Metern Höhe geglichen, denn sie sollte mit patinierten Kupferplatten gedeckt werden. Auf ihrer Spitze war eine vierzig Meter hohe gläserne Laterne in möglichst leichter Metallkonstruktion vorgesehen. Über dieser Laterne saß ein Adler auf einem Hakenkreuz.

Optisch wäre die Kuppelmasse durch eine kontinuierliche Reihe von zwanzig Meter hohen Pfeilern abgefangen worden. Von dieser Reliefierung versprach ich mir die Einführung eines für das Menschenauge noch zu erfassenden Maßstabes, sicherlich eine vergebliche Hoffnung. Das Kuppelgebirge ruhte auf einem quadratischen Steinklotz aus hellem Granit, der dreihundertfünfzehn Meter lang und vierundsiebzig Meter hoch werden sollte. Ein feingliedriger Fries, vier gebündelte kannelierte Pfeiler an den vier Ecken und eine nach der Platzseite vorgelagerte Säulenhalle sollten die Größe des gewaltigen Kubus unterstreichen[3]. Zwei Plastiken von fünfzehn Metern Höhe flankierten den Säulenvorbau; Hitler hatte deren allegorischen Inhalt festgelegt, als wir die ersten Entwurfsskizzen anfertigten: die eine stellte Atlas dar, der das Himmelsgewölbe, die andere Tellus, der die Weltkugel trägt. Himmel und Erde sollten mit Emaille überzogen, die Umrisse oder die Sternbilder dazu in Gold eingelegt werden.

Das Äußere dieses Baues erreichte einen Umfang von mehr als einundzwanzig Millionen Kubikmetern[4]; das Washingtoner Capitol wäre viele Male in dieser Masse versunken: Zahlen und Größen von inflatorischem Charakter.

Die Halle war aber keineswegs ein Wahnprodukt ohne Aussicht auf Verwirklichung. Unsere Pläne gehörten nicht in die Kategorie anderer, ähnlich pompös aus den Dimensionen geratener Vorstellungen, wie sie etwa die Architekten Claude Nicolas Ledoux und Etienne L. Boullée als Grabgesang des französischen Bourbonenreiches oder zur Verherrlichung der Revolution entworfen hatten, ohne daß je die Ausführung beabsichtigt war. Auch deren Baupläne sahen Größenordnungen vor, die denen Hitlers nicht nachstanden[5]. Denn für unsere große Halle und für die übrigen Gebäude, die den zukünftigen »Adolf-Hitler-Platz« umsäumen sollten, wurden bereits vor 1939 zahllose alte Gebäude in der Nähe des Reichstags, die im Wege standen, niedergelegt, Untersuchungen des Baugrundes vorgenommen, Detailzeichnungen angefertigt und Modelle in natürlicher Größe aufgebaut. Für die Außenfassade waren bereits Millionen für Granitankäufe ausgegeben worden, und zwar nicht nur in Deutschland, sondern trotz des Devisenmangels auf besonderen Befehl Hitlers auch in Südschweden und Finnland. Wie alle anderen Bauwerke an Hitlers fünf Kilometer langer Prachtstraße sollte auch dieser Bau elf Jahre später, im Jahre 1950, fertiggestellt sein. Da die Halle den längsten Bautermin hatte, war die feierliche Grundsteinlegung auf das Jahr 1940 festgelegt worden.

Technisch bedeutete es kein Problem, einen Raum von 250 Meter Durchmesser frei zu überwölben[6]. Die Brückenkonstrukteure der dreißiger Jahre beherrschten ohne Schwierigkeit eine vergleichbare, statisch einwandfreie Konstruktion in Stahl- oder Eisenbeton. Führende deutsche Statiker hatten sogar errechnet, daß über dieser Spannweite selbst ein massives Gewölbe möglich sei. Meiner Auffassung vom »Ruinenwert« entsprechend, hätte ich die Verwendung von Stahl gerne vermieden, aber in diesem Falle äußerte Hitler Bedenken: »Es könnte doch sein, daß eine Fliegerbombe die Kuppel trifft und Beschädigungen im Gewölbe verursacht. Wie stellen Sie sich die Reparatur bei Einsturzgefahr vor?« Er hatte Recht, und daher ließen wir ein stählernes Gerippe konstruieren, an dem die innere Kuppelschale aufgehängt werden sollte. Die Mauern jedoch waren, wie in Nürnberg, in massiver Bauweise vorgesehen; zusammen mit der Kuppel erzeugten sie gewaltige Druckkräfte, die durch ein ungewöhnlich starkes Fundament aufgenommen werden mußten. Die Ingenieure entschieden sich für einen Betonklotz, der einen Inhalt von über drei Millionen Kubikmetern gehabt hätte. Um festzustellen, ob unsere Berechnungen über die Einsinktiefe von einigen Zentimetern im märkischen Sand richtig waren, wurde bei Berlin ein Probestück hergestellt[7]. Es ist heute bis auf Zeichnungen und Modellfotos das einzige von diesem Bau verbliebene Zeugnis.

Während der Planung hatte ich mir die Peterskirche in Rom angesehen. Ich war enttäuscht, da ihre Größe in keinem Verhältnis zu dem Eindruck stand, den der Betrachter wirklich hat. Schon bei dieser Größenordnung wächst, so erkannte ich, der Eindruck nicht mehr proportional zur Größe des Baues. Ich fürchtete damals, daß auch die Wirkung unserer großen Halle den Erwartungen Hitlers nicht entsprechen würde.

Von diesem geplanten Riesenbau hatte der Bearbeiter für Luftschutzfragen im Reichsluftfahrtministerium, Ministerialrat Knipfer, gerüchteweise gehört. Gerade waren von ihm gesetzliche Richtlinien für alle zukünftigen Neubauten erlassen worden, die, um die Wirkung von Bombenangriffen zu verringern, möglichst weit auseinandergezogen gebaut werden sollten. Nun entstand hier, im Zentrum der Stadt und des Reiches ein Bau, der aus niedrigen Wolken herausragen und ein idealer Richtpunkt für feindliche Bomberverbände sein würde: geradezu ein Wegweiser für das genau im Süden und Norden der Kuppel liegende Regierungszentrum. Ich trug diese Bedenken Hitler vor, der jedoch optimistisch war. »Göring hat mir versichert«, so meinte er, »daß kein feindliches Flugzeug nach Deutschland hereinkommt. Wir lassen uns in unseren Plänen nicht stören.«

Hitler war auf die Idee dieses Kuppelbaues, die er bald nach seiner Festungshaft gefaßt und fünfzehn Jahre lang festgehalten hatte, hartnäckig fixiert. Als er nach Fertigstellung unserer Pläne vernahm, daß die Sowjetunion zu Ehren Lenins in Moskau ebenfalls einen Kongreßbau plane, der die Höhe von dreihundert Metern überschreiten solle, reagierte er überaus verärgert. Ihn verstimmte offensichtlich die Aussicht, daß nicht er das höchste monumentale Bauwerk der Welt errichten werde; gleichzeitig bedrückte ihn offenbar das Gefühl, die Absicht Stalins nicht durch einen einfachen Befehl vereiteln zu können. Er tröstete sich schließlich damit, daß sein Bauwerk doch einzigartig bleibe: »Was bedeutet schon ein Wolkenkratzer mehr oder weniger, etwas höher oder etwas niedriger. Die Kuppel – das unterscheidet unseren Bau von allen anderen!« Nachdem der Krieg mit der Sowjetunion begonnen worden war, konnte ich gelegentlich bemerken, daß ihn die Vorstellung des Moskauer Konkurrenzbaus doch mehr bedrückt hatte, als er je zugeben wollte. »Jetzt«, so meinte er, »wird es mit ihrem Bau für immer Schluß sein.«

An drei Seiten war der Kuppelbau von Wasserflächen umgeben, deren Spiegelung die Wirkung erhöhen sollte. Es war daran gedacht, die Spree zu diesem Zweck seenartig zu erweitern; der Schiffsverkehr mußte allerdings infolgedessen den Vorplatz der Halle in einem zweiarmigen Tunnel durchfahren. Die vierte, nach Süden gelegene Seite, beherrschte den Großen Platz, den späteren »Adolf-Hitler-Platz«. Hier sollten am 1. Mai die jährlichen Kundgebungen stattfinden, die bisher auf dem Tempelhofer Feld veranstaltet wurden[8].

Für die Teilnahme an solchen Massenkundgebungen hatte das Propagandaministerium ein Durchführungsschema entwickelt. 1939 erzählte mir Karl Hanke von den verschiedenen Massenaufgebotsstufen, die sich nach den politischen und propagandistischen Erfordernissen richteten. Vom Schüleraufgebot zum Bejubeln eines prominenten Ausländers bis zur Mobilisierung von Millionen Arbeitern, stand für jeden Zweck ein Schema zur Verfügung. Ironisch sprach der Staatssekretär von »Jubelaufgeboten«. Um diesen Platz zu füllen, wäre später stets die oberste Stufe aller Jubelaufgebote herangezogen worden, da er eine Million Menschen faßte.

Die der Kuppelhalle gegenüberliegende Seite wurde von dem neuen Oberkommando der Wehrmacht auf der einen, von dem Bürogebäude der Reichskanzlei auf der anderen Seite begrenzt, in der Mitte ließen wir den Blick von der Prachtstraße auf die Kuppel frei. Dies war die einzige Öffnung in dem rundum durch Bauten geschlossenen Riesenplatz.

Neben der Versammlungshalle war der wichtigste und psychologisch interessanteste Bau der Palast Hitlers. Es ist in der Tat nicht übertrieben, in diesem Falle statt von einer Wohnung des Kanzlers von einem Palastgebäude zu sprechen. Auch mit ihm beschäftigte sich Hitler, wie die erhaltenen Skizzen zeigen, schon ab November 1938[9]. Das neue Führerpalais ließ sein unterdes gewaltig gestiegenes Geltungsbedürfnis erkennen; von der ursprünglich verwendeten Kanzlerwohnung Bismarcks bis zu diesem Bau hatten sich die Größenordnungen etwa verhundertfünfzigfacht. Selbst mit Neros sagenhaftem Palastbezirk, dem »Goldenen Haus«, mit seiner Grundfläche von mehr als einer Million Quadratmetern, konnte sich derjenige Hitlers messen: mitten im Zentrum Berlins sollte er, mit den dazugehörenden Gärten, zwei Millionen Quadratmeter einnehmen. Empfangsräume führten über mehrere Saalfluchten in einen Speisesaal, in dem Tausende gleichzeitig hätten tafeln können. Acht riesige Gesellschaftssäle standen bei Galaempfängen zur Verfügung[10]. Für ein Theater mit vierhundert Plätzen, Nachahmung der fürstlichen Schloßtheater des Barock und Rokoko, waren die modernsten Bühnenmittel vorgesehen.

Von seinem privaten Wohnbezirk konnte Hitler durch eine Folge von Wandelhallen in den großen Kuppelbau gelangen. Auf der anderen Seite schloß sich unmittelbar sein Arbeitstrakt an, in dessen Zentrum der Arbeitssaal liegen sollte. In den Abmessungen übertraf er den Empfangsraum der amerikanischen Präsidenten bei weitem[11]. Hitler gefiel der lange Anmarschweg der Diplomaten in der gerade fertiggestellten Neuen Reichskanzlei so gut, daß er für den Neubau eine ähnliche Lösung wünschte. Ich verdoppelte daraufhin den Diplomatenweg auf einen halben Kilometer.

Von dem einstigen Bau der Reichskanzlei aus dem Jahre 1931, den Hitler als Verwaltungsbau eines Seifenkonzerns bezeichnet hatte, hatten sich seine Ansprüche inzwischen um das siebzigfache vergrößert[12]. Das macht die Maßstäbe deutlich, in denen sich Hitlers Megalomanie entwickelt hatte.

Und inmitten dieser Pracht hätte Hitler in seinem relativ bescheiden bemessenen Schlafzimmer seine weißlackierte Bettstelle aufgestellt, von der er mir einmal sagte: »Ich hasse im Schlafraum allen Prunk. Am wohlsten fühle ich mich in einem einfachen, bescheidenen Bett.«

Im Jahre 1939, als die Pläne greifbare Gestalt annahmen, wurde durch die Goebbelsche Propaganda der Glaube an Hitlers sprichwörtliche Bescheidenheit und Schlichtheit immer noch aufrechterhalten. Um diese Vorstellung nicht zu gefährden, weihte Hitler kaum jemand in die Pläne seines privaten Wohnpalastes und der zukünftigen Reichskanzlei ein. Mir gegenüber begründete er seine Forderungen, als wir einmal im Schnee spazieren gingen. »Sehen Sie, ich selbst würde auch mit einem ganz einfachen, kleinen Haus in Berlin auskommen. Ich habe genug Macht und Ansehen; zu meiner Unterstützung brauche ich diesen Aufwand nicht. Aber glauben Sie mir: die einmal nach mir kommen, die haben solche Repräsentation dringend notwendig. Viele von ihnen werden sich nur auf diese Weise halten können. Es ist kaum zu glauben, welche Macht es einem kleinen Geist über seine Mitwelt verleiht, wenn er in so großen Verhältnissen auftreten kann. Solche Räume mit einer großen geschichtlichen Vergangenheit erheben auch einen kleinen Nachfolger zu geschichtlichem Rang. Sehen Sie, deswegen müssen wir das noch zu meinen Lebzeiten bauen: damit ich darin noch gelebt habe und mein Geist diesem Bau Tradition verleiht. Wenn ich nur ein paar Jahre darin lebe, dann reicht das schon aus.«

Bereits in den Reden vor den Bauarbeitern der Reichskanzlei von 1938 hatte Hitler sich ähnlich geäußert, natürlich ohne etwas von den damals schon ziemlich weit gediehenen Plänen offenzulegen: als Führer und Reichskanzler der deutschen Nation gehe er nicht in ehemalige Schlösser; daher habe er es auch abgelehnt, das Reichspräsidentenpalais zu beziehen, denn er wohne nicht in dem Haus des früheren Obersthofmarschalls. Jedoch würde auch auf diesem Gebiet der Staat eine Repräsentation erhalten, die der jedes fremden Königs oder Kaisers ebenbürtig sei[13].

Hitler untersagte damals jedoch, daß wir die Kosten für die Bauten ermittelten, und gehorsam ließen wir daher diese Pläne sogar ohne Kubikmeterberechnungen, die ich jetzt erst, nach einem Vierteljahrhundert, zum erstenmal anstelle. Sie ergeben folgende Übersicht:

1. Kuppelhalle	21 000 000 cbm
2. Wohnpalast	1 900 000 cbm
3. Arbeitstrakt mit Reichskanzlei	1 200 000 cbm
4. dazu gehörende Kanzleien	200 000 cbm
5. Oberkommando der Wehrmacht	600 000 cbm
6. Reichstagsneubau	350 000 cbm
	25 250 000 cbm

Obwohl die Großräumigkeit der Anlage den Preis pro Kubikmeter verringert hätte, wären die Gesamtkosten kaum vorstellbar gewesen; denn diese Riesenräume brauchten gewaltige Mauern und entsprechend tiefe Fundamente; außerdem waren die Außenmauern in wertvollem Granit, die inneren Wände in Marmor, die Türen, Fenster, Decken undsoweiter zudem aus den wertvollsten Materialien vorgesehen. Ein Preis von fünf Millarden DM allein für die Bauten des Adolf-Hitler-Platzes stellt vermutlich eine eher zu niedrige Schätzung dar[14].

Der Stimmungsumschwung in der Bevölkerung, die Ernüchterung, die 1939 in ganz Deutschland Platz zu greifen begann, zeigte sich nicht nur in der Notwendigkeit, Jubelaufgebote zu organisieren, wo Hitler zwei Jahre früher auf Spontaneität rechnen konnte. Er selbst hatte sich inzwischen von der ihn bewundernden Masse abgesetzt. Häufiger als früher konnte er unwirsch und ungeduldig werden, wenn gelegentlich auf dem Wilhelmsplatz noch eine Menge nach ihm verlangte. Zwei Jahre zuvor hatte er vielmals den Weg zum »historischen Balkon« gemacht, jetzt fuhr er gelegentlich seine Adjutanten an, wenn sie ihn baten, sich zu zeigen: »Lassen Sie mich damit in Ruhe!«

Diese scheinbar nebensächliche Beobachtung gehört mit zum Bilde des neuen »Adolf-Hitler-Platzes«, denn eines Tages erklärte er mir: »Es ist doch nicht ausgeschlossen, daß ich einmal gezwungen bin, unpopuläre Maßnahmen zu treffen. Vielleicht gibt es dann einen Aufruhr. Für diesen Fall muß vorgesorgt werden: Alle Fenster der Gebäude an diesem Platz erhalten schwere stählerne, schußsichere Schiebeläden, die Türen müssen ebenfalls aus Stahl sein und der einzige Zugang zum Platz wird durch ein schweres eisernes Gitter abgeschlossen. Das Zentrum des Reiches muß wie eine Festung verteidigt werden können.«

Diese Bemerkung verriet eine Unruhe, die ihm früher fremd gewesen war. Sie zeigte sich erneut, als der Standort der Kaserne der Leibstandarte erörtert wurde, die sich unterdes zu einem vollmotorisierten, auf das modernste bewaffneten Regiment entwickelt hatte. Er verlegte ihr Quartier in die unmittelbare Nähe der großen Südachse: »Was meinen Sie, wenn einmal Unruhen sind!« Und auf die hundertzwanzig Meter breite Straße deutend: »Wenn sie hier mit ihren gepanzerten Fahrzeugen in voller Breite zu mir heraufrollen – kein Mensch kann da widerstehen.« Sei es, daß das Heer von dieser Anordnung hörte und vor der SS zur Stelle sein wollte, sei es, daß Hitler es von sich aus anordnete – jedenfalls wurde auf Wunsch der Heeresleitung und mit Billigung Hitlers dem Berliner Wachregiment »Großdeutschland« in noch größerer Nähe zum Hitlerschen Zentrum ein Kasernenbauplatz bereitgestellt[15].

Unbewußt gab ich dieser Trennung Hitlers von seinem Volk – eines Hitlers, der entschlossen war, gegebenenfalls auf das eigene Volk schießen zu lassen –, in der Fassade seines Palastes Ausdruck. Keine Öffnung war in sie eingeschnitten, außer dem großen stählernen Eingangstor und einer Tür zu einem Balkon, von dem aus sich Hitler der Menge zeigen konnte; nur daß dieser Balkon nun vierzehn Meter, also fünf Wohngeschosse hoch, über der Menge hing. Diese auffällig abweisende Front scheint mir auch heute noch den zutreffenden Eindruck von dem abgesetzten, inzwischen in Sphären der Selbstvergötterung beheimateten Führer zu vermitteln.

In meiner Erinnerung hatte während meiner Haft dieser Entwurf mit seinen roten Mosaiken, seinen Säulen, seinen bronzenen Löwen und seinen vergoldeten Profilen einen heiteren, fast liebenswürdigen Charakter angenommen. Als ich jedoch mit dem Abstand von über einundzwanzig Jahren die farbigen Fotos des Modells wiedersah, fühlte ich mich unwillkürlich an die Satrapenarchitektur eines Films von Cecil B. de Mille erinnert. Neben dem Phantastischen wurde mir auch das Grausame dieser Architektur bewußt, präziser Ausdruck einer Tyrannis.

Vor dem Krieg hatte ich mich über ein Tintenfaß lustig gemacht, mit dem der Architekt Brinckmann – wie Troost ursprünglich Dampferarchitekt –, Hitler eines Tages überrascht hatte. Brinckmann hatte diesem Utensil einen feierlichen Aufbau gegeben, mit vielen Verzierungen, Schnörkeln und Stufen – und dann, ganz einsam und verlassen, inmitten all dieser Pracht des »Tintengefäßes für das Staatsoberhaupt«: ein winzig kleiner Tintensee. Ich glaubte damals, so etwas Abnormes noch nicht gesehen zu haben. Hitler jedoch lehnte es wider Erwarten nicht ab, sondern lobte diesen bronzenen Tintenbau über alle Maßen. Nicht minder erfolgreich war Brinckmann mit einem Schreibsessel gewesen, den er für Hitler entworfen hatte und der, von geradezu Göringschem Ausmaß, einer Art Thronsessel mit zwei übergroßen vergoldeten Pinienzapfen an der oberen Sesselkante glich. Mir kamen diese beiden Stücke in ihrem aufgeblähten Bombast parvenuehaft vor. Doch ab 1937 etwa förderte Hitler diese Neigung zum Prunk durch wachsenden Beifall. Er war nun wieder bei der Ringstraße in Wien angelangt, von der er einst bewundernd ausgegangen war; von den Lehren Troosts hatte er sich langsam aber stetig immer weiter entfernt.

Und ich mit ihm; denn meine Entwürfe dieser Zeit hatten immer weniger mit dem zu tun, was ich als »meinen Stil« ansah. Diese Abwendung von meinen Anfängen zeigte sich nicht nur in der repräsentativen Übergröße meiner Bauten. Sie hatten auch nichts mehr vom ursprünglich angestrebten dorischen Charakter, sie waren zur reinen »Verfallskunst« geworden. Der Reichtum, die unerschöpflich mir zur Verfügung stehenden Mittel, aber auch die Parteiideologie Hitlers hatten mich auf den Weg zu einem Stil gebracht, der eher auf die Prunkpaläste orientalischer Despoten zurückgriff.

Zu Anfang des Krieges hatte ich eine Theorie entwickelt, die ich 1941, bei einem Essen im Pariser »Maxim«, vor einem Kreis französischer und deutscher Künstler, unter denen sich Cocteau und Despiau befanden, erläuterte: Die französische Revolution habe nach dem Spätrokoko ein neues Stilgefühl formuliert. Selbst einfache Möbel hätten schönste Proportionen gehabt. Seinen reinsten Ausdruck habe es in den Bauentwürfen Boullées gefunden. Diesem Revolutionsstil sei dann das »Directoire« gefolgt, das die reicheren Mittel noch mit Leichtigkeit und Geschmack verarbeitet habe. Erst mit dem »Empire-Stil« sei die Wende gekommen: von Jahr zu Jahr zunehmend hätten ständig neue Elemente die immer noch klassischen Grundformen mit prunkenden Verzierungen überwuchert, bis am Ende schließlich das »Spätempire« an Pracht und Reichtum kaum noch zu übertreffen gewesen sei. In diesem drücke sich Abschluß einer Stilentwicklung, die so hoffnungsvoll mit dem Consulat begonnen habe, zugleich auch der Übergang von der Revolution zum Kaiserreich Napoleons aus. Diese Entwicklung sei zugleich ein Signal für den Zerfall und damit die Ankündigung vom Ende der napoleonischen Ära gewesen. Hier sei, auf rund zwanzig Jahre zusammengerafft, zu beobachten, was sich sonst nur in Jahrhunderten abzuspielen pflege: die Entwicklung von den dorischen Bauten der frühen Antike bis hin zu den zerklüfteten barocken Fassaden des Späthellenismus, wie sie etwa in Baalbeck stünden; die romanischen Bauten zu Beginn der mittelalterlichen Welt und eine verspielte Spätgotik an deren Ende.

Ich hätte, bei konsequenter Betrachtung, weiter argumentieren müssen, daß nach dem Beispiel des Spätempire auch in diesen von mir für Hitler entworfenen Bauplänen das Ende des Regimes sich ankündigte; daß also Hitlers Sturz gewissermaßen in diesen Entwürfen vorausempfunden werde. Aber damals sah ich das nicht. Ähnlich wie wahrscheinlich die Umgebung Napoleons in den überladenen Salons des Spätempire nur den Ausdruck von Größe gesehen hat und erst die Nachwelt darin die Vorahnung seines Absturzes entdecken kann: so empfand die Umgebung Hitlers das Tintenfaßgebirge als angemessene Kulisse staatsmännischen Genies, und ebenso akzeptierte sie den Kuppelberg als Ausdruck Hitlerscher Macht.

Die letzten Bauten, die wir 1939 entwarfen, waren in der Tat reines Neoempire, vergleichbar dem Stil, der hundertfünfundzwanzig Jahre zuvor, kurz vor dem Sturz Napoleons, Überladenheit, Vergoldungssucht, Prunkliebe und Verfall demonstriert hatte. In diesen Bauten kamen nicht nur durch ihren Stil, sondern auch durch ihre Übergröße Hitlers Absichten unverhüllt ans Licht.

Eines Tages, im Frühsommer 1939, deutete er auf den Reichsadler mit dem Hoheitszeichen in den Fängen, der den Kuppelbau in zweihundertneunzig Meter Höhe bekrönen sollte: »Das hier wird geändert. Hier soll nicht mehr der Adler über dem Hakenkreuz stehen, hier wird er die Weltkugel beherrschen! Die Bekrönung dieses größten Gebäudes der Welt muß der Adler über der Weltkugel sein[16].« In den Modellaufnahmen, die ich von diesen Bauten anfertigen ließ, ist Hitlers Abänderung der ursprünglichen Entwürfe noch heute zu sehen.

Einige Monate später begann der Zweite Weltkrieg.

12. Kapitel

Beginn der Talfahrt

Etwa Anfang August 1939 fuhren wir, ein unbeschwerter Kreis, mit Hitler zum Teehaus auf dem Kehlstein. Die lange Autokolonne wand sich die Straße empor, die Bormann in den Fels hatte sprengen lassen. Durch ein hohes bronzenes Portal traten wir in eine marmorverkleidete bergfeuchte Halle ein und bestiegen den Fahrstuhl aus hochpoliertem Messing.

Während wir die fünfzig Meter emporfuhren, meinte Hitler unvermittelt, wie in ein Selbstgespräch vertieft: »Vielleicht ereignet sich bald etwas ganz Großes. Selbst wenn ich Göring hinschicken müßte... Notfalls würde ich aber auch selbst fahren. Ich setze alles auf diese Karte.« Bei dieser Andeutung blieb es.

Knapp drei Wochen später, am 21. August 1939, hörten wir, daß der deutsche Außenminister in Moskau verhandeln wird. Während des Abendessens wurde Hitler ein Zettel gereicht. Er überflog ihn, starrte hochrot werdend einen Augenblick vor sich hin, schlug auf den Tisch, daß die Gläser klirrten und rief mit überkippender Stimme: »Ich hab' sie! Ich hab' sie!« In Sekundenschnelle beherrschte er sich aber wieder, niemand wagte zu fragen und das Essen nahm seinen Gang.

Nach Beendigung der Mahlzeit ließ Hitler die Herren seiner Umgebung zu sich kommen: »Wir werden einen Nichtangriffspakt mit Rußland abschließen. Hier, lesen Sie! Ein Telegramm Stalins.« Es war an den »Reichskanzler Hitler« gerichtet und vermerkte kurz die erfolgte Einigung. Das war die überraschendste, erregendste Wendung, die ich mir vorstellen konnte, ein Telegramm, das die beiden Namen Stalin und Hitler freundschaftlich auf einem Stück Papier vereinte. Anschließend wurde uns ein Film vorgeführt, der eine Parade der Roten Armee vor Stalin zeigte, mit einem gewaltigen Aufgebot an Truppen. Hitler äußerte seine Genugtuung über diese nun neutralisierte Heeresmacht, wandte sich seinen militärischen Adjutanten zu, um mit ihnen offensichtlich über die Bewertung dieses Massenaufgebotes an Waffen und Truppen zu diskutieren. Die Damen blieben weiterhin ausgeschlossen, erfuhren aber natürlich von uns die Neuigkeit, die bald darauf auch über den Rundfunk veröffentlicht wurde.

Als Goebbels am Abend des 21. August die Neuigkeit auf einer Pressekonferenz kommentiert hatte, ließ Hitler sich mit ihm verbinden. Er wollte wissen, wie die ausländischen Pressevertreter darauf reagiert hätten. Mit fiebrig glänzenden Augen berichtete er uns, was er gehört hatte:

»Die Sensation war nicht mehr zu überbieten. Und als gleichzeitig draußen die Kirchenglocken läuteten, meinte ein englischer Pressevertreter resigniert: ›Das ist das Grabgeläut des britischen Empires.‹« Diese Bemerkung machte auf den euphorischen Hitler dieses Abends den weitaus stärksten Eindruck. Nun glaubte er, daß er hoch genug stehe, daß ihm das Schicksal nun nichts mehr anhaben könne.

In der Nacht standen wir mit Hitler auf der Terrasse des Berghofes und bestaunten ein seltsames Naturschauspiel. Ein überaus starkes Polarlicht[1] überflutete den gegenüberliegenden, sagenumwobenen Untersberg für eine lange Stunde mit rotem Licht, während der Himmel darüber in den verschiedensten Regenbogenfarben spielte. Der Schlußakt der Götterdämmerung hätte nicht effektvoller inszeniert werden können. Gesichter und Hände eines jeden von uns waren unnatürlich rot gefärbt. Das Schauspiel rief eine eigentümlich nachdenkliche Stimmung hervor. Unvermittelt sagte Hitler zu einem seiner militärischen Adjutanten gewandt: »Das sieht nach viel Blut aus. Dieses Mal wird es nicht ohne Gewalt abgehen[2].«

Bereits Wochen vorher hatte sich der Schwerpunkt der Hitlerschen Interessen sichtlich auf militärisches Gebiet verlagert. In oft stundenlangen Unterredungen mit einem seiner vier Wehrmachtsadjutanten – Oberst Rudolf Schmundt für die Wehrmachtführung, Hauptmann Gerhard Engel für das Heer, Hauptmann Nikolaus von Below für die Luftwaffe und Kapitän Karl-Jesko von Puttkamer für die Marine – versuchte Hitler, sich über seine Pläne Klarheit zu verschaffen. Die jungen und unbefangenen Offiziere lagen ihm anscheinend besonders, zumal er immer Zustimmung suchte, die er hier eher fand als im Kreis der zuständigen, aber skeptischen Generalität.

In diesen Tagen wurden jedoch sogleich nach der Verkündung des deutschrussischen Paktes die Adjutanten durch die politischen und militärischen Spitzen des Reiches abgelöst, darunter Göring, Goebbels, Keitel und Ribbentrop. Goebbels vor allem sprach offen und besorgt über die sich abzeichnende Kriegsgefahr. Erstaunlicherweise hielt der sonst so radikale Propagandist das Risiko für überaus groß, versuchte der Umgebung Hitlers eine friedliche Linie zu empfehlen und zeigte sich im übrigen recht ungehalten über Ribbentrop, den er für den Hauptvertreter der Kriegspartei hielt. Wir, in der privaten Umgebung Hitlers, hielten ihn sowie Göring, der ebenfalls für die Erhaltung des Friedens eintrat, für schwächliche, im Wohlleben der Macht degenerierte Menschen, die die erworbenen Privilegien nicht aufs Spiel setzen wollten.

Obwohl in diesen Tagen die Durchführung meines Lebenswerkes verspielt wurde, glaubte ich, daß die Lösung nationaler Fragen den Vorrang vor persönlichen Interessen haben müsse. Bedenken wurden durch die Selbstsicherheit überspielt, die Hitler in diesen Tagen zeigte. Damals kam er mir wie ein Held der antiken Sage vor, der ohne zu zögern, im Bewußtsein der Stärke, die abenteuerlichsten Unternehmungen einging und souverän bestand[3].

Die eigentliche Kriegspartei, wer immer außer Hitler und Ribbentrop dazugehört haben mag, hatte sich etwa folgende Argumente zurechtgelegt: »Nehmen wir an, wir sind in unserer Bewaffnung durch unsere schnelle Aufrüstung in einem Stärkeverhältnis von 4:1 im Vorteil. Die Gegenseite rüstet seit der Besetzung der Tschechoslowakei stark auf. Bis ihre Produktion in voller Höhe zum Tragen kommt, benötigt sie mindestens anderthalb bis zwei Jahre. Erst ab 1940 kann sie beginnen, unseren relativ großen Vorsprung einzuholen. Wenn sie nur so viel produzieren wird wie wir, dann verschlechtert sich aber das Verhältnis unserer Überlegenheit ständig; denn um es aufrechtzuerhalten, müßten wir viermal so viel produzieren. Dazu sind wir aber nicht in der Lage. Selbst wenn sie nur auf die Hälfte unserer Produktion kommen sollte, wird das Verhältnis laufend schlechter werden. Dazu haben wir jetzt auf allen Gebieten neue Typen, die Gegenseite dagegen überaltertes Material[4].«

Derartige Überlegungen werden Hitlers Entschlüsse nicht entscheidend bestimmt haben, aber sie beeinflußten zweifellos die Wahl des Zeitpunkts. Vorerst meinte er: »Ich bleibe so lange wie möglich am Obersalzberg, um mich für die kommenden schweren Tage frisch zu halten. Erst wenn es zu Entscheidungen kommen muß, fahre ich nach Berlin.«

Schon einige Tage später bewegte sich die Wagenkolonne Hitlers über die Autobahn nach München. Zehn Autos in weiten Sicherheitsabständen hintereinander; meine Frau und ich mittendrin. Es war ein schöner, wolkenloser Sonnentag des ausgehenden Sommers. Die Bevölkerung ließ Hitler ungewohnt stumm vorbeifahren. Kaum jemand winkte. Auch in Berlin war es in der Umgebung der Reichskanzlei auffallend ruhig. Sonst war, wenn Hitlers Hausstandarte dessen Anwesenheit anzeigte, der Bau von Menschen umlagert, die ihn bei seinen Aus- und Einfahrten zu begrüßen pflegten.

Von dem weiteren Gang der Ereignisse blieb ich naturgemäß ausgeschlossen; dies um so mehr, als der übliche Tagesablauf Hitlers in diesen turbulenten Tagen empfindlich durcheinander geriet. Seit der Hof sich nach Berlin begeben hatte, nahmen einander ablösende Besprechungen Hitlers Zeit vollauf in Anspruch; die gemeinsamen Mahlzeiten fielen größtenteils aus. Unter den Beobachtungen, die meine Erinnerung mit der ganzen Willkür des menschlichen Gedächtnisses festgehalten hat, steht das von Komik nicht ganz freie Bild des italienischen Botschafters Bernardo Attolico obenan, den ich wenige Tage vor dem Angriff auf Polen atemlos in die Reichskanzlei stürzen sah. Er brachte die Nachricht, daß Italien seine Bündnisverpflichtung zunächst nicht einhalten könne; der Duce kleidete diese Absage in unerfüllbare Forderungen auf sofortige Lieferung einer so großen Menge militärischer und wirtschaftlicher Güter, daß eine einschneidende Schwächung der deutschen Streitkräfte die Folge gewesen wäre. Der Kampfwert, besonders der italienischen Flotte mit ihren modernen Einheiten und ihrer großen Zahl von U-Booten, wurde von Hitler hoch angesetzt; desgleichen der Wert der großen italienischen Luftwaffe. Für einen Augenblick sah Hitler sein Konzept verdorben, denn er ging davon aus, daß die Kriegsentschlossenheit Italiens die Westmächte zusätzlich einschüchtern werde. Unsicher geworden, vertagte er den bereits befohlenen Angriff auf Polen.

Die Ernüchterung dieser Tage machte jedoch schon bald neuen Hochgefühlen Platz und intuitiv entschied Hitler, daß eine Kriegserklärung des Westens auch angesichts der zögernden Haltung Italiens durchaus nicht als sicher anzusehen sei. Eine von Mussolini angebotene Intervention schlug Hitler aus: er ließe sich nicht mehr zurückhalten, denn die Truppe würde, andauernd in Bereitschaft gehalten, nervös, die Periode des guten Herbstwetters sei bald verstrichen und man müsse befürchten, daß die Einheiten bei einer später einsetzenden Regenperiode Gefahr liefen, im polnischen Schlamm stecken zu bleiben.

Mit England wurden über die polnische Frage Noten ausgewechselt. Hitler machte einen überarbeiteten Eindruck, als er eines Abends im Wintergarten der Kanzlerwohnung seinem engeren Kreis mit Überzeugung erklärte: »Dieses Mal wird der Fehler von 1914 vermieden werden. Es kommt nun alles darauf an, der Gegenseite die Schuld zuzuschieben. 1914 wurde das stümperhaft angestellt. Auch jetzt wieder sind die Entwürfe des Auswärtigen Amtes einfach unbrauchbar. Die Noten verfasse ich am besten selbst.« Dabei hielt er eine beschriebene Seite in der Hand; wahrscheinlich ein Noten-Entwurf des Auswärtigen Amtes. Kurz und eilig verabschiedete er sich, ohne an der Mahlzeit teilzunehmen und verschwand in den oberen Räumen. In der Haft las ich später diesen Notenwechsel; ich hatte dabei nicht den Eindruck, daß Hitler mit seiner Absicht erfolgreich gewesen war.

Hitlers Auffassung, daß der Westen sich nach der Kapitulation von München erneut nachgiebig zeigen werde, wurde durch eine Information des Nachrichtendienstes unterstützt, nach der ein englischer Generalstabsoffizier sich über die Stärke der polnischen Armee unterrichtet habe und zu dem Ergebnis gelangt sei, daß der Widerstand der Polen schnell zusammenbrechen werde. Daran knüpfte Hitler die Hoffnung, daß der britische Generalstab alles tun werde, um seiner Regierung von einem so aussichtslosen Kriege abzuraten. Als am 3. September den Ultimaten der Westmächte dann doch die Kriegserklärungen folgten, tröstete Hitler, nach kurzer Betroffenheit, sich und uns mit dem Bemerken, daß England und Frankreich den Krieg offensichtlich nur zum Schein erklärt hätten, um vor der Welt nicht das Gesicht zu verlieren; es werde, davon sei er überzeugt, trotz der Kriegserklärungen zu keinen Kampfhandlungen kommen. Infolgedessen befahl er der Wehrmacht, strikt defensiv zu bleiben und kam sich bei dieser Entscheidung politisch überaus scharfsinnig vor.

Der hektischen Betriebsamkeit der letzten August-Tage folgte eine unheimliche Ruhe. Für kurze Dauer nahm Hitler seinen gewohnten täglichen Rhythmus auf; er fing sogar wieder an, sich für architektonische Pläne zu interessieren. Seiner Tafelrunde erläuterte er: »Wir haben zwar Kriegszustand mit England und Frankreich, aber wenn wir von unserer Seite alle Kampfhandlungen vermeiden, dann verläuft sich die Sache im Sande. Sowie wir ein Schiff versenken und es gibt drüben zahlreiche Verluste, verstärkt sich dort die Kriegspartei. Sie haben ja keine Ahnung, wie diese Demokratien sind: die sind froh, wenn sie sich aus der Sache herauswinden können. Polen lassen die glatt im Stich!« Selbst als deutsche U-Boote in günstiger Position vor dem französischen Schlachtschiff »Dunkerque« lagen, gab er nicht die Erlaubnis zum Angriff. Der britische Luftangriff auf Wilhelmshaven und der Untergang der »Athenia« verdarben ihm seine Überlegungen.

Unbelehrbar blieb er bei der Meinung, daß der Westen zu schwächlich sei, zu mürbe und zu dekadent, um ernstlich den Krieg zu beginnen. Wahrscheinlich war es ihm auch peinlich, seiner Umgebung und vor allem sich selbst zuzugeben, daß er sich so entscheidend geirrt habe. Ich erinnere mich noch der Verblüffung, als die Meldung eintraf, daß Churchill als Marineminister in das britische Kriegskabinett eintreten werde. Die unheilvolle Pressemeldung in der Hand, trat Göring aus der Tür zu Hitlers Wohnhalle. Er ließ sich in den nächsten Sessel fallen und sagte müde: »Churchill im Kabinett. Das bedeutet, daß der Krieg wirklich beginnt. Jetzt erst haben wir Krieg mit England.« Solchen und anderen Beobachtungen war zu entnehmen, daß dieser Kriegsbeginn nicht den Vorstellungen Hitlers entsprach. Er verlor zeitweise sichtlich das beruhigende Air des unfehlbaren Führers.

Diese Illusionen und Wunschträume hatten mit der unrealistischen Arbeits- und Denkweise Hitlers zu tun. Tatsächlich wußte er nichts über seine Gegner und weigerte sich auch, die Informationen, die ihm zur Verfügung standen, zu nutzen; vielmehr vertraute er seinen spontanen, von äußerster Geringschätzung bestimmten Eingebungen, wie widersprüchlich sie im einzelnen auch sein mochten. Seiner Redensart entsprechend, daß es immer zwei Möglichkeiten gebe, wollte er den Krieg zu diesem angeblich günstigsten Zeitpunkt und bereitete sich doch nicht hinreichend darauf vor; sah er in England, wie er einmal betonte, »Unseren Feind Nr. 1«[5] und hoffte doch auf ein Arrangement mit ihm.

Ich glaube nicht, daß sich Hitler in diesen ersten Septembertagen völlig klar darüber war, daß er unwiderruflich einen Weltkrieg entfesselt hatte. Er hatte nur einen Schritt weitergehen wollen; zwar war er bereit, das damit verbundene Risiko genauso wie ein Jahr zuvor bei der tschechischen Krise in Kauf zu nehmen, doch hatte er sich nur auf das Risiko präpariert, nicht eigentlich schon auf den großen Krieg. Seine Flottenrüstung war sichtlich auf einen späteren Termin abgestellt; die Schlachtschiffe sowie der erste große Flugzeugträger waren noch im Bau. Er wußte, daß sie ihren vollen

Kampfwert erst dann erhielten, wenn sie in annähernd gleichwertigen Verbänden dem Gegner gegenübertreten konnten. Auch sprach er so oft von der Vernachlässigung der U-Boot-Waffe im Ersten Weltkrieg, daß er den Zweiten wohl nicht wissentlich begonnen hätte, ohne eine starke U-Boot-Flotte bereitzustellen.

Alle Besorgnisse sahen sich jedoch schon in den ersten Septembertagen zerstreut, als der Polenfeldzug den deutschen Truppen überraschende Erfolge brachte. Auch Hitler schien bald seine Sicherheit zurückgewonnen zu haben, und später, auf dem Höhepunkt des Krieges, hörte ich ihn sogar öfter erklären, daß der Feldzug gegen Polen hätte blutig sein müssen: »Meinen Sie, es wäre ein Glück für die Truppe gewesen, wenn wir Polen wiederum kampflos besetzt hätten, nachdem wir Österreich und die Tschechoslowakei ohne Kampf bekommen hatten? Glauben Sie mir, das hält auch die beste Truppe nicht aus. Siege ohne Blutverlust demoralisieren. So war es nicht nur ein Glück, daß es zu keinem Vergleich kam, sondern wir hätten es damals als einen Schaden ansehen müssen und ich hätte daher auf jeden Fall losgeschlagen[6].«

Es mag immerhin sein, daß er mit derartigen Äußerungen die diplomatische Fehlkalkulation vom August 1939 verbergen wollte. Allerdings erzählte mir Generaloberst Heinrici gegen Ende des Krieges von einer frühen Rede Hitlers vor der Generalität, die in die gleiche Richtung weist: »Er, Hitler«, so notierte ich mir über Heinricis bemerkenswerten Bericht, »habe als erster seit Karl dem Großen wieder unbeschränkte Macht in einer Hand vereinigt. Er hätte diese Macht nicht umsonst, sondern werde sie in einem Kampf für Deutschland zu gebrauchen wissen. Wenn der Krieg nicht gewonnen werde, habe Deutschland die Kraftprobe nicht bestanden; dann solle und werde es untergehen[7].«

Die Bevölkerung faßte von Beginn an die Lage viel ernster auf als Hitler und seine Umgebung. Infolge der allgemeinen Nervosität war in den ersten Septembertagen in Berlin ein blinder Fliegeralarm ausgelöst worden. Mit vielen Berlinern saß ich in einem öffentlichen Luftschutzkeller. Sie sahen ängstlich in die Zukunft, die Stimmung in diesem Raum war merklich bedrückt[8].

Anders als bei Beginn des Ersten Weltkriegs zog keines der Regimenter mit Blumen geschmückt in den Krieg. Die Straßen blieben leer. Auf dem Wilhelmplatz fand sich keine Menschenmenge ein, die nach Hitler rief. Es entsprach der desolaten Stimmung, daß Hitler eines Nachts seine Koffer in die Autos packen ließ, um nach dem Osten, an die Front zu fahren. Ich war von seinem Adjutanten, drei Tage nach Beginn des Angriffs auf Polen, zur Verabschiedung in die Reichskanzlei gerufen worden und begegnete einem Manne, der in der provisorisch verdunkelten Wohnung über Kleinigkeiten ungehalten wurde. Die Wagen fuhren vor und er verabschiedete sich kurz von seinem zurückbleibenden Hofstaat. Kein Mensch auf der Straße nahm von diesem historischen Ereignis Notiz: Hitler fuhr in den von ihm inszenierten Krieg. Natürlich hätte Goebbels Jubel in beliebiger Menge aufbieten können; aber offenbar war auch ihm nicht danach zumute.

Selbst während der Mobilmachung hatte Hitler seine Künstler nicht vergessen. Im Spätsommer 1939 forderte der Heeresadjutant Hitlers ihre Papiere von den Wehrbezirkskommandos an, zerriß sie und warf sie weg; auf diese originelle Weise waren sie für die Wehrmeldeämter nicht mehr existent. Auf der von Hitler und Goebbels aufgestellten Liste nahmen seine Architekten und Bildhauer allerdings wenig Platz ein: die überwiegende Menge der Befreiten waren Sänger und Schauspieler. Daß auch junge Wissenschaftler wichtig für die Zukunft seien, wurde erst 1942 mit meiner Hilfe entdeckt.

Schon vom Obersalzberg aus hatte ich Will Nagel, meinen früheren Vorgesetzten und jetzigen Vorzimmerchef telefonisch gebeten, die Bildung einer technischen Einsatzgruppe unter meiner Führung vorzubereiten. Wir wollten den gut zusammengespielten Apparat unserer Großbauleitungen für den Wiederaufbau von Brücken, für den Ausbau von Straßen oder für andere Gebiete der Kriegsführung nutzbar machen. Allerdings waren unsere Vorstellungen sehr verschwommen. So lief das Unternehmen zunächst darauf hinaus, Schlafsäcke und Zelte bereitzustellen, sowie meinen BMW feldgrau zu streichen. Am Tage der allgemeinen Mobilmachung begab ich mich in das Oberkommando des Heeres in der Bendlerstraße. Generaloberst Fromm, Verantwortlicher für den Ablauf der Mobilmachung des Heeres, saß, wie es in einer preußisch-deutschen Organisation nicht anders zu erwarten war, unbeschäftigt in seinem Zimmer, während die Maschinerie nach Plan ablief. Mein Angebot auf Mitwirkung nahm er bereitwillig an; mein Auto erhielt eine Heeresnummer, ich selbst einen Heeresausweis. Damit war meine Kriegstätigkeit fürs erste allerdings beendet.

Denn Hitler selbst verbot mir kurzerhand meinen Einsatz im Gefolge des Heeres; er machte es mir zur Pflicht, weiter an seinen Plänen zu arbeiten. Daraufhin stellte ich wenigstens die bei meinen Bauten in Berlin und Nürnberg beschäftigten Arbeiter und technischen Stäbe der Heeres- und Luftrüstung zur Verfügung. Wir übernahmen die Baustelle der Raketenentwicklung in Peenemünde und dringende Bauvorhaben der Flugzeugindustrie.

Ich ließ Hitler über diesen mir nur zu selbstverständlich erscheinenden Einsatz informieren. Dabei glaubte ich mich seiner Zustimmung sicher. Zu meiner Überraschung bekam ich jedoch schon bald ein ungewöhnlich grobes Schreiben Bormanns: wie ich dazu käme, mir neue Aufgaben zu suchen, dazu sei kein Befehl ergangen, Hitler habe ihn beauftragt, mir die Anordnung zu übermitteln, daß alle Bauten ohne Einschränkung weiterzulaufen hätten.

Auch dieser Befehl zeigt, wie unrealistisch und doppelgleisig Hitler dachte: einerseits sprach er wiederholt davon, daß Deutschland nun das Schicksal herausgefordert und einen Kampf auf Leben und Tod zu bestehen habe, andererseits wollte er selbst nicht auf sein grandioses Spielzeug verzichten. Er mißachtete dabei auch die Stimmung der Massen, die der Errichtung von Luxusbauten um so verständnisloser zusehen mußten, als nun zum ersten Mal Hitlers Expansionswille Opfer zu fordern begann. Es war der erste Befehl, den ich umging. Zwar sah ich Hitler in diesem ersten Kriegsjahr bedeutend seltener als früher; aber wenn er für Tage nach Berlin oder für Wochen auf den Obersalzberg kam, ließ er sich noch immer die Baupläne vorlegen, drängte auf deren weitere Ausarbeitung; mit der Stillegung der Arbeiten hatte er sich jedoch, wie ich glaube, bald schweigend abgefunden.

Etwa Anfang Oktober ließ der deutsche Botschafter in Moskau, Graf von der Schulenburg, Hitler mitteilen, daß sich Stalin persönlich für unsere Baupläne interessiere. Eine Serie von Fotografien unserer Modelle wurde im Kreml ausgestellt, unsere größten Bauten allerdings auf Weisung Hitlers geheimgehalten, um, wie er meinte, »Stalin nicht auf den Geschmack zu bringen«. Schulenburg hatte vorgeschlagen, ich solle zur Erklärung der Pläne nach Moskau fliegen. »Er könnte Sie dabehalten«, äußerte Hitler halb im Scherz und untersagte die Reise. Wenig später teilte mir der deutsche Gesandte Schnurre mit, daß meine Entwürfe Stalin gefallen hätten.

Am 29. September kam Ribbentrop von der zweiten Moskauer Konferenz mit einem deutsch-sowjetischen Grenz- und Freundschaftsvertrag zurück, der die vierte Teilung Polens besiegeln sollte. An der Tafel Hitlers erzählte er, daß er sich noch nie so wohl gefühlt habe, wie unter den Mitarbeitern Stalins: »Als ob ich mich unter alten Parteigenossen befunden hätte, mein Führer!« Hitler überging diesen enthusiastischen Ausbruch des sonst so trockenen Außenministers mit unbewegtem Gesicht. Stalin schien, wie Ribbentrop erzählte, zufrieden mit der Grenzvereinbarung und zeichnete nach Beendigung der Verhandlung an der Grenze der Rußland zugesprochenen Zone eigenhändig ein Gebiet ein, das er Ribbentrop als riesiges Jagdrevier zum Geschenk machte. Diese Geste rief freilich Göring auf den Plan, der nicht akzeptieren wollte, daß die Stalinsche Zugabe dem Außenminister persönlich zukomme, sondern die Auffassung äußerte, sie müsse dem Reich und folglich ihm, dem Reichsjägermeister, zufallen. Hieraus entwickelte sich ein heftiger Streit zwischen den beiden Jagdherren, der mit einer schweren Verstimmung des Außenministers endete, da Göring sich als energischer und durchsetzungsfähiger erwies.

Trotz des Krieges mußte der Umbau des ehemaligen Reichspräsidentenpalais, der neuen Dienstwohnung des Reichsaußenministers vorangetrieben werden. Hitler besichtigte den fast fertigen Bau und zeigte sich unzufrieden. Eilig und bedenkenlos ließ Ribbentrop daraufhin den soeben fertiggewordenen Ausbau herausreißen und neu beginnen. Wohl um Hitler zu gefallen, bestand er auf klobigen Türgewänden aus Marmor, riesigen Türen und Profilierungen, die keineswegs zu den Sälen mittleren Ausmaßes paßten. Vor der neuerlichen Besichtigung bat ich Hitler, alle negativen Bemerkungen zurückzuhalten, damit der Außenminister nicht einen dritten Umbau veranlasse. Tatsächlich belustigte sich Hitler daraufhin erst nachträglich im internen Kreis über den auch seiner Ansicht nach mißlungenen Bau.

Von Hanke hörte ich im Oktober, er habe Hitler berichtet, daß bei dem Zusammentreffen der deutschen und sowjetischen Truppen an der Demarkationslinie in Polen beobachtet worden sei, wie mangelhaft, ja geradezu ärmlich die sowjetische Ausrüstung gewesen sei. Andere Offiziere bestätigten diese Beobachtung, die Hitler mit großer Aufmerksamkeit zur Kenntnis genommen haben muß. Denn immer wieder hörte man ihn diese Nachricht als Zeichen militärischer Schwäche oder eines Mangels an Organisationstalent kommentieren. Bald danach glaubte er seine Ansicht im Scheitern der sowjetischen Offensive gegen Finnland bestätigt.

Über Hitlers weitere Absichten erhielt ich trotz aller Geheimhaltung gewissen Aufschluß, als er mir 1939 den Auftrag gab, im Westen Deutschlands ein Hauptquartier auszubauen. Ziegenberg, ein Herrensitz aus der Goethezeit, in den Ausläufern des Taunus bei Nauheim gelegen, wurde zu diesem Zweck von uns modernisiert und mit Bunkern ausgestattet.

Als die Anlagen fertiggestellt, Millionen verbaut, Telefonkabel über Hunderte von Kilometern gelegt und modernste Nachrichtenmittel installiert waren, erklärte Hitler unvermittelt, daß das Hauptquartier ihm zu aufwendig sei: er müsse im Krieg ein einfaches Leben führen, daher sei eine der Kriegszeit angemessene Behausung für ihn in der Eifel zu errichten. Das machte vielleicht nach außen auf diejenigen Eindruck, welche nicht wußten, daß viele Millionen Mark unnütz ausgegeben worden waren und neue Millionen ausgegeben werden mußten. Wir machten Hitler darauf aufmerksam, aber er zeigte sich unzugänglich, da er sein Prestige der »Anspruchslosigkeit« gefährdet sah.

Ich war nach dem schnellen Sieg in Frankreich fest davon überzeugt, daß Hitler nun bereits zu einer der größten Gestalten der deutschen Geschichte geworden sei. Mich beeindruckte und verstimmte die Lethargie, die ich, trotz aller grandiosen Erfolge, in der Öffentlichkeit wahrzunehmen meinte. Hitler selbst entwickelte ein zusehends hemmungsloseres Selbstbewußtsein. Für seine Tischmonologe hatte er nun ein neues Thema gefunden. Seine Konzeption, so meinte er, wäre nicht an den Unzulänglichkeiten gescheitert, die den Verlust des Ersten Weltkrieges herbeigeführt hätten. Damals wäre die politische mit der militärischen Führung zerworfen gewesen; den politischen Parteien hätte man weiten Spielraum gelassen, die Willenseinheit der Nation zu gefährden und sogar landesverräterische Umtriebe aufzunehmen. Die unfähigen Prinzen der Herrscherhäuser hätten aus protokollarischen Gründen Oberbefehlshaber ihrer Armeen sein müssen; sie sollten militärischen Lorbeer ernten, um den Ruhm ihrer Dynastie zu erhöhen. Nur weil man diesen unfähigen Abkömmlingen dekadenter Fürstenhöfe hervorragende Generalstabsoffiziere beigegeben hätte, seien Katastrophen größten Ausmaßes verhindert worden. An der Spitze hätte damals überdies mit Wilhelm II. ein unfähiger oberster Feldherr gestanden ... Nun dagegen sei Deutschland einig, pflegte Hitler mit Genugtuung zu resümieren, nun seien die Länder zur Bedeutungslosigkeit herabgesunken, die Heerführer, ohne Rücksicht auf ihre Herkunft, aus den besten Offizieren ausgewählt, die Anrechte des Adels aufgehoben, Politik und Wehrmacht sowie die Nation im ganzen zu einer Einheit verschmolzen. An der Spitze aber stünde er. Seine Kraft, sein Wille, seine Energie würden alle kommenden Schwierigkeiten überwinden.

Hitler nahm den Erfolg dieses westlichen Feldzuges für sich in Anspruch. Der Plan dazu stamme von ihm: »Ich habe immer wieder«, so versicherte er gelegentlich, »das Buch von Oberst de Gaulle über die Möglichkeiten der modernen Kampfweise vollmotorisierter Einheiten gelesen und daraus viel gelernt.«

Kurz nach Beendigung des Frankreich-Feldzuges erhielt ich einen Telefonanruf der Führeradjutantur: ich solle für einige Tage aus besonderer Veranlassung ins Hauptquartier kommen. Hitlers Quartier lag damals in dem kleinen Dorf Bruly le Peche unweit Sedan, das von allen Einwohnern geräumt war. In den kleinen Häusern an der einzigen Dorfstraße hatten die Generale und Adjutanten sich eingerichtet. Auch Hitlers Unterkunft unterschied sich nicht davon. Bei meiner Ankunft begrüßte er mich in bester Laune: »In einigen Tagen fliegen wir nach Paris. Ich möchte, daß Sie dabei sind. Breker und Giessler kommen auch mit.« Damit war ich zunächst entlassen, verblüfft darüber, daß sich der Sieger zu seinem Einzug in die Hauptstadt der Franzosen drei Künstler bestellt hatte.

Am selben Abend wurde ich zu Hitlers militärischer Tafelrunde geladen; Einzelheiten der Fahrt nach Paris wurden besprochen. Es handelte sich, wie ich nun erfuhr, um keinen offiziellen Besuch, sondern um eine Art »Kunstreise« Hitlers in die Stadt, die, wie er so oft gesagt hatte, ihn von früh auf so gefesselt habe, daß er glaube, sich allein durch das Studium der Pläne in ihren Straßen und wichtigsten Bauten auszukennen, als ob er dort gelebt habe.

In der Nacht des 25. Juni 1940, um 1.35 Uhr, sollte die Waffenruhe in Kraft treten. Wir saßen mit Hitler in der einfachen Stube seines Bauernhauses um einen Holztisch herum. Kurz vor der vereinbarten Zeit befahl Hitler, das Licht auszumachen und die Fenster zu öffnen. Still saßen wir im Dunkeln, beeindruckt von dem Bewußtsein, einen historischen Augenblick so nahe bei seinem Urheber mitzuerleben. Draußen blies ein Trompeter das traditionelle Signal zum Ende der Kampfhandlungen. In der Ferne mußte ein Gewitter aufgezogen sein, denn, wie in einem schlechten Roman, zuckte gelegentlich ein Wetterleuchten durch den dunklen Raum. Jemand, von Rührung übermannt, schneuzte sich. Dann kam die Stimme Hitlers, leise, unbetont: »Diese Verantwortung, ...« Und einige Minuten später: »Nun machen Sie das Licht wieder an.« Die belanglose Unterhaltung ging weiter, aber für mich blieb es ein seltenes Ereignis. Ich glaubte, Hitler als Mensch erlebt zu haben.

Am nächsten Tag machte ich vom Hauptquartier aus eine Fahrt nach Reims, um die Kathedrale zu sehen. Eine gespenstisch wirkende Stadt erwartete mich, von Menschen fast verlassen, wegen der Sektkellereien ringsum von Feldgendarmerie abgeriegelt. Fensterläden schlugen im Wind, tagealte Zeitungen wurden durch die Gassen geweht, offene Haustüren zeigten ins Innere. Als wäre das bürgerliche Leben für einen törichten Moment stehengeblieben, sah man auf den Tischen noch Gläser, Geschirr, angebrochenes Essen. Unterwegs, auf den Straßen, begegneten wir zahllosen Flüchtlingen, die den Straßenrand entlangzogen, während die Straßenmitte von den Kolonnen deutscher Heeresverbände eingenommen wurde. Die selbstbewußten Einheiten zwischen den abgehärmten Menschen, die ihre Habseligkeiten auf Kinderwagen, Schubkarren und anderen primitiven Fahrzeugen mit sich führten, bildeten einen eigenartigen Kontrast. Dreieinhalb Jahre später sah ich ähnliche Bilder in Deutschland wieder.

Drei Tage nach Eintritt der Waffenruhe landeten wir frühmorgens, etwa um fünf Uhr dreißig, auf dem Flughafen Le Bourget. Drei der großen Mercedes-Wagen standen bereit. Hitler nahm wie immer auf dem Vordersitz neben dem Fahrer Platz, Breker und ich auf den Notsitzen hinter ihm, während Giessler sich mit dem Adjutanten auf dem Rücksitz niederließ. Uns Künstlern war eine feldgraue Uniform angepaßt worden, die uns in den militärischen Rahmen einfügte. Die Fahrt ging durch die weiten Vorstädte direkt zur Großen Oper des Architekten Garnier. Hitler hatte gewünscht, seinen neubarocken Lieblingsbau als erstes zu besichtigen. Am Portal erwartete uns, von der deutschen Besatzungsbehörde abgestellt, Oberst Speidel.

Das wegen seiner Großzügigkeit berühmte, wegen seiner überladenen Ausstattung berüchtigte Treppenhaus, das prunkvolle Foyer, der goldbeladene festliche Zuschauerraum, wurden eingehend besichtigt. Alle Lichter strahlten wie bei einem Galaabend. Hitler hatte die Führung übernommen. Ein weißhaariger Logenschließer begleitete unsere kleine Gruppe im menschenleeren Haus. Hitler hatte die Pläne der Pariser Oper tatsächlich gründlich studiert; bei der Proszeniumsloge vermißte er einen Salon und hatte damit recht. Der Logenschließer bestätigte, daß dieser Raum vor vielen Jahren bei einem Umbau weggefallen sei: »Da sehen Sie, wie ich mich hier auskenne!« meinte Hitler befriedigt. Er zeigte sich von der Oper fasziniert, geriet ins Schwärmen über deren unerreichte Schönheit, seine Augen glänzten in einer mich unheimlich berührenden Verzückung. Natürlich hatte der Logenschließer sogleich erkannt, wen er durch die Oper führte. Sachlich, aber betont distanziert, wies er uns durch die Räume. Als wir uns schließlich anschickten, das Gebäude zu verlassen, flüsterte Hitler seinem Adjutanten Brückner etwas ins Ohr, dieser entnahm seiner Brieftasche einen Fünfzig-Markschein und überbrachte ihn dem entfernt stehenden Mann. Freundlich aber bestimmt lehnte er ab. Hitler versuchte es ein zweites Mal und sandte Breker zu ihm; aber der Mann beharrte bei seiner Ablehnung. Er habe, so erklärte er Breker, lediglich seine Pflicht getan.

Anschließend fuhren wir über die Champs Elysées, an der Madeleine vorbei zum Trocadero, dann zum Eiffelturm, wo Hitler wiederum anhalten ließ, vorbei am Triumphbogen mit dem Grabmal des unbekannten Soldaten und zum Invalidendom, wo er lange vor dem Sarkophag Napoleons stehen blieb. Schließlich besichtigte Hitler das Pantheon, dessen Proportionen ihn sehr beeindruckten. Dagegen zeigte er kein besonderes Interesse an den schönsten architektonischen Schöpfungen von Paris: der Place des Vosges, dem Louvre, dem Justizpalast und der Sainte Chapelle. Er lebte erst wieder auf, als er die einheitliche Häuserzeile der Rue de Rivoli sah. Endpunkt unserer Fahrt war die romantische, süßliche Nachahmung frühmittelalterlicher Kuppelkirchen, die Kirche »Sacre Coeur«, auf dem Montmartre, eine selbst für Hitlers Geschmack überraschende Wahl. Hier stand er lange, umgeben von einigen kräftigen Männern seines Schutzkommandos, während zahlreiche Kirchgänger ihn zwar erkannten, aber nicht beachteten. Nach einem letzten Blick über Paris ging es in schneller Fahrt zurück zum Flughafen. Um neun Uhr morgens war die Besichtigung zu Ende: »Es war der Traum meines Lebens, Paris sehen zu dürfen. Ich kann nicht sagen, wie glücklich ich bin, daß er sich heute erfüllt hat.« Einen Augenblick lang empfand ich etwas Mitleid mit ihm: drei Stunden Paris, das einzige und das letzte Mal, machten ihn glücklich, als er auf der Höhe seiner Erfolge stand.

Während der Besichtigungsfahrt schnitt Hitler mit seinen Adjutanten und Oberst Speidel die Möglichkeit einer Siegesparade in Paris an. Nach einigen Überlegungen entschied er sich jedoch dagegen. Offiziell schob er die Gefahr von Störungen durch englische Fliegerangriffe vor, später aber meinte er: »Ich habe keine Lust zu einer Siegesparade; wir sind noch nicht am Ende.«

Am gleichen Abend empfing er mich erneut in der kleinen Stube seines Bauernhauses; er saß allein am Tisch. Ohne Umschweife erklärte er: »Bereiten Sie einen Erlaß vor, in dem ich die volle Wiederaufnahme der Bauten in Berlin anordne... War Paris nicht schön? Aber Berlin muß viel schöner werden! Ich habe mir früher oft überlegt, ob man Paris nicht zerstören müsse«, fuhr er mit so großer Ruhe fort, als handele es sich um die selbstverständlichste Sache der Welt; »aber wenn wir in Berlin fertig sind, wird Paris nur noch ein Schatten sein. Warum sollen wir es zerstören?« Damit war ich entlassen.

Obwohl an impulsive Bemerkungen Hitlers gewöhnt, erschrak ich doch über die ungenierte Offenbarung seines Vandalismus. Schon anläßlich der Zerstörung Warschaus hatte er ganz ähnlich reagiert. Damals schon hatte er die Absicht geäußert, den Wiederaufbau dieser Stadt zu verhindern, um dem polnischen Volk den politischen und kulturellen Mittelpunkt zu nehmen. Immerhin jedoch war Warschau durch Kriegsereignisse zerstört worden; jetzt zeigte Hitler, daß ihm sogar der Gedanke vertraut war, die Stadt, die er selbst als die schönste Europas bezeichnet hatte, mit all ihren unschätzbaren Kunstdenkmälern mutwillig und eigentlich grundlos zu vernichten. Innerhalb einiger Tage hatten sich mir einige der Widersprüche, die Hitlers Wesen kennzeichnen, enthüllt, ohne daß ich sie damals allerdings in aller Schärfe wahrnahm: Von einem Menschen, der sich seiner Verantwortung bewußt ist, bis zum bedenkenlosen und menschenfeindlichen Nihilisten vereinigte er die krassesten Gegensätze.

Die Wirkung dieser Erfahrung wurde jedoch durch Hitlers glänzenden Sieg, durch die unverhofft günstigen Aussichten auf eine baldige Wiederaufnahme meiner Bauprojekte und schließlich durch die Aufgabe seiner Zerstörungsabsichten verdrängt. Nun war es an mir, Paris zu übertrumpfen. Noch an diesem Tage gab Hitler meinem Lebenswerk die höchste Dringlichkeit. Er befahl, Berlin »in kürzester Zeit den ihm durch die Größe des Sieges zukommenden Ausdruck« zu geben und erklärte: »In der Verwirklichung dieser nunmehr wichtigsten Bauaufgaben des Reiches sehe ich den bedeutendsten Beitrag zur endgültigen Sicherstellung unseres Sieges.« Eigenhändig datierte er diesen Erlaß zurück auf den 25. Juni 1940, den Tag der Waffenruhe und seines größten Triumphes.

Hitler ging mit Jodl und Keitel auf dem Kiesweg vor seinem Hause auf und ab, als ein Adjutant ihm meldete, daß ich mich verabschieden wolle. Ich wurde herangerufen, und als ich mich der Gruppe näherte, hörte ich Hitler in Fortsetzung seines Gespräches sagen: »Jetzt haben wir gezeigt, wozu wir fähig sind. Glauben Sie mir, Keitel, ein Feldzug gegen Rußland wäre dagegen nur ein Sandkastenspiel.« In strahlender Laune verabschiedete er mich, trug mir die herzlichsten Grüße an meine Frau auf und stellte mir in Aussicht, bald wieder neue Pläne und Modelle mit mir durchzusprechen.

13. Kapitel

Das Übermaß

Noch während Hitler damit beschäftigt war, die Pläne zum russischen Feldzug auszuarbeiten, überlegte er bereits, wie und mit welchen inszenatorischen Einzelheiten die Siegesparaden vom Jahre 1950 abrollen würden, wenn die Prachtstraße und der große Triumphbogen fertiggestellt seien[1]. Doch während er von neuen Kriegen, neuen Siegen und Feiern träumte, erlitt er eine der größten Niederlagen seiner Karriere. Drei Tage nach einer Unterredung, in der er mir seine Zukunftsvorstellungen entwickelt hatte, war ich mit meinen Bauskizzen auf den Obersalzberg bestellt. In der Vorhalle des Berghofes warteten bleich und aufgeregt Leitgen und Pietsch, zwei Adjutanten von Hess. Sie baten mich, mit meiner Besprechung zurückzustehen, da sie Hitler einen persönlichen Brief von Hess zu übergeben hätten. In diesem Augenblick kam Hitler aus seinen oberen Räumen; einer der Adjutanten wurde in die Wohnhalle gerufen. Während ich noch einmal in meinen Skizzen zu blättern begann, hörte ich plötzlich einen unartikulierten, fast tierischen Aufschrei. Dann brüllte Hitler: »Sofort Bormann! Wo ist Bormann?!« Bormann mußte auf schnellstem Wege Verbindungen mit Göring, Ribbentrop, Goebbels und Himmler herstellen. Alle privaten Gäste wurden gebeten, sich in das obere Geschoß zurückzuziehen. Erst nach vielen Stunden erfuhren wir, was sich ereignet hatte: Hitlers Stellvertreter war mitten im Krieg ins gegnerische England geflogen.

Äußerlich hatte Hitler bald die gewohnte Fassung zurückgewonnen. Er war lediglich besorgt, daß Churchill den Vorfall benutzen könne, Deutschlands Verbündeten einen Friedensfühler vorzutäuschen: »Wer wird mir glauben, daß Hess nicht in meinem Namen herüberflog, daß das Ganze nicht ein abgekartetes Spiel hinter dem Rücken meiner Bundesgenossen ist?« Es könne sogar die Politik Japans ändern, meinte er nicht ohne Unruhe. Von dem technischen Chef der Luftwaffe, dem berühmten Kampfflieger Ernst Udet, verlangte Hitler zu wissen, ob die von Hess benutzte zweimotorige Maschine das schottische Ziel erreichen könne und welche Wetterbedingungen er antreffen werde. Udet gab nach kurzer Zeit telefonisch die Auskunft, daß Hess schon aus navigatorischen Gründen scheitern müsse; voraussichtlich würde er bei den herrschenden Seitenwinden an England vorbei ins Leere fliegen. Hitler wurde augenblicklich wieder hoffnungsvoll: »Wenn er nur in der Nordsee ersaufen würde! Dann wäre er spurlos verschwunden und wir könnten uns Zeit lassen für eine harmlose Erklärung.« Nach einigen Stunden kamen ihm jedoch Zweifel, und um den Engländern in jedem Fall zuvorzukommen, entschloß er sich, über den Rundfunk bekanntgeben zu lassen, daß Hess wahnsinnig geworden sei. Die beiden Adjutanten aber wurden, wie einst die Überbringer von Unglücksnachrichten an despotischen Herrscherhöfen, verhaftet.

Auf dem Berghof setzte lebhafter Betrieb ein. Außer Göring, Goebbels und Ribbentrop erschienen Ley, die Gauleiter und andere Parteiführer. Ley, als Organisationsleiter der Partei, machte sich anheischig, die Aufgaben von Hess zu übernehmen und schlug damit die organisatorisch zweifellos richtige Lösung vor. Aber Bormann zeigte nun das erste Mal, welchen Einfluß er bereits auf Hitler besaß. Es gelang ihm mühelos, diesen Versuch abzuwehren und damit der unbestrittene Gewinner dieser Affaire zu werden. Churchill meinte damals, mit diesem Flug sei eine Made im Reichsapfel sichtbar geworden. Er konnte nicht ahnen, wie buchstäblich dieses Wort auf Hess' Nachfolger zutraf.

In Hitlers Umgebung wurde Hess von nun an kaum noch erwähnt. Nur Bormann widmete sich ihm noch lange. Eifrig untersuchte er das Leben seines Vorgängers und verfolgte dessen Frau mit schikanöser Gemeinheit. Eva Braun setzte sich, wenn auch ohne Erfolg, für sie bei Hitler ein und unterstützte sie später hinter seinem Rücken. Einige Wochen darauf hörte ich von meinem Arzt, Professor Chaoul, daß der Vater von Hess im Sterben liege; ich ließ ihm einen Blumenstrauß schicken, freilich ohne mich als Absender zu bekennen.

Nach meiner damaligen Auffassung trieb der Ehrgeiz Bormanns Hess zu diesem Verzweiflungsschritt. Hess, ebenfalls ehrgeizig, sah sich bei Hitler zusehends ausgeschaltet. So sagte mir beispielsweise Hitler, etwa im Jahre 1940, nach einer vielstündigen Besprechung mit Hess: »Wenn ich mit Göring spreche, ist das für mich wie ein Stahlbad, ich fühle mich danach frisch. Der Reichsmarschall hat eine mitreißende Art, die Dinge vorzutragen. Mit Hess wird jedes Gespräch zu einer unerträglich quälenden Anstrengung. Immer kommt er mit unangenehmen Sachen und läßt nicht nach.« Wahrscheinlich suchte Hess mit seinem Englandflug, nach so vielen Jahren im Hintergrund, Aufsehen und Erfolg zu erringen; denn er besaß nicht die Eigenschaften, die notwendig waren, sich inmitten eines Sumpfes von Intrigen und Machtkämpfen zu behaupten. Er war zu sensibel, zu offen, zu labil und gab oft allen Parteien, in der Reihenfolge ihres Erscheinens, recht. Als Typus entsprach er durchaus der Mehrheit der hohen Parteiführer, denen es schwer gelingen wollte, den Boden der Realität unter den Füßen zu behalten.

Hitler führte die Verantwortung für das Unternehmen auf den verderblichen Einfluß Professor Haushofers zurück. Fünfundzwanzig Jahre später versicherte mir Hess im Spandauer Gefängnis allen Ernstes, daß ihm die Idee von überirdischen Kräften durch einen Traum eingegeben worden sei. Opponieren oder auch nur Hitler in Verlegenheit bringen wollte er nicht: »Wir garantieren England das Weltreich, dafür gibt es uns freie Hand in Europa...« war die Botschaft, die er mit nach England nahm, ohne sie loszuwerden; es war auch eine der beständigen Formulierungen Hitlers vor und zuweilen auch noch während des Krieges.

Wenn ich es richtig beurteile, ist Hitler über den »Treuebruch« seines Stellvertreters nie hinweggekommen. Noch einige Zeit nach dem Attentat vom 20. Juli 1944 erwähnte er im Rahmen einer seiner phantastischen Fehlbeurteilungen der Lage, zu seinen Friedensbedingungen zähle die Auslieferung des »Verräters«. Er müsse aufgehängt werden. Hess meinte, als ich ihm später davon erzählte: »Er hätte sich mit mir ausgesöhnt. Ganz bestimmt! Und glauben Sie nicht, daß er 1945, als alles zu Ende ging, manchmal dachte: ›Hess hat doch Recht‹?«

Hitler verlangte nicht nur, daß mitten im Krieg die Berliner Bauten mit aller Macht vorangetrieben würden. Er weitete auch die Zahl der Städte, die für eine Neugestaltung bestimmt waren, unter dem Einfluß seiner Gauleiter inflatorisch aus; anfangs waren es nur Berlin, Nürnberg, München und Linz, jetzt hatte er durch persönliche Erlasse weitere siebenundzwanzig Städte, darunter Hannover, Augsburg, Bremen und Weimar zu sogenannten Neugestaltungsstädten erklärt[2]. Weder ich noch sonst irgendwer wurde jemals über die Zweckmäßigkeit solcher Entscheidungen gefragt, vielmehr bekam ich lediglich eine Kopie des Erlasses zugesandt, den Hitler nach der jeweiligen Besprechung formlos veranlaßt hatte. Nach meiner damaligen Schätzung handelte es sich, wie ich Bormann am 26. November 1940 schrieb, vor allem bei den Parteivorhaben in den Neugestaltungsstädten um eine Bausumme von 22 bis 25 Milliarden Mark.

Ich glaubte durch diese Anforderungen meine Termine gefährdet. Zunächst versuchte ich durch einen Erlaß Hitlers alle Bauplanungen des Reiches unter meine Verfügungsgewalt zu bekommen; als diese Absicht aber an Bormann scheiterte, erklärte ich Hitler am 17. Januar 1941 nach einer langwierigen Krankheit, die mir Zeit gegeben hatte, über manche Probleme nachzudenken, daß es besser sei, wenn ich mich nur noch auf die mir übertragenen Bauten in Nürnberg und Berlin konzentrieren würde. Hitler stimmte augenblicklich zu: »Sie haben recht; es wäre schade, wenn Sie sich in allgemeine Dinge verlieren würden. Notfalls können Sie in meinem Namen erklären, daß ich, der Führer, Ihre Einschaltung nicht wünsche, damit Sie nicht von ihren eigentlichen künstlerischen Aufgaben zu sehr abgelenkt werden[3].«

Von dieser Vollmacht machte ich umfassenden Gebrauch und legte schon in den nächsten Tagen meine sämtlichen Parteiämter nieder. Dies mag, wenn ich den Komplex meiner damaligen Motive richtig beurteile, auch gegen Bormann gerichtet gewesen sein, der sich mir gegenüber von Beginn an ablehnend verhielt; freilich wußte ich mich ungefährdet, da Hitler mich des öfteren doch als unersetzlich bezeichnet hatte.

Gelegentlich gab ich mir eine Blöße und Bormann konnte mir, sicher zu seiner Genugtuung, aus dem Hauptquartier einen scharfen Verweis erteilen, so etwa, weil ich mit der evangelischen und katholischen Kirchenleitung in unseren neuen Berliner Stadtteilen Kirchenbauten vereinbart hatte[4]; er stellte kurz angebunden fest, daß Kirchen keinen Bauplatz zu erhalten hätten.

Als Hitler am 25. Juni 1940 durch seinen Erlaß zur »Sicherstellung des Sieges« den unverzüglichen Wiederbeginn der Berliner und Nürnberger Bauten anordnete, hatte ich Reichsminister Dr. Lammers einige Tage später mitgeteilt, daß »ich nicht beabsichtige, auf Grund dieses Führererlasses nunmehr schon während des Krieges mit der praktischen Neugestaltung Berlins... wieder neu zu beginnen«. Aber Hitler erklärte sich mit dieser Auslegung nicht einverstanden und befahl die Weiterführung der Bauarbeiten in diesem Fall sogar, obwohl ihr die öffentliche Meinung entgegenstand. Auf sein Drängen wurde entschieden, daß die Berliner und Nürnberger Bauten trotz der Kriegszeiten zu den früher angesetzten Terminen, also spätestens bis 1950, fertigzustellen seien. Ich legte auf sein Drängen ein »Sofortprogramm des Führers« fest, und Göring teilte mir daraufhin – Mitte April 1941 – die dazu notwendige Eisenmenge von jährlich 84000 Tonnen zu. Zur Tarnung vor der Öffentlichkeit lief dieses Programm unter der Bezeichnung »Kriegsprogramm Wasserstraßen und Reichsbahnbau Berlin«. Am 18. April besprach ich mit Hitler die durch diese Maßnahmen gesicherten Termine für die große Halle, das Oberkommando der Wehrmacht, die Reichskanzlei, den Führerbau: kurz, für das Zentrum seiner Macht um den »Adolf-Hitler-Platz«, an dessen schneller Errichtung er trotz des Krieges weiter am brennendsten interessiert war. Gleichzeitig wurde eine Arbeitsgemeinschaft zur Errichtung dieser Bauten gegründet, in der sieben der leistungsfähigsten deutschen Baufirmen zusammengefaßt wurden.

Auch die Gemäldeauswahl für die Linzer Galerie setzte Hitler trotz des bevorstehenden Feldzuges gegen die Sowjetunion mit der ihm eigenen Hartnäckigkeit persönlich fort. Er sandte seine Kunsthändler in die besetzten Gebiete, um dort den Bildermarkt absuchen zu lassen und entfesselte auf diese Weise bald einen Bilderkrieg zwischen seinen Händlern und denen Görings, der schärfere Formen anzunehmen begann, bis Hitler schließlich seinen Marschall zurechtwies und damit die Rangordnung auch gegenüber den Kunsthändlern ein für allemal wiederherstellte.

Große, in braunes Leder gebundene Kataloge kamen 1941 auf den Obersalzberg, mit Fotos von Hunderten von Gemälden, die Hitler persönlich auf die von ihm bevorzugten Galerien von Linz, sowie von Königsberg, Breslau und anderen Oststädten verteilte. Im Nürnberger Prozeß sah ich diese brau-

Bei unserem eintägigen Besuch im eroberten Paris besichtigten wir lange das wegen seiner Großzügigkeit berühmte, wegen seiner überladenen Ausstattung berüchtigte Treppenhaus der Pariser Oper. Hitler hatte die Führung übernommen.

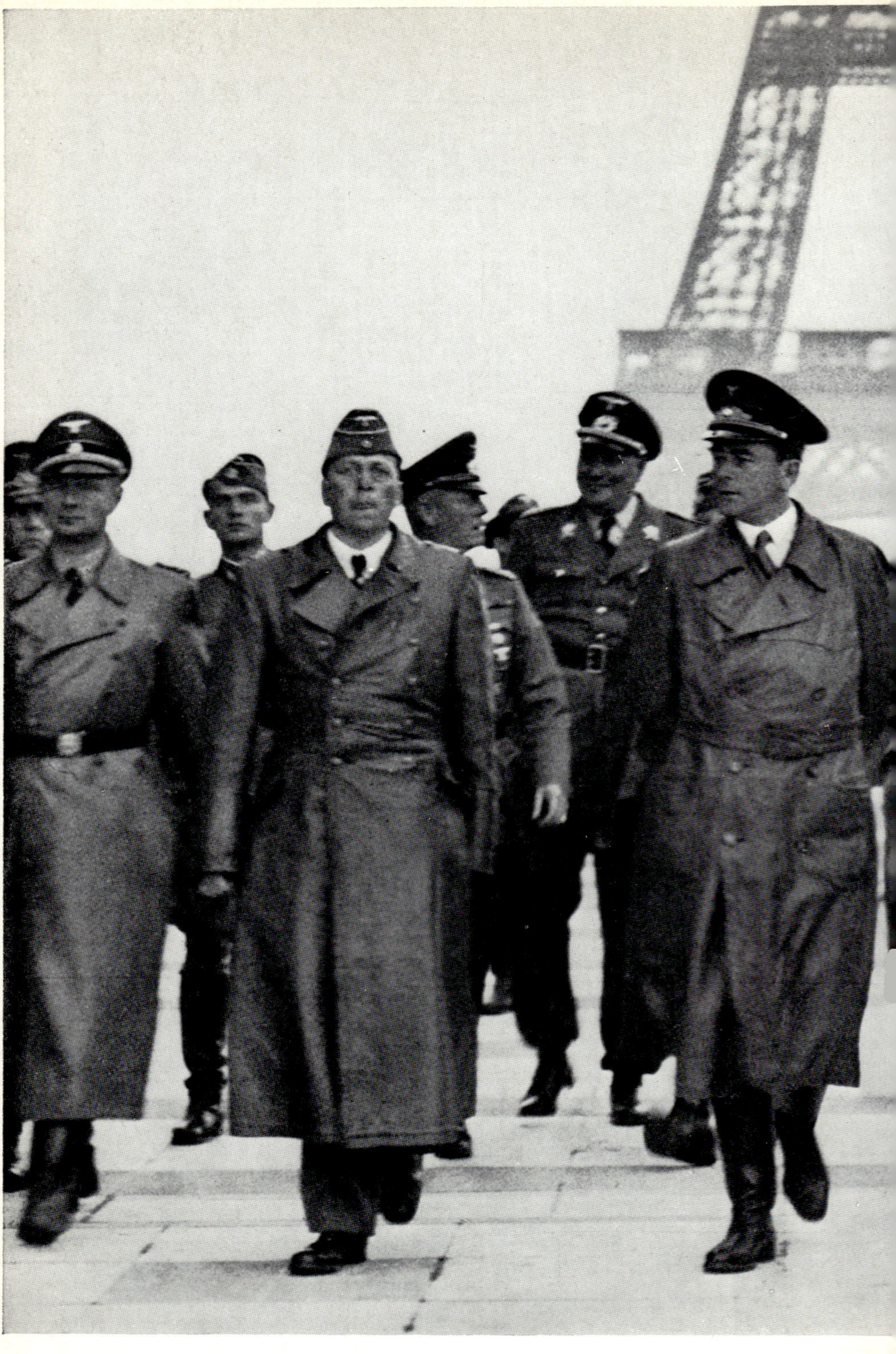

Während wir den Eiffelturm besichtigten, ließ Hitler den Bildhauer Arno Breker links, mich selber rechts neben sich gehen. Auf diesem Höhepunkt seiner Laufbahn, der Besichtigung der eroberten Hauptstadt des französischen Gegners, wollte er von Künstlern umgeben sein. Es war uns jedoch eine feldgraue Uniform angepaßt worden, die uns in den militärischen Rahmen einfügte.

Hitler kehrte nie mehr nach Paris zurück; meine Frau und ich trafen uns noch oft, sei es im Maxim, im Ritz oder im Coq Hardi, mit französischen Künstlern, unter ihnen Vlaminck, Cocteau, Despiau und Cortot, hier mit meiner Frau während eines Abendessens.

Nach dem Italienbesuch fühlte sich Hitler verpflichtet, für Mussolini eine besondere Ehrung vorzubereiten. Er legte fest, daß der Berliner »Adolf-Hitler-Platz« nach seinem Umbau im Rahmen der Neugestaltung Berlins Mussolinis Namen tragen solle. Architektonisch fand er diesen Platz zwar scheußlich, da er durch moderne Bauten der »Systemzeit« verunstaltet sei, aber: »Wenn wir nun den ›Adolf-Hitler-Platz‹ später in ›Mussolini-Platz‹ umtaufen, dann bin ich ihn los und außerdem sieht es besonders ehrenvoll aus, wenn ich gerade meinen Platz dem Duce abtrete. Ich selbst habe dafür schon ein Mussolini-Denkmal entworfen!« Es kam nicht dazu, da der bereits begonnene Umbau des Platzes nicht mehr fertig wurde.

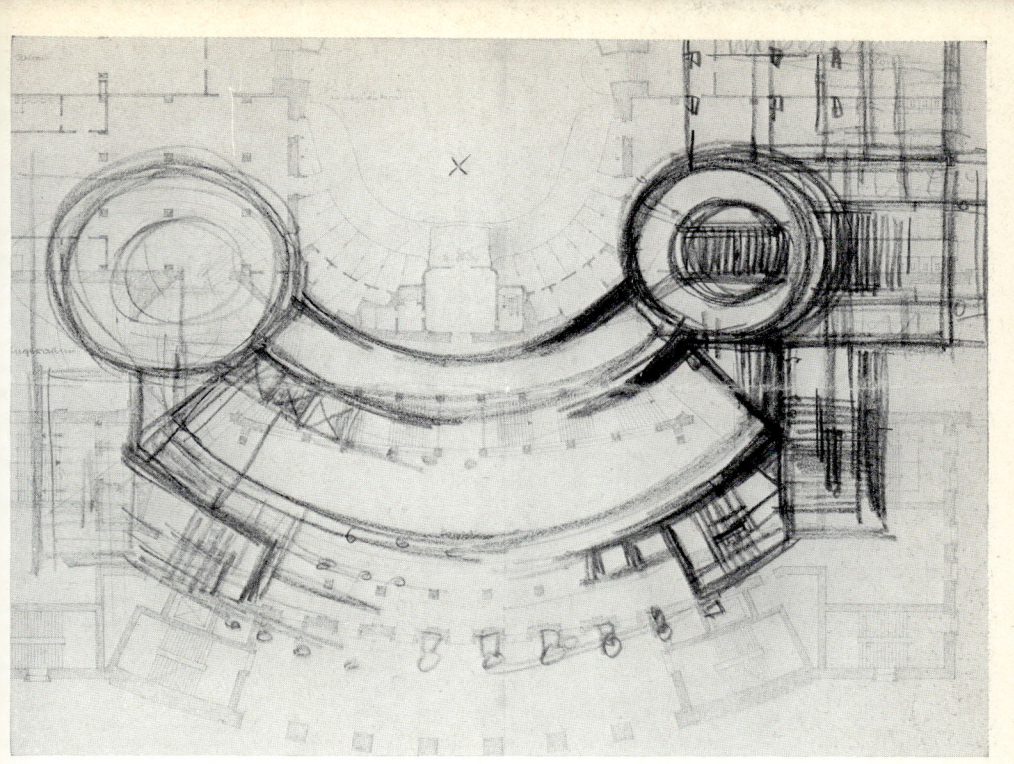

Hitlers Bauprogramm zur Umwandlung von Linz in eine »Weltstadt« sah eine Reihe repräsentativer Bauten vor, unter anderem ein großes Theater. Oft skizzierte Hitler in meiner Gegenwart mit der energischen Hand des Diktators in Rot- und Blaustift vielfach übereinander Schicht auf Schicht, bis er die ihm vorschwebende Form erzwungen hatte.

Nach den Anfangserfolgen in Rußland erhöhte Hitler auch die Zahl der Geschütze, die auf granitenem Postament den von uns vorgesehenen bildhauerischen Schmuck der Straßen ersetzen und seinen Neuschöpfungen ein martialisches Gepräge geben sollten. Vor den wichtigsten Gebäuden sollten erbeutete Panzer aufgestellt werden.

Die nach ungenauen Angaben Hitlers von Professor Wilhelm Kreis entworfene »Soldatenhalle« schien ursprünglich keinem bestimmten Zweck zu dienen. Ihre Bestimmung wurde klarer, als er nach dem Waffenstillstand mit Frankreich anordnete, daß als erstes Schaustück der Speisewagen, in dem 1918 die Niederlage Deutschlands besiegelt und in dem 1940 der Zusammenbruch Frankreichs bestätigt wurde, hier aufgestellt werden solle.

Unter der Soldatenhalle war eine Krypta für die Särge der deutschen Feldmarschälle der Vergangenheit, Gegenwart und Zukunft gedacht. Er selber aber hatte seine Begräbnisstätte in einem Turm in Linz vorgesehen.

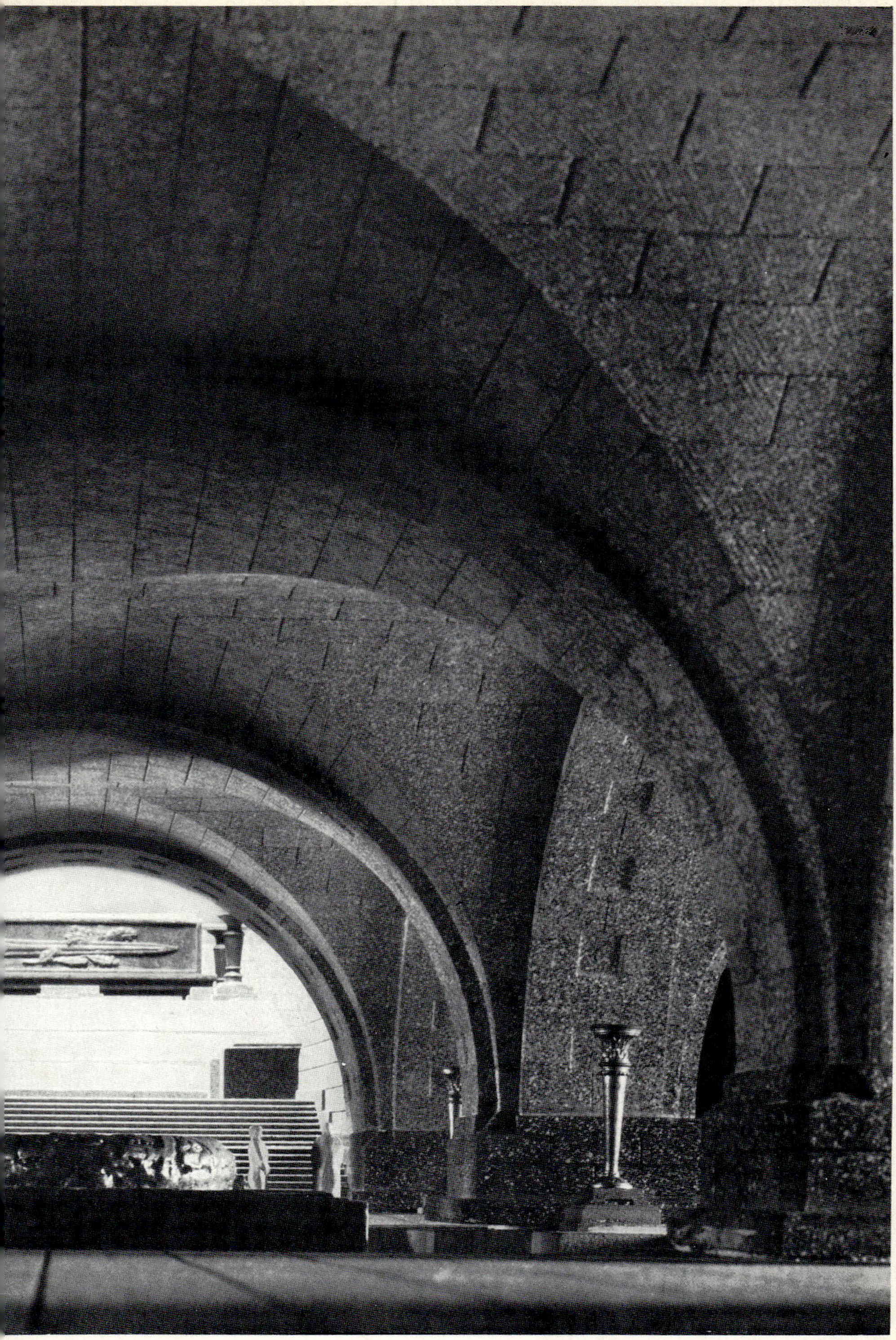

ADOLF HITLER

Hauptquartier, BERLIN, DEN 25/Juni 1940

Berlin muß in kürzester Zeit durch seine bauliche Neugestaltung den ihm durch die Größe unseres Sieges zukommenden Ausdruck als Hauptstadt eines starken neuen Reiches erhalten.

In der Verwirklichung dieser nunmehr w i c h t i g s t e n B a u a u f g a b e d e s R e i c h e s sehe ich den bedeutendsten Beitrag zur endgültigen Sicherstellung unseres Sieges.

Ihre Vollendung erwarte ich bis zum Jahre 1950.

Das Gleiche gilt auch für die Neugestaltung der Städte München, Linz, Hamburg und die Parteitagbauten in Nürnberg.

Alle Dienststellen des Reiches, der Länder und der Städte sowie der Partei haben dem Generalbauinspektor für die Reichshauptstadt bei der Durchführung seiner Aufgaben jede geforderte Unterstützung zu gewähren.

Nach der Rückkehr von Paris empfing mich Hitler erneut in der kleinen Stube seines Bauernhauses; er saß allein am Tisch: »Bereiten Sie einen Erlaß vor, in dem ich die volle Wiederaufnahme der Bauten in Berlin anordne ... War Paris nicht schön? Aber Berlin muß viel schöner werden!«

nen Bände als Material der Anklage wieder; die Bilder waren überwiegend von Rosenbergs Pariser Dienststelle in Frankreich aus jüdischem Besitz entwendet worden.

Hitler schonte die berühmten staatlichen Kunstsammlungen Frankreichs; allerdings war diese Handlungsweise nicht so uneigennützig, wie es zu sein schien, denn er stellte gelegentlich fest, daß in einem Friedensvertrag die besten Stücke aus dem Louvre als Teil einer Kriegsentschädigung an Deutschland ausgeliefert werden müßten. Für seine privaten Zwecke nutzte Hitler allerdings seine Autorität nicht aus. Von den in den besetzten Gebieten von ihm erworbenen oder von dort beschlagnahmten Gemälden behielt er persönlich kein einziges.

Göring dagegen war jedes Mittel recht, um seine Kunstsammlung gerade während des Krieges zu vermehren. In drei bis vier Reihen übereinander hingen nun in den Hallen und Räumen Karinhalls wertvolle Gemälde. Als er an den Wänden keinen Platz mehr fand, benutzte er die Decke der großen Eingangshalle, um dort eine Serie von Bildern einzulassen. Selbst am Himmel seines Prunkbettes hatte er einen lebensgroßen weiblichen Akt, Europa darstellend, anbringen lassen. Auch betätigte er selbst sich als Bildhändler: Im Obergeschoß seines Anwesens waren die Wände einer großen Halle mit Bildern bedeckt; sie stammten aus dem Besitz eines bekannten holländischen Kunsthändlers, der ihm seine Sammlung nach der Besetzung zu einem Spottpreis hatte überlassen müssen. Diese Bilder verkaufte er, wie er mir mit seinem Kinderlachen erzählte, mitten im Kriege für ein Vielfaches an die Gauleiter, dabei noch einen Zuschlag für das Renommée erhebend, das ein Gemälde »aus der berühmten Sammlung Görings« in seinen Augen besaß.

Eines Tages, etwa 1943, wurde ich von französischer Seite darauf aufmerksam gemacht, daß Göring die Vichy-Regierung bedrängte, ihm ein berühmtes Bild des Louvre im Tausch gegen einige wertlose Gemälde seiner Sammlung auszuliefern. Ich konnte, gestützt auf Hitlers Auffassung über die Unverletzlichkeit der staatlichen Sammlung des Louvre, dem französischen Mittelsmann versichern, daß er diesem Druck nicht nachzugeben brauche, daß er sich aber notfalls an mich wenden könne; Göring verzichtete. Unbeschwerten Gemütes zeigte er mir dagegen eines Tages in Karinhall den berühmten Sterzinger Altar, den Mussolini ihm nach der Einigung über Südtirol im Winter 1940 geschenkt hatte. Hitler selbst empörte sich des öfteren über die Praktiken des »Zweiten Mannes« bei der Sammlung wertvoller Kunstgüter, wagte aber nicht, Göring zur Rede zu stellen.

Gegen Ende des Krieges hatte Göring, eine seltene Ausnahme, meinen Freund Breker und mich zum Mittagessen nach Karinhall eingeladen. Das Essen war nicht zu opulent: es befremdete mich nur, daß wir zum Abschluß des Mahls einen normalen Cognac eingeschenkt erhielten, während Görings Diener ihm mit einer gewissen Feierlichkeit aus einer verstaubten alten Flasche eingoß: »Dieser ist nur für mich reserviert«, meinte er ungeniert zu seinen Gästen und verbreitete sich darüber, in welchem französischen Schloß dieser seltene Fund beschlagnahmt worden war. Anschließend zeigte er uns in aufgeräumter Laune die Schätze, die er im Keller Karinhalls geborgen hatte. Unter ihnen befanden sich wertvollste Antiken des Museums von Neapel, die vor der Räumung Ende 1943 mitgenommen worden waren. Mit dem gleichen Besitzerstolz ließ er gleichzeitig die Schränke öffnen, um uns einen Blick auf seinen Hort an französischen Seifen und Parfums werfen zu lassen, der für Jahre ausreichen mußte. Zum Abschluß dieser Schaustellung ließ er seine Sammlung von Diamanten und Edelsteinen kommen, die offenbar viele hunderttausend Mark wert war.

Hitlers Bilderkäufe hörten auf, nachdem er den Leiter der Dresdener Galerie, Dr. Hans Posse, zu seinem Bevollmächtigten für den Ausbau der Linzer Gemäldesammlung bestimmt hatte. Bis dahin hatte Hitler selbst aus den Versteigerungskatalogen die Objekte ausgewählt. Dabei war er aber gelegentlich seinem Prinzip, für eine Aufgabe jeweils zwei oder drei konkurrierende Partner zu bestimmen, zum Opfer gefallen. Denn er hatte mitunter getrennt sowohl dem Fotografen Hofmann wie einem seiner Kunsthändler den Auftrag erteilt, ohne Limit zu bieten. So übersteigerten sich die Beauftragten Hitlers noch unverdrossen, wenn bereits alle anderen Interessenten ausgefallen waren, bis mich der Berliner Auktionär Hans Lange eines Tages auf diesen bezeichnenden Sachverhalt aufmerksam machte.

Kurz nach der Ernennung Posses führte ihm Hitler seine bisherigen Ankäufe einschließlich der Grütznersammlung in seinem Luftschutzkeller, wo er die Schätze geborgen hatte, vor. Sessel wurden für Posse, Hitler und mich herbeigeschafft und Bild nach Bild von der SS-Dienerschaft vorbeigetragen. Hitler lobte seine Lieblingsgemälde mit den geläufigen Prädikaten, aber Posse ließ sich weder durch Hitlers Position noch durch dessen bezwingende Liebenswürdigkeit beeindrucken. Sachlich und unbeeinflußbar lehnte er viele dieser kostspieligen Erwerbungen ab: »Kaum brauchbar« oder »Entspricht nicht dem Rang der Galerie, wie ich sie mir vorstelle«. Wie meist, wenn sich Hitler einem Fachmann gegenüberfand, nahm er die Kritik ohne Einwand hin. Immerhin verwarf Posse die meisten Bilder der von Hitler geliebten Münchener Schule.

Mitte November 1940 erschien Molotow in Berlin. Hitler freute sich mit seiner Tafelrunde an dem herabsetzenden Bericht seines Arztes, Dr. Karl Brandt, demzufolge die Begleitung des sowjetischen Ministerpräsidenten und Außenministers aus Angst vor Bakterien alle Teller und Bestecke vor Gebrauch abkochen ließ.

In der Wohnhalle des Berghofes stand ein großer Globus, auf dem ich, einige Monate später, die Konsequenz dieser negativ verlaufenen Besprechung vermerkt fand. Bedeutungsvoll deutete einer der Wehrmachtsadjutanten auf einen einfachen Bleistiftstrich: ein Strich von Nord nach Süd, am Ural. Hitler hatte ihn zur Kennzeichnung der zukünftigen Abgrenzung seines Interessengebietes mit der japanischen Einflußsphäre eingezeichnet. Am 21. Juni 1941, dem Vortag des Angriffs auf die Sowjetunion, rief Hitler mich nach einem gemeinsamen Essen in seine Berliner Wohnhalle und ließ mir aus »Les Préludes« von Liszt ein paar Takte vorspielen: »Das werden Sie in der nächsten Zeit oft zu hören bekommen, denn es wird unsere Siegesfanfare für den russischen Feldzug sein. Funk hat sie ausgesucht. Wie gefällt sie Ihnen[5]? ... Granit und Marmor werden wir uns dort holen, soviel wir wollen.«

Hitler zeigte seine Megalomanie nun ganz offen; was sich in seinen Bauten schon seit Jahren angedeutet hatte, sollte nun durch einen neuen Krieg oder wie Hitler sagte, »mit Blut« besiegelt werden. Aristoteles schrieb einst in seiner »Politik«: »Wahr bleibt, daß die größten Ungerechtigkeiten von denen ausgehen, die das Übermaß verfolgen, nicht von denen, die die Not treibt.«

Zum 50. Geburtstag Ribbentrops im Jahr 1943 schenkten ihm einige engere Mitarbeiter eine prächtige, mit Halbedelsteinen geschmückte Kassette, die sie mit Fotokopien aller vom Außenminister abgeschlossenen Verträge und Abmachungen füllen wollten: »Wir kamen in große Verlegenheit«, meinte Botschafter Hewel, Ribbentrops Verbindungsmann zu Hitler, beim Abendessen, »als wir die Kassette füllen wollten. Es gab nur noch wenige Verträge, die wir nicht unterdessen gebrochen hatten.«

Hitler tränten die Augen vor Lachen.

Wie schon bei Kriegsbeginn, bedrückte mich auch jetzt wieder der Gedanke, im offenbar entscheidenden Stadium des Weltkrieges solche umfangreichen Bauvorhaben unter Einsatz aller Mittel durchzusetzen. Am 30. Juli 1941, also noch während des stürmischen deutschen Vormarschs in Rußland, schlug ich Dr. Todt, dem »Generalbevollmächtigten für die deutsche Bauwirtschaft« vor, alle Bauten, die nicht unbedingt kriegswichtig oder kriegsentscheidend seien, stillzulegen[6]. Todt glaubte jedoch bei dem günstigen Stand der Operationen, diese Frage noch einige Wochen zurückstellen zu können. Sie wurde überhaupt zurückgestellt, denn meine Forderung blieb bei Hitler erneut ohne Resonanz. Er lehnte jede Einschränkung ab und führte Material und Arbeitskräfte seiner privaten Bauten ebenso wenig der Rüstung zu, wie er es bei seinen Lieblingsvorhaben, den Autobahnen, den Parteibauten und den Berliner Projekten tat.

Mitte September 1941, als der Vormarsch in Rußland bereits erkennbar hinter den überheblichen Prognosen zurückgeblieben war, wurden auf Hitlers Geheiß unsere Verträge über Granitlieferungen mit Schweden, Norwegen und Finnland für meine Berliner und Nürnberger Großbauten wesentlich erhöht. An die führenden Firmen der norwegischen, finnischen, italienischen, belgischen, schwedischen und holländischen Steinindustrie wurden für dreißig Millionen RM Aufträge vergeben[7]. Um die riesigen Granitmengen nach Berlin und Nürnberg transportieren zu können, gründeten wir am 4. Juni 1941 eine eigene Transportflotte, sowie eigene Werften in Wismar und Berlin, die 1000 Kähne mit je 500 Tonnen Ladefähigkeit bauen sollten.

Mein Vorschlag, die Friedensbauten stillzulegen, blieb selbst dann noch unberücksichtigt, als sich in Rußland die Katastrophe des Winters 1941 abzuzeichnen begann. Am 29. November 1941 sagte mir Hitler ohne Umschweife: »Ich werde noch während dieses Krieges mit dem Bauen beginnen. Durch den Krieg lasse ich mich nicht abhalten, meine Pläne zu verwirklichen[8].«

Hitler bestand nicht nur auf der Durchführung seiner Baupläne; nach den Anfangserfolgen in Rußland erhöhte er auch die Zahl der Tanks, die auf granitenem Postament den bildhauerischen Schmuck der Straßen ergänzt und ihnen ein martialisches Gepräge gegeben hätten. Am 20. August 1941 teilte ich im Auftrage Hitlers dem erstaunten Admiral Lorey, dem Betreuer des Berliner Zeughauses, mit, daß beabsichtigt sei, zwischen Südbahnhof und Triumphbogen (»Bauwerk T«) etwa dreißig schwere Beutegeschütze aufzustellen. Auch an weiteren Punkten der Großen Straße und der Südachse wolle Hitler derartige Geschütze aufstellen, erklärte ich ihm, so daß der Bedarf etwa zweihundert Stück der schwersten Art betrage. Vor bedeutenden öffentlichen Gebäuden dagegen sollten besonders große Tanks aufgestellt werden.

Hitlers Vorstellungen über die staatsrechtliche Konstruktion seines »germanischen Reiches deutscher Nation« schienen zwar noch verschwommen zu sein, jedoch bestand in einem Punkt bereits Gewißheit: In unmittelbarer Nähe der norwegischen Stadt Drontheim sollte wegen der günstigen strategischen Lage der größte deutsche Marinestützpunkt, neben Werften und einer Dockanlage eine Stadt für 250 000 Deutsche, gebaut und dem deutschen Reich eingegliedert werden. Hitler hatte mir die Planung übertragen. Am 1. Mai 1941 erhielt ich von Vizeadmiral Fuchs vom Oberkommando der Kriegsmarine die notwendigen Angaben über den Raumbedarf einer großen Staatswerft. Am 21. Juni hielten Großadmiral Raeder und ich Hitler in der Reichskanzlei über das Projekt Vortrag. Anschließend legte Hitler die ungefähre Lage der Stadt fest. Auch noch ein Jahr später, am 13. Mai 1942, beschäftigte er sich mitten in einer Rüstungsbesprechung mit diesem Stützpunkt[9]. Auf Spezialkarten studierte er eingehend die voraussichtlich beste Lage für das Dock und ordnete an, daß in den Granitfelsen eine große unterirdische U-Boot-Basis gesprengt werden solle. Im übrigen ging Hitler davon aus, daß auch St. Nazaire und Lorient in Frankreich sowie die britischen Kanalinseln wegen ihrer günstigen geographischen Lage in ein zukünftiges Stützpunktsystem der Marine eingegliedert werden müßten. Völlig beliebig verfügte er über Stützpunkte, Interessen, Rechte anderer, seine Weltmachtkonzeption kannte keine Beschränkung.

In den gleichen Zusammenhang gehört seine Absicht, deutsche Städte in den von uns besetzten Gebieten der Sowjetunion zu gründen. Am 24. November 1941, also schon während der Winterkatastrophe, machte mir Gauleiter Meyer, der Stellvertreter des Reichsministers für die besetzten Ostgebiete, Alfred Rosenbergs, das Angebot, die Abteilung »Städtebau« zu übernehmen und die für die deutschen Besatzungen und die Zivilveranstaltungen vorgesehenen isolierten Städte zu planen und zu bauen. Doch lehnte ich das Angebot schließlich Ende Januar 1942 ab, weil ich fürchtete, daß eine zentrale Behörde für Stadtplanungen eine Uniformierung der Städte im Gefolge haben müsse. Ich schlug daher vor, die großen deutschen Städte einzeln mit dem Neuaufbau zu betrauen[10].

Seitdem ich zu Beginn des Krieges begonnen hatte, Bauten der Heeres- und Luftführung zu übernehmen, hatte sich diese Organisation erheblich ausgedehnt. Nach den Maßstäben, die ich einige Monate später anwenden sollte, waren die 26 000 Bauarbeiter, die Ende 1941 für unsere kriegswichtigen Programme eingesetzt waren, zwar unbedeutend. Zu diesem Zeitpunkt jedoch war ich stolz darauf, einen kleinen Beitrag zum Kriegsverlauf leisten zu können; es beruhigte gleichzeitig mein Gewissen, daß ich nicht nur für Hitlers Friedenspläne arbeitete. Am wichtigsten war das »Ju 88–Programm« der Luftwaffe, das die erweiterte Produktion des neuen zweimotorigen, weitreichenden Sturzkampfbombers ermöglichen sollte. Drei große Fabriken in Brünn, Graz und Wien, jede von ihnen größer als das Volkswagenwerk, wurden, erstmals mit Betonfertigteilen, in acht Monaten fertiggestellt. Unsere Arbeiten wurden jedoch ab Herbst 1941 durch Treibstoff-Mangel behindert. Selbst für unsere in der Dringlichkeit vorrangigen Programme mußte im September 1941 die Zuteilung auf ein Drittel, am 1. Januar 1942 sogar auf ein Sechstel des Bedarfs gedrosselt werden[11]; ein typisches Beispiel, wie sehr sich Hitler mit dem Rußlandfeldzug im Verhältnis zu seinen Möglichkeiten übernommen hatte.

Daneben war mir die Beseitigung der Bombenschäden in Berlin und der Bau von Luftschutzbunkern übertragen worden. Ohne es zu ahnen, bereitete ich mich damit bereits auf meine Tätigkeit als Rüstungsminister vor. Nicht nur, daß ich auf einer unteren Ebene Einblick in die Störungen erhielt, die der willkürliche Wechsel von Programmen und Dringlichkeitsstufen für den Ablauf der Produktion brachte, auch in die Machtverhältnisse und Unzuträglichkeiten innerhalb der Führung wurde ich auf diese Weise eingeführt. So nahm ich an einer Sitzung bei Göring teil, in deren Verlauf General Thomas gegen die übertriebenen Wirtschaftsforderungen der Führung Bedenken anmeldete. Lautstark fuhr Göring den angesehenen General an: »Was geht Sie das überhaupt an? Ich mache das, ich! Oder sind Sie vielleicht der Beauftragte für den Vierjahresplan? Sie haben mir überhaupt nichts zu sagen, denn die Regelung all dieser Fragen hat der Führer allein mir übertragen.« General Thomas konnte von seinem Chef, Generaloberst Keitel, keinerlei Unterstützung in solchen Streitfragen erhoffen, da Keitel selbst froh war, wenn er von Angriffen Görings verschont blieb. Der gut überlegte Wirtschaftsplan des Rüstungsamtes im OKW wurde infolge solcher Ursachen nicht durchgeführt; aber auch Göring hat in diesen Fragen, wie ich damals bereits erkannte, nichts unternommen. Wenn er etwas tat, stiftete er meist ein vollkommenes Durcheinander, da er sich nie die Mühe machte, die Probleme durchzuarbeiten und seine Entscheidungen meist auf impulsiver Eingebung beruhten.

Einige Monate später, am 27. Juni 1941, nahm ich als der Beauftragte für die Rüstungsbauten an einer Besprechung zwischen Milch und Todt teil. Hitler war schon davon überzeugt, daß die Russen endgültig besiegt seien und hatte daher eine vordringliche Durchführung der Luftrüstung zur Vorbereitung seiner nächsten Aktion, der Niederwerfung Englands, verfügt[12]. Milch bestand nun, wie es seine Pflicht war, auf der Einhaltung der durch Hitler festgelegten Dringlichkeit, was Dr. Todt angesichts der militärischen Lage zur Verzweiflung brachte. Denn auch er hatte einen Auftrag: die Heeresrüstung schnellstens zu steigern, doch fehlte ihm eine Verfügung Hitlers, die seinem Auftrag die notwendige Dringlichkeit gab. Am Ende der Besprechung formulierte Todt seine Machtlosigkeit: »Am besten, Herr Feldmarschall, Sie nehmen mich in Ihr Ministerium auf und ich werde Ihr Mitarbeiter.«

Im Herbst 1941 besuchte ich die Junkerswerke in Dessau, um mit Generaldirektor Koppenberg unsere Bauprogramme mit den Produktionsabsichten zu koordinieren. Anschließend führte er mich in einen verschlossenen Raum und zeigte mir eine graphische Darstellung, die die amerikanische Bomberproduktion der nächsten Jahre mit der unseren verglich. Ich fragte ihn, was denn unsere Führung zu diesen deprimierenden Vergleichszahlen sagte: »Das ist es eben, sie wollen es nicht glauben«, meinte er. Fassungslos brach er in Tränen aus. Bald darauf wurde Koppenberg als Direktor der Junkerswerke abberufen. Göring aber, der Oberbefehlshaber der in schwere Kämpfe verwickelten Luftwaffe, brachte am 23. Juni 1941, dem Tag nach dem Beginn des Angriffs auf die Sowjetunion, genügend Muße auf, um in voller Uniform mit mir die naturgroßen Modelle seines Reichsmarschallamtes zu besichtigen, die in Treptow aufgestellt waren.

Meine letzte Kunstreise für ein Vierteljahrhundert führte mich nach Lissabon, wo am 8. November eine Ausstellung »Neue deutsche Baukunst« eröffnet wurde. Zunächst sollte diese Reise mit Hitlers Flugzeug unternommen werden; als aber daraufhin trunksüchtige Kumpane aus Hitlers Umgebung, wie sein Adjutant Schaub und der Fotograf Hofmann, sich an diesem Flug beteiligen wollten, schüttelte ich mir diese Begleitung vom Halse, indem ich Hitler vorschlug, mit meinem Auto zu fahren. Ich sah alte Städte wie Burgos, Segovia, Toledo, Salamanca und besichtigte den Eskorial, eine in den Ausmaßen nur mit Hitlers Führerpalast zu vergleichende Anlage, aber eben von anderer, geistlicher Zielsetzung: Philipp II. hatte seinen Palastkern mit einem Kloster umgeben. Welch ein Unterschied zu Hitlers Bauideen: hier außerordentliche Knappheit und Klarheit, herrliche Innenräume von unübertrefflich gebändigter Form, dort Prunk und überdimensionierte Repräsentation. Zweifellos war diese fast schwermütige Schöpfung des Architekten Juan de Herrera (1530–1597) der sinistren Lage, in der wir uns unterdes befanden, eher angemessen als Hitlers triumphale Programmkunst. In diesen Stunden einsamer Betrachtung dämmerte mir erstmals, daß ich mich mit meinen Architektur-Idealen auf einen Irrweg begeben hatte.

Aufgrund dieser Reise versäumte ich den Besuch einiger Pariser Bekannten, unter ihnen Vlaminck, Derain und Despiau[13], die sich auf meine Einladung hin die Modelle unserer Berliner Planung ansahen. Offenbar hatten sie, was wir beabsichtigten und bauten, stumm zur Kenntnis genommen: die Chronik jedenfalls verzeichnet kein Wort über den Eindruck, den unsere Ausstellung auf sie machte. Ich hatte sie während meiner Pariser Aufenthalte kennengelernt und sie über meine Dienststelle mehrfach mit Aufträgen unterstützt. Kurioserweise hatten sie mehr Freiheit als ihre deutschen Kollegen. Denn als ich im Kriege den Pariser Herbstsalon besuchte, waren die Wände mit Bildern behängt, die in Deutschland als entartete Kunst gebrandmarkt worden wären. Auch Hitler hatte von dieser Ausstellung gehört. Seine Reaktion war ebenso überraschend wie logisch: »Haben wir ein Interesse an einem geistig gesunden französischen Volk? Laßt sie doch entarten! Um so besser für uns.«

Während ich mich auf meiner Reise nach Lissabon befand, hatte sich hinter den Fronten des östlichen Kriegsschauplatzes eine Verkehrskatastrophe entwickelt; die deutsche Truppenorganisation war dem russischen Winter nicht gewachsen. Überdies hatten die sowjetischen Truppen bei ihrem Rückmarsch alle Lokomotivschuppen, Wasserstationen und anderen technischen Anlagen ihres Bahnsystems gründlich zerstört. Im Erfolgsrausch des Sommers und des Herbstes, als »der russische Bär schon erledigt« schien, hatte niemand hinreichend an die Wiederherstellung dieser Anlagen gedacht, Hitler nicht begreifen wollen, daß für die Schwierigkeiten des russischen Winters auch verkehrstechnisch rechtzeitig Vorsorge getroffen werden mußte.

Von hohen Beamten der Reichsbahn, von Generalen des Heeres und der Luftwaffe hörte ich von diesen Schwierigkeiten. Daraufhin bot ich Hitler an, 30 000 der mir unterstellten 65 000 deutschen Bauarbeiter unter der Leitung meiner Ingenieure zur Wiederherstellung der Bahnanlagen einzusetzen. Unbegreiflicherweise stimmte Hitler erst nach vierzehntägigem Zögern, am 27. Dezember 1941, durch eine Verfügung zu. Statt schon Anfang November auf diesen Einsatz zu drängen, hatte er trotz der Katastrophe darauf bestanden, daß seine Triumphbauten zu den geplanten Terminen fertiggestellt werden sollten – entschlossen, vor der Wirklichkeit nicht zu kapitulieren.

Am gleichen Tag traf ich mich mit Dr. Todt in dessen bescheidenem Haus am Hintersee bei Berchtesgaden. Die gesamte Ukraine wurde mir als Tätigkeitsfeld zugewiesen, während Stäbe und Arbeiter der bis dahin leichtfertig weitergebauten Autobahnen den Bereich Rußland Mitte und Rußland Nord übernahmen. Todt war gerade von einer längeren Besichtigungsreise auf dem östlichen Kriegsschauplatz zurückgekommen; er hatte liegengebliebene Sanitätszüge gesehen, in denen die Verwundeten erfroren waren, hatte das Elend der Truppe in den durch Schnee und Kälte abgeschnittenen Dörfern und Kleinstädten sowie Unmut und Verzweiflung unter den deutschen Soldaten erlebt. Bedrückt und pessimistisch schloß er, daß wir nicht nur physisch unfähig zu derartigen Strapazen seien, sondern auch seelisch in Rußland zugrunde gehen müßten: »Es ist ein Kampf«, so fuhr er fort, »in dem die primitiven Menschen überlegen sein werden, die alles, auch die Ungunst der Witterung, aushalten. Wir sind zu empfindlich und müssen unterliegen. Am Ende werden Russen und Japaner gesiegt haben.« Auch Hitler hatte, offenbar von Spengler beeinflußt, im Frieden derartige Gedanken geäußert, wenn er von der biologischen Überlegenheit der »Sibirier und Russen« sprach; doch als der Feldzug im Osten begann, schob er sein eigenes Argument beiseite, da es seinen Absichten entgegenstand.

Hitlers ungebrochene Baulust, sein euphorisches Festhalten an seinen privaten Liebhabereien, verursachte bei seinen nachahmungssüchtigen Paladinen eine Welle ähnlicher Vorhaben und verführte eine Mehrzahl von ihnen zum Lebensstil von Siegern. Hier, so fand ich damals schon, zeigte sich Hitlers System in einem entscheidenden Punkt den demokratischen Regimes unterlegen. Denn keine öffentliche Kritik nahm sich dieser Mißstände an, niemand verlangte Abhilfe. Am 29. März 1945, in meinem letzten Brief an Hitler, erinnerte ich ihn an diese Erfahrungen: »Es war mir weh ums Herz, als ich in den Siegestagen des Jahres 1940 sah, wie wir in weitesten Kreisen der Führung unsere innere Haltung verloren. Hier war die Zeit, in der wir uns der Vorsehung gegenüber bewähren mußten durch Anstand und durch innere Bescheidenheit.«

Diese Zeilen bestätigen, selbst wenn sie fünf Jahre später geschrieben wurden, daß ich damals Fehler gesehen, unter Mißständen gelitten, Kritik geübt habe, daß ich auch von Zweifeln und Skepsis gequält war; dies alles freilich, weil ich fürchtete, daß Hitler und seine Führung den Sieg verspielen könnten.

Mitte des Jahres 1941 besichtigte Göring unsere Modellstadt am Pariser Platz. In einem gönnerhaften Augenblick machte er zu mir eine ungewöhnliche Bemerkung: »Ich habe dem Führer gegenüber geäußert«, so sagte er, »daß ich Sie nach ihm für den größten Mann halte, den Deutschland besitzt.« Jedoch glaubte er, der zweite Mann der Hierarchie, dieses Wort zugleich einschränken zu müssen: »Sie sind in meinen Augen der überhaupt größte Architekt. Ich möchte sagen, so hoch ich den Führer in seinen politischen und militärischen Fähigkeiten achte, so achte ich Sie in Ihrem architektonischen Schaffen[14].«

Nach neun Jahren als Architekt Hitlers hatte ich mich zu einer bewunderten und unangefochtenen Stellung heraufgearbeitet. Die nächsten drei Jahre sollten mir gänzlich andere Aufgaben stellen, die mich in der Tat zeitweise zum wichtigsten Mann nach Hitler machten.

Zweiter Teil

14. Kapitel

Start ins neue Amt

Sepp Dietrich, einer der frühesten Anhänger Hitlers und nun Befehlshaber eines von den Russen bedrängten SS-Panzerkorps bei Rostow in der Südukraine, flog am 30. Januar 1942 mit einer Maschine der Führer-Flugstaffel nach Dnjepropetrowsk; ich bat ihn, mich mitzunehmen. Mein Stab befand sich bereits in dieser Stadt, um die Reparatur der südrussischen Bahnanlagen vorzubereiten[1]. Auf die naheliegende Idee, mir ein Flugzeug zur Verfügung stellen zu lassen, war ich offensichtlich nicht gekommen; ein Zeichen dafür, wie gering ich meine Bedeutung im Kriegsgeschehen einschätzte.

Eng zusammengepreßt saßen wir in einem als Passagierflugzeug eingerichteten Heinkel-Bomber; unter uns die trostlosen verschneiten Ebenen Südrußlands. Auf den großen Gütern sahen wir verbrannte Scheunen und Ställe. Zu unserer Orientierung flogen wir die Eisenbahnlinie entlang: Kaum ein Zug war zu sehen, die Stationsgebäude ausgebrannt, die Werkstätten zerstört – nur selten eine Straße; auch sie waren leer von Fahrzeugen. Die Entfernungen, die wir zurücklegten, beängstigten durch eine tödliche Stille, die bis in die Maschine spürbar war. Schneeschauer unterbrachen die Eintönigkeit oder besser: sie unterstrichen sie. Der Flug brachte mir zum Bewußtsein, in welcher Gefahr die vom heimatlichen Nachschub fast abgeschnittene Truppe schwebte. In der Abenddämmerung landeten wir in Dnjepropetrowsk, der russischen Industriestadt.

Mein »Baustab Speer« – wie sich diese Gruppe von mehreren Technikern in der üblichen Bestrebung der Zeit, sachliche Aufgaben mit Personen zu verknüpfen, nannte – hatte notdürftig in einem Schlafwagen Quartier bezogen; von Zeit zu Zeit schickte eine Lokomotive etwas Dampf durch die Heizung, um deren Einfrieren zu verhindern. Ebenso kümmerlich waren die Arbeitsbedingungen in einem Speisewagen, der als Büro und Aufenthaltsraum diente. Der Wiederaufbau der Bahnstrecken gestaltete sich mühsamer, als wir gedacht hatten. Die Russen hatten alle Zwischenstationen zerstört; nirgendwo gab es noch Reparatur-Schuppen, nirgendwo frostsichere Wassertanks, nirgendwo Stationsgebäude und intakte Weichenstellanlagen. Die primitivsten Dinge, die zu Hause das Telefongespräch einer Angestellten erledigte, wurden hier zu einem Problem, auch wenn es sich nur um die Beschaffung von Nägeln oder Bauholz handelte.

Es schneite und schneite. Der Bahn- und Straßenverkehr war völlig unterbrochen, die Startbahn des Flugplatzes eingeschneit. Wir waren abgeschnitten, meine Rückreise mußte verschoben werden. Besuche unserer Bauarbeiter füllten die Zeit aus, Kameradschaftsabende fanden statt, Lieder wurden gesungen, Sepp Dietrich hielt Reden und wurde gefeiert. Ich stand dabei und traute mich in meiner rhetorischen Unbeholfenheit nicht, meinen Leuten auch nur einige Worte zu sagen. Unter den von der Heeresgruppe ausgegebenen Liedern waren sehr wehmütige, die den Drang zur Heimat und die Trostlosigkeit der russischen Weite besangen. Sie zeigten unverhüllt die seelische Anspannung, unter der diese Außenposten standen. Und doch waren sie, aufschlußreich genug, die Lieblingslieder der Truppe.

Unterdessen wurde die Lage bedenklich. Die Russen waren mit einer kleinen Panzergruppe durchgebrochen und näherten sich Dnjepropetrowsk. Besprechungen fanden statt, was wir ihnen zur Verteidigung entgegenstellen könnten. Es war so gut wie nichts vorhanden: einige Gewehre und ein liegengebliebenes Geschütz ohne Munition. Die Russen kamen auf etwa zwanzig Kilometer heran und zirkelten systemlos in der Steppe. Es geschah einer dieser in einem Kriege so typischen Fehler: sie nutzten ihre Lage nicht aus. Eine kurze Fahrt zu der langen Dnjepr-Brücke und deren Zerstörung durch Brand – sie war in der mühsamen Arbeit von Monaten in Holz wieder aufgebaut worden – hätte auf weitere Monate die südöstlich bei Rostow stehende Armee vom Winternachschub abgeschnitten.

Ich bin durchaus nicht zum Helden veranlagt, und da ich in den sieben Tagen meines Aufenthaltes ohnehin nichts hatte ausrichten können, eher durch meine Anwesenheit die Vorräte meiner Ingenieure verringerte, beschloß ich, mit einem Zug, der durch die Schneeverwehungen nach Westen durchbrechen wollte, mitzufahren. Mein Stab gab mir einen freundlichen und – wie mir schien – erleichterten Abschied. Die ganze Nacht wurde mit einigen zehn Kilometern Stundengeschwindigkeit gefahren, wieder gehalten, Schnee geschaufelt, weitergefahren. Ich mußte ein schönes Stück weiter im Westen sein, als der Zug im Morgengrauen in einen verlassenen Bahnhof einlief.

Aber es kam mir alles merkwürdig bekannt vor: verbrannte Schuppen, Dampfwolken über einigen Speise- und Schlafwagen, patrouillierende Soldaten. Ich war wieder in Dnjepropetrowsk angelangt. Der Zug war von den Schneemassen zur Umkehr gezwungen worden. Bedrückt zog ich zu dem Speisewagen meines Baustabes, wo meine Mitarbeiter nicht nur erstaunte, sondern wohl auch etwas irritierte Gesichter machten. Hatten sie doch noch, auf die Abfahrt ihres Chefs hin, bis in die frühen Morgenstunden ihre Alkoholbestände geplündert.

Am gleichen Tag, es war der 7. Februar 1942, sollte das Flugzeug, das Sepp Dietrich hergeflogen hatte, zum Rückflug starten. Flugkapitän Nein, bald Pilot meiner eigenen Maschine, war bereit, mich mitzunehmen. Schon der Weg zum Flugplatz verursachte erhebliche Schwierigkeiten. Bei vielen

Graden unter Null und klarem Himmel tobte ein Sturm, der die Schneemassen vor sich hertrieb. Russen, mit ihren wattegefütterten Oberkleidern, versuchten vergeblich, die Straße von dem meterhohen Schnee zu räumen. Als wir etwa eine Stunde zu Fuß unterwegs waren, umringten mich einige von ihnen und sprachen aufgeregt auf mich ein, ohne daß ich ein Wort verstand. Schließlich rieb einer von ihnen kurzerhand mein Gesicht mit Schnee ein. »Erfroren«, dachte ich; denn soviel wußte ich von meinen Hochgebirgsfahrten. Mein Erstaunen wuchs, als einer der Russen aus seinem verdreckten Anzug ein blütenweißes und sauber gefaltetes Taschentuch hervorzog, um mich abzutrocknen.

Mit einigen Schwierigkeiten starteten wir gegen elf Uhr auf einem schlecht von den Schneeverwehungen geräumten Flugfeld. Das Ziel der Maschine war Rastenburg in Ostpreußen, der Standort der Führerflugstaffel. Mein Ziel war zwar Berlin, aber es war nicht mein Flugzeug, und so war ich froh, daß ich wenigstens ein großes Stück mitgenommen wurde. Durch diesen Zufall kam ich zum erstenmal in das ostpreußische Hauptquartier Hitlers.

In Rastenburg rief ich irgendeinen der Adjutanten an. Wahrscheinlich würde er Hitler meine Anwesenheit melden, vielleicht wünschte dieser, mich zu sprechen. Seit Anfang Dezember hatte ich ihn nicht mehr gesehen; für mich wäre es daher eine besondere Auszeichnung gewesen, von ihm wenigstens kurz begrüßt zu werden. Mit einem der Autos der Führerkolonne wurde ich ins Hauptquartier gebracht, wo ich mich zunächst in der Eßbaracke, in der auch Hitler täglich gemeinsam mit seinen Generalen, politischen Mitarbeitern und Adjutanten speiste, gründlich satt aß. Hitler war nicht anwesend. Dr. Todt, der Minister für Bewaffnung und Munition, hatte Vortrag bei ihm, und Hitler nahm mit ihm allein das Essen in seinem privaten Eß- und Wohnraum ein. Ich besprach unterdes mit dem Heerestransportchef General Gercke und dem Befehlshaber der Eisenbahntruppen unsere Schwierigkeiten in der Ukraine.

Nach einem Abendessen im großen Kreis, an dem diesmal auch Hitler teilnahm, setzten Todt und er ihre Beratungen fort. Erst spät abends kam Todt, angestrengt und übermüdet, aus einer langen und – wie es schien – schwierigen Besprechung zurück. Er machte einen niedergeschlagenen Eindruck. Ich saß mit ihm noch einige Minuten zusammen, während er schweigsam ein Glas Wein trank, ohne auf den Grund seiner Mißstimmung einzugehen. Zufällig stellte sich bei dem schleppend geführten Gespräch heraus, daß Todt beabsichtigte, am nächsten Morgen nach Berlin zurückzufliegen und daß noch ein Platz in seiner Maschine frei sei. Er war gerne bereit, mich mitzunehmen, und ich war froh, auf diese Weise die lange Bahnfahrt zu vermeiden. Wir vereinbarten eine frühe Stunde für den Abflug, und Dr. Todt verabschiedete sich, da er versuchen wollte, noch etwas zu schlafen.

Ein Adjutant kam und bat mich zu Hitler. Es war gegen ein Uhr morgens und also die Zeit, in der wir auch in Berlin oft über unseren Plänen gesessen hatten. Hitler wirkte ebenso erschöpft und mißmutig wie Todt. Die Einrichtung seines Raumes zeigte betonte Kargheit; selbst auf die Bequemlichkeit eines Polstersessels hatte er hier verzichtet. Wir sprachen über Berliner und Nürnberger Baupläne, und Hitler wurde zusehends frischer, lebendiger. Auch seine fahle Hautfarbe schien sich zu beleben. Schließlich ließ er sich von mir erzählen, welche Eindrücke ich bei meinem Besuch in Südrußland gesammelt hatte und half mir durch interessierte Zwischenfragen weiter. Die Schwierigkeiten bei der Wiederherstellung der Bahnanlagen, die Schneestürme, das unverständliche Verhalten der russischen Panzer, die Kameradschaftsabende mit ihren wehmütigen Liedern, das alles kam nach und nach zur Sprache. Bei der Erwähnung der Lieder wurde er aufmerksam und erkundigte sich nach deren Inhalt. Ich zog den mir überlassenen Text aus der Tasche, er las und schwieg. Ich hielt die Lieder für einen verständlichen Ausdruck einer depressiv stimmenden Lage. Hitler jedoch war sogleich von dem böswilligen Wirken eines bewußten Gegners überzeugt. Er glaubte ihm durch meine Erzählung auf die Spur gekommen zu sein. Erst nach dem Kriege hörte ich, daß er gegen die für den Druck dieser Lieder Verantwortlichen ein Kriegsgerichtsverfahren angeordnet hatte.

Diese Episode war bezeichnend für sein ständiges Mißtrauen. In der Sorge, nicht die Wahrheit zu erfahren, glaubte er, aus solchen Einzelbeobachtungen wichtige Schlüsse ziehen zu können. Daher neigte er immer wieder dazu, untergeordnete Männer auszufragen, auch wenn sie keinen Überblick haben konnten. Solches mitunter berechtigte Mißtrauen war geradezu ein Lebenselement Hitlers, das ihn bis in Kleinigkeiten verfolgen konnte. Darin lag zweifellos auch eine der Wurzeln seiner Isolierung von den Ereignissen und Stimmungen an der Front; denn seine Umgebung vermied möglichst den Besuch unzuständiger Informanten.

Als ich mich um drei Uhr früh von Hitler nach Berlin abmeldete, sagte ich den Flug mit dem Flugzeug Dr. Todts ab, das fünf Stunden später starten sollte[2]. Ich war zu müde und wollte zunächst einmal ausschlafen. In meinem kleinen Schlafraum überlegte ich mir – und wer aus Hitlers Umgebung tat das nicht, wenn er mit ihm in zweistündigem Gespräch zusammen gewesen war –, welchen Eindruck ich wohl bei ihm hinterlassen hatte. Ich war zufrieden: ich hatte noch einmal Zuversicht gefaßt, zusammen mit ihm die gemeinsam geplanten Bauwerke zu errichten, deren Verwirklichung mir angesichts unserer militärischen Lage mitunter zweifelhaft geworden war. In dieser Nacht verwandelten wir unsere Pläne von einst in Realität, steigerten uns noch einmal in einen halluzinatorischen Optimismus.

Am nächsten Morgen schrillte das Telefon. Ich wurde aus tiefem Schlaf gerissen. Dr. Brandt meldete aufgeregt: »Dr. Todt ist soeben mit dem Flugzeug tödlich abgestürzt.« Von diesem Augenblick an war für mich alles anders.

Mein Verhältnis zu Dr. Todt war in den letzten Jahren zusehends enger geworden. Mit ihm verlor ich einen älteren, abwägenden Kollegen. Manches Gemeinsame zog uns an: wir stammten beide aus vermögenden, bürgerlichen Verhältnissen, waren badische Landsleute und hatten ein technisches Studium abgeschlossen. Wir liebten die Natur, das Leben auf den Hütten, die Skiwanderungen – und teilten die heftige Abneigung gegen Bormann. Todt bekam mit ihm schon deshalb ernsthafte Streitigkeiten, weil Hitlers Sekretär durch seine Straßenbauten die Landschaft um den Obersalzberg verunstaltete. Des öfteren war ich mit meiner Frau bei ihm zu Gast: Todts lebten in einem kleinen, bescheidenen Haus, abseits beim Hintersee im Berchtesgadener Land; niemand hätte dort den berühmten Straßenbauer und Schöpfer der Autobahnen vermutet.

Dr. Todt war einer der ganz wenigen bescheidenen, unaufdringlichen Charaktere in dieser Regierung; ein Mensch, auf den man sich verlassen konnte, einer, bei dem man vor Intrigen sicher war. Mit seiner Mischung aus Sensibilität und Nüchternheit, wie man sie gerade bei Technikern häufig antrifft, paßte er nur schwer in die Führungsschicht des nationalsozialistischen Staates. Er lebte einsam, zurückgezogen, ohne persönliche Kontakte mit den Parteikreisen — selbst zu Hitlers Tafelrunden erschien er höchst selten, obwohl er dort willkommen gewesen wäre. Gerade seine Zurückhaltung verlieh ihm besonderes Ansehen; wohin er kam, sah er sich im Mittelpunkt des Interesses. Auch Hitler bezeugte ihm und seiner Leistung eine bis an die Grenzen der Verehrung gehende Hochachtung; während Todt sich ihm gegenüber seine persönliche Unabhängigkeit bewahrt hatte, obwohl er ein loyaler Parteigenosse der frühen Jahre war.

Im Januar 1941, als ich mit Bormann und Giessler Schwierigkeiten hatte, schrieb Todt mir einen ungewöhnlich offenen Brief, der eine resignierende Einstellung zu der Arbeitsweise der nationalsozialistischen Führungsschicht erkennen ließ: »Vielleicht hätten Ihnen meine Erfahrungen und die bittern Enttäuschungen mit all den Menschen, mit denen man eigentlich zusammenarbeiten müßte, die Möglichkeit gegeben, auch Ihr Erleben als ein zeitbedingtes zu sehen, und vielleicht hätte Ihnen der Standpunkt, zu dem ich mich allmählich durchgerungen habe, innerlich etwas geholfen: daß bei so großem Geschehen ... jede Aktivität ihre Opposition hat, jeder Handelnde seine Rivalen und leider auch jeder seine Gegner, aber nicht, weil die Menschen Gegner sein wollen, sondern weil die Aufgaben und die Verhältnisse Ursache sind, daß andere Menschen einen anderen Standpunkt einnehmen müssen. Vielleicht haben Sie gleich in jungen Jahren den besseren Weg gewählt, all das abzuschütteln, während ich mich damit herumplage[3].«

Beim Frühstück im Eßraum des Führerhauptquartiers wurde lebhaft diskutiert, wer als Nachfolger Dr. Todts in Frage kommen könne. Alle waren sich einig, daß er nicht zu ersetzen sei: hatte Dr. Todt doch die Stellung von drei Ministern inne; er war im Range eines Ministers der oberste Chef des gesamten Straßenbaus, der Chef aller Wasserstraßen, Flüsse und Meliorationen und aller Kraftwerke und überdies als Beauftragter Hitlers Minister für Bewaffnung und Munitionsbeschaffung des Heeres. In Görings Vierjahresplan leitete er die Bauwirtschaft und hatte außerdem die Organisation Todt geschaffen, die den Westwall und die U-Boot-Bunkeranlagen am Atlantik errichtete, sowie die Straßen in den besetzten Gebieten von Nord-Norwegen bis Süd-Frankreich und in Rußland baute.

So hatte Todt im Laufe der letzten Jahre in seiner Hand die wichtigsten technischen Aufgaben zusammengefaßt. Zunächst noch der Form nach in verschiedene Ämter getrennt, stellte seine Konstruktion das zukünftige technische Ministerium dar, um so mehr, als er in der Parteiorganisation das Hauptamt der Technik und gleichzeitig die Leitung des Spitzenverbandes aller technischen Vereine und Verbände innehatte.

Mir war bereits in diesen Stunden klar, daß mir ein wichtiges Teilgebiet von Todts umfassenden Aufgaben zufallen würde. Denn schon im Frühjahr 1939, auf einer seiner Besichtigungsfahrten zum Westwall, bemerkte Hitler, daß er mir seine Bauaufgaben zu übergeben gedenke, falls Todt etwas zustoßen sollte. Später, im Sommer 1940, empfing er mich offiziell im Arbeitszimmer der Reichskanzlei, um mir zu eröffnen, daß Todt überlastet sei. Daher habe er sich entschlossen, mir das gesamte Bauwesen, auch die Bauten am Atlantik, zu übergeben. Ich hatte damals Hitler überzeugen können, daß es besser sei, wenn Bau und Rüstung in einer Hand blieben, da sie eng miteinander verbunden seien. Hitler war nicht mehr darauf zurückgekommen, und ich hatte zu niemanden darüber gesprochen. Das Angebot hätte nicht nur Todt verletzen, sondern auch sein Ansehen beeinträchtigen müssen[4].

Auf einen Auftrag dieser Art war ich daher gefaßt, als ich zu üblich später Stunde, etwa um ein Uhr mittags, als erster zu Hitler gerufen wurde. Bereits das Gesicht seines Chefadjutanten Schaub drückte Wichtigkeit aus. Hitler empfing mich, im Gegensatz zum Abend vorher, offiziell als Führer des Reiches. Stehend, ernst und formell, nahm er mein Beileid entgegen, erwiderte nur wenig und sagte dann ohne Umschweife: »Herr Speer, ich ernenne Sie zum Nachfolger von Minister Dr. Todt in allen seinen Ämtern.« Ich war bestürzt. Er gab mir bereits die Hand und wollte mich verabschieden. Ich jedoch glaubte, daß er sich ungenau ausgedrückt habe und antwortete daher, daß ich mir Mühe geben werde, Dr. Todt in seinen Bauaufgaben zu ersetzen. »Nein, in allen seinen Ämtern, auch als Munitionsminister.« — »Aber ich verstehe doch nichts von...«, warf ich ein. »Ich habe das Zutrauen zu Ihnen, daß Sie es schaffen werden«, schnitt Hitler mir die Rede ab, »außerdem habe ich keinen anderen! Setzen Sie sich sofort mit dem Ministerium in Verbindung und fangen Sie an!« — »Dann müssen Sie, mein Führer, das befehlen, denn ich kann nicht dafür einstehen, daß ich diese Aufgabe meistern werde.« In knappen Worten erteilte Hitler mir daraufhin den Befehl, den ich wortlos annahm.

Ohne ein persönliches Wort, wie es bis dahin zwischen uns gang und gäbe gewesen war, wandte sich Hitler anderer Arbeit zu. Ich verabschiedete mich und hatte eine erste Probe unseres von nun an veränderten Arbeitsstiles erlebt. Bisher hatte Hitler mir als Architekt in gewissem Sinne eine kollegiale Zuneigung bewiesen; jetzt begann spürbar eine neue Phase, in der er vom ersten Augenblick an den Abstand einer dienstlichen Beziehung zu dem ihm untergebenen Minister schuf.

Als ich mich zur Tür wandte, kam Schaub herein: »Der Herr Reichsmarschall ist da und möchte Sie, mein Führer, dringend sprechen. Er ist nicht bestellt.« Hitler sah ihn verdrossen und lustlos an: »Lassen Sie ihn hereinkommen.« Und zu mir gewandt: »Bleiben Sie noch hier.« Schwungvoll trat Göring ein und begann nach einigen kondolierenden Worten mit Vehemenz: »Am besten, ich werde die Aufgaben von Dr. Todt im Vierjahresplan übernehmen. Dies würde die Reibungen und Schwierigkeiten vermeiden, die sich in der Vergangenheit aus seiner Stellung zu mir ergaben.«

Göring kam vermutlich mit seinem Sonderzug von seinem Jagdsitz in Rominten, etwa hundert Kilometer von Hitlers Hauptquartier entfernt. Da das Unglück sich um halb zehn Uhr ereignet hatte, mußte er sich sehr beeilt haben.

Hitler ging auf Görings Angebot mit keinem Wort ein: »Ich habe den Nachfolger Todts bereits ernannt. Hier, Reichsminister Speer hat ab sofort alle Ämter Dr. Todts übernommen.« Die Sprache war so bestimmt, daß sie jede Widerrede ausschloß. Göring schien erschrocken und konsterniert. Nach einigen Sekunden hatte er sich wieder gefaßt, ging jedoch auf Hitlers Eröffnung, verstimmt und distanziert, mit keinem Wort ein: »Sie sind doch einverstanden, mein Führer, daß ich nicht an der Beerdigung Dr. Todts teilnehme? Sie wissen, welche Auseinandersetzungen ich mit ihm hatte. Es ist mir unmöglich, dabei zu sein.« Ich weiß nicht mehr genau, was Hitler darauf antwortete, da ich begreiflicherweise über diese erste dienstliche Besprechung meiner Ministerlaufbahn sprachlos war. Jedoch erinnere ich mich, daß Göring schließlich zusagte, an der Trauerfeier teilzunehmen, damit sein Zerwürfnis mit Todt nicht bekannt würde. Bei der Bedeutung, die das System formalen Äußerlichkeiten einräumte, hätte es zu ungewöhnlich und auffällig gewirkt, wenn der zweite Mann des Staates beim Staatsakt zu Ehren eines toten Ministers nicht erschienen wäre.

Es konnte kein Zweifel sein, daß Göring versucht hatte, Hitler im ersten Anlauf zu überrennen, und ich vermutete damals schon, daß Hitler dies erwartet und daher unverzüglich meine Ernennung vollzogen hatte.

Dr. Todt konnte seinen von Hitler gegebenen Auftrag als Rüstungsminister nur durch direkte Befehle an die Industrie erfüllen; Göring dagegen fühlte sich als Beauftragter des Vierjahresplanes für die gesamte Kriegswirtschaft verantwortlich. Er und sein Apparat setzten sich daher gegen das selbständige Handeln Todts zur Wehr. Mitte Januar 1942, etwa vierzehn Tage vor seinem Tod, hatte Todt an einer kriegswirtschaftlichen Sitzung teilgenommen, in deren Verlauf er von Göring derart angefahren worden war, daß er noch am gleichen Nachmittag Funk erklärte, er könne nicht weiter mitmachen. Bei derartigen Anlässen wirkte es sich für Todt nachteilig aus, daß er die Uniform eines Generalmajors der Luftwaffe trug und damit trotz seines Ministeramtes in der militärischen Rangordnung ein Untergebener Görings war.

Eines war mir nach dieser kurzen Besprechung klar: Göring würde nicht mein Bundesgenosse sein, aber Hitler schien bereit, mich zu unterstützen, falls ich mit Göring Schwierigkeiten bekommen sollte.

Nach außen zeigte Hitler sogleich nach dem Todesfall die stoische Ruhe eines Mannes, der in seiner Arbeit mit solchen Zwischenfällen rechnen muß. Ohne Indizien zu nennen, äußerte er in den ersten Tagen den Verdacht, daß es bei diesem Unglück nicht mit rechten Dingen zugegangen sein könne; er halte eine erfolgreiche Aktion der Geheimdienste für möglich. Diese Auffassung wich jedoch bald einer ärgerlichen, oft geradezu nervösen Reaktion, wenn dieses Thema in seiner Gegenwart angeschnitten wurde. In solchen Fällen konnte Hitler schroff erklären: »Ich will davon nichts mehr hören. Ich verbiete, daß man sich damit noch beschäftigt«, mitunter fügte er hinzu: »Sie wissen, mich rührt dieser Verlust noch heute zu sehr, als daß ich darüber sprechen will.«

Auf Hitlers Befehl wurde durch das Reichsluftfahrtministerium ermittelt, ob ein Sabotageakt für den Absturz des Flugzeugs verantwortlich sein könne. Die Untersuchung kam zu dem Ergebnis, daß zwanzig Meter über dem Boden die Maschine mit einer nach oben schießenden Stichflamme explodiert sei. Der Bericht des Feldgerichtes, dem seiner Wichtigkeit entsprechend ein General der Flieger vorsaß, schloß trotzdem mit der eigentümlichen Feststellung: »Es hat sich insbesondere kein Sabotageverdacht ergeben. Weitere Maßnahmen sind daher weder erforderlich noch beabsichtigt[5].« Dr. Todt hatte übrigens nicht allzu lange vor seinem Tode in seinem Panzerschrank eine größere Geldsumme hinterlegt, die für seine langjährige persönliche Sekretärin bestimmt war. Er hatte gemeint: falls ihm etwas zustoßen sollte.

Welches Risiko und welcher Leichtsinn lagen in Hitlers spontaner Wahl bei dieser Besetzung eines der drei oder vier Ministerien, von denen die Existenz seines Staates abhing. Ich war ein typischer Außenseiter, sowohl für die Armee, als auch für die Partei und die Wirtschaft, hatte noch nie in meinem Leben etwas mit Heereswaffen zu tun gehabt, denn ich war nie Soldat gewesen und hatte bis dahin noch nicht einmal, etwa als Jäger, ein Gewehr benutzt. Es entsprach zwar der Neigung Hitlers zum Dilettantismus, daß er sich mit Vorliebe unfachmännische Mitarbeiter aussuchte. Immerhin hatte er bis dahin bereits einen Weinhändler zum Außenminister, seinen Parteiphilosophen zum Ostminister und beispielsweise einen Kampfflieger zum Herrn über die gesamte Wirtschaft bestellt; nun machte er ausgerechnet einen Architekten zu seinem Rüstungsminister. Zweifellos zog es Hitler vor, die Führungspositionen mit Laien zu besetzen; Fachleuten, wie beispielsweise Schacht, hat er zeitlebens mißtraut.

Daß es mich am Vorabend ins Hauptquartier verschlagen und ich den gemeinsamen Flug mit Todt abgesagt hatte, so daß meine Laufbahn nach dem Tode Professor Troosts nun zum zweitenmal durch das Ableben eines anderen bestimmt wurde, sah Hitler als besonders auffällige Fügung der Vorsehung an. Als ich später erste Erfolge hatte, betonte er oft, daß Todt verunglücken mußte, um die Rüstung auf eine erhöhte Leistung zu bringen.

Im Vergleich zu dem unbequemen Dr. Todt handelte sich Hitler zweifellos zunächst in mir ein eher willfähriges Werkzeug ein; insofern entsprach dieser Wechsel auch jenem Gesetz negativer Auslese, das Hitlers Umgebung bestimmte. Denn da er Widerspruch regelmäßig durch die Wahl eines Erbötigeren beantwortete, schuf er sich in einem langjährigen Prozeß eine Umgebung, die immer williger seinen Ausführungen zustimmte und sie immer bedenkenloser in die Tat umsetzte.

Die Historiker schenken heute meiner Tätigkeit als Rüstungsminister einige Aufmerksamkeit und sind geneigt, im Vergleich dazu meine Berliner und Nürnberger Baupläne als nebensächlich zu behandeln. Für mich aber blieb meine Tätigkeit als Architekt auch weiterhin meine Lebensaufgabe; meine überraschende Ernennung faßte ich als eine unfreiwillige Unterbrechung auf Kriegszeit, als eine Art Kriegsdienst auf. Ich sah die Möglichkeit, als Architekt Hitlers zu Ruf und auch zu Ruhm zu gelangen, während die Bedeutung selbst eines wichtigen Ministers von der Glorie, die Hitler verbreitete, gänzlich aufgesogen werden mußte. Daher verlangte ich sehr bald schon von Hitler die Zusage, mich nach dem Kriege wieder zu seinem Architekten zu bestellen[6]. Daß ich das für notwendig hielt, zeigt, in welcher Abhängigkeit man sich von Hitlers Willen selbst in seinen persönlichsten Entscheidungen fühlte. Hitler stimmte ohne Zögern zu; auch er glaubte, daß ich als sein erster Architekt ihm und seinem Reiche wertvollste Dienste leisten würde. Wenn er bei solcher Gelegenheit von seinen Zukunftsplänen sprach, äußerte er manchmal sehnsüchtig: »Da werden wir beide uns für einige Monate zurückziehen, um alle Baupläne noch einmal durchzugehen.« Doch wurden solche Bemerkungen bald überaus selten.

Als erste Reaktion auf meine Ernennung zum Minister kam von Berlin am 9. Februar der persönliche Referent Todts, Oberregierungsrat Konrad Haasemann, in das Führerhauptquartier geflogen. Es gab einflußreichere und wichtigere Mitarbeiter Todts, verärgert legte ich daher diese Entsendung als Versuch aus, meine Autorität auf die Probe zu stellen. Haasemann machte mich sogleich darauf aufmerksam, daß ich über ihn die Eigenschaften meiner zukünftigen Mitarbeiter kennenlernen könne; ich erklärte kurz, daß ich mir selbst ein Bild zu machen gedenke. Am selben Abend fuhr ich mit dem Nachtzug nach Berlin. Die Vorliebe für das Flugzeug war mir zunächst vergangen.

Als ich am nächsten Morgen die Vorstädte der Reichshauptstadt mit ihren Fabriken und Gleisanlagen durchfuhr, überkam mich die Sorge, ob ich dieser fremden und riesigen technischen Aufgabe gewachsen sein würde. Ich hegte beträchtliche Zweifel, dem neuen Amt, den sachlichen Schwierigkeiten und den persönlichen Anforderungen an einen Minister gewachsen zu sein. Als der Zug auf dem Schlesischen Bahnhof einfuhr, hatte ich starkes Herzklopfen und fühlte mich schwach.

Denn nun sollte ausgerechnet ich in diesem Kriegsgeschehen eine Schlüsselstellung einnehmen, obwohl ich im Umgang mit fremden Menschen eher schüchtern war, mir die Gabe fehlte, frei in Versammlungen aufzutreten und es mir selbst in Sitzungen schwerfiel, meine Gedanken präzise und verständlich auszudrücken. Was würden die Generale des Heeres sagen, wenn ich, als Nichtsoldat und Künstler abgestempelt, ihr Partner sein würde? Tatsächlich bereiteten mir Fragen des persönlichen Auftretens und meiner Autorität zunächst ebensoviele Sorgen wie die fachlichen Aufgaben.

Ein nicht geringeres Problem erwartete mich in der Verwaltung meines neuen Arbeitsbereiches; es war mir bewußt, daß ich von den alten Mitarbeitern Todts als Eindringling betrachtet werden würde. Sie kannten mich zwar als guten Bekannten ihres Chefs, aber sie kannten mich auch als Bittsteller, der sie oft wegen der Zuteilung von Baukontingenten aufgesucht hatte. Seit Jahren waren sie Dr. Todt auf das engste verbunden gewesen.

Gleich nach meiner Ankunft machte ich allen wichtigen Mitarbeitern auf den Zimmern Besuch und ersparte ihnen damit, sich bei mir melden zu müssen. Auch ordnete ich an, daß im Arbeitsraum Dr. Todts, obwohl dessen Einrichtung nicht meinem Geschmack entsprach, während meiner Amtszeit nichts verändert werden solle[7].

Am Morgen des 11. Februar 1942 hatte ich am Anhalter Bahnhof feierlich den Sarg mit den Überresten Todts zu empfangen. Mich erschütterte diese Zeremonie ebenso wie die am nächsten Tag abgehaltene Totenfeier in dem von mir erbauten Mosaiksaal der Reichskanzlei – mit einem zu Tränen gerührten Hitler. Während einer schlichten Feier am Grabe versicherte mir Dorsch, einer der engsten Mitarbeiter Todts, feierlich seine Loyalität. Zwei Jahre später, als ich schwer erkrankt war, verwickelte er sich in ein von Göring angeführtes Intrigenspiel gegen mich.

Meine Arbeit nahm sofort ihren Anfang. Der Staatssekretär des Luftfahrtministeriums, Generalfeldmarschall Erhard Milch, bat mich zu einer Sitzung in den großen Saal des Luftfahrtministeriums, die am Freitag, dem 13. Februar, vorgesehen war und in der mit den drei Wehrmachtsteilen sowie mit der Wirtschaft gemeinsame Probleme der Rüstung besprochen werden sollten. Auf meine Frage, ob diese Sitzung nicht verschoben werden könne, da ich mich erst einarbeiten müsse, antwortete Milch, wie es seiner burschikosen Art und unserem guten Verhältnis entsprach, mit einer Gegenfrage: Es wären schon vom ganzen Reich die wichtigsten Industriellen unterwegs; ob ich etwa kneifen wolle. Ich sagte zu. Am Vortag wurde ich zu Göring gerufen. Es war mein erster Besuch bei ihm als Minister. Herzlich sprach er von dem guten Verhältnis, das er zu mir als seinem Architekten gehabt habe. Er hoffe, daran werde sich nichts ändern. Göring konnte, wenn er wollte, von einer bezwingenden, wenn auch etwas erhabenen Liebenswürdigkeit sein. Dann aber präsentierte er seine Forderung: Er habe eine schriftliche Vereinbarung mit meinem Vorgänger gehabt. Die gleiche Urkunde sei auch für mich vorbereitet, er werde sie mir zur Unterschrift zusenden. In ihr sei festgelegt, daß ich mit meinem Auftrag für das Heer nicht in Fragen des Vierjahresplanes eingreifen könne. Er schloß unsere Aussprache mit der dunklen Wendung, daß ich im übrigen in der Sitzung bei Milch weiteres erfahren werde. Ich gab keine Antwort und beendete die Besprechung in dem gleichen auf Herzlichkeit gestellten Tone. Da der Vierjahresplan die gesamte Wirtschaft umfaßte, wäre ich mit der von Göring vorgesehenen Vereinbarung handlungsunfähig geworden.

Ich witterte, daß mich in der Sitzung bei Milch etwas Ungewöhnliches erwartete. Da ich mich noch keineswegs sicher fühlte, eröffnete ich Hitler, der sich noch in Berlin befand, meine Bedenken. Nach dem Eindruck, den Göring anläßlich meiner Ernennung bei ihm hinterlassen haben mußte, konnte ich auf Verständnis rechnen. »Gut«, meinte er, »wenn irgend etwas gegen Sie unternommen wird, oder wenn Sie Schwierigkeiten haben, dann brechen Sie die Sitzung ab und laden die Teilnehmer in den Kabinettssitzungssaal. Ich werde dann den Herren das Notwendige sagen.«

Der Kabinettssitzungssaal galt als ein »geheiligter Ort«, dort empfangen zu werden, mußte einen tiefen Eindruck machen. Daß aber Hitler sich mit einer Ansprache an diesen Kreis wenden wollte, mit dem ich in Zukunft zusammenzuarbeiten hatte, war eine Aussicht, wie ich sie mir für den Start nicht besser wünschen konnte.

Der große Sitzungssaal des Luftfahrtministeriums war gefüllt; dreißig Personen waren anwesend: die wichtigsten Männer der Industrie, unter ihnen Generaldirektor Albert Vögler, Wilhelm Zangen, der Leiter des Reichsverbandes Deutscher Industrie, der Chef des Ersatzheeres Generaloberst Ernst Fromm, mit dem ihm unterstellten Chef des Heereswaffenamtes General Leeb, Generaladmiral Witzell, Rüstungs-Chef der Marine, General Thomas als der Chef des Wehrwirtschafts- und Rüstungsamtes des OKW, Walter Funk als Reichswirtschaftsminister, verschiedene Generalbevollmächtigte des Vierjahresplanes sowie andere wichtige Mitarbeiter Görings. Milch übernahm als Vertreter des Hausherrn den Vorsitz. Er bat Funk auf seine rechte, mich auf seine linke Seite. In kurzen einführenden Worten erläuterte er die Schwierigkeiten, die durch das Gegeneinander der drei Wehrmachtsteile in der Rüstungswirtschaft entstanden seien. Vögler von den Vereinigten Stahlwerken folgte mit außerordentlich vernünftigen Darlegungen, wie durch Befehle und Gegenbefehle, durch Streitigkeiten über Dringlichkeitsstufen sowie durch den beständigen Wechsel der Prioritäten die Wirtschaft in ihrer Produktion gestört werde. Immer noch seien ungenutzte Reserven vorhanden, die im Hin und Her nicht zum Vorschein kämen, so daß es an der Zeit sei, klare Verhältnisse zu schaffen. Einer müsse das alles entscheiden. Wer das sei, interessiere die Industrie nicht.

Danach nahmen Generaloberst Fromm für das Heer und Generaladmiral Witzell als Vertreter der Marine das Wort und schlossen sich trotz einiger Vorbehalte den Ausführungen Vöglers an. Auch die übrigen Teilnehmer äußerten sich im gleichen Sinne, wobei der Wunsch nach einer Person zum Ausdruck kam, die intern die Führung übernehmen solle. Schon während meiner Tätigkeit für die Luftrüstung hatte auch ich die Dringlichkeit dieser Forderung erkannt.

Schließlich stand Reichswirtschaftsminister Funk auf und wandte sich unmittelbar an Milch: Wir seien ja alle einig, meinte er, der Verlauf der Sitzung habe es gezeigt. Es könne sich nur noch darum handeln, wer dieser Mann sei: »Wer wäre da besser geeignet als Sie, lieber Milch, der Sie doch das Vertrauen Görings, unseres verehrten Reichsmarschalls, besitzen. So glaube ich, im Namen aller zu sprechen, wenn ich Sie bitte, diese Aufgabe zu übernehmen«, rief er, für diesen Kreis etwas zu pathetisch, aus.

Das war zweifellos verabredet. Noch während Funk sprach, flüsterte ich Milch ins Ohr: »Die Sitzung wird im Kabinettssitzungssaal fortgesetzt. Der Führer will über meine Aufgaben sprechen.« Milch, klug und schnell erfassend, antwortete auf den Vorschlag Funks, daß ihn das Vertrauen sehr ehre, daß er aber nicht annehmen könne[8].

Ich nahm nun das erstemal das Wort: Ich übermittelte die Einladung des Führers und stellte gleichzeitig fest, daß die Diskussion am Donnerstag, dem 19. Februar, in meinem Ministerium fortgesetzt werde, da es sich dabei wohl um meine Aufgabe handle. Milch schloß die Sitzung.

Später gab Funk mir gegenüber zu, daß am Vortage der Sitzung Billy Körner, Görings Staatssekretär und Vertrauter im Vierjahresplan, ihn gedrängt habe, Milch als Entscheidungsbevollmächtigten vorzuschlagen. Funk hielt es für selbstverständlich, daß ihn Körner nicht ohne Wissen Görings darum bitten konnte.

Allein Hitlers Einladung mußte den in das bisherige Kräfteverhältnis Eingeweihten verständlich machen, daß ich von einer stärkeren Position ausging, als sie mein Vorgänger je besessen hatte.

Nun mußte Hitler seine Zusage wahrmachen. Er ließ sich in seinem Arbeitszimmer kurz von mir unterrichten, bat mich darauf, ihn einige Augenblicke allein zu lassen, da er sich Notizen machen wolle. Dann ging er mit mir in den Kabinettssaal und ergriff sogleich das Wort.

Etwa eine Stunde lang sprach Hitler. Weitschweifig ließ er sich über die Aufgaben der Kriegswirtschaft aus, betonte, wie wichtig eine wesentliche Steigerung der Rüstungsproduktion sei, sprach von den wertvollen Kräften, die es in der Industrie zu mobilisieren gelte und erwähnte den Konflikt mit Göring erstaunlich offen: »Dieser Mann kann nicht im Rahmen des Vierjahresplans die Rüstung wahrnehmen.« Es sei notwendig, so fuhr Hitler fort, diese Aufgabe vom Vierjahresplan zu trennen und sie mir zu geben. Es werde einem ein Amt gegeben und dann wieder genommen; das käme eben vor. Die Kapazitäten für eine Mehrproduktion seien vorhanden, aber vieles sei vernachlässigt. Im Gefängnis erzählte mir Funk, daß sich Göring diesen Ausspruch Hitlers, der einer Entmachtung gleichkam, während des Nürnberger Prozesses schriftlich geben ließ, um sich von der Anklage des Zwangsarbeitereinsatzes zu entlasten.

Hitler vermied es, das Problem einer einheitlichen Spitze für die Gesamtrüstung zu berühren; wie er auch nur von der Heeres- und Marinerüstung sprach, die Lufrüstung also bewußt ausklammerte. Ich hätte mich auch gehütet, ihm diesen Streitpunkt darzustellen, da es sich hierbei um eine politische Entscheidung handelte, nach den Gepflogenheiten des Systems also nur Unklarheiten zu erwarten waren. Hitler schloß seine Ansprache mit einem Appell an die Teilnehmer: er schilderte zunächst meine Organisationsleistungen im Bau – was die Beteiligten nicht überzeugt haben dürfte –, bezeichnete dann meine neue Tätigkeit als ein großes persönliches Opfer – was angesichts der kritischen Lage diesem Kreis vermutlich selbstverständlich vorkam –, und gab seiner Erwartung Ausdruck, daß ich bei meiner Aufgabe nicht nur unterstützt, sondern auch fair behandelt würde: »Verhalten Sie sich ihm gegenüber als Gentlemen!« – ein für Hitler ungewöhnliches Wort. Was nun eigentlich meine Aufgabe sei, das drückte er nicht klar aus, und das war mir auch lieber so.

So war von Hitler noch kein Minister eingeführt worden. Auch in einem weniger autoritären System hätte ein solches Debut eine wertvolle Hilfe bedeutet. In unserem Staate waren die Folgen verblüffend, selbst für mich: Ich bewegte mich für längere Zeit in einem gewissermaßen leeren, widerstandslosen Raum und konnte praktisch in weitesten Grenzen machen, was ich wollte.

Funk, der mit mir zusammen Hitler in dessen Reichskanzleiwohnung begleitete, gelobte unterwegs gerührt, mir alles zur Verfügung zu stellen und alles zu tun, um mir zu helfen. Er hielt dieses Versprechen auch, von kleinen Ausnahmen abgesehen.

Bormann und ich standen mit Hitler noch einige Minuten plaudernd in der Wohnhalle. Bevor er sich in seine oberen Räume zurückzog, gab er mir nochmals den Rat, mich möglichst viel der Industrie zu bedienen, da ich dort die wertvollsten Kräfte finden würde. Dieser Gedanke war mir nicht neu, denn Hitler hatte schon oft betont, daß man große Aufgaben am besten unmittelbar von der Wirtschaft in Angriff nehmen lasse, da die Ministerialbürokratie, gegen die er eine beträchtliche Aversion hatte, deren Initiative nur hemme. Ich benutzte die günstige Gelegenheit, ihm in Gegenwart Bormanns zu versichern, daß ich meine Arbeit überwiegend von den Technikern der Industrie durchführen lassen wolle. Dazu sei aber notwendig, daß diese nicht auf Parteizugehörigkeit geprüft würden, denn bekanntlich seien viele von ihnen der Partei fremd. Hitler stimmte zu, beauftragte Bormann, meinem Wunsche zu entsprechen, und so blieb, wenigstens bis zum Attentat des 20. Juli 1944, mein Ministerium von den unangenehmen Prüfungen der Parteikanzlei Bormanns verschont.

Am gleichen Abend noch sprach ich mich mit Milch aus, der mir, anstelle der Konkurrenzgefühle, die bisher die Luftrüstung zu der des Heeres und der Marine hegte, enge Zusammenarbeit zusagte. Gerade in den ersten Monaten wurde mir sein Rat unentbehrlich; es entwickelte sich daraus bald eine herzliche Freundschaft, die bis heute andauert.

15. Kapitel

Organisierte Improvisation

Fünf Tage blieben mir bis zur Sitzung in meinem Ministerium, bis dahin mußte ich meine Vorstellungen formuliert haben. So verblüffend es auch erscheinen mag: das Grundsätzliche war mir klar. Vom ersten Tag an steuerte ich wie nachtwandlerisch einem System zu, durch das allein ein Rüstungserfolg zu erzielen war. Allerdings hatte ich bereits während meiner zweijährigen Tätigkeit für die Rüstung auf der unteren Ebene einen Einblick »in viele grundsätzliche Fehler« erhalten, »die mir in der Spitze verborgen geblieben wären«[1].

Ich fertigte einen Organisationsplan an, dessen vertikale Linien die einzelnen Fertigprodukte, wie Panzer, Flugzeuge oder U-Boote, also die Rüstung der drei Wehrmachtsteile umfaßten. Diese senkrecht stehenden Säulen wurden von zahlreichen Ringen umschlossen, von denen jeder eine Gruppe der für alle Geschütze, Panzer, Flugzeuge und andere Rüstungsgeräte notwendigen Zulieferungen darstellen sollte. Hier, in diesen Ringen, dachte ich mir beispielsweise die Fertigung der Schmiedestücke oder der Kugellager oder der elektrotechnischen Ausrüstung zusammengefaßt. Als Architekt an dreidimensionales Denken gewohnt, zeichnete ich dieses neue Organisationsschema perspektivisch auf.

Im ehemaligen Sitzungssaal der Akademie der Künste trafen sich am 19. Februar erneut die führenden Männer der Kriegswirtschafts- und Rüstungsbehörden. Nachdem ich eine Stunde gesprochen hatte, nahmen sie mein Organisationsschema ohne Diskussion zur Kenntnis und hatten auch keinerlei Einwendungen gegen eine Vollmacht, in der ich die Forderungen der Besprechung vom 13. Februar auf eine einheitliche Führung der Rüstung festgehalten und auf meine Person ausgestellt hatte. Ich schickte mich daher an, meine Erklärung zur Unterschrift herumgehen zu lassen, ein im Verkehr unter Reichsbehörden überaus ungewöhnlicher Vorgang.

Der Eindruck der Rede Hitlers war jedoch noch nachhaltig genug. Als erster erklärte Milch sich mit meinem Vorschlag voll einverstanden, um darauf spontan die von mir erbetene Vollmacht zu unterschreiben. Bei den übrigen Teilnehmern erhoben sich formale Bedenken, die jedoch Milch unter Einsatz seiner Autorität beschwichtigte. Lediglich der Vertreter der Marine, Generaladmiral Witzell, widersetzte sich bis zuletzt und leistete seine Zustimmung nur unter Vorbehalt.

Am nächsten Tag, dem 19. Februar, begab ich mich mit Feldmarschall

Milch, General Thomas und General Olbricht als Vertreter von Generaloberst Fromm in das Führerhauptquartier, um Hitler meine organisatorischen Absichten darzulegen und ihm von dem positiven Verlauf der Sitzung zu berichten. Hitler war mit allem einverstanden.

Sogleich nach meiner Rückkehr bestellte mich Göring in sein Jagdschloß Karinhall, über siebzig Kilometer nördlich von Berlin in der Schorfheide gelegen. Nachdem Göring im Jahre 1935 Hitlers neuen »Berghof« gesehen hatte, ließ er sich um sein altes, bescheidenes Jagdhaus einen Herrschaftssitz bauen, der den Hitlers an Größe noch übertraf; mit einer gleich großen Wohnhalle, aber einem noch größeren Schiebefenster. Hitler verstimmte damals der Aufwand. Sein Architekt hatte aber eine brauchbare Plattform für Görings Prunkbedürfnis geschaffen, die nun kurzerhand als Hauptquartier diente.

Bei solchen Besprechungen ging regelmäßig ein wertvoller Arbeitstag verloren. Auch dieses Mal konnte ich, als ich nach langer Autofahrt rechtzeitig gegen elf Uhr ankam, eine Stunde in Görings Empfangshalle Bilder und Gobelins betrachten. Denn Göring war, im Gegensatz zu Hitler, in der Einhaltung von Terminen überaus großzügig. Schließlich kam er, in einem wallenden grün-samtenen Morgenrock aus seinen Privatgemächern im oberen Geschoß romantisch-dekorativ die Treppe herab. Unsere Begrüßung fiel ziemlich kühl aus. Mit kurzen Schritten ging er voran in seinen Arbeitssaal, nahm an einem gigantischen Schreibtisch Platz; ich setzte mich bescheiden gegenüber. Göring war aufs höchste aufgebracht, beschwerte sich bitter, daß ich ihn nicht zu der Sitzung im Kabinettssaal eingeladen hatte und reichte mir über den Schreibtisch ein Gutachten seines Ministerialdirektors im Vierjahresplan, Erich Neumann, über die juristischen Folgen des von mir veranlaßten Dokuments. Mit einer Behendigkeit, die ich ihm bei seiner Körperfülle nicht zugetraut hätte, sprang er empört auf und lief, fassungslos vor Erregung, in dem großen Raum auf und ab: seine Bevollmächtigten seien alle charakterlose Feiglinge. Sie hätten sich mir mit ihrer Unterschrift für alle Zukunft unterstellt, und dies, ohne ihn überhaupt zu fragen. Ich kam gar nicht mehr zu Wort, was ich in dieser Situation als angenehm empfand. Indirekt richteten sich seine bitteren Vorwürfe auch gegen mich; aber daß er nicht wagte, mir ein unkorrektes Verhalten vorzuwerfen, deutete eine geschwächte Stellung an. Solche Aushöhlung seiner Macht könne er nicht hinnehmen, erklärte er abschließend. Er werde sich sofort zu Hitler begeben und sein Amt als »Beauftragter des Vierjahresplanes« niederlegen[2].

Dies wäre zwar zu diesem Zeitpunkt kein Verlust gewesen. Denn Göring, der zweifellos den Vierjahresplan anfangs mit viel Energie vorangetrieben hatte, galt 1942 allgemein als lethargisch und ausgesprochen arbeitsunlustig. Zusehends machte er einen unsteten Eindruck, wahllos griff er zu viele Ideen auf, war sprunghaft und meist unrealistisch.

Zweifellos hätte Hitler wegen der politischen Rückwirkungen einem Rücktrittsersuchen Görings nicht zugestimmt, sondern einen Kompromiß geschlossen. Dies galt es zu vermeiden, denn Hitlers Kompromisse waren ein von allen Seiten gefürchteter Ausweg; durch sie wurden Schwierigkeiten nicht beseitigt, die Verhältnisse vielmehr unübersichtlicher und komplizierter.

Ich wußte, daß ich etwas tun mußte, um das angeschlagene Prestige Görings zu stärken – jedenfalls versicherte ich ihm auf der Stelle, daß die von Hitler gewünschten und von seinen Generalbevollmächtigten gebilligten Neuerungen keineswegs seine Stellung als Leiter des Vierjahresplanes beeinträchtigen sollten. Mein Vorschlag befriedigte Göring: Ich war bereit, mich ihm zu unterstellen und meine Tätigkeit innerhalb des Vierjahresplanes auszuüben.

Schon drei Tage danach fand ich mich wieder bei Göring ein und legte ihm einen Entwurf vor, der mich als »Generalbevollmächtigten für Rüstungsaufgaben im Vierjahresplan« auswies. Göring war einverstanden, wenn er mich auch darauf hinwies, daß ich mir viel zu viel vorgenommen hätte und nur in meinem Interesse handeln würde, wenn ich meine Ziele zurücksteckte. Zwei Tage später, am 1. März 1942, unterzeichnete er den Erlaß. Ich war damit bevollmächtigt, »der Rüstung ... im gesamten Wirtschaftsleben den Vorrang zu geben, der ihr im Kriege zukommt[3].« Ich hatte mehr erreicht als mit dem von Göring beanstandeten Dokument vom 19. Februar.

Am 16. März, kurz nachdem auch Hitler – froh, aller persönlichen Schwierigkeiten mit Göring enthoben zu sein – zugestimmt hatte, übergab ich meine Ernennung der deutschen Presse. Ich hatte dazu ein altes Foto ausgesucht, in dem mir Göring aus Freude über meinen Entwurf zu seinem Reichsmarschallamt freundschaftlich die Hände auf die Schultern legte. Ich wollte damit anzeigen, daß die Krise, von der man in Berlin zu sprechen begonnen hatte, beendet sei. Ein Protest des Pressebüros Görings machte mich freilich darauf aufmerksam, daß Foto und Erlaß nur von Göring hätten veröffentlicht werden dürfen.

Es gab weitere Verdrießlichkeiten. Einmal empfindlich geworden, beklagte sich Göring bei mir, daß der italienische Botschafter ihm von Pressestimmen im Ausland berichtet habe, die erklärten, er sei im Vierjahresplan von dem neuen Minister überrundet worden. Solche Nachrichten müßten sein Ansehen in der Industrie untergraben! Nun galt es als offenes Geheimnis, daß Göring sich seinen hohen Aufwand von der Wirtschaft finanzieren ließ, und ich hatte das Gefühl, daß er bei einer Minderung seines Ansehens eine Minderung dieser Bezüge befürchtete. Daher schlug ich ihm vor, die wichtigsten Industriellen nach Berlin zu einer Sitzung einzuladen, in deren Verlauf ich mich ihm formell unterstellen würde. Dieser Vorschlag gefiel ihm ausnehmend gut; augenblicklich kehrte seine gute Laune zurück.

Etwa fünfzig Industrielle wurden von Göring daraufhin nach Berlin beordert. Die Sitzung begann mit einer sehr kurzen Ansprache von mir, in der ich mein Versprechen einlöste, während Göring sich in einer langen Rede über die Wichtigkeit der Rüstung verbreitete. Er verpflichtete die Anwesenden, mit allen Kräften mitzuhelfen und was dergleichen Selbstverständlichkeiten noch waren. Meinen Auftrag dagegen erwähnte er weder im positiven noch negativen Sinne. Auch in Zukunft erlaubte mir Görings Lethargie, frei und ungehemmt zu arbeiten. Wohl war er oft auf meine Erfolge bei Hitler eifersüchtig; er hat in den nächsten zwei Jahren aber kaum versucht, durch Störaktionen etwas zu ändern.

Görings Vollmachten schienen mir bei seiner geminderten Autorität nicht ausreichend zu sein. Ich ließ mir daher bald danach, am 21. März, von Hitler unterschreiben: »Den Notwendigkeiten der Rüstungswirtschaft haben sich die Belange der deutschen Gesamtwirtschaft unterzuordnen.« Dieser Erlaß Hitlers kam bei den Gepflogenheiten des autoritären Systems einer wirtschaftlichen Generalvollmacht gleich.

Improvisiert und vage wie dies alles waren auch die staatsrechtlichen Formen unserer Organisation. Es gab keine präzise Umschreibung meiner Aufgabenbereiche und Zuständigkeiten, ich hielt sie auch für unzweckmäßig und suchte sie erfolgreich zu vermeiden. Infolgedessen konnten wir unsere Kompetenz von Fall zu Fall nach Zweckmäßigkeit und Impulsivität der Mitarbeiter bestimmen. Eine juristische Formulierung der Rechte, die sich aus meiner von Hitlers Zuneigung gedeckten, fast unumschränkten Machtstellung ableiten ließen, hätte nur Zuständigkeitsstreitigkeiten mit anderen Ministerien zur Folge gehabt, ohne daß eine befriedigende Einigung hätte erzielt werden können.

Diese Unbestimmtheiten waren zwar ein Krebsschaden Hitlerscher Regierungsweise. Aber ich war damit einverstanden, solange sie mir zugute kamen und Hitler alle Erlasse, die ich ihm zur Unterschrift vorlegte, unterschrieb. Als er meinen Forderungen jedoch nicht mehr blindlings nachkam – und auf Teilgebieten tat er es bald nicht mehr – war ich zu Ohnmacht oder List verurteilt.

Am Abend des 2. März 1942, rund einen Monat nach meiner Ernennung, lud ich die mit der Neugestaltung Berlins beschäftigten Architekten zu einem Abschiedsessen ins »Horcher« ein. Wogegen man sich immer mit Gewalt sträube, so erzählte ich ihnen in einer kurzen Ansprache, das überfalle einen eines Tages. Eigenartig berühre mich, daß die neue Arbeit gar nicht so fremdartig sei, obwohl sie auf den ersten Blick von der bisherigen so entfernt liege. »Bereits von meiner Hochschulzeit her weiß ich«, so fuhr ich fort, »daß man eine Sache gründlich machen muß, wenn man alles verstehen will. Ich habe mich jetzt besonders der Panzerwaffe angenommen, weil ich mir dadurch das Eindringen in die vielen anderen Aufgaben erleichtere.« Als vorsichtiger Mann hätte ich mein Programm zunächst auf zwei Jahre abgestellt! Ich hoffte jedoch, früher zurückkehren zu können. Erst später werde mir meine Kriegsaufgabe von Nutzen sein: Gerade wir Techniker seien berufen, die Probleme der Zukunft zu lösen! »Die Führung der Technik aber wird«, so schloß ich etwas überschwenglich, »in Zukunft der Architekt übernehmen[4].«

Mit der Vollmacht Hitlers versehen, mit einem friedfertigen Göring im Hintergrund, konnte ich an den Ausbau der von mir geplanten umfassenden »Selbstverantwortung der Industrie« gehen, so wie ich sie in meinem Schema skizziert hatte. Es gilt heute als sicher, daß der unerwartet schnelle Anstieg der Rüstungsproduktion auf die Einführung dieser Organisation zurückzuführen ist, deren Grundsätze jedoch nicht neu waren. Sowohl Generalfeldmarschall Milch wie auch mein Vorgänger Todt waren bereits dazu übergegangen, hervorragende Techniker aus den führenden Werken der Industrie mit der Leitung von Teilgebieten der Rüstung zu beauftragen. Aber Dr. Todt hatte diese Idee übernommen: Der eigentliche Urheber der »industriellen Selbstverantwortung« war Walther Rathenau, der große jüdische Organisator der deutschen Kriegswirtschaft des Ersten Weltkriegs. Seine Erkenntnis, daß erhebliche Produktionssteigerungen durch Austausch technischer Erfahrungen, durch Arbeitsteilung von Werk zu Werk, durch Typisierung und Normierung erreichbar seien, führten ihn bereits im Jahre 1917 zu dem Lehrsatz, daß unter diesen Voraussetzungen »eine Verdoppelung der Erzeugung bei gleichbleibender Einrichtung und gleichbleibenden Arbeitskosten gesichert sei[5]. Im Dachgeschoß des Ministeriums Todt saß ein alter Mitarbeiter Rathenaus, der im Ersten Weltkrieg in dessen Rohstofforganisation tätig war und später über deren Aufbau eine Niederschrift verfaßt hatte. Von ihm bezog Dr. Todt Erfahrungen.

Wir bildeten »Hauptausschüsse« für die Waffenarten und »Hauptringe« für die Bereitstellung der Zulieferung. Dreizehn Hauptausschüsse bildeten schließlich als vertikale Bauglieder die Säulen meiner Rüstungsorganisation. Sie wurden von ebensovielen Hauptringen zusammengehalten[6].

Neben den Hauptausschüssen und Ringen richtete ich Entwicklungskommissionen ein, in denen die Offiziere des Heeres den besten Konstrukteuren der Industrie gegenübersaßen. Diese Kommissionen sollten Neukonstruktionen beaufsichtigen, produktionstechnische Verbesserungen schon während der Entwurfsarbeit vornehmen und unnötige Entwicklungen unterbinden.

Die Leiter der Hauptausschüsse und der Hauptringe hatten – als erste Voraussetzung einer Rationalisierung – dafür zu sorgen, daß in einem Betrieb möglichst nur noch ein Gegenstand, dafür aber in höchster Zahl gefertigt wurde. Hitlers und Görings ständige Unruhe, die sich in jähen Programmwechseln ausdrückte, hatte die Werke bis dahin veranlaßt, sich gleichzeitig vier oder fünf verschiedene Aufträge – möglichst von verschiedenen Wehrmachtsteilen – zu sichern, um ihre Kapazität bei plötzlichen Abbestellungen auf die verbleibenden Aufträge verlegen zu können. Oft erteilte auch die

Wehrmacht nur befristete Aufträge. So wurde beispielsweise vor 1942 die Munitionsherstellung je nach dem Verbrauch, der durch die Blitzkriege stoßweise erfolgte, gedrosselt oder gesteigert, ein Zustand, der die Betriebe davon abhalten mußte, sich völlig auf eine kontinuierliche Munitionsproduktion einzustellen. Wir sorgten für Auftragsgarantien und veranlaßten eine Belegung der Betriebe mit möglichst wenig Auftragsarten.

Erst diese Umstellungen brachten den Schritt von der bis dahin gewissermaßen handwerklichen Rüstungsfertigung der ersten Kriegsjahre zum industriellen Herstellungsprozeß. Bald stellten sich auch erstaunliche Erfolge ein; bezeichnenderweise jedoch nicht in den schon vor Beginn des Krieges nach modernen Rationalisierungsprinzipien arbeitenden Industrien wie den Automobilwerken, wo kaum noch Produktionssteigerungen möglich waren. Ich sah meine Aufgabe vornehmlich darin, Probleme, die durch jahrelange Routine überdeckt waren, aufzuspüren und zu definieren; ihre Lösung überließ ich den Fachleuten. Besessen von meiner Aufgabe, strebte ich nicht eine Verminderung meiner Zuständigkeiten, sondern deren Vervielfachung an. Verehrung Hitlers, Pflichtgefühl, Ehrgeiz, Selbstbestätigung – dies alles kam zusammen. Immerhin war ich mit sechsunddreißig Jahren jüngster Minister des Reiches. Die »Industrieorganisation« setzte sich bald aus über zehntausend Mitarbeitern und Hilfskräften zusammen, in unserem Ministerium dagegen arbeiteten nur zweihundertachtzehn Beamte[7]. Dieses Verhältnis entsprach meiner Anschauung von der untergeordneten Arbeit des Ministeriums gegenüber der führenden der »Selbstverantwortung der Industrie.«

Die herkömmliche Geschäftsordnung sah vor, daß die meisten Vorgänge durch den Staatssekretär dem Minister zugeleitet wurden; jener stellte gewissermaßen das Sieb dar, das nach eigenem Gutdünken über die Wichtigkeit aller Vorgänge entschied. Ich beseitigte dieses Verfahren und unterstellte mir nicht nur über dreißig Leiter der Industrieorganisation, sondern auch zehn Amtschefs[8] des Ministeriums unmittelbar. Prinzipiell sollten sie alle sich untereinander verständigen; ich behielt mir lediglich vor, bei wichtigen Fragen oder Meinungsverschiedenheiten jederzeit einzugreifen.

Ungewöhnlich wie diese Organisationsform war auch unsere Arbeitsweise. Die Beamten der in ihrer Routine verbliebenen Staatsbürokratie sprachen geringschätzig von einem »dynamischen Ministerium« oder einem »Ministerium ohne Organisationsplan«, einem »beamtenlosen Ministerium«. Mir wurde die Anwendung hemdsärmeliger oder amerikanischer Methoden nachgesagt. Meine Bemerkung: »Wenn man die Kompetenzen scharf abtrennt, veranlaßt man geradezu die Menschen, sich um alles andere nicht zu kümmern[9]«, war ein Aufbegehren gegen die in Kasten abgeteilte Denkweise dieses Systems, hatte aber gleichzeitig auch Ähnlichkeit mit Hitlers Auffassungen von einer improvisierten Staatsführung durch ein impulsives Genie.

Ärgernis erregte auch das provozierende Prinzip meiner Personalpraxis: Gleich zu Beginn meiner Tätigkeit hatte ich, wie das Führerprotokoll vom

19. Februar 1942 festhält, bestimmt, daß bei Führungskräften in wichtigen Ressorts, sofern sie »über fünfundfünfzig Jahre alt sind, ein Vertreter mitbestimmt werden muß, der nicht älter als vierzig Jahre ist.«

So oft ich Hitler meine Organisationspläne vortrug, zeigte er sich auffällig desinteressiert. Ich hatte den Eindruck, daß er sich mit diesen Fragen nicht gern beschäftigte, wie er denn überhaupt in gewissen Bereichen unfähig war, Wichtiges von Unwichtigem zu unterscheiden. Auch liebte er es nicht, Kompetenzen klar gegeneinander abzugrenzen. Absichtlich beauftragte er mitunter Stellen oder Personen mit gleichen oder ähnlichen Aufgaben: »Dann«, so meinte Hitler gern, »setzt sich der Stärkere durch«.

Bereits ein halbes Jahr nach meinem Amtseintritt hatten wir auf allen uns übertragenen Gebieten die Produktion bedeutend gesteigert. Die August-Produktion 1942 wurde nach den »Indexziffern der deutschen Rüstungsendfertigung« gegenüber der Februar-Erzeugung bei den Waffen um 27 Prozent, bei den Panzern um 25 Prozent gesteigert, während die Munitionsherstellung sich mit 97 Prozent fast verdoppelte. Die Gesamtleistung der Rüstung stieg in diesem Zeitraum um 59,6 Prozent[10]. Offensichtlich hatten wir Reserven mobilisiert, die bis dahin brachgelegen hatten.

Nach zweieinhalb Jahren hatten wir, trotz des jetzt erst beginnenden Bombenkrieges, unsere gesamte Rüstungsfertigung von einer durchschnittlichen Indexziffer von 98 für das Jahr 1941 auf eine Spitze von 322 im Juli 1944 angehoben. Die Arbeitskräfte nahmen dabei nur um etwa 30 Prozent zu. Es war gelungen, den Arbeitsaufwand auf die Hälfte herabzumindern. Wir hatten genau das erreicht, was Rathenau 1917 als Rationalisierungseffekt vorausgesagt hatte: »Verdoppelung der Erzeugung bei gleichbleibender Einrichtung und gleichbleibenden Arbeitskosten.«

Keineswegs handelte es sich bei diesen Erfolgen, wie oft behauptet wird, um die Leistung eines Genies. Zahlreiche organisatorisch begabte Techniker meines Amtes wären von der Sache her fraglos geeigneter gewesen. Aber nicht einer von ihnen hätte Erfolg haben können, da keiner so wie ich den Nimbus Hitlers in die Waagschale werfen konnte. Ansehen und Macht beim Führer bedeuteten alles.

Entscheidend für die auffallenden Produktionssteigerungen war, jenseits aller organisatorischen Neuordnungen, die Tatsache, daß ich Methoden einer demokratischen Wirtschaftsführung anwendete. Grundsätzlich nämlich brachte sie den verantwortlichen Industrieführern so lange Vertrauen entgegen, bis das Gegenteil erwiesen war; so wurde Initiative belohnt, Verantwortungsbewußtsein geweckt, Entscheidungsfreude hervorgerufen – bei uns dagegen war das alles seit langem verschüttet gewesen. Druck und Zwang erhielten die Produktion zwar aufrecht, ließen aber alle Spontaneität verschwinden. Ich erklärte, daß die Industrie »uns weder wissentlich belügt, bestiehlt oder sonstwie versucht, unsere Kriegswirtschaft zu schädigen[11].«

Wie sehr sich die Partei dadurch herausgefordert fühlte, erkannte ich nach dem 20. Juli 1944. Scharfen Angriffen ausgesetzt, mußte ich mein System der delegierten Verantwortung in einem Brief an Hitler verteidigen[12].

Paradoxerweise verliefen ab 1942 die Entwicklungen in den sich gegenüberstehenden Staaten in entgegengesetzte Richtung. Während beispielsweise die Amerikaner sich gezwungen sahen, ihre Industriestruktur autoritär zu straffen, versuchten wir das reglementierte Wirtschaftssystem zu lockern. Die Ausschaltung jeglicher Kritik nach oben hatte im Laufe der Jahre dazu geführt, daß Fehler und Pannen, Fehlplanungen oder Parallelentwicklungen an der Spitze gar nicht mehr registriert wurden. Jetzt gab es wieder Gremien, in denen diskutiert, Mängel und Fehlgriffe aufgedeckt und ihre Beseitigung besprochen werden konnte. Oft meinten wir im Scherz, daß wir im Begriff seien, das parlamentarische System wieder einzuführen[13]. Unser neues System hatte eine der Voraussetzungen geschaffen, um die Schwächen jeder autoritären Ordnung wieder auszugleichen. Wichtige Angelegenheiten sollten nicht nur nach militärischem Prinzip, das heißt auf dem Befehlswege von oben nach unten geregelt werden. Erforderlich war dafür allerdings, daß an der Spitze der erwähnten Gremien Personen standen, die Gründe und Gegengründe zu Wort kommen ließen, ehe sie eine klare und fundierte Entscheidung trafen.

Auf Reserve stieß dieses System groteskerweise bei den Betriebsführern, die ich gleich zu Beginn meiner Tätigkeit in einem Rundschreiben aufgefordert hatte, »mir ihre grundsätzlichen Nöte und Beobachtungen in größerem Umfange als bisher« mitzuteilen. Ich erwartete eine Flut von Briefen; aber das Echo blieb aus. Mißtrauisch vermutete ich zuerst, daß die Post mir vorenthalten werde, aber es war tatsächlich nichts eingegangen. Die Betriebsleiter fürchteten, wie ich später erfuhr, Maßregelungen durch die Gauleiter.

Kritik von oben nach unten war überreichlich vorhanden, aber die dazu notwendige Ergänzung von unten nach oben kaum zu erreichen. Nachdem ich Minister geworden war, hatte ich oft das Gefühl, in der Luft zu schweben, da meine Entscheidungen ohne kritische Resonanz blieben.

Den Erfolg unserer Arbeit verdankten wir Tausenden von Technikern, die sich bis dahin durch besondere Leistungen hervorgetan hatten und die wir nun mit der Verantwortung ganzer Sparten der Rüstung betrauten. Das weckte ihren verschütteten Enthusiasmus, mein unorthodoxer Führungsstil steigerte ihr Engagement. Im Grunde nutzte ich das Phänomen der oft kritiklosen Verbundenheit des Technikers mit seiner Aufgabe aus. Die scheinbare moralische Neutralität der Technik ließ bei ihnen die Besinnung aufs eigene Tun gar nicht erst aufkommen. Je technischer unsere vom Krieg diktierte Welt wurde, um so gefährlicher wirkte sich dieses Phänomen aus, das dem Techniker keine direkte Beziehung zu den Folgen seines anonymen Tuns vermittelte.

Ich wollte dabei »lieber unbequeme Mitarbeiter, als bequeme Handlanger[14]«; die Partei dagegen hatte tiefes Mißtrauen gegen die unpolitischen Fachleute. Hätte man erst einige Betriebsführer erschossen, so würden die anderen schon durch bessere Leistungen reagieren, meinte Sauckel, stets einer der radikalsten unter den Parteiführern.

Zwei Jahre war ich unangreifbar. Nach dem Generals-Putsch vom 20. Juli zahlten Bormann, Goebbels, Ley und Sauckel es mir heim. In einem Brief appellierte ich an Hitler, daß ich mich nicht stark genug fühlte, meine Arbeit erfolgreich weiterzuführen, wenn sie mit politischen Maßstäben gewertet werden solle[15].

Die parteilosen Mitarbeiter meines Ministeriums standen unter einem in Hitlers Staat ungewöhnlichen Rechtsschutz. Denn gegen den Einspruch des Justizministers hatte ich gleich zu Beginn meiner Tätigkeit durchgesetzt, daß eine Strafverfolgung wegen Schädigung der Rüstung nur auf meinen Antrag erfolgen könne[16]. Dieser Vorbehalt schützte die Mitarbeiter selbst über den 20. Juli 1944 hinaus. Der Chef der Gestapo, Ernst Kaltenbrunner, machte von meiner Stellungnahme abhängig, ob die »defätistischen« Gespräche dreier Generaldirektoren: Bücher von der AEG, Vögler von den Vereinigten Stahlwerken und Reusch von der Gutehoffnungshütte, verfolgungswürdig seien. Mein Hinweis, daß unsere Arbeit uns zwinge, offen über die Lage zu sprechen, bewahrte sie vor der Verhaftung. Andererseits waren schwere Strafen angedroht für den Fall, daß Mitarbeiter das von mir aufgestellte System des Vertrauens mißbrauchten, wenn sie beispielsweise durch falsche Angaben, die wir nicht mehr zu kontrollieren beabsichtigten, wichtige Rohstoffe horteten und dadurch der Front Waffen vorenthielten[17].

Vom ersten Tag an hielt ich unsere riesige Organisation für provisorisch. Genau wie ich selber nach Beendigung des Krieges in die Architektur zurückkehren wollte und mir dafür eine Zusicherung Hitlers notwendig schien, hielt ich es für angebracht, der beunruhigten Industrieführung zu versprechen, daß unser Organisationssystem lediglich kriegsbedingt sei; man könne es weder den Betrieben zumuten, in Friedenszeiten auf ihre tüchtigsten Kräfte zu verzichten, noch ihr Wissen konkurrierenden Unternehmen zur Verfügung zu stellen[18].

Ich wollte in dieser Organisation nicht nur ein Provisorium sehen – ich bemühte mich gleichzeitig, deren improvisatorischen Stil zu erhalten. Mich bedrückte der Gedanke, daß sich in meiner eigenen Schöpfung bürokratische Arbeitsweisen einbürgerten. Immer wieder forderte ich meine Mitarbeiter auf, keine Akten zu produzieren, formlos im Gespräch und durch telefonische Verabredungen kurzerhand das Entstehen von »Vorgängen«, wie die Amtssprache die Füllung eines Aktenstückes nannte, im Keime zu ersticken. Auch die Fliegerangriffe auf deutsche Städte zwangen uns zu steter Improvisation. Daß ich sie aber gelegentlich geradezu als hilfreich empfand, zeigt meine ironische Reaktion auf die Zerstörung des Ministeriums bei dem Fliegerangriff vom 22. November 1943: »Wenn wir auch das Glück hatten, daß große Teile der laufenden Akten des Ministeriums verbrannten und so für einige Zeit unnötiger Ballast von uns genommen wurde, so können wir doch nicht erwarten, daß derartige Ereignisse laufend die notwendige Frische in unsere Arbeit bringen werden[19].«

Trotz allen technischen und industriellen Fortschritten war selbst auf dem Höhepunkt der militärischen Erfolge, in den Jahren 1940 und 1941, die Rüstungsproduktion des Ersten Weltkrieges nicht erreicht worden. Im ersten Jahr des Rußlandkrieges wurde nur ein Viertel der Geschütz- und Munitionsproduktion des Herbstes 1918 erreicht. Selbst drei Jahre später noch, im Frühjahr 1944, als wir uns nach all unseren Erfolgen der Produktionsspitze näherten, lag die Munitionsproduktion immer noch unter der des Ersten Weltkrieges – des damaligen Deutschland und Österreich mit der Tschechoslowakei zusammengenommen[20].

Zu den Ursachen für diesen Rückstand habe ich immer die Überbürokratisierung gerechnet, gegen die ich vergeblich anlief[21]. So war die Personalstärke beispielsweise im Waffenamt das Zehnfache von derjenigen des Ersten Weltkrieges. Die Forderung auf Vereinfachung der Verwaltung zieht sich durch meine Reden und Briefe von 1942 bis Ende 1944. Je länger ich gegen die typisch deutsche, durch das autoritäre System noch potenzierte Bürokratie anging, um so mehr nahm meine Kritik an der staatlichen Gängelung der Kriegswirtschaft den Charakter eines politischen Lehrsatzes an, aus dem heraus ich schließlich alle Vorgänge zu erklären suchte: am Vormittag des 20. Juli, einige Stunden vor dem Attentat, schrieb ich an Hitler, daß Amerikaner und Russen mit organisatorisch einfachen Mitteln und daher größerem Nutzeffekt zu handeln verstünden, während wir durch überalterte Organisationsformen vergleichbare Leistungen nicht erreichten. Dieser Krieg sei auch ein Kampf zweier Organisationssysteme: der »Kampf unsres Systems überzüchteter Organisation gegen die Kunst der Improvisation auf der Gegenseite«. Wenn wir nicht zu einem anderen Organisationssystem kämen, denn werde die Nachwelt feststellen, daß unser überaltertes, durch Tradition gebundenes und schwerfällig gewordenes Organisationssystem den Kampf verlieren mußte.

16. Kapitel

Versäumnisse

Es bleibt eine der verblüffenden Erfahrungen dieses Krieges, daß Hitler dem eigenen Volke jene Belastungen ersparen wollte[1], die Churchill oder Roosevelt ihren Völkern ohne Bedenken auferlegten. Die Diskrepanz zwischen der totalen Mobilisierung der Arbeitskräfte im demokratischen England und der lässigen Behandlung dieser Frage im autoritären Deutschland charakterisiert die Sorge des Regimes vor einem Wechsel der Volksgunst. Die führende Schicht wollte weder selbst Opfer bringen noch dem Volk Opfer zumuten und war bemüht, es durch Zugeständnisse in möglichst guter Stimmung zu erhalten. Hitler und die Mehrzahl seiner politischen Gefolgsleute gehörten der Generation an, die im November 1918 die Revolution als Soldaten erlebt und nie verwunden hatten. In privaten Gesprächen ließ Hitler oft durchblicken, daß man nach der Erfahrung von 1918 nicht vorsichtig genug sein könne. Um jeder Unzufriedenheit vorzubauen, wurde für die Konsumgüter-Versorgung, für Kriegsrenten oder für die Entschädigung der Frauen für den Verdienstausfall ihrer im Felde stehenden Männer mehr aufgewandt als in den demokratisch regierten Ländern. Während Churchill seinem Volk nichts anbot als »Blut, Tränen, harte Arbeit und Schweiß«, galt bei uns in allen Phasen und Krisen des Krieges die monoton wiederholte Parole Hitlers: »Der Endsieg ist uns sicher.« Es war das Eingeständnis politischer Schwäche; es verriet beträchtliche Sorge vor einem Popularitätsverlust, aus dem sich innenpolitische Krisen entwickeln könnten.

Durch die Rückschläge an der russischen Front alarmiert, schwebte mir im Frühjahr 1942 nicht nur eine totale Mobilisierung aller Hilfsquellen vor. Ich drängte gleichzeitig darauf, daß »der Krieg in kürzester Zeit beendet werden muß; wenn nicht, wird Deutschland den Krieg verlieren. Wir müssen ihn bis Ende Oktober gewinnen, bevor der russische Winter beginnt, oder wir werden ihn ein für alle Male verloren haben. Wir können ihn aber nur mit den Waffen gewinnen, die wir jetzt haben und nicht mit denjenigen, die wir nächstes Jahr haben könnten.« Auf eine mir unerklärliche Weise war diese Situationsanalyse zur Kenntnis der »Times« gelangt, die sie am 7. September 1942 veröffentlichte[2]. Der Artikel faßte tatsächlich zusammen, worüber Milch, Fromm und ich uns damals einig waren.

»Unser Gefühl sagt uns allen, daß wir in diesem Jahr vor der entscheidenden Wende unserer Geschichte stehen«, erklärte ich auch öffentlich im April 1942[3], ohne zu ahnen, daß die Wende mit der Einkesselung der Sechsten

Armee in Stalingrad, der Vernichtung des Afrikakorps, den erfolgreichen Landeoperationen in Nordafrika sowie mit den ersten massierten Luftangriffen auf deutsche Städte unmittelbar bevorstand. Zugleich standen wir auch kriegswirtschaftlich an einem Wendepunkt; denn bis zum Herbst des Jahres 1941 war die Wirtschaftsführung auf kurze Kriege mit großen Ruhepausen eingestellt gewesen. Jetzt begann der permanente Krieg.

Eine Mobilisierung aller Reserven hätte meiner Ansicht nach bei den Spitzen der Parteihierarchie beginnen müssen. Das schien mir um so eher gerechtfertigt, als Hitler selbst am 1. September 1939 vor dem Reichstag feierlich erklärt hatte, es solle keine Entbehrungen geben, die er nicht selber sofort zu übernehmen bereit ist.

Tatsächlich stimmte er jetzt auch meinem Vorschlag zu, alle von ihm noch geförderten Bauvorhaben, selbst die auf dem Obersalzberg, stillegen zu lassen. Auf diese Anordnung berief ich mich, als ich vierzehn Tage nach meinem Amtsantritt vor unserem schwierigsten Forum, dem der Gau- und Reichsleiter, sprach: »Es darf niemals die Rücksicht auf kommende Friedensarbeiten eine Entscheidung beeinflussen. Ich habe vom Führer die Anweisung, ihm in Zukunft derartige, heute nicht mehr zu verantwortende Störungen unserer Rüstung zu melden.« Das war eine unverhüllte Drohung, auch wenn ich einlenkend fortfuhr, daß jeder von uns bis zum Winter dieses Jahres Sonderwünsche gehegt hätte. Jetzt aber verlange die militärische Lage die Einstellung aller überflüssigen Bauten in den Gauen. Es sei unsere Pflicht, selbst dann mit gutem Beispiel voranzugehen, wenn die Einsparungen an Arbeitskräften und Material nicht ins Gewicht fielen.

Ich war davon überzeugt, daß trotz der Eintönigkeit, mit der ich von meinem Konzept ablas, jeder der Anwesenden diesem Appell folgen würde. Nach der Rede wurde ich jedoch von zahlreichen Gau- und Kreisleitern umringt, die Ausnahmegenehmigungen für irgendwelche Bauvorhaben erwirken wollten.

Den Anfang machte Reichsleiter Bormann selbst, der sich unterdes von einem wankelmütigen Hitler eine Gegenorder besorgt hatte. Die am Obersalzberg beschäftigten Arbeiter, für die zudem Lastwagen, Material und Treibstoff bereitgestellt werden mußten, blieben tatsächlich bis zum Ende des Krieges dort, obwohl ich mir drei Wochen später erneut durch Hitler einen Stillegungsbefehl hatte geben lassen[4].

Dann drängte sich Gauleiter Sauckel heran, um die Errichtung seines »Parteiforums« in Weimar sicherzustellen; auch er baute bis Ende des Krieges unentwegt daran weiter. Robert Ley kämpfte um einen Schweinestall auf seinem Mustergut. Ich müsse das unterstützen, denn seine Versuche seien für unsere Ernährungslage von großer Wichtigkeit. Ich lehnte dieses Ansinnen schriftlich ab, machte mir aber dabei den Spaß, als Anschrift zu wählen: »An den Reichsorganisationsleiter der NSDAP und Leiter der Deutschen Arbeitsfront. Betrifft: Ihren Schweinestall!«

Hitler selbst ließ noch nach diesem Appell, neben dem Obersalzberg, das baulich verkommene Schloß Klessheim bei Salzburg mit einem Aufwand von vielen Millionen Mark zu einem luxuriösen Gästehaus ausbauen, Himmler errichtete bei Berchtesgaden für seine Geliebte so heimlich ein großes Landhaus, daß ich davon erst in den letzten Wochen des Krieges erfuhr; Hitler ermunterte noch nach 1942 einen Gauleiter, das Posener Schloß sowie ein Hotel unter großem Aufwand an gesperrten Materialien umzugestalten und sich außerdem noch in der Nähe der Stadt eine private Residenz zu errichten. Für Ley, Keitel und andere wurden noch 1942/43 neue Sonderzüge gebaut, obwohl dadurch wertvolle Grundstoffe und Facharbeiter gebunden wurden. Persönliche Vorhaben der Parteifunktionäre blieben mir allerdings größtenteils verborgen; ich konnte bei der Machtvollkommenheit der Reichs- und Gauleiter keine Kontrolle darüber erlangen und daher nur selten ein Veto einlegen – das ohnehin nicht beachtet wurde. Noch im Sommer 1944 brachten Hitler und Bormann es fertig, ihrem Rüstungsminister mitzuteilen, daß ein Münchner Hersteller von Bilderrahmen nicht für Kriegsleistungen erfaßt werden durfte. Einige Monate zuvor waren bereits auf ihre persönliche Anordnung »die Gobelinfabriken und ähnliche künstlerische Produktionsstätten«, die mit der Herstellung von Teppichen und Wandbehängen für Hitlers Nachkriegsbauten beschäftigt waren, von der Heranziehung zur Rüstung freigestellt worden[5].

Nach nur neun Jahren Herrschaft war die führende Schicht so korrumpiert, daß sie selbst in der kritischen Phase des Krieges nicht auf ihren gewohnten aufwendigen Lebensstil verzichten konnte. Für »repräsentative Verpflichtungen« benötigten sie allesamt große Häuser, Jagdsitze, Güter und Schlösser, reichliche Dienerschaft, eine opulente Tafel, einen erlesenen Keller[6]. Auch waren sie geradezu besessen von einer grotesken Besorgtheit um ihr Leben. Hitler selber ordnete, wohin er auch kam, als erstes Bunkerbauten für seinen Schutz an, deren Deckenstärken mit dem Kaliber der Bomben schließlich bis auf fünf Meter anwuchsen. Regelrechte Bunkersysteme gab es schließlich in Rastenburg, in Berlin, auf dem Obersalzberg, in München, im Gästeschloß bei Salzburg, in den Hauptquartieren bei Nauheim und an der Somme, und 1944 ließ er zwei unterirdische Hauptquartiere mit einem Aufwand von Hunderten unentbehrlicher Bergbauspezialisten und Tausenden von Arbeitern in Schlesien und Thüringen in den Berg sprengen[7].

Hitlers offenkundige Furcht und Überbewertung seiner Person erleichterte es seiner Umgebung, ebenfalls für einen übertriebenen persönlichen Schutz zu sorgen. Göring ließ sich nicht nur in Karinhall, sondern sogar in der abgelegenen Burg Veldenstein bei Nürnberg, die er fast nie besuchte, eine ausgedehnte unterirdische Anlage bauen[8]; der siebzig Kilometer lange, durch abgeschiedene Wälder führende Weg von Karinhall nach Berlin mußte in regelmäßigen Abständen mit betonierten Unterständen versehen werden. Als Ley die Wirkung einer schweren Bombe auf einen öffentlichen Bunker sah, interessierte ihn nur die Stärke der durchschlagenen Decke im Vergleich zu der seines Privatbunkers im kaum gefährdeten Vorort Grunewald. Außerdem ließen sich die Gauleiter auf Befehl Hitlers, der von ihrer Unersetzlichkeit überzeugt war, außerhalb der Städte weitere Bunker bauen.

Von all den dringenden Fragen, die mich in den ersten Wochen belasteten, war die Lösung der Arbeiterfrage zunächst am dringendsten. Mitte März besichtigte ich einmal spät abends eines der wichtigsten Berliner Rüstungswerke, Rheinmetall-Borsig und fand dessen Hallen zwar mit wertvollen Maschinen bestückt, aber unbenutzt; denn es fehlten die Arbeiter zum Aufbau einer zweiten Schicht. Ähnlich war es in anderen Rüstungsbetrieben. Überdies hatten wir während des Tages auch mit Schwierigkeiten der Stromversorgung zu tun, während in den Abend- und Nachtstunden die Belastungskurve erheblich absank. Da gleichzeitig neue Fabrikanlagen im Wert von etwa elf Milliarden Mark errichtet wurden, für die es an Werkzeugmaschinen fehlen mußte, schien es mir sinnvoller, den größten Teil der Neubauten stillzulegen und die dadurch freiwerdenden Arbeitskräfte zum Aufbau einer zweiten Schicht zu verwenden.

Hitler zeigte sich zwar dieser Logik gegenüber aufgeschlossen und unterzeichnete einen Erlaß, in dem er eine Reduzierung der Bauvolumen auf drei Milliarden Mark verfügte. Er wurde jedoch widerspenstig, als bei der Durchführung seines Erlasses langfristige Bauvorhaben der chemischen Industrie im Werte von etwa einer Milliarde Mark stillgelegt werden sollten[9]. Er wollte immer alles zugleich und begründete seine Ablehnung: »Vielleicht ist zwar der Krieg mit Rußland bald beendet. Aber ich habe weitreichendere Pläne, und dazu brauche ich mehr synthetischen Treibstoff als bisher. Die neuen Fabriken müssen gebaut werden, selbst wenn sie erst in Jahren fertig sind.« Ein Jahr später, am 2. März 1943, mußte ich feststellen, daß es keinen Zweck habe, »Fabriken zu bauen, die großen Zukunftsprogrammen dienen sollen und erst nach dem 1. Januar 1945 zum Tragen kommen[10].« Hitlers Fehlentscheidung vom Frühjahr 1942 belastete auch noch im September 1944, in einer unterdes katastrophalen Kriegslage, unsere Rüstungsproduktion.

Obwohl seine Entscheidung meinen Plan zur Stillegung großer Teile der Bauindustrie wesentlich beeinträchtigt hatte, wurden immer noch einige hunderttausend Bauarbeiter frei, die der Rüstung vermittelt werden konnten. Da jedoch tauchte ein neues, unerwartetes Hindernis auf: der Leiter der »Geschäftsgruppe Arbeitseinsatz im Vierjahresplan«, Ministerialdirektor Dr. Mansfeld, erklärte mir offen, daß ihm die Autorität fehle, gegen die Einsprüche der Gauleiter die freiwerdenden Bauarbeiter von einem Gau in den anderen zu überstellen[11]. In der Tat bildeten die Gauleiter, trotz aller gegenseitigen Rivalitäten und Intrigen, augenblicklich eine Einheit, wenn eines ihrer »Hoheitsrechte« angetastet wurde. Es war mir klar, daß ich trotz meiner damals starken Stellung allein mit ihnen niemals fertig werden konnte. Einer aus ihren Reihen war erforderlich, um durch eine besondere Vollmacht Hitlers diese Schwierigkeiten zu lösen. Meine Wahl fiel auf meinen alten Freund, den langjährigen Staatssekretär von Goebbels, Karl Hanke, der seit Januar 1941 als Gauleiter von Niederschlesien selbst zu diesem Kreis gehörte. Hitler war einverstanden, einen Bevollmächtigten zu ernennen, der mir beigegeben werden sollte. Aber dieses Mal stoppte mich Bormann erfolgreich. Denn Hanke galt als einer meiner Anhänger; seine Ernennung hätte nicht nur eine Verstärkung meiner Macht bedeutet, sondern gleichzeitig ein Eindringen in Bormanns Sphäre der Parteihierarchie.

Als ich zwei Tage später Hitler meinen Wunsch erneut vortrug, zeigte er zwar weiterhin Einverständnis, doch lehnte er jetzt meinen personellen Vorschlag ab: »Hanke ist als Gauleiter zu jung und wird sich schwer den notwendigen Respekt erringen können. Ich habe mit Bormann gesprochen. Wir werden Sauckel nehmen[12].

Bormann hatte auch erreicht, daß Sauckel durch Hitler ernannt und ihm unmittelbar unterstellt werden sollte. Göring protestierte mit Recht, denn es handelte sich um eine Aufgabe, die bis dahin im Vierjahresplan bearbeitet worden war; in der für ihn bezeichnenden Unbekümmertheit in der Handhabung des Staatsapparates bestellte Hitler daraufhin zwar Sauckel zum »Generalbevollmächtigten«, setzte ihn aber gleichzeitig in Görings Organisation des Vierjahresplans ein. Göring protestierte erneut, denn der Vorgang wirkte offensichtlich herabsetzend. Mit einigen Worten hätte Hitler zweifellos Göring veranlassen können, Sauckel selbst zu bestellen. Er unterließ es. Das bereits angeschlagene Prestige Görings war durch eine Ranküne Bormanns nochmals vermindert.

Dann wurden Sauckel und ich in Hitlers Hauptquartier bestellt; bei der Übergabe der Ernennungsurkunde verwies Hitler darauf, daß es ein Arbeitsproblem überhaupt nicht geben könne und wiederholte dabei sinngemäß, was er am 9. November 1941 bereits festgestellt hatte: »Das Gebiet, das direkt für uns arbeitet, umfaßt mehr als 250 Millionen Menschen; man soll nicht daran zweifeln, daß wir es fertigbringen müssen, diese Menschen restlos in die Arbeit einzuspannen[13].« Hitler verpflichtete Sauckel, alle fehlenden Arbeiter rücksichtslos aus den besetzten Gebieten zu rekrutieren. Damit begann ein verhängnisvoller Abschnitt meiner Tätigkeit. Denn ich drängte Sauckel in den nächsten zweieinhalb Jahren immerfort darauf, mir ausländische Arbeitskräfte zwangsweise in die Rüstungsproduktion zu senden.

Die ersten Wochen brachten eine reibungslose Zusammenarbeit. Sauckel versprach Hitler und mir rundweg, alle Arbeiter-Engpässe zu beseitigen und die zur Wehrmacht eingezogenen Facharbeiter pünktlich zu ersetzen. Ich meinerseits half ihm, Autorität zu gewinnen und unterstützte ihn, wo es ging. Sauckel hatte sehr viel versprochen: in jedem Friedensjahr wurden die durch Überalterung oder Tod bedingten Ausfälle durch das Heranwachsen von etwa 600 000 jungen Männern ausgeglichen. Nun aber wurden nicht nur sie, sondern auch Teile der Industriearbeiterschaft zur Wehrmacht eingezogen. Im Jahre 1942 fehlten daher der Kriegswirtschaft weit über eine Million Arbeiter.

Die Versprechungen Sauckels wurden, kurz gesagt, nicht erfüllt. Die Erwartungen Hitlers, aus einer Bevölkerung von 250 Millionen mühelos die in Deutschland fehlenden Arbeiter herauszuholen, scheiterten ebenso an der Schwäche der deutschen Exekutive in den besetzten Gebieten wie an der Neigung der Betroffenen, lieber zu den Partisanen in die Wälder zu flüchten, als sich zum Arbeitseinsatz nach Deutschland verschleppen zu lassen.

Unsere Industrieorganisation wurde bei mir vorstellig, als die ersten ausländischen Arbeiter in den Fabriken eintrafen. Ihre hauptsächlichen Einwände lauteten: die bislang unabkömmlich gestellten Fachkräfte, die nun durch die Ausländer ersetzt würden, befänden sich in unseren wichtigsten Fertigungen; hier liege gleichzeitig der dringendste Fehlbedarf vor. Die feindlichen Spionage- und Sabotagedienste kämen überdies auf einfache Weise an ihr Ziel, wenn sie ihre Agenten in die Sauckelschen Kolonnen einfädelten. Auch fehle es allenthalben an Dolmetschern, die sich mit den verschiedenen Sprachgruppen verständigen könnten. Mitarbeiter aus der Industrie legten mir Statistiken vor, nach denen der Einsatz der deutschen Frauen im ersten Weltkrieg bedeutend höher war als jetzt; sie zeigten mir Fotos von den aus der gleichen Munitionsfabrik nach Arbeitsschluß strömenden Arbeitern im Jahre 1918 und 1942: damals waren es überwiegend Frauen, jetzt fast nur Männer. Auch durch Abbildungen aus amerikanischen und britischen Magazinen wurde mir bewiesen, daß in diesen Ländern in allen Rüstungsbetrieben die Frauen einen größeren Anteil der Belegschaft stellten als bei uns[14].

Als ich Anfang April 1942 von Sauckel den Einsatz deutscher Frauen in der Rüstung forderte, erklärte er mir rundweg, daß die Frage, welche Arbeiter woher zu nehmen und wie zu verteilen seien, zu seiner Zuständigkeit gehörte; er sei zudem als Gauleiter allein Hitler unterstellt und verantwortlich. Schließlich bot er mir jedoch an, Göring als dem Beauftragten des Vierjahresplanes die Entscheidung zu überlassen. Göring zeigte sich bei dieser Besprechung, die wiederum in Karinhall stattfand, sichtlich geschmeichelt. Zu Sauckel von übertriebener Liebenswürdigkeit, war er bedeutend kühler zu mir. Ich kam kaum dazu, meine Gründe vorzubringen; Sauckel und Göring unterbrachen mich immer wieder. Das wichtigste Argument Sauckels galt der Gefahr einer sittlichen Schädigung der deutschen Frauen durch die Fabrikarbeit; darunter könne nicht nur ihr »Seelen- und Gemütsleben«, sondern auch ihre Gebärfähigkeit leiden. Solchen Gründen stimmte Göring mit Entschiedenheit zu. Um aber ganz sicher zu gehen, ließ sich Sauckel unmittelbar nach der Besprechung, ohne mein Wissen, Hitlers Zustimmung geben.

Es war der erste Schlag gegen meine bis dahin für unerschütterlich geltende Position. Seinen Sieg teilte Sauckel seinen Gauleiter-Kollegen in einer Proklamation mit, in der er unter anderem feststellte: »Um der deutschen Hausfrau, vor allem der kinderreichen Mutter ... eine fühlbare Entlastung zuteil werden zu lassen und ihre Gesundheit nicht weiter zu gefährden, hat mich der Führer beauftragt, aus den Ostgebieten ca. 400 000–500 000 ausgesuchte, gesunde und kräftige Mädchen in das Reich hineinzunehmen[15]«. Während England 1943 die Zahl der Hausgehilfinnen um zwei Drittel verringert hatte, blieb in Deutschland diese Zahl bis zum Ende des Krieges mit über 1,4 Millionen etwa gleich[16]. Daß zudem die halbe Million Ukrainerinnen zu einem großen Teil die Dienstbotensorgen der Parteifunktionäre behob, sprach sich bald in der Bevölkerung herum.

Die Rüstungsproduktion der kriegführenden Länder war von der Verteilung des Rohstahles abhängig. Im Ersten Weltkrieg verwandte die deutsche Kriegswirtschaft 46,5 Prozent des Rohstahles für reine Rüstungszwecke. Bei meinem Amtsantritt stellte ich fest, daß im Gegensatz dazu der gegenwärtige Anteil der Rüstung am Gesamtverbrauch des Rohstahls nur 37,5 Prozent betrug[17]. Um den Anteil der Rüstung vergrößern zu können, schlug ich Milch vor, die Verteilung der Rohstoffe gemeinsam vorzunehmen.

Am 2. April machten wir uns daher wieder auf den Weg nach Karinhall. Zunächst sprach Göring umständlich über die verschiedensten Themen, war schließlich jedoch bereit, unseren Vorstellungen über die Errichtung einer zentralen Planungsstelle im Vierjahresplan zuzustimmen. Durch unser gemeinsames Auftreten beeindruckt, fragte er fast schüchtern: »Ist es Ihnen möglich, als Dritten meinen Körner aufzunehmen? Er wäre sonst über die Zurücksetzung traurig[18].«

Die »Zentrale Planung« wurde bald zur wichtigsten Einrichtung unserer Kriegswirtschaft. Eigentlich war es unverständlich, daß nicht schon längst ein übergeordnetes Gremium geschaffen worden war, das die einzelnen Programme und Prioritäten steuerte. Bis 1939 etwa hatte Göring diese Aufgabe persönlich wahrgenommen; aber danach gab es niemanden, der mit Autorität die zunehmend komplizierter und zugleich wichtiger werdenden Probleme meistern und Görings Versagen hätte auffangen können[19]. Zwar war in Görings Erlaß über die Zentrale Planung vorgesehen, daß er jede Entscheidung selbst treffen könne, falls er dies für notwendig halte. Wie ich erwartete, fragte er jedoch nie danach, und wir hatten auch keine Veranlassung, ihn je zu bemühen[20].

Die Sitzungen der »Zentralen Planung« fanden in meinem Ministerium, im großen Sitzungssaal, statt. Sie zogen sich endlos hin, mit einer Unzahl von Teilnehmern: Minister und Staatssekretäre kamen persönlich. Unterstützt von ihren Sachbearbeitern kämpften sie oft dramatisch um ihre Kontingente. Die Schwierigkeit der Aufgabe bestand darin, dem zivilen Bereich der Wirtschaft so wenig wie möglich, aber doch noch so viel zuzuteilen, daß die Rüstung nicht durch ein Versagen der übrigen Produktionszweige oder durch eine unzureichende Versorgung der Bevölkerung geschädigt wurde[21].

Ich selbst war bemüht, eine energische Senkung der Konsumgüterproduktion durchzusetzen, zumal deren Industrie Anfang 1942 nur drei Prozent unter Friedensniveau fabrizierte. Doch gelang mir 1942 nur, sie zugunsten der Rüstung um zwölf Prozent einzuschränken[22]. Denn bereits nach drei Monaten bedauerte Hitler seine Entscheidung über eine »Verlagerung der Produktion zugunsten der Rüstungsproduktion« und legte am 28./29. Juni 1942 fest, »daß die Fabrikation von Produkten für die allgemeine Versorgung der Bevölkerung wieder aufgenommen werden« müsse. Ich protestierte mit dem Argument, »daß eine solche Parole heute alle diejenigen, die bisher mit Mißvergnügen den Vorrang der Rüstung in der Produktion befolgt haben, wieder zu neuem Widerstand gegen die jetzige Linie herausfordert[23]« – womit ich deutlich die Parteifunktionäre angriff. Meine Einwände blieben bei Hitler ohne Resonanz.

Wiederum war meine Absicht, eine totale Kriegswirtschaft einzuführen, am Zögern Hitlers gescheitert.

Zur Steigerung der Rüstung waren nicht nur mehr Arbeiter und mehr Rohstahl vonnöten; auch der Verkehr der Reichsbahn mußte erhöhten Anforderungen gewachsen sein, obwohl er sich noch nicht von der Katastrophe des russischen Winters erholt hatte. Bis weit in das Reichsgebiet hatte sich ein Rückstau nicht abgefertigter Züge hineingefressen; Transporte mit wichtigen Rüstungsgütern waren daher unerträglichen Verzögerungen unterworfen.

Am 5. März 1942 fuhr Dr. Julius Dorpmüller, unser Verkehrsminister und trotz seiner 73 Jahre ein agiler Mann, mit mir in das Hauptquartier, um Hitler die Verkehrsprobleme vorzutragen. Ich erläuterte die katastrophale Transportlage, doch da Dorpmüller mich nur zurückhaltend unterstützte, wählte Hitler, wie stets, die optimistischere Interpretation der Lage. Er vertagte die wichtige Frage mit dem Bemerken, daß »die Auswirkungen wohl nicht so schwerwiegend sein würden, wie Speer sie sieht.«

Vierzehn Tage später stimmte er auf mein Drängen zu, einen jungen Beamten als Nachfolger des 65jährigen Staatssekretärs im Verkehrsministerium zu designieren. Aber Dorpmüller war entschieden anderer Meinung: »Mein Staatssekretär zu alt?« meinte er, als ich ihm diese Entscheidung übermittelte. »Dieser junge Mann! Als ich 1922 Präsident einer Reichsbahndirektion war, fing er gerade als Reichsbahnrat an.« Es gelang ihm, die Angelegenheit stillzulegen.

Acht Wochen später jedoch, am 21. Mai 1942, mußte mir Dorpmüller erklären: »Die Reichsbahn hat für den deutschen Raum nur so wenig Waggons und Lokomotiven zur Verfügung, daß sie nicht mehr die Verantwortung für die Aufrechterhaltung der dringlichsten Transporte übernehmen will.« Diese Darstellung der Transportlage durch Dorpmüller kam, wie die Chronik schrieb, »einer Bankrotterklärung der Reichsbahn gleich«. Der Reichsverkehrsminister bot mir am gleichen Tage den Posten eines Verkehrsdiktators an, aber ich lehnte ab[24].

Zwei Tage später ließ sich Hitler von mir einen jungen Reichsbahnrat, Dr. Ganzenmüller, vorstellen. Er hatte im letzten Winter den zusammengebrochenen Eisenbahnverkehr in einem Teil Rußlands (auf der Strecke Minsk bis Smolensk) wieder in Ordnung gebracht. Hitler war beeindruckt: »Der Mann gefällt mir, ich mache ihn sofort zum Staatssekretär.« Auf meinen Einwurf, ob man nicht vorher darüber mit Dorpmüller sprechen müsse, rief er: »Auf keinen Fall! Dorpmüller und Ganzenmüller, beide sollen nichts davon erfahren. Ich bestelle einfach Sie, Herr Speer, mit Ihrem Mann in das Hauptquartier. Getrennt davon soll dann der Reichsverkehrsminister anreisen.«

Auf Anordnung Hitlers wurden die beiden auch im Hauptquartier in verschiedenen Baracken untergebracht, so daß Dr. Ganzenmüller ahnungslos, ohne seinen Verkehrsminister, das Arbeitszimmer Hitlers betrat. Über die Ausführungen Hitlers existiert ein Protokoll, das am gleichen Tage aufgesetzt wurde: »Das Transportproblem ist ein entscheidendes; es muß daher gelöst werden. Ich habe mein ganzes Leben, am stärksten im vergangenen Winter, vor entscheidenden Fragen gestanden, die eine Lösung finden mußten. Immer wurde mir von sogenannten Fachleuten und eigentlich zur Führung berufenen Männern erklärt: ›Das ist nicht möglich, das geht nicht!‹ Damit kann ich mich nicht abfinden! Es gibt Probleme, die unbedingt gelöst werden müssen. Wo richtige Führer vorhanden sind, sind sie immer gelöst worden und werden auch immer gelöst werden. Es läßt sich dies nicht mit liebenswürdigen Mitteln durchsetzen. Für mich kommt es nicht auf Liebenswürdigkeit an; ebenso, wie es mir völlig gleichgültig ist, was mal die Nachwelt von den Methoden sagen wird, die ich anwenden mußte. Für mich gibt es nur eine einzige Frage, die gelöst werden muß: Wir müssen den Krieg gewinnen oder Deutschland geht seiner Vernichtung entgegen.«

Hitler erklärte weiter, wie er der Katastrophe des vergangenen Winters und den auf Rückzug drängenden Generalen seinen Willen entgegengesetzt habe und ging dann zu einigen Forderungen über, die ich ihm vorher zur Wiederherstellung eines geordneten Verkehrs empfohlen hatte. Ohne nun den wartenden Verkehrsminister hereinzurufen oder gar zu fragen, ernannte er Ganzenmüller zum neuen Staatssekretär, da »er an der Front bewiesen habe, daß er über die Energie verfüge, die so verfahrene Verkehrssituation wieder in Ordnung zu bringen«. Erst in diesem Moment wurden Minister Dorpmüller und sein Ministerialdirektor Leibbrandt zur Sitzung hinzugezogen. Er habe sich entschlossen, erklärte Hitler, in die Verkehrslage einzugreifen, da von ihr der Sieg abhängig sei, worauf er mit einem seiner Standardargumente fortfuhr: »Ich hatte seinerzeit mit nichts angefangen, als unbekannter Soldat des Weltkrieges und erst begonnen, als alle anderen, die viel mehr als ich zur Führung berufen schienen, versagten. Ich hatte nur meinen Willen, und ich habe mich durchgesetzt. Mein ganzer Lebensweg beweist, daß ich niemals kapituliere. Die Kriegsaufgaben müssen gemeistert werden. Ich wiederhole: Für mich gibt es das Wort ›unmöglich‹ nicht.« Und nochmals, fast schreiend: »Das gibt es nicht für mich!« Darauf erst teilte er dem Verkehrsminister mit, daß er den bisherigen Reichsbahnrat zum neuen Staatssekretär im Verkehrsministerium ernannt habe, eine sowohl für den Minister wie für seinen neuen Staatssekretär, aber auch für mich peinliche Situation.

Von Dorpmüllers fachlichem Können sprach Hitler immer mit großer Achtung. Gerade deswegen konnte Dorpmüller erwarten, daß er die Frage seines Vertreters vorher mit ihm besprochen hätte. Aber Hitler wollte augenscheinlich (wie so oft, wenn er Fachleuten gegenüberzutreten hatte) durch vollendete Tatsachen eine peinliche Auseinandersetzung vermeiden. Tatsächlich nahm Dorpmüller die Demütigung wortlos hin.

Zur gleichen Stunde bestimmte Hitler, daß Feldmarschall Milch und ich vorübergehend als Verkehrsdiktatoren zu wirken hätten; wir sollten dafür sorgen, daß die gestellten Forderungen »in weitestgehendem Umfange und in schnellster Zeit erfüllt werden.« Mit der entwaffnenden Feststellung: »Wegen der Transportfrage darf der Krieg nicht verlorengehen; sie ist also zu lösen[25]!« beendete Hitler die Sitzung.

In der Tat wurde sie gelöst; der junge Staatssekretär verstand es, mit einfachen Mitteln den Rückstau zu beseitigen, den Verkehr zu beschleunigen und die vermehrten Transportbedürfnisse der Rüstung zufriedenzustellen. Ein Hauptausschuß für Schienenfahrzeuge sorgte dafür, daß die Reparatur der im russischen Winter beschädigten Lokomotiven beschleunigt vorangetrieben wurde. Statt der bis dahin handwerklichen Herstellung von Lokomotiven gingen wir zur Serienfertigung über und vervielfachten die Produktion[26]. Trotz steigender Rüstung blieb auch in Zukunft der flüssige Verkehr erhalten, zudem die Verkleinerung der von uns besetzten Gebiete zwangsläufig die Verkehrswege verkürzte – bis systematische Fliegerangriffe vom Herbst 1944 ab den Verkehr erneut und nun endgültig zum größten Engpaß unserer Kriegswirtschaft machten.

Als Göring hörte, daß wir beabsichtigten, die Lokomotivfertigung zu vervielfachen, ließ er mich nach Karinhall kommen. Er schlug mir ernstlich vor, Lokomotiven aus Beton zu bauen, da wir nicht genügend Stahl zur Verfügung hätten. Die Betonlokomotiven würden zwar nicht so lange halten, wie die aus Eisen, meinte er; aber dann müsse man eben einfach entsprechend mehr Lokomotiven herstellen. Wie das bewerkstelligt werden sollte, wußte er allerdings nicht; gleichwohl beharrte er monatelang auf dieser abwegigen Idee, für die ich zwei Stunden Autofahrt, zwei Stunden Wartezeit vergeudet sowie einen hungrigen Magen nach Hause gebracht hatte; denn in Karinhall gab es für Sitzungsteilnehmer selten eine Mahlzeit: damals die einzige Einschränkung im Sinne einer totalen Kriegswirtschaft im Hause Görings.

Eine Woche nach der Ernennung Ganzenmüllers, bei der so lapidare Worte über die Lösung der Transportfrage gefallen waren, besuchte ich Hitler noch einmal. Getreu meiner Auffassung, daß die Führung in kritischen Zeiten Beispiele geben müsse, schlug ich Hitler vor, die Benutzung von Salonwagen durch die Spitzen des Reiches und der Partei bis auf weiteres einzustellen, wobei ich natürlich nicht an ihn selbst dachte. Hitler wich der Entscheidung jedoch aus, indem er behauptete, daß Salonwagen im Osten wegen der schlechten Unterkunftsmöglichkeiten notwendig seien. Ich berichtigte ihn: die meisten Wagen würden nicht im Osten, sondern im Reich gefahren und legte ihm eine lange Liste der zahllosen prominenten Benutzer von Salonwagen vor. Doch hatte ich keinen Erfolg[27].

Mit Generaloberst Friedrich Fromm traf ich mich regelmäßig zum Mittagessen in einem Chambre Separée des Restaurants Horcher. Bei einem dieser Zusammentreffen, Ende April 1942, meinte er, daß der Krieg nur noch dann Aussicht habe, gewonnen zu werden, wenn wir eine Waffe mit völlig neuen Wirkungen entwickelten. Er habe Kontakte mit einem Kreis von Wissenschaftlern, die einer Waffe auf der Spur seien, die ganze Städte vernichten, vielleicht die englische Insel außer Gefecht setzen könnte. Fromm schlug einen gemeinsamen Besuch vor. Immerhin scheine ihm wichtig, diese Männer wenigstens gesprochen zu haben.

Auch der Leiter des größten deutschen Stahlkonzerns und Präsident der Kaiser-Wilhelm-Gesellschaft, Dr. Albert Vögler, machte mich um diese Zeit auf die vernachlässigte Kernforschung aufmerksam. Von ihm hörte ich zum ersten Mal von der ungenügenden Unterstützung, die das im Kriege naturgemäß besonders schwache Reichsministerium für Erziehung und Wissenschaft der Grundlagenforschung zukommen ließ. Am 6. Mai 1942 besprach ich mit Hitler diese Situation und schlug vor, dem deutschen Reichsforschungsrat Göring als Repräsentativfigur voranzustellen[28]. Einen Monat später, am 9. Juni 1942, wurde Göring in dieses Amt berufen.

Etwa um die gleiche Zeit trafen sich die drei Vertreter der Rüstung, Milch, Fromm und Witzell, mit mir im Harnackhaus, dem Berliner Zentrum der Kaiser-Wilhelm-Gesellschaft, um uns einen Überblick über den Stand der deutschen Atomforschung zu verschaffen. Neben Wissenschaftlern, deren Name mir nicht mehr erinnerlich ist, waren die späteren Nobelpreisträger Otto Hahn und Werner Heisenberg anwesend. Nach einigen Experimental-Vorträgen über verschiedene Forschungsgebiete berichtete Heisenberg »über Atomzertrümmerung und die Entwicklung der Uranmaschine und des Zyklotrons[29]«. Heisenberg klagte über die Vernachlässigung der Kernforschung durch das zuständige Erziehungsministerium, über den Mangel an Geldmitteln und Materialien und wies darauf hin, daß durch Einziehung wissenschaftlicher Hilfskräfte zum Wehrdienst die deutsche Wissenschaft auf einem Gebiet zurückgefallen sei, das sie noch vor einigen Jahren beherrscht habe: Auszüge aus amerikanischen Fachzeitschriften ließen vermuten, daß dort für die Kernforschung technische und finanzielle Mittel überaus reichlich zur Verfügung stünden. Amerika würde daher voraussichtlich bereits jetzt einen Vorsprung haben, der bei den umwälzenden Möglichkeiten der Kernspaltung außerordentlich folgenreich werden könne.

Nach dem Vortrag fragte ich Heisenberg, wie die Kernphysik zur Herstellung von Atombomben anzuwenden sei. Seine Reaktion war keineswegs ermutigend. Zwar erklärte er, daß die wissenschaftliche Lösung gefunden sei und dem Bau der Bombe theoretisch nichts im Wege stünde. Die produktionstechnischen Voraussetzungen dagegen wären frühestens in zwei Jahren zu erwarten, sofern von nun an jede verlangte Unterstützung geleistet würde. Die lange Dauer wurde von Heisenberg unter anderem damit begründet, daß in Europa nur ein einziges Zyklotron mit überdies minimaler Leistung in Paris zur Verfügung stehe, das zudem wegen der Geheimhaltung nur unvollkommen genutzt werden könne. Ich schlug vor, mit den mir als Rüstungsminister zu Gebote stehenden Machtmitteln ebenso große oder größere Zyklotrone zu bauen, wie in den Vereinigten Staaten; doch hielt Heisenberg mir entgegen, daß wir aus Mangel an Erfahrung zunächst nur einen relativ kleinen Typ bauen könnten.

Immerhin sagte Generaloberst Fromm die Freistellung einiger Hundert wissenschaftlicher Mitarbeiter zu, während ich selber die Forscher aufforderte, mir die Maßnahmen, die Geldsumme und die Materialien zu nennen, die notwendig seien, um die Kernforschung zu fördern. Wenige Wochen später wurden einige Hunderttausend Mark beantragt und Stahl, Nickel und andere kontingentierten Metalle in unbedeutenden Größenordnungen angefordert; notwendig sei auch der Bau eines Bunkers, die Aufstellung einiger Baracken sowie die Entscheidung, alle Versuchsanordnungen und das bereits im Bau befindliche erste deutsche Zyklotron in die höchste Dringlichkeit einzustufen. Eher befremdet über die Geringfügigkeit der Forderungen in einer so entscheidend wichtigen Angelegenheit, erhöhte ich die Geldsumme auf ein bis zwei Millionen und sagte entsprechende Materialmengen zu. Mehr jedoch konnte augenscheinlich zunächst nicht verarbeitet werden[30], und jedenfalls gewann ich den Eindruck, daß die Atombombe für den voraussichtlichen Verlauf des Krieges nicht mehr von Bedeutung sein werde.

Ich kannte Hitlers Neigung, phantastische Projekte mit unsinnigen Forderungen vorwärtszutreiben, so daß ich ihn am 23. Juni 1942 nur sehr kurz über die Kernspaltungskonferenz und unsere Unterstützungsmaßnahmen unterrichtete[31]. Eingehendere und optimistischere Berichte erhielt Hitler über seinen Fotografen Heinrich Hofmann, der mit dem Reichspostminister Ohnesorge befreundet war, sowie wahrscheinlich auch über Goebbels. Ohnesorge interessierte sich für die Kernspaltung und unterhielt – genau wie die SS – einen selbständigen Forschungsapparat unter der Leitung des jungen Physikers Manfred von Ardenne. Daß Hitler nicht den direkten Weg eines Vortrags der Verantwortlichen wählte, sondern sich auf unzuverlässigen und unkompetenten Umwegen kolportagehaft unterrichtete, beweist erneut seinen Hang zum Dilettantischen sowie ein geringes Verständnis für wissenschaftliche Grundlagenforschung.

Auch zu mir sprach Hitler gelegentlich von der Möglichkeit einer Atombombe, doch überforderte der Gedanke ganz offenkundig sein Begriffsvermögen. Das erklärt auch seine Unfähigkeit, den revolutionären Charakter der Kernphysik zu begreifen. In den zweitausendzweihundert erhaltenen Punkten meiner Besprechungen mit Hitler taucht nur ein einziges Mal die Kernspaltung, noch dazu in lakonischer Kürze auf. Zwar beschäftigte er sich mitunter mit deren Aussichten, doch haben ihn meine Informationen über das Gespräch mit den Physikern in der Auffassung bestärkt, die Angelegenheit nicht intensiver zu verfolgen: Tatsächlich war Professor Heisenberg mir auf meine Frage, ob eine erfolgreiche Kernspaltung mit absoluter Sicherheit unter Kontrolle gehalten werden oder sich als Kettenreaktion fortsetzen könne, die letzte Antwort schuldig geblieben. Hitler war von der Möglichkeit, daß die Erde sich unter seiner Herrschaft in einen glühenden Stern verwandeln könne, offensichtlich nicht entzückt. Gelegentlich scherzte er jedoch darüber, daß die Wissenschaftler in ihrem weltfremden Drang nach Enthüllung aller irdischen Geheimnisse eines Tages den Erdball in Brand setzen könnten; bis dahin verginge jedoch sicherlich noch viel Zeit; er würde es bestimmt nicht mehr erleben.

Daß Hitler keinen Augenblick gezögert hätte, Atombomben gegen England einzusetzen, bestätigte seine Reaktion auf das Schlußbild eines Filmberichtes über die Bombardierung Warschaus im Herbst 1939: Wir saßen mit ihm und Goebbels in seiner Berliner Wohnhalle – Brandwolken verdüsterten den Himmel, Sturzbomber kippten auf ihr Ziel, man konnte den Flug der ausgeklinkten Bomben, das Hochziehen der Maschinen und die ins Riesige anwachsende Explosionswolke in einer durch filmische Raffung bewirkten Steigerung verfolgen. Hitler war fasziniert. Den Abschluß des Films bildete eine Montage, auf der ein Flugzeug sich auf die Umrisse der britischen Insel stürzte; ein Feuerschlag folgte und die Insel flog zerfetzt in Stücke. Hitlers Begeisterung kannte keine Grenzen mehr: »So wird es ihnen gehen!« rief er hingerissen aus, »so werden wir sie vernichten!«

Auf Vorschlag der Kernphysiker verzichteten wir schon im Herbst 1942 auf die Entwicklung der Atombombe, nachdem mir auf meine erneute Frage nach den Fristen erklärt worden war, daß nicht vor drei bis vier Jahren damit zu rechnen sei. Dann mußte der Krieg längst entschieden sein. Statt dessen gab ich Genehmigung, einen energieerzeugenden Uranbrenner zum Betrieb von Maschinen zu entwickeln, an denen die Marineleitung für ihre U-Boote interessiert war.

Bei einem Besuch der Kruppschen Werke ließ ich mir Teile unseres ersten Zyklotrons zeigen und fragte den mit der Konstruktion betrauten Techniker, ob wir nicht unverzüglich den Schritt zu einem bedeutend größeren Gerät wagen könnten. Aber er bestätigte mir, was zuvor Professor Heisenberg bemerkt hatte: uns fehlte die technische Erfahrung. In der Nachbarschaft der Universitätsklinik Heidelberg wurde mir im Sommer 1944 an unserem ersten Zyklotron die Spaltung eines Atomkerns gezeigt; auf meine Frage wurde mir von Professor Walter Bothe die Auskunft gegeben, daß dieses Zyklotron für medizinische und biologische Fortschritte nützlich sein werde. Ich gab mich zufrieden.

Im Sommer 1943 drohte infolge der Sperrung unserer Wolfram-Importe aus Portugal eine kritische Lage für die Produktion der Hartkern-Munition. Ich ordnete daraufhin die Verwendung von Uran-Kernen für diese Munitionsart an[32]. Die Freigabe unserer Uranvorräte von etwa 1200 Tonnen zeigte, daß der Gedanke an eine Produktion von Atombomben im Sommer 1943 von meinen Mitarbeitern und mir aufgegeben worden war.

Vielleicht wäre es gelungen, im Jahre 1945 die Atombombe einsatzbereit zu haben. Voraussetzung dafür wäre aber gewesen, daß frühzeitig alle technischen, personellen und finanziellen Mittel, etwa diejenigen für die Entwicklung der Fernrakete, bereitgestellt worden wären. Auch von diesem Blickpunkt war Peenemünde nicht nur unser größtes, sondern auch unser verfehltestes Projekt[33].

Daß der »Totale Krieg« innerhalb dieses Bereiches unterblieb, hatte allerdings auch mit ideologischer Verfangenheit zu tun. Hitler verehrte den Physiker Philipp Lenard, der 1905 den Nobelpreis erhalten hatte und einer der wenigen frühen Anhänger Hitlers aus den Kreisen der Wissenschaft war. Lenard hatte Hitler belehrt, daß die Juden auf dem Wege über die Kernphysik und Relativitätstheorie einen zersetzenden Einfluß ausübten[34]. Vor seiner Tafelrunde bezeichnete Hitler gelegentlich, unter Berufung auf seinen illustren Parteigenossen, die Kernphysik als »jüdische Physik« — was dann nicht nur von Rosenberg aufgegriffen wurde, sondern offenbar auch den Erziehungsminister zögern ließ, die Kernforschung zu unterstützen.

Aber selbst wenn Hitler seine Parteidoktrinen nicht auf die Kernforschung angewandt hätte, selbst wenn der Stand unserer Grundlagenforschung im Juni 1942 es den Kernphysikern ermöglicht hätte, statt mehrerer Millionen mehrere Milliarden Mark zur Herstellung von Atombomben zu investieren, wäre es bei unserer angespannten Kriegswirtschaftslage unmöglich gewesen, die diesem Betrag entsprechenden Materialien, Kontingente und Facharbeiter zur Verfügung zu stellen. Denn nicht nur die Überlegenheit der Produktionskapazität ermöglichte es den Vereinigten Staaten, dieses gigantische Projekt in Angriff zu nehmen. Deutschland war durch die zunehmenden Fliegerangriffe längst in eine rüstungswirtschaftliche Notlage geraten, die der Entwicklung umfangreicher Vorhaben immer spürbarer entgegenstand. Allenfalls hätte bei äußerster Konzentration aller Kräfte eine deutsche Atombombe im Jahre 1947 zur Verfügung stehen können; sicherlich aber nicht gleichzeitig mit der amerikanischen Bombe im August 1945. Der Verbrauch unserer letzten Reserven an Chromerzen hätte indessen den Krieg spätestens am 1. Januar 1946 beendet.

So fand ich von Beginn meiner Tätigkeit an Fehler über Fehler vor. Es klingt heute eigentümlich, daß Hitler während des Krieges oft bemerkte: »Derjenige wird diesen Krieg verlieren, der die größeren Fehler macht!« Hitler selber trug durch eine Kette von Fehlentscheidungen auf allen Gebieten dazu bei, das Ende eines, den Produktionskapazitäten nach ohnehin verlorenen Krieges zu beschleunigen: zum Beispiel durch seine verworrene Luftkriegplanung gegen England, durch den Mangel an U-Booten zu Beginn des Krieges, überhaupt durch das Versäumnis, einen Generalplan für den Krieg zu entwickeln. Tatsächlich haben die vielen Bemerkungen in der deutschen Memoirenliteratur recht, die auf entscheidende Fehler Hitlers hinweisen. Das kann aber nicht heißen, daß der Krieg zu gewinnen gewesen wäre.

17. Kapitel

Oberbefehlshaber Hitler

Dilettantismus war eine der charakteristischen Eigenarten Hitlers. Er hatte nie einen Beruf erlernt und war im Grunde immer ein Außenseiter geblieben. Wie viele Autodidakten konnte er nicht beurteilen, was wirkliches Fachwissen bedeutete. Ohne Sinn für die komplexen Schwierigkeiten einer jeden großen Aufgabe, zog er daher unersättlich immer neue Funktionen an sich. Unbelastet von eingefahrenen Vorstellungen, entwickelte sein schnell erfassender Verstand manchmal Mut zu ungewöhnlichen Maßnahmen, auf die ein Fachmann gar nicht gekommen wäre. Die strategischen Erfolge der ersten Kriegsjahre kann man geradezu auf Hitlers Unbelehrbarkeit über die Spielregeln und auf seine laienhafte Entschlußfreudigkeit zurückführen. Da die Gegenseite auf Regeln ausgerichtet war, die Hitlers autodidaktische Selbstherrlichkeit nicht kannte oder nicht anwandte, ergaben sich Überraschungseffekte, die, gepaart mit militärischer Überlegenheit, die erste Voraussetzung seiner Erfolge schufen. Sowie aber Rückschläge eintraten, erlitt er, wie meist der Ungeschulte, Schiffbruch. Nun wurde seine Unkenntnis der Spielregeln als eine andere Art Unfähigkeit offenbar, nun war sein Mangel kein Vorteil mehr. Je größer die Mißerfolge wurden, um so stärker und verbissener kam sein unbelehrbarer Dilettantismus zum Vorschein. Die Neigung zu unerwarteten und überraschenden Entscheidungen war lange Zeit seine Stärke gewesen; jetzt förderte sie seinen Niedergang.

Alle zwei bis drei Wochen fuhr ich von Berlin auf einige Tage in Hitlers ostpreußisches, später in sein ukrainisches Hauptquartier, um die vielen technischen Detail-Fragen, für die er sich als Oberbefehlshaber des Heeres interessierte, von ihm entscheiden zu lassen. Hitler kannte sämtliche Waffen- und Munitionsarten mit ihren Kalibern, Rohrlängen und Schußweiten, er hatte die Lagerbestände der wichtigsten Rüstungsgegenstände ebenso im Kopf wie deren monatliche Produktion. Er konnte unsere Programme bis in Einzelheiten mit unseren Lieferungen vergleichen und daraus seine Schlüsse ziehen.

Hitlers naiv wirkende Freude, jetzt auf dem Gebiet der Rüstung wie früher im Automobilbau oder in der Architektur mit abgelegenen Zahlen zu glänzen, machte deutlich, daß er auch hier als Dilettant arbeitete; unablässig schien er bemüht, sich den Fachleuten ebenbürtig oder gar überlegen zu zeigen. Der wirkliche Fachmann wird vernünftigerweise seinen Kopf nicht mit Details überlasten, die er nachschlagen oder sich von einem Adjutanten nachtragen lassen kann. Hitler dagegen hatte es vor sich selbst nötig, seine Kenntnisse zu zeigen; aber er hatte auch Freude daran.

Seine Informationen entnahm er einem großen Buch in rotem Einband, mit einem breiten gelben Querstreifen. Dieser immer wieder ergänzte Katalog für etwa dreißig bis fünfzig verschiedene Munitionsarten und Waffengattungen lag stets auf seinem Nachttisch. Manchmal holte sein Diener auf Geheiß Hitlers das Buch herbei, wenn während der militärischen Besprechungen ein Mitarbeiter eine Zahl genannt hatte, die Hitler augenblicklich korrigiert hatte. Es wurde aufgeschlagen, Hitlers Angaben Mal für Mal bestätigt, die Uninformiertheit eines Generals bloßgestellt. Das Zahlengedächtnis Hitlers war der Schrecken seiner Umgebung.

Zwar konnte Hitler die Mehrzahl der ihn umgebenden Offiziere auf diese Weise einschüchtern. Umgekehrt aber fühlte er sich unsicher, wenn er einem ausgesprochenen Fachmann gegenüber saß. Er beharrte nicht einmal auf seiner Meinung, sowie er auf den Widerstand eines Spezialisten stieß.

Mein Vorgänger Todt hatte sich zwar zuweilen von zwei seiner engsten Mitarbeiter, Xaver Dorsch und Karl Saur, begleiten lassen; gelegentlich brachte er auch einen seiner Experten mit. Jedoch legte er Wert darauf, persönlich vorzutragen und seine Mitarbeiter nur in schwierigen Detailpunkten einzuschalten. Ich machte mir von vornherein gar nicht erst die Mühe, Zahlen zu memorieren, die Hitler ohnehin besser im Kopf hatte. Um Hitlers Respekt vor Fachleuten auszunutzen, nahm ich daher zu meinen Besprechungen stets alle diejenigen Fachkenner mit, die die einzelnen Besprechungspunkte am besten beherrschten.

Auf diese Weise war ich von dem Alpdruck jeder »Führerbesprechung« befreit, durch ein Bombardement von Zahlen und technischen Daten in die Enge gedrängt zu werden. Regelmäßig erschien ich mit ungefähr zwanzig Zivilisten im Führerhauptquartier. Über diese Speersche Invasion machte man sich bald im Sperrkreis I lustig. Je nach den Besprechungspunkten wurden jeweils zwei bis vier meiner Fachleute zur Besprechung geladen, die in dem »Lageraum« des Hauptquartiers unmittelbar neben Hitlers Privaträumen stattfand: ein bescheiden eingerichtetes Zimmer von etwa achtzig Quadratmeter Größe, dessen Wände mit hellem Holz verkleidet waren. An einem großen Fenster dominierte ein vier Meter langer, schwer eicherner Kartentisch; in einer Ecke war ein kleinerer Tisch von sechs Armstühlen umgeben. Hier nahm unser Besprechungskreis Platz.

Ich selbst hielt mich bei diesen Besprechungen möglichst zurück, eröffnete sie mit einem kurzen Hinweis auf das Thema, um dann den anwesenden Fachmann aufzufordern, seine Ansichten darzulegen. Weder die äußere Umgebung mit den zahllosen Generalen, Adjutanten, Wachbezirken, Sperren und Ausweisen, noch die Gloriole, die dieser ganze Apparat Hitler verlieh, konnte die Fachleute einschüchtern. Durch langjährige erfolgreiche Ausübung ihres Berufs brachten sie ein betontes Gefühl ihres Ranges und ihrer Eigenverantwortlichkeit mit. Manchmal entwickelte sich das Gespräch zu einer hitzigen Diskussion, denn sie vergaßen nicht selten, wem sie gegenübersaßen. All dies nahm Hitler teils mit Humor, teils mit Achtung hin; in diesem Kreis wirkte er bescheiden und behandelte die Sitzungsteilnehmer mit bemerkenswerter Höflichkeit. Auch verzichtete er ihnen gegenüber auf seine Technik, Opposition durch lange, erschöpfende und lähmende Reden zu töten. Er war in der Lage, Grundsätzliches von weniger Wichtigem zu unterscheiden, war beweglich und überraschte durch die Schnelligkeit, mit der er zwischen mehreren Möglichkeiten wählen und seine Wahl begründen konnte. Mühelos fand er sich in technischen Vorgängen, in Plänen und Skizzen zurecht. Seine Fragen zeigten, daß er auch komplizierte Besprechungsgegenstände während der kurzen Zeit des Vortrags im wesentlichen erfaßt hatte. Den Nachteil freilich bemerkte er nicht: zu leicht kam er an den Kern der Dinge, als daß er ihn ganz gründlich erfassen konnte.

Vor unseren Besprechungen konnte ich nie voraussagen, wie ihr Resultat sein würde. Manchmal genehmigte er wortlos einen Vorschlag, dessen Aussichten äußerst gering schienen; manchmal verweigerte er widerspenstig die Durchführung nebensächlicher Maßnahmen, die er kurze Zeit vorher noch selbst verlangt hatte. Trotzdem brachte mein System, Hitlers Detailkenntnisse durch Fachleute mit noch detaillierteren Kenntnissen auszumanövrieren, mehr Erfolge als Rückschläge. Seine anderen Mitarbeiter stellten erstaunt und nicht ohne Neid fest, daß Hitler Meinungen, die er in den vorangegangenen militärischen Lagebesprechungen als unabänderlich bezeichnet hatte, nach solchen Fachkonferenzen nicht selten änderte und unsere abweichenden Vorschläge akzeptierte[1].

Hitlers technischer Horizont schloß allerdings, ebenso wie sein Weltbild, seine Kunstauffassung und sein Lebensstil, mit dem Ersten Weltkrieg ab. Seine technischen Interessen waren einseitig auf die traditionellen Waffen des Heeres und der Marine ausgerichtet. Auf diesen Gebieten hatte er sich weitergebildet und seine Kenntnisse ständig vermehrt; hier schlug er des öfteren überzeugende und brauchbare Neuerungen vor. Jedoch hatte er wenig Sinn für Entwicklungen wie beispielsweise das Radarverfahren, die Konstruktion einer Atombombe, für Düsenjäger und Raketen. Bei seinen seltenen Flügen mit der neu entwickelten »Condor« zeigte er sich besorgt, daß der Mechanismus nicht funktionieren könne, der das eingezogene Fahrgestell wieder ausfuhr. Mißtrauisch meinte er, ihm sei die alte Ju 52 mit dem starren Fahrgestell doch lieber.

Oft trug Hitler seiner militärischen Umgebung noch am Abend nach unseren Besprechungen gerade erworbene technische Kenntnisse vor. Er liebte es, sie wie beiläufig als eigenes Wissen auszugeben.

Als der russische T 34 erschien, triumphierte Hitler, denn er konnte darauf hinweisen, daß er dessen langes Geschützrohr schon früher gefordert habe. Noch vor meiner Ernennung zum Minister hörte ich, wie sich Hitler im Garten der Reichskanzlei nach der Vorführung des Panzers IV bitter über die Widerspenstigkeit des Heereswaffenamtes beschwerte, das seiner Forderung auf eine durch ein verlängertes Rohr erhöhte Geschoßgeschwindigkeit kein Verständnis entgegenbrachte. Das Waffenamt hatte damals Gegengründe: das lange Rohr mache die nicht dafür entworfenen Panzer vorderlastig, die ganze Konstruktion sei bei einer so einschneidenden Änderung in Gefahr, aus dem Gleichgewicht zu geraten.

Diesen Vorfall holte Hitler immer wieder hervor, wenn er mit seinen Ideen auf Widerstand stieß: »Damals habe ich recht gehabt, und man wollte mir nicht glauben. Jetzt habe ich auch wieder recht!« Während das Heer endlich einen Panzer haben wollte, der durch größere Geschwindigkeit den vergleichsweise schnellen T 34 ausmanövrieren konnte, bestand Hitler darauf, daß eine größere Durchschlagskraft der Geschütze und gleichzeitig ein besserer Schutz durch schwerere Panzerung den größeren Vorteil biete. Auch hier beherrschte er die notwendigen Zahlen, wußte Durchschlagsergebnisse und Geschoßgeschwindigkeiten. Seine Theorie pflegte er am Beispiel der Kriegsschiffe zu beweisen: »Wer bei einer Seeschlacht die größere Reichweite hat, kann auf größere Entfernung das Feuer eröffnen. Und wenn es auch nur ein Kilometer ist. Dazu noch eine stärkere Panzerung... dann muß er überlegen sein! Was wollen Sie? Dem schnelleren Schiff bleibt nur eine Möglichkeit: seine überlegene Geschwindigkeit zum Absetzen auszunutzen. Oder wollen Sie mir vielleicht beweisen, daß es ihm durch die größere Schnelligkeit möglich ist, die schwerere Panzerung und die überlegene Artillerie zu überwinden? Beim Panzer gilt genau das gleiche. Der leichtere und schnellere Panzer muß dem schweren ausweichen.«

An diesen Diskussionen waren meine Fachleute aus der Industrie nicht unmittelbar beteiligt. Wir hatten die Panzer nach den Forderungen zu bauen, die vom Heer, gleich ob durch Hitler, durch den Generalstab des Heeres oder durch das Heereswaffenamt, festgelegt wurden. Fragen der Kampftaktik gingen uns nichts an, die Diskussion wurde zumeist von den Offizieren geführt. Im Jahre 1942 vermied es Hitler noch, solche Diskussionen durch ein Machtwort abzuschneiden. Damals hörte er sich Einwände noch ruhig an und brachte seine Argumente ebenso ruhig vor. Immerhin hatten seine Argumente besonderes Gewicht.

Da der »Tiger«, ursprünglich für fünfzig Tonnen Gewicht konstruiert, durch Hitlers Forderungen auf fünfundsiebzig Tonnen gekommen war, beschlossen wir, einen neuen Dreißig-Tonnen-Panzer zu entwickeln, der bereits durch seinen Namen »Panther« eine größere Behendigkeit anzeigen sollte. Er sollte leichter sein, aber einen Motor wie der »Tiger« und damit eine überlegene Geschwindigkeit erhalten. Aber im Laufe eines Jahres wurde ihm durch Hitler erneut so viel an verstärkter Panzerung und vergrößerten

Geschützen aufgepackt, daß er schließlich mit achtundvierzig Tonnen das Anfangsgewicht des »Tigers« erreichte.

Um diese seltsame Verwandlung eines schnellen Panthers in einen langsamen Tiger auszugleichen, legten wir später die Serie eines kleinen, leichten und wiederum schnelleren Panzers auf[2]. Um Hitler zu erfreuen und zu beruhigen, wurde von Porsche gleichzeitig ein überschwerer Panzer in Entwurf genommen, der über hundert Tonnen wog und schon deshalb nur in geringen Stückzahlen hätte gebaut werden können. Um die Spione irrezuführen, bekam dieses neue Ungetüm den Decknamen »Maus«. Ohnehin hatte Porsche Hitlers Neigung zur Überschwere übernommen und brachte ihm gelegentlich Nachrichten von Parallelentwicklungen beim Gegner. Einmal ließ Hitler General Buhle kommen und verlangte: »Ich höre gerade, daß ein feindlicher Panzer kommt, mit einer Panzerung, die weit über dem liegt, was wir haben. Haben Sie schon Unterlagen dafür? Wenn das stimmt, muß augenblicklich..., es muß eine neue Pak entwickelt werden. Die Durchschlagskraft muß..., es muß die Kanone vergrößert werden, oder verlängert werden, kurz und gut, es muß sofort darauf reagiert werden. Augenblicklich[3]!«

Der Grundfehler lag darin, daß Hitler nicht nur den Oberbefehl über die Wehrmacht, sondern auch den Oberbefehl des Heeres und darin als seine »Liebhaberei« die Panzerentwicklung übernommen hatte. Normalerweise wären solche Fragen zwischen Offizieren des Generalstabs, denen des Heereswaffenamtes und dem Rüstungsausschuß der Industrie ausgekämpft worden. Der Oberbefehlshaber des Heeres hätte sich nur in ganz dringenden Fällen eingeschaltet. Es entsprach aber nicht der Übung, den Fachoffizieren bis in alle Einzelheiten Anweisungen zu geben. Das war so außergewöhnlich wie verderblich; denn damit nahm Hitler ihnen die Verantwortung und erzog seine Offiziere zur Gleichgültigkeit.

Hitlers Entscheidungen führten nicht nur zu einer Vielfalt von parallelen Neuentwicklungen, sondern auch zu immer unübersichtlicheren Nachschubproblemen. Besonders störend machte sich bemerkbar, daß er kein Verständnis für eine ausreichende Belieferung der Truppe mit Ersatzteilen hatte[4]. Oft wurde ich von dem Generalinspekteur der Panzerwaffe, Generaloberst Guderian, darauf hingewiesen, daß durch eine schnelle Reparatur mit einem Bruchteil des Aufwandes die Zahl der einsatzfähigen Panzer höher zu halten sei als durch Neuproduktionen auf Kosten der Ersatzteilfertigung. Unterstützt von meinem Amtschef Saur bestand Hitler auf dem Vorrang der Neuproduktion, die um 20 % geringer hätte sein müssen, falls man die ausgefallenen, aber reparaturfähigen Panzer einsatzbereit gemacht hätte.

Generaloberst Fromm, in dessen Bereich als Chef des Ersatzheeres derartige Mißstände fielen, nahm mich einige Male zu Hitler mit, um ihm Gelegenheit zu geben, die Argumente der Truppe vorzubringen. Fromm verfügte über eine klare Vortragsweise, er trat bestimmt auf und besaß diplomatischen Takt. Den Säbel zwischen die Knie gepreßt, die Hand auf dem Säbelknauf, saß er energiegeladen da, und noch heute glaube ich, er hätte aufgrund seiner großen Fähigkeiten im Führerhauptquartier manche Fehlentwicklung verhindert. In der Tat gewann er nach einigen Besprechungen an Einfluß. Aber sogleich machten sich Widerstände bemerkbar, sowohl von seiten Keitels, der seine Stellung bedroht sah, als auch von Goebbels, der ihm bei Hitler ein denkbar schlechtes politisches Zeugnis ausstellte. Dann prallte Hitler selber über eine Nachschubfrage mit ihm zusammen. Kurzerhand bedeutete er mir, daß ich Fromm nicht mehr mitbringen solle.

Im Mittelpunkt zahlreicher Besprechungen bei Hitler stand die Festlegung der Rüstungsprogramme des Heeres. Hitlers Standpunkt war: Je mehr ich fordere, desto mehr erhalte ich, und zu meinem Erstaunen wurden Programme, deren Durchführbarkeit die Fachleute aus der Industrie für unmöglich gehalten hatten, am Ende sogar noch überschritten. Die Autorität Hitlers machte Reserven frei, die niemand einkalkuliert hatte. Ab 1944 allerdings befahl er utopische Programme; unsere Versuche, sie in den Fabriken durchzusetzen, hatten eher Minderleistungen zur Folge.

Hitler flüchtete sich, wie mir schien, oft aus seiner militärischen Verantwortung in diese stundenlangen Konferenzen über Rüstung und Kriegsproduktion. Er selbst sagte gelegentlich zu mir, daß er hierbei eine ähnliche Entspannung fände wie früher bei unseren Architekturbesprechungen. Selbst in bedrängten Lagen wandte er viele Stunden dafür auf; manchmal gerade dann, wenn seine Feldmarschälle oder Minister ihn dringend sprechen wollten.

Mit unseren Fachbesprechungen war meist eine Vorführung neuer Waffen verbunden, die auf einem naheliegenden Acker stattfand. Soeben noch hatten wir mit Hitler vertraulich zusammengesessen – jetzt mußten sich alle in Reih und Glied aufstellen, der Chef OKW, Feldmarschall Keitel, am rechten Flügel. Wenn Hitler eintraf, meldete Keitel die angetretenen Generale und Techniker. Augenscheinlich legte Hitler Wert auf den zeremoniellen Auftritt. Er betonte den formellen Charakter des Vorgangs noch dadurch, daß er, um die wenigen hundert Meter bis zum Acker zurückzulegen, sein Staatsauto bestieg, während ich auf dem Rücksitz Platz zu nehmen hatte.

Nach der Meldung Keitels löste sich die Gruppe augenblicklich auf: Hitler ließ sich Details zeigen, kletterte über bereitgehaltene Stufen auf die Fahrzeuge und setzte seine Diskussionen mit den Fachleuten fort. Oft bedachten Hitler und ich neue Typen mit lobenden Bemerkungen, wie: »Was für ein elegantes Rohr«, oder »Welche schöne Form dieser Panzer hat!« – ein skurriler Rückfall in die Terminologie gemeinsamer Betrachtungen von Architekturmodellen.

Bei einer solchen Besichtigung hielt Keitel ein 7,5-cm-Panzerabwehrgeschütz für eine leichte Feldhaubitze. Hitler überging zunächst den Fehltritt, aber auf unserer Rückfahrt mokierte er sich: »Haben Sie gehört? Keitel mit der Pak. Und dabei ist er General der Artillerie!«

Ein anderes Mal hatte die Luftwaffe zur Besichtigung durch Hitler auf einem benachbarten Flugplatz die Vielzahl von Varianten und Typen ihres Produktionsprogrammes aufgereiht. Göring hatte sich selbst vorbehalten, Hitler die Flugzeuge zu erklären. Sein Stab verzeichnete ihm dazu auf einem Spickzettel, genau in der Reihenfolge der aufgestellten Modelle, deren jeweilige Bezeichnung, die Flugeigenschaften und andere technische Daten. Ein Typ war nicht rechtzeitig herangeschafft, Göring darüber nicht informiert worden. Gut gelaunt gab er jeweils von da an zu einem falschen Typ seine Erläuterungen ab, da er sich streng an die Liste hielt. Hitler, der augenblicklich den Fehler bemerkte, ließ sich nichts anmerken.

Ende Juni 1942 las ich, wie jeder andere auch, in der Zeitung, daß eine neue Groß-Offensive im Osten begonnen habe. Im Hauptquartier herrschte Hochstimmung. Allabendlich erläuterte Hitlers Chefadjutant Schmundt den Zivilisten des Hauptquartiers den Vormarsch der Truppen auf der Wandkarte. Hitler triumphierte. Wieder einmal hatte er den Generälen gegenüber, die von einer Offensive abgeraten und eine defensive Taktik mit gelegentlichen Frontverbesserungen vorgeschlagen hatten, recht behalten. Auch Generaloberst Fromm äußerte sich nun zuversichtlich, obwohl er mir gegenüber zu Beginn der Operation geäußert hatte, daß sie in der Lage des »armen Mannes«, in der wir uns befänden, ein Luxus sei.

Der linke Flügel östlich von Kiew wurde länger und länger. Die Truppen näherten sich Stalingrad. Erhebliche Leistungen wurden vollbracht, um einen notdürftigen Bahnverkehr in den neu gewonnenen Gebieten zu ermöglichen und damit den Nachschub aufrechtzuerhalten.

Knapp drei Wochen nach Beginn des erfolgreichen Vormarsches siedelte Hitler in ein vorgeschobenes Hauptquartier nahe der ukrainischen Stadt Winniza über. Da die Russen keine fliegerische Aktivität zeigten und der Westen dieses Mal, selbst für Hitlers Besorgnisse, zu weit entfernt lag, wurden von ihm für diesen Bau keine besonderen Bunkeranlagen verlangt; statt der Betonbauten entstand eine freundlich wirkende Ansiedlung von Blockhäusern, die in einem Wald verstreut lagen.

Ich benutzte meine Flüge nach dem Hauptquartier, um in freien Stunden über das Land zu fahren. Einmal kam ich dabei auch nach Kiew. Während unmittelbar nach der Oktoberrevolution Avantgardisten wie Le Corbusier, May oder El Lissitzky das moderne russische Bauen beeinflußten, war man unter Stalin Ende der zwanziger Jahre auf einen konservativ-klassizistischen Baustil umgeschwenkt. Das Konferenzgebäude von Kiew zum Beispiel hätte von einem guten Schüler der Ecole des Beaux Arts entworfen sein können.

Ich spielte mit dem Gedanken, den Architekten ausfindig zu machen, um ihn in Deutschland zu beschäftigen. Ein klassizistisches Stadion war mit Statuen von Athleten nach antikem Muster geschmückt, die rührenderweise jedoch Badehosen beziehungsweise Badeanzüge trugen.

Eine der berühmtesten Kirchen Kiews fand ich als Trümmerhaufen vor. Ein sowjetisches Pulvermagazin sei dort in die Luft geflogen, erzählte man mir. Später erfuhr ich durch Goebbels, daß die Kirche auf Befehl des »Reichskommissars für die Ukraine«, Erich Koch, gesprengt worden war, um dieses Sinnbild ukrainischen Nationalstolzes zu beseitigen. Goebbels erzählte es mit Mißfallen: er war über den im besetzten Rußland eingeschlagenen brutalen Kurs entsetzt. In der Tat war die Ukraine in jener Zeit noch so friedlich, daß ich ohne Begleitung durch die ausgedehnten Wälder fahren konnte, während das ganze Gebiet schon ein halbes Jahr später dank der verkehrten Politik der Ostkommissare von Partisanen durchsetzt war.

Andere Fahrten führten mich in das Industriezentrum Dnjepropetrowsk. Am meisten beeindruckte mich eine im Bau befindliche Hochschulstadt, die alle deutschen Verhältnisse übertraf und einen imponierenden Eindruck von dem Willen der Sowjetunion vermittelte, eine technische Macht ersten Ranges zu werden. Auch besuchte ich die von den Russen gesprengte Kraftanlage von Saporoschje, in die deutsche Turbinenanlagen eingebaut wurden, nachdem ein großes Baukommando die Sprenglücke im Staudamm geschlossen hatte. Bei ihrem Rückzug hatten die Russen durch Umlegen des Ölschalters die Ölung der im vollen Lauf befindlichen Maschinen unterbrochen, diese liefen heiß und fraßen sich schließlich zu einem unbrauchbaren Gewirr von Einzelteilen zusammen: eine wirkungsvolle Zerstörungsart, die mit einem Hebelgriff von nur einem Mann durchführbar war. Der Gedanke daran bereitete mir später bei den Absichten Hitlers, Deutschland in eine Wüste zu verwandeln, schlaflose Stunden.

Auch im Führerhauptquartier hielt Hitler an der Gewohnheit fest, die Mahlzeiten inmitten seiner engeren Mitarbeiter einzunehmen. Während jedoch in der Reichskanzlei Parteiuniformen das Bild beherrscht hatten, war er nun von Generalen und Offizieren seines Stabes umgeben. Im Gegensatz zu dem luxuriös möblierten Saal der Reichskanzlei hatte dieses Speisezimmer eher das Aussehen eines Bahnhofsrestaurants einer Kleinstadt. Mit Holzbrettern verschalte Wände, Fenster einer normierten Baracke, ein langer Tisch für etwa zwanzig Personen, umstellt von einfachen Stühlen. Hitler nahm an der Fensterseite in der Mitte der langen Tafel Platz; Keitel saß ihm gegenüber, während die Ehrenplätze auf beiden Seiten Hitlers wechselnden Besuchern vorbehalten blieben. Wie in den vergangenen Tagen in Berlin sprach Hitler langatmig über seine ewig gleichen Lieblingsthemen, während seine Tischgäste zu stillen Zuhörern degradiert waren. Allerdings bemühte er sich offensichtlich, dieser ihm fernstehenden und überdies nach Herkommen und Bildung überlegenen Runde seine Gedanken in möglichst eindrucksvoller Weise vorzutragen[5]. So unterschied sich das Niveau der Tischgespräche im Führerhauptquartier vorteilhaft von dem der Reichskanzlei.

Im Gegensatz zu den ersten Wochen der Offensive, als wir während des Essens in gehobener Stimmung die schnellen Fortschritte in den südrussischen Ebenen erörterten, wurden die Gesichter nach acht Wochen zunehmend bedrückter, und auch Hitler begann seine Selbstsicherheit zu verlieren.

Unsere Truppen hatten zwar die Ölfelder von Maikop in Besitz genommen, die Panzerspitzen kämpften bereits am Terek und stießen über eine verkehrslose Steppe bei Astrachan auf die südliche Wolga vor. Das Tempo der ersten Wochen aber war bei diesem Vormarsch verlorengegangen. Der Nachschub kam nicht mehr nach, die mitgeführten Ersatzteile waren längst aufgebraucht, so daß sich die kämpfende Spitze immer mehr verdünnte. Auch standen unsere monatlichen Rüstungsleistungen noch in keinem Verhältnis zu den Anforderungen einer Offensive über solch riesige Räume: Damals fertigten wir nur ein Drittel der Panzer und ein Viertel der Artillerie des Jahres 1944. Davon abgesehen war auch der Verschleiß ohne Kampfeinwirkung bei solchen Entfernungen außerordentlich. Die Panzererprobungsstelle in Kummersdorf ging davon aus, daß ein schwerer Panzer nach 600 bis 800 Kilometern am Fahrgestell oder Motor reparaturbedürftig sei.

Hitler begriff nichts. In der Absicht, die vermeintliche Schwäche des Gegners auszunutzen, wollte er seine erschöpften Truppen auf die Südseite des Kaukasus, nach Georgien, vorwärtszwingen. Infolgedessen zweigte er von der ohnehin schwach gewordenen Spitze erhebliche Kräfte ab, die über Maikop hinaus zunächst gegen Sotschi vorstoßen und von da an über die enge Küstenstraße weiter südlich Suchum erreichen sollten. In der dringendsten Weise befahl er, den Hauptstoß dorthin zu führen; er glaubte, daß das Gebiet nördlich des Kaukasus ihm ohnehin leicht zufallen werde.

Aber die Einheiten waren am Ende. Trotz aller Befehle Hitlers kamen sie nicht mehr voran. In den Lagebesprechungen wurden Hitler Luftfotos von den undurchdringlichen Nußbaumwäldern vor Sotschi gezeigt. Generalstabschef Halder versuchte Hitler zu überzeugen, daß das Unternehmen im Süden erfolglos bleiben müsse; denn durch Sprengungen der Steilabhänge könnten die Russen die Küstenstraße auf lange Zeit unpassierbar machen, die ohnehin für den Vormarsch größerer Truppeneinheiten zu schmal sei. Doch Hitler zeigte sich unbeeindruckt: »Diese Schwierigkeiten sind überwindbar, wie alle Schwierigkeiten zu überwinden sind! Zuerst einmal müssen wir die Straße erobern. Dann ist der Weg in die Ebenen südlich des Kaukasus frei. Dort können wir in Ruhe unsere Armeen aufstellen und Nachschublager anlegen. Dann starten wir in ein oder zwei Jahren eine Offensive in den Unterleib des britischen Empire. Mit geringen Kräften können wir Persien und den Irak befreien. Die Inder werden unsere Divisionen begeistert begrüßen.«

Als wir im Jahre 1944 das Buchdruckergewerbe auf unnötige Aufträge auskämmten, stießen wir in Leipzig auf einen Auftrag des OKW, durch den noch immer in großen Mengen Kartenmaterial und Sprachführer für Persien hergestellt wurden. Der Auftrag war vergessen worden.

Auch für einen Laien war nicht schwer festzustellen, daß sich die Offensive zu Tode gerannt hatte. Da traf die Meldung ein, daß eine Abteilung deutscher Gebirgstruppen den 5600 Meter hohen, von weiten Gletscherfeldern umgebenen Elbrus, den höchsten Berg des Kaukasus, genommen und dort die deutsche Kriegsflagge aufgepflanzt hatte. Sicherlich handelte es sich um ein unnötiges Unternehmen, kleinsten Ausmaßes allerdings[6], nur als Abenteuer begeisterter Bergsteiger zu verstehen. Wir hatten alle Verständnis für diese Tour, die uns im übrigen belanglos und gänzlich unwichtig erschien. Oft habe ich Hitler wütend gesehen; selten aber brach es so aus ihm heraus wie bei dieser Nachricht. Stundenlang tobte er, als sei sein gesamter Feldzugplan durch das Unternehmen ruiniert worden. Noch nach Tagen schimpfte er unablässig bei jedem über »diese verrückten Bergsteiger«, die »vor ein Kriegsgericht gehörten«. Mitten im Krieg liefen sie ihrem idiotischen Ehrgeiz nach, meinte er empört, besetzten einen idiotischen Gipfel, obwohl er doch befohlen habe, daß alles auf Suchum konzentriert werde. Hier sehe man deutlich, wie seine Befehle befolgt würden.

Dringende Geschäfte riefen mich nach Berlin zurück. Einige Tage später wurde der Oberbefehlshaber der am Kaukasus operierenden Heeresgruppe abgelöst, obwohl Jodl ihn energisch verteidigte. Als ich etwa nach vierzehn Tagen wieder im Hauptquartier war, hatte sich Hitler mit Keitel, Jodl und Halder überworfen. Er gab ihnen weder die Hand zum Gruß noch nahm er an der gemeinsamen Tafel teil. Von jetzt an ließ er sich bis zum Kriegsende das Essen in seinem Bunkerraum servieren, wohin er nur noch gelegentlich einige Auserwählte einlud. Das Verhältnis Hitlers zu seiner militärischen Umgebung war für immer zerbrochen.

War es tatsächlich nur die endgültig gescheiterte Offensive, auf die er so viele Hoffnungen gesetzt hatte, oder hatte er erstmals ein Vorgefühl der Wende? Daß er von nun an der Offizierstafel fernblieb, mag seine Ursache darin gehabt haben, daß er mitten unter ihnen nicht mehr als Triumphator, sondern als Gescheiterter saß. Die allgemeinen Ideen, die er dieser Runde aus seiner Dilettantenwelt vortrug, hatten sich überdies wohl erschöpft und vielleicht auch spürte er, wie erstmals seine Magie versagte.

Hitler behandelte Keitel, der einige Wochen lang bekümmert herumgeschlichen war und Beflissenheit gezeigt hatte, bald wieder etwas freundlicher; auch mit Jodl, der, seiner Art entsprechend, keinerlei Reaktion gezeigt hatte, kamen die Dinge wieder ins Lot. Der Generalstabschef des Heeres, Generaloberst Halder, jedoch mußte gehen: ein ruhiger, verschlossener Mann, der Hitlers vulgärer Dynamik wohl nicht gewachsen war und ständig etwas hilflos wirkte. Sein Nachfolger, Kurt Zeitzler, war ganz das Gegenteil:

geradeaus, unempfindlich, mit lauter Stimme im Vortrag. Er war nicht der Typ eines selbständig denkenden Militärs und stellte wohl das vor, was Hitler haben wollte: einen zuverlässigen »Hilfsarbeiter«, der, wie Hitler gern sagte, »nicht erst lange überlegt, was ich anordne, sondern mit Energie für die Durchführung sorgt.« Daher hatte er ihn wohl auch nicht aus dem Kreis der höheren Generalität auserwählt; Zeitzler war bis dahin in untergeordneter Stelle der Heereshierarchie tätig gewesen; er wurde sofort um zwei Dienstgrade befördert.

Nach der Ernennung des neuen Generalstabschefs gestattete mir Hitler, als zunächst einzigem Zivilisten[7], an den sogenannten Lagebesprechungen teilzunehmen. Ich konnte dies als einen besonderen Beweis seiner Zufriedenheit auffassen, wozu er allerdings auch, bei den sich ständig steigernden Produktionszahlen, alle Ursache hatte. Er hätte aber wohl diese Erlaubnis nicht gegeben, wenn er hätte befürchten müssen, vor mir einen Prestige-Verlust durch Widerspruch, erregte Debatten und Auseinandersetzungen zu erleiden. Der Sturm hatte sich wieder gelegt, Hitler hatte sich wieder gefangen.

Jeden Tag um die Mittagsstunde fand die »Große Lage« statt; sie nahm regelmäßig zwei bis drei Stunden in Anspruch. Hitler saß am langen Kartentisch als einziger auf einem einfachen Armlehnstuhl mit binsengeflochtenem Sitz. Um diesen Tisch standen die an der Lage Beteiligten: neben den Adjutanten Stabsoffiziere des OKW, des Generalstabs des Heeres, die Verbindungsoffiziere zur Luftwaffe, zur Marine, zur Waffen-SS und zu Himmler; im Durchschnitt handelte es sich um jüngere, sympathische Gesichter, meist im Rang eines Obersten oder eines Majors. Dazwischen zwanglos Keitel, Jodl und Zeitzler. Manchmal kam auch Göring. Ihm ließ Hitler, als eine Geste besonderer Auszeichnung und vielleicht auch in Anbetracht seiner Beleibtheit, einen gepolsterten Hocker bringen, auf dem er sich neben Hitler niederließ.

Bürolampen an langen Tragarmen beleuchteten die Karten. Zuerst wurde der östliche Kriegsschauplatz behandelt. Drei bis vier zusammengeklebte Generalstabskarten, von denen jede etwa 2,50 x 1,50 Meter groß war, wurden der Reihe nach vor Hitler auf den Kartentisch gelegt. Begonnen wurde im Norden des östlichen Kriegsschauplatzes. Auf den Karten war jede Einzelheit, die sich am vergangenen Tag ereignet hatte, jeder Vorstoß, selbst Erkundungsunternehmen, eingetragen – und fast jeder Eintrag wurde vom Generalstabschef erklärt. Stück für Stück wurden die Karten weitergeschoben, so daß Hitler jeweils einen übersichtlichen Abschnitt in Lesenähe hatte. Bei wichtigeren Ereignissen wurde längere Zeit verweilt, wobei Hitler genau jede Änderung gegenüber dem Stand vom Vortage vermerkte. Allein die tägliche Vorbereitung dieses Vortrages, der für den östlichen Kriegsschauplatz etwa ein bis zwei Stunden, bei wichtigen Ereignissen oft noch bedeutend länger dauerte, war eine ungeheuere zeitliche Belastung für den Generalstabschef und seine Offiziere, die Wichtigeres zu tun gehabt hätten. Als Laie war ich erstaunt, wie Hitler während des Vortrages Dispositionen traf, Divisionen hin- und herschob oder Einzelheiten anordnete.

Dabei nahm er wenigstens noch 1942 schwere Fehlschläge mit Ruhe oder vielleicht auch bereits mit einer beginnenden Stumpfheit entgegen. Nach außen zeigte er jedenfalls keine verzweifelten Reaktionen: dem Bild des überlegenen, durch nichts zu erschütternden Feldherrn folgend. Häufig betonte er, daß ihm seine Erfahrungen aus dem Schützengraben des Ersten Weltkrieges mehr Einblick in viele militärische Einzelheiten vermittelt hätten als allen seinen militärischen Ratgebern die Generalstabsschule. Zweifellos traf dies auf Teilgebieten zu. Nach Meinung vieler Offiziere hatte er aber gerade durch diese »Schützengrabenperspektive« ein unzutreffendes Bild vom Führungsprozeß gewonnen. Hier standen ihm seine Detailkenntnisse, in diesem Falle die eines Gefreiten, eher hinderlich im Wege. Generaloberst Fromm meinte in seiner lakonischen Weise, daß ein Zivilist als Oberbefehlshaber vielleicht besser gewesen sei als ausgerechnet ein Gefreiter, der zudem nie im Osten gekämpft habe und daher für dessen besondere Probleme kein Verständnis aufbringen könne.

Hitler betrieb eine »Flickschusterei« kleinlichster Art. Dazu mußte er den Nachteil in Kauf nehmen, daß aus Karten die Beschaffenheit des Geländes nur unzulänglich zu entnehmen ist. Im Frühsommer 1942 bestimmte er persönlich den Einsatz der ersten sechs kampfbereiten Tigerpanzer, von denen er sich, wie immer beim Auftauchen einer neuen Waffe, eine Sensation erwartete. Er malte uns phantasiereich aus, wie die sowjetischen 7,7-cm-Panzerabwehrgeschütze, die unsere Panzer IV, selbst auf größere Entfernung, an der Stirnfront durchschossen, vergeblich Schuß auf Schuß abgeben und wie schließlich die »Tiger« die Nester der Pak überrollen würden. Sein Stab machte ihn darauf aufmerksam, daß der von ihm gewählte Geländestreifen wegen des beiderseits der Straße morastigen Untergrundes eine taktische Entwicklung der Panzer unmöglich mache. Hitler lehnte diese Einwände nicht schroff, aber überlegen ab. So startete der erste »Tiger«-Angriff. Alles war auf das Ergebnis gespannt, und ich war etwas ängstlich, ob auch technisch alles funktionieren würde. Zu einer technischen Generalprobe kam es jedoch nicht. Die Russen ließen in aller Ruhe die Panzer an einer Pak-Stellung vorbeirollen, um dann in die nicht so stark gepanzerte Seite dem ersten und dem letzten »Tiger« einen Volltreffer zu versetzen. Die restlichen vier Panzer konnten daraufhin weder vorwärts noch rückwärts, noch seitlich in die Sümpfe ausweichen und wurden alsbald ebenfalls erledigt. Hitler überging schweigend diesen vollständigen Mißerfolg; nie mehr kam er darauf zurück.

Die Lage auf dem westlichen Kriegsschauplatz, damals noch in Afrika, wurde von Generaloberst Jodl im Anschluß an die »Ostlage« vorgetragen.

Auch hier neigte Hitler dazu, sich in jede Einzelheit einzuschalten. Rommel erregte mehrmals den Unwillen Hitlers, da er oft tagelang nur sehr undeutliche Meldungen über den Stand seiner Bewegungen machte, also sie dem Hauptquartier gegenüber »verschleierte«, um dann überraschend mit einer gänzlich veränderten Lage aufzuwarten. Hitler, der eine persönliche Zuneigung zu Rommel besaß, ließ das, wenn auch ungehalten, durchgehen.

Eigentlich hätte Jodl als Chef des Wehrmachtsführungsstabes die Vorgänge auf den verschiedenen Kriegsschauplätzen koordinieren müssen. Doch hatte Hitler diese Aufgabe an sich gezogen, ohne sich dann darum zu kümmern. Im Grunde hatte Jodl keine festumrissene Zuständigkeit. Um aber überhaupt ein Tätigkeitsfeld zu haben, übernahm der Wehrmachtsführungsstab die selbständige Führung auf einzelnen Kriegsschauplätzen, so daß am Ende beim Heer zwei konkurrierende Generalstäbe existierten, zwischen denen Hitler als Schiedsrichter auftrat, was seinem oft erwähnten Prinzip der Teilung entsprach. So stritten sich, je kritischer die Situation wurde, die konkurrierenden Stäbe um so heftiger um die Verschiebung einzelner Divisionen von Ost nach West und umgekehrt.

Nachdem die »Heereslage« abgeschlossen war, wurde in der »Luftlage« und in der »Marinelage« zusammenfassend über die Ereignisse der letzten vierundzwanzig Stunden berichtet, meist durch den Verbindungsoffizier oder Adjutanten dieser Waffengattung, selten durch den Oberbefehlshaber selbst. Angriffe gegen England, Bombardierungen deutscher Städte wurden im Kurzstil vorgetragen, desgleichen die neuesten Erfolge im U-Bootkrieg. In Fragen der Luft- und Marinekriegsführung ließ Hitler seinen Oberbefehlshabern weitesten Spielraum und griff, wenigstens zu jener Zeit, nur selten und dann lediglich beratend ein.

Anschließend legte Keitel einige Schriftstücke zur Unterschrift vor, meist die teils verspotteten, teils gefürchteten »Deckungsbefehle«, das heißt Anordnungen, die ihn oder wen immer auch gegenüber späteren Vorwürfen Hitlers decken sollten. Ich bezeichnete dieses Verfahren damals als einen unzulässigen Mißbrauch der Unterschrift Hitlers, da oft gänzlich unvereinbare Vorstellungen und Absichten auf diese Weise Befehlsform erhielten und ein undurchschaubares und verwirrendes Dickicht schufen.

Die Anwesenheit vieler Menschen in dem verhältnismäßig kleinen Raum ließ eine verbrauchte Luft entstehen, die mich – wie die meisten – schnell müde machte. Es war zwar eine Lüftungsanlage eingebaut, doch erzeugte sie, wie Hitler meinte, einen »Überdruck«, der Kopfschmerzen und ein Gefühl der Benommenheit zur Folge hätte. Daher wurde sie nur vor und nach der »Lage« in Betrieb gesetzt. Auch bei schönstem Wetter blieb das Fenster meist geschlossen, sogar bei Tag wurden die Vorhänge vorgezogen: diese Umstände schufen eine überaus dumpfe Atmosphäre.

Ich hatte bei diesen Lagebesprechungen ehrfürchtiges Schweigen erwartet und war überrascht, daß die gerade nicht am Vortrag beteiligten Offiziere sich ungeniert, wenn auch gedämpft, besprachen. Oft nahm man während der »Lage«, ohne auf die Anwesenheit Hitlers weiter Rücksicht zu nehmen, an der Sitzgruppe im Hintergrund Platz. Diese vielen Randgespräche verursachten ein andauerndes Gemurmel, das mich nervös gemacht hätte. Hitler störte es nur, wenn die Nebenunterhaltung zu erregt und laut wurde. Wenn er jedoch mißbilligend den Kopf hob, sank der Lärm sofort ab.

Offener Widerspruch in den Lagebesprechungen war in wichtigen Fragen, etwa ab Herbst 1942, nur noch in vorsichtiger Form möglich. Außenstehenden ließ Hitler Einwände eher durchgehen, aus dem Kreis seiner täglichen Umgebung dagegen vertrug er sie nicht. Er selbst holte, wenn er zu überzeugen versuchte, weit aus und versuchte möglichst lange im Allgemeinen zu bleiben. Seine Gesprächspartner ließ er kaum zu Wort kommen; tauchte im Verlauf der Besprechung ein kontroverser Punkt auf, so bog Hitler meist geschickt ab, indem er die Klärung auf eine anschließende Besprechung verschob. Er ging von der Annahme aus, daß die militärischen Chefs in Anwesenheit ihrer Stabsoffiziere Hemmungen hätten, nachzugeben. Auch mochte er darauf sehen, in einer Einzelbesprechung seine Magie und seine Überredungskunst besser ins Spiel zu bringen. Beide kamen durchs Telefon nur in Grenzen zur Geltung: vermutlich deshalb zeigte Hitler stets eine spürbare Abneigung, wichtige Auseinandersetzungen telefonisch zu führen.

Neben der »Großen Lage« fand in den späten Abendstunden noch eine »Abendlage« statt, in der ein jüngerer Generalstabsoffizier die Entwicklungen der letzten Stunden vortrug. Dabei war Hitler mit dem betreffenden Offizier allein. Wenn ich mit Hitler gegessen hatte, nahm er mich mitunter dazu mit. Dabei gab er sich zweifellos freier als in der »Großen Lage«, die Atmosphäre war bedeutend aufgelockerter.

Auch die Umgebung Hitlers hatte Schuld daran, daß er letzten Endes immer mehr von seinen übermenschlichen Fähigkeiten überzeugt wurde. Schon Generalfeldmarschall Blomberg, Hitlers erster und letzter Reichskriegsminister, liebte es, Hitlers überragendes strategisches Genie zu preisen. Selbst eine beherrschtere und bescheidenere Persönlichkeit als Hitler wäre durch die unentwegten Hymnen, den ständig hereinprasselnden Beifall in Gefahr gekommen, alle Maßstäbe der Selbstbeurteilung zu verlieren.

Ratschläge nahm Hitler, seinem Wesen entsprechend, gern von Personen entgegen, die der Lage noch optimistischer, noch illusionärer begegneten als er selbst. Das traf oft auf Keitel zu. Sooft Hitler Entscheidungen fällte, die von der Mehrheit der Offiziere ohne Zustimmung, wenn auch betont schweigend hingenommen wurden, war Keitel oft derjenige, der Hitler überzeugungsvoll zu bekräftigen suchte. Ständig in der unmittelbaren Nähe Hitlers, war er dessen Einfluß vollständig erlegen. Aus einem ehrenhaften, bürgerlich-soliden General hatte er sich im Laufe der Jahre zu einem schmeichlerischen, unaufrichtigen, instinktlosen Diener entwickelt. Im Grunde litt Keitel unter seiner Schwäche; die Aussichtslosigkeit jeder mit Hitler begonnenen Diskussion hatte ihn schließlich dahin gebracht, jede eigene Meinung aufzugeben. Hätte er jedoch Widerstand geleistet und eine eigene Auffassung beharrlich vertreten, so wäre er nur durch einen anderen Keitel ersetzt worden.

Als 1943/44 der Chefadjutant Hitlers und Personalchef des Heeres, Schmundt, zusammen mit vielen anderen versuchte, Keitel durch den energischen Generalfeldmarschall Kesselring zu ersetzen, meinte Hitler, daß er auf Keitel nicht verzichten könne; denn der sei ihm »treu wie ein Hund«. Vielleicht verkörperte Keitel am genauesten den Typus, den Hitler in seiner Umgebung brauchte.

Auch Generaloberst Jodl widersprach Hitler selten offen. Er ging taktisch vor. Meist schwieg er sich über seine Gedanken aus, überbrückte dadurch schwierige Situationen, um später Hitler zum Einlenken oder sogar dazu zu bringen, bereits gefällte Entscheidungen umzustoßen. Seine gelegentlich abfälligen Äußerungen über Hitler zeigten, daß er sich einen vergleichsweise nüchternen Blick bewahrt hatte. Die Untergebenen Keitels, wie etwa sein Stellvertreter General Warlimont, konnten nicht couragierter sein als er selbst; Keitel verteidigte sie doch nicht, wenn sie von Hitler attackiert wurden. Gelegentlich versuchten sie, offenbar widersinnige Befehle durch unscheinbare Zusätze, die Hitler nicht verstand, wieder aufzuheben. Unter der Führung des nachgiebigen und unselbständigen Keitel mußte das OKW auf allen möglichen ungeraden Wegen sehen, zum Ziel zu kommen.

Auch eine gewisse ständige Übermüdung mag bei der Unterwerfung der Generalität mitgespielt haben. Hitlers Arbeitseinteilung überschnitt sich mit der normalen Tageseinteilung des OKW, oft kam dadurch kein regelrechter Schlaf zustande. Solche rein physischen Überforderungen spielen wohl eine größere Rolle, als man gemeinhin anzunehmen bereit ist, besonders, wenn höchste Leistungen auf längere Dauer verlangt werden. Auch im Privatverkehr wirkten Keitel und Jodl müde, leergebrannt. Zur Durchbrechung des Ringes der Abgenutzten wollte ich neben Fromm auch meinen Freund, Feldmarschall Milch, im Führerhauptquartier einführen. Ich hatte ihn mehrmals in das Hauptquartier mitgenommen, angeblich, um Angelegenheiten der Zentralen Planung vorzutragen. Einige Male ging es gut, und Milch konnte mit seinem Plan, an Stelle der vorgesehenen Großbomberflotte ein Jagdflugzeugprogramm aufzulegen, bei Hitler an Boden gewinnen. Aber dann verbot Göring ihm jeden weiteren Besuch im Hauptquartier.

Göring machte einen verbrauchten Eindruck, als ich Ende 1942 mit ihm in dem Pavillon zusammensaß, der für seine kurzen Aufenthalte im Hauptquartier gebaut worden war. Göring hatte noch bequeme Sessel, keine spartanische Einrichtung, wie Hitler in seinem Arbeitsbunker. Bedrückt sagte er:

»Wir müssen froh sein, wenn Deutschland nach diesem Kriege die Grenzen von 1933 erhalten bleiben.« Zwar versuchte er, die Bemerkung sogleich durch einige zuversichtliche Banalitäten zu überdecken, aber ich hatte den Eindruck, daß er trotz der Unverfrorenheit, mit der er immer und dröhnend Hitler zum Munde redete, die Niederlage näherrücken sah.

Nach seiner Ankunft im Führerhauptquartier pflegte Göring sich zunächst einmal für einige Minuten in seinen Pavillon zurückzuziehen, während Bodenschatz, der Verbindungsgeneral Görings zu Hitler, das Lagezimmer verließ, um Göring, wie wir vermuteten, über Streitfragen telefonisch zu unterrichten. Eine Viertelstunde später betrat Göring dann das Lagezimmer. Mit Emphase vertrat er nun unaufgefordert genau den Standpunkt, den Hitler soeben gegen seine Generalität durchsetzen wollte. Hitler musterte seine Umgebung: »Sehen Sie, der Reichsmarschall ist genau meiner Ansicht!«

Am Nachmittag des 7. November 1942 begleitete ich Hitler in seinem Sonderzug nach München. Denn auf diesen Fahrten, befreit von der Routine des Hauptquartiers, war Hitler leichter für zeitraubende Besprechungen über allgemeine Rüstungsfragen zu gewinnen. Dieser Sonderzug war mit Funk, Fernschreiber und Telefonzentrale versehen; Jodl und einige Generalstäbler begleiteten Hitler.

Die Atmosphäre war gespannt. Wir hatten bereits eine vielstündige Verspätung, denn bei jeder größeren Station wurde ein längerer Halt eingeschoben, um die Fernsprechkabel mit dem Reichsbahnnetz zu verbinden und die neuesten Meldungen einzuholen. Seit dem frühen Morgen fuhr eine gewaltige Armada von Transportern, begleitet von großen Flottenverbänden, durch die Meerenge von Gibraltar in das Mittelmeer.

In früheren Jahren pflegte sich Hitler bei jedem Halt am Fenster seines Sonderzuges zu zeigen. Nun schienen ihm diese Begegnungen mit der Außenwelt unerwünscht; die Rollos nach der Seite des Bahnsteiges waren regelmäßig heruntergelassen. Als wir am späten Abend mit Hitler in seinem palisanderverkleideten Speisesalon an reich gedeckter Tafel saßen, bemerkte zunächst keiner von uns, daß auf dem Nebengeleise ein Güterzug hielt: aus den Viehwagen starrten heruntergekommene, ausgehungerte und zum Teil verwundete deutsche Soldaten, gerade aus dem Osten kommend, auf die Tafelrunde. Auffahrend gewahrte Hitler die düstere Szenerie zwei Meter vor seinem Fenster. Ohne Gruß, ohne überhaupt eine Reaktion zu zeigen, ließ er seinen Diener eiligst die Rollos herunterziehen. So endete in der zweiten Hälfte des Krieges eine der seltenen Begegnungen Hitlers mit einfachen Frontsoldaten, wie er selber einer gewesen war.

An jeder weiteren Station erhöhte sich die Zahl der gemeldeten Schiffseinheiten. Ein Unternehmen ohnegleichen nahm seinen Anfang. Die Meerenge war schließlich passiert. Alle durch die Luftaufklärung gemeldeten Schiffe bewegten sich nun im Mittelmeer ostwärts. »Das ist die größte Landungsoperation, die je in der Weltgeschichte stattgefunden hat«, urteilte Hitler respektvoll, vielleicht sogar in diesem Augenblick bedenkend, daß er es war, gegen den derartige Unternehmungen ins Werk gesetzt wurden. Bis zum nächsten Morgen verhielt die Landungsflotte nördlich der algerischen und marokkanischen Küste.

Im Laufe der Nacht entwickelte Hitler über dieses rätselhafte Verhalten mehrere Versionen: ihm schien am wahrscheinlichsten, daß es sich um ein großes Nachschubunternehmen zur Verstärkung der Offensive gegen das bedrängte deutsche Afrika-Korps handle. Die Schiffseinheiten sammelten sich nur, so meinte er, um während der Dunkelheit, geschützt vor deutschen Luftangriffen, durch die Enge zwischen Sizilien und Afrika hindurchzustoßen. Oder, und dies entsprach mehr seinem Sinn für gewagte militärische Operationen: »Der Gegner wird noch heute nacht in Mittelitalien landen; dort würde er auf überhaupt keinen Widerstand stoßen. Deutsche Truppen sind nicht da und die Italiener rennen weg. So können sie Norditalien vom Süden abschneiden. Was soll dann aus Rommel werden? Er wäre in kurzer Zeit verloren. Er hat ja keine Reserven, und Nachschub kommt dann nicht mehr durch!« Hitler berauschte sich an der ihm seit langem versagten Möglichkeit von weitausgreifenden Operationen und versetzte sich immer mehr in die Lage des Gegners: »Ich würde gleich Rom besetzen und dort eine neue italienische Regierung bilden. Oder, das wäre die dritte Möglichkeit, ich würde mit dieser großen Flotte in Südfrankreich landen. Wir waren immer zu nachgiebig. Das haben wir jetzt davon! Keine Befestigungen und überhaupt keine deutschen Truppen dort unten. Es ist ein Fehler, daß wir dort unten nichts stehen haben. Die Regierung Pétain leistet natürlich keinen Widerstand!« Er schien momentweise zu vergessen, daß er es war, gegen den sich die tödliche Gefahr zusammenzog.

Hitlers Überlegungen gingen an der Wirklichkeit vorbei. Ihm wäre es nie eingefallen, ein solches Landeunternehmen nicht mit einem Coup zu verbinden. Die Truppen in ungefährdeten Positionen an Land zu bringen, von denen aus sie sich methodisch entfalten konnten, nichts Unnötiges zu riskieren – das war eine Strategie, die seinem Wesen fremd war. Aber über eines wurde er sich in dieser Nacht klar: nun begann die zweite Front Wirklichkeit zu werden.

Ich weiß noch, wie schockiert ich war, als Hitler am nächsten Tag, aus Anlaß des Jahrestages seines mißlungenen Putsches vom Jahre 1923 eine große Rede hielt. Statt wenigstens auf den Ernst der Lage hinzuweisen und an die äußerste Kraftanspannung zu appellieren, gab er sich siegessicher, zuversichtlich, banal: »Sie sind schon ganz schön blöde«, apostrophierte er unsere Gegner, deren Operationen er gestern noch respektvoll verfolgt hatte, »wenn sie denken, daß sie jemals Deutschland zerschmettern können... Wir werden nicht fallen, folglich fallen die anderen.«

Im Spätherbst 1942 stellte Hitler triumphierend in einer Lagebesprechung fest: »Nun schicken die Russen ihre Kadetten in den Kampf[8]. Der sicherste Beweis dafür, daß sie am Ende sind. Seinen Offiziersnachwuchs opfert man nur, wenn man nichts mehr hat.«

Einige Wochen später, am 19. November 1942 erreichten Hitler, der sich seit Tagen auf den Obersalzberg zurückgezogen hatte, die ersten Nachrichten von der großen russischen Winteroffensive, die neun Wochen später zur Kapitulation Stalingrads führen sollte[9]. Nach heftigen Artillerievorbereitungen hatten starke sowjetische Kräfte bei Serafinow die Stellungen rumänischer Divisionen durchstoßen. Hitler versuchte zunächst, mit abfälligen Bemerkungen über den geringen Kampfwert seiner Verbündeten diese Katastrophe zu erklären und zu bagatellisieren. Kurz danach gelang es aber den sowjetischen Truppen, auch deutsche Divisionen zu überwältigen; die Front begann zusammenzubrechen.

Er ging in der großen Halle des Berghofes auf und ab: »Unsere Generäle machen wieder einmal ihre alten Fehler. Immer überschätzen sie die Kraft der Russen. Nach allen Frontberichten ist das Menschenmaterial des Gegners ungenügend geworden. Sie sind geschwächt, sie haben viel zu viel Blut verloren. Aber solche Berichte will natürlich niemand zur Kenntnis nehmen. Überhaupt! Wie schlecht sind alle russischen Offiziere ausgebildet! Mit ihnen kann überhaupt keine Offensive organisiert werden. Wir wissen, was dazu gehört! Über kurz oder lang wird der Russe einfach stehenbleiben. Leergebrannt. Unterdes werfen wir einige frische Divisionen hin, die bringen die Lage wieder in Ordnung.« In der Zurückgezogenheit des Berghofes begriff er nicht, was sich anbahnte. Drei Tage später jedoch, als die Hiobsbotschaften nicht abrissen, reiste er überstürzt nach Ostpreußen ab.

Einige Tage danach sah ich in Rastenburg auf der Generalstabskarte des Südabschnittes von Woronesch bis Stalingrad auf einer Breite von 200 Kilometern viele rote Pfeile, die Offensiv-Bewegungen der Sowjettruppen darstellten, unterbrochen von kleinen blauen Kreisen, Widerstandsnestern der Reste deutscher und verbündeter Divisionen. Stalingrad war bereits von roten Ringen umgeben. Beunruhigt befahl Hitler nun von allen anderen Frontabschnitten und aus den besetzten Gebieten eiligst Einheiten in den Südraum. Denn eine Operationsreserve war nicht vorhanden, obwohl General Zeitzler schon lange vor dem Zusammenbruch darauf aufmerksam gemacht hatte, daß jede der Divisionen im Süden Rußlands einen Frontabschnitt von ungewöhnlicher Länge[10] zu verteidigen habe; einem energischen Angriff sowjetischer Truppen seien sie nicht gewachsen.

Als Stalingrad eingeschlossen worden war, beharrte Zeitzler, mit gerötetem, übernächtigtem Gesicht hartnäckig und energisch auf seiner Ansicht, daß die 6. Armee nach Westen ausbrechen müsse. Er gab bis in alle Einzelheiten die ungenügenden Verpflegungssätze der Belagerten bekannt und verwies auf den Mangel an Brennstoff, so daß an die bei vielen Kältegraden in Ruinen oder auf Schneefeldern eingesetzten Soldaten kein warmes Essen mehr ausgegeben werden könne. Hitler blieb ruhig, unbewegt und bestimmt, als wolle er anzeigen, daß die Erregung Zeitzlers nur Gefahrenpsychose sei: »Der von mir befohlene Gegenstoß vom Süden wird Stalingrad bald entsetzen; damit ist die Lage wieder hergestellt. Solche Situationen hatten wir doch schon oft. Am Schluß hatten wir die Sache dann immer wieder in der Hand.« Er ordnete an, daß hinter den zur Gegenoffensive aufmarschierten Truppen bereits jetzt Verpflegungs- und Nachschubzüge zu stationieren seien, die mit dem Entsatz Stalingrads sofort zur Linderung der Not eingesetzt werden sollten. Zeitzler widersprach, ohne daß ihn Hitler unterbrach: Die für den Gegenstoß vorgesehenen Kräfte seien zu schwach. Wenn sie sich jedoch mit einer erfolgreich nach Westen durchgebrochenen 6. Armee vereinigen könnten, würden sie in der Lage sein, neue Stellungen weiter südlich aufzubauen. Hitler brachte Gegenargumente, doch Zeitzler gab nicht nach. Schließlich, die Diskussion hatte über eine halbe Stunde angedauert, war Hitlers Geduld am Ende: »Stalingrad muß einfach gehalten werden. Es muß, es ist eine Schlüsselstellung. Wenn wir an dieser Stelle den Verkehr auf der Wolga unterbrechen können, bringen wir die Russen in die größten Schwierigkeiten. Wie sollen sie ihr Getreide noch von Südrußland nach dem Norden transportieren?« Es klang nicht überzeugend; ich hatte eher das Gefühl, daß Stalingrad ein Symbol für ihn war. Die Diskussion jedoch war nach dieser Auseinandersetzung zunächst abgeschlossen.

Am nächsten Tag hatte sich die Lage weiter verschlechtert, Zeitzlers Bitten waren noch drängender geworden, die Stimmung im Lagezimmer gedrückt, selbst Hitler machte einen erschöpften und niedergeschlagenen Eindruck. Einmal sprach er auch von einem Ausbruch. Erneut ließ er berechnen, wieviel Tonnen Nachschub täglich notwendig seien, um die Kampfkraft der über 200 000 Soldaten zu erhalten.

Vierundzwanzig Stunden später wurde das Schicksal der eingeschlossenen Armeen endgültig entschieden. Denn im Lagezimmer erschien Göring, frisch und strahlend wie ein Operettentenor, der einen siegreichen Reichsmarschall darzustellen hat. Deprimiert, mit einem bittenden Unterton fragte ihn Hitler: »Wie ist es mit der Luftversorgung von Stalingrad?« Göring nahm Haltung an und erklärte feierlich: »Mein Führer! Die Versorgung der 6. Armee in Stalingrad aus der Luft wird von mir persönlich garantiert. Sie können sich darauf verlassen!« Wie ich später von Milch hörte, war vom Generalstab der Luftwaffe tatsächlich berechnet worden, daß eine Versorgung des Kessels nicht möglich sei. Auch Zeitzler machte augenblicklich Zweifel geltend. Aber Göring erklärte ihm schroff, daß es ausschließlich Angelegenheit der Luftwaffe sei, die notwendigen Berechnungen anzustellen. Hitler, der so gewissenhaft in der Aufstellung von Zahlengebäuden sein konnte, ließ sich an diesem Tage nicht einmal auseinandersetzen, wie die notwendigen Flugzeuge bereitgestellt werden könnten. Auf Görings bloße Worte hin war er aufgelebt und hatte seine alte Entschiedenheit zurückgewonnen: »Dann ist Stalingrad zu halten! Es ist unsinnig, weiter von einem Ausbruch der 6. Armee zu sprechen. Sie würde alle ihre schweren Waffen verlieren und keine Kampfkraft mehr haben. Die 6. Armee bleibt in Stalingrad[11]!«

Obwohl Göring wußte, daß das Schicksal der in Stalingrad eingeschlossenen Armee von seinem verpfändeten Wort abhing, lud er am 12. Dezember 1942[12], anläßlich der Wiedereröffnung der zerstörten Berliner Staatsoper, zu einer festlichen Aufführung von Richard Wagners »Meistersinger von Nürnberg« ein. In Festuniformen oder Frack nahmen wir in der großen Führerloge Platz. Die heitere Handlung stand in einem so quälenden Gegensatz zu den Ereignissen an der Front, daß ich mir lange vorwarf, die Einladung angenommen zu haben.

Einige Tage später war ich wieder im Führerhauptquartier. Zeitzler legte nun täglich die Meldung der 6. Armee über die aus der Luft empfangenen Tonnen an Lebensmitteln und Munition vor: sie betrugen nur einen Bruchteil der Zusagen. Zwar wurde Göring von Hitler immer wieder zur Rede gestellt, doch wich er aus: das Wetter sei schlecht, Nebel, Eisregen oder Schneestürme hätten bisher den geplanten Einsatz verhindert. Doch sobald das Wetter umschlage, werde er zu den versprochenen Tonnageziffern kommen.

Die Essensrationen mußten daraufhin in Stalingrad noch weiter herabgesetzt werden. Zeitzler ließ sich im Kasino des Generalstabes ostentativ die gleichen Rationen vorsetzen und nahm sichtbar ab. Nach einigen Tagen teilte ihm Hitler mit, daß er es für unangemessen halte, wenn der Generalstabschef seine Nervenkraft in derartigen Solidaritätsbezeugungen verbrauche; Zeitzler solle sich sofort wieder ausreichend ernähren. Indessen verbot Hitler für einige Wochen den Ausschank von Champagner und Cognac. Die Stimmung wurde immer beklommener, die Gesichter erstarrten zu Masken, schweigend standen wir oft zusammen. Niemand wollte über den allmählichen Untergang einer noch vor Monaten siegreichen Armee sprechen.

Aber Hitler hoffte weiter, selbst noch, als ich vom 2. bis 7. Januar erneut im Hauptquartier war. Der von Hitler angeordnete Gegenstoß, der den Ring um Stalingrad sprengen und den dort zugrundegehenden Truppen neuen Nachschub bringen sollte, war schon vor zwei Wochen gescheitert. Eine geringe Hoffnung mochte sich noch ergeben, wenn man sich entschloß, den Kessel zu räumen.

Im Vorzimmer des Lageraums erlebte ich an einem dieser Tage, wie Zeitzler in Keitel drang und ihn geradezu anflehte, ihn wenigstens heute bei Hitler zu unterstützen, damit der Räumungsbefehl gegeben werde. Es sei der letzte Augenblick, um eine furchtbare Katastrophe zu vermeiden. Mit Nachdruck stimmte Keitel Zeitzler zu und versprach ihm feierlich die erbetene Mithilfe. Als jedoch Hitler in der Lagebesprechung erneut die Notwendigkeit des Ausharrens in Stalingrad betonte, ging Keitel bewegt auf ihn zu und deutete auf die Karte, dorthin, wo ein kleiner Rest dieser Stadt von dicken roten Ringen umgeben war: »Mein Führer, das halten wir!«

In dieser aussichtslosen Lage gab Hitler am 15. Januar 1943 Feldmarschall Milch eine Sondervollmacht, die ihn ermächtigte, in Luftwaffe und Zivilluftfahrt, ohne Einschaltung Görings, alle Anordnungen zu treffen, die er zur Versorgung Stalingrads für notwendig hielt[13]. Mehrmals telefonierte ich damals mit Milch, der mir versprochen hatte, meinen in Stalingrad eingeschlossenen Bruder zu retten. Bei dem allgemeinen Durcheinander war es jedoch unmöglich, ihn ausfindig zu machen. Es kamen verzweifelte Briefe, er hatte Gelbsucht und geschwollene Gliedmaßen, wurde in ein Lazarett verbracht, schleppte sich aber, da er es dort nicht aushalten konnte, zu seinen Kameraden in eine Artilleriebeobachtungsstelle zurück. Von da an blieb er verschollen. So wie meinen Eltern und mir ging es Hunderttausenden von Familien, die eine Zeitlang noch aus der eingeschlossenen Stadt Luftpostbriefe erhielten, ehe alles zu Ende war[14]. Über die von ihm und Göring allein zu verantwortende Katastrophe verlor Hitler künftig nie mehr ein Wort. Er befahl statt dessen, sofort eine neue 6. Armee aufzustellen, die den Ruhm der untergegangenen wiederherstellen sollte.

18. Kapitel

Intrigen

Im Winter 1942, während der Krise um Stalingrad, beschlossen Bormann, Keitel und Lammers, den Ring um Hitler fester zu schließen. Nur noch über diese drei Männer sollten dem Staatschef Anordnungen zur Unterschrift vorgelegt und damit der unbedachten Abzeichnung von Erlassen und dem dadurch verursachten Befehlswirrwarr Einhalt geboten werden. Hitler genügte es, die letzte Entscheidung zu behalten. Unterschiedliche Auffassungen verschiedener Antragsteller sollten in Zukunft durch den Dreier-Ausschuß »vorgeklärt« werden. Hitler verließ sich dabei auf eine objektive Unterrichtung und unparteiische Arbeitsweise.

Das Drei-Männer-Kollegium teilte die Bezirke auf. Keitel, der für alle Anordnungen der Wehrmacht zuständig sein sollte, scheiterte von Beginn an, da die Oberbefehlshaber der Luftwaffe und der Marine sich energisch diese Bevormundung verbaten. Über Lammers sollten alle Zuständigkeitsänderungen der Ministerien, alle staatsrechtlichen Angelegenheiten sowie alle Verwaltungsfragen gehen. Er mußte diese Entscheidungen jedoch mehr und mehr Bormann überlassen, der ihm keine Gelegenheit gab, Hitler oft genug zu sprechen. Bormann selber hatte sich den Vortrag aller innenpolitischen Komplexe vorbehalten. Aber dazu fehlte ihm nicht nur Intelligenz, sondern auch genügender Kontakt mit der Außenwelt. Ununterbrochen war er nun, seit über acht Jahren, der ständige Schatten Hitlers gewesen, niemals hatte er gewagt, längere Dienstreisen oder einen Urlaub anzutreten, unaufhörlich war er in Sorge, daß sein Einfluß geringer werden könnte. Aus seiner eigenen Zeit als Stellvertreter von Hess kannte Bormann die Gefährlichkeit ehrgeiziger Stellvertreter; denn Hitler war immer geneigt, zweite Männer, sowie sie ihm präsentiert wurden, unmittelbar mit Aufträgen zu versorgen und sie wie Mitarbeiter seines Stabes zu behandeln. Diese Eigenart entsprach nicht nur seiner Neigung, Macht, wo auch immer sie auftrat, zu teilen; er liebte es außerdem, neue Gesichter zu sehen, neue Personen zu erproben. Um einer derartigen Konkurrenz im eigenen Hause zu entgehen, vermied mancher vorsichtige Minister es, einen intelligenten und energischen Vertreter zu benennen.

Die Absicht dieser drei Männer, Hitler zu umstellen, seinen Informationszugang zu filtrieren, seine Macht zu kontrollieren, hätte zu einer Abkehr vom Ein-Mann-Regiment Hitlers führen können, wenn dieses Dreiergremium sich aus Menschen mit eigener Initiative, Phantasie und Verantwortungsgefühl zusammengesetzt hätte; jedoch dazu erzogen, immer in Hitlers Namen zu handeln, hingen sie von seinen Willensäußerungen sklavisch ab. Bald hielt sich übrigens Hitler nicht mehr an diese Regelung, die ihm lästig wurde und zudem seinem Wesen widersprach. Aber verständlicherweise irritierte und schwächte dieser Ring diejenigen, die außerhalb standen.

In der Tat nahm nur Bormann eine Schlüsselstellung ein, die den Spitzenfunktionären gefährlich werden konnte. Unterstützt durch die Bequemlichkeit Hitlers, bestimmte Bormann, wer im zivilen Bereich bei Hitler einen Termin bekam – oder richtiger: er bestimmte, wer keinen bekam. Kaum einer der Minister, Reichs- und Gauleiter konnte bis zu Hitler vordringen; sie alle mußten Bormann bitten, Hitler ihre Probleme vorzulegen. Bormann arbeitete sehr schnell. Nach einigen Tagen zumeist bekam der betreffende Minister eine schriftliche Antwort, auf die er sonst Monate hätte warten müssen. Ich bildete dabei eine Ausnahme. Da meine Zuständigkeit militärischer Natur war, hatte ich auch, wann immer ich es wünschte, Zutritt zu Hitler. Meine Termine setzten die militärischen Adjutanten Hitlers fest.

Nach meinen Besprechungen mit Hitler kam Bormann manchmal, kurz und formlos durch den Adjutanten gemeldet, mit seinen Akten in unser Beratungszimmer. Mit einigen Sätzen trug er den Inhalt der ihm zugesandten Memoranden monoton und scheinbar sachlich vor, um dann selbst die Lösung vorzuschlagen. Meist nickte Hitler nur sein kurzes: »Einverstanden«. Dieses eine Wort genügte Bormann zur Anfertigung oftmals langer Weisungen, und das selbst dann, wenn Hitler sich lediglich unverbindlich geäußert hatte. Auf diese Weise wurden in einer halben Stunde oft zehn oder mehr wichtige Entscheidungen getroffen; de facto führte Bormann die inneren Geschäfte des Reiches. Einige Monate später, am 12. April 1943, erwirkte Bormann die Unterschrift Hitlers unter ein unscheinbar anmutendes Papier: er wurde »Sekretär des Führers«; während seine Tätigkeit sich bis dahin, strenggenommen, auf Parteiangelegenheiten hätte beschränken müssen, autorisierte die neue Stellung ihn nun auch offiziell, auf jedem beliebigen Gebiet tätig zu werden.

Nach meinen ersten großen Erfolgen auf dem Gebiet der Rüstung war der Verstimmung, die Goebbels nach seiner Affaire mit Lida Baarova gezeigt hatte, Wohlwollen gefolgt. Ich hatte ihn im Sommer 1942 gebeten, seinen Propagandaapparat einzusetzen: Wochenschauen, Illustrierte und Zeitungen wurden zu Veröffentlichungen angehalten, mein Ansehen stieg. Ein Schaltgriff des Propagandaministers hatte mich zu einer der bekanntesten Persönlichkeiten des Reiches gemacht. Dieses erhöhte Gewicht wiederum unterstützte meine Mitarbeiter bei ihren täglichen Reibereien mit Staats- und Parteistellen.

Es wäre falsch, aus dem Routine-Fanatismus, der den Goebbelsschen Reden eigen war, auf einen heißblütigen, von Temperament überschäumenden Menschen zu schließen. Er war ein fleißiger Arbeiter, kleinlich genau in der Durchführung seiner Ideen, ohne dabei die Übersicht über die gesamte Lage zu verlieren. Er besaß die Gabe, Probleme von ihren Begleitumständen zu abstrahieren, so daß er, wie mir damals schien, zu einem sachlichen Urteil gelangen konnte. Dieser Eindruck wurde nicht nur durch seinen Zynismus, sondern auch durch einen logischen Gedankenaufbau vermittelt, dem die Schulung einer Universität anzumerken war. Nur Hitler gegenüber wirkte er äußerst befangen.

In der ersten erfolgreichen Phase des Krieges hatte Goebbels keinen Ehrgeiz gezeigt; im Gegenteil: schon 1940 äußerte er die Absicht, sich nach einem siegreichen Ende seinen vielfältigen privaten Liebhabereien zu widmen, da dann die nächste Generation die Verantwortung übernehmen müsse.

Im Dezember 1942 veranlaßte ihn die katastrophale Entwicklung, drei seiner Kollegen öfter zu sich zu laden: Walter Funk, Robert Ley und mich. Eine für ihn typische Wahl, da wir alle Akademiker mit abgeschlossener Hochschulbildung waren.

Stalingrad hatte uns erschüttert – nicht nur die Tragödie der Soldaten der 6. Armee, sondern mehr noch fast die Frage, wie sich unter Hitlers Befehl eine derartige Katastrophe ereignen konnte. Denn bis dahin konnte jedem Rückschlag ein Erfolg entgegengehalten werden, der alle Einbußen, Verluste oder Niederlagen wettmachte oder doch vergessen ließ. Zum ersten Mal hatten wir eine Niederlage ohne Äquivalent erlitten.

Wir hätten, meinte Goebbels in einer dieser Besprechungen Anfang 1943, zu Beginn des Krieges mit halben Maßnahmen im Innern des Landes zu große militärische Erfolge erzielt. Infolgedessen hätten wir geglaubt, auch weiterhin ohne große Anstrengungen siegreich sein zu können. Die Engländer dagegen hätten mehr Glück gehabt, da Dünkirchen gleich zu Anfang des Krieges stattgefunden habe. Diese Niederlage habe ihnen die Begründung für rigorose Einschränkungen des zivilen Anspruchs geliefert. Stalingrad sei unser Dünkirchen! Mit der Erzeugung guter Laune allein könne man nun den Krieg nicht mehr gewinnen.

Goebbels verwies dabei auf die Berichte seines weitverzweigten Apparats, die von Unruhe und Mißstimmung in der Öffentlichkeit sprachen. Sie fordere den Verzicht auf allen Luxus, der dem Volk doch nicht zugute käme; überhaupt sei nicht nur eine große Bereitschaft zu äußersten Anstrengungen spürbar, sondern empfindliche Einschränkungen seien geradezu erforderlich, um das Vertrauen zur Führung wieder zu heben.

Die Notwendigkeit beträchtlicher Opfer ergab sich auch vom Standpunkt der Rüstung. Hitler hatte nicht nur eine neue Erhöhung der Produktion gefordert; darüber hinaus sollten, zum Ausgleich für die ungeheuren Verluste an der Ostfront, gleichzeitig 800 000 jüngere Facharbeiter zur Wehrmacht eingezogen werden[1]. Doch jede Verringerung des deutschen Arbeiterstammes mußte in den Fabriken die ohnehin schon beträchtlichen Schwierigkeiten weiter vermehren.

Nun hatten die Fliegerangriffe aber auch gezeigt, daß das Leben in den schwer betroffenen Städten ordnungsgemäß weiterging. Selbst die Eingänge an Steuern verringerten sich kaum, nachdem Zerstörungen in den Finanzämtern die Unterlagen vernichtet hatten! Anknüpfend an den Gedanken, der dem System der Selbstverantwortung der Industrie zugrundelag, entwickelte ich den Vorschlag, Vertrauen an die Stelle des Mißtrauens gegenüber der Bevölkerung zu setzen und dadurch zugleich unsere Aufsichts- und Verwaltungsbehörden, die allein fast drei Millionen Menschen beschäftigten, einzuschränken. Pläne wurden diskutiert, die Steuerzahler aufzufordern, sich selbst einzuschätzen, beziehungsweise auf die Neuveranlagung zu verzichten oder die Lohnsteuer auf feste Beträge zu fixieren. Welche Rolle spielten bei den Milliardenbeträgen, die monatlich für den Krieg aufgewandt wurden, so argumentierten Goebbels und ich, einige hundert Millionen, die vielleicht aufgrund der Unehrlichkeit Einzelner dem Staate entzogen wurden.

Noch mehr Aufregung verursachte allerdings meine Forderung, die Arbeitszeit aller Beamten an die der Rüstungsarbeiter anzugleichen. Dadurch wären, rein rechnerisch, etwa 200 000 Verwaltungsbeamte für die Rüstung verfügbar geworden. Außerdem wollte ich durch eine drastische Senkung des Lebensstandards der oberen Schichten weitere Hunderttausende freisetzen. In einer Sitzung der Zentralen Planung nannte ich in diesen Tagen selber die Folgen meiner radikalen Vorschläge außerordentlich hart: »Sie bedeuten, daß wir für die Dauer des Krieges, wenn er lange dauert, ganz grob gesagt, verproletarisieren[2].« Heute befriedigt mich die Vorstellung, daß ich mit meinen Plänen nicht durchdrang; Deutschland hätte sich den ungewöhnlichen Belastungen der ersten Nachkriegsmonate volkswirtschaftlich geschwächt und verwaltungsmäßig desorganisiert gegenübergesehen. Ich bin aber auch davon überzeugt, daß beispielsweise in England – in gleicher Lage – solche Vorstellungen konsequent verwirklicht worden wären.

Hitler war mit unserem Vorschlag einer großen Verwaltungsvereinfachung, Konsumdrosselung sowie einer Einschränkung des Kulturbetriebs nur zögernd einverstanden. Jedoch scheiterte meine Anregung, Goebbels mit dieser Aufgabe zu betrauen, an dem wachsamen Bormann, der einen Machtzuwachs dieses ehrgeizigen Rivalen befürchtete. Anstelle von Goebbels wurde Dr. Lammers, Bormanns Verbündeter im Dreiergremium, dafür bestimmt: ein Beamter ohne Initiative und Phantasie, dem sich die Haare über soviel Mißachtung der in seinen Augen unentbehrlichen Bürokratie sträubten.

Lammers war es dann auch, der die ab Januar 1943 erstmals wieder stattfindenden Kabinettssitzungen an Stelle Hitlers leitete. Nicht alle Kabinettsmitglieder waren geladen, sondern nur diejenigen, die an den Themen der Tagesordnung beteiligt waren. Ihr Ort jedoch, der Reichskabinettssaal, zeigte an, welche Macht sich das Dreiergremium erworben oder doch zugedacht hatte.

Diese Sitzungen verliefen recht heftig: Goebbels und Funk unterstützten meine radikalen Auffassungen, der Minister des Innern, Frick, sowie Lammers selbst erhoben die erwarteten Bedenken; Sauckel erklärte rundweg, daß er jede von ihm verlangte Zahl von Arbeitskräften, auch Fachkräften aus dem Ausland, stellen könne[3]. Selbst wenn Goebbels forderte, daß die führenden Mitglieder der Partei auf ihren bisherigen, fast uneingeschränkten Lebensstandard verzichten sollten, konnte er keine Änderung erreichen; und die sonst zurückhaltende Eva Braun mobilisierte Hitler, als sie von dem beabsichtigten Verbot der Dauerwelle sowie von der Einstellung der Kosmetik-Produktion hörte. Sogleich zeigte sich Hitler unsicher: Er empfahl mir, statt eines Verbots ein stillschweigendes »Ausbleiben der Haarfärbemittel und anderer zur Schönheitspflege notwendigen Gegenstände« sowie die »Einstellung der Reparaturen an Apparaten zur Herstellung von Dauerwellen[4].«

Nach einigen Sitzungen in der Reichskanzlei stand für Goebbels und mich fest, daß eine Aktivierung unserer Rüstung durch Bormann, Lammers oder Keitel nicht zu erwarten sei; unsere Bemühungen hatten sich in bedeutungslosen Einzelheiten festgelaufen.

Am 18. Februar 1943 hielt Goebbels seine Rede über den »Totalen Krieg«. Sie richtete sich nicht nur an die Bevölkerung; indirekt wandte sie sich auch an die führenden Schichten, die unsere gemeinsamen Bestrebungen nach einer radikalen Erfassung der Heimatreserven nicht billigen wollten. Im Grunde war es ein Versuch, Lammers und alle anderen Zögerer und Zauderer unter den Druck der Straße zu setzen.

Nur noch in Hitlers gelungensten Veranstaltungen hatte ich ein so wirkungsvoll fanatisiertes Publikum erlebt. In seine Wohnung zurückgekehrt, zergliederte Goebbels zu meinem Erstaunen seine scheinbar emotionalen Ausbrüche auf ihren psychologischen Effekt – nicht viel anders, als ein routinierter Schauspieler es wohl getan hätte. Auch mit seinem Auditorium war er an diesem Abend zufrieden: »Haben Sie bemerkt? Sie reagierten auf die kleinste Nuance und gaben Beifall genau an den richtigen Stellen. Es war das politisch bestgeschulte Publikum, das Sie in Deutschland finden können.« Es handelte sich um ein von den Parteiorganisationen bestelltes Aufgebot, unter ihnen volkstümliche Intellektuelle und Schauspieler, wie Heinrich George, deren beifällige Reaktionen durch die Filmkameras über die Wochenschauen das Volk beeindrucken sollten. Aber die Rede hatte auch eine außenpolitische Zielsetzung: sie war einer der Versuche, die militärisch orientierte Denkweise

Hitlers durch Politik zu ergänzen. Wie Goebbels zumindest selbst glaubte, richtete er in dieser Rede einen eindrucksvollen Appell an den Westen, sich der Gefahr zu erinnern, die ganz Europa vom Osten drohe und zeigte sich einige Tage später sehr befriedigt darüber, daß die westliche Presse gerade diese Sätze zustimmend kommentierte.

Tatsächlich zeigte Goebbels damals Ambitionen, Außenminister zu werden. Mit aller ihm zur Verfügung stehenden Beredsamkeit versuchte er, Hitler gegen Ribbentrop aufzubringen und schien damit zunächst auch Erfolg zu haben. Jedenfalls hörte Hitler sich die Ausführungen schweigend an, ohne seiner Gewohnheit gemäß auf ein weniger unerfreuliches Thema abzulenken. Schon glaubte Goebbels sich dem Erfolg nahe, als Hitler unvermittelt Ribbentrops ausgezeichnete Arbeit zu loben begann, seine Eignung zu Verhandlungen mit den »Bundesgenossen«, um schließlich lapidar zu behaupten: »Sie schätzen Ribbentrop ganz falsch ein. Er ist einer der größten Männer, die wir haben, und die Geschichte wird ihn einmal über Bismarck stellen. Er ist größer als Bismarck.« Gleichzeitig verbot er Goebbels, weiter, wie in der Sportpalastrede, Fühler nach Westen auszustrecken.

Immerhin folgte der Goebbelsschen Rede über den Totalen Krieg eine Geste, die den Beifall der Öffentlichkeit fand: er ließ Berliner Luxusrestaurants und aufwendige Vergnügungsstätten schließen. Zwar stellte sich Göring sogleich schützend vor sein Lieblingsrestaurant Horcher; als daraufhin jedoch einige von Goebbels bestellte Demonstranten erschienen, um die Fensterscheiben des Restaurants einzuwerfen, gab Göring nach. Die Folge war eine ernsthafte Verstimmung zwischen ihm und Goebbels.

Am Abend nach der erwähnten Rede im Sportpalast waren in dem von Goebbels bewohnten Palais, das er sich kurz vor Beginn des Krieges in unmittelbarer Nähe des Brandenburger Tores hatte errichten lassen, viele Prominente zu Besuch, unter anderem Feldmarschall Milch, der Justizminister Thierack, der Staatssekretär des Innenministeriums, Stuckart, sowie Staatssekretär Körner, Funk und Ley. Zum erstenmal wurde dabei ein Vorschlag diskutiert, den Milch und ich zur Sprache gebracht hatten: Görings Vollmachten als »Vorsitzender des Ministerrates für die Reichsverteidigung« zu einer Straffung der Innenpolitik zu verwenden.

Neun Tage danach lud Goebbels mich wieder, zusammen mit Funk und Ley, zu sich. Der übergroße Bau mit reicher Ausstattung machte nun einen düsteren Eindruck. Goebbels hatte, um bei der Aktion zum »Totalen Krieg« mit gutem Beispiel voranzugehen, die großen Repräsentationsräume schließen und in den verbleibenden Hallen und Zimmern die Mehrzahl der elektrischen Birnen herausschrauben lassen. Wir wurden in einen der kleineren Räume gebeten, vierzig bis fünfzig Quadratmeter groß. Diener in Livree servierten französischen Cognac und Tee; Goebbels bedeutete ihnen, uns nun nicht mehr zu stören. »So kann das nicht mehr weitergehen«, fing er an. »Wir sitzen hier in Berlin, Hitler hört nicht, was wir zur Lage zu sagen haben, ich kann politisch nicht auf ihn einwirken, kann ihm noch nicht einmal die dringendsten Maßnahmen auf meinem Gebiet vortragen. Alles geht über Bormann. Hitler muß veranlaßt werden, öfter nach Berlin zu kommen.« Die Innenpolitik, so fuhr Goebbels fort, sei ihm gänzlich entglitten; sie werde von Bormann beherrscht, der es verstünde, Hitler das Gefühl zu vermitteln, er habe weiterhin die Leitung inne. Bormann treibe nur der Ehrgeiz, er sei doktrinär und für eine vernünftige Entwicklung eine große Gefahr. Zu allererst müsse sein Einfluß verringert werden!

Ganz gegen seine Gewohnheit nahm Goebbels nicht einmal Hitler von seinen kritischen Feststellungen aus: »Wir haben nicht nur eine ›Führungskrise‹, sondern strenggenommen eine ›Führerkrise‹[5]!« Für ihn, den geborenen Politiker, war es unverständlich, daß Hitler sich gerade der Politik, dieses wichtigsten Instrumentes, zugunsten einer im Grunde unwichtigen Befehlsausübung auf den Kriegsschauplätzen begeben hatte. Mehr als zustimmen konnten wir nicht; keiner der Zuhörer konnte sich in seinem politischen Gewicht mit Goebbels vergleichen. Seine Kritik zeigte, was Stalingrad in Wirklichkeit bedeutete. Goebbels hatte begonnen, am Stern Hitlers und damit an seinem Sieg zu zweifeln – und wir mit ihm.

Ich wiederholte den Vorschlag, Göring wieder in die Funktion einzusetzen, die für ihn zu Beginn des Krieges vorgesehen war. Hier war eine mit allen Vollmachten versehene staatsrechtliche Konstruktion vorhanden, ausgestattet mit dem Recht, sogar ohne Mitwirkung Hitlers Gesetze zu erlassen. Mit ihrer Hilfe konnte die von Bormann und Lammers usurpierte Machtstellung aufgebrochen werden. Bormann und Lammers hätten sich dieser Instanz, deren Möglichkeiten durch Görings Indolenz unausgeschöpft geblieben waren, fügen müssen. Da jedoch wegen des Zwischenfalls mit dem Restaurant Horcher Goebbels und Göring übereinander verstimmt waren[6], bat die Runde mich, in dieser Angelegenheit mit Göring zu sprechen.

Die Wahl dieses Mannes, der seit Jahren apathisch und luxuriös dahinlebte, mag den heutigen Betrachter verblüffen, wenn man bedenkt, daß wir einen letzten Versuch zur Mobilisierung aller unserer Kräfte erstrebten. Göring war jedoch nicht immer so gewesen, und noch wirkte sein Ruf eines zwar gewalttätigen, aber auch energischen und klugen Mannes aus der Zeit nach, als er den Vierjahresplan und die Luftwaffe aufgebaut hatte. Ich hielt es nicht für ausgeschlossen, daß er, angesprochen durch eine Aufgabe, etwas von seiner alten, bedenkenlosen Tatkraft zurückgewinnen könnte. Und wenn nicht, so rechneten wir, war doch das Gremium des Reichsverteidigungsrates auf jeden Fall ein Instrument, das radikale Entschlüsse und Entscheidungen treffen konnte.

Rückblickend erst erkenne ich, daß eine Entmachtung von Bormann und Lammers am Lauf der Dinge fast nichts geändert hätte. Denn der Kurswechsel, den wir herbeiführen wollten, war nicht durch einen Sturz von Hitlers Sekretären zu erreichen, sondern einzig durch eine Wendung gegen ihn selber. Die jedoch lag außerhalb des uns Denkbaren. Statt dessen wären wir vermutlich, falls nur unsere von Bormann gefährdeten persönlichen Positionen wieder hergestellt worden wären, bereit gewesen, Hitler auf seinem festgefahrenen Kurs womöglich noch bedingungsloser zu folgen, als dies unter dem uns zu bedachtsamen Lammers und unter dem intriganten Bormann geschah. Daß wir minimale Unterschiede wichtig nahmen, beweist lediglich die geschlossene Welt, in der wir uns alle bewegten.

Erstmals trat ich durch diese Aktion aus meiner Reserve als Fachmann heraus, um mich in das politische Geschehen zu begeben. Ich hatte diesen Schritt immer sorgsam vermieden, aber als ich ihn jetzt tat, geschah das nicht ohne innere Konsequenz: Es war ein Trugschluß, zu glauben, ich könne mich ausschließlich auf meine fachliche Arbeit konzentrieren. In einem autoritären System gerät man unvermeidlich in umkämpfte politische Kraftfelder, sofern man in der Führungsgruppe bleiben will.

Göring hielt sich in seinem Sommerhaus am Obersalzberg auf. Dorthin hatte er sich, wie ich durch Milch erfuhr, verärgert über schwere Vorwürfe Hitlers gegen seine Luftwaffenführung, zu einem längeren Urlaub zurückgezogen. Er war sofort bereit, mich am darauffolgenden Tag, dem 28. Februar 1943, zu empfangen.

Die Atmosphäre unserer vielstündigen Besprechung war freundschaftlich und, den intimen Verhältnissen des relativ kleinen Hauses entsprechend, ungezwungen. Mich wunderten zwar, was mir seltsamerweise im Gedächtnis haften blieb, seine rötlich lackierten Fingernägel und sein offenbar geschminktes Gesicht, während die übergroße Rubinbrosche an seinem grünen Samtschlafrock mir schon ein gewohnter Anblick war.

Göring hörte sich in Ruhe unseren Vorschlag und meinen Bericht von unserer Berliner Besprechung an, wobei er gelegentlich ungefaßte Edelsteine aus der Tasche holte und spielerisch durch seine Finger gleiten ließ. Die Tatsache, daß wir an ihn gedacht hatten, schien ihn zu freuen. Auch er sah in der Entwicklung, wie sie sich mit Bormann anbahnte, eine Gefahr und stimmte unseren Plänen zu. Nur über Goebbels war Göring wegen des Zwischenfalls noch immer ungehalten, bis ich ihm schließlich vorschlug, den Propagandaminister persönlich einzuladen, um auch mit ihm unseren Plan gründlich durchzusprechen.

Schon am nächsten Tag kam Goebbels nach Berchtesgaden, wo ich ihn zunächst über das Ergebnis meiner Besprechung unterrichtete. Gemeinsam fuhren wir zu Göring, und während ich mich zurückzog, sprachen die beiden, zwischen denen unaufhörlich Spannungen geherrscht hatten, sich aus. Als ich wieder hinzugezogen wurde, rieb Göring sich die Hände vor Freude über den beginnenden Kampf und zeigte sich ganz von seiner gewinnendsten Seite. Zunächst müsse der Ministerrat für die Reichsverteidigung personell aufgebaut werden. Goebbels und ich sollten Mitglieder werden; daß wir es noch nicht waren, zeigte übrigens die Bedeutungslosigkeit dieser Institution. Auch wurde über die Notwendigkeit gesprochen, Ribbentrop zu ersetzen: der Außenminister, der Hitler von einer vernünftigen Politik überzeugen müsse, sei zu sehr das bloße Sprachrohr Hitlers, um in der verfahrenen militärischen Lage eine politische Lösung zu finden.

Immer erregter werdend, fuhr Goebbels fort: »So wenig wie Ribbentrop hat der Führer Lammers ganz durchschaut.« Göring sprang auf: »Durch sein ständiges Dazwischenreden hat er mir immer wieder Torpedos in die Seite gejagt. Das wird jetzt aber abgestellt! Dafür sorge ich, meine Herren!« Goebbels genoß sichtlich den Zorn Görings, war auch bemüht, ihn anzustacheln, fürchtete aber zugleich die Impulsivität des taktisch ungewandten Reichsmarschalls: »Verlassen Sie sich darauf, Herr Göring, wir werden dem Führer über Bormann und Lammers die Augen öffnen. Wir dürfen das nur nicht übertreiben. Wir müssen langsam vorgehen. Sie kennen den Führer.« Vorsichtiger geworden, fügte er hinzu: »Wir dürfen mit den übrigen Mitgliedern des Ministerrates auf keinen Fall allzu offen reden. Sie müssen gar nicht wissen, daß wir den Dreierausschuß langsam kaltstellen wollen. Wir sind einfach ein Treuebund für den Führer. Wir haben keinen persönlichen Ehrgeiz. Doch wenn jeder von uns beim Führer für den andern spricht, dann sind wir bald allen überlegen und können um den Führer einen festen Wall bilden!«

Goebbels fuhr sehr befriedigt zurück: »Das wird etwas! Finden Sie nicht, daß Göring ganz aufgelebt ist?« Auch ich hatte Göring in den letzten Jahren nie so frisch, entschieden und wagemutig gesehen. Auf dem ausgedehnten Spaziergang in dem friedlichen Gelände des Obersalzbergs sprachen Göring und ich über den Weg, den Bormann eingeschlagen hatte. Ganz offen erklärte ich Göring, daß Bormann nichts weniger ansteuere als die Nachfolgeschaft Hitlers, und daß er vor keinem Mittel zurückschrecke, ihn sowie im Grunde uns alle bei Hitler auszumanövrieren. Ich erzählte dabei, wie Bormann jetzt schon keine Gelegenheit vorüberlasse, das Ansehen des Reichsmarschalls zu untergraben. Göring hatte mit steigender Spannung zugehört. Ich erzählte nun weiter von den Obersalzberger Teestunden bei Hitler, von denen Göring ausgeschlossen war. Dort hätte ich die Taktik Bormanns aus unmittelbarer Nähe beobachten können:

Er arbeitete nie in direktem Angriff, sondern mit vorsichtigen Einflechtungen kleiner Begebenheiten, die erst in ihrer Summe wirksam waren. So erzählte Bormann beispielsweise beim Teegespräch, um Schirach zu schaden, nachteilige Anekdoten aus Wien, vermied es aber sorgfältig, Hitlers nachfolgenden negativen Bemerkungen zuzustimmen. Im Gegenteil hielt er es für klug, Schirach daraufhin zu loben – natürlich ein Lob, das für Hitler einen negativen Beigeschmack haben mußte. Nach einem Jahr etwa hatte Bormann Hitler dahin gebracht, daß er Schirach ablehnte und ihn oft geradezu anfeindete. Nun konnte Bormann – wenn Hitler nicht anwesend war – verächtlich einen Schritt weitergehen und scheinbar bagatellisierend, in Wirklichkeit vernichtend, sagen, daß er nach Wien passe, denn dort intrigiere ohnehin jeder gegen jeden. So würde Bormann auch Görings Ansehen untergraben, fügte ich abschließend hinzu.

Natürlich hatte Bormann es leicht; Göring bot zahlreiche Anlässe. Goebbels sprach selbst noch in diesen Tagen ein wenig entschuldigend von den »barocken Gewändern«, die schon ziemlich komisch wirkten, sofern man Göring nicht kenne. Er nahm in seinem persönlichen Auftreten keine Rücksicht auf sein Versagen als Oberbefehlshaber der Luftwaffe. Viel später, im Frühjahr 1945, als Hitler einmal seinen Reichsmarschall vor allen Teilnehmern der Lagebesprechung in der verächtlichsten Weise beleidigte, meinte Göring zu Hitlers Luftwaffenadjutanten Below: »Speer hat damals mit seiner Warnung recht gehabt. Jetzt hat Bormann es geschafft.« Göring irrte. Bormann war schon im Frühjahr 1943 so weit.

Einige Tage später, am 5. März 1943, flog ich ins Hauptquartier, um einige Entscheidungen in Rüstungsfragen zu erhalten. In der Hauptsache aber wollte ich mein Bündnis mit Göring und Goebbels vorantreiben. Es gelang mir ohne Schwierigkeiten, bei Hitler eine Einladung für Goebbels zu erwirken. Die Idee, daß der unterhaltende Propagandaminister ihm für einen Tag in der Einöde des Hauptquartiers Gesellschaft leisten würde, gefiel ihm.

Goebbels traf drei Tage nach mir im Hauptquartier ein; er nahm mich zunächst auf die Seite: »Wie ist denn die Stimmung beim Führer, Herr Speer?« fragte er. Ich schilderte ihm meinen Eindruck, wonach Hitler Göring gegenüber ziemlich unzugänglich sei. Ich riet zur Zurückhaltung. Besser wäre es wohl, zunächst die Angelegenheit nicht weiterzutreiben; daher hätte ich selber nach einem kurzen Vorfühlen auch nicht weiter gebohrt. Goebbels stimmte zu: »Sie haben wahrscheinlich recht. Man kann dem Führer zur Zeit mit Göring nicht kommen. Das würde alles verderben!«

Die seit Wochen anhaltende Serie massierter, fast ungehinderter alliierter Luftangriffe hatte die ohnehin erschütterte Stellung Görings weiter geschwächt. Schon bei der Erwähnung Görings verlor Hitler sich in erregten Anklagen über die Versäumnisse der Luftkriegsplanung. An diesem Tag äußerte Hitler wiederholt die Befürchtung, daß bei einem anhaltenden Bombenkrieg nicht nur die Städte zerstört, sondern vor allem die Haltung des Volkes einen unreparierbaren Knacks bekommen könne. Hitler erlag damals dem gleichen Irrtum wie die britischen Strategen des Bombenkrieges auf der anderen Seite.

Goebbels und ich wurden von Hitler zum Mittagessen geladen. Merkwürdigerweise unterließ er es bei solchen Gelegenheiten, Bormann, der ihm sonst unentbehrlich war, hinzuzubitten. In dieser Hinsicht behandelte er Bormann ganz und gar als Sekretär. Von Goebbels angeregt, wirkte Hitler an diesem Tag bedeutend lebhafter und gesprächiger, als ich das von meinen sonstigen Besuchen im Hauptquartier gewohnt war. Er benutzte die Gelegenheit, seinem Herzen Luft zu machen, und wie meist äußerte er sich über fast alle seine Mitarbeiter, außer uns Anwesenden, in abschätziger Weise.

Nach dem Essen wurde ich verabschiedet, und Hitler blieb mit Goebbels mehrere Stunden allein. Daß er mich freundlich herauskomplimentierte, entsprach der von ihm eingehaltenen Abgrenzung der Personen und Bereiche. Erst zur militärischen Lagebesprechung fand ich mich wieder ein. Beim Abendessen kamen wir erneut, dieses Mal gemeinsam, zusammen. Hitler ließ Feuer im Kamin machen, der Diener brachte für uns eine Flasche Wein, für Hitler Fachinger. Bis zum frühen Morgen saßen wir aufgelockert, fast gemütlich zusammen. Ich kam wenig zu Wort; denn Goebbels verstand es, Hitler zu unterhalten. Mit großer Beredsamkeit, mit geschliffenen Sätzen, mit Ironie am rechten Platz, mit Bewunderung, wo Hitler es erwartete, mit Sentimentalität, wenn Augenblick und Gegenstand es erforderten, mit Klatsch und mit Liebesaffairen. Meisterlich mischte er alles: Theater, Film und alte Zeiten; aber auch über die Kinder der Familie Goebbels ließ sich Hitler – wie immer – ausführlich erzählen; ihre kindlichen Äußerungen, ihre bevorzugten Spiele, ihre oft treffenden Bemerkungen lenkten Hitler auch in dieser Nacht von seinen Sorgen ab.

Wenn Goebbels es verstand, mit der Beschwörung ehemaliger Notzeiten und ihrer Überwindung Hitlers Selbstbewußtsein zu stärken und seiner Eitelkeit, die in der Nüchternheit des militärischen Verkehrstons so wenig Befriedigung fand, zu schmeicheln, zeigte Hitler seinerseits sich dankbar, indem er die Leistungen seines Propagandaministers und damit auch dessen Selbstbewußtsein steigerte. Man lobte sich im Dritten Reich gern gegenseitig und bestätigte einander ohne Unterlaß.

Goebbels und ich hatten trotz aller Bedenken verabredet, Hitler an diesem Abend unsere Pläne zur Aktivierung des »Ministerrats für die Reichsverteidigung« wenigstens andeutungsweise nahezubringen. Eine günstige Atmosphäre für unser eigentliches Thema, das Hitler als indirekte Kritik an seiner Regierungsarbeit verletzen konnte, war geschaffen, als dieses Idyll am Kaminfeuer durch den Bericht von einem heftigen Luftangriff auf Nürnberg unterbrochen wurde. Als ob er etwas von unserem Vorhaben geahnt hätte, vielleicht aber auch von Bormann gewarnt, zog Hitler eine Szene auf, wie ich sie selten erlebt habe. Sofort ließ er Generalmajor Bodenschatz, den Chefadjutanten Görings, aus dem Bett holen und überschüttete ihn mit den heftigsten Vorwürfen gegen den »unfähigen Reichsmarschall«. Goebbels und ich versuchten, Hitler zu mäßigen, und tatsächlich wurde er schließlich ruhiger. Doch unsere Vorarbeit war nun umsonst, auch Goebbels schien es ratsam, das Thema vorerst zu vermeiden. Gleichzeitig aber fühlte er sich selbst nach den zahlreichen Anerkennungen von seiten Hitlers in seinem politischen Kurswert beträchtlich gehoben. Von einer »Führerkrise« sprach er künftig nicht mehr. Es schien, als habe er im Gegenteil an diesem Abend sein altes Vertrauen zu Hitler zurückgewonnen. Der Kampf gegen Bormann jedoch sollte, so entschied er, weitergehen.

Am 17. März trafen Goebbels, Funk, Ley und ich uns mit Göring in dessen Berliner Palais am Leipziger Platz. Göring empfing uns zunächst höchst offiziell in seinem Arbeitsraum, wo er hinter einem Schreibtisch riesigen Formates auf seinem Renaissancesessel residierte. Wir saßen ihm auf unbequemen Stühlen gegenüber. Die Obersalzberger Herzlichkeit war anfangs geschwunden, fast schien es, als bedauere Göring nachträglich seine Offenheit.

Während wir übrigen meist still dabeisaßen, steigerten sich Göring und Goebbels jedoch bald wieder gegenseitig in einem Ausmalen der Gefahren, die von der Dreiergruppe um Hitler ausging, und verloren sich in Hoffnungen und Illusionen über unsere Möglichkeiten, Hitler aus seiner Isolierung zu befreien. Goebbels schien völlig vergessen zu haben, wie Hitler wenige Tage zuvor Göring abgewertet hatte. Beide sahen das Ziel schon vor Augen. Göring, wie immer zwischen Apathie und Euphorie wechselnd, bagatellisierte schon den Einfluß der Hauptquartiersclique: »Man soll sie auch nicht überschätzen, Herr Goebbels! Bormann und Keitel sind ja eigentlich nur Sekretäre des Führers. Was nehmen die sich eigentlich heraus! Aus eigener Machtvollkommenheit sind sie doch Nullen!« Am meisten schien Goebbels zu beunruhigen, daß Bormann seinen direkten Kontakt zu den Gauleitern benutzen könnte, auch im Reich Stützpunkte gegen unsere Bestrebungen zu errichten. Ich erinnere mich, wie er Ley als den Organisationsleiter der Partei gegen Bormann zu mobilisieren versuchte und schließlich vorschlug, der Ministerrat für die Reichsverteidigung müsse das Recht erhalten, die Gauleiter vorzuladen und zur Rechenschaft zu ziehen. Wohl wissend, daß Göring kaum so oft an den Sitzungen teilnehmen würde, schlug er wöchentliche Zusammenkünfte vor und fügte beiläufig hinzu, daß er ja vertretungsweise den Vorsitz übernehmen könne, falls Göring verhindert sei[7]. Ohne Goebbels zu durchschauen, willigte Göring ein. Hinter den Fronten des großen Machtkampfes schwelten die alten Rivalitäten weiter.

Schon seit längerem stimmten die Zahlen der Arbeiter, die Sauckel an die Industrie vermittelt haben wollte und die er Hitler in großspurigen Erklärungen zu melden pflegte, nicht mehr mit den tatsächlichen Zahlen in den Betrieben überein. Es handelte sich um eine Differenz von einigen hunderttausend Arbeitskräften. Ich schlug unserer Koalition vor, mit vereinten Kräften

Sauckel, den Vorposten Bormanns, zu wahrheitsgemäßen Angaben zu zwingen.

Bei Berchtesgaden war, auf Veranlassung Hitlers, für die Berliner Reichskanzlei ein größeres Gebäude im ländlichen bayrischen Stil errichtet worden. Während der monatelangen Aufenthalte Hitlers am Obersalzberg führten Lammers und sein engster Stab von hier aus die Geschäfte der Reichskanzlei weiter. In den Sitzungssaal dieses Baues ließ Göring durch den Hausherrn Lammers unsere Gruppe sowie Sauckel und Milch für den 12. April 1943 laden. Göring wurde vor der Sitzung noch einmal von Milch und mir über unsere Forderungen unterrichtet. Er rieb sich die Hände: »Das werde ich für Euch in Ordnung bringen!«

Außer uns waren jedoch auch, überraschend, Himmler, Bormann und Keitel im Sitzungssaal erschienen – und zu allem Unglück ließ sich unser Bundespartner Goebbels entschuldigen, da er kurz vor Berchtesgaden eine Nierenkolik bekommen habe und krank in seinem Sonderwagen liege. Ich weiß bis heute nicht, ob er lediglich eine gute Witterung hatte. Diese Sitzung war das Ende unseres Bündnisses. Sauckel bezweifelte die Richtigkeit der Forderung von 2 100 000 Arbeitern für die gesamte Wirtschaft, verwies auf seine erfolgreiche Arbeit, mit der er alle Bedürfnisse abgedeckt habe und wurde cholerisch, als ich ihm vorhielt, daß seine Zahlen nicht stimmen könnten[8].

Milch und ich erwarteten, daß Göring Sauckel um Aufklärung bitten und ihn anschließend zu einer Änderung seiner Arbeitseinsatzpolitik veranlassen würde. Statt dessen begann Göring zu unserem Entsetzen, mit einem heftigen Angriff auf Milch und damit indirekt auf mich: Es sei unerhört, daß Milch solche Schwierigkeiten mache. Unser guter Parteigenosse Sauckel, der sich solche Mühe gäbe und solche Erfolge erzielt habe ... Er jedenfalls fühle sich ihm zu großem Dank verpflichtet. Milch sei einfach blind für die Leistungen Sauckels ... Es war, als ob Göring die falsche Grammophonplatte erwischt hatte. Bei der anschließenden ausgedehnten Diskussion über die fehlenden Arbeiter trug jeder der anwesenden Minister, ohne Fachkenntnis, dazu bei, die Differenz zu erklären. Himmler meinte in aller Ruhe, die fehlenden Hunderttausende seien vielleicht gestorben.

Die Sitzung wurde ein Fehlschlag. Sie brachte nicht nur keinerlei Klärung in die Frage der fehlenden Arbeitskräfte, sondern es scheiterte auch der so groß angesetzte Kampf gegen Bormann.

Nach dieser Sitzung nahm mich Göring auf die Seite: »Ich weiß, daß Sie eng und gern mit meinem Staatssekretär Milch zusammenarbeiten. Ich möchte Sie in aller Freundschaft vor ihm warnen. Er ist unzuverlässig und wenn es um seinen Vorteil geht, nimmt er auch auf seine besten Freunde keine Rücksicht.« Ich unterrichtete sofort Milch von dieser Bemerkung. Er lachte: »Vor einigen Tagen hat mir Göring über Dich genau das gleiche gesagt.« Der Versuch Görings, Mißtrauen zu säen, entsprach genau dem

Gegenteil dessen, was wir vereinbart hatten: einen Block zu bilden. Freundschaften empfand man aus Mißtrauen als Bedrohung.

Einige Tage nach dieser Sitzung meinte Milch, daß Göring deswegen umgefallen sei, weil die Gestapo Beweise für seinen Morphinismus besitze. Milch hatte mich schon vor längerem aufgefordert, auf Görings Pupillen zu achten. Im Nürnberger Prozeß bestätigte mir dann mein Anwalt, Dr. Flächsner, daß Göring schon lange vor 1933 Morphinist gewesen sei, er selbst habe ihn in einem Prozeß, der wegen einer mißbräuchlichen Anwendung einer Morphiuminjektion geführt worden war, verteidigt[9].

Auch aus finanziellen Gründen war vermutlich unser Versuch, Göring gegen Bormann mobil zu machen, von vornherein zum Scheitern verurteilt. Denn Bormann hatte aus dem Fonds der »Adolf-Hitler-Spende« der Industrie Göring, wie aus einem Nürnberger Dokument hervorgeht, eine Schenkung von sechs Millionen Mark gemacht.

Nach dem Fehlschlag unseres Bündnisses war Göring tatsächlich zu einiger Aktivität erwacht, wenn auch überraschenderweise gegen mich. Ganz gegen seine Gewohnheit forderte er mich einige Wochen später auf, die maßgebenden Leiter der Eisenindustrie zu einer Sitzung auf den Obersalzberg zu laden. Die Zusammenkunft fand an den papierbespannten Zeichentischen in meinem Atelierhaus statt und war nur durch das Verhalten Görings denkwürdig. Er erschien in euphorischer Laune, mit sichtlich verengten Pupillen, und hielt den erstaunten Fachleuten aus der Eisenindustrie einen ausführlichen Vortrag über die Herstellung von Eisen, wobei er alle seine Kenntnisse über Hochöfen und Verhüttung paradieren ließ. Es folgten Gemeinplätze: Man müsse mehr produzieren, dürfe vor Neuerungen nicht haltmachen; die Industrie sei in Tradition erstarrt, sie müsse lernen, über den eigenen Schatten zu springen und dergleichen mehr. Am Ende seines zweistündigen Wortschwalls wurde Görings Sprechweise langsamer, sein Gesichtsausdruck immer abwesender. Schließlich legte er unvermittelt seinen Kopf auf den Tisch und schlief friedlich ein. Wir fanden es das klügste, den in der Pracht seiner Uniform ruhenden Reichsmarschall nicht zu beachten, schon um ihn nicht in Verlegenheit zu setzen, und diskutierten unsere Probleme weiter, bis er wieder erwachte und die Sitzung kurzerhand als beendet erklärte.

Auf den nächsten Tag hatte Göring eine Konferenz über Fragen des Funkmeßprogramms anberaumt, die nicht weniger erfolglos endete. Wiederum gab er im Serenissimus-Stil und in bester Stimmung, aber bar jeder Sachkenntnis, den anwesenden Fachleuten eine Aufklärung nach der anderen, und endlich, großzügig gelaunt, eine Flut von Anordnungen. Nachdem er die Sitzung verlassen hatte, hatte ich alle Hände voll zu tun, den angerichteten Schaden zu beseitigen, ohne dabei Göring geradezu zu desavouieren. Immerhin war der Zwischenfall so schwerwiegend, daß ich Hitler davon verständigen mußte, der bei nächster Gelegenheit, am 13. Mai 1943, die Rüstungsindustriellen ins Hauptquartier bestellte, um das Prestige der Regierung wiederherzustellen[10].

Einige Monate nach dem Fehlschlag unserer Pläne traf ich Himmler auf dem Gelände des Hauptquartiers. Kurz angebunden, mit drohender Stimme, sagte er: »Ich halte es für unzweckmäßig, daß Sie noch einmal versuchen, den Reichsmarschall zu aktivieren!«

Aber das war ohnehin nicht mehr möglich. Göring war, und nun endgültig, in seine Lethargie zurückgefallen. Erst in Nürnberg wachte er wieder auf.

19. Kapitel

Zweiter Mann im Staat

Einige Wochen nach dem Fiasko unserer Zweckgemeinschaft, etwa Anfang Mai 1943, beeilte sich Goebbels, bei Bormann diejenigen Qualitäten zu erkennen, die er noch vor einigen Wochen Göring zugesprochen hatte. Er sicherte zu, in Zukunft an Hitler gerichtete Informationen über Bormann zu leiten und ihn zu bitten, bei Hitler Entscheidungen einzuholen. Diese Unterwerfung lohnte Bormann mit guten Diensten. Goebbels hatte Göring nun abgeschrieben, nur als Repräsentativfigur sollte er noch gestützt werden.

Die Macht hatte sich weiter zugunsten Bormanns verschoben. Immerhin konnte er nicht wissen, ob er mich eines Tages nicht doch noch würde brauchen können. Obwohl er unterdes von meinem gescheiterten Versuch, ihn zu entthronen, gehört haben mußte, zeigte er daher sich liebenswürdig und deutete mir an, daß ich mich wie Goebbels auf seine Seite stellen könne. Von diesem Angebot machte ich indessen keinen Gebrauch, denn mir schien der Preis zu hoch: ich wäre von ihm abhängig geworden.

Auch Goebbels hielt mit mir weiterhin engen Kontakt. Denn noch immer verfolgten wir das Ziel einer rücksichtslosen Erfassung der inneren Reserven. Sicher war ich ihm gegenüber zu vertrauensselig; mich fesselten seine blendende Freundlichkeit und sein vollendetes Benehmen ebenso wie seine logische Kühle.

Nach außen änderte sich also wenig. Die Welt, in der wir lebten, zwang zur Verstellung, Scheinheiligkeit, Heuchelei. Unter Rivalen fiel selten ein ehrliches Wort: es konnte Hitler verzerrt hinterbracht werden. Man konspirierte, setzte Hitlers Launenhaftigkeit als Faktor ein, gewann oder verlor bei diesem felinen Spiel. Ohne Skrupel spielte ich genauso auf dieser verstimmten Klaviatur gegenseitiger Beziehungen wie jeder andere.

In der zweiten Maihälfte 1943 ließ mir Göring mitteilen, daß er im Sportpalast mit mir zusammen über die deutsche Rüstung sprechen wolle. Ich sagte zu. Einige Tage später jedoch hatte Hitler zu meiner Überraschung Goebbels als Redner bestimmt. Als wir unsere Texte aufeinander abstimmten, gab mir der Propagandaminister den Rat, meine Rede zu kürzen, da die seine eine Stunde dauern werde: »Wenn Ihre nicht erheblich unter einer halben Stunde bleibt, verliert die Versammlung das Interesse.« Wie üblich schickten wir beide Reden im Manuskript an Hitler mit dem Vermerk, daß die meine noch um ein Drittel gekürzt würde. Hitler ließ mich auf den Obersalzberg kommen. In meiner Gegenwart las er die ihm von Bormann überreichten Entwürfe, strich rücksichtslos und, wie mir schien, mit Eifer die Goebbelssche Rede innerhalb weniger Minuten auf die Hälfte zusammen: »Hier, Bormann, teilen Sie das dem Doktor mit und sagen Sie ihm, daß ich die Rede von Speer ganz ausgezeichnet finde.« Hitler hatte mir in Gegenwart des intrigierenden Bormann zu einem Prestigeerfolg über Goebbels verholfen. Beide wußten nach diesem Zwischenfall, daß ich nach wie vor in hohem Ansehen stand. Ich selbst dagegen durfte damit rechnen, daß er mich notfalls auch gegen seine engsten Vertrauten unterstützte.

Meine Rede, die am 5. Juni 1943 erstmals die beachtlichen Steigerungen in der Rüstung bekanntgab, wurde nach zwei Richtungen ein Mißerfolg. Von seiten der Parteihierarchie konnte ich hören: »Es geht also auch ohne einschneidende Opfer! Warum sollen wir dann das Volk mit Katastrophenmaßnahmen beunruhigen?«; Generalität und Front dagegen bezweifelten bei jeder Versorgungsschwierigkeit mit Munition oder Waffen die Richtigkeit meiner Angaben.

Die sowjetische Winteroffensive hatte sich festgelaufen. Unsere erhöhte Produktion hatte nicht nur dazu beigetragen, im Osten die Frontlücken zu schließen; die neuen Waffenlieferungen ermöglichten Hitler trotz der Materialverluste des Winters die Vorbereitung einer Offensive: ein Bogen bei Kursk sollte abgeschnitten werden. Der Beginn dieser Operation, unter dem Decknamen »Unternehmen Zitadelle« vorbereitet, wurde immer wieder hinausgeschoben, weil Hitler Gewicht auf den Einsatz der neuen Panzer setzte. Vor allem von einem von Professor Porsche konstruierten Typ mit Elektroantrieb erwartete er Wunder.

Bei einem einfachen Abendessen in einem bäuerlich möblierten Hinterstübchen der Reichskanzlei hörte ich zufällig von Sepp Dietrich, Hitler wolle einen Befehl ausgeben, diesmal keine Gefangenen zu machen. Denn man habe bei Vorstößen von SS-Verbänden festgestellt, daß die sowjetischen Truppen Gefangene ermordet hätten. Spontan hatte Hitler daraufhin tausendfache blutige Vergeltung angekündigt.

Ich war bestürzt, zugleich aber auch alarmiert, wie wir uns hier selber schädigten. Hitler rechnete mit Hunderttausenden an Gefangenen, seit Monaten versuchten wir vergeblich, eine ebenso große Lücke im Angebot an Arbeitskräften zu schließen. Daher machte ich Hitler gegenüber bei nächster Gelegenheit Bedenken gegen diesen Befehl geltend. Es war nicht schwierig, ihn umzustimmen, eher schien er erleichtert, seine Zusage an die SS zurückziehen zu können. Noch am gleichen Tag, dem 8. Juli 1943, ließ er Keitel eine Weisung ausfertigen, daß alle Gefangenen der Rüstungsproduktion zuzuleiten seien[1].

Die Auseinandersetzung über die Behandlung der Gefangenen erwies sich als überflüssig. Die Offensive begann am 5. Juli, aber trotz des massierten Einsatzes unserer modernsten Waffen gelang es nicht, einen Kessel zu bilden; die Zuversicht Hitlers hatte getrogen. Nach zweiwöchigen Kämpfen gab er auf. Dieser Mißerfolg war ein Zeichen dafür, daß nun auch in der günstigen Jahreszeit der sowjetische Gegner das Gesetz des Handelns bestimmte.

Der Generalstab des Heeres hatte schon nach der zweiten Winterkatastrophe, nach Stalingrad, auf den Bau einer weit zurückliegenden Auffangstellung gedrängt, ohne allerdings Hitlers Zustimmung zu finden. Nun, nach der mißglückten Offensive, war jedoch auch Hitler bereit, zwanzig bis fünfundzwanzig Kilometer hinter der Hauptkampflinie, Defensivstellungen vorzubereiten[2]. Der Generalstab schlug demgegenüber als feste Linie das westliche Dnjepr-Ufer vor, das mit seinem etwa fünfzig Meter höheren Steilhang die gegenüberliegende Ebene beherrschte. Dort wäre voraussichtlich auch noch hinreichend Zeit für den Ausbau einer Verteidigungslinie gewesen, denn der Dnjepr befand sich noch über zweihundert Kilometer hinter der Kampflinie. Hitler jedoch lehnte rundweg ab. Während er die deutschen Soldaten während seiner erfolgreichen Feldzüge als die besten der Welt zu rühmen pflegte, meinte er nun: »Ein rückwärtiger Stellungsbau ist aus psychologischen Gründen nicht möglich. Wenn der Truppe bekannt wird, daß sich vielleicht hundert Kilometer hinter der Kampflinie eine ausgebaute Stellung befindet, kann niemand sie zum Kämpfen bewegen. Bei erster Gelegenheit fluten sie widerstandslos zurück[3].«

Als auf Befehl Mansteins und mit stillem Einverständnis von Zeitzler die Organisation Todt trotz dieses Verbotes im Dezember 1943 am Bug eine Stellung ausbaute, erfuhr es Hitler durch meinen Stellvertreter Dorsch. Wiederum waren die sowjetischen Armeen noch 150–200 Kilometer östlich dieses Flusses. Und wiederum befahl Hitler in ungewöhnlich scharfer Form, mit genau der gleichen Begründung wie ein halbes Jahr zuvor, die Arbeiten sofort einzustellen[4]. In diesem rückwärtigen Stellungsbau, glaubte er, wie er erregt äußerte, gleichzeitig einen neuen Beweis für die defätistische Einstellung von Manstein und seiner Heeresgruppe gefunden zu haben.

Die Starrköpfigkeit Hitlers machte es den sowjetischen Truppen leichter, unsere Armeen in andauernder Bewegung zu halten. Denn in Rußland war bei gefrorenem Boden ab November an ein Eingraben nicht mehr zu denken. Diese Frist aber war vertan. Die Soldaten waren der Witterung schutzlos preisgegeben; die schlechte Qualität unserer Winterausrüstung benachteiligte die deutschen Truppen zusätzlich gegenüber dem winterfest versorgten Feind.

Nicht nur diese Verhaltensweisen deuteten an, daß Hitler sich weigerte, die Wende anzuerkennen: Im Frühjahr 1943 hatte er den Bau einer fünf Kilometer langen Straßen- und Eisenbahnbrücke über die Meerenge von Kertsch verlangt, obwohl wir dort längst eine Seilbahn im Bau hatten, die am 14. Juni mit einer Tagesleistung von tausend Tonnen in Betrieb gesetzt wurde. Diese Nachschubmenge reichte knapp für die defensiven Bedürfnisse der 17. Armee aus. Aber Hitler hatte seinen Plan, über den Kaukasus nach Persien vorzustoßen, nicht aufgegeben; er begründete seinen Befehl ausdrücklich mit der Notwendigkeit, über diese Brücke dem Kuban-Brückenkopf Material und Truppen für eine Offensive nachschieben zu können[5]. Seine Generale dagegen dachten längst nicht mehr daran. Bei einem Besuch des Kubanbrückenkopfes äußerten sämtliche Frontgenerale ihre Besorgnis, ob sie angesichts der Stärke des Gegners überhaupt noch die Stellungen halten könnten. Als ich Hitler diese Befürchtungen wiedergab, meinte er wegwerfend: »Nur leere Ausflüchte! Jänicke fehlt ebenso wie dem Generalstab der Glaube an eine neue Offensive.«

Wenig später, im Sommer 1943, mußte General Jänicke, der Befehlshaber der 17. Armee, durch Zeitzler den Rückzug aus dem exponierten Kuban-Brückenkopf beantragen. Auf der Krim wollte er sich in einer günstigeren Position auf die zu erwartende sowjetische Winteroffensive einstellen. Hitler dagegen verlangte mit noch größerer Hartnäckigkeit als bisher, den beschleunigten Bau der Brücke für seine offensiven Absichten. Schon damals war klar, daß die Brücke niemals fertigwerden würde. Am 4. September begannen die letzten deutschen Einheiten Hitlers Brückenkopf auf dem asiatischen Kontinent zu räumen.

Genauso wie wir in Görings Haus eine Überwindung der politischen Führungskrise besprochen hatten, diskutierten Guderian, Zeitzler, Fromm und ich die militärische Führungskrise. Im Sommer 1943 bat mich Generaloberst Guderian, Generalinspekteur der Panzertruppe, ihn zu einer privaten Aussprache mit Zeitzler, dem Generalstabschef des Heeres, zusammenzubringen. Zwischen beiden bestanden Mißstimmungen, die aus ungeklärten Zuständigkeiten herrührten. Da ich zu beiden Generalen ein nahezu freundschaftliches Verhältnis hatte, lag meine Vermittlerrolle nahe. Es stellte sich jedoch heraus, daß Guderian mit der Zusammenkunft weitergehende Absichten verband. Er wollte eine gemeinsame Taktik in der Frage eines neuen Oberbefehlshabers des Heeres absprechen. Wir trafen uns in meiner Wohnung auf dem Obersalzberg.

Die Gegensätze zwischen Zeitzler und Guderian wurden schnell unwichtig; das Gespräch konzentrierte sich auf die Situation, die dadurch entstanden war, daß Hitler den Oberbefehl über das Heer zwar übernommen hatte, ihn aber nicht ausübte: die Interessen des Heeres müßten den zwei Wehrmachtsteilen und der SS gegenüber energischer vertreten werden, meinte Zeitzler, Hitler als über allen Wehrmachtsteilen stehender Oberbefehlshaber der Wehrmacht aber unparteiisch bleiben. Ein Oberbefehlshaber sei verpflichtet, ergänzte Guderian, engen persönlichen Kontakt zu den Armeeführern zu halten, sich für die Bedürfnisse seiner Truppe einzusetzen und auch grundsätzliche Nachschubfragen zu entscheiden. Zu solch praktischer Interessenvertretung, darüber waren beide sich einig, hätte Hitler weder Zeit noch Neigung. Er setze Generale ein und ab, die er kaum kenne. Nur ein Oberbefehlshaber, der mit seinen höheren Offizieren persönlich verkehre, könne auch Personalpolitik betreiben. Das Heer wüßte aber, so meinte Guderian, daß Hitler seinen beiden Oberbefehlshabern der Luftwaffe und der Marine sowie Himmler die Personalpolitik fast uneingeschränkt überlasse. Nur beim Heer sei das anders.

Jeder von uns wollte versuchen, Hitler auf die Ernennung eines neuen Oberbefehlshabers des Heeres anzusprechen. Bereits erste Andeutungen, die Guderian und ich, getrennt voneinander, bei Hitler machten, scheiterten jedoch an der ungewöhnlich schroffen Ablehnung eines offensichtlich beleidigten Hitler. Ich wußte nicht, daß unmittelbar zuvor die Feldmarschälle v. Kluge und v. Manstein einen Vorstoß in gleicher Richtung unternommen hatten. Hitler mußte eine Verabredung vermuten.

Die Periode, in der mir Hitler alle meine personellen und organisatorischen Wünsche bereitwillig erfüllte, war längst vorbei. Das Dreiergremium Bormann, Lammers und Keitel versuchte, eine weitere Ausdehnung meiner Macht, selbst wenn sie aus Gründen der Rüstungssteigerung sinnvoll gewesen wäre, zu verhindern. Dem gemeinsamen Vorstoß von Dönitz und mir, die Marinerüstung zu übernehmen, konnten sie allerdings keine überzeugenden Argumente entgegensetzen.

Dönitz hatte ich gleich nach meinem Amtsantritt im Juni 1942 kennengelernt. Der damalige Befehlshaber der U-Boote empfing mich in Paris in einem einfachen, für damalige Begriffe ultramodernen Appartmenthaus. Die schlichten Verhältnisse wirkten auf mich um so sympathischer, als ich von einem opulenten Mittagsmahl mit vielen Gängen und kostbaren Weinen kam, das Feldmarschall Sperrle, Befehlshaber der in Frankreich stationierten Luftstreitkräfte, gegeben hatte. Sein Hauptquartier hatte er im Palais Luxembourg eingerichtet, im ehemaligen Schloß der Maria von Medici. In seinem Bedürfnis nach Luxus und Repräsentation stand der Feldmarschall seinem Oberbefehlshaber Göring so wenig nach wie in seiner Leibesfülle.

Die gemeinsamen Aufgaben beim Bau der großen U-Boot-Bunker am Atlantik führten Dönitz und mich während der nächsten Monate zusammen. Raeder, Oberbefehlshaber der Marine, schien das nicht gern zu sehen; kurzerhand untersagte er Dönitz, technische Fragen mit mir direkt zu besprechen.

Ende Dezember 1942 kündigte mir der erfolgreiche U-Boot-Kapitän Schütze ernsthafte Zwistigkeiten zwischen der Berliner Marineleitung und Dönitz an. Die U-Boot-Waffe habe Anzeichen dafür, daß ihr Befehlshaber in naher Zukunft abgelöst werden solle. Einige Tage danach hörte ich von

Staatssekretär Naumann, daß der Marinezensor im Propagandaministerium auf den Pressefotos von einer Besichtigungsreise, die Raeder und Dönitz gemeinsam unternommen hatten, den Namen Dönitz auf allen Bildunterschriften gestrichen habe.

Als ich Anfang Januar im Hauptquartier war, erregte sich Hitler über ausländische Pressemeldungen von einem Seegefecht, über das die Marineleitung ihn nicht ausführlich informiert hatte[6]. Wie von ungefähr lenkte er in unserer nachfolgenden Besprechung das Gespräch auf die Möglichkeiten einer Rationalisierung des U-Boot-Baues, interessierte sich aber bald mehr für meine unbefriedigende Zusammenarbeit mit Raeder. Ich berichtete ihm von dem Verbot, mit Dönitz technische Fragen zu besprechen, von den Befürchtungen der U-Boot-Offiziere um ihren Befehlshaber und von der Zensur der Fotounterschriften. Immerhin hatte ich an Bormann beobachtet, daß nur ein vorsichtig erwecktes Mißtrauen bei Hitler Wirkung tat. Jeder direkte Beeinflussungsversuch war dagegen aussichtslos, da er keine Entscheidung akzeptierte, von der er glaubte, sie sei ihm aufgedrängt worden. Daher ließ ich durchblicken, daß durch Dönitz alle Hemmnisse beseitigt werden könnten, die unseren U-Boot-Plänen entgegenstünden. Tatsächlich wollte ich erreichen, daß Raeder abgelöst würde. Angesichts der Zähigkeit, mit der Hitler an alten Mitarbeitern festzuhalten pflegte, machte ich mir keine übertriebenen Hoffnungen.

Am 30. Januar wurde Dönitz zum Großadmiral ernannt und gleichzeitig Oberbefehlshaber der Kriegsmarine, während Raeder Admiralinspekteur der Marine wurde, was ihm lediglich das Anrecht auf ein Staatsbegräbnis sicherte.

Dönitz verstand es, durch fachmännische Entschiedenheit und technische Argumentation bis zum Ende des Krieges die Marine vor der Sprunghaftigkeit Hitlers zu bewahren. Ich traf mich nun häufig mit ihm, um die Probleme des U-Boot-Baus zu besprechen; allerdings begann diese enge Zusammenarbeit mit einem Mißklang. Ohne meinen Rat einzuholen, stufte Hitler nach einem Vortrag von Dönitz, Mitte April die gesamte Marinerüstung in die höchste Dringlichkeitsstufe ein, nachdem er drei Monate zuvor, am 22. Januar 1943, das wesentlich erweiterte Panzerprogramm als die dringlichste Aufgabe bezeichnet hatte. Natürlich mußten sich beide Programme Konkurrenz machen. Es war nicht notwendig, daß ich bei Hitler vorstellig wurde; Dönitz hatte, bevor es zu einer Kontroverse kam, bereits eingesehen, daß eine Zusammenarbeit mit dem mächtigen Apparat der Heeresrüstung ihm größere Vorteile bringen werde als Hitlers Zusagen. Wir stimmten bald überein, die Marinerüstung meiner Organisation zu übertragen. Ich übernahm dabei die Garantie, das von Dönitz geforderte Flottenprogramm durchzuführen: Statt der bisherigen Höchstproduktion von zwanzig Booten eines kleineren Typs mit zusammen 16 000 Verdrängungstonnen im Monat, sollten künftig vierzig U-Boote mit einer Wasserverdrängung von insgesamt über 50 000 Tonnen hergestellt werden. Überdies wurde verabredet, auch die Zahl der Minenräumboote und der Schnellboote zu verdoppeln.

Nur durch einen neuen U-Boot-Typ könne vermieden werden, daß der U-Boot-Krieg völlig zum Erliegen komme, erklärte mir Dönitz. Die Marine wolle von dem bisherigen »Überwasserschiff«, das gelegentlich unter Wasser fahre, abgehen, sich allseitig der günstigsten Stromlinie angleichen, durch Verdopplung der elektrischen Antriebe und einer Vervielfachung der in Akkumulatoren aufgespeicherten Energie dem Boot eine bedeutend schnellere Unterwassergeschwindigkeit sowie einen größeren Unterwasserradius geben.

Wie immer in solchen Fällen, war es das Wichtigste, für diese Aufgabe einen geeigneten Leiter zu finden. Ein Schwabe, Otto Merker, der sich bis dahin ausgerechnet im Bau von Feuerwehrautos bewährt hatte, wurde von mir ausgewählt: eine Herausforderung für alle Schiffsbau-Ingenieure. Am 5. Juli 1943 stellte Merker der Marineleitung sein neues Bausystem vor. Wie bei der Serienfertigung der Kayser-Schiffe in den Vereinigten Staaten, sollten die U-Boote in Sektoren zerlegt, mit allen maschinellen und elektrischen Einrichtungen im Innern des Landes fertig montiert, sodann auf dem Land- oder Wasserweg transportiert und dort in kurzer Zeit zusammengefügt werden. Damit waren die Werften, die jeder Erweiterung des Flottenbau-Programmes im Wege standen, umgangen[7]. Nahezu gerührt erklärte Dönitz am Schluß dieser Sitzung: »Damit fangen wir ein neues Leben an.«

Zunächst hatten wir aber nichts als eine genaue Vorstellung, wie die neuen U-Boote aussehen sollten. Um sie zu entwerfen und im Detail festzulegen, wurde eine Entwicklungskommission gegründet, deren Vorsitz nicht, wie das der Übung entsprach, ein führender Ingenieur, sondern Admiral Topp erhielt, der zu diesem Zweck von Dönitz abgestellt wurde, ohne daß wir die damit aufgeworfenen komplizierten Zuständigkeitsfragen zu klären versuchten. Die Zusammenarbeit zwischen ihm und Merker war ebenso reibungslos, wie die zwischen Dönitz und mir.

Knapp vier Monate nach der ersten Sitzung der Schiffbaukommission, am 11. November 1943, waren alle Zeichnungen fertiggestellt; einen Monat später konnten Dönitz und ich ein auch von innen begehbares Holzmodell des großen neuen 1600 Tonnen-U-Bootes besichtigen. Schon während der Entstehung der Konstruktionszeichnungen wurden vom Hauptausschuß Schiffbau Aufträge an die Industrie vergeben; ein Verfahren, das wir bei der Herstellung der neuen Panther-Panzer bereits mit Erfolg angewendet hatten. Nur dadurch war es möglich, daß 1944 der Marine die ersten seetüchtigen U-Boote des neuen Typs zur Erprobung abgeliefert werden konnten. Unser Versprechen, monatlich vierzig Boote zu liefern, hätten wir in den ersten Monaten des Jahres 1945 trotz der inzwischen katastrophalen Umstände erreicht, wenn nicht durch die Fliegerangriffe ein Drittel der Boote auf den Werften zerstört worden wäre[8].

Dönitz und ich haben uns damals oft gefragt, was uns daran gehindert hat, den neuen U-Boot-Typ nicht schon bedeutend früher zu bauen. Denn keine technischen Neuerungen wurden verwendet, die Konstruktionsprinzipien waren schon seit Jahren bekannt. Mit den neuen Booten, das versicherten die Fachleute, hätte eine neue Erfolgsserie im U-Boot-Krieg begonnen; das bestätigte auch die amerikanische Kriegsmarine nach dem Kriege, als sie den neuen Typ in ihr Bauprogramm übernahm.

Drei Tage, nachdem ich mit Dönitz unseren Gemeinschaftserlaß über das neue Marineprogramm unterzeichnet hatte, am 26. Juli 1943, holte ich mir von Hitler die Zusage, daß die gesamte Produktion meinem Ministerium unterstellt würde. Aus taktischen Gründen hatte ich diese Forderung mit den Belastungen begründet, die soeben durch das Marineprogramm und andere von Hitler geforderte Aufgaben entstanden waren. Durch die Umwandlung großer Betriebe der Konsumgüterindustrie in solche der Rüstung sollten, so legte ich Hitler dar, nicht nur 500 000 deutsche Arbeiter, sondern auch deren Führungsstäbe und die Fabrikeinrichtungen als Einheiten dringenden Programmen zugeführt werden. Die meisten Gauleiter stellten sich indessen gegen solche Umstellungen. Das Wirtschaftsministerium hatte sich als zu schwach erwiesen, sich gegen sie durchzusetzen – ich war es, vorweg gesagt, auch, wie ich bald einsehen mußte.

Nach einem ungewöhnlich langwierigen Umlaufverfahren, in dem alle beteiligten Reichsminister und die zuständigen Behörden des Vierjahresplans aufgefordert worden waren, ihre Bedenken einzureichen, rief Lammers am 26. August die Minister zu einer Sitzung im Reichskabinettssaal zusammen. Dank der Großzügigkeit von Funk, der auf dieser Sitzung »mit Geist und Humor seine eigene Grabrede hielt«, wurde Einstimmigkeit darüber erzielt, daß meinem Ministerium künftig die gesamte Kriegsproduktion unterstellt sei. Wohl oder übel mußte Lammers versprechen, Hitler über Bormann dieses Ergebnis mitzuteilen. Einige Tage danach fuhren Funk und ich gemeinsam ins Führerhauptquartier, um Hitlers endgültige Zusage zu erhalten.

Groß war jedoch mein Erstaunen, als Hitler nun, in Funks Gegenwart, meine Erläuterungen zu dem Gesetz unterbrach und mir verärgert mitteilte, daß er dessen weitere Erörterung ablehnen müsse. Gerade vor einigen Stunden habe Bormann ihn warnend darauf hingewiesen, daß ich ihn heute zu einer Unterschrift verleiten wolle, die weder mit Reichsminister Lammers, noch mit dem Reichsmarschall besprochen worden sei. Er verbitte sich, auf diese Weise in unsere Rivalitäten hineingezogen zu werden. Als ich ihn darüber aufklären wollte, daß Lammers als Reichsminister, wie das auch seinem Amt entsprach, das Einverständnis von Görings Staatssekretär im Vierjahresplan herbeigeführt habe, wies er mich erneut in ungewohnt kurzer Weise ab: »Ich bin froh, daß ich wenigstens in Bormann einen getreuen

Eckehart habe«. Deutlich war herauszuhören, daß er mir die Absicht unterschob, ihn hintergehen zu wollen.

Funk unterrichtete Lammers von dem Geschehen; dann fuhren wir Göring entgegen, der mit seinem Salonwagen von seinem Jagdgebiet, der Rominter Heide, auf dem Weg zum Hauptquartier Hitlers war. Zunächst zeigte sich auch Göring ungehalten; auch er war zweifellos einseitig unterrichtet und vor uns gewarnt worden. Der liebenswürdigen Beredsamkeit Funks gelang es jedoch schließlich, das Eis zu brechen und Punkt für Punkt unseres Gesetzes durchzugehen. Göring zeigte sich mit allem einverstanden, nachdem der Satz eingefügt worden war: »Die Befugnisse des Reichsmarschalls des Großdeutschen Reiches als Beauftragten für den Vierjahresplan bleiben unberührt.« Eine in der Praxis unwichtige Einschränkung, zumal die meisten wichtigen Bereiche des Vierjahresplans ohnehin über die Zentrale Planung von mir dirigiert wurden.

Als Zeichen seines Einverständnisses signierte Göring unseren Entwurf und Lammers erklärte durch Fernschreiben, daß keine Bedenken mehr bestünden. Danach war auch Hitler bereit, den Entwurf abzuzeichnen, der ihm einige Tage später, am 2. September, zur Unterschrift vorgelegt wurde. Von einem Reichsminister für Bewaffnung und Munition war ich zum »Reichsminister für Rüstung und Kriegsproduktion« oder, wie wir es nannten, vom BUM zum RUK geworden.

Bormanns Intrige war gescheitert. Ich wurde bei Hitler nicht vorstellig; stattdessen überließ ich es ihm, sich Gedanken darüber zu machen, ob Bormann ihm in diesem Fall tatsächlich treu ergeben gedient hatte. Nach meinen Erfahrungen war es klüger, Bormanns Manöver nicht bloßzulegen und Hitler die Verlegenheit zu ersparen.

Diese offenen oder versteckten Widerstände gegen die Erweiterung meines Ministeriums waren offenkundig auf den alarmierten Bormann zurückzuführen. Bormann mußte erkennen, daß ich mich außerhalb seines Machtbereichs bewegte, und immer mehr Macht anhäufte. Überdies hatte meine Arbeit mir kameradschaftliche Kontakte zur Führung der Armee vermittelt: zu Guderian, Zeitzler und Fromm, zu Milch und nun zu Dönitz. Auch in der engeren Umgebung Hitlers standen mir gerade diejenigen nahe, die Bormann ablehnten: Hitlers Heeresadjutant, General Engel, sein Luftwaffenadjutant, General von Below, und nicht zuletzt Hitlers Wehrmachtsadjutant, General Schmundt. Außerdem war Hitlers Begleitarzt, Dr. Karl Brandt, den Bormann ebenfalls für einen persönlichen Widersacher hielt, eng mit mir verbunden.

Eines Abends, als ich mit Schmundt einige Steinhäger getrunken hatte, behauptete er, ich sei die große Hoffnung des Heeres. Überall, wo er hinkäme, brächten die Generale mir größtes Vertrauen entgegen, während sie über Göring nur abfällig urteilten. Etwas pathetisch schloß er: »Auf das Heer können Sie sich immer verlassen, Herr Speer, es steht hinter Ihnen.« Ich habe nie begriffen, was Schmundt mit dieser auffallenden Bemerkung be-

Hitler lehnte den Wunsch seiner Ärzte auf ausgedehnte Spaziergänge entschieden ab. Immer dieselbe kleine Rundstrecke von kaum 100 m innerhalb des Sperrkreises I war sein täglicher Auslauf im Hauptquartier.

Bei diesen Spaziergängen galt Hitlers Interesse meist nicht seinem Begleiter, sondern seinem Schäferhund Blondi, den er zu dressieren versuchte.

Hitler scheute sich meist, seinen alten Paladinen die Meinung ins Gesicht zu sagen. So beauftragte er mich einmal, zu Göring in die abgelegene Rominter Heide zu fahren und ihm etwas Unangenehmes mitzuteilen. Göring mußte meinen Auftrag ahnen, denn er behandelte mich, gegen seine sonstige Gewohnheit, als einen hochbegehrten Gast, ließ Wagen und Pferde zu einer stundenlangen Rundfahrt durch das ausgedehnte Jagdgebiet anschirren und erzählte mir ohne Ende nette Harmlosigkeiten, so daß ich es nicht fertigbrachte, diese gastfreundliche Atmosphäre und gewinnende Herzlichkeit gewaltsam zu stören. Ich kehrte unverrichteter Dinge zu Hitler zurück, der für meine ausweichende Haltung Verständnis zeigte.

Die Fachleute der Panzerwaffe trafen sich oft zur Besichtigung und Erprobung neuer Typen auf Erprobungsplätzen. Guderian, der Generalinspekteur der Panzertruppe, war regelmäßig anwesend und verwickelte sich in Diskussionen mit Professor Porsche, dem Leiter der deutschen Panzerentwicklung. Porsche war der Verfechter der überschweren Panzer, während Guderian für schnelle und leichte Konstruktionen eintrat.

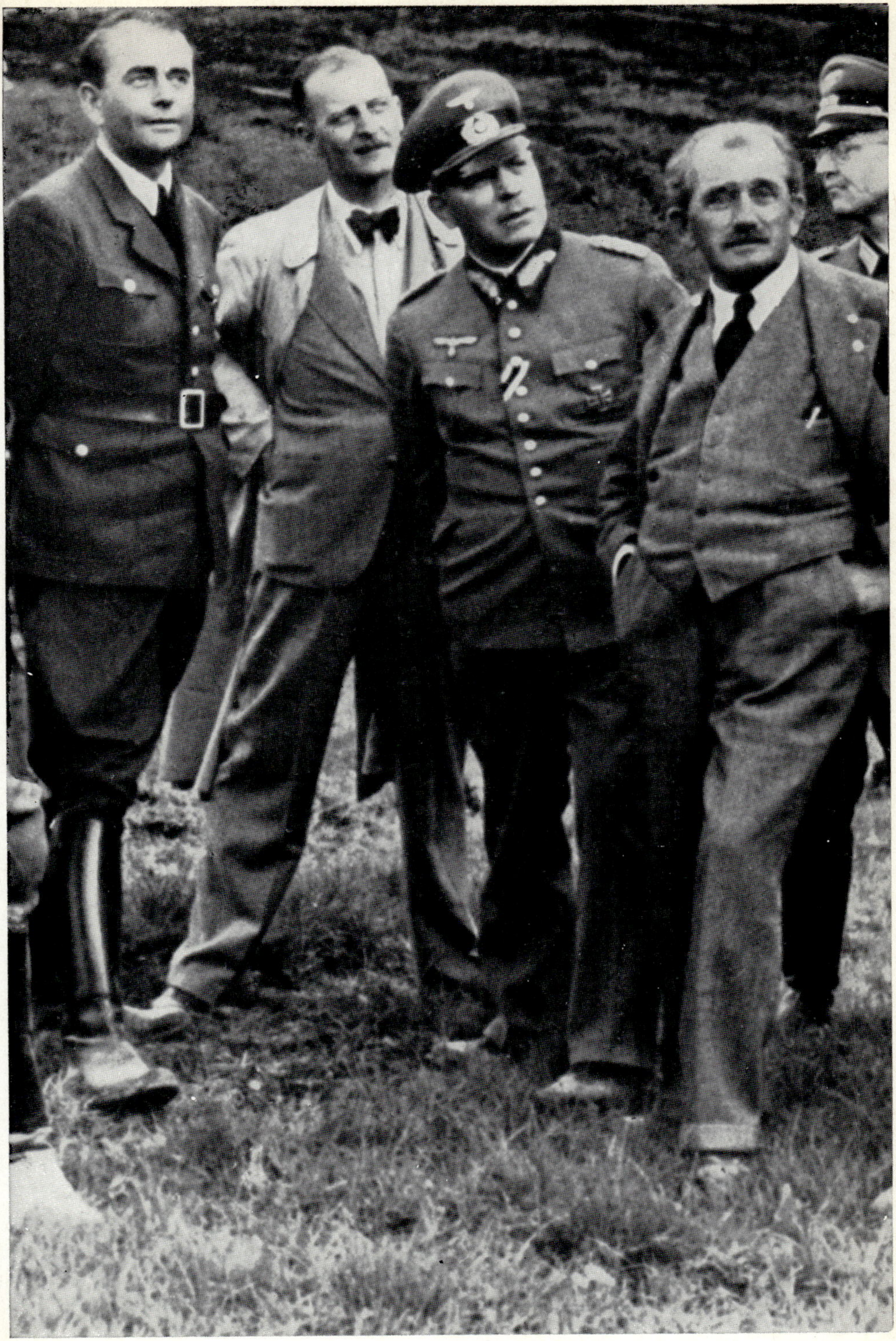

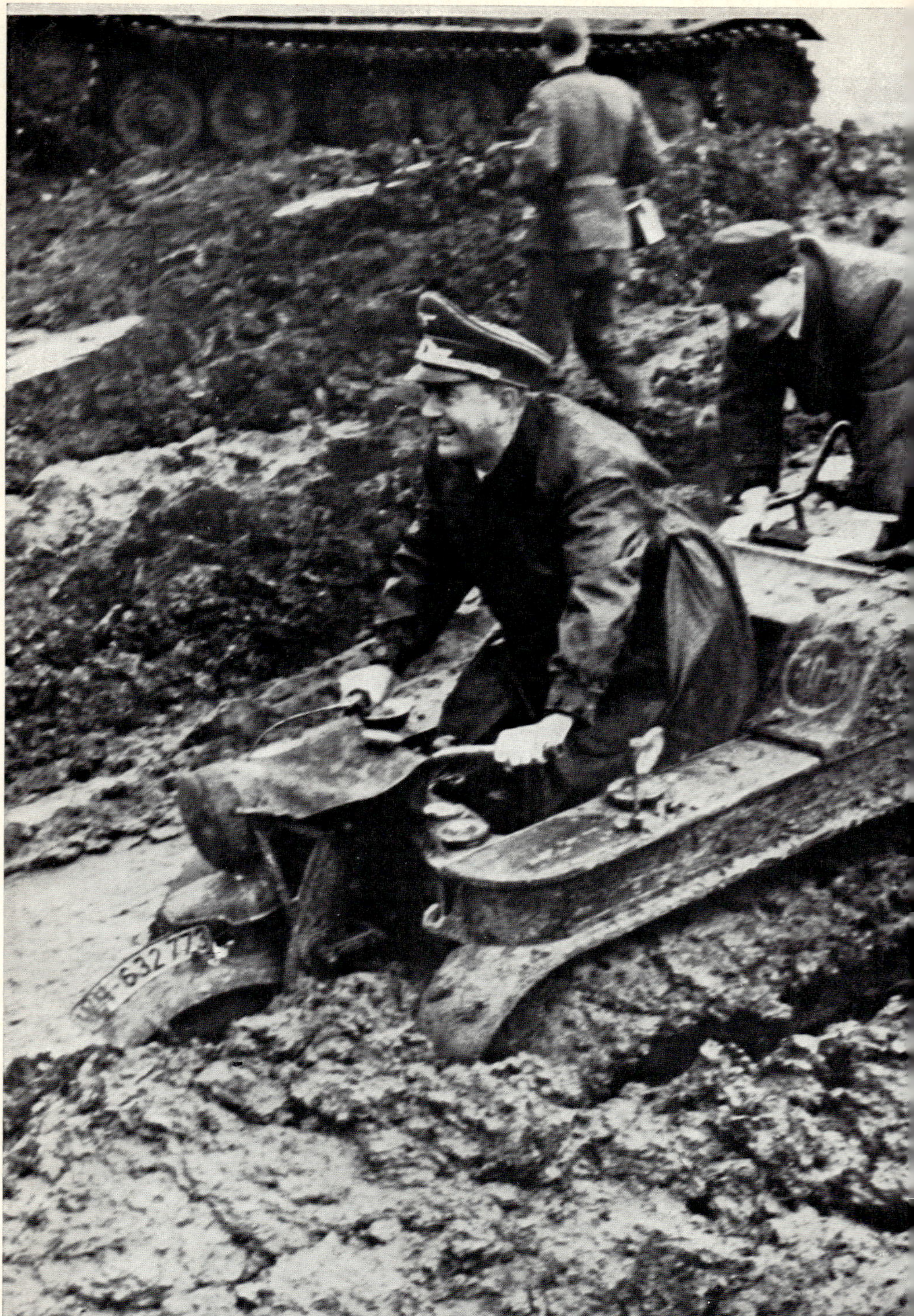
632 77

Ich wußte bereits von meiner Hochschulzeit, daß man eine Sache gründlich machen muß, wenn man alles verstehen will. Deshalb hatte ich mich 1942 besonders der Panzerwaffe angenommen, an der ich das Einarbeiten in die vielen anderen Aufgaben erproben wollte. Das Heereswaffenamt hatte ein Kettenkraftrad entwickelt, das ich auf dem morastigen Boden eines Panzererprobungsgeländes in Thüringen auf seine Geländegängigkeit erprobte.

Neben Dönitz war ich Ende des Krieges der einzige, der alle Reisen regelmäßig mit dem eigenen Flugzeug zurücklegen konnte; meine Ministerkollegen bekamen jetzt keine Sonderflugzeuge mehr.

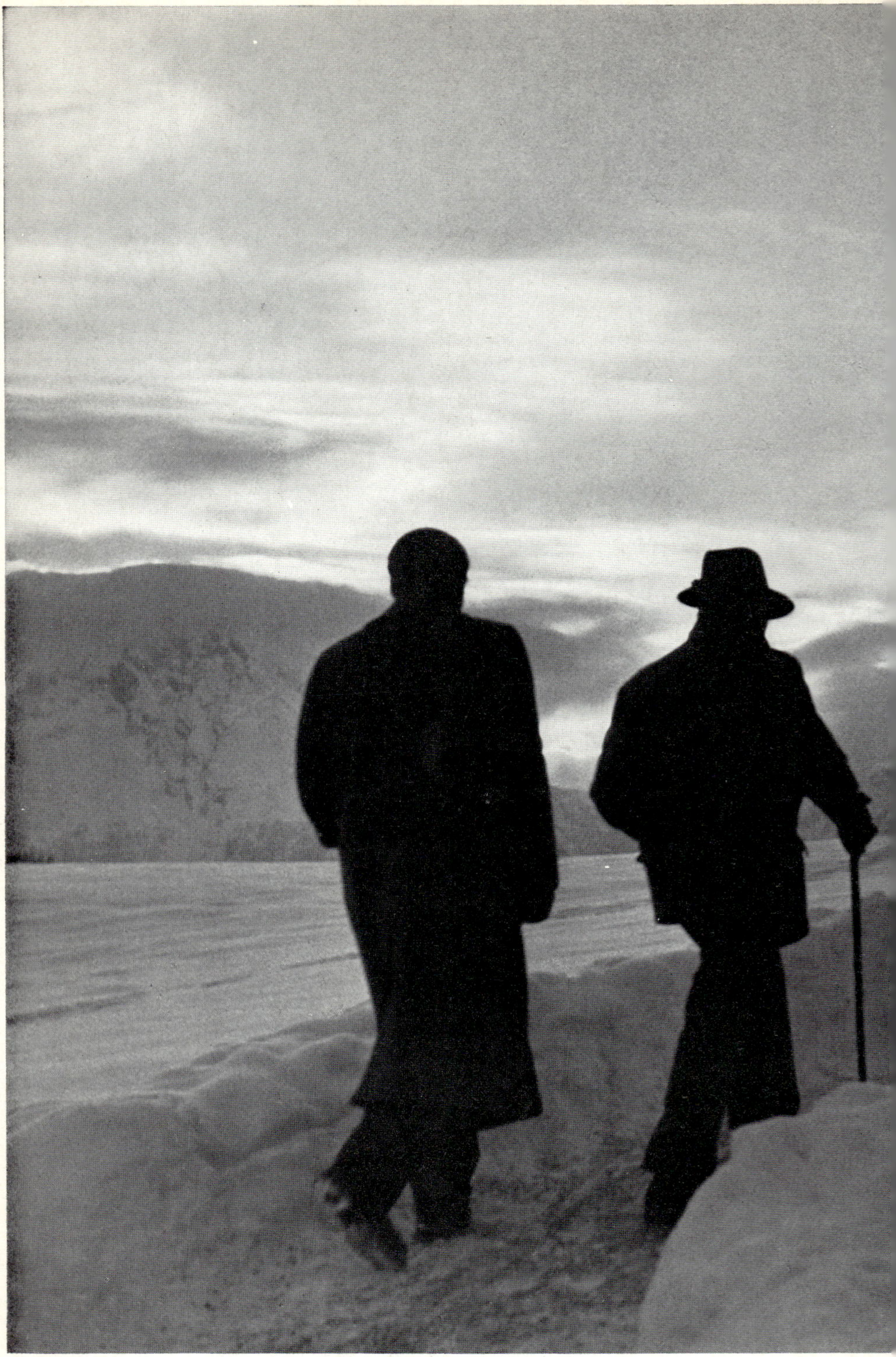

Hitler leitete seine Kriege oft monatelang vom Obersalzberg. Nach den Besprechungen wurde der tägliche Spaziergang in das Teehaus nicht vernachlässigt. Meist war er bei dieser Gelegenheit nicht gesprächig. Stumm gingen wir oft, jeder seinen eigenen Gedanken nachhängend, nebeneinander her.

Um Hitlers Respekt vor Fachleuten auszunutzen, nahm ich zu meinen Besprechungen möglichst viele Spezialisten aus der Industrie oder vom Heereswaffenamt mit. Hitler behandelte die Sitzungsteilnehmer mit großer Höflichkeit. Manchmal genehmigte er wortlos einen Vorschlag, dessen Aussichten gering erschienen; manchmal verweigerte er widerspenstig die Durchführung nebensächlicher Maßnahmen.

zweckte, aber ich vermute, er verwechselte das Heer mit den Generalen. Doch mußte ich annehmen, daß Schmundt ähnliche Äußerungen auch anderen gegenüber gemacht hatte; angesichts der Enge des Hauptquartiers konnten sie Bormann nicht verborgen geblieben sein.

In der gleichen Zeit, es mag etwa im Herbst 1943 gewesen sein, setzte Hitler mich in einige Verlegenheit, als er vor Beginn einer Lagebesprechung, in Gegenwart einiger Mitarbeiter, Himmler und mich mit »Ihr zwei Ebenbürtigen« begrüßte. Dem Reichsführer-SS konnte die Bemerkung, was immer Hitler mit ihr bezweckte, angesichts seiner unumstrittenen Machtposition kaum gefallen. Auch Zeitzler erzählte mir in diesen Wochen hocherfreut: »Der Führer ist glücklich über Sie! Er sagte neulich, er setze auf Sie die größten Hoffnungen! Nun sei nach Göring eine neue Sonne aufgegangen[9]!« Ich bat Zeitzler, diese Bemerkung für sich zu behalten. Da sie mir aber auch von anderen Personen des innersten Sperrkreises berichtet wurde, war sicher, daß auch Bormann von ihr Kenntnis bekommen hatte. Der mächtige Sekretär Hitlers mußte einsehen, daß es ihm nicht gelungen war, Hitler im Sommer dieses Jahres gegen mich aufzubringen; geradezu das Gegenteil war eingetreten.

Da Hitler mit solchen auszeichnenden Bemerkungen sparsam umging, wird Bormann diese Bedrohung ernstgenommen haben. Sie bedeutete für ihn eine erhöhte Gefahr, da ich nicht aus der ihm ergebenen Parteihierarchie hervorgegangen war. Von nun an behauptete er seinen engsten Mitarbeitern gegenüber, daß ich nicht nur ein Gegner der Partei sei, sondern geradezu die Nachfolge Hitlers anstrebte[10]. Er hatte mit dieser Vermutung nicht Unrecht. Ich erinnere mich, mit Milch einige Gespräche darüber gehabt zu haben.

Zweifellos war Hitler damals in Verlegenheit, wen er zu seinem Nachfolger auserwählen könnte: Görings Ruf war unterhöhlt, Hess hatte sich selbst ausgeschlossen, Schirach war durch die Umtriebe Bormanns gescheitert und Bormann, Himmler und Goebbels entsprachen nicht dem »musischen Typ«, den Hitler sich vorstellte. In mir hatte Hitler wahrscheinlich verwandte Züge entdeckt: Ich war für ihn ein begnadeter Künstler, der sich innerhalb kurzer Zeit in der politischen Hierarchie eine gewichtige Position erworben, und schließlich durch seine Rüstungsleistungen auch auf dem militärischen Gebiet besondere Fähigkeiten bewiesen hatte. Nur in der Außenpolitik, der vierten Domäne Hitlers, war ich nicht hervorgetreten. Möglicherweise war ich in seinen Augen ein erfolgreich in die Politik verschlagenes künstlerisches Genie und damit indirekt eine Bestätigung seines eigenen Lebenslaufes.

In vertrautem Kreise nannte ich Bormann stets »den Mann mit der Heckenschere«. Denn er war mit Energie, List und Brutalität darauf bedacht, niemanden hochkommen zu lassen. Von nun an setzte Bormann alles daran, meine Macht zu reduzieren. Ab Oktober 1943 bildeten die Gauleiter eine Front gegen mich, ein Jahr danach wollte ich zeitweise resigniert aus dem

Amt scheiden. Bis zum Ende des Krieges blieb dieser Kampf zwischen Bormann und mir unentschieden. Hitler hielt Bormann immer wieder zurück; er ließ mich nicht fallen, zeichnete mich sogar gelegentlich mit seiner Gunst aus, wandte sich dann aber auch wieder grob gegen mich. Meinen erfolgreichen Industrieapparat konnte Bormann mir nicht entwinden. Er war mit mir so eng verbunden, daß mein Sturz sein Ende und damit eine Gefährdung der Kriegsführung bedeutet hätte.

20. Kapitel

Bomben

Der Rausch der Anfangsmonate, in den der Aufbau der neuen Organisation, Erfolg und Anerkennung mich versetzten, war bald einer Zeit größter Sorgen und sich häufender Schwierigkeiten gewichen. Nicht nur das Arbeiterproblem, ungelöste Materialfragen und Hofintrigen schufen Besorgnisse. Die Bombenangriffe der britischen Luftstreitkräfte mit ihren ersten Auswirkungen auf die Produktion ließen mich Bormann, Sauckel und die Zentrale Planung zeitweilig vergessen. Gleichzeitig aber bildeten sie eine der Voraussetzungen für mein wachsendes Prestige. Denn wir produzierten trotz der entstandenen Ausfälle nicht weniger, sondern mehr.

Diese Angriffe trugen den Krieg bis in unsere Mitte. In den brennenden und verwüsteten Städten erlebten wir täglich die Unmittelbarkeit des Krieges, die uns zu äußerster Leistung anspornte.

Auch der Widerstandswille der Bevölkerung wurde durch die ihr auferlegten Strapazen nicht gebrochen; im Gegenteil hatte ich bei meinen Besuchen in Rüstungsbetrieben und Kontakten mit dem einfachen Mann eher den Eindruck einer wachsenden Verhärtung. Es ist möglich, daß der geschätzte Verlust von neun Prozent der Produktion[1] durch vermehrte Anstrengungen reichlich ausgeglichen wurde.

Die empfindlichste Einbuße entstand durch die umfangreichen Abwehrmaßnahmen. 10 000 Rohre schwerer Flak waren im Jahr 1943 im Reich oder auf westlichen Kriegsschauplätzen gegen den Himmel gerichtet[2]; sie hätten in Rußland gegen Panzer und andere Erdziele eingesetzt werden können. Ohne diese zweite Front, die Luftfront über der Heimat, hätte sich auch munitionsmäßig unsere Abwehrkraft gegen Panzer etwa verdoppelt. Sie band überdies Hunderttausende junger Soldaten. Ein Drittel der optischen Industrie arbeitete für die Zielgeräte der Flakbatterien, die Elektrotechnik war mit etwa der Hälfte ihrer Produktion für Funkmeß- und Nachrichtenanlagen der Bombenabwehr belegt. Daher war die Ausstattung unserer Fronttruppen mit modernen Geräten trotz des hohen Niveaus der deutschen Elektro- und optischen Industrie weit hinter der der westlichen Armeen zurückgeblieben[3].

Einen ersten Begriff von den Belastungen, die uns im Jahre 1943 erwarteten, bekamen wir bereits in der Nacht vom 30. auf 31. Mai 1942, als die Engländer unter Zusammenfassung aller ihrer Kräfte mit 1046 Bombern einen Angriff auf Köln flogen.

Zufällig waren Milch und ich am Morgen nach dem Angriff zu Göring bestellt, der diesmal nicht in Karinhall, sondern auf der Burg Veldenstein in der Fränkischen Schweiz residierte. Wir fanden einen schlecht gelaunten Reichsmarschall vor, der die Meldungen über den Kölner Bombenangriff nicht wahrhaben wollte: »Unmöglich, soviel Bomben können gar nicht in einer Nacht abgeworfen worden sein«, herrschte er seinen Adjutanten an. »Verbinden Sie mich mit dem Kölner Gauleiter.« Es entwickelte sich in unserem Beisein ein absurdes Telefongespräch: »Der Bericht Ihres Polizeipräsidenten ist erstunken und erlogen!« Der Gauleiter schien zu widersprechen. »Ich sage Ihnen als Reichsmarschall, daß die angegebenen Zahlen einfach zu hoch sind. Wie können Sie dem Führer solche Phantastereien melden!« Der Gauleiter, am anderen Ende des Telefons, beharrte sichtlich auf seinen Zahlen: »Wie wollen Sie die Brandbomben zählen? Das sind doch nur Schätzungen! Ich sage Ihnen noch einmal, sie sind um ein Vielfaches zu hoch. Alles falsch! Berichtigen Sie beim Führer sofort Ihre Zahlen! Oder wollen Sie vielleicht sagen, daß ich lüge? Ich habe beim Führer meinen Bericht mit den richtigen Zahlen abgegeben. Dabei bleibt es!«

Als ob nichts vorgefallen sei, zeigte uns Göring anschließend noch sein Haus, ehemals Wohnsitz seiner Eltern. Wie im tiefsten Frieden ließ er Baupläne herbeibringen, erklärte uns, welch großartiger Burgbau das schlichte Biedermeierhaus seiner Eltern im Hof der alten Ruine verdrängen müsse. Fürs erste wollte er aber gleich einen sicheren Bunker bauen lassen. Auch dafür waren die Pläne schon vorhanden.

Drei Tage später war ich im Hauptquartier. Die Aufregung wegen des Fliegerangriffes auf Köln hatte sich noch nicht gelegt. Ich unterrichtete Hitler über das merkwürdige Telefongespräch zwischen Göring und Gauleiter Grohé. Natürlich nahm ich an, daß Görings Unterlagen authentischer sein müßten, als die des Gauleiters. Hitler hatte sich jedoch schon seine Meinung gebildet. Er legte Göring die Meldungen der gegnerischen Presse über die hohe Zahl der eingesetzten Flugzeuge und die dabei abgeworfene Bombenmenge vor; diese Angaben lagen noch über denen des Kölner Polizeipräsidenten[4]. Hitler war über Görings Verschleierungstaktik äußerst aufgebracht, hielt jedoch auch den Luftwaffenführungsstab teilweise für verantwortlich. Am nächsten Tag wurde Göring wie immer empfangen. Die Angelegenheit wurde nicht mehr erwähnt.

Bereits am 20. September 1942 hatte ich Hitler darauf aufmerksam gemacht, daß wir durch einen Ausfall der Panzerzulieferungen aus Friedrichshafen, sowie der Kugellagerproduktion von Schweinfurt in größte Schwierigkeiten geraten würden. Daraufhin ordnete Hitler erhöhten Flakschutz für diese zwei Städte an. Tatsächlich hätte man, wie ich frühzeitig erkannte, den Krieg schon im Jahre 1943 weitgehend entscheiden können, wenn man statt ausgedehnten, aber sinnlosen Flächenbombardierungen versucht hätte, Zentren der Rüstungsproduktion auszuschalten: am 11. April 1943 schlug ich Hitler vor, ein Fachgremium von Industriellen mit der Aufgabe zu betrauen, in der sowjetischen Energiewirtschaft die entscheidend wichtigen Angriffsziele auszusuchen. Vier Wochen später wurde jedoch nicht von uns, sondern von der britischen Luftwaffe der erste Versuch unternommen, durch Zerstörung eines einzigen Nervenzentrums der Kriegswirtschaft, gewissermaßen nach dem Prinzip der Querschnittlähmung, den Kriegsverlauf entscheidend zu beeinflussen. Wie man einen Motor durch Wegnahme eines kleinen Teils unbrauchbar machen kann, versuchten am 17. Mai 1943 nur neunzehn Bomber der RAF, durch Zerstörung der Talsperren des Ruhrgebietes das Zentrum unserer Rüstungsproduktion auszuschalten.

Die mir in den ersten Morgenstunden überreichte Meldung war überaus alarmierend. Die größte der Talsperren, die Möhnetalsperre, war zerstört und ausgelaufen. Über die drei anderen Sperren lagen noch keine Nachrichten vor. In der ersten Morgendämmerung landeten wir auf dem Flugplatz Werl, nachdem wir das Bild der Verwüstung von oben betrachtet hatten: Das am Fuß des gebrochenen Damms einst befindliche Kraftwerk war mit seinen schweren Maschinen wie wegradiert.

Eine Flutwelle hatte das Ruhrtal überschwemmt. Sie hatte, das war die unscheinbar anmutende, aber gravierende Folge, die elektrischen Aggregate der Pumpstationen des Ruhrtales durchnäßt und verschlammt, so daß die Industrie zum Stillstand gekommen und die Wasserversorgung der Bevölkerung gefährdet war. Der Bericht zur Lage, den ich bald darauf im Führerhauptquartier abgab, hinterließ, wie das Führerprotokoll festhält, »einen tiefen Eindruck beim Führer. Er behält die Unterlagen bei sich[5].«

Den Engländern war es bei diesem Angriff jedoch nicht gelungen, die drei anderen Talsperren zu zerstören, deren Ausfall die Wasserversorgung des Ruhrgebiets für die bevorstehenden Sommermonate fast völlig unterbunden hätte. Bei der größten von ihnen, der Sorpetalsperre, erzielten sie zwar einen Volltreffer mitten auf dem Damm, den ich noch am gleichen Tage besichtigte. Der Bombentrichter lag jedoch glücklicherweise um wenig höher als der Wasserspiegel. Nur einige Zentimeter tiefer – und aus einem kleinen Bach wäre schnell ein reißender Strom geworden, der den aus Erde und Felsbrocken aufgeschütteten Damm mit sich gerissen hätte[6]. Die Engländer standen in dieser Nacht bei einem Einsatz von wenigen Bombern vor einem Erfolg, der größer gewesen wäre, als sie ihn bis dahin, bei Tausenden von Bombereinsätzen, je erreicht hatten. Sie machten dabei nur einen, mir heute noch unverständlichen Fehler: sie teilten ihre Kräfte auf und zerstörten in der gleichen Nacht die siebzig Kilometer entfernte Edertalsperre, obwohl diese mit der Wasserversorgung der Ruhr nicht das geringste zu tun hatte[7].

Wenige Tage nach diesem Angriff arbeiteten bereits 7000 Mann, die ich vom Atlantikwall ins Gebiet von Möhne und Eder beordert hatte, an der Wiederherrichtung der Dämme. Noch rechtzeitig vor dem Beginn der Regenfälle, am 23. September 1943, konnte die zweiundzwanzig Meter tiefe und siebenundsiebzig Meter hohe Bresche im Möhnedamm geschlossen werden[8]. Infolgedessen gelang es, die Niederschläge des Spätherbstes und Winters 1943 für den Bedarf des nächsten Sommers zu sammeln. Bei unserem Wiederaufbau versäumte die britische Luftwaffe ihre zweite Chance: mit einigen Bomben hätten die exponierten Einrichtungen der Baustellen zum Einsturz gebracht, mit einigen Brandbomben die hölzernen Baugerüste in Flammen gesetzt werden können.

Nach diesen Erfahrungen fragte ich erneut, warum unsere Luftwaffe mit ihren inzwischen bescheidenen Mitteln keine ähnlichen Punktangriffe flog, deren Auswirkungen vernichtend sein konnten. Vierzehn Tage nach dem britischen Unternehmen, Ende Mai 1943, wiederholte ich bei Hitler meinen Vorschlag vom 11. April, einen Arbeitsstab zu bilden, der sich mit lohnenden Industriezielen beim Gegner beschäftigen sollte. Wie so oft zeigte sich Hitler jedoch unentschlossen: »Ich halte es für aussichtslos, den Generalstab der Luftwaffe zu überzeugen, daß Ihre Mitarbeiter aus der Industrie bei der Ausarbeitung von Angriffszielen auf Industriegebiete Ratschläge geben können. Auch ich habe General Jeschonnek schon mehrmals darauf aufmerksam gemacht. Aber«, so schloß er halb resigniert, »sprechen Sie noch einmal mit ihm darüber.« Offensichtlich hatte Hitler nicht die Absicht, ein Machtwort zu sprechen; ihm fehlte der Sinn für die kriegsentscheidende Bedeutung derartiger Aktionen. Zweifellos hatte er schon einmal, in den Jahren 1939 bis 1941, seine Chance verschenkt, als er die Bombenangriffe auf Englands Städte richtete, statt sie mit dem U-Boot-Krieg zu koordinieren und beispielsweise vor allem diejenigen englischen Häfen anzugreifen, die durch das Geleitzugsystem ohnehin zeitweise über ihre Kapazität hinaus beansprucht wurden. Nun sah er die Chance wiederum nicht. Und auch die Engländer kopierten gedankenlos diese Unsinnigkeit – abgesehen von ihrem vereinzelten Angriff auf die Talsperren.

Trotz Hitlers Skepsis und meiner Einflußlosigkeit auf die Luftwaffen-Strategie fühlte ich mich nicht entmutigt. Einige Industrieexperten wurden von mir am 23. Juni zu einer Kommission vereinigt, um lohnende Angriffsziele zu studieren[9]. Unser erster Vorschlag richtete sich auf die englische Kohleindustrie, über deren Zentren, Standorte, Kapazitäten und so weiter lückenlose Veröffentlichungen der britischen Fachliteratur vorlagen. Jedoch kam dieser Vorschlag zwei Jahre zu spät: unsere Kräfte reichten dazu nicht mehr aus.

Erneut drängte sich angesichts unserer reduzierten Mittel ein lohnendes

Ziel geradezu auf: die russischen Elektrizitätswerke. Nach unseren Erfahrungen war in Rußland keine systematisch organisierte Luftabwehr zu erwarten. Außerdem unterschied sich die Elektrizitätswirtschaft der Sowjetunion von derjenigen westlicher Länder strukturell in einem entscheidenden Punkt. Während das allmähliche industrielle Wachstum im Westen viele miteinander verbundene Elektrizitätswerke mittlerer Größe hatte entstehen lassen, waren in der Sowjetunion an wenigen einzelnen Punkten, meist inmitten ausgedehnter Industriekombinate Groß-Kraftwerke von riesigen Ausmaßen errichtet worden[10]. Beispielsweise wurde ein großer Teil der gesamten Energieversorgung Moskaus von einem Großkraftwerk an der oberen Wolga geliefert. Nach den Auskünften, die wir erhielten, waren aber in der sowjetischen Hauptstadt sechzig Prozent der Fertigung unentbehrlicher Einzelteile der Optik und elektrischen Ausrüstung konzentriert. Im Ural konnte durch die Vernichtung einiger Riesenkraftwerke eine anhaltende Lahmlegung der Stahlproduktion sowie der Panzer- und Munitionsherstellung erreicht werden. Ein Volltreffer auf die Turbinen oder deren Zuleitungen mußte Wassermassen freimachen, deren Zerstörungskraft größer war als diejenige vieler Bomben. Da die sowjetischen Großkraftwerke oft unter Einschaltung deutscher Werke errichtet worden waren, konnten wir recht genaue Unterlagen beschaffen.

Am 26. November gab Göring den Befehl, das 6. Luftkorps unter Generalleutnant Rudolf Meister durch Fernbomber zu verstärken. Im Dezember wurden die Einheiten bei Bialystok zusammengezogen[11]. Wir ließen Holzmodelle der Kraftwerke machen, um die Piloten daran zu schulen. Hitler war Anfang Dezember von mir unterrichtet worden[12], Milch hatte den ihm befreundeten neuen Generalstabschef der Luftwaffe, Günther Korten, auf unsere Pläne aufmerksam gemacht. Am 4. Februar schrieb ich ihm, daß sich für einen »operativen Luftkrieg gegen die Sowjetunion ... auch heute noch gute Aussichten bieten ... Ich hoffe bestimmt, daß sich schon daraus (gemeint sind die Angriffe gegen die Kraftwerke im Raume Moskau–Obere Wolga) bemerkenswerte Rückwirkungen auf die Kampfkraft der Sowjetunion ergeben.« Der Erfolg hing – wie immer bei solchen Unternehmungen – von Zufallsfaktoren ab. Ich glaubte nicht, daß er eine wesentliche Entscheidung bringen würde. Aber ich hoffte, wie ich an Korten schrieb, auf eine Schwächung der Offensivkraft, die auch der amerikanische Nachschub erst innerhalb einiger Monate hätte ausgleichen können.

Wieder kamen wir zwei Jahre zu spät. Die russische Winteroffensive hatte zu Rückzügen unserer Truppe geführt; die Lage war kritisch geworden. Hitler, wie so oft in Notlagen von erstaunlicher Kurzsichtigkeit, erklärte mir Ende Februar, daß dem »Korps Meister« befohlen worden sei, Bahnlinien zu zerstören, um den Nachschub der Russen aufzuhalten. Meine Einwände, daß der Boden in Rußland hartgefroren sei, daß die Bomben nur eine oberflächliche Wirkung erzielen könnten und zudem nach unseren Erfahrungen die viel empfindlicheren deutschen Bahnstrecken oft schon nach Stunden wiederhergestellt seien: alles blieb fruchtlos. Das »Korps Meister« wurde in einem sinnlosen Einsatz aufgebraucht, natürlich ohne die operativen Bewegungen der Russen behindern zu können.

Das weitere Interesse Hitlers für die Idee der Punktstrategie wurde zudem durch seine störrischen Vergeltungsabsichten gegen England aufgezehrt. Auch nach der Vernichtung des »Korps Meister« hätten wir noch genügend Bomber für solche Pläne gehabt. Hitler aber gab sich der irrealen Hoffnung hin, daß einige massive Angriffe auf London die Engländer bewegen könnten, auf ihre offensive Luftkriegsführung gegen Deutschland zu verzichten. Nur deshalb verlangte er noch im Jahre 1943 Entwicklung und Produktion neuer, schwerer Bomber. Daß sie weitaus lohnendere Ziele im Osten finden konnten, machte auf ihn keinen Eindruck, wenn er auch gelegentlich, selbst noch im Sommer 1944, meinen Argumenten zustimmte[13]: er wie unser Luftwaffenstab waren unfähig, einen Luftkrieg nach technologischen, statt nach überholten militärischen Gesichtspunkten zu führen. Die Gegenseite zunächst auch.

Während ich mich bemühte, Hitler und dem Generalstab der Luftwaffe lohnende Ziele nachzuweisen, starteten die westlichen Gegner innerhalb von acht Tagen – vom 25. Juli bis 2. August – fünf Großangriffe auf eine einzige Großstadt: Hamburg[14]. Obwohl diese Aktion allen taktischen Überlegungen widersprach, hatte sie katastrophale Folgen. Schon nach den ersten Angriffen fielen die Rohre der Wasserversorgung aus, die Feuerwehren konnten bei den nachfolgenden Bombardierungen nicht mehr löschen, Großbrände mit zyklonartigen Feuerstürmen entstanden, der Asphalt der Straßen begann zu brennen, die Menschen erstickten in ihren Kellern oder verkohlten auf den Straßen. Die Angriffsserie konnte nur mit den Auswirkungen einer Erdbebenkatastrophe verglichen werden. Gauleiter Kaufmann bat Hitler fernschriftlich wieder und wieder, die Stadt zu besuchen. Als das erfolglos blieb, schlug er vor, daß Hitler wenigstens eine Abordnung einiger besonders verdienter Rettungsmannschaften empfangen müsse. Aber auch das lehnte Hitler ab.

In Hamburg war das erste Mal eingetreten, was Göring und Hitler sich 1940 für London ausgedacht hatten. Bei einem Abendessen in der Reichskanzlei hatte sich Hitler damals zunehmend in einen Zerstörungsrausch hineingeredet: »Haben Sie einmal eine Karte von London angesehen? Es ist so eng gebaut, daß ein Brandherd allein ausreichen würde, die ganze Stadt zu zerstören, wie schon einmal vor über 200 Jahren. Göring will durch zahllose Brandbomben mit einer ganz neuen Wirkung in den verschiedensten Stadtteilen von London Brandherde schaffen. Überall Brandherde. Tausende davon. Die werden sich dann zu einem riesigen Flächenbrand vereinigen. Göring hat dazu die einzig richtige Idee: Die Sprengbomben wirken nicht, aber mit den Brandbomben kann man das machen: London total zerstören! Was wollen die noch mit ihrer Feuerwehr ausrichten, wenn das erst einmal losgeht?«

Hamburg hatte mich auf das höchste alarmiert. In der Zentralen Planung, die am Nachmittag des 29. Juli tagte, führte ich aus: »Wenn die Fliegerangriffe im jetzigen Ausmaß weitergehen, sind wir nach zwölf Wochen einer Menge von Fragen enthoben, über die wir uns zur Zeit noch unterhalten. Dann geht es in einer glatten, verhältnismäßig schnellen Talfahrt den Berg hinunter!... Dann können wir die Schlußsitzung der Zentralen Planung abhalten!« Drei Tage später teilte ich Hitler mit, daß die Rüstung auseinanderbreche und erklärte ihm gleichzeitig, daß Angriffsserien dieser Art, auf sechs weitere Großstädte ausgedehnt, Deutschlands Rüstung zum Erliegen bringen müßten[15]. Er hörte diese Erklärung ohne sichtbare Reaktion an: »Sie werden das schon wieder in Ordnung bringen«, sagte er nur.

In der Tat: Hitler behielt recht, wir brachten das wieder in Ordnung; nicht durch unsere Organisation in der Zentrale, die beim besten Willen nur allgemeine Anordnungen geben konnte, sondern durch die verbissenen Anstrengungen der unmittelbar Beteiligten, in erster Linie der Arbeiter selbst. Zu unserem Glück wurde die Angriffsserie von Hamburg in dieser Wucht nicht auf andere Städte wiederholt. Der Gegner gab uns damit erneut Gelegenheit, unsere Erfahrungen seinen Einsätzen anzupassen.

Ein weiterer Schlag sollte uns am 17. August 1943, nur vierzehn Tage nach Hamburg, treffen. Die amerikanische Luftflotte startete zu ihrem ersten strategischen Angriff. Er richtete sich gegen Schweinfurt, wo große Werke der Kugellagerindustrie konzentriert waren, die für unsere Bemühungen einer Rüstungssteigerung ohnehin zum Engpaß geworden war.

Bereits bei diesem ersten Angriff aber unterlief der Gegenseite ein entscheidender Fehler: anstatt sich auf die Kugellagerfertigung zu konzentrieren, teilte sich die beachtliche Macht von 376 Fliegenden Festungen auf, griff gleichzeitig mit 146 Flugzeugen erfolgreich, aber in den Konsequenzen belanglos, ein Montagewerk der Flugzeugindustrie in Regensburg an und, was noch entscheidender war, die britische Luftwaffe setzte ihre wahllosen Angriffe auf andere Städte fort.

Die Produktion der für die Rüstung besonders wichtigen Kugellagersorten von 6,4 bis 24 cm Durchmesser fiel nach diesem Angriff um achtunddreißig Prozent ab[16]. Trotz der Gefährdung von Schweinfurt mußten wir den größten Teil der Kugellagerproduktion dort wieder in Gang bringen, denn durch eine Verlagerung wäre die Produktion für drei bis vier Monate völlig ausgefallen. Angesichts unserer Notlage erwies sich auch die Verlagerung der Kugellagerfabriken aus Berlin-Erkner, Cannstatt oder Steyr als unmöglich, obwohl deren Lage dem Feind bekannt sein mußte.

Im Juni 1945 befragte mich der Generalstab der RAF, welche Folgen die

Angriffe auf die Kugellagerindustrie hätten haben können: »Die Rüstungsproduktion wäre nach zwei Monaten wesentlich geschwächt worden«, antwortete ich, »und nach etwa vier Monaten völlig zum Stillstand gekommen, wenn
1. alle Kugellagerfabriken (in Schweinfurt, Steyr, Erkner, Cannstatt, in Frankreich und Italien) zur gleichen Zeit angegriffen worden wären;
2. diese Angriffe, ohne Rücksicht auf das Zielbild, alle vierzehn Tage drei- bis viermal wiederholt worden wären, und
3. danach jeder Wiederaufbau alle acht Wochen durch zwei schwere Angriffe hintereinander vereitelt worden und diese Bombardierungen auf sechs Monate durchgeführt worden wären[17].«

Nach diesem ersten Schlag konnten wir größten Schwierigkeiten nur dadurch entgehen, daß wir von der Wehrmacht zu Reparaturzwecken gehortete Kugellager verwendeten. Außerdem wurden die Bestände aufgebraucht, die sich für den Produktionsprozeß im sogenannten Durchlauf befanden. Nachdem die Durchlaufzeit, die etwa sechs bis acht Wochen betrug, beendet war, wurde, oft mit Rucksäcken, die spärliche Produktion aus den Fabriken in die Montagewerkstätten geholt. War der Gegner, so fragten wir uns damals besorgt, nun bei einer Luftstrategie angelangt, mit der er durch laufende Zerstörungen von nicht mehr als fünf bis sechs verhältnismäßig kleinen Objekten Tausende von Rüstungswerken stillegen konnte?

Der zweite Schlag folgte indessen erst zwei Monate später. Am 14. Oktober 1943 besprachen wir mit Hitler im ostpreußischen Hauptquartier Rüstungsfragen, als Schaub unterbrach: »Der Reichsmarschall möchte Sie dringend sprechen. Dieses Mal hat er eine freudige Nachricht!« Wie uns Hitler berichtete, hatte ein neuer Tagesangriff auf Schweinfurt mit einem großen Abwehrsieg geendet[18]. Die Landschaft sei übersät mit amerikanischen Bombern. Beunruhigt bat ich Hitler, die Sitzung unterbrechen zu dürfen, da ich selbst in Schweinfurt anrufen wolle. Alle Verbindungen waren jedoch unterbrochen, keine Fabrik zu erreichen. Mit Hilfe der Polizei gelang es mir schließlich, den Werkmeister einer Kugellagerfabrik zu sprechen: Sämtliche Fabriken, so teilte er mir mit, seien schwer zerstört, die Ölbäder hätten schwere Brände in den Maschinenhallen verursacht, die Verheerungen seien daher weitaus schlimmer als beim ersten Angriff. Dieses Mal hatten wir von unserer verfügbaren Kugellagerproduktion (6,3 bis 24 cm Durchmesser) siebenundsechzig Prozent eingebüßt.

Erste Maßnahme nach diesem zweiten Angriff war es, einen meiner energischsten Mitarbeiter, Generaldirektor Kessler, zum Sonderbeauftragten für die Produktion der Kugellager zu ernennen. Die Reserven waren aufgezehrt, die Bemühungen, Kugellager aus Schweden und der Schweiz zu beziehen, nur von geringem Erfolg gewesen. Immerhin gelang es, eine Katastrophe zu vermeiden, indem wir, wo es nur ging, Kugellager durch Gleitlager ersetzten[19]. Nicht zuletzt aber auch, da von diesem Zeitpunkt an der Gegner, zu unserer Verblüffung, die Angriffe auf die Kugellagerindustrie erneut einstellte[20].

Am 23. Dezember wurde zwar die Fertigungsstätte Erkner schwer getroffen, aber wir waren uns nicht im klaren, ob es sich um einen gezielten Angriff handelte, da Berlin weitgestreut bombardiert worden war. Erst im Februar 1944 änderte sich das Bild. Innerhalb von vier Tagen wurden Schweinfurt, Steyr und Cannstatt je zweimal schwer angegriffen. Sodann Erkner, Schweinfurt und wiederum Steyr. Nach nur sechs Wochen war unsere Produktion (über 6,3 cm Durchmesser) auf neunundzwanzig Prozent zurückgegangen[21].

Anfang April 1944 jedoch hörten die Angriffe auf die Kugellagerindustrie wiederum schlagartig auf. Infolge ihrer Inkonsequenz gaben die Alliierten den Erfolg wieder aus der Hand. Hätten sie die Angriffe vom März und April mit gleicher Energie weitergeführt, wären wir rasch am Ende gewesen[22]. So aber fiel nicht ein Panzer, Flugzeug oder sonstiges Gerät wegen des Mangels an Kugellagern aus, obwohl die Rüstungsproduktion sich von Juli 1943 bis April 1944 um siebzehn Prozent erhöht hatte[23]. In der Rüstung schien sich jedenfalls Hitlers These, daß das Unmögliche möglich gemacht werden könne, daß alle Prognosen und Befürchtungen zu pessimistisch seien, zu bewahrheiten.

Nach dem Krieg erst erfuhr ich, worauf das Versagen des Gegners zurückzuführen war: Die Luftstäbe nahmen an, daß in Hitlers autoritärem Staat die wichtigsten Fertigungen aus den gefährdeten Städten ohne Zögern und mit größter Tatkraft verlagert würden. Harris war am 20. Dezember 1943 davon überzeugt, daß »in diesem Stadium des Krieges die Deutschen schon lange jede mögliche Anstrengung gemacht haben, um eine so lebenswichtige Produktion (wie die Kugellager) zu verteilen.« Er überschätzte beträchtlich die Wirksamkeit des nach außen so geschlossen scheinenden autoritären Systems.

Bereits am 19. Dezember 1942, also acht Monate vor dem ersten Angriff auf Schweinfurt, hatte ich zwar durch einen Erlaß an die gesamte Rüstung befohlen: »Die zunehmende Stärke der feindlichen Luftangriffe zwingt dazu, beschleunigt Vorkehrungen für die Verlagerung rüstungswirtschaftlich wichtiger Fertigungen zu treffen.« Aber von allen Seiten gab es Widerstände. Die Gauleiter sträubten sich, neue Fabrikationsstätten in ihren Gauen aufzunehmen, da sie die Störung der fast friedensmäßigen Ruhe ihrer Landstädtchen befürchteten, die Verantwortlichen meiner wichtigsten Fertigungen wiederum wollten sich keinen politischen Unbequemlichkeiten aussetzen. So geschah nahezu nichts.

Nach dem zweiten schweren Angriff auf Schweinfurt vom 14. Oktober 1943 war zwar erneut beschlossen worden, einen Teil der wiederaufzubauenden Produktion in umliegende Dörfer zu zerstreuen, einen weiteren Teil in kleinen, noch ungefährdeten Städten im Osten Deutschlands unterzubringen[24]. Mit dieser »Streupolitik« sollte für die Zukunft vorgesorgt werden, jedoch war die Zähigkeit, mit der man sich auf allen Seiten diesem Projekt entgegenstemmte, unerwartet groß. Noch im Januar 1944 wurde die Verlegung der Kugellagerfertigung in Höhlen besprochen[25] und im August 1944 beklagte sich mein Beauftragter, daß er Schwierigkeiten habe, »die Bauten für die Verlagerung der Kugellagererzeugung durchzuziehen!«[26]

Statt produktionstechnische Querschnitte zu lähmen, begann die Royal Airforce eine Luftoffensive gegen Berlin. Am 22. November 1943, während einer Sitzung in meinem Arbeitszimmer, wurde gegen 19.30 Uhr Alarm gegeben: eine große Bomberflotte war im Anflug auf Berlin gemeldet. Als der Verband Potsdam erreicht hatte, brach ich die Sitzung ab, um nach einem nahegelegenen Flakturm zu fahren, von dessen Plattform aus ich, wie meist, den Angriff beobachten wollte. Kaum oben angelangt, mußte ich im Innern des Turms Deckung nehmen, da schwere Einschläge den Turm trotz seiner starken Wände erschütterten. Hinter mir drängten angeschlagene Flaksoldaten nach unten, die durch den Luftdruck an die Wände geschleudert und verletzt worden waren. Zwanzig Minuten lang erfolgte Schlag auf Schlag. In der Halle des Turmes sah man von oben eine dichtgedrängte Menschenmenge im Dunst, der durch den von den Wänden fallenden Betonstaub immer dichter wurde. Als der Bombenregen vorüber war, wagte ich wieder, die Plattform zu betreten – mein benachbartes Ministerium war ein einziger, riesiger Brandherd. Ich fuhr sofort hin. Einige Sekretärinnen, mit Stahlhelmen amazonenhaft wirkend, bemühten sich, Akten zu retten, während vereinzelte Zeitzünder in der Nähe detonierten. Anstelle meines Arbeitszimmers fand ich nur noch einen großen Bombentrichter vor.

Wegen des sich schnell ausbreitenden Brandes konnte nichts mehr geborgen werden; aber in unmittelbarer Nähe befand sich das achtstöckige Heereswaffenamt, und da das Feuer überzugreifen drohte, drangen wir, durch den überstandenen Angriff von einem nervösen Tatendrang erfaßt, in das Gebäude ein, um wenigstens die wertvollen Spezialtelefonapparate zu retten. Wir rissen sie von ihren Verbindungen und häuften sie an einem sicheren Platz im Kellergeschoß des Gebäudes auf. Am nächsten Morgen besuchte mich der Chef des Heereswaffenamtes, General Leeb: »Mein Gebäude konnte noch am frühen Morgen gelöscht werden«, teilt er mir schmunzelnd mit, »aber leider können wir nichts tun. Irgend jemand hat heute nacht alle Telefonapparate aus den Wänden gerissen.«

Als Göring in seinem Landsitz Karinhall von meinem nächtlichen Besuch auf dem Flakturm hörte, gab er dem dortigen Stab Befehl, mich nicht mehr auf die Plattform zu lassen. Aber unterdessen hatten die Offiziere zu mir schon ein Verhältnis gefunden, das stärker war als Görings Befehl. Die Besuche wurden dadurch nicht verhindert.

Die Angriffe auf Berlin boten vom Flakturm aus ein unvergeßliches Bild, und es bedurfte eines ständigen Zurückrufens in die grausame Wirklichkeit, um sich nicht von diesem Bild faszinieren zu lassen: die Illumination der Leuchtfallschirme, von den Berlinern »Weihnachtsbäume« genannt, gefolgt von Explosionsblitzen, die sich in Brandwolken verfingen, unzählige suchende Scheinwerfer, das aufregende Spiel, wenn ein Flugzeug erfaßt war und sich dem Lichtkegel zu entwinden suchte, eine sekundenlange Brandfackel, wenn es getroffen wurde: die Apokalypse bot ein grandioses Schauspiel.

Sowie die Flugzeuge abdrehten, begab ich mich im Auto in die betroffenen Stadtviertel, in denen wichtige Werke lagen. Wir fuhren über soeben zerstörte, schuttübersäte Straßen, Häuser brannten, Ausgebombte saßen und standen vor den Trümmern, einige gerettete Möbel und Habseligkeiten lagen auf den Bürgersteigen herum; es war eine düstere Atmosphäre inmitten von beißendem Rauch, von Ruß und Flammen. Die Menschen zeigten mitunter jene merkwürdige, hysterische Heiterkeit, die im Angesicht von Katastrophen oft beobachtet wird. Über der Stadt hing eine wohl sechstausend Meter hohe Brandwolke. Durch sie wurde selbst noch bei hellem Tageslicht die makabre Szene nächtlich verdunkelt.

Ich versuchte des öfteren, Hitler meine Eindrücke zu schildern. Er unterbrach mich jedesmal, kaum daß ich begonnen hatte: »Übrigens, Speer, wieviel Panzer können Sie nächsten Monat liefern?«

Vier Tage nach der Zerstörung meines Ministeriums, am 26. November 1943, waren durch einen erneuten Großangriff auf Berlin in unserem wichtigsten Panzerwerk Allkett schwere Brände ausgebrochen. Mein Mitarbeiter Saur kam auf die Idee, auf unserer noch intakten direkten Leitung das Führerhauptquartier anzurufen, damit von dort versucht werde, unter Umgehung des zerstörten Postamtes Berlin die Feuerwehr zu benachrichtigen. Auf diese Weise erfuhr auch Hitler von diesem Brand, und ohne Erkundigungen einzuholen, befahl er den sofortigen konzentrierten Einsatz aller auch in der weiteren Umgebung Berlins stationierten Feuerwehren auf das brennende Panzerwerk.

Ich war unterdes bei Allkett angekommen. Der größte Teil der Werkhalle war zwar abgebrannt, der Brandherd selber aber von der Berliner Feuerwehr bereits gelöscht. Als Folge des von Hitler gegebenen Befehls meldeten sich unterdessen bei mir in kurzen Abständen die Obersten unablässig neu eintreffender Feuerlöschregimenter, die aus weit entfernten Städten wie Brandenburg, Oranienburg oder Potsdam gekommen waren. Da die Kommandeure wegen des unmittelbaren Führerbefehls auch von mir nicht bewegt werden konnten, andere dringende Brandherde zu löschen, waren am frühen Morgen die Straßen im weiten Umkreis um die Fabrik von zahlreichen untätig herumstehenden Löscheinheiten besetzt – während sich in den übrigen Stadtteilen die Brände ungehindert ausdehnten.

Um meinen Mitarbeitern die Sorgen der Luftrüstung nahezubringen, führten Milch und ich im September 1943 eine Rüstungstagung auf dem Versuchszentrum der Luftwaffe in Rechlin am Müritzsee durch. Milch und seine Sachbearbeiter referierten unter anderem über die zukünftige Produktion gegnerischer Flugzeuge. Typ für Typ wurden uns in grafischen Darstellungen vorgestellt und vor allem die amerikanischen Produktionskurven mit den unseren verglichen. Am erschreckendsten wirkten auf uns die Zahlen über die zukünftige Vervielfachung viermotoriger Tagbomber. Was wir zur Zeit auszuhalten hatten, war danach nur ein Vorspiel.

Natürlich erhob sich die Frage, wieweit Hitler und Göring von diesen Ziffern unterrichtet waren. Verbittert erklärte mir Milch, daß er seit Monaten vergeblich versuche, seinen Experten für Feindrüstung bei Göring vortragen zu lassen. Göring wolle jedoch davon nichts hören. Der Führer habe ihm gesagt, daß alles Propaganda sei, und Göring habe das einfach übernommen. Auch ich scheiterte, so oft ich Hitler auf diese Produktionszahlen aufmerksam zu machen versuchte: »Lassen Sie sich doch nichts vormachen! Alles nur Zweckmeldungen. Diese Defätisten im Luftfahrtministerium fallen natürlich darauf herein.« Mit solchen Bemerkungen hatte er schon im Winter 1942 alle Warnungen beiseitegeschoben; jetzt, als tatsächlich unsere Städte eine nach der anderen in Schutt sanken, blieb er dabei.

Um die gleiche Zeit wurde ich Zeuge eines erregten Auftritts zwischen Göring und dem General der Jagdflieger, Galland. Galland hatte Hitler an diesem Tag gemeldet, daß einige Jäger, die die amerikanischen Bomberverbände begleiteten, bei Aachen abgeschossen worden seien. Er hatte hinzugefügt, welche Gefahr seiner Ansicht nach auf uns zukomme, wenn es in kurzer Zeit den amerikanischen Jägern durch vergrößerte Zusatztanks gelingen würde, den Bomberflotten noch viel tiefer nach Deutschland hinein Jagdschutz zu geben. Diese Besorgnisse hatte Hitler gerade Göring mitgeteilt. Göring war im Begriff, seinen Sonderzug in die Rominter Heide zu besteigen, als Galland kam, um sich zu verabschieden: »Wie kommen Sie dazu«, fuhr ihn Göring an, »dem Führer zu erklären, daß amerikanische Jäger bis ins Reichsgebiet gekommen sind?« – »Herr Reichsmarschall«, antwortete Galland völlig ruhig, »sie werden bald noch weiter kommen.« Göring wurde heftiger: »Das ist doch Unsinn, Galland, wie kommen Sie zu solchen Phantastereien? Das ist der reine Schwindel!« Galland schüttelte den Kopf: »Das sind Tatsachen, Herr Reichsmarschall!« Er blieb dabei in betont legerer Haltung stehen, die Mütze etwas schief auf dem Kopf, eine lange Zigarre in den Mund geklemmt: »Amerikanische Jäger sind bei Aachen abgeschossen worden. Da gibt es keinen Zweifel!« Göring beharrte eigensinnig: »Das ist einfach nicht wahr, Galland. Es ist unmöglich!« Galland reagierte mit einem Anflug von Spott: »Sie können ja feststellen lassen, Herr Reichsmarschall, ob amerikanische Jäger bei Aachen liegen.« Göring versuchte einzulenken: »Also, Galland, nun lassen

Sie sich doch mal was sagen: Ich bin selbst ein erfahrener Jagdflieger. Ich weiß, was möglich ist. Aber auch, was nicht geht. Geben Sie zu: Sie haben sich getäuscht!« Statt einer Antwort schüttelte Galland nur verneinend den Kopf, bis Göring schließlich meinte: »Da bleibt nur die Möglichkeit, daß sie viel weiter westlich abgeschossen wurden. Ich meine, wenn sie beim Abschuß sehr hoch waren, konnten sie im Gleitflug noch ein ganzes Stück weiterfliegen.« Galland verzog keine Miene: »Nach Osten, Herr Reichsmarschall? Wenn ich angeschossen bin ...« – »Also, Herr Galland«, versuchte Göring jetzt energisch die Debatte zu beenden, »ich befehle Ihnen dienstlich, daß die amerikanischen Jäger nicht bis Aachen kamen.« Der General versuchte einen letzten Einwand: »Aber, Herr Reichsmarschall, sie waren doch da!« Nun geriet Göring aus der Fassung: »Ich gebe Ihnen hiermit den dienstlichen Befehl, daß sie nicht da waren! Haben Sie verstanden? Die amerikanischen Jäger waren nicht da! Verstanden! Ich werde das dem Führer mitteilen.« Göring ließ General Galland einfach stehen. Schon im Weggehen, wandte er sich noch einmal drohend um: »Sie haben meinen dienstlichen Befehl.« Mit einem unvergeßlichen Lächeln erwiderte der General: »Zu Befehl, Herr Reichsmarschall!«

Göring war im Grunde nicht wirklichkeitsblind. Gelegentlich konnte ich von ihm zutreffende Bemerkungen über die Lage hören. Er handelte eher wie ein Bankrotteur, der bis zum letzten Augenblick mit den anderen zugleich sich selbst betrügen will. Launenhafte Behandlung, Unverfrorenheit gegenüber der Wirklichkeit, hatte schon den ersten Generalluftzeugmeister, den berühmten Jagdflieger Ernst Udet, 1941 in den Tod getrieben. Am 19. August 1943 fand man einen anderen der engsten Mitarbeiter Görings und seit über vier Jahren Generalstabschef der Luftwaffe, Generaloberst Jeschonnek, tot in seinem Arbeitszimmer auf. Auch er hatte Selbstmord begangen. Auf seinem Tisch fand man, wie Milch mir berichtete, eine Notiz: Göring dürfe nicht an seiner Beisetzung teilnehmen. Dennoch erschien Göring bei der Beerdigung und legte einen Kranz Hitlers nieder[27].

Immer hielt ich es für eine der erstrebenswerten Eigenschaften, die Realität zu erkennen und Wahnvorstellungen nicht zu folgen. Wenn ich jedoch mein Leben bis in die Jahre der Gefangenschaft überdenke, blieb ich in keiner Periode frei von Trugbildern.

Die Abwendung von der Wirklichkeit, die zusehends um sich griff, war keine Besonderheit des nationalsozialistischen Regimes. Während aber unter normalen Umständen die Abkehr von der Realität durch die Umwelt, durch Spott, Kritik, Verlust an Glaubwürdigkeit, berichtigt wird, gab es im Dritten Reich keine derartigen Korrektive, besonders wenn man der oberen Schicht angehörte. Im Gegenteil: Wie in einem Spiegelkabinett vervielfachte sich jeder Selbstbetrug zum immer wieder bestätigten Bild einer phantastischen Traumwelt, die mit dem düsteren Außen nichts mehr zu tun hatte. In diesen Spiegeln konnte ich vielfältig immer nur mein Gesicht sehen, kein fremder Anblick störte diese Uniformität von hundert immer gleichen – meinen Gesichtern.

Es gab Gradunterschiede der Wirklichkeitsflucht. Zweifellos war Goebbels realen Erkenntnissen um ein vielfaches näher als etwa Göring oder Ley. Aber diese Unterschiede schrumpften zusammen, wenn man sich die Entfernung vergegenwärtigt, in der wir alle, Illusionisten und sogenannte Realisten, von dem lebten, was wirklich vorging.

21. Kapitel

Hitler im Herbst 1943

Die alten Mitarbeiter stimmten mit den Adjutanten darin überein, daß Hitler im letzten Jahr einen Wandel durchgemacht habe. Dies konnte nicht verwundern, denn er hatte während dieser Zeitspanne Stalingrad erlebt, ohnmächtig zugesehen, wie in Tunis über 250 000 Soldaten kapitulierten und deutsche Städte ohne nennenswerte Gegenwehr zerstört wurden; gleichzeitig mußte er eine der größten Hoffnungen seiner Kriegsführung aufgeben, als er die Entscheidung der Marine billigte, die U-Boote aus dem Atlantik zurückzuziehen. Zweifellos war Hitler in der Lage, diese Wendung der Dinge zu erkennen. Und zweifellos reagierte er darauf in der Art eines menschlichen Wesens: mit Enttäuschung, Niedergeschlagenheit und immer bemühterem Optimismus. Für den Historiker mag Hitler inzwischen Objekt kühler Studien sein; für mich besitzt er noch heute Stofflichkeit und Körperhaftigkeit, ist er immer noch leibhaftig existent.

Etwa zwischen dem Frühjahr 1942 und dem Sommer 1943 äußerte er sich mitunter deprimiert. Von da an aber schien eine merkwürdige Änderung mit ihm vorzugehen. Auch in verzweifelten Lagen zeigte er meist Zuversicht auf den endlichen Sieg. Aus dieser späteren Zeit ist mir kaum eine Bemerkung über die katastrophale Entwicklung der Lage erinnerlich, obwohl ich darauf wartete. Ob er sich seinen endgültigen Sieg so lange eingeredet hatte, daß er inzwischen fest daran glaubte? Je unausweichlicher jedenfalls die Entwicklung einer Katastrophe entgegenging, desto unbeweglicher wurde er; desto starrer war er davon überzeugt, daß alles, was er entscheide, richtig sei.

Besorgt beobachtete seine nächste Umgebung seine wachsende Unzugänglichkeit. Seine Entschlüsse faßte er in bewußter Abgeschlossenheit. Zugleich war er geistig unbeweglicher geworden und kaum noch geneigt, neue Gedanken zu entwickeln. Er lief gewissermaßen in einer ein für allemal festgelegten Bahn und fand nicht mehr die Kraft, aus ihr auszubrechen.

Wesentlichste Ursache für diese Erstarrung war die Zwangslage, in die er durch die Übermacht seiner Gegner geraten war. Im Januar 1943 hatten sie sich auf die bedingungslose Kapitulation Deutschlands geeinigt. Wahrscheinlich war Hitler der Einzige, der sich über den Ernst dieser Erklärung keine Illusionen machte. Goebbels, Göring und andere spielten gesprächsweise mit dem Gedanken, die politischen Gegensätze unter den verbündeten Gegnern auszunutzen. Wieder andere erwarteten, daß Hitler wenigstens die Auswirkungen seiner Rückschläge mit politischen Mitteln aufzufangen versuchen werde. Waren ihm nicht früher, von der Besetzung Österreichs bis zum Pakt mit der Sowjetunion, mit scheinbarer Leichtigkeit neue Tricks, neue Wendungen, neue Finessen eingefallen? Nun äußerte er in den Lagebesprechungen immer häufiger: »Machen Sie sich keine Illusionen. Es gibt kein Zurück. Es gibt nur ein Vorwärts. Die Brücken hinter uns sind abgebrochen.« Der Hintergrund dieser Worte, mit denen Hitler selbst seiner Regierung jede Verhandlungsfähigkeit absprach, wurde erst im Nürnberger Prozeß klar.

Eine der Ursachen der Veränderungen im Wesen Hitlers sah ich damals in seiner unablässigen Überbeanspruchung, verursacht durch eine ihm ungewohnte Arbeitsweise. Seit dem Beginn des Rußland-Feldzuges war an die Stelle der früher üblichen stoßweisen Erledigung der Geschäfte mit dazwischenliegenden Trägheitsphasen ein umfangreiches tägliches Arbeitspensum getreten. Wo er es früher ausgezeichnet verstanden hatte, andere für sich arbeiten zu lassen, nahm er sich jetzt, mit zunehmenden Sorgen, immer mehr der Einzelheiten an. Er machte sich zum streng disziplinierten Arbeiter und da das seinem Wesen widersprach, konnte es seinen Entscheidungen nicht dienlich sein.

Allerdings hatte Hitler auch vor dem Krieg schon Zustände von Abnutzung gezeigt, die sich in einer auffälligen Entscheidungsscheu, phasenweiser Abwesenheit oder einer Neigung zu qualvollen Monologen ausdrückte. Er reagierte dann wortlos oder nur mit einem gelegentlichen kurzen »Ja« oder »Nein«; nicht zu erkennen war, ob er dem Thema noch folgte oder anderen Gedanken nachgrübelte. Diese Erschöpfungszustände pflegten früher jedoch nicht anzudauern. Nach einigen Wochen Aufenthalt am Obersalzberg wirkte er gelöster, war sein Auge wieder frischer, seine Reaktionsfähigkeit gestiegen und seine Entschlußfreudigkeit zurückgewonnen.

Auch 1943 drängte ihn seine Umgebung oft zu einem Urlaub. Dann wechselte er mitunter seinen Standort, fuhr für Wochen, manchmal für Monate, auf den Obersalzberg[1]. Aber in seinen Tagesablauf brachte das keine Änderung. Ständig legte ihm Bormann auch hier Einzelfragen zur Entscheidung vor, unablässig kamen Besucher, die seine Anwesenheit auf dem Berghof oder in der Reichskanzlei auszunutzen trachteten; Gauleiter oder Minister, für die er im Hauptquartier nicht zu sprechen war, verlangten ihn zu sehen – und daneben gingen die langen täglichen Lagebesprechungen weiter; denn der gesamte militärische Stab folgte ihm an seinen jeweiligen Aufenthaltsort. Oft sagte Hitler zu unseren Sorgen um seine Gesundheit: »Es ist leicht, mir zu raten, einen Urlaub zu nehmen. Unmöglich. Die laufenden militärischen Entscheidungen kann ich auch nicht für vierundzwanzig Stunden anderen überlassen.«

Hitlers militärische Umgebung war harte tägliche Arbeit von Jugend an gewohnt, ihr konnte man ein Gefühl für die Überbelastung Hitlers nicht abverlangen. Bormann brachte ebenfalls kein Verständnis dafür auf, daß er Hitler zuviel zumutete. Aber selbst, wenn der gute Wille vorhanden gewesen wäre, versäumte Hitler, wofür jeder Fabrikdirektor sorgen muß: befähigte Vertreter für jedes wichtige Gebiet einzusetzen. Ihm fehlte nicht nur ein tüchtiger Regierungschef sowie ein energischer Chef der Wehrmacht, sondern auch ein fähiger Oberbefehlshaber des Heeres. Fortdauernd verletzte er die alte Regel, nach der, je höher die Position ist, desto mehr freie Zeit vorhanden sein sollte. Früher hatte er sich daran gehalten.

Überforderung und Vereinsamung führten zu einem eigentümlichen Zustand der Versteinerung und Verhärtung, der quälenden Entschlußlosigkeit, einer permanenten Schärfe und Gereiztheit. Entscheidungen, die er früher fast spielerisch gefaßt hatte, mußte er nun aus seinem erschöpften Hirn herauspressen[2]. Als Sportler kannte ich den Begriff des Übertrainings. In diesem Zustand wurden wir, bei herabgesetzter Leistung, lustlos, gereizt und verloren unsere Elastizität, wurden so weitgehend zu Automaten, daß eine Ruhepause geradezu unwillkommen erschien und wir immer weiter trainieren wollten. Auch geistige Überbeanspruchung kann die Formen eines Übertrainings annehmen. In den schweren Zeiten des Krieges konnte ich an mir selbst beobachten, wie dann die Gedanken bei gleichzeitigem Aussetzen des frischen und schnellen Eindrucks und bei stumpf gefaßten Entschlüssen mechanisch weiterarbeiteten.

Daß Hitler in der Nacht des 3. September 1939 in aller Stille die verdunkelte Reichskanzlei verlassen hatte, um an die Front zu fahren, erwies sich als ein für die Folgezeit bezeichnender Beginn. Seine Beziehung zum Volke hatte sich geändert: Selbst wenn er in Abständen von vielen Monaten noch mit der Menge in Berührung kam, so war deren Enthusiasmus und Begeisterungsfähigkeit ebenso erloschen, wie seine Fähigkeit, die Menschen suggestiv zu beherrschen.

Anfangs der dreißiger Jahre, während der letzten Kämpfe um die Macht, hatte sich Hitler mindestens soviel zugemutet, wie in der zweiten Kriegshälfte. Damals gaben ihm seine Versammlungen in Erschöpfungszuständen wahrscheinlich mehr Auftrieb und Mut, als er den Versammlungsteilnehmern an eigenen Kräften abgeben mußte. Selbst in der Zeit zwischen 1933 und 1939, als seine Stellung ihm das Leben erleichterte, erfrischte es ihn sichtlich, wenn auf dem Obersalzberg die tägliche Prozession begeisterter Verehrer an ihm vorbeidefilierte. Auch die Kundgebungen in der Zeit vor dem Kriege waren für Hitler zu einem Stimulans geworden, die in sein Leben gehörte. Er wurde danach straffer und selbstbewußter denn je.

Der private Kreis – seine Sekretärinnen, Ärzte und Adjutanten – in dem er sich im Hauptquartier bewegte, war womöglich noch weniger anregend als der der Vorkriegszeit am Obersalzberg oder in der Reichskanzlei. Dort sah er sich keinen begeisterten und vor Aufregung der Sprache kaum mächtigen Menschen gegenüber. Der tägliche Umgang mit Hitler, das bemerkte ich schon während der Zeit der gemeinsamen Träumereien über Bauplänen, ließ ihn vom Halbgott, zu dem ihn Goebbels gemacht hatte, zu einem Menschen mit allen menschlichen Bedürfnissen und Schwächen werden, wenngleich seine Autorität unangetastet blieb.

Auch Hitlers militärische Umgebung mußte ermüdend wirken. Denn in der sachlichen Atmosphäre des Hauptquartiers hätte alle aufdringliche Bewunderung unangenehm gewirkt. Im Gegenteil, die Offiziere zeigten sich als betont nüchterne Menschen, und selbst wenn sie es nicht gewesen wären, gehörte zurückhaltende Etikette zu ihrer Erziehung. Um so auffallender wirkte der Byzantinismus von Keitel und Göring. Aber es klang nicht echt und Hitler selbst ermunterte seine militärische Umgebung nicht zur Unterwürfigkeit. Hier blieb die Sachlichkeit vorherrschend.

Hitler duldete nicht, daß man an seiner Lebensweise Kritik übte. Sie wurde daher von seiner nächsten Umgebung, trotz aller Besorgnisse, hingenommen. Immer peinlicher vermied er Gespräche persönlicher Art, von den seltenen herzlichen Unterhaltungen abgesehen, die er mit einigen Gefährten aus der Kampfzeit, wie Goebbels, Ley oder Esser führte. Die Art jedoch, in der er mit mir oder anderen sprach, wirkte unpersönlich und distanziert. Tage, an denen Hitler, wie früher, Entscheidungen frisch und spontan fällte, an denen er entgegenstehende Argumente aufmerksam anhörte, waren so auffallend, daß wir uns nachträglich darauf aufmerksam machten.

Schmundt und ich kamen auf den Gedanken, Hitler junge Frontoffiziere zuzuführen, um in die stickige, abgekapselte Atmosphäre des Hauptquartiers etwas vom Geist der Außenwelt zu bringen. Aber dieser Versuch scheiterte. Einmal zeigte Hitler keine große Lust, seine knappe Zeit daran zu wenden, und dann mußten auch wir einsehen, daß damit eher Unheil angerichtet wurde. Ein junger Panzeroffizier berichtete vom Vorstoß am Terek, daß seine Einheit fast keinen Widerstand mehr vorgefunden habe und nur durch Munitionsmangel zum Abbruch des Vormarsches gezwungen worden sei. Hitler wurde so erregt, daß er noch Tage nach dieser Besprechung immer wieder darauf zurückkam. »Da sieht man es! Zu wenig Munition für die 7,5 cm! Was ist mit der Produktion? Sie muß sofort mit allen Mitteln gesteigert werden.« Tatsächlich war von dieser Munition, im Rahmen unserer bescheidenen Verhältnisse, genügend vorhanden, aber bei dem stürmischen Vormarsch war angesichts der überlangen Nachschubwege die Versorgung nicht mitgekommen. Doch weigerte er sich, das zur Kenntnis zu nehmen.

Auch andere Einzelheiten hatte er bei solchen Gelegenheiten von jungen Frontoffizieren erfahren, aus denen er unverzüglich größte Versäumnisse des Generalstabs herauslas. In Wirklichkeit hingen die meisten Schwierigkeiten mit dem von Hitler erzwungenen Vormarschtempo zusammen. Es war für die Fachleute unmöglich, mit ihm darüber zu diskutieren, da er von dem komplizierten Apparat, der zu einem solchen Vormarsch gehörte, keine gründlichen Kenntnisse hatte.

Wohl empfing Hitler noch in großen Abständen diejenigen Offiziere und Soldaten, denen er hohe Kriegsauszeichnungen verlieh. Bei dem Mißtrauen, das er in die Fähigkeiten seines Stabes hatte, gab es nach solchen Besuchen vielfache Aufregungen und verallgemeinernde Befehle. Um dem allem vorzubeugen, versuchten Keitel und Schmundt, Besucher nach Möglichkeit vorher zu neutralisieren.

Hitlers Abendtee, zu dem er auch im Hauptquartier lud, hatte sich im Laufe der Zeit auf zwei Uhr morgens, das Ende auf drei bis vier Uhr früh, verschoben. Auch den Zeitpunkt, zu dem er schlafen ging, hatte er immer mehr in den frühen Morgen verlegt, so daß ich einmal meinte: »Wenn der Krieg noch lange dauert, kommen wenigstens wir zu der normalen Arbeitszeit eines Frühaufstehers und nehmen Hitlers Abendtee als unseren Morgentee ein.«

Zweifellos litt Hitler unter Schlafstörungen. Er sprach von quälendem Wachliegen, wenn er früher zu Bett gehe. Oft klagte er während der Teestunden, daß er am Vortage erst nach stundenlangen Unterbrechungen in den Morgenstunden hätte einschlafen können.

Nur die nächsten Bekannten waren zugelassen, seine Ärzte, seine Sekretärinnen, seine militärischen und zivilen Adjutanten, der Vertreter des Pressechefs, Botschafter Hewel, manchmal seine Wiener Diätköchin, ein Besucher, soweit er Hitler nahestand, sowie der unvermeidliche Bormann. Auch ich war als Gast jederzeit willkommen. Wir saßen im Eßraum Hitlers unruhig auf unbequemen Armlehnstühlen. Hitler liebte bei dieser Gelegenheit noch immer eine »gemütliche« Atmosphäre, möglichst mit Kaminfeuer; er gab eigenhändig und betont chevaleresk den Sekretärinnen Kuchen und bemühte sich, wie ein ungezwungener Hausherr, mit Freundlichkeit um seine Gäste. Ich hatte Mitleid mit ihm; seine Versuche, Wärme auszustrahlen, um sie zu empfangen, blieben in den ersten Anfängen stecken.

Da Musik im Hauptquartier verpönt war, blieb nur die Unterhaltung, die er fast ausschließlich bestritt. Seine bereits bekannten Witze wurden zwar belacht, als ob sie das erste Mal gehört, seine Erzählungen aus der harten Jugendzeit oder der »Kampfzeit« wurden interessiert angehört, als ob sie zum erstenmal erzählt würden; aber von sich aus konnte dieser Kreis nicht viel zur Belebung der Unterhaltung beitragen. Es war ein ungeschriebenes Gesetz, die Ereignisse an der Front, Politik oder Kritik an führenden

Persönlichkeiten zu meiden. Verständlicherweise hatte auch Hitler kein Bedürfnis, darüber zu sprechen. Nur Bormann hatte das Privileg der provozierenden Bemerkungen. Manchmal gaben auch Briefe Eva Brauns zu ärgerlichen Unterbrechungen Anlaß, beispielsweise wenn sie über Fälle krasser Behördenborniertheit berichtete. Als den Münchnern mitten im Winter das Skilaufen in den Bergen verboten wurde, zeigte sich Hitler außerordentlich erregt und sprach in nicht endenwollenden Tiraden von seinem ewigen erfolglosen Kampf gegen die Stupidität der Bürokratie; am Ende wurde Bormann beauftragt, solchen Fällen nachzugehen.

Die Subalternität der Themen zeigte an, daß Hitlers Reizschwelle äußerst niedrig geworden war. Solche Bagatellen wirkten auf ihn aber auch in gewissem Sinne entspannend, da sie ihn in kleine Maßstäbe zurückführten, in denen er noch bestimmen konnte. Seine Maßnahmen ließen ihn dann, wenigstens für Augenblicke, eine Machtlosigkeit vergessen, die eingetreten war, seit ihm die Gegner den Verlauf der Handlungen vorschrieben und seine militärischen Befehle nicht mehr den gewünschten Erfolg hatten.

Trotz aller Fluchtversuche konnte Hitler sich selbst in diesem Kreis dem Bewußtsein seiner Lage jedoch nicht entziehen. Dann kam er gern auf die alte Klage zurück, daß er wider Willen Politiker geworden, im Grunde ein verhinderter Architekt und nur deshalb als Baumeister nicht zum Zuge gekommen sei, weil er nur als staatlicher Bauherr diejenigen Aufgaben stellen konnte, die ihm selber angemessen gewesen seien. Er habe nur einen Wunsch, so pflegte er in der jetzt immer stärker hervortretenden Neigung zum Selbstmitleid zu sagen: »Sobald als möglich will ich den grauen Rock wieder an den Nagel hängen³. Wenn ich den Krieg siegreich beendet habe, dann ist meine Lebensaufgabe erfüllt und ich ziehe mich auf meinen Linzer Alterssitz über der Donau zurück. Dann soll sich mein Nachfolger mit den Problemen herumärgern.« Solche Gedanken äußerte er mitunter zwar schon vor Beginn des Krieges in den gelösteren Teestunden am Obersalzberg. Damals handelte es sich jedoch vermutlich um Koketterie. Jetzt formulierte er solche Gedanken unpathetisch, im normalen Gesprächston und mit glaubwürdiger Bitterkeit.

Auch sein nicht nachlassendes Interesse an den Plänen der Stadt, in die er sich zurückziehen wollte, nahm allmählich Fluchtcharakter an. Der Chefarchitekt von Linz, Hermann Gießler, wurde in der letzten Kriegszeit immer häufiger in das Hauptquartier gebeten, um seine Entwürfe vorzulegen, während Hitler die Hamburger, Berliner, Nürnberger oder Münchener Pläne, die ihm einst so viel bedeutet hatten, kaum noch anforderte. Der Tod könne für ihn nur eine Erlösung bedeuten, denke er an die Qualen, die er jetzt auszustehen habe, meinte er dann bedrückt. Dieser Stimmung entsprach es auch, daß er beim Betrachten der Linzer Pläne immer wieder die Entwürfe zu seinem Grabmal hervorholte, das in einem der Türme der Linzer Parteianlage vorgesehen war. Selbst nach einem siegreichen Krieg, so machte er deutlich, wollte er nicht neben seinen Feldmarschällen in der Berliner Soldatenhalle beigesetzt sein.

Hitler machte in diesen ukrainischen oder ostpreußischen Nachtgesprächen häufig einen unausgeglichenen Eindruck. Uns wenige Teilnehmer belastete die bleierne Schwere der frühen Morgenstunden. Nur Höflichkeit und Pflichtgefühl konnten uns dazu bringen, daran teilzunehmen, obwohl wir nach anstrengenden Sitzungen während der eintönigen Gespräche kaum noch die Augen offenhalten konnten. Bevor Hitler eintrat, fragte irgend jemand: »Wo ist eigentlich Morell heute abend?« Ein anderer antwortete mißmutig: »Der war jetzt schon die drei letzten Abende nicht mehr da.« Eine der Sekretärinnen: »Der könnte auch mal länger aufbleiben. Es sind immer die gleichen..., ich möchte auch gerne schlafen.« Eine andere: »Eigentlich müßte abgewechselt werden unter uns. Das geht doch nicht, daß sich einzelne drücken und immer dieselben hier sein müssen.« Natürlich wurde Hitler in diesem Kreis noch immer verehrt, aber sein Nimbus hatte sich verbraucht.

Nachdem Hitler am späten Morgen gefrühstückt hatte, bekam er die Tageszeitungen und die Presseinformationen vorgelegt. Für seine Meinungsbildung war dieser Dienst von ausschlaggebender Bedeutung; er beeinflußte gleichzeitig wesentlich seine Stimmung. Zu einzelnen Auslands-Nachrichten legte er augenblicklich die offiziellen, meist aggressiven Stellungnahmen fest, die er seinem Pressechef, Dr. Dietrich, oder dessen Vertreter, Lorenz, häufig wörtlich diktierte. Unbedenklich griff er in die Kompetenzen der zuständigen Ministerien ein, meist ohne die verantwortlichen Minister, Goebbels und Ribbentrop, vorher auch nur zu informieren.

Anschließend trug Hewel außenpolitische Ereignisse vor, die Hitler aber gelassener hinnahm als die Pressestimmen. Nachträglich gesehen, kommt es mir so vor, als ob er die Wirkung wichtiger nahm als die Realität, daß ihn die Zeitungsmeldungen mehr interessierten als die Geschehnisse selbst. Danach brachte ihm Schaub Berichte von den Fliegerangriffen der letzten Nacht, die von den Gauleitern an Bormann gegeben worden waren. Da ich oft ein, zwei Tage später die Produktionsanlagen in den zerstörten Städten besichtigte, kann ich beurteilen, daß Hitler korrekt über das Maß der Zerstörungen unterrichtet wurde. Es wäre in der Tat von einem Gauleiter unklug gewesen, die Schadensmeldungen zu verkleinern; denn sein Ansehen konnte nur steigen, wenn er trotz schwerer Verwüstungen Alltag und Produktion wieder in Gang zu bringen vermochte.

Hitler war über diese Berichte sichtlich erschüttert, allerdings weniger über die Verluste der Bevölkerung oder über die Zerstörung in Wohngebieten, als über die Vernichtung wertvoller Bauten und hier besonders der Theater. Wie schon vor dem Kriege bei seinen Plänen für die »Neugestaltung deutscher

Städte«, interessierte ihn in erster Linie das Repräsentative. Über soziale Not und menschliches Elend dagegen ging er hinweg. Seine persönliche Forderung lief daher fast immer darauf hinaus, abgebrannte Theater wieder aufzubauen. Ich machte ihn manchmal auf die Engpässe in der Bauindustrie aufmerksam. Anscheinend scheuen sich auch die örtlichen politischen Stellen, diesen unpopulären Befehlen nachzukommen und Hitler, durch die militärische Lage hinreichend in Anspruch genommen, erkundigte sich kaum je nach dem Stand der Arbeiten. Nur in München, seiner zweiten Heimatstadt, und in Berlin setzte er es durch, daß mit großem Aufwand die Opernhäuser wieder aufgebaut wurden[4].

Hitler zeigte übrigens eine bemerkenswerte Unkenntnis der wahren Lage und Stimmung, wenn er alle Einwände zurückwies: »Gerade weil die Stimmung der Bevölkerung hochgehalten werden muß, braucht man Theateraufführungen.« Die Bevölkerung der Städte hatte gewiß andere Sorgen. Einmal mehr deuteten solche Bemerkungen an, wie sehr er in einem »bürgerlichen Milieu« beheimatet war.

Während der Lektüre der Schadensmeldungen pflegte Hitler wüste Ausfälle gegen die englische Regierung und gegen die Juden zu richten, die diese Angriffe verschuldet hätten. Nur durch den Bau einer eigenen großen Bomberflotte sei der Feind zu zwingen, die Angriffe abzustellen, meinte er. Meinem Einwand, daß wir für einen ausgedehnten Bombenkrieg weder über genügend Flugzeuge noch über die nötigen Sprengstoffmengen verfügten[5], setzte er die stets gleiche Antwort entgegen: »Sie haben so viel möglich gemacht, Speer, Sie werden auch das noch schaffen.« Überhaupt scheint mir, nachträglich gesehen, die Tatsache, daß wir trotz der Angriffe immer mehr produzierten, einer der Gründe gewesen zu sein, daß Hitler die Luftschlacht über Deutschland nicht wirklich ernst nahm. Daher wurden Milchs und meine Vorstellungen, die Herstellung von Bombern radikal zugunsten einer erhöhten Jägerproduktion einzustellen, abgelehnt, bis es endlich zu spät dafür war.

Einige Male habe ich versucht, Hitler zu einer Reise durch die zerbombten Städte zu bewegen und sich dort sehen zu lassen[6]. Auch Goebbels klagte mir gegenüber mehrmals, daß er seinen Einfluß bei Hitler vergebens dafür aufgeboten habe; mit Neid verwies er auf das Verhalten Churchills: »Was ich propagandistisch aus solch einem Besuch machen würde!« Hitler wich jedoch derartigen Ansinnen regelmäßig aus. Bei seinen Fahrten vom Stettiner Bahnhof zur Reichskanzlei oder in München zu seiner Wohnung in der Prinzregentenstraße ordnete er nun den kürzesten Weg an, während er es früher geliebt hatte, Umwege zu machen. Da ich ihn einige Male bei solchen Fahrten begleitete, sah ich, wie abgestumpft und unbeteiligt er die zufälligen Bilder eines riesigen Trümmerfeldes registrierte, an dem ihn die Fahrt vorbeiführte.

Morells dringender Rat zu ausgiebigen Spaziergängen wurde nur höchst ungenügend befolgt. Wie leicht wäre es gewesen, in den angrenzenden ostpreußischen Wäldern einige Wege anzulegen. Doch lehnte Hitler solche Vorschläge entschieden ab, so daß eine kleine Rundstrecke von kaum hundert Metern innerhalb des Sperrkreises I sein täglicher Auslauf war.

Bei seinen Spaziergängen galt Hitlers Interesse meist nicht seinem Begleiter, sondern seinem Schäferhund Blondi, den er bei diesen Gelegenheiten zu dressieren versuchte. Nach einigen Übungen im Apportieren mußte sein Hund über einen etwa zwanzig Zentimeter breiten und acht Meter langen Laufsteg, der in zwei Meter Höhe montiert war, balancieren. Hitler wußte natürlich, daß derjenige, der einem Hund das Fressen bringt, von diesem als der Herr angesehen wird. Bevor der Diener Anweisung erhielt, die Tür des Hundezwingers zu öffnen, ließ er daher den vor Freude und Hunger aufgeregten Hund meist einige Minuten bellend und heulend im Zwinger an den Drahtwänden emporspringen. Da ich in besonderer Gunst stand, durfte ich Hitler mitunter zu dieser Fütterung begleiten, während alle anderen diesen Vorgang aus der Ferne beobachten mußten. Der Schäferhund spielte im privaten Leben Hitlers vermutlich die wichtigste Rolle; er war wichtiger als selbst seine engsten Mitarbeiter.

Oft nahm Hitler, wenn sich kein ihm genehmer Gast im Hauptquartier befand, seine Mahlzeiten allein, nur in Gesellschaft seines Schäferhundes, ein. Natürlich wurde auch ich während der meist zwei- bis dreitägigen Aufenthalte im Hauptquartier in der Regel ein- bis zweimal von ihm zum Essen gebeten. Mancher im Hauptquartier dachte wohl, daß wir währenddessen entweder wichtige allgemeine Dinge oder private Themen besprachen. Aber auch mir war es unmöglich, mit Hitler über umfassendere Aspekte der Kriegslage oder auch nur der Wirtschaftssituation zu sprechen; es blieb bei Bagatellthemen oder öden Produktionsziffern.

Anfänglich interessierte er sich noch für Gegenstände, die uns beide ehemals gemeinsam beschäftigt hatten, wie etwa die zukünftige Gestaltung deutscher Städte. Auch auf seine Forderung, nach dem Kriege ein transkontinentales Bahnnetz zu planen, das sein zukünftiges Reich wirtschaftlich zusammenschließen sollte, kam er bei solchen Gelegenheiten noch häufig zurück. Er ließ sich für eine von ihm festgelegte übergroße Spurweite von der Reichsbahn Pläne der Wagentypen und detaillierte Berechnungen über Nutzlasten der Güterzüge ausarbeiten, die er in seinen schlaflosen Nächten studierte[7]. Das Verkehrsministerium fand, daß die Nachteile zweier Bahnsysteme die möglichen Vorteile mehr als aufwiege, aber Hitler hatte sich auf diese Idee festgelegt, der er übrigens als Klammer für sein Imperium eine noch größere Bedeutung beimaß als den Autobahnen.

Von Monat zu Monat wurde Hitler immer schweigsamer. Es mag auch sein, daß er sich mir gegenüber eher gehenließ und sich weniger um eine Konversation bemühte als bei fernerstehenden Tischgästen. Jedenfalls war vom Herbst 1943 an ein gemeinsames Mittagessen zu einer Qual geworden. Still löffelten wir unsere Suppe, machten in der Pause bis zum nächsten Gang vielleicht einige Bemerkungen über das Wetter, woran Hitler meist einige abfällige Äußerungen über das Unvermögen des Wetterdienstes knüpfte, ehe das Gespräch schließlich zu Fragen über die Qualität des Essens zurückfand. Er war mit seiner Diätköchin sehr zufrieden und lobte deren Kochkünste auf vegetarischem Gebiet. Wenn ihm ein Gericht besonders gut zu sein schien, forderte er mich auf, ebenfalls davon zu kosten. Ständig verfolgte ihn die Sorge, zuzunehmen: »Eine Unmöglichkeit! Stellen Sie sich vor, ich laufe mit einem Bauch herum. Das wäre politisch vernichtend!« Oft ließ er dann, um der Versuchung ein Ende zu bereiten, seinen Diener kommen: »Nehmen Sie das bitte mit, es schmeckt mir zu gut.« Übrigens fand er auch hier für Fleischesser manchen Spott, aber er versuchte nicht, meine Meinung zu beeinflussen. Selbst gegen einen »Steinhäger«, nach einem fetten Essen, hatte er nichts – wenn er auch mitleidig meinte, daß er das bei seiner Kost nicht notwendig habe. Wenn es Fleischbrühe gab, konnte ich mich darauf verlassen, daß er von »Leichentee« sprach, bei Krebsen hatte er die Geschichte einer verstorbenen Großmutter auf Lager, die von den Hinterbliebenen in den Bach geworfen wurde, um diese Tiere anzulocken, bei Aalen, daß sie am besten mittels toter Katzen gemästet und gefangen würden.

Hitler scheute sich schon an den Abenden in der Reichskanzlei nicht, solche Geschichten beliebig oft zu wiederholen. Jetzt aber, in den Zeiten der Rückzüge und des Niedergangs, mußten sie als Zeichen einer besonders guten Stimmung angesehen werden. Meistens aber herrschte tödliches Schweigen. Ich hatte den Eindruck eines allmählich auslöschenden Menschen.

Seinem Hund befahl Hitler, sich bei den oft stundenlangen Sitzungen oder während der Mahlzeiten in eine ihm angewiesene Ecke zu legen, wo er sich dann mit einem unwilligen Brummen niederließ. Fühlte er sich nicht beobachtet, so kroch er um einiges dem Sitzplatz seines Herrn näher und landete, nach umständlichen Manövern, mit seiner Schnauze schließlich auf dem Knie Hitlers, worauf er mit scharfem Befehl wieder in seine Ecke verbannt wurde. Ich vermied es, wie jeder einigermaßen kluge Besucher Hitlers, die Freundschaft des Hundes zu erwecken. Das war oft nicht einfach, so, wenn der Hund bei den gemeinsamen Mahlzeiten seinen Kopf auf mein Knie legte und in dieser Stellung aufmerksam die Fleischstücke betrachtete, die ihm vor dem vegetarischen Teller seines Herrn den Vorzug zu verdienen schienen. Wenn Hitler solche Annäherungsversuche bemerkte, rief er den Hund ärgerlich zurück. Im Grunde aber blieb dieser Schäferhund das einzige Lebewesen im Hauptquartier, das ihn in dem Sinne aufrichtete, wie Schmundt und ich uns das vorgestellt hatten. Aber: sein Hund war stumm.

Die Entwicklung Hitlers zu wachsender Kontaktlosigkeit ging allmählich, eigentlich fast unmerklich, vor sich. Eine häufig, etwa ab Herbst 1943, wiederholte Bemerkung machte seine unglückliche Vereinsamung überaus deutlich: »Speer, ich werde einmal nur zwei Freunde haben, Fräulein Braun und meinen Hund.« Der Ton war menschenverachtend und so geradeheraus, daß es mir nicht möglich war, auf meine Loyalität zu verweisen oder verletzt zu sein. Es ist die einzige Vorhersage, mit der Hitler, oberflächlich gesehen, recht behielt. Doch nicht er selbst kann sich darauf etwas zugute halten; vielmehr war es die Tapferkeit seiner Mätresse und die Abhängigkeit seines Hundes.

Später, in meiner langjährigen Gefangenschaft, habe ich erst festgestellt, was es bedeutet, unter einem großen psychischen Druck zu leben. Da erst wurde mir klar, daß Hitlers Leben mit dem eines Gefangenen viel Ähnlichkeit hatte. Sein Bunker, damals zwar noch nicht von den mausoleumsartigen Ausmaßen, die er im Juli 1944 annehmen sollte, hatte die dicken Wände und Decken eines Gefängnisses, eiserne Türen und eiserne Läden schlossen die wenigen Öffnungen, und auch die kärglichen Spaziergänge innerhalb des Stacheldrahtes brachten ihm nicht mehr Luft und Natur als der Rundgang im Gefängnishof einem Gefangenen.

Hitlers Stunde war gekommen, wenn die große Lagebesprechung nach dem Essen, etwa um vierzehn Uhr, begann. Äußerlich hatte sich das Bild seit dem Frühjahr 1942 nicht verändert. Fast noch die gleichen Generale und Adjutanten scharten sich um den sitzenden Hitler an dem großen Kartentisch. Nur sahen alle Teilnehmer durch die Ereignisse der letzten anderthalb Jahre älter und erloschener aus. Teilnahmslos und eher resigniert nahmen sie die Parolen und Befehle entgegen.

Hoffnungen wurden zur Diskussion gestellt. Nach Gefangenenvernehmungen und Einzelberichten von der russischen Front richteten sich die Erwartungen auf eine Ermattung des Gegners. Die Verluste der Russen schienen durch ihre Offensiven weit höher zu sein als die unseren, selbst wenn man sie in Relation zur jeweiligen Volkszahl setzte. Unbedeutende Erfolgsmeldungen nahmen im Gespräch immer größere Dimensionen an, bis sie für Hitler zum unumstößlichen Beweis geworden waren, daß der russische Ansturm von Deutschland doch so lange abgehalten werden könne, bis er verblutet sei. Auch glaubten viele von uns, daß Hitler gegebenenfalls den Krieg rechtzeitig beenden werde.

Um die mutmaßliche Entwicklung der nächsten Monate zu klären, bereitete Jodl einen Vortrag bei Hitler vor. Gleichzeitig versuchte er damit, seine eigentliche Aufgabe als Chef des Wehrmachtsführungsstabes zu aktivieren, die Hitler mehr und mehr an sich gezogen hatte. Jodl kannte Hitlers Mißtrauen gegen rechnerische Darlegungen. Noch Ende 1943 sprach er voller Hohn von einer Ausarbeitung des für die Wehrwirtschaft verantwortlichen Generals Georg Thomas, der das sowjetische Kriegspotential als außerordentlich bedeutend hingestellt hatte. Über diese Denkschrift regte sich

Hitler immer noch auf, obwohl er schon bald nach ihrer Vorlage Thomas und dem OKW untersagt hatte, weitere Untersuchungen dieser Art anzustellen. Als mein Planungsamt etwa im Herbst 1944 erneut, im besten Willen, der Kriegführung bei ihren Entscheidungen zu helfen, ein Memorandum über die gegnerischen Rüstungskapazitäten ausarbeitete, wurde auch uns von Keitel verboten, derartige Unterlagen an das OKW weiterzuleiten.

Jodl wußte, daß er bei der Durchführung seiner Absicht Schwierigkeiten zu überwinden haben werde. Er wählte sich daher einen jungen Oberst der Luftwaffe, Christian, der zunächst in einer der Lagebesprechungen nur für ein Teilgebiet allgemeine Überlegungen vortragen sollte. Der Oberst hatte den nicht zu unterschätzenden Vorteil, mit einer der Sekretärinnen Hitlers verheiratet zu sein, die zu seiner nächtlichen Teestunde gehörte. Die beabsichtigte Analyse sollte ergründen, welche taktischen Pläne der Gegner auf weite Sicht verfolgen könne und welche Konsequenzen sich daraus für uns ergeben könnten. Außer einigen großen Karten Europas, die Christian ungestört einem schweigenden Hitler erläuterte, habe ich jedoch keine Erinnerung mehr an diesen Versuch, der kläglich scheiterte.

Ohne viel Aufhebens und ohne Empörung der Beteiligten, blieb es dabei, daß Hitler alle Entscheidungen, ohne Fachunterlagen, selbst fällte. Er verzichtete auf Analysen der Lage, auf logistische Berechnungen seiner Ideen; es gab für ihn keine Studiengruppen, die Offensivpläne nach allen Seiten des Gelingens und die möglichen Gegenmaßnahmen des Gegners überprüften. Auf alle diese Funktionen eines modernen Krieges waren die Stäbe des Hauptquartiers vorbereitet, sie hätten nur aktiviert werden müssen. Hitler ließ sich zwar über Teilgebiete unterrichten, aber allein in seinem Kopf sollten sich die Einzelkenntnisse zu einem Gesamtbild vereinigen. Seine Feldmarschälle wie auch seine engsten Mitarbeiter hatten daher im eigentlichen Sinne nur beratende Funktionen, denn seine Entscheidung stand meist schon vorher fest und konnte nur um Nuancen verändert werden. Überdies verdrängte er eigene Erfahrungswerte, die er selbständig aus dem Verlauf des Ostfeldzuges 1942/43 hätte gewinnen können.

Unter dem ungeheuren Druck der Verantwortung war wohl im Hauptquartier nichts willkommener, als die Entscheidung – gleichzeitig Entlastung, wie Entschuldigung – durch einen Befehl von oben zu erhalten. Nur selten hörte ich, daß einer der Beteiligten sich an die Front gemeldet hatte, um dem permanenten Gewissenskonflikt, dem man im Hauptquartier ausgesetzt war, zu entgehen. Hier handelt es sich um eines der für mich heute noch unerklärlichen Phänomene; denn trotz aller Kritik machte kaum einer von uns je einen Vorbehalt geltend. Tatsächlich empfanden wir auch keinen. Was die Entscheidungen Hitlers an der Front, wo gekämpft und gestorben wurde, bedeuteten, bewegte uns in der abstumpfenden Welt des Hauptquartiers nicht: wenn beispielsweise Kessel, die vermeidbar gewesen wären, entstanden, nur weil Hitler einen Vorschlag des Generalstabs zum Rückzug immer wieder hinauszögerte.

Dem Staatsoberhaupt konnte zwar niemand zumuten, regelmäßig an die Front zu gehen. Als Oberbefehlshaber des Heeres dagegen, der zudem selbst über Einzelheiten entschied, war er dazu verpflichtet. War er zu krank, dann mußte er einen anderen bestimmen; war er in Sorge um sein Leben, dann durfte er nicht Oberbefehlshaber des Heeres sein.

Einige Frontreisen hätten ihm und seinem Stab mühelos die grundsätzlichen Fehler deutlich machen können, die so viel Blut kosteten. Hitler und seine militärischen Mitarbeiter jedoch glaubten, von ihren Lagekarten aus führen zu können. Sie kannten weder den russischen Winter und seine Straßenverhältnisse noch die Strapazen der Soldaten, die ohne Quartiere, unzulänglich ausgerüstet, übermüdet, erschöpft und halberfroren in Erdlöchern leben mußten und deren Widerstandskraft längst gebrochen war. In der Lagebesprechung wurden diese Verbände von Hitler als vollwertig betrachtet, eingesetzt und beurteilt. Divisionen, die abgekämpft und ohne Waffen und Munition waren, schob er auf der Karte hin und her, wobei er oft Zeiten ansetzte, die gänzlich unrealistisch waren. Da er durchweg sofortiges Eingreifen befahl, kamen die Vorausabteilungen ins Feuer, ehe die Verbände ihre geschlossene Kampfkraft entfalten konnten: So wurden sie an den Feind geführt, so aufgesplittert und nach und nach vernichtet.

Die Nachrichtenanlage des Hauptquartiers war für ihre Zeit vorbildlich. Sie hatte unmittelbare Sprechmöglichkeiten zu allen wichtigen Kriegsschauplätzen. Aber diese Möglichkeit des Telefons, Funks und Fernschreibers wurde von Hitler überschätzt. Sie nahm gleichzeitig den verantwortlichen Heerführern, im Gegensatz zu früheren Kriegen, jede Chance des selbständigen Handelns, da Hitler unentwegt in ihren Frontabschnitten intervenierte. Nur durch diese Nachrichtenanlage konnten die einzelnen Divisionen auf allen Kriegsschauplätzen von Hitlers Tisch im Lagezimmer dirigiert werden. Je schwieriger die Lage, um so größer ließ die neuzeitliche Technik den Abstand zwischen der Wirklichkeit und der Phantasie werden, mit der von diesem Tisch aus operiert wurde.

Militärische Führung sei vorwiegend eine Angelegenheit des Verstandes, der Zähigkeit und der eisernen Nerven: und alle diese Eigenschaften glaubte Hitler in weit höherem Maße als seine Generale zu besitzen. Er sagte, allerdings erst nach der Katastrophe des Winters 1941/42, immer wieder voraus, daß noch schwierigste Situationen zu überwinden seien; dann erst würde sich zeigen, wie fest er stehe und wie gut seine Nerven seien[8].

Solche Äußerungen waren für die anwesenden Offiziere herabsetzend genug; aber Hitler brachte es nicht selten fertig, sich in beleidigenden Worten unmittelbar an die ihn umgebenden Generalstabsoffiziere zu wenden; sie seien nicht standhaft; nur immer zu Rückzügen geneigt; ohne Grund bereit, gewonnenen Boden aufzugeben. Nie wären diese Feiglinge des Generalstabs zu einem Krieg angetreten. Immer hätten sie abgeraten, immer erklärt, daß unsere Kräfte viel zu schwach seien. Wem gäbe der Erfolg Recht, wenn nicht ihm! Hitler wiederholte die übliche Aufzählung früherer militärischer Erfolge und der negativen Stellungnahmen des Generalstabs vor Antritt dieser militärischen Operationen – was angesichts der unterdes eingetretenen Lage gespenstisch wirkte. Dabei konnte er die Fassung verlieren, rot anlaufen und schnell, mit überstürzender lauter Stimme sich ereifern: »Sie sind nicht nur notorische Feiglinge, sondern auch unaufrichtig. Sie sind notorische Lügner. Die Erziehung des Generalstabs ist eine Schule zur Lüge und zum Betrug. Zeitzler, diese Angaben stimmen nicht! Sie selber werden auch belogen. Glauben Sie mir, die Lage wird bewußt ungünstig hingestellt, nur um mich zu Rückzügen zu bewegen!« Natürlich wurde von Hitler befohlen, den Frontbogen auf alle Fälle zu halten, und genauso natürlich wurde die Stellung von den sowjetischen Kräften nach einigen Tagen oder Wochen überrannt. Daraufhin folgten neue Ausbrüche, verbunden mit neuen Schmähungen der Offiziere, oft mit abwertenden Urteilen über die deutschen Soldaten verknüpft: »Der Soldat des Ersten Weltkrieges war viel härter; was mußten sie alles durchmachen, in Verdun, an der Somme. Heute würden sie bei so was davonlaufen.« Mancher der Geschmähten gehörte zu den Offizieren des 20. Juli. Er warf seine Schatten voraus. Hitler hatte früher über ein feines Unterscheidungsvermögen verfügt, das ihn befähigt hatte, seine jeweilige Umgebung mit den für sie eindrucksvollsten Worten anzusprechen. Jetzt war er enthemmt und gab sich unkontrolliert. Der Redefluß breitete sich uferlos aus, wie der eines Gefangenen, der selbst seinem Ankläger gegenüber gefährliche Geheimnisse preisgibt. Hitler redete, so schien mir, wie unter einem Zwang.

Um vor der Nachwelt den Beweis zu führen, daß er immer das Richtige angeordnet habe, ließ Hitler schon im Spätherbst 1942 vereidigte Stenographen des Reichstages kommen, die am Tisch der Lagebesprechung Platz nahmen und jedes Wort mitzuschreiben hatten.

Manchmal, wenn Hitler eine Lösung aus dem Dilemma gefunden zu haben meinte, fügte er hinzu: »Haben Sie das? Ja, man wird mir einmal Recht geben. Aber diese Idioten von Generalstäblern wollen mir ja nicht glauben.« Selbst wenn die Truppen zurückfluteten, triumphierte er noch: »Habe ich nicht vor drei Tagen das so und so befohlen? Es ist wieder nicht durchgeführt worden. Sie führen meine Befehle nicht durch und danach lügen sie sich mit den Russen heraus. Sie lügen, der Russe hätte die Durchführung verhindert.« Hitler wollte nicht zugeben, daß seine Mißerfolge auf die schwache Position zurückzuführen waren, in die uns sein Mehrfrontenkrieg manövriert hatte.

Die Stenographen, die unverhofft in dieses Tollhaus geraten waren, trugen vielleicht noch vor wenigen Monaten in sich das Idealbild von Hitler und seinem überlegenen Genie, wie es Goebbels sie gelehrt hatte. Hier mußten sie nun einen Blick in die Wirklichkeit tun. Ich habe sie noch deutlich vor Augen, wie sie fahlen Angesichts mitschrieben, wie bedrückt sie in ihrer freien Zeit im Hauptquartier auf- und abgingen. Sie kamen mir vor wie Abgesandte des Volkes, die verurteilt waren, als Zeugen das Trauerspiel aus nächster Nähe mitzumachen.

Während Hitler, befangen in seiner Theorie vom slawischen Untermenschen, den Krieg gegen sie anfangs als ein »Sandkastenspiel« bezeichnet hatte, nötigten ihm nun die Russen, je länger der Krieg dauerte, desto mehr Achtung ab. Ihm imponierte die Zähigkeit, mit der sie ihre Niederlagen hingenommen hatten. Von Stalin sprach er voller Anerkennung, wobei er besonders die Parallele seines Aushaltens hervorhob: die Gefahr, in der Moskau im Winter 1941 schwebte, schien ihm Ähnlichkeit mit seiner jetzigen Lage zu haben. Kam eine Welle der Siegeszuversicht[9], dann meinte er wohl gelegentlich mit spaßhaftem Unterton, daß es am besten wäre, bei einem Sieg über Rußland Stalin die Verwaltung des Landes, natürlich unter deutscher Hoheit, anzuvertrauen, da er für die Behandlung der Russen der denkbar beste Mann sei. Überhaupt sah er in Stalin so etwas wie einen Kollegen. Vielleicht entsprang es diesem Respekt, daß er, als Stalins Sohn gefangengenommen wurde, eine besonders gute Behandlung befahl. Es hatte sich viel seit jenem Tage nach dem Waffenstillstand mit Frankreich geändert, als Hitler vorhersagte, daß ein Krieg mit der Sowjetunion ein Sandkastenspiel sei.

Entgegen seiner im Osten schließlich gewonnenen Überzeugung, es mit einem entschlossenen Gegner zu tun zu haben, beharrte Hitler auf seiner vorgefaßten Meinung über den mangelhaften Kampfwert der Truppen westlicher Länder bis in die letzten Kriegstage. Selbst die Erfolge der Alliierten in Afrika und Italien konnten ihn nicht davon abbringen, daß diese Soldaten bei dem ersten ernsthaften Ansturm davonlaufen würden. Nach seiner Meinung machte Demokratie ein Volk schwächlich. Noch im Sommer 1944 sprach er immer wieder von seiner Überzeugung, daß im Westen in Kürze alles zurückerobert sei. Dem entsprach sein Urteil über die Staatsmänner des Westens. Für ihn war Churchill, wie er oft in der Lagebesprechung feststellte, tatsächlich ein dem Trunk ergebener, unfähiger Demagoge, während er von Roosevelt allen Ernstes behauptete, daß er nicht an Kinderlähmung, sondern an syphilitischer Paralyse erkrankt und daher unzurechnungsfähig sei. Auch hier zeigte sich die Flucht aus der Wirklichkeit, die seine letzten Lebensjahre kennzeichnete.

In Rastenburg war im Sperrkreis I ein Teehaus gebaut worden; seine Einrichtung stach von der Nüchternheit dieses Hauptquartiers angenehm ab. Hier traf man sich gelegentlich zu einem Wermut, hier warteten Feldmarschälle auf den Beginn ihrer Besprechung mit Hitler. Aber er selbst mied diesen Raum und damit die Begegnung mit den Generalen und Stabsoffizieren des Oberkommandos der Wehrmacht. Einige Tage aber, nachdem am 25. Juli 1943 in Italien der Faschismus klanglos geendet war und Badoglio die Regierung übernommen hatte, saß Hitler dort mit vielleicht zehn seiner militärischen und politischen Mitarbeiter, unter ihnen Keitel, Jodl und Bormann, nachmittags beim Tee zusammen. Unvermittelt platzte Jodl plötzlich heraus: »Eigentlich ist der ganze Faschismus wie eine Seifenblase geplatzt.« Erschrecktes Schweigen folgte, bis irgend jemand ein anderes Thema anschnitt, während Jodl, sichtlich selbst erschrocken, einen roten Kopf bekam.

Einige Wochen danach wurde Prinz Philipp von Hessen in das Hauptquartier gebeten. Er war einer jener Gefolgsmänner, die Hitler stets mit Ehrerbietung und Respekt behandelt hatte. Philipp war ihm oft nützlich gewesen, und hatte, zumal in den Anfangsjahren des Reiches, die Kontakte zu den Spitzen des italienischen Faschismus vermittelt. Außerdem hatte er Hitler zum Kauf wertvoller Kunstgegenstände verholfen, deren Ausfuhr aus Italien der Prinz durch seine verwandtschaftlichen Beziehungen zum italienischen Königshaus ermöglichen konnte.

Als der Prinz nach einigen Tagen wieder abfahren wollte, erklärte ihm Hitler unverblümt, daß er sich nicht aus dem Hauptquartier entfernen könne. Er behandelte ihn zwar weiter mit größter äußerer Höflichkeit, lud ihn zu seinen Mahlzeiten ein; aber Hitlers Umgebung, die sich vorher so gern mit einem »richtigen Prinzen« unterhalten hatte, mied ihn nun, als sei er von einer ansteckenden Krankheit befallen. Am 9. September wurden der Prinz und Prinzessin Mafalda, die Tochter des italienischen Königs, auf Befehl Hitlers in ein Konzentrationslager überführt.

Hitler rühmte sich noch Wochen danach, er habe frühzeitig Verdacht geschöpft, daß Prinz Philipp dem italienischen Königshaus Nachrichten zukommen lasse. Er selbst habe ihn beobachtet und angeordnet, daß seine Telefongespräche überwacht würden; dabei sei festgestellt worden, daß er an seine Frau Nummernchiffren durchgegeben habe. Dennoch habe er selbst ihn weiter mit auszeichnender Freundlichkeit behandelt. Dies habe zu seiner Taktik gehört, meinte er mit sichtlicher Freude an seinem kriminalistischen Erfolg.

Die Festnahme des Prinzen und seiner Gattin erinnerte alle, die Hitler ähnlich nahestanden, daß sie sich gnadenlos in seine Hand begeben hatten. Unbewußt verbreitete sich das Gefühl, daß Hitler jeden aus der Runde ebenso heimtückisch und subaltern belauern könne, um ihm, ohne jede Möglichkeit einer Rechtfertigung, ein ähnliches Schicksal zu bereiten.

Mussolinis Verhältnis zu Hitler war für uns alle, seit seiner Unterstützung während der Österreichkrise, das Sinnbild einer freundschaftlichen Beziehung. Nach dem Sturz und spurlosen Verschwinden des italienischen Staatschefs schien sich bei Hitler eine Art Nibelungentreue entwickelt zu haben. Immer wieder forderte er in den Lagebesprechungen auf, alles zu unternehmen, um den Vermißten ausfindig zu machen. Er sprach von dem Alpdruck, der Tag und Nacht auf ihm liege.

Am 12. September 1943 war im Hauptquartier eine Besprechung angesetzt, zu der die Gauleiter von Tirol und Kärnten sowie ich geladen waren. Es wurde urkundlich festgelegt, daß nicht nur Südtirol, sondern das italienische Gebiet bis vor Verona unter die Verwaltungshoheit des Gauleiters von Tirol, Hofer, komme und große Teile Venetiens, einschließlich Triests, die an den Gau Kärnten grenzten, zur Verwaltung des Gauleiters Rainer geschlagen werden sollten. Ich erreichte an diesem Tag mühelos, daß mir im verbliebenen italienischen Gebiet unter Ausschaltung der Befugnisse italienischer Stellen die Kompetenz in allen Rüstungs- und Produktionsfragen übertragen wurde. Die Überraschung war groß, als einige Stunden nach der Unterzeichnung dieser drei Erlasse die Befreiung Mussolinis bekannt wurde. Die beiden Gauleiter sahen ihren soeben erworbenen Machtzuwachs ebenso verloren wie ich: »So was wird der Führer doch nicht dem Duce zumuten!« Kurz darauf begegnete ich Hitler und schlug ihm vor, die Ausdehnung meiner Befugnisse rückgängig zu machen. Ich nahm an, damit seinen Beifall zu haben. Zu meiner Überraschung lehnte er meinen Vorschlag energisch ab; der Erlaß würde auch weiter seine Gültigkeit haben. Ich machte Hitler darauf aufmerksam, daß durch die Bildung einer neuen faschistischen Regierung unter Mussolini sein Eingriff in die Hoheitsrechte Italiens aufgehoben werden könnte. Hitler überlegte kurz und verfügte: »Legen Sie mir meinen Erlaß noch einmal zur Unterschrift vor, und zwar mit dem Datum von morgen. Dann besteht kein Zweifel, daß mein Befehl durch die Befreiung des Duce nicht beeinträchtigt wird[10].« Sicherlich war Hitler schon einige Tage vor dieser Amputierung Norditaliens gemeldet worden, daß man den Aufenthaltsort Mussolinis ausgekundschaftet habe. Der Verdacht liegt nahe, daß wir gerade wegen der kurz bevorstehenden Befreiung Mussolinis vorzeitig ins Hauptquartier zitiert worden waren.

Am nächsten Tag traf Mussolini in Rastenburg ein. Hitler umarmte ihn ehrlich gerührt. Zum Jahrestag des Drei-Mächte-Paktes sandte Hitler ihm, dem »in Freundschaft verbundenen Duce ... die wärmsten Wünsche für die Zukunft eines durch den Faschismus wieder zu einer ehrenvollen Freiheit geführten Italien«.

Vierzehn Tage zuvor hatte er Italien verstümmelt.

22. Kapitel

Abstieg

Die steigenden Rüstungsleistungen stärkten meine Position bis in den Herbst 1943. Nachdem wir die industriellen Reserven Deutschlands annähernd ausgeschöpft hatten, suchte ich das Potential der anderen europäischen Länder, die unter unserem Einfluß standen, industriell für uns nutzbar zu machen[1]. Anfangs hatte Hitler gezögert, die industrielle Kapazität des Westens voll auszunutzen. Später sollten nach seinem Willen die besetzten östlichen Gebiete sogar desindustrialisiert werden, denn Industrie fördere, wie er meinte, den Kommunismus und züchte eine nicht erwünschte Intelligenzschicht. Die Verhältnisse hatten sich jedoch in allen besetzten Gebieten schnell stärker erwiesen als Hitlers Vorstellungen. Er dachte praktisch genug, um die Vorteile, die der Truppenversorgung durch eine intakte Industrie zufielen, zu erkennen.

Frankreich war das wichtigste unter den besetzten Industrieländern. Bis ins Frühjahr 1943 war seine industrielle Leistung uns kaum zugute gekommen. Sauckels zwangsweise Rekrutierung von Arbeitskräften hatte dort mehr Schaden angerichtet als Vorteile gebracht. Denn um einer Dienstverpflichtung zu entgehen, flohen die französischen Arbeiter aus ihren Fabriken, von denen nicht wenige für unsere Rüstung produzierten. Im Mai 1943 beschwerte ich mich zum ersten Mal darüber bei Sauckel, im Juli 1943 schlug ich auf einer Sitzung in Paris vor, wenigstens die für uns in Frankreich arbeitenden Betriebe vor Eingriffen Sauckels zu schützen[2].

Meine Mitarbeiter und ich hatten die Absicht, besonders in Frankreich, aber auch in Belgien und Holland, in großem Umfang Güter für die deutsche Zivilbevölkerung, wie Bekleidung, Schuhwerk, Textilwaren, Möbel herstellen zu lassen, um gleichartige Fabriken in Deutschland für die Rüstung freizumachen. Unmittelbar nachdem ich in den ersten Tagen des September die gesamte deutsche Produktion übernommen hatte, lud ich den französischen Produktionsminister nach Berlin ein. Minister Bichelonne, Professor der Pariser Sorbonne, ging der Ruf eines fähigen und energischen Mannes voraus.

Nicht ohne einiges Geplänkel mit dem Auswärtigen Amt hatte ich durchgesetzt, daß er als Staatsgast behandelt wurde. Ich mußte dazu Hitler einschalten, dem ich erklärte, daß Bichelonne bei mir nicht »die Hintertreppe heraufgehen« werde. Er wurde daraufhin im Berliner Gästehaus der Reichsregierung untergebracht.

Fünf Tage bevor Bichelonne eintraf, ließ ich mir zudem von Hitler bestätigen, daß die Idee einer europäischen Produktionsplanung seine Billigung finde und daß Frankreich dabei gleichberechtigt neben den anderen Nationen vertreten sein solle. Sowohl Hitler als auch ich gingen von der Voraussetzung aus, daß Deutschland auch in der Produktionsplanung die ausschlaggebende Stimme behalten müsse[3].

Am 17. September 1943 empfing ich Bichelonne, mit dem mich bald eine ins Persönliche reichende Beziehung verband. Wir beide waren jung, wir glaubten, die Zukunft für uns zu haben, und beide versprachen wir uns daher, eines Tages die Fehler der gegenwärtig regierenden Weltkriegsgeneration zu vermeiden. Ich wäre auch bereit gewesen, die von Hitler geplante Verstümmelung Frankreichs später rückgängig zu machen, um so mehr, als es in einem gemeinsam produzierenden Europa nach meiner Ansicht gleichgültig gewesen wäre, wo die Staatsgrenzen verliefen. In diese Utopie verloren wir, Bichelonne und ich, uns damals – bezeichnend für die illusionäre Traumwelt, in der wir uns bewegten.

Am letzten Tag der Verhandlungen bat Bichelonne um eine Besprechung unter vier Augen. Es sei ihm, so begann er, von seinem Regierungschef Laval, auf Betreiben Sauckels, verboten worden, mit mir die Frage des Abtransports von Arbeitskräften von Frankreich nach Deutschland zu besprechen[4]. Ob ich trotzdem die Frage behandeln wolle? Ich stimmte zu. Bichelonne erläuterte mir seine Sorgen, und ich fragte ihn schließlich, ob ein Schutz französischer Industriebetriebe vor Deportationen ihm helfen würde. »Wenn das möglich ist, sind alle meine Probleme, auch wegen unseres gerade verabredeten Programms, behoben«, meinte Bichelonne erleichtert, »aber damit ist auch der Arbeitseinsatz von Frankreich nach Deutschland nahezu am Ende. Das muß ich Ihnen ehrlich sagen.« Mir war das durchaus klar, aber nur so konnte ich aus der französischen Industrieproduktion Leistungen für unsere Zwecke herausholen. Wir hatten etwas Außergewöhnliches getan. Bichelonne hatte sich über eine Weisung Lavals hinweggesetzt, ich hatte Sauckel desavouiert, und beide hatten wir, im Grunde ungedeckt, eine weitreichende Verabredung getroffen[5].

Anschließend begaben wir uns zur gemeinsamen Sitzung, in der über die letzten strittigen Punkte unseres Abkommens langatmig von den Juristen diskutiert wurde. Es hätte noch Stunden gedauert, und zu welchem Zweck? Selbst ausgefeilte Paragraphen konnten den guten Willen der Zusammenarbeit nicht ersetzen. Ich unterbrach daher diesen leidigen Handel, um vorzuschlagen, daß wir beide durch Händedruck unseren Pakt als abgeschlossen betrachteten. Die Juristen beider Seiten waren sichtlich befremdet. Immerhin hielt ich unsere formlose Abmachung bis zum Schluß ein, indem ich dafür sorgte, daß die Industrie Frankreichs erhalten blieb, auch als sie für uns keinen Wert mehr besaß und Hitler ihre Zerstörung angeordnet hatte.

Unser Produktionsplan bot beiden Ländern Vorteile: Ich konnte Rüstungskapazitäten gewinnen, die Franzosen wußten die Chance zu schätzen, mitten im Kriege die Friedensproduktion wieder anlaufen zu lassen. In Zusammenarbeit mit dem Militärbefehlshaber Frankreichs wurden dazu im gesamten Lande Sperrbetriebe eingeführt und durch einen Anschlag in der Fabrik, der mich persönlich verpflichtete, da er meine faksimilierte Unterschrift trug, der Schutz aller im Werk beschäftigten Arbeiter vor Sauckels Zugriff ausgesprochen. Aber auch die französische Grundindustrie mußte gestärkt, die Transporte gewährleistet, die Ernährung gesichert werden – so daß schließlich fast jeder wichtige Betrieb, am Ende insgesamt zehntausend, vor Sauckel geschützt war.

Das Wochenende verbrachten Bichelonne und ich auf dem Landsitz meines Freundes Arno Breker. Zu Beginn der neuen Woche machte ich die Mitarbeiter Sauckels mit den getroffenen Vereinbarungen bekannt. Ich forderte sie auf, ihre Anstrengungen in Zukunft darauf zu richten, die französischen Arbeiter in die französischen Betriebe zu drängen. Ihre Zahl werde auf die Quote »Zuweisung an die deutsche Rüstung« angerechnet[6].

Zehn Tage später war ich im Führerhauptquartier, um Sauckel in der Berichterstattung bei Hitler zuvorzukommen; denn wer seine Argumente zuerst vortragen konnte, befand sich nach aller Erfahrung im Vorteil. Tatsächlich zeigte sich Hitler zufrieden, er genehmigte meine Vereinbarungen und erklärte sogar das Risiko eines möglichen Ausfalls durch Unruhen oder Streiks für tragbar[7]. Die Aktionen Sauckels in Frankreich hatten damit nahezu ihr Ende gefunden. Statt bisher monatlich 50 000 wurden bald nur noch 5000 Arbeiter nach Deutschland gebracht[8]. Einige Monate später, am 1. März 1944, berichtete Sauckel verärgert: »Meine Dienststellen in Frankreich haben mir erklärt: ›Hier ist alles zu Ende! Es hat keinen Zweck, weiterzumachen.‹ In allen Präfekturen wird erklärt: Minister Bichelonne hat mit Minister Speer ein Abkommen getroffen. Laval hat mir gesagt: ›Ich stelle jetzt keine Leute mehr für Deutschland!‹« Kurze Zeit danach verfuhr ich nach dem gleichen Prinzip gegenüber Holland, Belgien und Italien.

Am 20. August 1943 war Heinrich Himmler zum Innenminister des Reiches ernannt worden. Bis dahin war er zwar der Reichsführer der allumfassenden SS, von der man als einem »Staat im Staate« sprach, als Chef der Polizei aber war er seltsamerweise ein Untergebener des Reichsministers Frick.

Die Macht der Gauleiter hatte unter dem Schutz Bormanns zu einer Zersplitterung der Reichsgewalt geführt. Unter ihnen gab es zwei Kategorien: die alten, die vor 1933 schon Gauleiter waren; sie waren einfach unfähig, einen Verwaltungsapparat zu handhaben. Neben ihnen stieg im Laufe der Jahre aus der Schule Bormanns eine neue Schicht von Gauleitern auf; junge, meist juristisch ausgebildete Verwaltungsbeamte, die befähigt waren, den Einfluß der Partei im Staat systematisch zu stärken.

Eine der von Hitler geförderten Zweigleisigkeiten des Systems bestand darin, daß Bormann Chef der Gauleiter in ihrer Eigenschaft als Parteifunktionäre war; der Innenminister jedoch war ihr unmittelbarer Vorgesetzter in ihrer staatlichen Eigenschaft als Reichsverteidigungskommissare. Unter dem schwachen Frick bedeutete diese Regelung für Bormann keine Gefahr. Beobachter der politischen Szenerie vermuteten jedoch, daß mit Himmler als Innenminister Bormann einen ernsthaften Gegenspieler erhalten habe.

Auch ich war dieser Meinung und hoffte auf Himmlers Macht. Vor allem erwartete ich, daß er den fortschreitenden organisatorischen Zerfall der einheitlichen Reichsverwaltung gegen Bormann aufhalten werde. Himmler sagte mir auch sofort zu, in Verwaltungsangelegenheiten des Reiches unbotmäßige Gauleiter zur Rechenschaft zu ziehen[9].

Am 6. Oktober 1943 sprach ich vor den Reichsleitern der Partei und den Gauleitern. Das Echo auf meine Rede signalisierte eine Wende. Ihr Zweck war es, der politischen Führung des Reiches die Augen über den wahren Stand der Lage zu öffnen, ihr die Hoffnung zu nehmen, daß mit dem baldigen Einsatz einer Großrakete zu rechnen sei, und ihr deutlich zu machen, daß inzwischen der Feind diktierte, was wir zu produzieren hätten. Die teilweise noch friedensmäßige Wirtschaftsstruktur Deutschlands müßte endlich geändert werden, aus den sechs Millionen in unserer Verbrauchsgüterindustrie beschäftigten Menschen seien eineinhalb Millionen in die Rüstung zu überführen, Konsumgüter würden von nun an in Frankreich hergestellt. Ich gestand zu, daß diese Regelung Frankreich eine günstige Ausgangsposition für die Nachkriegszeit verschaffe: »Ich bin jedoch der Meinung«, so äußerte ich vor der wie versteinert zuhörenden Versammlung, »daß, wenn wir den Krieg gewinnen wollen, wir auch in erster Linie die Opfer zu bringen haben.«

Noch stärker provozierte ich indessen die anwesenden Gauleiter, als ich etwas zu unverblümt fortfuhr: »Ich bitte Sie, zur Kenntnis zu nehmen: Die bisherige Art, mit der sich einzelne Gaue von Stillegungen in der Verbrauchsgüterindustrie ausgenommen haben, kann und wird nicht mehr am Platze sein. Ich werde daher Stillegungen, soweit nicht die Gaue innerhalb von vierzehn Tagen meiner Aufforderung nachkommen, selbst aussprechen. Und ich kann Ihnen versichern, daß ich gewillt bin, die Autorität des Reiches durchzusetzen, koste es was es wolle! Ich habe mit Reichsführer-SS Himmler gesprochen, und ich werde von jetzt an die Gaue, die diese Maßnahmen nicht durchführen, entsprechend behandeln.«

Daß ich eine scharfe Linie verfolgte, dürfte die Gauleiter nicht so sehr erregt haben wie diese beiden letzten Sätze. Kaum hatte ich meine Rede beendet, stürzten auch schon einige von ihnen zornig auf mich zu. Lautstark und gestikulierend, von einem der ältesten unter ihnen, Bürkel, angeführt, warfen sie mir vor, ich hätte ihnen mit dem Konzentrationslager gedroht. Um wenigstens das richtigzustellen, bat ich Bormann, mir noch einmal das Wort zu erteilen. Aber Bormann winkte ab. Mit geheuchelter Freundlichkeit meinte er, daß es keineswegs notwendig sei, denn es gäbe keine Mißverständnisse.

Am Abend nach dieser Tagung mußten viele der Gauleiter infolge ihrer alkoholischen Exzesse Hilfe in Anspruch nehmen, um zum Sonderzug zu kommen, der sie in der Nacht zum Hauptquartier beförderte. Am nächsten Morgen bat ich Hitler, einige temperenzlerische Worte an seine politischen Mitarbeiter zu richten; aber wie immer schonte er die Gefühle der Gefährten seiner Frühzeit. Auf der anderen Seite informierte Bormann Hitler über meine Auseinandersetzung mit den Gauleitern[10]. Hitler gab mir zu verstehen, daß alle Gauleiter aufgebracht seien, ohne mir nähere Gründe mitzuteilen. Bormann, das wurde bald deutlich, war es gelungen, mein Ansehen bei Hitler wenigstens ansatzweise zu untergraben. Unablässig bohrte er weiter, zum ersten Mal nicht ohne Erfolg. Ich selber hatte ihm den Hebel dazu in die Hand gegeben. Von nun an konnte ich nicht mehr wie selbstverständlich auf die Loyalität Hitlers rechnen.

Bald zeigte sich auch, was von der Zusage Himmlers, künftig die Anordnungen der Reichsbehörde durchzusetzen, zu halten sei. Ich ließ ihm Unterlagen über gravierende Auseinandersetzungen mit Gauleitern zugehen, hörte jedoch zunächst Wochen nichts davon, bis Himmlers Staatssekretär Stuckart mir betreten mitteilte, daß der Innenminister kurzerhand die Akten an Bormann gesandt habe und daß dessen Antwort erst unlängst eingetroffen sei: Alle Fälle seien durch die Gauleiter überprüft; dabei hätte sich übrigens erwartungsgemäß herausgestellt, daß meine Anordnungen verfehlt und die Widersätzlichkeit der Gauleiter eigentlich durchweg berechtigt gewesen sei. Himmler habe diesen Bescheid akzeptiert. Die erhoffte Stärkung der Reichsautorität blieb ein Fehlschlag, die Koalition Speer–Himmler auch. Mir wurde erst einige Monate später bekannt, warum alle diese Absichten scheitern mußten: Himmler hatte tatsächlich, wie ich vom Gauleiter von Niederschlesien, Hanke, hörte, einen Angriff auf die Souveränität einiger Gauleiter unternommen. Er ließ ihnen, was einem Affront gleichkam, durch seine SS-Befehlshaber im Gau Anordnungen zukommen. Unerwartet schnell mußte er jedoch erkennen, daß die Gauleiter in der Parteizentrale Bormanns jede Rückendeckung fanden. Denn schon nach einigen Tagen hatte Bormann bei Hitler ein Verbot derartiger Übergriffe Himmlers erwirkt: im Entscheidungsfall bewährte sich immer wieder das trotz aller Verachtung im einzelnen bestehende Treueverhältnis zwischen Hitler und den Gefährten seines Aufstiegs aus den zwanziger Jahren. Selbst Himmler und die SS waren nicht in der Lage, die sentimentale Kumpanenschaft aufzubrechen. Nach seiner Niederlage in dieser ungeschickt angelegten Aktion verzichtete der SS-Führer endgültig darauf, die Reichsgewalt gegen die Gaue ins Spiel zu bringen; entgegen

Himmlers Absicht wurden die »Reichsverteidigungskommissare« nicht zu Sitzungen nach Berlin gerufen. Himmler begnügte sich in Zukunft damit, die politisch weniger exponierten Oberbürgermeister und Regierungspräsidenten zusammenzufassen und auf sich abzustimmen. Bormann und Himmler, die sich ohnehin duzten, wurden wieder gute Freunde. Meine Rede hatte die Interessenlagen sichtbar gemacht, die Machtverhältnisse zu erkennen gegeben und meine Position unterhöhlt.

Innerhalb weniger Monate war ich zum dritten Mal bei dem Versuch, Macht und Möglichkeiten des Regimes zu aktivieren, gescheitert. Dem drohenden Dilemma versuchte ich offensiv zu entgehen. Bereits fünf Tage nach meiner Rede ließ ich mich von Hitler für die zukünftige Planung aller bombengeschädigten Städte einsetzen. Ich hatte damit eine Bevollmächtigung auf einem Gebiet erhalten, das meinen Widersachern, nicht zuletzt auch Bormann, näher lag als viele Kriegsprobleme. Teilweise sahen sie bereits jetzt in diesem Wiederaufbau der Städte ihre wichtigste zukünftige Aufgabe. Der Erlaß Hitlers erinnerte sie daran, daß sie dabei von mir abhängig sein würden.

Im übrigen wollte ich damit zugleich einer Gefahr begegnen, die sich aus der ideologischen Radikalität der Gauleiter ergeben hatte: die Zerstörungen der Städte gaben ihnen den Vorwand, historische Bauwerke abzureißen, selbst wenn sie noch restaurationsfähig waren. Als ich beispielsweise nach einem schweren Fliegerangriff mit dem Gauleiter zusammen von einer Dachterrasse das Trümmerfeld von Essen sah, meinte er nebenbei, daß das Essener Münster nun gänzlich abgerissen würde, da es durch die Angriffe ohnehin beschädigt sei; der Modernisierung der Stadt sei es nur hinderlich. Der Mannheimer Oberbürgermeister rief mich zu Hilfe, um den Abbruch des niedergebrannten Mannheimer Schlosses sowie des Nationaltheaters zu verhindern. Aus Stuttgart hörte ich, daß das abgebrannte Schloß ebenfalls auf Wunsch des dortigen Gauleiters abgerissen werden sollte[11].

Die Begründung war in allen diesen Fällen die gleiche: Weg mit den Schlössern und Kirchen! Wir bauen uns nach dem Kriege unsere eigenen Denkmäler! Hier wurde nicht allein das Minderwertigkeitsgefühl der Parteigrößen vor der Vergangenheit lebendig; bezeichnend war vielmehr auch, was mir einer der Gauleiter als Grund für einen Niederreißungsbefehl angab: Schlösser und Kirchen der Vergangenheit seien Zwingburgen der Reaktion, sie stünden unserer Revolution im Wege. Hier kam ein Fanatismus zum Vorschein, der der Frühzeit der Partei zugehörte, aber in den Kompromissen und Arrangements mit der Macht allmählich verlorengegangen war.

Ich hielt die Bewahrung der historischen Substanz der deutschen Städte und die Vorbereitung eines vernünftigen Wiederaufbaus für so wichtig, daß ich selbst auf dem Höhe- und Wendepunkt des Krieges, im November und Dezember 1943, ein Schreiben an alle Gauleiter richtete, das sich nicht unwesentlich von meinen Vorkriegsplänen unterschied: Keine hochkünstlerischen Ideen mehr, sondern Sparsamkeit; eine großzügige Verkehrsplanung, die dem Ersticken der Städte durch Verkehrsnot entgegentreten sollte; industrielle Herstellung von Wohnungen, Altstadtsanierung und Geschäftshäuser in den Stadtzentren[12]. Von monumentalen Großbauten war nicht mehr die Rede. Dazu war mir unterdes die Lust vergangen und Hitler, mit dem ich die Grundlinien dieser Planungskonzeption durchsprach, wohl auch.

Anfang November näherten sich die sowjetischen Truppen Nikopol, dem Zentrum der Mangangruben. In jener Zeit ereignete sich eine Begebenheit, die Hitler in einem nicht weniger merkwürdigen Licht zeigt als Göring, der seinem General der Jagdflieger befahl, bewußt die Unwahrheit zu sagen.

Generalstabschef Zeitzler teilte mir Anfang November 1943 in einem Telefongespräch aufgeregt mit, daß er soeben mit Hitler eine heftige Auseinandersetzung gehabt habe: Hitler habe darauf bestanden, alle in der Nähe verfügbaren Divisionen zur Verteidigung von Nikopol heranzuziehen. Ohne Mangan, so habe Hitler erregt geäußert, sei der Krieg in kürzester Zeit verloren! Dann müsse Speer drei Monate später die Rüstung stillegen, denn er habe keine Vorräte[13]. Zeitzler bat mich dringend, ihm zu helfen; statt die Truppen zu konzentrieren, wäre es eher an der Zeit, den Rückzug einzuleiten, falls man ein neues Stalingrad vermeiden wolle.

Sofort nach diesem Gespräch setzte ich mich mit unseren Fachleuten aus der Eisenindustrie, Röchling und Rohland, zusammen, um unsere Lage auf dem Mangangebiet zu klären. Natürlich war Mangan einer der wichtigsten Zusätze im Stahlerzeugungsprozeß; aber es war nach dem Anruf Zeitzlers ebenso klar, daß »so oder so« die Mangangruben in Südrußland verloren waren. Meine Besprechungen hatten ein überraschend positives Ergebnis. Ich gab es am 11. November Zeitzler und Hitler fernschriftlich durch: »Unter Beibehaltung der derzeitigen Verfahren ist eine Manganbevorratung von elf bis zwölf Monaten im Reich sichergestellt. Die Reichsvereinigung Eisen übernimmt die Garantie dafür, daß bei einem Verlust von Nikopol durch Einführung anderer Verfahren die Manganvorräte ohne zusätzliche Belastung von anderen Legierungsgebieten auf achtzehn Monate gestreckt werden können[14].« Gleichzeitig stellte ich fest, daß auch bei einem Verlust des benachbarten Kriwoj Rog, das Hitler durch eine große Verteidigungsschlacht halten wollte, die deutsche Stahlerzeugung unbehindert weiterlaufen könne.

Als ich zwei Tage später im Führerhauptquartier eintraf, herrschte mich Hitler übelgelaunt in einer mir bis dahin ungewohnt schroffen Weise an: »Wie kommen Sie dazu, dem Generalstabschef Ihre Denkschrift über die Mangansituation zu geben?« Ich hatte einen zufriedenen Hitler erwartet und brachte fassungslos nur heraus: »Aber, mein Führer, das ist doch ein gutes

Ergebnis!« Hitler ging nicht darauf ein. »Sie haben dem Generalstabschef überhaupt keine Denkschriften zu geben! Wenn Sie etwas wollen, dann schikken Sie es gefälligst mir! Durch Sie bin ich in eine untragbare Situation geraten. Gerade habe ich befohlen, zur Verteidigung von Nikopol alle verfügbaren Kräfte zusammenzufassen. Endlich habe ich einen Grund, der die Heeresgruppe zum Kämpfen zwingt! Da kommt der Zeitzler mit Ihrer Denkschrift. Ich stehe da wie ein Lügner! Wenn jetzt Nikopol verlorengeht, sind Sie schuld. Ich verbiete Ihnen ein für allemal«, schrie er schließlich, »irgendwelche Denkschriften an andere Personen zu geben. Haben Sie verstanden? Ich verbiete Ihnen das!«

Trotzdem hatte meine Denkschrift ihre Wirkung getan; denn bald darauf bestand Hitler nicht mehr auf einer Schlacht um die Mangangruben, aber da auch gleichzeitig der sowjetische Druck in diesem Gebiet aufhörte, ging Nikopol erst am 18. Februar 1944 verloren.

In einer zweiten Denkschrift, die ich Hitler an diesem Tag übergab, hatte ich unseren Vorrat bei allen Legierungsmetallen ermitteln lassen. Dabei hatte ich mit der Formulierung, daß »die Zufuhren aus dem Balkan, der Türkei, von Nikopol, Finnland und Nordnorwegen nicht berücksichtigt« seien, vorsichtig angedeutet, daß ich den Verlust dieser Gebiete als wahrscheinlich einkalkulierte. Eine Tabelle faßte das Ergebnis zusammen:

	Mangan	Nickel	Chrom	Wolfram	Molybdän	Silicium
Heimatbestand	140 000 t	6 000 t	21 000 t	1 330 t	425 t	17 900 t
Zugang Inland	8 100 t	190 t	–	–	15,5 t	4 200 t
Verbrauch	15 500 t	750 t	3 751 t	160 t	69,5 t	7 000 t
Deckung Monate	19	10	5,6	10,6	7,8	6,4

Die Denkschrift integrierte diese Tabelle mit dem Bemerken: »Der geringste Vorrat ist demnach bei Chrom vorhanden, wobei besonders schwerwiegend ist, daß ohne Chrom eine hochentwickelte Rüstungsindustrie nicht aufrechterhalten werden kann. Wenn der Balkan und damit auch die Türkei ausfallen, ist die Abdeckung des Chrombedarfs derzeit nur auf 5,6 Monate sichergestellt. Das bedeutet nach einer Aufzehrung der Rohblockbestände, die zusätzlich die Frist um zwei Monate verlängern würden, ein Auslaufen der verschiedensten wichtigsten Rüstungszweige – sämtliche Flugzeuge, Panzer, Kraftfahrzeuge, Panzergranaten, U-Boote, fast die gesamte Geschützfertigung, ein bis drei Monate nach diesem Termin, da bis dahin die in der Zulieferung steckenden Reserven aufgebraucht sind[15].«

Das hieß nichts anderes, als daß der Krieg rund zehn Monate nach dem Verlust des Balkan zu Ende sein werde. Hitler hörte sich meinen Vortrag, wonach nicht Nikopol, sondern der Balkan den Kriegsausgang bestimme, wortlos an. Dann kehrte er sich verstimmt ab. Er wandte sich meinem Mitarbeiter Saur zu, um mit ihm neue Panzerprogramme zu diskutieren.

Bis zum Sommer 1943 rief Hitler mich zu Beginn jeden Monats an, um sich die neuesten Produktionszahlen telefonisch durchgeben zu lassen, die er in eine vorbereitete Liste eintrug. Ich gab die Zahlen in der vorgesehenen Reihenfolge durch, und Hitler quittierte meist mit Ausrufen wie: »Sehr gut! Das ist ja wunderbar! Wirklich hundertzehn Tiger? Das ist mehr als Sie zugesagt haben... Und wieviel Tiger glauben Sie im nächsten Monat zu schaffen? Jeder Panzer mehr ist jetzt wichtig...« Er schloß diese Gespräche manchmal mit einem kurzen Hinweis auf die Lage ab: »Wir haben heute Charkow genommen. Es geht gut weiter. Also ich danke für den Anruf. Empfehlung an Ihre Frau Gemahlin. Ist sie noch am Obersalzberg? Also nochmals meine Empfehlung.« Auf meinen Dank und die Grußformel »Heil, mein Führer!« erwiderte er mitunter: »Heil, Speer.« Diese Grußformel bedeutete eine Auszeichnung, die er nur selten bei Göring, Goebbels oder anderen Vertrauten anwandte und aus der im Unterton eine leichte Ironie über das offiziell eingeführte »Heil, mein Führer« zu hören war. In solchen Augenblicken fühlte ich mich für meine Arbeit ausgezeichnet. Ich bemerkte dabei nicht das herablassende Moment dieser Familiarität. Obwohl die Faszination des Anfangs, die Vertrautheit im privaten Umgang längst vorbei waren; obwohl ich nicht mehr die einzigartige Sonderstellung des Architekten hatte; obwohl ich einer von vielen im Apparat geworden war, hatte ein Wort Hitlers nichts von seiner magischen Kraft verloren. Nimmt man es genau, so hatten alle Intrigen und Machtkämpfe ein solches Wort zum Ziel oder das, wofür es stand. Die Position eines jeden von uns war davon abhängig.

Die Anrufe hörten allmählich auf, es ist schwer, den genauen Zeitpunkt festzulegen; jedenfalls dürfte ab Herbst 1943 Hitler die Gewohnheit angenommen haben, sich mit Saur zur Durchgabe der Monatsmeldungen verbinden zu lassen[16]. Ich setzte mich dagegen nicht zur Wehr, da ich Hitler das Recht zuerkannte, mir zu nehmen, was er mir anvertraut hatte. Da zudem Bormann sowohl zu Saur als auch zu Dorsch, die beide alte Parteigenossen waren, ein betont gutes Verhältnis hatte, begann ich mich in meinem eigenen Ministerium allmählich unsicher zu fühlen.

Zunächst versuchte ich, meine Stellung abzusichern, indem ich jedem meiner zehn Amtschefs einen Vertreter aus der Industrie beigab[17]. Jedoch verstanden es gerade Dorsch und Saur, das für ihre Ressorts zu verhindern. Als sich die Anzeichen dafür verstärkten, daß sich unter der Führung Dorschs im Ministerium eine Fronde gebildet hatte, ernannte ich am 21. Dezember 1943 in einer Art »Staatsstreich« zwei alte, zuverlässige Mitarbeiter aus meiner Bauzeit zu Leitern der Personal- und Organisationsabteilung[18], und unterstellte ihnen auch die bis dahin selbständige »Organisation Todt«.

Am nächsten Tag entwich ich der schweren Last des Jahres 1943, mit seinen zahlreichen persönlichen Enttäuschungen und Intrigen, in die entfernteste und einsamste Ecke unseres Machtbereichs, nach Nordlappland. Während Hitler mir noch 1941 und 1942 eine Reise nach Norwegen, Finnland und

Rußland abgeschlagen hatte, da sie zu gefährlich und ich für ihn unersetzlich sei, gab er dieses Mal ohne Zögern seine Einwilligung.

In der Morgendämmerung starteten wir mit meiner neuen Maschine, einer viermotorigen Condor von Focke-Wulf; sie besaß durch eingebaute Reservetanks eine besonders große Reichweite[19]. Der Geiger Siegfried Borries und ein Amateurzauberer, der nach dem Kriege unter dem Namen Kalanag berühmt geworden ist, befanden sich im Flugzeug, denn ich wollte, statt eigene Reden zu halten, den Soldaten und den OT-Arbeitern im Norden eine Weihnachtsfreude bereiten. Im Tiefflug sahen wir uns die Seenketten Finnlands an, eines der Sehnsuchtsziele meiner Jugend, die meine Frau und ich einst mit Faltboot und Zelt durchwandern wollten. Am frühen Nachmittag, im letzten Dämmerlicht dieser nördlichen Gegend, landeten wir auf einem primitiven, mit Petroleumlampen ausgesteckten Schneefeld bei Rovaniemi.

Gleich am nächsten Tag fuhren wir im offenen Auto 600 Kilometer nach Norden, bis wir den kleinen Eismeerhafen Petsamo erreichten. Die Landschaft wirkte hochalpin eintönig, aber der Wechsel der Beleuchtung von Gelb zu Rot, hervorgerufen durch die hinter dem Horizont wandernde Sonne, war mit allen seinen Zwischentönen unwirklich schön. In Petsamo fanden mehrere Weihnachtsfeiern vor Arbeitern, Soldaten und Offizieren statt, denen an den nächsten Abenden noch zahlreiche weitere in den anderen Quartieren folgten. Die nächste Nacht schliefen wir in der Blockhütte des kommandierenden Generals der Eismeerfront, um von dort aus vorgeschobene Stützpunkte auf der Fischerhalbinsel, unserem nördlichsten und unwirtlichsten Frontabschnitt, nur achtzig Kilometer von Murmansk entfernt, zu besuchen. In beklemmender Einsamkeit fiel ein fahles, grünliches Licht schräg durch Schleier aus Nebel und Schnee auf eine baumlose, totenstarre Landschaft. Langsam arbeiteten wir uns, begleitet von General Hengl, auf Skiern an die vorgeschobenen Stützpunkte heran. Bei einer dieser Stellungen führte mir eine Einheit die Wirkung unseres 15-cm-Infanteriegeschützes auf einen sowjetischen Unterstand vor. Es war das erste scharfe »Probeschießen«, das ich erlebte; denn als mir eine der schweren Batterien bei Kap Gris Nez vorgeführt wurde, nannte der Kommandant zwar als Ziel das gegenüberliegende Dover, erklärte mir aber später, daß er in Wirklichkeit nur in die See habe schießen lassen. Hier dagegen flogen durch einen Volltreffer die Holzbalken des russischen Unterstandes in die Luft. Gleich darauf brach unmittelbar neben mir ein Gefreiter lautlos zusammen; ein sowjetischer Scharfschütze hatte ihn durch den Sehschlitz des Schutzblechs in den Kopf getroffen. Es war, merkwürdig genug, das erste Mal, daß ich mit der Wirklichkeit des Krieges konfrontiert wurde. Während ich bis dahin unser Infanteriegeschütz bei Vorführungen auf dem Schießplatz als eine brauchbare technische Konstruktion kennengelernt hatte, sah ich nun plötzlich, wie dieses Instrument, das ich bisher nur theoretisch betrachtet hatte, Menschen vernichtete.

Während dieser Besichtigungsfahrt klagten übereinstimmend Soldaten und Offiziere über unseren mangelnden Nachschub an leichten Infanteriewaffen. Besonders eine wirksame Maschinenpistole wurde vermißt; die Soldaten behalfen sich mit erbeuteten sowjetischen Mustern.

Der Vorwurf traf Hitler. Der ehemalige Infanterist des Ersten Weltkrieges hielt noch immer an dem ihm vertrauten Karabiner fest. Im Sommer 1942 lehnte er die von uns vorgeschlagene Einführung einer bereits entwickelten Maschinenpistole ab und entschied, daß das Gewehr infanteristischen Zwecken besser diene. Eine Nachwirkung seiner Grabenerfahrung war aber auch, wie ich jetzt in der Praxis sah, daß er die von ihm damals bewunderten schweren Waffen und Panzer so stark in den Vordergrund schob, daß darüber die Entwicklung und Fertigung von Infanteriewaffen vernachlässigt wurde.

Sofort nach meiner Rückkehr versuchte ich, dieses Versäumnis auszugleichen: Unser Infanterieprogramm wurde vom Generalstab des Heeres und vom Befehlshaber des Ersatzheeres Anfang Januar mit präzisen Forderungen unterbaut. Hitler, als sein eigener Heeresexperte für Rüstungsfragen, stimmte, allerdings erst sechs Monate später, zu; von nun an machte er uns Vorwürfe, wenn unser Programm nicht termingerecht vorankam. Innerhalb eines dreiviertel Jahres erreichten wir auf diesem wichtigen Gebiet wesentliche Erhöhungen, bei der Maschinenpistole (Sturmgewehr 44) sogar eine Verzwanzigfachung der bisherigen, freilich minimalen Produktion[20]. Wir hätten diese Leistungssteigerungen schon zwei Jahre früher erreichen können, denn in diesem Fall konnten Kapazitäten verwendet werden, die durch die Produktion von schweren Waffen nicht blockiert waren.

Am nächsten Tag besichtigte ich das Nickelwerk von Kolosjokki, unsere einzige Nickelquelle, das eigentliche Ziel meiner Weihnachtsreise. Dort füllten sich die Halden mit nicht abtransportiertem Erz, während gleichzeitig unsere Transportmittel auf den Bau eines durch Beton gegen Bombenangriffe geschützten Kraftwerkes konzentriert wurden. Ich gruppierte das Kraftwerk in eine geringere Dringlichkeit ein und die Transportleistung für die gelagerten Nickelvorräte stieg. Mitten im Urwald, weitab vom Inarisee, hatten sich auf einer Lichtung um ein kunstgerecht aufgeschichtetes Holzfeuer, gleichzeitig Wärmequelle und Beleuchtung, lappländische und deutsche Holzfäller versammelt, während Siegfried Borries den Abend mit der berühmten Chaconne aus der Bachschen Partita in d-Moll einleitete. In einer mehrstündigen nächtlichen Skiwanderung fuhren wir anschließend zu einem Zeltlager der Lappen. Die Zeltidylle bei minus dreißig Grad und Polarlicht blieb jedoch aus; denn der Wind drehte sich und füllte die beiden Zelthälften mit Rauch. Ich flüchtete ins Freie und legte mich um drei Uhr in meinem Schlafsack aus Rentierfell zur Ruhe. Am nächsten Morgen spürte ich einen jähen Schmerz in meinem Knie.

Einige Tage später war ich wieder im Hauptquartier bei Hitler. Auf Veranlassung von Bormann hatte er eine große Sitzung einberufen, bei der in Anwesenheit der wichtigsten Minister das Arbeitsprogramm für 1944 festgelegt werden und Sauckel seine Beschwerden gegen mich vertreten sollte. Am Vortage machte ich Hitler den Vorschlag, in einer Sitzung unter dem Vorsitz von Lammers diejenigen Differenzen zu behandeln, die wir allein klären könnten. Bei diesem Vorschlag wurde Hitler geradezu ausfallend und sagte mit eisiger Stimme, daß er sich eine derartige Beeinflussung der Sitzungsteilnehmer verbäte. Er wolle keine vorgefaßte Meinung vorgetragen haben, er wolle selbst die Entscheidung fällen.

Nach dieser Abfuhr begab ich mich mit meinen Sachbearbeitern zu Himmler, bei dem sich auf meinen Wunsch auch Feldmarschall Keitel eingefunden hatte[21]. Wenigstens mit ihnen wollte ich eine gemeinsame Taktik verabreden, um die Wiederaufnahme der Sauckelschen Deportationen aus den besetzten Westgebieten zu verhindern. Denn Keitel als der den Militärbefehlshabern übergeordnete Chef sowie auch Himmler als der Verantwortliche für polizeiliche Ordnung in den besetzten Gebieten befürchteten davon eine Verstärkung der Partisanentätigkeit. Beide, so kamen wir überein, sollten in der Sitzung erklären, daß sie für neue Einziehungsaktionen Sauckels nicht die notwendigen Exekutivorgane zur Verfügung hätten, und daß dadurch die Ordnung gefährdet würde. Ich hoffte, damit mein Ziel zu erreichen, die Einziehungen endgültig zu Fall zu bringen und eine verschärfte Heranziehung der deutschen Reserven, besonders der deutschen Frauen, durchzusetzen.

Aber anscheinend war Hitler durch Bormann auf die Probleme ebenso vorbereitet worden wie Himmler und Keitel durch mich. Bereits bei der Begrüßung zeigte er durch Kälte und Unhöflichkeit allen Teilnehmern an, daß er verstimmt sei. Wer ihn kannte, vermied bei solchen Vorzeichen, Entscheidungen einzuholen, deren Ausgang zweifelhaft war. Auch ich hätte an diesem Tag meine wichtigsten Anliegen in meiner Aktentasche ruhen lassen und ihm nur harmlosere Fragen vorgelegt. Aber dem Thema der angesetzten Besprechung war nicht mehr auszuweichen. Gereizt schnitt Hitler mir das Wort ab: »Ich verbitte mir, daß Sie, Herr Speer, noch einmal versuchen, das Ergebnis einer Sitzung vorwegzunehmen. Ich leite diese Besprechung und ich werde am Schluß entscheiden, was geschieht! Nicht Sie! Merken Sie sich das!«

Diesem zornigen, übelgelaunten Hitler trat keiner entgegen. Auch meine Bundesgenossen Keitel und Himmler dachten nicht mehr daran, ihre Meinung zu sagen. Im Gegenteil: sie versicherten Hitler bereitwillig, daß sie alles tun würden, Sauckels Programm zu unterstützen. Hitler begann, die anwesenden Fachminister nach ihrem Bedarf an Arbeitern für das Jahr 1944 zu fragen, schrieb sich jede dieser Forderungen sorgfältig auf, addierte das Ergebnis persönlich und wandte sich an Sauckel[22]: »Können Sie, Parteigenosse Sauckel, in diesem Jahr vier Millionen Arbeiter beschaffen? Ja oder Nein.«

Sauckel warf sich in die Brust: »Natürlich, mein Führer, ich verspreche Ihnen das! Sie können sicher sein, daß ich das erfüllen werde, aber ich brauche endlich wieder freie Hand in den besetzten Gebieten.« Einige Einwendungen von mir, daß ich es für möglich hielte, diese Millionen zum größten Teil in Deutschland selbst zu mobilisieren, unterbrach Hitler scharf: »Sind Sie mir für die Arbeitskräfte verantwortlich oder ist es Parteigenosse Sauckel?« In einem Ton, der jede Widerrede ausschloß, befahl Hitler Keitel und Himmler, ihre Organe anzuweisen, das Arbeiterbeschaffungsprogramm weiter voranzutreiben. Keitel sagte immer nur: »Jawohl, mein Führer!«, und Himmler blieb stumm, die Schlacht schien bereits verloren. Um noch etwas zu retten, fragte ich Sauckel, ob er trotz der Rekrutierungen aus den westlichen Ländern auch den Bedarf in den Sperrbetrieben garantieren könne. Großsprecherisch meinte er, das bereite keine Schwierigkeiten. Daraufhin versuchte ich, Prioritäten festzulegen und Sauckel zu verpflichten, erst nach der Befriedigung des Bedarfs der Sperrbetriebe Arbeiter nach Deutschland zu holen. Sauckel sagte auch dies mit einer Handbewegung zu. Hitler schaltete sich sofort ein: »Was wollen Sie denn dann noch, Herr Speer? Wenn Parteigenosse Sauckel Ihnen das zusichert? Ihre Bedenken wegen der französischen Industrie sind doch damit behoben!« Weitere Diskussionen hätten Sauckels Position nur stärken können. Die Sitzung war beendet, Hitler war jetzt wieder zugänglicher und wechselte einige freundliche Worte auch mit mir. Aber es kam zu nichts mehr. Die Sauckelschen Deportationen liefen nie mehr an. Das allerdings hatte wenig mit meinen Versuchen zu tun, über meine französischen Dienststellen und mit Hilfe der Wehrmachtsbehörde seine Pläne zu durchkreuzen[23]. Autoritätsverlust in den besetzten Gebieten, die um sich greifende Herrschaft des Maquis und die wachsende Abneigung der deutschen Besatzungsverwaltung, ihre Schwierigkeiten zu erhöhen, verhinderten die Ausführung aller Pläne.

Folgen hatte der Ausgang der Sitzung im Führerhauptquartier nur für mich persönlich. Meine Behandlung durch Hitler zeigte jedermann, daß ich in Ungnade war. Der Sieger in der Auseinandersetzung zwischen Sauckel und mir hieß Bormann. Von nun an hatten wir erst mit heimlichen, bald jedoch mit immer offeneren Angriffen gegen meine Mitarbeiter aus der Industrie zu tun; immer häufiger mußte ich sie bei der Parteikanzlei gegen Verdächtigungen verteidigen und sogar beim SD für sie intervenieren[24].

Von meinen Sorgen konnte mich auch die letzte Versammlung der Prominenz des Reiches in prunkvollem Rahmen kaum ablenken. Es war die Galafeier von Görings Geburtstag am 12. Januar 1944, die er in Karinhall veranstaltete. Wir alle kamen mit kostbaren Geschenken, wie sie Göring erwartete: Zigarren aus Holland, Goldbarren vom Balkan, wertvollen Bildern und Plastiken. Mich hatte Göring wissen lassen, daß er gerne eine übergroße marmorne Hitlerbüste von Breker haben möchte. Der überladene Geburtstagstisch war in der großen Bibliothek aufgebaut; ihn zeigte Göring seinen prominenten Gästen; hier breitete er auch Baupläne aus, die ihm sein Architekt zu seinem Geburtstag angefertigt hatte: der schloßartige Sitz Görings sollte mehr als verdoppelt werden.

Im prunkvollen Speisesaal wurde an der prächtig gedeckten Tafel von den Dienern in weißer Livree ein, den Verhältnissen angepaßtes, nicht zu üppiges Mahl serviert. Funk hielt, wie alljährlich und nun zum letzten Mal, beim Festessen die Geburtstagsrede. Er pries die Fähigkeiten, Eigenschaften und Würden Görings in hohen Tönen und brachte seinen Trinkspruch auf ihn als »einen der größten Deutschen« aus. Funks begeisterte Worte kontrastierten auf groteske Weise mit der tatsächlichen Lage: vor dem Hintergrund des drohenden Untergangs des Reiches spielte sich eine gespenstische Feier ab.

Nach dem Essen verteilten sich die Gäste in den weiten Räumen Karinhalls. Milch und ich unterhielten uns, woher das Geld zu all diesem Luxus wohl kommen mochte. Ihm war vor kurzem von Görings altem Freund, dem berühmten Kampfflieger des Ersten Weltkrieges Loerzer, ein Waggon mit Gegenständen vom italienischen Schwarzmarkt zugestellt worden: den Inhalt, Damenstrümpfe, Seifen und andere seltene Dinge, könne Milch schwarz verkaufen lassen. Eine Preistabelle war beigefügt, wohl um die Schwarzmarkt-Preise reichseinheitlich zu halten, ein erheblicher Gewinn bereits errechnet, der Milch zufallen würde. Milch dagegen ließ die Waren des Waggons an die Angestellten seines Ministeriums verteilen. Wenig später hörte er, daß zahlreiche andere Waggons zugunsten Görings verkauft worden seien. Bald danach wurde der Intendant des Reichsluftfahrtministeriums, Plagemann, der diese Geschäfte für Göring durchzuführen hatte, der Kontrolle Milchs entzogen und Göring unmittelbar unterstellt.

Ich hatte meine persönlichen Erfahrungen mit Görings Geburtstagen. Seit mir als Mitglied des Preußischen Staatsrats jährlich 6000 RM zustanden, erhielt ich auch jedes Jahr rechtzeitig vor Görings Geburtstag ein Schreiben, daß ein erheblicher Teil meiner Bezüge für das Geburtstagsgeschenk des Staatsrats an Göring zurückbehalten werde. Meine Einwilligung war niemals vorher eingeholt worden. Ähnlich verfahre man, meinte Milch auf meinen Bericht hin, auch mit dem Dispositionsfonds des Luftfahrtministeriums. Auf Görings Konto würde davon zu jedem Geburtstag eine große Summe abgezweigt, wobei der Reichsmarschall selbst bestimme, welches Gemälde von dem Betrag zu kaufen sei.

Uns war klar, daß davon nur kleine Teile des enormen Aufwandes, den Göring trieb, bestritten werden konnten. Wer von der Industrie dazu beisteuerte, war uns unklar; daß es aber Quellen gab, konnten Milch und ich gelegentlich feststellen, wenn Göring uns anrief, sowie einer seiner Favoriten von einer unserer Organisationen unsanft behandelt worden war.

Meine kurz zurückliegenden Erlebnisse und Begegnungen in Lappland waren der denkbar größte Gegensatz zu dieser Treibhausatmosphäre einer korrupten Scheinwelt. Auch bedrückte mich die Unsicherheit meines Verhältnisses zu Hitler offenbar mehr, als ich mir zugestehen wollte. Die fast zweijährige pausenlose Anspannung machte sich jetzt bemerkbar. Körperlich war ich mit achtunddreißig Jahren fast verbraucht. Der Schmerz in meinem Knie verließ mich nun fast nie mehr. Ich hatte keine Reserven. Oder war alles eine Flucht?

Am 18. Januar 1944 wurde ich ein Krankenhaus eingeliefert.

Dritter Teil

23. Kapitel

Krankheit

Professor Gebhardt, SS-Gruppenführer und in Europas Sportwelt als Kniespezialist bekannt[1], leitete das Hohenlychener Krankenhaus des Roten Kreuzes, etwa hundert Kilometer nördlich Berlins an einem See inmitten von Wäldern gelegen. Ohne es zu wissen, hatte ich mich in die Hände eines Arztes begeben, der einer der wenigen Duzfreunde Heinrich Himmlers war. Für über zwei Monate lebte ich auf der abseits gelegenen Privatstation in einem einfach eingerichteten Krankenzimmer. Andere Räume des Hauses wurden von meinen Sekretärinnen belegt, eine direkte telefonische Verbindung zum Ministerium hergestellt, denn ich wollte weiterarbeiten.

Im Dritten Reich als Minister krank zu werden, brachte Schwierigkeiten, die zu bedenken waren. Zu oft hatte Hitler die Ausschaltung eines Prominenten mit dessen schlechten Gesundheitszustand erklärt. Man horchte daher in politischen Kreisen auf, wenn enge Mitarbeiter Hitlers »krank« wurden. Da ich indessen wirklich krank war, schien es ratsam, möglichst aktiv zu bleiben. Ich konnte außerdem meinen Apparat nicht aus der Hand geben; denn wie Hitler verfügte ich über keinen geeigneten Vertreter. Trotz aller Bemühungen meiner Umgebung, mir Ruhe zu verschaffen, hörten die vom Bett aus geführten Besprechungen, Telefonate und Diktate oft nicht vor Mitternacht auf.

So rief mich auch, kaum war ich im Krankenhaus angekommen, mein soeben ernannter Personalchef Bohr entrüstet an: in seinem Amtszimmer befände sich ein verschlossener Aktenschrank; Dorsch habe befohlen, diesen sofort in die Zentrale der Organisation Todt transportieren zu lassen. Ich ordnete an, daß er bleiben solle, wo immer er sich auch befinde. Einige Tage danach erschienen, von mehreren Möbelpackern begleitet, Vertreter der Berliner Gauleitung. Sie hatten, so berichtete mir Bohr, den Auftrag, den Schrank mitzunehmen, denn er sei samt Inhalt Eigentum der Partei. Bohr wußte sich nicht mehr zu helfen. Nur durch ein Telefongespräch mit einem der engsten Mitarbeiter von Goebbels, Naumann, gelang es, die Aktion zu verschieben: der Schrank wurde von den Parteibeamten versiegelt – allerdings nur seine Tür. Ich ließ daraufhin die Rückseite abschrauben. Am nächsten Tag kam Bohr mit einem Bündel fotokopierter Akten: sie enthielten Dossiers über verschiedene meiner alten Mitarbeiter, fast durchweg negative Urteile. Meist wurden sie parteifeindlicher Haltung bezichtigt, teilweise sogar ihre Überwachung durch die Gestapo verlangt. Gleichzeitig las ich, daß die Partei im Ministerium einen Vertrauensmann beschäftigte: Xaver Dorsch. Die Tatsache selbst überraschte mich weniger als die Person.

Seit Herbst hatte ich versucht, einen Beamten meines Ministeriums zu befördern. Er war jedoch der Clique, die sich neuerdings im Ministerium gebildet hatte, nicht genehm, mein erster Personalchef hatte Ausflüchte aller Art, bis ich ihn schließlich zur Einreichung des Beförderungsvorschlages zwang. Kurz vor meiner Erkrankung hatte ich von Bormann eine unfreundliche, schroffe Ablehnung erhalten. Nun fanden wir den Entwurf für das Schreiben Bormanns unter den Akten dieses Geheimschrankes, veranlaßt und verfaßt, wie sich herausstellte, von Dorsch sowie meinem früheren Personalchef Haasemann und wörtlich übernommen von Bormann in seinem an mich gerichteten Schreiben[2]. Vom Krankenlager rief ich Goebbels an; als Gauleiter von Berlin unterstanden ihm die Parteibeauftragten der Berliner Ministerien. Ohne zu zögern, war er damit einverstanden, daß mein alter Mitarbeiter Fränk diese Stelle übernahm: »Ein unmöglicher Zustand, daß eine Nebenregierung ausgeübt wird. Jeder Minister ist heute Parteigenosse. Entweder wir haben zu ihm Vertrauen oder er muß gehen!« Jedoch blieb mir unbekannt, welche Vertrauensleute die Gestapo in meinem Ministerium unterhielt.

Schwieriger gestalteten sich meine Bemühungen, während der Erkrankung meine Position zu halten. Den Staatssekretär Bormanns, Klopfer, mußte ich bitten, die Dienststellen der Partei in ihre Grenzen zu verweisen; vor allem ersuchte ich darum, den Industriellen keine Schwierigkeiten zu bereiten. Die Gauwirtschaftsberater der Partei hatten sich gleich nach Beginn meiner Krankheit Funktionen angemaßt, die den Kern meiner Tätigkeit betrafen. Funk und seinen von Himmler entliehenen Mitarbeiter Ohlendorf forderte ich auf, sich zur Selbstverantwortung der Industrie positiver einzustellen und mich gegen Bormanns Gauwirtschaftsberater zu unterstützen. Auch Sauckel hatte bereits meine Abwesenheit ausgenutzt, um »in einem Reichsappell die Männer der Rüstung zum letzten Einsatz aufzurufen.« Angesichts dieser Versuche meiner Gegner, meine Abwesenheit gegen mich auszunutzen, wandte ich mich in einem Schreiben an Hitler, um ihm meine Sorgen mitzuteilen und seine Hilfe zu erbitten. Dreiundzwanzig Schreibmaschinenseiten in vier Tagen sind ein Zeichen der Nervosität, die mich ergriffen hatte. Ich beschwere mich über Sauckels Anmaßung, über Bormanns Gauwirtschaftsberater, und erbat für alle Fragen meines Ressorts und meiner Aufgabenstellung die Bestätigung meiner bedingungslosen Weisungsbefugnis. Im Grunde wiederholten meine Forderungen genau das, was ich ohne Erfolg, zur Empörung der Gauleiter, in drastischen Worten bei der Tagung in Posen verlangt hatte. Weiter schrieb ich, daß eine planvolle Lenkung der Gesamtproduktion nur möglich sei, wenn man die »vielen Dienststellen, die den Betriebsführungen Vorschriften, Maßregeln, Vorhaltungen und Ratschläge geben«, bei mir zusammenfasse[3].

Vier Tage später wandte ich mich schon wieder an Hitler: mit einer Offenheit, die unserem Verhältnis eigentlich nicht mehr entsprach, informierte ich ihn über die Kamarilla des Ministeriums, die hinter meinem Rücken von mir angeordnete Maßnahmen durchkreuzt habe; ich sei betrogen worden, ein bestimmter kleiner Kreis ehemaliger Mitarbeiter Todts, geführt von Dorsch, habe mir die Treue gebrochen. Daher sähe ich mich gezwungen, Dorsch durch einen Mann meines Vertrauens zu ersetzen[4].

Zweifellos war gerade dieser letzte Brief, in dem ich Hitler, ohne ihn vorher zu fragen, die Absetzung eines seiner Günstlinge ankündigte, besonders unklug, denn ich verstieß gegen die Regel des Regimes, Hitler personelle Angelegenheiten zum richtigen Zeitpunkt in geschickter Weise zu insinuieren; statt dessen hatte ich ihn unverblümt mit den Loyalitätsverstößen und fragwürdigen Eigenschaften eines Mitarbeiters konfrontiert. Daß ich zudem Bormann eine Abschrift meiner Beschwerde zukommen ließ, war entweder töricht oder herausfordernd. Ich verleugnete damit alle Erfahrungen eines geschickten Taktikers in Hitlers intriganter Umwelt; ursächlich war für mein Verhalten vermutlich eine gewisse Trotzhaltung, zu der mich meine isolierte Lage verleitete.

Die Krankheit hatte mich von dem alles entscheidenden Machtpol Hitler zu weit entfernt. Er reagierte auf alle meine Vorschläge, Forderungen und Beschwerden weder negativ noch positiv – ich sprach ins Leere, er ließ mir keine Antwort zukommen. Als Hitlers Lieblingsminister und einer der möglichen Nachfolger zählte ich nicht mehr – einige Einflüsterungen Bormanns sowie einige Wochen Krankheit hatten mich ausgeschaltet. Eine gewisse Rolle spielte dabei auch Hitlers oft zu beobachtende Eigenart, jemand, der für längere Zeit aus seinem Gesichtskreis verschwand, einfach abzuschreiben. Tauchte der Betreffende nach einiger Zeit wieder in seiner Umgebung auf, so konnte sich das Bild auch wieder ändern. Während meiner Krankheit machte ich mehrmals diese Erfahrung, die mich enttäuschte und menschlich von Hitler entfernte. In diesen Tagen aber war ich über meine neue Lage weder empört noch verzweifelt. Gesundheitlich geschwächt, empfand ich nur Müdigkeit und Resignation.

Auf Umwegen hörte ich schließlich, daß Hitler auf Dorsch, seinen Parteigenossen aus den zwanziger Jahren, nicht verzichten wolle. Gerade in diesen Wochen zeichnete er ihn daher fast ostentativ durch vertrauensvolle Unterredungen aus und stärkte damit seine Position mir gegenüber. Göring, Bormann und Himmler verstanden die Schwerpunktverschiebung und benutzten sie, meine Autorität als Minister endlich aus den Angeln zu heben. Sicherlich jeder für sich, jeder aus anderen Motiven und wahrscheinlich jeder, ohne sich darüber mit dem anderen verständigt zu haben. An die Abberufung Dorschs war nicht mehr zu denken.

Zwanzig Tage lang lag ich, das Bein unbeweglich in einer Gipsschale bandagiert, auf dem Rücken und hatte viel Zeit, mich mit meinem Groll und meinen Enttäuschungen zu beschäftigen. Als ich das erstemal wieder aufstand, stellten sich einige Stunden später heftige Schmerzen im Rücken und im Brustkorb ein, der Blutauswurf deutete auf eine Lungenembolie. Professor Gebhardt jedoch diagnostizierte Muskelrheumatismus und massierte meinen Brustkorb mit Bienengift (Forapin), ließ mich dazu Sulfonamide, Chinin und Betäubungsmittel einnehmen[5]. Zwei Tage später erlitt ich eine zweite, heftige Attacke. Mein Zustand wurde besorgniserregend, Gebhardt jedoch erkannte weiter auf Muskelrheumatismus. Nun alarmierte meine Frau Dr. Brandt, der noch in der gleichen Nacht den Internisten der Berliner Universität und Mitarbeiter Sauerbruchs, Professor Friedrich Koch, nach Hohenlychen sandte. Brandt, Begleitarzt Hitlers sowie »Bevollmächtigter für das Sanitäts- und Gesundheitswesen« übertrug Koch ausdrücklich die alleinige Verantwortung für meine Behandlung und verbot gleichzeitig Professor Gebhardt, irgendwelche medizinischen Anordnungen zu treffen. Professor Koch erhielt auf Dr. Brandts Anweisung ein Zimmer in meiner unmittelbaren Nähe eingeräumt und war verpflichtet, mich zunächst Tag und Nacht nicht zu verlassen[6].

Drei Tage blieb mein Zustand, wie Koch in seinem Bericht feststellte, »ausgesprochen bedrohlich. Höchste Atemnot, starke Blaufärbung, erhebliche Pulsbeschleunigung, Temperaturen, quälender Reizhusten, Schmerzen und blutiger Auswurf. Das Krankheitsbild konnte entsprechend dem Verlauf nur als Infarkt gedeutet werden«. Die Ärzte bereiteten meine Frau darauf vor, daß mit dem Schlimmsten gerechnet werden müsse. Im Gegensatz dazu bescherte mir diese Übergangssituation eine geradezu glückhafte Euphorie: der kleine Raum weitete sich zu einem herrlichen Saal, ein armseliger Holzschrank, den ich drei Wochen vor Augen hatte, wurde zu einem reichgeschnitzten, mit wertvollen Hölzern ausgelegten Prunkstück, ich fühlte mich heiter und wohl wie selten in meinem Leben.

Als ich mich etwas erholt hatte, erzählte mir mein Freund Robert Frank von einem nächtlichen, vertraulichen Gespräch, das er mit dem Internisten Professor Koch hatte. Was er berichtete, klang abenteuerlich genug: Während meines bedrohlichen Zustands habe Gebhardt von ihm einen kleinen Eingriff verlangt, der nach der Ansicht des Internisten mein Leben gefährdet hätte. Als Professor Koch zunächst nicht verstehen wollte und sich dann schließlich weigerte, den Eingriff vorzunehmen, sei Gebhardt ausgewichen: er habe ihn nur auf die Probe stellen wollen.

Frank beschwor mich, nichts zu unternehmen, da Professor Koch befürchten mußte, in einem Konzentrationslager zu verschwinden, während mein Informant selbst mit Sicherheit in Schwierigkeiten mit der Gestapo geraten wäre. Ich mußte schweigen, denn auch Hitler hätte ich kaum ins Vertrauen ziehen können. Seine Reaktion war voraussehbar: In einem Anfall von Zorn hätte er alles als schlechterdings unmöglich bezeichnet, auf den immer griffbereiten Klingelknopf gedrückt, Bormann herbeigerufen und die Verhaftung der Verleumder Himmlers befohlen.

Damals kam mir diese Angelegenheit nicht so kolportagehaft vor, wie sie heute klingen mag. Himmler stand auch in Parteikreisen im Ruf eines unbarmherzig kalten, konsequenten Menschen; niemand wagte, sich ernstlich mit ihm zu entzweien. Zudem war die sich bietende Gelegenheit zu günstig: auch die geringste Komplikation hätte ich nicht mehr überstanden, so daß kein Verdacht hätte aufkommen können. Der Vorfall gehört in das Kapitel der Diadochenkämpfe; meine Position war, das zeigte er an, immer noch mächtig, wenn doch auch schon so sehr geschwächt, daß nach diesem Mißerfolg weitere Intrigen in Gang gesetzt werden konnten.

Erst in Spandau erzählte mir Funk Einzelheiten einer Begebenheit, über die er mir 1944 nur vage Andeutungen zu machen gewagt habe: Etwa im Herbst 1943 hatte im Stab der SS-Armee Sepp Dietrichs ein Saufgelage stattgefunden, an dem neben Gebhardt auch Funks langjähriger Adjutant und Freund Horst Walter, nun Adjutant Dietrichs, teilnahm. In diesem Kreis von SS-Führern habe Gebhardt erklärt, daß nach Himmlers Meinung Speer eine Gefahr sei; er müsse verschwinden.

Meine Bemühungen, die Verlagerung aus diesem Krankenhaus, in dem mir unheimlich zumute wurde, zu beschleunigen, wurden dringlich, obwohl mein Gesundheitszustand noch dagegen gesprochen haben mag. Übereilt ließ ich am 19. Februar Schritte einleiten, einen neuen Aufenthalt ausfindig zu machen. Gebhardt widersetzte sich zunächst mit ärztlichen Argumenten; aber auch, als ich Anfang März aufstand, wollte er meine Verlegung verhindern und erst, als etwa zehn Tage danach bei einem schweren Fliegerangriff der 8. amerikanischen Luftflotte ein benachbartes Krankenhaus getroffen wurde, glaubte Gebhardt, daß der Angriff mir gegolten habe. Er änderte über Nacht seine Meinung über meine Transportfähigkeit. Ich konnte am 17. März endlich diese bedrückende Stätte verlassen.

Erst kurz vor Ende des Krieges fragte ich Koch, was damals vor sich gegangen sei. Aber auch dann noch wollte er mir nur bestätigen, daß er mit Gebhardt über meinen Fall in schweren Streit geraten sei, in dessen Verlauf Gebhardt ihm bedeutet habe, daß er nicht nur Arzt, sondern auch »politischer Arzt« sei. Im übrigen sei Gebhardt damals bemüht gewesen, mich möglichst lange in seiner Klinik festzuhalten[7].

Am 23. Februar 1944 besuchte mich Milch in meinem Krankenzimmer: Die amerikanische 8. und 15. Luftflotte hatten ihre Bombenangriffe auf die deutsche Flugzeugindustrie konzentriert. Im nächsten Monat könne daher, wie er ausführte, unsere Flugzeugproduktion nur noch ein Drittel der Vormonate betragen. Milch brachte einen schriftlich ausgearbeiteten Vorschlag mit: Wie der sogenannte Ruhrstab die Bombenschäden im Ruhrgebiet erfolgreich beseitigte, sollte ein »Jägerstab« ins Leben gerufen werden, um durch eine gemeinsame Anstrengung beider Ministerien die Schwierigkeiten der Luftrüstung zu überwinden. Vielleicht wäre in dieser Lage eine ausweichende Antwort klüger gewesen, aber ich wollte wenigstens alles versucht haben, um der bedrängten Luftwaffe zu helfen und stimmte zu. Wir beide, Milch und ich, waren uns dabei darüber klar, daß dieser Jägerstab der erste Schritt zu einer Fusionierung der Rüstung auch des letzten Wehrmachtsteiles mit meinem Ministerium sei.

Vom Bett aus telefonierte ich zunächst mit Göring, der es ablehnte, unseren Vorschlag zur gemeinsamen Arbeit zu unterschreiben. Görings Einwand, daß ich in seine Zuständigkeit eingreifen würde, akzeptierte ich nicht; im Gegenteil: ich rief Hitler an, der die Idee gut fand, jedoch ablehnend und kühl wurde, als ich ihm mitteilte, daß wir Gauleiter Hanke als Chef des Jägerstabs vorgesehen hätten: »Ich habe einen großen Fehler gemacht, als ich Sauckel die Leitung des Arbeitseinsatzes gegeben habe«, antwortete Hitler am Telefon; »seiner Stellung als Gauleiter entsprechen nur unwiderrufliche Entscheidungen, und da muß er nun dauernd verhandeln und Kompromisse schließen. Niemals mehr gebe ich einen Gauleiter für eine solche Aufgabe her.« Hitler hatte sich zunehmend erbost. »Das Beispiel Sauckel hat sich für alle Gauleiter autoritätsmindernd ausgewirkt. Saur übernimmt diese Aufgabe!« Damit hatte Hitler das Gespräch abrupt beendet und in kurzer Zeit zum zweiten Mal in meine Personalpolitik eingegriffen. Hitlers Stimme war bei unserem Telefongespräch kalt und unfreundlich geblieben. Vielleicht hatte ihn eine andere Angelegenheit verstimmt. Da aber auch Milch den während meiner Krankheit noch mächtiger gewordenen Saur bevorzugte, fand ich mich mit Hitlers Befehl ohne Vorbehalt ab.

Aus langen Jahren kannte ich die Unterschiede, die Hitler machte, wenn er von seinem Adjutanten Schaub auf den Geburtstag oder auf die Krankheit irgendeines seiner zahlreichen Bekannten hingewiesen wurde. Ein kurzes: »Blumen und Schreiben« bedeutete einen im Text festliegenden Brief, der ihm zur Unterschrift vorgelegt wurde. Die Auswahl der Blumen blieb dem Adjutanten überlassen. Als auszeichnend konnte dabei angesehen werden, wenn er handschriftlich einige Worte hinzufügte. Bei Anlässen, die ihm besonders am Herzen lagen, ließ er sich jedoch von Schaub Karten und Federhalter reichen und schrieb selbst einige Zeilen, bestimmte zuweilen auch im einzelnen, welche Blumen geschickt werden sollten. Einst gehörte ich, neben Filmdiven und Sängern, zu den am auffälligsten Ausgezeichneten. Als daher kurz nach meiner lebensgefährlichen Krise eine Blumenschale mit einem gleichgültigen Normaltext in Schreibmaschine ankam, war mir bewußt, daß ich, obwohl unterdes eines der wichtigsten Mitglieder seiner Regierung, auf der untersten Stufe der effektiven Rangordnung angelangt war. Als Kranker reagierte ich gewiß empfindlicher als dies notwendig war. Denn Hitler rief mich auch zwei- bis dreimal an, um sich nach meinem Befinden zu erkundigen, doch schob er dabei die Schuld an meiner Krankheit mir selber zu: »Warum mußten Sie dort oben auch Skilaufen! Ich habe immer gesagt, daß das ein Wahnsinn ist! Mit diesen langen Brettern an den Füßen! – Machen Sie sie schleunigst zu Brennholz!« fügte er jedesmal in der ungeschickt ausgedrückten Absicht hinzu, das Gespräch mit einem Scherz zu schließen.

Internist Professor Koch wollte meiner Lunge nicht die Höhenluft auf dem Obersalzberg zumuten. Im Park des Schlosses von Klessheim, dem Gästehaus Hitlers nahe Salzburg, hatten die Fürstbischöfe durch den Barockbaumeister Fischer v. Erlach einen reizvoll gekurvten Pavillon, das sogenannte »Kleeblattschlößchen« erbauen lassen. Das renovierte Gebäude wurde mir am 18. März als Aufenthalt zugewiesen, denn im Hauptschloß war in diesen Tagen der ungarische »Reichsverweser« Horthy zu Verhandlungen eingetroffen, die vierundzwanzig Stunden später zum letzten Einmarsch Hitlers in ein fremdes Land, in Ungarn, führten. Bereits am Abend meiner Ankunft besuchte mich Hitler während einer Verhandlungspause.

Als ich ihn nun nach einer Pause von zehn Wochen wiedersah, fielen mir nach all den Jahren unserer Bekanntschaft das erste Mal seine überbreite Nase und seine fahle Farbe sowie sein abstoßendes Gesicht auf – ein erstes Symptom dafür, daß ich begann, Distanz zu ihm zu gewinnen und ihn unbefangen zu sehen. Fast ein Vierteljahr war ich seinem persönlichen Einfluß nicht mehr unterworfen, sondern seinen Kränkungen und Zurücksetzungen ausgesetzt gewesen. Nach Jahren des Rausches und der Hektik hatte ich mir erstmals Gedanken über meinen Weg an seiner Seite gemacht. Während er früher durch wenige Worte oder eine Geste Zustände von Erschlaffung beseitigen und außerordentliche Energien in mir frei machen konnte, fühlte ich mich nun, selbst bei dieser Wiederbegegnung und trotz Hitlers Herzlichkeit, unverändert müde und erschöpft. Ich sehnte mich lediglich danach, möglichst bald mit meiner Frau und unseren Kindern nach Meran zu fahren, dort viele Wochen zu verbringen, wieder Kraft zu gewinnen, ohne indes eigentlich zu wissen, wofür; denn ein Ziel hatte ich nicht mehr.

Jedoch regte sich mein Selbstbehauptungswille wieder, als ich während dieser fünf Klessheimer Tage feststellen mußte, daß mit Lüge und Ranküne versucht wurde, mich nun endgültig auszuschalten. Am nächsten Tag gratulierte mir Göring telefonisch zu meinem Geburtstag. Als ich ihm bei dieser Gelegenheit, mit leichten Übertreibungen, eine günstige Auskunft über meine Gesundheit gab, berichtete er mir nicht bedauernd, sondern eher hochgestimmt: »Aber hören Sie mal, das stimmt gar nicht, was Sie da sagen! Professor Gebhardt hat mir gestern berichtet, daß Sie schwer herzkrank sind. Ohne Aussicht auf Besserung, hören Sie mal! Vielleicht wissen Sie das noch gar nicht!« Anschließend deutete mir Göring mit vielen Worten des Lobes über meine bisherige Leistung mein bevorstehendes Ausscheiden an. Ich sagte, daß Röntgen- und elektrokardiographische Untersuchungen keinen krankhaften Befund ergeben hätten[8]; Göring erwiderte, daß ich offenbar falsch unterrichtet sei und weigerte sich einfach, meine Erklärung zur Kenntnis zu nehmen. Aber es war Gebhardt, der Göring eine falsche Auskunft gegeben hatte.

Auch Hitler erklärte sichtlich bedrückt zu seiner Runde, in der sich meine Frau befand: »Speer wird nicht mehr!« Auch er hatte mit Gebhardt gesprochen, der mich als arbeitsunfähiges Wrack bezeichnet hatte.

Vielleicht dachte Hitler an unsere gemeinsamen Architekturträume, an deren Durchführung ich nun durch einen unheilbaren Herzdefekt gehindert sei, vielleicht dachte er an das frühe Ende seines ersten Architekten, Professor Troost, – jedenfalls erschien er am gleichen Tag erneut in Klessheim, um mich mit einem riesigen Blumenstrauß zu überraschen, den sein Diener für ihn bereithielt, – eine für ihn ungewöhnliche Geste. Aber einige Stunden nach Hitlers Weggang ließ sich Himmler anmelden und teilte mir offiziell mit, daß Gebhardt von Hitler beauftragt sei, als SS-Gruppenführer die Verantwortung für meine Sicherheit und als Arzt die für meine Gesundheit zu übernehmen. Mein Internist war damit ausgeschaltet, ein SS-Begleitkommando, das Gebhardt zu meinem Schutz beigegeben wurde, stand unter dessen Kommando[9].

Am 23. März stellte sich Hitler schließlich noch einmal, nun zu einem Abschiedsbesuch, ein, als ob er die Entfremdung spüre, die bei mir während meiner Krankheit eingetreten war. In der Tat hatten sich, trotz der nun mehrfach gezeigten Beweise alter Herzlichkeit, meine Beziehungen zu Hitler um eine spürbare Nuance verändert. Ich war nachhaltig davon getroffen, daß er offensichtlich nur aufgrund dieses Wiedersehens die Erinnerung daran zurückgewann, daß ich ihm nahestand, während meine Leistungen als Architekt und als Minister nicht gewichtig genug gewesen waren, eine mehrwöchige Trennung zu überbrücken. Natürlich begriff ich, daß ein Mensch, der wie Hitler überlastet, unter äußerstem Druck stand, berechtigt war, die Mitarbeiter außerhalb seines Gesichtskreises zu vernachlässigen. Aber sein gesamtes Verhalten in den letzten Wochen hatte mir demonstriert, wie wenig ich doch in der Runde seiner Gefolgschaft zählte, wie wenig er auch bereit war, Vernunft und Sachlichkeit als Grundlagen seiner Entscheidungen gelten zu lassen. Vielleicht weil er meine Kühle spürte, vielleicht auch zu meinem Trost meinte er deprimiert, daß auch seine Gesundheit schwer angegriffen sei. Sichere Anzeichen sprächen dafür, daß er sogar bald sein Augenlicht verlieren würde. Meine Bemerkung, daß Professor Brandt ihn über den guten Zustand meines Herzens aufklären werde, nahm er schweigend zur Kenntnis.

Auf einer Anhöhe über Meran lag Burg Goyen. Hier verbrachte ich die sechs schönsten Wochen meiner Ministerzeit, die einzigen zusammen mit meiner Familie. Gebhardt hatte weitab im Tal Quartier genommen und nutzte das ihm eingeräumte Verfügungsrecht über meinen Terminkalender kaum aus.

In diesen Tagen meines Meraner Aufenthaltes nahm Göring, ohne mich zu fragen oder auch nur zu informieren, meine beiden Mitarbeiter Dorsch und Saur in einem ganz ungewöhnlichen Aktivitätsausbruch zu Besprechungen bei Hitler mit. Ganz offensichtlich wollte er die Gelegenheit nutzen, sich nach den zahlreichen Rückschlägen der vergangenen Jahre noch einmal als zweiter Mann nach Hitler zu etablieren, indem er meine beiden Mitarbeiter, die ihm dabei ungefährlich waren, auf meine Kosten stärkte. Weiterhin verbreitete er, daß mit meiner Verabschiedung zu rechnen sei und fragte in diesen Wochen den Gauleiter von Oberdonau, Eigruber, nach dem Urteil der Partei über Generaldirektor Meindl, mit dem Göring befreundet war. Er begründete dies damit, daß er vorhabe, Meindl bei Hitler als meinen Nachfolger ins Gespräch zu bringen[10]. Ley, der mit vielen Ämtern überladene Reichsleiter der Partei, meldete ebenfalls seinen Anspruch an: wenn Speer gehe, äußerte er ungebeten, dann mache er diese Arbeit auch noch; er werde es schon schaffen!

Bormann und Himmler versuchten unterdessen, bei Hitler meine übrigen Amtschefs durch schwere Verdächtigungen herabzusetzen. Nur auf Umwegen – Hitler hielt es nicht für notwendig, mich informieren zu lassen – hörte ich, er sei gegen drei von ihnen, Liebel, Waeger und Schieber, so ungehalten, daß mit ihrer baldigen Entlassung zu rechnen sei. Einige Wochen hatten für Hitler offenbar genügt, die Klessheimer Tage zu vergessen. Außer Fromm, Zeitzler, Guderian, Milch und Dönitz gehörte nur noch Wirtschaftsminister Funk zu dem kleinen Kreis führender Vertreter des Regimes, die mir in den Wochen der Krankheit Zuneigung bewiesen.

Seit Monaten hatte Hitler, um den Auswirkungen des Bombenkrieges zu entgehen, die Verlagerung der Industrie in Höhlen sowie in Großbunker verlangt. Bomber könnten nicht mit Beton bekämpft werden, erwiderte ich ihm daraufhin, denn auch in vieljähriger Arbeit wäre die Rüstung nicht unter die Erde oder unter Beton zu bringen. Zudem greife zu unserem Glück der Gegner in der Rüstungsproduktion gleichsam das weit auseinandergezogene Delta eines Flußlaufes mit vielen Nebenarmen an; durch einen Schutz dieses Deltas würden wir ihn nur dazu zwingen, dort anzugreifen, wo der industrielle Flußlauf noch in einem schmalen, tiefen Flußbett konzentriert sei. Ich dachte dabei an die Chemie, Kohle, Kraftwerke und andere meiner Alpträume. Kein Zweifel, daß es England und Amerika möglich gewesen wäre, zu diesem Zeitpunkt, im Frühjahr 1944, binnen kurzer Frist einen dieser Produktionsstränge gänzlich auszuschalten und damit alle übrigen Bemühungen zum Schutz der Fabrikation illusorisch zu machen.

Am 14. April ergriff Göring die Initiative und bestellte Dorsch zu sich: Er könne sich den Bau der von Hitler geforderten Großbunker, so meinte er bedeutungsvoll, nur durch die Organisation Todt vorstellen. Dorsch erwiderte, daß solche Anlagen, weil sie im Reichsgebiet lägen, nicht Angelegenheit dieser für die besetzten Gebiete zuständigen Organisation seien. Immerhin konnte er sogleich einen fertigen Entwurf, wenn auch für Frankreich projektiert, vorlegen. Noch am gleichen Abend wurde Dorsch zu Hitler gerufen: »Ich werde bestimmen, daß derartige Großbauten auch im Reich in Zukunft nur noch durch Sie durchgeführt werden.« Am nächsten Tag konnte Dorsch bereits einige günstige Standorte vorschlagen, sowie die erforderlichen verwaltungstechnischen Voraussetzungen für die Errichtung der sechs geplanten Großbunkeranlagen, jede von ihnen mit 100 000 Quadratmeter Grundfläche, klären. Im November 1944, so versprach Dorsch, sollten die Bauten fertiggestellt sein[11]. In einem seiner gefürchteten spontanen Erlasse unterstellte sich Hitler nun Dorsch unmittelbar und stattete die Großbunker mit einer so hohen Dringlichkeit aus, daß Dorsch in alle Bauvorhaben beliebig zu seinen Gunsten eingreifen konnte. Dennoch war es nicht schwer vorauszusagen, daß diese sechs riesigen Bunkerwerke in den versprochenen sechs Monaten nicht fertig werden, ja, daß sie überhaupt nicht mehr in Betrieb genommen werden könnten. Es war überhaupt nicht so schwer, das Richtige zu erkennen, wenn das Falsche so primitiv falsch war.

Bis dahin hatte Hitler es nicht für notwendig gehalten, mich über alle die Maßnahmen zu unterrichten, mit denen er kurzerhand meine Position weiter reduziert hatte. Mein verletztes Selbstbewußtsein, das Gefühl der Kränkung waren sicherlich nicht unbeteiligt, als ich ihm am 19. April einen Brief schrieb, der die Richtigkeit der getroffenen Entscheidungen offen bezweifelte und die lange Reihe der Briefe und Denkschriften eröffnete, in denen sich, oft unter sachlichen Meinungsverschiedenheiten verborgen, der Prozeß der Selbstbewußtwerdung nach Jahren getrübter, von der magischen Kraft Hitlers verwirrter Erkenntnisfähigkeit vollzog. Solche großen Bauvorhaben jetzt zu beginnen, so meinte ich in diesem Brief, sei illusorisch, denn »nur mit Mühe kann den primitivsten Anforderungen auf Unterbringung der deutschen werktätigen Bevölkerung, der ausländischen Arbeitskräfte und der Wiederherstellung unserer Rüstungsfabriken gleichzeitig entsprochen werden. Ich stehe nicht mehr vor der Wahl, Bauten auf weite Sicht in Angriff zu nehmen..., sondern ich muß laufend im Bau befindliche Rüstungswerke stillegen, um die notwendigsten Voraussetzungen für die Aufrechterhaltung der deutschen Rüstungsproduktion der nächsten Monate zu gewährleisten.«

Im Anschluß an die Darlegung der sachlichen Auffassungsunterschiede warf ich Hitler jedoch auch vor, sich nicht korrekt verhalten zu haben: »Ich habe immer, auch schon als Ihr Baumeister, die Tendenz verfolgt, meine Mitarbeiter selbständig arbeiten zu lassen. Ich habe mit diesem Prinzip zwar oft schwere Enttäuschungen erlebt; denn nicht jeder erträgt eine derartige Herausstellung in der Öffentlichkeit, und mancher ist mir, nachdem er ... genügend Ansehen errungen hatte, untreu geworden«. Unschwer konnte Hitler diesem Satz entnehmen, daß ich Dorsch meinte. Nicht ohne einen Ton der Zurechtweisung fuhr ich fort: »Dies wird mich jedoch nie daran hindern, dieses Prinzip eisern weiter zu verfolgen. Es ist meiner Ansicht nach das einzige, mit dem man, je höher die Stellung ist, regieren und schaffen kann.« Bauwirtschaft und Rüstung seien gerade im jetzigen Stadium ein unteilbares Ganzes; Dorsch könnte durchaus weiterhin für die Bauten in den besetzten Gebieten zuständig bleiben, in Deutschland selbst wolle ich einem alten Mitarbeiter Todts, Willi Henne, die Leitung übergeben; beide sollten dann unter der Leitung eines loyalen Mitarbeiters, Walter Brugmann[12], ihre Aufgaben wahrnehmen: Hitler lehnte ab und Brugmann kam fünf Wochen danach, am 26. Mai 1944, wie mein Vorgänger Todt, durch einen ungeklärten Flugzeugunfall ums Leben.

Das Schreiben wurde Hitler am Vorabend seines Geburtstages von meinem alten Mitarbeiter Fränk übergeben; ich verband damit die Bitte um Rücktritt, falls Hitler nicht meiner Meinung sein könne. Wie ich durch die beste Quelle, die es in diesem Fall gab, durch die Chefsekretärin Hitlers, Johanna Wolf, erfuhr, zeigte sich Hitler über meinen Brief außerordentlich ungehalten und äußerte unter anderem: »Selbst Speer muß wissen, daß es für ihn eine Staatsräson gibt.«

Bereits sechs Wochen zuvor hatte er sich ähnlich vernehmen lassen, als ich den von ihm persönlich angeordneten Bau von Prominentenbunkern in Berlin vorübergehend stillgelegt hatte, weil schwere Schäden eines Luftangriffs zu beseitigen waren. Allem Anschein nach hatte er den Eindruck gewonnen, ich würde seine Anordnungen nach Gutdünken auslegen, jedenfalls bediente sich sein Unmut gegen mich dieses Vorwurfs. Damals hatte er Bormann beauftragt, mir ohne Rücksicht auf meine Krankheit mit Nachdruck zu übermitteln, daß »die Befehle des Führers von jedem Deutschen durchzuführen« seien; sie »könnten keinesfalls ohne weiteres aufgehoben oder sistiert oder angehalten werden«. Hitler drohte gleichzeitig an, »den verantwortlichen Beamten augenblicklich wegen Zuwiderhandlung gegen einen Befehl des Führers durch die Staatspolizei verhaften und in ein KZ überführen zu lassen[13]«.

Kaum hatte ich – wieder auf Umwegen – Kenntnis von Hitlers Reaktion erhalten, als Göring mich vom Obersalzberg anrief: er habe von meinen Rücktrittsabsichten gehört, müsse mir aber in höchstem Auftrag mitteilen, daß es dem Führer allein überlassen sei, festzustellen, wann ein Minister aus seinem Dienst ausscheiden dürfe. Heftig ging das Gespräch eine halbe Stunde hin und her, bis wir uns auf einen Kompromißvorschlag einigten: »Statt eines Rücktritts werde ich meine Krankheit verlängern und stillschweigend als Minister verschwinden.« Göring stimmte geradezu begeistert zu: »Ja, das ist die Lösung! So können wir es machen! Damit wird auch der Führer einverstanden sein!« Hitler, der in unangenehmen Fällen stets die Konfrontation zu vermeiden trachtete, wagte nicht, mich kommen zu lassen und mir ins Gesicht zu sagen, daß er nach allem Konsequenzen ziehen und mich in Urlaub schicken müsse. Aus der gleichen Scheu versuchte er allerdings auch ein Jahr später nicht, als es zum offenen Bruch gekommen war, meine Beurlaubung zu erzwingen. Rückblickend scheint mir, daß es wohl möglich war, Hitlers Unwillen in einem Maße zu erregen, das die Entlassung zur Folge haben konnte. Wer aber in seiner engeren Umgebung verblieb, tat dies in jedem Falle freiwillig.

Was immer meine Motive gewesen sein mögen – jedenfalls gefiel mir die Idee, mich zurückzuziehen. Denn die Vorboten des Kriegsendes konnte ich fast täglich am blauen, südlichen Himmel sehen, wenn in aufreizend niedriger Flughöhe die Bomber der 15. amerikanischen Luftflotte von ihren italienischen Basen aus die Alpen überquerten, um deutsche Industrieziele anzugreifen. Kein Jagdflugzeug weit und breit, kein Flakschuß. Dieses Bild vollständiger Wehrlosigkeit wirkte eindrucksvoller als jeder Bericht. Wenn es bis dahin gelungen war, die auf den Rückzügen verlorenen Waffen immer wieder zu ersetzen, so mußte das, dachte ich pessimistisch, angesichts dieser Luftoffensive bald ein Ende finden. Was lag näher, als die von Göring gebotene Chance zu nutzen und bei der immer greifbarer auf uns zukommenden Katastrophe nicht an verantwortlicher Stelle zu stehen, sondern still zu verschwinden. Der Gedanke, mein Amt aufzugeben, um durch die Beendigung meiner Mitarbeit auch das Ende Hitlers und des Regimes zu beschleunigen, kam mir trotz aller Differenzen nicht und würde mir in ähnlicher Lage wohl auch heute nicht kommen.

Meine Fluchtgedanken wurden am Nachmittag des 20. April durch den Besuch meines engsten Mitarbeiters Rohland gestört. Denn die Industrie hatte unterdessen von meinen Rücktrittsabsichten gehört und Rohland war gekommen, mich davon abzuhalten: »Sie dürfen die Industrie, die Ihnen bis heute gefolgt ist, nicht denen ausliefern, die nach Ihnen kommen. Wie sie aussehen, kann man sich vorstellen! Für unser weiteres Vorgehen ist vor allem entscheidend: wie kann für die Zeit nach einem verlorenen Krieg die notwendige industrielle Substanz erhalten werden. Dazu müssen Sie auf Ihrem Posten bleiben!« Nach meiner Erinnerung war es das erste Mal, daß das Gespenst der »Verbrannten Erde« vor mir auftauchte, als Rohland anschließend von der Gefahr sprach, daß von einer verzweifelten Führungsspitze mutwillige Zerstörungen befohlen werden könnten. Hier, an diesem Tag, fühlte ich etwas entstehen, was, unabhängig von Hitler, sich nur noch auf Land und Volk bezog: eine zunächst noch vage und schattenhaft empfundene Verantwortung.

Nur einige Stunden später, noch in der Nacht gegen ein Uhr, trafen Feldmarschall Milch, Saur und Dr. Fränk bei mir ein. Sie waren seit dem späten Nachmittag unterwegs und kamen unmittelbar vom Obersalzberg. Milch hatte mir eine Botschaft Hitlers zu übermitteln: darin ließ er mir ausrichten, wie hoch er mich schätze und wie unverändert sein Verhältnis zu mir sei. Es klang fast wie eine Liebeserklärung, die allerdings, wie ich dreiundzwanzig Jahre später von Milch hörte, nur auf dessen Drängen zustande gekommen war. Noch vor einigen Wochen wäre ich gerührt und gleichzeitig glücklich gewesen, derart ausgezeichnet zu werden. Jetzt dagegen erklärte ich auf Hitlers Erklärung: »Nein, ich habe es satt! Ich will davon nichts mehr wissen[14].« Milch, Saur und Fränk drangen in mich. Ich wehrte mich lange; zwar fand ich Hitlers Verhalten abgeschmackt und unglaubwürdig, aber meine Ministertätigkeit wollte ich nicht mehr abschließen, nachdem mich Rohland in eine neue Verantwortlichkeit gedrängt hatte. Erst nach Stunden gab ich unter der Bedingung nach, daß Dorsch mir wieder unterstellt und der bestehende Zustand wiederhergestellt würde. In der Frage der Großbunker allerdings war ich jetzt bereit nachzugeben: es lag nichts mehr daran. Bereits am kommenden Tag unterzeichnete Hitler ein von mir noch in der Nacht entworfenes Schreiben, das dieser Forderung Genüge tat: unter meiner Zuständigkeit sowie unter höchster Dringlichkeitsstufe sollte Dorsch nun die Bunker bauen[15].

Drei Tage später freilich bemerkte ich, daß ich einen vorschnellen Entschluß getroffen hatte. Infolgedessen entschloß ich mich, erneut Hitler zu schreiben. Denn mir war klargeworden, daß ich aufgrund der getroffenen Regelung in eine überaus undankbare Lage geraten mußte. Unterstützte ich nämlich Dorsch bei Errichtung von Großbauten mit Material und Arbeitskräften, so fiel mir die undankbare Aufgabe zu, die Beschwerden der Reichsinstanzen entgegenzunehmen und abzuwehren, deren Programme durch mich beeinträchtigt wurden. Erfüllte ich die Forderungen von Dorsch aber nicht, dann würden zwischen uns Beschwerde- und »Deckungsschreiben« ausgetauscht werden. Daher wäre es konsequenter, fuhr mein Schreiben fort, Dorsch gleichzeitig die Verantwortung für die sonstigen Bauvorhaben »zu übertragen, deren Durchführung durch die Großbunker beeinträchtigt wird«. In Erwägung aller Umstände, so schloß ich, sei die Abtrennung des gesamten Baugebietes von der Rüstung und Kriegsproduktion bei den derzeitigen Verhältnissen die beste Lösung. Infolgedessen laute mein Vorschlag, Dorsch zum »Generalinspekteur für das Bauwesen« zu ernennen, der Hitler unmittelbar unterstellt sei. Jede andere Regelung müsse mit den Schwierigkeiten meines persönlichen Verhältnisses zu Dorsch belastet sein.

Hier brach ich diesen Entwurf ab, denn ich war während der Niederschrift zu dem Entschluß gekommen, meinen Erholungsaufenthalt sofort abzubrechen und Hitler auf dem Obersalzberg aufzusuchen. Das machte zunächst wieder Schwierigkeiten. Gebhardt berief sich auf die ihm von Hitler erteilte Vollmacht und trug gesundheitliche Bedenken vor; Professor Koch dagegen hatte mir bereits einige Tage zuvor die Auskunft gegeben, daß ich unbesorgt fliegen könne[16]. Gebhardt rief schließlich Himmler an, der sich mit meinem Flug unter der Voraussetzung einverstanden erklärte, daß ich ihn vor meiner Besprechung mit Hitler besuchte.

Himmler sprach offen, was in solchen Situationen als Erleichterung vermerkt wird. Die Abtrennung des Bauwesens vom Rüstungsministerium und seine Übertragung an Dorsch sei in Besprechungen mit Hitler, an denen auch Göring beteiligt gewesen sei, schon vor langem beschlossen worden. Er, Himmler, fordere mich auf, nunmehr keine Schwierigkeiten mehr zu machen. Zwar war alles, was er sagte, eine Anmaßung; da es jedoch meinen Absichten entsprach, verlief das Gespräch in bestem Einvernehmen.

Kaum in meinem Haus am Obersalzberg angekommen, forderte mich Hitlers Adjutant auf, an der gemeinsamen Teestunde teilzunehmen. Ich wollte Hitler jedoch in einer dienstlichen Angelegenheit sprechen; die intime Atmosphäre der Teestunde hätte die zwischen uns angesammelten Schwierigkeiten zweifellos geglättet, und gerade das wollte ich vermeiden. Daher lehnte ich die Einladung ab. Hitler verstand die ungewohnte Geste und schon kurz danach bekam ich einen Termin auf dem Berghof.

Hitler hatte sich, die Uniformmütze aufgesetzt und mit den Handschuhen in der Hand, offiziell zu meinem Empfang vor dem Eingang des Berghofes bereitgestellt und geleitete mich wie einen formellen Gast in seine Wohnhalle. Ich war, weil mir die psychologische Absicht dieses Auftritts verborgen blieb, stark beeindruckt. Von nun an begann eine Phase der höchst schizophrenen Beziehung zu ihm. Einerseits hob er mich heraus, bedachte mich mit besonderen Gunsterweisen, die mir nicht gleichgültig waren, auf der anderen Seite stand sein für das deutsche Volk immer verhängnisvolleres Wirken, das mir langsam bewußt wurde. Und obwohl der alte Zauber noch immer seine Wirksamkeit hatte, Hitler noch immer seinen Instinkt der Menschenbehandlung bewies, wurde es mir zunehmend schwieriger, ihm bedingungslos loyal zu bleiben.

Nicht nur bei dieser herzlichen Begrüßung, auch bei unserem anschließenden Gespräch waren die Fronten merkwürdig seitenverkehrt: er war es, der um mich warb. Meinen Vorschlag, das Bauwesen aus meiner Zuständigkeit herauszulösen und Dorsch zu übertragen, lehnte Hitler ab: »Ich werde das auf keinen Fall trennen. Ich habe ja auch keinen, dem ich das Bauen übertragen kann. Leider ist Dr. Todt damals gestorben. Sie wissen, Herr Speer, was mir das Bauen bedeutet. Verstehen Sie! Ich bin auch mit allen Maßnahmen, die Sie auf dem Baugebiet für richtig halten, von vornherein einverstanden[17].« Hitler widersprach sich damit selbst, hatte er doch noch vor einigen Tagen, auch Himmler und Göring gegenüber, entschieden, daß Dorsch für diese Aufgabe vorgesehen sei. Beliebig, wie er es immer getan hatte, setzte er sich über seine soeben geäußerte Auffassung, sowie im

Grunde auch über die Empfindungen Dorschs hinweg: diese Meinungswillkür war ein überaus beredtes Zeichen seiner abgrundtiefen Menschenverachtung. Immerhin mußte ich damit rechnen, daß auch diese Sinnesänderung nicht von Dauer sein werde. Daher entgegnete ich Hitler, es sei notwendig, eine Entscheidung auf lange Sicht zu treffen: »Für mich ist es unmöglich, daß darüber noch einmal eine Diskussion stattfindet.« Hitler versprach festzubleiben: »Meine Entscheidung ist endgültig. Ich denke nicht mehr daran, sie zu ändern.« Anschließend bagatellisierte er auch Vorwürfe gegen drei meiner Amtschefs, mit deren Ablösung ich bereits gerechnet hatte[18].

Nachdem wir unser Gespräch beendet hatten, führte mich Hitler erneut zur Garderobe, nahm wieder Mütze und Handschuhe und schickte sich an, mich nach dem Ausgang zu begleiten. Mir schien dies zu viel der Offizialität und im informellen Ton seines internen Kreises sagte ich ihm, daß ich noch im oberen Geschoß mit seinem Luftwaffenadjutanten Below verabredet sei. Abends saß ich wie einst in der Runde am Kaminfeuer, umgeben von ihm, Eva Braun und seinem Hofstaat. Das Gespräch plätscherte gleichgültig dahin, Bormann schlug vor, Schallplatten abzuspielen; man legte eine Wagner-Arie auf und ging alsbald über zur »Fledermaus«.

Nach dem Auf und Ab, den Spannungen und Verkrampfungen der letzten Zeit hatte ich an diesem Abend ein Gefühl der Befriedigung: alle Schwierigkeiten und Konfliktstoffe schienen ausgeräumt. Die Unsicherheit der letzten Wochen hatten mich tief bedrückt, ich konnte nicht ohne Zuneigung und Anerkennung arbeiten, nun durfte ich mich als Gewinner in einem Machtkampf fühlen, der von Göring, Himmler und Bormann gegen mich geführt worden war. Sie waren nun zweifellos sehr enttäuscht, denn sicherlich hatten sie schon geglaubt, mich zur Strecke gebracht zu haben. Vielleicht, so fragte ich mich damals schon, hatte auch Hitler erkannt, welches Spiel da getrieben worden war und daß er sich selbst darin unzulässig verwickelt hatte.

Wenn ich den Komplex von Motiven, die mich so überraschend in diese Runde zurückgeführt hatten, analysierte, so war das Verlangen, die einmal errungene Machtposition zu bewahren, sicherlich ein wichtiger Grund. Wenn ich auch nur – darüber täuschte ich mich wohl nie – an der Macht Hitlers partizipierte, fand ich es immer erstrebenswert, in seinem Gefolge etwas von seiner Popularität, seinem Glanz, seiner Größe auf mich sammeln zu können. Bis 1942 fühlte ich noch, daß meine Berufung als Architekt mir ein von Hitler unabhängiges Selbstbewußtsein gestattete; unterdessen aber bestach und berauschte es mich, reine Macht auszuüben, Menschen einzusetzen, über wichtige Fragen zu entscheiden, über Milliarden zu verfügen. Trotz aller Bereitschaft zu resignieren, hätte ich nur ungern auf das Stimulans eines jeden Führungsrausches verzichtet. Die Vorbehalte, die angesichts der jüngsten Entwicklung in mir wachgeworden waren, wurden überdies durch den Appell der Industrie sowie durch die unverändert starke Suggestion, die Hitler ausüben konnte, hinweggeräumt. Zwar hatte unser Verhältnis einen Sprung bekommen, die Loyalität war labil, und nie mehr, das spürte ich, würde sie sein, was sie gewesen war. Aber fürs erste war ich im Kreise Hitlers zurück – und zufrieden.

Zwei Tage später ging ich noch einmal mit Dorsch zu Hitler, um ihn als den neuernannten Leiter meines Bausektors vorzustellen. Hitler reagierte auf diese Wendung, wie ich erwartet hatte: »Ich überlasse es ganz Ihnen, lieber Speer, welche Regelung Sie in Ihrem Ministerium treffen wollen. Es ist Ihre Sache, wen Sie beauftragen. Natürlich bin ich mit Dorsch einverstanden; aber die Verantwortung für das Bauen bleibt ganz bei Ihnen[19].« Es sah nach Sieg aus; aber Siege, das hatte ich gelernt, zählten nicht viel. Morgen konnte alles anders sein.

Göring unterrichtete ich betont kühl über die neue Situation; ich hatte ihn sogar übergangen, als ich mich entschloß, Dorsch zu meinem Vertreter in Bausachen des Vierjahresplanes zu ernennen, denn, so schrieb ich ihm nicht ohne sarkastischen Unterton, »ich nahm dabei an, daß Sie aufgrund des Vertrauens, das Sie zu Herrn Ministerialdirektor Dorsch haben, ohne weiteres damit einverstanden sind.« Göring antwortete kurz und etwas unwillig: »Mit allem sehr einverstanden. Habe Dorsch bereits gesamten Bauapparat der Luftwaffe unterstellt[20].«

Himmler zeigte keine Reaktion, er hatte in solchen Fällen die Eigenschaften eines Fisches, den man nicht fassen kann. Bei Bormann jedoch begann sich zum ersten Mal nach zwei Jahren sichtbar der Wind zu meinen Gunsten zu drehen. Denn augenblicklich realisierte er, daß ich einen beachtlichen Erfolg davongetragen hatte, und daß alle mühsam aufgebauten Intrigen der letzten Monate gescheitert waren; er war nicht Manns und mächtig genug, um seinen Groll gegen mich ungeachtet solcher Veränderungen zu pflegen. Sichtlich unter der von mir demonstrativ zur Schau gestellten Nichtbeachtung leidend, versicherte er mir bei erster sich bietender Gelegenheit, auf einem der Gruppenspaziergänge zum Teehaus, mit übertriebener Herzlichkeit, er sei an dem großen Treiben gegen mich nicht beteiligt gewesen. Vielleicht hatte er recht, obwohl es mir schwerfiel, ihm zu glauben, und jedenfalls gab er damit zu, daß ein großes Treiben stattgefunden hatte.

Bald darauf lud er Lammers und mich in sein unpersönlich eingerichtetes Obersalzberger Haus ein. Unvermittelt und eher aufdringlich nötigte er uns zum Trinken, und nach Mitternacht bot er Lammers und mir das vertraute Du an. Schon am nächsten Tag freilich überging ich diesen Annäherungsversuch, während Lammers an diesem Du hängenblieb. Das hinderte Bormann jedoch nicht, ihn bald darauf bedenkenlos an die Wand zu spielen, während er die Brüskierung durch mich ohne Reaktion und mit einer sich steigernden Herzlichkeit hinnahm; jedenfalls solange mir Hitler sichtlich gewogen war.

Mitte Mai 1944, bei einem Besuch der Hamburger Werften, informierte mich Gauleiter Kaufmann in einem vertraulichen Gespräch, daß sich, selbst nach über einem halben Jahr, die Mißstimmung über meine Gauleiterrede noch nicht gelegt habe. Fast alle Gauleiter lehnten mich ab; Bormann unterstütze und ermutige diese Einstellung. Kaufmann warnte mich vor der Gefahr, die mir von dieser Seite drohe.

Ich empfand den Hinweis als schwerwiegend genug, um Hitler im Verlauf meiner nächsten Unterredung darauf aufmerksam zu machen. Er hatte mich dabei erneut durch eine kleine Geste ausgezeichnet und zum ersten Mal in sein holzgetäfeltes Arbeitszimmer im ersten Stock des Berghofes gebeten, wo er im allgemeinen nur sehr persönliche oder vertrauliche Besprechungen zu führen pflegte. Im privaten Ton, fast wie ein intimer Freund, riet er mir, alles zu vermeiden, was die Gauleiter gegen mich aufbringen könnte. Ich solle überhaupt nie die Macht der Gauleiter unterschätzen, denn das würde meine weitere Zukunft erschweren. Die charakterlichen Schwierigkeiten der meisten seien auch ihm bekannt, viele seien einfache Haudegen, etwas rauh, aber treu ergeben. Man müsse sie nehmen, wie sie seien. Hitlers Haltung ließ erkennen, daß er keineswegs gewillt war, sich durch Bormann sein Verhalten zu mir vorschreiben zu lassen: »Ich habe allerdings Beschwerden bekommen, aber die Angelegenheit ist für mich erledigt.« Damit war auch dieser Teil der Offensive Bormanns gescheitert.

Auch bei Hitler mögen widerstreitende Gefühle sich zu einem Knäuel verdichtet haben, wenn er mich nun, wie um Verständnis dafür bittend, daß ich nicht gleichzeitig geehrt würde, mit seiner Absicht bekanntmachte, Himmler den höchsten Orden des Reiches zu verleihen. Denn der Reichsführer-SS habe sich ganz besondere Verdienste erworben, fügte er fast entschuldigend hinzu[21]. Ich erwiderte gut gelaunt, daß ich eher erwarten würde, nach dem Kriege für meine Leistungen als Architekt den nicht weniger wertvollen Orden für Kunst und Wissenschaft zu erhalten. Immerhin schien Hitler beunruhigt gewesen zu sein, wie ich die Bevorzugung Himmlers auffassen würde.

Mich beunruhigte an diesem Tag mehr, Bormann könnte Hitler mit einigen gezielten Bemerkungen einen Artikel aus dem englischen »Observer« (vom 9. April 1944) vorlegen, in dem ich als Fremdkörper inmitten des parteidoktrinären Getriebes beschrieben wurde. Um ihm zuvorzukommen, überreichte ich Hitler mit einigen humorvollen Bemerkungen die Übersetzung dieses Artikels, umständlich setzte sich Hitler seine Brille auf und begann zu lesen: »Speer ist gewissermaßen heute für Deutschland wichtiger als Hitler, Himmler, Göring, Goebbels oder die Generale. Sie alle sind irgendwie nichts als Mitwirkende dieses Mannes geworden, der tatsächlich die riesige Kraftmaschine führt und aus der er ein Maximum an Leistung herausholt. In ihm sehen wir eine genaue Verwirklichung der Revolution der Manager. Speer ist nicht einer der auffälligen und pittoresken Nazis. Es ist unbekannt, ob er überhaupt irgendwelche andere als konventionelle politische Meinungen hat. Er hätte sich jeder anderen politischen Partei anschließen können, soweit sie ihm Arbeit und Karriere gab. Er ist, auf ausgeprägte Weise, der erfolgreiche Durchschnittsmensch, gut gekleidet, höflich, nicht korrupt; in seinem Lebensstil, zusammen mit seiner Frau und sechs Kindern, betont Mittelklasse. Viel weniger als irgendeiner der anderen deutschen Führer gleicht er irgend etwas typisch Deutschem oder typisch Nationalsozialistischem. Er symbolisiert eher einen Typus, der in steigendem Maße in allen kriegführenden Staaten wichtig wird: den reinen Techniker, den klassenlosen, glänzenden (bright) Mann ohne Herkommen, der kein anderes Ziel kennt, als seinen Weg in der Welt zu machen, nur mittels seiner technischen und organisatorischen Fähigkeiten. Gerade das Fehlen von psychologischem und seelischem Ballast und die Ungezwungenheit, mit welcher er die erschreckende technische und organisatorische Maschinerie unseres Zeitalters handhabt, läßt diesen unbedeutenden Typ heutzutage äußerst weit gehen. Dies ist ihre Zeit. Die Hitlers und die Himmlers mögen wir loswerden, aber die Speers, was auch immer diesem einzelnen Mann im besonderen geschehen wird, werden lange mit uns sein.« Hitler las den Kommentar in aller Ruhe durch, faltete das Blatt zusammen und reichte es mir wortlos, aber voller Respekt zurück.

Im Laufe der nächsten Wochen und Monate wurde mir trotz allem immer deutlicher die Entfernung bewußt, die zwischen Hitler und mir bestand. Sie wuchs nun unaufhörlich. Nichts ist schwieriger, als eine einmal aufs Spiel gesetzte Autorität wieder herzustellen. Ich war nun Hitler gegenüber, nachdem ich ihm das erste Mal Widerstand geleistet hatte, selbständiger im Denken und Handeln geworden. Denn er hatte auf meine Aufsässigkeit, anstatt ungehalten zu werden, eher hilflos und schließlich mit den Gesten ganz besonderer Gunst reagiert, hatte sogar auf seine Absichten verzichtet, obwohl er sich vor Himmler, Göring und Bormann bereits festgelegt hatte. Daß auch ich nachgegeben hatte, entwertete mir nicht die Erfahrung, daß bei Hitler durch entschiedenen Widerspruch auch schwierige Vorhaben durchgesetzt werden konnten.

Immerhin brachten selbst diese Erfahrungen mir nicht mehr als erste Zweifel über den prinzipiell fragwürdigen Charakter dieses Herrschaftssystems. Eher war ich empört, daß die Führungsschicht weiterhin keineswegs bereit war, sich selber die Entbehrungen, die sie dem Volk zumutete, abzuverlangen; daß sie rücksichtslos über Menschen und Werte verfügte, ihren banalen Intrigen nachging und damit ihre moralische Verwerflichkeit aufdeckte. All dies mag mitgewirkt haben, daß ich mich langsam löste; ich begann immer noch zögernd Abschied zu nehmen, Abschied von meinem bisherigen Leben, Aufgaben, Bindungen und von der Gedankenlosigkeit, die das alles bewirkt hatte.

24. Kapitel

Der Krieg dreifach verloren

Am 8. Mai 1944 kehrte ich nach Berlin zurück, um meine Arbeit wieder aufzunehmen. Das Datum vier Tage später, der 12. Mai, wird mir immer geläufig bleiben. Denn an diesem Tage wurde der technische Krieg entschieden[1]. Bis dahin war es gelungen, ungefähr so viel an Waffen zu produzieren, wie es trotz erheblicher Verluste dem Bedarf der Wehrmacht entsprach. Mit dem Angriff von 935 Tagbombern der 8. amerikanischen Luftflotte auf mehrere Treibstoffwerke im Zentrum und im Osten Deutschlands begann eine neue Epoche des Luftkrieges; sie bedeutete das Ende der deutschen Rüstung.

Mit den Fachleuten der angegriffenen Leunawerke suchten wir uns am nächsten Tag einen Weg durch ein Gewirr zerrissener und verbogener Rohrsysteme. Die chemischen Werke hatten sich als überaus bombenempfindlich erwiesen, auch günstige Prognosen konnten eine Wiederaufnahme der Produktion nicht vor Wochen in Aussicht stellen. Unsere Tagesproduktion von 5 850 t war nach diesem Angriff auf 4 820 t abgesunken; allerdings konnte unsere Reserve von 574 000 t Flugtreibstoff, obwohl sie nur etwas über drei Monate unserer Produktion betrug, diesen Ausfall über neunzehn Monate ausgleichen.

Nachdem ich mir über die Folgen des Angriffs einen Überblick verschafft hatte, flog ich am 19. Mai 1944 auf den Obersalzberg, wo Hitler mich in Gegenwart Keitels empfing. Ich meldete ihm die heranrückende Katastrophe: »Der Gegner hat uns an einer unserer schwächsten Stellen angegriffen. Bleibt es dieses Mal dabei, dann gibt es bald keine nennenswerte Treibstoffproduktion mehr. Wir haben nur noch die Hoffnung, daß auch die andere Seite einen Generalstab der Luftwaffe hat, der so planlos denkt wie der unsere!« Keitel dagegen, immer bemüht, Hitler gefällig zu sein, meinte bagatellisierend, daß er mit seinen Reserven die Schwierigkeiten überbrücken könne, ehe er mit dem Standardargument Hitlers schloß: »Wie viele schwere Situationen haben wir schon überstanden«; und dann, zu Hitler gewandt: »Wir werden diese auch überstehen, mein Führer!«

Jedoch schien Hitler Keitels Optimismus nicht zu teilen: neben Göring, Keitel und Milch sollten die Industriellen Krauch, Pleiger, Bütefisch und E. R. Fischer, sowie der Chef des Planungs- und Rohstoffamtes Kehrl sich zu einer weiteren Besprechung der Lage einfinden[2]. Göring versuchte, die Einladung der Vertreter der Treibstoffindustrie zu verhindern, wir sollten, meinte er, bei solchen wichtigen Themen unter uns bleiben. Aber Hitler hatte die Teilnehmer bereits festgelegt.

Vier Tage später warteten wir alle in dem unwirtlichen Treppenhaus des Berghofes auf Hitler, der in der Wohnhalle eine Besprechung führte. Während ich vorher die Vertreter der Treibstoffindustrie gebeten hatte, Hitler die ungeschminkte Wahrheit zu sagen, verwandte Göring die letzten Minuten vor Beginn der Sitzung darauf, die Industriellen zu bedrängen, sich nicht zu pessimistisch zu äußern. Er fürchtete wohl, daß sich Hitlers Vorwürfe vornehmlich gegen ihn wenden würden.

Hohe Offiziere, Teilnehmer an der vorhergehenden Sitzung, kamen eilig an uns vorbei; unmittelbar anschließend wurden wir von einem Adjutanten zu Hitler gebeten. Seine Begrüßung, während er jedem die Hand gab, war kurz und abwesend. Er forderte uns auf, Platz zu nehmen und erklärte, er habe die Teilnehmer zusammengerufen, um sich über die Folgen der letzten Angriffe zu unterrichten. Dann bat er die Vertreter der Industrie um ihre Meinung. Wie es dem Temperament dieser nüchternen Rechner entsprach, demonstrierten sie durchweg die Hoffnungslosigkeit der Lage, falls die Angriffe systematisch weitergeführt würden. Zwar versuchte Hitler zunächst durch stereotype Zwischenrufe wie: »Sie werden es schon schaffen« oder: »Wir hatten schon schwierigere Situationen«, alle pessimistischen Regungen zu zerstreuen; und natürlich benutzten Keitel und Göring augenblicklich diese Stichworte, Hitlers Zukunftsgewißheit zu überbieten und den Eindruck unserer Ausführungen abzuschwächen; besonders Keitel kam immer wieder auf seine Treibstoffreserve zurück. Aber die Industriellen waren aus härterem Holz als die Umgebung Hitlers; sie setzten unbeirrt ihre Warnungen fort, untermauerten sie durch Daten und Vergleichszahlen. Plötzlich ging Hitler dazu über, sie zu ermuntern, die Situation ganz nüchtern zu analysieren: es schien, als wolle er endlich einmal die unangenehme Wahrheit hören, als sei er müde all der Verschleierungen, falschen Optimismen, der verlogenen Liebedienerei. Das Ergebnis der Sitzung faßte er selbst zusammen: »Nach meiner Ansicht stellen die Treibstoff-, Buna- und Stickstoffwerke für die Kriegführung einen ganz besonders empfindlichen Punkt dar, da in einer geringen Anzahl von Werken für die Rüstung unentbehrliche Grundstoffe hergestellt werden[3].« Hitler hinterließ, wie dumpf und abwesend er anfangs auch gewirkt haben mußte, den Eindruck eines konzentrierten, nüchternen, einsichtigen Mannes – nur wollte er einige Monate später, als die Katastrophe eingetreten war, seine Einsichten nicht mehr wahrhaben. Göring dagegen warf uns, schon als wir wieder im Vorraum standen, vor, Hitler über Gebühr mit Sorgen und pessimistischem Kram belastet zu haben.

Die Autos fuhren vor, die Gäste Hitlers begaben sich in den Berchtesgadener Hof, um eine Erfrischung einzunehmen. Denn für Hitler war der Berghof bei solchen Gelegenheiten lediglich eine Tagungsstätte; er fühlte keine Verpflichtung als Hausherr. Jetzt aber, nachdem die Sitzungsteilnehmer gegangen waren, kamen aus allen Zimmern des Obergeschosses die Mitglieder des privaten Kreises. Hitler hatte sich für einige Minuten zurückgezogen, wir warteten im Treppenhaus. Er nahm Stock, Hut und seinen schwarzen Umhang: die tägliche Wanderung zum Teehaus begann. Dort gab es Kaffee, Kuchen. Das Kaminfeuer brannte, harmlose Gespräche wurden geführt, Hitler ließ sich von seinen Sorgen in eine freundlichere Welt hinwegtragen: es war geradezu spürbar, wie sehr er ihrer bedurfte. Auch zu mir äußerte er sich über die uns drohende Gefahr nicht mehr.

Wir hatten nach sechzehn Tagen fieberhafter Reparatur gerade wieder die alte Produktionshöhe erreicht, als uns am 28./29. Mai 1944 die zweite Angriffswelle traf. Dieses Mal gelangen den nur 400 Bombern der 8. amerikanischen Luftflotte größere Zerstörungen, als der doppelt so hohen Anzahl beim ersten Angriff. Gleichzeitig wurden von der 15. amerikanischen Luftflotte in diesen Tagen die wichtigsten Raffinerien der rumänischen Erdölfelder bei Ploesti angegriffen. Nun war die Produktion sogar auf die Hälfte reduziert[4]; unsere pessimistischen Äußerungen auf dem Obersalzberg waren damit, nur fünf Tage später, vollauf gerechtfertigt und gleichzeitig Görings Beruhigungsparolen widerlegt. Vereinzelte Bemerkungen Hitlers ließen darauf schließen, daß Görings Ansehen auf einem neuen Tiefpunkt angelangt war.

Nicht nur aus Zweckmäßigkeitsgründen nutzte ich diese Schwäche Görings ohne langes Warten aus. Wir hatten zwar allen Anlaß, aufgrund unserer Erfolge bei der Produktion von Jagdflugzeugen Hitler die Übernahme der gesamten Luftrüstung in mein Ministerium vorzuschlagen[5]; viel mehr aber reizte es mich, Göring sein Verhalten während meiner Krankheit heimzuzahlen. Am 4. Juni ersuchte ich Hitler, der immer noch vom Obersalzberg aus den Krieg leitete, »den Reichsmarschall so zu beeinflussen, daß er mich von sich aus bestellt und daß der Vorschlag, die Luftrüstung in mein Ministerium einzugliedern, von ihm ausgeht.« Hitler nahm diese Herausforderung Görings ohne Widerspruch hin; er zeigte im Gegenteil Verständnis, da meine Taktik offenbar darauf abzielte, Görings Stolz und Prestige zu schonen. Nicht ohne Schärfe fügte er hinzu: »Die Luftrüstung muß in Ihr Ministerium eingegliedert werden, darüber gibt es keine Diskussion mehr. Ich werde den Reichsmarschall sofort kommen lassen und ihm meine Absicht mitteilen. Sie sprechen mit ihm die Einzelheiten der Übergabe durch[6].«

Noch vor einigen Monaten hätte sich Hitler gescheut, seinem alten Paladin die Meinung ins Gesicht zu sagen. Noch Ende des vergangenen Jahres hatte er mich beispielsweise beauftragt, zu Göring in die abgelegene Rominter Heide zu fahren und ihm irgendeine drittrangige Unannehmlichkeit, die mir längst entfallen ist, vorzutragen. Göring mußte damals meinen Auftrag gekannt haben, denn er behandelte mich, gegen seine sonstige Gewohnheit, wie einen hochgeehrten Gast, ließ Wagen und Pferde zu einer stundenlangen Rundfahrt durch das ausgedehnte Jagdgebiet anschirren und plauderte ohne Punkt und Ende, so daß ich schließlich unverrichteter Dinge, ohne ein Wort von meinem Auftrag erwähnt zu haben, zu Hitler zurückkehrte, der für meine ausweichende Haltung freilich Verständnis gezeigt hatte.

Dieses Mal dagegen versuchte Göring nicht, in routinierte Herzlichkeit auszuweichen. Unsere Besprechung fand im privaten Arbeitszimmer seines Obersalzberger Hauses statt. Er war bereits informiert, Hitler hatte ihn unterrichtet. In scharfen Worten klagte Göring über den hin- und herschwankenden Hitler. Noch vor vierzehn Tagen habe er mir die Bauwirtschaft nehmen wollen, alles sei klar gewesen und dann habe Hitler, nach einer kurzen Besprechung mit mir, alles wieder rückgängig gemacht. So sei es immer. Der Führer sei leider zu oft kein Mann von festen Entschlüssen gewesen. Natürlich, wenn er wolle, so würde er mir nun eben die Luftrüstung übergeben, meinte Göring resignierend. Verstehen könne er das alles aber nicht, da doch vor kurzem Hitler der Meinung gewesen sei, daß ich ein viel zu großes Aufgabengebiet hätte.

Obwohl ich diesen plötzlichen Wandel von Gunst und Ungunst als bezeichnend empfand und darin auch die größte Gefahr für meine eigene Zukunft sah, gestehe ich, daß ich es als einen nicht ungerechten Ausgleich betrachtete, nun die Rollen vertauscht zu sehen. Auf eine demonstrative Demütigung Görings dagegen verzichtete ich. Statt Hitler einen Erlaß vorzulegen, vereinbarte ich mit Göring, daß er selber es sei, der die Verantwortung für die Luftrüstung meinem Ministerium übergäbe[7].

Die Übernahme der Luftrüstung war ein unbedeutendes Intermezzo, verglichen mit den Ereignissen, die sich nun infolge der Überlegenheit der feindlichen Luftflotten in Deutschland abspielten. Obwohl sie einen Teil ihrer Kräfte auf die Unterstützung der Invasion konzentrieren mußten, setzte nach einer Ruhepause von zwei Wochen eine erneute Serie von Angriffen viele Treibstoffwerke außer Betrieb. Am 22. Juni waren neun Zehntel der Erzeugung an Flugtreibstoff ausgefallen; nur noch 632 Tonnen wurden täglich produziert. Als die Angriffe sich abschwächten, erreichten wir am 17. Juli noch einmal eine Produktion von 2307 Tonnen, das waren rund vierzig Prozent der ursprünglichen Erzeugung, aber bereits vier Tage später, am 21. Juli, waren wir mit 120 Tonnen Tageserzeugung so gut wie am Ende. Achtundneunzig Prozent der Flugtreibstoffproduktion lagen still.

Der Gegner gestattete uns zwar danach den teilweisen Betrieb der großen chemischen Werke von Leuna, wodurch wir Ende Juli die Produktion des Flugtreibstoffes auf 609 Tonnen steigern konnten. Wir sahen es nun schon als einen Erfolg an, wenigstens ein Zehntel der Produktion erreicht zu haben. Aber die vielen Angriffe hatten die Rohrsysteme der chemischen Werke so zermürbt, daß nicht nur direkte Treffer, sondern mehr noch die

Erschütterungen auch in der Nähe explodierender Bomben überall Undichtigkeiten im Installationssystem hervorriefen. Reparaturen waren fast unmöglich. Im August erreichten wir zehn Prozent, im September fünfeinhalb Prozent, im Oktober wieder zehn Prozent unserer ehemaligen Kapazität. Erst im November 1944 gelang, für uns überraschend, eine Erholung auf achtundzwanzig Prozent (1633 Tonnen täglich)[8]. »Schön gefärbte Berichte von Wehrmachtsstellen lassen den Minister befürchten, daß die kritische Lage nicht voll erkannt wird«, hieß es in der Chronik vom 22. Juli 1944. Die Folge war eine sechs Tage später verfaßte Denkschrift an Hitler über die Treibstofflage, die mit der ersten vom 30. Juni streckenweise fast wörtlich übereinstimmte[9]. Beide Memoranden stellten deutlich fest, daß der zu erwartende Ausfall im Juli und August zweifellos den größten Teil der Reserven an Flugtreibstoff und anderen Treibstoffen aufbrauchen und anschließend eine unüberbrückbare Lücke entstehen werde, die »zu tragischen Folgen führen« müsse[10].

Zugleich schlug ich Hitler verschiedene Mittel vor, die uns in den Stand setzen sollten, diese Folgen zu vermeiden oder doch hinauszuzögern. Als wichtigstes Instrument erbat ich eine Vollmacht Hitlers zur totalen Mobilisierung aller geeigneten Kräfte gegen die Verheerungen der Angriffe. Ich machte ihm den Vorschlag, Edmund Geilenberg, dem erfolgreichen Leiter unserer Munitionsherstellung, jede Möglichkeit zu verschaffen, zur Ankurbelung der Treibstoffproduktion rücksichtslos Material zu beschlagnahmen, Fertigungen zu beeinträchtigen und Facharbeiter heranzuziehen. Hitler lehnte zunächst ab: »Wenn ich diese Vollmacht gebe, dann haben wir sofort weniger Panzer. Das geht nicht! Das kann ich auf keinen Fall zulassen.« Er hatte sichtlich den Ernst der Situation immer noch nicht erfaßt, obwohl wir inzwischen noch häufig genug über die drohende Entwicklung gesprochen hatten. Panzer, das hatte ich ihm immer erklärt, mußten zwecklos werden, wenn wir nicht mehr genügend Treibstoff produzierten. Erst als ich ihm eine hohe Panzerproduktion versprach, und Saur dieses Versprechen bekräftigte, erteilte Hitler seine Unterschrift. Zwei Monate später waren zum Wiederaufbau der Hydrierwerke 150 000 Arbeitskräfte eingesetzt, darunter ein sehr großer Prozentsatz bester, für die Rüstung unentbehrlicher Fachkräfte. Bis zum Spätherbst 1944 waren es 350 000.

Während ich meine Denkschrift diktierte, war ich entsetzt über den Unverstand der Führung. Vor mir lagen die Berichte meines Planungsamtes über die täglichen Produktionsverluste, über Ausfälle und über Fristen für einen neuen Anlauf: aber dies alles immer nur unter der ausdrücklichen Voraussetzung, daß es gelänge, die feindlichen Angriffe zu verhindern oder doch zu reduzieren. Ich flehte Hitler am 28. Juli 1944 in meiner Denkschrift geradezu an, »aus der Produktion der Jagdflugzeuge einen bedeutend größeren Teil der Heimat zuzuführen[11].« Wiederholt beschwor ich Hitler, ob es nicht zweckmäßiger sei, »die Hydrierwerke der Heimat zunächst so vordringlich durch

Jagdstreitkräfte zu schützen, daß im August und September wenigstens eine Teilproduktion ermöglicht wird, anstatt nach der bisherigen Methode mit Sicherheit zu wissen, daß im September oder Oktober die Luftwaffe, sowohl an der Front als auch in der Heimat, durch Treibstoffmangel zum Erliegen kommt[12].«

Diese Fragen richtete ich bereits zum zweiten Mal an Hitler. Nach unserer Obersalzberger Sitzung Ende Mai hatte er einem Plan Gallands zugestimmt, daß aus unserer erhöhten Produktion an Jagdflugzeugen eine Luftflotte aufzustellen sei, die für die Heimatverteidigung reserviert bleiben solle. Göring seinerseits hatte in einer großen Konferenz in Karinhall – nachdem ihm die anwesenden Vertreter der Treibstoffindustrie die Hoffnungslosigkeit der Lage nochmals geschildert hatten – feierlich versprochen, daß diese Luftflotte »Reich« niemals an die Front abgegeben werde. Aber nach dem Beginn der Invasion ließen Hitler und Göring sie in Frankreich einsetzen; sie wurde dort in wenigen Wochen ohne sichtbaren Nutzen ausgeschaltet. Nun, Ende Juli, wurde das Versprechen Hitlers und Görings erneuert; wieder wurde ein Verband von 2 000 Jagdflugzeugen für die Heimatverteidigung aufgestellt. Sie sollten im September startklar sein, aber wiederum sollte Unverstand diese Gegenaktion zum Scheitern bringen.

Rückblickend meinte ich am 1. Dezember 1944 auf einer Rüstungstagung: »Man muß sich darüber im klaren sein, daß diejenigen Männer, die beim Gegner die wirtschaftlichen Bombenangriffe ausarbeiten, etwas vom deutschen Wirtschaftsleben verstehen, daß hier – im Gegensatz zu unseren Bombenangriffen – eine kluge Planung vorliegt. Wir hatten das Glück, daß der Gegner diese Planung erst im letzten halben oder dreiviertel Jahr konsequent durchführt, ... daß er vorher, von seinem Standpunkt gesehen, Unsinn gemacht hat.« Als ich das sagte, wußte ich nicht, daß bereits am 9. Dezember 1942, also zwei Jahre zuvor, ein Arbeitsbericht der »Economic Warfare Division« der Amerikaner festgestellt hatte, daß es besser sei, »einen hohen Grad von Zerstörung in einigen wirklich unentbehrlichen Industrien zu verursachen, als einen geringen Grad von Zerstörung in vielen Industrien. Die Resultate steigern sich gegenseitig und der einmal angenommene Plan sollte mit unnachgiebiger Entschiedenheit eingehalten werden[13].« Die Erkenntnis war richtig, die Durchführung mangelhaft.

Schon im August 1942 hatte Hitler in Besprechungen mit der Marineleitung erklärt, daß eine erfolgreiche Invasion den Besitz eines größeren Hafens voraussetze[14]. Denn ohne Hafen sei auf Dauer der notwendige Nachschub eines an irgendeiner Stelle der Küste gelandeten Gegners zu gering, um Gegenangriffen der deutschen Streitkräfte standhalten zu können. Eine durchgehende Linie von eng aufeinanderfolgenden, sich gegenseitig absichernden Bunkern bei der großen Länge der französischen, belgischen und holländischen Küste hätte bei weitem die Kapazität der deutschen Bauindustrie überstiegen, außerdem waren gar nicht die Soldaten vorhanden, eine derartige Zahl von Bunkern zu besetzen. Es wurden daher nur die größeren Häfen mit einem Kranz von Bunkern umgeben, während die dazwischenliegenden Küstenstrecken in weiten Abständen von Beobachtungsbunkern besetzt waren. 15 000 kleinere Bunker sollten den Soldaten während der Feuervorbereitung eines Angriffs Schutz bieten. Allerdings stellte sich Hitler vor, daß die Soldaten während des eigentlichen Angriffs ins Freie träten, da eine geschützte Stellung die zum Kampf notwendigen Eigenschaften des Mutes und der persönlichen Einsatzbereitschaft verringern würde. Diese Verteidigungsanlagen wurden von Hitler bis in die Einzelheiten geplant, sogar die einzelnen Bunkertypen entwarf er, meist in den Nachtstunden, selber. Sie waren skizzenhaft, aber präzis ausgeführt. Ohne Scheu vor Selbstlob pflegte er zu bemerken, seine Entwürfe erfüllten alle Bedürfnisse eines Frontsoldaten in idealer Weise. Sie wurden fast ohne Änderung vom General der Pioniere angenommen und zur Ausführung weitergereicht.

Für diese Aufgabe hatten wir in kaum zwei Jahren übereilten Bauens 13 302 000 Kubikmeter Beton[15] mit einem Wert von 3,7 Milliarden RM verbraucht, durch die zudem 1,2 Millionen Tonnen Eisen der Rüstungsfertigung entgingen. Durch eine einzige, geniale technische Idee wurde dieser Aufwand vierzehn Tage nach der ersten Landung vom Gegner unterlaufen. Denn die Invasionstruppen brachten bekanntlich ihren eigenen Hafen mit, bauten nach genauen Plänen bei Arromanches und Omaha an offener Küste Ausladerampen und andere Vorrichtungen, die es ihnen ermöglichten, ihren Nachschub an Munition, Gerät, Verpflegung sowie die Ausladung der Verstärkungen sicherzustellen[16]. Somit war der gesamte Verteidigungsplan hinfällig geworden.

Rommel, der Ende 1943 von Hitler zum Inspekteur der Küstenverteidigung im Westen ernannt worden war, zeigte mehr Voraussicht. Hitler hatte ihn kurz nach seiner Ernennung in das ostpreußische Hauptquartier gebeten. Nach einer langen Besprechung hatte er den Feldmarschall vor seinen Bunker begleitet, wo ich bereits als nächster Gesprächspartner wartete. Es schien, als ob die Diskussion nochmals auflebte, als Rommel Hitler ohne Umschweife erklärte: »Wir müssen den Gegner bereits bei der ersten Landung abfangen. Die Bunker um die Häfen sind dazu nicht geeignet. Nur primitive, aber wirksame Sperren und Hindernisse an der ganzen Küste können die Landung so erschweren, daß unsere Gegenmaßnahmen wirksam werden.« Rommel sprach entschieden und knapp: »Gelingt das nicht, dann ist trotz des Atlantikwalls die Invasion geglückt. In Tripolis und Tunis wurden in letzter Zeit die Bomben so massiert geworfen, daß auch unsere besten Truppen demoralisiert waren. Wenn Sie das nicht abstellen können, sind alle anderen Maßnahmen wirkungslos, auch die Sperren.« Rommel war höflich, aber distanziert, er vermied auf beinahe auffällige Weise die Anrede »mein

Führer«. Er hatte sich bei Hitler den Ruf eines Fachmannes erworben, war in seinen Augen zu einer Art Spezialist bei der Bekämpfung westlicher Offensiven geworden. Nur daher nahm er Rommels Kritik ruhig entgegen. Aber auf das letzte Argument hinsichtlich der massierten Bombenangriffe schien er gewartet zu haben: »Gerade das wollte ich Ihnen, Herr Feldmarschall, heute zeigen.« Hitler führte uns zu einem Versuchsfahrzeug, einem rundherum gepanzerten Wagen, auf dem eine 8,8 cm Flak montiert war. Soldaten demonstrierten die Feuerbereitschaft, die Sicherung gegen seitliche Schwankungen beim Schuß: »Wieviel können Sie davon in den nächsten Monaten liefern, Herr Saur?« Saur sagte einige hundert Stück zu. »Sehen Sie, mit dieser gepanzerten Flak ist es möglich, die Bomberkonzentration über unseren Divisionen zu zerstreuen.« Hatte es Rommel aufgegeben, gegen soviel Laienhaftigkeit zu argumentieren? Jedenfalls reagierte er mit einem geringschätzigen, fast mitleidigen Lächeln. Als Hitler bemerkte, daß er nicht die erhoffte Zuversicht erzeugen könne, verabschiedete er sich kurz und ging verstimmt mit mir und Saur zur Besprechung in seinen Bunker, ohne den Zwischenfall auch nur mit einem Wort zu erwähnen. Später, nach der Invasion, gab mir Sepp Dietrich einen anschaulichen Bericht von der demoralisierenden Wirkung dieser Bombenteppiche auf seine Elitedivision. Die Soldaten, die überlebt hatten, waren aus dem Gleichgewicht geraten, apathisch geworden und ihre Kampfbereitschaft war, auch wenn sie unverletzt geblieben waren, für Tage gebrochen.

Am 6. Juni war ich etwa um zehn Uhr morgens im Berghof, als mir einer der militärischen Adjutanten Hitlers erzählte, daß die Invasion am frühen Morgen begonnen habe. »Ist der Führer geweckt worden?« Er schüttelte den Kopf: »Nein, er bekommt die Nachrichten, wenn er gefrühstückt hat.« Weil Hitler in den letzten Tagen immer wieder davon gesprochen hatte, daß der Gegner voraussichtlich mit einem Scheinangriff beginnen werde, um unsere Truppen vom endgültigen Invasionsplatz abzuziehen, wollte niemand Hitler wecken, um nicht einer falschen Lagebeurteilung bezichtigt zu werden.

In der einige Stunden später in der Wohnhalle des Berghofes stattfindenden Lagebesprechung schien Hitler in seiner vorgefaßten Meinung, daß ihn der Gegner irreführen wolle, nur bestärkt: »Erinnern Sie sich? Unter diesen vielen Meldungen, die wir erhalten haben, war eine, die Landungsort, Tag und Stunde genau vorhergesagt hat. Gerade das bestärkt mich nun in der Meinung, daß es sich noch nicht um die eigentliche Invasion handeln kann.« Diese Information sei ihm vom gegnerischen Spionagedienst, so behauptete Hitler, nur zugespielt worden, um ihn vom wahren Invasionsplatz abzulenken und seine Divisionen zu früh und falsch einzusetzen. Durch eine richtige Meldung irregeführt, verwarf er so seine ursprünglich zutreffende Auffassung, daß die Normandie-Küste wahrscheinlich die Invasionsfront sei.

Bereits in den vorausgegangenen Wochen hatte Hitler von den konkurrierenden Nachrichten-Organisationen der SS, der Wehrmacht und des Auswärtigen Amtes sich gegenseitig widersprechende Vorhersagen über Zeitpunkt und Ort der Invasion erhalten. Wie auf so vielen anderen Gebieten hatte Hitler auch hier die schon für Fachleute schwierige Aufgabe übernommen, abzuwägen, welche Nachricht die richtige sein könne, welcher Nachrichtendienst mehr Vertrauen verdiene, welcher tiefer beim Gegner eingedrungen sei. Nun mokierte er sich sogar über die Unfähigkeit der verschiedenen Dienste und am Ende, sich immer mehr steigernd, über den Unsinn des Nachrichtenwesens überhaupt: »Was glauben Sie, wie viele dieser sauberen Agenten werden von den Alliierten bezahlt? Die liefern uns dann mit Absicht verwirrende Nachrichten. Ich lasse das auch gar nicht erst nach Paris weitergehen. Man muß es einfach aufhalten. Unsere Stäbe werden dadurch nur nervös.«

Erst gegen Mittag wurde die dringendste Frage des Tages entschieden, die in Frankreich befindliche »OKW-Reserve« gegen den Brückenkopf der Anglo-Amerikaner einzusetzen; denn Hitler hatte sich die Verschiebung jeder Division selbst vorbehalten. Er war dabei nur ungern dem Verlangen des Oberbefehlshabers des westlichen Kriegsschauplatzes, Feldmarschall Rundstedt, nachgekommen, diese Divisionen für den Kampf freizugeben. Infolge dieser Verzögerung konnten zwei Panzerdivisionen nicht mehr die Nacht vom 6. – 7. Juni für ihren Vormarsch nutzen; bei Tageslicht wurden sie von den gegnerischen Bombern an ihrem Aufmarsch gehindert und erlitten, noch bevor sie mit dem Gegner in Berührung gekommen waren, hohe Verluste an Menschen und Material.

Dieser für den Verlauf des Krieges wichtige Tag war nicht, wie man erwarten könnte, hektisch verlaufen. Gerade in den dramatischsten Situationen versuchte Hitler, Ruhe zu bewahren – und sein Stab kopierte diese Beherrschung. Es hätte gegen den Umgangston verstoßen, Nervosität oder Besorgnis zu zeigen.

Auch während der nächsten Tage und Wochen blieb Hitler, in bezeichnendem, aber immer absurder werdendem Mißtrauen der Überzeugung, daß es sich nur um eine Scheininvasion handele, einzig durchgeführt, ihn seine Verteidigungskräfte falsch disponieren zu lassen. Nach seiner Meinung würde die eigentliche Invasion an ganz anderer, dann von Truppen entblößter Stelle, stattfinden. Auch die Marine halte das Gelände unbrauchbar für Landungen größeren Stils. Er erwartete zeitweilig den entscheidenden Angriff in der Gegend von Calais – als ob er auch von seinem Gegner verlange, daß er ihm recht gebe: Denn dort hatte er seit 1942 schwerste Schiffsgeschütze unter meterdickem Beton zur Vernichtung einer feindlichen Landungsflotte aufstellen lassen. Darin lag auch der Grund, weshalb er die in Frankreich bei Calais stehende 15. Armee nicht auf dem Schlachtfeld an der Normandieküste einsetzte[17].

Ein anderer Grund bestärkte Hitler, einen Angriff am Pas de Calais zu vermuten. Hier waren fünfundfünfzig Stellungen vorbereitet worden, von denen aus täglich einige hundert fliegende Bomben nach London gestartet werden sollten. Hitler nahm an, daß die eigentliche Invasion sich in erster Linie gegen diese Abschußbasen richten müsse. Irgendwie wollte er nicht einräumen, daß die Alliierten auch von der Normandie aus bald diese Teile Frankreichs einnehmen könnten. Er rechnete eher damit, den gegnerischen Brückenkopf in schweren Kämpfen verengen zu können.

Hitler und wir erhofften uns von dieser neuen Waffe, der V 1, Entsetzen, Verwirrung und Lähmung im feindlichen Lager. Wir überschätzten die Wirkung. Zwar hatte ich wegen der geringen Geschwindigkeit dieser fliegenden Bomben Bedenken und riet Hitler daher, sie nur bei tieffliegenden Wolken starten zu lassen[18]. Aber darauf nahm er nun keine Rücksicht. Als am 12. Juni, auf Hitlers voreiligen Befehl, überhastet die ersten V 1-Raketen katapultiert wurden, gelangten wegen organisatorischer Fehler nur zehn Flugkörper zum Einsatz, und nur fünf davon erreichten London. Hitler vergaß, daß er selbst darauf gedrängt hatte und entlud seinen Groll über die Unzulänglichkeit dieses Unternehmens auf die Konstrukteure. In der Lagebesprechung beeilte sich Göring, die Schuld auf seinen Gegner Milch abzuladen und Hitler wollte bereits beschließen, daß die Produktion dieser, wie er nun meinte, völlig verfehlten Flugbombe eingestellt werden solle. Als ihm jedoch vom Reichspressechef sensationell aufgemachte, übertriebene Berichte der Londoner Presse über die Wirkungen der V 1 vorgelegt wurden, schlug Hitlers Stimmung um. Nun forderte er eine erhöhte Produktion; nun erklärte aber auch Göring, daß diese Großtat seiner Luftwaffe immer schon von ihm gefordert und gefördert worden wäre – von Milch, dem Sündenbock des Vortages, wurde nicht mehr gesprochen.

Vor der Invasion hatte Hitler betont, daß er sogleich nach dem Beginn der Landung die Operationen von Frankreich aus persönlich leiten werde. Zu diesem Zweck wurden, mit einem Aufwand von unzähligen Millionen Mark, Hunderte von Kilometern Telefonkabel verlegt, mit großen Mengen Beton und kostspieligen Installationen von der Organisation Todt zwei Hauptquartiere gebaut. Hitler hatte dabei sowohl die Lage als auch die Größe der Quartiere persönlich bestimmt. Den ungeheuren Aufwand rechtfertigte er in diesen Tagen, als Frankreich ihm verlorenging, mit der Bemerkung, zumindest das eine der Hauptquartiere läge genau an der künftigen deutschen Westgrenze und könne daher als Teil eines Befestigungssystems dienen. Am 17. Juni besuchte er dieses zwischen Soisson und Laon gelegene Hauptquartier, W 2 genannt, um noch am selben Tag auf den Obersalzberg zurückzukehren. Er zeigte sich mißmutig: »Rommel hat seine Nerven verloren, er ist ein Pessimist geworden. Heute können nur Optimisten etwas erreichen.« Nach solchen Bemerkungen war es nur eine Frage der Zeit, wann Rommel abgelöst würde. Denn noch hielt Hitler seine Verteidigungsstellung, die er dem

Brückenkopf gegenüber bezogen hatte, für unüberwindbar. Zu mir meinte er an diesem Abend, daß W 2 ihm zu unsicher sei, da es mitten im partisanenverseuchten Frankreich läge.

Fast gleichzeitig mit den ersten großen Erfolgen der Invasion hatte am 22. Juni 1944 eine Offensive der sowjetischen Truppen begonnen, die bald zu einem Verlust von fünfundzwanzig deutschen Divisionen führen sollte. Nun war der Vormarsch der Roten Armee auch im Sommer nicht mehr aufzuhalten. Zweifellos bewies Hitler selbst noch in diesen Wochen, als drei Fronten im Westen, im Osten und in der Luft zusammenbrachen, Nerven und ein erstaunliches Beharrungsvermögen. Wahrscheinlich hatte ihn der lange Kampf um die Macht mit seinen vielen Rückschlägen ebenso gefestigt wie etwa Goebbels oder andere Mitstreiter. Vielleicht hatte ihn während der sogenannten Kampfzeit aber auch die Erfahrung gelehrt, daß es unzweckmäßig sei, seinen Mitarbeitern gegenüber auch nur die geringste Besorgnis erkennen zu lassen. Seine Umgebung bewunderte die Fassung, die er in kritischen Momenten bewahrte. Sicher hatte er damit wesentlich zu dem Vertrauen beigetragen, das seinen Entscheidungen entgegengebracht wurde. Ganz offensichtlich war er sich immer bewußt, wie viele Augen ihn betrachteten und welche Mutlosigkeit von ihm ausgegangen wäre, wenn er nur einmal für Augenblicke seine Gefaßtheit verloren hätte. Diese Selbstbeherrschung war eine außerordentliche Willensleistung bis zuletzt: sich selber abgerungen trotz Alterns, trotz Krankheit, trotz Morellscher Experimente und unablässig wachsender Belastungen. Sein Wille schien mir oft zügellos und ungeschliffen wie der eines sechsjährigen Kindes, das nichts entmutigen oder gar ermüden kann; aber lächerlich, wie es zum Teil war, war es auch respektgebietend.

Mit seiner Energie allein kann man dieses Phänomen der Siegeszuversicht in einer Zeit der ständigen Niederlagen jedoch nicht erklären. In unserer Spandauer Gefangenschaft vertraute mir Funk an, daß er die Ärzte nur deswegen beharrlich und glaubwürdig falsch über seinen Gesundheitszustand orientieren könne, weil er glaube, was er lüge. Er fügte hinzu, daß diese These die Grundlage der Goebbelsschen Propaganda gewesen sei. Auch Hitlers starre Haltung kann ich mir nur dadurch erklären, daß er sich seinen endlichen Sieg glauben machte. In gewissem Sinne betete er sich selber an. Er hielt sich dauernd einen Spiegel vor, in dem er nicht nur sich, sondern auch die Bestätigung seiner Mission durch göttliche Fügungen sah. Seine Religion war der »große Zufall«, der ihm zustatten kommen mußte; seine Methode eine autosuggestive Selbstverstärkung. Je mehr ihn die Ereignisse in die Enge trieben, desto entschlossener stellte er ihnen seine Schicksalsgewißheit entgegen. Natürlich realisierte er nüchtern die militärischen Gegebenheiten; aber er transponierte sie in den Bereich seiner Gläubigkeit und sah selbst noch in der Niederlage eine verborgene, von der Vorsehung geschaffene Konstellation für den kommenden Erfolg. Er konnte mitunter zwar die Hoffnungslosigkeit einer Lage einsehen, war aber nicht zu erschüttern in seiner Erwartung, daß das Schicksal im letzten Augenblick wiederum eine Wendung für ihn bereithalte. Wenn an Hitler etwas krankhaft war, dann dieser unerschütterliche Glaube an seinen guten Stern. Er war der Typus eines gläubigen Menschen; jedoch war die Fähigkeit zu glauben in den Glauben an sich selbst pervertiert[19].

Die gläubige Besessenheit Hitlers blieb nicht ohne Wirkung auf seine Umgebung. In einem Teil meines Bewußtseins war die Erkenntnis zwar vorhanden, daß nun alles zu Ende gehen müßte. Um so öfters aber sprach ich, wenn auch beschränkt auf mein Aufgabengebiet, von der »Wiederherstellung der Lage«. Diese Zuversicht lebte eigentümlich getrennt von der Einsicht in die unabwendbare Niederlage.

Als ich am 24. Juni 1944, inmitten der dreifachen militärischen Katastrophe, von der die Rede war, auf einer Rüstungstagung in Linz immer noch versuchte, Zuversicht zu vermitteln, erlebte ich ein ziemlich deutliches Fiasko. Wenn ich heute den Text meiner Rede wiederlese, erschrecke ich über meine fast grotesk wirkende Tollkühnheit, ernsthaften Männern den Gedanken einzureden, daß immer noch eine äußerste Anstrengung den Erfolg bringen könne. Ich hatte am Schluß meiner Ausführungen von der Überzeugung gesprochen, daß wir auf unserem Gebiet die nahe Krise bestehen, daß wir im kommenden Jahr in der Rüstung eine genauso große Steigerung erreichen würden wie im vergangenen. Die eigene Bewegung hatte mich bei meiner freien Rede fortgetragen; ich sprach Hoffnungen aus, die im Licht der Wirklichkeit Phantastereien sein mußten. Es sollte sich zwar in der Tat erweisen, daß wir unsere Rüstungsleistungen in den nächsten Monaten immer noch steigern konnten. Aber war ich nicht realistisch genug, Hitler zugleich in einer Serie von Memoranden das heranrückende und schließlich bevorstehende Ende anzukündigen? Dies war die Einsicht, jenes der Glaube. In der gänzlichen Trennung zwischen dem einen und dem anderen zeigte sich jene besondere Art der Sinnesstörung, mit der ein jeder aus der näheren Umgebung Hitlers dem unvermeidlichen Ende entgegensah.

Nur im Schlußsatz meiner Rede meldete sich wieder der Gedanke einer Verantwortung, die über die persönliche Loyalität, sei es zu Hitler, sei es den Mitarbeitern gegenüber, hinausging. Es klang nur wie eine unverbindliche Floskel, aber ich meinte mehr damit: »Wir tun weiter unsere Pflicht, damit unser deutsches Volk uns erhalten bleibt.« Es war zugleich das, was dieser Kreis von Industriellen hören wollte. Ich selber bekannte mich damit zum ersten Mal öffentlich zu jener übergeordneten Verpflichtung, an die Rohland bei seinem Besuch im April appelliert hatte. Der Gedanke daran hatte sich ständig verstärkt. Ich erkannte darin zunehmend eine Aufgabe, für deren Verwirklichung sich noch zu arbeiten lohnte.

Kein Zweifel: Ich hatte die Industrieführer nicht überzeugt. Nach meiner Rede sowie an den folgenden Tagen unseres Kongresses hörte ich viele Stimmen der Hoffnungslosigkeit. Zehn Tage zuvor hatte mir Hitler zugesagt, selbst zu den Industriellen zu sprechen. Von seiner Rede erhoffte ich mir jetzt noch dringlicher eine positive Beeinflussung der desolaten Stimmung.

In der Nähe des Berghofes war vor dem Krieg auf Befehl Hitlers von Bormann ein Hotel erbaut worden, um den zahllosen Pilgern zum Obersalzberg die Möglichkeit zu geben, sich zu erfrischen oder gar in Hitlers Nachbarschaft zu übernachten. Im Kaffeesaal des »Platterhofes« versammelten sich am 26. Juni die etwa hundert Vertreter der Rüstungsindustrie. Während unserer Tagung in Linz hatte ich festgestellt, daß sich ihre Mißstimmung auch gegen die zunehmende Ausdehnung der Macht des Parteiapparates auf das Wirtschaftsleben richtete. Tatsächlich schien in der Vorstellung zahlreicher Parteifunktionäre eine Art Staatssozialismus immer mehr an Boden zu gewinnen. Bestrebungen, alle in Staatsbesitz befindlichen Werke auf die Gaue aufzuteilen und eigenen Gauunternehmen zuzuordnen, hatten bereits teilweise Erfolg gehabt. Besonders die zahlreichen unterirdisch verlagerten Betriebe, die vom Staat eingerichtet und finanziert worden waren, deren Führungspersonal, Facharbeiter und Maschinen aber von den Firmen gestellt wurden, schienen in Gefahr, nach dem Kriege unter Staatskontrolle zu geraten[20]. Gerade unser System der kriegsbedingten Industrielenkung, das sich überdies als sehr effektiv erwiesen hatte, konnte der Rahmen einer staatssozialistischen Wirtschaftsordnung werden, so daß ausgerechnet die Industrie selber den Parteiführern mit jeder verbesserten Leistung gewissermaßen Werkzeuge zu ihrem eigenen Untergang lieferte.

Ich hatte Hitler gebeten, diese Sorgen zu berücksichtigen; er verlangte für seine Rede einige Stichworte, und ich schrieb ihm auf, den Mitarbeitern der Selbstverantwortung der Industrie die Zusage zu geben, daß ihnen bei den zu erwartenden schweren Krisenzeiten geholfen werde, ferner, daß sie gegen Eingriffe örtlicher Parteiinstanzen sichergestellt würden, sowie schließlich einen nachdrücklichen Hinweis auf die »Unverletzbarkeit des privaten Eigentums an den Betrieben, auch bei vorübergehender unterirdischer Verlagerung als Staatsbetrieb; freie Wirtschaft nach dem Kriege und grundsätzliche Ablehnung der Verstaatlichung der Industrie«.

Bei seiner Rede, in der er sich der Sache nach an meine Stichworte hielt, machte Hitler einen gehemmten Eindruck. Er versprach sich oft, stockte, brach Sätze ab, ließ Übergänge vermissen und verwirrte sich gelegentlich. Die Rede war ein Zeugnis für seinen erschreckenden Erschöpfungszustand. Gerade an diesem Tage hatte sich die Lage an der Invasionsfront so verschlechtert, daß die Einnahme des ersten großen Hafens, Cherbourg, nicht mehr zu verhindern war; die Lösung aller Nachschubprobleme, die dieser

Erfolg für die Alliierten bedeutete, mußte die Kraft der Invasionsarmeen erheblich verstärken.

Zunächst verneinte Hitler alle ideologischen Vorbehalte, »denn es kann nur ein einziges Dogma geben und dieses Dogma lautet ganz kurz: Das Richtige ist das, was an sich nützlich ist«. Damit bekräftigte er seine pragmatische Denkweise und hob im eigentlichen Sinne alle Zusagen an die Industrie wieder auf.

Hitler ließ seiner Vorliebe für geschichtsphilosophische Theorien, für vage Entwicklungskonzepte freien Lauf, versicherte verworren, »daß die schöpferische Kraft nicht nur gestaltet, sondern auch dann das Gestaltete in ihre Verwaltung nimmt. Das ist der Ursprung dessen, was wir mit dem Begriff Privatkapital oder Privatbesitz oder Privateigentum überhaupt bezeichnen. Es ist daher nicht so, wie der Kommunist meint, daß die Zukunft etwa das kommunistische Gleichheitsideal sein würde, sondern es ist umgekehrt so, daß, je weiter sich die Menschheit entwickelt, die Leistungen immer differenzierter werden und damit zwangsläufig die Verwaltung des Geleisteten am zweckmäßigsten denen übergeben wird, die die Leistungen selber vollbringen ... Die alleinige Voraussetzung für jede wirkliche Höherentwicklung, ja, für die Weiterentwicklung der ganzen Menschheit«, sehe er »in der Förderung der privaten Initiative. Wenn dieser Krieg mit unserem Sieg entschieden ist, dann wird die Privatinitiative der deutschen Wirtschaft ihre größte Epoche erleben! Was dann geschaffen werden muß! Glauben Sie nur nicht, daß ich ein paar staatliche Konstruktionsbüros oder ein paar staatliche Wirtschaftsbüros mache ... Und wenn die große Epoche der deutschen Friedenswirtschaft wieder angebrochen sein wird, dann habe ich nur ein Interesse, die größten Genies der deutschen Wirtschaft arbeiten zu lassen ... Ich bin Ihnen dankbar, daß Sie es mir überhaupt ermöglichten, die (Kriegs-)Aufgaben zu erfüllen. Sie müssen aber als meinen höchsten Dank etwas entgegennehmen, nämlich das Versprechen, daß meine Dankbarkeit sich auch später immer wieder zeigen wird und daß keiner auftreten kann im deutschen Volk, der mir sagen kann, ich hätte mein Programm je verletzt. Das heißt, wenn ich Ihnen sage, daß die deutsche Wirtschaft nach diesem Kriege ihre größte Blüte, vielleicht aller Zeiten, erleben wird, dann müssen Sie das auch als ein Versprechen auffassen, das eines Tages seine Einlösung finden wird.«

Hitler erhielt während seiner ruhelos ungeordneten Rede kaum Beifall. Wir alle waren wie vor den Kopf geschlagen. Vielleicht veranlaßte ihn diese Reserve, daß er die Industrieführer mit den Aussichten, die sie erwarten, wenn der Krieg verlorengehe, zu erschrecken versuchte: »Es gibt keinen Zweifel, daß, wenn wir diesen Krieg verlieren würden, nicht etwa eine private deutsche Wirtschaft übrigbliebe. Sondern mit der Vernichtung des ganzen deutschen Volkes würde selbstverständlich auch die deutsche Wirtschaft vernichtet. Nicht etwa nur, weil die Gegner die deutsche

Konkurrenz nicht wünschen – das sind ganz oberflächliche Auffassungen –, sondern weil es sich überhaupt um grundsätzliche Dinge handelt. Wir stehen in einem Kampf, der über die beiden Gesichtspunkte entscheidet: entweder Zurückwerfen der Menschheit um ein paar tausend Jahre wieder in einen primitiven Urzustand, mit einer ausschließlich staatlich gelenkten Massenproduktion oder die Weiterentwicklung der Menschheit durch die Förderung der privaten Initiative.« Einige Minuten später kam er nochmals auf diesen Gedanken zurück: »Wenn der Krieg verlorenginge, meine Herren, dann brauchen Sie keine Umstellung (auf Friedenswirtschaft) vornehmen. Dann bleibt nur, daß jeder Einzelne sich seine private Umstellung vom Diesseits zum Jenseits überlegt: ob er das persönlich machen will oder ob er sich aufhängen lassen will oder ob er verhungern will oder ob er in Sibirien arbeiten will – das sind die einzigen Überlegungen, die dann der Einzelne zu machen braucht.« Fast höhnisch und jedenfalls mit einem leisen Unterton der Verachtung für diese »feigen bürgerlichen Seelen« hatte Hitler diese Sätze gesprochen. Das blieb nicht unbemerkt und machte allein schon meine Hoffnung, daß die Industrieführer durch seine Rede neu angespornt würden, zunichte.

Vielleicht durch die Anwesenheit Bormanns irritiert, vielleicht von ihm gewarnt, war das Bekenntnis zu einer freien Wirtschaft im Frieden, das ich von Hitler verlangt und zugesagt erhalten hatte[21], unklarer ausgefallen, als ich es erwartet hatte. Immerhin waren einige Sätze der Rede bemerkenswert genug, um sie in unser Archiv aufzunehmen. Hitler sagte mir spontan die Tonaufnahme der Rede zu und bat mich, einen Überarbeitungsvorschlag zu machen. Bormann dagegen verhinderte die Herausgabe, worauf ich Hitler nochmals an seine Zusage erinnerte. Jetzt wich er aus und meinte, der Text müsse von ihm erst noch überarbeitet werden[22].

25. Kapitel

Fehldispositionen, Wunderwaffen und SS

Mit zunehmender Verschlechterung der Lage wurde Hitler jedem Argument, das seinen Entscheidungen entgegenstand, unzugänglicher und zeigte sich noch selbstherrlicher als bisher. Seine Verhärtung hatte auch auf technischem Gebiet einschneidende Konsequenzen, wo sie ausgerechnet die wertvollste unserer »Wunderwaffen« wertlos machen sollte: die Me 262, unser modernstes, mit zwei Strahltriebwerken ausgerüstetes Jagdflugzeug mit über 800 km Geschwindigkeit und einer Steigfähigkeit, die allen gegnerischen Flugzeugen weit überlegen war.

Bereits 1941 hatte ich, noch als Architekt, bei einem Besuch der Flugzeugwerke Heinkel in Rostock auf einem Prüfstand den ohrenbetäubenden Lärm eines ersten Strahlmotors erlebt. Damals drängte der Konstrukteur, Professor Ernst Heinkel, darauf, diese revolutionierende Erfindung im Flugzeugbau auszuwerten[1]. Während der Rüstungstagung auf dem Erprobungsfeld der Luftwaffe in Rechlin im September 1943 reichte mir Milch wortlos ein Telegramm, das ihm gebracht worden war; es übermittelte einen Befehl Hitlers, die Vorbereitungen zur Serienfertigung der Me 262 einzustellen. Wir beschlossen zwar, den Befehl zu umgehen. Immerhin aber konnten die Arbeiten nun nicht mehr mit jener Dringlichkeitsstufe fortgeführt werden, die erforderlich gewesen wäre.

Etwa ein Vierteljahr später, am 7. Januar 1944, wurden Milch und ich dringend ins Hauptquartier befohlen. Ausgerechnet ein englischer Presseauszug, der über den bevorstehenden Abschluß britischer Versuche mit dem Strahlflugzeug berichtete, hatte die Wende gebracht. Ungeduldig verlangte Hitler nun in kürzester Zeit eine möglichst große Zahl von Flugzeugen dieses Typs. Da inzwischen alle Vorbereitungen vernachlässigt worden waren, konnten wir erst für Juli 1944 die Lieferung von monatlich sechzig Stück versprechen; ab Januar 1945 sollten dann zweihundertzehn Maschinen im Monat hergestellt werden[2].

Schon bei dieser Besprechung deutete Hitler an, daß er das als Jäger konstruierte Flugzeug als schnellen Bomber zu verwenden gedenke. Die Fachleute der Luftwaffe waren entgeistert; sie glaubten freilich damals noch, Hitler am Ende doch mit Hilfe der besseren Argumente umstimmen zu können. Aber das Gegenteil trat ein: starrsinnig befahl Hitler die Entfernung aller Bordwaffen, damit das Bombengewicht erhöht werden könne. Strahl-Flugzeuge brauchten sich nicht zu verteidigen, meinte er, da sie bei ihrer überlegenen Geschwindigkeit ohnehin nicht von feindlichen Jägern angegriffen werden könnten. Voller Mißtrauen gegen die neue Erfindung bestimmte er, daß sie zur Schonung von Zelle und Triebwerk zunächst vor allem im Geradeaus-Flug in großer Höhe verwendet werden und man zur Verringerung der Belastungen für das noch unerprobte System eine Geschwindigkeitsminderung in Kauf nehmen solle[3].

Die Wirkung dieser Kleinbomber war bei einer Bombenlast von etwa 500 Kilogramm und einer primitiven Zieleinrichtung lächerlich unbedeutend. Als Jäger aber wäre jedes der Strahlflugzeuge durch seine überlegenen Eigenschaften fähig gewesen, mehrere der viermotorigen amerikanischen Bomber abzuschießen, die Einsatz für Einsatz Tausende von Tonnen Sprengmaterial auf die deutschen Städte abwarfen.

Ende Juni 1944 versuchten Göring und ich erneut, doch wiederum vergeblich, Hitler umzustimmen. Unterdessen hatten Piloten der Jagdwaffe die neuen Maschinen erprobt und verlangten den Einsatz gegen die amerikanischen Bomberflotten. Hitler wich aus: Die Jagdflieger, so meinte er, sich alles bedenkenlos zum Argument machend, würden durch die Geschwindigkeit beim Wenden und durch den raschen Wechsel der Höhenlagen wesentlich höheren körperlichen Belastungen als bisher ausgesetzt, die Maschinen gerade aufgrund ihrer höheren Geschwindigkeit im Luftkampf dem langsameren und infolgedessen beweglicheren gegnerischen Jäger gegenüber im Nachteil sein[4]. Daß diese Maschinen höher als die amerikanischen Begleitjäger fliegen und mit einer überlegenen Geschwindigkeit die unbeweglichen amerikanischen Bomberverbände angreifen konnten, war für Hitler nun, da er es einmal anders wollte, ohne jede Überzeugungskraft. Je mehr wir ihn von seiner Vorstellung abzubringen versuchten, um so trotziger blieb er darauf bestehen und vertröstete uns auf eine fernere Zukunft, in der er gewiß einer teilweisen Verwendung der Maschinen als Jäger zustimmen werde.

Die Flugzeuge, über deren Einsatzmöglichkeit wir uns im Juni stritten, waren zwar erst in einigen Prototypen vorhanden; trotzdem mußte Hitlers Befehl die militärische Planung auf weite Sicht beeinflussen, denn gerade von diesem Jagdflugzeug erwarteten die Generalstäbe eine entscheidende Wende im Luftkrieg. Jeder, der eine gewisse Legitimation für dieses Thema geltend machen konnte, versuchte ihn angesichts unserer verzweifelten Luftkriegslage umzustimmen: Jodl, Guderian, Model, Sepp Dietrich und natürlich die führenden Generale der Luftwaffe liefen beharrlich gegen die laienhafte Entscheidung Hitlers an. Doch zogen sie sich nur seinen Unmut zu, weil er witterte, daß alle diese Vorstöße gewissermaßen seinen militärischen Sachverstand und seine technische Einsicht bezweifelten. Im Herbst 1944 befreite er sich schließlich auf bezeichnende Weise aus allem Streit und wachsender Unsicherheit, indem er kurzerhand jede weitere Erörterung dieses Themas verbot.

Als ich General Kreipe, dem neuen Generalstabschef der Luftwaffe, telefonisch mitteilte, was ich in meinem Bericht von Mitte September Hitler zur Frage der Strahlflugzeuge schreiben wolle, riet er mir dringend, auch nur Andeutungen in dieser Richtung zu unterlassen. Schon bei der Erwähnung der Me 262 würde Hitler völlig aus der Fassung geraten und die größten Schwierigkeiten bereiten. Denn natürlich werde Hitler annehmen, daß die Initiative für meinen Schritt vom Generalstabschef der Luftwaffe ausgegangen sei. Entgegen dieser Bitte hielt ich Hitler dann aber doch noch einmal vor, daß die Verwendung der für den Jagdeinsatz konstruierten Maschine als Bomber sinnlos und angesichts unserer gegenwärtigen militärischen Lage verfehlt sei. Diese Meinung werde nicht nur von den Fliegern, sondern auch von allen Offizieren des Heeres geteilt[5]. Doch ging Hitler auf meine Vorhaltungen nicht ein, und ich zog mich nach so vielen vergeblichen Bemühungen wieder auf mein Ressortdenken zurück. Tatsächlich waren die Fragen des Einsatzes von Flugzeugen so wenig meine Sache wie die Auswahl der zu produzierenden Flugzeugtypen.

Das Strahlflugzeug war nicht die einzige neue, überlegene Waffe, die 1944 aus der Entwicklung in die Serie übernommen werden konnte. Wir besaßen eine fliegende, ferngesteuerte Bombe, ein Raketenflugzeug, das noch schneller als das Düsenflugzeug war, eine Raketenbombe, die sich mit Hilfe der Wärmestrahlen an gegnerische Flugzeuge heransteuerte, ein Marinetorpedo, das den Schall aufnehmen und auf diese Weise selbst ein im Zick-Zack-Kurs fliehendes Schiff verfolgen und treffen konnte. Die Entwicklung einer Boden-Luft-Rakete war abgeschlossen. Der Konstrukteur Lippisch hatte zeichnerisch Strahlflugzeuge entwickelt, die, dem damaligen Stand des Flugzeugbaues weit voraus, nach dem Nurflügel-Prinzip konstruiert waren.

Wir litten geradezu an einem Übermaß von Entwicklungsprojekten; eine Konzentration auf einige wenige Typen hätte manches sicherlich früher zum Abschluß gebracht. In einer Besprechung der zuständigen Instanzen wurde daher beschlossen, künftig nicht so sehr neue Ideen zu fordern als vielmehr von den vorhandenen eine unseren Entwicklungskapazitäten angemessene Zahl auszuwählen und energisch voranzutreiben.

Es war wiederum Hitler, der, trotz aller taktischen Fehler der Alliierten, diejenigen Schachzüge machte, die der Luftoffensive der Gegner im Jahre 1944 zum Erfolg verhalfen: er hatte nicht nur die Entwicklung des Strahljägers gehemmt und ihn später in einen Jagdbomber verwandeln lassen – er wollte auch mit Hilfe der neuen Großraketen Vergeltung gegen England üben. Auf seinen Befehl wurden ab Ende Juli 1943 gewaltige Industriekapazitäten für die unter dem Namen V 2 bekannt gewordene, vierzehn Meter lange und über dreizehn Tonnen schwere Fernrakete belegt, von der er monatlich 900 Stück produziert wissen wollte. Es war absurd, den feindlichen Bomberflotten des Jahres 1944, die im Durchschnitt mehrerer Monate mit 4100 viermotorigen Flugzeugen dreitausend Tonnen Bomben pro Tag auf Deutschland abwarfen, eine Vergeltung entgegensetzen zu wollen, die täglich vierundzwanzig Tonnen Sprengstoff nach England befördert hätte: Die Bombenlast eines Angriffs von nur sechs Fliegenden Festungen[6].

Es dürfte wohl einer meiner schwerstwiegenden Fehler in der Leitung der deutschen Rüstung gewesen sein, dieser Entscheidung Hitlers nicht nur zugestimmt, sondern sie befürwortet zu haben –, während wir besser unsere Anstrengungen auf die Fertigung einer Boden-Luft-Abwehrrakete konzentriert hätten. Sie war bereits im Jahr 1942 unter dem Decknamen »Wasserfall« so weit entwickelt, daß eine baldige Serienfertigung möglich gewesen wäre, wenn wir die Fähigkeiten aller Techniker und Wissenschaftler der Peenemünder Raketenentwicklung unter Wernher v. Braun von da an voll auf sie eingesetzt hätten[7].

Bei einer Länge von acht Metern war sie imstande, rund dreihundert Kilogramm Sprengstoff über einen Richtstrahl bis auf fünfzehntausend Meter Höhe zielsicher an die gegnerischen Bomberflotten heranzubringen. Sie war dabei unabhängig von Tag oder Nacht, von Wolken, Frost und Nebel. So wie wir später ein Monatsprogramm von neunhundert Stück der offensiven Großraketen auflegen konnten, wäre es zweifellos möglich gewesen, monatlich einige Tausend dieser im Aufwand kleineren Rakete zu produzieren. Ich bin noch heute der Ansicht, daß die Rakete im Verein mit den Strahljägern ab Frühjahr 1944 die Luftoffensive der westlichen Alliierten gegen unsere Industrie hätte zusammenbrechen lassen. Statt dessen wurde ein Riesenaufwand in die Entwicklung und Fertigung von Fernraketen gesteckt, die sich, als sie im Herbst 1944 endlich zum Einsatz bereitstanden, als ein nahezu gänzlicher Fehlschlag erwiesen. Unser aufwendigstes Projekt war zugleich unser sinnlosestes. Unser Stolz und zeitweilig mein favorisiertes Rüstungsziel erwies sich als eine einzige Fehlinvestition. Zudem war sie eine der Ursachen dafür, daß der defensive Luftkrieg verlorenging.

Schon seit Winter 1939 stand ich in enger Verbindung mit der Peenemünder Entwicklungsstelle, wenn auch zunächst nur für die Erfüllung ihrer Bauwünsche verantwortlich. Ich war gern in diesem Kreis unpolitischer junger Wissenschaftler und Erfinder, an deren Spitze, siebenundzwanzigjährig, der zielstrebige und auf realistische Weise in der Zukunft beheimatete Wernher v. Braun stand. Es war außergewöhnlich, daß ein so junges, unerprobtes Team Gelegenheit erhielt, mit einem Aufwand von Hunderten von Millionen Mark ein Projekt zu verfolgen, dessen Verwirklichung in weiter Ferne lag. Unter der väterlich wirkenden Leitung des Obersten Walter Dornberger konnten sie frei von bürokratischen Hemmungen arbeiten und auch gelegentlich utopisch anmutende Ideen entwickeln.

Auch auf mich wirkte, was hier im Jahre 1939 in ersten Anfängen skizziert wurde, seltsam faszinierend: es hatte etwas von der Planung eines Wunders. Diese Techniker mit ihren phantastischen Visionen, diese rechnenden Romantiker haben mich bei allen Peenemünder Besuchen immer wieder sehr beeindruckt, und ganz spontan fühlte ich mich ihnen in irgendeiner Weise verwandt. Dieses Gefühl bewährte sich, als Hitler im Spätherbst 1939 dem Raketenprojekt jede Dringlichkeit absprach und damit automatisch dem Unternehmen Arbeitskräfte und Material entzog. Im stillen Einverständnis mit dem Heereswaffenamt baute ich ohne seine Genehmigung die Peenemünder Anlagen weiter, eine Widersätzlichkeit, die wohl nur ich mir erlauben konnte.

Mit meiner Ernennung zum Rüstungsminister interessierte ich mich natürlich auf eine noch dringlichere Weise für dieses große Projekt. Hitler jedoch zeigte sich nach wie vor überaus skeptisch: erfüllt von jenem grundsätzlichen Mißtrauen allen Neuerungen gegenüber, die, ähnlich wie das Strahlflugzeug oder die Atombombe, jenseits des technischen Erfahrungshorizonts der Weltkriegsgeneration lagen und in eine ihm unbekannte Welt hinauswiesen.

Am 13. Juni 1942 flogen die Rüstungschefs der drei Wehrmachtsteile: Feldmarschall Milch, Generaladmiral Witzell und Generaloberst Fromm mit mir nach Peenemünde, um den ersten Start einer ferngesteuerten Rakete zu beobachten. Vor uns auf einer Kiefernlichtung ragte hochauf, ohne jedes abstützende Gerüst, ein unwirklich anmutendes Geschoß mit einer Höhe von vier Stockwerken. Oberst Dornberger, Wernher v. Braun sowie sein Stab waren auf das Ergebnis dieses ersten Raketenschusses ebenso gespannt wie wir. Ich wußte, welche Hoffnungen der junge Erfinder in diesen Versuch setzte, der für ihn und seine Mannschaft nicht der Entwicklung einer Waffe diente, sondern ein Schritt in die technische Zukunft war.

Leichte Dämpfe zeigten an, daß die Brennstofftanks gefüllt wurden. Zur vorgesehenen Sekunde, wie zögernd zunächst, doch dann mit dem Gebrüll eines ungezügelten Riesen hob sich die Rakete langsam von ihrem Untersatz, schien für den Bruchteil einer Sekunde auf ihrem Feuerstrahl zu stehen, um dann heulend in den niedrigen Wolken zu verschwinden. Wernher v. Braun strahlte, ich dagegen war fassungslos über das technische Wunderwerk, seine Präzision, sowie die Aufhebung aller Gesetze der Schwerkraft, durch die dreizehn Tonnen ohne mechanische Führung senkrecht in die Luft beschleunigt werden konnten.

Die Fachleute erläuterten uns, in welcher Entfernung das Projektil sich befände, als nach anderthalb Minuten ein schnell zunehmender Heulton anzeigte, daß die Rakete in unmittelbarer Nähe herabstürzte. Während wir erstarrten, schlug sie in einem Kilometer Entfernung ein. Die Steuerung hatte, wie wir später erfuhren, versagt, aber trotzdem waren die Techniker zufrieden, da das schwierigste Problem, das Abheben vom Boden, gelöst war.

Hitler indessen hatte weiterhin »schwerste Bedenken«, und machte Zweifel geltend, ob die Richtfähigkeit »jemals gewährleistet« sein werde[8].

Am 14. Oktober 1942 konnte ich ihm mitteilen, daß seine Bedenken ausgeräumt seien: die zweite Rakete hatte erfolgreich den vorgesehenen Weg von hundertneunzig Kilometern zurückgelegt und war mit einer Abweichung von vier Kilometern unmittelbar im Zielgebiet eingeschlagen. Zum ersten Mal hatte ein Zeugnis menschlichen Erfindergeistes in etwas über hundert Kilometern Höhe den Weltraum angekratzt: es schien wie der Schritt auf einen Traum zu. Nun erst zeigte sich auch Hitler lebhaft interessiert; wie üblich übersteigerte er aber sogleich seine Wünsche. Er verlangte, bei dem ersten Einsatz der Rakete sollten fünftausend Geschosse gleichzeitig »für einen Masseneinsatz zur Verfügung stehen[9]«.

Nach diesem Erfolg hatte ich für den baldigen Beginn der Serienproduktion zu sorgen. Am 22. Dezember 1942 ließ ich Hitler einen entsprechenden Befehl unterschreiben, obwohl die Rakete noch keineswegs zur Serienreife entwickelt war[10]. Ich glaubte, das damit verbundene Risiko auf mich nehmen zu können, denn nach dem damaligen Stand der Entwicklung und nach den Versprechungen von Peenemünde mußten die endgültigen technischen Unterlagen rechtzeitig bis zum Juli 1943 zur Verfügung stehen.

Am Morgen des 7. Juli 1943 lud ich Dornberger und v. Braun im Auftrag Hitlers ins Hauptquartier ein; Hitler wollte über Einzelheiten der V 2 unterrichtet werden. Gemeinsam gingen wir, als Hitler eine Konferenz beendet hatte, zur Filmhalle hinüber, wo einige Mitarbeiter Wernher v. Brauns alles zur Demonstration des Projekts vorbereitet hatten. Nach einer kurzen Einführung wurde der Raum verdunkelt und ein Farbfilm lief ab, in dem Hitler zum erstenmal das majestätische Schauspiel einer sich abhebenden und in die Stratosphäre verschwindenden Großrakete sah. Ohne jede Scheu, mit einem jungenhaft wirkenden Enthusiasmus, erläuterte v. Braun seine Pläne, und kein Zweifel: von dieser Stunde an war Hitler endgültig gewonnen. Dornberger erklärte einige organisatorische Fragen, während ich Hitler vorschlug, v. Braun zum Professor zu ernennen. »Ja, veranlassen Sie das gleich bei Meissner«, meinte er lebhaft: »In diesem Falle werde ich die Urkunde sogar persönlich unterschreiben.«

Hitler verabschiedete sich überaus herzlich von den Peenemündern; er war stark beeindruckt und entflammt zugleich. In seinen Bunker zurückgekehrt, berauschte er sich vollends an den Aussichten dieses Projekts: »Die A 4, das ist eine kriegsentscheidende Maßnahme. Und wie wird die Heimat entlastet, wenn wir die Engländer damit angreifen! Das ist die kriegsentscheidende Waffe und dabei mit verhältnismäßig geringen Mitteln zu produzieren. Sie, Speer, müssen die A 4 mit allem Nachdruck fördern! Alles, was an Arbeitskräften und Material gebraucht wird, muß denen augenblicklich gestellt werden. Ich wollte doch den Erlaß für das Panzerprogramm schon unterschreiben. Doch ich finde: Ändern Sie die Sache um und legen Sie ihn so vor, daß die A 4-Fertigung genauso wichtig wird wie die Panzerproduktion. Aber«, meinte Hitler anschließend, »in dieser Fertigung können wir nur Deutsche verwenden. Gnade uns Gott, wenn das Ausland von der Sache erfährt[11]!«

Nur eines wollte er, als wir wieder allein waren, nicht glauben: »Haben Sie sich nicht getäuscht? Dieser junge Mann ist achtundzwanzig Jahre? Ich hätte ihn für noch jünger gehalten!« Doch fand er es erstaunlich, daß ein Mensch in so jungen Jahren bereits einer technischen Idee, die das Gesicht der Zukunft veränderte, zum Durchbruch verholfen hatte. Wenn er später mitunter seine These erläuterte, daß in unserem Jahrhundert die Menschen ihre besten Jahre in unnützen Dingen vergeudeten, daß in vergangenen Epochen ein Alexander der Große mit dreiundzwanzig schon ein Großreich besiegt und Napoleon mit dreißig Jahren seine genialen Siege erfochten habe, kam es vor, daß er wie nebenbei auf Wernher von Braun verwies, der in Peenemünde in ebenso jungen Jahren ein technisches Wunder geschaffen habe.

Im Herbst 1943 stellte es sich heraus, daß unsere Erwartungen verfrüht waren. Die endgültigen Konstruktionszeichnungen konnten nicht, wie versprochen, im Juli geliefert werden, so daß unsere Zusage für eine baldige Serienlieferung nicht einzuhalten war. Zahllose Fehlerquellen hatten sich ergeben; besonders als versuchsweise die ersten scharfen Schüsse gefeuert worden waren, traten unerklärliche frühzeitige Explosionen beim Niedertauchen in die Atmosphäre auf[12]. Es seien noch viele Fragen ungelöst, warnte ich in einer Rede am 6. Oktober 1943, so daß es verfrüht wäre, von »einem sicheren Einsatz dieser neuen Waffe zu sprechen«. Der Unterschied zwischen Einzelanfertigung und Serienherstellung, an sich schon beträchtlich, müsse angesichts dieser hochkomplizierten Mechanismen besonders ins Gewicht fallen.

Es verging noch fast ein Jahr: Anfang September 1944 wurden die ersten Raketen auf England abgeschossen. Nicht, wie es Hitler ausgemalt hatte, fünftausend auf einen Schlag, sondern fünfundzwanzig und auch nicht auf einen Schlag, sondern im Laufe von zehn Tagen.

Nachdem das Projekt V 2 Hitlers Begeisterung erweckt hatte, wurde auch Himmler aktiv. Sechs Wochen später machte er Hitler den Vorschlag, die Geheimhaltung dieses vermeintlich kriegsentscheidenden Waffenprogramms auf denkbar einfache Weise zu garantieren: Wenn die gesamte Produktion von KZ-Häftlingen übernommen würde, wäre jeder Kontakt mit der Außenwelt unterbunden, nicht einmal ein Postverkehr existiere, und gleichzeitig mache er sich anheischig, alle gewünschten Fachkräfte aus den Reihen der Häftlinge zu stellen. Lediglich die Betriebsleitung und die Ingenieure müsse die Industrie ihm stellen. Hitler stimmte diesem Vorschlag zu, Saur und mir blieb daraufhin keine Wahl, zumal wir keine einleuchtendere Regelung vorschlagen konnten[13].

Die Folge war, daß wir mit der SS-Führung eine Geschäftsordnung für ein gemeinsames Unternehmen, das »Mittelwerk« auszuhandeln hatten. Nur mit Zögern machten sich meine Mitarbeiter an diese Aufgabe; ihre Befürchtungen sahen sich bald bestätigt. Wir blieben zwar formell in der Zuständigkeit über die Fertigung; doch in Zweifelsfällen waren wir gezwungen, uns der größeren Macht der SS-Führung zu beugen. Himmler hatte damit gewissermaßen einen Fuß in unsere Tür gestellt, und wir selber hatten sie öffnen helfen.

Meine Zusammenarbeit mit Himmler hatte gleich unmittelbar nach meiner Ernennung zum Minister mit einem Mißklang begonnen. Fast jeder Reichsminister, dessen persönliches oder politisches Gewicht Himmler berücksichtigen mußte, war von ihm mit einem Ehrenrang der SS bedacht worden. Mir persönlich hatte er eine besonders hohe Auszeichnung zugedacht; er wollte mich zum SS-Oberstgruppenführer machen, einem Rang, der dem eines Generalobersten entsprach und bis dahin überaus selten verliehen worden war. Und obwohl er mich wissen ließ, wie ungewöhnlich die Ehrung sei, lehnte ich sein Angebot in höflichen Wendungen ab. Ich verwies darauf, daß mir sowohl das Heer[14], als auch die SA und das NSKK erfolglos hohe Ehrenränge angetragen hätten. Um der Absage die dezidierte Schärfe zu nehmen, schlug ich vor, meine frühere einfache Mitgliedschaft in der Mannheimer SS zu reaktivieren – nicht ahnend, daß ich dort bislang gar nicht als Mitglied geführt wurde.

Selbstverständlich war es Himmlers Absicht, durch Verleihungen solcher Ränge Einfluß zu gewinnen und sich selbst in Bereiche einzuschalten, die ihm nicht unterstanden. Das Mißtrauen, das ich gehegt hatte, erwies sich in meinem Fall als nur zu berechtigt. In der Tat setzte Himmler sofort alles daran, sich in die Heeresrüstung einzuschalten, bot bereitwillig zahllose Häftlinge an und brachte bereits 1942 seine Macht ins Spiel, um verschiedene meiner Mitarbeiter unter Druck zu setzen: soweit erkennbar, wollte er die Konzentrationslager zu großen, modernen Fabrikationsstätten vor allem auch für Rüstungsgüter ausbauen, die der SS unmittelbar unterstehen sollten. Fromm machte mich damals auf die Gefahren aufmerksam, die einer geordneten Heeresrüstung daraus entstehen könnten und Hitler war, wie sich schnell herausstellte, auf meiner Seite. Denn die Erfahrungen, die wir vor dem Krieg mit den SS-Werken zur Herstellung von Ziegelsteinen und zur Bearbeitung von Granit gemacht hatten, waren abschreckend genug. Am 21. September 1942 entschied Hitler den Streit. Die Häftlinge sollten in Betrieben arbeiten, die der industriellen Rüstungsorganisation unterstanden; Himmlers Ausdehnungsdrang sah sich, zumindest in diesem Bereich, fürs erste gebremst[15].

Anfangs beschwerten sich die Fabrikdirektoren, daß die Häftlinge in einem geschwächten Zustand ankämen und nach einigen Monaten erschöpft in die Standlager zurückgesandt werden müßten. Da ihre Anlernzeit allein schon einige Wochen betrug, Lehrkräfte jedoch knapp waren, konnten wir es uns nicht leisten, die Ausbildung nach einigen Monaten zu wiederholen. Auf unsere Beschwerden hin wurden von der SS die sanitären Bedingungen sowie die Verpflegung erheblich verbessert. Ich sah bald bei meinen Rundgängen durch die Rüstungsfabriken unter den Häftlingen zufriedenere Gesichter und besser ernährte Menschen[16].

Die Regel, wonach wir in der Heeresrüstung selbständig arbeiteten, wurde durch Hitlers Befehl zur Errichtung einer SS-abhängigen Raketen-Großfertigung durchbrochen.

In einem einsamen Harztal war vor dem Krieg zur Lagerung kriegsnotwendiger Chemikalien ein weitverzweigtes Höhlensystem angelegt worden. Hier besichtigte ich am 10. Dezember 1943 die ausgedehnten unterirdischen Anlagen, in denen künftig die V 2 hergestellt werden sollte. In unübersehbaren, langen Hallen waren Häftlinge damit beschäftigt, Maschinen aufzustellen und Installationen zu verlegen. Ausdruckslos sahen sie durch mich hindurch und nahmen mechanisch ihre Gefangenenkappe aus blauem Drillich ab, bis unsere Gruppe an ihnen vorüber war.

Nicht vergessen kann ich einen Professor am französischen Pasteur-Institut in Paris, der als Zeuge im Nürnberger Prozeß aussagte. Auch er war in jenem »Mittelwerk« beschäftigt, das ich an diesem Tag besichtigt hatte. Sachlich, ohne jede Erregung, erläuterte er die unmenschlichen Bedingungen in dieser unmenschlichen Fabrik: unvergeßlich und bis heute mich beunruhigend durch seine Anklage ohne Haß, nur traurig und gebrochen und auch verwundert über so viel menschliche Entartung.

Die Verhältnisse für diese Häftlinge waren in der Tat barbarisch, und ein Gefühl tiefer Betroffenheit und persönlicher Schuld erfaßt mich, sooft ich bis heute daran denke. Wie ich von den Aufsehern nach Ablauf der Besichtigung erfuhr, waren die sanitären Bedingungen ungenügend, Krankheiten weit verbreitet, hausten die Gefangenen an ihren Arbeitsstätten in feuchten Höhlen und daher war die Sterblichkeit unter den Häftlingen außerordentlich hoch[17]. Noch am gleichen Tage bewilligte ich die erforderlichen Materialien und setzte alles in Bewegung, um sofort ein Barackenlager auf einer benachbarten Höhe zu errichten. Im übrigen drang ich bei der SS-Lagerleitung darauf, augenblicklich alle erforderlichen Maßnahmen zur Verbesserung der sanitären Bedingungen und der Ernährung in die Wege zu leiten. Ich erhielt auch wirklich die gewünschten Zusagen.

Tatsächlich hatte ich mich um diese Probleme bis dahin kaum gekümmert; und die Versicherungen der Lagerführer brachten mich dazu, sie für einen weiteren Monat zu vernachlässigen. Erst als mir am 13. Januar 1944 Dr. Poschmann, der ärztliche Betreuer aller Dienststellen meines Ministeriums, die hygienischen Verhältnisse im Mittelwerk erneut in den schwärzesten Farben schilderte, sandte ich am nächsten Tag einen meiner Amtschefs in das Werk[18]. Gleichzeitig begann Dr. Poschmann, zusätzliche ärztliche Maßnahmen in die Wege zu leiten. Einige Tage danach machte meine eigene Erkrankung diese Ansätze zum Teil wieder zunichte. Doch immerhin berichtete mir bald nach meiner Rückkehr, am 26. Mai, Dr. Poschmann über den Einsatz ziviler Ärzte in zahlreichen Arbeitslagern; zugleich aber gab es Schwierigkeiten. Denn am gleichen Tag empfing ich ein grobgehaltenes Schreiben von Robert Ley, in dem er aus formalen Gründen gegen die Tätigkeit Dr. Poschmanns Verwahrung einlegte: Die ärztliche Betreuung in Lagern, so intervenierte er, sei sein Aufgabengebiet. Empört forderte er mich auf, nicht nur Dr. Poschmann zurechtzuweisen, sondern ihm seine Übergriffe für alle Zukunft zu untersagen und ihn disziplinarisch zur Rechenschaft zu ziehen. Unverzüglich antwortete ich ihm, es bestünde für mich keinerlei Veranlassung, auf seine Forderungen einzugehen, im Gegenteil hätten wir das größte Interesse an einer ausreichenden ärztlichen Betreuung der Häftlinge[19], und tatsächlich besprach ich noch am gleichen Tag mit Dr. Poschmann zusätzliche medizinische Maßnahmen. Da ich dies alles zusammen mit Dr. Brandt veranlaßte und, jenseits aller humanitären Überlegungen doch auch alle Vernunftsgründe auf unserer Seite waren, sah ich unbesorgt der Reaktion Leys entgegen. Ich war sicher, daß Hitler die von uns übergangene Parteibürokratie nicht nur in ihre Grenzen verwiesen, sondern außerdem noch mit Hohn bedacht hätte.

Doch hörte ich nichts mehr von Ley. Und selbst Himmler blieb erfolglos, als er versuchte, mir zu demonstrieren, daß er sogar gegen wichtige Personengruppen nach eigenem Gutdünken zuschlagen konnte. Am 14. März 1944 ließ er Wernher v. Braun samt zweien seiner Mitarbeiter verhaften. Dem Chef des Zentralamtes wurde mitgeteilt, sie hätten gegen eine meiner Verfügungen verstoßen, indem sie sich von ihren kriegswichtigen Aufgaben durch Friedensprojekte hätte ablenken lassen. Tatsächlich hatten v. Braun und sein Stab oft freimütig von ihren Überlegungen gesprochen und dabei ausgemalt, wie in ferner Zukunft eine Rakete für den Postverkehr zwischen den Vereinigten Staaten und Europa entwickelt und genutzt werden könnte. So übermütig wie naiv hingen sie ihren Träumen nach und ließen von einer Illustrierten überaus phantasievolle Zeichnungen anfertigen. Als Hitler mich in Klessheim am Krankenbett besuchte und überraschend zuvorkommend behandelte, nutzte ich die Gelegenheit und ließ mir die Freilassung der Verhafteten gewähren. Aber es sollte eine Woche vergehen, bis diese Zusage verwirklicht wurde, und noch sechs Wochen später grollte Hitler, wie schwer ihm dieses Entgegenkommen gefallen sei: Hitler sagte »mir in der Angelegenheit B« lediglich zu (wie das Führerprotokoll vom 13. Mai 1944 festhält), daß er, »solange er für mich unentbehrlich sei, von jeder Strafverfolgung ausgeschlossen wäre, so schwierig auch die dadurch entstehenden allgemeinen Konsequenzen wären«. Trotzdem hatte Himmler seinen Zweck erreicht: Von nun an fühlten sich auch die prominentesten Mitglieder des Raketenstabes vor seinem willkürlichen Zugriff nicht mehr sicher. Es war immerhin denkbar, daß ich nicht ständig in der Lage sein würde, sie nach kurzer Zeit wieder zu befreien.

Schon lange strebte Himmler die Errichtung eines SS-eigenen Wirtschaftskonzerns an. Hitler, so schien es mir jedenfalls, sträubte sich dagegen, und ich unterstützte ihn dabei. Vielleicht lag hier einer der Gründe für das sonderbare Verhalten, das Himmler während meiner Krankheit an den Tag legte. Während dieser Monate war es ihm denn auch gelungen, Hitler endlich davon zu überzeugen, daß ein großes SS-Wirtschaftsunternehmen zahlreiche Vorzüge biete, und Anfang Juni 1944 forderte mich Hitler auf, die SS in dem Bestreben zu unterstützen, ein Wirtschaftsimperium von der Rohstoff- bis zur verarbeitenden Industrie aufzubauen. Er begründete diese Forderung mit ziemlich unangemessen klingenden Sorgen, daß die SS stark genug sein müsse, um unter seinen Nachfolgern beispielsweise einem Finanzminister entgegentreten zu können, der ihr die Mittel beschneiden wolle.

Es war damit eingetreten, was ich zu Beginn meiner Tätigkeit als Minister befürchtet hatte. Ich konnte zwar Hitler darauf festlegen, daß Himmlers Fertigungsstätten »derselben Kontrolle unterliegen müßten, wie die der übrigen Rüstungs- und Kriegsproduktion«, damit nicht »ein Wehrmachtsteil den Weg der Selbständigkeit geht, während ich mit viel Mühe in zweijähriger Arbeit die Rüstung der drei übrigen Wehrmachtsteile einheitlich zusammengefaßt habe[20].« Hitler versprach, mich bei Himmler zu unterstützen, aber wie weit er mit seiner Meinung durchdringen konnte, war mir damals mitunter durchaus zweifelhaft. Himmler war jedoch fraglos von Hitler über diese Unterredung unterrichtet, als er mich in sein Haus bei Berchtesgaden bitten ließ.

Zwar schien der Reichsführer-SS gelegentlich ein Phantast zu sein, dessen Gedankenflüge selbst Hitler lächerlich fand. Er war aber daneben und gleichzeitig ein überaus nüchtern denkender Realist, der genau wußte, wo seine weitreichenden politischen Ziele lagen. In den Besprechungen war er von freundlicher, leicht erzwungen wirkender Korrektheit, niemals herzlich – und immer darauf bedacht, einen Zeugen seines Stabes anwesend zu haben. Er hatte, eine damals seltene Gabe, die Geduld, die Argumente seiner Besucher anzuhören. In der Diskussion wirkte er oft kleinlich und pedantisch, überlegte anscheinend seine Worte gründlich und ohne Hast. Offensichtlich war es ihm gleichgültig, ob er dadurch den Eindruck der Unbeweglichkeit oder gar geistigen Beschränktheit erweckte. Sein Büro arbeitete mit der Präzision einer gut geölten Maschine, was wohl gleichzeitig ein Ausdruck für seine Unpersönlichkeit war, jedenfalls kam er mir immer so vor, als spiegle sich sein blasser Charakter in dem ganz versachlichten Stil seines Sekretariats. Seine Schreibkräfte, junge Mädchen, waren keineswegs als hübsch zu bezeichnen, sie schienen aber äußerst fleißig und gewissenhaft zu sein.

Himmler unterbreitete mir nun ein durchdachtes und weitreichendes Konzept. Während meiner Krankheit hatte sich die SS, trotz aller gegengerichteten Bemühungen Saurs, den ungarischen Manfred-Weiss-Konzern, ein bedeutendes Rüstungsunternehmen, angeeignet. Um diesen Kern wollte Himmler, wie er mir auseinandersetzte, systematisch und immer weiter ausgreifend einen Wirtschaftskonzern aufbauen. Von mir wollte er für die Konstruktion dieses Riesenunternehmens einen Fachmann genannt haben. Nach kurzem Überlegen schlug ich ihm Paul Pleiger vor, der große Stahlwerke für den Vierjahresplan errichtet hatte, einen eigenwilligen und energischen Mann, der es aufgrund seiner vielfältigen Bindungen zur Industrie Himmler nicht leichtmachen würde, seinen Konzern allzu stark und allzu bedenkenlos auszudehnen. Doch Himmler gefiel mein Rat nicht; er sprach mich in Zukunft nicht mehr auf seine Pläne an.

Himmlers enge Mitarbeiter Pohl, Jüttner und Berger waren, trotz ihrer zähen, rücksichtslosen Verhandlungsweise, von einer mittelmäßigen Gutmütigkeit: sie zeigten jene Banalität, die auf den ersten Blick gut zu leiden ist. Zwei andere Mitarbeiter jedoch umgab die Kälte, die ihr Chef ausstrahlte: sowohl Heydrich als auch Kammler waren blond, blauäugig, mit langem Schädel, immer korrekt gekleidet und gut erzogen; beide waren jederzeit zu unerwarteten Entschlüssen fähig, die sie mit seltener Hartnäckigkeit gegen alle Widerstände durchzusetzen wußten. Mit Kammler hatte Himmler eine bezeichnende Wahl getroffen. Denn trotz aller ideologischen Verranntheit legte er in Personalfragen keinen Wert auf alte Parteizugehörigkeit; ihm war wesentlicher, einen Mann mit Energie, schneller Auffassungsgabe und Übereifer gefunden zu haben. Im Frühjahr 1942 hatte er ihn, der bis dahin hoher Baubeamter im Reichsluftfahrtministerium gewesen war, zum Leiter der Amtsgruppe Bau der SS gemacht und ihn im Sommer 1943 für das Raketenprogramm bestimmt. Im Laufe der Zusammenarbeit, die sich daraufhin ergab, entpuppte sich der neue Vertrauensmann Himmlers als rücksichtsloser, kalter Rechner, als Fanatiker in der Verfolgung eines Zieles, das er so sorgfältig wie skrupellos zu kalkulieren wußte.

Himmler überhäufte ihn mit Aufträgen, brachte ihn bei jeder Gelegenheit Hitler nahe; bald gingen Gerüchte um, daß Himmler bemüht sei, Kammler als meinen Nachfolger aufzubauen[21]. Mir gefiel damals die sachliche Kühle Kammlers, der in vielen Aufgaben mein Partner, seiner gedachten Stellung nach mein Konkurrent und seinem Werdegang sowie seiner Arbeitsweise nach in manchem mein Spiegelbild war: auch er kam aus gutbürgerlicher Familie, hatte eine abgeschlossene Hochschulbildung, war durch seine Tätigkeit im Baufach entdeckt worden und hatte eine schnelle Karriere auf Gebieten gemacht, die im Grunde nicht in sein Fach gehörten.

Das Kontingent von Arbeitern bestimmte im Kriege in hohem Maße die Kapazität wirtschaftlicher Unternehmungen. Schon Anfang der vierziger Jahre und dann immer beschleunigter begann die SS Arbeitslager im geheimen aufzubauen und dafür zu sorgen, daß sie sich füllten. Amtschef Schieber machte mich in seinem Schreiben vom 7. Mai 1944 auf die Bestrebungen der SS aufmerksam, ihre Verfügungsmacht über Arbeitskräfte für die Zwecke ihrer wirtschaftlichen Expansion einzusetzen. Überdies neige die SS immer bedenkenloser dazu, unseren Fabriken große Zahlen ausländischer Arbeitskräfte zu entziehen, indem sie geringfügige Verstöße zum Anlaß nähme, die Delinquenten zu verhaften und in die eigenen Lager zu überstellen[22]. Meine Mitarbeiter schätzten, daß uns auf diese Weise im Frühjahr 1944 jeden Monat 30–40 000 Arbeiter entzogen wurden. Daher erklärte ich Hitler Anfang Juni 1944, daß ich »einen Schwund von 500 000 Arbeitskräften im Jahr nicht durchhalten könne ... Dies gelte um so mehr, als es sich zu einem großen Teil um mühsam angelernte Fachkräfte handele«. Sie müßten »möglichst schnell wieder ihrem ursprünglichen Beruf zugeführt werden«. Hitler sagte zu, daß er nach einer Besprechung zwischen Himmler und mir eine Entscheidung in meinem Sinne fällen wolle[23]. Aber Himmler leugnete sowohl mir wie auch Hitler gegenüber, aller Realität zum Trotz, solche Praktiken einfach ab.

Auch die Häftlinge selbst fürchteten, wie ich gelegentlich feststellen konnte, Himmlers wachsenden wirtschaftlichen Ehrgeiz. Ich erinnere mich an einen Rundgang durch die Linzer Stahlwerke im Sommer 1944, wo die Häftlinge sich frei zwischen den übrigen Arbeitskräften bewegten. In den hohen Werkshallen standen sie an den Maschinen, dienten als Hilfskräfte für die gelernten Arbeiter, die sich ungezwungen mit ihnen unterhielten. Nicht SS, sondern Soldaten des Heeres bewachten sie. Als wir einer Gruppe von zwanzig Russen begegneten, ließ ich durch den Dolmetscher fragen, ob sie mit der Behandlung zufrieden seien. Mit Gesten leidenschaftlicher Zustimmung bejahten sie. Ihr Äußeres bestätigte, was sie sagten; im Gegensatz zu den dahinsiechenden Menschen in den Höhlen des Mittelwerks waren sie gut genährt, und als ich sie, in der Art einer Floskel, fragte, ob sie lieber in ihr Stammlager zurückwollten, erschraken sie heftig; ihre Gesichter drückten unverhülltes Entsetzen aus.

Aber ich fragte nicht weiter. Wozu auch; die Gesichter sagten im Grunde alles. Wenn ich heute die Empfindungen ergründen möchte, die mich damals bewegten, wenn ich über ein Leben hinweg auseinanderzulegen versuche, was es eigentlich war: Mitleid, Irritation, Peinlichkeit oder Empörung, so kommt es mir vor, als habe der verzweifelte Wettlauf mit der Zeit, dieses besessene

Starren auf Produktions- und Ausstoßzahlen, alle Erwägungen und Gefühle der Menschlichkeit zugedeckt. Ein amerikanischer Historiker hat von mir gesagt, ich hätte die Maschinen mehr geliebt als Menschen[24]. Er hat nicht unrecht; ich sehe, daß der Anblick leidender Menschen nur meine Empfindungen, nicht aber meine Verhaltensweise beeinflußte. Auf der Ebene der Gefühle kam nur Sentimentalität zustande; im Bereich der Entscheidungen dagegen herrschten weiterhin die Prinzipien der Zweckmäßigkeit. Im Nürnberger Prozeß war die Beschäftigung von Häftlingen in den Rüstungsbetrieben Gegenstand der Anklage und des Vorwurfs gegen mich.

Nach den Urteilskategorien des Gerichts wäre meine Schuld gewachsen, wenn es mir gelungen wäre, gegen den Widerstand Himmlers die Zahl unserer Häftlinge und damit die Überlebenschancen für einige Menschen zu erhöhen. Paradoxerweise fühlte ich mich heute besser, wenn ich in diesem Sinne schuldiger geworden wäre. Aber weder die Maßstäbe von Nürnberg noch das Vorzählen geretteter Opfer treffen, worum es mir heute geht. Denn das eine wie das andere bewegt sich innerhalb des Systems. Mich beunruhigt vielmehr, daß ich in den Gesichtern der Häftlinge nicht die Physiognomie des Regimes gespiegelt sah, dessen Existenz ich in diesen Wochen und Monaten so manisch zu verlängern trachtete. Ich sah die moralische Position außerhalb des Systems nicht, die ich hätte beziehen müssen. Und manchmal frage ich mich, wer denn eigentlich dieser junge, mir so fremd gewordene Mann war, der da vor fünfundzwanzig Jahren durch die Maschinenhallen des Linzer Werkes ging oder in die Stollen des »Mittelwerkes« hinabstieg.

Eines Tages, etwa im Sommer 1944, besuchte mich mein Freund Karl Hanke, der Gauleiter von Niederschlesien. Er hatte mir in früheren Jahren viel von dem polnischen und französischen Feldzug erzählt, hatte von den Toten und Verwundeten, von Schmerzen und von Qualen berichtet und sich dabei als mitfühlender Mensch gezeigt. Dieses Mal aber war er verwirrt, sprach stockend, als er auf dem grünledernen Sessel der Sitzgruppe meines Arbeitszimmers saß. Nie solle ich einer Einladung folgen, im Gau Oberschlesien ein Konzentrationslager zu besichtigen. Nie, unter keinen Umständen. Dort hätte er etwas gesehen, was er nicht schildern dürfe und auch nicht schildern könne.

Ich fragte ihn nicht, ich fragte nicht Himmler, ich fragte nicht Hitler, ich sprach nicht mit privaten Freunden. Ich forsche nicht nach – ich wollte nicht wissen, was dort geschah. Es muß sich um Auschwitz gehandelt haben. In diesen Sekunden, als Hanke mich warnte, war die ganze Verantwortung erneut Wirklichkeit geworden. An diese Sekunden mußte ich vor allem denken, wenn ich im Nürnberger Prozeß vor dem internationalen Gericht feststellte, daß ich als wichtiges Mitglied der Führung des Reiches mit an der Gesamtverantwortung, von allem was geschehen war, zu tragen habe. Denn ich war von diesem Augenblick an mit diesen Verbrechen moralisch unentrinnbar verhaftet, weil ich, aus Angst, etwas zu entdecken, was mich zu Konsequenzen hätte veranlassen können, die Augen schloß. Diese gewollte Blindheit wiegt alles Positive, was ich vielleicht in der letzten Periode des Krieges tun sollte und wollte, auf. Vor ihr schrumpft diese Tätigkeit zu einem Nichts zusammen. Gerade weil ich damals versagte, fühle ich mich noch heute für Auschwitz ganz persönlich verantwortlich.

26. Kapitel

Unternehmen Walküre

Auf einem Flug über ein zerbombtes Hydrierwerk fiel mir die Treffsicherheit auf, mit der die alliierten Luftflotten Bombenteppiche legten. Plötzlich durchfuhr mich der Gedanke, bei dieser Genauigkeit müßte es den Alliierten leicht sein, innerhalb eines einzigen Tages alle Rheinbrücken zu zerstören. Experten, denen ich aufgab, in Luftfotos der Trichterfelder die Rheinbrücken maßstäblich einzuzeichnen, bestätigten diese Befürchtung. Hastig ließ ich geeignete Stahlträger zu einer schnellen Reparatur der Brücken anfahren. Außerdem gab ich zehn Fähren und eine Schiffsbrücke in Auftrag[1].

Am 29. Mai 1944, zehn Tage später, schrieb ich beunruhigt an Jodl: »Mich quält der Gedanke, daß eines Tages sämtliche Rheinbrücken zerstört werden, was nach meinen Beobachtungen von der Dichtigkeit der Bombenwürfe der letzten Zeit gelingen dürfte. Wie ist die Lage, wenn der Gegner nach einer verkehrsmäßigen Abschneidung der in den besetzten Westgebieten befindlichen Armeen seine Landungen nicht am Atlantikwall, sondern an der deutschen Nordseeküste durchführt? Eine solche Landung dürfte wohl möglich sein, nachdem er als erste Voraussetzung einer erfolgreichen Landung im norddeutschen Küstengebiet bereits heute die absolute Luftüberlegenheit besitzt. Jedenfalls wären seine Verluste dabei geringer, als bei einem direkten Angriff auf den Atlantikwall.«

Wir hatten im eigenen Land kaum noch Truppeneinheiten zur Verfügung. Wenn durch Fallschirmeinheiten die Flugplätze Hamburg und Bremen und darauf mit schwachen Kräften die Häfen dieser Städte in Besitz genommen werden könnten, so befürchtete ich, hätten ausgeschiffte Invasionsarmeen, ohne Widerstand zu finden, in einigen Tagen Berlin und ganz Deutschland besetzen können, während die drei im Westen stehenden Armeen durch den Rhein abgeschnitten und die Heeresgruppen im Osten durch schwere Abwehrkämpfe gebunden und außerdem zu weit entfernt gewesen wären, um rechtzeitig eingreifen zu können.

Meine Befürchtungen waren ähnlich abenteuerlich wie Hitlers gelegentliche Vorstellungen. Während Jodl mir bei meinem nächsten Aufenthalt auf dem Obersalzberg ironisch sagte, daß ich wohl jetzt zu allem Überfluß unter die Strategen gegangen wäre, nahm Hitler den Gedanken auf. Am 5. Juni 1944 findet sich in Jodls Tagebuch der Vermerk: »Es sollen Divisionsgerippe in Deutschland geschaffen werden, in die man im Notfall die vorhandenen Urlauber hineinpumpt und die Genesenen. Waffen will Speer in einer Stoßaktion bereitstellen. 300000 Urlauber sind immer zu Hause, das heißt 10–12 Divisionen[2].«

Ohne daß Jodl oder ich davon wußten, war diese Idee längst organisatorisch vorbereitet worden. Seit Mai 1942 gab es unter dem Decknamen »Walküre« bis in das letzte Detail ausgearbeitete Vorschriften zur schnellen Zusammenfassung der in Deutschland befindlichen Einheiten in Fällen von Unruhen oder Notständen[3]. Aber nun war Hitlers Interesse geweckt und schon am 7. Juni 1944 fand am Obersalzberg eine Besprechung darüber statt, an der neben Keitel und Fromm auch Oberst von Stauffenberg teilnahm.

Graf Stauffenberg war von General Schmundt, dem Chefadjutanten Hitlers, ausgewählt worden, um als Chef des Stabes die Arbeit des müde gewordenen Fromm zu aktivieren. Wie mir Schmundt erklärte, hielt man Stauffenberg für einen der tüchtigsten und fähigsten Offiziere der deutschen Armee[4]. Mich forderte Hitler gelegentlich selber auf, mit Stauffenberg eng und vertraulich zusammenzuarbeiten. Stauffenberg hatte, trotz seiner schweren Verwundungen, einen jungenhaften Charme bewahrt, er war eigentümlich poetisch und präzise zugleich, von zwei scheinbar unvereinbaren Bildungserlebnissen geprägt: George-Kreis und Generalstab. Wir hätten uns auch ohne Schmundts Aufforderung gut verstanden. Nach der Tat, die unverlierbar mit seinem Namen verbunden ist, sann ich oft über ihn nach und fand kein Wort so treffend für ihn wie dieses von Hölderlin: »Ein höchst unnatürlicher, widersinniger Charakter, wenn man ihn nicht mitten unter den Umständen sieht, die seinem sanften Geiste diese strenge Form aufnötigten«.

Am 6. und 8. Juli wurden diese Besprechungen fortgesetzt. Mit Hitler saßen Keitel, Fromm und andere Offiziere um den runden Tisch am großen Fenster der Wohnhalle des Berghofes; neben mir hatte mit seiner auffallend dicken Aktentasche Stauffenberg Platz genommen. Er erläuterte den Einsatzplan für »Walküre«, Hitler hörte aufmerksam zu und akzeptierte in der anschließenden Diskussion die Mehrzahl seiner Vorschläge. Am Ende entschied er, daß bei Kampfaktionen im Reichsgebiet den militärischen Befehlshabern die uneingeschränkte Exekutive, den politischen Stellen dagegen, vor allem also den Gauleitern in ihrer Eigenschaft als Reichsverteidigungskommissare, nur beratende Funktionen zukämen. Die militärischen Kommandobehörden könnten, hieß das, den Dienststellen des Staates und der Gemeinden unmittelbar, also ohne Befragung der Gauleiter, alle erforderlichen Weisungen erteilen[5].

Ob Zufall oder Planung: jedenfalls waren in diesen Tagen auch die engsten militärischen Mitverschworenen in Berchtesgaden versammelt, die, wie ich erst heute weiß, einige Tage zuvor mit Stauffenberg beschlossen hatten, das Attentat auf Hitler mit einer von Generalmajor Stieff bereitgehaltenen Bombe nun auszuführen. Am 8. Juli traf ich mich mit General Friedrich Olbricht zu einer Besprechung über die Einziehung U.K.-gestellter Arbeiter für das Heer, nachdem ich mich unmittelbar zuvor mit Keitel nicht hatte einigen können. Wie so oft, beklagte er sich auch dieses Mal über Schwierigkeiten, die durch die in vier Teile aufgespaltene Wehrmachtsorganisation entstehen müßten. Er zeigte Mißstände auf, durch deren Beseitigung dem Heer Hunderttausende junger Soldaten aus der Luftwaffe zugeführt werden könnten.

Am nächsten Tag traf ich im Berchtesgadener Hof mit Generalquartiermeister Eduard Wagner, mit dem General der Nachrichtentruppen Erich Fellgiebel, mit dem General beim Chef Generalstab Fritz Lindemann sowie mit dem Chef der Organisationsabteilung im Oberkommando des Heeres, Generalmajor Helmut Stieff, zusammen. Sie alle waren an der Verschwörung beteiligt und keiner von ihnen sollte die nächsten Monate überleben. Vielleicht gerade weil der so lange hinausgezögerte Entschluß zum Staatsstreich nun unwiderruflich gefällt war, zeigten sie an diesem Nachmittag eine eher sorglose Verfassung, wie oft nach großen Entscheidungen. Die Chronik meines Ministeriums hält die Fassungslosigkeit fest, mit der ich die Bagatellisierung der verzweifelten Frontlage zur Kenntnis nahm: »Die Schwierigkeiten sind nach den Worten des Generalquartiermeisters gering ... Die Generale behandeln die Ostlage mit Überlegenheit wie eine Lappalie[6]«.

Eine bis zwei Wochen zuvor hatte General Wagner die Situation noch in den allerschwärzesten Farben geschildert und für den Fall weiterer Rückzüge Forderungen gegenüber der Rüstung geltend gemacht, die unerfüllbar hoch waren und nach meiner heutigen Meinung nur den einen Zweck haben konnten, Hitler zu beweisen, daß das Heer nicht mehr mit Waffen auszustatten sei und wir daher einer Katastrophe zusteuerten. Mein Mitarbeiter Saur hatte in meiner Abwesenheit bei dieser Besprechung den viel älteren Generalquartiermeister, unterstützt von Hitler, wie einen Schuljungen abgekanzelt. Jetzt hatte ich ihn aufgesucht, um ihm meine unveränderte Sympathie zu zeigen; nun aber stellte ich fest, daß ihn der Anlaß der Verstimmung längst nicht mehr kümmerte.

Wir verbreiteten uns ausführlich über die Mißstände, die in der Führung aufgrund der unzureichenden Oberleitung eingetreten waren. General Fellgiebel schilderte, welcher unnötige Aufwand an Soldaten und Material schon allein dadurch betrieben würde, daß für jeden Wehrmachtsteil ein getrenntes Nachrichtennetz bestünde: Luftwaffe und Heer hätten selbst bis Athen oder Lappland getrennte Kabel verlegt. Eine Zusammenlegung würde, jenseits aller Überlegungen der Sparsamkeit, bei plötzlicher Beanspruchung einen reibungslosen Ablauf gewährleisten. Hitler reagiere jedoch solchen Anregungen gegenüber durchweg schroff ablehnend. Ich selber steuerte einige

Beispiele bei, welche Vorteile eine einheitlich geleitete Rüstung allen Wehrmachtsteilen bringen würde.

Obwohl ich mit den Verschwörern nicht selten ungewöhnlich offene Gespräche geführt hatte, bemerkte ich von ihren Absichten nichts. Nur ein einziges Mal spürte ich, daß sich etwas zusammenbraute – nicht im Gespräch mit ihnen, sondern durch eine Bemerkung Himmlers. Etwa im Spätherbst 1943 unterhielt er sich mit Hitler im Gelände des Hauptquartiers; ich hielt mich in nächster Nähe auf und wurde infolgedessen unbeabsichtigter Zeuge dieses Gesprächs: »Sie sind dann also einverstanden, mein Führer, daß ich mit der ›Grauen Eminenz‹ spreche und dabei so tue, als ob ich mitmache?« Hitler nickte. »Es gibt irgendwelche dunklen Pläne, vielleicht erfahre ich, wenn ich sein Vertrauen erobere, mehr davon. Wenn Sie, mein Führer, von dritter Seite dann hören sollten, so wissen Sie über meine Motive Bescheid«. Hitler machte eine Geste des Einverständnisses: »Selbstverständlich, ich habe alles Zutrauen zu Ihnen«. Bei einem der Adjutanten erkundigte ich mich, ob er wüßte, wer den Spitznamen »Graue Eminenz« trage. »Ja«, entgegnete er, »das ist der Preußische Finanzminister Popitz!«

Der Zufall verteilte die Rollen. Eine Zeitlang schien er zu schwanken, ob ich mich am 20. Juli im Zentrum des Putsches in der Bendlerstraße oder aber im Zentrum der Abwehr, dem Wohnhaus von Goebbels, befinden sollte.

Am 17. Juli ließ mich Fromm durch seinen Stabschef Stauffenberg bitten, am 20. Juli zum Mittagessen und zu einer anschließenden Besprechung zu ihm in die Bendlerstraße zu kommen. Da ich für den späten Vormittag seit längerem eine Rede vor Vertretern der Reichsregierung und der Wirtschaft über die Rüstungslage vorgesehen hatte, mußte ich ablehnen. Trotz meiner Absage ließ Fromms Stabschef seine Einladung für den 20. Juli in dringender Form erneuern: Es sei unbedingt notwendig, daß ich käme. Doch da ich nach der vermutlich strapaziösen Vormittagsveranstaltung die Anstrengung scheute, wichtige Rüstungsdinge mit Fromm zu besprechen, sagte ich auch das zweite Mal ab.

Mein Vortrag begann um etwa elf Uhr in dem repräsentativen, noch von Schinkel ausgestatteten und ausgemalten Saal des Propagandaministeriums, den mir Goebbels zur Verfügung gestellt hatte. Etwa zweihundert Personen, alle in Berlin anwesenden Minister, alle Staatssekretäre und wichtigen Beamten waren gekommen; es war das ganze politische Berlin versammelt. Die Anwesenden hörten zunächst meinen Appell zum verstärkten Einsatz der Heimat, diese immer wieder hervorgebrachte Forderung, die ich fast automatisch hersagen konnte, und erhielten anschließend anhand grafischer Darstellungen einen Einblick in den Stand unserer Rüstung.

Etwa zu der gleichen Zeit, als ich meinen Vortrag beendete und Goebbels als Hausherr einige Schlußworte sprach, explodierte in Rastenburg die Stauffenbergsche Bombe. Wären die Putschisten geschickter gewesen, so hätten sie mit dieser einen Versammlung parallel zum Attentat nahezu die gesamte Reichsregierung mitsamt ihren wichtigsten Mitarbeitern durch die sprichwörtliche Figur des Leutnants mit zehn Mann festsetzen lassen können. Nichtsahnend nahm Goebbels Funk und mich ins Arbeitszimmer des Ministeriums mit. Wir unterhielten uns, wie meist in letzter Zeit, über versäumte oder noch bestehende Gelegenheiten zur Mobilisierung der Heimat, als ein kleiner Lautsprecher meldete: »Herr Minister wird dringend vom Hauptquartier verlangt. Dr. Dietrich ist am Apparat.« Goebbels schaltete ein: »Lassen Sie es hierher legen!« Nun erst ging er zum Schreibtisch, nahm den Hörer ab: »Dr. Dietrich? Ja? Hier Goebbels ... Was! ein Attentat auf den Führer? Soeben? ... Der Führer lebt, sagen Sie! So, in der Speer-Baracke. Weiß man schon Näheres? ... Der Führer meint, einer der OT-Arbeiter?!« Dietrich mußte sich kurz fassen, das Gespräch war zu Ende. Unternehmen »Walküre«, von den Verschwörern als Aktionsplan zur Mobilisierung der Heimatreserven seit Monaten in aller Offenheit, selbst mit Hitler, beraten, war angelaufen.

»Das fehlte gerade noch«, ging es mir durch den Kopf, als Goebbels uns wiedergab, was er gehört hatte, und noch einmal vom Verdacht gegen die Arbeiter der OT sprach. Denn falls diese Vermutung sich bestätigte, war auch mein Ansehen unmittelbar belastet, da Bormann meine Zuständigkeit zum Anlaß neuer Intrigen und Einflüsterungen nehmen konnte. Goebbels zeigte sich bereits jetzt ungehalten, weil ich ihm keine Auskunft über die Kontrollmaßnahmen geben konnte, der die Arbeiter der OT bei der Auswahl für Rastenburg unterworfen worden waren. Er ließ sich von mir berichten, daß Hunderte von Arbeitern zur Verstärkung des Hitlerschen Bunkers jeden Tag in den Sperrkreis I gelassen würden, daß Hitler zur Zeit in der für mich errichteten Baracke arbeite, da sie den einzigen größeren Sitzungsraum habe und zudem während meiner Abwesenheit leer stehe. Unter diesen Umständen, so meinte er kopfschüttelnd über so viel Gedankenlosigkeit, müsse es ein leichtes gewesen sein, in diesen am besten abgesperrten und abgesicherten Bezirk der Welt zu gelangen: »Was haben dann alle Schutzmaßnahmen noch für einen Zweck«, warf er, wie zu einem unsichtbar Verantwortlichen sprechend, in die Runde.

Bald darauf verabschiedete Goebbels uns; sowohl er wie ich waren selbst in diesem Falle durch die ministerielle Routine in Anspruch genommen. Zum verspäteten Mittagessen wartete bei mir bereits Oberst Engel, der ehemalige Heeresadjutant Hitlers, der nun eine Fronttruppe kommandierte. Mich interessierte, welchen Eindruck er von einer Denkschrift haben würde, in der ich die Einsetzung eines »Unterdiktators«, das heißt eines mit ungewöhnlichen Vollmachten ausgestatteten Mannes forderte, der ohne Rücksicht auf Prestige die unübersichtliche dreifache und vierfache Organisation der Wehrmacht beseitigen und endlich übersichtliche sowie effektive Organisationsstrukturen schaffen sollte. Wenn diese schon Tage zuvor fertiggestellte Denkschrift auch nur infolge eines Zufalls das Datum des 20. Juli trug, so waren in ihr doch viele Ideen verwertet, die wir in Gesprächen mit den militärischen Teilnehmern des Putsches erörtert hatten[7].

Auf die naheliegende Idee, mich inzwischen im Führerhauptquartier telefonisch nach Einzelheiten zu erkundigen, kam ich nicht. Wahrscheinlich nahm ich an, daß angesichts der Aufregung, die solch ein Ereignis auslösen mußte, dort ein Anruf nur störend wirken würde; außerdem fühlte ich mich durch den Verdacht belastet, der Attentäter stamme aus meiner Organisation. Nach dem Essen empfing ich, wie der Terminkalender es vorsah, den Gesandten Clodius vom Auswärtigen Amt, der über die »Sicherung des rumänischen Öls« berichtete. Ehe jedoch die Besprechung zu Ende war, rief mich Goebbels an[8].

Seine Stimme hatte sich seit dem Vormittag bemerkenswert verändert, sie klang erregt und rauh: »Können Sie sofort Ihre Arbeit unterbrechen? Kommen Sie zu mir! Es ist äußerst dringend! Nein, ich kann Ihnen am Telefon nichts sagen.« Die Sitzung wurde sofort unterbrochen, etwa um siebzehn Uhr begab ich mich zu Goebbels. Er empfing mich in seinem Arbeitszimmer im ersten Stock seines Wohnpalais, das südlich des Brandenburger Tores gelegen war. Hastig sagte er: »Soeben habe ich vom Hauptquartier die Meldung bekommen, daß im ganzen Reich ein Militärputsch im Gange ist. Ich möchte Sie in dieser Situation bei mir haben. Ich bin in meinen Entscheidungen oft etwas schnell. Sie können durch Ihre Ruhe ausgleichen. Wir müssen überlegt handeln.«

Tatsächlich versetzte mich diese Nachricht in nicht geringere Aufregung als Goebbels. Wie auf einen Schlag waren mir alle Gespräche, die ich mit Fromm, Zeitzler und Guderian, mit Wagner, Stieff, Fellgiebel, Olbricht oder Lindemann geführt hatte, gegenwärtig; mit der aussichtslosen Lage an allen Fronten, der gelungenen Invasion, der Übermacht der Roten Armee und nicht zuletzt dem drohenden Bankrott unserer Treibstoffversorgung verband sich die Erinnerung an unsere oft bittere Kritik an Hitlers Dilettantismus, an seine widersinnigen Entscheidungen, an seine fortdauernden Beleidigungen hoher Offiziere, an unablässige Zurücksetzungen und Demütigungen. Ich dachte freilich nicht daran, daß Stauffenberg, Olbricht, Stieff und deren Kreis den Putsch ausführten. Eher hätte ich dem cholerischen Temperament eines Mannes wie Guderian eine solche Tat zugetraut. Goebbels muß, wie ich später herausfand, zu dieser Stunde bereits darüber unterrichtet gewesen sein, daß sich der Verdacht gegen Stauffenberg richtete. Doch schwieg er sich mir gegenüber aus. Ebensowenig teilte er mir mit, daß er unmittelbar vor meinem Eintreffen mit Hitler selbst telefoniert hatte[9].

Ich hatte mich, ohne diese Zusammenhänge zu kennen, entschieden: tatsächlich hielt ich einen Putsch in unserer Lage für katastrophal; seine Moral erkannte ich wiederum nicht. Goebbels konnte auf meine Mithilfe rechnen.

Die Fenster des Zimmers gingen auf die Straße. Einige Minuten nach meiner Ankunft sah ich Soldaten in voller Ausrüstung, mit Stahlhelmen, Handgranaten im Gürtel und Maschinenpistolen in der Hand, sich in kleinen gefechtsbereiten Gruppen zum Brandenburger Tor bewegen. Dort stellten sie ihre Maschinengewehre auf und unterbanden jeden Verkehr – während zwei von ihnen sich schwerbewaffnet zur Eingangstür an der Parkmauer begaben und dort Posten bezogen. Ich rief Goebbels herbei, er verstand sofort die Bedeutung, verschwand in seinem angrenzenden Schlafzimmer, nahm aus einer Schachtel einige Pillen und steckte sie in seine Rocktasche: »So, dies für alle Fälle!« meinte er, sichtlich in Spannung versetzt.

Durch einen Adjutanten ließen wir feststellen, welche Befehle diese Posten hätten; doch kamen wir nicht weit. Die Soldaten an der Mauer zeigten sich ungesprächig und erklärten schließlich kurz angebunden: »Hier kommt niemand herein oder heraus.«

Telefongespräche, von Goebbels unermüdlich und in alle Richtungen geführt, ergaben verwirrende Neuigkeiten. Potsdamer Truppen seien bereits im Marsch auf Berlin, auch Garnisonen aus der Provinz rückten, so hieß es, heran. Ich selber hatte, trotz meiner spontanen Ablehnung der Erhebung, ein merkwürdiges Gefühl unbeteiligten bloßen Dabeiseins, als ginge mich alles, die hektische Aktivität des nervös-entschlossenen Goebbels nichts an. Zeitweilig schien die Lage eher hoffnungslos, und Goebbels zeigte sich überaus besorgt. Nur aus der Tatsache, daß das Telefon noch arbeitete und der Rundfunk noch keine Proklamationen der Aufständischen sendete, schloß Goebbels, daß die Gegenseite noch zögerte. In der Tat war es unverständlich, daß die Verschwörer es versäumten, die Nachrichtenmittel außer Betrieb zu setzen oder den eigenen Zielen dienstbar zu machen, obwohl sie bereits Wochen zuvor in einem ausführlichen Zeitplan nicht nur die Festnahme von Goebbels, sondern auch die Besetzung des Fernamtes Berlin, des Haupttelegraphenamtes, der SS-Hauptvermittlung, des Reichspostzentralamtes, der wichtigsten Sender um Berlin und des Funkhauses vorgesehen hatten[10]. Nur wenige Soldaten wären erforderlich gewesen, um bei Goebbels einzudringen und den Minister, ohne Widerstand zu finden, zu verhaften; denn einige Pistolen waren alles, was wir an Schutz und Bewaffnung besaßen. Goebbels hätte vermutlich versucht, einer Gefangenschaft durch die Einnahme des bereitgehaltenen Zyankali zuvorzukommen; der fähigste Gegenspieler der Verschwörer wäre damit ausgeschaltet gewesen.

Während dieser kritischen Stunden war erstaunlicherweise auch Himmler, der allein über unzweifelhaft zuverlässige Einheiten zur Niederschlagung des Putsches verfügte, für Goebbels unerreichbar. Ganz offenkundig hatte er sich zurückgezogen, und Goebbels war darüber um so mehr beunruhigt, als er vergeblich versuchte, einen einleuchtenden Grund dafür zu finden. Mehrfach äußerte er sein Mißtrauen gegenüber dem Reichsführer und Innenminister, und mir schien es immer ein Zeichen für die Unsicherheit dieser

Stunden, daß Goebbels über die Verläßlichkeit selbst eines Himmlers offen seine Zweifel äußerte.

War Goebbels auch mir gegenüber mißtrauisch, als er mich im Verlauf eines Telefonats in einen Nebenraum verwies? Ziemlich unverhohlen ließ er mich seine Skepsis spüren. Nachträglich kam mir die Vermutung, daß er vielleicht das Gefühl hatte, sich meiner am besten dadurch versichern zu können, daß er mich in seine unmittelbare Nähe holte; zumal der erste Verdacht bereits auf Stauffenberg und damit zwangsläufig auch auf Fromm gefallen war. Immerhin kannte Goebbels meine Freundschaft zu Fromm, den er seit langem offen als »Feind der Partei« zu bezeichnen pflegte.

Auch ich dachte sogleich an Fromm. Von Goebbels verabschiedet, ließ ich mich mit der Telefonzentrale der Bendlerstraße verbinden und verlangte Fromm zu sprechen, denn von ihm mußten am ehesten Einzelheiten zu erfahren sein. »Generaloberst Fromm ist nicht erreichbar«, wurde mir mitgeteilt. Ich wußte nicht, daß er zu diesem Zeitpunkt bereits eingesperrt in einem Zimmer in der Bendlerstraße saß. »Verbinden Sie mich dann mit seinem Adjutanten.« Darauf wurde geantwortet, unter der Nummer melde sich niemand. »Dann bitte General Olbricht.« Er war sofort am Apparat: »Was ist los, Herr General?« fragte ich ihn in dem oft zwischen uns üblichen scherzhaften Ton, der schwierige Lagen überbrücken konnte; »ich habe zu arbeiten und werde hier bei Goebbels von Soldaten festgehalten.« Olbricht entschuldigte sich. »Verzeihung, bei Ihnen handelt es sich um einen Irrtum. Ich werde das gleich in Ordnung bringen.« Er hatte eingehängt, bevor ich weiter fragen konnte. Ich vermied, Goebbels das Gespräch in ganzer Länge wiederzugeben. Denn Ton und Inhalt des Gesprächs mit Olbricht deuteten eher auf ein Einverständnis, das bei Goebbels offenes Mißtrauen erwecken konnte.

Unterdessen kam Schach, der stellvertretende Gauleiter Berlins, in mein Zimmer: Einer seiner Bekannten, namens Hagen, habe sich bei ihm gerade für die nationalsozialistische Gesinnung von Major Remer verbürgt, dessen Bataillon das Regierungsviertel zerniert hatte. Sofort versuchte Goebbels, Remer zu einer Unterredung zu bewegen. Kaum lag die Zusage vor, ließ Goebbels auch mich erneut in sein Arbeitszimmer kommen. Er war voller Zuversicht, daß er Remer auf seine Seite ziehen könne und bat um meine Anwesenheit. Hitler, so erklärte er, sei über dies bevorstehende Gespräch unterrichtet, er erwarte im Hauptquartier das Ergebnis und sei jederzeit bereit, selber mit dem Major zu sprechen.

Major Remer trat ein, Goebbels wirkte beherrscht, aber nervös. Das Schicksal des Putsches, und damit auch sein eigenes, wurde, so schien er zu wissen, jetzt entschieden. Schon nach wenigen, merkwürdig undramatischen Minuten war alles vorüber und der Putsch verloren.

Zunächst erinnerte Goebbels den Major an seinen Eid auf den Führer. Remer antwortete mit einem Treuegelöbnis auf Hitler und die Partei, aber, so fügte er hinzu, Hitler sei tot. Infolgedessen müsse er die Befehle seines Kommandanten, des Generalleutnants von Hase, ausführen. Goebbels hielt ihm das entscheidende, alles umstoßende Argument entgegen: »Der Führer lebt!« Und als er bemerkte, wie Remer erst stutzig und dann sichtlich unsicher wurde, setzte er unverzüglich nach: »Er lebt! Ich habe noch vor wenigen Minuten mit ihm gesprochen! Eine kleine ehrgeizige Clique von Generalen hat den Militärputsch begonnen! Eine Gemeinheit! Die größte Gemeinheit der Geschichte!« Die Aussicht, daß Hitler noch lebe, wirkte auf den in die Enge getriebenen, irritierten Empfänger eines Zernierungsbefehls erlösend. Glücklich, aber noch ungläubig starrte Remer uns alle an. Goebbels machte Remer jetzt auf die historische Stunde aufmerksam, auf die ungeheure Verantwortung vor der Geschichte, die auf seinen jungen Schultern laste: Noch selten sei einem Menschen vom Schicksal eine derartige Chance gewährt worden; an ihm liege, ob er sie nutze oder ausschlage. Wer Remer jetzt sah, wer beobachtete, welche Veränderung mit ihm bei diesen Worten vorging, der wußte: Goebbels hatte bereits gewonnen. Aber nun spielte er seinen höchsten Trumpf aus: »Ich spreche jetzt mit dem Führer, und Sie können auch mit ihm telefonieren. Der Führer kann Ihnen doch Befehle erteilen, die die Befehle Ihres Generals aufheben?« schloß er mit leicht ironischem Ton. Dann stellte er die Verbindung mit Rastenburg her.

Über eine Sonderleitung in der Telefonzentrale seines Ministeriums konnte Goebbels sich mit dem Führerhauptquartier verbinden lassen. Innerhalb von Sekunden war Hitler am Apparat; nach einigen Bemerkungen zur Situation übergab Goebbels dem Major den Hörer. Sogleich erkannte Remer die Stimme des totgesagten Hitler und nahm, den Hörer in der Hand, unwillkürlich Haltung ein. Nur verschiedentlich hörte man: »Jawohl, mein Führer... Jawohl! Zu Befehl, mein Führer!«

Anschließend ließ sich Goebbels den Telefonhörer zurückgeben und von Hitler über das Ergebnis des Gesprächs unterrichten: Der Major war anstelle von General Haase mit dem Vollzug aller militärischen Maßnahmen in Berlin betraut, ihm gleichzeitig der Befehl erteilt, alle von Goebbels ausgegebenen Weisungen durchzuführen. Eine einzige intakte Telefonleitung hatte die Erhebung endgültig zum Scheitern gebracht. Goebbels ging zur Gegenaktion über und ordnete an, daß alle erreichbaren Männer des Wachbataillons sofort im Garten seiner Wohnung zusammenzuziehen seien.

Der Aufstand war zwar gescheitert, aber noch nicht völlig niedergeschlagen, als Goebbels gegen sieben Uhr abends über den Rundfunk verbreiten ließ, daß auf Hitler ein Sprengstoffanschlag verübt worden sei, daß der Führer lebe und bereits seine Arbeit wieder aufgenommen habe. Damit hatte er erneut eines der technischen Mittel eingesetzt, das die Aufständischen der vergangenen Stunden so folgenschwer vernachlässigt hatten.

Die Zuversicht trog: der Erfolg war wieder in Frage gestellt, als Goebbels kurz darauf gemeldet wurde, daß auf dem Fehrbelliner Platz eine Panzerbrigade eingetroffen sei, die sich weigere, den Befehlen Remers zu folgen. Sie unterstünde allein Generaloberst Guderian: »Wer nicht gehorcht, wird erschossen«, lautete die militärisch knappe Auskunft. Ihre Gefechtskraft war so überlegen, daß von ihrer Einstellung nicht nur das Schicksal der nächsten Stunde abhing.

Für die Unsicherheit unserer Situation war es bezeichnend, daß niemand eindeutig zu sagen wußte, ob diese Panzertruppe, der Goebbels nichts an Kampfkraft entgegenstellen konnte, zu den Aufständischen oder zur Regierung gehörte. Auch Goebbels und Remer hielten es für denkbar, daß Guderian am Putsch beteiligt sei[11]. Die Brigade wurde durch Oberst Bollbrinker angeführt. Da ich mit ihm gut bekannt war, versuchte ich telefonisch, Kontakt mit ihm aufzunehmen. Die Auskunft war beruhigend; die Panzer waren gekommen, um den Aufstand niederzuschlagen.

Etwa einhundertfünfzig Soldaten des Berliner Wachbataillons, meist ältere Männer, hatten sich unterdes im Garten der Goebbelsschen Wohnung aufgestellt. Noch bevor sich der Minister zu ihnen begab, meinte er: »Hab' auch sie überzeugt, dann haben wir gewonnenes Spiel. Passen Sie auf, wie ich sie in die Hand kriege!« Inzwischen war es Nacht geworden, nur durch eine offene Gartentür war die Szene erleuchtet. Von den ersten Worten an hörten die Soldaten mit größter Aufmerksamkeit der längeren, im Grunde nichtssagenden Rede von Goebbels zu. Immerhin zeigte er sich außerordentlich selbstsicher, ganz als der Sieger des Tages. Gerade weil seine Rede die bekannten Gemeinplätze ins ganz persönliche kehrte, wirkte sie betörend und aufreizend zugleich. Ich konnte geradezu an den Gesichtern ablesen, wie sie ihren Eindruck machte, und die vor ihm im Halbdunkel Angetretenen nicht durch Befehl und Drohung, sondern durch Überzeugung gewann.

Gegen elf Uhr abends kam Oberst Bollbrinker in das mir zugewiesene Zimmer: Fromm wolle in der Bendlerstraße über die inzwischen verhafteten Verschwörer Standgericht abhalten. Dies mußte, wie mir sogleich klar war, Fromm schwer belasten; zudem sollte nach meiner Meinung die Entscheidung, was mit den Aufständischen zu geschehen habe, von Hitler selbst getroffen werden. Kurz nach Mitternacht fuhr ich los, um eine Exekution zu verhindern, Bollbrinker und Remer saßen in meinem Auto. Die Bendlerstraße war im völlig abgedunkelten Berlin durch Scheinwerfer hell erleuchtet: ein unwirkliches und gespenstisches Bild. Es wirkte gleichzeitig theatralisch wie eine Filmkulisse, die inmitten eines dunklen Ateliers angestrahlt wird. Lange scharfe Schatten machten das Gebäude überaus plastisch.

Als ich in die Bendlerstraße einbiegen wollte, wurde mir von einem SS-

Offizier bedeutet, am Bordstein der Tiergartenstraße anzuhalten. Im Dunkel der Bäume standen, fast unkenntlich, Kaltenbrunner, der Chef der Gestapo und Skorzeny, der Mussolini-Befreier, umgeben von zahlreichen Unterführern. So schemenhaft wie diese dunklen Gestalten wirkte auch ihr Benehmen. Bei der Begrüßung schlug niemand die Hacken zusammen, die sonst zur Schau gezeigte Forschheit war verschwunden, alles wirkte leise, selbst die Unterhaltung geschah mit gedämpfter Stimme, wie auf einer Trauerversammlung. Ich erklärte Kaltenbrunner, daß ich gekommen sei, das Standgericht Fromms zu verhindern. Doch sowohl Kaltenbrunner wie Skorzeny, von denen ich eher Ausdrücke des Hasses oder doch des Triumphes über die moralische Niederlage des konkurrierenden Heeres erwartet hatte, entgegneten mir fast gleichmütig, daß die Ereignisse in erster Linie eine Angelegenheit des Heeres seien: »Wir wollen uns nicht einmischen und keinesfalls eingreifen. Im übrigen ist das Standgericht wohl schon vollzogen!« Kaltenbrunner belehrte mich: Zur Niederschlagung des Aufruhrs oder zum Vollzug von Strafgerichten würde keine SS eingesetzt. Er habe seinen Leuten sogar verboten, das Gebäude in der Bendlerstraße zu betreten. Jedes Eingreifen der SS müsse neue Verstimmungen mit dem Heer erzeugen und die bereits vorhandenen Spannungen vergrößern[12]. Solche taktischen Erwägungen, aus der Stunde geboren, erwiesen sich jedoch als kurzlebig. Bereits Stunden später war die Verfolgung der beteiligten Offiziere des Heeres durch die Organe der SS in vollem Gange.

Kaum hatte Kaltenbrunner geendet, als gegen den hellerleuchteten Hintergrund der Bendlerstraße ein mächtiger Schatten sichtbar wurde. In voller Uniform, ganz allein, kam Fromm mit schwerem Schritt auf uns zu. Ich verabschiedete mich von Kaltenbrunner und seiner Suite und ging aus dem Dunkel der Bäume Fromm entgegen. »Der Putsch ist beendet«, begann er, sich mit Mühe beherrschend; »ich habe soeben an alle Wehrkreiskommandos die notwendigen Befehle gegeben. Zeitweilig war ich verhindert, den Befehl über das Heimatheer auszuüben. Man hatte mich tatsächlich in ein Zimmer eingeschlossen. Mein Stabschef, meine engsten Mitarbeiter!« Empörung und auch Unruhe wurden spürbar, als er mit immer lauter werdender Stimme die Füsilierung seines Stabes rechtfertigte: »Als Gerichtsherr war ich verpflichtet, unverzüglich über alle, die an dem Putsch beteiligt waren, ein Standgericht zu halten.« Leise fügte er gequält hinzu: »General Olbricht und mein Stabschef, Oberst von Stauffenberg, leben nicht mehr.«

Fromm wollte als nächstes mit Hitler telefonieren. Vergebens bat ich ihn, zuerst einmal in mein Ministerium zu kommen, aber er bestand darauf, Goebbels zu sehen, obwohl er so gut wie ich wußte, daß der Minister ihm gegenüber Animosität und Mißtrauen empfand.

In der Goebbelsschen Wohnung war bereits der Stadtkommandant von Berlin, General Hase, inhaftiert. In meiner Gegenwart erklärte Fromm kurz die Ereignisse und bat Goebbels, ihm ein Gespräch mit Hitler zu vermitteln. Statt einer Antwort bat Goebbels jedoch Fromm in ein Zimmer, dann ließ er sich mit Hitler verbinden. Als das Gespräch zustandekam, forderte er mich auf, ihn allein zu lassen. Nach ungefähr zwanzig Minuten trat er in die Tür und rief einen Posten vor das Zimmer, in dem Fromm sich aufhielt.

Es war bereits nach Mitternacht, als der bis dahin unauffindbar gewesene Himmler bei Goebbels eintraf. Umständlich und ganz unaufgefordert begründete er sein Fernbleiben[13] mit einer bewährten Regel bei der Bekämpfung von Aufständen: Man müsse sich stets vom Zentrum fernhalten und Gegenaktionen nur von außen einleiten. Das sei Taktik. Goebbels schien das zu akzeptieren. Er gab sich bester Stimmung und genoß es, durch eine detaillierte Schilderung des Hergangs Himmler zu zeigen, wie er praktisch ganz allein die Lage gemeistert habe: »Wenn die nicht so ungeschickt gewesen wären! Sie haben eine große Chance gehabt. Welche Trümpfe! Welche Kinderei! Wenn ich denke, wie ich das gemacht hätte! Warum haben sie nicht das Funkhaus besetzt und die tollsten Lügen verbreitet. Hier stellen sie Posten vor meine Tür. Aber seelenruhig lassen sie mich mit dem Führer telefonieren, alles mobil machen! Nicht einmal mein Telefon haben sie stillgelegt! So viele Trümpfe in der Hand zu haben ... Was für Anfänger!« Diese Militärs, so fuhr er fort, hätten sich zu sehr auf den überkommenen Begriff des Gehorsams verlassen, wonach selbstverständlich jeder Befehl von den unterstellten Offizieren und Mannschaften befolgt werde. Schon das habe den Putsch zum Scheitern verurteilt. Denn sie hätten vergessen, so fügte er mit merkwürdig kühler Befriedigung hinzu, daß die Deutschen in den letzten Jahren durch den nationalsozialistischen Staat zu politischem Denken erzogen worden seien: »Es ist eben heute nicht mehr möglich, sie wie die Puppen den Befehlen einer Generalsclique zu unterwerfen.« Abrupt hielt Goebbels inne. Als fühle er sich durch meine Gegenwart gestört, sagte er: »Mit dem Reichsführer habe ich einige Fragen allein zu besprechen, lieber Herr Speer. Gute Nacht.«

Auf den nächsten Tag, den 21. Juli, wurden die wichtigsten Minister zur Gratulationscour in das Führerhauptquartier gebeten. Bei meiner Einladung wurde hinzugefügt, daß ich Dorsch und Saur, meine beiden leitenden Mitarbeiter, mitbringen solle: eine ungewöhnliche Forderung, um so mehr, als alle anderen Minister ohne Vertreter kamen. Beim Empfang begrüßte Hitler sie ostentativ herzlich, während er an mir mit einem achtlosen Händedruck vorüberging. Auch die Umgebung Hitlers verhielt sich unerklärlich zurückhaltend. So oft ich einen Raum betrat, verstummten die Gespräche, die Anwesenden entfernten sich oder wandten sich ab. Schaub, der zivile Adjutant Hitlers, meinte vielsagend zu mir: »Jetzt wissen wir, wer hinter dem Attentat stand!« Dann ließ er mich stehen. Mehr konnte ich nicht erfahren. Saur und Dorsch wurden ohne mich sogar zum Nachttee des internen Kreises geladen. Alles war unheimlich. Ich war sehr beunruhigt.

Keitel dagegen war aus der Krisis, die sich in den letzten Wochen aufgrund der Vorstellungen aus der Umgebung Hitlers angebahnt hatte, endgültig heraus. Als er sich unmittelbar nach dem Attentat aus dem Staub erhoben hatte und Hitler unverletzt stehen sah, war er, wie Hitler nun erzählte, mit dem Ruf auf ihn zugestürzt: »Mein Führer, Sie leben, Sie leben!« und hatte ihn gegen jede Konvention stürmisch umarmt. Es war klar, daß Hitler ihn danach nicht mehr fallen lassen würde, um so weniger, als Keitel ihm der Richtige zu sein schien, an den Putschisten harte Vergeltung zu üben: »Keitel wäre fast selbst umgekommen. Er wird keine Gnade kennen«, erklärte er.

Am nächsten Tag war Hitler wieder freundlicher zu mir, und seine Umgebung folgte ihm darin. Unter seinem Vorsitz fand im Teehaus eine Besprechung statt, an der neben Keitel, Himmler, Bormann und Goebbels auch ich teilnahm. Hitler hatte sich, wenn auch ohne ausdrückliche Berufung, zu eigen gemacht, was ich ihm vierzehn Tage zuvor geschrieben hatte, und ernannte Goebbels zum »Reichsbevollmächtigten für den totalen Kriegseinsatz[14]«. Seine Rettung hatte ihn entscheidungsfreudiger gemacht; in einigen Minuten waren Ziele erreicht, um die Goebbels und ich über ein Jahr gekämpft hatten.

Anschließend wandte sich Hitler den Ereignissen der letzten Tage zu: er triumphierte, denn jetzt sei endlich die große positive Wende des Krieges gekommen. Die Zeit des Verrats sei nun vorüber, neue und bessere Generäle würden das Kommando übernehmen. Heute sähe er ein, daß Stalin durch seinen Prozeß gegen Tuchatschewski den entscheidenden Schritt für eine erfolgreiche Kriegsführung getan habe. Indem er den Generalstab liquidierte, habe er frischen Kräften Platz gemacht, die nicht mehr aus der Zarenzeit stammten. Die Vorwürfe der Moskauer Prozesse des Jahres 1937 habe er früher immer für eine Fälschung gehalten; jetzt, nach der Erfahrung des 20. Juli, lege er sich die Frage vor, ob nicht doch etwas dran gewesen sei. Zwar habe er nach wie vor keinen Anhalt dafür, so fuhr Hitler fort, aber er könne eine verräterische Zusammenarbeit der beiden Generalstäbe nicht mehr ausschließen.

Alle stimmten zu. Goebbels tat sich besonders hervor und goß Kübel von Verachtung und Hohn über die Generalität. Als ich Einschränkungen machte, fuhr Goebbels mich sogleich scharf und unfreundlich an. Hitler hörte schweigend zu[15].

Daß General Fellgiebel, der Chef der Nachrichtentruppen, ebenfalls zu den Verschwörern gehört hatte, veranlaßte Hitler zu einem Ausbruch, in dem sich Genugtuung, Wut und Triumph mit dem Bewußtsein vermischten, gerechtfertigt zu sein: »Jetzt weiß ich, warum in den letzten Jahren alle meine großen Pläne in Rußland scheitern mußten. Alles war Verrat! Ohne die Verräter wären wir längst Sieger! Hier ist meine Rechtfertigung vor der

Geschichte! Nun muß unbedingt festgestellt werden, ob Fellgiebel einen direkten Draht nach der Schweiz hatte, über den alle meine Pläne an die Russen gingen. Er muß mit allen Mitteln verhört werden...! Wieder einmal habe ich recht gehabt! Wer wollte mir schon glauben, als ich mich gegen jede Vereinheitlichung der Wehrmachtsführung wandte! In einer Hand zusammengefaßt, ist die Wehrmacht eine Gefahr! Meinen Sie heute noch, es war Zufall, daß ich möglichst viele Divisionen der Waffen-SS aufstellen ließ? Ich habe gewußt, warum ich das gegen alle Widerstände befohlen habe ... Den Generalinspekteur der Panzertruppen: alles nur gemacht, um das Heer noch einmal aufzuspalten.«

Dann wiederum verfiel Hitler in Zorn über die Verschwörer; er werde sie allesamt »ausmerzen und ausrotten«. Dann fielen ihm Namen ein, die ihm irgendwann entgegengetreten waren und die er nun in den Kreis der Verschwörer mit einbezog: Schacht sei ein Saboteur der Aufrüstung gewesen. Leider sei er immer zu nachgiebig gewesen. Er befahl, Schacht sofort zu verhaften: »Auch Hess wird erbarmungslos aufgehängt, genau wie diese Schweine, diese Offizierverbrecher. Er hat damals den Anfang gemacht, er hat das Beispiel des Verrats gegeben.«

Nach solchen Ausbrüchen wurde Hitler ruhiger; mit der Erleichterung eines Menschen, der gerade eine große Gefahr überstanden hatte, erzählte er den Hergang des Attentats, sprach dann von der Wende, die es eingeleitet habe, dem Sieg, der nun wieder in greifbare Nähe gerückt sei. Euphorisch schöpfte er aus dem Mißlingen des Putsches neue Zuversicht, und auch wir ließen uns nur zu willig von seinem Optimismus überzeugen.

Bald nach dem 20. Juli war der Bunker, wegen dessen Bau Hitler sich am Tag des Attentats in meiner Baracke aufgehalten hatte, fertiggestellt. Wenn etwas als Sinnbild einer Situation, ausgedrückt durch einen Bau, angesehen werden kann, dann dieser Bunker: Von außen einer altägyptischen Grabstelle ähnlich, war er eigentlich nur ein großer Betonklotz ohne Fenster, ohne direkte Luftzufuhr, im Querschnitt ein Bau, dessen Betonmassen den nutzbaren Raum um ein vielfaches überstiegen. In diesem Grabbau lebte, arbeitete und schlief er. Es schien, als trennten ihn die fünf Meter dicken Betonwände, die ihn umgaben, auch im übertragenen Sinne von der Außenwelt und sperrten ihn ein in seinem Wahn.

Ich benutzte meinen Aufenthalt, um dem bereits am Abend des 20. Juli verabschiedeten Generalstabschef Zeitzler in seinem nahebei gelegenen Hauptquartier meinen Abschiedsbesuch zu machen. Saur ließ sich nicht davon abbringen, mich zu begleiten. Während unseres Gesprächs meldete sich Zeitzlers Adjutant, Oberstleutnant Günther Smend, der einige Wochen später hingerichtet wurde, zurück. Saur schöpfte sogleich Verdacht: »Haben Sie den Blick des Einverständnisses gesehen, mit dem die beiden sich begrüßten?« Ich reagierte mit einem ärgerlichen »Nein«. Kurz danach, als Zeitzler und ich allein waren, stellte sich heraus, daß Smend von Berchtesgaden kam, wo er den Tresor des Generalstabs aufgeräumt hatte. Aber gerade daß Zeitzler sich so harmlos darüber ausließ, bestärkte meinen Eindruck, daß die Verschwörer ihn nicht eingeweiht hatten. Ob Saur seine Beobachtung Hitler mitteilte, habe ich nie erfahren.

Nach drei Tagen im Führerhauptquartier flog ich am 24. Juli frühmorgens wieder nach Berlin zurück.

SS-Obergruppenführer Kaltenbrunner, Chef der Gestapo, hatte sich angemeldet. Er war noch nie bei mir gewesen. Ich empfing ihn liegend, da mir mein Bein erneute Schmerzen bereitete. Kaltenbrunner, auch jetzt wieder wie in der Nacht des 20. Juli, von einer herzlichen Gefährlichkeit, schien mich scharf zu mustern. Ohne jede Einleitung begann er: »Wir haben im Tresor in der Bendlerstraße die Liste der Regierung vom 20. Juli gefunden. Sie sind als Rüstungsminister aufgeführt.« Er stellte Fragen, ob und was ich von der mir zugedachten Stellung gewußt hätte, blieb im übrigen aber korrekt und von seiner üblichen Höflichkeit. Vielleicht machte ich bei seiner Eröffnung ein so konsterniertes Gesicht, daß er mir schon deswegen glaubte. Er verzichtete sehr bald auf weitere Erkundigungen und zog statt dessen ein Dokument aus der Tasche: den Organisationsplan der Staatsstreichregierung[16]. Anscheinend stammte er von einem Offizier, denn die Gliederung der Wehrmacht war mit besonderer Sorgfalt behandelt. Ein »Großer Generalstab« faßte die drei Wehrmachtsteile zusammen. Ihm unterstellt war auch der Oberbefehlshaber des Heimatheeres, der gleichzeitig oberster Chef der Rüstung war und ihm zugeordnet fand ich, inmitten der vielen anderen kleinen Kästchen, sauber in Druckbuchstaben aufgeführt: »Rüstung: Speer.« Mit Bleistift hatte ein Skeptiker dazugeschrieben: »Wenn möglich« und ein Fragezeichen hinzugesetzt. Dieser Unbekannte und die Tatsache, daß ich am 20. Juli der Einladung in die Bendlerstraße nicht gefolgt war, retteten meine Situation. Merkwürdigerweise sprach Hitler mich nie darauf an.

Natürlich überlegte ich mir damals, was ich getan hätte, wenn der 20. Juli gelungen und an mich tatsächlich die Aufforderung ergangen wäre, weiter mein Amt auszuüben. Ich hätte es wohl für eine Übergangszeit getan, aber nicht ohne Bedenken. Nach allem, was ich heute über die Personen und Motive der Verschwörung weiß, hätte mich die Zusammenarbeit mit ihnen gewiß binnen kurzem aus der Bindung an Hitler gelöst und für ihre Sache gewonnen. Aber gerade dies hätte mein Verbleiben in der Regierung, schon aus äußerlichen Gründen vom ersten Augenblick an problematisch, auch innerlich unmöglich gemacht; denn jede moralische Einsicht in die Natur des Regimes und meine persönliche Stellung darin, mußten die Erkenntnis zur Folge haben, daß im Deutschland nach Hitler eine Führungsposition für mich nicht mehr denkbar war.

Am gleichen Nachmittag veranstalteten wir, wie alle Ministerien, im Sitzungssaal vor den leitenden Mitarbeitern eine Treuekundgebung. Die ganze Veranstaltung dauerte nicht länger als zwanzig Minuten. Ich hielt meine schwächste und unsicherste Rede. Während ich mich sonst von den üblichen Formeln fernzuhalten pflegte, formulierte ich dieses Mal die Größe Hitlers und unseren Glauben in überlauten Tönen und beendete zum erstenmal eine Rede mit einem »Sieg Heil!« Ich hatte bisher dergleichen byzantinische Wendungen nicht nötig gehabt, sie widersprachen meinem Temperament so sehr wie meiner Überheblichkeit. Nun fühlte ich mich unsicher, fühlte mich kompromittiert und, trotz allem, in undurchschaubare Prozesse verwickelt.

Meine Befürchtungen waren übrigens nicht unbegründet. Gerüchte wollten wissen, daß ich verhaftet sei, andere wußten bereits von erfolgter Hinrichtung – ein Zeichen dafür, daß meine Stellung von der immer noch unterirdisch vorhandenen öffentlichen Meinung als gefährdet angesehen wurde[17].

Alle Bedenken aber waren ausgelöscht, als mich Bormann auffordern ließ, am 3. August auf einer Gauleitertagung in Posen erneut über die Rüstung zu sprechen. Die Versammlung stand noch ganz unter dem Eindruck des 20. Juli; aber obwohl die Einladung mich offiziell rehabilitiert hatte, stieß ich von Beginn an auf eisige Voreingenommenheit. Inmitten der zahlreichen versammelten Gauleiter fand ich mich allein. Nichts konnte besser die Stimmung kennzeichnen als eine Bemerkung, die Goebbels an diesem Vormittag zu den ihn umgebenden Gauleitern und Reichsleitern der Partei machte: »Jetzt wissen wir endlich, wo Speer steht[18].«

Gerade im Juli 1944 hatte unsere Rüstung ihren Höhepunkt erreicht. Um die Parteiführer nicht erneut zu reizen und meine Situation zu erschweren, war ich dieses Mal mit allgemeinen Bemerkungen vorsichtig und überschüttete sie statt dessen mit einem Schwall von Zahlen über die Erfolge unserer bisherigen Arbeit und über die neuen Programme, die uns Hitler aufgegeben hatte. Die verlangten zusätzlichen Steigerungen mußten auch den Parteiführern zeigen, daß ich und mein Apparat gerade in diesen Monaten unersetzbar waren. Es gelang mir, die Stimmung aufzulockern, als ich an zahlreichen Beispielen demonstrierte, welche großen Zubehörlager bei der Wehrmacht ungenutzt vorhanden waren. Goebbels rief laut: »Sabotage, Sabotage!« und zeigte damit, wie sehr die Führungslinie seit dem 20. Juli überall Verrat, Verschwörung und Heimtücke am Werke sah. Immerhin waren die Gauleiter von meinem Leistungsbericht beeindruckt.

Von Posen aus begaben sich die Teilnehmer dieser Tagung nach dem Hauptquartier, wo Hitler am Tage darauf in der Filmhalle zu ihnen sprach. Obwohl ich rangmäßig nicht zu diesem Kreis gehörte[19], hatte mich Hitler ausdrücklich aufgefordert, an der Versammlung teilzunehmen. Ich setzte mich in die hinterste Reihe.

Hitler sprach über die Folgen des 20. Juli, führte erneut seine bisherigen

Mißerfolge auf Verrat durch die Offiziere des Heeres zurück und war hoffnungsvoll über die Zukunft: Nun habe er eine Zuversicht gewonnen, »wie vordem noch nie in meinem Leben[20]«. Denn bisher seien alle seine Bemühungen sabotiert worden, aber nun sei die Verbrecher-Clique bekannt und beseitigt, am Ende sei dieser Putsch vielleicht das segensreichste Ereignis für unsere Zukunft gewesen. Hitler wiederholte damit fast wörtlich, was er unmittelbar nach dem Putsch im kleineren Kreise schon erklärt hatte. Gerade war er im Begriff, trotz allen Widersinns, auch mich mit seinen leidenschaftslos selbstergriffenen Worten zu beeindrucken, als ein Satz fiel, der mich wie mit einem Hieb aus den Gefühlen der Selbsttäuschung aufweckte: »Wenn nun das deutsche Volk in diesem Kampf unterliegt, ist es zu schwach gewesen. Dann hat es seine Probe vor der Geschichte nicht bestanden und war zu nichts anderem als zum Untergang bestimmt[21].«

Erstaunlicherweise wies Hitler in dieser Rede, ganz gegen seine sonstige Gewohnheit, Mitarbeiter nicht besonders hervorzuheben, auf meine Arbeit und meine Verdienste hin. Wahrscheinlich wußte oder ahnte er, daß es angesichts der unfreundlichen Einstellung der Gauleiter notwendig war, mich wieder zu rehabilitieren, um mir auch in Zukunft ein erfolgreiches Weiterarbeiten zu ermöglichen. Demonstrativ zeigte er der Parteiöffentlichkeit an, daß seine Beziehungen zu mir seit dem 20. Juli keine Abkühlung erfahren hatten.

Meine wieder gefestigte Position benutzte ich, um Bekannten und Mitarbeitern, die von der am 20. Juli ausgelösten Verfolgungswelle erfaßt worden waren, zu helfen[22]. Saur dagegen denunzierte zwei Offiziere des Heereswaffenamtes, General Schneider und Oberst Fichtner, deren Verhaftung Hitler sofort verfügte. Saur hatte Hitler lediglich eine angebliche Äußerung Schneiders hinterbracht, Hitler sei unfähig, technische Fragen zu beurteilen; für die Festsetzung Fichtners genügte, daß er die von Hitler schon zu Beginn des Krieges gewünschten neuen Panzertypen nicht mit aller Energie gefördert habe, was ihm nun den Verdacht gezielter Sabotage eintrug. Bezeichnend jedoch für die Unsicherheit Hitlers war, daß er aufgrund meiner Intervention wiederum sofort mit der Freilassung der beiden Offiziere einverstanden war[23], wenn auch unter der Voraussetzung, daß sie nicht mehr im Heereswaffenamt beschäftigt würden.

Beispielhaft für die Unruhe, die Hitler wegen der behaupteten Unzuverlässigkeit des Offizierskorps erfaßt hatte, war, was ich am 18. August im Hauptquartier miterlebte. Feldmarschall Kluge, der Oberbefehlshaber West, war drei Tage zuvor auf einer Fahrt zur 7. Armee für viele Stunden unerreichbar gewesen. Auf die Meldung hin, daß der Feldmarschall sich nur durch seinen Adjutanten, der ein Funkgerät mit sich führte, begleitet, der Front genähert habe, entwickelte Hitler immer detailliertere Vermutungen, und bald zweifelte er nicht mehr daran, daß Kluge sich mit seinem Adjutanten zu einem vorher bestimmten Ort begeben habe, wo vereinbarungsgemäß Verhandlungen mit den westlichen Alliierten über eine Kapitulation der deutschen Westarmee stattfinden sollten. Und als die Verhandlungen nicht zustande kamen, sei es schließlich nur ein Fliegerangriff gewesen, der die Fahrt des Feldmarschalls unterbrochen und seine verräterische Absicht vereitelt habe. Als ich im Hauptquartier eintraf, war Kluge von Hitler bereits abgelöst und in das Hauptquartier befohlen worden. Auf die Meldung endlich, daß der Feldmarschall auf der Fahrt einem Herzschlag erlegen sei, ordnete Hitler unter Berufung auf seinen sechsten Sinn eine Untersuchung der Leiche durch die Gestapo an. Als sich ergab, daß der Tod durch Gift eingetreten war, triumphierte Hitler: Nun zeigte er sich vollends von den verräterischen Umtrieben Kluges überzeugt, obwohl ihn der Feldmarschall in einem hinterlassenen Brief seiner Treue bis in den Tod versichert hatte.

Auf dem großen Kartentisch in Hitlers Bunker fand ich während dieses Aufenthalts im Hauptquartier die Vernehmungsberichte Kaltenbrunners. Ein mir befreundeter Adjutant Hitlers gab sie mir zwei Nächte lang zu lesen; denn noch immer fühlte ich mich nicht sicher. Vieles, was vor dem 20. Juli als berechtigte Kritik vielleicht noch hingenommen worden wäre, wirkte nunmehr belastend. Jedoch hatte keiner der Verhafteten über mich ausgesagt. Lediglich der von mir für die Ja-Sager aus Hitlers Umgebung geprägte Begriff der »Nick-Esel« war von den Putschisten übernommen worden.

Auf dem gleichen Tisch lag während dieser Tage auch ein Stoß Fotografien. In Gedanken nahm ich sie in die Hand, doch legte ich sie gleich wieder weg. Obenauf hatte ich einen Gehängten in Sträflingskleidung wahrgenommen, an den Hosen ein breiter, bunter Tuchstreifen. Ein neben mir stehender SS-Führer aus der Umgebung Hitlers meinte erklärend: »Das ist Witzleben. Wollen Sie nicht die anderen auch ansehen? Alles Aufnahmen von den Hinrichtungen.« Am Abend wurde im Kinoraum die Exekution der Verschwörer vorgeführt. Ich konnte und wollte das nicht sehen. Doch, um nicht aufzufallen, schützte ich Arbeitsüberlastung vor; aber ich sah zahlreiche andere, meist niedere SS-Chargen und Zivilisten, zu dieser Vorführung gehen; aber keinen einzigen Offizier der Wehrmacht.

27. Kapitel

Die Welle von Westen

Als ich Hitler in den ersten Julitagen vorschlug, Goebbels statt des unfähigen Dreier-Ausschusses mit den Problemen des totalen Kriegseinsatzes der Heimat zu beauftragen, konnte ich nicht voraussehen, daß sich einige Wochen später das zwischen Goebbels und mir bestehende Gleichgewicht sehr zu meinen Ungunsten verschieben würde, weil ich als Kandidat der Verschwörer an Ansehen verloren hatte. Außerdem vertraten immer mehr Parteiführer die Auffassung, daß die bisherigen Mißerfolge vor allem der unzureichenden Einschaltung der Partei zuzuschreiben seien. Am liebsten hätte die Partei selbst die Generale gestellt. Gauleiter bedauerten offen, daß 1934 die SA der Wehrmacht unterlegen sei; in den einstigen Bestrebungen Röhms zur Bildung einer Volksarmee sahen sie nun eine versäumte Gelegenheit; sie hätte rechtzeitig ein Offizierkorps im nationalsozialistischen Geist formiert, auf dessen Fehlen sie jetzt die Niederlagen der letzten Jahre zurückführten. Die Partei fand, daß sie endlich wenigstens im zivilen Sektor Ernst machen und dem Staat wie uns allen nachdrücklich und energisch befehlen müsse.

Bereits eine Woche nach der Posener Gauleiter-Tagung erklärte mir der Leiter des Hauptausschusses Waffen, Tix, »daß Gauleiter, SA-Führer oder sonstige Parteistellen plötzlich ohne Rücksprache« in die Betriebe einzugreifen versuchten. Drei Wochen später war infolge der Einschaltung der Partei »eine doppelte Befehlsgebung entstanden«. Die Rüstungsdienststellen erlagen »zum Teil dem Druck der Gauleiter; ihre willkürlichen Eingriffe erzeugten ein Durcheinander, das zum Himmel stinkt[1]«.

In ihrem Ehrgeiz und in ihrer Aktivität sahen die Gauleiter sich von Goebbels ermuntert, der sich plötzlich weniger Minister des Reiches fühlte, als ein Führer der Partei: unterstützt von Bormann und Keitel bereitete er umfangreiche Einberufungen vor. Große Einbrüche in der Rüstungsfertigung waren durch willkürliche Eingriffe zu erwarten. Am 30. August 1944 gab ich den Amtschefs meine Absicht bekannt, die Gauleiter für die Rüstungsfertigung verantwortlich zu machen[2]. Ich wollte kapitulieren.

Auch weil ich wehrlos geworden war; denn für mich, wie schon seit längerem für die Mehrzahl aller Minister, gab es kaum noch eine Möglichkeit, solche Zustände, besonders wenn sie die Partei betrafen, Hitler vorzutragen. Sowie das Gespräch eine lästige Richtung nahm, wich er aus. Es war sinnvoller geworden, ihm meine Beschwerden schriftlich mitzuteilen.

Meine Beschwerden richteten sich gegen die überhandnehmenden Eingriffe der Partei. Am 20. September schrieb ich Hitler einen ausführlichen Brief, der ihm zudem die Vorwürfe der Partei, ihre Bestrebungen, mich auszuschalten, oder doch zu überspielen, ihre Verdächtigungen und schikanösen Taktiken offen darlegte.

Der 20. Juli, so schrieb ich, habe »dem Mißtrauen gegen die Zuverlässigkeit meines großen Mitarbeiterkreises aus der Industrie neue Nahrung gegeben«. Die Partei sei weiterhin der Überzeugung, daß meine engste Umgebung »reaktionär, wirtschaftlich einseitig gebunden und parteifremd« sei. Goebbels und Bormann hätten mir gegenüber auch offen zum Ausdruck gebracht, daß die von mir aufgebaute Selbstverantwortung der Industrie und mein Ministerium »als ›Sammelbecken der reaktionären Wirtschaftsführer‹ oder gar als ›parteifeindlich‹« zu bezeichnen seien. Ich würde mich »nicht stark genug fühlen, meine und meiner Mitarbeiter zu leistende fachliche Arbeit ungehindert und erfolgversprechend durchzuführen, wenn sie mit parteipolitischen Maßstäben gewertet werden soll[3]«.

Nur unter zwei Bedingungen, so hieß es in dem Brief weiter, sei ich damit einverstanden, daß die Partei sich in die Rüstungsarbeit einschalte: Sowohl die Gauleiter als auch die Wirtschaftsbeauftragten Bormanns in den Gauen (Gauwirtschaftsberater) müßten mir in Rüstungsfragen unmittelbar unterstellt werden. Es müsse »Klarheit über die Befehlsverhältnisse und über die Zuständigkeit vorhanden sein[4]«. Darüber hinaus verlangte ich, daß Hitler sich erneut vor meine Prinzipien der Rüstungslenkung stelle: »Es bedarf einer sichtbaren Entscheidung, ob in Zukunft die bisher auf dem Vertrauen gegenüber den Betriebsführern aufgebaute Selbstverantwortung der Industrie oder ein anderes System die Industrie führen soll. Nach meiner Meinung muß die Verantwortung der Betriebsführer für den Betrieb erhalten bleiben und so stark wie nur möglich herausgestellt werden.« Ein bewährtes System solle man nicht wechseln, so schloß ich diesen Brief, hielte es aber für notwendig, daß eine Entscheidung gefällt werde, »die auch nach außen deutlich zeigt, in welcher Richtung die Führung der Wirtschaft in Zukunft erfolgen soll.«

Am 21. September überreichte ich Hitler im Hauptquartier mein Schreiben, das er wortlos zur Kenntnis nahm. Ohne jede Antwort drückte er auf den Klingelknopf und gab die Akte seinem Adjutanten mit der Weisung, sie Bormann zuzustellen. Gleichzeitig beauftragte er seinen Sekretär, zusammen mit dem im Hauptquartier anwesenden Goebbels über den Inhalt des Schreibens zu entscheiden. Damit hatte ich endgültig verloren. Hitler war es augenscheinlich müde geworden, sich in diese für ihn so undurchsichtigen Streitereien einzuschalten.

Einige Stunden später bat mich Bormann in seine Kanzlei, die einige

Schritte vom Hitlerschen Bunker entfernt lag. Er war in Hemdsärmeln, die Hosenträger über dem dicken Oberkörper, Goebbels gepflegt gekleidet. Unter Berufung auf Hitlers Erlaß vom 25. Juli erklärte der Minister mir geradezu, er werde von der Vollmacht, mir zu befehlen, uneingeschränkten Gebrauch machen. Bormann stimmte ein: Ich hätte mich Goebbels unterzuordnen. Im übrigen verbäte er sich jeden Versuch, Hitler unmittelbar zu beeinflussen. Die immer unangenehmer werdende Auseinandersetzung führte er in rüpelhafter Weise, während Goebbels drohend und mit zynischen Einwürfen zuhörte. Die von mir so oft beschworene Initiative war, wenn auch auf überraschende Weise, im Zusammenschluß Goebbels – Bormann Wirklichkeit geworden.

Zwei Tage später gab mir Hitler, der sich weiterhin über meine schriftlichen Forderungen ausschwieg, zwar erneut ein Zeichen seiner Sympathie und unterschrieb einen von mir verfaßten Aufruf an die Fabrikdirektoren, der im Grunde die Bestätigung dessen enthielt, was mein Brief gefordert hatte. Unter normalen Umständen wäre das auch einem Sieg über Bormann und Goebbels gleichgekommen. Aber Hitlers Autorität war damals in der Partei keineswegs mehr fest verankert. Seine engsten Paladine gingen einfach darüber hinweg und ließen sich bei weiteren willkürlichen Eingriffen in die Wirtschaft nicht stören: erste offenkundige Zersetzungserscheinungen, die nun auch den Parteiapparat und die Loyalität seiner führenden Männer erfaßt hatten. Der in den folgenden Wochen weiterschwelende, sich immer heftiger entwickelnde Streit verstärkte diese Symptome noch[5]. Natürlich war Hitler selbst an seinem Autoritätsverlust nicht ohne Schuld. Hilflos stand er zwischen den Forderungen von Goebbels nach mehr Soldaten und der meinen nach erhöhten Rüstungsleistungen, bestätigte den einen wie den anderen, nickte Zustimmung zu einander widersprechenden Befehlen, ehe die Bomben und die vorrückenden Armeen der Gegner das eine wie das andere, dann unseren Streit und zuletzt schließlich auch die Frage nach der Autorität Hitlers ganz überflüssig machten.

Von seiten der Politik und der äußeren Gegner gleichermaßen bedrängt, bedeutete es für mich eine Erholung, sooft ich mich von Berlin entfernen konnte. Bald begann ich immer ausgedehntere Frontbesuche zu unternehmen. Ich konnte zwar rüstungstechnisch keineswegs helfen, denn die Erfahrungen, die ich sammelte, waren nicht mehr verwertbar. Immerhin aber hoffte ich, durch Beobachtungen, die ich anstellte, Informationen, die ich von den Kommandanten erhielt, vereinzelt Entscheidungen des Hauptquartiers beeinflussen zu können.

Doch blieben, wenn ich alles überblicke, meine mündlichen wie schriftlichen Erfahrungsberichte ohne nachhaltige Wirkung. Beispielsweise baten mich zahlreiche Frontgenerale, mit denen ich sprach, darum, ihre alten

Verbände aufzufrischen und mit Waffen und Panzern aus unserer noch immer großen Rüstungsproduktion auszustatten. Hitler dagegen und Himmler, sein neuer Befehlshaber des Ersatzheeres, waren allen Argumenten zum Trotz der Meinung, daß die vom Feind zurückgeworfenen Truppen keine moralische Widerstandskraft mehr besäßen und es daher am besten sei, in aller Eile neue Einheiten, die sogenannten Volksgrenadierdivisionen, aufzustellen. Die ohnehin zerschlagenen Divisionen solle man, wie sie mit einer bezeichnenden Wendung meinten, gänzlich »ausbluten« lassen.

Wie dieses System sich auswirkte, konnte ich Ende September 1944 beim Besuch einer Einheit der Panzerlehrdivision bei Bitburg feststellen. Ihr in vielen Kriegsjahren erprobter Kommandeur zeigte mir das Kampffeld, auf dem sich vor einigen Tagen die Tragödie einer neu aufgestellten, unerfahrenen Panzerbrigade ereignet hatte. Ungenügend ausgebildet, hatte sie während des Anmarsches durch Fahrschäden zehn der zweiunddreißig neuen »Panther« verloren. Die auf dem Gelände angekommenen restlichen zweiundzwanzig Panzer wurden, wie mir der Kommandeur demonstrierte, ohne sachgemäße Aufklärung auf offenem Feld so unglücklich geführt, daß fünfzehn von ihnen durch eine amerikanische Pakeinheit wie auf dem Übungsfeld abgeschossen werden konnten. »Es war das erste Gefecht der neu ausgebildeten Einheit. Was hätte meine erfahrene Truppe mit diesen Panzern machen können!« meinte der Hauptmann erbittert. Die Schilderung, die ich Hitler von dem Vorfall gab, schloß mit der ironischen Bemerkung, das Beispiel zeige, daß »Neuaufstellungen oft gegenüber Auffrischungen wesentliche Nachteile haben[6]«. Doch Hitler blieb unbeeindruckt. In einer Lagebesprechung meinte er, nach seinen Erfahrungen als Infanterist gebe die Truppe nur dann auf ihre Waffen acht, wenn der Nachschub äußerst knapp gehalten würde.

Andere Besuche zeigten mir, wie an der westlichen Front versucht wurde, in Einzelfragen zu Übereinkommen mit dem Gegner zu gelangen. Bei Arnheim traf ich den aufgebrachten General der Waffen-SS Bittrich, dessen II. Panzerkorps am Vortage die britische Luftlande-Division aufgerieben hatte. Der General hatte während der Kämpfe mit den Engländern eine Vereinbarung getroffen, die dem Gegner den Betrieb eines hinter den deutschen Linien liegenden Feldlazaretts gestattete. Von Parteifunktionären waren englische und amerikanische Piloten getötet worden; Bittrich sah dadurch seine Bemühungen desavouiert. Die heftigen Vorwürfe gegen die Partei waren um so auffallender, als sie von einem SS-General geäußert wurden.

Aber auch Hitlers ehemaliger Heeresadjutant, Oberst Engel, der jetzt die 12. Infanterie-Division bei Düren kommandierte, hatte auf eigene Faust mit dem Gegner ein Abkommen über die Bergung von Verwundeten in Gefechtspausen geschlossen. Es war nicht ratsam, derartige Agreements im Hauptquartier zur Sprache zu bringen, da Hitler solche Vereinbarungen erfahrungsgemäß als Zeichen von »Schlappheit« ansah. Tatsächlich hatten wir oft gehört, wie er sich höhnisch über die angebliche Ritterlichkeit der preußischen Offizierstradition verbreitete; dagegen stärke die Härte und Ausweglosigkeit des Kampfes, wie er von beiden Seiten im Osten geführt werde, den Widerstandsgeist des einfachen Soldaten, da menschliche Überlegungen auf diese Weise gar nicht erst aufkommen könnten.

Ich erinnere mich an einen einzigen Fall, wo Hitler schweigend, wenn auch widerwillig, einer Vereinbarung mit dem Gegner zugestimmt hat. Im Spätherbst 1944 waren die deutschen Truppen auf den griechischen Inseln durch die britische Flotte von jeder Verbindung mit dem Festland abgeschnitten worden. Trotz der absoluten Seeherrschaft der Briten konnten die deutschen Einheiten ungestört auf das Festland verschifft werden, zum Teil waren sie auf Sichtweite an den britischen Schiffseinheiten vorbeigefahren. Als Gegenleistung hatte die deutsche Seite zugesagt, mit Hilfe dieser Truppen Saloniki so lange vor den Russen zu halten, bis es von britischen Kräften übernommen werden könne. Als diese Aktion, die Jodl vorgeschlagen hatte, beendet war, erklärte Hitler: »Das war das einzige Mal, daß wir uns auf so etwas einließen.«

Im September 1944 erwarteten die Frontgenerale, die Industriellen und die Gauleiter der westlichen Regionen, daß die Armeen der Amerikaner und Briten ihre Übermacht ausnutzen und unsere fast unbewaffneten und abgekämpften Truppen in einer Offensive ohne Stillstand überrollen würden[7]. Niemand rechnete mehr damit, sie aufhalten zu können, niemand, der sich seinen Wirklichkeitssinn bewahrt hatte, glaubte gar an ein »Marne-Wunder« zu unseren Gunsten.

In der Zuständigkeit meines Ministeriums lag die Vorbereitung der Zerstörung von Industrieanlagen aller Art, auch in den besetzten Gebieten. Hitler hatte bei den Rückzügen in der Sowjetunion bereits Befehl erteilt, durch eine Praxis der »Verbrannten Erde« dem Gegner gewissermaßen alle Raumgewinne zu verderben. Er zögerte nicht, ähnliche Weisungen für die besetzten westlichen Gebiete zu geben, kaum daß die Invasionsarmeen aus ihrem Brückenkopf in der Normandie vorzustoßen begannen. Zunächst lagen dieser Zerstörungspolitik nüchterne, operative Überlegungen zugrunde. Man wollte dem Gegner erschweren, Fuß zu fassen, seinen Nachschub aus dem befreiten Land zu ziehen, technische Reparaturdienste ebenso zu nutzen wie Strom und Gas, oder auf weitere Sicht eine Rüstungsindustrie aufzubauen. Solange das Ende des Krieges noch unabsehbar war, schienen mir diese Forderungen berechtigt; sie verloren ihren Sinn jedoch in dem Augenblick, als die endgültige Niederlage unvermeidlich nahe war.

Es war angesichts der hoffnungslosen Lage nur natürlich, daß ich davon ausging, diesen Krieg mit möglichst wenigen, jeden späteren Wiederaufbau überaus belastenden Verheerungen zu beenden, denn ich war nicht von jener besonderen totalen Untergangsstimmung erfüllt, die nun zusehends unter der Gefolgschaft Hitlers aufzutreten begann. Mit einem überraschend einfachen Trick gelang es mir dabei, den immer rücksichtsloser und verbissener die Katastrophe organisierenden Hitler mit seinen eigenen Argumenten zu überspielen. Da er auch in aussichtslosen Situationen darauf bestand, daß die verlorenen Gebiete in aller Kürze wieder zurückerobert würden, brauchte ich nur, daran anknüpfend, geltend zu machen, daß ich die Industrien dieser Gebiete nach ihrer Wiedereroberung zur Aufrechterhaltung der Rüstung benötigte.

Bereits bei Beginn der Invasion, am 20. Juni, als die Amerikaner die deutsche Verteidigungsfront durchstoßen hatten und Cherbourg umzingelten, bewirkte dieses Argument die Entscheidung Hitlers, daß »trotz der jetzigen Transportschwierigkeiten an der Front eine Aufgabe der dortigen Industriekapazitäten keinesfalls in Frage« käme[8]. Das machte es zugleich dem Militärbefehlshaber möglich, einen vorausgegangenen Befehl Hitlers zu umgehen, wonach im Falle einer erfolgreichen Invasion eine Million der in den Sperrbetrieben beschäftigten Franzosen nach Deutschland verbracht werden sollten[9].

Jetzt sprach Hitler erneut von der Notwendigkeit allgemeiner Zerstörungen in der französischen Industrie. Am 19. August, als sich die alliierten Truppen noch nordwestlich von Paris befanden, gelang es mir dennoch, sein Einverständnis dafür zu erreichen, die in Feindbesitz fallenden Industrie- und Energieanlagen nur zu lähmen statt zu zerstören[10].

Doch eine Grundsatzentscheidung Hitlers in dieser Frage war vorerst nicht zu erreichen; von Fall zu Fall mußte ich mit dem allmählich immer abgeschmackter wirkenden Argument operieren, daß alle Rückzüge nur vorübergehend seien.

Als sich Ende August die gegnerischen Truppen der Erzbasis von Longwy und Brie näherten, ergab sich insofern eine veränderte Situation, als das lothringische Gebiet 1940 praktisch dem Reichsgebiet zugeschlagen worden war und ich es folglich erstmals mit der Zuständigkeit eines Gauleiters zu tun bekam. Da es aussichtslos war, den Gauleiter zu überreden, das Gebiet dem Gegner unzerstört zu überlassen, wandte ich mich direkt an Hitler und wurde autorisiert, Eisenerzgruben und Industrie zu erhalten und die zuständigen Gauleiter entsprechend zu verständigen[11].

Mitte September 1944 teilte mir in Saarbrücken Röchling mit, daß wir die französischen Erzgruben betriebsbereit übergeben hätten. Aber zufällig befand sich das Elektrizitätswerk, das die Pumpanlagen der Gruben in Gang hielt, auf unserer Seite der Front. Röchling fühlte bei mir vor, ob er den Strom über die noch unbeschädigte Hochspannungsleitung an die Pumpwerke der Gruben liefern könnte. Ich war damit ebenso einverstanden wie mit dem Vorschlag eines Truppenkommandeurs, Strom ins gefallene Lüttich abzugeben, um dort Lazarette und Krankenhäuser zu versorgen, nachdem der Frontverlauf die Stadt von ihrer Stromversorgung abgeschnitten hatte.

Wenige Wochen später, ab Mitte September, mußte ich die Frage entscheiden, was mit der deutschen Industrie geschehen solle. Natürlich waren die Industrieführer keineswegs gewillt, ihre Fabriken zerstören zu lassen; überraschenderweise schlossen sich auch einige der Gauleiter in den gefährdeten Gebieten diesem Standpunkt an. Es war eine eigentümliche Phase, die damit begann. In den doppelbödigen Gesprächen, voller Falltüren und Ausfluchtmöglichkeiten, erkundete einer die Auffassungen des anderen, stellten sich Komplizenschaften her, gab jeder sich durch freimütige Äußerungen in die Hand des anderen.

Um bei Hitler vorzubauen, falls er über Nichtzerstörungen in deutschen Frontgebieten informiert werden sollte, teilte ich ihm in einem Bericht über eine Reise vom 10.–14. September mit, daß kurz hinter der Front noch verhältnismäßig gut gefertigt werden könne. Wenn z. B. im frontnahen Aachen, so versuchte ich Hitler meine Vorschläge glaubwürdig zu machen, sich eine Fabrik befände, die im Monat vier Millionen Schuß Infanteriemunition fertige, so sei es zweckmäßig, wenn diese bis zum letzten Augenblick, auch unter Artilleriebeschuß, diese Infanteriemunition für den unmittelbaren Truppenbedarf weiter herstelle. Es sei unzweckmäßig, die Kokereien in Aachen stillzulegen, wenn diese durch ihre Kohlenvorräte weiter wie bisher die Gasversorgung von Köln sicherstellen könnten und wenn dadurch gleichzeitig für die Truppe täglich einige Tonnen Benzol anfielen. Es sei weiter falsch, wenn die Elektrizitätswerke in unmittelbarer Frontnähe außer Betrieb gesetzt würden, da in einem weiten Bereich sämtliche Postanstalten und damit auch die telefonischen Nachrichtenverbindungen der Truppe von dem Elektrizitätswerk abhängig seien. Den Gauleitern ließ ich gleichzeitig, in Anlehnung an frühere Entscheidungen Hitlers, ein Fernschreiben zukommen, daß die Industrieanlagen nicht beschädigt werden dürften[12].

Plötzlich schien erneut alles in Frage gestellt. Denn von dieser Reise nach Berlin zurückgekehrt, empfing mich der Chef des Zentralamtes, Liebel, in unserem Gästehaus für Ingenieure am Wannsee mit der Mitteilung, daß unterdessen an sämtliche Ministerien wichtige Befehle Hitlers ergangen seien. Danach mußte das Prinzip »Verbrannte Erde« für deutsches Gebiet rücksichtslos durchgeführt werden.

Wir lagerten uns, schon um vor Zuhörern sicher zu sein, auf einer Wiese im Garten der Wannsee-Villa; es war ein spätsommerlicher, sonniger Tag, vor uns zogen langsam Segelboote vorbei. Keinem Deutschen, so resümierte Liebel den Willen Hitlers, sollte es erlaubt sein, die vom Gegner besetzten Gebiete zu bewohnen. Wer trotzdem bleibe, solle in einer Zivilisationswüste vegetieren müssen. Nicht nur die Industrieanlagen, die Gas-, Wasser- und

Elektrizitätswerke, die Telefonzentralen sollten vollständig zerstört werden, sondern alles, was sonst zur Aufrechterhaltung des Lebens notwendig sei: die Unterlagen für die Lebensmittelkarten, die Akten der Standes- und Einwohnermeldeämter, die Aufstellungen der Bankkonten; ferner sollten die Lebensmittelvorräte vernichtet, die Bauernhöfe niedergebrannt und das Vieh getötet werden. Selbst von den Werken der Kunst, die die Fliegerangriffe überstanden hatten, sollte nichts erhalten bleiben: die Baudenkmäler, die Schlösser, Burgen und Kirchen, die Theater und Opernhäuser waren ebenfalls zur Zerstörung vorgesehen. Auf Geheiß Hitlers war einige Tage zuvor, am 7. September 1944, im »Völkischen Beobachter« ein Leitartikel erschienen, der diese Explosion des Vandalismus in Worte faßte: »Kein deutscher Halm soll den Feind nähren, kein deutscher Mund ihnen Auskunft geben, keine deutsche Hand ihnen Hilfe bieten. Jeden Steg soll er zerstört, jede Straße gesperrt vorfinden – nichts als Tod, Vernichtung und Haß wird ihm entgegentreten[13].«

Vergebens hatte ich in meinem Reisebericht versucht, Hitlers Mitgefühl zu erregen: »In der Gegend von Aachen sieht man die Elendszüge der Evakuierten, die genau wie in Frankreich 1940 mit kleinen Kindern und mit Greisen auf die Wanderschaft gehen. Wenn die Evakuierungen größeren Umfang annehmen, werden diese Erscheinungen zweifellos noch zunehmen, was zur Vorsicht bei Befehlen zur Evakuierung zwingt.« Hitler solle, so forderte ich ihn auf, »nach dem Westen fahren, um sich dort selbst von den Zuständen zu überzeugen... Das Volk wartet darauf[14].«

Doch Hitler kam nicht. Im Gegenteil. Kaum hatte er davon gehört, daß der Parteikreisleiter von Aachen, Schmeer, bei der Räumung der Stadt nicht alle Zwangsmittel zur Evakuierung angewandt habe, als er ihn seiner Ämter für verlustig erklärte, ihn aus der Partei ausstieß und als einfachen Soldat an die Front befahl. Es wäre sinnlos gewesen, Hitler zum Widerruf seiner Entscheidung überreden zu wollen. Zu selbständigem Handeln reichte meine Autorität nicht aus. Von Unruhe und Besorgnis getrieben, diktierte ich aus dem Stegreif ein Fernschreiben, dessen Text Bormann nach Genehmigung durch Hitler an die acht Gauleiter der Westgebiete geben sollte. Ich wollte Hitler sich selbst dementieren lassen: auf die radikalen Anordnungen der letzten Tage ging ich gar nicht ein, sondern ließ ihn vielmehr, die bisherigen Einzelentscheidungen zusammenfassend, eine generelle Anweisung erteilen. Mein Text war wiederum psychologisch auf Hitlers wirklichen oder vermeintlichen Glauben an den Sieg abgestimmt: Wenn er von seinem Zerstörungsbefehl nicht abgehe, so versuchte ich ihn festzulegen, dann gebe er zu, daß er den Krieg für verloren halte; damit hätte er dann die Basis der Argumentation zum totalen Widerstand aufgegeben. Lapidar begann ich: »Der Führer hat festgestellt, daß er die Rückgewinnung der jetzt verlorengegangenen Gebiete in kurzer Frist vollziehen kann. Da zur Weiterführung des Krieges die Westgebiete für die Rüstung und Kriegsproduktion von wichtiger Bedeutung sind, müssen alle bei der Räumung vorgesehenen Maßnahmen darauf abgestellt sein, die Industrie dieser Gebiete wieder voll in Betrieb nehmen zu können ... Die industriellen Anlagen werden erst im letzten Augenblick durch ›Lähmungen‹ der Betriebe auf längere Zeit unbrauchbar gemacht ... Die Elektrizitätswerke müssen in den Bergbaugebieten aufrechterhalten werden, damit die Schächte des Bergbaues in ihrer Wasserhaltung in Ordnung gehalten werden können. Bei einem Versagen der Pumpen und einem Vollaufen der Gruben dauert es monatelang, bis die Schächte wieder in Betrieb genommen werden können.« Kurz darauf rief ich im Hauptquartier an, ob das Fernschreiben Hitler vorgelegt worden sei. Es war tatsächlich herausgegangen, wenn auch mit einer Änderung. Ich vermutete Abstriche hier und da, sowie eine Verschärfung der Passagen über die Lähmungsmaßnahmen. In Wirklichkeit aber hatte Hitler den sachlichen Inhalt unverändert gelassen, mit eigener Hand jedoch seine Siegeszuversicht eingeschränkt. Der zweite Satz lautete jetzt: »Die Wiedergewinnung eines Teils der jetzt im Westen verlorengegangenen Gebiete ist keineswegs ausgeschlossen.«

Dieses Fernschreiben an die Gauleiter gab Bormann mit dem verpflichtenden Zusatz weiter: »Im Auftrage des Führers übermittle ich Ihnen anliegend zur unbedingten, genauen Beachtung ein Schreiben des Herrn Reichsministers Speer[15].« Selbst Bormann hatte mitgespielt. Mehr als Hitler schien er sich im klaren über die verheerenden Folgen der totalen Verwüstung aller zu räumenden Gebiete.

Im Grunde aber versuchte Hitler nur noch, das Gesicht zu wahren, als er von der »Wiedergewinnung eines Teils der jetzt im Westen verlorengegangenen Gebiete« sprach. Denn seit über einer Woche wußte er, daß der Krieg auch bei einer Stabilisierung der Front aus Mangel an Material innerhalb weniger Monate beendet sein würde. Jodl hatte unterdessen meine rüstungspolitischen Prognosen vom Vorjahr durch strategische Überlegungen ergänzt und vorgetragen, daß die Armee einen zu großen Raum besetzt halte; er gebrauchte das Bild einer Schlange, die durch zu große Beutestücke unbeweglich geworden sei. Daher schlug er vor, Finnland, Nordnorwegen, Oberitalien und die größten Teile des Balkans aufzugeben, um durch eine Verringerung der besetzten Räume gleichzeitig geographisch günstige Verteidigungsstellungen an den Flüssen Theiß und Save sowie am Südrand der Alpen zu beziehen. Auf diese Weise erhoffte er sich die Freistellung zahlreicher Divisionen. Zunächst wehrte sich Hitler gegen den darin liegenden Gedanken der Eigenliquidation, schließlich aber gab er mir am 20. August 1944 die Genehmigung[16], wenigstens einmal zu errechnen, welche Auswirkungen der Verzicht auf die Rohstoffe in diesen Gebieten haben würde.

Aber drei Tage bevor ich meine Denkschrift fertiggestellt hatte, am 2. September 1944, wurde zwischen Finnland und der Sowjetunion ein Waffenstillstand geschlossen und die deutschen Truppen aufgefordert, das Land bis zum 15. September zu verlassen. Jodl rief mich sogleich an und erkundigte sich nach meinem Ergebnis. Hitlers Stimmung war umgeschlagen. Von der Ausgangsüberlegung seiner freiwilligen Räumung war nichts mehr zu spüren. Jodl dagegen drängte entschiedener als je auf einen sofortigen Rückzug aus Lappland noch während der guten Jahreszeit: der Verlust aller Waffen sei unvermeidlich, falls der Rückzug von den früh im Herbst einsetzenden Schneestürmen überrascht werde. Wieder griff Hitler zu dem gleichen Argument wie vor einem Jahr während des Streits über die Räumung der Mangan-Gruben Südrußlands: »Wenn die Nickelstätten in Nordlappland verlorengehen, dann ist die ganze Rüstung in einigen Monaten am Ende.«

Das Argument hielt nicht lange. Drei Tage später, am 5. September, sandte ich meine Denkschrift durch Kurier an Jodl und Hitler: Nicht durch den Verlust der finnischen Nickelgruben, so bewies ich, sondern durch die Einstellung der Lieferungen von Chromerzen aus der Türkei werde der Materialkrieg entschieden. Unter der theoretischen Annahme eines vollen Weiterlaufens der Rüstungsproduktion – was bei den Fliegerangriffen allerdings hypothetisch war – wäre Chrom am 1. Juni 1945 zum letztenmal der Industrie zugeteilt worden. »Unter Berücksichtigung der Lager- und Durchlaufzeit der verarbeitenden Industrie wird die vom Chrom abhängige Produktion, das heißt die gesamte Rüstungsproduktion, am 1. Januar 1946 auslaufen[17].«

Hitlers Reaktionen waren in dieser Zeit längst unvorhersehbar geworden. Ich war eher auf einen Ausbruch ohnmächtiger Wut gefaßt, tatsächlich aber nahm er meine Auskünfte ruhig entgegen, zog keine Konsequenzen und zögerte gegen den Rat Jodls den Beginn der Räumung bis Mitte Oktober hinaus. Wahrscheinlich ließen ihn bei der damaligen militärischen Lage solche Prognosen unberührt. Nachdem die Fronten in West und Ost zusammengebrochen waren, mußte das Datum des 1. Januar 1946 wohl selbst für Hitler ein utopischer Termin sein.

Die Folgen des Treibstoffmangels machten uns in der Tat im Augenblick mehr zu schaffen. Im Juli hatte ich Hitler geschrieben, daß im September 1944 alle taktischen Bewegungen wegen Treibstoffmangels zum Stillstand kommen müßten; nun bestätigte sich diese Vorhersage. Ende September schrieb ich Hitler: »Eine Jagdgruppe, die bei Krefeld stationiert ist, und die über siebenunddreißig einsatzfähige Flugzeuge verfügt, kann trotz besten Wetters nach zwei Tagen erzwungener Ruhe am dritten Tag durch Zuweisung von zwanzig Tonnen Treibstoff nur einen kurzen Flug nach Aachen machen und hierzu nur zwanzig Flugzeuge einsetzen.« Als ich wenige Tage später auf einem Flughafen östlich von Berlin, in Werneuchen, landete, erklärte mir der Kommandant des Ausbildungshorstes, daß jeder Flugschüler nur eine Stunde wöchentlich trainieren könne: nur ein Bruchteil des notwendigen Treibstoffes werde der Einheit geliefert.

Auch das Heer war unterdessen durch Treibstoffmangel nahezu unbeweglich geworden. Ende Oktober berichtete ich Hitler von einer Nachtfahrt zur 10. Armee südlich des Po. Ich traf dort auf »eine Kolonne von 150 Lastkraftwagen, die mit jeweils vier Ochsen bespannt war; an Panzer und Zugkraftwagen waren zahlreiche Lastkraftwagen angehängt«. Anfang Dezember war ich besorgt darüber, daß »die Ausbildung der Panzerfahrer sehr zu wünschen übrigläßt«, da »Sprit zum Üben fehlt[18]«. Wie groß die Notlage war, wußte Generaloberst Jodl natürlich noch besser als ich. Um für die geplante Ardennen-Offensive 17500 Tonnen Treibstoff, früher die Produktion von zweieinhalb Tagen, freizumachen, mußte er am 10. November 1944 dessen Nachschub an andere Heeresgruppen einstellen[19].

Unterdessen hatte sich die Wirkung der Angriffe auf die Hydrierwerke mittelbar auf die gesamte Chemie ausgewirkt. Ich mußte Hitler unterrichten, daß »zur Füllung der vorhandenen Hüllen die Sprengstoffe mit Salz gestreckt werden, wobei bis an die Grenze des Vertretbaren gegangen wurde«. Tatsächlich bestanden die Sprengstoffe ab Oktober 1944 zu zwanzig Prozent aus Steinsalz, was den Wirkungsgrad entsprechend herabsetzte[20].

In dieser verzweiflungsvollen Lage verspielte Hitler auch noch seinen letzten kriegstechnischen Trumpf. Groteskerweise produzierten wir gerade in diesen Monaten mehr und mehr Jäger; insgesamt wurden in dieser späten Phase des Krieges in sechs Monaten 12720 Jäger an die Truppe geliefert, die den Krieg 1939 mit nur 771 Jagdflugzeugen begonnen hatte[21]. Ende Juli hatte Hitler zum zweitenmal zugestimmt, zweitausend Piloten zu einem Spezialtraining zusammenzuziehen, denn wir hofften immer noch, durch konzentrierte Einsätze der amerikanischen Luftflotte große Verluste zuzufügen, um sie zur Einstellung des Bombenkrieges zu zwingen. Denn bei Hin- und Rückflug wiesen diese Bomberverbände durchschnittlich eine Flanke von über tausend Kilometer Länge auf.

Adolf Galland, der General der Jagdflieger, und ich hatten errechnet, daß über Deutschland im Durchschnitt ein deutsches Jagdflugzeug verlorengehen würde, um einen Bomber abzuschießen; daß aber der beiderseits verlorene Materialaufwand im Verhältnis 1 : 6 stehen und der Aufwand an Piloten 1 : 2 sein würde. Da aber die Hälfte unserer abgeschossenen Flieger sich durch Fallschirm retten konnte, die gegnerischen Besatzungen dagegen über deutschem Boden in Gefangenschaft geraten mußten, war selbst bei der Überlegenheit von Menschen, Material und Ausbildungspotential in diesem Kampf der Vorteil einwandfrei auf unserer Seite[22].

Etwa am 10. August forderte mich Galland äußerst erregt auf, mit ihm sofort ins Hauptquartier zu fliegen: In einer seiner willkürlichen Augenblicksentscheidungen hatte Hitler den Befehl gegeben, die Luftflotte »Reich«, deren Aufbau mit 2000 Jägern kurz vor dem Abschluß stand, nach der Westfront zu verlegen, wo sie nach unseren Erfahrungen binnen kurzer Zeit aufgerieben sein müßte. Hitler ahnte natürlich, warum wir ihn aufsuchten. Er wußte, daß er sein mir im Juli gegebenes Versprechen, die Hydrierwerke durch Jagdflugzeuge zu schützen, gebrochen hatte. Doch vermied er eine Auseinandersetzung in der Lagebesprechung und bestimmte, daß er uns anschließend allein empfangen werde.

Vorsichtig begann ich, die Zweckmäßigkeit seines Befehls zu bezweifeln und trug ihm trotz meiner Erregtheit möglichst ruhig die katastrophale Lage der Rüstung vor, nannte ihm Zahlen und malte die Folgen einer fortgesetzten Bombardierung aus. Schon darüber wurde Hitler nervös und unwillig; wenn er auch wortlos zuhörte, konnte ich an seinen Gesichtszügen, dem lebhaften Spiel seiner Hände, dem Kauen an den Fingernägeln, eine zunehmende Spannung beobachten. Als ich zum Ende kam und ihm bewiesen zu haben glaubte, daß jeder verfügbare Jäger im Reich zur Bekämpfung der Bomber eingesetzt werden müßte, war Hitler nicht mehr Herr seiner Sinne. Sein Gesicht lief hochrot an, seine Augen wurden leblos und starr. Dann schrie er unbeherrscht los: »Operative Maßnahmen sind meine Angelegenheiten! Kümmern Sie sich gefälligst um Ihre Rüstung! Das geht Sie gar nichts an!« Vielleicht hätte er meine Darlegungen eher hingenommen, wenn ich ihn unter vier Augen gesprochen hätte. Die Gegenwart Gallands machte ihm Einsicht wie Einlenken unmöglich.

Abrupt brach er die Besprechung und damit jede weitere Argumentation ab: »Ich habe keine Zeit mehr für Sie.« Ratlos begab ich mich mit Galland hinüber in meine Arbeitsbaracke.

Wir wollten am nächsten Tag unverrichteter Dinge nach Berlin zurückfliegen, als Schaub uns mitteilte, daß wir uns nochmals bei Hitler einzufinden hätten. Noch hemmungsloser als am Vortage brach es aus Hitler heraus, in immer schnellerer, sich überschlagender Rede: »Ich will überhaupt keine Flugzeuge mehr produziert haben. Die Jagdwaffe wird aufgelöst! Stellen Sie die Flugzeugproduktion ein! Sofort einstellen, verstehen Sie! Sie klagen doch immer über Mangel an Facharbeitern? Holen Sie sie sofort hinüber in die Flakproduktion. Alle Arbeiter an die Flak! Das Material auch! Ich gebe Ihnen den Befehl dazu! Schicken Sie mir sofort Saur ins Hauptquartier! Es muß ein Programm für die Flak aufgestellt werden. Sagen Sie das auch Saur. Das zehnfache Programm... Wir werden Hunderttausende von Arbeitern in die Flakproduktion hinübernehmen. In den Presseberichten des Auslands lese ich täglich, wie gefährlich die Flak ist. Davor haben sie noch Respekt, aber nicht vor unseren Jägern.« Galland setzte zu einer Entgegnung an: Die Abschußerfolge der Jäger würden bei weitem die der Flak übertreffen, wenn wir sie in Deutschland einsetzen könnten, aber er kam über die ersten Worte nicht hinaus. Erneut wurden wir jäh entlassen, eigentlich hinausgeworfen.

Im Teehaus schenkte ich mir zunächst einen Wermut aus der für solche Fälle immer bereitstehenden Flasche ein; meine Magennerven waren durch die Szene angegriffen. Galland, sonst immer ruhig und beherrscht wirkend, machte das erstemal, seit ich ihn kannte, einen verstörten Eindruck. Er faßte es nicht, daß die ihm unterstehende Jagdflugwaffe wegen Feigheit vor dem Feinde aufgelöst werden sollte. Ich dagegen kannte solche Ausbrüche Hitlers und wußte, daß seine Entscheidungen durch vorsichtiges Taktieren meist wieder zurechtgerückt werden konnten. Ich beruhigte Galland: mit den Industriekapazitäten, die für Jagdflugzeuge aufgebaut worden waren, könne man nicht Kanonenrohre produzieren. Unser Engpaß läge gar nicht bei den Flakgeschützen, sondern bei der Munition, vor allem bei unserem Mangel an Sprengstoff.

Auch Saur, der mit mir fürchtete, daß Hitler unerfüllbare Forderungen gestellt habe, trug Hitler am nächsten Tage unter vier Augen vor, daß eine gesteigerte Produktion von Flakgeschützen von der Lieferung besonderer Werkzeugmaschinen zur Ausbohrung langer Rohre abhinge.

Bald darauf begab ich mich mit Saur erneut in das Hauptquartier, um Einzelheiten dieses Befehls, den Hitler uns zu allem Überfluß schriftlich erteilt hatte, durchzusprechen. Seine ursprüngliche Forderung einer Steigerung auf das Fünffache, senkte er jetzt nach langem Ringen auf das Zweieinhalbfache. Zur Erfüllung dieses Programms gab er uns einen Termin bis zum Dezember 1945 und verlangte überdies, daß die dazugehörige Munition auf das Doppelte gesteigert werde[23]. Über achtundzwanzig Punkte der Tagesordnung konnten wir in aller Ruhe mit ihm durchsprechen. Als ich aber nochmals darauf aufmerksam machte, daß der Einsatz der Jäger nun aber in der Heimat erfolgen müsse, unterbrach er mich erneut zornig, wiederholte den Befehl zur Steigerung der Flakproduktion auf Kosten der Jagdflugzeuge und beendete die Sitzung.

Es war der erste Befehl Hitlers, den weder Saur noch ich befolgten. Ich handelte nach eigenem Gutdünken und Ermessen, als ich am Tag danach vor dem Rüstungsstab feststellte, »daß wir die Produktion der Jäger in jedem Fall auf höchsten Touren halten müssen«. Drei Tage später ließ ich die Vertreter der Luftfahrtindustrie zusammenkommen und erläuterte ihnen in Gegenwart Gallands die Wichtigkeit ihrer Aufgabe, »nämlich durch das Hochreißen der Jagdflugzeugproduktion der größten Gefahr zu begegnen, vor der wir stehen: dem Niederringen unserer Rüstung in der Heimat[24]«. Inzwischen war aber auch Hitler ruhiger geworden und hatte mir für ein allerdings beschränktes Jagdflugzeugprogramm plötzlich und wortlos die größte Dringlichkeitsstufe genehmigt. Der Sturm war vorbei.

Im gleichen Maße, wie wir zu Produktionseinschränkungen gezwungen waren und Neuentwicklungen sogar einstellten, begann Hitler immer zielgerichteter, unter der Generalität und den politischen Führungsspitzen die Hoffnung auf zukünftige neue Waffen, die den Krieg entscheiden würden, zu wecken. Oft wurde ich bei meinen Divisionsbesuchen mit einem geheimnisvollen Lächeln gefragt, wann denn nun die Wunderwaffen kämen. Mir waren solche Illusionen unangenehm; eines Tages mußte die Enttäuschung kommen, und daher richtete ich Mitte September, als die V2 schon im Einsatz war, folgende Zeilen an Hitler: »Der Glaube an den kurz bevorstehenden Einsatz der neuen kriegsentscheidenden Waffen ist in der Truppe allgemein verbreitet. Sie erwartet diesen Einsatz in den nächsten Tagen. Diese Meinung wird auch von hohen Offizieren ernsthaft geteilt. Es ist fraglich, ob es in einer derart schweren Zeit richtig ist, durch die Erweckung einer Hoffnung, die in so kurzer Zeit nicht erfüllt werden kann, eine Enttäuschung zu bereiten, die sich auf die Kampfmoral ungünstig auswirken muß. Seitdem auch die Bevölkerung täglich auf das Wunder der neuen Waffen wartet und Zweifel daran hegt, ob wir davon wissen, daß es bereits einige Minuten vor 12 sei und eine weitere Zurückhaltung dieser neuen – aufgestapelten – Waffen nicht mehr verantwortet werden kann, kommt die Frage auf, ob diese Propaganda zweckmäßig ist[25].«

Hitler gab zwar in einem Gespräch unter vier Augen zu, daß ich recht hätte; dennoch verzichtete er, wie ich bald wieder hören mußte, nicht darauf, Wunderwaffen in Aussicht zu stellen. Am 2. November 1944 schrieb ich deshalb an Goebbels, daß es »mir unzweckmäßig erscheint, der Öffentlichkeit Hoffnungen zu machen, ohne daß für absehbare Zeit mit Sicherheit deren Erfüllung gewährleistet ist ... Ich darf Sie deshalb bitten, Vorsorge zu treffen, daß in Zukunft in der Tages- und Fachpresse Andeutungen über noch in der Zukunft liegende Erfolge unserer Rüstungsproduktion vermieden werden.«

Tatsächlich stellte Goebbels daraufhin die Meldungen über neue Waffen ein. Sonderbarerweise aber verstärkten sich die Gerüchte. Erst im Nürnberger Prozeß erfuhr ich von Fritzsche, einem der ersten Mitarbeiter des Propagandaministers, daß Goebbels ein Spezialressort zur Verbreitung dieser Gerüchte eingerichtet hatte. Sie kamen der Zukunftsentwicklung nahe. Wie oft saßen wir bei unseren Rüstungstagungen abends zusammen und malten uns die neuen Entwicklungen der Technik aus; auch die Möglichkeiten einer Atombombe wurde dabei erörtert. Oft hatten Berichterstatter, die Goebbels nahestanden, an diesen Tagungen teilgenommen; sie waren auch bei den abendlichen Zusammenkünften dabei[26].

Gerüchte fanden in diesen aufgeregten Zeiten, in denen sich jeder gern Hoffnungen machte, einen fruchtbaren Nährboden. Längst hielt man die Zeitungen dagegen nicht mehr für glaubwürdig. Eine Ausnahme machten in den letzten Monaten des Krieges bei einer wachsenden Schar Verzweifelter allerdings die astrologischen Blätter. Da sie vom Propagandaministerium aus vielerlei Gründen abhängig waren, wurden sie, wie mir Fritzsche in Nürnberg berichtete, als Mittel zur Beeinflussung der öffentlichen Meinung eingesetzt. Manipulierte Horoskope sprachen von Tälern, die durchschritten werden müßten, orakelten von bevorstehenden überraschenden Wenden, ergingen sich in verheißungsvollen Anspielungen. Nur im Astrologenblatt hatte das Regime noch eine Zukunft.

28. Kapitel

Der Absturz

Die seit dem Frühjahr 1944 in meinem Ministerium vereinigte Rüstungsindustrie begann sich im Spätherbst bereits wieder aufzulösen. Nicht nur, daß die als entscheidend betrachtete Fertigung der Großrakete an die SS übergegangen war – vielmehr hatten auch einige Gauleiter durchgesetzt, die Rüstung in ihren Amtsbereichen eigenverantwortlich zu übernehmen. Hitler unterstützte solche Initiativen. Beispielsweise gab er seine Zustimmung, als Sauckel den Auftrag erbat, in seinem Gau Thüringen eine große unterirdische Fabrik zur Serienerzeugung eines einmotorigen Düsenjägers, von Hitler als »Volksjäger« bezeichnet, zu errichten. Wir befanden uns aber bereits am Beginn wirtschaftlicher Agonie, so daß diese Zersplitterung sich nicht mehr auswirken konnte.

Gleichzeitig mit solchen Bestrebungen tauchten, als Zeichen zunehmender Verwirrung, Hoffnungen auf, daß wir auch mit primitiven Waffen zu Erfolgen kommen und dadurch unsere rüstungstechnische Notlage ausgleichen könnten. An die Stelle der technischen Wirksamkeit der Waffen sollte der Mut des einzelnen Mannes treten. Im April 1944 hatte Dönitz den ideenreichen Vizeadmiral Heye als Beauftragten für den Bau von Einmann-U-Booten und anderen Kampfbooten eingesetzt; bis jedoch die Produktion in hohen Stückzahlen anlaufen konnte, war es August geworden, die Invasion gelungen und es daher für derartige Pläne eigentlich zu spät. Himmler wiederum wollte mit bemannten Raketenflugzeugen ein »Todeskommando« aufstellen, das die gegnerischen Bomber durch Rammen vernichten sollte. Ein anderes Primitivmittel war die sogenannte Panzerfaust, eine aus der Hand geschossene kleine Rakete, die die fehlenden Panzerabwehrgeschütze ersetzen sollte[1].

Im Spätherbst 1944 griff Hitler unvermittelt in die Produktion der Gasmasken ein und ernannte einen besonderen Bevollmächtigten, der ihm unmittelbar verantwortlich war. In aller Hast wurde ein Programm aufgestellt, das die ganze Bevölkerung vor den Auswirkungen eines Gaskrieges schützen sollte. Obwohl auf Hitlers dringenden Befehl vom Oktober 1944 an eine Verdreifachung der Produktion auf über 2 300 000 Gasmasken gelang, konnte der Schutz der Stadtbevölkerung erst in Monaten gewährleistet werden. Daher publizierten die Parteiorgane Ratschläge zu einem primitiven Schutz, etwa durch Verwendung von Papier.

Damals sprach Hitler zwar von der Gefahr eines feindlichen Giftgasangriffs auf deutsche Städte[2], aber der mir befreundete Dr. Karl Brandt, den er mit den Schutzmaßnahmen beauftragt hatte, hielt es nicht für unmöglich, daß diese hektisch betriebenen Vorbereitungen einem von uns begonnenen Gaskrieg dienen sollten. Unter unseren »Wunderwaffen« besaßen wir ein Giftgas, Tabun genannt; es drang durch die Filter aller bekannten Gasmasken und selbst die Berührung mit minimalen Resten wirkte tödlich.

Robert Ley, von Beruf Chemiker, nahm mich im Herbst 1944, nach einer Tagung in Sonthofen, in seinem Salonwagen mit. Wir saßen, wie bei ihm üblich, bei schweren Weinen zusammen. Seine stotternde Redeweise unterstrich seine Erregtheit: »Wir haben doch dieses neue Giftgas, ich habe davon gehört. Der Führer muß das machen. Er muß es anwenden. Jetzt muß er das tun! Wann denn sonst! Es ist der letzte Zeitpunkt! Auch Sie müssen ihm klar machen, daß es höchste Zeit ist!« Ich schwieg. Aber anscheinend hatte Ley mit Goebbels ein ähnliches Gespräch geführt, denn dieser erkundigte sich bei Mitarbeitern aus der chemischen Industrie nach dem Giftstoff und seiner Wirkung und intervenierte bei Hitler, daß dieses neuartige Gas eingesetzt werden müsse. Zwar hatte Hitler den Gaskrieg immer abgelehnt, aber nun deutete er in einer Lagebesprechung im Hauptquartier an, daß im Osten die Anwendung von Gas den Vormarsch der sowjetischen Truppen aufhalten könnte. Dabei gab er sich der vagen Erwartung hin, daß der Westen einen Gaskrieg gegen Osten hinnehmen würde: denn die englische und amerikanische Regierung hätten in diesem Stadium des Krieges ein Interesse daran, den Vormarsch der Russen zum Stehen zu bringen. Als niemand in der Lagebesprechung darauf positiv reagierte, kam auch Hitler nicht mehr auf dieses Thema zurück.

Zweifellos fürchtete die Generalität die unabsehbaren Folgen. Ich selbst schrieb am 11. Oktober 1944 an Keitel, daß wegen des Zusammenbruchs der chemischen Industrie die Grundstoffe Cyan und Methanol erschöpft seien[3]. Ab 1. November müsse daher die Erzeugung von Tabun stillgelegt und die von Lostgas auf ein Viertel der Kapazität beschränkt werden. Keitel erwirkte zwar einen Befehl Hitlers, auf keinen Fall die Giftgas-Produktion zu reduzieren. Doch hatten solche Anordnungen mit der Wirklichkeit schon nichts mehr zu tun. Ohne zu antworten, wurde die Zuteilung der chemischen Grundprodukte nach meinem Vorschlag vorgenommen.

Am 11. November mußte ich meinen Denkschriften über die Ausfälle in der Treibstoffindustrie eine neue Alarmmeldung hinzufügen: seit über sechs Wochen war das Ruhrgebiet verkehrstechnisch abgeriegelt. Es sei »nach der gesamten Wirtschaftsstruktur des Reiches selbstverständlich«, so schrieb ich an Hitler, »daß ein Ausfall des rheinisch-westfälischen Industriegebietes für die gesamte deutsche Wirtschaft und für eine erfolgreiche Fortführung des Krieges auf Dauer untragbar ist... Wichtigste Rüstungsbetriebe werden als unmittelbar vor dem Erliegen gemeldet. Möglichkeiten, diese Stillstände zu vermeiden, bestehen unter den gegebenen Verhältnissen nicht.«

Da die Kohle nicht mehr in das übrige Reichsgebiet gefahren werden könne, fuhr ich fort, nähmen die Vorräte der Reichsbahn rapide ab, die Gaswerke drohten zum Erliegen zu kommen, die Öl- und Margarinewerke stünden vor dem Stillstand, selbst die Koksversorgung der Krankenhäuser sei ungenügend geworden[4].

Die Dinge trieben tatsächlich dem Ende zu. Zeichen einer sich anbahnenden Anarchie wurden sichtbar. Kohlenzüge erreichten nicht mehr ihren Bestimmungsort, sondern wurden unterwegs von den Gauleitern angehalten und für eigenen Bedarf beschlagnahmt. In Berlin waren die Gebäude unbeheizt, Gas und Strom konnten nur noch in besonderen Stunden ausgegeben werden. Von der Reichskanzlei kam eine empörte Beschwerde, daß ihr von unserer Kohlenstelle die volle Zuteilung für den Rest des Winters verweigert worden sei.

Angesichts dieser Lage konnten wir unsere Programme nicht mehr durchführen, sondern nur noch versuchen, fehlende Teile zu produzieren. Waren die Restbestände aufgebraucht, dann war die Rüstungsproduktion am Ende. Ich unterschätzte dabei – wie wohl auch die gegnerischen Luftstrategen – die großen Vorräte an Einzelteilen, die sich in den Fabriken angesammelt hatten[5]. Denn eine umfangreiche Ermittlungsaktion ergab, daß, allerdings auf wenige Monate beschränkt, auch weiterhin mit hohen Rüstungsleistungen zu rechnen sei. Hitler nahm die Tatsache eines letzten »Not- oder Ergänzungsprogramms«, wie wir es nannten, mit gespenstisch wirkender Ruhe auf. Er verlor kein Wort über die Konsequenzen, obwohl es darüber keinen Zweifel gab.

Ungefähr um diese Zeit meinte Hitler in einer Lagebesprechung in Gegenwart aller Generale: »Wir haben das Glück, in der Rüstung ein Genie zu besitzen. Das ist Saur. Von ihm werden aber auch alle Schwierigkeiten überwunden.« General Thomale machte Hitler aufmerksam: »Mein Führer, Minister Speer ist hier.« – »Ja, ich weiß«, entgegnete er kurz und unwillig über die Unterbrechung, »aber Saur ist das Genie, das die Lage meistern wird.« Merkwürdigerweise nahm ich diesen gewollten Affront ohne Erregung, fast teilnahmslos, hin: ich begann, Abschied zu nehmen.

Am 12. Oktober 1944, als die militärische Lage im Westen sich wieder gefestigt hatte und erneut von einer Front, nicht nur von hilflos zurückflutenden Menschen, gesprochen werden konnte, nahm mich Hitler nach einer Lagebesprechung zur Seite, verpflichtete mich zum Schweigen und erklärte mir anschließend, daß er im Westen, unter Zusammenfassung aller verfügbaren Kräfte, eine große Offensive durchführen werde: »Dazu müssen Sie aus den deutschen Bauarbeitern eine Bautruppe organisieren, die genügend motorisiert ist, um selbst bei einer Unterbrechung des Eisenbahnverkehrs noch Brückenbauten aller Art durchführen zu können. Halten Sie sich dabei an die Organisationsformen, wie sie sich im Westfeldzug 1940 bereits bewährt haben[6].« Ich machte Hitler darauf aufmerksam, daß wir kaum noch genügend Lastwagen für eine solche Aufgabe zur Verfügung hätten: »Für diesen Fall muß alles andere zurückstehen«, entschied er mit Nachdruck »ganz gleich, welche Folgen entstehen. Das wird der große Schlag, der gelingen muß.«

Etwa Ende November erklärte Hitler nochmals, daß er alles auf diese Offensive setze. Da er von ihrem Erfolg überzeugt war, fügte er unbekümmert hinzu, es sei sein letzter Versuch: »Gelingt er nicht, sehe ich keine Möglichkeit mehr zu einer günstigen Beendigung des Krieges... Aber wir werden durchkommen«, fügte er hinzu, um sich sogleich in immer weitläufiger sich entwickelnden irrealen Vorstellungen zu verlieren: »Ein einziger Durchbruch an der Westfront! Sie werden sehen! Das führt zu einem Zusammenbruch und zur Panik bei den Amerikanern. Wir werden in der Mitte durchstoßen und Antwerpen nehmen. Damit haben sie ihren Nachschubhafen verloren. Und ein riesiger Kessel um die ganze englische Armee wird entstehen, mit Hunderttausenden von Gefangenen. Wie früher in Rußland!«

Als ich in der gleichen Zeit mit Albert Vögler zusammentraf, um die durch die Fliegerangriffe verzweiflungsvoll gewordene Lage an der Ruhr zu besprechen, fragte er mich unverblümt: »Wann wird nun endlich Schluß gemacht?« Ich deutete ihm an, daß Hitler in einem letzten Versuch alles zusammenfassen wolle. Hartnäckig setzte Vögler fort: »Aber er ist sich doch im klaren darüber, daß danach Schluß sein muß? Wir verlieren zu viel Substanz. Wie soll ein Aufbau möglich sein, wenn die Zerstörungen in der Industrie auch nur einige Monate so weitergehen?« »Ich glaube«, erwiderte ich, »daß Hitler damit seine letzte Karte ausspielt und das auch weiß.« Vögler blickte mich skeptisch an: »Natürlich ist es seine letzte Karte, nachdem unsere Produktion an allen Enden zusammenbricht. Wird diese Aktion gegen Osten sein, um uns dort Luft zu schaffen?« Ich wich mit meiner Antwort aus. »Bestimmt wird es an der Ostfront sein«, meinte Vögler, »kein Mensch kann die Verrücktheit begehen, den Osten zu entblößen, um im Westen den Gegner aufhalten zu wollen.«

Generaloberst Guderian, der Generalstabschef des Heeres, machte Hitler ab November in den Lagebesprechungen immer wieder auf die unmittelbare Bedrohung Oberschlesiens durch die Truppenkonzentration an der Ostfront aufmerksam. Natürlich wollte er damit die im Westen für die Offensive zusammengefaßten Divisionen nach dem östlichen Kriegsschauplatz verlagert haben, um dort eine Katastrophe zu vermeiden. Im Nürnberger Prozeß allerdings wurde von verschiedenen Angeklagten versucht, die Fortsetzung des Krieges über den Winter 1944/45 hinaus mit der Begründung zu rechtfertigen, Hitler habe den Kampf nur fortgeführt, um den Flüchtlingen aus dem Osten das Leben zu retten und um möglichst wenige deutsche Soldaten der russischen Kriegsgefangenschaft auszusetzen. Seine Entscheidungen aus dieser Zeit jedoch bezeugen durchweg das Gegenteil.

Ich stand auf dem Standpunkt, daß es notwendig sei, Hitlers »letzte Karte« so eindrucksvoll wie möglich auszuspielen. Daher verabredete ich mit dem Oberbefehlshaber der Heeresgruppe B, Feldmarschall Model, ihm während der Offensive eine improvisierte Rüstungshilfe zu leisten. Am 16. Dezember, dem Tag des Angriffes, bezog ich in einer Jagdhütte bei Bonn ein kleines Quartier. Bereits auf meiner nächtlichen Fahrt in einem Triebwagen der Reichsbahn nach dem Westen sah ich östlich des Rheins die Rangierbahnhöfe mit Frachtzügen überfüllt; Nachschubmaterial für die Offensive war dort durch Fliegerangriffe steckengeblieben.

Das Hauptquartier Models lag im Grund eines engen Waldtals der Eifel und war das große Jagdhaus eines begüterten Industriellen. Wie auch der Generalstab des Heeres verzichtete Model auf Bunkerbauten, weil er nicht schon Monate vorher die Aufmerksamkeit der gegnerischen Aufklärung auf diesen Platz ziehen wollte. Model war gut gelaunt, denn die Überraschung war gelungen, die Front durchbrochen; seine Truppen befanden sich in schnellem Vormarsch. Wir hatten günstiges Wetter, ganz wie Hitler es vor der Offensive beschworen hatte: »Wir müssen schlechtes Wetter haben, sonst kann das Unternehmen nicht gelingen.«

Als Schlachtenbummler versuchte ich, soweit wie möglich in Frontnähe vorzudringen. Die vorwärtsstrebenden Truppen waren guter Stimmung, denn tiefauffliegende Wolken verhinderten jede Flugtätigkeit. Dagegen war es schon am zweiten Tag zu einem Verkehrschaos gekommen, die Kraftfahrzeuge schoben sich auf der dreispurigen Hauptstraße nur noch meterweise vorwärts. Für drei bis vier Kilometer brauchte mein Auto, von Munitionswagen eingekeilt, im Durchschnitt eine Stunde. Ich fürchtete, daß sich das Wetter aufheitern könnte.

Für dieses Durcheinander hatte Model mancherlei Gründe: beispielsweise Mangel an Disziplin bei den neuaufgestellten Verbänden oder das Chaos im Hinterland. Doch wie auch immer – das Gesamtbild zeigte, daß dem Heer seine ehemals berühmte Organisationsfähigkeit abhanden gekommen war: gewiß eine der Auswirkungen der dreijährigen Führung durch Hitler.

Erstes Ziel unseres mühsamen Weges war eine gesprengte Brücke am nördlichen Flügel der 6. SS-Panzerarmee. Um mich nützlich zu machen, hatte ich Model versprochen, ausfindig zu machen, wie sie am schnellsten repariert werden könnte. Die Soldaten beurteilten mein plötzliches Erscheinen skeptisch. Mein Adjutant hatte von einem von ihnen als Grund meines Auftauchens erfahren: »Vom Führer hat er eine aufs Dach bekommen, weil die Brücke noch nicht fertig ist. Nun hat er Befehl, selbst die Suppe auszulöffeln.« In der Tat ging der Brückenbau nur schleppend vorwärts. Denn die Bautrupps der O.T., die wir mit aller Sorgfalt aufgestellt hatten, waren östlich des Rheins in unentwirrbaren Verkehrsstauungen ebenso hängen geblieben, wie der größte Teil des Pioniermaterials. So war das baldige Ende der Offensive schon allein durch den Mangel an notwendigem Brückenbaugerät bedingt.

Auch unzureichende Treibstoffversorgung beeinträchtigte einen erfolgreichen Verlauf der Operationen. Die Panzerverbände waren mit geringen Reserven an Treibstoff zum Angriff angetreten. Hitler hatte leichtsinnigerweise damit gerechnet, daß die Panzerverbände sich aus eroberten Beständen der Amerikaner später selbst versorgen könnten. Als die Offensive steckenzubleiben drohte, half ich Model, indem ich telefonisch aus den Benzolwerken des nahen Ruhrgebietes improvisiert Tankzüge zusammenstellen und an die Front schaffen ließ.

Der Nachschub brach zusammen, als nach einigen Tagen das neblige Wetter umschlug und der wolkenlose Himmel sich mit zahllosen Jagd- und Bombenflugzeugen des Gegners bevölkerte. Selbst für einen schnellen Personenwagen wurde eine Fahrt bei Tag zu einem Problem; oft waren wir froh, wenn ein kleines Waldstück uns in Schutz nahm. Der Nachschub mußte sich von nun an in den Nachtstunden, fast ohne Sicht von Baum zu Baum vorwärts tasten[7]. Am 23. Dezember, dem Tage vor Heiligabend, erklärte mir Model, daß die Offensive endgültig gescheitert sei: doch habe Hitler befohlen, sie fortzusetzen.

Bis Ende Dezember hielt ich mich im Offensivgebiet auf, besuchte verschiedene Divisionen, wurde von Tieffliegern und Artillerie unter Beschuß genommen und sah die grauenhaften Folgen eines deutschen Angriffs auf eine Maschinengewehrstellung, Hunderte von Soldaten lagen dahingemäht auf einem Geländestück. Am letzten Abend besuchte ich Sepp Dietrich, Feldwebel der alten deutschen Armee, nun Befehlshaber einer SS-Panzerarmee, in seinem Hauptquartier in der Nähe der belgischen Grenzstadt Houffalize. Einer der wenigen Mitkämpfer aus der Frühzeit der Partei, hatte er sich auf seine einfache Art inzwischen ebenfalls von Hitler entfernt. Unsere Unterhaltung wandte sich bald den letzten Befehlen zu: Hitler hatte mit wachsender Schärfe verlangt, das eingeschlossene Bastogne »um jeden Preis« zu nehmen. Er wolle nicht verstehen, so murrte Sepp Dietrich, daß die Elitedivisionen der SS nicht mühelos die Amerikaner überrennen könnten. Es sei unmöglich, Hitler davon zu überzeugen, daß sie zähe, gleichwertige Gegner seien. »Außerdem«, so meinte er, »bekommen wir keine Munition. Die Nachschubwege sind durch die Fliegerangriffe unterbrochen.« Wie zur Illustration unserer Ohnmacht wurde die nächtliche Besprechung durch einen Tiefangriff großer viermotoriger Bomberverbände unterbrochen. Heulende und detonierende Bomben, das Aufleuchten der Wolken in roten und gelben Farben, dröhnende Motoren und weit und breit keine Abwehr: ich war wie benommen von diesem Bild militärischer Wehrlosigkeit, das angesichts der Fehleinschätzungen Hitlers vor einem grotesken Hintergrund sich entfaltete.

Zunächst durch die Dunkelheit vor den Straßenjagden der gegnerischen Tiefflieger gesichert, fuhr ich mit Poser am 31. Dezember um vier Uhr früh ab, um erst am nächsten Tag gegen zwei Uhr morgens in Hitlers Hauptquartier anzukommen. Immer wieder mußten wir vor Jagdflugzeugen Deckung nehmen; wir hatten für eine Entfernung von 340 Kilometern, mit nur kurzen Pausen, zweiundzwanzig Stunden benötigt.

Hitlers westliches Hauptquartier, von dem aus er die Ardennenoffensive geleitet hatte, befand sich am Ende eines einsamen Wiesentals, zwei Kilometer nordwestlich von Ziegenberg bei Bad Nauheim. Im Wald verborgen, als Blockhäuser getarnt, waren die Bunker durch die gleichen massiven Decken und Wände gesichert, wie alle Aufenthaltsorte Hitlers.

Dreimal hatte ich seit meiner Berufung zum Minister versucht, Hitler zum Beginn eines neuen Jahres meine persönlichen Wünsche zu sagen und jedesmal war die Absicht mißglückt. 1943 wegen einer Vereisung des Flugzeuges, 1944 infolge eines Motorenschadens auf dem Flug von der Eismeerküste auf der Rückreise von der Front.

Zwei Stunden dieses Jahres 1945 waren vergangen, als ich schließlich, über zahlreiche Sperren, in Hitlers Privatbunker eintraf. Ich kam nicht zu spät: Adjutanten, Ärzte, Sekretärinnen, Bormann – sie alle, außer der hohen Generalität des Führerhauptquartiers, waren bei Champagner um Hitler versammelt. In der vom Alkohol aufgelockerten, aber gleichwohl gedämpften Stimmung schien Hitler als der einzige, auch ohne stimulierendes Getränk, trunken und von einer chronischen Euphorie erfaßt.

Obwohl der Beginn eines neuen Jahres die verzweiflungsvolle Lage des vergangenen nicht auslöschte, schien Erleichterung darüber zu herrschen, wenigstens auf dem Kalender neu beginnen zu können. Hitler machte für 1945 optimistische Prognosen: der gegenwärtige Tiefpunkt sei bald überwunden; am Ende würden wir siegreich sein. Die Runde nahm es schweigend auf. Nur Bormann stimmte Hitler begeistert zu. Nach über zwei Stunden, in denen Hitler seinen gläubigen Optimismus verbreitete, sah sich seine Gemeinde, darunter auch ich, trotz aller Skepsis in eine zunehmende Sorglosigkeit versetzt: er verfügte nach wie vor über seine magischen Fähigkeiten. Denn rational waren Überzeugungen nicht mehr herstellbar. Allein die Überlegung, daß Hitler durch die von ihm herangezogene Parallele zur Lage Friedrichs des Großen am Ende des Siebenjährigen Krieges zugab, daß er militärisch vollständig besiegt sei[8], hätte uns ernüchtern müssen. Aber keiner von uns stellte diese Überlegung an.

Drei Tage später, in einer großen Besprechung mit Keitel, Bormann und Goebbels, wurden die irrealen Hoffnungen weiter belebt. Nun sollte eine »Levée en masse« die Wende bringen. Goebbels wurde ausfallend, als ich mich widersetzte und erklärte, daß damit die restlichen Programme in einem derartigen Umfang getroffen würden, daß es dem totalen Zusammenbruch ganzer Fertigungsgruppen gleichkäme[9]. Entgeistert, empört starrte mich

Goebbels an. Dann rief er mit feierlicher Stimme zu Hitler gewandt: »Dann trifft Sie, Herr Speer, die historische Schuld, daß durch einige hunderttausend fehlende Soldaten der Krieg verlorengeht! Warum sagen Sie nicht endlich ja!? Bedenken Sie! Ihre Schuld!« Einen Augenblick standen wir da, unschlüssig, irritiert, steinern – dann entschied Hitler sich für Goebbels und damit für den gewonnenen Krieg.

Der Unterredung folgte eine Rüstungsbesprechung, an der als Gäste Hitlers auch Goebbels und sein Staatssekretär Naumann teilnehmen konnten. Wie seit langem üblich, überging mich Hitler im Verlauf der Diskussion, fragte nicht nach meinem Urteil, sondern wandte sich ausschließlich an Saur. Ich war eher in der Rolle eines stummen Zuhörers. Goebbels meinte nach der Sitzung zu mir, es habe ihn merkwürdig berührt, wie teilnahmslos ich mich von Saur auf die Seite drücken ließe. Aber es handelte sich nur noch um inhaltsloses Gerede. Mit der Ardennen-Offensive war der Krieg zu Ende. Was folgte, war nur noch die von einem wirren und ohnmächtigen Widerstand verzögerte Besetzung des Landes.

Nicht nur ich wich Zusammenstößen aus. Allgemein war im Hauptquartier eine Gleichgültigkeit eingezogen, die nicht allein aus Lethargie, Überarbeitung und Hitlers psychischem Einfluß erklärt werden konnte. Statt der heftigen Zusammenstöße, der Spannungen vergangener Jahre und Monate zwischen den zahlreichen feindlichen Interessen, Gruppen, Cliquen, die um das Wohlwollen Hitlers kämpften und die Verantwortung für die immer häufigeren Niederlagen zwischen sich hin- und herschoben, herrschte nun eine uninteressierte Stille, die bereits das Ende vorwegnahm. Als es beispielsweise in diesen Tagen Saur gelang, Himmler als »Chef der Heeresrüstung« durch General Buhle zu ersetzen[10], wurde dieser Schritt, der eine Teilentmachtung Himmlers bedeutete, kaum bemerkt. Es gab im eigentlichen Sinne keine Arbeitsatmosphäre mehr; die Ereignisse hinterließen keinen Eindruck, da das Bewußtsein des unaufhaltsamen Endes alles andere weit überschattete.

Die Reise an die Front hatte mich über drei Wochen von Berlin ferngehalten, ein Zeichen dafür, daß es nicht mehr möglich war, von der Hauptstadt aus zu regieren. Die chaotischen Gesamtverhältnisse machten die zentrale Lenkung der Rüstungsorganisation immer komplizierter – aber zugleich auch immer nichtssagender.

Am 12. Januar begann im Osten die von Guderian vorausgesagte große sowjetische Offensive; auf breiter Front brach unsere Abwehrlinie zusammen. Auch die über 2000 modernen deutschen Panzer, die im Westen standen, hätten zu diesem Zeitpunkt die Überlegenheit der sowjetischen Truppen nicht mehr beeinträchtigen können.

Einige Tage danach warteten wir im sogenannten Botschaftszimmer der

Reichskanzlei, einem mit Gobelins ausgehängten Vorraum zu Hitlers Arbeitssaal, auf den Beginn der Lagebesprechung. Als Guderian, der sich durch einen Besuch beim japanischen Botschafter Oshima verspätet hatte, eintraf, öffnete ein Diener in einfacher schwarzweißer SS-Uniform die Tür zum Arbeitssaal Hitlers. Über den dicken, handgewobenen Teppich begaben wir uns zu dem Kartentisch an den Fenstern. Die riesige Marmorplatte, aus einem Stück gearbeitet, stammte aus Österreich und zeigte auf hellrotem Grund in einem gelblichen Weiß Schnitte durch eine Korallenbank. Wir stellten uns an der Fensterseite auf, Hitler saß uns gegenüber.

Die deutsche Armee in Kurland war hoffnungslos abgeschnitten. Guderian versuchte, Hitler davon zu überzeugen, daß diese Position aufgegeben und die Armee über die Ostsee abtransportiert werden solle. Hitler widersprach, wie immer, wenn es sich darum handelte, einem Rückzug zuzustimmen. Guderian gab nicht nach, Hitler beharrte, die Tonart steigerte sich, und schließlich stellte sich Guderian Hitler mit einer Deutlichkeit entgegen, wie sie in diesem Kreis gänzlich ungewohnt war. Wahrscheinlich befeuert von den Wirkungen des Alkohols, den er bei Oshima zu sich genommen hatte, streifte er alle Hemmungen ab. Mit blitzenden Augen und wahrhaft gesträubtem Schnurrbart stand er Hitler, der ebenfalls aufgestanden war, am großen Marmortisch gegenüber: »Es ist einfach unsere Pflicht, diese Menschen zu retten! Noch haben wir Zeit, sie abzutransportieren«, rief Guderian herausfordernd. Verärgert und aufs äußerste gereizt, hielt Hitler ihm entgegen: »Sie werden dort weiterkämpfen! Diese Gebiete können wir nicht aufgeben!« Guderian blieb hartnäckig: »Aber es ist nutzlos«, widersprach er empört, »dort in dieser sinnlosen Weise Menschen zu opfern. Es ist höchste Zeit! Wir müssen diese Soldaten sofort einschiffen!«

Was niemand für möglich gehalten hatte, trat ein. Hitler zeigte sich durch diesen vehementen Angriff sichtlich eingeschüchtert. Strenggenommen konnte er diese, vor allem vom Tonfall Guderians bewirkte Einbuße an Prestige nicht hinnehmen. Zu meinem Erstaunen jedoch verlegte er sich auf militärische Gründe, behauptete, ein Rückzug auf die Häfen müsse eine allgemeine Desorganisation auslösen und zu höheren Verlusten führen, als wenn die Verteidigung fortgesetzt würde. Noch einmal wies Guderian energisch darauf hin, daß der Rückzug taktisch bis in die Einzelheiten ausgearbeitet und durchaus möglich sei. Aber es blieb bei Hitlers Entscheidung.

Handelte es sich um Symptome des Autoritätszerfalls? Hitler hatte nach wie vor das letzte Wort gesprochen, niemand empört den Saal verlassen, keiner erklärt, daß er nun die Verantwortung nicht mehr übernehmen könne. Das war der Grund, weshalb Hitlers Prestige am Ende doch unbeschädigt blieb, obwohl wir für einige Minuten über die Verletzung des Hoftons geradezu starr gewesen waren. Zeitzler hatte zurückhaltender widersprochen, bei ihm waren auch noch im Widerspruch Verehrung und Loyalität spürbar geblieben. Zum ersten Mal aber war es jetzt im großen Kreis zu einer offenen

Auseinandersetzung gekommen; geradezu greifbar war die Distanz geworden, Welten hatten sich aufgetan. Zwar hatte Hitler sein Gesicht gewahrt. Das war sehr viel. Zugleich jedoch war es sehr wenig.

Angesichts des schnellen Vormarsches der sowjetischen Armeen schien es mir ratsam, nochmals in das schlesische Industrierevier zu fahren, um festzustellen, ob meine Anordnungen zur Erhaltung der Industrie nicht durch untergeordnete Organe umgestoßen worden seien. Als ich am 21. Januar 1945 in Oppeln mit dem neu ernannten Oberbefehlshaber der Heeresgruppe, Feldmarschall Schörner, zusammentraf, bestand diese, wie er mir mitteilte, nur noch dem Namen nach: Panzer und schwere Waffen waren im Verlauf der verlorenen Schlacht zugrunde gegangen. Niemand wußte, wie weit die Sowjets bereits in Richtung auf Oppeln vorgestoßen waren; jedenfalls reisten die Offiziere des Hauptquartiers ab, in unserem Hotel blieben nur wenige Schlafgäste zurück.

In meinem Zimmer hing eine Radierung von Käthe Kollwitz, »La Carmagnole«: eine johlende Menge tanzt mit haßverzerrtem Gesicht um eine Guillotine; nur etwas abseits, auf dem Boden, kauert eine weinende Frau. In der verzweiflungsvollen Lage des endenden Krieges sah auch ich mich von zunehmender Sorge erfaßt. Durch den unruhigen Halbschlaf geisterten die unheimlichen Gestalten der Radierung. Angstvorstellungen über ein schlimmes eigenes Ende, am Tage verdrängt oder in Aktivität erstickt, kamen zum Vorschein, bedrückend wie nie zuvor. Sollte das Volk sich in Wut und Enttäuschung gegen seine ehemaligen Führer erheben und sie umbringen, wie es das Bild darstellte? Im engeren Kreis, unter Freunden und Bekannten, war gelegentlich über die düstere eigene Zukunft gesprochen worden. Milch pflegte zu versichern, daß die Gegner mit dem Führungspersonal des Dritten Reiches kurzen Prozeß machen würden. Ich selbst teilte seine Ansicht.

Aus den Beklemmungen dieser Nacht wurde ich durch einen Telefonanruf meines Verbindungsmannes zu Hitler, Oberst von Below, gerissen. Ich hatte Hitler bereits am 16. Januar dringlich darauf hingewiesen, daß, nach der Abschnürung des Ruhrgebietes vom übrigen Reich, der Verlust Oberschlesiens einen schnellen wirtschaftlichen Zusammenbruch nach sich ziehen müßte. In einem Fernschreiben hatte ich Hitler nochmals auf die Wichtigkeit Oberschlesiens hingewiesen und gebeten, der Heeresgruppe Schörner »mindestens 30 bis 50 Prozent der Rüstungsproduktion des Januar« zuzuführen[11].

Ich wollte damit gleichzeitig Guderian unterstützen, der von Hitler immer noch den Abbruch der offensiven Bemühungen im Westen verlangte und die wenigen, noch vorhandenen Panzergruppen im Osten eingesetzt sehen wollte. Zugleich hatte ich darauf hingewiesen, »daß der Russe eng aufgeschlossen, bei dem jetzigen Schneewetter weithin sichtbar, sorglos seinen Nachschub durchführt. Nachdem der Einsatz deutscher Jäger im Westen kaum noch eine spürbare Erleichterung bringt, wird es vielleicht gut sein, diese hier noch hochgeschätzte Waffe konzentriert einzusetzen.« Nun teilte mir Below mit, daß Hitler meine Bemerkung mit einem sarkastischen Lachen als treffend bezeichnet, jedoch nichts veranlaßt habe. Hielt Hitler den Westen für seinen eigentlichen Gegner? Empfand er Solidarität oder gar Sympathie mit dem Regime Stalins? Mir fiel manche frühere Bemerkung ein, die in diesem Sinne gedeutet werden konnte und für sein Verhalten in diesen Tagen den motivierenden Hintergrund gebildet haben mag.

Am nächsten Tag versuchte ich, meine Reise nach Kattowitz, in das Zentrum des schlesischen Industrierevicrs, fortzusetzen, gelangte aber nicht mehr bis dorthin. In einer Kurve stieß ich bei Glatteis mit einem schweren Lastwagen zusammen, mein Brustkorb zerbrach das Steuerrad, verbog sogar die Lenksäule und ich saß, nach Luft ringend, auf der Treppe eines Dorfgasthauses, bleich und verstört: »Sie sehen aus wie ein Minister nach einem verlorenen Krieg«, meinte Poser. Das Auto war nicht mehr fahrtüchtig, ein Sanitätswagen brachte mich zurück; die Weiterfahrt mußte aufgegeben werden. Als ich wieder auf den Beinen war, konnte ich wenigstens bei meinen Mitarbeitern in Kattowitz telefonisch feststellen, daß alle Vereinbarungen, die wir getroffen hatten, befolgt wurden.

Auf der Rückfahrt nach Berlin führte mich Hanke, Gauleiter in Breslau, durch das alte Gebäude des Oberpräsidiums, das einst von Langhans erbaut und erst kürzlich renoviert worden war. »Nie werden die Russen das hier bekommen«, rief er pathetisch, »lieber brenne ich es nieder!« Ich erhob Einwände, aber Hanke beharrte. Ihm war ganz Breslau gleichgültig, falls es dem Gegner in die Hand fiel. Doch schließlich gelang es mir, ihn von der kunsthistorischen Bedeutung zumindest dieses Baues zu überzeugen und ihm seinen Vandalismus auszureden[12].

Wieder in Berlin, legte ich Hitler zahllose Fotos vor, die ich während meiner Reise von dem Elend der Flüchtlinge hatte aufnehmen lassen. Ich hegte die vage Hoffnung, daß das Bild der Fliehenden – Frauen, Kinder, Greise –, die bei starker Kälte einem elenden Schicksal entgegengingen, Hitler rühren könnte. Ich glaubte, ihn vielleicht bewegen zu können, den ungehinderten Vormarsch der Russen wenigstens durch Verringerung der Truppen im Westen zu verlangsamen. Als ich jedoch Hitler diese Fotos vorlegte, schob er sie energisch zur Seite. Es war nicht erkennbar, ob sie ihn nicht mehr interessierten oder ihn zu sehr trafen.

Am 24. Januar 1945 suchte Guderian Außenminister v. Ribbentrop auf. Er erläuterte ihm die militärische Lage und erklärte dann bündig, daß der Krieg verloren sei. Ängstlich lehnte v. Rippentrop jede eigene Stellungnahme ab und versuchte, sich aus der Affäre zu ziehen, indem er sofort Hitler mit dem Ausdruck der Verwunderung darüber informierte, daß der Generalstabschef sich eine eigene Auffassung über die Kriegslage gebildet hatte. Erregt erklärte Hitler zwei Stunden später in der Lagebesprechung, daß er defätistische Äußerungen dieser Art in Zukunft mit aller Schärfe ahnden werde. Jeder seiner Mitarbeiter habe nur das Recht, sich an ihn unmittelbar zu wenden: »Verallgemeinerungen und Schlußfolgerungen über die Gesamtlage verbitte ich mir auf das entschiedenste! Das bleibt meine Angelegenheit! Wer in Zukunft einem anderen gegenüber behauptet, daß der Krieg verloren ist, wird als Landesverräter behandelt, mit allen Folgen für ihn und seine Familie. Ich werde ohne Rücksicht auf Rang und Ansehen durchgreifen!«

Niemand wagte ein Wort. Schweigend hatten wir zugehört, ebenso schweigend verließen wir den Raum. Von nun an erschien zur Lage des öfteren ein zusätzlicher Gast. Er hielt sich ganz im Hintergrund, seine Gegenwart allein war überaus wirkungsvoll: es war der Chef der Gestapo, Ernst Kaltenbrunner.

Angesichts der Drohungen Hitlers und seiner zunehmenden Unberechenbarkeit sandte ich drei Tage später, am 27. Januar 1945, den dreihundert wichtigsten Mitarbeitern meiner Organisation aus der Industrie einen abschließenden Bericht über unsere Rüstungsarbeit während der vergangenen drei Jahre. Auch ließ ich meine ersten architektonischen Mitarbeiter kommen und bat sie, Fotografien von unseren Entwürfen einzusammeln und sicherzustellen. Ich hatte wenig Zeit, auch nicht die Absicht, sie in meine Sorgen und Empfindungen einzuweihen. Aber sie verstanden: das war der Abschied von der Vergangenheit.

Am 30. Januar 1945 ließ ich von meinem Verbindungsoffizier, von Below, Hitler eine Denkschrift überreichen. Es war Zufall, daß sie das Datum des 12. Jahrestages der »Machtübernahme« trug. Ich erklärte der Sache nach, daß der Krieg auf dem Gebiet von Wirtschaft und Rüstung zu Ende sei und in dieser Lage Ernährung, Hausbrand und Elektrizität den Vorrang hätten gegenüber Panzern, Flugmotoren und Munition.

Um Hitlers übertriebene Behauptungen über zukünftige Rüstungsleistungen im Jahre 1945 zu widerlegen, fügte ich der Denkschrift eine Liste der in den nächsten drei Monaten zu erwartenden Restproduktion an Panzern, Waffen und Munition bei. Die Denkschrift schloß: »Nach dem Verlust von Oberschlesien wird die deutsche Rüstung nicht mehr in der Lage sein, auch nur im entferntesten die Bedürfnisse der Front an Munition, Waffen und Panzern ... zu decken. Das materielle Übergewicht des Gegners ist danach auch nicht mehr durch die Tapferkeit unserer Soldaten auszugleichen.« Immer wieder hatte Hitler in der Vergangenheit behauptet, daß unsere Unterlegenheit von dem Augenblick an, da der deutsche Soldat auf deutschem Boden um den Besitz seiner Heimat kämpfte, durch Wunder an Tapferkeit ausgeglichen werde. Darauf wollte meine Denkschrift antworten.

Nachdem Hitler meine Denkschrift erhalten hatte, ignorierte er mich und übersah auch meine Anwesenheit während der Lagebesprechung. Erst am

5. Februar befahl er mich zu sich. Er verlangte, daß auch Saur mitkomme. Nach allem, was vorausgegangen war, machte ich mich auf einen unerfreulichen Zusammenstoß gefaßt. Aber schon, daß er uns im intimen Arbeitszimmer der Kanzlerwohnung empfing, deutete an, daß er die angedrohten Konsequenzen nicht anzuwenden gedachte. Er ließ Saur und mich nicht stehen, wie es seiner Art entsprach, wenn er seinen Unwillen zum Ausdruck bringen wollte, sondern bot uns sehr freundlich die plüschbezogenen Sessel an. Dann wandte er sich an Saur, seine Stimme klang gepreßt. Er schien befangen; ich spürte eine gewisse Verlegenheit, den Versuch, meine Widersetzlichkeit einfach zu übersehen und von den Tagesproblemen der Rüstungsfertigung zu sprechen. Betont ruhig erörterte er die Möglichkeiten der nächsten Monate, wobei Saur durch Erwähnung günstiger Details den deprimierenden Eindruck der Denkschrift abmilderte. Sein Optimismus schien nicht ganz unbegründet. Immerhin hatten sich im Laufe des letzten Jahres meine Prognosen nicht selten als irrig erwiesen, da der Gegner die Konsequenzen vermissen ließ, die ich meinen Berechnungen zugrundegelegt hatte.

Ich saß mißmutig dabei, ohne mich an dem Zwiegespräch zu beteiligen. Erst gegen Ende wandte Hitler sich mir zu: »Sie können mir zwar schreiben, wie Sie die Lage in der Rüstung beurteilen, aber ich verbiete es Ihnen, irgendwem sonst darüber Aufschluß zu geben. Es ist Ihnen auch nicht gestattet, von dieser Denkschrift jemandem eine Abschrift zu geben. Was aber Ihren letzten Absatz betrifft« – hier wurde seine Stimme schneidend und kühl – »so etwas« können Sie auch mir nicht schreiben. Diese Schlußfolgerungen hätten Sie sich sparen können. Sie haben mir zu überlassen, welche Konsequenzen ich aus der Rüstungslage ziehe.« Das ganze sagte er, ohne jedes Zeichen einer Erregung, ganz leise, etwas pfeifend durch die Zähne. Es wirkte nicht nur viel bestimmter, sondern auch weitaus gefährlicher als ein Wutausbruch, der am nächsten Tag leicht zurückgenommen werden konnte. Hier aber handelte es sich, das spürte ich ganz deutlich, um das letzte Wort Hitlers. Er verabschiedete uns. Er war kürzer zu mir, herzlicher zu Saur.

Am 30. Januar hatte ich bereits über Poser sechs Ausfertigungen der Denkschrift an sechs Abteilungen des Generalstabs des Heeres geleitet. Um dem Befehl Hitlers formell zu genügen, forderte ich sie jetzt zurück. Gegenüber Guderian und anderen erklärte Hitler, daß er die Denkschrift ungelesen in den Panzerschrank gelegt habe.

Sogleich begann ich, eine neue Denkschrift vorzubereiten. Um Saur, der im Grunde meine Auffassungen über die Situation der Rüstung teilte, festzulegen, verabredete ich mit den Leitern der wichtigsten Hauptausschüsse, daß diesmal Saur die Denkschrift verfassen und unterzeichnen sollte. Bezeichnend für meine damalige Lage war, daß ich das Treffen heimlich nach Bernau verlegte, wo Stahl, der Leiter unserer Munitionserzeugung, ein Werk besaß. Jeder der Teilnehmer an dieser Sitzung versprach, Saur zu einer schriftlichen Wiederholung meiner Bankrotterklärung zu überreden.

Saur wand sich wie ein Aal. Er ließ sich keine schriftliche Erklärung abringen, sagte aber schließlich zu, bei unserer nächsten Besprechung mit Hitler meine pessimistischen Prognosen zu bestätigen. Doch die nächste Besprechung bei Hitler verlief wie immer. Kaum hatte ich berichtet, als Saur auch schon versuchte, den deprimierenden Eindruck auszugleichen. Er erzählte von einer kürzlichen Besprechung mit Messerschmitt und zog auch sofort aus seiner Mappe erste Entwurfsskizzen für einen vierstrahligen Düsenbomber. Obwohl die Herstellung eines Flugzeuges mit einem Einsatzradius bis nach New York auch bei normalen Rüstungsverhältnissen Jahre benötigt hätte, berauschten Hitler und Saur sich an den furchtbaren psychologischen Wirkungen, die ein Bombenangriff in die Straßenschluchten der Wolkenkratzer zur Folge haben müßte.

In den Februar- und Märzwochen des Jahres 1945 deutete Hitler zwar gelegentlich an, daß er auf verschiedenen Wegen Fühlung mit dem Gegner habe aufnehmen lassen, ohne sich jedoch im einzelnen zu erklären. Tatsächlich aber hatte ich den Eindruck, daß er viel eher bemüht war, eine Atmosphäre äußerster und ausweisloser Unversöhnlichkeit zu schaffen. Zur Zeit der Konferenz von Jalta hörte ich, wie er dem Pressereferenten Lorenz Weisungen gab. Unzufrieden über die Reaktion der deutschen Zeitungen verlangte er eine schärfere, aggressivere Tonart: »Diese Kriegshetzer in Jalta müssen beleidigt werden; so beleidigt und angegriffen, daß sie gar keine Möglichkeit haben, dem deutschen Volk ein Angebot zu machen. Es darf auf keinen Fall zu einem Angebot kommen. Diese Bande will das deutsche Volk nur von seiner Führung trennen. Ich habe immer gesagt: Eine Kapitulation kommt nicht noch mal in Frage!« Er zögerte: »Die Geschichte wiederholt sich nicht!« In seiner letzten Rundfunkansprache griff Hitler diesen Gedanken auf und gab »diesen anderen Staatsmännern einmal für immer die Versicherung ab, daß jeder Versuch der Einwirkung auf das nationalsozialistische Deutschland durch Phrasen Wilsonscher Prägung eine Naivität voraussetzt, die das heutige Deutschland nicht kennt«. Von der Pflicht zur kompromißlosen Vertretung der Interessen seines Volkes, so fuhr er fort, könne ihn nur entbinden, der ihn dazu berufen habe. Er meinte den »Allmächtigen«, den er in dieser Rede wiederholt in Anspruch nahm[13].

Mit dem näherrückenden Ende seiner Herrschaft zog sich Hitler, der die Jahre der siegreichen Eroberungen im Kreise der Generalität verbracht hatte, zusehends auf den engsten Zirkel jener Parteigenossen zurück, mit denen er einst seine Laufbahn begonnen hatte. Abend für Abend saß er mit Goebbels, Ley und Bormann für einige Stunden zusammen. Keiner hatte Zutritt, wußte, wovon sie redeten, ob sie ihren Anfängen nachhingen oder dem Ende und was danach sein würde. Ich habe damals vergeblich erwartet, von einem von ihnen wenigstens eine einzige mitfühlende Bemerkung über die Zukunft des besiegten Volkes zu hören. Sie selbst griffen nach jedem Strohhalm, hängten sich an die vagesten Hinweise auf eine Wendung und waren dennoch keineswegs bereit, das Schicksal des ganzen Volkes so wichtig wie das eigene zu nehmen. »Wir überlassen den Amerikanern, Engländern und Russen nur eine Wüste«, war nicht selten der Abschluß ihres Gesprächs über die Lage. Hitler stimmte dem zu, wenn er sich auch nicht so radikal äußerte wie Goebbels, Bormann und Ley. Tatsächlich stellte sich einige Wochen später heraus, daß Hitler radikaler als sie alle war. Während die anderen redeten, verbarg er seine Einstellung hinter der staatsmännischen Pose und gab dann die Befehle zur Vernichtung der Existenzgrundlagen des Volkes.

Als bei einer Lagebesprechung Anfang Februar die Karten das katastrophale Bild unzähliger Durchbrüche und Kesselbildungen zeigten, zog ich Dönitz zur Seite: »Irgendetwas muß doch geschehen«. Auffallend kurz antwortete er: »Ich habe hier nur die Marine zu vertreten. Alles andere ist nicht meine Sache. Der Führer wird wissen, was er tut.«

Es ist bezeichnend, daß der Personenkreis, der sich Tag für Tag um den Lagetisch vor einem erschöpft und störrisch dasitzenden Hitler versammelte, niemals einen gemeinsamen Schritt erwog. Sicherlich war Göring längst korrumpiert und zunehmend entnervt. Zugleich aber zählte er von dem Tage des Kriegsausbruchs an zu den wenigen, die realistisch und illusionslos die Wendung sahen, die Hitler durch diesen Krieg verursacht hatte. Wenn Göring, als der zweite Mann im Staate, zusammen mit Keitel, Jodl, Dönitz, Guderian und mir Hitler ultimativ aufgefordert hätte, uns seine Vorstellungen zu entwickeln, wie er den Krieg zu Ende bringen wolle, wäre Hitler gezwungen worden, sich zu erklären. Nicht nur, daß Hitler seit jeher Konflikte dieser Art scheute; jetzt konnte er sich weniger als je leisten, die Fiktion einer einmütigen Führung aufzugeben.

Etwa Mitte Februar suchte ich eines Abends Göring in Karinhall auf. Ich hatte auf der Lagekarte entdeckt, daß er um den Jagdsitz seine Fallschirmjägerdivision zusammengezogen hatte. Seit langem war er zum Sündenbock für alle Mißerfolge der Luftwaffe geworden, vor allen Offizieren pflegte Hitler ihn in den Lagebesprechungen auf das ausfallendste und beleidigendste anzuklagen. Noch schlimmer müssen die Szenen gewesen sein, die er Göring unter vier Augen machte. Ich konnte, im Vorraum wartend, oft hören, wie Hitler ihn laut mit Vorwürfen überhäufte.

An diesem Abend in Karinhall kam ich Göring zum ersten und einzigen Mal persönlich nahe. An seinem Kamin ließ Göring einen alten Rothschild-Lafitte servieren und befahl dem Diener, uns nicht mehr zu stören. Offen schilderte ich meine Enttäuschung über Hitler, ebenso offen entgegnete Göring, daß er mich gut verstehe und daß es ihm oft ähnlich ergehe. Indessen, ich hätte es leichter als er, denn ich sei bedeutend später zu Hitler gestoßen und könne mich daher auch eher von ihm lösen. Er sei viel enger an Hitler gebunden, viele Jahre gemeinsamer Erlebnisse und Sorgen hätten sie aneinandergekettet – er käme nicht mehr los. Wenige Tage später verlegte Hitler die um Karinhall zusammengezogene Fallschirmjägerdivision an die Front weit südlich von Berlin.

In dieser Zeit deutete mir ein hoher SS-Führer an, daß Himmler entscheidende Schritte vorbereite. Im Februar 1945 hatte der Reichsführer-SS die Führung der Heeresgruppe Weichsel übernommen, aber er hatte so wenig wie seine Vorgänger den Vormarsch der Russen aufhalten können. Hitler richtete nun auch gegen ihn heftige Vorwürfe. So hatte sich das persönliche Ansehen, das ihm noch verblieben war, durch wenige Wochen Frontkommando verbraucht.

Dennoch war Himmler immer noch von allen gefürchtet, und ich fühlte mich unbehaglich, als mein Adjutant mir eines Tages mitteilte, daß sich Himmler für den Abend zu einer Besprechung angesagt habe; das einzige Mal übrigens, daß er zu mir kam. Meine Unruhe wuchs noch, als der neue Chef unseres Zentralamtes, Hupfauer, mit dem ich mehrere Male ziemlich offen gesprochen hatte, aufgeregt mitteilte, daß sich bei ihm zur gleichen Stunde der Chef der Gestapo, Kaltenbrunner, einfinden werde.

Bevor Himmler eintrat, flüsterte mir mein Adjutant zu: »Er ist allein«. Mein Arbeitszimmer war ohne Fensterscheiben; wir ließen sie nicht mehr einsetzen, da sie ohnehin alle paar Tage von den Bomben herausgeblasen wurden. Auf dem Tisch stand eine kümmerliche Kerze, da der elektrische Strom unterbrochen war. In Mäntel gehüllt, saßen wir uns gegenüber. Himmler redete über nebensächliche Dinge, erkundigte sich nach belanglosen Einzelheiten, kam auf die Lage an der Front, und stellte schließlich die geistlose Betrachtung an: »Wenn es bergab geht, gibt es immer einen Talboden und wenn der erst erreicht ist, dann, Herr Speer, geht es wieder nach oben.« Da ich dieser primitiven Philosophie weder zustimmte noch ihr widersprach und überhaupt sehr einsilbig blieb, verabschiedete er sich bald. Er blieb freundlich bis zur Tür, aber auch undurchsichtig. Ich bin nie dahintergekommen, was er von mir wollte, und weshalb Kaltenbrunner zur gleichen Zeit bei Hupfauer aufgetaucht war. Vielleicht hatten sie von meiner kritischen Einstellung gehört und suchten Verbindung aufzunehmen; vielleicht wollten sie uns lediglich aushorchen.

Am 14. Februar schlug ich dem Finanzminister in einem Brief vor, »den gesamten Vermögenszuwachs, der seit dem Jahre 1933 in erheblichem Umfang eingetreten ist, zugunsten des Reiches einzuziehen.« Dieser Eingriff sollte zu einer Stabilisierung der Mark beitragen, deren Kaufwert durch Zwangsmaßnahmen mühsam aufrechterhalten wurde und mit dem Ende des Zwanges zusammenbrechen mußte. Als der Finanzminister, Graf Schwerin-Krosigk, meine Anregung mit Goebbels erörterte, stieß er bei dem von einer solchen Maßnahme besonders betroffenen Minister auf beredten Widerstand.

Aussichtsloser noch war eine andere Idee, die mir heute die zugleich romantische und phantastische Gefühlswelt veranschaulicht, in der ich damals gelebt habe. Ende Januar erörterte ich mit Werner Naumann, dem Staatssekretär im Propagandaministerium, sehr vorsichtig und abtastend die Aussichtslosigkeit der Lage. Ein Zufall hatte uns im Luftschutzkeller des Ministeriums zusammengeführt. In der Annahme, daß wenigstens Goebbels zu Einsicht und Konsequenz fähig sei, entwickelte ich vage den Gedanken eines großen Schlußstrichs: mir schwebte ein gemeinsamer Schritt der Regierung, der Partei und der Oberkommandierenden vor. Unter der Führung Hitlers sollte eine Proklamation ergehen, daß die gesamte Spitze des Reiches bereit sei, sich dem Gegner freiwillig in die Hände zu geben, wenn dafür dem deutschen Volk tragbare Bedingungen für eine Weiterexistenz gegeben wurden. Reminiszenzen der Geschichte, Erinnerungen an den Napoleon, der sich nach dem Zusammenbruch von Waterloo den Engländern ausgeliefert hatte, spielten bei dieser etwas opernhaften Idee mit. Wagnerianismen von Selbstopfer und Erlösung – es war gut, daß es nie dazu kam.

Unter meinen Mitarbeitern aus der Industrie stand mir Dr. Lüschen, Leiter der deutschen Elektroindustrie, Vorstandsmitglied und Entwicklungschef des Siemenskonzerns, persönlich besonders nahe. Der Siebzigjährige, auf dessen Erfahrung ich gerne hörte, sah zwar schwere Zeiten für das deutsche Volk voraus, aber er zweifelte nicht am endlichen Wiederaufstieg.

Anfang Februar besuchte Lüschen mich in meiner kleinen Wohnung im Hinterhaus meines Ministeriums am Pariser Platz, zog ein Blatt aus der Tasche und gab es mir mit den Worten: »Wissen Sie, welcher Satz aus Hitlers ›Mein Kampf‹ jetzt am meisten auf der Straße zitiert wird?«

»Eine Diplomatie hat dafür zu sorgen, daß ein Volk nicht heroisch zu Grunde geht, sondern praktisch erhalten wird. Jeder Weg, der hierzu führt, ist dann zweckmäßig, und sein Nichtbegehen muß als pflichtvergessenes Verbrechen bezeichnet werden.« Er habe dazu ein zweites, passendes Zitat gefunden, setzte Lüschen fort, und übergab mir: »Staatsautorität als Selbstzweck kann es nicht geben, da in diesem Falle jede Tyrannei auf dieser Erde unangreifbar und geheiligt wäre. Wenn durch die Hilfsmittel der Regierungsgewalt ein Volkstum dem Untergang entgegengeführt wird, dann ist die Rebellion eines jeden Angehörigen eines solchen Volkes nicht nur Recht, sondern Pflicht«[14].

Lüschen verabschiedete sich ohne ein Wort und ließ mich mit dem Blatt Papier allein. Unruhig ging ich in meinem Zimmer hin und her. Da war von Hitler selbst ausgesprochen, was ich in den letzten Monaten angestrebt hatte. Es blieb nur noch die Schlußfolgerung: Hitler übte – selbst an seinem politischen Programm gemessen – bewußt Hochverrat am eigenen Volk, das sich seinen Zielen geopfert hatte und dem er alles verdankte; mehr jedenfalls als ich Hitler zu danken hatte.

In dieser Nacht faßte ich den Entschluß, Hitler zu beseitigen. Gewiß blieben meine Vorbereitungen in den Anfängen stecken und haben so einen Anflug des Lächerlichen. Aber zugleich sind sie ein Beleg für den Charakter des Regimes und für die Verformungen im Charakter seiner Akteure. Ein Schauder erfaßt mich noch heute bei dem Gedanken, wohin es mich geführt hatte, der ich einst nichts weiter als Hitlers Baumeister sein wollte. Immer noch saß ich ihm gelegentlich gegenüber, blätterte manchmal sogar mit ihm in den alten Bauplänen – während ich gleichzeitig darüber nachsann, wie das Giftgas zu beschaffen sei, um den Mann aus dem Weg zu räumen, der mich, allen Verstimmungen zum Trotz, noch immer mochte und mir mehr nachsah als jedem anderen. Jahrelang hatte ich in einer Umgebung gelebt, der ein Menschenleben nichts bedeutete; es schien mich nichts anzugehen. Jetzt merkte ich, daß diese Erfahrungen nicht an mir vorbeigegangen waren. Ich war nicht mehr nur in das Dickicht von Täuschungen, Intrige, Niedertracht, Mordbereitschaft verstrickt, sondern war selbst ein Teil dieser pervertierten Welt geworden. Zwölf Jahre hatte ich im Grunde gedankenlos unter Mördern gelebt; nun, im Untergang des Regimes, war ich dabei, ausgerechnet von Hitler den moralischen Anstoß zu einem Mordanschlag auf ihn selber zu erhalten.

Göring hat mich im Nürnberger Prozeß verhöhnt und mich einen zweiten Brutus genannt. Auch wurde mir von einigen der Angeklagten der Vorwurf gemacht: »Sie haben den Eid gebrochen, den Sie dem Führer leisteten.« Aber diese Eidesberufung war ohne Gewicht und nichts anderes als ein Versuch, sich der Verpflichtung zum selbständigen Denken zu entziehen. Wenn nichts sonst, so entzog Hitler selber ihnen dieses Scheinargument, wie er es mir im Februar 1945 entzogen hatte.

Bei meinen Spaziergängen im Park der Reichskanzlei war mir der Luftschacht für Hitlers Bunker aufgefallen. In einem kleinen Gebüsch lag, zu ebener Erde mit einem schwachen Rost abgedeckt, die Einsaugöffnung. Die eingesaugte Luft wurde durch einen Filter geführt. Wie alle Filter war er allerdings wirkungslos gegen unser Giftgas Tabun.

Ein Zufall ließ mich dem Leiter unserer Munitionsfertigung, Dieter Stahl, persönlich nahekommen. Wegen einer defätistischen Äußerung über das bevorstehende Kriegsende hatte er sich vor der Geheimen Staatspolizei zu verantworten; er bat um meine Hilfe, um einem Verfahren zu entgehen. Da ich den brandenburgischen Gauleiter Stürtz gut kannte, war es gelungen, die Angelegenheit in günstigem Sinne zu erledigen. Etwa Mitte Februar, einige Tage nach dem Besuch Lüschens, saß ich während eines schweren Luftangriffs mit Stahl in einer Kabine unseres Berliner Luftschutzraumes zusammen. Die Situation trug zur Offenheit des Gesprächs bei. Wir sprachen in dem nüchternen Raum mit seinen Betonwänden, seiner Stahltür und seinen einfachen Stühlen über die Zustände in der Reichskanzlei und über die Katastrophenpolitik, die dort betrieben wurde. Stahl umklammerte plötzlich meinen Arm und rief: »Es wird furchtbar, furchtbar werden.«

Vorsichtig erkundigte ich mich bei ihm nach dem neuen Giftgas und ob er es beschaffen könne. Stahl ging, obwohl die Frage äußerst ungewöhnlich war, bereitwillig darauf ein. In eine plötzlich entstehende Pause sagte ich: »Es ist das einzige Mittel, den Krieg zu Ende zu bringen. Ich will versuchen, das Gas in den Bunker der Reichskanzlei zu leiten.« Trotz der Vertrauensbeziehung, die zwischen uns entstanden war, war ich im ersten Augenblick selbst erschrocken über meinen Freimut. Doch er war weder konsterniert noch aufgeregt, sondern versprach nüchtern, in den nächsten Tagen schon nach Wegen Ausschau zu halten, um an das Gas heranzukommen.

Nach einigen Tagen teilte mir Stahl mit, daß er Verbindung mit dem Abteilungsleiter Munition im Heereswaffenamt, Major Soyka, aufgenommen habe. Vielleicht bestünde eine Möglichkeit, Gewehrgranaten, die in Stahls Fabrik hergestellt wurden, für Giftgasversuche umzubauen. Tatsächlich hatte jeder mittlere Angestellte der Giftgas-Fabriken leichteren Zugang zu Tabun als der Munitionsminister oder der Hauptausschußleiter Munition. Im Verlauf unserer Gespräche stellte sich überdies heraus, daß Tabun nur durch eine Explosion wirksam werde. Damit war es nicht verwendbar, da eine Explosion die dünnwandigen Luftkanäle zerrissen hätte. Unterdessen war es wohl Anfang März geworden. Ich verfolgte meine Absicht weiter, denn sie schien das einzige Mittel zu sein, nicht nur Hitler, sondern während einer der nächtlichen Gesprächsstunden gleichzeitig Bormann, Goebbels und Ley aus dem Weg zu räumen.

Stahl glaubte, mir bald eine der herkömmlichen Gasarten beschaffen zu können. Seit dem Bau der Reichskanzlei war ich mit dem Cheftechniker der Reichskanzlei, Henschel, bekannt; ihm suggerierte ich, daß die Luftfilter zu lange in Gebrauch seien und einer Erneuerung bedürften; denn Hitler hatte sich in meiner Gegenwart schon gelegentlich über die schlechte Luft im Bunker beklagt. Viel zu schnell, schneller als ich handeln konnte, baute Henschel die Filteranlage aus, so daß die Bunkerräume schutzlos waren.

Aber selbst wenn wir das Gas schon beschafft gehabt hätten, wären diese Tage nutzlos verstrichen. Denn als ich um diese Zeit unter einem Vorwand den Luftschacht besichtigte, fand ich ein verändertes Bild. Auf den Dächern des gesamten Komplexes waren bewaffnete SS-Posten aufgestellt, Scheinwerfer installiert, und wo sich eben noch in Bodenhöhe der Lüftungsschacht befunden hatte, war unterdessen ein etwa drei bis vier Meter hoher Kamin aufgemauert worden, der den Lufteinlaß unerreichbar machte. Ich war wie vor den Kopf geschlagen. Augenblicklich argwöhnte ich, daß mein Plan entdeckt sei. Tatsächlich aber hatte nur der Zufall eine Rolle gespielt. Hitler, im Ersten Weltkrieg an Giftgas vorübergehend erblindet, hatte den Bau dieses Kamins angeordnet, da Giftgas schwerer als Luft ist.

Im Grunde war ich erleichtert, daß damit mein Plan endgültig vereitelt war. Drei oder vier Wochen lang wurde ich noch von der Angst verfolgt, daß irgend jemand unser Komplott aufdecken könnte; mitunter war ich von der Vorstellung besessen, daß man mir ansehen müßte, was ich vorgehabt hatte. Immerhin war nach dem 20. Juli 1944 das Risiko mit einzukalkulieren, daß die Familie zur Rechenschaft gezogen würde, meine Frau und vor allem unsere sechs Kinder.

Damit war nicht nur dieses Vorhaben unmöglich geworden; der Attentatsplan selber verschwand aus meinen Überlegungen so schnell, wie er gekommen war. Von nun an sah ich meine Aufgabe nicht mehr darin, Hitler zu beseitigen, sondern seine Zerstörungsbefehle zu vereiteln. Auch das erleichterte mich, denn noch immer stand alles nebeneinander: Anhänglichkeit, Rebellion, Loyalität, Empörung. Es wäre mir – unabhängig von aller Angst – immer unmöglich gewesen, Hitler mit der Pistole in der Hand entgegenzutreten. Von Angesicht zu Angesicht war seine suggestive Macht über mich bis zum letzten Tag zu groß.

Die totale Verwirrung meiner Empfindungen kam darin zum Ausdruck, daß ich trotz aller Einsicht in die Amoralität seines Verhaltens ein Gefühl des Bedauerns über seinen unaufhaltsamen Niedergang und den Zusammenbruch seines auf Selbstbewußtsein aufgebauten Daseins nicht unterdrücken konnte. Ihm gegenüber empfand ich von nun an eine Mischung von Abscheu, Mitleid und Faszination.

Außerdem hatte ich Angst: Als ich Mitte März Hitler erneut mit einer Denkschrift gegenübertreten wollte, die das untersagte Thema des verlorenen Krieges wieder aufnahm, hatte ich die Absicht, sie ihm mit einem persönlichen Begleitbrief zu übergeben. In nervöser Schrift und mit dem grünen Stift, der nur dem Minister vorbehalten war, begann ich, ihn zu entwerfen. Der Zufall wollte es, daß ich ihn auf der Rückseite des Blattes niederschrieb, auf dem meine Sekretärin das Zitat aus »Mein Kampf« in der für Hitler bestimmten großen Schrift notiert hatte. Immer noch wollte ich ihm seine eigene Aufforderung zur Rebellion in einem verlorenen Krieg vorhalten.

»Die beiliegende Denkschrift mußte ich schreiben«, fing ich an, »ich bin dazu als Reichsminister für Rüstung und Kriegsproduktion Ihnen und dem deutschen Volk gegenüber verpflichtet.« Hier zögerte ich und stellte den Satz um. Durch eine Korrektur setzte ich das deutsche Volk vor Hitler und fuhr fort: »Ich weiß, daß dieses Schreiben für mich persönlich schwere Konsequenzen haben muß.«

Hier bricht der erhaltene Entwurf ab. Auch an diesem Satz hatte ich eine Änderung vorgenommen. Ich schob alles Hitler zu. Die Änderung war geringfügig: »... für mich persönlich schwere Konsequenzen nach sich ziehen kann.«

29. Kapitel

Die Verdammung

Tätigkeit bedeutete für mich in diesem letzten Stadium des Krieges Ablenkung, Beruhigung. Meinem Mitarbeiter Saur hatte ich es überlassen, sich um die zu Ende gehende Rüstungsproduktion zu kümmern[1]. Ich dagegen verband mich möglichst eng mit den Mitarbeitern der Industrie, um mit ihnen dringende Versorgungsprobleme und den Übergang zur Nachkriegswirtschaft zu besprechen.

Hitler und der Partei bot der Morgenthau-Plan eine willkommene Gelegenheit, der Bevölkerung vor Augen zu führen, daß mit einer Niederlage auch ihr Schicksal endgültig besiegelt sein würde. Weite Kreise ließen sich von dieser Drohung tatsächlich beeinflussen. Wir dagegen hatten längst eine andere Auffassung von der weiteren Entwicklung. Denn ähnliche Ziele wie der Morgenthau-Plan, nur in verschärfter und entschiedener Form, hatten Hitler und seine politischen Vertrauten auch für die besetzten Gebiete verfolgt. Die Erfahrung jedoch zeigte, daß sich in der Tschechoslowakei und in Polen, in Norwegen und in Frankreich Industrien auch gegen die deutsche Absicht wieder entwickelten, da schließlich der Anreiz, sie für eigene Zwecke zu aktivieren, größer war, als die Verranntheiten erbitterter Ideologen. Fing man aber an, die Industrie wieder in Gang zu bringen, so war man auch gezwungen, die volkswirtschaftlichen Grundbedingungen aufrechtzuerhalten, die Menschen zu ernähren, zu kleiden und Löhne zu zahlen.

Dies jedenfalls war der Lauf der Dinge in den besetzten Gebieten gewesen. Die einzige Voraussetzung dafür war nach unserer Ansicht, daß der Produktionsmechanismus annähernd intakt blieb. Meine Tätigkeit gegen Ende des Krieges, vor allem nach dem aufgegebenen Attentatsplan, richtete sich fast ausschließlich darauf, ohne ideologische oder nationale Voreingenommenheit, allen Schwierigkeiten zum Trotz, industrielle Substanz zu retten. Das geschah nicht ohne Widerstand und führte mich weiter auf dem Weg von Lüge, Täuschung, Schizophrenie, den ich beschritten hatte. Im Januar 1945 reichte mir Hitler während einer Lagebesprechung eine ausländische Pressemeldung: »Ich hatte doch befohlen, daß in Frankreich alles zerstört wird! Wie ist es möglich, daß die französische Industrie sich schon nach einigen Monaten wieder ihrer Vorkriegsproduktion nähert?« Er sah mich empört an. »Vielleicht handelt es sich um eine Propagandameldung«, entgegnete ich ihm ruhig. Für falsche Propagandameldungen hatte Hitler Verständnis, und die Angelegenheit war beigelegt.

Im Februar 1945 flog ich noch einmal in das ungarische Erdölgebiet, in das uns noch verbliebene Kohlenrevier Oberschlesiens, in die Tschechoslowakei und nach Danzig. Überall gelang es, die örtlichen Mitarbeiter des Ministeriums auf unsere Linie zu verpflichten und bei den Generalen Verständnis zu finden. Dabei beobachtete ich am Plattensee in Ungarn den Aufmarsch einiger SS-Divisionen, die von Hitler zu einer großangelegten Offensive eingesetzt werden sollten. Der Plan dieser Operation unterlag der größten Geheimhaltung. Um so grotesker wirkte es, daß diese Verbände sich durch ihre Bezeichnungen auf den Uniformen als Elite-Formationen auswiesen. Noch grotesker jedoch als dieser unverhüllte Aufmarsch zu einer Überraschungsoffensive war Hitlers Vorstellung, er werde mit einigen Panzerdivisionen die soeben etablierte sowjetische Macht auf dem Balkan zum Einsturz bringen. Nach seiner Meinung waren die südosteuropäischen Völker nach wenigen Monaten schon der sowjetischen Herrschaft überdrüssig. Nur wenige Anfangserfolge, so redete er sich in der verzweifelten Stimmung dieser Wochen ein, würden alles wenden; es werde gewiß zu einer Volkserhebung gegen die Sowjetunion kommen, und die Bevölkerung werde mit uns gemeinsame Sache gegen den gemeinsamen Feind machen, bis der Sieg errungen sei. Es war phantastisch.

Mein anschließender Besuch in Danzig führte mich in das Hauptquartier Himmlers, des Oberbefehlshabers der Heeresgruppe Weichsel. Er hatte es in Deutsch-Krone in einem bequem eingerichteten Sonderzug aufgeschlagen. Zufällig wurde ich Zeuge, wie er in einem Telefongespräch mit General Weiß alle Argumente, eine verlorene Stellung aufzugeben, stereotyp abschnitt: »Ich habe es Ihnen befohlen. Sie haften mit Ihrem Kopf dafür. Ich lasse Sie persönlich zur Rechenschaft ziehen, wenn die Stellung verlorengeht.«

Doch als ich am nächsten Tag in Preußisch-Stargard General Weiß besuchte, war die Stellung in der Nacht aufgegeben worden. Weiß zeigte sich von den Drohungen Himmlers keineswegs beeindruckt: »Ich setze meine Truppe nicht für unerfüllbare Forderungen ein, die schwere Verluste kosten. Ich tue nur das, was möglich ist.« Die Drohungen Hitlers und Himmlers begannen ihre Wirkung einzubüßen. Auch auf dieser Fahrt ließ ich durch den Fotografen des Ministeriums Bilder von den endlosen Flüchtlingstrecks aufnehmen, die sich in stummer Panik nach Westen bewegten. Hitler weigerte sich erneut, die Fotos anzusehen. Nicht ärgerlich, eher resigniert schob er sie auf dem großen Kartentisch weit auf die Seite.

Auf meiner Reise nach Oberschlesien lernte ich in diesen Tagen in Generaloberst Heinrici einen verständigen Mann kennen, mit dem ich in den letzten Wochen des Krieges noch einmal vertrauensvoll zusammenarbeiten sollte. Damals, Mitte Februar, bestimmten wir, daß die Bahnanlagen, die künftig für die Kohleverteilung nach dem Südosten gebraucht würden, unzerstört bleiben sollten. Gemeinsam besuchten wir ein Bergwerk bei Ribnyk. Die sowjetischen Truppen ließen den Betrieb trotz unmittelbarer Frontnähe weiterarbeiten; auch der Gegner schien unsere Politik des Nichtzerstörens zu respektieren. Die polnischen Arbeiter hatten sich der Wendung der Lage angepaßt, sie arbeiteten mit unverminderter Leistung, in gewissem Sinne als Entgelt für unsere Zusicherung, ihnen ihr Werk zu erhalten, falls sie auf Sabotage verzichteten.

Anfang März fuhr ich in das Ruhrgebiet, um auch dort zu erörtern, was das bevorstehende Ende und der Neubeginn verlangten. Die Sorge der Industriellen galt vor allem den Verkehrswegen: wenn die Kohlengruben und Stahlwerke zwar erhalten blieben, jedoch alle Brücken zerstört würden, sei der Kreislauf von Kohle, Stahl und Walzwerk unterbrochen. Noch am gleichen Tage fuhr ich daher zu Feldmarschall Model[2]. Aufgebracht erzählte er mir, daß Hitler ihm soeben befohlen habe, mit genau bezeichneten Divisionen den Gegner in seiner Flanke bei Remagen anzugreifen und die Brücke wieder in seinen Besitz zu bringen. Resigniert meinte er: »Diese Divisionen sind durch Verlust ihrer Waffen ohne jede Gefechtskraft und haben weniger Kampfwert als eine Kompanie! Im Hauptquartier haben sie wieder einmal keine Ahnung! ... Der Mißerfolg wird dann natürlich mir in die Schuhe geschoben.« Der Unmut über Hitlers Befehle machte Model bereit, meine Vorschläge anzuhören. Er sicherte mir zu, beim Kampf um das Ruhrgebiet die unersetzlichen Brückenbauwerke, besonders die Reichsbahnanlagen, zu schonen.

Um die für die Zukunft verhängnisvollen Zerstörungen von Brücken einzudämmen, vereinbarte ich mit Generaloberst Guderian[3] einen grundsätzlichen Erlaß über »Zerstörungsmaßnahmen im eigenen Land«, der alle Sprengungen, die die »Versorgung der eigenen Bevölkerung verhindern«, untersagen sollte. Unbedingt erforderliche Zerstörungen seien auf ein Mindestmaß zu beschränken, dabei möglichst nur geringfügige Unterbrechungen vorzunehmen. Guderian hatte diese Anordnung bereits auf eigene Verantwortung für den östlichen Kriegsschauplatz erlassen wollen; als er versuchte, Generaloberst Jodl, dem der westliche Kriegsschauplatz unterstand, ebenfalls zur Unterschrift zu veranlassen, sah er sich auf Keitel verwiesen. Keitel jedoch nahm den Entwurf an sich und erklärte, er werde ihn mit Hitler durchsprechen. Das Ergebnis war vorauszusehen: In der nächsten Lagebesprechung erneuerte Hitler die bestehenden, strengen Zerstörungsanordnungen und zeigte sich gleichzeitig über Guderians Vorschlag entrüstet.

Mitte März präsentierte ich Hitler in einer Denkschrift erneut unverhüllt meine Meinung über die in diesem Stadium erforderlichen Maßnahmen. Das Schriftstück verletzte, wie ich wußte, alle in den letzten Monaten von ihm aufgestellten Tabus. Doch hatte ich einige Tage zuvor meine Mitarbeiter aus der Industrie in Bernau zusammengerufen und ihnen erklärt, daß ich mit meiner Person und meinem Kopf dafür einstehen werde, die Betriebe auch bei einer weiteren Verschlechterung der militärischen Lage auf keinen Fall zerstören zu lassen. Gleichzeitig verpflichtete ich nochmals durch Rundschreiben meine Dienststellen, Zerstörungen grundsätzlich zu unterlassen[4].

Um Hitler überhaupt zur Lektüre der Denkschrift zu bewegen, begannen die ersten Seiten noch in gewohntem Ton mit einem Bericht über die Kohleförderung. Schon auf der zweiten Seite jedoch rangierte die Rüstungswirtschaft in einem Katalog an letzter Stelle. Ihr voraus gingen die zivilen Bedürfnisse: Ernährung, Versorgung, Gas und Elektrizität[5]. Unvermittelt fuhr die Denkschrift fort, daß mit »Sicherheit der endgültige Zusammenbruch der deutschen Wirtschaft« in vier bis acht Wochen zu erwarten sei, danach könne »der Krieg auch militärisch nicht fortgesetzt werden«. An die persönliche Adresse Hitlers gewandt, hieß es dann: »Keiner darf den Standpunkt einnehmen, daß an sein persönliches Schicksal auch das Schicksal des deutschen Volkes gebunden ist.« Die vornehmste Pflicht der Führung in diesen letzten Wochen des Krieges müsse es sein, »dem Volke zu helfen, wo es nur irgend geht.« Ich schloß die Denkschrift: »Wir haben kein Recht dazu, in diesem Stadium des Krieges von uns aus Zerstörungen vorzunehmen, die das Leben des Volkes treffen könnten.«

Bis dahin hatte ich Hitlers Zerstörungsabsichten durchweg mit dem unaufrichtigen Optimismus der offiziellen Linie entgegengearbeitet, daß die Betriebe nicht zerstört werden dürften, damit sie »nach der Rückeroberung wieder kurzfristig nutzbar« gemacht werden könnten. Diesem Argument konnte Hitler schlecht widersprechen. Jetzt dagegen erklärte ich zum ersten Mal, daß die Substanz erhalten bleiben müsse, auch »wenn eine Wiedereroberung nicht möglich erscheint... Es kann unmöglich der Sinn einer Kriegsführung in der Heimat sein, so viele Brücken zu zerstören, daß bei den beschränkten Mitteln der Nachkriegszeit Jahre benötigt werden, um dieses Verkehrsnetz wieder aufzubauen... Ihre Zerstörung bedeutet die Beseitigung jeder weiteren Lebensmöglichkeit des deutschen Volkes[6].«

Dieses Mal scheute ich mich, die Denkschrift Hitler unvorbereitet zu übergeben. Er war zu unberechenbar, und eine Kurzschlußreaktion war durchaus denkbar. So gab ich die zweiundzwanzig Seiten lange Ausarbeitung Oberst von Below, meinem Verbindungsoffizier im Führerhauptquartier, mit dem Auftrag, sie in einem geeigneten Moment vorzutragen. Dann ersuchte ich den persönlichen Adjutanten Hitlers, Julius Schaub, mir zu meinem bevorstehenden 40. Geburtstag von Hitler ein Foto mit persönlicher Widmung zu erbitten. Ich war der einzige engere Mitarbeiter Hitlers, der zwölf Jahre lang nie danach gefragt hatte. Jetzt, am Ende seiner Herrschaft und unserer persönlichen Beziehung, wollte ich ihm zu verstehen geben, daß ich ihm zwar Widerstand entgegensetzte und in der Denkschrift ganz offen sein Scheitern konstatierte, daß ich ihn aber nach wie vor verehrte und auf die Auszeichnung eines Widmungsfotos Wert legte. Dennoch war ich unsicher und bereitete alles vor, um mich unmittelbar nach Übergabe der Denkschrift aus seiner Reichweite zu bringen. Noch in derselben Nacht wollte ich in das von sowjetischen Armeen bedrohte Königsberg fliegen; den Vorwand lieferte die übliche Besprechung mit meinen Mitarbeitern über die Vermeidung unnötiger Zerstörungen. Gleichzeitig wollte ich von ihnen Abschied nehmen.

So ging ich am Abend des 18. März in die Lagebesprechung, um mein Papier loszuwerden. Seit einiger Zeit fanden die Besprechungen nicht mehr in dem prunkvollen Arbeitssaal Hitlers statt, den ich vor sieben Jahren entworfen hatte. Endgültig hatte Hitler die Lagebesprechungen in seinen kleinen Arbeitsraum im Tiefbunker verlegt. Mit melancholischer Bitternis meinte er zu mir: »Ach wissen Sie, Herr Speer, Ihre schöne Architektur gibt nicht mehr den richtigen Rahmen für die Lagebesprechungen ab.«

Thema der Lagebesprechung vom 18. März war die Verteidigung des Saargebietes, das von Pattons Armee schwer bedrängt wurde. Wie schon einmal im Falle der russischen Mangangruben wandte Hitler sich plötzlich, um Unterstützung heischend, an mich: »Sagen Sie selbst den Herren, was ein Verlust der Saarkohle für Sie bedeutet!« Spontan entfuhr es mir: »Das würde den Zusammenbruch nur noch beschleunigen.« Verblüfft und verlegen starrten wir uns an. Ich war genauso überrascht wie Hitler. Nach einem peinlichen Schweigen wechselte Hitler das Thema.

Am gleichen Tag meldete der Oberbefehlshaber West, Feldmarschall Kesselring, daß die Bevölkerung beim Kampf gegen die vordringenden amerikanischen Streitkräfte überaus hinderlich in Erscheinung trete. Immer öfter käme es vor, daß sie die eigenen Truppen nicht in die Dörfer lasse. Die Offiziere sähen sich beschworen, die Ortschaften nicht durch Kampfhandlungen zu zerstören. In vielen Fällen habe die Truppe dem verzweifelten Verlangen stattgegeben. Ohne auch nur einen Augenblick über die Folgen nachzudenken, wandte Hitler sich an Keitel, einen Befehl an den Oberbefehlshaber West und die Gauleiter zur Zwangsevakuierung der gesamten Bevölkerung aufzusetzen. Beflissen setzte Keitel sich sofort selbst an einen Tisch in der Ecke, um den Befehl zu formulieren.

Einer der anwesenden Generale redete auf Hitler ein, es sei unmöglich, die Evakuierung von Hunderttausenden durchzuführen. Züge stünden doch gar nicht mehr zur Verfügung. Der Verkehr sei längst vollständig zusammengebrochen. Hitler blieb ungerührt. »Dann sollen sie zu Fuß marschieren!« erwiderte er. Auch das sei nicht zu organisieren, warf der General ein, dazu sei Verpflegung notwendig, der Menschenstrom müsse durch wenig besiedelte Gegenden geleitet werden, auch hätten die Menschen nicht das notwendige Schuhwerk. Er kam nicht zu Ende. Unbeeindruckt wandte Hitler sich ab.

Keitel hatte den Befehl entworfen und trug ihn Hitler vor, der ihn billigte. Er ordnete an: »Die Anwesenheit der Bevölkerung in der feindbedrohten Kampfzone ist für die kämpfende Truppe ebenso belastend wie für die Bevölkerung selbst. Der Führer befiehlt daher folgendes: Westlich des Rheins, bzw. in der Saarpfalz, ist sofort hinter dem Hauptkampffeld beginnend von sämtlichen Bewohnern zu räumen... Rückführung in allgemeiner Richtung nach Südosten auf und südlich der Linie St. Wendel-Kaiserslautern-Ludwigshafen. Einzelheiten regelt Heeresgruppe G. im Benehmen mit den Gauleitern. Die Gauleiter erhalten gleiche Anweisung durch den Leiter der Parteikanzlei. Der Chef OKW gez. Keitel, Generalfeldmarschall[7].«

Niemand erhob Einspruch, als Hitler abschließend sagte: »Rücksicht auf die Bevölkerung können wir nicht mehr nehmen.« Zusammen mit dem Verbindungsmann Bormanns zu Hitler, Zander, verließ ich den Raum; Zander war verzweifelt: »Aber das geht doch nicht! Das gibt doch eine Katastrophe! Nichts ist vorgesorgt.« Impulsiv erklärte ich, daß ich meinen Flug nach Königsberg aufgeben und heute nacht noch nach dem Westen fahren würde.

Die Lage war beendet, Mitternacht vorbei und mein 40. Geburtstag angebrochen. Ich bat Hitler, ihn noch einen Augenblick sprechen zu können. Er ließ den Diener kommen: »Holen Sie das Bild, das ich unterschrieben habe« und händigte mir mit herzlichen Geburtstagswünschen die rote Lederkassette mit dem goldgeprägten Hoheitszeichen aus, in dem er sein silbergerahmtes Foto zu überreichen pflegte. Dankend stellte ich den roten Lederkasten auf dem Tisch ab, um meine Denkschrift herauszuholen. Unterdessen sagte Hitler: »Es fällt mir in letzter Zeit schwer, mit eigener Hand auch nur einige Worte zu schreiben. Sie wissen, wie sie zittert. Oft kann ich kaum mehr meine Unterschrift vollziehen. Was ich da für Sie geschrieben habe, ist sehr unleserlich ausgefallen.« Daraufhin öffnete ich die Kassette, um die Widmung zu lesen. Sie war tatsächlich kaum lesbar, aber ungewöhnlich herzlich gehalten und verband den Dank für meine Arbeit mit der Versicherung anhaltender Freundschaft. Es fiel mir schwer, als Gegengabe nun die Denkschrift zu übergeben, in der ich nüchtern den Zusammenbruch seines Lebenswerkes feststellte.

Hitler nahm sie wortlos entgegen. Um die Verlegenheit des Augenblicks zu überbrücken, unterrichtete ich ihn davon, daß ich noch in dieser Nacht in den Westen fahren würde. Dann verabschiedete ich mich. Noch während ich vom Bunker aus telefonisch Wagen und Fahrer anforderte, wurde ich erneut zu Hitler gerufen: »Ich habe mir überlegt: Es ist besser, wenn Sie einen meiner Wagen nehmen und mein Fahrer Kempka Sie fährt.« Ich widersprach mit Vorwänden. Endlich willigte Hitler ein, daß ich zwar meinen Wagen benutzen könne, Kempka jedoch mich fahren müsse. Mir war etwas unheimlich zumute, denn die Wärme, mit der Hitler mich bei der Übergabe seines Bildes fast bezaubert hatte, war inzwischen wieder verschwunden. Spürbar verstimmt entließ er mich. Ich war schon zur Tür, als er mir, wie, um keine Antwort mehr zuzulassen, sagte: »Diesmal bekommen Sie auf Ihre Denkschrift eine schriftliche Antwort!« In eisigem Ton fügte er, nach kurzem

Innehalten, hinzu: »Wenn der Krieg verlorengeht, wird auch das Volk verloren sein. Es ist nicht notwendig, auf die Grundlagen, die das deutsche Volk zu seinem primitivsten Weiterleben braucht, Rücksicht zu nehmen. Im Gegenteil ist es besser, selbst diese Dinge zu zerstören. Denn das Volk hat sich als das schwächere erwiesen, und dem stärkeren Ostvolk gehört ausschließlich die Zukunft. Was nach diesem Kampf übrigbleibt, sind ohnehin nur die Minderwertigen, denn die Guten sind gefallen[8]!«

Ich war erleichtert, als ich in der frischen Nachtluft am Steuer meines Autos saß, neben mir Hitlers Fahrer und auf dem Rücksitz mein Verbindungsoffizier zum Generalstab, Oberstleutnant v. Poser. Mit Kempka hatte ich schnell verabredet, daß wir uns im Fahren abwechseln wollten. Es war unterdessen etwa halb zwei Uhr morgens geworden, und wenn wir die 500 Kilometer Autobahn bis zum Hauptquartier des Oberbefehlshabers West bei Nauheim noch vor Tage und damit vor dem Auftauchen der Tiefflieger zurücklegen wollten, war Eile notwendig. Das Radio, auf den Sender für unsere Nachtjäger eingestellt, das Quadratnetz auf den Knien: »Nachtjäger in Quadrat... mehrere Moskitos in Quadrat... Nachtjäger in Quadrat...«, verfolgten wir den genauen Stand der gegnerischen Einflüge. Wenn sich uns ein Verband näherte, mußten wir auf Standlicht abblenden und uns langsam am Rande der Straße entlangbewegen. Sobald jedoch unser Quadrat feindfrei war, wurden die großen Zeiß-Scheinwerfer, die zwei Nebellampen, sowie der Suchscheinwerfer voll aufgeblendet, und mit heulendem Kompressor jagten wir über die Autobahn. Der Morgen sah uns noch auf der Strecke, aber tiefliegende Wolken hatten die Flugtätigkeit zum Erliegen gebracht. Im Hauptquartier[9] legte ich mich zunächst einige Stunden schlafen.

Gegen Mittag traf ich mich mit Kesselring, doch unser Gespräch blieb ohne Ergebnis. Er gab sich ganz als Soldat und war nicht geneigt, Hitlers Befehle zu diskutieren. Überraschenderweise dagegen fand ich bei dem Beauftragten der Partei in seinem Stab Verständnis. Auf der Terrasse des Schlosses gingen wir hin und her, als er mir zusicherte, Berichte über das Verhalten der Bevölkerung, die Hitler zu unerwünschten Reaktionen provozieren konnten, in Zukunft nach Möglichkeit zu unterdrücken.

Während eines einfachen Mittagessens mit seinem Stab hatte Kesselring soeben einen kurzen Trinkspruch auf meinen 40. Geburtstag ausgebracht, als plötzlich ein Verband feindlicher Jagdflugzeuge sich mit einem hellen kreischenden Geräusch auf das Schloß stürzte und im gleichen Augenblick auch schon über der Fensterfront die ersten Maschinengewehrgarben einschlugen. Alle warfen sich hin. Nun erst ertönte die Alarmsirene. Gleichzeitig fielen in unmittelbarer Nähe die ersten schweren Bomben. Während es rechts und links von uns einschlug, hasteten wir durch Rauch und Mauerstaub in die Bunker.

Offenbar war die Zentrale der westlichen Verteidigung das Ziel des Angriffs. Die Bombeneinschläge gingen pausenlos weiter. Der Bunker schwankte, erhielt aber keinen Treffer. Als der Angriff vorüber war, setzten wir die Besprechungen, nun zusammen mit dem Saarindustriellen Hermann Röchling, fort. Im Verlauf des Gesprächs machte Kesselring dem über siebzigjährigen Herrn die Eröffnung, daß die Saar in den nächsten Tagen verlorengehen werde. Röchling nahm den bevorstehenden Verlust seiner Heimat und seiner Werke gefaßt, fast gleichgültig auf: »Wir haben die Saar schon einmal verloren und wiedergewonnen. Ich werde trotz meines Alters noch erleben, daß wir sie wieder in Besitz haben werden.«

Unsere nächste Etappe war Heidelberg, wohin inzwischen der Rüstungsstab für den Südwesten Deutschlands verlegt worden war. Ich wollte die Gelegenheit benutzen, meinen Eltern wenigstens einen kurzen Geburtstagsbesuch abzustatten. Tagsüber war die Autobahn wegen der Tiefflieger unbefahrbar; da ich die Nebenstraßen seit meiner Jugend kannte, fuhren Röchling und ich bei warmem, sonnigem Frühlingswetter durch den Odenwald. Zum ersten Mal sprachen wir völlig offen; Röchling, früher ein Verehrer Hitlers, hielt mit seiner Meinung über den sinnlosen Fanatismus der Kriegsfortsetzung nicht zurück. Es war später Abend geworden, als wir Heidelberg erreichten. Die Nachrichten von der Saar lauteten günstig: es waren kaum Vorbereitungen für Zerstörungen getroffen worden. Da nur noch Tage zur Verfügung standen, konnte auch ein Befehl Hitlers kein Unheil mehr anrichten.

Während einer langwierigen Fahrt auf den vom Rückzug verstopften Straßen wurden wir von den müden und mitgenommenen Soldaten ausgiebig beschimpft. Erst nach Mitternacht kamen wir im Quartier der Armee, in einem Weinort der Pfalz, an. Der SS-General Hausser hatte vernünftigere Anschauungen über die Auslegung unsinniger Befehle als sein Oberbefehlshaber. Die befohlene Evakuierung hielt Hausser für undurchführbar, die Brückensprengungen für unverantwortlich. Fünf Monate später fuhr ich als Gefangener auf einem Lastwagen, von Versailles kommend, durch die Saar und die Pfalz; sowohl Bahnanlagen als auch Straßenbrücken waren weitgehend unversehrt.

Der Gauleiter der Pfalz und des Saargebietes, Stöhr, erklärte rundweg, daß er den an ihn ergangenen Evakuierungsbefehl nicht befolgen werde. Es entwickelte sich ein merkwürdiges Zwiegespräch zwischen Gauleiter und Minister: »Wenn Sie die Räumung nicht durchführen und Sie werden dafür vom Führer zur Verantwortung gezogen, dann können Sie sich darauf berufen, daß ich Ihnen sagte, der Befehl sei nicht mehr wirksam.« »Nein, sehr freundlich, aber ich nehme das auf meine Verantwortung.« Ich beharrte: »Aber ich halte gerne meinen Kopf dafür hin.« Stöhr schüttelte den Kopf: »Das tue ich aber. Ich wills auf meine Kappe nehmen.« Es war der einzige Punkt, über den wir uns nicht einigen konnten.

Unser nächstes Ziel war das Hauptquartier Feldmarschall Models, das sich in 200 Kilometer Entfernung im Westerwald befand. In den Morgenstunden tauchten wieder die amerikanischen Tiefflieger auf. Infolgedessen verließen wir die Hauptstraßen und erreichten auf Nebenwegen schließlich ein kleines friedliches Dorf. Nichts deutete darauf hin, daß hier die Befehlszentrale der Heeresgruppe war. Kein Offizier, kein Soldat, kein Auto oder Kradmelder war zu sehen, jeder Autoverkehr bei Tag verboten.

Im Dorfgasthaus setzte ich sogleich mit Model unser Siegburger Gespräch über die Erhaltung der Bahnanlagen im Ruhrgebiet fort. Noch während wir uns unterhielten, reichte ein Offizier ein Fernschreiben herein: »Das betrifft Sie«, meinte Model verlegen und gleichzeitig verwirrt. Ich ahnte Schlimmes.

Es war Hitlers »schriftliche Antwort« auf meine Denkschrift. In allen Punkten bestimmte sie genau das Gegenteil dessen, was ich am 18. März gefordert hatte. »Alle militärischen, Verkehrs-, Nachrichten-, Industrie- und Versorgungsanlagen, sowie Sachwerte innerhalb des Reichsgebietes« sollten danach zerstört werden: es war das Todesurteil für das deutsche Volk, das Prinzip der »Verbrannten Erde« in der denkbar schärfsten Form. Ich selbst wurde in diesem Erlaß entmachtet, alle meine Befehle zur Erhaltung der Industrie wurden ausdrücklich außer Kraft gesetzt. Mit der Durchführung der Zerstörungsmaßnahmen wurden nun die Gauleiter beauftragt[10].

Die Folgen wären unvorstellbar gewesen: auf unabsehbare Zeit kein Strom, kein Gas, kein sauberes Wasser; keine Kohle, kein Verkehr. Alle Bahnanlagen, Kanäle, Schleusen, Docks, Schiffe, Lokomotiven zerstört. Selbst wo die Industrie nicht zerstört worden wäre, hätte sie aus Mangel an Strom, Gas und Wasser nicht produzieren können; keine Vorratshäuser, kein Telefonverkehr – kurz: ein ins Mittelalter zurückversetztes Land.

An dem veränderten Verhalten Feldmarschall Models war zu erkennen, daß meine Lage sich geändert hatte. Er setzte das Gespräch mit einer deutlich spürbaren Distanz fort; jeder weiteren Behandlung unseres eigentlichen Gesprächsgegenstandes, der Erhaltung der Ruhrindustrie, wich er nun erkennbar aus[11]. Verstört und müde legte ich mich in einem Bauernhaus schlafen. Nach einigen Stunden ging ich über die Felder und gelangte auf eine Anhöhe. Unter einem leichten Dunstschleier lag unten das Dorf friedlich in der Sonne. Ich konnte weit über die Hügel des Sauerlandes blicken. Wie war es möglich, so dachte ich, daß ein Mensch dieses Land in eine Wüste verwandeln wollte! Ich legte mich in die Farnkräuter. Alles schien unwirklich. Aber die Erde strömte einen würzigen Duft aus, die Pflanzen kamen mit ihren ersten grünen Spitzen aus dem Boden. Als ich zurückging, war die Sonne im Untergehen. Mein Entschluß war gefaßt. Der Vollzug des Befehls mußte verhindert werden. Ich sagte die für den Abend im Ruhrgebiet festgelegten Besprechungen ab; es war besser, zunächst in Berlin die Lage zu erkunden.

Der Wagen wurde aus dem Gebüsch geholt, trotz lebhafter Flugtätigkeit machte ich mich noch in den Nachtstunden bei abgeblendetem Licht nach Osten. Ich blätterte in meinen Notizen, während Kempka am Steuer saß. Vieles davon betraf Besprechungen der beiden letzten Tage. Unschlüssig ging ich die Seiten durch. Dann begann ich, sie unauffällig zu zerreißen und streute die Fetzen zum Fenster hinaus. Während einer Haltepause fiel mein Blick auf das Trittbrett. Durch den starken Fahrtwind angepreßt, hatten sich dort in einer Ecke die verräterischen Papierschnitzel angesammelt. Heimlich beförderte ich sie in den Straßengraben.

30. Kapitel

Hitlers Ultimatum

Ermüdung versetzt in einen Zustand der Gleichgültigkeit. So war ich keineswegs erregt, als ich am Nachmittag des 21. März 1945 Hitler in der Reichskanzlei begegnete. Er fragte mich kurz nach der Reise, zeigte sich jedoch einsilbig und erwähnte seine »schriftliche Antwort« nicht. Es schien mir nutzlos, ihn darauf anzusprechen. Kempka ließ er, ohne mich dazu zu bitten, über eine Stunde lang berichten.

Gegen Hitlers grundsätzliche Anordnung verstoßend, übergab ich noch am selben Abend Guderian eine Zweitausfertigung meiner Denkschrift. Keitel dagegen verweigerte entsetzt die Annahme, als handle es sich um einen gefährlichen Explosivstoff. Vergebens versuchte ich zu erkunden, unter welchen Begleitumständen der Befehl Hitlers zustandegekommen war. Wie nach der Entdeckung meines Namens auf der Ministerliste des 20. Juli war es kühl um mich geworden. Offensichtlich handelte es sich für Hitlers Umgebung um einen Fall endgültiger Ungnade; in der Tat hatte ich jetzt den Einfluß auf meinen wichtigsten Zuständigkeitsbereich, die Erhaltung der mir unterstellten Industrie, verloren.

Zwei Entscheidungen Hitlers bewiesen mir in diesen Tagen, daß er nun zu äußerster Rücksichtslosigkeit entschlossen war. Im Wehrmachtsbericht vom 18. März 1945 las ich von der Vollstreckung des Todesurteils gegen vier Offiziere, durch deren Schuld die Rheinbrücke bei Remagen nicht rechtzeitig gesprengt worden sein sollte; eben erst hatte mir Model gesagt, daß sie vollkommen unschuldig gewesen seien. Der »Remagenschreck«, wie er genannt wurde, saß vielen Verantwortlichen bis zum Kriegsende in den Gliedern.

Am gleichen Tage erfuhr ich andeutungsweise, daß Hitler die Hinrichtung von Generaloberst Fromm angeordnet hatte. Bereits einige Wochen zuvor hatte mir Justizminister Thierack, völlig unberührt und beiläufig zwischen zwei Gängen eines Essens, erzählt: »Auch Fromm wird bald sein Köpfchen verlieren!« Meine Bemühungen, Thierack an diesem Abend umzustimmen, blieben fruchtlos; er ließ sich nicht im geringsten beeindrucken. Daher richtete ich einige Tage später ein fünfseitiges offizielles Schreiben an ihn, in dem ich den größten Teil der mir bekannt gewordenen Vorwürfe gegen Fromm widerlegte und mich dem Volksgerichtshof als Entlastungszeuge zur Verfügung stellte.

Es handelte sich wohl um ein einmaliges Ersuchen eines Reichsministers;

schon drei Tage später, am 6. März 1945, schrieb mir Thierack kurz angebunden, daß für meine Aussage vor dem Volksgerichtshof die Genehmigung Hitlers erforderlich sei. »Der Führer ließ mir soeben mitteilen«, so fuhr Thierack fort, »daß er Ihnen keineswegs eine Ausnahmegenehmigung in Sachen Fromm erteilen werde. Ich werde daher auch Ihre Erklärung nicht zu den Gerichtsakten geben[1].« Die Vollstreckung des Todesurteils machte auch mir den Ernst meiner Lage klar.

Ich war verstockt: Als Hitler mich am 22. März zu einer seiner Rüstungsbesprechungen bat, ließ ich mich wieder durch Saur vertreten. Seine Niederschrift zeigte, daß sich beide in leichtfertiger Stimmung über die Wirklichkeit hinweggesetzt hatten. Obwohl die Rüstungsproduktion längst an ihr Ende gekommen war, beschäftigten sie sich mit Projekten, als ob das ganze Jahr 1945 noch zur Verfügung stünde. So besprachen sie nicht nur eine ganz irreale Rohstahlproduktion, sondern legten auch fest, daß die 8,8-cm-Pak der Truppe in einer »Höchstzahl« zur Verfügung gestellt sowie die Produktion des 21-cm-Granatwerfers gesteigert werden sollte; sie berauschten sich an der Entwicklung ganz neuer Waffen: eines neuen Spezialgewehrs für Fallschirmjäger, natürlich mit »höchsten Ausstoßzahlen« oder eines neuen Granatwerfers mit dem Überkaliber von 30,5 cm. Auch ein Befehl Hitlers war in diesem Protokoll festgehalten, daß ihm in einigen Wochen fünf neue Varianten zu vorhandenen Panzertypen vorgestellt werden sollten. Überdies wollte er die Wirkung des aus dem Altertum bekannten »griechischen Feuers« erkundet und unsere Strahljäger, die Me 262, schnellstens als Jagdflugzeug umgerüstet wissen. Unfreiwillig bestätigte er damit, welchen taktischen Fehler er eineinhalb Jahre zuvor gegen den Rat aller Experten mit seinem Starrsinn begangen hatte[2].

Am 21. März war ich nach Berlin zurückgekehrt. Drei Tage später wurde mir frühmorgens die Meldung durchgegeben, daß englische Truppen nördlich des Ruhrgebietes in breiter Front, ohne Widerstand zu finden, den Rhein überschritten hätten. Unsere Truppen waren, das wußte ich von Model, ohnmächtig. Noch im September 1944 hatte die Höchstleistung unserer Rüstung ermöglicht, aus Armeen ohne Waffen in kurzer Zeit wieder eine Abwehrfront aufzurichten. Jetzt entfielen solche Möglichkeiten: Deutschland wurde aufgerollt.

Ich setzte mich wieder an das Steuer meines Wagens, um erneut ins Ruhrgebiet zu fahren, dessen Erhaltung die alles entscheidende Frage für die Nachkriegszeit war. In Westfalen, kurz vor unserem Ziel, zwang uns eine Reifenpanne zu einer Pause. Auf einem Gehöft unterhielt ich mich, in der Dämmerung unerkannt, mit den Bauern. Zu meiner Überraschung war das in den letzten Jahren eingehämmerte Vertrauen zu Hitler selbst noch in dieser Situation wirksam: er, Hitler, könne den Krieg nie verlieren, meinten sie,

»der Führer hat noch etwas in Reserve, was er im letzten Augenblick ausspielen wird. Dann kommt die große Wende. Daß er die Gegner so weit zu uns hereinläßt, das ist doch nur eine Falle!« Selbst in der Regierung traf man diesen naiven Glauben an absichtlich zurückgehaltene, den sorglos ins Land vorgestoßenen Gegner erst im letzten Augenblick vernichtende Wunderwaffen. Funk beispielsweise fragte mich um diese Zeit: »Wir haben doch noch eine besondere Waffe, nicht wahr? Eine Waffe, die alles wendet?«

Noch in der Nacht begannen die Besprechungen mit Dr. Rohland, dem Leiter des Ruhrstabes und seinen wichtigsten Mitarbeitern. Ihr Bericht war erschreckend. Die drei Gauleiter des Ruhrreviers waren entschlossen, den Zerstörungsbefehl Hitlers durchzuführen. Hörner, einer unserer technischen Mitarbeiter, der unglücklicherweise gleichzeitig Leiter des technischen Amtes der Partei war, hatte auf Befehl der Gauleiter einen Zerstörungsplan aufgestellt. Bedauernd, aber an Gehorsam gewöhnt, erläuterte er mir die Einzelheiten seines Konzepts, das, fachmännisch richtig, die Industrie an der Ruhr auf unabsehbare Zeit ausschalten mußte: selbst die Kohlenschächte sollten absaufen und durch Zerstörung der Förderanlagen ihre Wiederherstellung auf Jahre unmöglich gemacht werden. Durch die Versenkung von Lastschiffen mit Zementladung sollten die Verschiffungshäfen der Ruhr und zugleich die Wasserstraßen blockiert werden. Schon am nächsten Tag wollten die Gauleiter mit den ersten Sprengungen beginnen, da die gegnerischen Truppen schnell in den Norden des Ruhrgebietes vorstießen. Allerdings hatten sie so wenig Transportmittel, daß sie auf die Hilfe meiner Rüstungsorganisation angewiesen waren. Sprengstoff, Sprengkapseln und Zündschnüre hofften sie reichlich in den Bergwerken zu finden.

Rohland bestellte unverzüglich etwa zwanzig zuverlässige Vertreter der Kohlenbergwerke nach dem Thyssen-Schloß Landsberg, dem Sitz des Ruhrstabes. Nach kurzer Beratung wurde, als handele es sich um eine der selbstverständlichsten Angelegenheiten, gemeinsam beschlossen, Sprengstoff, Sprengkapseln und Zündschnüre in den »Sumpf« der Bergwerke zu werfen und dadurch unbrauchbar zu machen. Ein Mitarbeiter wurde angewiesen, alle Kraftwagen, die uns unterstanden, mit den geringen Treibstoffvorräten aus dem Ruhrgebiet herauszuziehen. Notfalls sollten Wagen und Treibstoff der kämpfenden Truppe zur Verfügung gestellt werden, womit sie dem zivilen Sektor endgültig entzogen worden wären. Schließlich versprach ich Rohland und seinen Mitarbeitern, zur Sicherung der Kraftwerke und anderer wichtiger Industrieanlagen gegen Zerstörungstrupps der Gauleiter aus unserer Restproduktion fünfzig Maschinenpistolen. In der Hand entschlossener Männer, die ihren Betrieb verteidigten, stellten sie damals eine beachtliche Kraft dar, denn Polizei und Parteifunktionäre hatten erst vor kurzem ihre Waffen an das Heer abgeben müssen. Wir sprachen in diesem Zusammenhang sogar von offener Revolte.

Die Gauleiter Florian, Hoffmann und Schlessmann waren im Dorf

Rummenohl bei Hagen versammelt. Gegen alle Verbote Hitlers versuchte ich sie am nächsten Tag noch einmal zu überreden. Es entwickelte sich eine hitzige Auseinandersetzung mit dem Düsseldorfer Gauleiter Florian, der dem Sinne nach meinte: Wenn der Krieg verloren sei, dann nicht durch Fehler Hitlers oder der Partei, sondern durch die Schuld des deutschen Volkes. Eine derartige Katastrophe würden ohnehin nur armselige Kreaturen überleben. Hoffmann und Schlessmann ließen sich, anders als Florian, schließlich überzeugen. Aber Führerbefehle müßten befolgt werden, äußerten sie, und niemand nähme ihnen die Verantwortung ab. Sie waren ratlos, um so mehr als Bormann unterdessen einen neuen Befehl Hitlers an sie übermittelt hatte, der den Erlaß zur Zerstörung der Lebensgrundlagen des Volkes weiter verschärfte[3]. Hitler ordnete noch einmal an, daß »alle Gebiete, die wir zur Zeit nicht halten können, sondern deren Besetzung durch den Feind vorauszusehen ist, zu räumen« seien. Um alle Gegenargumente abzuschneiden, hieß es weiter: »Die ungeheuren Schwierigkeiten, die mit dieser Forderung verknüpft sind, sind dem Führer nach vielfacher Schilderung geläufig. Die Forderung des Führers beruht auf genauen, triftigen Erwägungen. Über die Unerläßlichkeit der Räumung ist gar nicht zu diskutieren.«

Die befohlene Evakuierung von Millionen aus den Gebieten westlich des Rheines und des Ruhrgebietes, aus den Mannheimer und den Frankfurter Bevölkerungszentren konnte nur noch in dünnbesiedelte Gegenden vorgenommen werden, vor allem in die Thüringens und der Elbe-Niederungen. Die ungenügend gekleidete und ernährte Stadtbevölkerung sollte ein Land ohne sanitäre Vorsorge, ohne Unterkünfte und Nahrungsmittel überschwemmen. Hungersnot, Seuchen und Elend waren unvermeidlich.

Die versammelten Gauleiter waren sich einig, daß die Partei keine Möglichkeit mehr hätte, diese Befehle durchzusetzen. Nur Florian verlas nun zur Überraschung aller den Text eines enthusiastischen Aufrufes an die Parteifunktionäre Düsseldorfs, den er plakatieren lassen wollte: Alle noch erhaltenen Gebäude der Stadt sollten bei Annäherung des Feindes in Brand gesteckt, alle Bewohner evakuiert werden: der Gegner sollte in eine ausgebrannte, menschenleere Stadt einziehen[4].

Die zwei anderen Gauleiter waren inzwischen unsicher geworden. Sie stimmten meiner Auslegung des Führerbefehls zu, demzufolge die Produktion im Ruhrgebiet nach wie vor für die Rüstung wichtig sei, zumal wir auf diese Weise gerade im Kampf um die Ruhr der Truppe unmittelbar Munition zuführen konnten. Die Zerstörung der Elektrizitätswerke, die am nächsten Tag begonnen werden sollte, wurde daraufhin hinausgeschoben, der Zerstörungsbefehl in einen Lähmungsbefehl umgewandelt.

Sogleich anschließend suchte ich Feldmarschall Model in seinem Hauptquartier auf. Er zeigte sich bereit, die Kämpfe nach Möglichkeit außerhalb des Industriegebietes zu führen, dadurch Sprengungen auf ein Minimum zu verringern und keine Zerstörungen in den Industriewerken zu befehlen[5]. Im übrigen versprach er, in den nächsten Wochen mit Dr. Rohland und seinen Mitarbeitern enge Fühlung zu halten.

Durch Model erfuhr ich, daß amerikanische Truppen sich inzwischen im Vormarsch auf Frankfurt befänden, eine genaue Frontlinie nicht mehr festzustellen sei und das Hauptquartier Kesselrings noch in dieser Nacht weit nach Osten verlegt werden würde. Etwa um drei Uhr morgens kamen wir in Kesselrings altem Hauptquartier bei Nauheim an; ein Gespräch mit seinem Stabschef, General Westphal, ergab, daß auch er den Zerstörungserlaß schonend auslegen würde. Da selbst der Stabschef des Oberbefehlshabers West keine Auskunft geben konnte, wie weit der Gegner in der Nacht vorgedrungen war, fuhren wir auf östlichen Umwegen durch den Spessart und Odenwald nach Heidelberg und kamen dabei durch das kleine Städtchen Lohr. Unsere Truppen waren bereits abgezogen, eine eigentümlich erwartungsvolle Stimmung lag auf den ausgestorbenen Straßen und Plätzen. An einer Kreuzung stand ein einsamer Soldat mit ein paar Panzerfäusten. Er sah mich überrascht an. »Auf was warten Sie denn da?« fragte ich ihn. »Auf die Amerikaner«, erwiderte er. »Und was machen Sie, wenn die Amerikaner kommen?« Er zögerte nicht lange: »Dann mache ich mich rechtzeitig aus dem Staube!« So wie hier hatte ich überall den Eindruck, daß man den Krieg als beendet ansah.

In Heidelberg lagen im Rüstungsstab für Baden und Württemberg bereits die Befehle des Gauleiters von Baden, Wagner, der das Wasser- und Gaswerk meiner Heimatstadt wie das aller anderen Städte Badens zerstören wollte. Für ihre Verhinderung fanden wir eine verblüffend einfache Lösung: Wir fertigten sie zwar schriftlich aus, übergaben aber die Briefe dem Briefkasten einer Stadt, die in Kürze vom Gegner besetzt werden mußte.

Der Amerikaner hatte bereits das nur zwanzig Kilometer entfernte Mannheim genommen und befand sich in langsamem Vormarsch auf Heidelberg. Nach einer nächtlichen Besprechung mit dem Heidelberger Oberbürgermeister, Dr. Neinhaus, bat ich als letzten Dienst an meiner Heimatstadt den mir schon von der Saar her bekannten SS-General Hausser, Heidelberg zur Lazarettstadt zu erklären und sie kampflos zu übergeben. In der frühen Morgendämmerung nahm ich von meinen Eltern Abschied. Auch sie hatten in den letzten Stunden unseres Zusammenseins diese unheimliche Ruhe und Gefaßtheit, die das leidende Volk ergriffen hatte. Als ich abfuhr, standen beide an der Haustür; mein Vater eilte noch einmal an das Auto, sah mir mit einem letzten Händedruck wortlos in die Augen. Wir ahnten, daß wir uns nie mehr wiedersehen sollten.

Rückziehende Truppen ohne Waffen und ohne Gerät verstopften die Straße nach Würzburg. Ein Wildschwein hatte sich im morgendlichen Zwielicht aus dem Wald gewagt und wurde von Soldaten mit viel Lärm gejagt. In Würzburg suchte ich Gauleiter Hellmuth auf, der mich an seiner gutbestellten Frühstückstafel teilnehmen ließ. Während wir Landwürsten und Eiern zusprachen, erklärte der Gauleiter mit größter Selbstverständlichkeit, daß er zur Durchführung des Hitlerschen Erlasses die Zerstörung der Schweinfurter Kugellagerindustrie angeordnet habe; die Vertreter der Werke und der Parteistellen warteten bereits in einem anderen Raume auf seine Befehle. Der Plan war gut ausgedacht: Die Ölbäder der Spezialmaschinen sollten in Brand gesteckt werden; damit wurden, nach den Erfahrungen der Fliegerangriffe, die Maschinen unbrauchbarer Schrott. Er war zunächst nicht zu überzeugen, daß derartige Zerstörungen Unsinn seien und richtete die Frage an mich, wann denn der Führer die entscheidende Wunderwaffe einsetze. Er habe Informationen über Bormann und Goebbels aus dem Hauptquartier, wonach dieser Einsatz unmittelbar bevorstehe. Wie schon so oft mußte ich auch ihm erklären, daß eine Wunderwaffe nicht existiere. Ich wußte, daß der Gauleiter zu der Gruppe der Vernünftigen gehörte und forderte ihn daher auf, den Vernichtungsbefehl Hitlers nicht durchzuführen. Ich fuhr fort, daß es angesichts dieser Lage sinnlos sei, durch Sprengungen von Industrieanlagen und Brücken dem Volk die unbedingt notwendige Lebensgrundlage zu nehmen.

Ich erwähnte deutsche Truppenmassierungen, die östlich von Schweinfurt zusammengezogen würden, um im Gegenstoß das Zentrum unserer Rüstungsproduktion zurückzuerobern; womit ich nicht einmal log, da die oberste Führung einen baldigen Gegenangriff in der Tat plante. Das alte, viel bewährte Argument, daß Hitler seinen Krieg ohne Kugellager nicht fortsetzen könne, tat endlich seine Wirkung. Der Gauleiter, ob überzeugt oder nicht, war nicht bereit, die historische Schuld zu übernehmen, alle Siegesaussichten durch die Zerstörung der Schweinfurter Fabriken zunichte zu machen.

Nach Würzburg klarte das Wetter auf. Nur selten begegneten wir kleineren Einheiten, die im Fußmarsch, ohne schwere Waffen, dem Gegner entgegenzogen. Es waren Ausbildungseinheiten, die zur letzten Offensive aufgeboten waren. Die Einwohner der Dörfer beschäftigten sich in ihren Gärten mit dem Ausheben von Gruben: sie ließen das Familiensilber und ihre Wertgegenstände verschwinden. Überall trafen wir auf das gleiche freundliche Entgegenkommen der Landbevölkerung. Allerdings war Deckungnehmen vor Tieffliegern zwischen den Häusern nicht erwünscht, da damit auch das Haus gefährdet wurde: »Herr Minischter, könnet se net e Stückle weiter fahre, da zum Nachbar?«, rief es aus einem Fenster.

Gerade weil die Bevölkerung resigniert friedlich gestimmt war, weil auch offensichtlich nirgendwo gut ausgerüstete Truppeneinheiten zu sehen waren, berührten mich die zahlreichen, zur Sprengung vorgesehenen Brücken viel widersinniger als am Berliner Schreibtisch.

In den Städten und Dörfern Thüringens schließlich wanderten Parteiformationen, vornehmlich der SA, in ihren Uniformen ziellos auf den Straßen herum. Das »große Aufgebot« war von Sauckel alarmiert, meist ältere

Männer oder Kinder von sechzehn Jahren. Sie sollten als Volkssturm dem Gegner entgegentreten, doch Waffen konnte ihnen niemand mehr stellen. Sauckel erließ einige Tage später einen flammenden Aufruf zum Kampf bis zum Letzten und setzte sich dann im Auto nach Süddeutschland ab.

Spät abends, am 27. März, kam ich in Berlin an. Hier fand ich eine veränderte Situation vor.

Denn inzwischen hatte Hitler angeordnet, daß der SS-Gruppenführer Kammler, neben seiner Verantwortung für die Raketenwaffen, künftig für die Entwicklung und Produktion aller modernen Flugzeuge zuständig sei. Damit hatte ich nicht nur die Kompetenz in Fragen der Luftrüstung wieder verloren, sondern Hitler schuf, da Kammler sich meiner Mitarbeiter im Ministerium bedienen konnte, einen protokollarisch wie organisatorisch unmöglichen Zustand. Zudem hatte er ausdrücklich befohlen, daß Göring und ich durch Gegenzeichnung die Unterordnung unter die Anordnungsgewalt Kammlers quittierten. Ich unterschrieb, ohne Einspruch zu erheben; obwohl ich über diese Demütigung wütend und verletzt war, blieb ich aber an diesem Tage der Lagebesprechung fern. Ziemlich gleichzeitig meldete mir Poser, daß Guderian von Hitler in den Abschied geschickt worden sei; offiziell zwar wegen angegriffener Gesundheit beurlaubt, aber jeder mit den internen Vorgängen Vertraute wußte, daß er nicht wieder zurückkehren würde. Ich hatte in ihm einen der Wenigen in der militärischen Umgebung Hitlers verloren, der mir nicht nur beigestanden, sondern mich ständig in meinem Kurs ermuntert hatte.

Zu allem Überfluß brachte mir meine Sekretärin die Durchführungsbestimmungen des Chefs der Nachrichtentruppen zu Hitlers Befehl der Vernichtung aller Sachwerte. Sie folgten mit Genauigkeit Hitlers Absichten und befahlen die Zerstörung aller Nachrichtenanlagen, nicht nur der Wehrmachtteile, sondern auch der Reichspost, der Reichsbahn, der Reichswasserstraßenverwaltung, der Polizei und der elektrischen Überlandwerke. Durch »Sprengung, Brand oder Demolierung« seien sämtliche Fernsprech-, Telegraphen- und Verstärkerämter, aber auch die Schaltstellen der Fernkabel, bei den Sendern die Masten, Antennen, Sende- und Empfangseinrichtungen »gründlich unbrauchbar« zu machen. Auch ein provisorischer Wiederaufbau des Nachrichtennetzes sollte in den vom Gegner besetzten Gebieten nicht möglich sein, denn nicht nur alle Reservelager an Ersatzteilen, an Kabel und Leitungen, sondern auch die Schaltpläne, Kabelpläne und Gerätebeschreibungen waren nach diesem Befehl völlig zu vernichten[6]. General Albert Praun gab mir allerdings zu verstehen, daß er diese radikale Verordnung intern abmildern würde.

Überdies ging mir eine vertrauliche Mitteilung zu, derzufolge die Rüstung Saur überantwortet würde, aber unter Himmler, der als Generalinspektor für die gesamte Kriegsproduktion vorgesehen sei[7]. Sie deutete zumindest darauf hin, daß Hitler mich fallen lassen wollte. Kurz darauf erhielt ich einen Anruf Schaubs, der mich in befremdender Schärfe für den Abend zu Hitler befahl.

Ich fühlte einige Beklemmung, als ich zu Hitler, in das Arbeitszimmer tief unter der Erde, geführt wurde. Er war allein, empfing mich kühl und frostig, reichte mir nicht die Hand, erwiderte kaum meinen Gruß und kam sogleich, mit scharfer und leiser Stimme, zur Sache: »Ich habe von Bormann einen Bericht über Ihre Besprechung mit den Gauleitern des Ruhrgebietes bekommen. Sie haben sie dazu aufgefordert, meine Befehle nicht durchzuführen, und Sie haben erklärt, daß der Krieg verloren sei. Sind Sie sich darüber im klaren, was darauf steht?«

Als würde er an etwas Fernes erinnert, änderte sich während des Sprechens seine Schärfe, die Spannung sank, und nun, fast wie ein normaler Mensch, fügte er hinzu: »Wenn Sie nicht mein Architekt wären, würde ich die Konsequenzen vollziehen, die in einem solchen Falle notwendig sind.« Teils aus offener Widersetzlichkeit, teils aus Übermüdung, antwortete ich ihm eher impulsiv als mutig: »Vollziehen Sie die Konsequenzen, die Sie für notwendig halten und nehmen Sie auf meine Person keine Rücksicht.«

Anscheinend war Hitler aus dem Konzept geraten, es entstand eine kleine Pause. Freundlich, aber wie mir schien, wohlüberlegt, fuhr er fort: »Sie sind überarbeitet und krank. Daher habe ich bestimmt, daß Sie sofort auf Urlaub gehen. Ein anderer wird Ihr Ministerium in Ihrer Vertretung leiten.« – »Nein, ich fühle mich gesund«, antwortete ich entschieden, »ich gehe nicht auf Urlaub. Wenn Sie mich nicht mehr als Minister wünschen, so entlassen Sie mich aus meinem Amt.« Mir fiel im gleichen Augenblick ein, daß Göring diese Lösung schon vor einem Jahr abgelehnt hatte. Hitler antwortete entschieden und in abschließendem Ton: »Ich will Sie nicht entlassen. Aber ich bestehe darauf, daß Sie sofort Ihren Krankheitsurlaub antreten.« Ich blieb hartnäckig: »Ich kann nicht die Verantwortung als Minister behalten und ein anderer handelt in meinem Namen«; und um eine Spur versöhnlicher, fast beteuernd fügte ich hinzu: »Ich kann nicht, mein Führer.« Diese Anrede war das erste Mal gefallen; Hitler reagierte ungerührt: »Es bleibt Ihnen keine andere Wahl. Es ist mir nicht möglich, Sie zu entlassen!« und wie, um ebenfalls eine Geste eigener Schwäche anzudeuten, fügte er hinzu: »Aus innen- und außenpolitischen Gründen kann ich auf Sie nicht verzichten.« Ermutigt erwiderte ich: »Es ist mir unmöglich, auf Urlaub zu gehen. Solange ich im Amt bin, führe ich auch das Ministerium. Ich bin nicht krank!«

Es folgte eine längere Pause. Hitler setzte sich, unaufgefordert tat ich das gleiche. In entspanntem Ton fuhr Hitler fort: »Wenn Sie, Speer, davon überzeugt sein können, daß der Krieg nicht verloren ist, dann können Sie Ihr Amt weiterführen.« Aus meinen Denkschriften und wohl auch aus dem Bericht

Bormanns war ihm bekannt, wie ich die Lage sah und welche Folgerungen ich daraus zog. Offenbar wollte er es mir durch ein Lippenbekenntnis für alle Zukunft unmöglich machen, andere über die wahre Lage aufzuklären: »Sie wissen, daß ich davon nicht überzeugt sein kann. Der Krieg ist verloren«, antwortete ich ehrlich, aber ohne Trotz. Hitler ging zu Erinnerungen über, erzählte von den schwierigen Lagen seines Lebens, Lagen, in denen alles verloren schien, die er aber schließlich durch Beharrlichkeit, Energie und Fanatismus doch überwunden habe. Endlos lang, wie mir schien, ließ er sich von seinen Erinnerungen an die Kampfzeit forttragen; den Winter 1941/42, die drohende Verkehrskatastrophe, selbst meine Rüstungserfolge zog er als Beispiele heran. Ich hatte das alles schon vielfach von ihm gehört, kannte diese Monologe fast auswendig, und hätte sie, wenn er unterbrochen worden wäre, fast wortgetreu fortsetzen können. Er änderte kaum die Stimmlage, aber vielleicht lag gerade in dem unaufdringlichen und doch beschwörenden Ton die bezwingende Wirkung seines Überredungsversuchs. Ich hatte ein ähnliches Gefühl wie vor Jahren im Teehaus, als ich seinem suggestiven Blick nicht hatte ausweichen wollen.

Da ich stumm blieb, ihn nur unverwandt ansah, reduzierte er überraschenderweise seine Forderung: »Wenn Sie glauben würden, daß der Krieg noch gewonnen werden kann, wenn Sie es wenigstens glauben könnten, dann wäre alles gut.« Hitler war unterdes spürbar zu einem fast bittenden Ton übergegangen, und einen Augenblick lang meinte ich, er sei in seiner Schwäche noch bezwingender als in den herrischen Posen. Unter anderen Umständen wäre ich vermutlich wohl auch weich geworden und hätte nachgegeben. Dieses Mal jedoch bewahrte mich der Gedanke an seine Zerstörungsabsichten vor seinen Künsten der Überredung. Erregt und daher wohl um eine Spur zu laut antwortete ich ihm: »Ich kann es nicht, mit dem besten Willen nicht. Und schließlich möchte ich nicht zu den Schweinen in Ihrer Umgebung gehören, die Ihnen sagen, sie glaubten an den Sieg, ohne an den Sieg zu glauben.«

Hitler reagierte nicht. Eine Weile starrte er vor sich hin und begann dann erneut von seinen Erlebnissen aus der Kampfzeit, kam wieder einmal, wie so oft in diesen Wochen, auf die unerwartete Rettung Friedrichs des Großen zu sprechen. »Man muß«, so fügte er hinzu, »glauben, daß sich alles zum Guten wenden wird. Hoffen Sie noch auf eine erfolgreiche Weiterführung des Krieges, oder ist Ihr Glaube erschüttert?« Nochmals reduzierte Hitler seine Forderung auf ein formales Bekenntnis, das mich binden sollte: »Wenn Sie wenigstens hoffen könnten, daß wir nicht verloren haben! Sie müssen das doch hoffen! ... dann wäre ich schon zufrieden.« Ich gab ihm keine Antwort[8].

Es entstand eine lange peinliche Pause. Endlich erhob sich Hitler mit einem Ruck und erklärte, nun plötzlich wieder ganz unfreundlich und mit der anfangs gezeigten Schärfe: »Sie haben vierundzwanzig Stunden Zeit!

Sie können sich Ihre Antwort überlegen! Morgen geben Sie mir Auskunft, ob Sie hoffen, daß der Krieg noch gewonnen werden kann.« Ohne Händedruck war ich entlassen.

Wie zur Illustration dessen, was sich nach Hitlers Willen in Deutschland nun abspielen sollte, erhielt ich unmittelbar nach dieser Besprechung ein Fernschreiben des Chefs des Transportwesens vom 29. März 1945: »Ziel ist Schaffen einer Verkehrswüste im preisgegebenen Gebiet... Verknappung von Sprengmitteln verlangt erfinderisches Nutzen aller Möglichkeiten nachhaltigen Zerstörens.« Dazu gehörten, wie der Erlaß im einzelnen feststellte, Brücken aller Art, die Gleisanlagen, die Stellwerke, alle technischen Anlagen in den Rangierbahnhöfen, Betriebs- und Werkstätteneinrichtungen, aber auch die Schleusen und Schiffshebewerke unserer Schiffahrtswege. Gleichzeitig sollten alle Lokomotiven, Personen- und Güterwagen, alle Frachtschiffe und Lastkähne restlos zerstört, durch Schiffsversenkungen in den Kanälen und Flüssen starke Sperren geschaffen werden. Jede Munitionsart sollte verwandt, Feuer angelegt oder wichtige Teile zertrümmert werden. Nur der Fachmann kann ermessen, welches Unheil mit der Durchführung dieses präzis ausgearbeiteten Befehls über Deutschland gekommen wäre. Die Anordnung dokumentierte gleichzeitig, mit welcher Pedanterie ein grundsätzlicher Befehl Hitlers befolgt wurde.

In meiner kleinen Notwohnung, im Hinterhaus des Ministeriums, legte ich mich ziemlich erschöpft aufs Bett und sann, ohne rechte Gedankenfolge, vor mich hin, wie ich das Vierundzwanzig-Stunden-Ultimatum Hitlers beantworten solle. Schließlich erhob ich mich und begann einen Brief zu formulieren. Der Text bewegte sich anfangs inkonsequent zwischen dem Versuch, Hitler zu überzeugen, ihm entgegenzukommen, sowie der sich aufdrängenden Wahrheit. Dann aber fuhr er mit krasser Deutlichkeit fort: »Als ich den Zerstörungsbefehl (vom 19. März 1945) und kurz darauf den scharfen Räumungsbefehl las, sah ich darin die ersten Schritte zur Ausführung dieser Absichten.« Hieran knüpfte ich meine Antwort auf seine ultimative Frage: »Ich kann aber nicht mehr an den Erfolg unserer guten Sache glauben, wenn wir in diesen entscheidenden Monaten gleichzeitig und planmäßig die Grundlagen unseres Volkslebens zerstören. Das ist ein so großes Unrecht unserem Volk gegenüber, daß das Schicksal es mit uns dann nicht mehr gut meinen kann... Ich bitte Sie daher, nicht selbst am Volk diesen Schritt zu vollziehen. Wenn Sie sich hierzu in irgendeiner Form entschließen könnten, dann würde ich wieder den Glauben und den Mut haben, um mit größter Energie weiterarbeiten zu können. Es liegt nicht mehr in unserer Hand«, so beschied ich Hitler auf sein Ultimatum, »wohin sich das Schicksal wendet. Nur eine bessere Vorsehung kann unsere Zukunft noch ändern. Wir können nur noch durch eine starke Haltung und unerschütterlichen Glauben an die ewige Zukunft unseres Volkes dazu beitragen.«

Ich schloß nicht, wie es bei solchen privaten Schreiben üblich war, mit einem »Heil, mein Führer«, sondern wies mit den letzten Worten auf das einzig noch zu Erhoffende hin: »Gott schütze Deutschland«[9].

Beim Wiederlesen dieses Briefes fand ich ihn eine schwache Leistung. Vielleicht vermutete Hitler darin eine rebellische Einstellung, die ihn zwingen würde, gegen mich vorzugehen. Denn als ich eine seiner Sekretärinnen bat, diesen nur für ihn persönlich bestimmten und daher nur handgeschriebenen Brief wegen seiner Unleserlichkeit auf Hitlers Spezialschreibmaschine mit übergroßen Lettern abzuschreiben, bekam ich von ihr den Anruf: »Der Führer hat mir verboten, Briefe von Ihnen entgegenzunehmen. Er will Sie hier sehen und will Ihre Antwort mündlich haben.« Bald darauf erhielt ich den Befehl, unverzüglich zu Hitler zu kommen.

Gegen Mitternacht fuhr ich durch die nun völlig zerbombte Wilhelmstraße die wenigen hundert Meter hinüber in die Reichskanzlei, ohne zu wissen, was ich nun tun – oder antworten sollte. Die vierundzwanzig Stunden waren verstrichen, es gab einfach keine Antwort. Ich überließ es dem Augenblick, was ich sagen würde.

Hitler stand vor mir, seiner Sache nicht sicher, fast etwas ängstlich wirkend, und fragte kurz angebunden: »Nun?« Einen Augenblick war ich verwirrt, ich hatte keine Antwort bereit, aber dann, wie um überhaupt irgend etwas zu sagen, kam mir, ohne Überlegung und gänzlich nichtssagend die Antwort über die Lippen: »Mein Führer, ich stehe bedingungslos hinter Ihnen.«

Hitler erwiderte nichts; aber es rührte ihn. Nach kurzem Zögern gab er mir die Hand, die er mir beim Empfang nicht geboten hatte, seine Augen füllten sich, wie so oft jetzt, mit Wasser: »Dann ist alles gut«, sagte er. Er zeigte deutlich, wie erleichtert er war. Auch ich war angesichts seiner unvorhergesehen warmen Reaktion einen Moment erschüttert. Noch einmal war etwas von der alten Beziehung zwischen uns zu spüren. »Wenn ich bedingungslos hinter Ihnen stehe«, ergriff ich sogleich das Wort, um die Situation auszunutzen, »dann müssen Sie auch wieder mich, statt der Gauleiter, mit der Durchführung Ihres Erlasses beauftragen.« Er autorisierte mich, ein Schriftstück aufzusetzen, das er sogleich unterzeichnen wollte, doch hielt er, als die Rede darauf kam, an der Zerstörung der Industrieanlagen und der Brücken fest. So verabschiedete ich mich. Es war inzwischen ein Uhr nachts.

In einem Nebenraum der Reichskanzlei formulierte ich einen »Durchführungserlaß« zu Hitlers Zerstörungsbefehl vom 19. März 1945. Um alle Diskussionen zu vermeiden, versuchte ich gar nicht erst, ihn aufzuheben. Nur zwei Dinge legte ich fest: »Die Durchführung wird ausschließlich von den Dienststellen und Organen des Reichsministers für Rüstung und Kriegsproduktion vorgenommen. Durchführungsbestimmungen erläßt mit meiner Zustimmung der Reichsminister für Rüstung und Kriegsproduktion. Er kann Einzelanweisungen an die Reichsverteidigungskommissare geben«[10]. Damit war ich wieder eingesetzt. Mit einem Satz hatte ich Hitler ferner darauf festgelegt, daß bei Industrieanlagen auch durch »Lähmung der gleiche Zweck erreicht werden kann«; ich beruhigte ihn freilich mit dem Zusatz, daß Totalzerstörungen für besonders wichtige Werke auf seine Weisung durch mich festgelegt würden. Eine solche Weisung ist nie erfolgt.

Mit einem Bleistift unterschrieb Hitler, fast ohne Diskussion, nachdem er mit zitternder Hand einige Korrekturen vorgenommen hatte. Daß er sich noch auf der Höhe der Situation befand, zeigte eine Änderung am ersten Satz des Schriftstücks; ich hatte ihn möglichst allgemein gefaßt und wollte festlegen, daß die befohlenen Zerstörungsmaßnahmen ausschließlich dem Zweck dienten, dem Gegner die Nutzung unserer Anlagen und Betriebe zur »Erhöhung seiner Kampfkraft unmöglich zu machen«. Müde hinter dem Kartentisch des Lageraums sitzend, schränkte er diese Bemerkung eigenhändig auf die Industrieanlagen ein.

Ich glaube, Hitler ist klar gewesen, daß damit ein Teil seiner Zerstörungsabsichten nicht mehr durchgeführt werden würde. In unserem anschließenden Gespräch konnte ich mich mit ihm darauf einigen, »daß die ›Verbrannte Erde‹ für einen kleinen Raum wie Deutschland keinen Sinn hat. Sie kann nur in großen Räumen, wie Rußland, ihren Zweck erfüllen«. Die darüber erzielte Übereinstimmung hielt ich in einer Aktennotiz fest.

Wie meist, handelte Hitler zweideutig: Am gleichen Abend hatte er den Oberbefehlshabern befohlen, »den Kampf gegen den in Bewegung geratenen Feind auf das fanatischste zu aktivieren. Irgendwelche Rücksichten auf die Bevölkerung können hierbei zur Zeit nicht genommen werden!«[11]

Schon eine Stunde später zog ich alle verfügbaren Krafträder, Autos, Ordonanzen zusammen, ließ die Druckerei und den Fernschreiber besetzen, um meine wiedergewonnene Zuständigkeit einzusetzen, die schon in Gang geratene Zerstörung aufzuhalten. Bereits um vier Uhr morgens ließ ich meine Durchführungsbestimmungen verteilen, allerdings ohne, wie dies vorgesehen war, Hitlers Zustimmung einzuholen. Ohne Skrupel setzte ich alle meine bisherigen Weisungen über die Erhaltung der Industrieanlagen, der Kraft-, Gas- und Wasserwerke, sowie der Ernährungsbetriebe wieder in Kraft, die Hitler am 19. März für ungültig erklärt hatte. Für die totale Zerstörung der Industrie stellte ich Einzelanweisungen in Aussicht – die nie folgten.

Ohne von Hitler autorisiert worden zu sein, ordnete ich noch am gleichen Tag an, daß die Baustellen der Organisation Todt sich »der Gefahr einer Überflügelung durch den Gegner aussetzen« sollten und daß zehn bis zwölf Lebensmittelzüge in unmittelbare Nähe des umschlossenen Ruhrgebiets zu fahren seien. Mit General Winter vom OKW-Wehrmachtsführungsstab vereinbarte ich einen Erlaß, der die Maßnahmen zur Brückensprengung abstoppen sollte, den freilich Keitel verhinderte; mit SS-Obergruppenführer Frank, verantwortlich für alle Bekleidungs- und Ernährungslager der Wehrmacht, kam ich überein, die Vorräte an die Zivilbevölkerung zu verteilen und Malzacher, mein Beauftragter in der Tschechoslowakei und in Polen, sollte im oberschlesischen Raum die Zerstörung von Brücken verhindern[12].

Am nächsten Tag traf ich mich in Oldenburg mit Seyss-Inquart, dem Generalkommissar für die Niederlande. Auf dem Weg dahin übte ich mich, während einer Fahrtunterbrechung, zum ersten Mal im Pistolenschießen. Seyss-Inquart gab nach den unumgänglichen Präliminarien zu meiner Überraschung ohne weiteres zu, daß er sich zur gegnerischen Seite einen Weg eröffnet habe. Er wollte keine Zerstörungen in Holland vornehmen und die von Hitler beabsichtigten Flächenüberschwemmungen verhindern. In ähnlichem Einvernehmen schied ich auch von dem Hamburger Gauleiter Kaufmann, bei dem ich auf dem Rückweg von Oldenburg Station machte.

Sofort nach meiner Rückkehr, am 3. April, verbot ich überdies die Sprengung von Schleusen, Wehren, Talsperren und Kanalbrücken[13]. Die immer zahlreicher, immer dringender eingehenden Fernschreiben, in denen um gesonderte Zerstörungsbefehle für Industriewerke ersucht wurde, beantwortete ich durchweg mit der Anordnung, nur Lähmungen vorzunehmen[14].

Immerhin konnte ich bei solchen Entscheidungen auf Unterstützung rechnen. Mein politischer Vertreter, Dr. Hupfauer, hatte sich mit den wichtigsten Staatssekretären verbündet, um Hitlers Politik einzudämmen. Zu seinem Kreis gehörte außerdem Bormanns Vertreter, Klopfer. Wir hatten Bormann den Boden unter den Füßen weggezogen; seine Befehle gingen gewissermaßen ins Leere. Er beherrschte in dieser letzten Phase des Dritten Reiches vielleicht Hitler; aber außerhalb des Bunkers herrschten andere Gesetze. Selbst der Chef des Sicherheitsdienstes der SS, Ohlendorf, versicherte mir in der Gefangenschaft, daß er regelmäßig über meine Schritte unterrichtet worden sei, sie aber nicht weitergemeldet habe.

In der Tat hatte ich im April 1945 das Gefühl, daß ich in Zusammenarbeit mit den Staatssekretären auf meinem Gebiet mehr ausrichten konnte, als Hitler, Goebbels und Bormann zusammengenommen. Auf militärischer Seite hatte ich mit dem neuen Generalstabschef Krebs guten Kontakt, da er vom Stabe Models kam; aber auch Jodl, Buhle und Praun, der Chef der Nachrichtentruppen, zeigten zunehmend Verständnis für die Lage.

Ich war mir bewußt, daß Hitler, falls ihm meine Handlungen bekannt geworden wären, nun Konsequenzen gezogen hätte. Ich mußte annehmen, daß er nun zuschlagen würde. In diesen Monaten des falschen Spiels befolgte ich ein einfaches Prinzip: ich hielt mich möglichst nahe an Hitler. Jede Entfernung gab Ursache zum Verdacht, während umgekehrt ein bestehender Verdacht nur in nächster Nähe festgestellt oder beseitigt werden konnte.

Selbstmörderisch war ich nicht veranlagt; in einer primitiven Jagdhütte, hundert Kilometer von Berlin, war ein Notquartier vorgesehen; außerdem hielt mir Rohland in einer der zahlreichen Jagdhütten der Fürsten Fürstenberg eine Unterkunft bereit.

Auch noch in den Lagebesprechungen von Anfang April sprach Hitler von operativen Gegenbewegungen, von Angriffen in die ungedeckten Flanken des westlichen Gegners, der sich nun über Kassel hinaus in großen Tagesetappen auf Eisenach zu bewegte. Hitler schickte weiter seine Divisionen von einem Ort zum anderen; ein grausam-unheimliches Kriegsspiel. Denn wenn ich beispielsweise am Tage meiner Rückkehr von einer Frontreise die militärischen Bewegungen unserer Truppen auf der Karte sah, konnte ich nur feststellen, daß sie in dem von mir durchfahrenen Raum nicht zu sehen gewesen waren – und wenn, dann handelte es sich um Soldaten ohne schwere Waffen, lediglich mit Gewehren ausgerüstet.

Auch bei mir fand nun täglich eine kleine Lagebesprechung statt, zu der mein Verbindungsoffizier zum Generalstab die letzten Informationen mitbrachte; gegen einen Befehl Hitlers übrigens, der verboten hatte, nichtmilitärische Stellen über die militärische Lage zu unterrichten. Ziemlich genau gab Poser Tag für Tag an, welcher Raum in den nächsten vierundzwanzig Stunden vom Gegner besetzt sein würde. Die nüchternen Auskünfte hatten nichts mit den verschleiernden Lagevorträgen zu tun, die im Bunker unter der Reichskanzlei gehalten wurden. Dort wurde von Räumungen und Rückzügen nicht gesprochen. Es schien mir damals, daß der Generalstab unter General Krebs es endgültig aufgegeben habe, Hitler sachgerecht zu informieren und ihn statt dessen gewissermaßen mit Kriegsspielen beschäftigte. Wenn entgegen der Situationsbeurteilung vom Vorabend am nächsten Tag bereits Städte und Landstriche gefallen waren, blieb Hitler vollkommen ruhig. Jetzt fuhr er nicht mehr, wie noch vor wenigen Wochen, seine Mitarbeiter an. Er schien resigniert.

An einem der ersten Apriltage hatte Hitler den Oberbefehlshaber West, Kesselring, zu sich beordert. Zufällig war ich bei diesem skurrilen Gespräch anwesend. Kesselring versuchte, Hitler die Aussichtslosigkeit der Lage auseinanderzusetzen. Aber nach wenigen Sätzen schon hatte Hitler das Gespräch an sich gerissen und dozierte nun, wie er durch einen Flankenstoß mit einigen hundert Panzern, den amerikanischen Stoßkeil von Eisenach vernichten, eine kolossale Panik verursachen und damit den westlichen Gegner wieder aus Deutschland vertreiben würde. Hitler verlor sich in langen Ausführungen über die notorische Unfähigkeit amerikanischer Soldaten, Niederlagen einzustecken, obwohl er doch eben erst während der Ardennen-Offensive die gegenteilige Erfahrung gemacht hatte. Damals war ich über Feldmarschall Kesselring verärgert, als er nach kurzem Widerstreben diesen

Phantastereien zustimmte und scheinbar ernsthaft auf Hitlers Pläne einging. Aber es war ohnehin gleichgültig, sich über Schlachten zu erregen, die nicht mehr stattfinden würden.

In einer der darauffolgenden Lagebesprechungen erklärte Hitler erneut seine Idee eines Flankenstoßes. Möglichst trocken ließ ich einfließen: »Wenn alles zerstört wird, nutzt mir die Wiedergewinnung dieser Gebiete nicht das geringste. Ich kann dort nicht mehr produzieren.« Hitler schwieg. »So schnell kann ich die Brücken nicht mehr aufbauen.« Hitler, offensichtlich in euphorischer Laune, antwortete: »Beruhigen Sie sich, Herr Speer, so viele Brücken sind nicht zerstört, wie ich befohlen habe.« Ebenso gut gelaunt, fast scherzhaft, erwiderte ich, daß es etwas kurios sei, sich darüber zu freuen, wenn ein Befehl nicht durchgeführt werde. Zu meiner Überraschung war Hitler bereit, sich einen von mir entworfenen Erlaß vorlegen zu lassen.

Als ich Keitel den Entwurf zeigte, verlor er für einen Augenblick die Fassung: »Warum schon wieder eine Änderung! Wir haben doch den Zerstörungserlaß... Ohne Brückensprengungen kann man keinen Krieg führen!« Schließlich stimmte er meinem Textentwurf mit kleinen Abänderungen zu und Hitler unterschrieb, daß Verkehrs- und Nachrichtenanlagen nur noch zu lähmen, Brückenbauwerke bis zum letzten Augenblick zu erhalten seien. Noch einmal ließ ich Hitler in seinem Schlußsatz, drei Wochen vor dem Ende, bestätigen: »Für alle Zerstörungs- und Räumungsmaßnahmen muß bedacht werden, ... daß bei Rückgewinnung verlorener Gebiete diese der deutschen Produktion wieder nutzbar gemacht werden können[15].« Allerdings strich er mit Blaustift einen Nebensatz durch, nach dem mit der Zerstörung selbst auf die Gefahr hin zu zögern sei, »daß bei schnellen Bewegungen des Gegners einmal ein Brückenbauwerk ... unzerstört in seine Hände fällt.«

Der Chef des Nachrichtenwesens, General Praun, widerrief noch am gleichen Tag seine Anordnung vom 27. März 1945, hob alle Zerstörungsbefehle auf und ordnete intern sogar an, auch die Lagervorräte zu erhalten, da sie nach dem Kriege mithelfen könnten, das Nachrichtennetz wieder aufzubauen. Die von Hitler befohlene Zerstörung der Nachrichtenmittel sei sowieso ohne Sinn gewesen, meinte er, denn der Gegner führe seine eigenen Kabel und Funkstationen mit. Es ist mir nicht bekannt, ob auch der Chef Transportwesen seinen Erlaß über die Herstellung einer Verkehrswüste zurückzog. Keitel jedenfalls lehnte es ab, den neuesten Erlaß Hitlers zur Grundlage auslegungsfähiger Durchführungsverordnungen zu machen[16].

Mit Recht warf Keitel mir vor, daß durch den Befehl Hitlers vom 7. April unklare Befehlsverhältnisse geschaffen worden seien. Allein in den neunzehn Tagen zwischen dem 18. März und dem 7. April 1945 waren zu dieser Frage zwölf sich widersprechende Befehle herausgegeben worden. Aber die chaotischen Befehlsverhältnisse halfen das Chaos zu verringern.

31. Kapitel

Fünf Minuten nach zwölf

Im September erhielt ich von Werner Naumann, dem Staatssekretär im Propaganda-Ministerium, die Aufforderung, durch eine Ansprache über alle deutschen Sender den Willen zum Widerstand zu stärken. Da ich eine Falle von Goebbels vermutete, sagte ich ab. Jetzt aber, nachdem Hitler durch den von mir abgefaßten Erlaß auf meine Linie eingeschwenkt zu sein schien, wollte ich die Resonanz einer Rundfunkrede ausnutzen, um eine möglichst breite Öffentlichkeit aufzufordern, sinnlose Zerstörungen zu vermeiden. Ich sagte zu und fuhr, sowie Hitlers Erlaß herausgegangen war, zu Milch ins Jagdhaus beim abgeschiedenen Stechlinsee in der Mark.

In dieser letzten Phase bereiteten wir uns auf alles vor. Um mich im Notfall verteidigen zu können, veranstaltete ich dort am Seeufer Schießübungen auf eine menschliche Attrappe; zwischendurch konzipierte ich meine Rundfunkrede. Gegen Abend war ich zufrieden: ich traf in schneller Schußfolge, und die Rede schien mir unmißverständlich, ohne mich geradezu bloßzustellen. Bei einem Glas Wein las ich sie Milch und einem seiner Freunde vor: »Es ist irrig, an das Erscheinen von Wunderwaffen zu glauben, die durch ihre Wirkung den Einsatz des Kämpfers ersetzen können!« Wir hätten die Industrien der besetzten Gebiete nicht zerstört, hielten es nun aber für unsere Pflicht, auch dem eigenen Lande die Existenzgrundlagen zu erhalten: »Alle Übereifrigen, die den Sinn derartiger Maßnahmen nicht verstehen wollen, müssen auf das schärfste bestraft werden. Denn sie versündigen sich«, so formulierte ich mit dem damals üblichen Pathos, »am heiligsten, was es für das deutsche Volk gibt: an dem Quell der Lebenskraft unseres Volkes.«

Ich erwähnte kurz die Wiedergewinnungstheorie und griff dann die Vokabel von der »Verkehrswüste« auf, die der Chef unseres Transportwesens damals verwendet hatte: »Alle Kräfte des Volkes müssen mit allen Mitteln bedingungslos dafür eingesetzt werden, daß diese Absichten verhindert werden. Wenn alle Maßnahmen mit Vernunft durchgeführt werden, kann die Ernährung in einem bescheidenen Umfang bis zur nächsten Ernte ermöglicht werden.« Gleichmütig und stoisch meinte Milch, als ich zu Ende war: »Der Sinn kommt klar heraus, aber auch für die Gestapo!«

Der Aufnahmewagen des Rundfunks war am 11. April bereits vor dem Tor des Ministeriums aufgefahren; Arbeiter verlegten in meinem Arbeitszimmer die Kabel, als mich ein Anruf erreichte: »Zum Führer kommen und den Text der Rede mitbringen.« Ich hatte in einer für die Presse bestimmten

Version die schärfsten Feststellungen abgemildert[1], ohne meine Absicht aufzugeben, den ursprünglichen Text zu verlesen. Die ungefährlichere Version nahm ich mit. Hitler trank gerade in seinem Bunkerabteil mit einer seiner Sekretärinnen Tee; eine dritte Tasse wurde für mich gebracht. Lange hatte ich ihm nicht mehr so privat und gelockert gegenübergesessen. Hitler setzte umständlich seine in einen dünnen Metallrahmen gefaßte, lehrerhaft wirkende Brille auf, ergriff einen Bleistift und begann bereits nach den ersten Seiten ganze Absätze zu streichen. Ohne sich in eine Diskussion einzulassen, bemerkte er gelegentlich recht freundlich: »Das lassen wir weg« oder »Diese Stelle ist aber überflüssig«. Seine Sekretärin las ungeniert die von Hitler abgelegten Blätter durch und bedauerte: »Schade um die schöne Rede.« Hitler entließ mich freundlich, fast freundschaftlich: »Machen Sie doch einen neuen Entwurf[2].« In der zusammengestrichenen Fassung war die Rede zwecklos geworden. Solange ich aber die Genehmigung Hitlers nicht hatte, standen mir die Reichssender nicht zur Verfügung. Da auch Naumann nicht mehr auf die Angelegenheit zurückkam, ließ ich sie in Vergessenheit geraten.

Im Anschluß an das letzte Philharmonische Konzert, das Wilhelm Furtwängler Mitte Dezember 1944 in Berlin gab, ließ er mich in das Dirigentenzimmer bitten. Mit entwaffnender Weltfremdheit fragte er mich geradeheraus, ob wir noch Aussichten hätten, den Krieg zu gewinnen. Als ich ihm entgegnete, daß das Ende unmittelbar bevorstehe, nickte Furtwängler zustimmend; die Antwort entsprach wohl seinen Erwartungen. Ich hielt ihn für gefährdet, da Bormann, Goebbels und auch Himmler manche seiner freimütigen Äußerungen sowie sein Eintreten für den verfemten Komponisten Hindemith nicht vergessen hatten. Daher riet ich Furtwängler, von einer bevorstehenden Schweizer Konzertreise nicht mehr zurückzukehren: »Aber was soll aus meinem Orchester werden? Ich bin dafür verantwortlich!« Ich versprach, mich in den kommenden Monaten um die Musiker zu kümmern.

Anfang April 1945 ließ mir der Intendant der Philharmoniker, Gerhart von Westermann, mitteilen, daß auf Befehl von Goebbels die Mitglieder des Orchesters für das letzte Aufgebot zur Verteidigung Berlins vorgesehen seien. Telefonisch versuchte ich zu erreichen, daß sie nicht zum Volkssturm eingezogen wurden. Scharf wies Goebbels mich zurecht: »Ich allein habe diesen Orchesterkörper auf seine einmalige Höhe gebracht. Durch meine Initiative und durch meine Geldmittel erst ist er zu dem geworden, was er heute in der Welt darstellt. Die nach uns kommen, haben kein Recht darauf. Mit uns kann er untergehen.« Ich griff zu dem System, mit dem Hitler zu Beginn des Krieges die Einberufung favorisierter Künstler verhindert hatte und ließ Oberst v. Poser in den Wehrmeldeämtern die Papiere der Philharmoniker vernichten. Um das Orchester auch finanziell zu unterstützen, veranstaltete das Ministerium einige Konzerte.

»Wenn Bruckners Romantische Symphonie gespielt wird, dann ist das

Ende da«, sagte ich meinen Freunden. Dieses Abschiedskonzert fand am Nachmittag des 12. April 1945 statt. Im ungeheizten Saal der Philharmonie saßen auf zusammengetragenem Gestühl, in Mäntel gehüllt, wer immer von diesem letzten Konzert in der bedrohten Stadt gehört haben mochte. Die Berliner werden sich gewundert haben, denn auf meine Anordnung wurde an diesem Tage die zu dieser Stunde übliche Stromsperre aufgehoben, um den Saal beleuchten zu können. Für den Beginn hatte ich die letzte Arie der Brünnhilde und das Finale der »Götterdämmerung« bestimmt; eine pathetische und zugleich melancholische Geste auf das Ende des Reiches. Nach Beethovens Violinkonzert beschloß die Bruckner-Symphonie mit ihrem architektonisch aufgebauten Schlußsatz für lange Zeit die musikalischen Erlebnisse meines Lebens.

Als ich zurück in das Ministerium kam, erwartete mich eine Aufforderung der Führer-Adjutantur, sofort anzurufen: »Wo waren Sie denn? Der Führer wartet schon auf Sie.« Hitler sah mich und stürzte mit einer bei ihm seltenen Lebhaftigkeit wie besessen auf mich zu, mit einer Zeitungsnachricht in der Hand: »Hier, lesen Sie! Hier! Sie wollten es nie glauben. Hier!« Seine Worte überstürzten sich: »Hier haben wir das große Wunder, das ich immer vorhergesagt habe. Wer hat nun recht? Der Krieg ist nicht verloren. Lesen Sie! Roosevelt ist tot!« Er konnte sich gar nicht beruhigen. Endgültig glaubte er die Unfehlbarkeit der ihn beschützenden Vorsehung bewiesen. Goebbels und viele der Anwesenden bestätigten ihm überglücklich, wie er mit seiner hundertfach wiederholten Überzeugung recht behalten habe: Nun wiederhole sich die Geschichte, die den hoffnungslos geschlagenen Friedrich den Großen im letzten Augenblick zum Sieger gemacht habe. Das Mirakel des Hauses Brandenburg! Wieder sei die Zarin gestorben, die historische Wende eingetreten, wiederholte Goebbels ungezählte Male. Die Szene zog für einen Augenblick den Schleier von dem verlogenen Optimismus der vergangenen Monate weg. Später saß Hitler erschöpft, wie befreit und zugleich benommen in seinem Sessel; dennoch wirkte er hoffnungslos.

Einige Tage später ließ mir Goebbels, in Verfolg einer der zahllosen Phantastereien, die auf die Nachricht vom Tod Roosevelts aus dem Boden schossen, mitteilen, ich hätte doch so viel Kredit im bürgerlichen Westen; daher wäre zu überlegen, ob ich nicht mit einem Langstreckenflugzeug zum neuen Präsidenten Truman fliegen solle. Solche Ideen verschwanden so schnell wie sie kamen.

In dem einstigen Wohnraum Bismarcks traf ich, ebenfalls in diesen ersten Tagen des April, Dr. Ley, umgeben von einer Gruppe, unter ihr Schaub und Bormann, Adjutanten und Diener, alle durcheinanderstehend. Mit den Worten: »Die Todesstrahlen sind erfunden!« stürzte Ley auf mich zu: »Eine ganze einfache Apparatur, die wir in großen Mengen herstellen können. Ich habe die Unterlagen durchstudiert, es besteht kein Zweifel: Das gibt den Ausschlag!« Während Bormann ihm aufmunternd zunickte, fuhr Ley, wie immer stotternd, vorwurfsvoll fort: »Aber natürlich wurde der Erfinder in Ihrem Ministerium abgewiesen. Zu unserem Glück hat er mir geschrieben. Jetzt müssen Sie sich aber dieser Sache persönlich annehmen. Sofort... Es gibt nichts Wichtigeres im Augenblick!« Ley eiferte sich über die Unzulänglichkeit meiner Organisation, die verbürokratisiert und verkalkt sei. Das alles war so absurd, daß ich gar nicht mehr widersprach: »Sie haben völlig recht! Wollen nicht Sie persönlich das machen? Ich statte Sie gern mit allen Vollmachten eines ›Beauftragten für Todesstrahlen‹ aus.« Ley war über diesen Vorschlag begeistert: »Natürlich! Das übernehme ich! In dieser Sache unterstelle ich mich sogar Ihnen. Schließlich bin ich Chemiker von Haus aus!« Ich regte ein Experiment an und empfahl ihm, eigene Kaninchen zu verwenden; denn nur zu oft werde man durch präparierte Tiere getäuscht. Einige Tage darauf erhielt ich tatsächlich von einem entlegenen Ort Deutschlands den Anruf seines Adjutanten: er gab eine Liste von elektrischen Apparaten durch, die zu dem Experiment gebraucht würden.

Wir beschlossen, die Komödie fortzusetzen. Freund Lüschen, der Chef unserer gesamten Elektroindustrie, wurde eingeweiht und gebeten, die vom Erfinder verlangten Apparate zu beschaffen. Bald darauf kam er zurück: »Ich konnte alles besorgen, nur nicht einen Unterbrecher des Stromkreises. Mit der angegebenen Unterbrechungsgeschwindigkeit ist er nicht lieferbar. Aber der ›Erfinder‹ besteht gerade auf dieser Forderung. Wissen Sie«, fuhr Lüschen lachend fort, »was ich herausbekommen habe? Dieser Unterbrecher wird seit vierzig Jahren nicht mehr gebaut und ist in einer alten Ausgabe des ›Graetz‹ (Physikbuch für Mittelschulen) um 1900 erwähnt.«

Dergleichen wucherte mit der Annäherung der Gegner. Allen Ernstes vertrat Ley damals diese Theorie: »Wenn die Russen uns von Osten überschwemmen, dann wird der Strom der deutschen Flüchtlinge so stark, daß er wie eine Völkerwanderung auf den Westen drückt, in ihn einbricht und ihn überschwemmt und dann in Besitz nimmt.« Hitler mokierte sich zwar über solche Verschrobenheiten seines Arbeiterführers; dennoch bevorzugte er gerade ihn in dieser letzten Zeit in seiner persönlichen Umgebung.

In der ersten Hälfte des Monats April kam überraschend und ungerufen Eva Braun nach Berlin und erklärte, nicht mehr von Hitlers Seite weichen zu wollen. Hitler bedrängte sie, wieder nach München zurückzukehren, und auch ich bot ihr einen Platz in unserem Kurierflugzeug an. Sie lehnte jedoch hartnäckig alles ab und jeder im Bunker wußte, warum sie gekommen war. Mit ihrer Anwesenheit zog bildlich und real ein Todesbote in den Bunker ein.

Hitlers Begleitarzt Dr. Brandt, ständiger Teilnehmer der Obersalzberg-

Runde seit 1934, hatte seine Frau und sein Kind in Thüringen durch die Amerikaner, wie der Fachausdruck damals lautete, »überrollen« lassen. Hitler bestimmte ein Standgericht, das aus Goebbels, dem Jugendführer Axmann und dem SS-General Berger bestand; gleichzeitig griff er aber in das Verfahren, gewissermaßen Ankläger und oberster Gerichtsherr in einer Person, ein, forderte die Todesstrafe und formulierte die gegen Brandt zu erhebenden Vorwürfe: Brandt habe gewußt, daß er seine Familie auf dem Obersalzberg unterbringen könne; außerdem bestehe der Verdacht, daß er mit seiner Frau den Amerikanern Geheimakten entgegengeschickt habe. Hitlers langjährige Chefsekretärin Wolf sagte unter Tränen: »Ich verstehe ihn nicht mehr.« Himmler kam in den Bunker und beruhigte die aufgebrachte Umgebung: Zuerst müsse ein wichtiger Zeuge vernommen werden und, so fügte er listig hinzu, »dieser Zeuge wird nicht gefunden«.

Durch diesen unerwarteten Zwischenfall war auch ich in Verlegenheit geraten, denn seit dem 6. April hatte ich meine Familie abseits der großen Städte an der Ostsee auf einem Gut in der Nähe von Kappeln in Holstein untergebracht[3]. Nun war das plötzlich zum Verbrechen geworden. Als Hitler sich durch Eva Braun erkundigte, wo meine Familie sich befände, log ich daher, daß sie auf dem Gut eines Freundes in der Nähe Berlins sei. Die Erklärung befriedigte Hitler, doch ließ er sich versichern, daß auch wir nach dem Obersalzberg gingen, wenn er sich dorthin zurückziehe. Er hatte damals noch die Absicht, den Endkampf in der sogenannten Alpenfestung zu führen.

Selbst wenn Hitler Berlin verlasse, so erklärte Goebbels, wolle er selber sein Ende in Berlin finden: »Meine Frau und meine Kinder sollen mich nicht überleben. Die Amerikaner würden sie nur abrichten, gegen mich Propaganda zu machen.« Frau Goebbels dagegen fand, als ich Mitte April in Schwanenwerder bei ihr war, den Gedanken unerträglich, daß ihre Kinder getötet werden sollten, unterwarf sich aber, wie es schien, der Entscheidung ihres Mannes. Einige Tage später machte ich ihr den Vorschlag, im letzten Augenblick einen Frachtkahn unserer »Transportflotte« nächtlich am Landungssteg des Goebbelsschen Grundstücks in Schwanenwerder anlegen zu lassen. Sie könne, so hatte ich mir ausgedacht, mit den Kindern unter Deck verborgen bleiben, bis das Boot in einem Nebenfluß auf der westlichen Seite der Elbe angelegt haben würde. Lebensmittel sollten reichlich verstaut werden, so daß sie einige Zeit unentdeckt hätte leben können.

Nachdem Hitler erklärt hatte, daß er eine Niederlage nicht überleben werde, überboten sich viele seiner engsten Mitarbeiter in Beteuerungen, daß auch für sie nur der Selbstmord bliebe. Ich dagegen fand, sie sollten viel eher das Opfer auf sich nehmen und sich einem Gerichtsverfahren des Gegners stellen. Zwei der erfolgreichsten Offiziere der Luftwaffe, Baumbach und Galland, entwickelten in den letzten Tagen des Krieges mit mir gemeinsam den abenteuerlichen Plan, die wichtigsten Mitarbeiter Hitlers sicherzustellen und am Selbstmord zu hindern. Bormann, Ley und Himmler fuhren, wie wir erkundet hatten, jeden Abend aus Berlin in verschiedene, von Fliegeralarm verschonte Ortschaften der weiteren Umgebung. Unser Plan war einfach: Wenn die Nachtflieger des Gegners weiße Leuchtbomben warfen, hielt jedes Auto und die Insassen flüchteten in die Felder. Ähnliche Leuchtraketen, von Leuchtpistolen geschossen, mußten ähnliche Reaktionen hervorrufen; ein mit Maschinenpistolen ausgerüsteter Trupp sollte das sechsköpfige Begleitkommando überwältigen. Leuchtmunition wurde bereits in meine Wohnung gebracht, die Auswahl der Trupps besprochen, Einzelheiten erwogen. Bei dem allgemeinen Durcheinander mußte es möglich sein, die Verhafteten an einen sicheren Ort zu bringen. Der ehemalige erste Mitarbeiter Dr. Leys, Dr. Hupfauer, bestand zu meiner Verwunderung darauf, daß der Handstreich gegen Bormann durch fronterfahrene Mitglieder der Partei vorgenommen werden solle: Niemand sei in der Partei so verhaßt wie er. Gauleiter Kaufmann dränge darauf »den Mephisto des Führers« persönlich zu erledigen. Jedoch überzeugte mich der Stabschef der Panzertruppe, General Thomale, als er von unseren phantastischen Vorstellungen erfahren hatte, in einem nächtlichen Gespräch auf der Landstraße, daß man in das Gericht Gottes nicht eingreifen solle.

Auch Bormann verfolgte seine Pläne. Nachdem Brandt, den er fälschlich für einen Eckpfeiler meines Einflusses bei Hitler gehalten hatte, festsaß, warnte mich Staatssekretär Klopfer: nicht Hitler, sondern Bormann stünde hinter dieser Verhaftung, die sich auch gegen mich richtete. Ich sollte daher mit unbedachten Äußerungen vorsichtig sein[4]. Auch der gegnerische Rundfunk beunruhigte mich durch einige Nachrichten: Ich hätte einem Neffen, der von einem Kriegsgericht wegen des Druckes von Schriften Lenins verurteilt werden sollte, zur Freiheit verholfen[5]. Überdies stünde Hettlage, der immer von der Partei bekämpft worden sei, unmittelbar vor der Verhaftung; eine Schweizer Zeitung schließlich sollte eine Notiz gebracht haben, daß v. Brauchitsch, der frühere Oberbefehlshaber des Heeres, und ich die einzigen seien, mit denen man wegen einer Kapitulation verhandeln könne. Vielleicht versuchten die Gegner, mit solchen Nachrichten die Führung zu entzweien, vielleicht handelte es sich um Gerüchte.

In aller Stille wurden mir in diesen Tagen von seiten des Heeres einige zuverlässige Frontoffiziere zugeordnet, die, mit Maschinenpistolen bewaffnet, sich in meiner Wohnung einquartierten. Für Notfälle hatten wir einen achträderigen Panzeraufklärer bereit, mit dem wir voraussichtlich aus Berlin hätten entweichen können. Ich habe bis heute nicht erfahren, auf wessen Veranlassung oder aufgrund welcher Informationen das geschah.

Der Angriff auf Berlin stand bevor. Hitler hatte bereits General Reymann zum Kampfkommandanten der Stadt bestellt. Zunächst unterstand er noch

Generaloberst Heinrici, dem Oberbefehlshaber derjenigen Heeresgruppe, die sich von der Ostsee die Oder entlang bis etwa einhundert Kilometer südlich Frankfurt/Oder erstreckte. Heinrici besaß mein Vertrauen, denn ich kannte ihn seit langem und erst kürzlich hatte er mir geholfen, die Industrie um das Rybnicker Kohlenbecken unzerstört zu übergeben. Als Reymann darauf bestand, jede Brücke Berlins für die Sprengung vorzubereiten, fuhr ich am 15. April, einen Tag vor Beginn der russischen Großoffensive auf Berlin, in das Hauptquartier Heinricis bei Prenzlau. Zu meiner fachlichen Unterstützung hatte ich den Berliner Stadtbaurat für Straßen und Tiefbau, Langer, und den Berliner Reichsbahnpräsidenten Beck mitgenommen, während Heinrici auf meinen Wunsch Reymann zur Besprechung befohlen hatte.

Die beiden Fachleute bewiesen, daß die geplanten Zerstörungen den Tod Berlins bedeuten würden[6]. Der Stadtkommandant zog sich auf den Befehl Hitlers, Berlin mit allen Mitteln zu verteidigen, zurück: »Ich muß kämpfen und dazu muß ich die Brücken zerstören können.« Heinrici warf ein: »Aber doch nur an der Seite des Hauptstoßes?« Der General verneinte: »Nein, überall wo gekämpft wird.« Meine Frage, ob auch im Zentrum der Stadt alle Brücken zerstört werden sollten, falls es zu Straßenkämpfen käme, bejahte Reymann. Wie schon so oft, griff ich zu meinem besten Argument: »Kämpfen Sie, weil Sie an den Sieg glauben?« Der General stutzte kurz, dann mußte er auch diese Frage bejahen. »Wenn Berlin gründlich zerstört wird«, fuhr ich fort, »ist auf unabsehbare Zeit die Industrie ausgeschaltet. Ohne sie ist dann der Krieg verloren.« General Reymann war ratlos. Wir wären ohne Resultat verblieben, wenn nicht Generaloberst Heinrici befohlen hätte, daß bei einigen wichtigen Lebensadern des Berliner Bahn- und Straßenverkehrs die Sprengstoffe aus den Sprengkammern zu entfernen seien und Brücken nur bei wichtigen Kampfhandlungen gesprengt werden dürften[7].

Nachdem wir unsere Mitarbeiter entlassen hatten, wandte sich Heinrici noch einmal unter vier Augen an mich: »Nach dieser Weisung werden in Berlin keine Brücken zerstört werden«, meinte er, »denn um Berlin wird kein Kampf stattfinden. Bei einem Durchbruch der Russen auf Berlin wird ein Flügel nach Norden und der andere nach Süden ausweichen. Nördlich werden wir uns an die ostwestlichen Kanalsysteme anlehnen. Hier allerdings kann ich die Brücken nicht erhalten.« Ich verstand. »Berlin wird also schnell genommen sein?« Der Generaloberst bejahte: »jedenfalls ohne nennenswerten Widerstand.«

Am nächsten Morgen, dem 16. April, wurde ich in aller Frühe geweckt. Oberstleutnant v. Poser und ich wollten uns auf einer Anhöhe über dem Oderbruch bei Wriezen die letzte entscheidende Offensive dieses Krieges, den sowjetischen Angriff auf Berlin, ansehen. Dichter Nebel verhinderte jede Sicht; ein Förster brachte nach einigen Stunden die Nachricht, daß alles sich zurückzöge und die Russen bald hier seien. So zogen auch wir ab.

Wir kamen an dem großen Schiffshebewerk Nieder-Finow vorbei, einem technischen Wunderbau der dreißiger Jahre und Schlüssel für die Schiffahrt von der Oder nach Berlin. Überall am sechsunddreißig Meter hohen Eisenfachwerk waren sachgemäß Sprengkörper angebracht. In einiger Entfernung hörten wir bereits Geschützfeuer; ein Pionierleutnant meldete, daß alles für die Sprengung vorbereitet sei. Hier wurde noch entsprechend dem Vernichtungsbefehl Hitlers vom 19. März gehandelt. Der Pionierleutnant nahm die Weisung v. Posers, die Sprengung nicht vorzunehmen, mit Erleichterung zur Kenntnis. Das Erlebnis war zugleich entmutigend, weil offensichtlich die Weisung vom 3. April 1945, die Schiffahrtswege unzerstört zu lassen, nicht durchgedrungen war.

Die Erneuerung längst erteilter Anordnungen war bei dem unterdes immer mehr zusammenfallenden Nachrichtennetz eine aussichtslose Sache. Jedenfalls schien es mir unsinnig, darauf zu hoffen, auf diese Weise derartig blindwütige Zerstörungsabsichten zu verhindern. Das Verständnis, das ich bei Generaloberst Heinrici gefunden hatte, ließ mich den Plan wieder aufgreifen, durch einen direkten Appell an die Öffentlichkeit die Menschen zur Vernunft zu rufen. Im Wirrwarr des Kampfes, so hoffte ich, werde Heinrici mir eine der Rundfunkstationen im Bereich seiner Heeresgruppe zur Verfügung stellen können.

Nach dreißig Kilometern befanden wir uns in Görings Tierparadies, den einsamen Wäldern der Schorfheide. Ich entließ meine Begleitung, setzte mich auf einen Baumstumpf und entwarf, nachdem fünf Tage zuvor der Entwurf einer genehmigten Verlautbarung an Hitler gescheitert war, eine Rebellenrede, die ich in einem Zuge niederschrieb. Dieses Mal wollte ich zum Widerstand aufrufen, ohne Umschweife die Zerstörung der Fabriken, der Brücken, Wasserstraßen, Bahn- und Nachrichtenanlagen verbieten, die Soldaten der Wehrmacht und des Volkssturms anweisen, Zerstörungen »mit allen Mitteln, notfalls mit der Schußwaffe« zu verhindern. Der Entwurf verlangte weiterhin, politische Häftlinge und damit auch die Juden den besetzenden Truppen unversehrt zu übergeben, die Kriegsgefangenen und die ausländischen Arbeiter auf ihrem Weg in die Heimat nicht zu behindern. Er untersagte die Tätigkeit des Werwolfs und forderte dazu auf, Städte und Ortschaften ohne Kampf zu übergeben. Wieder schloß ich etwas zu feierlich, daß wir »unerschüttert an die Zukunft unseres Volkes glauben, das immer und ewig bleiben wird[8]«.

Durch Poser ließ ich dem Generaldirektor der Elektrizitätswerke Berlins, Dr. Richard Fischer, einen flüchtig mit Bleistift geschriebenen Zettel überbringen, durch den ich die Stromversorgung des stärksten deutschen Senders in Königswusterhausen bis zur Besetzung durch den Gegner sicherstellen wollte[9]. Er, der täglich die »Werwolf-Sendungen« ausstrahlte, sollte als letztes meine Rede bringen, die jede Werwolfaktivität untersagte.

Am späten Abend traf ich mich mit Generaloberst Heinrici in seinem unterdes zurückverlegten Hauptquartier in Dammsmühl. In der kurzen Zeit, während der die Sendeanlage zur »Kampfzone« gehören und damit aus der staatlichen Hoheit in die der Truppe übergegangen sein würde, wollte ich meine Rede halten. Heinrici glaubte freilich, daß der Sender von den Russen besetzt sein würde, bevor ich meine Rede beendet hätte. Daher schlug er vor, die Rede schon jetzt auf eine Schallplatte zu sprechen und bei ihm zu deponieren. Kurz vor der sowjetischen Besetzung wolle er sie dann senden. Aber eine geeignete Aufnahmeapparatur war, trotz aller Bemühungen Lüschens, nicht zu finden.

Zwei Tage später forderte mich Kaufmann dringend auf, nach Hamburg zu kommen, da dort von der Kriegsmarine die Sprengung der Hafenanlagen vorbereitet werde. In einer Sitzung, an der die wichtigsten Vertreter von Industrie, Werften, Hafenverwaltung und Marine teilnahmen, wurde dank der Energie des Gauleiters der Beschluß gefaßt, nichts zu zerstören[10]. In einem Haus an der Außenalster setzte ich meine Besprechung mit Kaufmann fort. Gut bewaffnete Studenten hatten seinen Schutz übernommen: »Am besten«, forderte mich der Gauleiter auf, »Sie bleiben hier in Hamburg bei uns. Da sind Sie sicher. Auf meine Leute können wir uns im Notfall verlassen.« Ich fuhr jedoch zurück nach Berlin und erinnerte Goebbels daran, daß er, der als »Eroberer von Berlin« in die Parteigeschichte eingegangen sei, seinen Ruf verlieren würde, wenn er nun als Zerstörer dieser Stadt sein Leben beschlösse. So skurril diese Bemerkung auch scheinen mag, sie paßte in die damalige Vorstellungswelt von uns allen und gerade in die von Goebbels, der glaubte, durch seinen Selbstmord seinen Nachruhm zu erhöhen. Am Abend des 19. April erwähnte Hitler vor der Lagebesprechung, daß er sich einem Vorschlag des Gauleiters angeschlossen habe und unter Einsatz aller Reserven die entscheidende Schlacht vor den Toren der Reichshauptstadt schlagen werde.

32. Kapitel

Die Vernichtung

Hitler hatte sich, wie mir schien, in den letzten Wochen seines Lebens aus der Erstarrung befreit, in die er während der zurückliegenden Jahre verfallen war. Er zeigte sich wieder zugänglicher und war gelegentlich bereit, über seine Entschlüsse zu diskutieren. Noch im Winter 1944 wäre es undenkbar gewesen, daß er sich mit mir in eine Diskussion über die Kriegsaussichten eingelassen hätte. Auch seine Nachgiebigkeit in der Frage des Befehls »Verbrannte Erde« wäre damals unvorstellbar gewesen, desgleichen seine wortlose Korrektur meiner Rundfunkrede. Er war Argumenten wieder offen, die er noch vor einem Jahr nicht angehört hätte. Es handelte sich dabei allerdings weniger um eine innere Gelöstheit, vielmehr machte er nun eher den Eindruck eines Menschen, dessen Lebenswerk zerstört ist, der sich lediglich durch die in ihm aufgespeicherte Bewegungsenergie auf der alten Bahn fortbewegt, während er tatsächlich alles losgelassen und resigniert hat.

Er wirkte geradezu wesenlos. Vielleicht war er jedoch darin immer der gleiche geblieben. Zurückblickend frage ich mich mitunter, ob diese Ungreifbarkeit, diese Wesenlosigkeit ihn nicht von früher Jugend bis zu seinem gewaltsamen Tod gekennzeichnet hat. Um so heftiger konnte, so scheint mir dann, die Gewalttätigkeit von ihm Besitz ergreifen; denn keine menschliche Regung wirkte ihr entgegen. Niemandem konnte es gelingen, seinem Wesen nahezukommen, eben weil es tot, weil es leer war.

Nun war es jedoch auch die Wesenlosigkeit eines Greises. Seine Glieder zitterten, er ging gebeugt, mit schleppendem Schritt; auch seine Stimme war unsicher geworden und hatte die ehemalige Entschiedenheit verloren, ihre Kraft war einer stockend vorgebrachten, tonlosen Redeweise gewichen. Wenn er sich erregte, was nach Greisenart häufig vorkam, schien sie sich fast zu überschlagen. Noch immer kamen Anfälle von Halsstarrigkeit, die mich nun nicht mehr an die Art eines Kindes erinnerten, sondern eher an die eines alten Mannes. Seine Hautfarbe war fahl, sein Gesicht aufgedunsen, seine Uniform, sonst tadellos sauber gehalten, in dieser letzten Zeit seines Lebens oft verwahrlost und von den Mahlzeiten beschmutzt, die er mit zitternder Hand eingenommen hatte.

Dieser Zustand rührte zweifellos seine Umgebung, die ihn auf den Höhepunkten seines Lebens begleitet hatte. Auch ich war immer in Gefahr, dem in manchem Sinne ergreifenden Kontrast zu einst zu erliegen. Vielleicht hörte man ihm deswegen stumm zu, wenn er in der längst hoffnungslos gewordenen Lage immer noch Divisionen einsetzte, die nicht vorhanden waren, Transporte mit Flugzeugen befahl, die mangels Treibstoff nicht starten konnten. Deswegen vielleicht nahm man es auch hin, wenn er sich im Verlauf solcher Debatten immer häufiger aus der Wirklichkeit löste und sich in seine Phantasiewelt begab, von dem Zerwürfnis sprach, das zwischen West und Ost bevorstehen müsse – geradezu beschwor, daß es unausweichlich sei. Obwohl seine Umgebung das Phantomhafte dieser Vorstellungen hätte sehen müssen, trat durch die ständige suggestive Wiederholung immer noch eine faszinierende Wirkung ein, so wenn er beispielsweise beteuerte, daß nur er in der Lage sei, mit seiner Person und mit seiner Kraft zusammen mit dem Westen den Bolschewismus zu bezwingen; es klang glaubhaft, wenn er versicherte, daß er sich nur noch für diese Wende einsetze, daß er persönlich jedoch seine letzte Stunde herbeiwünsche. Gerade die Fassung, mit der er dem Ende entgegensah, steigerte das Mitleid und erhöhte die Verehrung.

Dazu war er wieder liebenswürdiger und privater geworden. In manchem erinnerte er mich an den Hitler, den ich zu Beginn unserer Zusammenarbeit vor zwölf Jahren kennengelernt hatte, nur daß er nun schattenhafter wirkte. Seine Liebenswürdigkeit konzentrierte sich auf die wenigen Frauen, die seit Jahren um ihn waren. Seine besondere Zuneigung gehörte seit längerem Frau Junge, der Witwe seines gefallenen Dieners; aber auch die Wiener Diätköchin stand in seiner Gunst, seine altgewohnten Sekretärinnen, Frau Wolf und Frau Christian, gehörten ebenfalls zu diesem privaten Kreis der letzten Wochen seines Lebens. Seine Tees und seine Mahlzeiten nahm er seit Monaten schon vornehmlich mit ihnen ein, Männer gehörten kaum noch in seine engste Umgebung. Auch ich hatte seit langem keinen Zugang mehr zu seinen Tischgesellschaften. Im übrigen brachte das Eintreffen Eva Brauns einige Änderungen in den Lebensgewohnheiten mit sich, ohne daß die wohl harmlosen Beziehungen zu den anderen Frauen seiner Umgebung eingestellt wurden. Wahrscheinlich zog ihn dabei eine unkomplizierte Treue-Vorstellung an, der die Frauen im Unglück eher zu genügen schienen als die Männer seines Stabes, deren Zuversicht er mitunter zu mißtrauen schien. Ausnahmen machte er offenkundig bei Bormann, Goebbels und Ley, deren er sicher zu sein schien.

Um diesen schemenhaften Hitler lief der Befehlsapparat mechanisch weiter. Anscheinend waren auch hier noch Beschleunigungskräfte vorhanden, die nun fortwirkten, auch wenn der Initiator die ursprüngliche Energie nicht mehr aufbrachte. Diese Automatik ließ, wie mir scheint, auch die Generalität, selbst in diesem letzten Stadium, als Hitlers ausstrahlender Wille nachzulassen begann, weiter die vorgezeichnete Bahn gehen. Keitel beispielsweise forderte noch die Zerstörung der Brücken, als Hitler sie bereits resignierend schonen wollte.

Es mußte Hitler auffallen, daß die Disziplin in seiner Umgebung nachließ. Wenn er früher einen Raum betreten hatte, erhoben sich alle Anwesenden, bis er selbst Platz nahm. Nun konnte man beobachten, daß Gespräche sitzend fortgeführt wurden, daß sich Diener in seiner Gegenwart mit Gästen unterhielten und daß alkoholisierte Mitarbeiter auf Sesseln eingeschlafen waren oder andere laut und ungehemmt redeten. Vielleicht übersah er solche Veränderungen absichtlich. Diese Bilder wirkten auf mich wie ein schlechter Traum. Zu ihnen paßten die Veränderungen, die seit einigen Monaten mit der Kanzlerwohnung vor sich gegangen waren: die Gobelins waren entfernt, die Bilder von den Wänden genommen, die Teppiche eingerollt und mit wertvollen Möbelstücken in einem Bunker sichergestellt worden. Helle Stellen an den Tapeten, Lücken in der Möblierung, herumliegende Zeitungen, leere Gläser und abgegessene Teller, ein Hut schließlich, den jemand auf einen Stuhl geworfen hatte, vermittelten das Bild eines im Gang befindlichen Umzuges.

Hitler hatte seit längerer Zeit die oberen Räume verlassen; er gab an, daß die ständigen Fliegerangriffe seinen Schlaf störten und seine Arbeitskraft beeinträchtigten. Im Bunker könne er wenigstens durchschlafen. So hatte er sein Leben unterirdisch eingerichtet.

Die Flucht in das zukünftige Todesgewölbe hatte, so schien mir immer, auch symbolische Bedeutung. Die Isoliertheit dieser Bunkerwelt, allseits umgeben von Beton und Erde, besiegelte endgültig Hitlers Abgeschlossenheit von der Tragödie, die sich draußen unter freiem Himmel abspielte. Dazu hatte er nun keine Beziehung mehr. Wenn er vom Ende sprach, dann von dem seinen und nicht von dem des Volkes. Er hatte die letzte Station seiner Flucht vor der Wirklichkeit erreicht, einer Wirklichkeit, die er schon in seiner Jugend nicht anerkennen wollte. Damals nannte ich diese unwirkliche Welt die »Insel der Seligen«.

Selbst noch in dieser letzten Zeit seines Lebens, im April 1945, saß ich mit Hitler gelegentlich wieder im Bunker über die Linzer Baupläne gebeugt, stumm die Träume von einst betrachtend. Sein Arbeitsraum mit über fünf Metern Deckenstärke und zwei Meter Erddeckung darüber, war gewiß der sicherste Platz in Berlin. Wenn schwere Bomben in der Nähe explodierten, schwankte diese Bunkermasse, Folge der günstigen Weitergabe von Explosionswellen im Berliner Sand. Dann zuckte Hitler auf seinem Sessel zusammen. Welcher Wandel war mit dem ehemals furchtlosen Gefreiten des Ersten Weltkrieges eingetreten! Ein Wrack, ein Nervenbündel, das seine Reaktionen nicht mehr verbergen konnte.

Eigentlich wurde Hitlers letzter Geburtstag nicht mehr gefeiert. Wo an diesem Tage sonst zahlreiche Autos vorfuhren, die Ehrenwache präsentierte, Würdenträger des Reiches und des Auslands ihre Glückwünsche vorbrachten, herrschte Ruhe. Hitler hatte sich zwar vom Bunker in die oberen Räume begeben, die in ihrer Vernachlässigung einen passenden Rahmen zu seinem bejammernswerten Zustand gaben. Eine Abordnung der Hitlerjugend, die sich im Kampf bewährt hatte, wurde ihm im Garten vorgestellt; Hitler sprach einige Worte, tätschelte den einen oder anderen. Seine Stimme war leise. Nach kurzer Zeit brach er ab. Er hatte wohl das Gefühl, nicht mehr überzeugen zu können, es sei denn, im Mitleid. Die Verlegenheit einer Gratulation wurde von den meisten dadurch umgangen, daß sie wie immer zur militärischen Lagebesprechung kamen. Niemand wußte recht, was er sagen sollte. Hitler nahm die Glückwünsche, den Umständen entsprechend, kühl und fast abwehrend entgegen.

Kurz danach standen wir, wie schon so oft, in dem engen Bunkerraum um den Lagetisch zusammen. Hitler gegenüber hatte Göring Platz genommen. Er, der auf äußeren Schein stets großen Wert legte, hatte seine Uniformierung in den letzten Tagen bemerkenswert verändert. Der silbergraue Stoff seiner Uniform war zu unserer Überraschung durch das braungraue Tuch der amerikanischen Uniform ersetzt worden. Gleichzeitig waren seine bis dahin fünf Zentimeter breiten, goldgeflochtenen Achselstücke durch einfache Stoffachselstücke ersetzt, auf denen schlicht sein Rangabzeichen, der goldene Reichsmarschall-Adler, geheftet war. »Wie ein amerikanischer General«, flüsterte mir ein Teilnehmer der Lage zu. Aber Hitler schien auch diese Änderung nicht zu bemerken.

Während der »Lage« wurde der unmittelbar bevorstehende Angriff auf den Stadtkern von Berlin besprochen. Der Gedanke des Vorabends, die Metropole nicht zu verteidigen, sondern sich in die Alpenfestung abzusetzen, war über Nacht bei Hitler dem Entschluß zum Kampf um die Stadt, in den Straßen Berlins, gewichen. Sofort wurde Hitler bestürmt, daß es nicht nur zweckmäßig, sondern auch der letzte Augenblick sei, den Sitz des Hauptquartiers nach dem Süden, auf den Obersalzberg, zu verlegen. Göring machte darauf aufmerksam, daß nur noch eine einzige Nord-Süd-Verbindung über den Bayerischen Wald in unserem Besitz sei und daß der letzte Fluchtweg nach Berchtesgaden jederzeit unterbrochen werden könnte. Hitler ereiferte sich über die Zumutung, Berlin gerade jetzt zu verlassen: »Wie soll ich die Truppe zum entscheidenden Kampf um Berlin bewegen, wenn ich mich im gleichen Augenblick in Sicherheit bringe!« In seiner neuen Uniform saß Göring ihm bleich, schwitzend und mit weitgeöffneten Augen gegenüber, als sich Hitler zunehmend in Erregung redete: »Ich überlasse es dem Schicksal, ob ich in der Hauptstadt sterbe oder ob ich noch im letzten Augenblick nach dem Obersalzberg fliege!«

Kaum war die Lagebesprechung beendet, die Generale verabschiedet, als Göring sich verstört Hitler zuwandte: er habe in Süddeutschland dringendste Aufgaben zu erledigen, er müsse noch in der gleichen Nacht Berlin verlassen. Hitler sah ihn geistesabwesend an. Mir schien dabei, daß er in diesem Augenblick von seiner eigenen Entscheidung, in Berlin zu bleiben und sein Leben aufs Spiel zu setzen, selber ergriffen war. Mit gleichgültigen Worten gab er Göring die Hand, ließ sich nicht anmerken, daß er ihn durchschaute. Ich stand wenige Schritte von beiden entfernt und hatte das Gefühl eines historischen Augenblicks: die Führung des Reiches ging auseinander. Damit war die Geburtstagslage beendet.

Mit den übrigen Teilnehmern der Besprechung hatte ich den Raum in der üblichen informellen Art, ohne persönlichen Abschied von Hitler, verlassen. Entgegen unserer ursprünglichen Absicht forderte mich Oberstleutnant v. Poser noch in der Nacht auf, mich ebenfalls zur Abfahrt bereit zu machen. Die sowjetische Armee war zum endgültigen Angriff auf Berlin angetreten und kam offenbar schnell voran. Bereits seit Tagen war für unsere Flucht alles vorgesehen; wichtiges Gepäck war nach Hamburg vorausgeschickt, zwei Bauwohnwagen der Reichsbahn am Eutiner See, in der Nähe des Hauptquartiers von Dönitz in Plön, aufgestellt worden.

In Hamburg besuchte ich nochmals Gauleiter Kaufmann. Wie ich fand er es unbegreiflich, daß in dieser Situation der Kampf um jeden Preis weitergeführt werde. Dadurch ermutigt, gab ich ihm den Entwurf der Rede zu lesen, die ich vor einer Woche, auf einem Baumstumpf in der Schorfheide sitzend, geschrieben hatte; ich war unsicher, wie er sie aufnehmen werde. »Die Rede sollten Sie halten. Warum haben Sie es noch nicht getan?« Nachdem ich ihm von meinen Schwierigkeiten erzählt hatte, fuhr er fort: »Wollen Sie nicht über unseren Hamburger Sender sprechen? Für den technischen Leiter unseres Rundfunks kann ich gradestehen. Zumindest können Sie die Rede im Funkhaus auf Platte schneiden lassen[1].«

Noch in der gleichen Nacht führte mich Kaufmann in den Bunker, in dem die technische Leitung des Hamburger Senders untergebracht war. Durch menschenleere Räume kamen wir in ein kleineres Aufnahmestudio, wo er mir zwei Techniker vorstellte, die über meine Absichten offensichtlich bereits unterrichtet waren. Diesen fremden Menschen, durchschoß es mich, würde ich in einigen Minuten ausgeliefert sein. Um mich abzusichern und sie gleichzeitig zu Komplizen zu machen, teilte ich ihnen vor Beginn der Rede mit, daß sie hinterher selbst entscheiden könnten, ob sie dem Inhalt zustimmen oder die Platten vernichten wollten. Dann nahm ich vor dem Mikrophon Platz und las meine Rede vom Manuskript ab. Die Techniker blieben stumm; vielleicht waren sie erschrocken, vielleicht gleichzeitig überzeugt von dem, was sie soeben gehört hatten, ohne ihrerseits den Mut zu einem Widerspruch aufzubringen: jedenfalls erhoben sich keine Einwendungen.

Kaufmann nahm die Platten in Verwahrung. Ihm teilte ich die Bedingungen mit, unter denen er von sich aus, ohne meine Zustimmung, diese Rede senden lassen könne. Die Voraussetzungen, die ich ihm nannte, waren bezeichnend für die Gefühle, die mich in diesen Tagen beherrschten: falls ich auf Veranlassung von irgendwelchen politischen Widersachern, zu denen ich vornehmlich Bormann rechnen mußte, ermordet werden sollte; falls Hitler von meinen Unternehmungen gehört hätte und ich durch ihn zum Tode verurteilt werde; falls Hitler tot sei und der Nachfolger seine verzweifelte Politik der Vernichtung fortsetze.

Da Generaloberst Heinrici beabsichtigte, Berlin nicht zu verteidigen, war in wenigen Tagen mit der Einnahme der Stadt und dem Ende zu rechnen. In der Tat hatte Hitler sich, wie mir SS-General Berger[2] und bei meinem letzten Besuch in Berlin auch Eva Braun sagten, bereits am 22. April das Leben nehmen wollen. Aber Heinrici war unterdes durch den General der Fallschirmjäger Student ersetzt worden; ihn hielt Hitler für einen seiner tatkräftigsten Offiziere, auf den er sich in dieser Lage um so eher verlassen wollte, als er ihn beschränkt fand. Und allein daraufhin hatte er noch einmal Mut geschöpft. Gleichzeitig war Keitel und Jodl befohlen worden, alle verfügbaren Divisionen nach Berlin zu werfen.

Ich selbst hatte zu diesem Zeitpunkt keine Aufgabe, es gab keine Rüstungsindustrie mehr. Dennoch wurde ich durch eine heftige innere Unruhe rastlos umhergetrieben. Ohne Sinn und Zweck entschloß ich mich, für die Nacht jenen Gutshof bei Wilsnack aufzusuchen, in dem ich mit meiner Familie viele Wochenenden verbracht hatte. Dort traf ich einen Mitarbeiter Dr. Brandts; er erzählte mir, daß Hitlers Arzt jetzt in einem westlichen Vorort Berlins in einer Villa gefangengehalten werde. Er beschrieb den Ort, gab mir die Telefonnummer und berichtete, daß die SS-Wache durchaus zugänglich sei. Wir erörterten, ob ich wohl in dem Durcheinander, das in Berlin nun herrschen mußte, Brandt befreien könne. Aber auch Lüschen wollte ich nochmals wiedersehen. Ich wollte ihn überreden, vor den Russen nach dem Westen zu fliehen.

Dies waren die Gründe, die mich zu dem Entschluß brachten, zum letztenmal nach Berlin zu fahren. Mächtiger aber wirkte hinter diesen vorgeschobenen Motiven der Magnet Hitler. Ihn wollte ich ein letztes Mal sehen, von ihm Abschied nehmen. Denn mir kam es nun vor, als hätte ich mich zwei Tage zuvor davongestohlen. Sollte dies das Ende unserer langjährigen Zusammenarbeit sein? Viele Tage, Monate um Monate hatten wir fast kollegial-kameradschaftlich über gemeinsamen Plänen gesessen. Viele Jahre hatte er meine Familie und mich auf dem Obersalzberg aufgenommen und sich als freundlicher, oft besorgter Gastgeber gezeigt. Der übermächtige Wunsch, ihn noch einmal zu sehen, war ein Zeichen für den Zwiespalt meiner Gefühle. Denn mit der Vernunft war ich davon überzeugt, daß es dringend notwendig, wenn auch schon viel zu spät war, daß Hitlers Leben endete. Allem was ich in den vergangenen Monaten gegen ihn unternommen hatte, lag die Absicht zugrunde, den von Hitler betriebenen Untergang des Volkes zu verhindern. Was konnte unsere Gegensätze mehr beweisen als die am Vortage auf Schallplatten gesprochene Rede und daß ich nun mit Ungeduld seinen Tod erwartete – aber gerade hier machte sich erneut die gefühlsmäßige Bindung an Hitler bemerkbar: Mein Wunsch, die Rede erst nach seinem Tod zu senden, sollte ihm die Erkenntnis ersparen, daß auch ich mich gegen ihn gewendet hatte; mich erfüllte ein immer stärker werdendes Mitleid mit dem Gestürzten. Vielleicht haben viele aus Hitlers Gefolgschaft in diesen letzten Tagen ähnlich empfunden. Pflichterfüllung, Eid, Treuebindungen, Dankesgefühle standen einer Verbitterung über das persönliche Leid und das nationale Unglück gegenüber – beides verursacht durch eine Person: Hitler.

Noch heute bin ich froh, daß mir meine Absicht gelang, Hitler ein letztes Mal zu sehen. Es war richtig, nach zwölf Jahren Zusammenarbeit, über alle Gegensätze hinweg, diese Geste zu machen. Damals freilich handelte ich unter einem fast mechanischen Zwang, als ich von Wilsnack aus die Fahrt antrat. Vor meiner Abreise schrieb ich meiner Frau einige Zeilen, die ihr Mut geben, ihr aber gleichzeitig zeigen sollten, daß ich nicht die Absicht hatte, mit Hitler in den Tod zu gehen. Etwa neunzig Kilometer vor Berlin verstopfte in Richtung Hamburg ein Strom von Fahrzeugen die ganze Straße: älteste Modelle und Luxuswagen, Lastfahrzeuge und Lieferwagen, Motorräder, selbst Motorspritzen der Berliner Feuerwehr. Es war unmöglich, gegen diese Zehntausende nach Berlin zu gelangen. Mir war es ein Rätsel, woher plötzlich all der Treibstoff kam. Wahrscheinlich war er seit Monaten für diese eine Gelegenheit gehortet worden.

In Kyritz befand sich der Stab einer Division; von dort aus rief ich in Berlin die Villa an, in der Dr. Brandt gefangen saß und auf die Vollstreckung des Todesurteils wartete. Auf besonderen Befehl Himmlers war er jedoch bereits im Norden Deutschlands in Sicherheit. Auch Lüschen blieb unerreichbar. Dennoch änderte ich nicht meinen Entschluß, sondern kündigte einem der Adjutanten Hitlers kurz die Möglichkeit meines Besuches für den gleichen Nachmittag an. Bei dem Divisionsstab hatten wir in Erfahrung gebracht, daß die sowjetischen Streitkräfte schnell vorwärtsdrangen, daß jedoch eine Einschließung Berlins in Kürze nicht zu erwarten sei; der Flugplatz Gatow am Havelufer blieb voraussichtlich noch länger im Besitz unserer Truppen. Daher begaben wir uns nach dem großen Erprobungsflugplatz Rechlin in Mecklenburg; hier war ich durch viele Vorführungen gut bekannt und konnte die Bereitstellung eines Flugzeugs erwarten. Von diesem Platz aus starteten Jagdflugzeuge zu Tiefangriffen gegen die sowjetischen Truppen südlich von Potsdam. Deren Kommandant war bereit, mich mit einer Jagdschulmaschine nach Gatow zu befördern. Gleichzeitig wurden zwei »Störche«, einmotorige Aufklärungsflugzeuge mit einer geringen Landegeschwindigkeit, klargemacht, die mir und meinem Verbindungsoffizier innerhalb Berlins und für den Rückflug zur Verfügung stehen sollten. Bis die Maschine startbereit war, studierte ich beim Stab den in die Lagekarten eingezeichneten Stand der russischen Einschließungskräfte.

Umgeben von einer Jagdstaffel, die uns als Begleitung mitgegeben war,

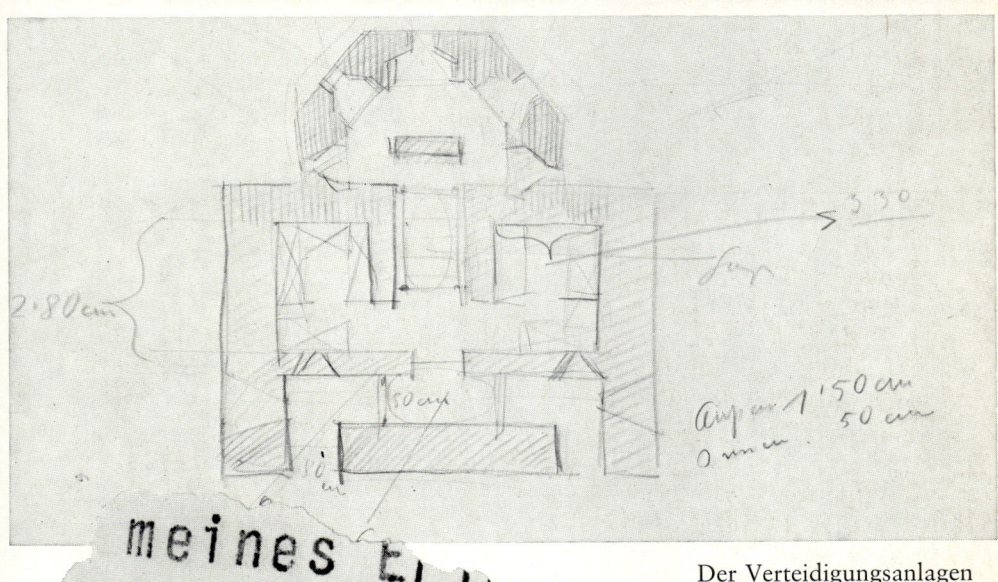

meines E...
...
smassnahmen dienen
dem Gegner die

Der Verteidigungsanlagen des Atlantikwalls wurden von Hitler bis in die Einzelheiten festgelegt; sogar die einzelnen Bunkertypen entwarf er selbst. Sie waren skizzenhaft, aber präzis ausgeführt, die Erläuterungen gut lesbar. –
Zwei Jahre später, im März 1945, hatte er die zittrige Hand eines Greises. Seine Korrekturen in meinen Befehlen waren fast unleserlich.

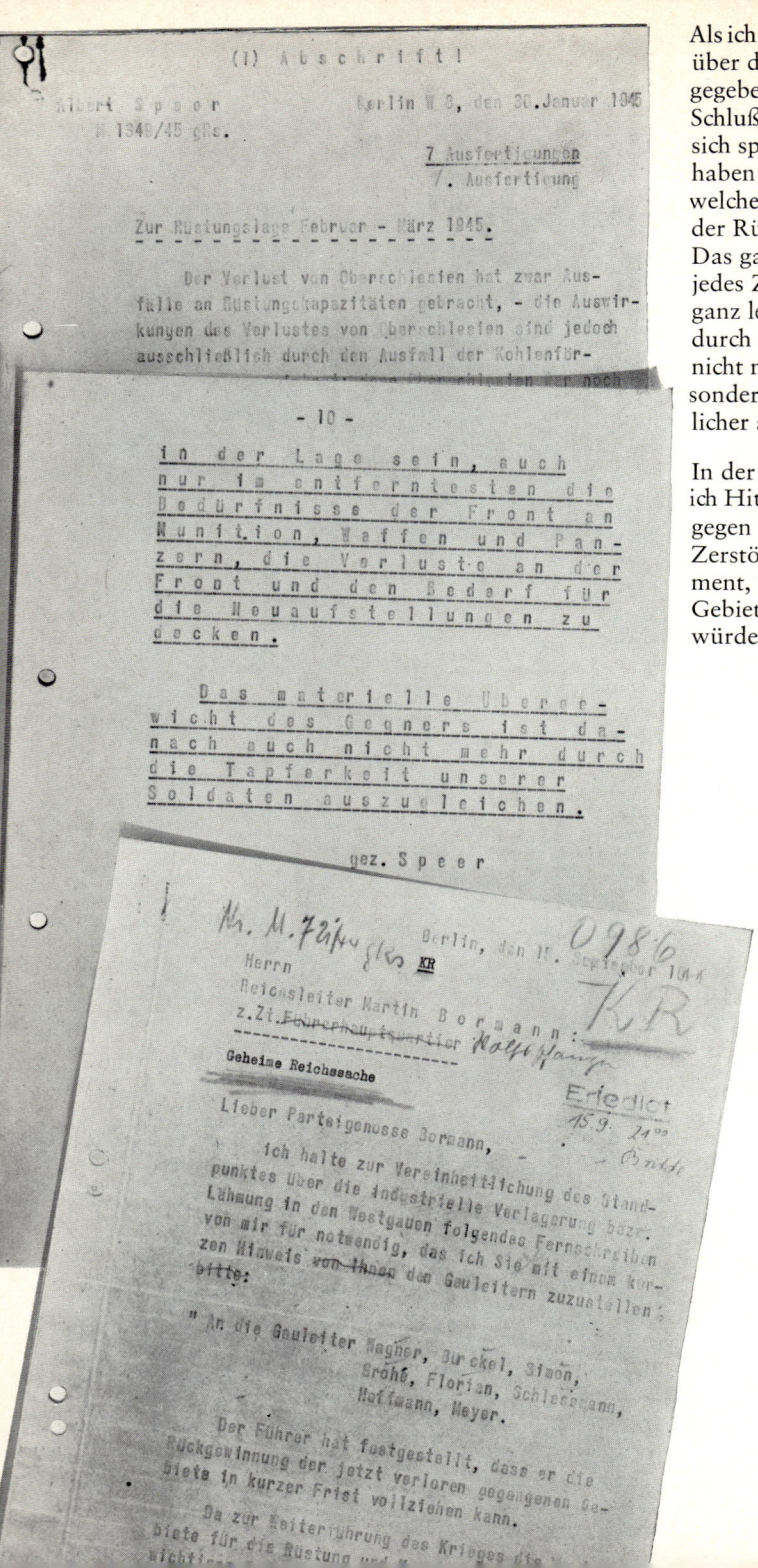

Als ich ihm meine Denkschrift über den Verlust des Krieges gegeben hatte, sagte er: »Ihre Schlußfolgerungen hätten Sie sich sparen können. Sie haben mir zu überlassen, welche Konsequenzen ich aus der Rüstungslage ziehe.« Das ganze sagte er ohne jedes Zeichen von Erregung, ganz leise, etwas pfeifend, durch die Zähne. Es wirkte nicht nur viel bestimmter, sondern auch weitaus gefährlicher als ein Wutausbruch.

In der letzten Phase spielte ich Hitlers Siegeszuversicht gegen ihn aus und verbot Zerstörungen mit dem Argument, daß die verlorenen Gebiete bald zurückerobert würden.

Mein Führer,

... mich noch einmal

Ich gehe dabei nicht im Einzelnen darauf ein, daß Ihr Zerstörungsbefehl vom 19. III. 1945 durch sofortige Maßnahmen die letzten industriellen Möglichkeiten nehmen muß und daß sein Bekanntwerden in der Bevölkerung größte Bestürzung auslöst.

Das sind alles Dinge, die zwar entscheidend sind, aber an dem Hundertsächlichen vorbeigehen.

Ich bitte Sie daher, nicht selbst am Volk diesen Schritt der Zerstörung zu vollziehen.

21

...tung und unerschütterlichen Glauben an die ewige Zukunft unsers Volkes dazu beitragen.

Gott schütze Deutschland

Speer

Berlin, den 29. III. 1945

In einem langen, atemlosen Brief bezichtigte ich Hitler der Vernichtungsabsicht am eigenen Volk. Er verweigerte seine Annahme und befahl mich für den gleichen Abend zu sich.

Auf einem Baumstumpf sitzend, entwarf ich eine Rede, die zum Widerstand aufrufen sollte. Ich forderte, die Maßnahmen der Selbstvernichtung einzustellen, befahl den Soldaten, Zerstörungen »mit allen Mitteln, notfalls mit der Schußwaffe« zu verhindern. Dann ließ ich dem Generaldirektor der Elektrizitätswerke Berlins einen flüchtig mit Bleistift geschriebenen Zettel überbringen, der die Weisung enthielt, die Stromversorgung des stärksten deutschen Senders in Königswusterhausen bis zur Besetzung durch den Gegner sicherzustellen. Der Sender, der täglich die »Werwolf-Sendungen« ausstrahlte, sollte als letztes meine Rede bringen, die jede Werwolf-Aktivität untersagte.

7.
Für eine ort[?] zu machende Übergabe
der allseits unselbommen Städte und

8.
Ortschaften ist unsererseits zu sorgen.
Städte ohne wesentliche Verteidigungsmöglichkeiten sind in offenen Städten
zu erklären.

* * *

Um Ungerechtigkeiten und schwere

10.
[?] zur Ruhe und Ordnung
in [?] zu sorgen. [?]
die [?] dieser Aufgabe wächst nicht
gewachsen. Auch die Mitglieder
der N.S.D.A.P. haben bis zur
Besetzung des Ortes, an den Aufgaben des Volksthums mit [?]
zum Dienst zu stehen, daß sie dem Volk
sie zuletzt einen Dienst erwiesen
wollen.
5.) Die Tätigkeit des Wehrwolfs
und ähnlicher Organisationen ist
sofort einzustellen. Die gibt dem
Gegner berechtigten Anlaß in Regensburg

Die Reichskanzlei lag bereits im Artilleriefeuer schwerer sowjetischer Geschütze, doch waren zu diesem Zeitpunkt die Einschläge noch selten. Noch einmal wollte ich durch die Hallen und Säle gehen. Da die Lichtanlage ausgefallen war, begnügte ich mich mit einigen Minuten des Abschieds im Ehrenhof, dessen Umrisse gegen den Nachthimmel kaum zu sehen waren, und dessen Architektur ich erahnen mußte. Es herrschte eine fast gespenstische Ruhe, wie sonst nur während einer Nacht in den Bergen. In größeren Abständen hörte ich die Detonationen russischer Granaten. Es war mein letzter Besuch in der Reichskanzlei. Vor Jahren hatte ich sie gebaut – voller Pläne, Aussichten und Träume für die Zukunft. Jetzt verließ ich die Trümmerstätte nicht nur meines Baues, sondern auch der wertvollsten Jahre meines Lebens.

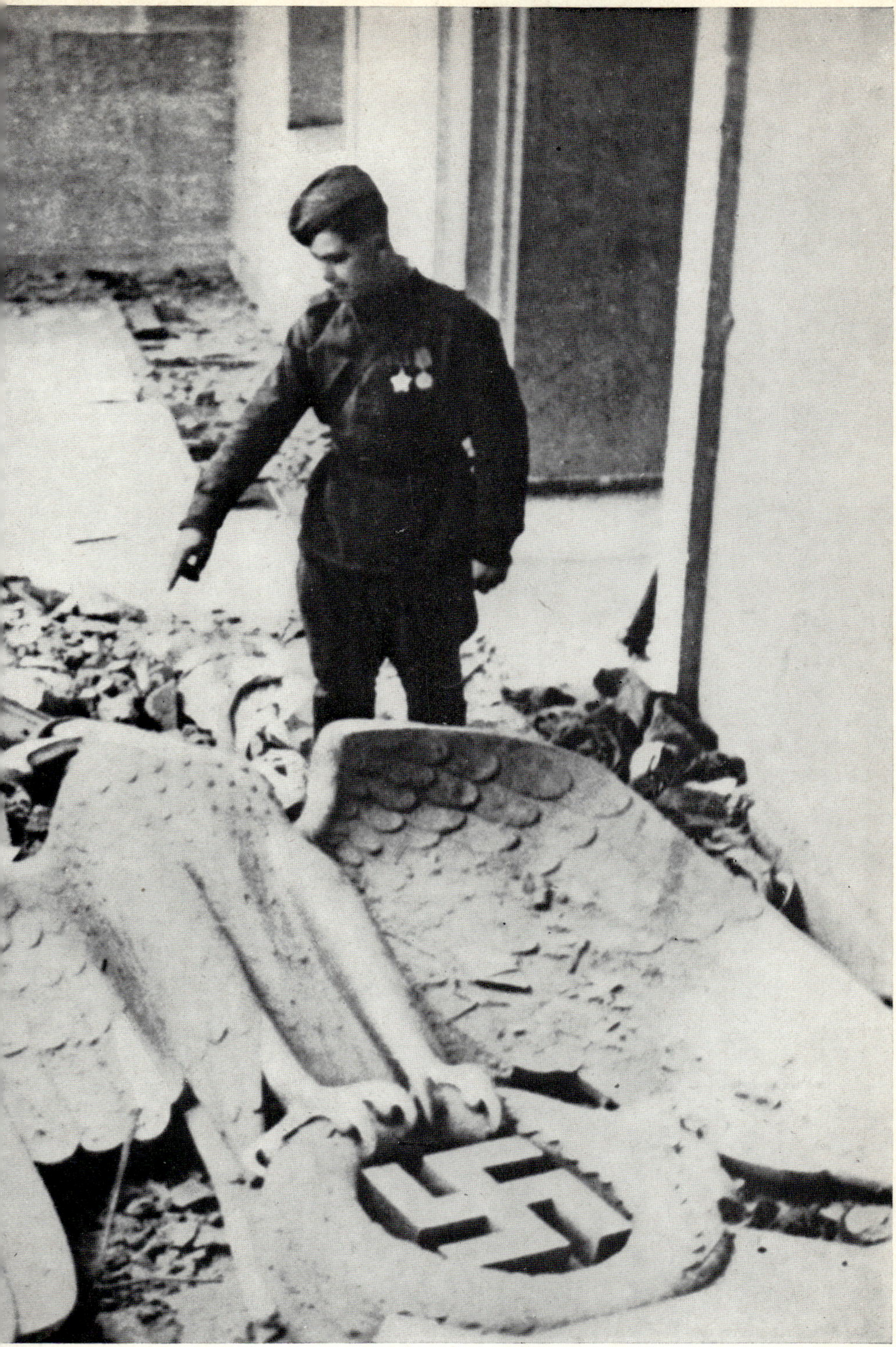

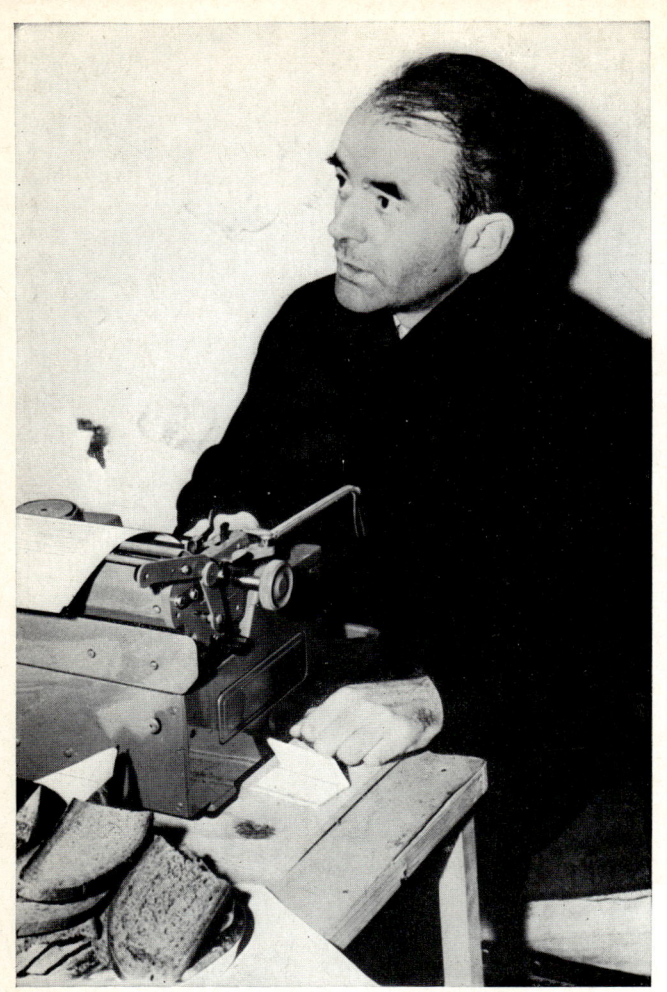

In Nürnberg hatten wir einen schwarzgefärbten Drillichanzug der amerikanischen Armee, wenn wir uns in den Zellen aufhielten. Auf einem primitiv zusammengezimmerten Tisch, dessen Tischplatte aus Pappe bestand, war eine Schreibmaschine aufgebaut. Wegen des Platzmangels wurde die Tagesration an Brot auf demselben Tisch gestapelt. Nicht nur meine Verteidigung, sondern auch die Schlußworte schrieb ich mit dieser Schreibmaschine.

Mein Schlußwort wollte ich als Vertreter jener Technokratie sprechen, die alle ihre Mittel gefühllos gegen die Menschheit eingesetzt hatte. »Das verbrecherische Geschehen dieser Jahre«, sagte ich, »war nicht nur eine Frage der Persönlichkeit Hitlers. Es war gleichzeitig darauf zurückzuführen, daß Hitler sich als erster der Mittel der Technik bedienen konnte.«

flogen wir etwa 1000 Meter hoch bei klarer Sicht, einige Kilometer von der Kampfzone entfernt, nach Süden. Von oben sah die Schlacht um die Reichshauptstadt harmlos aus; daß nach nahezu hundertfünfzig Jahren Berlin noch einmal von feindlichen Truppen erobert werden sollte – das alles vollzog sich in einer unheimlich friedlich daliegenden Landschaft, deren Straßen, Dörfer und Kleinstädte ich von zahllosen Fahrten kannte. Nur unscheinbare, kurze Blitze von feuernden Geschützen oder von Einschlägen, nicht stärker als ein kurz aufflammendes Streichholz, und brennende Gehöfte, die sich langsam verzehrten, waren zu sehen. Allerdings waren an der östlichen Grenze Berlins, weit im Dunst, größere Rauchschwaden zu erkennen. Das Dröhnen des Motors übertönte den fernen Kampflärm.

Die Jagdstaffel flog weiter zu ihrem Einsatz gegen Erdziele südlich Potsdams, als wir in Gatow landeten. Der Flugplatz war nahezu verlassen. Nur General Christian, der als Mitarbeiter Jodls zum engeren Stab Hitlers gehörte, machte sich gerade zum Abflug bereit. Wir wechselten einige belanglose Worte. Dann bestieg ich mit meiner Begleitung die beiden bereitstehenden Störche und flog im Tiefflug – obwohl wir auch mit dem Auto hätten fahren können –, unser Abenteuer romantisch auskostend, über dieselbe Ostwest-Achse, die ich gemeinsam mit Hitler am Vorabend seines 50. Geburtstages abgefahren hatte. Kurz vor dem Brandenburger Tor landeten wir zur Überraschung der wenigen Autos auf der breiten Straße, hielten ein Fahrzeug der Wehrmacht an und ließen uns zur Reichskanzlei bringen. Unterdes war es später Nachmittag geworden, denn wir hatten für die hundertfünfzig Kilometer, die Wilsnack von Berlin trennten, etwa zehn Stunden benötigt.

Mir war unklar, ob mich bei einer Begegnung mit Hitler ein Risiko erwartete; ich wußte nicht, ob in diesen zwei Tagen ein Stimmungsumschwung eingetreten war. Aber in gewissem Sinne war mir alles gleichgültig geworden. Ich hoffte zwar, daß das Abenteuer gut ausgehen würde; ich hätte auch ein übles Ende in Kauf genommen.

Die Reichskanzlei, die ich sieben Jahre vorher gebaut hatte, lag bereits im Artilleriefeuer schwerer sowjetischer Geschütze, doch waren zu diesem Zeitpunkt die Einschläge noch selten. Die Wirkung der Treffer schien unbedeutend, wenn man das Trümmerfeld betrachtete, das einige amerikanische Tagesangriffe in den letzten Wochen an meinem Bauwerk angerichtet hatten. Ich stieg über ein Gewirr verbrannter Balken, ging unter eingestürzten Decken hindurch und kam zu dem Wohnzimmer, in dem vor einigen Jahren unsere Abendunterhaltungen sich hinschleppten, wo Bismarck getagt hatte und wo nun Hitlers Adjutant Schaub mit einigen mir meist unbekannten Männern Weinbrand trank. Trotz meines Telefonanrufs hatte man mich nicht mehr erwartet und war überrascht, mich zurückkehren zu sehen. Schaub begrüßte mich zu meiner Beruhigung herzlich, ich schloß daraus, daß meine Hamburger Plattenaufnahme nicht bekanntgeworden war. Dann verließ er uns, um meine Ankunft zu melden. Unterdessen beauftragte ich Oberstleutnant v. Poser, mit Hilfe der Telefonzentrale der Reichskanzlei Lüschen ausfindig zu machen und ihn in die Reichskanzlei zu bestellen.

Der Adjutant Hitlers kam zurück: »Der Führer möchte Sie sprechen.« Wie oft war ich in den vergangenen zwölf Jahren mit dieser stereotypen Formel zu Hitler gebeten worden; aber nicht daran dachte ich, als ich die wohl fünfzig Stufen in die Tiefe stieg, sondern eher, ob ich heil wieder heraufkommen würde. Unten begegnete ich als erstem Bormann. Er kam mir mit so ungewohnter Höflichkeit entgegen, daß ich mich sicher fühlen konnte. Denn immer schon waren Bormanns oder Schaubs Mienen zuverlässige Zeichen für Hitlers Stimmung. Bescheiden meinte er: »Wenn Sie mit dem Führer sprechen ... er wird sicher auf die Frage eingehen, ob wir in Berlin bleiben oder nach Berchtesgaden fliegen sollen; es ist doch höchste Zeit, daß er in Süddeutschland das Kommando übernimmt ... Es sind die letzten Stunden, wo das noch möglich ist ... Sie werden ihm doch zureden, abzufliegen?« Wenn einer im Bunker an seinem Leben hing, so war es offensichtlich Bormann, der noch vor drei Wochen die Funktionäre der Partei aufgerufen hatte, alle Schwächen zu überwinden, zu siegen oder zu fallen[3]. Ich antwortete ihm ausweichend und empfand angesichts des fast flehenden Mannes einen späten Triumph.

Dann wurde ich in Hitlers Bunkerraum geführt. Er empfing mich nicht gerührt wie noch vor einigen Wochen nach meinem Treuegelöbnis. Er zeigte überhaupt keine Bewegung. Wieder hatte ich das Gefühl, er sei leer, ausgebrannt, ohne Leben. Er nahm eine geschäftsmäßige Miene an, hinter der er alles verdecken konnte, fragte mich nach dem Eindruck, den die Arbeitsweise von Dönitz auf mich machte. Ich hatte deutlich das Gefühl, daß sein Interesse sich nicht von ungefähr auf Dönitz richtete, sondern daß es der Frage seines Nachfolgers galt. Auch heute noch glaube ich, daß Dönitz die trostlose Erbschaft, die ihm unerwartet zufallen sollte, mit mehr Klugheit, Würde und Umsicht liquidiert hat als das Bormann oder Himmler getan hätten. Ich schilderte Hitler meinen positiven Eindruck und schmückte gelegentlich meinen Bericht mit Details aus, die ihm gefallen mußten. Aber aufgrund alter Erfahrungen versuchte ich nicht, ihn für Dönitz zu beeinflussen und damit in die entgegengesetzte Richtung zu drängen.

Unvermittelt fragte mich Hitler: »Was meinen Sie? Soll ich hierbleiben oder nach Berchtesgaden fliegen? Jodl sagte mir, nur noch morgen sei dazu Zeit.« Spontan gab ich ihm den Rat, in Berlin zu bleiben. Was wolle er noch auf dem Obersalzberg? Wenn Berlin gefallen sei, sei der Kampf ohnehin zu Ende. »Ich finde es besser, Sie beenden, wenn es sein muß, Ihr Leben als Führer hier in der Hauptstadt als in Ihrem Wochenendhaus.« Wieder war ich ergriffen. Ich hielt das damals für einen guten Rat; es war ein schlechter, denn mit seinem Abflug nach dem Obersalzberg wäre vermutlich der Kampf in Berlin um eine Woche verkürzt worden.

An diesem Tage sagte er nichts mehr davon, daß eine Wende bevorstehe, daß noch Hoffnung sei. Eher apathisch, müde und wie selbstverständlich begann er von seinem Tode zu sprechen: »Ich bin auch dazu entschlossen hierzubleiben. Ich wollte Ihre Ansicht noch einmal hören.« Ohne jede Erregung fuhr er fort: »Ich werde nicht kämpfen. Die Gefahr ist zu groß, daß ich nur verwundet werde und lebend in die Hände der Russen falle. Ich möchte auch nicht haben, daß meine Feinde mit meinem Körper Schindluder treiben. Ich habe angeordnet, daß ich verbrannt werde. Fräulein Braun will mit mir aus dem Leben gehen und Blondi werde ich vorher erschießen. Glauben Sie mir, Speer, es fällt mir leicht, mein Leben zu beenden. Ein kurzer Moment, und ich bin von allem befreit, von diesem qualvollen Dasein erlöst.« Ich hatte das Gefühl, mit einem bereits Leblosen zu sprechen. Die Atmosphäre wurde zunehmend unheimlich, die Tragödie kam an ihr Ende.

In den letzten Monaten hatte ich ihn zeitweise gehaßt, hatte ihn bekämpft, ihn belogen und betrogen; aber in diesem Augenblick war ich verwirrt und erschüttert.

Außer Fassung gestand ich ihm leise und zu meiner eigenen Überraschung, daß ich keine Zerstörungen durchgeführt, sie sogar verhindert hätte. Einen Augenblick füllten sich seine Augen mit Wasser. Aber er reagierte nicht. Solche noch vor einigen Wochen wichtigen Fragen waren ihm nun weit entrückt. Geistesabwesend starrte er mich an, als ich ihm zögernd anbot, in Berlin zu bleiben. Er schwieg. Vielleicht spürte er meine Unwahrhaftigkeit. Oft habe ich mich seither gefragt, ob er nicht immer instinktiv gewußt habe, daß ich ihm in diesen letzten Monaten entgegengearbeitet und die Folgerungen aus meinen Denkschriften gezogen hatte; auch ob er nicht, indem er mich gegen seine Befehle gewähren ließ, einen neuen Beweis für die Vielschichtigkeit seiner rätselhaften Natur lieferte. Ich werde es nie wissen.

In diesem Augenblick wurde General Krebs, Generalstabschef des Heeres, zum Lagevortrag gemeldet[4]. Daran hatte sich also nichts geändert: der Oberbefehlshaber der Wehrmacht nahm wie immer die Lageberichte von den Fronten entgegen. Aber während noch vor drei Tagen das Lagezimmer im Bunker die hohen Offiziere, die Oberbefehlshaber der Wehrmachtsteile und der SS kaum fassen konnte, waren inzwischen nahezu alle gegangen. Neben Göring, Dönitz und Himmler befanden sich auch Keitel und Jodl, der Generalstabschef der Luftwaffe Koller und die wichtigsten Offiziere ihrer Stäbe außerhalb Berlins; nur noch Verbindungsoffiziere niederen Ranges waren geblieben. Auch der Lagevortrag selbst hatte sich geändert: von außerhalb kamen nur noch verschwommene Nachrichten; viel mehr als Vermutungen konnte der Generalstabschef kaum vortragen. Die Karte, die er vor Hitler ausbreitete, deckte nur das Gebiet um Berlin und Potsdam. Aber selbst hier stimmten die Angaben über den Stand des sowjetischen Vormarsches nicht mit dem überein, was ich einige Stunden zuvor auf dem Gefechtsstand der Jagdflieger gesehen hatte. Die sowjetischen Truppen waren längst näher heran als die Karte zeigte. Zu meinem Erstaunen versuchte Hitler während der Besprechung noch einmal Optimismus zu demonstrieren, obwohl er kurz zuvor in unserem Gespräch noch von seinem bevorstehenden Tod und den Verfügungen über seine Leiche gesprochen hatte. Allerdings hatte er viel von seiner einstigen Überredungskraft eingebüßt. Krebs hörte ihm geduldig und höflich zu. Früher hatte ich oft gedacht, daß Hitler in erstarrten Überzeugungen gefangen war, wenn er in verzweifelten Lagen unbeirrt den guten Ausgang beschwor; nun zeigte sich, daß er mit zweierlei Zungen sprach. Wie lange schon betrog er uns? Seit wann wußte er, daß der Kampf verloren war: seit dem Winter vor Moskau, seit Stalingrad, seit der Invasion, nach der mißlungenen Ardennen-Offensive vom Dezember 1944? Was war Verstellung, was Berechnung? Vielleicht hatte ich aber soeben auch nur einen der jähen Stimmungsumschwünge miterlebt und er war jetzt, vor General Krebs, so aufrichtig, wie vorher zu mir.

Der Lagevortrag, der sonst Stunden dauerte, war schnell beendet und zeigte anschaulich die Agonie, in der sich dieser Rest eines Hauptquartiers befand. An diesem Tag verzichtete Hitler sogar darauf, sich wiederum in die Traumwelt eines von der Vorsehung gewährten Wunders zu verlieren. Wir wurden kurz verabschiedet und verließen den Raum, der ein trübes Kapitel von Irrungen, von Verfehlungen und von Verbrechen erlebt hatte. Als ob ich nicht gerade seinetwegen nach Berlin geflogen sei, hatte Hitler mich wie einen alltäglichen Gast behandelt, mich weder gefragt, ob ich noch bleiben oder mich verabschieden wolle. Ohne Händedruck gingen wir auseinander, gewohnheitsmäßig, als würden wir uns morgen wiedersehen. Draußen traf ich Goebbels: »Gestern hat der Führer eine ganz große Entscheidung getroffen. Eine Entscheidung von weltgeschichtlicher Bedeutung. Er hat den Kampf nach dem Westen einstellen lassen, so daß die westlichen Truppen ungehindert nach Berlin hereinkommen können.« Wieder eines dieser Phantome, die damals blitzartig für einige Stunden die Gemüter erregten und neue Hoffnungen schufen, um ebenso schnell durch andere abgelöst zu werden. Goebbels erzählte mir, daß seine Frau und seine sechs Kinder nun als Gäste Hitlers im Bunker wohnten, um an dieser historischen Stätte, wie er sich ausdrückte, ihr Leben zu enden. Er beherrschte dabei, im Gegensatz zu Hitler, seine Gemütsbewegungen auf das genaueste; ihm war nicht anzumerken, daß er mit dem Leben abgeschlossen hatte.

Unterdessen war es später Nachmittag geworden; ein SS-Arzt teilte mir mit, daß Frau Goebbels zu Bett läge, sehr schwach sei und an Herzanfällen litte. Ich ließ sie bitten, mich zu empfangen. Ich hätte sie gern allein gesprochen, aber Goebbels wartete bereits in einem Vorraum und führte mich in die kleine Bunkerkammer, wo sie in einem einfachen Bett lag. Sie war bleich und sprach nur leise Belangloses, obwohl zu spüren war, daß sie unter dem Gedanken an die unvermeidlich näherrückende Stunde des gewaltsamen Todes ihrer Kinder litt. Goebbels blieb beharrlich an meiner Seite; so beschränkte sich das Gespräch auf ihren Zustand. Erst gegen Ende deutete sie an, was sie wirklich bewegte: »Wie glücklich bin ich, daß wenigstens Harald (ihr Sohn aus erster Ehe) am Leben ist.« Auch ich war gehemmt und fand kaum Worte – aber was konnte man in dieser Situation schon sagen? Wir verabschiedeten uns schweigend und befangen. Ihr Mann hatte uns nicht einmal einige Minuten des Abschieds gegönnt.

Unterdes gab es im Flur Aufregung. Ein Telegramm Görings war eingetroffen, das Bormann eilig zu Hitler brachte. Ich folgte ihm, mehr aus Neugier, formlos nach. Göring fragte darin Hitler lediglich, ob er entsprechend der Nachfolge-Regelung die Gesamtführung des Reiches übernehmen solle, falls Hitler in der Festung Berlin bleibe. Bormann aber unterstellte Göring einen vollendeten Staatsstreich; vielleicht war es sein letzter Versuch, Hitler die Idee zu suggerieren, sich nach Berchtesgaden abzusetzen, um dort Ordnung zu schaffen. Indessen machte Hitler bei dieser Nachricht zunächst den gleichen apathischen Eindruck, den er den ganzen Tag über schon gezeigt hatte. Aber Bormanns Drängen fand neue Unterstützung, als ein weiterer Funkspruch Görings hereingereicht wurde: Ich steckte mir eine Abschrift ein, die unbeachtet in dem allgemeinen Durcheinander dieser Stunde im Bunker herumlag: »Chefsache! Nur durch Offizier! Funkspruch Nr. 1899. Absendestelle Robinson an Kurfürst, abgegangen 23. 4., 17,59. An Reichsminister von Ribbentrop. Ich habe den Führer gebeten, mich mit Weisungen bis zum 23. 4., 22.00 Uhr zu versehen. Falls bis zu dieser Zeit ersichtlich ist, daß der Führer seiner Handlungsfreiheit für die Führung des Reiches beraubt ist, tritt sein Erlaß vom 29. 6. 1941 in Kraft, nach welchem ich als Stellvertreter in all seine Ämter eintrete. (Wenn) Bis 24.00, 23. 4. 45 kein anderer Bescheid vom Führer direkt oder von mir erhalten, bitte ich Sie, unverzüglich auf dem Luftwege zu mir zu kommen. Gez. Göring, Reichsmarschall.« Damit glaubte Bormann, ein neues Argument zu haben: »Göring übt Verrat«, rief er erregt. »Er sendet bereits Telegramme an die Regierungsmitglieder und teilt Ihnen mit, daß er auf Grund seiner Vollmacht Ihr Amt, mein Führer, heute nacht um vierundzwanzig Uhr antreten werde.«

Hatte Hitler sich beim Eintreffen des ersten Telegramms eher gelassen gezeigt, so hatte Bormann nun gewonnenes Spiel. Seinem alten Rivalen Göring wurden durch einen Funkspruch, den Bormann entworfen hatte, die Nachfolgerechte genommen, er gleichzeitig des Verrates an Hitler und am Nationalsozialismus bezichtigt. Außerdem ließ Hitler ihm mitteilen, daß er auf weitere Maßnahmen verzichten würde, wenn Göring aus Gesundheitsgründen all seine Ämter niederlege. Bormann war es damit endlich gelungen, Hitler aus seiner Lethargie aufzustören. Ein Ausbruch ungehemmter Wut folgte, in dem Gefühle von Erbitterung, Ohnmacht, Selbstmitleid und Verzweiflung sich mischten. Mit hochrotem Gesicht und stieren Augen schien

Hitler seine Umgebung vergessen zu haben: »Ich weiß es schon lange. Ich weiß, daß Göring faul ist. Er hat die Luftwaffe verludern lassen. Er war korrupt. Sein Beispiel hat die Korruption in unserem Staate möglich gemacht. Zu allem ist er seit Jahren Morphinist. Ich weiß es schon lange.« Das alles wußte Hitler also; trotzdem hatte er nichts unternommen. In einer verblüffenden Wendung fiel er wieder in seine Apathie zurück: »Aber von mir aus. Göring kann ruhig die Kapitulationsverhandlungen führen. Wenn der Krieg verlorengeht, dann ist sowieso gleichgültig, wer das macht.« Verachtung für das deutsche Volk sprach daraus: dafür also war Göring immer noch gut genug. Dann war Hitler am Ende seiner Kraft; er fiel in genau den gleichen müden Ton zurück, der an diesem Tag so bezeichnend für ihn war. Jahrelang hatte er sich überfordert; jahrelang unter Aufbietung seines unmäßigen Willens die wachsende Gewißheit dieses Endes von sich und anderen weggeschoben. Jetzt hatte er nicht mehr die Energie, seinen Zustand zu verbergen. Jetzt gab er auf.

Etwa eine halbe Stunde später brachte Bormann das Antworttelegramm Görings: Er legte wegen eines schweren Herzleidens alle seine Ämter nieder. Wie oft hatte Hitler bisher einen unbequemen Mitarbeiter nicht durch Entlassung, sondern durch eine vorgeschobene Krankheit ausgeschaltet, nur um dem deutschen Volk den Glauben an die innere Einheit der Führungsspitze zu erhalten. Dieser Rücksicht auf Wirkungen blieb Hitler auch jetzt noch treu, fast über das Ende hinaus.

Nun erst, in letzter Stunde, hatte Bormann sein Ziel erreicht. Göring war ausgeschaltet. Möglicherweise war Bormann dabei auch von Görings Unzulänglichkeit überzeugt gewesen; gehaßt und nun gestürzt dagegen hatte er ihn, weil er zuviel Macht vereint hatte. In gewisser Beziehung empfand ich in dieser Stunde Mitgefühl für Göring. Ich erinnerte mich der Unterhaltung, in der er mir seine Treue zu Hitler beteuert hatte.

Das kurze, von Bormann inszenierte Gewitter war vorüber, einige Takte Götterdämmerung verklungen, der vermeintliche Hagen war abgetreten. Zu meinem Erstaunen nahm Hitler eine Bitte, die ich ihm zunächst nur zögernd vortrug, günstig auf. Einige tschechische Direktoren der Skoda-Werke erwarteten, vermutlich zu Recht, wegen ihrer Zusammenarbeit mit uns von den Russen ein übles Schicksal. Dagegen setzten sie, angesichts ihrer früheren Beziehungen zur amerikanischen Industrie, einige Hoffnungen auf einen Flug in das US-Hauptquartier. Vor einigen Tagen noch hätte Hitler ein derartiges Ansinnen strikt abgelehnt; doch jetzt war er bereit, einen entsprechenden Befehl zur Erledigung aller Formalitäten zu unterzeichnen.

Während ich mit Hitler diesen Punkt besprach, erinnerte Bormann daran, daß Ribbentrop immer noch auf eine Besprechung warte. Hitler reagierte nervös: »Ich habe doch schon mehrmals gesagt, daß ich ihn nicht zu sprechen wünsche.« Irgendwie war Hitler die Begegnung mit Ribbentrop lästig. Bormann beharrte: »Ribbentrop hat erklärt, daß er nicht von der Schwelle weichen werde. Wie ein treuer Hund werde er dort warten, bis Sie ihn rufen.« Dieser Vergleich stimmte Hitler weich; er ließ Ribbentrop rufen. Sie sprachen allein. Anscheinend hatte Hitler ihm von dem vorgesehenen Flug der tschechischen Direktoren erzählt. Indessen auch in dieser verzweiflungsvollen Situation kämpfte der Außenminister für die Wahrung seiner Zuständigkeit. Auf dem Gang nörgelte er mich an: »Das ist eine Angelegenheit des Auswärtigen Amtes«; etwas milder fügte er hinzu: »In diesem Fall habe ich gegen den Erlaß nichts einzuwenden, wenn Sie einfügen, ›Auf Vorschlag des Reichsaußenministers‹.« Ich ergänzte den Erlaß, Ribbentrop war zufrieden, und Hitler zeichnete ab. Diese Anordnung ist, soviel ich weiß, Hitlers letzte Amtshandlung mit seinem Außenminister gewesen.

In der Zwischenzeit war auch mein väterlicher Berater der letzten Monate, Lüschen, in der Reichskanzlei eingetroffen. Aber alle Versuche, ihn zu einem Verlassen Berlins zu überreden, blieben vergebens. Wir nahmen Abschied; später in Nürnberg erfuhr ich, daß er nach der Eroberung Berlins Selbstmord verübt hatte.

Gegen Mitternacht ließ mich Eva Braun durch einen SS-Diener bitten, in ihren kleinen Bunkerraum zu kommen, der gleichzeitig Schlaf- und Wohnzimmer war. Der Raum war freundlich eingerichtet, sie hatte sich die aufwendigen Möbel vom oberen Geschoß mitgenommen, die ich ihr vor Jahren für ihre zwei Räume in der Kanzlerwohnung entworfen hatte. Weder die Proportionen noch die ausgewählten Furniere wollten zu der düsteren Umgebung passen. Zu allem Überfluß zeigte eine der Intarsien auf den Türen der Kommode ihre Initialen zu einem Glücksklee stilisiert.

Wir konnten uns in Ruhe unterhalten, denn Hitler hatte sich zurückgezogen. In der Tat war sie die einzige Prominente und Todgeweihte in diesem Bunker, die eine bewundernswerte und überlegene Ruhe zeigte. Während alle anderen, exaltiert heroisch wie Goebbels, auf Rettung bedacht wie Bormann, ausgelöscht wie Hitler oder zusammengebrochen wie Frau Goebbels waren, offenbarte Eva Braun eine fast heitere Gelassenheit. »Wie wäre es mit einer Flasche Sekt zum Abschied? Und etwas Konfekt. Sie haben sicher schon längere Zeit nichts mehr gegessen.« Schon daß sie als erste, nach vielen Stunden im Bunker, daran dachte, daß ich hungrig sein könnte, fand ich aufmerksam und rührend. Der Diener brachte eine Flasche Moet et Chandon, Kuchen, Konfekt. Wir blieben allein: »Wissen Sie, es war gut, daß Sie noch einmal kamen. Der Führer hatte angenommen, Sie würden gegen ihn arbeiten. Aber Ihr Besuch hat ihm das Gegenteil bewiesen. Nicht wahr?« Ich blieb die Antwort schuldig. »Übrigens hat ihm gut gefallen, was Sie ihm heute sagten. Er hat sich entschlossen, hierzubleiben und ich bleibe mit ihm. Und das weitere wissen Sie ja auch ... Er wollte mich zurückschicken nach München. Ich habe mich aber geweigert, ich bin gekommen, um hier Schluß zu machen.« Sie war die einzige im Bunker, die eine menschliche Überlegung anstellte. »Warum müssen noch so viele Menschen fallen?« fragte sie. »Es ist doch alles umsonst ... Übrigens hätten Sie uns fast nicht mehr angetroffen. Gestern war die Lage so trostlos, daß wir mit einer schnellen Besetzung Berlins durch die Russen rechnen mußten. Der Führer wollte schon aufgeben. Aber Goebbels redete auf ihn ein, und so sind wir noch hier.« Zwanglos, untermischt mit einigen Ausfällen gegen den immer noch intrigierenden Bormann, unterhielt sie sich mit mir; doch immer wieder kam sie darauf zurück, daß sie glücklich sei, hier im Bunker zu sein.

Es war etwa drei Uhr morgens geworden. Hitler hatte sich wieder erhoben. Ich ließ ihm sagen, daß ich mich verabschieden wolle. Dieser Tag hatte mich mitgenommen, und ich fürchtete, mich bei diesem Abschied nicht beherrschen zu können. Zitternd stand der Greis zum letztenmal vor mir; er, dem ich vor zwölf Jahren mein Leben gewidmet hatte. Ich war gerührt und verwirrt zugleich. Er dagegen zeigte, als wir uns gegenüberstanden, keine Regung. Seine Worte kamen so kalt wie seine Hand: »Also Sie fahren? Gut. Auf Wiedersehen.« Keinen Gruß an meine Familie, kein Wunsch, kein Dank, kein Lebewohl. Für einen Augenblick verlor ich die Fassung, redete davon, noch einmal wiederzukommen. Aber er konnte leicht erkennen, daß es sich um eine Verlegenheitslüge handelte und wandte sich anderem zu. Ich war entlassen.

Zehn Minuten später hatte ich unter dem Schweigen der Zurückbleibenden die Kanzlerwohnung verlassen. Noch einmal wollte ich durch die benachbarte, von mir erbaute Reichskanzlei gehen. Da die Lichtanlage ausgefallen war, begnügte ich mich mit einigen Minuten des Abschieds im »Ehrenhof«, dessen Umrisse gegen den Nachthimmel kaum zu sehen waren und dessen Architektur ich mehr erahnen mußte. Es herrschte eine fast gespenstische Ruhe, wie sonst nur während einer Nacht in den Bergen. Der Großstadtlärm, der in früheren Jahren selbst während solcher Nachtstunden bis hierher gedrungen war, war verstummt. In größeren Abständen hörte ich die Detonationen russischer Granaten: mein letzter Besuch in der Reichskanzlei. Vor Jahren hatte ich sie gebaut – voller Pläne, Aussichten und Träume für die Zukunft. Jetzt verließ ich die Trümmerstätte nicht nur meines Baues, sondern auch der wertvollsten Jahre meines Lebens.

»Wie war es?« fragte Poser. »Gott sei Dank, einen Prinz Max von Baden brauche ich nicht zu machen«, antwortete ich erleichtert. Ich hatte Hitlers Kühle bei unserem Abschied richtig gedeutet, denn sechs Tage später schaltete er mich in seinem politischen Testament aus und ernannte Saur, seit langem sein Favorit, zu meinem Nachfolger.

Die Straße zwischen Brandenburger Tor und Siegessäule war mit einigen roten Laternen zur Startbahn umgewandelt, Arbeitskommandos hatten die Sprengtrichter der letzten Granateinschläge zugeschüttet. Wir starteten ohne Zwischenfall; ein Schatten sauste an der rechten Seite vorbei: die Siegessäule.

Wir hatten freie Fahrt. In und um Berlin sahen wir zahlreiche große Brände, aufblitzende Geschütze, Leuchtkugeln, die aussahen wie Glühwürmchen; dennoch war das Bild nicht zu vergleichen mit dem eines der schweren Luftangriffe auf Berlin. Dorthin, wo der Ring aufblitzender Geschützfeuer eine Lücke ließ, wo noch ungestörte Dunkelheit herrschte, nahmen wir unseren Kurs. In der ersten Morgendämmerung, gegen fünf Uhr, erreichten wir wieder den Erprobungsplatz Rechlin.

Ich ließ ein Jagdflugzeug klarmachen, das Karl Hermann Frank, Hitlers Statthalter in Prag, den Führerbefehl wegen der Skoda-Direktoren überbringen sollte – ob er jemals ankam, blieb unklar. Da ich im englischen Kampfgebiet die Straßenjagd durch die tieffliegenden Jabos vermeiden wollte, hatte ich mit meiner Weiterfahrt nach Hamburg bis zum Abend Zeit. Himmler hielt sich, wie ich auf dem Flugplatz hörte, nur vierzig Kilometer entfernt in dem Krankenhaus auf, das mich ein Jahr zuvor unter so merkwürdigen Begleitumständen beherbergt hatte. Wir landeten mit dem »Storch« auf einer nahen Wiese. Himmler zeigte sich über mein Erscheinen erstaunt. Er empfing mich in dem Zimmer, in dem ich gelegen hatte und um die Situation noch grotesker zu machen, war auch Professor Gebhardt anwesend. Wie immer war Himmler von einer gegen jede Vertraulichkeit abgeschirmten Kollegialität. Er interessierte sich vor allem für meine Erlebnisse in Berlin. Die von Hitler verfügte Absetzung Görings, die ihm zweifellos bereits zu Ohren gekommen war, überging er und auch als ich ihm, allerdings zurückhaltend, von dem Verzicht Görings auf alle Ämter berichtete, tat er, als ob das alles nichts zu bedeuten habe: »Göring wird ja nun der Nachfolger. Ich habe seit langem mit ihm vereinbart, daß ich sein Ministerpräsident werde. Auch ohne Hitler kann ich ihn zum Staatsoberhaupt machen ... Sie kennen ihn auch«, meinte er mit einem verständnisvollen Lächeln und ohne Scheu. »Selbstverständlich werde ich da ausschlaggebend sein. Ich habe schon mit verschiedenen Personen Verbindung aufgenommen, die ich in mein Kabinett nehmen werde. Nachher kommt Keitel zu mir ...« Vielleicht nahm Himmler an, daß ich für ein neues Amt bei ihm antichambrierte.

Die Welt, in der sich Himmler bewegte, war phantastisch: »Ohne mich kommt Europa auch in Zukunft nicht aus«, meinte er. »Es braucht mich weiter als Polizeiminister, um Ruhe zu halten. Eine Stunde mit Eisenhower und er wird der gleichen Überzeugung sein! Sie werden bald erkennen, daß sie auf mich angewiesen sind – oder sie bekommen ein heilloses Durcheinander.« Er berichtete von seinen Kontakten mit Graf Bernadotte, die eine Übergabe der Konzentrationslager an das Internationale Rote Kreuz vorsahen. Ich begriff, warum ich einige Tage zuvor im Sachsenwald bei Hamburg zahlreiche abgestellte Rot-Kreuz-Wagen gesehen hatte. Früher hatten sie immer davon gesprochen, vor einem Ende alle politischen Häftlinge zu liquidieren. Jetzt suchte Himmler auf eigene Faust sein Arrangement mit dem Sieger. Hitler selbst war, wie mir mein letztes Gespräch mit ihm deutlich gemacht hatte, inzwischen solchen Gedanken entrückt.

Am Ende eröffnete Himmler mir doch noch eine schwache Aussicht, bei ihm Minister zu werden. Ich dagegen bot ihm, nicht ohne Ironie, mein Flugzeug für einen Abschiedsbesuch bei Hitler an. Doch Himmler winkte ab. Dazu habe er jetzt keine Zeit. Er blieb ungerührt: »Denn jetzt muß ich meine neue Regierung vorbereiten und außerdem: für die deutsche Zukunft ist meine Person zu wichtig, als daß ich das Risiko eines Fluges eingehen könnte.« Die Ankunft Keitels unterbrach unser Gespräch. Im Nebenzimmer wurde ich Zeuge, wie der Feldmarschall mit der gleichen festen Stimme, mit der er häufig pathetische Erklärungen an Hitlers Adresse gerichtet hatte, nun Himmler seiner unbedingten Gefolgschaft versicherte. Er stünde ganz zu seiner Verfügung.

Abends war ich wieder in Hamburg. Der Gauleiter bot mir an, meine Rede an die Bevölkerung sogleich, das heißt noch vor dem Tode Hitlers, über den Hamburger Sender auszustrahlen. Doch bei dem Gedanken an das Drama, das sich in diesen Tagen, diesen Stunden im Berliner Bunker abspielen mußte, hatte ich jeden Drang nach illegaler Betätigung verloren. Noch einmal war es Hitler gelungen, mich psychisch zu lähmen. Mir selbst und vielleicht auch anderen gegenüber begründete ich meine Meinungsänderung damit, daß es falsch und sinnlos sei, noch in den Ablauf der Tragödie einzugreifen.

Ich verabschiedete mich von Kaufmann und machte mich auf nach Schleswig-Holstein. Wir bezogen unsere Bauwagen am Eutiner-See. Gelegentlich besuchte ich Dönitz oder Bekannte aus dem Generalstab, die ebenso untätig wie ich der weiteren Entwicklung harrten. So war ich zugegen, als Dönitz am 1. Mai 1945 der Funkspruch überreicht wurde[5], der seine Rechte als Nachfolger Hitlers entscheidend einschränkte. Hitler hatte dem neuen Reichspräsidenten die Regierung vorgeschrieben: Goebbels war Reichskanzler, Seyss-Inquart Außenminister und Bormann Parteiminister geworden. Gleichzeitig kündigte Bormann sein baldiges Eintreffen an. »Das ist ganz unmöglich!« Dönitz war über diese Beschränkung seines Amtes konsterniert. »Hat schon jemand den Funkspruch gesehen?« Sein Adjutant Lüdde-Neurath stellte fest, daß er vom Funker direkt zum Großadmiral gegangen sei. Daraufhin befahl Dönitz, den Funker zum Schweigen zu verpflichten, den Funkspruch sofort unter Verschluß zu nehmen und niemandem zu zeigen. »Was sollen wir machen, wenn Bormann und Goebbels nun tatsächlich hier eintreffen?« fragte Dönitz, um mit Entschiedenheit fortzufahren: »Mit ihnen werde ich auf keinen Fall zusammenarbeiten.« An diesem Abend waren wir beide der Meinung, daß Bormann und Goebbels in irgendeiner Form sichergestellt werden müßten.

So wurde Dönitz von Hitler als erste Amtshandlung ein Akt der Illegalität aufgezwungen: die Verheimlichung eines offiziellen Dokuments[6] war das letzte Glied einer Kette von Betrügereien, von Verrat, Heucheleien und Intrigen dieser Tage und Wochen: Himmler, der seinen Führer durch Verhandlungen verraten hatte – Bormann, dem die letzte große Intrige gegen Göring dadurch gelungen war, daß er Hitler hintergangen hatte – Göring, der darauf sann, sich mit den Alliierten zu arrangieren – Kaufmann, der mit den Engländern verhandelte und mir seinen Sender einräumen wollte – Keitel, der sich noch zu Lebzeiten Hitlers bei einem neuen Herrn verdingen wollte – und ich selbst schließlich, der ich in den letzten Monaten meinen Entdecker und Förderer hintergangen hatte, ihn zeitweise sogar beseitigen wollte. Wir alle sahen uns durch das System dazu gezwungen, das wir selbst dargestellt hatten; gezwungen auch durch Hitler, der seinerseits uns alle, sich selber und sein Volk verriet. So endete das Dritte Reich.

Am Abend dieses 1. Mai, an dem der Tod Hitlers bekannt wurde, schlief ich in einer kleinen Kammer des Quartiers von Dönitz. Als ich meinen Koffer auspackte, fand ich die rote Lederkassette, in der bis dahin das Bild Hitlers ungeöffnet gelegen hatte. Meine Sekretärin hatte es mir mitgegeben. Meine Nerven waren am Ende. Als ich das Bild aufstellte, überfiel mich ein Weinkrampf. Das erst war das Ende meiner Beziehung zu Hitler, jetzt erst war der Bann gelöst, seine Magie ausgelöscht. Übrig blieben die Bilder von Totenfeldern, von zertrümmerten Städten, von Millionen Trauernden, von Konzentrationslagern. Dies alles zog nicht in diesem Augenblick an mir vorbei, doch es muß mir gegenwärtig gewesen sein. Ich fiel in tiefen Schlaf.

Vierzehn Tage später schrieb ich, unter dem Eindruck der Enthüllungen über die Verbrechen in den Konzentrationslagern, an den Vorsitzenden des Ministerkabinetts, von Schwerin-Krosigk: »Die bisherige Führung des deutschen Volkes trägt eine Gesamtschuld an dem Schicksal, das dem deutschen Volk nun bevorsteht. Diese Gesamtschuld muß jedoch jeder einzelne, der in der Führung beteiligt war, für seinen Teil so tragen, daß die Schuld, die sonst auf das deutsche Volk kommen könnte, weitgehend sich auf diese einzelnen Personen verlagert.«

Damit begann ein Abschnitt meines Lebens, der bis heute nicht beendet ist.

Epilog

33. Kapitel

Stationen der Gefangenschaft

Karl Dönitz, das neue Staatsoberhaupt, war genauso wie ich, und mehr als jeder von uns ahnte, noch in Vorstellungen des nationalsozialistischen Regimes verhaftet. Zwölf Jahre hatten wir ihm gedient und meinten infolgedessen, es sei billiger Opportunismus, nun eine scharfe Wendung zu vollziehen. Immerhin hatte sich mit dem Tode Hitlers aber doch der Krampf gelöst, der so lange jede nüchterne Überlegung verhindert hatte. Die Sachlichkeit des geschulten Offiziers gab bald den Ton an. Von der ersten Stunde an war Dönitz der Meinung, daß wir den Krieg lediglich so rasch wie möglich abzuwickeln hätten, und daß mit Erledigung dieser Aufgabe unsere Arbeit beendet sei.

Noch am 1. Mai 1945 fand eine der ersten militärischen Besprechungen zwischen Dönitz, als dem neuen Oberbefehlshaber der Wehrmacht, und Feldmarschall Ernst Busch statt. Busch wollte die mit überlegenen Kräften auf Hamburg vormarschierenden britischen Streitkräfte angreifen, während Dönitz jede offensive Maßnahme für unangebracht hielt. Lediglich der Weg nach dem Westen für die bei Lübeck sich stauenden Ostflüchtlinge müsse möglichst lange offengehalten werden; hinhaltender Widerstand der deutschen Truppen sei im Westen nur noch zu leisten, um für diese letzte Aufgabe Zeit zu gewinnen. Erregt warf Busch dem Großadmiral vor, daß er damit nicht im Sinne Hitlers handle. Aber Dönitz ließ sich nicht mehr beirren.

Obwohl Himmler am 30. April in einer Auseinandersetzung mit dem neuen Staatsoberhaupt darauf verzichten mußte, auch in der neuen Regierung eine Machtposition zu übernehmen, kam er am nächsten Tag unangemeldet im Hauptquartier Dönitz an. Es ging gegen Mittag, Dönitz lud ihn mit mir zum Essen ein – nicht etwa aus Vertraulichkeit. Dönitz hätte es trotz aller Abneigung gegen Himmler als unhöflich empfunden, den eben noch so mächtigen Mann nun geringschätzig zu behandeln. Himmler brachte die Nachricht, daß Gauleiter Kaufmann die Absicht habe, Hamburg kampflos zu übergeben, ein Flugblatt an die Bevölkerung würde gedruckt, das auf den bevorstehenden Einmarsch der britischen Truppen vorbereiten solle. Dönitz war aufgebracht: Wenn jeder auf eigene Faust verhandle, dann hätte sein Auftrag keinen Zweck mehr. Ich bot an, zu Kaufmann zu fahren.

Auch Kaufmann, in seinem Gauhaus von seiner aus Studenten zusammengesetzten Wehr gut bewacht, war nicht weniger erregt als Dönitz: Der Stadtkommandant habe Befehl, um Hamburg zu kämpfen, die Engländer hätten ein Ultimatum gestellt, daß sie, falls Hamburg nicht übergeben würde, mit ihrer Luftwaffe den bisher schwersten Angriff auf diese Stadt fliegen würden. »Soll ich«, fuhr Kaufmann fort, »es so machen wie der Gauleiter von Bremen, der einen Aufruf an die Bevölkerung erließ, sich bis zum Letzten zu verteidigen, sich danach aus dem Staube machte, während die Stadt durch einen schweren Fliegerangriff furchtbar zerstört wurde?« Er sei entschlossen, einen Kampf um Hamburg zu verhindern, notfalls die Massen zu mobilisieren und gegen eine Verteidigung der Stadt aktiv Widerstand zu leisten. In einem Telefongespräch unterrichtete ich Dönitz über die in Hamburg drohende Entwicklung zu einem offenen Aufstand; Dönitz erbat Bedenkzeit. Nach etwa einer Stunde erteilte er dem Stadtkommandanten den Befehl, die Stadt kampflos zu übergeben.

Kaufmann hatte am 21. April, als im Hamburger Funkhaus meine Rede aufgenommen wurde, den Vorschlag gemacht, wir sollten uns zusammen gefangennehmen lassen. Nun erneuerte er dieses Angebot. Doch lehnte ich seinen Vorschlag ebenso ab wie den Plan einer vorübergehenden Flucht, den mir unser erfolgreichster Kampfflieger, Werner Baumbach, schon früher gemacht hatte. Ein weitreichendes viermotoriges Wasserflugzeug, das während des Krieges, von Nord-Norwegen aus, eine deutsche Wetterstation in Grönland ausgesetzt und mit Lebensmitteln versorgt hatte, sollte Baumbach, mich und einige Freunde für die ersten Monate einer Besetzung Deutschlands in eine der vielen stillen Buchten Grönlands bringen. Bücherkisten waren gepackt, Medikamente, Schreibzeug und viel Papier (denn ich wollte bereits dort mit der Niederschrift meiner Erinnerungen beginnen), Schießgerät, mein Faltboot, Ski, Zelte, Handgranaten für den Fischfang und Proviant[1]. Seit dem Udet-Film »SOS-Eisberg« war Grönland eines meiner Ferienziele. Sowie nun Dönitz an der Regierung war, sagte ich auch diesen Plan, der auf eigentümliche Weise panische und romantische Stimmungen mischte, ab.

Brennende Tankwagen, vor einigen Minuten in Brand geschossene Kraftwagen, lagen am Straßenrand, darüber flogen englische Jäger, als ich nach Eutin zurückfuhr. In Schleswig wurde der Verkehr stärker, ein buntes Gemisch aus Militärfahrzeugen, Zivilkraftwagen, zu Fuß wandernden Menschenkolonnen, teils Soldaten, teils Zivilisten. Wurde ich erkannt, fiel kein Wort des Mißmutes; eher begegnete ich einer freundlichen, bedauernden Zurückhaltung.

Als ich am Abend des 2. Mai im Plöner Quartier ankam, war Dönitz vor den schnell vorrückenden englischen Truppen nach Flensburg ausgewichen. Ich traf jedoch Keitel und Jodl an, die im Begriff waren, zu ihrem neuen Herrn zu stoßen. Dönitz hatte auf dem Passagierschiff »Patria« Quartier genommen; wir frühstückten zusammen in der Kajüte des Kapitäns, und dabei legte ich ihm einen Erlaß zur Nichtzerstörung auch der Brücken vor, den er sofort unterschrieb. Damit war in allen Punkten, wenn auch viel zu spät, erreicht, was ich von Hitler am 19. März verlangt hatte.

Dönitz war sofort damit einverstanden, daß ich eine Rede hielt, in der das deutsche Volk dazu aufgefordert werden sollte, in den vom Gegner bereits eingenommenen Gebieten den Wiederaufbau mit aller Energie vorzunehmen; sie sollte der Lethargie entgegenwirken, »die durch das lähmende Entsetzen und die maßlose Enttäuschung der letzten Monate über das Volk kam«[2]. Dönitz verlangte lediglich, daß ich im neuen Quartier der Regierung, in der Marineschule von Mürwik bei Flensburg, dem neuen Außenminister, Schwerin-Krosigk, diese Rede vorlegte. Auch Schwerin-Krosigk erklärte sich mit der Sendung einverstanden, wenn ich einige Sätze zur Erläuterung der Regierungspolitik zufüge, die er mir diktierte. Die einzigen Stationen, die noch in unserem Bereich senden konnten, Kopenhagen und Oslo, wurden angeschlossen, als ich im Flensburger Aufnahmeraum die Rede ablas.

Als ich aus dem Sendestudio trat, erwartete mich Himmler: Uns seien, so drang er wichtigtuend in mich, noch wertvolle Gebiete, wie Norwegen und Dänemark verblieben, die wir als Pfand für unsere Sicherheit betrachten sollten. Dem Gegner wären sie wichtig genug, um sie bei Zusicherung einer unzerstörten Übergabe gegen personelle Zugeständnisse einhandeln zu können. Aus meiner Rede könne man schließen, daß wir diese Gebiete kampflos, ohne Gegenleistung, überlassen würden; daher sei sie schädlich. Keitel überraschte er anschließend mit dem Vorschlag, einen Zensor für alle öffentlichen Verlautbarungen der Regierung einzusetzen, er selbst wolle diese Aufgabe gern übernehmen. Aber Dönitz hatte bereits am gleichen Tag gegenüber Terboven, dem Statthalter Hitlers in Norwegen, ähnliche Anregungen abgelehnt und unterzeichnete am 6. Mai einen Befehl, daß auch in den noch besetzten Gebieten, in Teilen Hollands und der Tschechoslowakei, in Dänemark und Norwegen, keinerlei Zerstörungen vorgenommen werden dürfen. Damit war die Pfänderpolitik, wie Himmler sie nannte, endgültig abgesagt.

Der Großadmiral lehnte auch entschieden Pläne ab, von Flensburg, das jeden Tag von den Engländern besetzt werden konnte, nach Dänemark oder nach Prag zu fliehen, um von dort aus die Regierungsgeschäfte weiter zu führen. Besonders Himmler zog es nach Prag: eine alte Kaiserstadt, so beteuerte er, sei geeigneter, die Regierung zu beherbergen als das geschichtlich unbedeutende Flensburg; er vergaß hinzuzufügen, daß wir in Prag von der Machtsphäre der Marine in die der SS gekommen wären. Die sich ausweitende Diskussion schnitt Dönitz schließlich durch die Entscheidung ab, daß wir unsere Tätigkeit keinesfalls außerhalb der deutschen Grenzen weiterführen würden. »Wenn die Engländer uns holen wollen, so sollen sie es tun!«

Daraufhin verlangte Himmler von Baumbach, der unterdes die Regierungsstaffel befehligte, ein Flugzeug, um nach Prag zu entweichen. Baumbach und ich entschieden, ihn in diesem Falle auf einem gegnerischen Flug-

497

platz abzusetzen. Aber Himmlers Nachrichtenapparat war noch in Ordnung: »Wenn man mit Ihren Flugzeugen fliegt«, zischte er Baumbach an, »weiß man nicht, wo man ankommt«. Einige Tage später, unmittelbar nachdem mit Feldmarschall Montgomery eine Verbindung hergestellt worden war, übergab Himmler Jodl einen Brief mit der Bitte, ihn an Montgomery weiterzuleiten. Wie mir General Kinzl, der Verbindungsoffizier zu den britischen Streitkräften, erzählte, bat Himmler darin um eine Unterredung mit dem britischen Feldmarschall bei Zusicherung freien Geleits. Bei einer Gefangennahme habe er, so wollte er festgestellt wissen, nach Kriegsrecht Anspruch darauf, wie ein hoher General behandelt zu werden – denn er sei zeitweilig Oberbefehlshaber der Heeresgruppe Weichsel gewesen. Doch kam dieser Brief nie an, Jodl vernichtete ihn, wie er mir in Nürnberg erzählte. Wie immer in kritischen Situationen, enthüllten sich in diesen Tagen die Charaktere. Gauleiter Koch von Ostpreußen, zeitweilig Reichskommissar der Ukraine, verlangte, in Flensburg angekommen, ein U-Boot, um nach Südamerika zu entkommen; Gauleiter Lohse äußerte den gleichen Wunsch. Dönitz lehnte rundweg ab. Rosenberg, jetzt der älteste Reichsleiter der NSDAP, wollte die Partei auflösen; er sei der einzige, der das verfügen könne. Einige Tage später wurde er in Mürwik fast leblos eingeliefert; er sprach von einer Selbstvergiftung, man vermutete einen Selbstmordversuch; es wurde aber festgestellt, daß er lediglich betrunken war.

Indessen traf man auch auf couragiertere Haltungen: mancher verzichtete darauf, in den Flüchtlingsmassen Holsteins unterzutauchen. Seyss-Inquart, Reichskommissar für die besetzten Niederlande, fuhr nachts mit einem Schnellboot durch die gegnerischen Sperren, um mit Dönitz und mir zu konferieren, lehnte jede Möglichkeit, am Regierungssitz zu bleiben, ab und kehrte mit dem Schnellboot nach Holland zurück: »Dort ist mein Platz«, meinte er melancholisch. »Gleich nach meiner Rückkehr werde ich verhaftet.«

Dem Waffenstillstand im Nordraum Deutschlands war drei Tage später, am 7. Mai 1945, die bedingungslose Kapitulation aller Kriegsschauplätze gefolgt, die einen Tag später nochmals feierlich durch Unterschrift Keitels und der drei Bevollmächtigten der Wehrmachtsteile im sowjetischen Hauptquartier Karlshorst bei Berlin besiegelt wurde. Die sowjetischen Generale, durch die Propaganda von Goebbels als Barbaren ohne Sitten und Benehmen hingestellt, hatten, wie uns Keitel erzählte, der deutschen Delegation nach der erfolgten Unterschrift ein gutes Essen mit Sekt und Kaviar serviert[3]. Keitel brachte ganz offensichtlich kein Gefühl dafür auf, daß es nach einem solchen Schritt, der das Ende des Reiches bedeutete und Millionen Soldaten in die Gefangenschaft führte, besser gewesen wäre, den Sekt von der Tafel des Siegers nicht zu berühren, sondern sich mit dem Notwendigsten zur Stillung des Hungers zu begnügen. Seine Genugtuung über diese

Geste der Sieger zeugte von einem erschreckenden Mangel an Würde und Stilgefühl. Aber ähnlich war es schon bei Stalingrad.

Die britischen Truppen schlossen um Flensburg einen Ring. Eine winzige Enklave entstand, in der unsere Regierung noch Vollzugsgewalt hatte. Im Wohnschiff »Patria« wurde die »Kontrollkommission für das OKW« unter Generalmajor Rooks untergebracht, die sich bald als Verbindungsstelle zur Regierung Dönitz betätigte. Mit der Kapitulation war nach meiner Ansicht der Auftrag der Regierung Dönitz erfüllt, den verlorenen Krieg zu Ende zu führen. Ich schlug daher am 7. Mai 1945 eine letzte Proklamation vor, nach der wir, nun ohne Handlungsfreiheit, nur noch bereit wären, die Aufgaben abzuwickeln, die durch den verlorenen Krieg entstanden seien: »Wir erwarten, daß der Gegner uns trotz dieser Arbeit genauso für unsere frühere Tätigkeit zur Rechenschaft zieht, wie alle anderen Verantwortlichen des nationalsozialistischen Staates auch.« Mit dieser Bemerkung wollte ich einer falschen Auslegung unseres Angebotes vorbeugen[4].

Staatssekretär Stuckardt, nun der Leiter des Innenministeriums, hatte jedoch eine Denkschrift ausgearbeitet, nach der Dönitz als Staatsoberhaupt und legitimer Nachfolger Hitlers nicht freiwillig auf seine Stellung verzichten dürfe, damit die Kontinuität des deutschen Reiches erhalten bliebe und der Anspruch künftiger Reichsregierungen nicht gefährdet würde. Dönitz, der zunächst meiner Theorie zugeneigt war, stimmte zu; der Fortbestand seiner Regierung war damit für weitere fünfzehn Tage gesichert.

Aus dem englischen und amerikanischen Lager trafen die ersten Reporter ein und jeder ihrer Berichte erweckte irreale Hoffnungen der unterschiedlichsten Art. Gleichzeitig verschwanden die SS-Uniformen, von einem Tag auf den anderen waren Wegener, Stuckardt und Ohlendorf Zivilisten geworden, Gebhardt, der Intimus Himmlers, verwandelte sich gar in einen Rot-Kreuz-General. Zudem begann die Regierung, eine Folge ihrer Untätigkeit, sich zu organisieren. Dönitz ernannte, nach kaiserlicher Sitte, einen Chef des Militärkabinetts (Admiral Wagner) und einen Chef des Zivilkabinetts (Gauleiter Wegener). Nach einigem Hin und Her wurde entschieden, daß das Staatsoberhaupt weiter mit dem Titel »Großadmiral« anzureden sei; ein Informationsdienst wurde eingerichtet, von einem alten Radioapparat wurden die neuesten Rundfunkmeldungen abgehört. Sogar einer von Hitlers großen Mercedes-Wagen hatte sich nach Flensburg verirrt und diente jetzt dazu, Dönitz zu seiner fünfhundert Meter entfernten Wohnung zu fahren. Ein Photograph aus dem Atelier Heinrich Hofmanns, des Leibfotographen Hitlers, erschien, um die Regierung bei der Arbeit aufzunehmen: so meinte ich in jenen Tagen zum Adjutanten von Dönitz, die Tragödie verwandle sich in eine Tragikomödie. So richtig Dönitz bis zur Kapitulation gehandelt, so vernünftig er auf ein schnelles Ende hingearbeitet hatte, so verwirrend entwickelte sich nun unsere Lage. Zwei Mitglieder der neuen Regierung, die Minister Backe und Dorpmüller, verschwanden spurlos; es hieß gerüchtweise, daß sie abgeholt worden seien, um im Hauptquartier Eisenhowers erste Maßnahmen für den Wiederaufbau Deutschlands in Angriff zu nehmen. Feldmarschall Keitel, immer noch Chef des Oberkommandos der Wehrmacht, wurde gefangen genommen, – unsere Regierung war nicht nur ohnmächtig, sie wurde gar nicht beachtet.

Wir verfaßten Denkschriften ins Leere, versuchten unserer Unwichtigkeit durch eine Scheintätigkeit entgegenzuwirken. Jeden Morgen um zehn Uhr fand im sogenannten Kabinettssitzungssaal, einem früheren Schulzimmer, eine Kabinettssitzung statt, und es hatte den Anschein, als ob Schwerin-Krosigk alle nicht stattgefundenen Kabinettssitzungen der vergangenen Jahre nachholen wollte. Der Tisch war mit Ölfarbe gestrichen, die Stühle wurden aus dem Gebäude zusammengetragen. Zu einer dieser Sitzungen hatte der amtierende Ernährungsminister aus seinen Lagerbeständen einige Flaschen Korn mitgebracht. Wir holten Gläser und Becher aus unseren Zimmern und besprachen, wie man das Kabinett umbilden müsse, um es den Zeitumständen besser anzupassen. Eine heftige Diskussion entstand über der Frage eines Kirchenministers, um den das Kabinett ergänzt werden sollte. Ein bekannter Theologe wurde dafür vorgeschlagen, während andere Niemöller als den geeigneten Kandidaten betrachteten: das Kabinett sollte »salonfähig« gemacht werden. Mein sarkastischer Vorschlag, doch einige führende Sozialdemokraten und Zentrumsmänner heranzuholen und ihnen unsere Funktionen zu übergeben, blieb unbeachtet. Die Lagerbestände des Ernährungsministers trugen dazu bei, daß die Stimmung lebhafter wurde. Wir waren, so fand ich, auf dem besten Wege, uns lächerlich zu machen, oder vielmehr, wir waren es schon, und der Ernst, der während der Verhandlungen zur Kapitulation in diesem Gebäude geherrscht hatte, war verschwunden. Am 15. Mai schrieb ich Schwerin-Krosigk, daß die Reichsregierung aus einem Personenkreis bestehen müsse, der das Vertrauen der Alliierten haben könne; das Kabinett sei umzubilden, die engeren Mitarbeiter Hitlers zu ersetzen. Zudem sei es »ein genau so undankbares Unterfangen, einen Künstler mit der Schuldentilgung zu beauftragen, wie – in der Vergangenheit – einem Sekthändler das Reichsaußenministerium zu übertragen.« Ich bat, »mich von den Geschäften des Reichswirtschafts- und Produktionsministers zu entbinden«. Ich bekam keine Antwort.

Nach der Kapitulation erschienen hier und da untergeordnete Offiziere der Amerikaner und Engländer, die sich ungeniert in den Räumen unseres »Regierungssitzes« bewegten. Eines Tages, Mitte Mai, stand ein amerikanischer Leutnant in meinem Zimmer. »Wissen Sie, wo Speer steckt?«, fragte er. Als ich mich identifizierte, äußerte er, das amerikanische Hauptquartier sammele Auskünfte über die Auswirkungen des alliierten Bombenkrieges. Auf seine Frage erklärte ich mich zu Auskünften bereit.

Einige Kilometer von Flensburg entfernt, hatte mir der Herzog von Holstein einige Tage zuvor Schloß Glücksburg als Quartier zur Verfügung gestellt. In dieser Wasserburg des sechzehnten Jahrhunderts saß ich noch am gleichen Tag einigen etwa gleichaltrigen Zivilisten des U.S.S.B.S., des »United States Strategical Bombing Survey« aus dem Stabe Eisenhowers gegenüber. Wir besprachen die Fehler und Eigentümlichkeiten, die den Bombenkrieg beider Seiten charakterisiert hatten. Am nächsten Morgen meldete mein Adjutant, daß sich vor dem Schloßeingang viele amerikanische Offiziere, unter ihnen ein hoher General, eingefunden hätten. Unsere von der deutschen Panzertruppe gestellte Wache präsentierte das Gewehr[5] und so kam, gewissermaßen unter dem Schutz deutscher Waffen, General F. L. Anderson, Befehlshaber der Bomberverbände der Achten amerikanischen Luftflotte in mein Zimmer. Er bedankte sich in höflichster Weise für meine Bereitwilligkeit, noch für weitere Besprechungen zur Verfügung zu stehen. Drei weitere Tage gingen wir dann systematisch die Aspekte eines Bombenkrieges durch; am 19. Mai besuchte uns der Präsident des »Economic warfare« in Washington, D'Olier, mit seinem Vizepräsidenten Alexander, und seinen Mitarbeitern Dr. Galbraith, Paul Nitze, George Ball, Oberst Gilkrest und Williams. Von meiner Tätigkeit her war mir die große Bedeutung dieser Dienststelle für die amerikanische Kriegsführung bekannt.

In unserer »Hochschule des Bombenkrieges« herrschte auch in den nächsten Tagen ein fast kameradschaftlicher Ton, der jedoch zu Ende ging, als durch Görings Sektfrühstück mit General Patton die Presse der Welt alarmiert wurde. Aber vorher ließ mir General Anderson das merkwürdigste und schmeichelhafteste Kompliment meiner Laufbahn ausrichten: »Wenn ich seine Erfolge vorher gekannt hätte, würde ich die gesamte Achte amerikanische Luftflotte ausgesandt haben, nur um ihn unter die Erde zu bringen.« Diese Luftflotte verfügte über zweitausend schwere Tag-Bomber; gut, daß diese Erkenntnis zu spät kam.

Meine Familie hatte ihr Notquartier vierzig Kilometer von Glücksburg bezogen. Da ich lediglich riskierte, meine Verhaftung einige Tage vorwegzunehmen, fuhr ich mit meinem Auto aus der um Flensburg gezogenen Enklave und gelangte, dank der Sorglosigkeit der Engländer, ohne Schwierigkeiten durch die besetzte Zone. Ohne von meinem Auto Notiz zu nehmen, gingen die Engländer auf der Straße spazieren. Schwere Panzer standen in den Ortschaften, die Rohre durch Leinwandhüllen geschützt. So landete ich vor der Treppe des Gutshauses, in dem meine Familie untergebracht war. Wir freuten uns alle über diesen Streich, der noch mehrmals gelang. Aber vielleicht hatte ich den Engländern damit doch zuviel zugemutet. Am 21. Mai wurde ich mit meinem Auto nach Flensburg geholt, beim Secret Service in ein Zimmer gesperrt, wo ein Soldat, die Maschinenpistole auf den Knien, mich bewachte. Nach einigen Stunden wurde ich entlassen. Mein Auto war verschwunden; die Engländer brachten mich mit ihrem Wagen nach Glücksburg zurück.

Zwei Tage danach kam in den Morgenstunden mein Adjutant in das Schlafzimmer gestürzt. Die Engländer hatten Glücksburg umstellt. Ein Sergeant betrat mein Zimmer und erklärte, daß ich gefangen sei. Er schnallte sein Koppel mit Pistole ab, legte sie wie unabsichtlich auf meinen Tisch und verließ das Zimmer, um mir Gelegenheit zu geben, meine Sachen zu packen. Auf einem Lastwagen wurde ich bald darauf nach Flensburg gebracht; ich konnte sehen, daß um Schloß Glücksburg zahlreiche Pakgeschütze in Stellung gegangen waren. Sie trauten mir immer noch zu viel zu. Zur gleichen Stunde wurde in der Marineschule die Reichskriegsflagge, die jeden Tag aufgezogen worden war, heruntergeholt. Wenn etwas zeigen konnte, daß es sich bei der Regierung Dönitz, trotz aller Bemühungen, nicht um einen Neubeginn handelte, so das Beharren auf der alten Flagge. Zu Beginn dieser Flensburger Tage waren Dönitz und ich der Ansicht, daß die Flagge bleiben müsse. Der Neubeginn, so fand ich, stand uns nicht zu. Flensburg war nur die letzte Etappe des »Dritten Reiches«, nichts mehr.

Der Absturz von der Höhe der Macht, vielleicht unter normalen Umständen mit schweren Krisen verbunden, sah mich zu meinem Erstaunen ohne große innerliche Erregung. Auch fügte ich mich schnell in die Verhältnisse der Gefangenschaft ein, und das war auf eine zwölfjährige Schulung der Unterordnung zurückzuführen; denn im Bewußtsein war ich bereits in Hitlers Staat ein gefangener Mensch gewesen. Nun von der Verantwortung täglicher Entscheidungen frei, überfiel mich die ersten Monate ein unbekanntes Bedürfnis nach Schlaf, eine geistige Erschlaffung setzte ein, die ich mich bemühte, nach außen nicht sichtbar werden zu lassen.

In Flensburg trafen wir uns alle, die Mitglieder der Regierung Dönitz, in einem Raum wieder, ähnlich einem Wartesaal. Da saßen wir längs der Wände auf Bänken, jeder von Koffern mit seinen Habseligkeiten umgeben. So mußte es ausgesehen haben, wenn Auswanderer auf ihr Schiff warteten. Es herrschte eine trübselige Stimmung. Einzeln wurde man zur Registrierung als Gefangener in einen Nebenraum gerufen. Je nach Veranlagung kamen die Neuaufgenommenen unwirsch, beleidigt oder deprimiert zurück. Als die Reihe an mich kam, stieg auch in mir ein Ekel über die peinliche Untersuchung empor, die vorgenommen wurde. Wahrscheinlich handelte es sich um eine Folge des Selbstmordes Himmlers, der eine Giftpille im Mund verborgen gehalten hatte.

Dönitz, Jodl und ich wurden in einen kleinen Hof geführt, in dem dramatisch viele Maschinengewehre aus den Fenstern des Obergeschosses auf uns gerichtet waren. Pressefotografen und Filmoperateure verrichteten ihre

Arbeit, während ich versuchte, den Eindruck zu erwecken, als ob mich dieses Theater, das nur für die Wochenschauen veranstaltet wurde, nichts anginge. Anschließend wurden wir mit den anderen Schicksalsgefährten des Wartesaales in einige Lastautos gepreßt. Vor und nach uns, wie ich in flachen Straßenkurven sehen konnte, fuhr ein Geleit von etwa dreißig bis vierzig gepanzerten Fahrzeugen, das größte, das ich jemals hatte, da ich bis dahin mit meinem Auto allein und ohne Schutz zu fahren pflegte. Auf einem Flughafen nahmen uns zwei zweimotorige Frachtmaschinen auf. Auf Koffern und Kisten sitzend machten wir zweifellos bereits einen recht »gefangenen« Eindruck. Das Ziel blieb unbekannt. Es benötigte einige Umgewöhnung, nun auch in Zukunft bei allen Verlagerungen nicht zu wissen, wohin die Reise ging, nachdem wir so viele Jahre unsere Ziele mit so großer Selbstverständlichkeit angegeben hatten. Nur zwei dieser Reisen waren in ihrem Ziel eindeutig klar: nach Nürnberg und nach Spandau.

Wir flogen über Küstenlandschaften, dann lange über die Nordsee – also nach London? Das Flugzeug machte eine Schwenkung nach Süden. Nach Landschaft und Besiedlung befanden wir uns über Frankreich. Eine große Stadt wurde sichtbar. Reims, behaupteten einige. Aber es war Luxemburg. Die Maschine landete, draußen bildete sich ein zweireihiger Kordon amerikanischer Soldaten, jeder von ihnen hatte die Maschinenpistole schußbereit auf den Weg gerichtet, der zwischen ihnen für uns reserviert war. Solch einen Empfang hatte ich bis dahin nur in Gangsterfilmen gesehen, wenn die Bande der Verbrecher schließlich abgeführt wird. Primitive Lastautos mit zwei Holzbänken und zwischen jedem von uns Soldaten, die ihre Maschinenpistolen unentwegt auf uns gerichtet hielten: so fuhren wir durch einige Ortschaften, in denen die Passanten pfiffen und uns unverständliche Schimpfworte nachriefen. Die erste Etappe meiner Gefangenschaft hatte begonnen.

Wir hielten vor einem großen Gebäude, dem Palace-Hotel in Mondorf, und wurden in die Empfangshalle geführt. Draußen, durch die Glastüren, konnte man Göring mit anderen ehemaligen Führungsfiguren aus der Hierarchie des Dritten Reiches auf- und abwandeln sehen: Minister, Feldmarschälle, Reichsleiter der Partei, Staatssekretäre und Generale. Es war ein gespenstisches Bild, alle, die sich am Schluß verstreut hatten wie Spreu im Winde, hier wieder versammelt zu sehen. Ich hielt mich abseits, die Ruhe des Ortes soviel wie möglich in mich aufnehmend. Nur einmal sprach ich Kesselring an, warum er noch, als die Befehlsführung zu Hitler unterbrochen war, Brücken sprengte anstatt sie zu schonen. In sturer militärischer Denkweise erklärte er mir, daß Brücken zerstört werden müßten, solange noch gekämpft würde; ihn, als Oberbefehlshaber, gehe außer der Sicherheit seiner Soldaten nichts an. Bald setzten Differenzen um Rangfragen ein. Göring war der von Hitler proklamierte Nachfolger aus früheren Jahren, Dönitz der im letzten Moment von Hitler eingesetzte neue Staatschef; Göring als

Reichsmarschall aber auch der ranghöchste anwesende Offizier. In aller Stille wurde zwischen dem neuen Staatsoberhaupt und dem abgesetzten Nachfolger ausgefochten, wem nun im ausgeräumten Palasthotel von Mondorf der Vortritt gebühre, wer den Vorsitz am ersten Speisetisch zu übernehmen habe und wer überhaupt die unbestrittene Spitze unseres Gremiums bildete. Eine Einigung konnte nicht erzielt werden. Beide Parteien vermieden es bald, vor der Tür zusammenzutreffen; im Speisesaal übernahm jeder von ihnen an zwei verschiedenen Tischen den Vorsitz. Vor allem Göring blieb sich seiner besonderen Stellung immer bewußt. Als Dr. Brandt ihm einmal beiläufig erzählte, was er alles verloren habe, fuhr Göring dazwischen: »Ach was, reden Sie nicht! Sie haben ja gar keinen Grund zum Klagen. Was haben Sie schon gehabt! Aber ich! Wo ich soviel gehabt habe ...«

Kaum vierzehn Tage nach der Einlieferung wurde mir mitgeteilt, daß ich verlegt würde; von da an wurde ich von den Amerikanern, kaum merklich, mit einem gewissen Respekt behandelt. Diese Verlegung wurde von vielen Mitgefangenen überoptimistisch als eine Beauftragung zum Wiederaufbau Deutschlands ausgelegt, da sie sich noch nicht an den Gedanken gewöhnt hatten, daß es auch ohne uns gehen könne. Grüße an Bekannte und Verwandte wurden mir aufgetragen, ein Auto stand vor dem Eingang des Palasthotels, diesmal kein Lastwagen, sondern eine Limousine, kein Militärpolizist mit Maschinenpistole, sondern ein freundlich grüßender Leutnant. Wir fuhren westwärts, an Reims vorbei nach Paris. Im Zentrum der Stadt stieg der Leutnant vor einem Verwaltungsgebäude aus und kam bald darauf zurück. Mit einer Karte und neuen Befehlen versehen, dirigierte er uns die Seine aufwärts. In meiner Verwirrung dachte ich, daß es zur Bastille gehe; ganz vergessend, daß sie längst abgerissen war. Der Leutnant jedoch wurde unruhig, verglich Straßennamen und hatte sich, was ich mit Erleichterung aufnahm, offensichtlich verfahren. Mit meinem Schulenglisch mühsam radebrechend, bot ich mich als Pilot an; doch erst nach einigem Zögern nannte er mir das Reiseziel: das »Trianon Palace-Hotel« in Versailles. Den Weg dorthin kannte ich gut, hier hatte ich mit Vorliebe gewohnt, als ich 1937 den deutschen Pavillon der Weltausstellung entwarf.

Parkende Luxuswagen und Ehrenposten vor dem Portal zeigten uns an, daß dieses Hotel kein Gefangenenlager war, sondern von alliierten Stäben benutzt wurde; es war Eisenhowers Hauptquartier. Der Leutnant verschwand im Innern, während ich in Ruhe das Schauspiel der anfahrenden Wagen hoher Generale betrachten konnte. Nach langem Warten geleitete uns ein Sergeant weiter durch eine Allee, an ein paar Wiesen entlang ging es geradewegs auf ein kleines Schlößchen zu, dessen Portal sich öffnete.

Für einige Wochen war jetzt Chesnay mein Aufenthalt. Ich landete in einem kleinen Zimmer des Hinterhofs im zweiten Stock, das spartanisch mit einem Feldbett und einem Stuhl ausgestattet war, das Fenster zudem dicht mit Stacheldraht verbarrikadiert. Vor der Tür nahm ein bewaffneter Posten Platz.

Am nächsten Tag konnte ich unser Schlößchen auch von der Vorderseite bewundern. Von alten Bäumen umgeben, lag es in einem kleinen Park, der von einer hohen Mauer umgeben war, über die man die angrenzenden Anlagen des Versailler Schlosses einsehen konnte. Schöne Plastiken des achtzehnten Jahrhunderts schufen eine idyllische Atmosphäre. Ich durfte eine halbe Stunde spazieren gehen; ein Soldat folgte mir mit der Maschinenpistole. Es war verboten, Kontakte aufzunehmen, aber nach einigen Tagen wußte ich einigermaßen über die Gefangenen Bescheid. Es waren fast ausschließlich führende Techniker und Wissenschaftler, Fachleute der Landwirtschaft und der Reichsbahn, unter ihnen der alte Minister Dorpmüller. Ich erkannte Professor Heinkel, den Flugzeugkonstrukteur, mit einem seiner Mitarbeiter und viele andere, die mit mir zusammengearbeitet hatten. Eine Woche nach meiner Ankunft wurde mein Dauerbegleiter zurückgezogen, ich durfte mich bei meinen Spaziergängen frei bewegen. Damit hatte auch die eintönige Periode des Einzelgängertums ihr Ende gefunden, mein psychisches Wohlbefinden besserte sich. Neuer Zugang kam: verschiedene Mitarbeiter meiner Verwaltung, unter ihnen Fränk und Saur, technische Offiziere der amerikanischen und britischen Streitkräfte, die ihre Kenntnisse erweitern wollten. Wir waren uns einig, daß wir unsere rüstungstechnischen Erfahrungen zur Verfügung stellen sollten.

Ich selbst konnte nicht viel dazu beitragen, denn Saur besaß bei weitem die besseren Detailkenntnisse. Ich war daher unserem Lagerkommandanten, einem britischen Fallschirmmajor, äußerst dankbar, als er mich aus dieser öden Langweile herausriß und zu einer Autofahrt einlud.

An kleinen Schloß- und Parkanlagen vorbei fuhren wir nach Saint Germain, der schönen Schöpfung Franz I., und von da an die Seine entlang in Richtung Paris. Wir kamen am »Coq Hardi« vorbei, dem berühmten Restaurant in Bougival, wo ich schöne Abende mit Cortot, Vlaminck, Despiau, und anderen französischen Künstlern verlebt hatte, und erreichten die Champs Elysées. Hier schlug der Major einen Bummel vor, den ich in seinem Interesse ablehnte, denn immerhin hätte ich erkannt werden können. Über die Place de la Concorde bogen wir in die Quai-Straßen der Seineufer ein. Dort war es unbelebter, wir wagten einen Spaziergang und kehrten über Saint Cloud wieder in unser Lager zurück.

Einige Tage später fuhr ein großer Omnibus im Schloßhof vor, eine Art Reisegesellschaft wurde bei uns einquartiert, unter ihnen Schacht und der ehemalige Chef des Rüstungsamtes, General Thomas. Es handelte sich um prominente Häftlinge aus deutschen Konzentrationslagern, die in Südtirol von den Amerikanern befreit, nach Capri verbracht, und anschließend in unser Lager überführt worden waren. Auch Niemöller sollte dabei sein; wir kannten ihn nicht, aber unter den Neuangekommenen befand sich ein gebrechlicher Mann mit weißen Haaren und schwarzem Anzug. Das, darüber waren Heinkel, der Konstrukteur Flettner und ich uns einig, mußte Niemöller sein. Wir hatten mit dem so sichtbar von jahrelanger Haft im Konzentrationslager Gezeichneten großes Mitleid; Flettner übernahm es, dem Gebrochenen unsere Sympathie auszudrücken, doch kaum hatte er seine Ansprache begonnen, als er sich unterbrochen sah: »Thyssen! Mein Name ist Thyssen! Niemöller steht da drüben.« Da stand er, jugendlich und konzentriert, eine Pfeife rauchend – ein Beispiel dafür, wie man die Bedrängnisse der Gefangenschaft über Jahre durchstehen kann. Später habe ich noch oft an ihn gedacht. Der Reisebus fuhr nach einigen Tagen wieder vor; nur Thyssen und Schacht blieben in unserer Gesellschaft zurück.

Als das Eisenhowersche Hauptquartier nach Frankfurt verlegt wurde, erschien auch vor unserem Quartier eine Kolonne von etwa zehn amerikanischen Militärlastwagen. Nach einem sorgfältig aufgestellten Plan wurden wir auf zwei offene Lastwagen mit Holzbänken verteilt; die übrigen packten das Mobiliar auf. Bei der Durchfahrt durch Paris sammelte sich bei jedem Verkehrsstop eine Menge, die Beschimpfungen und Drohungen ausstieß. Auf irgendeiner Wiese östlich von Paris machten wir Mittagsrast; Wachmannschaften und Gefangene bunt durcheinander, ein friedliches Bild. Als Ziel des ersten Tages war Heidelberg vorgesehen. Ich war froh, daß wir es nicht erreichten, denn ich wollte nicht im Gefängnis meiner Heimatstadt Quartier nehmen.

Am nächsten Tag gelangten wir nach Mannheim. Es schien ohne jedes Leben, die Straßen waren ausgestorben, die Häuser zerstört. Ein armer, verwahrloster Landser mit struppigem Bart, verschlissener Uniform, eine Pappschachtel auf dem Rücken, stand zögernd, stumpf am Straßenrand: das Abbild der Niederlage. Bei Nauheim bogen wir von der Autobahn ab, fuhren bald danach einen steilen Weg hoch und befanden uns im Burghof des Schlosses Kransberg. Diese große Burg hatte ich im Winter 1939 als Hauptquartier Görings, fünf Kilometer von Hitlers Befehlszentrale entfernt, ausgebaut. Für die zahlreiche Dienerschaft Görings war damals ein zweistöckiger Flügel angefügt worden und in diesem Nebenbau wurden wir Gefangene untergebracht.

In diesem Lager gab es, im Gegensatz zu Versailles, keinen Stacheldraht; selbst die Fenster im Obergeschoß unseres Dienstbotenflügels boten freie Aussicht, das schmiedeeiserne, von mir gezeichnete Eisentor blieb unverschlossen. Wir konnten uns im Burggelände frei bewegen. Oberhalb der Burg hatte ich vor fünf Jahren einen Obstgarten angelegt, von einer etwa ein Meter hohen Mauer umgeben. Hier lagerten wir, mit einem weiten Blick über die Wälder des Taunus; tief unter uns das Dörfchen Kransberg mit seinen gemächlich rauchenden Schornsteinen.

Verglichen mit den Landsleuten, die in Freiheit hungern mußten, hatten wir es unangemessen gut, denn wir erhielten amerikanische Truppenrationen. Bei der Bevölkerung des Dörfchens hatte das Lager allerdings einen schlechten Ruf. Nach den Erzählungen, die umliefen, wurden wir mißhandelt, bekamen nichts zu essen und die Fama berichtete, daß im Turmverlies Leni Riefenstahl schmachtete. Eigentlich waren wir auf diese Burg geführt worden, um Fragen zur technischen Führung des Krieges zu beantworten. Zahlreiche Fachleute trafen ein, nahezu die gesamte Führung meines Ministeriums, fast alle Amtschefs, die Leiter der Munition-, Panzer-, Auto-, Schiffbau-, Flugzeug- und der Textilproduktion, die maßgebenden Männer der Chemie und Konstrukteure wie Professor Porsche. Aber nur selten verirrten sich Wißbegierige zu uns. Die Gefangenen murrten, da sie mit Recht hofften, nach ihrer Ausquetschung wieder frei zu sein. Auch Wernher v. Braun stieß für einige Tage mit seinen Mitarbeitern zu uns, er hatte für sich und seinen Stab Angebote aus den USA und England, über die wir miteinander sprachen; auch die Russen hatten es verstanden, ihm in das streng abgesperrte Garmischer Lager über das Küchenpersonal ein Vertragsangebot einzuschmuggeln. Im übrigen vertrieben wir uns die Langeweile mit Frühsport, wissenschaftlichen Vortragsreihen und einmal trug Schacht erstaunlich gefühlvoll Gedichte vor. Auch ein allwöchentliches Kabarett wurde ins Leben gerufen. Wir sahen uns die Vorstellungen an, die Szenen hatten immer wieder unsere Situation zum Gegenstand, und mitunter liefen uns vor Lachen über unseren Sturz die Tränen herunter.

Eines Morgens, kurz nach sechs Uhr, riß mich einer meiner Mitarbeiter aus dem Schlaf: »Ich habe gerade im Rundfunk gehört, Sie gehören mit Schacht zu den Angeklagten im Nürnberger Prozeß!« Ich versuchte, die Fassung zu bewahren, aber die Nachricht traf mich schwer. So sehr ich, dem Grundsatz nach, fand, daß ich als einer der Führenden des Regimes für dessen Schuld einstehen müsse, so schwer fiel es mir zunächst, mich darauf in der Wirklichkeit einzustellen. Nicht ohne Besorgnis hatte ich in der Zeitung Fotos vom Innenraum des Nürnberger Gefängnisses gesehen, schon vor Wochen gelesen, daß einige hohe Mitglieder der Regierung dorthin verbracht worden waren. Während mein Mitangeklagter Schacht schon recht bald unser vergleichsweise freundliches Lager mit dem Nürnberger Gefängnis vertauschen mußte, sollten jedoch noch Wochen vergehen, bis ich abgeholt wurde.

Obwohl ich damit unter schwerer Anklage stand, zeigte sich im Verhalten des Wachpersonals kein Zeichen von Reserviertheit. Die Amerikaner trösteten mich: »Bald werden Sie freigesprochen sein und die ganze Sache vergessen haben.« Sergeant Williams erhöhte die Essensrationen, damit ich, wie er sagte, für den Prozeß kräftig sei, und der britische Lagerkommandant lud mich noch am Tage der Bekanntmachung zu einer Autofahrt ein. Wir fuhren allein, ohne Bewachung, durch die Taunuswälder, lagerten unter einem mächtigen Obstbaum, wanderten im Wald herum, und er erzählte mir von Bärenjagden in Kaschmir.

Es waren schöne Septembertage. Gegen Ende des Monats bog ein amerikanischer Jeep durch das Portal: das Abholkommando. Zunächst verweigerte der britische Kommandant die Herausgabe seines Gefangenen und holte sich Weisungen aus Frankfurt. Sergeant Williams verproviantierte mich mit zahllosen Keksen und fragte mich immer wieder, ob ich noch etwas aus seinem Magazin gebrauchen könne. Als ich schließlich das Auto bestieg, hatte sich die Lagergemeinschaft fast vollzählig im Burghof versammelt. Alle gaben mir die besten Wünsche mit auf den Weg. Nicht vergessen werde ich die guten und erschrockenen Augen des britischen Obersten, als er sich stumm von mir verabschiedete.

34. Kapitel

Nürnberg

Am Abend wurde ich in das berüchtigte Vernehmungslager Oberursel bei Frankfurt eingeliefert, vom aufsichtsführenden Sergeanten mit dummen, höhnenden Witzen bedacht, mit einer dünnen Wassersuppe abgespeist, zu der ich meine britischen Kekse knabberte. Ich dachte mit Wehmut an das schöne Kransberg. In der Nacht hörte ich die derben Rufe der amerikanischen Wachmannschaften, ängstliche Antworten und Schreie; am Morgen wurde ein deutscher General unter Bewachung an mir vorbeigeführt, mit zermürbtem und verzweifeltem Gesicht.

Auf einem mit Planen abgedeckten Lastauto wurden wir schließlich weiter transportiert. Ich saß eng gedrängt mit anderen, unter ihnen erkannte ich den Stuttgarter Oberbürgermeister Dr. Strölin und den ungarischen Reichsverweser Horthy. Das Ziel wurde uns nicht mitgeteilt, aber es war klar: Nürnberg. Erst bei Dunkelheit trafen wir am Bestimmungsort ein. Ein Tor wurde geöffnet, ich stand für Augenblicke im Innenraum des Zellenflügels, den ich in der Zeitung ein paar Wochen vorher gesehen hatte. Ehe ich mich versah, fand ich mich eingeschlossen in einer Zelle wieder. Gegenüber, aus der Öffnung[1] seiner Zellentür, sah Göring herüber und schüttelte den Kopf. Ein Strohsack, alte zerrissene und verschmutzte Decken, kein Mensch, der eine persönliche Notiz von den Gefangenen nahm. Obwohl alle vier Stockwerke besetzt waren, herrschte eine unheimliche Stille, die nur unterbrochen wurde durch das gelegentliche Aufschließen einer Zellentür, wenn ein Gefangener zum Verhör geführt wurde. Göring, mein Gegenüber, wanderte in seiner Zelle unentwegt auf und ab, in regelmäßigem Turnus sah ich am Guckloch einen Teil seines schweren Körpers vorbeistreichen. Auch ich begann bald in meiner Zelle umherzuwandern, zuerst auf und ab, und dann, um den Raum besser auszunutzen, im Rundgang.

Nach etwa einer Woche, während der ich unbeachtet im Ungewissen gelegen hatte, kam ein für normale Menschen bescheidener, für mich gewaltiger Wechsel: Ich wurde in den dritten Stock, auf die Sonnenseite, verlegt, wo es bessere Räume mit besseren Betten gab. Hier suchte mich auch erstmals der amerikanische Direktor, Oberst Andrus, auf: »Very pleased to see you!« Schon in Mondorf hatte er als Lagerkommandant auf äußerste Strenge gehalten und ich meinte, so etwas wie Hohn aus seinen Worten zu hören. Erfreulich dagegen war das Wiedersehen mit dem deutschen Personal. Köche, Essenträger und Friseure waren aus Kriegsgefangenen sorgfältig ausgewählt. Aber gerade, weil sie offenbar Leid und Qual einer Gefangenschaft mitgemacht hatten, benahmen sie sich, wenn keine Aufsicht zugegen war, zu uns allen überaus hilfsbereit. So manche Nachricht in der Zeitung, viele gute Wünsche und Ermutigungen wurden uns von diesen Männern unaufdringlich zugeflüstert.

Wenn ich den oberen Teil des hochgelegenen Zellenfensters herunterklappte, war der Sonnenfleck gerade groß genug, um ein Sonnenbad des Oberkörpers zu ermöglichen. Auf ein paar Decken auf dem Boden liegend, wechselte ich meine Lage mit dem Gang der Sonne bis zu ihrem letzten schrägen Strahl. Es gab kein Licht, keine Bücher oder gar Zeitschriften. Ich war ganz darauf angewiesen, die immer größere innere Bedrängnis ohne äußere Hilfen abzuwehren.

Oft wurde Sauckel an meiner Zelle vorbeigeführt. Wenn er mich sah, machte er ein düsteres, aber gleichwohl verlegenes Gesicht. Schließlich schloß sich auch meine Tür auf, ein amerikanischer Soldat erwartete mich mit einem Zettel in der Hand, auf dem mein Name und das Zimmer des Vernehmenden vermerkt waren. Der Weg ging über Höfe und Nebentreppen in die Hallen des Nürnberger Justizpalastes. Unterwegs begegnete mir Funk, von einer Vernehmung kommend, sehr mitgenommen und bedrückt. Bei unserem letzten Zusammentreffen hatten wir beide uns noch in Berlin in Freiheit befunden. »So sehen wir uns wieder« rief er mir im Vorbeigehen zu. Ich konnte nur aus dem Eindruck, den er vermittelte, ohne Krawatte und im ungebügelten Anzug, mit ungesunder bleicher Gesichtsfarbe darauf schließen, daß ich einen ähnlich bejammernswerten Eindruck machte. Denn seit Wochen hatte ich mich nicht mehr im Spiegel gesehen und so sollte es für Jahre bleiben. Ich sah auch Keitel in einem Zimmer stehen, vor ihm einige amerikanische Offiziere. Auch er machte einen erschütternd heruntergekommenen Eindruck.

Ein junger amerikanischer Offizier erwartete mich, bat mich freundlich, Platz zu nehmen und begann dann, einige Aufklärungen zu verlangen. Offensichtlich hatte Sauckel versucht, die Untersuchungsbehörden irrezuführen und mich als den allein Verantwortlichen für den Einsatz der Fremdarbeiter hinzustellen. Der Offizier zeigte sich wohlmeinend und verfaßte von sich aus eine eidesstattliche Erklärung, die die Dinge wieder zurechtrückte. Ich war erleichtert, denn ich hatte bisher das Gefühl, daß nach der Übung: »Belaste den Abwesenden« seit meiner Abfahrt von Mondorf einiges gegen mich geschehen war. Bald darauf wurde ich dem stellvertretenden Chef der Anklage, Dodd, vorgeführt. Seine Fragen waren aggressiv und scharf, es ging hart auf hart. Ich wollte mir den Mut nicht abkaufen lassen und antwortete, ohne Rücksicht auf eine spätere Verteidigung, offen und ohne jede Ausflucht. Eher ließ ich manches, was wie eine Entschuldigung aussehen konnte, weg. Als ich wieder in meiner Zelle zurück war, hatte ich das Gefühl: »Jetzt sitzt du in der Falle«, und tatsächlich war diese Aussage ein wesentliches Stück der späteren Anklage gegen mich.

Gleichzeitig jedoch gab mir diese Befragung Auftrieb; ich glaubte und glaube es auch heute noch, dabei richtig gehandelt zu haben: keine Ausflüchte zu gebrauchen und die eigene Person nicht zu schonen. Bangend, doch mit dem Vorsatz, so fortzufahren, wartete ich auf die nächste Vernehmung, die bereits angekündigt war. Doch dazu kam es nicht mehr. Vielleicht war man von meiner Offenheit beeindruckt, ich weiß den Grund nicht. Es gab lediglich noch einige korrekte Befragungen durch sowjetische Offiziere, die von einer stark geschminkten Sekretärin begleitet waren. Mein von der Propaganda vermitteltes Leitbild wurde durch sie stark erschüttert. Nach jeder Antwort sagten die Offiziere, mit dem Kopf nickend: »Tak, tak«, was merkwürdig klang, aber wie ich bald herausfand, einem »So, so« entsprach. Der sowjetische Oberst fragte mich einmal: »Aber Sie haben doch Hitlers ›Mein Kampf‹ gelesen?« Ich hatte tatsächlich nur darin herumgeblättert, teils weil Hitler das Buch für überholt erklärt hatte, teils weil es schwierig zu lesen war. Als ich verneinte, amüsierte er sich köstlich. Verärgert zog ich die Antwort zurück und erklärte, daß ich das Buch gelesen hätte. Es war schließlich auch die einzig glaubhafte Antwort. Im Prozeß aber hatte diese Lüge eine unerwartete Folge. Im Kreuzverhör brachte die sowjetische Anklage mein falsches Geständnis vor; nun, unter Eid, mußte ich der Wahrheit entsprechen und sagen, daß ich damals die Unwahrheit gesprochen hatte.

Ende Oktober wurden alle Angeklagten im unteren Stockwerk zusammengefaßt und gleichzeitig der Zellenflügel von anderen Gefangenen geräumt. Die Stille war unheimlich. Einundzwanzig Menschen warteten auf ihren Prozeß.

Nun erschien, aus England kommend, auch Rudolf Hess; in graublauem Mantel zwischen zwei amerikanischen Soldaten, die durch Handschellen mit ihm verbunden waren. Hess zeigte einen geistesabwesenden, gleichzeitig störrischen Ausdruck. Seit Jahren war ich gewohnt, all diese Angeklagten in großartigen Uniformen, unnahbar oder jovial auftreten zu sehen. Jetzt schien die Szene unwirklich; ich glaubte manchmal zu träumen.

Immerhin, auch wir verhielten uns bereits wie Gefangene. Wer hätte beispielsweise, als er noch Reichs- oder Feldmarschall, Großadmiral, Minister oder Reichsleiter war, von sich angenommen, daß er sich dem Intelligenztest amerikanischer Militär-Psychologen unterwerfen würde? Und doch ging dieser Test nicht nur ohne Widerstand vor sich, sondern jeder war bemüht, seine Fähigkeiten bestätigt zu sehen.

Überraschungssieger in diesem Test, der sowohl Gedächtnisprüfung, Reaktionsfähigkeit, Phantasiebildung umfaßte, wurde Schacht. Er siegte, da mit zunehmendem Alter zusätzliche Gutpunkte vergeben wurden. Seyss-Inquart, von dem es niemand vermutet hatte, erreichte die höchste Punktzahl. Auch Göring befand sich unter den ersten; ich erhielt einen guten Mittelwert.

Einige Tage, nachdem wir von den übrigen Gefangenen getrennt worden waren, drang in die Todesstille unseres Zellenblocks eine Kommission von mehreren Offizieren ein, sie ging von Zelle zu Zelle. Ich hörte einige Worte sprechen, die ich nicht verstehen konnte, bis sich schließlich auch bei mir die Tür öffnete und mir ohne Umstände eine gedruckte Anklageschrift überreicht wurde. Die Voruntersuchung war abgeschlossen, der eigentliche Prozeß begann. In meiner Naivität hatte ich mir vorgestellt, daß jeder einzelne seine individuelle Anklageschrift erhielte. Nun stellte sich heraus, daß jeder von uns all der ungeheuerlichen Verbrechen bezichtigt wurde, die dieses Dokument aufführte. Nach der Lektüre erfaßte mich ein Gefühl der Trostlosigkeit. Aber in der Verzweiflung über das Geschehene und meine Rolle fand ich zugleich meine Linie für den Prozeß: das eigene Schicksal für belanglos zu halten, nicht um das eigene Leben zu ringen, sondern die Verantwortung in einem allgemeinen Sinn zu übernehmen. Trotz aller Widerstände meines Anwalts und trotz der Anstrengung des Prozesses, hielt ich an diesem Entschluß fest.

Unter dem Eindruck der Anklage schrieb ich meiner Frau: »Ich muß mein Leben als abgeschlossen betrachten. Nur dann kann ich den Abschluß so gestalten, wie ich es für notwendig halte ... Ich muß hier als Reichsminister stehen und nicht als Privatperson. Ich darf auf Euch und auf mich keine Rücksicht nehmen. Ich habe nur den einen Wunsch: So stark zu sein, daß ich diese Linie durchhalte. Ich bin, so seltsam es klingt, guter Dinge, wenn ich jede Hoffnung hinter mir gelassen habe und werde unsicher und unruhig, sowie ich glaube, eine Chance zu haben ... Vielleicht kann ich dem deutschen Volk durch meine Haltung noch einmal helfen. Vielleicht bringe ich es fertig. Viele sind nicht hier, die es schaffen werden[2].«

Als der Gefängnispsychologe G. M. Gilbert zur gleichen Zeit mit einem Exemplar der Anklageschrift von Zelle zu Zelle ging, um sich auf ihr die Meinung der Angeklagten kommentieren zu lassen und ich die teils ausweichenden, teils höhnischen Worte vieler meiner Mitangeklagten las, schrieb ich zu seinem Erstaunen: »Der Prozeß ist notwendig. Eine Mitverantwortlichkeit für solch grauenvolle Verbrechen gibt es sogar in einem autoritären Staat.«

Ich betrachte es noch heute als die größte Anstrengung psychischen Mutes in meinem Leben, daß ich diese Auffassung über zehn Prozeßmonate durchhielt.

Mit der Anklageschrift war uns eine lange Liste von Namen deutscher Anwälte übergeben worden, aus denen man sich seinen Verteidiger aussuchen konnte, falls man keine eigenen Vorschläge zu machen hatte. Mir fiel, so sehr ich mein Gedächtnis bemühte, kein Anwalt ein, die Namen der Verteidiger auf der übergebenen Liste waren mir durchweg fremd. So bat ich das Gericht, eine Wahl zu treffen. Ein paar Tage später wurde ich in das Untergeschoß des Justizpalastes geführt. An einem der Tische erhob sich ein schmächtiger Herr mit starker Brille und leiser Stimme: »Ich soll Ihr Anwalt sein, wenn Sie damit einverstanden sind. Mein Name ist Dr. Hans Flächsner aus Berlin.« Er hatte freundliche Augen und machte nichts aus sich. Als wir zunächst einige Details der Anklage erörterten, zeigte er sich auf sympathische Weise untheatralisch. Anschließend händigte er mir ein Formular aus: »Nehmen Sie das mit und überlegen Sie sich, ob Sie mich als Ihren Verteidiger wollen.« Ich unterschrieb sogleich und bereute es nicht. Flächsner zeigte sich im Prozeß als umsichtiger, feinfühliger Anwalt. Was aber für mich mehr bedeutete: er brachte Sympathie und Mitgefühl auf, woraus in den zehn Monaten des Prozesses eine echte gegenseitige Zuneigung entstand, die sich bis heute erhalten hat.

Während der Voruntersuchung hatte die Anklagebehörde verhindert, daß die Gefangenen zusammenkamen. Nun lockerte man diese Bestimmung, so daß wir nicht nur öfter in den Gefängnishof kamen, sondern uns auch nach Belieben unterhalten konnten. Der Prozeß, die Anklageschrift, die Ungültigkeit des internationalen Gerichts, tiefste Indignation über diese Schmach: immer wieder hörte ich bei den Rundgängen die gleichen Themen und Argumente. Nur einen Gleichgesinnten traf ich unter den einundzwanzig Angeklagten: Fritzsche, mit dem ich mich eingehend über das Prinzip der Verantwortung aussprechen konnte. Später fand ich noch bei Seyss-Inquart einiges Verständnis. Mit den übrigen wäre jede Auseinandersetzung nutzlos und aufreibend gewesen. Wir redeten verschiedene Sprachen.

Auch in anderen Fragen waren wir verständlicherweise entgegengesetzter Meinung. Von akuter Wichtigkeit war das Problem, wie man in diesem Prozeß die Herrschaft Hitlers darstellen sollte. Göring, früher selbst nicht ohne kritische Vorbehalte gegen einige Praktiken des Regimes, plädierte für dessen Reinwaschung. Er sprach ohne Scheu aus, daß Sinn und Chance dieses Prozesses ausschließlich in der Bildung einer positiven Legende zu sehen seien. Ich empfand es nicht nur als unehrlich, das deutsche Volk in dieser Weise zu belügen; ich fand es gefährlich, ihm dadurch den Übergang in die Zukunft zu erschweren. Nur die Wahrheit konnte den Prozeß der Loslösung vom Vergangenen beschleunigen.

Die eigentliche Triebfeder für Görings Äußerungen wurde erkennbar, als er meinte, daß die Sieger ihn zwar umbringen könnten, daß aber schon nach fünfzig Jahren seine Überreste in einen Marmorsarkophag gebettet und er vom deutschen Volk als Nationalheld und Märtyrer gefeiert würde. Das glaubten viele der Gefangenen von sich. In anderen Fragen hatte Göring weniger Erfolg: Wir alle seien, so sagte er, ohne Unterschied und ohne jede Chance von vornherein zum Tode verurteilt. Es wäre daher zwecklos, sich um eine Verteidigung zu bemühen, worauf ich bemerkte: »Göring will offenbar mit großem Gefolge in Walhall einreiten.« In Wirklichkeit verteidigte sich Göring später am hartnäckigsten.

Seit Göring in Mondorf und Nürnberg einer systematischen Entziehungskur unterworfen worden war, die ihn von seiner Morphiumsucht befreite, befand er sich in einer Form, wie ich sie nie bei ihm erlebt hatte. Er vollbrachte eine bedeutende Energieleistung und wurde zur imponierendsten Persönlichkeit unter den Angeklagten. Ich bedauerte damals, daß er diese Form nicht in den letzten Monaten vor Kriegsbeginn und in kritischen Situationen des Krieges aufgebracht hatte, wo ihn seine Süchtigkeit weich und willfährig gemacht hatte. Denn er wäre der einzige gewesen, auf dessen Autorität und Beliebtheit auch Hitler gewisse Rücksichten hätte nehmen müssen. Tatsächlich war er einer der Wenigen gewesen, die klug genug waren, das Verhängnis vorauszusehen. Nachdem er diese Chance verspielt hatte, war es widersinnig und geradezu verbrecherisch, die wiedergefundene Energie zur Irreführung des eigenen Volkes zu benutzen. Denn Irreführung und Täuschung waren es. Im Gefängnishof äußerte er einmal kalt zu der Nachricht von jüdischen Überlebenden in Ungarn: »So, da gibt es noch welche? Ich dachte, die hätten wir alle um die Ecke gebracht. Da hat einer wieder nicht gespurt.« Ich war fassungslos.

Mein Entschluß, Verantwortung für das ganze Regime zu tragen, ging nicht ohne innere Krisen vorüber. Als Ausweichmöglichkeit blieb mir nur, durch einen frühzeitigen Tod dem Prozeß zu entkommen. Des Nachts überkam mich oft schiere Verzweiflung. Da versuchte ich mit einem Handtuch mein krankes Bein abzudrosseln, um eine erneute Venenentzündung herbeizuführen. Nachdem ich in dem Vortrag eines Wissenschaftlers in Kransberg gehört hatte, daß das Nikotin schon einer Zigarre, zerkrümelt und in Wasser aufgelöst, zum Tode führe, hatte ich lange Zeit eine zerriebene Zigarre in meiner Tasche; doch von der Absicht bis zum Entschluß ist ein sehr weiter Weg.

Eine große Stütze wurden für mich die sonntäglichen Gottesdienste. Noch in Kransberg hatte ich es abgelehnt, daran teilzunehmen. Denn ich wollte nicht weich erscheinen. Doch in Nürnberg gab ich solche Überlegungen auf. Der Druck der Verhältnisse brachte mich, wie übrigens fast alle Angeklagten mit Ausnahme von Hess, Rosenberg und Streicher, in unsere kleine Kapelle.

Unsere Anzüge waren die letzten Wochen eingemottet gewesen; die Amerikaner hatten uns mit einer Arbeitskleidung aus schwarzgefärbtem Drillich ausgestattet. Nun kamen Angestellte in die Zellen; wir konnten aussuchen, welcher unserer Anzüge für den Prozeß gereinigt werden sollte. Bis zum Manschettenknopf wurde jede Einzelheit mit dem Kommandanten besprochen.

Nach einer letzten Inspektion durch Oberst Andrus wurden wir, jeder von einem Soldaten begleitet, aber ohne Handschellen, am 19. November 1945 zum erstenmal in den Gerichtssaal geleitet, der noch leer war. Die Platzverteilung fand statt. An der Spitze Göring, Hess, Ribbentrop; ich befand mich als drittletzter auf der zweiten Bank in angenehmer Gesellschaft: rechts von mir Seyss-Inquart, links v. Neurath, während genau vor mir Streicher und Funk Platz genommen hatten.

Ich war froh, daß der Prozeß begann, und fast jeder von den Angeklagten äußerte die gleiche Ansicht: Nur endlich zu einem Abschluß kommen!

Der Prozeß wurde mit der großen, vernichtenden Anklagerede des amerikanischen Hauptanklägers Robert H. Jackson eingeleitet. Immerhin ermutigte mich ein Satz daraus, der die Schuld für die Verbrechen des Regimes den einundzwanzig Angeklagten anlastete, nicht aber dem deutschen Volk. Diese Auffassung entsprach genau dem, was ich als eine Nebenfolge dieses Prozesses erhofft hatte: Der Haß, der schon durch die Propaganda der Kriegsjahre auf dem deutschen Volk lastete und der sich durch die Enthüllung der Verbrechen ins Ungemessene gesteigert hatte, würde sich nun auf uns Angeklagte konzentrieren. Nach meiner Theorie konnte von der obersten Führung eines modernen Krieges erwartet werden, daß sie sich am Ende den Konsequenzen stellte, gerade weil sie bis dahin keinerlei Gefahr ausgesetzt gewesen war[3]. In einem Brief an meinen Verteidiger, der die Linie unseres Verhaltens absteckte, äußerte ich daher, mir käme alles, was wir zu meiner Verteidigung besprechen würden, im Gesamtrahmen gesehen unwichtig und lächerlich vor.

Viele Monate häuften sich Dokumente und Zeugenaussagen, die die begangenen Verbrechen erhärten konnten, ganz ohne Rücksicht darauf, ob einer der Angeklagten persönlich damit verbunden war. Es war grauenhaft und eigentlich nur erträglich, weil die Nerven von Mal zu Mal stumpfer wurden. Noch heute verfolgen mich Aufnahmen, Dokumente und Befehle, die so ungeheuerlich wie unglaubwürdig schienen, deren Echtheit aber keiner der Angeklagten anzweifelte.

Daneben ging die tägliche Routine weiter: von morgens bis mittags zwölf Uhr Verhandlung, Essenspause in den oberen Räumen des Justizgebäudes, von vierzehn bis gegen siebzehn Uhr Verhandlung, danach Rückkehr in die Zelle, wo ich mich schnell umzog, meinen Anzug zum Bügeln gab, das Abendessen einnahm und danach meist in den Besprechungsraum der Verteidigung geführt wurde, wo ich bis gegen zweiundzwanzig Uhr mit meinem Anwalt den Prozeßablauf besprach und Notizen für die kommende Verteidigung machte. Schließlich kam ich am späten Abend erschöpft in meine Zelle zurück und schlief sofort ein. An Samstagen und Sonntagen tagte das Gericht nicht; dafür wurde mit den Anwälten um so länger gearbeitet. Für Spaziergänge im Gartenhof blieb täglich nicht viel mehr als eine halbe Stunde.

Unter uns Angeklagten entstand, trotz der gemeinsamen Situation, kein Gefühl innerer Zusammengehörigkeit. Wir spalteten uns in Gruppen auf. Bezeichnend dafür war die Einrichtung eines Generalsgartens: durch niedere Hecken war ein kleiner Teil vom allgemeinen Gefängnisgarten, nicht größer als sechs mal sechs Meter, abgetrennt worden. Darin promenierten unsere Militärs in selbstgewählter Abgeschlossenheit unentwegt herum, obwohl die kleinen Kreise recht unbequem gewesen sein müssen. Von uns Zivilisten wurde diese Aufteilung respektiert. Für die Mittagsmahlzeiten hatte die Gefängnisleitung eine Sitzordnung in verschiedenen Räumen vorgenommen, wobei ich zu der Gruppe Fritzsches, Funks und Schirachs zählte.

Inzwischen hatten wir wieder einmal Hoffnung geschöpft, mit dem Leben davonzukommen, nachdem der allgemeinen Anklage eine detaillierte für jeden Angeklagten gefolgt war. Darin wurden deutliche Unterschiede gemacht, und so rechneten Fritzsche und ich zu diesem Zeitpunkt auch mit unterschiedlichen Urteilen; denn wir kamen darin vergleichsweise glimpflich weg.

Im Gerichtssaal trafen wir auf abweisende Gesichter, kalte Augen. Lediglich die Dolmetscherkabine machte eine Ausnahme. Hier konnte ich einem freundlichen Kopfnicken begegnen; auch unter den britischen und amerikanischen Anklägern befanden sich einige, die bisweilen etwas wie Mitgefühl erkennen ließen. Betroffen war ich, als die Journalisten anfingen, über unsere Strafhöhe Wetten aufzulegen und der Wettstand auf einen Tod durch Erhängen gelegentlich auch uns erreichte.

Nach einer Pause von einigen Tagen, die der letzten Vorbereitung der Verteidigung diente, begann der »Gegenschlag«, von dem einige sich viel versprachen. Als Göring in den Zeugenstand stieg, hatte er Funk, Sauckel und anderen zugesagt, ihre Verantwortung auf sich zu nehmen und sie dadurch zu entlasten. Zu Anfang seiner Aussagen, die einen mutigen Eindruck machten, hielt er dieses Versprechen auch ein; aber je mehr er sich den Details näherte, um so enttäuschter wurden die Gesichter derer, die auf ihn bauten, da er Punkt für Punkt seine Verantwortlichkeit wieder begrenzte.

In dem Zweikampf mit Göring hatte der Ankläger Jackson den Vorteil, als Überraschungselement Dokumente aus seiner großen Mappe ziehen zu können, während Göring bei seinem Widersacher dessen Unkenntnis der Materie auszunutzen verstand. Am Ende kämpfte er mit Ausweichen, Verschleiern, Bestreiten nur noch um sein Leben.

Bei Ribbentrop und Keitel, den beiden nächsten Angeklagten, war es nicht anders. Sie verschlimmerten noch den Eindruck der Flucht aus der Verantwortung; vor jedem Dokument, das eine Unterschrift trug, beriefen sie sich auf einen Befehl Hitlers. Angewidert entfuhr mir das Wort von »den Briefträgern mit hohem Gehalt«, das nachher durch die Weltpresse ging. Wenn ich es heute betrachte, haben sie im Grunde recht gehabt; sie waren in der Tat nicht viel mehr als Befehlsübermittler Hitlers gewesen. Rosenberg dagegen machte einen offenen, konsequenten Eindruck. Alle Versuche seines Anwaltes, vor und hinter den Kulissen, ihn zu einem Widerruf seiner sogenannten Weltanschauung zu veranlassen, blieben ohne Erfolg. Hans Frank, Hitlers Anwalt und späterer Generalgouverneur in Polen, akzeptierte die Verantwortung, Funk argumentierte geschickt und mitleiderregend, während Schachts Strafverteidiger mit rethorischem Überaufwand bemüht war, aus seinem Mandanten einen Putschisten zu machen, wodurch Schachts Entlastungsmaterial in seiner Wirkung eher abgeschwächt wurde. Dönitz wiederum kämpfte mit Verbissenheit für sich und seine U-Bootwaffe, er hatte eine glänzende Genugtuung, als sein Anwalt eine Erklärung des amerikanischen Flottenbefehlshabers im Pazifik, Admiral Nimitz, vorlegen konnte, in der dieser bestätigte, daß er seinen U-Bootkrieg nach denselben Grundsätzen geführt habe, wie die deutsche Seekriegsleitung auch. Raeder machte einen sachlichen Eindruck, Sauckels Einfalt wirkte eher bedauernswert, Jodl imponierte durch seine präzise und nüchterne Verteidigung. Als einer der ganz wenigen schien er über der Situation zu stehen.

Die Reihenfolge der Vernehmungen entsprach der Sitzordnung. Meine Nervosität wuchs, denn jetzt saß schon Seyss-Inquart, mein Nachbar, im Zeugenstuhl. Selbst Rechtsanwalt, gab er sich über seine Lage keinen Illusionen hin, denn er war unmittelbar an Deportationen und Geiselerschießungen beteiligt gewesen. Er wirkte beherrscht und beendete seine Vernehmung mit der Erklärung, daß er die Verpflichtung habe, für das Geschehene einzustehen. Ein glücklicher Zufall brachte ihm einige Tage nach seiner Vernehmung, die sein Schicksal besiegelt hatte, die erste Nachricht von seinem bis dahin in Rußland vermißten Sohn.

Als ich zum Zeugenstand ging, hatte ich Lampenfieber; ich schluckte schnell eine Beruhigungspille, die mir der deutsche Arzt vorsorglich ausgehändigt hatte. Gegenüber, auf zehn Schritt Entfernung, stand Flächsner am Verteidigungspult, zur linken Hand erhöht saßen die Richter an ihrem Tisch.

Flächsner schlug sein dickes Manuskript auf, Fragen und Antworten begannen. Gleich zu Anfang stellte ich fest: »Wenn Hitler Freunde gehabt hätte, wäre ich bestimmt einer seiner engen Freunde gewesen«, womit ich etwas erklärte, was bis dahin nicht einmal von der Anklage behauptet worden war. Eine Unmenge Details, die sich auf vorgelegte Dokumente bezogen, wurden erörtert; ich stellte richtig, versuchte dabei aber nicht, ausweichend oder entschuldigend zu wirken[4]. Mit einigen Sätzen übernahm ich die Verantwortung für alle von mir durchgeführten Befehle Hitlers. Ich stand zwar auf dem Standpunkt, daß der Befehl in jedem Staat für die untergeordneten Organe Befehl bleiben muß; daß aber die Führung auf allen Ebenen die gegebenen Befehle prüfen und abwägen müsse und von der Verantwortlichkeit nicht entlastet werden könne, selbst wenn eine Drohung die Durchführung zu erzwingen suche. Wichtiger war mir noch, ab 1942, die Gesamtverantwortung für alle Maßnahmen Hitlers, die Verbrechen nicht ausgeschlossen, die in dieser Zeit wo immer auch und durch wen immer auch verübt worden waren. »Im Staatsleben gibt es eine Verantwortung für den eigenen Sektor«, so sagte ich vor Gericht, »dafür ist man selbstverständlich voll verantwortlich. Darüber hinaus muß es für entscheidende Dinge eine Gesamtverantwortung geben, wenn man einer der Führenden ist. Denn wer soll sonst die Verantwortung für den Ablauf der Geschehnisse tragen, wenn nicht die nächsten Mitarbeiter um das Staatsoberhaupt? Aber diese Gesamtverantwortung kann nur für grundsätzliche Dinge sein und nicht für Einzelheiten ... Auch in einem autoritären System muß es diese Gesamtverantwortung der Führenden geben; es ist ausgeschlossen, sich nach der Katastrophe der Gesamtverantwortung zu entziehen. Denn wenn der Krieg gewonnen wäre, hätte die Führung wahrscheinlich auch Anspruch erhoben, daß sie gesamtverantwortlich sei ... Ich habe diese Pflicht umso mehr, als sich der Regierungschef der Verantwortung vor dem deutschen Volk und der Welt entzogen hat[5].«

Zu Seyss-Inquart drückte ich einen dieser Gedanken drastischer aus: »Wie wäre es, wenn sich die Szene plötzlich ändern würde und wir alle handelten, als sei der Krieg gewonnen? Was meinen Sie, wie da jeder seine Verdienste und seine Leistungen in den Vordergrund stellen würde. Jetzt sind die Rollen vertauscht, denn statt Orden, Ehrungen und Dotationen sind Todesurteile zu erwarten.«

Flächsner hatte in den letzten Wochen vergeblich versucht, mich von der Übernahme der Verantwortung für Dinge außerhalb meines Ministeriums abzubringen; das könnte, so meinte er, von tödlicher Konsequenz sein. Ich fühlte mich aber nach meinem Bekenntnis erleichtert und gleichzeitig froh, daß ich nicht der Versuchung zum Ausweichen erlegen war. Danach konnte ich, wie ich glaubte, mit innerer Berechtigung den zweiten Teil meiner Aussage beginnen, der sich mit der letzten Phase des Krieges befaßte. Ich nahm an, daß die bis dahin unbekannten Absichten Hitlers, nach dem verlorenen Krieg die Lebensbedingungen des deutschen Volkes zu zerstören, die Abkehr von der Vergangenheit erleichtern mußten[6] und darüber hinaus das wirksamste Argument gegen die Bildung einer Legende um Hitler darstellen würden. Ich traf bei diesen Ausführungen auf die schärfste Mißbilligung Görings und anderer Angeklagter[7].

Das geplante Attentat dagegen wollte ich vor Gericht nur kurz erwähnen, eher eigentlich, um klarzulegen, wie gefahrenvoll mir die zerstörerischen Absichten Hitlers erschienen: »Ich möchte Einzelheiten nicht weiter ausführen« bog ich ab, worauf die Richter die Köpfe zusammensteckten, der Präsident des Gerichtes sich an mich wandte: »Das Gericht würde die Einzelheiten gerne hören. Wir werden uns jetzt vertagen.« Ich hatte zu weiteren Aussagen keine Neigung, da ich gerade vermeiden wollte, mich dieser Angelegenheit zu rühmen. Ich kam daher dieser Aufforderung nur ungern nach und vereinbarte mit meinem Verteidiger, diesen Teil meiner Aussage nicht im Plädoyer zu verwenden[8].

Wieder in den sicheren Spuren unseres Vernehmungsmanuskriptes, rollte der abschließende Teil meiner Aussagen über die letzte Periode des Krieges ohne Störung ab. Um den Eindruck besonderer Verdienste abzuschwächen, schränkte ich bewußt ein: »Alle diese Maßnahmen waren gar nicht so gefährlich. Ab Januar 1945 konnte man in Deutschland jede vernünftige Maßnahme gegen die offizielle Politik durchführen; jeder einsichtige Mann begrüßte sie. Jeder der Beteiligten wußte, was unsere (Gegen-)Befehle bedeuteten. Selbst alte Parteigenossen haben in diesem Augenblick ihre Pflicht dem Volk gegenüber getan. Wir konnten gemeinsam viel tun, um die wahnsinnigen Befehle Hitlers aufzuhalten.«

Flächsner schloß sein Manuskript mit sichtbarer Erleichterung, begab sich auf seinen Platz unter den anderen Anwälten, und Jackson, Hauptankläger der Vereinigten Staaten und Mitglied des Obersten Gerichtshofes der USA trat an seine Stelle. Für mich war das keine Überraschung, denn am Vorabend war ein amerikanischer Offizier in meine Zelle gestürzt, um mir mitzuteilen, daß Jackson sich entschieden habe, auch in meinem Falle das Kreuzverhör zu übernehmen. Er begann, im Gegensatz zu seinem sonstigen Verhalten ruhig, fast mit wohlwollender Stimme. Nachdem er nochmals meine Mitverantwortung für die Beschäftigung von Millionen Zwangsarbeitern durch Dokumente und Fragen abgesichert hatte, unterstützte er den zweiten Teil meiner Aussage: Ich sei der einzige gewesen, der den Mut gehabt habe, Hitler ins Gesicht zu sagen, daß der Krieg verloren sei. Ich verwies, wie es der Wahrheit entsprach, auch auf Guderian, Jodl und manchen Oberbefehlshaber der Heeresgruppen, die Hitler ebenfalls offen entgegengetreten waren. Auch auf seine weitere Frage: »Es gab noch mehr Komplotte, als Sie uns gesagt haben?« antwortete ich ausweichend: »Es war in dieser Zeit außerordentlich einfach, ein Komplott zu machen. Man konnte fast jedermann auf der Straße ansprechen. Wenn man ihm sagte, wie die Lage ist, antwortete er: ›Es ist heller Wahnsinn‹. Und wenn er Mut hatte, stellte er sich zur Verfügung ... Es war nicht so gefährlich, wie es hier aussieht, denn es gab vielleicht einige Dutzend Unvernünftige; die übrigen achtzig Millionen waren sehr vernünftig, so wie sie gewußt haben, um was es geht[9].«

Nach einem weiteren Kreuzverhör mit dem Vertreter der sowjetischen Anklage, General Raginsky, das durch Übersetzungsfehler voller Mißverständnisse war, trat nochmals Flächsner vor, übergab dem Gericht ein Paket schriftlicher Aussagen meiner zwölf Zeugen; damit war die Verhandlung meines Falles beendet. Seit Stunden hatten mich schwere Magenschmerzen geplagt; als ich wieder in meiner Zelle war, warf ich mich auf meine Pritsche, gleichermaßen von körperlichen Schmerzen und geistiger Erschöpfung überwältigt.

35. Kapitel

Folgerungen

Zum letzten Mal ergriffen die Ankläger das Wort; mit ihren Plädoyers war der Prozeß abgeschlossen. Uns blieb nur noch das Schlußwort. Da es ungekürzt über den Rundfunk ausgestrahlt werden sollte, hatte es besondere Bedeutung: die letzte Möglichkeit, uns an das eigene Volk zu wenden; die letzte Möglichkeit aber auch, durch das Eingeständnis der Schuld, durch offene Darlegung der Verbrechen der Vergangenheit dem von uns irregeführten Volk einen Weg aus dem Dilemma zu zeigen[1].

Diese neun Monate Prozeß hatten uns geprägt. Selbst Göring, der mit einer aggressiven Rechtfertigungsabsicht in den Prozeß gegangen war, sprach in seinem Schlußwort von den schweren Verbrechen, die bekanntgeworden seien, verurteilte die furchtbaren Massenmorde, für die ihm jedes Verständnis fehle. Keitel versicherte, daß er lieber den Tod wählen würde, als sich nochmals in solche Untaten verstricken zu lassen. Frank sprach über die Schuld, die Hitler und das deutsche Volk auf sich geladen hätten. Er warnte die Unverbesserlichen vor dem »Weg der politischen Torheit, der zu Verderben und Tod« führen müsse. Seine Rede klang zwar überspannt, aber sie traf den Kern auch meiner Anschauung. Selbst Streicher verdammte in seinem Schlußwort Hitlers »Massentötungen der Juden«, Funk sprach von grauenvollen Verbrechen, die ihn mit tiefer Scham erfüllten, Schacht stand »in tiefster Seele erschüttert vor dem unsagbaren Elend, das er zu verhindern versucht« habe, Sauckel war »in innerster Seele durch die im Prozeß offenbar gewordenen Untaten erschüttert«, für Papen hatte sich »die Kraft des Bösen stärker erwiesen als die des Guten«, Seyss-Inquart sprach »von furchtbaren Exzessen«, für Fritzsche war »der Mord an fünf Millionen eine grausige Warnung für die Zukunft«. Ihren eigenen Anteil an diesen Ereignissen dagegen bestritten sie.

Meine Hoffnung war in gewissem Sinn in Erfüllung gegangen; die juristische Schuld hatte sich in hohem Maße auf uns Angeklagte zusammengezogen. Aber in dieser unseligen Epoche war außer menschlicher Verworfenheit erstmals auch ein Faktor in die Geschichte getreten, der diese Gewaltherrschaft von allen historischen Vorbildern unterschied und in Zukunft noch an Bedeutung gewinnen mußte. Als der wichtigste Vertreter einer technisch hochentwickelten Macht, die soeben bedenkenlos und ohne Hemmungen alle ihre Mittel gegen die Menschheit eingesetzt hatte[2], suchte ich nicht nur einzugestehen, sondern auch zu begreifen, was geschehen war. In meinem Schlußwort sagte ich: »Die Diktatur Hitlers war die erste Diktatur eines Industriestaates dieser Zeit moderner Technik, eine Diktatur, die sich zur Beherrschung des eigenen Volkes der technischen Mittel in vollkommener Weise bediente... Durch Mittel der Technik, wie Rundfunk und Lautsprecher, konnten achtzig Millionen Menschen dem Willen eines Einzelnen hörig gemacht werden. Telefon, Fernschreiber und Funk ermöglichten, Befehle höchster Instanzen unmittelbar bis in die untersten Gliederungen weiterzuleiten, wo sie wegen ihrer hohen Autorität kritiklos durchgeführt wurden. Zahlreiche Dienststellen und Kommandos erhielten so direkt ihre unheimlichen Befehle. Sie ermöglichten eine weit verzweigte Überwachung der Staatsbürger und den hohen Grad der Geheimhaltung verbrecherischer Vorgänge. Für den Außenstehenden mag dieser Staatsapparat wie das scheinbar systemlose Gewirr der Kabel einer Telefonzentrale erscheinen –, aber wie diese konnte er von einem Willen bedient und beherrscht werden. Frühere Diktaturen benötigten auch in der unteren Führung Mitarbeiter mit hohen Qualitäten – Männer, die selbständig denken und handeln konnten. Das autoritäre System in der Zeit der Technik kann hierauf verzichten – schon allein die Nachrichtenmittel befähigen es, die Arbeit der unteren Führung zu mechanisieren. Als Folge davon entsteht der Typus des kritiklosen Befehlsempfängers.«

Das verbrecherische Geschehen dieser Jahre war nicht nur eine Folge der Persönlichkeit Hitlers. Das Ausmaß dieser Verbrechen war gleichzeitig darauf zurückzuführen, daß Hitler sich als erster für ihre Vervielfachung der Mittel der Technik bedienen konnte.

Ich dachte an die Folgen, die unbeschränkte Herrschaft zusammen mit der Macht der Technik – sich ihrer bedienend, aber auch von ihr beherrscht – in Zukunft haben konnte: Dieser Krieg hätte, so fuhr ich fort, mit ferngelenkten Raketen, Flugzeugen in Schallgeschwindigkeit, mit Atombomben und mit einer Aussicht auf einen chemischen Krieg geendet. In fünf bis zehn Jahren könne man durch eine Atomrakete, von vielleicht zehn Menschen bedient, im Zentrum New Yorks in Sekunden eine Million Menschen vernichten, durch einen chemischen Krieg Seuchen verbreiten und Ernten zerstören. »Je technischer die Welt wird, um so größer ist die Gefahr... Als ehemaliger Minister einer hochentwickelten Rüstung ist es meine letzte Pflicht, festzustellen: Ein neuer großer Krieg wird mit der Vernichtung menschlicher Kultur und Zivilisation enden. Nichts hindert die entfesselte Technik und Wissenschaft, ihr Zerstörungswerk an den Menschen zu vollenden, das sie (die Technik) in diesem Krieg in so furchtbarer Weise begonnen hat...[3].«

»Der Alptraum vieler Menschen«, sagte ich, »daß einmal die Völker durch die Technik beherrscht werden könnten – er war im autoritären System Hitlers nahezu verwirklicht. In der Gefahr, von der Technik terrorisiert zu werden, steht heute jeder Staat der Welt, in einer modernen Diktatur scheint mir dies aber unvermeidlich zu sein. Daher: Je technischer die Welt wird, um so notwendiger ist als Gegengewicht die Forderung der individuellen Freiheit und des Selbstbewußtseins des einzelnen Menschen ... Darum muß dieser Prozeß ein Beitrag sein, die Grundregeln menschlichen Zusammenlebens festzulegen. Was bedeutet mein eigenes Schicksal, nach allem, was geschehen ist und bei solch einem hohen Ziel?«

Meine Lage war nach dem Verlauf des Prozesses, so wie ich ihn sah, verzweifelt. Es handelte sich bei meinem letzten Satz keineswegs um ein theoretisches Bekenntnis; ich hatte mit meinem Leben abgeschlossen[4].

Das Gericht vertagte sich auf unbestimmte Zeit, um über das Urteil zu beraten. Wir warteten vier lange Wochen. Gerade in dieser Zeit einer fast unerträglichen Spannung las ich, erschöpft von der achtmonatigen geistigen Qual dieses Prozesses, Dickens Roman aus der Zeit der französischen Revolution »Zwei Städte«. Er schilderte, wie die Gefangenen in der Bastille mit Ruhe, oft mit Heiterkeit, ihrem ungewissen Schicksal entgegensahen. Ich dagegen war zu solcher inneren Freiheit unfähig. Der sowjetische Anklagevertreter hatte für mich das Todesurteil beantragt.

Am 30. September 1946 nahmen wir, in frisch gebügelten Anzügen, zum letzten Mal auf der Anklagebank Platz. Das Gericht wollte uns Filmkameras und Fotoreporter im Augenblick der Urteilsbegründung ersparen. Die Scheinwerfer, die bis dahin den großen Gerichtssaal ausgeleuchtet und die Registrierungen jeder unserer Regungen ermöglicht hatten, waren gelöscht. Der Raum machte einen ungewohnt düsteren Eindruck, als die Richter einzogen, und Angeklagte, Verteidiger, Ankläger, Zuschauer und Pressevertreter sich zu ihren Ehren zum letzten Mal erhoben. Wie an jedem Gerichtstag verneigte sich der Präsident des Gerichts, Lord Lawrence, nach allen Seiten, auch zu uns Angeklagten. Dann nahm er Platz.

Die Richter lösten sich ab. Mehrere Stunden lang verlasen sie monoton das wohl unseligste Kapitel deutscher Geschichte. Immerhin, die Verurteilung der Führung schien mir das deutsche Volk von einer juristischen Schuld zu entlasten. Denn wenn der langjährige Führer der deutschen Jugend und einer der engeren Mitarbeiter Hitlers, Baldur v. Schirach, wenn der zu Beginn mit der Aufrüstung betraute Wirtschaftsminister Hitlers, Hjalmar Schacht, von der Anklage, einen Angriffskrieg vorbereitet und durchgeführt zu haben, freigesprochen wurden: wie konnte man dann noch irgendeinen Soldaten oder gar die Frauen und Kinder mit Schuld beladen? Wenn Großadmiral Raeder, wenn der Stellvertreter Hitlers, Rudolf Hess, davon freigesprochen wurden, an den Verbrechen gegen die Menschlichkeit beteiligt gewesen zu sein: wie konnte man noch einen deutschen Techniker oder Arbeiter damit juristisch belasten? Zudem erhoffte ich von dem Prozeß einen direkten Einfluß auf die Besatzungspolitik der Siegermächte: Was sie soeben noch als verbrecherisch definiert hatten, konnten sie nun ihrerseits nicht gegen unser Volk zur Anwendung bringen. Damit hatte ich vor allem den Punkt im Auge, der meine Hauptbelastung ausmachte: die Zwangsarbeit[5].

Es folgte die Begründung des Urteils für jeden einzelnen Fall, ohne daß jedoch bereits das Urteil selbst bekanntgegeben wurde[6]. Meine Tätigkeit wurde kühl und unparteiisch formuliert, durchaus in Übereinstimmung mit allem, was ich während meiner Vernehmung bereits dargelegt hatte. Meine Verantwortung für die Deportation ausländischer Arbeiter wurde mir vorgehalten, dann daß ich Himmlers Plänen nur aus produktionstaktischen Gründen zuwidergehandelt, aber seine Häftlinge aus den Konzentrationslagern ohne Zögern beschäftigt und darauf gedrängt hätte, die sowjetischen Kriegsgefangenen in der Rüstungsindustrie arbeiten zu lassen. Darüber hinaus hielt mir das Urteil belastend vor, daß keine menschlichen und ethischen Gesichtspunkte sichtbar geworden seien, wenn ich diese Forderungen erhob und damit zu ihrer Verwirklichung beitrug.

Keiner der Angeklagten, auch diejenigen nicht, die nun sicherlich mit einem Todesurteil zu rechnen hatten, verloren angesichts der Schuldvorwürfe des Gerichts die Fassung. Schweigend, ohne ein Zeichen von äußerer Erregung, hörten sie zu. Mir selber bleibt es bis heute unfaßbar, daß ich diesen Prozeß ohne Zusammenbruch durchstehen und daß ich die Verlesung der Urteilsbegründung zwar geängstigt, aber immer noch mit einer Reserve an Widerstandskraft und Selbstkontrolle entgegennehmen konnte. Flächsner war überoptimistisch: »Nach dieser Begründung erhalten Sie vielleicht vier bis fünf Jahre!«

Am nächsten Tag sahen wir Angeklagten uns zum letzten Mal vor der Verkündung des Urteils. Im Keller des Justizgebäudes trafen wir uns, einer nach dem anderen betrat einen kleinen Fahrstuhl, und kehrte nicht mehr zurück. Oben wurde das Urteil verkündet. Schließlich war ich an der Reihe. Begleitet von einem amerikanischen Soldaten fuhr ich nach oben: Eine Tür öffnete sich und ich stand allein auf einem kleinen Podest im Gerichtssaal, den Richtern gegenüber. Kopfhörer wurden gereicht, in meine Ohren hallte es: »Albert Speer, zu zwanzig Jahren Gefängnis verurteilt.«

Einige Tage später nahm ich das Urteil an. Auf einen Gnadenappell an die vier Mächte verzichtete ich. Jede Strafe wog gering gegenüber dem Unglück, das wir über die Welt gebracht hatten. »Denn es gibt Dinge«, so notierte ich mir einige Wochen später in mein Tagebuch, »an denen man schuld ist, selbst wenn man sich entschuldigen könnte – einfach weil das Ausmaß der Verbrechen so übergroß ist, daß davor jede menschliche Entschuldigung zu einem Nichts verblaßt.«

Heute, ein Vierteljahrhundert nach diesen Ereignissen, belasten nicht allein einzelne Verfehlungen mein Gewissen, so groß sie auch gewesen sein mögen. Mein moralisches Versagen läßt sich kaum in Einzelheiten auflösen; es bleibt die Mitwirkung am gesamten Geschehen. Ich hatte nicht nur an einem Krieg teilgenommen, von dem wir im engeren Kreise niemals im

Zweifel sein durften, daß er der Weltherrschaft galt. Ich hatte ihn sogar durch meine Fähigkeiten und durch meine Energie um viele Monate verlängert. Auf der Spitze des Kuppelbaus für das neue Berlin hatte ich jene Weltkugel angebracht, deren Besitz Hitler nicht nur im Symbol anstrebte. Die andere Seite dieses Anspruches war die Unterjochung der Nationen. Frankreich, das wußte ich, sollte zu einem Kleinstaat degradiert, Belgien, Holland und auch Burgund in Hitlers Reich eingegliedert werden; ich wußte, daß das nationale Leben der Polen und der Sowjetrussen ausgelöscht, sie zu Helotenvölkern gemacht werden sollten. Auch seine Ausrottungsabsichten gegenüber dem jüdischen Volk hatte Hitler für den, der hören wollte, nie verheimlicht. In seiner Rede vom 30. Januar 1939[7] hat er sie offen zu erkennen gegeben. Ohne jemals Hitler geradezu zuzustimmen, hatte ich doch Bauten entworfen und Waffen produziert, die seinen Zielen dienten.

Die nächsten zwanzig Jahre meines Lebens bewachten mich im Spandauer Gefängnis Angehörige jener vier Nationen, gegen die ich Hitlers Krieg organisiert hatte. Sie bildeten von nun an, neben den sechs Mitgefangenen, meine engste Umgebung; durch sie lernte ich unmittelbar, wie sich meine Tätigkeit ausgewirkt hatte. Viele von ihnen beklagten Tote aus diesem Krieg – im besonderen Maße hatte jeder der sowjetischen Wärter engste Verwandte, Brüder oder den Vater verloren. Nie wurde mir mein persönlicher Schuldanteil von ihnen nachgetragen, nie hörte ich Worte des Vorwurfs. Auf der tiefsten Stufe meines Daseins, im Kontakt mit diesen einfachen Menschen, lernte ich, über die Gefängnisregeln hinweg, unverbildete Gefühle kennen: Sympathie, Hilfsbereitschaft, menschliches Verständnis... Am Tage vor meiner Ernennung zum Minister war ich in der Ukraine Bauern begegnet, die mich vor Erfrierungen bewahrten. Damals war ich nur gerührt, ohne zu begreifen. Nun, nachdem alles vorüber war, erlebte ich wiederum, über alle Feindschaft hinweg, Beispiele menschlicher Güte. Nun endlich wollte ich verstehen. Auch dieses Buch will es.

»Durch diese Kriegskatastrophe«, so schrieb ich 1947 in meiner Zelle, »ist die Empfindlichkeit des in Jahrhunderten aufgebauten Systems der modernen Zivilisation erwiesen worden. Wir wissen jetzt: Wir leben in keinem erdbebensicheren Bau. Die komplizierte Apparatur der modernen Welt kann sich, durch negative Impulse, die sich gegenseitig steigern, unaufhaltsam zersetzen. Kein Wille könnte diesen Prozeß aufhalten, wenn der Automatismus des Fortschritts zu einer weiteren Stufe in der Entpersönlichung des Menschen führte, ihm immer mehr die Selbstverantwortung entzöge.«

Entscheidende Jahre meines Lebens habe ich der Technik gedient, geblendet von ihren Möglichkeiten. Am Ende, ihr gegenüber, steht Skepsis.

Nachwort

Mit diesem Buch beabsichtigte ich nicht nur, das Vergangene zu schildern, sondern auch vor der Zukunft zu warnen. Schon in den ersten Monaten der Gefangenschaft, noch in Nürnberg, entstanden aus dem Bedürfnis, mir Erleichterung von dem Druck zu verschaffen, mit dem die Ereignisse mich belasteten, ausführliche Niederschriften. Dies war auch die Triebfeder für weitere Studien und Notizen der Jahre 1946 und 1947, bis ich mich schließlich im März 1953 entschloß, meine Memoiren zusammenhängend niederzuschreiben. War es ein Nachteil oder ein Vorteil, daß sie in bedrückender Einsamkeit entstanden? Damals war ich oft von der Rücksichtslosigkeit betroffen, mit der ich andere und mich beurteilte. Am 26. Dezember 1954 schloß ich die Niederschrift ab.

Als ich am 1. Oktober 1966 aus dem Spandauer Gefängnis entlassen wurde, fand ich infolgedessen über zweitausend Seiten eigenen Materials vor, das ich zusammen mit den im Bundesarchiv zu Koblenz verwahrten Dokumenten meines Ministerbüros zu der nun vorliegenden Autobiographie verarbeitete.

Dank schulde ich meinen Gesprächspartnern zweier Jahre, Wolf Jobst Siedler, dem Leiter der Verlage Ullstein und Propyläen, sowie Joachim C. Fest, Beiratsmitglied der gleichen Verlage. Ihren drängenden Fragen sind viele allgemeine Betrachtungen dieses Buchs sowie die Auseinandersetzung mit den psychologischen und zeitgeschichtlichen Aspekten des Geschehens zu danken. Meine grundsätzliche Auffassung von Hitler, seinem System und von meiner eigenen Beteiligung, so wie ich sie vierzehn Jahre zuvor in der ersten Fassung meiner Erinnerungen niedergelegt hatte, wurde durch unsere Gespräche bestätigt und verstärkt.

Dank schulde ich auch Dr. Alfred Wagner, UNESCO, Paris, Archivrat Dr. Thomas Trumpp und Frau Hedwig Singer vom Bundesarchiv Koblenz, sowie David Irving für die Überlassung einiger bisher unveröffentlichter Tagebucheintragungen von Jodl und Goebbels.

Anmerkungen

Soweit nicht gesondert vermerkt, befinden sich (außer Familienbriefen) die in diesem Buch angeführten Dokumente, Briefe, Reden, Chronik usw. unter der Bestands-Signatur R 3 (Reichsministerium für Rüstung und Kriegsproduktion) im Besitz des »Bundesarchiv« in Koblenz.
Bei der Chronik handelt es sich um eine tagebuchartige Aufzeichnung, die von 1941 bis 1944 über meine Tätigkeit, zunächst als Generalbauinspektor, dann als Rüstungsminister, in meinem Amt geführt wurde.

1. Kapitel · *Herkommen und Jugend*

1 Die Reichsmarschälle von Pappenheim übten etwa die Funktion eines Generalquartiermeisters des deutschen Heeres von 1192 an 600 Jahre lang ununterbrochen aus. Sie waren darüber hinaus oberste Feldrichter und verantwortlich für das Straßen-, Transport- und Gesundheitswesen des Heeres. (Nach K. Bosl, Die Reichsministerialität, Darmstadt 1967.)
2 Wegen der Verluste mußten 1917 die Angriffe eingestellt werden.
3 Diese Bemerkungen über Musik und Literatur sowie diejenigen über die Ruhrbesetzung und die Inflation sind Briefen an meine spätere Frau entnommen.
4 Schlußsätze in Heinrich Tessenow: »Handwerk und Kleinstadt« (1920).

2. Kapitel · *Beruf und Berufung*

1 Dieses und die folgenden Zitate Tessenows stammen aus der unveröffentlichten Niederschrift des Studenten Wolfgang Jungermann aus den Jahren 1929/32.
2 Aus dem Gedächtnis zitiert.
3 Nach 1933 wurden Tessenow alle die Vorwürfe, die in dieser Versammlung geltend gemacht worden waren, sowie seine Verbindung zu dem Verleger Cassirer und dessen Kreis vorgehalten, er deswegen als suspekt angesehen und aus dem Lehramt entlassen. Ich konnte zwar durch meine bevorzugte Stellung beim nationalsozialistischen Erziehungsminister erreichen, daß er wieder eingesetzt wurde und seinen Lehrstuhl an der Technischen Hochschule Berlin bis Kriegsende behielt. Nach 1945 gelangte er zu hohen Ehren; man wählte ihn zu einem der ersten Rektoren der Technischen Universität Berlin. »In den Jahren nach 1933 wurde er mir bald ganz fremd«, schrieb er 1950 aus Neubrandenburg an meine Frau, aber »Speer war für mich immer der freundliche, gutwillige Mensch geblieben.«

3. Kapitel · Weichenstellung

1 So wurde Goebbels in Parteikreisen allgemein genannt. Es gab damals in der NSDAP eben nicht zu viele Doktoren.
2 Besonders in den ersten Jahren wurden Hitlers Erfolge von den vorhandenen Organisationen, die er übernommen hatte, getragen. In der Verwaltung arbeiteten die alten Beamten weiter; die militärischen Führer Hitlers stammten aus der Elite von kaiserlicher Armee und Reichswehr; in der Arbeitsfront wurde die praktische Arbeit teilweise von übernommenen Gewerkschaftsbeamten erledigt, und selbstverständlich hatten sich die Leiter meiner späteren Selbstverwaltung der Industrie, mit denen ich ab 1942 die erstaunlichen Rüstungssteigerungen durchführen konnte, schon vor 1933 profiliert. Es ist vielleicht charakteristisch, daß durch das Zusammentreffen dieser alten bewährten Organisationen und ihrer gut ausgewählten Mitarbeiter mit dem neuen System Hitlers große Erfolge erzielt wurden. Sicherlich wäre es jedoch nur ein Übergangsstadium gewesen. Nach höchstens einer Generation wäre an die Stelle dieser alten Führungsschicht ein Typ getreten, der nach neuen Erziehungsprinzipien an den »Adolf-Hitler-Schulen« und »Ordensburgen« erzogen, sogar in Parteikreisen zuweilen als zu rücksichtslos und zu überheblich angesehen wurde.
3 Vgl. »Die neue Reichskanzlei«, Zentralverlag der NSDAP, München (ohne Jahr).
4 Hitler trug als einziges Parteimitglied ein »Hoheitsabzeichen« in Gold am Rock; dieses bestand aus einem Adler mit einem Hakenkreuz in den Fängen. Alle anderen trugen das runde Parteiabzeichen. Sein Rock unterschied sich natürlich nicht von anderen Zivilröcken.

4. Kapitel · Mein Katalysator

1 Ernst Cassirer schreibt über den Machtanspruch des totalitären Staates in »The myth of the State (Yale University Press 1946): »Sie waren kluge und gebildete Menschen, ehrliche und aufrechte Männer, die aus eigenem Antrieb das höchste Privileg des Menschen, souveräne Person zu sein, von sich warfen ... Er (der Mensch) hört auf, sich kritisch gegenüber seiner Umgebung zu verhalten und nimmt sie als selbstverständlich hin.«

5. Kapitel · Gebaute Megalomanie

1 Von Funk erfuhr ich in der Gefangenschaft, daß Hindenburg sich zu ihm in ähnlicher Weise geäußert hatte. Das Zustandekommen des Glückwunschtelegramms Hindenburgs ist undurchsichtig.
2 Zu diesem Problem allgemeiner Bedeutung stellte Goethe 1787 in »Iphigenie auf Taurus« fest, daß auch »der beste Mann« sich schließlich »an Grausamkeit gewöhnt« und sich »zuletzt aus dem, was er verabscheut, ein Gesetz« macht, daß er »aus Gewohnheit hart und fast unkenntlich« wird.
3 Wir wollten, um diesen Zweck zu erreichen, möglichst auf alle der Verwitterung ausgesetzten modernen Konstruktionselemente des Stahlbaues und des Stahlbetons verzichten; die Mauern sollten unter Vernachlässigung der aussteifenden

Dächer und Decken dem erheblichen Winddruck auch bei großer Höhe standhalten. Sie wurden danach statisch berechnet.
4 Sir Nevile Henderson: »Failure of a mission« (1940): »Es gab tatsächlich viele Dinge in der Nazi-Organisation und in sozialen Einrichtungen – verschieden von ihrem tollen Nationalismus und ihrer Ideologie – die wir studieren und ... unserer alten Demokratie anpassen sollten.
5 In Sir Nevile Henderson »Failure of a mission« (1940).
6 Das Bild Schrecks war nach einem Photo von Hitlers Hofmaler Professor Knirr, das Bild seiner Mutter nach einem Photo von Ludwig Johst gemalt; Hitler pflegte seine Arbeiten hoch zu bezahlen. Ein Photo aus späterer Zeit zeigt, daß Johst auch beauftragt wurde, ein Bild des Vaters zu malen.
7 Die deutschen Ausgaben für Kriegsproduktion betrugen nach Wagenfür: Die deutsche Industrie im Kriege 1939–1945, S. 86, im Jahr 1944 71 Milliarden Mark.
In der Deutschen Bauzeitung Jahrgang 1898 Heft Nr. 5, 9, 26 und 45 befinden sich Einzelheiten über die künftige Stätte für deutsche Nationalfeste.
8 Das 1936 erbaute Berliner Olympische Stadion hat nur 280 000 cbm Inhalt.
9 Aus einer unveröffentlichten Rede Hitlers vor Bauarbeitern der Neuen Reichskanzlei am 9. Januar 1939.

6. Kapitel · *Der größte Auftrag*

1 Wahrscheinlich handelte es sich um die Pläne von Martin Mächler, die 1927 auf der großen Kunstausstellung in Berlin gezeigt wurden. Diese haben allerdings eine frappierende Ähnlichkeit mit Hitlers Vorstellungen. Ich lernte sie erst in meinen Spandauer Jahren durch das Buch von Alfred Schinz: Berlin, Stadtschicksal und Städtebau (1964) kennen.
2 Beide Skizzen sind in Originalgröße wiedergegeben.
3 Vgl. Reichsgesetzblatt vom 30. .Januar 1937, S. 103.
4 Die notwendigen Abstell- und Rangiergleise sowie Reparaturwerkstätten konnten so weit außerhalb Berlins ihren Platz bekommen und störten die städtebauliche Entwicklung der Zukunft nicht mehr.
5 Das Gelände wies eine Fläche von 3300 ha auf. Nach der heute üblichen Ausnutzung mit 120 Einwohnern pro ha ergibt das 400 000 Einwohner.
6 Prof. Brix und Genzmer legten 1910 ihren städtebaulichen Plan, mit dem sie im großen Berliner Wettbewerb den ersten Preis gewonnen hatten, für 10 Millionen Einwohner aus, die im Jahre 2000 erreicht sein sollten. (Deutsche Bauzeitung 1910, Heft Nr. 42.
7 So schrieb John Burchardt, Dean des Massachusetts Institute of Technology, zusammen mit Bush-Brown in einem zum hundertjährigen Jubiläum des American Institute of Architects herausgegebenen Buch: »The Architecture of America« (1961) »Es gab wenig Unterschied zwischen faschistischem, kommunistischem und demokratischem Geschmack, zumindest soweit er durch offizielle Kanäle ausgedrückt wurde« (S. 423) J. Burchardt nennt als Beispiele für neoklassizistischen Stil in Washington: Das Gebäude für das Bundes-Reserveboard (Architekt Crete 1937), die römische Rotunda für das Jefferson-Memorial (Architekt Pope 1937),

533

die Nationalgalerie (Architekt Pope 1939), der Supreme Court und das Nationalarchiv und fährt fort: »Das frühere War Department-Building, später als State Department dienend, grenzte an den so sehr von Hitler geliebten deutschen Neoklassizismus. Das kommunistische Rußland, Nazi-Deutschland, das faschistische Italien und das demokratische Amerika blieben die glühenden Helfer des Klassizismus«.

7. Kapitel · *Obersalzberg*

1 Eine Villa nahe dem Sitz Hitlers auf dem Obersalzberg, früher der ihm befreundeten Familie Bechstein gehörend.
2 Es handelte sich um das erst 1961 veröffentlichte sogenannte zweite Buch Hitlers.
3 In N.E. Gun: Eva Braun – Hitler (1967) ist ein Verzeichnis wertvollen Schmuckes angeführt. Nach meiner Erinnerung trug sie diesen nicht, er ist auch nicht auf den zahlreichen Fotos zu sehen. Wahrscheinlich handelte es sich um wertbeständige Objekte, die ihr Hitler über Bormann während des Krieges besorgen ließ.
4 In neugotischem Stil 1862–1924 erbaut. Der Turm mußte um einen Meter niedriger gehalten werden, wie der des Stephansdomes.
5 Diese Liste entspricht Skizzen, die Hitler für diese Bauten anfertigte.
6 Hermann Esser gehörte zu den Parteigenossen der ersten Stunde und wurde später Staatssekretär für den Fremdenverkehr; Christian Weber, ebenfalls eines der frühesten Parteimitglieder, spielte nach 1933 nur noch eine beschränkte Rolle: unter anderem wurden unter seiner Leitung die Pferderennen von Riem veranstaltet.

8. Kapitel · *Die neue Reichskanzlei*

1 Hitler äußerte sich über diese Eile nochmals in seiner unveröffentlichten Rede vom 9. Januar 1939 im Berliner Sportpalast anläßlich der Fertigstellung der Reichskanzlei. Bereits ab 1935 beauftragte mich Hitler, Planskizzen zu einer wesentlichen Erweiterung der Reichskanzlei aufzustellen.
2 Ein Rat, den ihm Dr. Grawitz, SS-Gruppenführer und Reichsarzt der SS gab.
3 Es handelte sich um Ultraseptyl.
4 Elias Metschnikoff arbeitete über Bakterien, Toxine und Immunität. Er erhielt 1908 den Nobelpreis.
5 Aus der unveröffentlichten Rede Hitlers vom 2. August 1938 anläßlich des Richtfestes für die Neue Reichskanzlei, in der Berliner Deutschlandhalle.
6 Aus der Rede Hitlers vom 9. Januar 1939.
7 Vgl. Friedrich Hoßbach: »Zwischen Wehrmacht und Hitler« (1949) S. 207
8 Heute der Berliner Theodor-Heuß-Platz.
9 Aus der Denkschrift an Hitler vom 20. September 1944.
10 Vgl. »Die Reichskanzlei« (Eher-Verlag München), Seite 60 und 61.
11 Winston S. Churchill: »Der zweite Weltkrieg«, IV. Buch.

9. Kapitel · *Ein Tag Reichskanzlei*

1 Wohl hatte Hitler jeden Tag zahllose Unterredungen mit Gauleitern, Bekannten und alten Parteigenossen, die unterdes zu Rang und Würden gekommen waren. Jedoch konnte ich, soweit ich dabei anwesend war, feststellen, daß in ihnen kein Arbeitsprogramm erledigt wurde, sondern daß Hitler in Fortsetzung seiner Tischgespräche sich in lockerer Form über Probleme verbreitete, die ihn beschäftigten. Meist schwenkte solches Gespräch ohnehin bald in eine Unterhaltung über unwichtige Dinge über. Im Terminkalender allerdings muß ein anderer Eindruck von Hitlers Arbeitsleistung festgehalten worden sein.

10. Kapitel · *Das entfesselte Empire*

1 Diese Bauten sind in der Chronik 1941 aufgeführt.
2 Dem Fremdenverkehrshaus, am Schnittpunkt der großen Straße mit der Potsdamer Straße.
3 Chronik 1941: »Die Reichsoper steht gegenüber dem Wirtschaftsministerium, die Philharmonie gegenüber dem Kolonialministerium.« Ministerialdirektor Architekt Klaje berichtete mir etwa 1941, daß in der Bauabteilung des Oberkommandos des Heeres geeignete Haustypen für Afrika aufgestellt würden.
4 Siehe auch Tagebuch Dr. Goebbels vom 12. Mai 1943: »Entweder soll für Friedrich den Großen im Park von Sanssouci ein großartiges, im griechischen Stil gehaltenes Mausoleum errichtet werden, oder er soll in die große Soldatenhalle des neu zu erbauenden Kriegsministeriums kommen.«
5 Der Berliner Triumphbogen hätte einen Inhalt (einschl. der Bogenöffnung) von 2 366 000 cbm gehabt; der Pariser Arc de Triomphe hätte 49mal in dieses Bauwerk gepaßt. Die Soldatenhalle war ein 250 Meter langer, 90 Meter tiefer und 83 Meter hoher Kubus. Das hinter der Halle sich erstreckende Gelände für das neue Oberkommando des Heeres maß 300 x 450 Meter. Die Treppenhalle von Görings Neubau hatte eine Grundfläche von 48 x 48 Meter bei 42 Meter Höhe. Die Kosten von Görings Bau wurden auf mindestens 160 Millionen RM geschätzt. Das neue Berliner Rathaus hatte eine Länge von 450 Metern, sein Mittelbau wäre 60 Meter hoch geworden; das Oberkommando der Kriegsmarine sollte 320 Meter lang und das neue Berliner Polizeipräsidium 280 Meter lang werden.
6 Trotz meiner offiziellen Eigenschaft als Generalbauinspektor war mir von Hitler gestattet, als Privatarchitekt einzelne Großbauten zu entwerfen. Grundsätzlich galt bei der Berliner Neugestaltung das Verfahren, mit den Staatsbauten wie für die Geschäftshäuser private Architekten zu betrauen.
7 Rede Hitlers zum Richtfest der Neuen Reichskanzlei am 2. 8. 1938.
8 Albert Speer: »Neuplanung der Reichshauptstadt« in »Der Baumeister«, München 1939, Heft 1.
Auch der Berliner Witz bemächtigte sich unserer Bauabsichten, so wenig er von den wahren Überlegungen wußte: Furtwängler hätte zu mir geäußert, so erzählte Ulrich von Hassell in seinem Tagebuch, daß es doch herrlich sein müsse, in so großem Stil nach eigenen Ideen bauen zu können, worauf mir die Berliner

die Antwort in den Mund legten: »Stellen Sie sich vor, jemand würde zu Ihnen sagen: ›Es ist mein unerschütterlicher Wille, daß die ‚Neunte' von nun an nur auf der Mundharmonika aufgeführt werden darf.‹«
9 Chronik vom 28. März 1941.
10 Nach Wagenführ wurden 1939 12,8 Milliarden RM verbaut.
11 Chronik vom 29. April.
12 Chronik vom 31. März 1941.
13 Sir Nevile Henderson schreibt darüber in »Failure of a mission« (1940): »Meine Absicht war daher, meine Botschaft, welche die deutsche Regierung gerne für Regierungszwecke benutzt hätte, gegen einen großen Bauplatz an einer Ecke von Hitlers neuer Durchgangsstraße zu tauschen. Ich sprach sowohl mit Göring als auch mit Ribbentrop über diesen Plan und bat sie, es Hitler wissen zu lassen, daß ich gelegentlich ihn darauf ansprechen werde und ich hoffen würde, dieser Vorschlag könnte Teil eines allgemeinen Einvernehmens mit Deutschland sein.«
Nach der Chronik vom 20. August 1941 meinte Alfieri, daß »der Duce ein außerordentliches Interesse an der deutschen Baukunst habe. Er habe ihn, Alfieri, bereits gefragt, ob er mit Speer befreundet sei.«
14 Beispielsweise Trevor-Roper, Fest, Bullock.
15 In seiner Rede vor den Chefredakteuren der deutschen Presse am 10. November 1938 äußerte Hitler sich über die seiner Ansicht nach richtige Methode der propagandistischen Vorbereitung eines Krieges: »Es seien bestimmte Vorgänge so zu beleuchten, daß insgeheim der breiten Masse des Volkes ganz automatisch allmählich die Überzeugung ausgelöst würde: Wenn man das eben nicht im Guten abstellen könne, dann müßte man es mit Gewalt abstellen; so könne es auf keinen Fall weitergehen.«

11. Kapitel · *Die Weltkugel*

1 Für das neue Plenum war, in dem noch erhaltenen Plan, ein Saal von 2100 qm Größe vorgesehen.
2 Aus dieser Zeit liegen Arbeitsskizzen für dieses Projekt vor. Auch am 5. November 1936 zeichnete Hitler Skizzen zu den von mir vorgelegten ersten Plänen.
3 Diese 30 Meter hohen Säulen bestanden aus Trommeln, die, mit einem Durchmesser von 3 Metern, bereits in rotem Granit in Schweden gebrochen wurden, als der Krieg begann.
4 Die 21 000 000 cbm setzen sich zusammen aus: 9 400 000 cbm für den runden Teil mit Kuppel, 9 500 000 cbm für den quadratischen Sockel, 2 200 000 cbm für vier Vorhallen und 8000 cbm für die Laterne.
5 Nach K. Lankheit: Der Tempel der Vernunft (Basel 1968) hatte die Kuppel eines von Etienne L. Boullée zur Verherrlichung der »Raison« der französischen Revolution etwa 1793 entworfenen Kultbaus einen Durchmesser von zweihundertsechzig Metern.
6 Ein besonderes Problem jeden Kuppelraumes ist die Akustik. Namhafte Akustiker berechneten jedoch zu unserer Beruhigung, daß bei der Einhaltung einiger vorbeugender Maßnahmen kein Grund zur Besorgnis gegeben sei.

7 Um alle Verschiedenheiten der Bodenbeschaffenheit auszugleichen und gleichzeitig den Boden durch sein Eigengewicht zu verdichten, verlangten die Bauingenieure eine durchgehende Bodenplatte von 320 x 320 Meter, die 30 Meter massiv in die Tiefe reichen sollte.
8 Eine Achse dieses Platzes maß 500 Meter, die andere 450 Meter.
9 Skizzen dazu zeichnete Hitler am 5. 11. 1936, im Dezember 1937 (kleines Theater) und März 1940 (kleines Theater).
Bismarcks Kanzlerwohnung in der Wilhelmstraße hatte einen Inhalt von 13 000 cbm. Das neue, für 1950 fertigzustellende Führerpalais hätte ohne den eigentlichen Arbeitstrakt 1 900 000 cbm umfaßt. Der Arbeitstrakt hatte nochmals 1 200 000 cbm. Mit insgesamt 3 100 000 cbm hätte Hitler Görings Bauvorstellungen, mit 580 000 cbm, nun gebührend in die Schranken gewiesen. Hitler kam daher nicht mehr auf diese Angelegenheit zurück.
Die Gartenfassade von Hitlers Palast mit 280 Meter Länge konnte die des Schlosses Ludwigs XIV. in Versailles, die 576 Meter mißt, nicht erreichen; dies aber nur, weil das Grundstück eine derartige Längenentwicklung nicht zuließ und ich zwei Flügel in eine U-Form abknicken mußte. Jeder dieser Flügel maß 195 Meter; die gesamte Länge der Gartenfront betrug also 670 Meter und übertraf demnach die von Versailles um fast 100 Meter.
Der Erdgeschoßgrundriß dieses Palastes hat sich erhalten; an ihm kann ich rekonstruieren, welches Raumprogramm Hitler für diesen Bau persönlich festgelegt hatte und wie die einzelnen Hallen angeordnet werden sollten. Vom Großen Platz gelangte man durch ein Riesentor in einen 110 Meter langen Ehrenhof, mit Durchbrüchen zu zwei weiteren, mit Säulen umgebenen Höfen. Vom Ehrenhof betrat man Empfangsräume, die sich nach einer Reihe von Sälen öffneten. Mehrere Saalfluchten von einem Viertel Kilometer Länge wären dabei entstanden; eine Flucht von Räumen, an der Nordseite des Palastes, hätte sogar 380 Meter Länge gehabt. Von dort gelangte man, über einen Vorsaal, in den großen Speisesaal. Er hatte mit 92 x 32 Meter eine Grundfläche von 2940 qm. Die gesamte Kanzlerwohnung Bismarcks dagegen nur 1200 qm; sie hätte also bequem in diesem Saal Platz gehabt.
Bei normalen Verhältnissen werden in einem Speisesaal pro Person 1,5 qm Fläche benötigt, in diesem Saal hätten demnach fast zweitausend Gäste gleichzeitig speisen können.
10 Die 8 Gesellschaftssäle hätten zusammen eine Grundfläche von 15 000 qm eingenommen. Das Theater sollte 400 bequeme Sessel erhalten. Bei einer normalen Theaterbestuhlung mit 0,4 qm pro Zuschauer wäre bei 320 qm Sitzfläche allein im Parkett Platz für 800 Zuschauer, im Rang nochmals für 150 Zuschauer gewesen, Hitler hatte in diesem Theater für sich eine separate Loge vorgesehen.
11 Der Empfangssaal des Weißen Hauses (East Room) in Washington umfaßt etwa 500 cbm, der Hitlers wies 21 000 cbm auf.
Der Diplomatenweg in der Reichskanzlei von 1938 hatte eine Länge von 220 Meter, der neue sollte 504 Meter aufweisen. Man durchschritt einen Empfangsraum von 34 x 36 Meter, eine tonnengewölbte Halle von 180 x 67 Meter, einen quadratischen Saal von 28 x 28 Meter, die Galerie von 220 Meter, einen Vorsaal von 28 x 28 Meter. Die Differenz zur Gesamtlänge ist auf die Mauerstärken zurückzuführen.

12 Einschließlich des Kanzleitraktes im Südosten des Platzes mit 200 000 cbm, da diese Kanzleien auch in der Neuen Reichskanzlei untergebracht waren, wären 1 400 000 cbm erreicht worden, während der Bau Siedlers 20 000 cbm umfaßte.
13 Auch anläßlich des Richtfestes der Reichskanzlei am 2. August 1938 äußerte Hitler: »Ich bin nicht nur Reichskanzler, sondern ich bin auch der Bürger. Als Bürger wohne ich auch heute noch in München in derselben Wohnung, die ich vor der Machtübernahme hatte. Als Reichskanzler und Führer der Deutschen Nation aber will ich, daß Deutschland so repräsentiert werden kann, wie jeder andere Staat auch, ja im Gegenteil, besser als andere. Und dann werden Sie verstehen, ich bin zu stolz, als daß ich in ehemalige Schlösser hineingehe. Das tue ich nicht. Das neue Reich wird sich neue Räume und seine Bauten selber errichten. Ich gehe nicht in die Schlösser. In den anderen Staaten – in Moskau, da sitzt man im Kreml, in Warschau sitzt man im Belvedere, in Budapest in der Königsburg, in Prag im Hradschin. Überall sitzt man irgendwo drin! Ich habe nur den Ehrgeiz, dem neuen deutschen Volksreich Bauten hinzustellen, deren es sich auch diesen anderen ehemaligen fürstlichen Werken gegenüber nicht zu schämen hat. Vor allem aber: diese neue deutsche Republik ist weder ein Kostgänger noch ein Schlafbursche in ehemalig königlichen Gemächern! Wenn andere im Kreml, im Hradschin oder in einer Burg hausen, dann werden wir die Repräsentation des Reiches in Bauten sicherstellen, die unserer eigenen Zeit entstammen ... Wer in diese Bauten einzieht, das weiß ich nicht. So Gott will, immer die besten Söhne unseres Volkes, ganz gleich aus welcher Schicht sie stammen. Aber das eine weiß ich, daß niemand in der übrigen Welt deshalb, weil diese Söhne unseres Volkes aus den untersten Schichten stammen, von oben herabsehen sollen. Im Augenblick, in dem einer berufen ist, Deutschland zu repräsentieren, ist er jedem fremden König oder Kaiser gleichwertig und ebenbürtig.« – Und anläßlich der Einweihung am 9. Januar 1939: »Ich habe es abgelehnt, in das sogenannte Reichspräsidentenpalais zu gehen. Warum meine Volksgenossen? Das war früher das Haus, in dem der Oberstkhofmarschall gewohnt hat. Und wissen Sie, der Führer der deutschen Nation wohnt nicht in dem Hause, in dem früher der Oberstkhofmarschall gewohnt hat! Lieber würde ich in den 4. Stock eines Privathauses gehen, als daß ich mich in jenes Schloß hineinsetze. Ich habe ja die frühere Republik nicht verstehen können. Die Herren machten eine Republik, beseitigten das alte Reich und beziehen dann die Wohnung des einstigen Hofmarschalls! Das ist so unwürdig, meine deutschen Arbeiter! Sie haben nicht die Kraft gehabt, ihrem eigenen Staat sofort das eigene neue Antlitz zu geben. Das war nun mein Entschluß und ist mein Entschluß geblieben, daß der neue Staat seine eigene Repräsentation erhält!« – Die Begründung seiner persönlichen Repräsentation beschäftigte Hitler also sichtlich, was bei dem Volumen seiner nur ihm und mir bekannten Zukunftspläne nicht verwunderlich war.
14 Ich habe den Kubikmeter für die Halle mit überschlägig 200 DM und für die übrigen Bauten mit 300 DM angenommen.
15 Der Bauplatz der SS-Kaserne war südlich des Südbahnhofs in sieben Kilometer Entfernung vom Hitlerschen Zentrum; der des Wachregiments Großdeutschland nur 800 Meter nördlich der Kuppelhalle vorgesehen.
16 Sogar noch am 8. Mai 1943 vermerkte Goebbels in seinem Tagebuch:
»Der Führer gibt seiner unumstößlichen Gewißheit Ausdruck, daß das Reich

einmal ganz Europa beherrschen wird. Wir werden dafür noch sehr viele Kämpfe zu bestehen haben, aber sie werden zweifellos zu den herrlichsten Erfolgen führen. Von da ab ist praktisch der Weg zu einer Weltherrschaft vorgezeichnet. Wer Europa besitzt, der wird damit die Führung der Welt an sich reißen.«

12. Kapitel · *Beginn der Talfahrt*

1 Der Völkische Beobachter meldete am 23. August 1939: »Am Dienstag morgen (22. 8.) wurde von 2.45 Uhr an auf der Sternwarte Sonneberg am nordwestlichen und nördlichen Himmel ein sehr großes Nordlicht beobachtet.«
2 Diese Bemerkung verdanke ich einer Auskunft von Hitlers Adjutanten von Below.
3 In der Tat ließ ich am Bau der Reichskanzlei, neun Monate zuvor, Halbreliefs mit der Darstellung aus der Heraklessage anbringen.
4 Aus dem Gedächtnis zitiert. Ähnlich äußerte sich Hitler rückblickend, als ich ab 1942 sein Rüstungsminister war.
5 Am 23. November 1937, bei der Einweihung der Ordensburg Sonthofen, brach ein ungeheurer Jubel los, als Hitler in einer ruhig aufgenommenen Rede den versammelten Kreisleitern der Partei unvermittelt, gänzlich ohne rednerische Vorbereitung, zurief: »Unser Feind Nr. 1 ist England!« Mich verblüffte damals sowohl diese einhellige Spontaneität des Jubels, wie auch Hitlers Wendung gegen England, von dem ich angenommen hatte, daß es in seinen Wunschträumen immer noch eine bevorzugte Rolle spielte.
6 Noch am 26. Juni 1944 sagte Hitler in seiner Rede vor Industriellen auf dem Obersalzberg: Ich wollte »nicht den Fehler von 1899, nicht den von 1905 und von 1912 übernehmen, nämlich zu warten, in der Hoffnung, es würde ein Wunder geschehen und man könne vielleicht eines Tages ohne dieser Auseinandersetzung durchkommen.«
7 Vergleiche dazu Hitlers Bemerkung zu Hermann Rauschning, daß, wenn der kommende Krieg nicht gewonnen werden könne, die nationalsozialistische Führung es vorziehen würde, den ganzen Kontinent mit in den Abgrund zu reißen. (in: Rauschning, Gespräche mit Hitler, Zürich/Wien 1945).
8 Nevile Henderson: Failure of a mission (1940): »Nach meinem Eindruck war die Masse des deutschen Volkes, dieses andere Deutschland, vom Entsetzen gepackt über die Idee dieses Krieges, der ihnen aufgedrängt worden war. Ich kann nur sagen, daß die allgemeine Stimmung in Berlin von äußerster Düsterheit und Depression war.«

13. Kapitel · *Das Übermaß*

1 Chronik 1941: »Am 12. Mai hatte Herr Speer auf dem Obersalzberg eine Besprechung mit dem Führer über zukünftige Paraden auf der Großen Straße in Anwesenheit von Oberst Schmundt. Der Führer hatte bereits früher als Abnahmeplatz für die Paraden ein Gelände in der Mitte der Großen Straße bei den Ministerien in Aussicht genommen. Die Truppeneinmärsche nach Feldzügen sollen in der Richtung vom Süden nach Norden durch das Bauwerk T vorgenommen werden.«

2 Nach meinem Brief an den Reichsschatzmeister der NSDAP vom 19. 2. 1941: Augsburg, Bayreuth, Bremen, Breslau, Danzig, Dresden, Düsseldorf, Graz, Hamburg, Hannover, Heidelberg, Innsbruck, Köln, Königsberg, Memel, Münster, Oldenburg, Posen, Prag, Saarbrücken, Salzburg, Stettin, Waldbröl, Weimar, Wolfsburg, Würzburg, Wuppertal.

3 Aus der Niederschrift meiner Besprechung mit Hitler am 17. 1. 1941. – Durch mein Schreiben an Bormann vom 20. 1. 1941 gab ich das Amt eines »Beauftragten für Bauwesen« in seinem Stabe zurück. Mit Brief vom 30. 1. 1941 an Dr. Ley legte ich das Amt »Schönheit der Arbeit« und die Oberaufsicht über alle Bauten der Deutschen Arbeitsfront nieder. Nach der Chronik wurde die Oberaufsicht über die Errichtung von Gemeinschaftshäusern der Partei an den Reichsschatzmeister der Partei M. X. Schwarz zurückgegeben. Ich verzichtete laut Chronik weiter auf »die Begutachtung des baulichen Schrifttums«, auf die Auswahl von Gau-Vertrauensarchitekten der nationalsozialistischen Volkswohlfahrt und teilte Reichsleiter Rosenberg mit, daß in der mit ihm gemeinsam herausgegebenen »Baukunst im Deutschen Reich« in Zukunft die Bezeichnung »Beauftragter für Bauwesen in der NSDAP« wegfalle.

4 Dabei handelte es sich nur um unsere Zusage, den Kirchen für deren Bauten in den abzureißenden Gebieten der Innenstadt Ersatz zu bieten.

5 Für jeden der bisherigen Feldzüge hatte Hitler persönlich eine andere Fanfare bestimmt, mit der im Rundfunk die Siegesmeldungen angekündigt wurden.

6 Meine Aufforderung an Dr. Todt, die Bauten stillzulegen, und seine Antwort sind in der Chronik verzeichnet.

7 Diese Angaben sind dem Schlußbericht der Chronik 1941 entnommen. Nach einem weiteren Bericht von Ende März 1941 und Anfang September 1941 wurden in Norwegen 2 400 000 cbm Granit-Rohstein und 9 270 000 cbm Granit-Werkstein, in Schweden 4 210 000 cbm Granit-Rohstein und 5 300 000 cbm Granit-Werkstein vergeben. Schweden allein erhielt einen Vertrag für eine Lieferung von Granit im Wert von 2 000 000 Mark jährlich, auf zehn Jahre garantiert.

8 Dieser Ausspruch Hitlers ist der Chronik vom 29. November 1941 entnommen. Auch der Auftrag an Admiral Lorey ist aus der Chronik wörtlich zitiert.

9 Die Einzelheiten sind der Chronik vom 1. Mai und 21. Juni 1941 und dem Führerprotokoll vom 13. Mai 1942 Punkt 7 entnommen.
Kürzlich ist ein Briefwechsel zwischen Kriegsmarine und mir aufgefunden worden, aus dem hervorgeht, daß in Drondheim auf einer Fläche von 700 ha 55 000 Wohneinheiten »für die Marine und ihre Gefolgschaft« errichtet werden sollten.

10 Aus der Chronik vom 24. November 1941 und 27. Januar 1942.

11 Chronik vom Herbst 1941 und vom 1. Januar 1942.

12 Dieser Befehl Hitlers bestand im Dezember 1941 immer noch, obwohl die Verhältnisse sich sichtlich geändert hatten. Hitler zögerte, solche Befehle zurückzuziehen, einmal weil er überhaupt zu zögern geneigt war, aber auch aus Gründen des »Prestiges«. Ein neuer Befehl, der Heeresrüstung der Kriegslage entsprechend wieder den Vorrang vor der Luftrüstung zu geben, wurde erst am 10. 1. 1942 erlassen.

13 Aus der Chronik vom 11. November 1941.

14 Aus der Chronik vom 5. Mai 1941.

14. Kapitel · *Start ins neue Amt*

1 Seit 28. Januar 1942 fuhr von Berlin, laut Chronik, täglich ein Zug mit Bauarbeitern und Baumaschinen in die Ukraine. Für vorbereitende Arbeiten waren bereits einige hundert Arbeiter in Dnjepropetrowsk eingetroffen.
2 Todt wollte nach München fliegen; vermutlich war eine Zwischenlandung in Berlin vorgesehen.
3 Brief Dr. Todts vom 24. Januar 1941.
4 In der Chronik vom 10. Mai 1944 wird aus meiner Rede zitiert: »Der Führer ließ mich im Jahre 1940 offiziell zu sich kommen, als Reichsminister Dr. Todt sein Auftrag als Reichsminister für Bewaffnung und Munition übertragen wurde. Der Auftrag an Todt, sagte mir Hitler, die Heeresrüstung durchzuführen, sei so groß, daß ein Mensch nicht damit gleichzeitig das Bauen bewältigen könne. Ich habe damals den Führer gebeten, davon Abstand zu nehmen, mich mit den Bauaufgaben zu beauftragen, wie er es vorhatte. Denn es war mir klar, wie sehr Dr. Todt an diesen Aufgaben hing und welche innere Schwierigkeiten er hätte überwinden müssen, um darüber hinwegzukommen. Er wäre mit dieser Lösung nicht glücklich gewesen. Der Führer hat davon Abstand genommen.«
5 Der Start erfolgte ordnungsgemäß, aber schon nach kurzer Zeit, noch in Sichtweite des Flugplatzes, machte der Pilot eine schnelle Kehrtwendung, die auf einen Notfall schließen ließ. Bei gleichzeitigem Abwärtsflug nahm er Kurs auf den Flughafen, augenscheinlich um wieder zu landen, wobei er sich nicht die Zeit nahm, gegen den Wind einzufliegen. Dabei geschah das Unglück nicht mehr weit vom Flugplatz und in geringer Höhe. Es handelte sich um eine zum Passagierflugzeug umgebaute Heinkel 111, die Dr. Todt von dem ihm befreundeten Feldmarschall Sperrle zur Verfügung gestellt worden war, da sich die Maschine Todts in Reparatur befand. Hitler nahm an, daß diese Heinkel-Maschine, wie alle Kurierflugzeuge, die in der Nähe der Front benutzt wurden, eine Zerstörungseinrichtung an Bord hatte. Die dazu notwendige Apparatur wurde durch Ziehen eines Griffes, der sich zwischen den Sitzen vom Pilot und Begleiter befand, ausgelöst, woraufhin nach einigen Minuten das Flugzeug explodierte. Der abschließende Bericht des Feldgerichts vom 8. 3. 1943 (K 1 T. L. II/42), das der Kommandierende General und Befehlshaber im Luftgau I, Königsberg, abhielt, stellte fest: »Etwa 700 Meter vom Flugplatz und von der Flugplatzgrenze entfernt nahm der Flugzeugführer anscheinend das Gas zurück und gab offenbar 2–3 Sekunden später wieder Gas. In diesem Augenblick entstand im vorderen Teil des Flugzeuges, anscheinend durch eine Explosion, eine senkrechte nach oben schießende Stichflamme. Das Flugzeug stürzte gleich darauf aus einer Höhe von etwa 20 m, über die rechte Tragfläche durchgehend ab und schlug entgegengesetzt zur Flugrichtung fast senkrecht auf den Boden auf. Durch sofortigen Aufschlagbrand, bei dem mehrere Detonationen erfolgten, wurde das Flugzeug vollständig zerstört.«
6 Hitler beruhigte Rosenberg bereits drei Monate nach meiner Ernennung am 8. Mai 1942: »Der Führer erklärte darauf mehrfach, das Reichsministerium Speer würde am Tag des Friedensschlusses aufgelöst und die ihm heute zufallenden Aufgaben verteilt werden.« (Niederschrift Rosenbergs, Nürnberger Dokument 1520 PS.)

Im gleichen Sinne schrieb ich Hitler am 25. Januar 1944 von meinem Krankenlager in Hohenlychen: »Ich brauche Ihnen gegenüber, mein Führer, sicher nicht zu betonen, daß ich nie die Absicht gehabt habe, eine politische Betätigung, sei es im Kriege oder nach dem Kriege, anzustreben. Ich sehe meine jetzige Tätigkeit als reinen Kriegseinsatz an und freue mich auf die Zeit, in der ich wieder als Künstler den Aufgaben werde leben können, die mir mehr liegen, als jede Ministertätigkeit und alle politischen Arbeiten.«

7 Erst im Sommer 1943, bei einem Umzug in die »Baracken am Knie« konnte ich diese unschöne Zimmereinrichtung ohne Aufsehen zu erregen, durch von mir selbst entworfene Möbel meines alten Arbeitszimmers ersetzen. Dadurch gelang es mir auch, mich von einem Bild zu trennen, das bis dahin hinter meinem Schreibtisch gehangen hatte. Es zeigte Hitler, der überhaupt nicht reiten konnte, als mittelalterlichen Ritter mit einer Lanze in der Faust, hoch zu Roß mit strengem Gesicht. – Nicht immer zeigen feinfühlige Techniker in ihrer Inneneinrichtung künstlerischen Geschmack.

8 Vgl. auch Chronik vom 12. Februar: »Versuchte Einbrüche in das Arbeitsgebiet des Ministers, die von verschiedener Seite, Funk, Ley, Milch, in den ersten Tagen bei der Übernahme der neuen Ämter versucht wurden, wurden sofort erkannt und im Keime erstickt.« Ley ist in dieser Notiz genannt, weil er kurz nach meiner Ernennung im Berliner Parteiorgan »Angriff« einen unfairen Artikel schrieb, der ihm einen Verweis Hitlers einbrachte. Vgl. Dr. Goebbels Tagebuch vom 13. und 25. Februar 1942.

15. Kapitel · *Organisierte Improvisation*

1 Aus meiner Rede an die Gauwirtschaftsberater usw. vom 18. April 1942.
2 In einem an mich gerichteten Schreiben vom 5. November 1942 bestätigte Göring indirekt: »Ich habe daraufhin mit großer Freude Ihnen diese Vollmachten aus meiner Generalvollmacht übertragen, damit kein Gegeneinanderarbeiten entstehen konnte. Im anderen Fall hätte ich den Führer um die Aufhebung meines Amtes als Beauftragter des Vierjahresplanes bitten müssen.«
3 Aus dem Erlaß über den »Generalbevollmächtigten für die Rüstung«.
4 Aus der Chronik vom 2. März 1942.
5 Vgl. Walther Rathenau: »Die neue Wirtschaft«, 1917. (Gesammelte Schriften, Band 5).
6 Über die organisatorische Arbeit des Rüstungsministeriums besteht eine ausgedehnte Literatur, wie z. B. Gregor Janssen: »Das Ministerium Speer« und Rolf Wagenführ: »Die deutsche Industrie im Kriege 1939 bis 1945«, in der die Rüstungsorganisation und Produktionsziffern eingehender erläutert werden, als es mir selbst bei einer Konzentration auf dieses Spezialthema möglich wäre. Die Hauptausschüsse und Hauptringe waren nach dem Erlaß über die Aufgabenverteilung vom 29. Oktober 1943 verantwortlich für: die Typisierung, Normenvereinheitlichung von Roheinzelteilen für mehrere Fertigungen, Herstellungsverfahren, Rohstoffeinsparung (Ermittlung des Rohstoffeinsatzgewichtes), Rohstoffumstellung unter Einsparung von Mangelmetallen, Herstellungsverbote,

Leistungsvergleiche, Erfahrungsaustausch, Förderung spanloser Verformung, Entwicklung neuer Arbeitsverfahren, Begrenzung der Typenprogramme und Programmgestaltung der Betriebe, Konzentration der Erzeugung, Kapazitätsabschaltungen und -erweiterungen, Betriebsbelegungen, Produktionsverlagerungen, Überwachung der Fertigung, Anforderung, Ausgleich und Ausnutzung der Maschinen, Einsparung von Strom und Gas usw.

Die Vorsitzenden der Entwicklungskommissionen hatten zu entscheiden, ob die Dauer und das technische Risiko der Entwicklung in einem vernünftigen Verhältnis zu den voraussichtlichen militärischen oder rüstungswirtschaftlichen Werten stehen und ob bei der Durchführung der Entwicklung ausreichende Fertigungsmöglichkeiten bestehen.

Die Leiter der Hauptausschüsse, Ringe und Entwicklungskommissionen waren mir unmittelbar unterstellt.

7 Nach einem Schreiben meines Personalchefs Bohr vom 7. Juni 1944.
8 Alle Amtschefs bekamen von mir die Vollmacht, »In Vertretung« (i. V.) (anstelle des üblichen »Im Auftrag«) zu zeichnen; damit war nach den Regeln der Staatsbürokratie eine Bevollmächtigung zu selbständigem Handeln ausgesprochen, wie sie sonst nur den Staatssekretären zustand. Proteste des für die Einhaltung der verwaltungstechnischen Spielregeln zuständigen Reichsinnenministers blieben erfolglos.

Den Leiter des Zentralamtes, Willy Liebel, holte ich von Nürnberg, wo er Oberbürgermeister gewesen war. Der Leiter des Technischen Amtes, Karl Saur, war aus der mittleren Funktionärsschicht der Partei aufgestiegen, nachdem er früher eine untergeordnete Tätigkeit in einem Industrieunternehmen ausgeübt hatte, der des Zulieferungsamtes, Dr. Walter Schieber, Chemiker von Beruf, stellte in der SS und in der Partei den Typ des fachlich tätigen alten Parteigenossen dar. Mein Vertreter in der Organisation Todt, Xaver Dorsch, war unser ältestes Parteimitglied. Auch der für die Herstellung der Konsumgüter verantwortliche Amtsleiter Seebauer war der Partei schon lange vor 1933 beigetreten.

9 Aus der Chronik 1942.
10 Aus den »Indexziffern der deutschen Rüstungsendfertigung« vom Januar 1945. Deren Berechnung erfolgte über die Preise der einzelnen Rüstungsgeräte, bei diesen wurden Preiserhöhungen nicht berücksichtigt, um die Aussagekraft der Indexziffern nicht nach oben zu verfälschen. Der preisliche Anteil der Munitionsfertigung an der Gesamtrüstung der drei Wehrmachtsteile betrug 29 %; daher wirkte sich deren Verdoppelung am Gesamtindex der Rüstung stark aus.

Die Wirksamkeit unserer Arbeit bei den drei wichtigsten Sparten der Rüstung zeigt folgende Übersicht.

1. Die Stückzahl der Panzer wurde von 1940 bis 1944 verfünffacht, ihre Gefechtsgewichte, da sie immer schwerer wurden, jedoch um das 7,7fache gesteigert. Dieses Ergebnis wurde mit 270 % zusätzlichen Arbeitskräften und mit um 212 % gesteigerter Zuwendung an Stahl erzielt. Es hatte also der Hauptausschuß Panzer, verglichen mit der Produktionsweise des Jahres 1941, bei den Arbeitskräften 79 %, beim Stahl 93 % eingespart.
2. Einem Preisindex der gesamten Munitionsproduktion für Heer, Luft, Marine des Jahres 1941 mit 102 folgte im Jahre 1944 eine Steigerung auf 306. Diese

Verdreifachung der gesamten Munitionskapazität wurde mit 67% mehr Arbeitskräften und 182% mehr Stahl erreicht. Es trat also selbst hier, trotz maschineller Herstellung vor Beginn unserer Tätigkeit, eine Verminderung der Arbeitskräfte um 59% ein, während der Einsatz an Stahl nur um 9,4% verringert werden konnte.

3. Der Preisindex aller Geschütze wurde von 1941 bis 1944 um das 3,3fache gesteigert. Dieser Vervielfachung stand nur eine Vermehrung der Arbeitskräfte um 30%, des Stahls um 50% und des Kupfers um 38% gegenüber. (Die Prozentzahlen für Arbeitskräfte, Stahl und Kupfer dieser drei Beispiele sind meiner Rede auf der Wartburg, am 16. Juli 1944, entnommen.)

Die Organisationen der Landwirtschaft und der Forstwirtschaft waren auf ähnlichen Prinzipien der Selbstverwaltung, mit gleichfalls großem Nutzeffekt aufgebaut.

11 Aus der Rede vom 18. April 1942. Mit dem Grundsatz des Vertrauens, »der jedem Verwaltungsbürokraten als völlig undurchführbar erscheinen mag«, so fuhr ich in dieser Rede fort, »kann ein System zu Fall gebracht werden, das sich bei seinem Weiterbestehen immer mehr zu einem schweren Hemmnis für die gesamte Kriegswirtschaft auswirken muß.« Zweifellos übertrieb ich, wenn ich zwei Jahre später, am 24. August 1944, vor Mitarbeitern unsrer Rüstungsorganisation feststellte, daß es »in der Welt einmalig sei, welches Vertrauen wir den Betriebsführern und Technikern geben.«

Vierzehn Tage zuvor, am 10. August 1944, stellte ich vor dem gleichen Kreis fest: »Wir haben unser Verwaltungssystem so aufgebaut, daß jedem von uns bis zum einzelnen Arbeiter das größte Mißtrauen entgegengebracht wurde; jeder wurde behandelt, als ob er jederzeit versuchen würde, den Staat zu betrügen. Man hat, um diesen Betrug zu vermeiden, doppelte und dreifache Sperrriegel aufgebaut, damit beispielsweise der Betriebsführer, wenn er bei einer Sperre durchgeschlüpft ist – vielleicht bei der Preisprüfung – dann aber bei der Gewinnabschöpfung gefaßt wird; dann kommt noch die Steuer hinterdrein, so daß am Schluß sowieso nichts übrig bleibt. Es gilt, die grundsätzliche Einstellung zum deutschen Volk zu ändern und diesem Mißtrauen in Zukunft Vertrauen entgegenzusetzen. Allein durch das Auswechseln von Vertrauen gegen Mißtrauen können innerhalb der Verwaltung vielleicht 600 000 bis 800 000 Menschen überflüssig gemacht werden« – die ich natürlich in den Rüstungsbetrieben beschäftigen wollte.

12 Siehe den zu in Kapitel 27 zitierten Brief an Hitler vom 20. September 1944.
13 Aus der Rede vor den Mitarbeitern der Rüstung am 1. August 1944.
14 In der Chronik vom 19. Februar 1943 zitiert.
15 Siehe Brief vom 20. September 1944.
16 Verordnung des Führers zum Schutze der Rüstungswirtschaft« vom 21. März 1942.
17 Am 26. Mai 1944, nach einer Auseinandersetzung mit dem SS-Gruppenführer Kammler, der einen Direktor von BMW wegen Sabotage verhaften ließ, gab ich in unserer anschließenden Amtschef-Sitzung »Richtlinien für das Verfahren bei Verfehlungen innerhalb der Rüstungswirtschaft«. Der Minister wünscht, »daß ein aus Industriellen zusammengesetztes Gremium zu den Verfehlungen Stellung nimmt, ehe die Gerichte oder die SS sich damit befassen. Der Minister

läßt sich Verhaftungen und Verurteilungen nicht gefallen, wenn er nicht vorher gehört worden ist«. Chronik.
18 Vergleiche über das Thema dieses Kapitels die Essener Rede vor Industriellen vom 6. Juni 1944.
19 Neun Monate vorher hatte ich einen vergeblichen Versuch unternommen, die Briefflut einzudämmen: Für unwichtige Post wurde ein Stempel: ›Zurück an den Absender! Nicht kriegsentscheidend!‹ mit meiner faksimilierten Unterschrift eingeführt. Chronik vom 11. Februar 1943.
20 In den Geschützzahlen sind für 1941 auch die Panzerabwehr- und Flugabwehrgeschütze berücksichtigt. Bei den Maschinengewehren und Flugzeugen wurde 1941 jeweils die Hälfte der Produktion von 1918 erreicht; bei Pulver und Sprengstoff jedoch durch die erhöhten Anforderungen an Bomben, Land- und Seeminen das $2^{1}/_{2}$fache. Vergleichbar sind diese Zahlen bei Waffen und Flugzeugen nur bedingt, da natürlich die technischen Anforderungen an die Rüstungsgeräte seit 1918 erheblich gestiegen waren. (Die Angaben der Produktion von 1918 sind dem Buch von Rolf Wagenführ entnommen.)
Die Munitionsherstellung blieb lange hinter der des ersten Weltkrieges zurück. Unmißverständlich verglich ich in einer Rede am 11. August 1944: »Im ersten Weltkrieg sind auf vielen Gebieten und gerade auf dem Gebiet der Munition höhere Leistungen vollbracht worden als in der Munition bis etwa 1943; erst in den letzten Monaten wurde die Höchstproduktion an Munition des Weltkrieges – im Weltkrieg Deutschland, das Protektorat und Österreich zusammengenommen – überstiegen.«
21 Die Schwierigkeiten, die unsere hochentwickelte und autokratische Bürokratie sich selbst und anderen in unserer Kriegswirtschaft bereitete, illustriert das folgende kuriose Beispiel, das ich in der Rede vom 28. April 1942 ausführlich schilderte:
»Eine Rüstungsfirma in Oldenburg bestellte am 11. Februar 1942 ein Kilo Spiritus bei ihrer Lieferfirma in Leipzig, welche hierfür einen Einkaufsschein des Reichsmonopolamtes verlangte; die Oldenburger Firma wandte sich dorthin, wurde jedoch an die zuständige Wirtschaftsgruppe verwiesen, um von dort eine Dringlichkeitsbescheinigung beizubringen. Die Wirtschaftsgruppe verwies ihrerseits die Angelegenheit an ihre Bezirksgruppe in Hannover, diese verlangte und erhielt eine eidesstattliche Erklärung, daß der Spiritus für technische Zwecke verwandt werden sollte. Am 19. März, also nach über fünf Wochen, teilte die Stelle in Hannover mit, daß sie den Auftrag bereits wieder an ihre Wirtschaftsgruppe in Berlin zurückgegeben habe; am 26. März erhielt die Firma auf ihre Mahnung hin von der Wirtschaftsgruppe in Berlin Bescheid, daß ihr Antrag nun befürwortet an das Reichsmonopolamt weitergeleitet worden sei; gleichzeitig damit wurde erklärt, daß die Wirtschaftsgruppe anzuschreiben zwecklos sei, denn sie habe überhaupt keine Kontingentverwaltung für Alkohol. In Zukunft solle man sich also an das Reichsmonopolamt wenden – das wohlgemerkt die Firma zunächst vergeblich angeschrieben hatte. Einem neuen Antrag an die Reichsmonopolverwaltung vom 30. März folgte 12 Tage später der Bescheid, daß zunächst der Monatsverbrauch der Spritmenge dem Monopolamt anzugeben sei, daß man aber trotzdem großzügigerweise das eine Kilo Spiritus bei einer Oldenburger Firma freigäbe. – Die Firma schickte nun, acht Wochen nach ihrem ersten

Auftrag, hocherfreut einen Boten zu dieser Verkaufsstelle, die jedoch erklärte, daß vorher eine Bescheinigung vom Reichsnährstand, einer Organisation der Landwirtschaft, zu beschaffen sei; dessen örtliche Dienststelle stellte jedoch auf Anfrage fest, daß sie Alkohol nur für Trinkzwecke und nicht für Betriebs- oder technische Zwecke herausgeben könne! Darüber war indes der 18. April geworden und die am 11. Februar bestellte Spiritusmenge von einem Kilo war immer noch nicht im Besitz der anfordernden Firma, obwohl sie für einen Spezialzweck dringend benötigt wurde.«

16. Kapitel · *Versäumnisse*

1 In meinem abschließenden Leistungsbericht vom 27. Januar 1945 stellte ich fast drei Jahre später fest, »daß es bei ähnlicher Konzentration aller Energien und bei rücksichtsloser Beseitigung aller Hemmnisse bereits im Jahre 1940 und 1941 hätte gelingen müssen, die Rüstungsproduktion des Jahres 1944 zu erreichen«.
2 In der Times vom 7. September 1942 »The Speer Plan in action«. Nicht nur die Times war zuweilen über Interna meines Ministeriums gut informiert. In einem anderen englischen Blatt las ich damals Berichte über Vorgänge in meinem Ministerium, die selbst für mich aufschlußreich waren.
3 Aus der Rede vom 18. April 1942.
4 Führerprotokoll vom 5./6. März 1942, Punkt 17, 3: »Der Führer hat die Stillegung des Obersalzberges angeordnet. Entsprechendes Schreiben an Reichsleiter Bormann aufsetzen.« Aber noch zweieinhalb Jahre später, am 8. September 1944, wurde dort weitergebaut. Bormann schrieb darüber an seine Frau: »Herr Speer, der, wie ich immer wieder feststelle, mich gar nicht schätzt, verlangte ganz einfach von Herrn Hagen und Schenk, ihm über die Bauarbeiten auf dem Obersalzberg zu berichten. Ein phantastisches Vorgehen! Anstatt die vorgesehenen Wege zu gehen, sich an mich zu wenden, ordnet der große Baugott ohne weitere Umstände meine Leute an, ihm zu berichten! Und da wir von ihm mit Material und Arbeitskräften abhängen, kann ich nichts als ein freundliches Gesicht dazu machen.« (Bormann Letters, S. 103).
5 In dem Schreiben meines »Generalbevollmächtigten für Betriebsumsetzungen« vom 20. März 1944 an Martin Bormann heißt es: »Entsprechend Ihrem Schreiben vom 1. 3. 1944 habe ich Vorsorge getroffen, daß die wertvollen Gobelinfabriken und ähnliche künstlerische Produktionsstätten nicht stillgelegt werden.« Am 23. Juni 1944 schrieb Bormann: »Lieber Herr Speer! Durch die Reichsgruppe Handwerk wurde die Ihnen bekannte Firma Pfefferle auf das Herstellungsverbot für Bilderrahmenleisten, Bilderrahmen und dergleichen hingewiesen; die vom Haus der Deutschen Kunst ausgefertigte Bescheinigung wurde nicht anerkannt. Der Führer wünscht, wie ich Ihnen auftragsgemäß mitteilte, daß der Firma Pfefferle bei ihren Arbeiten, die in der Hauptsache auf Weisungen des Führers zurückgehen, keine weiteren Schwierigkeiten in den Weg gelegt werden. Ich wäre Ihnen dankbar, wenn Sie über das Produktionsamt die notwendigen Weisungen geben würden. Heil Hitler! Ihr Bormann.«
6 Goebbels versuchte, aus propagandistischen Gründen, vergebens eine Änderung

des Lebensstiles der Prominenten: (Tagebuch vom 22. Februar 1942) »Bormann gibt einen Erlaß an die Partei über größere Einfachheit bei Auftreten der führenden Persönlichkeiten, vor allem auch in Bezug auf Festessen; eine Mahnung an die Partei, dem Volke mit gutem Beispiel voranzugehen. Dieser Erlaß ist sehr begrüßenswert. Hoffentlich wird er auch eingehalten. Ich bin in dieser Beziehung etwas skeptisch geworden.« Dieser Erlaß Bormanns hatte keine Wirkung. Über ein Jahr später, am 22. Mai 1943, schrieb Goebbels erneut (Tagebuch): »Infolge der gespannten inneren Situation wird natürlich die Lebensweise der sogenannten Prominenten vom Volke scharf im Auge behalten. Leider kümmern sich nicht alle Prominenten darum; sie leben zum Teil ein Leben, das in keiner Weise als mit der gegenwärtigen Sachlage übereinstimmend angesehen werden kann.«

7 Nach Punkt 18 des Führerprotokolls vom 20. Juni 1944 habe ich »dem Führer vorgetragen, daß zur Zeit rund 28 000 Arbeiter beim Ausbau der Führerhauptquartiere eingesetzt seien«. Nach meinem Schreiben an die Wehrmachtsadjutantur Hitlers vom 22. September 1944 wurden für Bunkerbauten in Rastenburg 36 Millionen RM, für Bunker in Pullach bei München, die der Sicherheit Hitlers bei seinen Münchner Aufenthalten dienten, 13 Millionen RM und für die Bunkeranlage »Riese«, bei Bad Charlottenbrunn, 150 Millionen RM verbraucht. Für dieses Bauvorhaben wurden, nach meinem Schreiben, 257 000 cbm Stahlbeton (einschließlich geringer Mengen Mauerwerk), 213 000 cbm Stollenbau, 58 km Straßenbau mit sechs Brücken, 100 km Rohrverlegungen benötigt. Allein »Riese« verbrauchte mehr Beton, als 1944 der gesamten Bevölkerung für Luftschutzbauten zugestanden werden konnte.

Diese Bauvorhaben wurden in einer Zeit durchgeführt, in der ich Hitler am 19. April 1944 schreiben mußte: »Nur mit Mühe kann den primitivsten Anforderungen auf Unterbringung der deutschen werktätigen Bevölkerung, der ausländischen Arbeiter und der Wiederherstellung unserer Rüstungsfabriken gleichzeitig entsprochen werden.«

8 Mein Beauftragter für Franken, Oberbaurat Wallraff, machte Göring in meinem Auftrag Schwierigkeiten, da der Bau in Veldenstein nicht genehmigt war. Er wurde deswegen von Göring in ein Konzentrationslager eingewiesen, bis er auf unser Verlangen, unter Berufung auf den Führererlaß vom 21. März 1942, entlassen wurde.

9 Diese Bauvorhaben banden wertvollsten Stahl in komplizierter Bearbeitung und ausgesuchte Fachkräfte. Ich argumentierte gegen Hitlers Ansicht, daß »es besser ist, ein Hydrierwerk in einigen Monaten fertigzustellen, als mehrere Hydrierwerke mit einem Drittel der notwendigen Bauarbeiter in der dreifachen Bauzeit zu vollenden. Denn das durch Zusammenraffen der Arbeitskräfte schnell fertiggestellte Hydrierwerk wird bereits auf viele Monate hinaus Treibstoff liefern, während bei der bisherigen Übung erst zu einem viel späteren Zeitpunkt mit dem ersten zusätzlichen Treibstoff zu rechnen sein wird.« (Rede vom 18. April 1942).

10 Vor der Zentralen Planung.

11 Damals legten mir meine Mitarbeiter Berichte über die Tätigkeit des sozialistischen Arbeitsministers Ernest Bevin vor, der in England alle Arbeitskräfte wie Bataillone organisiert habe, die er dorthin beordere, wo er sie benötige.

Später, in der Gefangenschaft, las ich mehr von dieser außerordentlichen Organisationsleistung: »Die industrielle Kriegsarbeitsleistung Englands war die intensivste irgendeines kriegführenden Landes. Die gesamte englische Zivilbevölkerung, Frauen eingeschlossen, war tatsächlich eine einzige, riesige mobile Arbeitsarmee, die rücksichtslos, nicht anders als irgend eine Armee im Felde, im Lande herumdirigiert und ›eingesetzt‹ wurde, wo es gerade nötig war. Diese Totalmobilisierung der englischen Arbeitskraft war Bevins Werk.« (Aus einem Artikel vom »Mercator« über Bevin [1946].)
Ein Eintrag Goebbels vom 28. März 1942 zeigt, daß auch wir zunächst daran dachten, deutsche Arbeitsreserven zu mobilisieren: »Sauckel ist zum Reichsbeauftragten für Arbeitseinsatz ernannt worden... Es dürfte nicht schwer sein, aus dem deutschen Volke noch mindestens eine Million von neuen Arbeitskräften zu mobilisieren; man muß nur energisch zu Werke gehen und darf nicht vor immer wieder neu auftauchenden Schwierigkeiten zurückschrecken.«

12 Für Sauckels unglückselige Arbeiterpolitik fühle ich mich mitverantwortlich. Trotz aller Meinungsverschiedenheiten war ich immer mit den von ihm betriebenen Massendeportationen ausländischer Arbeiter nach Deutschland einverstanden.
Da das Buch von Edward L. Homse: Foreign Labor in Nazi Germany (Princeton 1967) über die Details des sich zwischen Sauckel und mir bald entwickelnden Kleinkrieges erschöpfende Auskunft gibt, kann ich mich auf wesentliche Punkte beschränken. Ich pflichte dem Verfasser bei, daß es sich bei diesen inneren Ranküren und Kämpfen um typische Vorgänge handelt. – Auch das neue Buch von Dr. Allan S. Milward: The new Order and the French Economy (London 1969) gibt ein zutreffendes Bild.

13 Am 9. November 1941, vgl. Bd. XXIII, S. 553 der engl. Ausgabe der Verhandlungen des I.M.T.

14 Zwei Jahre später, am 28. Januar 1944, konnte ich Sauckel vorhalten: »Aus einer Pressenotiz ersehe ich, daß der Frauenarbeitseinsatz in England bereits wesentlich weiter gediehen ist als bei uns. Von einer Gesamtbevölkerung von 33 Millionen zwischen 14 und 65 Jahren sind 22,3 Millionen im Wehrdienst oder in der Wirtschaft tätig. Von 17,2 Millionen Frauen sind 7,1 Millionen Frauen ganztägig und weitere 3,3 Millionen Frauen nicht ganztägig, aber halbtägig in der Wirtschaft beschäftigt. Im ganzen sind also von 17,2 Millionen Frauen in England 10,4 Millionen, das sind 61 %, beschäftigt. Im Vergleich dazu sind in Deutschland von etwa 31 Millionen Frauen zwischen 14 und 65 Jahren 14,3 Millionen ganz- oder halbtägig beschäftigt. Das sind 45 %. Der Prozentsatz der beschäftigten Frauen liegt in Deutschland also wesentlich niedriger.« Wir besaßen also eine noch nicht eingesetzte Reserve von 16 % oder von 4,9 Millionen deutscher Frauen (Nürnberger Dokument 006 Sp).
Damals wußte ich noch nicht, daß bereits vor Kriegsbeginn, im Juni 1939, der zuständige Staatssekretär im Reichsarbeitsministerium, Syrup, dem Reichsverteidigungsrat einen Plan zur Mobilisierung von sogar 5,5 Millionen unbeschäftigter deutscher Frauen für die Kriegswirtschaft vorgelegt hatte, die außer den augenblicklich beschäftigten 13,8 Millionen Frauen zum Einsatz gebracht und durch die Volkskartei erfaßt werden.« Außerdem hielt er eine Umschichtung von 2 Millionen Frauen aus Friedensindustrien in die Metall- und chemische Indu-

strie und die Landwirtschaft für möglich. (Protokoll der Sitzung des Reichsverteidigungsrates vom 23. Juni 1939, Nürnberger Dokument 3787 PS).
Dieser 1939 geplante Einsatz hätte gereicht, um unseren Mangel an Arbeitern zumindest bis 1943 zu decken.

15 Aus Sauckels Proklamation vom 20. April 1942 (Nürnberg-Dokument 016 PS).
16 Nach Webster und Frankland: The Strategic Air Offensive against Germany (London 1961), Band IV, Seite 473, gab es in England im Juni 1939 1 200 000 Hausangestellte (domestic service), im Juni 1943 aber nur noch 400 000. In Deutschland ermäßigte sich deren Zahl von 1 582 000 am 31. Mai 1939 nur auf 1 442 000 am 31. Mai 1943.
17 Die Zahlen stammen aus meiner Rede vom 18. April 1942 vor den Gauwirtschaftsberatern. Bei einer Jahresproduktion von 31,2 Millionen Tonnen im Jahre 1942 gingen damit immerhin 2,8 Millionen Tonnen der Rüstung verloren.
18 Körner war Görings Staatssekretär und Intimus.
19 Im Wirtschaftsministerium wurde bis dahin diese Aufgabe von General Hannecken wahrgenommen; er war sowohl Hitler wie Göring gegenüber in einer zu schwachen Position.
20 Für die Anklagevertretung des Nürnberger Prozesses wurde dieser Entscheidungsvorbehalt zu einer Belastung Görings. Ich konnte während meiner Vernehmung mit gutem Gewissen erklären: »Ich hätte Göring nicht gebrauchen können. Denn wir mußten praktische Arbeit leisten.« Diese Begründung nahm die Anklage als glaubwürdig an.
21 In der ersten Sitzung des Zentralen Planes am 27. April 1942 wurden der Rüstung des Heeres, der Luftwaffe und der Marine von 2 Millionen Tonnen monatlicher Rohstahlproduktion 980 000 Tonnen zugesprochen, – und damit die bis dahin zugewiesene Quote von 37,5 % auf 49 % erhöht; also die Zuteilung des ersten Weltkrieges von 46,5 % übertroffen. (Protokoll der Sitzung vom 27. April 1942). – Bis zum Mai 1943 hatten wir den Anteil der unmittelbaren Rüstung auf 52 % erhöht. (Protokoll der Zentralen Planung vom 4. Mai 1943). Die Rüstung erhielt dadurch 1943 5 900 000 Tonnen mehr Rohstahl zugewiesen als vor Beginn meiner Tätigkeit, wobei der prozentuale Anteil an der unterdes erfolgten Erhöhung der Stahlproduktion mit 1 300 000 Tonnen berücksichtigt ist.
22 Bei Wagenführ: Die Deutsche Industrie im Krieg 1939–1945 wird die Drosselung der britischen und deutschen Konsumgüterindustrie gegenübergestellt: Wenn man von 1938 mit 100 % ausgeht, betrug sie 1940 in Deutschland immer noch 100 %, in England 87 %, 1941 in Deutschland 97 %, in England 81 %, 1942 in Deutschland 88 %, in England 79 %. Dabei ist zu berücksichtigen, daß England vor dem Kriege noch Arbeitslosigkeit und daher wahrscheinlich einen niedrigeren Standard hatte als Deutschland.
23 Führerprotokoll vom 28./29. Juni 1942, Punkt 11.
24 Führerprotokolle vom 5./6. März 1942 (Punkt 12), vom 19. März 1942 (Punkt 36), vom 13. Mai 1942 (Punkt 20) und vom 18. Mai 1942 (Punkt 9). Die Chronik vom 21. Mai 1942 berichtet über die Bankrotterklärung Dorpmüllers und sein Angebot, mich zum Verkehrsdiktator zu bestellen.
25 Die Ausführungen Hitlers sind einer mehrseitigen Niederschrift im Führerprotokoll vom 24. Mai 1942 entnommen.

26 Wir erreichten 1942 eine Produktion von 2637 Lokomotiven, während 1941 durch die Vielfalt der bis dahin gültigen Typen 1918 Lokomotiven gefertigt wurden; 1943 produzierten wir mit 5243 Einheitslokomotiven das 2,7fache von 1941 und das Doppelte des Vorjahres.
27 Führerprotokoll vom 30. Mai 1942.
28 Chronik vom 6. Mai 1942.
29 Chronik von 1942: »Der Minister flog am 4. Juni nach Berlin zurück... Am Abend fand im Harnackhaus ein Vortrag über Atomzertrümmerung und die Entwicklung der Uranmaschine und des Zyklotrons statt.«
30 Noch am 19. Dezember 1944 schrieb ich an Professor Gerlach, der mit der Leitung des Uran-Projektes beauftragt war: »Sie können auf meine Unterstützung zur Überwindung von Schwierigkeiten, die die Arbeiten hemmen würden, jederzeit rechnen. Trotz der außerordentlichen Beanspruchung aller Kräfte für die Rüstung sind die für Ihre Arbeiten verhältnismäßig kleinen (!) Hilfsmittel immer noch zu ermöglichen.«
31 Am 23. Juni ist im Protokoll meiner Besprechung mit Hitler (Punkt 15) lediglich vermerkt: »Dem Führer kurz über die Sitzung der Atomzertrümmerung und die von uns gegebene Unterstützung berichtet.«
32 Chronik vom 31. August 1943 und März 1944. – 1940 waren in Belgien 1200 Tonnen Uranerze beschlagnahmt worden. Die Förderung eigener Uranerze in Joachimstal wurde nicht forciert.
33 Von 1937 bis 1940 wurden vom Heer für die Entwicklung der Großrakete 550 Millionen Reichsmark aufgewendet. – Ein Erfolg war aber auch nicht möglich, da durch Hitlers Teilungsprinzip selbst in der Forschung die verschiedensten Gruppen getrennt voneinander und oft gegeneinander arbeiteten. Nach der Chronik vom 17. August 1944 hatten neben den drei Wehrmachtsteilen auch andere Organisationen, wie SS, Post usw. selbständige Forschungsapparate. In den Vereinigten Staaten dagegen waren beispielsweise alle Atomphysiker in einer Organisation zusammengefaßt.
34 Nach L. W. Helwig: Persönlichkeiten der Gegenwart 1940 bekämpfte Lenard »die fremdgeistigen Relativitätstheorien«. In seinem vierbändigen Werk »Die Deutsche Physik« (1935) findet sich nach Helwig »die Physik von den Auswüchsen gereinigt, die nach den jetzt schon geläufig gewordenen Ergebnissen der Rassenkunde allesamt als Erzeugnisse des Judengeistes erkennbar geworden sind, der vom deutschen Volk, als ihm nicht artgemäß, zu meiden ist«.

17. Kapitel · *Oberbefehlshaber Hitler*

1 Über den Umfang dieser Besprechungen geben die lückenlos erhaltenen 94 Führerprotokolle mit 2222 Besprechungspunkten Auskunft. Nach den Sitzungen diktierte ich die allgemeinen Punkte, Saur und andere Mitarbeiter die ihres Aufgabenbereiches; ihr Inhalt gibt jedoch kein richtiges Bild vom Verlauf dieser Besprechungen, da wir es aus Autoritätsgründen bevorzugten, Festlegungen mit der Formel »Der Führer hat entschieden« oder »Nach der Meinung des Führers« beginnen zu lassen, auch wenn wir diese Punkte gegen seine Meinung mühsam durchgesetzt oder selbst wenn wir etwas, ohne Hitlers Widerspruch zu erwecken,

vorgetragen hatten; meine Taktik war darin der Bormanns gleich. Im Jahr 1942 war ich, wie aus den Protokollen zu ersehen ist, 25mal und 1943 24mal mit Hitler zu Rüstungsbesprechungen zusammen. 1944 reduzierten sich diese Besuche auf 13, Zeichen meiner unterdes geschwundenen Bedeutung. Im Jahr 1945 hatte ich nur 2mal Gelegenheit, mit Hitler über Rüstungsdinge zu sprechen, da ich ab Februar 1945 Saur das Feld geräumt hatte. Vgl. auch W. A. Boelcke (Hrsg.), Deutschlands Rüstung im Zweiten Weltkrieg. Hitlers Konferenzen mit Albert Speer 1942–1945, Frankfurt/M. 1969.

2. Auf der Grundlage des tschechischen Panzers 38 T. Im Oktober 1944 versuchte ich noch einmal Hitler für leichte Panzer zu gewinnen: »Auch an der Südwestfront (Italien) sind die Urteile über den Sherman und seine Geländegängigkeit sehr anerkennend. Der Shermann fährt Berge hinauf, die von unseren Panzerfachleuten für nicht befahrbar gehalten wurden. Ihm kommt dabei im besonderen sein starker Motor im Verhältnis zu seinem Gewicht zugute. Auch die Geländegängigkeit in ebenem Gelände (in der Po-Ebene) ist nach Auskunft der dortigen 26. Panzer-Division durchaus unseren Panzern überlegen: Der Wunsch aller Panzerleute geht dahin, leichtere und damit elastischere und geländegängigere Panzer zu erhalten, die lediglich durch ihre überlegene Kanone die notwendige Kampfkraft garantieren.«

3 Zitat nach der Rede Hitlers auf dem Obersalzberg vor den Industriellen vom 26. Juni 1944.

4 Diese Kalamität begann schon 1942: »Dem Führer die monatlichen Panzerersatzteilzahlen vorgelegt und gemeldet, daß trotz der Steigerung die Bedarfsforderungen derart hoch liegen, daß zur Erhöhung eine vorübergehende Senkung des Ausbringens an neuen Panzern erforderlich ist.« (Führerprotokoll vom 6./7. Mai 1942, Punkt 38.)

5 Die »Tischgespräche« von Picker geben eine gute Übersicht über Hitlers Gesprächsthemen. Man muß bei dieser Zusammenstellung jedoch berücksichtigen, daß es sich dabei um jene Passagen der Hitlerschen Monologe handelt, die Picker aus den täglich ein- bis zweistündigen Ausführungen als bemerkenswert auffielen. Die vollständigen Protokolle würden den Eindruck quälender Langeweile vervielfachen.

6 Eine Gebirgsdivision versuchte, über die Pässe des Kaukasus, auf der alten grusinischen Heerstraße, nach Tiflis vorzustoßen. Hitler hielt diese Straße für einen schlecht geeigneten Nachschubweg, da er viele Monate durch Lawinen und Schnee versperrt sei. Von dieser Gebirgsdivision hatte sich eine Abteilung abgezweigt, um den Elbrus zu besetzen.

7 Erst nach einigen Monaten erhielten auch Bormann und Ribbentrop die gleiche Erlaubnis.

8 Soviel ich mich erinnere, wurde die Kadettenschule im Vorfeld von Astrachan eingesetzt.

9 Ich war vom 20. bis 24. November auf dem Obersalzberg. Hitler begab sich am 22. November von dort zu seinem Hauptquartier nach Rastenburg.

10 Die neue Verteidigungslinie Orel–Stalingrad–Terek–Maikop bedeutete, daß eine etwa 2,3fache Länge zu verteidigen war, verglichen mit der noch im Frühjahr eingenommenen Stellung Orel – Schwarzes Meer.

11 Die späteren Erfahrungen der winterlichen Rückzugsgefechte sprechen gegen

die von einigen Historikern übernommene Theorie Hitlers, daß der Kessel von Stalingrad seine Aufgabe erfüllte, indem er für acht Wochen sowjetische Truppen band.
12 Die durch Fliegerangriffe zerstörte Staatsoper Unter den Linden wurde durch einen Befehl Görings vom 18. April 1941 wieder aufgebaut.
13 Milch leitete diese Operation vom Hauptquartier der Luftflotte südlich von Stalingrad. Durch seine Tätigkeit konnte zwar eine bedeutende Erhöhung der Flüge nach Stalingrad erreicht und dadurch wenigstens ein Teil der Verwundeten ausgeflogen werden. Nach Abschluß seiner Aufgabe wurde Milch von Hitler empfangen; diese Besprechung endete mit einem heftigen Zusammenstoß wegen der verzweifelten Kriegslage, deren Ernst Hitler immer noch nicht akzeptieren wollte.
14 Die Zustellung dieser Briefe konnte Hitler nicht umgehen, ohne wilde Gerüchte zu verursachen. Als jedoch die von der Sowjetarmee zugelassenen Postkarten der deutschen Gefangenen ankamen, wurden sie auf Befehl Hitlers, wie mir Fritzsche in Nürnberg mitteilte, zerstört, obwohl und gerade weil sie ein Lebenszeichen für die Angehörigen waren: Sie hätten den von der Propaganda genährten Russenschreck mildern können.

18. Kapitel · *Intrigen*

1 Nachdem Hitler am 8. Januar 1943 seinen Einberufungsbefehl erlassen hatte, forderte er vierzehn Tage später in einem Aufruf die Erfüllung eines erhöhten Panzerprogramms.
2 Sitzung der Zentralen Planung vom 26. Januar 1943. Es handelte sich um die Absicht, insgesamt »eine Million Deutsche in die Rüstungsbetriebe zu überführen«. – Meine Forderungen wurden nicht durchgesetzt. Nach USSBS: Effects of Strategic Bombing, die ihre Kenntnisse aus der »Kriegswirtschaftlichen Kräftebilanz des Statistischen Reichsamtes« bezog, waren beschäftigt:

	Mai 1943	Mai 1944
Handel, Banken, Versicherungen	3 100 000	2 900 000
Verwaltung	2 800 000	2 800 000
Transport	2 300 000	2 300 000
Handwerk	3 400 000	3 300 000
Soziale Dienste	1 000 000	900 000
Häusliche Dienste	1 400 000	1 400 000
	14 000 000	13 600 000

Die Abnahme um 400 000 Kräfte dürfte größtenteils durch den Abgang überalterter Jahrgänge verursacht sein, da der Nachwuchs zur Wehrmacht eingezogen war. Selbst eineinhalb Jahre großer Anstrengung für eine Einschaltung der nicht kriegswirtschaftlich tätigen Kräfte in die Rüstung brachte also keinen Erfolg.
Am 12. Juli 1944 brachte ich bei Hitler erneut alte Argumente vor: »Der Bombenkrieg hat gezeigt, daß ein Leben in Ruinen – ohne Gaststätten, ohne Vergnügungslokale, ohne Wohnkultur, überhaupt ohne die Befriedigung zahlreicher menschlicher Bedürfnisse des täglichen Lebens, möglich ist. Er hat gezeigt,

daß der Handel und der Geschäftsverkehr der Banken mit nur einem Teil seiner bisherigen Tätigkeit auskommt... (oder) daß beispielsweise die Fahrgäste ihr Geld auch entrichten, wenn keine Fahrscheine mehr ausgegeben werden können, weil sie verbrannt sind, und daß auch die Steuerbehörde noch ihre Zahlungen erhält, selbst wenn die Akten des Finanzamtes vernichtet sind.«

3 Gauleiter Sauckel vertrat in einer Sitzung vom 8. Januar 1943 im Kabinettssitzungssaal gegenüber allen übrigen Anwesenden die Auffassung, daß ein Fraueneinsatz nicht nötig sei, da es noch genug Arbeitskräfte gäbe. (Chronik.)

4 Bei den Schönheitsmitteln wurde selbst Goebbels schwankend: »Eine ganze Reihe von Einzelfragen werden« (in der öffentlichen Diskussion) »noch besprochen, besonders die Frage der Schönheitspflege der Frauen... Man muß hier vielleicht doch etwas in der Schärfe nachlassen.« (Tagebuch vom 12. März 1943.) – Die Empfehlung Hitlers ist dem Führerprotokoll vom 25. April 1943, Punkt 14, entnommen.

5 Diese Charakterisierung Hitlers steht im Gegensatz zu dem Eindruck, den das Tagebuch Goebbels aus der gleichen Zeit vermittelt. Zweifellos dachte Goebbels daran, nach einem erfolgreich beendeten Krieg dieses Tagebuch teilweise zu veröffentlichen. Vielleicht unterdrückte er aus diesem Grund jede Kritik an Hitler; vielleicht aber fürchtete auch er, eines Tages mit einer Durchsicht seiner persönlichen Papiere überrascht zu werden.

6 Der Streit Göring – Goebbels wegen des Restaurants wurde übrigens dadurch geschlichtet, daß es zwar geschlossen blieb, aber als Klub der Luftwaffe wieder eröffnet wurde.

7 Vergleiche auch die ausführliche Darstellung der Zusammenkünfte auf dem Obersalzberg, im Hauptquartier und in der Berliner Residenz Görings in Goebbels Tagebüchern.

8 Später kamen wir durch unseren Rüstungsinspekteur für Oberbayern, General Roesch, dahinter, daß Sauckel durch seine Arbeitsämter jeden Arbeiter als vermittelt registrierte, der einer Fabrik zugewiesen war, auch wenn er für die vorgesehene Spezialarbeit als ungeeignet zurückgeschickt wurde. Die Fabriken registrierten nur diejenigen Arbeitskräfte, die vom Betrieb angenommen wurden.

9 In einem Tanzlokal fing das Kleid einer Dame Feuer und Göring hatte sie durch eine Morphiuminjektion von ihren Schmerzen erlöst. Da die Dame jedoch durch unsachgemäße Anwendung der Injektion einen Schönheitsfehler behielt, verklagte sie Göring.

10 Goebbels schreibt darüber in seinem unveröffentlichten Tagebuch vom 15. Mai 1943: »Er (Hitler) hat sich den ganzen Tag lang mit den Rüstungskapitänen über die jetzt zu treffenden Maßnahmen ausgesprochen. Diese Unterredung beim Führer sollte einen gewissen Ausgleich gegen die letzte, etwas verunglückte Konferenz bei Göring darstellen. Göring hatte sich dabei taktisch ungeschickt benommen und die Rüstungsindustriellen stark vor den Kopf gestoßen. Der Führer hat das jetzt wieder in Ordnung gebracht.«

19. Kapitel · *Zweiter Mann im Staat*

1 Keitel legte fest: »Alle Kriegsgefangenen – ab 5. Juli 1943 im Osten gefangen genommen – sind in Lager des OKW zu senden. Von da aus sind sie entweder sofort nutzbar zu machen oder durch Austausch mit anderen Bedarfsträgern an den G.B.A. zu senden und in den Bergwerken einzusetzen.« Aus dem Kreuzverhör mit Sowjetgeneral Raginsky zitiert. (Dok. USA 455.)
Hitlers Reaktionen waren unberechenbar. Bei der Landung von Dieppe, am 19. August 1942 beispielsweise, hatten kanadische Soldaten einige Arbeiter der Organisation Todt getötet, die dort beim Bau von Bunkern beschäftigt waren. Sie wurden wohl von den kanadischen Truppen als politische Funktionäre angesehen, da sie bräunliche Uniformen und eine Hakenkreuz-Armbinde trugen. Im Führerhauptquartier nahm mich Jodl auf die Seite: »Ich glaube, es ist besser, wir sagen dem Führer nichts davon. Er ordnet sonst Repressalien an.« Da ich vergaß, meinen Vertreter bei der Organisation Todt, Dorsch, zu verständigen, berichtete dieser Hitler darüber. Entgegen der Annahme, daß er nun schwere Vergeltung androhen werde, zeigte er sich einem Argument Jodls zugänglich: Es handle sich um ein bedauerliches Versehen des OKW, das versäumt habe, über die Schweiz dem Gegner die Uniform der Organisation Todt als die von Kombattanten mitzuteilen; er werde dies sofort nachholen. Mein gleichzeitiger Vorschlag, die Hakenkreuz-Armbinde abzulegen, wurde von Hitler abgelehnt.

2 Bei den monatelangen Vorbereitungen war es nun doch zu spät geworden, um vor Einbruch des Winters noch größere Befestigungsarbeiten durchzuführen. Daher ordnete Hitler laut Führerprotokoll vom 8. Juli 1943 (Punkt 14) an, daß im Osten erst ab Frühjahr 1944 etwa monatlich 200 000 cbm Beton während 6–7 Monaten verarbeitet werden. Am Atlantikwall wurden laut Führerprotokoll vom 13./15. Mai 1943 (Punkt 14), monatlich 600 000 cbm verbaut. Hitler war sogar damit einverstanden, daß »am Atlantikwall entsprechende Mengen weniger verbaut werden«.

3 Noch Anfang Oktober 1943 war Hitler »nicht damit einverstanden, daß eine rückwärtige Linie hinter der Dnjepr-Linie in ständiger Bauweise errichtet wird«, obwohl bereits einige Tage zuvor dieser Fluß von den sowjetischen Truppen überschritten worden war (Führerprotokoll vom 30. September/1. Oktober 1943, Punkt 27).

4 Jodl schilderte in seinem unveröffentlichten Tagebuch am 16. Dezember 1943 die Entdeckung dieser Eigenmächtigkeit: »Dorsch meldete Einsatz von OT in Bug-Stellung, von der der Führer nichts weiß ... Der Führer äußerte sich zu Minister Speer und mir erregt über defätistische Stimmungen im Stabe Manstein, von der ihm Gauleiter Koch gemeldet hat.«

5 Wegen der Erdschwankungen mußte eine besonders starke Eisenkonstruktion vorgesehen werden, durch die wertvoller Stahl in großen Mengen gebunden worden wäre. Zudem verminderten, wie Zeitzler in den Lagebesprechungen ausführte, bei den ungenügenden Bahnverhältnissen auf der Krim die für eine solche Brücke notwendigen Materialtransporte den für die Defensive notwendigen Kampfnachschub.

6 Es handelte sich um das Seegefecht vom 31. Dezember 1942, bei dem nach

Hitlers Meinung die beiden Kreuzer Lützow und Hipper sich gegen schwächere englische Kräfte abgesetzt hatten. Hitler warf bei dieser Gelegenheit der Marine mangelnden Kampfgeist vor.

7 Unsere Bemühungen zur Rationalisierung des U-Boot-Baues hatten Erfolg: Auf der Werft benötigte der Bau eines U-Bootes alten Typs 11½ Monate. Beim neuen Typ war durch die fertige Vormontage der Sektionen die Zeit, bis das seetüchtige Boot die bombengefährdete Werft verlassen konnte, auf zwei Monate herabgesetzt. (Nach Angaben von Otto Merker vom 1. März 1969.)

8 Trotz der Desorganisation der Rüstung, die sich ab Winter 1944 auswirkte, konnten, da das Marineprogramm nun voll lief, von Januar bis März 1945 83 Boote abgeliefert werden. Nach dem Bericht von B.B.S.U.: »The effects of Strategic Bombing in the Production of German U-Boats« wurden im gleichen Zeitraum 44 Boote auf den Werften zerstört. Die Gesamtzahl (einschließlich der Werftverluste) betrug demnach im Monatsdurchschnitt des 1. Quartals 1945 42 Boote. Allerdings ging das forcierte Marineprogramm auf Kosten des gesamten Schiffbaus, denn der Index für Seeschiffbau sank durch die Fliegerangriffe von 181 für 1943 auf 166 für 1944, also um 9%.

9 Man sollte annehmen, daß Hitler über langjährige Erfahrungen verfügte, wie solche Bemerkungen wirkten und welche Reaktionen sie zur Folge haben mußten. Es blieb mir unklar, ob Hitler soweit dachte oder denken konnte. Manchmal kam er mir in dieser Beziehung wie ein reiner Tor vor – oder wie ein Menschenverächter, der solche Auswirkungen negierte; er mag auch geglaubt haben, dergleichen jederzeit ausgleichen zu können.

10 Dr. G. Klopfer, Bormanns Staatssekretär, versicherte in einer eidesstattlichen Erklärung vom 7. Juli 1947: »Bormann brachte immer wieder zum Ausdruck, Speer sei ein grundsätzlicher Gegner der Partei, ja, er strebe die Nachfolge Hitlers an.«

20. Kapitel · *Bomben*

1 United States Strategic Bombing Survey nimmt die Verluste des Jahres 1943 mit 9% an. (Area Studies Division Report Table P und Q S. 18.) Bei einer Produktion von 11 900 mittelschweren Panzern des Jahres 1943 entspräche das beispielsweise einem Ausfall von rund 1 100 Panzern.

2 Unser 8,8 cm Flakgeschütz mit seinem präzisen Zielgerät war gerade in Rußland eines der wirksamsten und gefürchtetsten Panzerabwehrgeschütze geworden. Von 1941 bis 1943 wurden 11 957 schwere Flakgeschütze (von 8,8 cm bis 12,8 cm Kaliber) hergestellt, die aber zum größten Teil in Deutschland oder in rückwärtigen Gebieten zur Abwehr von Flugzeugen eingesetzt werden mußten. An schwerer Pak (von 7,5 cm Kaliber aufwärts) wurden von 1941 bis 1943 12 006 Geschütze, davon aber nur 1 155 mit 8,8 cm Kaliber geliefert. 14 000 000 Schuß (8,8 cm und größer) Flakmunition gingen im Jahre 1943 der panzerbrechenden Munition verloren, von der nur 12 900 000 Schuß geliefert werden konnten.

3 So entstand ein empfindlicher Mangel an Nachrichtengeräten des Heeres, wie beispielsweise Tornister-Funkgeräten für die Infanteristen, Schallmeßgeräten für

die Artillerie. Auch die Weiterentwicklung derartiger Geräte mußte teilweise zugunsten der Luftabwehr vernachlässigt werden.
4 Führerprotokoll vom 4. Juni 1942, Punkt 41: »Die Angelegenheit Telefongespräch Reichsmarschall – Grohé mit dem Führer besprochen im Sinne des Reichsmarschalls.« –
5 Führerprotokoll vom 30. Mai 1943, Punkt 16. – Wir ließen aus allen Teilen Deutschlands unverzüglich Fachleute kommen, die das Trocknen der elektrischen Wicklungen besorgten und beschlagnahmten zudem alle Motoren ähnlicher Bauart in anderen Fabriken, ohne Rücksicht auf Ausfälle. Dadurch gelang es innerhalb einiger Wochen, die Ruhrindustrie wieder mit dem unentbehrlichen Wasser zu versorgen.
6 Die Möhnetalsperre hatte einen Inhalt von 134 000 000 cbm, die Sorpetalsperre von 71 000 000. Bei einem Ausfall auch der Sorpetalsperre speicherten die beiden restlichen Ruhrtalsperren nur noch 33 000 000 cbm oder 16 %> der notwendigen Wassermenge. Diese hätte selbst für einen Notbetrieb an der Ruhr nicht ausgereicht. Nach einer Mitteilung von Dr.-Ing. Walter Rohland (in den letzten Kriegsjahren Leiter des Ruhrstabes) vom 27. Februar 1969 wären bei einem Totalausfall der Ruhrtalsperren durch Mangel an Kühlwasser für Kokereien und Hochöfen im Ruhrgebiet 65 % weniger produziert worden. Tatsächlich hatte sich, verursacht durch den zeitweiligen Ausfall der Pumpwerke, die Gaserzeugung durch stilliegende Kokereien wesentlich verringert. Den Großabnehmern konnten nur noch 50–60 % zugeteilt werden. (Chronik vom 19. Mai 1943.)
7 Nach Charles Webster und Noble Frankland: »The Strategic Air Offensive against Germany, Band II, gelang es bereits der fünften Maschine, den Damm der Möhnetalsperre zu zerstören. Die darauffolgenden Angriffe wurden gegen die Edertalsperre geflogen, die in der Hauptsache dazu diente, in den Sommermonaten den Wasserstand der Weser und des Mittellandkanals auszugleichen, um die Schiffahrt aufrechterhalten zu können. Erst nachdem die Edertalsperre zerstört war, griffen zwei Flugzeuge die Sorpetalsperre an. Luftmarschall Bottomley hatte am 5. April 1943 indessen vorgeschlagen, Möhne- und Sorpetalsperre zuerst anzugreifen und danach die Edertalsperre. Man hielt die speziell für diesen Zweck entwickelten Bomben jedoch nicht für geeignet, den Erddamm der Sorpetalsperre zu zerstören.
8 Vgl. Führerprotokoll vom 30. 9./1. 10. 1943, Punkt 28 und Chronik vom 2. Oktober 1943.
9 Chronik vom 23. Juni 1943: »Die zum Teil richtige Auswahl der Angriffsziele englischer Flieger veranlaßte den Minister, sich bei der Auswahl der Ziele der deutschen Luftwaffe einzuschalten. Bisher waren, nach Aussage der zuständigen Luftwaffenoffiziere, rüstungswirtschaftliche Gesichtspunkte vom Generalstab der Luftwaffe nicht ausreichend berücksichtigt worden. Der Minister bildete eine Kommission, der Dr. Rohland (Experte der Stahlindustrie), Generaldirektor Pleiger (Verantwortlicher der Kohlenindustrie) und General Waeger (Chef des Rüstungsamtes) angehören und übertrug die Geschäftsführung an Dr. Carl (von der Energiewirtschaft), der hierzu vom Heer reklamiert wurde.« Am 28. Juni teilte ich Hitler die Bildung dieser Kommission mit. (Führerprotokoll, Punkt 6.)
10 Beispielsweise hing die Industrie des Dnjepr-Gebietes von einem einzigen Groß-

kraftwerk ab. Nach einer Mitteilung von Dr.-Ing. Richard Fischer, dem Beauftragten für die Energieversorgung, vom 12. Februar 1969, wird bei einem Ausfall von 70 % der Stromversorgung die Industrie weitgehend lahmgelegt, da der Rest für die Aufrechterhaltung des täglichen Lebens notwendig ist.

Die Distanz von Smolensk, damals noch deutsche Etappe, bis zu den Kraftwerken bei Moskau betrug 600–700 km, bis zum Ural 1800 km.

11 Vgl. Hermann Plocher: The German Air Force versus Russia 1943 (Air University 1967), S. 223 ff.

12 Führerprotokoll vom 6./7. Dezember 1943, Punkt 22: »Dem Führer über den von Dr. Carl ausgearbeiteten Vorschlag über die vorgesehene Aktion Rußland berichtet und eingehende Unterlagen zur Einsichtnahme überlassen. Der Führer weist nochmals auf die Richtigkeit meines Vorschlags hin, daß nur eine Überraschungsaktion Sinn hat und ihm eine Unterteilung in drei Einzelaktionen, wie sie die Luftwaffe vorschlägt, nicht geeignet erscheint.«

13 Vgl. Chronik von Mitte Juni 1944: »Die Systematik, mit der der Feind einzelne Zweige der Rüstung angreift, ist noch nicht alt. Das Wissen um die eigenen schwachen Stellen im Rüstungsorganismus hat den Minister zu einer Überprüfung der russischen Wirtschaft veranlaßt. Auch dort haben sich Ziele ergeben, deren Zerstörung große Teile der Rüstung lahmlegen. Seit einem Jahr versucht der Minister die Luftwaffe dazu zu bringen, etwas zu tun, auch wenn ein Einsatz ohne Rückkehr gefordert werden muß.«

Führerprotokoll vom 19. Juni 1944, Punkt 37: »Der Führer hält die Zerstörung der Kraftwerke im Ural und in den oberen Räumen der Wolga für kriegsentscheidend. Er glaubt jedoch nicht, daß zur Zeit die Kampfflugzeuge mit genügender Reichweite und in genügender Zahl vorhanden sein werden.«

Am 24. Juni 1944 bat ich Himmler, der bereits im März für diese Pläne Interesse zeigte, meinen Sachbearbeiter Dr. Carl zu einem Vortrag zu empfangen, möglichst in meinem Beisein. Es handelte sich darum, Freiwillige für einen Flug ohne Rückkehr zu gewinnen. Die Piloten sollten nach dem Angriff über abgelegenen Gebieten mit dem Fallschirm die Flugzeuge verlassen und versuchen, sich nach der deutschen Frontlinie durchzuschlagen.

14 Am 25. Juli, kurz nach Mitternacht, griffen 791 englische Flugzeuge Hamburg an, am 25. und 26. Juli folgten Tagesangriffe von 235 amerikanischen Bombern, am 27. Juli fand der zweite Nachtangriff mit 787 britischen Flugzeugen, am 29. Juli der dritte Nachtangriff mit 777 britischen Flugzeugen statt, am 2. August beschlossen 750 britische Bomber diese Serie von schweren Angriffen auf eine einzige Stadt.

15 Am nächsten Tag teilte ich den Mitarbeitern Milchs (Sitzung des Generalluftzeugmeisters vom 3. August 1943) ähnliche Befürchtungen mit: »Wir sind nahe an der Grenze, wo die Zulieferungsindustrie ... restlos zusammenbrechen kann. Von einem bestimmten Tag ab werden Flugzeuge, Panzer oder Kraftfahrzeuge dastehen, bei denen einzelne Teile fehlen.« Zehn Monate später meinte ich vor Hamburger Werftarbeitern: »Damals haben wir uns gesagt: wenn das ein paar Monate so weitergeht, sind wir pleite. Dann geht es mit der Rüstung nicht mehr.« (Chronik)

16 Die Gesamtzahl der gefertigten Kugellager sank nach dem »Statistischen Schnellbericht zur Kriegsproduktion (Januar 1945)« nach dem Angriff vom 17. Au-

557

gust 1943 von 9 116 000 Stück auf 8 325 000 Stück. Da die Produktion in der ersten Monatshälfte des August voll lief, mußte sie demnach in der zweiten Hälfte auf 3 750 000 Stück, also um 17 %, abgesunken sein. In Schweinfurt waren 52,2 % der Produktion konzentriert, dort also durch diesen einen Angriff 34 % ausgefallen. Von den Kugellagern von 6,3 cm bis 24 cm Durchmesser wurden im Juli 1 940 000 Stück hergestellt.

17 Beantwortung eines Fragebogens der RAF über »Die Folgen der Fliegerangriffe« vom 22. Juni 1945, Seite 20.
Aus Charles Webster und Noble Frankland: The Strategic Air Offensive against Germany, Band II, Seite 62 ff., geht hervor, daß sich der Leiter der Bomberoperationen der RAF, Commodore Bufton, völlig über die Bedeutung Schweinfurts im klaren war. Zwei Tage vor dem ersten Angriff schrieb er an Luftmarschall Bottomley, daß dem amerikanischen Tagesangriff ein starker Nachtangriff folgen müsse, und daß den Mannschaften der angreifenden Flugzeuge vor ihrem Start folgende Erklärung verlesen werden soll: »Die Geschichte mag beweisen, daß der heutige Nachtangriff in Verbindung mit dem Tagesangriff, der jetzt gerade stattfindet, eine der Hauptschlachten dieses Krieges sein wird. Wenn beide Angriffe erfolgreich sind, mag Deutschlands Widerstand gebrochen und der Krieg schneller beendet sein als auf irgendeine andere Weise. Jedes Laufwerk hängt von Kugellagern ab, und da diese sehr empfindlich auf Feuer und Wasser reagieren, können tatsächlich Millionen von Kugellagern in Schrott verwandelt werden.« Die Mannschaften hätten »die Möglichkeit, in einer Nacht mehr zur Beendigung dieses Krieges beizutragen, als irgendwelche andere Soldaten«.
Aber Luftmarschall Harris wollte unbedingt seine Angriffsserie auf Berlin; eine Liste gleichrangiger Ziele sah neben Schweinfurt Städte mit Flugzeugwerken (Leipzig, Gotha, Augsburg, Braunschweig, Wiener-Neustadt usw.) vor.

18 Tatsächlich wurden 60 von 291 angreifenden Bombern abgeschossen.
Nach dem zweiten Angriff vom 14. Oktober 1943 war gegenüber der ungestörten Juli-Produktion 32 % der gesamten und 60 % der Schweinfurter Kapazitäten ausgefallen. Bei den Kugellagern von 6,3 cm bis 24 cm Durchmesser war ein Verlust von 67 % der deutschen Kapazität eingetreten.

19 Bei einzelnen Geräten konnten wir über 50 % der Kugellager einsparen.

20 Luftmarschall Harris opponierte mit Erfolg weiteren Angriffen auf Schweinfurt. Er verwies darauf, daß ähnliche wirtschaftsstrategische Angriffe auf die Talsperren der Ruhr, auf eine Molybdänmine und auf Hydrieranlagen erfolglos blieben – er vergaß dabei, daß der Erfolg nur infolge ungenügender Konsequenz ausgeblieben war. Am 12. Januar 1944 regte Luftmarschall Bottomley bei Luftmarschall Charles Portal an, Sir Harris einen Befehl zu geben, »Schweinfurt zum frühestmöglichen Termin zu zerstören«. Am 14. Januar wurde Harris mitgeteilt, daß der britische und amerikanische Luftstab von der Strategie überzeugt seien, »ausgesuchte Schlüsselindustrien anzugreifen, die als verletzlich und lebensnotwendig für des Feindes Kriegsanstrengungen bekannt seien«. Sir Harris protestierte wiederum, er mußte am 27. Januar angewiesen werden, Schweinfurt anzugreifen. (Nach Charles Webster a.a.O.)
Erst ab 21. Februar 1944 wurde erstmals durch kombinierte Tag- und Nachtangriffe der Amerikaner und Engländer dieser Befehl ausgeführt.

ANMERKUNGEN ZU SEITEN 299 BIS 303

21 Die Produktion der Kugellager über 6,3 cm Durchmesser sank von 1 940 000 Stück (Juli 1943) auf 558 000 Stück im April 1944. Die Gesamtzahl der Kugellager verringerte sich im April 1944 auf 3 834 000 Stück (Juli 1943 9 116 000), also auf 42 %. Bei den Produktionszahlen von April 1944 muß berücksichtigt werden, daß der Gegner uns während des ganzen Monats einen ungestörten Wiederaufbau gestattete, so daß also der Grad der Zerstörung kurz nach der Angriffsserie bedeutend höher gewesen sein muß. Nach diesen Angriffen blieb die Kugellagerindustrie verschont. Wir konnten daher die Produktion im Mai gegenüber April um 25 % auf 700 000 Stück über 6,3 cm Durchmesser, im Juni um 80 % auf 1 003 000 Stück erhöhen, im September 1944 hatten wir wieder 1 519 000 Stück, also 78 % der ursprünglichen Leistung, erreicht. Im September 1944 wurden 8 601 000 Kugellager aller Kaliber, also 94 % der Produktion vor Beginn der Angriffe gefertigt..
22 Vielleicht überbewerteten die gegnerischen Luftstäbe die Auswirkungen. Auch bei uns schloß nach einem Angriff auf ein sowjetisches Buna-Werk (Herbst 1943) der Generalstab der Luftwaffe aus den Luftfotos auf einen 100 %igen Produktionsausfall für viele Monate. Diese Fotos zeigte ich unserem führenden Buna-Fachmann Hoffmann, Direktor unseres Buna-Werkes in Hüls, der viel schwerere Angriffe hatte über sein Werk ergehen lassen müssen. Nachdem er auf verschiedene Schlüsselpunkte hingewiesen hatte, die nicht getroffen waren, erklärte er, daß das Werk in 8–14 Tagen wieder voll produzieren werde.
23 Nach »Indexziffern der deutschen Rüstungsendfertigung« Januar 1945.
24 In den zwei Monaten, die dem ersten Angriff auf Schweinfurt folgten, war nichts geschehen. »Der Minister drückte seine Unzufriedenheit über die bisherigen Maßnahmen in sehr scharfen Worten aus. Die Hilfeleistung sei vordringlich, so daß alle anderen Interessen demgegenüber zurückstehen müßten ... Unter dem Eindruck der Schäden und der vom Minister dargestellten Folgen für die Rüstung zeigte sich auf allen Seiten größte Bereitwilligkeit zur Mithilfe, auch bei den benachbarten Gauleitern, die durch Verlagerungen in ihren Gebieten unangenehme Eingriffe zulassen mußten.« (Chronik vom 18. Oktober 1943.)
25 Chronik vom 7. und 11. Januar 1944.
26 Chronik vom 2. August 1944. – Am gleichen Tag legte ich erneut durch Erlaß fest: »Die unterirdischen Verlagerungen der Kugellagerfertigung sind von höchster Dringlichkeit. Die hierzu notwendigen Arbeitskräfte konnten bisher noch nicht gestellt werden, da die abzugebenden Dienststellen den Befehlen nicht nachgekommen sind(!)« Einige Monate zuvor, am 10. Mai 1944, erläuterte ich dem Ausschuß (in Stichworten erhalten): »Kugellager usw. außerordentlich schwer populär zu machen. Haben noch immer nicht die Möglichkeit gefunden, den Leuten klarzumachen, daß das genauso dringend und wichtig ist wie Panzer und Geschütze. Da muß meiner Ansicht nach mehr reingehauen werden. Keine Sache des Jägerstabes, sondern meine alte Sorge, die immer wiederkehrt: keine propagandistischen Begriffe.« Befehlsgebung allein konnte also selbst im Dritten Reich, sogar in Kriegszeiten, nicht als ausreichend angesehen werden. Auch wir waren auf die Bereitschaft der Beteiligten angewiesen.
27 DNB-Bericht vom 21. und 22. August 1943.

21. Kapitel · *Hitler im Herbst 1943*

1 Vom 28. Juli 1941 bis zum 20. März 1943, während 21 Monaten, unterbrach Hitler seinen Aufenthalt in Rastenburg viermal mit zusammen 57 Tagen. Ab 20. März 1943 machte er auf Drängen seines Arztes einen Arbeitsurlaub von drei Monaten auf dem Obersalzberg, um wieder 9 Monate in Rastenburg zu arbeiten. Danach hielt er sich, vom 16. März 1944 an, völlig erschöpft 4 Monate am Obersalzberg und in Berlin auf. (Domarus, Hitlers Reden, Bd. IV, München 1965.)
2 Vgl. dazu R. Brun in »Allgemeine Neurosenlehre« (1954): »Er (der Patient) regulierte sein körperliches und geistiges Erholungsbedürfnis nicht mehr automatisch, verhielt sich gegen Überforderungen unempfänglich ... Dem bewußten Willen steht dann ein unbewußtes Nein gegenüber, dessen Stimme man durch rastlosen, krampfhaften Übereifer zu übertönen sucht. Die allmählich einsetzende Übermüdung, die einer zwischengeschalteten Ruhepause prompt weichen würde, wird dann von unbewußten ›Advocatus diaboli‹ sofort zur Tarnung tiefwurzelnder Minderwertigkeitsgefühle ausgebreitet.«
3 Er trug seit Kriegsbeginn eine militärische statt der politischen Uniform und hatte dem Reichstag versprochen, sie erst nach Kriegsende abzulegen; wie einst Isabella von Kastilien, die geschworen hatte, ihr Hemd erst nach Befreiung ihres Landes von den Mauren auszuziehen.
4 Führerprotokoll vom 13. bis 15. 11. 1943, Punkt 10: »Die Wiederherstellung des Nationaltheaters und des Prinzregententheaters in München soll durch das Ministerium unterstützt werden.« Sie wurden nicht mehr fertig.
5 Es gelang der Sprengstoffindustrie nur mit Mühe, der steigenden Fertigung von Heeres- und Flakmunition zu entsprechen.
Der Index für Sprengstofferzeugung stieg von

          103 für 1941 auf
          131 für 1942
          191 für 1943
          226 für 1944.

Der Index für Munitionserzeugung, einschließlich Bomben, dagegen von

          102 für 1941 auf
          106 für 1942
          247 für 1943
          306 für 1944.

Wenn auch die beiden Indices keine korrekten Vergleichswerte liefern können, zeigen sie doch immerhin an, daß für eine größere Menge von Bomben kein Sprengstoff zur Verfügung gestanden hätte.
6 Führerprotokoll vom 18.6.1943: »Den Führer darauf aufmerksam gemacht, daß es dringend erforderlich ist, daß er das Ruhrgebiet besucht. Der Führer will, sobald er sich freimachen kann, diesen Besuch durchführen.« Er machte sich nicht frei. – Auch Goebbels äußerte einen Monat später in seinem Tagebuch vom 25. 7. 1943: »Vor allem wird in diesen Briefen immer wieder die Frage erhoben, warum der Führer keinen Besuch in den Luftnotgebieten mache.«
7 Mit diesem transkontinentalen Verkehr sollten mit einem einzigen Zug ähnliche

Mengen befördert werden, wie in der Schiffahrt mit einem Frachter, da nach Hitlers Meinung der Seeverkehr nie genügend gesichert und in Kriegszeiten nicht garantiert werden könnte. Selbst in die in der Planung bereits fertiggestellten Bahnhofs- und Bahnbetriebsanlagen der Städte Berlin und München mußte ein Gleispaar dieser neuen Bahn eingeplant werden.

8 Am 26. Juni 1944 prahlte Hitler vor den Industrieführern: »Ich weiß nur das eine, daß unerhörte Nervenstärken und eine unerhörte Entschlußkraft notwendig sind, um in solchen Zeiten zu bestehen und Entschlüsse zu treffen, die immer auf Sein oder Nichtsein gehen ... Ein anderer hätte an meiner Stelle das alles nicht tun können, was ich getan habe, der hätte doch nicht die Nervenstärke gehabt.«

9 Eintragungen im Tagebuch von Goebbels geben oft Gedanken wieder, wie sie von Hitler geäußert wurden: so beispielsweise am 10. September 1943: »Was heute als ein großes Unglück angesehen werden müsse, könnte unter Umständen in der Zukunft ein großes Glück werden. Immer noch hatte sich im Kampfe unserer Bewegung und unseres Staates herausgestellt, daß Krisen und Schadensfälle geschichtlich gesehen doch immer wieder zu unserem Besten gewendet worden sind.«

10 Chronik 1943: »Der Minister hatte sich mit schnellem Zugriff im Hauptquartier einen Führererlaß erwirkt, der ihm die alleinige Vollmacht zur Ausnutzung der italienischen Rüstungskapazität sicherte. Die Unterzeichnung dieses Erlasses durch den Führer, der ihm bereits am 12. 9. vorgelegen hatte, wurde am 13. wiederholt, um herauszustellen, daß diese Vollmacht auch nach der Befreiung des Duce bestehen bleibe. Der Minister hatte dabei die Befürchtung, daß die Bildung einer neuen faschistischen Regierung in Italien ihm bei der restlosen Ausnutzung der italienischen Industrie für die deutsche Rüstung hinderlich sein würde.«

22. Kapitel · *Abstieg*

1 So sollte im April 1942 in der Ukraine die Kohleförderung wieder in Gang gebracht und gleichzeitig eine frontnahe Munitionsfertigung aufgebaut werden. Schon Ende August 1943 war dieses Programm durch die militärischen Erfolge der Sowjetunion beendet.

Das sogenannte Protektorat Böhmen und Mähren stand faktisch unter der Herrschaft der SS, an die niemand zu rühren wagte; für die SS-Formationen wurden dort die verschiedensten Dinge produziert. Das Ministerium stellte im Sommer 1943 einen Plan auf, demzufolge wir mit den vorhandenen Maschinen und Facharbeitern eine monatliche Produktion von 1000 leichten Panzern zusätzlich abliefern wollten. Hitler wies Himmler, allerdings erst im Oktober 1943 an, die SS-Fertigungen einzustellen und den Rüstungsorganisationen diejenigen Befugnisse einzuräumen, die wir auch in Deutschland besaßen (Chronik vom 8. Oktober 1943). Da wir dieses Industriegebiet erst von Ende 1943 an einsetzten konnten, lief die Produktion des sogenannten Tschechenpanzers erst im Mai 1944 mit 66 Stück an, im November 1944 wurden 387 Stück erzeugt.

2 Chronik vom 23. Juli 1943: »Der Minister schlug vor, durch Kennzeichnung

ANMERKUNGEN ZU SEITEN 323 BIS 327

von Schutzbetrieben, Abhilfe zu schaffen. Diese sollten gegen Abziehung geschützt und damit ein Anreiz für die französische Arbeiterschaft sein.«
3 Vgl. Führerprotokoll vom 11./12. September 1943, Punkt 14.
4 Chronik vom 17. September 1943: »Vor dem späten Nachtmahl im Gästehaus der Reichsregierung fand die Schlußbesprechung statt, nachdem der Minister sich nochmals allein mit Bichelonne unterhalten hat. Dieser hatte um private Aussprache gebeten, um die Sauckel-Aktion zu behandeln. Eine amtliche Besprechung dieser Punkte war ihm von seiner Regierung verboten worden.
In der Zentralen Planung vom 1. März 1944 berichtete Kehrl: »Aus dieser Diskussion (Bichelonne-Speer) entstand die Idee der Sperrbetriebe, die einen Schutz gegen Sauckel darstellen sollten. Es steht das deutsche Versprechen dahinter, das in feierlicher Form durch die Unterschrift meines Ministers gegeben ist.«
5 Sauckel bestätigte dies vor der Zentralen Planung am 1. März 1944: »Es ist für mich doch sehr schwierig, in Frankreich als Deutscher vor einer Situation zu stehen, die in den Augen der Franzosen besagt: Der Sperrbetrieb in Frankreich ist nichts anderes als eine Abschirmung vor dem Zugriff Sauckels.«
6 Vgl. Chronik vom 21. September 1943
7 Vgl. Führerprotokoll vom 30. September/1. Oktober 1943, Punkt 22
8 Vgl. das Nürnberger Dokument R. F. 22. – Sauckel schrieb noch am 27. Juni 1943 an Hitler: »Ich bitte Sie deshalb, mein Führer, mit meinem Vorschlage, weitere 500 000 Franzosen und Französinnen bis zum Ende dieses Jahres ins Reich zu überführen, einverstanden zu sein.« Nach einer Notiz seines Mitarbeiters Dr. Stothfang vom 28. Juli 1943 hatte Hitler dieser Absicht bereits zugestimmt.
9 In welchem Maße die Gauleiter als Hitlers unmittelbar Unterstellte sich über Entscheidungen der Reichsinstanz hinwegsetzten, zeigt ein groteskes Beispiel. In Leipzig befand sich die von Reichs wegen unterhaltene Zentrale des gesamten deutschen Pelzhandels. Eines Tages teilte der dortige Gauleiter Mutschmann dem Leiter der Pelzzentrale mit, daß er einen seiner Freunde zu dessen Nachfolger ernannt habe. Der Reichswirtschaftsminister protestierte entschieden, da der Leiter einer Reichszentrale nur von Berlin bestellt werden konnte. Der Gauleiter ordnete kurzerhand an, daß der Beamte seinen Posten in einigen Tagen zu verlassen habe. Bei den gegebenen Machtverhältnissen griff der Reichswirtschaftsminister zu einem absurden Hilfsmittel: In der Nacht, bevor die Amtsgeschäfte übergeben werden sollten, fuhren Lastwagen aus Berlin vor, die den Sitz der Reichspelzzentrale samt Akten und Leiter fluchtartig nach Berlin verlagerten.
10 Erst Mitte Mai 1944 erfuhr ich von Gauleiter Kaufmann Einzelheiten; ich wurde sofort bei Hitler vorstellig. (Weiteres im 23. Kap.)
11 Hitler erfuhr von solchen Absichten zu spät; zudem konnte nachträglich glaubhaft gemacht werden, daß unmittelbare Einsturzgefahr gedroht hatte. – Acht Monate später, am 26. Juni 1944, protestierte ich bei Reichsleiter Bormann: »In verschiedenen Städten besteht das Bestreben, historische und künstlerisch wertvolle Baudenkmäler, die unter dem Bombenterror gelitten haben, abzureißen. Begründet werden diese Maßnahmen einmal damit, daß diese Bauwerke baufällig geworden oder nicht mehr wiederaufbaufähig seien; zum anderen glaubt man, so eine erwünschte Gelegenheit zu haben, städtebauliche Bereini-

gungen vorzunehmen. Ich wäre Ihnen sehr dankbar, wenn Sie in einem Rundschreiben an die Gauleiter diese darauf aufmerksam machten, daß historische Baudenkmäler, auch dann, wenn sie Ruinen sind, zunächst unter allen Umständen erhalten werden müssen. Ich bitte Sie, den Gauleitern weiterhin mitzuteilen, daß ein Abriß derartiger Kulturdenkmäler erst dann vorgenommen werden dürfe, wenn die Wiederaufbaupläne dieser Städte und damit das Schicksal der Bauwerke selbst endgültig vom Führer entschieden seien.«

Gleichzeitig veranlaßte ich, trotz der beschränkten Mittel, Material und Arbeitskräfte zur Verfügung zu stellen, um zahlreiche beschädigte Baudenkmäler vor weiterem Verfall zu bewahren. Über die Organisation Todt versuchte ich in Frankreich und Oberitalien das gleiche.

12 Aus meiner Rede vom 30. November 1943 über die Planungsgrundsätze: »Die Stadtzentren sollten nicht in irgendwelchen hochkünstlerischen Ideen neu entstehen; sondern durch den Wiederaufbau soll dem Ersticken der Städte durch Verkehrsnot entgegengetreten werden, wie sie vor dem Krieg bestand und nach dem Krieg zweifellos verstärkt eintreten wird ... Es ist klar, daß bei der Planung auf das sparsamste vorgegangen werden muß.

In meinem Rundschreiben an die Gauleiter vom 18. Dezember 1943 führte ich weiter aus: »Die Demobilmachung verlangt zur Aufnahme der vielen damit freiwerdenden Kräfte große Vorhaben, die zahlreiche Arbeitskräfte zu beschäftigen in der Lage sind ... Durch rechtzeitige städtebauliche Festlegungen ist gewährleistet, daß nach dem Krieg nicht wertvolle Zeit durch Planungen verloren geht, oder daß keine Maßnahmen getroffen werden müssen, die der städtebaulichen Entwicklung unserer Städte auf weite Sicht entgegenstehen ... Die Zahl der jährlich zu errichtenden Wohnungen wird, wenn sie industriell mit derselben Konsequenz und Neuartigkeit wie jetzt in der Rüstungsindustrie hergestellt werden, außerordentlich hoch sein, so daß es notwendig ist, in der Planung vorausschauend nicht zu kleine Flächen auszuweisen ... Bei einer ungenügenden Vorbereitung würden nach dem Krieg überstürzte Maßnahmen getroffen, die einer späteren Zukunft völlig unverständlich wären.«

13 Siehe auch Manstein: Aus einem Soldatenleben, Bonn 1958.

14 Aus meiner Denkschrift: »Die Bedeutung von Nikopol und Kriwoj Rog für die deutsche Eisenerzeugung« vom 11. November 1943.

15 Aus meiner Denkschrift: »Die Legierungsmetalle in der Rüstung und die Bedeutung der Chromzufuhren aus dem Balkan und der Türkei« vom 12. November 1943.

16 Siehe auch das Protokoll des Telefongesprächs Hitler–Saur vom 20. Dezember 1943, abgedruckt in Hitlers Lagebesprechungen.

17 Vgl. Chronik vom 13. Oktober 1943: »Bei weitem der aufregendste Punkt für die Amtschefs war der Plan des Ministers, jedem von ihnen einen oder mehrere Vertreter aus der Wirtschaft beizuordnen ... Da es bei dieser Neuordnung nicht um sachliche Fragen, sondern um persönliche Qualitäten ging, regten sich die Gemüter.«

18 Es handelte sich um Dr. Gerhard Fränk und Erwin Bohr.

19 Neben Dönitz, der die gleiche Maschine bekam, war ich der einzige, der seine Reisen noch regelmäßig mit dem eigenen Flugzeug zurücklegen konnte; meine Ministerkollegen besaßen keine Sonderflugzeuge mehr. Hitler selbst flog nur

noch selten, während Göring als alter Flieger eine gewisse Scheu davor hatte, die »neumodischen Apparate« zu benutzen.
20 Führerprotokoll vom 28./29. Juni 1942, Punkt 55: »Der Führer erklärt sehr bestimmt, daß er niemals mit einer Produktion des Maschinenkarabiners einverstanden ist, solange dieser nicht Gewehrmunition hat. Im übrigen ist er sehr weitgehend davon überzeugt, daß das Gewehr ... besser seinen Zweck erfüllt.« Am 14. Januar 1944, zwei Wochen nach der Lapplandreise, wurde das Infanterieprogramm aus der Taufe gehoben. Es brachte folgende Steigerungen:
Monatliche Durchschnittsproduktion:

	1941	1943	November 1944
Gewehre	133 000	209 000	307 000
davon			
Sturmgewehre 44 (Masch.pist.)	–	2 600	55 100
neues Gewehr 41 und 43	–	7 900	32 500
Masch.-Gewehre 42 und 43	7 100	14 100	28 700
Gewehrmunition zus.	76 000 000	203 000 000	486 000 000
davon für Sturmgew. 44	–	1 900 000	104 000 000
Gewehrgranaten	–	1 850 000	2 987 000
Minen	79 000	1 560 000	3 820 000
Handgranaten	1 210 000	4 920 000	3 050 000
Faustpatronen	–	29 000	1 084 000

21 Chronik vom 4. Januar 1944: »Der Minister hoffte, daß er mit Hilfe von Himmler und Keitel den gefährlichen Wiederanlauf der Sauckel-Aktionen vermeiden könne und fährt mit der Draisine zu einer Besprechung beim Reichsführer SS mit Waeger (Chef Rüstungsamt), Schmelter (Abteilung Arbeitseinsatz), Jehle und Kehrl (Chef des Planungsamtes) über die Exekutive für Arbeiterverschickung aus Frankreich nach Deutschland.«
22 Niederschrift Lammers vom 4. Januar 1944 (US. Exhibit 225): »Reichsminister Speer erklärte, daß er zusätzlich 1,3 Millionen Arbeitskräfte benötige; allerdings hänge das davon ab, ob es möglich sein werde, die Eisenerzförderung zu erhöhen. Gelingt dies nicht, so benötige er keine zusätzlichen Arbeitskräfte. Sauckel erklärte, daß er 1944 mindestens 2½ Millionen, voraussichtlich aber 3 Millionen neue Arbeitskräfte zuführen müsse, andernfalls würde ein Absinken der Produktion eintreten ... Entscheidung Hitlers: Der Generalbevollmächtigte für den Arbeitseinsatz soll mindestens 4 Millionen neue Arbeitskräfte aus den besetzten Gebieten beschaffen.«
23 Durch Fernschreiben vom 4. Januar 1944 an meinen Beauftragten in Paris (Nürnberger Dokument 04Spe) und durch Schreiben an Sauckel vom 6. Januar 1944 (05 Spe).
Das Nürnberger Urteil des I. M. T. stellte fest: »Beschäftigte dieser (Sperr-)Betriebe waren gefeit gegen die Verschickung nach Deutschland, und jeder Arbeiter, der den Befehl bekam, nach Deutschland zu gehen, konnte die Deportation vermeiden, wenn er in einen Sperrbetrieb zur Arbeit ging ... (Als mildernder Umstand) muß anerkannt werden, daß Speers Einrichtung von Sperrbetrieben viele Arbeiter zu Hause hielt ...«
24 Chronik Januar 1944.

23. Kapitel · *Krankheit*

1 Wegen eines Knieschadens wurde Gebhardt auch von König Leopold III. von Belgien und vom belgischen Großindustriellen Danny Heinemann konsultiert.
Im Nürnberger Prozeß erfuhr ich, daß durch Gebhardt an Häftlingen von Konzentrationslagern Experimente durchgeführt wurden.
2 Es handelte sich laut Führervorlage Nr. 5 vom 29. Januar 1944 bei Dorsch um den »Fachgruppenwalter des Reichsbundes Deutscher Beamten«.
Aus dem Schreiben an die Parteikanzlei: »Birkenholz... zeigte unkameradschaftliches Benehmen, Überheblichkeit usw., ein Verhalten, das von einem sich rückhaltlos hinter den nationalsozialistischen Staat stellenden, höheren Beamten nicht erwartet werden darf. Auch charakterlich scheint er für die Beförderung zum Ministerialrat nicht geeignet zu sein... Ich kann daher der Beförderung nicht zustimmen, weil auch einige interne Vorkommnisse in der Behörde dieses nicht zulassen.« Die Parteikanzlei konnte über die Beförderung aller Ministerialbeamten entscheiden. – Hitler schrieb ich (Führervorlage Nr. 5 vom 29. Januar 1944): »Das vernichtende Gutachten, das ohne meine Kenntnis der Parteikanzlei und dem Gau als politische Beurteilung zugesandt wurde, ist von Herrn Dorsch und dem damaligen Leiter meiner Personalabteilung, Ministerialrat Haasemann, gemeinsam verfaßt worden. Damit steht fest, daß beide hinter meinem Rücken, ohne mich davon in Kenntnis zu setzen, eine Maßnahme, die ich dienstlich angeordnet habe, dadurch zu durchkreuzen versuchten, daß sie auf Hintertreppen die politischen Stellen des Gaues und der Parteikanzlei gegen den vorgeschlagenen Mann einnahmen, ihm ein vernichtendes Urteil ausstellten und mich damit als Reichsminister betrogen haben.« Die Führervorlage 5 ließ ich wegen des persönlichen Inhalts der Adjutantur Hitlers unmittelbar zuleiten.
3 Vgl. Führervorlage Nr. 1 vom 25. Januar 1944
4 Die Führervorlage Nr. 5 vom 29. Januar 1944 beschäftigte sich auf zwölf Seiten mit den Unzuträglichkeiten in meinem Ministerium. Es würde zu weit führen, sie hier im einzelnen aufzuführen.
5 Aus den Krankenberichten: »Am 18. Januar 1944 bei der Einlieferung machte der Kranke einen ausgesprochen erschöpften Eindruck... Am linken Kniegelenk ein außerordentlich praller Erguß.«
Am 8. Februar 1944: »Nach dem Aufstehen plötzlich einsetzende hochgradige Schmerzhaftigkeit in der linken Rückenstreckmuskulatur und der schrägen Lendenmuskulatur mit ausstrahlenden Schmerzen nach vorn, ähnlich einem Hexenschuß; läßt an einen akuten Muskelrheumatismus denken... Die auscultatorische Untersuchung ergibt Auffaltungsknistern. Temperaturanstieg auf 37,8 Grad. Forapineinreibungen. Eleudron.« (Sulfonamid) – »Die Muskulatur ist zwei Tage lang (8. und 9. Februar) bretthart gespannt, sehr druckempfindlich und vorübergehend treten auch Schmerzen im Schultergelenk auf.«
9. Februar 1944: »Schmerzhaftigkeit in der Rückenstreckmuskulatur weiter in heftiger Stärke. Atmen, Husten und zuweilen Sprechen störend. Der auscultatorische Befund unverändert.« – Dabei hatte der Internist Gebhardts, Oberarzt Dr. Heissmeyer, am gleichen Tag festgestellt: »Linksseitige, trocken umschriebene Rippenfellentzündung.« Diesen Befund unterschlug Gebhardt sowohl bei der Behandlung, wie in seinem Bericht.

Gebhardt berichtete über eine zweite Attacke, die am 10. Februar stattfand: »Die Schmerzhaftigkeit ist derart groß, daß die Anwendung von Narcotica notwendig wurde.« Aber Gebhardt beharrte auf seiner falschen Diagnose: »Der auscultatorische Befund ist unverändert und entspricht dem eines akuten Muskelrheumatismus.«

6 Professor Gebhardt hat am 11. Februar 1944 versucht, Professor Koch dadurch auszuschalten, daß er Hitlers Leibarzt und Brandts Widersacher, Professor Morell, schriftlich bat, bei der internistischen Behandlung zu beraten. Morell war nicht abkömmlich, ließ sich aber fernmündlich über den Fall berichten und gab, ohne mich untersucht zu haben, die Weisung, Vitamin K zu injizieren, damit der Blutauswurf aufhöre. Professor Koch lehnte diese Eingriffe in seine Behandlung ab – einige Wochen später bezeichnete er Morell als Nichtskönner.

7 Aus der eidesstattlichen Erklärung Professor Kochs vom 12. März 1947 (Nürnberg Dokument 2602): »Es ergaben sich im Verlaufe der weiteren Behandlung Differenzen zwischen mir und Gebhardt. Ich war der Ansicht, daß das feuchte Klima Hohenlychens die Gesundung Speers ungünstig beeinflußte, und nachdem ich den Patienten untersucht und als transportfähig befunden hatte, schlug ich vor, ihn nach Süden (Meran) zu bringen. Diesem Vorschlag widersetzte sich Gebhardt heftig. Er verschanzte sich hinter Himmler und hat auch mehrfach in dieser Angelegenheit mit dem Reichsführer telefoniert. Mir kam das sehr merkwürdig vor. Ich hatte den Eindruck, daß Gebhardt seine ärztliche Stellung benutzte, um irgendein politisches Spiel zu spielen. Ich weiß aber nicht welches, und habe mich auch nicht darum gekümmert, weil ich nur Arzt sein wollte. Ich habe dann mehrfach versucht, Gebhardt umzustimmen. Die Sache wurde mir schließlich zu bunt, und ich verlangte, selbst mit dem Reichsführer zu sprechen. In einem Telefongespräch, das ungefähr 7 bis 8 Minuten dauerte, gelang es mir, Himmler dazu zu bewegen, der Abreise Speers nach Meran zuzustimmen. Es kam mir schon damals sehr merkwürdig vor, daß Himmler in einer ärztlichen Angelegenheit entscheiden sollte, aber ich habe mir darüber weiter nicht den Kopf zerbrochen, weil ich mich um Dinge, die außerhalb der ärztlichen Sphäre lagen, bewußt nicht kümmerte. Ich möchte noch bemerken, daß ich den Eindruck hatte, daß Speer heilfroh war, wenn ich da war und meine Hände über ihn hielt.«

Als ich im Februar 1945 in Oberschlesien einen Zusammenstoß mit einem Lastwagen hatte und leicht verletzt war, setzte sich Gebhardt sogleich in ein Sonderflugzeug, um mich in seine Klinik zu holen. Mein persönlicher Referent, Karl Cliever, vereitelte diese Absicht, ohne mir seine Gründe anzugeben, jedoch – so meinte er damals zu mir – seien solche vorhanden gewesen.

Gegen Ende des Krieges ließ sich der französische Minister Bichelonne in Hohenlychen von Gebhardt am Knie operieren. Er starb einige Wochen darauf an einer Lungenembolie.

8 Auch Dorsch stellte Zeitzler gegenüber fest, »daß Speer unheilbar erkrankt sei und daher nicht wieder zurückkäme.« (Gedächtnisvermerk vom 17. Mai 1944.) Diese Bemerkung hatte Zeitzler mir nachträglich als interessanten Beitrag zu den Umtrieben mitgeteilt.

Nach dem »Ergänzenden Bericht« von Professor Koch vom 14. März 1944 »wurden am 5. März Röntgen- und elektrokardiographische Untersuchungen

ANMERKUNGEN ZU SEITEN 346 BIS 354

vorgenommen. Die letztere ergab in allen drei Abteilungen keinen krankhaften Befund. Die Röntgenuntersuchung ergab am Herzen durchaus normale Verhältnisse.«
9 Chronik vom 23. März 1944: »Professor Gebhardt hat inzwischen vom Reichsführer SS als SS-Gruppenführer die Verantwortung für die Sicherheit des Ministers übertragen bekommen.«
10 Nach einer Mitteilung des Gauleiters Eigruber anläßlich der Linzer Rüstungstagung vom 23. bis 26. Juni 1944.
11 Ich folgte, auch bei den Zitaten, der Niederschrift Dorschs vom 17. April 1944 und meiner Niederschrift vom 28. August 1945.
Gleichzeitig übertrug Göring Dorsch den Bau zahlreicher Bunker zum Schutz der Jagdflugzeuge auf Heimatflugplätzen im Reichsgebiet. Als ich Fränk als meinen Vertreter in eine Sitzung entsandte, die Göring zusammen mit Dorsch am 18. April über die neuen Bauaufgaben abhielt, wurde ihm von Göring die Teilnahme verweigert.
12 Brugmann, ein Beamter alter Schule, war Hitler durch die Nürnberger und Berliner Bauten persönlich nahegekommen.
13 Schreiben Bormanns vom 1. März 1944.
14 Feldmarschall Milch behauptet heute, ich hätte das Götz-Zitat angewandt.
15 Hitler unterschrieb meinen Entwurf am gleichen Tag:
»Ich beauftrage den Leiter der OT-Zentrale, Ministerialdirektor Dorsch, unter Beibehaltung seiner sonstigen Funktionen im Rahmen Ihres Aufgabenbereiches mit der Durchführung der von mir befohlenen 6 Jägerbauten.
Für die Schaffung aller Voraussetzungen, die für eine schnelle Durchführung dieser Bauten notwendig sind, haben Sie Sorge zu tragen. Sie haben insbesondere eine möglichst sinnvolle Abstimmung mit anderen kriegswichtigen Bauten nötigenfalls unter Einholung meiner Entscheidung vorzunehmen.«
16 Auf meine private Einladung war Professor Koch in Meran anwesend. Gebhardt beschwerte sich darüber bei Brandt: Koch sei unerwünscht, da er zu viele geheime Dinge zu sehen und zu hören bekomme. Am 20. April verließ Koch daraufhin Meran. Er schrieb in seiner eidesstattlichen Erklärung: »Einen zweiten Zusammenprall hatte ich mit Gebhardt, als Speer schon in Meran war. Damals fragte mich Speer, ob ich ihn für gesund halte, um nach dem Obersalzberg – wahrscheinlich zu Hitler – zu fliegen. Ich bejahte das unter der Voraussetzung, daß das Flugzeug nicht über 1800 bis 2000 gehen könne. Als Gebhardt von meiner Entscheidung erfuhr, machte er mir einen Auftritt. Er warf mir bei dieser Gelegenheit wiederum vor, daß ich kein ›politischer Arzt‹ sei. Hier wie bei dem ersten Zusammenprall in Hohenlychen hatte ich den Eindruck, daß Gebhardt Speer festhalten sollte.«
17 Dieses und die folgenden Zitate stützen sich auf die Chronik und auf meine Rede vor den Amtschefs vom 10. Mai 1944, in der ich rückblickend den Verlauf der Unterredung zusammenfaßte.
18 Hitler deutete mir dabei an, daß mein Amtschef Schieber von Himmler verdächtigt werde, seine Flucht nach dem Ausland vorzubereiten, daß Oberbürgermeister Liebel politisch angefeindet sei und daß General Wagner als nicht zuverlässig gelte.
19 Vgl. meine Rede vom 10. Mai 1944.

20 Brief Görings vom 2. Mai als Antwort auf meinen Brief vom 29. April 1944.
21 Es handelte sich um den »Deutschen Orden«, deren Inhaber ein Ordenkapitel bilden sollten. Hitler machte seine Absicht nicht wahr: Himmler wurde mit diesem Orden, der bis dahin nur an Tote verliehen worden war, nicht ausgezeichnet; vielleicht hat Bormann dagegen gearbeitet. Der von mir bevorzugte Orden war der »Nationalpreis«; er war mit Brillanten dicht bedeckt und dadurch so schwer ausgefallen, daß im Frack ein Gehänge zur Verteilung des Gewichts notwendig wurde.

24. Kapitel · *Der Krieg dreifach verloren*

1 Es gab zwar bis dahin kritische Situationen, wie den Angriff auf die Ruhr-Talsperren oder auf die Kugellagerindustrie. Doch hatte der Gegner dabei stets Konsequenz vermissen lassen, indem er von einem Angriffsziel auf ein anderes überwechselte oder falsche Objekte angriff. So bombardierte er beispielsweise im Februar 1944 den weiträumigen Zellenbau der Flugzeugindustrie, statt der Motorenwerke, obwohl unser Engpaß die Flugmotoren waren, deren Ausstoß allein die Zahl der produzierten Flugzeuge bestimmte. Ihre Zerstörung hätte jede Steigerung der Flugzeugproduktion zunichte gemacht, um so mehr, als wir im Gegensatz zum Zellenbau die Flugmotorenwerke nicht in Wälder und Höhlen verstreut verlagern konnten.
2 Krauch war der Leiter der chemischen Industrie, Pleiger der Reichsbeauftragte für die Kohle, aber gleichzeitig Leiter wichtiger Treibstoffwerke, Bütefisch Chef der Leuna-Werke, Fischer Vorstand von I. G. Farben.
3 Vgl. Führerprotokoll vom 22./23. Mai 1944 Punkt 14.
4 Der erste Angriff vom 12. Mai hatte 14 % Kapazitätsverlust gebracht. Diese Zahlen sind meinen Denkschriften an Hitler vom 30. Juni und 28. Juli 1944 entnommen, sowie meiner Ausarbeitung über »Die Auswirkungen des Luftkrieges« vom 6. September 1945.
5 Die Zahl der monatlich produzierten Tag- und Nachtjäger hatte sich von 1017 im Januar 1944 (vor der Angriffswelle) auf 1755 im Mai und auf 2034 im Juni erhöht. Der Monatsdurchschnitt im Jahr 1943 betrug 849.
Gegen Vorwürfe Görings verteidigte ich mich (Führerprotokoll vom 3.–5. Juni 1944, Punkt 20): »Bei dieser Gelegenheit erkläre ich dem Führer, daß die Meinung des Reichsmarschalls, die von mir betreute Heeresrüstung hätte die Luftwaffenrüstung in den letzten zwei Jahren niedergehalten, dadurch widerlegt sei, daß in drei Monaten, trotz der Fliegerangriffe, die Flugzeugproduktion verdoppelt wurde und daß in einer so kurzen Zeit dies nicht, wie der Reichsmarschall glaubt, durch neu hinzugeführte Kapazitäten aus der Heeresrüstung, sondern nur durch Reserven, die aus der Luftwaffenrüstung selbst kamen, erreicht werden konnte.«
6 Vgl. Führerprotokoll vom 3./5. Juni 1944, Punkt 19.
7 Erlaß vom 20. Juni 1944. Göring versuchte sein Prestige zu wahren, indem er anordnete, »daß die Rüstung der deutschen Luftwaffe nach den vom Oberbefehlshaber der Luftwaffe aufzustellenden taktischen Forderungen und technischen Festlegungen verantwortlich durch den Reichsminister für Rüstung und Kriegsproduktion durchgeführt wird.«

8 Vier Wochen vor den Angriffen auf die Treibstoffindustrie, am 19. April 1944, schrieb ich Hitler: »Während, umgerechnet auf Mineralöl, im Jahre 1939 in den Hydrierwerken (einschl. Autotreibstoff) insgesamt 2 Millionen Tonnen erzeugt wurden, hat sich während des Krieges diese Zahl bis 1943 durch Neubauten auf 5,7 Millionen Tonnen erhöht und wird durch die noch in diesem Jahr fertigzustellenden Bauten eine Jahresproduktion von 7,1 Millionen Tonnen erreichen.« Auf die Maschinen und Werkteile dieser zusätzlichen Kapazitäten von 1,4 Millionen Tonnen im Jahr oder 3800 t/tägl. konnten wir nun bei der Reparatur zurückgreifen. So hatte Hitlers Starrsinn, mit dem er im Herbst 1942 nicht auf diese zusätzlichen Kapazitäten verzichten wollte, doch noch seinen Nutzen.

9 Am 22. Mai hatte ich den mir befreundeten Oberst von Below, den Luftwaffenadjutanten Hitlers, zu meinem Verbindungsmann bei Hitler ernennen lassen. Er hatte nach Punkt 8 des Führerprotokolls vom 22.–25. Mai 1944 »die Aufgabe, mich von Meinungsäußerungen des Führers laufend zu unterrichten«, was neuen Überraschungen, wie ich sie während meiner Krankheit erlebt hatte, vorbeugen sollte. Below hatte es auch übernommen, Hitler in Zukunft meine Denkschriften zu übermitteln. Denn es war sinnlos, sie ihm persönlich zu übergeben, da Hitler in der Regel verlangte, daß man ihm den Inhalt vortragen solle, er aber den Vortragenden nicht ausreden ließ. Von Below erfuhr ich, daß Hitler diese und meine folgenden Denkschriften gründlich durchlas, sogar mit Randbemerkungen und Anstreichungen versah.

10 Vgl. Denkschrift vom 30. Juni 1944.
Trotz Teilproduktion hatten wir bis Dezember 1944 durch Bombenangriffe 1 149 000 Tonnen Flugtreibstoff verloren, das Doppelte der Keitelschen Reserven. Theoretisch waren sie schon im August durch eine Minderproduktion von 492 000 Tonnen aufgebraucht; nur durch eine nicht mehr zu verantwortende Drosselung des Flugbetriebes wurden diese Reserven noch über den 1. September 1944 hinaus gestreckt.
Schwieriger auszuschalten war für den Gegner die Erzeugung von Autobenzin und Dieselkraftstoff, da die Raffinerien weit verstreut waren. Im Juli 1944 sank die Erzeugung von Autobenzin auf 37%, von Dieselkraftstoff auf 44%. Die Reserven an Autobenzin und Dieselkraftstoff betrugen im Mai 1944 zusammen 760 000 Tonnen. Die Erzeugung vor den Angriffen belief sich auf 230 000 Monatstonnen.
Im Monatsdurchschnitt des 2. Quartals 1944 wurden 111 000 Tonnen Bombenlast über Deutschland abgeworfen, aber davon auf die Treibstoffindustrie im Mai mit 5160 Tonnen nur 1/20, im Juni mit 20 000 Tonnen nur 1/5. Im Oktober 1944 warf die R. A. F. 1/17, die zwei amerikanischen Luftflotten 1/8, im November 1944 jedoch die R. A. F. 1/4 und die Amerikaner 1/3 ihrer Bombenlast auf die Treibstoffindustrie ab. (Vgl. Graven und Gate, Band III, und Wagenführ aaO.) Da gerade die Nachtangriffe der R. A. F. auf Treibstoffwerke und Raffinerien sich durch ihre Mischung von Brand- und schweren Sprengbomben wirksamer erwiesen als die der Amerikaner, versäumte hier die R. A. F. vor November eine Chance, zumindest in den näher gelegenen, leichter zu ortenden Zielen des Ruhrgebietes und in Küstennähe.

11 Aus der Denkschrift vom 28. Juli 1944.

12 Nur etwa 200 Jagdflugzeuge waren, nach einer Auskunft von Galland, damals im Reichsgebiet für die Abwehr der Tagesangriffe einsatzbereit.
13 W. F. Graven und J. L. Cate: The Army Air Forces in World War II. Bd. II.
14 Diese Richtlinien stellte Hitler am 13. August 1942 in Gegenwart von Keitel, Schmundt, Admiral Kranke, General der Pioniere Jakob, Dorsch und mir auf. (Führerprotokoll vom 13. August 1942, Punkt 48.)
15 Nach einem Vermerk vom 5. Juni 1944; hinzu kamen 4 664 000 cbm für U-Boot-Bunker und andere Vorhaben in Frankreich.
16 Nach S. W. Roskill: The War at Sea (London 1961), Band III, Teil II, hätte ohne diese Häfen die Landung nie ausgeführt werden können. Es wurden dazu 400 Schiffseinheiten mit 1 500 000 Tonnen Verdrängung aufgewandt, die teilweise als Wellenbrecher versenkt wurden. Die Bauzeit verdoppelte sich durch Stürme; die Häfen nahmen jedoch nach zehn Tagen Gestalt an, ab 8. Juli leistete der britische Hafen bei Arromanches täglich 6000 Tonnen, während der amerikanische Hafen nicht vollendet wurde.
17 Der Gegner rechnete mit einem entschlosseneren Hitler. Nach W. F. Graven usw., Band III, wurden am D-Tag und in den Tagen danach die 12 Eisenbahn- und 14 Straßenbrücken über die Seine durch Bombenangriffe der 9. amerikanischen Luftflotte zerstört, um eine Verlegung der 15. deutschen Armee, die bei Calais stand, zu verhindern.
18 Vgl. Führerprotokoll vom 3.–5. Juni 1944, Punkt 16.
Die Entwicklung der V 1 war durch die Energie Milchs in kurzer Zeit zustande gekommen, nachdem er in Peenemünde, der Erprobungsstelle der großen Rakete, gesehen hatte, mit welch komplizierten Mitteln ein geringer Effekt erzielt wurde. Gegen den stillen Widerstand selbst meines Ministeriums hatte er nun den Erfolg für sich, mit einem Bruchteil des Aufwandes etwas in der Wirkung Ähnliches entwickelt »und produziert zu haben ...«
19 In seiner Rede vom 26. Juni 1944, also nach Eintritt der drei militärischen Katastrophen, führte Hitler vor Industriellen aus: »Oft kommt es mir so vor, als wenn wir durch alle Prüfungen des Teufels und des Satans und der Hölle durch müssen, bis wir endlich dann doch den endgültigen Sieg erringen ... Ich bin vielleicht kein sogenannter Kirchenfrömmling, das bin ich nicht. Aber im tiefen Innern bin ich doch ein frommer Mensch, das heißt, ich glaube, daß, wer den Naturgesetzen, die ein Gott geschaffen hat, entsprechend auf dieser Welt tapfer kämpft und nie kapituliert, sondern immer wieder sich aufrafft und immer wieder vorwärtsgeht, daß er dann auch von dem Gesetzgeber nicht im Stich gelassen wird, sondern daß er am Ende ja doch den Segen der Vorsehung bekommt. Und das ist allen großen Geistern (!) auf dieser Erde noch zuteil geworden.«
20 Drei Wochen zuvor hatte ich in der Essener Rede vom 6. Juni 1944 gegen diese Tendenzen gesprochen und versichert, daß im Frieden unser Lenkungsinstrument der Industrie aufgelöst würde.
21 Vgl. Führerprotokoll vom 19.–22. Juni 1944, Punkt 20. »Dem Führer die Unterlagen für seine Rede übergeben, mit denen er einverstanden ist.«
22 Bormann lehnte durch Schreiben vom 30. Juni 1944 die Herausgabe der Rede ab; die unterdessen in »Es spricht der Führer«, herausgegeben von Hildegard von Kotze und Helmut Krausnick, Gütersloh 1966, abgedruckt wurde.

25. Kapitel · *Fehldispositionen, Wunderwaffen und SS*

1 Am Ende des Krieges hörte ich von Galland, daß ungenügendes Interesse der obersten Führung eine Verzögerung von etwa 1½ Jahren verursacht hatte.
2 Die Zahlen sind dem Programm 225 entnommen, das ab 1. März 1944 galt, aber nur teilweise verwirklicht werden konnte. Danach sollten an Me 262 gefertigt werden: April 1944 40 Stück, steigend bis Juli 1944 auf 60 Stück, verbleibend auf 60 Stück bis Oktober 1944 einschließlich, Steigerung auf 210 Stück ab Januar 1945, weitere Steigerung auf 440 Stück im April 1945, auf 670 Stück im Juli 1945 und auf 800 im Oktober 1945.
3 Vgl. Führerprotokoll vom 7. Juni 1944, Punkt 6. Hitler hielt trotz meiner Bedenken »an seinem Befehl fest, daß die 262 in der Produktion zunächst ausschließlich als Bomber anlaufen darf«.
4 Vgl. Führerprotokoll vom 19.–22. Juni 1944, Punkt 35.
5 Vgl. Reisebericht vom 10.–14. September 1944.
6 Nach U. S. Air University Review, Vol. XVII, Nr. 5 (Juli/August 1966) kostete 1944 eine viermotorige B 17 (Fliegende Festung) 204 370 Dollar (858 000 RM); eine V 2 dagegen nach den exakten Unterlagen David Irvings 144 000 RM, also ein Sechstel eines Bombers. Sechs Raketen beförderten viereinhalb Tonnen Sprengstoff (jede Rakete 750 Kilo). Sie wurden durch einmaligen Einsatz vernichtet. Ein Bomber vom Typ B 17 dagegen konnte bei zahllosen Einsätzen über einen Aktionsradius von 1600 bis 3200 Kilometer zwei Tonnen Sprengstoff in das Ziel tragen.
Allein auf Berlin wurden insgesamt 49 400 Tonnen Sprengstoff und Bombensätze abgeworfen und dadurch 20,9 % der Wohnungen schwer beschädigt oder total zerstört (Webster: Band IV). Um mit der V 2 die gleiche Menge nach London zu bringen, hätten wir 66 000 Großraketen, also die gesamte Produktion von sechs Jahren aufwenden müssen. – Auf einer von Goebbels geleiteten Propagandatagung mußte ich daher am 29. August 1944 eingestehen: »Es ist eine Frage, ob die V 2 ... nun in irgendeiner Form psychologisch kriegsentscheidend sein kann. Rein technisch kann sie es nicht sein ... Solche psychologischen Einflüsse liegen außerhalb dessen, was ich zu sagen habe. Ich stehe nur dafür, daß die Wirkung unserer neuen Waffe ... immer ihre Zeit braucht, bis sie die eigentliche Wirkungsbreite erreicht hat.«
7 Solcher Vernunft stand aber, abgesehen von Hitlers Gründen, entgegen, daß Peenemünde für das Heer entwickelte, die Abwehr der Fliegerangriffe aber eine Angelegenheit der Luftwaffe war. Keinesfalls wäre, bei der Trennung der Interessen von Heer und Luftwaffe und bei dem in den Wehrmachtsteilen bestehenden Ehrgeiz, das Heer bereit gewesen, ihre in Peenemünde aufgebaute Entwicklungskapazität an die Konkurrenz abzugeben. Durch die Trennung der Wehrmachtsteile war noch nicht einmal eine gemeinsame Forschung und Entwicklung möglich (16. Kap. Anm. 33). »Wasserfall« hätte unter frühzeitiger voller Ausnutzung der Entwicklungskapazitäten Peenemündes früher in die Fertigung gehen können. Noch am 1. Januar 1945 beschäftigten sich, und das ist für die Verteilung der Prioritäten bezeichnend, 2210 Peenemünder Wissenschaftler und Ingenieure mit den Fernraketen A 4 und A 9, dagegen nur 220 mit »Wasserfall« und 135 mit einer anderen Flugabwehrrakete (»Taifun«).

Professor Dr. C. Krauch, der Bevollmächtigte für die Chemie, hatte mir am 29. Juni 1943, kaum zwei Monate vor unserer Fehlentscheidung in einer ausführlichen Denkschrift geraten: »Die Verfechter der raschen Entwicklung der Luftangriffsmittel, d. h. also des Gegenterrors, gehen davon aus, daß der Angriff die wirksamste Verteidigung sei und daß unsere Gegenwirkung mit der Rakete in England zu einer Verminderung der Luftangriffe gegen das Reich führen müsse. Selbst unter der Voraussetzung, die bisher nicht erfüllt ist, daß die Großfernrakete in unbegrenztem Maße eingesetzt werden könnte und dann wirklich Zerstörungen größten Ausmaßes ermöglichen würde, erscheint dieser Schluß nach den bisherigen Erfahrungen abwegig. Im Gegenteil, selbst die bisherigen Gegner des Luftterrors gegen die deutsche Bevölkerung in England werden nach unseren Raketenangriffen ... von ihrer Regierung eine äußerste Steigerung des Luftterrors gegen unsere Bevölkerungszentren fordern, dem wir nach wie vor fast schutzlos preisgegeben sind ... Diese Überlegungen sprechen für ein weiteres starkes Forcieren der Luftabwehrmittel, des Gerätes C 2 »Wasserfall«. Ihr Einsatz muß schlagartig in größtem Maße erfolgen ... Mit anderen Worten: jeder Fachmann, jeder Arbeiter und jede Arbeitsstunde, die zum äußersten Vorwärtstreiben dieses Programmes eingesetzt werden, erbringen ein Vielfaches an Wirkung für die Kriegsentscheidung als beim Einsatz in jedem anderen Programm. Jede Verzögerung dieses Programms kann kriegsentscheidende Folgen haben.«

8 Vgl. Führerprotokoll vom 23. Juni 1942, Punkt 21.
9 Vgl. Führerprotokoll vom 13./14. Oktober 1942, Punkt 25. Auch 5000 Fernraketen, also über fünf Monatsproduktionen, hätten lediglich 3750 Tonnen Sprengstoff transportiert; ein einziger Angriff der kombinierten amerikanischen und britischen Bomberflotten dagegen rund 8000 Tonnen.
10 Dieser Befehl vom 12. Dezember 1942 ermächtigte die Beteiligten, von der noch unfertigen Konstruktion die Fertigungsplanung durchzuführen und die Werkzeugmaschinen zu bestellen, deren Lieferung Monate beanspruchte; Verhandlungen mit den Zulieferfirmen konnten aufgenommen und die notwendigen Materialkontingente in den Fertigungsprozeß eingeschleust werden.
11 Vgl. Führerprotokoll vom 8. Juli 1943, Punkte 18, 19 und 20.
12 Über weitere Details gibt David Irving: »Die Geheimwaffen des dritten Reiches, Gütersloh 1965, Auskunft.
13 Führerprotokoll vom 19.–22. August 1943, Punkt 24.
14 Mein Vorgänger Dr. Todt hatte den Ehrenrang eines Generalmajors der Luftwaffe, was ihn bei Verhandlungen mit seinen Kontrahenten, die über bedeutend höhere Ränge verfügten, in eine unterlegene Position versetzte. Schon aus diesem Grund verbot sich diese Praxis, die ich indessen auch aus allgemeinen Gründen ablehnte.
15 Vgl. Führerprotokoll vom 20.–22. September 1942, Punkt 36.
16 Der Chef des Amtes für Zulieferungen (Rüstungslieferungsamt), Dr. Walter Schieber, bestätigte in einem Brief vom 7. Mai 1944 (Nürnberger Dokument 104 PS.) rückblickend, daß der Aufbau dieser »Arbeitslager« genannten Außenstellen von Konzentrationslagern trotz vieler Reibungen mit der SS gerechtfertigt sei, da »der sachliche und menschliche Erfolg die Nachteile« aufwiegen würde.

17 Wie erschreckend der Eindruck war, den das Lager auf uns machte, erhellt aus den hintergründigen Formulierungen der Chronik vom 10. Dezember 1943: »Am Morgen des 10. Dezember fuhr der Minister zur Besichtigung eines neuen Werkes im Harz. Die Durchführung dieser gewaltigen Aufgabe verlangte von den führenden Männern die letzte Kraft. Einige waren soweit, daß sie zur Auffrischung ihrer Nerven zwangsweise in Urlaub geschickt werden mußten.«
18 Vgl. Chronik vom 13. Januar 1944.
19 Zitate aus dem Brief Leys vom 26. Mai 1944 und meiner Antwort vom folgenden Tag.
20 Vgl. Führerprotokoll vom 3.–5. Juni 1944, Punkt 21.
21 Vgl. E. Georg: »Die wirtschaftlichen Unternehmungen der SS«, Stuttgart 1963.
22 Dr. Schieber führt in seinem Schreiben vom 7. Mai 1944 weiter aus: »Von dem hohen Prozentsatz ausländischer, insbesondere russischer Arbeiter in unseren Rüstungsbetrieben geht allmählich ein nicht mehr zu vernachlässigender Anteil in die Wirtschaftsbetriebe der SS über und damit uns verloren. Dieser Entzug wird verursacht durch die immer weitere Ausdehnung des großen Wirtschaftskonzerns der SS, die insbesondere vom Obergruppenführer Pohl konsequent weiterverfolgt wird.«
In der Sitzung des Rüstungsstabes vom 26. Mai 1944 hatte Kammler sich gebrüstet, daß er »einfach 50 000 Leute in Schutzhaft genommen habe, um sich die notwendigen Arbeitskräfte (für SS-Betriebe) zu besorgen«.
23 Vgl. Führerprotokoll vom 3.–5. Juni 1944, Punkt 21.
24 Eugene Davidson in »Modern Age«, Jahrgang 1966, Heft 4, in seinem Aufsatz: »Albert Speer and the Nazi War Plans.«

26. Kapitel · *Unternehmen Walküre*

1 Diese Maßnahmen wurden in der Sitzung der zentralen Planung vom 19. Mai 1944 beschlossen. Sieben Tage später, vom 26. Mai 1944 an, gelang es den gegnerischen Luftstreitkräften innerhalb kurzer Zeit, sechsundzwanzig Seinebrücken zu zerstören.
2 Vgl. Tagebuch Jodl vom 5. Juni 1944; ferner Führerprotokoll vom 8. Juni 1944, Punkt 4: »Der Führer stimmt meinen im Schreiben vom 29. Mai an Jodl geäußerten Hinweisen über eine Invasion zu.«
3 Der ausführliche Erlaß des »Chefs der Heeresrüstung und Befehlshabers des Ersatzheeres«, Generaloberst Fromm, vom 31. Juli 1943, »betrifft Walküre«, bezieht sich auf einen vorhergehenden Erlaß vom 26. Mai 1942.
4 Vgl. meinen Brief zur Entlastung Fromms an Reichsjustizminister Thierack vom 3. März 1945.
5 Vgl. Erlaß Hitlers vom 13. Juli 1944.
6 Vgl. Chronik vom 9. Juli 1944.
7 In dieser Denkschrift vom 20. Juli 1944 wandte ich meine Erfahrung aus der Industriearbeit auf die Wehrmachtsverwaltung ebenso an, wie einige Kenntnisse, die ich in Gesprächen mit Generalstäblern, wie Olbricht, Stieff, Wagner usw. gewonnen hatte. Die Rechnung könne nicht aufgehen, so meinte ich darin, denn den 10,5 Millionen Eingezogenen entsprächen nur 2,3 Millionen,

die als Truppe im Einsatz stünden. Deutsche Organisationskunst teile in möglichst viele selbständige Gliederungen auf, bei denen wiederum jede Gliederung eine möglichst vollkommene Autarkie auf allen Gebieten durchgeführt habe. Die Denkschrift fährt fort: »So haben wir in der Wehrmacht für die drei Wehrmachtsteile selbst, für die Waffen-SS, für die OT und für den Reichsarbeitsdienst alle Untergliederungen unabhängig voneinander eingerichtet. Die Bekleidung, die Verpflegung, das Nachrichtenwesen, das Sanitätswesen, der Nachschub, der Transportraum, alle diese Dinge sind getrennt organisiert, haben ihre getrennte Lagerhaltung und erhalten getrennt voneinander ihre Nachlieferungen.« Die Folge sei ein überflüssiger Aufwand an Menschen wie an Material.

8 Vgl. Chronik vom 20. Juli 1944.
9 Es ist anzunehmen, daß Hitler Goebbels, der in Berlin die Abwehrmaßnahmen durchführte, über die Richtung des Verdachtes informiert hatte. Zu diesem Zeitpunkt war von Rastenburg aus bereits befohlen worden, Stauffenberg in der Bendlerstraße zu verhaften. Verdacht muß gleichzeitig auf Fromm gefallen sein; denn schon um 18 Uhr hatte Hitler Fromm abgesetzt und Himmler zum Nachfolger ernannt. Daß Goebbels mich seinerseits nicht einweihte, könnte darauf hinweisen, daß er mir nicht voll vertraute.
10 Dieser Zeitplan ist in »Der 20. Juli«, Berto-Verlag, Bonn 1961, abgedruckt.
11 Das geht auch aus dem Bericht Remers hervor, den er zwei Tage später abgab.
12 Vgl. meinen Brief an Thierack vom 3. März 1945.
13 Himmler zögerte anscheinend, einem von Hitler um 17 Uhr gegebenen Befehl nachzukommen, sich nach Berlin zu begeben. Er hielt sich zunächst in seinem Hauptquartier auf, um erst spät abends von dort nicht in Berlin-Tempelhof, sondern einem abgelegenen Flugplatz außerhalb der Stadt zu landen.
14 Nach Führerprotokoll vom 6.–8. Juli 1944, Punkt 2.
15 Ley schrieb am 23. Juli 1944 im »Angriff« einen Leitartikel, der diese Wendung des Regimes gegen die Militäraristokratie anzeigte: »Degeneriert bis in die Knochen, blaublütig bis zur Idiotie, bestechlich bis zur Widerwärtigkeit und feige wie alle gemeinen Kreaturen, das ist die Adelsclique, die der Jude gegen den Nationalsozialismus verschickt ... Dieses Geschmeiß muß man ausrotten, mit Stumpf und Stiel vernichten ... Es genügt nicht, die Täter allein zu fassen ... man muß auch die ganze Brut ausrotten.«
16 Dieser Organisationsplan entsprach etwa dem in der Bendlerstraße gefundenen Entwurf eines Erlasses, den Reichsverweser Beck »über die vorläufige Kriegsspitzengliederung« unterschreiben sollte. Außerdem gab es noch eine Ministerliste, in der das Rüstungsministerium Goerdeler, dem zukünftigen Reichskanzler, unterstellt werden sollte. Auch auf ihr war ich als Minister eingetragen und wieder mit einem Fragezeichen und mit dem Vermerk versehen, daß ich erst nach vollzogenem Umsturz zu befragen sei. (Aus »Der 20. Juli«, Bonn 1961.)
17 Vgl. Bericht Kaltenbrunners vom 12. Oktober 1944 an Bormann in Karl Heinrich Peter: »Spiegelbild einer Verschwörung. Die Kaltenbrunner-Berichte an Bormann und Hitler über das Attentat am 20. Juli 1940.« Geheime Dokumente aus dem ehemaligen Reichssicherheitsamt. Stuttgart 1961.
18 Nach einer Mitteilung Walter Funks.
19 Als »Hauptamtsleiter« der Partei stand ich rangmäßig unter den zu derartigen Parteitagungen zugelassenen Reichsleitern.

20 Teile dieser Rede Hitlers wurden veröffentlicht; vgl. Domarus, a.a.O.
21 Aus meiner Nürnberger Aussage vom 20. Juni 1946. Ich konnte mich dabei auf Schirach als weiteren Zeugen berufen.
22 Ich setzte mich, wie in Gregor Janssen: »Das Ministerium Speer« zusammengestellt ist, für die Freilassung von General Speidel, Verleger Suhrkamp, der Frau von General Seydlitz und dessen Schwager Dr. Eberhard Barth, weiter für den Grafen Schwerin, für Generaloberst Zeitzler, General Henrici und für die durch Goerdeler belasteten Industriellen Vögler, Bücher, Meyer (MAN), Stinnes, Haniel, Reuter, Meinen und Reusch ein.
23 Vgl. Chronik von Ende August und 20. September 1944.

27. Kapitel · Welle vom Westen

1 Aus der Rede vor Mitarbeitern vom 31. August 1944.
2 Vgl. die Chronik vom 10. und 31. August 1944.
3 Vgl. den Brief vom 20. September 1944.
4 Diese Forderung zielte direkt gegen Bormanns Machtanspruch. Ich verlangte von Hitler, »in allen Fragen der Rüstung und Kriegsproduktion an die Gauleiter unmittelbar die notwendigen Weisungen zu erteilen, ohne daß dabei von mir der Leiter der Parteikanzlei (Bormann) beteiligt zu werden braucht.« Die Gauleiter sollten verpflichtet werden, »mir unmittelbar zu berichten, auch in grundsätzlichen Fragen der Rüstung und Kriegsproduktion sich unmittelbar mit mir in Verbindung zu setzen.« Bormanns primitives Machtsystem beruhte aber gerade darauf, daß er zwar den Gauleitern immer neue Staatsaufgaben zudachte, aber darauf bestand, »daß alle Meldungen grundsätzlich über ihn laufen« und »daß Weisungen an die Gauleiter wegen der Einheitlichkeit der Befehlsgebung nur über ihn erfolgen können.« Er schob sich damit zwischen die Ministerien und die Durchführungsinstanz und machte die einen wie die anderen von sich abhängig.
5 »Dr. Goebbels und Reichsleiter Bormann, sowie in der Mittelinstanz die Gauleiter mit ihren Parteidienststellen schießen unaufhörlich gegen die Rüstungsbetriebe«, wird Anfang Oktober, also eine Woche später, in der Chronik vermerkt, die fortfährt: »Es geht dem Minister darum, jetzt zu klären, wer in der Rüstung künftig etwas zu sagen hat. Trotz aller Vereinbarungen mit Dr. Goebbels wird der Minister überfahren. Ordnungsrufe an die Gauleiter bleiben bei Dr. Goebbels hängen, Telefongespräche werden totgeschwiegen, bis vollendete Tatsachen hergestellt sind. Spannung und Ärger steigen auf beiden Seiten.« Etwa eine Woche später befahl ich, über meine Behandlung empört, dem Leiter der Zentralabteilung Kultur und Propaganda, daß mein Name »nicht mehr in der Presse erscheint«. Chronik.
6 Vgl. den Bericht über die Reise vom 26. September bis 1. Oktober 1944. – Vier Wochen später wies ich Hitler in meinem Bericht über die Reise zur Heeresgruppe Südwest vom 19.–25. Oktober 1944, unterstützt von Generalstabschef Guderian, darauf hin, daß im Monat September die kämpfende Truppe nur einen Bruchteil der Waffenlieferung erhalten hatte: »Erkundigungen beim Generalquartiermeister ergaben, daß im Monat September folgende Zahlen zum

direkten Nachschub an die kämpfende Truppe an allen Fronten zugewiesen wurden:

	Nachschub für Frontdivisionen:	Neuaufstellung
Pistolen	10 000	78 000
Maschinenpistolen	2 934	57 660
Maschinengewehre	1 527	24 473
2 cm Flak	54	4 442
3,7 cm Flak	6	948
7,5 cm Pak	180	748
8 cm Granatwerfer	303	1 947
12 cm Granatwerfer	14	336
leichte Feldhaubitzen	275	458
schwere Feldhaubitzen	35	273
Lastkraftwagen	543	4 736
Raupenschlepper	80	654
Panzer	317	373
Sturmgeschütze	287	762

7 So besaß laut Bericht meiner Reise vom 10.–14. September 1944 die bei Metz eingesetzte 1. Armee für 140 km Frontlänge noch 112 Geschütze, 52 Panzerkampfwagen, 116 schwere Pak, 1320 Maschinengewehre. Das 81. Armeekorps konnte zur Verteidigung Aachens und seiner wichtigen Industrie nur 33 Geschütze, 21 Panzer und 20 schwere Pak einsetzen. Ich schrieb Hitler im gleichen Bericht: »Der Bestand an schweren Waffen ist so unzulänglich, daß ein Durchbruch an fast jeder Stelle möglich erscheint. 100 Panzer mit 500 Mann Besatzung können den Widerstand von 10 000 Soldaten brechen, die ohne schwere Waffen« seien.

8 Vgl. Führerprotokoll vom 19.–22. Juni 1944, Punkt 9.

9 Vgl. Nürnberger Dokument RF. 71. Danach hatte Sauckel bereits am 26. April 1944 Hitler einen »Führerbefehl« vorgeschlagen: »An den Oberbefehlshaber West und an die Militärbefehlshaber Frankreich, Belgien, Holland. Für den Fall einer Invasion muß unter allen Umständen sichergestellt werden, daß leistungsfähige Arbeitskräfte dem Zugriff des Feindes entzogen werden. Die Rüstungslage im Reich verlangt, daß derartige Kräfte in größtmöglichstem Ausmaß den deutschen Rüstungsbetrieben sofort zur Verfügung gestellt werden.«

Am 8. Mai 1944 wurde in das offizielle Protokoll einer Verhandlung Sauckels mit der französischen Regierung aufgenommen: »Gauleiter Sauckel erklärt, er habe seiner Dienststelle einen Mobilmachungsplan für den Invasionsfall gegeben mit der Auflage, in diesem Falle die freiwerdenden Belegschaften rücksichtslos nach Deutschland abzutransportieren.« – Keitel gab im Anschluß an die Kabinettssitzung unter dem Vorsitz von Lammers vom 11. Juli 1944 den Befehl an den Militärbefehlshaber Frankreich, »daß Gewaltmaßnahmen zur Gefangennahme französischer Arbeiter ergriffen werden müssen.« – Dagegen entschied ich, »daß trotz der Invasion die Produktion in Frankreich weiter aufrechtzuerhalten ist und eine Räumung nur für wichtigere Engpaßmaschinen in Frage kommt«. Chronik.

10 Vgl. Führerprotokoll vom 18.–20. August 1944, Punkt 8.

Im Urteil des Internationalen Militärtribunals vom 30. September 1946 wird über diese und meine spätere Tätigkeit festgestellt, »daß er (Speer) im Endstadium des Krieges einer der wenigen Männer war, die den Mut hatten, Hitler zu sagen, daß der Krieg verloren sei und Schritte zu unternehmen, um – sowohl in den besetzten Gebieten als in Deutschland – die sinnlose Vernichtung von Produktionsstätten zu verhüten. Er führte seine Opposition zu Hitlers Programm der verbrannten Erde in einigen westlichen Ländern und in Deutschland durch, indem er diese unter beträchtlicher persönlicher Gefahr bewußt sabotierte.«

11 Der Gauleiter von Köln (Grohé) war von Hitler für Belgien, der Gauleiter von Mosel (Simon) für Luxemburg und Minettegebiet, der von Saarpfalz (Bürckel) für Meurthe et Moselle verantwortlich eingesetzt.
Ich konnte durch Hitlers Zustimmung beispielsweise am 5. September 1944 an Gauleiter Simon schreiben: »Es muß auf jeden Fall dafür gesorgt werden, daß die Minette, der Luxemburgische Raum und auch die anderen Industriegebiete, soweit sie in Feindeshand fallen sollten, in ihrem Betrieb nur gelähmt werden, das heißt, daß durch Herausnahme und Rückführung irgendwelcher, meist elektrischer Aggregate der Betrieb auf einige Monate unterbrochen wird, ohne die Anlagen selbst zu beschädigen. Wir müssen damit rechnen, daß wir die Minette wieder bekommen, da sie für die Fortführung des Krieges auf weite Sicht für uns nicht entbehrt werden kann. Die Erfahrungen in Rußland haben gezeigt, daß Industriewerke oft mehrmals den Besitzer gewechselt haben, ohne daß von der einen oder der anderen Seite Zerstörungen vorgenommen worden sind und der jeweilige ›Nutznießer‹ die Anlage betrieb. Die Reichsvereinigung Eisen und Kohle wird entsprechend angewiesen.« Diese Reichsvereinigungen erhielten den gleichen Befehl mit dem Zusatz: »Mit der Bitte, dasselbe für die gefährdeten Kohlengebiete Belgiens, Hollands und des Saargebietes zu veranlassen. Die Pumpanlagen für die Kohlenschächte müssen dabei in Ordnung bleiben.«

12 Fernschreiben vom 13. September 1944 an die Gauleiter des Ruhrgebietes: Es dürfe »grundsätzlich nur gelähmt werden, das heißt durch Herausnahme und Rückführung irgendwelcher meist elektrischer Aggregate der Betrieb vorübergehend unterbrochen« werden. Bergbau und Stahlindustrie sollten erst in zweiter Linie für derartige Maßnahmen in Frage kommen; sie waren damit praktisch davon ausgeschlossen.

13 Zitat aus dem Leitartikel Helmut Sündermanns, des stellvertretenden Reichspressechefs, vom 7. September 1944. Sündermann erklärte mir einige Wochen später bedauernd, daß Hitler diesen Text ihm im einzelnen befohlen hatte.

14 Aus dem Bericht einer Reise vom 10.–14. September 1944. .

15 Durch Schreiben vom 16. September 1944 willigte Bormann ein, diese Entscheidung Hitlers auch für die besetzten Westgebiete Hollands, Frankreichs und Belgiens und auf alle Gaue im Osten, Süden und Norden des Reiches zu erstrecken. Durch Brief an die Vorsitzer der Rüstungskommission und die Rüstungsinspekteure vom 19. September 1944 übernahm ich zwei Tage später die Verantwortung für alle Fälle, in denen dem Gegner ein Betrieb selbst ohne Lähmung übergeben wurde: »Ich werde in Zukunft eher einen Vorwurf daraus machen, daß eine Lähmung frühzeitig und übereilt vorgenommen wurde, als daß durch einen zu späten Befehl die Lähmung nicht mehr durchgeführt werden konnte.«

Ein Schreiben vom 17. September legte für die linksrheinischen Stein- und Braunkohlenzechen fest, daß für den Fall der Besetzung der technische Leiter mit einer Notbelegschaft im Betrieb bleibt, »um das Versaufen der Schachtanlagen oder sonstige betriebsschädigende Einflüsse nach Möglichkeit zu verhindern«. Ein Rundschreiben der mir unterstehenden Reichsstelle für Elektrizitätswirtschaft gab am 5. Oktober 1944 genaue Anordnungen für die Kraftwerke.

16 Vgl. meine Denkschrift vom 5. September 1944 sowie Führerprotokoll vom 18.–20. August 1944, Punkt 5: »Der Führer legt einen »Minimal-Wirtschaftsraum« fest, für den im einzelnen festgestellt werden soll, wie lange mit den vorhandenen Vorräten und den darin vorhandenen Produktionen eine gesteigerte Rüstung durchgeführt werden kann.«

17 Denkschrift vom 5. September 1944. – Unsere Nickel- und auch Manganvorräte reichten fünf Monate länger als unser Chromvorrat. Da wir Tausende von Kilometern Kupferkabel der Hochspannungsleitungen durch Aluminiumkabel ersetzt hatten, war Kupfer, ursprünglich einer der gefährlichsten Engpässe unserer Rüstung, auf siebzehn Monate bevorratet.

18 Die Zitate stammen aus den Berichten über die Reisen vom 26. September bis 1. Oktober, vom 19.–25. Oktober und vom 7.–10. Dezember 1944.

19 Laut Tagebucheintragung Jodls vom 10. November 1944.

20 Das Zitat über die Streckung der Sprengstoffe durch Steinsalze stammt aus der Denkschrift vom 6. Dezember 1944 über die Stickstoffversorgung. Stickstoff war Grundstoff der Sprengstofferzeugung. Vor den Angriffen produzierten wir (mit den besetzten Gebieten) 99 000 Tonnen/Monat, im Dezember 1944 noch 20 500 Tonnen. Im September 1944 wurden 32 300 Tonnen Sprengstoff 4 100 Tonnen Streckmittel zugefügt, im Oktober 35 900 Tonnen durch 8 600 Tonnen und im November 35 200 Tonnen durch 9200 Tonnen Steinsalz verlängert. (Schnellbericht des Planungsamtes vom Januar 1945.)

21 Nach der »Ausstoß-Übersicht« des Technischen Amtes vom 6. Februar 1945 wurden vor den Angriffen auf die Flugzeugindustrie im Januar 1944 1 017, im Februar während der Angriffe 990, im März 1 240, im April 1 475, im Mai 1 755, im Juni 2 034, im Juli 2 305, im August 2 273, im September 2 878 Tag- und Nachtjäger geliefert. Diese Steigerung wurde zu einem großen Teil durch Drosselung, besonders der mehrmotorigen Typen erreicht. Das Gewicht aller gelieferten Flugzeuge stieg, nach den »Indexziffern der deutschen Rüstungsendfertigung« von Januar 1945 von 232 im Januar 1944 auf nur 310 im September, also um 34 %. In diesem Zeitraum erhöhte sich der Anteil der Jäger an der Gesamtflugzeugproduktion (nach Gewicht) von 47,7 % auf 75,5 %.

22 Zentrale Planung vom 25. Mai 1944: »Die Zahl der Flugzeuge, die im Mai herauskommen werden, ist so groß, daß der Generalstab glaubt, nach einer gewissen Zeit die Verluste des Gegners so hoch zu gestalten, daß die Einflüge ins Reichsgebiet unrentabel werden. Wenn fünf Jäger an den Feind kommen, wird ein Bomber zur Strecke gebracht. Jeder abgeschossene Bomber kostet zur Zeit einen Jäger.«

23 Vgl. Führerprotokoll vom 18.–20. August 1944, Punkt 10.

24 Zitate aus der Chronik vom 21. und 24. August 1944.

Trotz Hitlers Anordnung, daß die Jagdflugzeuge auf die Hälfte gedrosselt wer-

den sollten, blieb deren Produktion fast gleich: Im Juli 2 305, im Dezember 2 352.
25 Vgl. Bericht meiner Reise vom 10.–14. September 1944.
Einige Tage zuvor, am 31. August 1944, hatte ich meinen Mitarbeitern gesagt, »daß ich nicht in die Psychose verfallen möchte, den neuen Waffen zuviel Bedeutung zuzuweisen. Ich bin auch nicht daran beteiligt, daß sie jetzt in der Propaganda eine derart vordringliche Rolle spielen.«
Ähnlich äußerte ich mich am 1. Dezember 1944 in Rechlin vor meinen Mitarbeitern: »Sie haben (nach einer Vorführung neuer Entwicklungen) gesehen, daß wir über eine Wunderwaffe nicht verfügen und wohl auch nie verfügen werden! Von unserer Seite, von der technischen Seite aus, ist immer klar herausgestellt worden, für jeden der es wissen will, daß auf dem technischen Gebiet Wunder, wie sie vom Laien erwartet werden, nicht gut möglich sind... Bei meinen Besuchen an der Front habe ich immer wieder festgestellt, daß die Divisionskommandeure und die Regimentskommandeure darüber besorgt sind, daß ihre Mannschaften mit einem immer stärkeren Glauben an diesen Wunderdingen hängen. Ich halte das für verhängnisvoll.«
Einige Wochen später, am 13. Januar 1945, wurde ich im 3. Lehrgang der kommandierenden Generale und Korpskommandanten gefragt: »Kann mit der Einführung neuer Waffen noch gerechnet werden, nachdem im letzten Vierteljahr propagandamäßig so viel von neuen Waffen gesprochen worden ist?« Ich antwortete: »Ich kann von mir aus nur sagen, daß ich diesen Gerüchten aufs energischste entgegentreten werde, und letzten Endes kam ja die Propaganda nicht von mir... Ich habe immer wieder gesagt, daß Wunderwaffen nicht zu erwarten sind, und habe auch dem Führer mehrmals schriftlich gegeben, daß ich diese ganze Propaganda für absolut verkehrt halte – nicht nur führungsmäßig verkehrt halte, sondern auch, weil man den Kampfwert des deutschen Soldaten nicht ernst nimmt... Niemals haben wir eine Wundergeschichte, die auf den Tisch gelegt wird, und dann ist der ganze Krieg zu Ende. Solche Aussichten bestehen nicht.«
26 Schwarz van Berk hatte am 10. Dezember 1944 in der Zeitschrift »Das Reich« einen Aufsatz veröffentlicht, den ich als Vertrauensbruch auffaßte, da er zum zweiten Mal Informationen, die er »im internen Kreis meiner Rüstungsdienststellen erhalten« hatte, zu einem Artikel verwandte. »Sie werden daher verstehen«, so endete mein Brief vom 15. Dezember, »daß Sie zu internen Veranstaltungen meines Ministeriums nicht mehr eingeladen werden.«

28. Kapitel · *Der Absturz*

1 Nach dem amerikanischen Vorbild Bazooka weiterentwickelt. Von der Panzerfaust wurden im November 1944 997 000 Stück, im Dezember 1 253 000 Stück und im Januar 1945 1 200 000 Stück gefertigt.
2 Tatsächlich ließ sich Churchill am 5. August 1944 über die Möglichkeiten Großbritanniens unterrichten, einen Giftgaskrieg gegen Deutschland zu führen. Die 32 000 t Senf- und Phosgengas würden, dem Bericht zufolge, »etwa 2500 qkm deutschen Gebiets, mehr als die Gebiete von Berlin, Hamburg, Köln, Essen,

Frankfurt und Kassel zusammengenommen, wirksam verseuchen« können. Nach Irving, Die Geheimwaffen des Dritten Reiches, Hamburg 1969.

Nach meinem Schreiben an Keitel vom 11. Oktober 1944 (RLA 1302/44) betrug unsere Produktion bis zu den Angriffen auf die chemische Industrie im Sommer 1944 monatlich 3100 t Lost und 1000 t Tabun. Es müssen also auf unserer Seite in den fünf Kriegsjahren große Mengen an Giftstoffen angesammelt worden sein, die die der Briten überstiegen, selbst wenn man annimmt, daß die dazu notwendige Kapazität im Laufe der Kriegsjahre ausgebaut wurde.

3 Im Oktober 1944 wurden von den zur Erzeugung von Giftgasen notwendigen Grundprodukten noch hergestellt: Methanol (Monatsdurchschnitt 1943: 21 500 t) Oktober 1944   10 900 t; Cyan (1943: 1234 t) Oktober 1944   336 t.

4 Vgl. Denkschrift vom 11. November 1944

5 Ohne Zweifel wäre die Hoffnung der Gegner auf eine Beendigung des Krieges im Winter 1944/45 eher durch eine Ausschaltung der chemischen Industrie erfüllt worden. Denn der Verkehr erholte sich regelmäßig weit schneller als wir erwarteten, so daß die tägliche Wagengestellung (1943 im Durchschnitt 139 000) im Januar 1945 immer noch 70 000, also die Hälfte, im Februar 39 000, also ein Drittel, im März 1945 15 000, also immerhin ein Neuntel der ursprünglichen Gestellung betrug. Durch ihre großen Vorräte konnte die Rüstung durch dieses Ergänzungsprogramm immer noch Leistungen erzielen, die weit über dieser Reduzierung des Verkehrs lagen: Der Index der gesamten Rüstung betrug im Durchschnitt des Jahres 1944 277 (1943: 222). Im Januar 1945 war er auf 227, also um 18 %, abgesunken, im Februar auf 175, also um 36 % und im März 1945 auf 145, also um etwa die Hälfte – bei einem Neuntel de sVerkehrsvolumens.

Wir erzeugten (1943: 225 800 t) im Januar 1945 noch 175 000 t (sogenannte Generalquartiermeister-Tonnen) Munition, also noch immerhin 70 % von 1943, denen aber nur noch ein Achtel des Stickstoffes gegenüberstand. Wir stellten im Januar 1945 3185 Flugzeuge her (1943: 2091/Monat), verfügten aber nur über ein Dreizehntel des Treibstoffes. Wir lieferten im Januar 1945 1766 Panzer, Panzerjäger, Sturmgeschütze und Selbstfahrlafetten (Durchschnitt 1943: 1009). 5089 Lastwagen und leichte Schlepper (1943: 10 453), 916 Zugkraftwagen (1943: 1416), hatten aber nur noch ein Viertel der bisherigen Produktion an Treibstoff zur Bewegung dieser Fahrzeuge zur Verfügung.

Die katastrophale Entwicklung der Chemieproduktion war also der entscheidende Faktor für die Minderung unserer Kampfkraft.

6 Zitiert aus dem Führerprotokoll vom 12. Oktober 1944, Punkt 27.

7 In meinem Reisebericht vom 31. Dezember 1944 schrieb ich Hitler: »Der Verkehr ... muß bei vollständig abgeblendetem Licht durchgeführt werden. Durch nächtliche Behinderung und durch den Ausfall aller Tagesfahrten erreichen unsere Bewegungen, auch bei gleichwertigem Straßensystem, nur die Hälfte bis ein Drittel der gegnerischen, die (bei Tag) fast ungehindert und bei Nacht mit hellem Licht verkehren können. Eine weitere schwerwiegende Behinderung, insbesondere des Nachschubs, ist durch den Zustand der Straßen in Eifel und Ardennen hervorgerufen ... Der größte Teil der Wegstrecken hat Steigungen und Kurven, sie stehen dadurch in nichts den Fahrschwierigkeiten einer Alpenstraße nach ... Das operative Denken der oberen Führung und die daraus entstehenden Befehle sind bestimmt nicht immer auf die damit zusammenhängenden Nach-

schubprobleme abgestimmt. Der Nachschub spielt in allen vorbereitenden Überlegungen scheinbar eine untergeordnete Rolle ... Ist der Nachschub nicht richtig durchgerechnet und berücksichtigt, dann muß die Operation aus diesem Grunde scheitern.«
8 Nur der Tod der Zarin Elisabeth rettete ihn, auch nach Meinung Hitlers, vor dem Vollzug einer bereits vollendeten Niederlage.
9 Zitiert aus dem Führerprotokoll vom 3.–5. Januar 1945, Punkt 23.
10 Nach Führerprotokoll vom 3.–5. Januar 1945, Punkt 24. Es handelte sich um einen Erfolg Saurs, der sich bei Hitler über die Übergriffe von Himmlers Stellvertreter, des SS-Obergruppenführers Jüttner, in unsere Selbstverantwortung der Industrie immer wieder beschwert hatte. Einzelheiten machten Hitler schließlich so ärgerlich, daß er die Absetzung Himmlers verfügte.
11 Zitat aus dem Fernschreiben an Hitler vom 21. Januar 1945 und aus der vorangegangenen Denkschrift vom 16. Januar 1945.
12 Allerdings nicht für lange: einige Monate später führte er den Kampf um Breslau ohne Rücksicht auf Menschenleben und wertvolle Gebäude, ließ sogar seinen alten Bekannten, den Ersten Bürgermeister der Stadt, Dr. Spielhagen, öffentlich aufhängen – um dann, wie ich später von dem Konstrukteur Flettner hörte, in einem der wenigen Prototypen eines Helikopters, aus dem belagerten Breslau kurz vor der Kapitulation zu fliehen.
13. Vgl. Rundfunkrede Hitlers vom 30. 1. 1945.
14 Das erste Zitat befindet sich auf Seite 693, das zweite auf Seite 104 von Hitlers »Mein Kampf«, Ausgabe 1935. Ich fand dazu in meiner Nürnberger Zelle auf Seite 780 das folgende ergänzende Zitat: »Sie wird aber dann auch diejenigen vor ihren Richterstuhl fordern, die heute im Besitze der Macht, Recht und Gesetz mit Füßen treten, die unser Volk in Not und Verderben führten und die im Unglück des Vaterlandes ihr eigenes Ich höher schätzten, als das Leben der Gesamtheit.«

29. Kapitel · *Die Verdammung*

1 Auch die Rüstungssitzungen mit Hitler überließ ich Saur. Am 20. Januar hatte ich dem erhaltenen Protokoll zufolge die letzte Rüstungsbesprechung mit Hitler; danach hielt er sie am 14. und 26. Februar, am 8. und 22. März mit Saur ab.
2 Model verzichtete an diesem Tag darauf, den größten pharmazeutischen Betrieb Deutschlands, Bayer-Leverkusen, als Artilleriestützpunkt zu benutzen. Er sagte zu, dies dem Gegner mitzuteilen und auch ihn zu bitten, die Fabrik zu schonen.
3 Der Entwurf vom 15. März 1945 wurde unter fachmännischer Mitarbeit von Oberst Gundelach, Chef des Stabes des Generals der Pioniere, aufgestellt.
4 Durch Rundschreiben vom 12. März 1945.
5 Wir hatten bereits Wochen zuvor vollzogene Tatsachen geschaffen: am 19. Februar 1945, einen Tag, nach dem ich durch einen Erlaß Hitlers »den gesamten Transportraum für Wehrmacht, Rüstung, Ernährung und Wirtschaft auf die Bedarfsträger ... aufzuteilen und die Rangfolge der Transporte festzusetzen« hatte, ordnete ich in meinem »Rundschreiben zur Verkehrslage« an: »Dabei

steht alles, was zur Erhaltung der deutschen Volkskraft notwendig ist, selbstverständlich an erster Stelle. Die Ernährung und Versorgung der Bevölkerung muß in größtmöglichem Umfang sichergestellt werden.« Die Verkehrslage zwang uns zu dieser Entscheidung, denn die Gestellung der Waggons war auf ein Drittel herabgesunken.

Dem Drängen Rieckes, des Staatssekretärs im Ernährungsministerium, war es zu verdanken, daß ich durch Erlaß des Planungsamtes vom 2. März 1945 und durch einen Befehl an das Amt Bau die Ernährungswirtschaft und die Betriebe für Landmaschinen vor der Rüstung mit Strom und Kohle versorgte und die Stickstoffwerke vor den Hydrierwerken wiederhergestellt wurden. Es waren die letzten meiner vielen Dringlichkeitserlasse. Die Rüstung wurde in ihnen nicht mehr erwähnt.

Lastkraftwagen-Kolonnen, die wir für dringende Rüstungstransporte in eigener Regie unterhielten, wurden mit dem dazugehörigen Treibstoff zur Verteilung des Saatgutes für die nächste Ernte bestimmt, nachdem die Reichsbahn erklärt hatte, daß sie diese Aufgabe nicht mehr durchführen könne. In einem besonderen Programm füllten wir in diesen Wochen die Lagerräume Berlins für mehrere Monate mit Lebensmitteln. Nach einem Angebot, das ich Staatssekretär Zintsch vom Kultusministerium machte, fuhren diese Lastwagen außerdem Kunstgut der Berliner Museen zur Bergung in die Salzhöhlen an der Saale. Die damals geborgenen Gegenstände bilden heute den Kern der Sammlung der Staatlichen Museen in Berlin-Dahlem.

6 An dem Beispiel Berlin erläuterte ich in dieser Denkschrift die Folgen der Brückenzerstörungen: »Die in Berlin vorbereiteten Brückensprengungen hätten zum Beispiel zur Folge, daß die Stadt Berlin ernährungsmäßig nicht mehr versorgt werden kann und darüber hinaus die industrielle Produktion und das Leben der Menschen in dieser Stadt auf Jahre hinaus unmöglich gemacht wird. Diese Sprengungen wären damit der Tod von Berlin.«
Auch für das Ruhrgebiet stellte ich Hitler in dieser Denkschrift die entstehenden Folgen vor: »Wenn im Ruhrgebiet die zahlreichen Brückenbauten der Bahn über die kleineren Kanäle und Täler oder die Überführungsbauwerke gesprengt werden, dann ist das Ruhrgebiet nicht mehr in der Lage, auch nur diejenigen Produktionen aufzunehmen, die notwendig werden, um die Brücken wieder herzustellen.« Weiter forderte ich von Hitler in der Denkschrift vom 15. März 1945 eine Verteilung der zivilen- und Wehrmachtslager, einschließlich der Ernährungslager beim Herannahen der Gegner auf ein Stichwort vornehmen zu lassen.

7 Hier haben wir ein Beispiel für das durch Hitlers plötzliche Reaktionen hervorgerufene Befehlsdurcheinander. Denn kurz vorher, ebenfalls am 18. März, hatte Keitel in einem Fernschreiben bekanntgegeben: »Der Führer hat eindeutig (!) entschieden: Soweit notwendig, sind in den unmittelbar feindbedrohten Gebieten des Westens die Auflockerungs- und Räumungsmaßnahmen durchzuführen.« Für eine Nichtbefolgung dieser Anordnung war volle Deckung vorgesehen: »Bei der Auflockerung und Räumung dürfen die militärischen Maßnahmen, die Rückführung von Ernährungsgütern und der Abtransport von Kohle nicht beeinträchtigt werden.«
Bormann erließ am nächsten Tag, am 19. März 1945, eine Durchführungsver-

ordnung zu dem neuesten Befehl Hitlers, nach dem, »falls Transportmittel nicht zur Verfügung stehen, die Evakuierung durch Trecks sicherzustellen ist. Der männliche Teil der Bevölkerung ist gegebenenfalls im Fußmarsch zurückzuführen.«

8 Zitiert nach der Wiedergabe dieser Bemerkung Hitlers in meinem Brief vom 29. März 1945. Ich schränkte damals ein: »Wenn ich Sie nicht mißverstanden habe...« Aber diese Formulierung sollte lediglich Hitler die Möglichkeit geben, sich von dieser Bemerkung zu distanzieren. Meinen damaligen Eindruck von Hitlers Worten faßte ich im gleichen Brief zusammen: »Nach diesen Worten war ich zutiefst erschüttert.«

9 Dieses Hauptquartier war in einem kleinen Schlößchen auf einer felsigen Anhöhe untergebracht und durch eine Treppe mit Bunkern verbunden. Es handelte sich um das Hauptquartier, das ich 1940 für Hitler erbaut und das er damals abgelehnt hatte.

10 Es handelt sich um den Führerbefehl über Zerstörungsmaßnahmen im Reichsgebiet. Sein voller Wortlaut: »Der Kampf um die Existenz unseres Volkes zwingt auch innerhalb des Reichsgebietes zur Ausnutzung aller Mittel, die die **Kampfkraft** unseres Feindes schwächen und sein weiteres Vordringen behindern. Alle Möglichkeiten, der Schlagkraft des Feindes unmittelbar oder mittelbar den nachhaltigsten Schaden zuzufügen, müssen ausgenützt werden. Es ist ein Irrtum zu glauben, nicht zerstörte oder nur kurzfristig gelähmte Verkehrs-, Nachrichten-, Industrie- und Versorgungsanlagen bei der Rückgewinnung verlorener Gebiete für eigene Zwecke wieder in Betrieb nehmen zu können. Der Feind wird bei seinem Rückzug uns nur eine verbrannte Erde zurücklassen und jede Rücksichtnahme auf die Bevölkerung fallen lassen.
Ich befehle daher:
1. alle militärischen, Verkehrs-, Nachrichten-, Industrie- und Versorgungsanlagen, sowie Sachwerte innerhalb des Reichsgebietes, die sich der Feind für die Fortsetzung seines Kampfes irgendwie sofort oder in absehbarer Zeit nutzbar machen kann, sind zu zerstören.
2. Verantwortlich für die Durchführung dieser Zerstörung sind die militärischen Kommandobehörden für alle militärischen Objekte einschließlich der Verkehrs- und Nachrichtenanlagen, die Gauleiter und Reichsverteidigungskommissare für alle Industrie- und Versorgungsanlagen sowie sonstige Sachwerte; den Gauleitern und Reichsverteidigungskommissaren ist bei der Durchführung ihrer Aufgabe durch die Truppe die notwendige Hilfe zu leisten.
3. Dieser Befehl ist schnellstens allen Truppenführern bekanntzugeben, entgegenstehende Weisungen sind ungültig.«
Dieser Befehl stand im genauen Gegensatz zu den Forderungen, die ich in meiner Denkschrift an Hitler, am 18. März, übergeben hatte: »Es muß sichergestellt werden, daß, wenn der Kampf weiter in das Reichsgebiet vorgetragen wird, niemand berechtigt ist, Industrieanlagen, Kohlebergwerke, Elektrizitätswerke und andere Versorgungsanlagen sowie Verkehrsanlagen, Binnenschiffahrtsstraßen zu zerstören. Mit einer Sprengung der Brücken im vorgesehenen Ausmaß würden die Verkehrsanlagen nachhaltiger zerstört, als es die Fliegerangriffe der letzten Jahre vermochten.«

11 Kesselring hatte durch den Vermerk »Zur Durchführung an den Oberbefehls-

haber der Heeresgruppe« jede Verantwortlichkeit für eine ungenügende Beachtung dieses Befehls an seinen Untergebenen, Feldmarschall Model, weitergeleitet.

30. Kapitel · *Hitlers Ultimatum*

1 Vgl. mein Schreiben vom 3. März 1945 an Reichsjustizminister Thierack und seine Antwort vom 6. März 1945.
2 Vgl. die von Saur unterzeichnete »Niederschrift über die Besprechung beim Führer am 22. März 1945«.
3 Der Erlaß hat folgenden Wortlaut:
»Betr.: Aufnahme der umquartierten Volksgenossen usw. aus Räumungsgebieten. Im Auftrage teile ich mit: Der Führer erließ am 19. 3. 1945 über Zerstörungsmaßnahmen einen Befehl, der Ihnen bereits übermittelt wurde oder anliegend zugestellt wird. Gleichzeitig ordnete der Führer in ebenso eindeutiger Weise an: Gebiete, die wir z. Zt. nicht halten können, sondern deren Besetzung durch den Feind vorauszusehen ist, sind zu räumen.
Der Führer verpflichtete die Gauleiter der Frontgaue, das Menschenmögliche zu tun, um die totale Räumung, d. h. die restlose Zurückführung aller Volksgenossen zu sichern. Die ungeheuren Schwierigkeiten, die mit dieser Forderung verknüpft sind, sind dem Führer nach vielfacher Schilderung geläufig.
Die Forderung des Führers beruht auf genauen, triftigen Erwägungen. Über die Unerläßlichkeit der Räumung ist gar nicht zu diskutieren.
Ebenso schwierig wie Räumung und Transport ist die Unterbringung der Volksgenossen in den innerdeutschen Aufnahmegauen. Diese scheinbar unmögliche Bergung der Volksgenossen aus den geräumten Gebieten muß aber bewältigt werden. Der Führer erwartet, daß die innerdeutschen Gaue für die unabweichbaren Forderungen der Stunde das erforderliche Verständnis zeigen.
Wir müssen mit allen Mitteln der Improvisierung die gegenwärtige Lage auf jedem Gebiet meistern.«
4 Soviel mir bekannt ist, nahm Florian von der Absicht, diesen Entwurf zu veröffentlichen, Abstand. – Es mag sein, daß er seine Bemerkungen über den Unwert des Volkes in einer früheren Besprechung machte.
5 Von Hitler war bestimmt worden, daß in einer 8 bis 15 km tiefen »Kampfzone« die Exekutive für Zerstörungen bei den Heeresstellen lag.
6 Es handelt sich um die »Durchführungsbestimmungen (Nachrichtenanlagen) zum Führerbefehl vom 19. 3. 1945, abgesandt am 27. März, 16 Uhr:
»Die Nachrichtenanlagen sind durch Sprengung, Brand oder Demolierung zu zerstören. Gründlich unbrauchbar zu machen sind die Fernsprech-, Telegrafen- und Verstärkerämter und die Leitungsknotenpunkte (Kabeleinführungen, Schaltstellen, Linien- und Kabelverzweiger, Abspannungsgestände und, falls genügend Zeit, auch oberirdische Linienzüge und Fernkabel), die Bestände an Telegrafenbauzeug, Telegrafenbaugerät aller Art, Kabel- und Leitungsmaterial, die Betriebsunterlagen (Kabelplanzeug, Beschaltungspläne, Gerätebeschreibungen und dergl.), die Großfunkanlagen (Sende-Empfangs-Betriebsstellen, Masten, Antennen). Es ist anzustreben, besonders wertvolle Einzelteile vorher abzutransportieren ...

Für die Reichshauptstadt und Umgebung, insbesondere die Großfunkanlagen Nauen, Königswusterhausen, Zeesen, Rehmate, Beelitz folgt Sonderbefehl.«

7 Nach der Rückkehr aus meiner Gefangenschaft teilte mir mein damaliger Amtschef Seebauer mit, daß Saur bereits während meiner Krankheit, im Frühjahr 1944, von Hitler zu meinem Nachfolger ausersehen war.

8 In seiner letzten Lagebesprechung vom 27. April 1945 reagierte Hitler schärfer: »Nichtbefolgung eines von mir gegebenen Befehls bedeutet für einen Parteiführer sofortige Vernichtung und den Stoß ins Nichts... Ich kann mir nicht vorstellen, daß ein Parteiführer, dem ich einen Befehl gab, sich unterstehen könnte, das nicht zu tun.« (Stenogramm, abgedruckt im Spiegel, Heft 3, 1966.)

9 Weitere Auszüge aus diesem Brief: »Ein – auch von Ihnen befohlenes Verlassen meines Postens wäre für mich in dieser entscheidenden Zeit als Fahnenflucht zu werten: dem deutschen Volk und auch meinen getreuen Mitarbeitern gegenüber. Trotzdem bin ich verpflichtet, Ihnen, ohne Rücksicht auf die Konsequenzen, die dies für meine Person haben kann, hart und ungeschminkt meine innere Einstellung zu den Ereignissen mitzuteilen. Ich habe Ihnen, – als einer der wenigen Mitarbeiter – immer offen und ehrlich meine Meinung gesagt und dabei will ich auch bleiben...

Ich glaube an die Zukunft des deutschen Volkes. Ich glaube an eine Vorsehung, die gerecht und unerbittlich ist und damit glaube ich an Gott. Es war mir weh ums Herz, als ich in den Siegestagen des Jahres 1940 sah, wie wir hierbei in weitesten Kreisen der Führung unsere innere Haltung verloren. Hier war die Zeit, in der wir uns der Vorsehung gegenüber bewähren mußten durch Anstand und durch innere Bescheidenheit. Der Sieg wäre dann bei uns gewesen. So wurden wir in diesen Monaten vom Schicksal als zu leicht befunden für größte Erfolge. Wir haben durch Bequemlichkeit und Trägheit ein Jahr kostbarer Zeit für Rüstung und Entwicklung vertan und damit die Grundlage dafür gegeben, daß in den entscheidenden Jahren 1944/45 vieles zu spät kam. Jede Neuerung ein Jahr früher und unser Schicksal wäre ein anderes. Als ob die Vorsehung uns warnen wollte, so wurden von nun ab alle militärischen Ereignisse von einem Unglück sondergleichen verfolgt. Noch nie haben in einem Krieg die äußeren Umstände, etwa das Wetter, eine so ausschlaggebende und unglückliche Rolle gespielt, wie ausgerechnet in diesem technischsten aller Kriege. Der Frost vor Moskau, das Nebelwetter bei Stalingrad und der blaue Himmel über der Winteroffensive 1944 im Westen...

Ich kann nur mit innerem Anstand und mit der Überzeugung und dem Glauben an die Zukunft weiter arbeiten, wenn Sie, mein Führer, sich wie bisher zur Erhaltung unserer Volkskraft bekennen. Ich gehe dabei nicht im Einzelnen darauf ein, daß Ihr Zerstörungsbefehl vom 19. März 1945 durch voreilige Maßnahmen die letzten industriellen Möglichkeiten nehmen muß und daß sein Bekanntwerden in der Bevölkerung größte Bestürzung auslöst. Das sind alles Dinge, die zwar entscheidend sind, aber an dem Grundsätzlichen vorbeigehen... Sie werden Verständnis dafür aufbringen, was in mir vorgeht. Ich kann mit voller Arbeitskraft nicht wirken und das notwendige Vertrauen nicht ausstrahlen, wenn gleichzeitig mit meiner Aufforderung an die Arbeiter zum höchsten Einsatz die Zerstörung ihrer Lebensbasis von uns vorbereitet wird.«

10 Der Erlaß hatte folgenden Wortlaut:
»Der Führer   Fhqu., den 30. März 1945
Zur einheitlichen Durchführung meines Erlasses vom 19. 3. 1945 ordne ich an:

1. Die befohlenen Zerstörungsmaßnahmen von Industrieanlagen dienen ausschließlich dem Zweck, dem Gegner die Nutzung dieser Anlagen und Betriebe zur Erhöhung seiner Kampfkraft unmöglich zu machen.
2. In keinem Fall dürfen die ergriffenen Maßnahmen die eigene Kampfkraft schwächen. Die Produktion muß bis zum letztmöglichen Zeitpunkt selbst unter der Gefahr aufrechterhalten bleiben, daß bei schnellen Bewegungen des Gegners einmal ein Werk unzerstört in seine Hände fällt. Industrieanlagen aller Art, einschl. der Versorgungsbetriebe, dürfen daher erst dann zerstört werden, wenn sie vom Feind unmittelbar bedroht sind.
3. Während bei Brückenbauwerken und anderen Verkehrsanlagen nur eine totale Zerstörung dem Feind die Nutzung auf längere Sicht unmöglich macht, kann bei Industrieanlagen auch durch nachhaltige Lähmung der gleiche Zweck erreicht werden.

    Totale Zerstörungen für besonders wichtige Werke werden auf meine Weisung vom Reichminister für Rüstung und Kriegsproduktion festgelegt. (z. B. Munitionsanstalten, wichtigste chemische Werke usw.)
4. Die Auslösung zur Lähmung und Zerstörung von Industrieanlagen und anderen Betrieben wird vom Gauleiter und Reichsverteidigungskommissar gegeben, der ihre Durchführung überwacht.

    Die Durchführung wird ausschließlich von den Dienststellen und Organen des Reichsministers für Rüstung und Kriegsproduktion vorgenommen. Dabei haben alle Dienststellen der Partei, des Staates und der Wehrmacht Hilfe zu leisten.
5. Durchführungsbestimmungen erläßt mit meiner Zustimmung der Reichsminister für Rüstung und Kriegsproduktion. Er kann Einzelanweisungen an die Reichsverteidigungskommissare geben.
6. Diese Grundsätze gelten sinngemäß für die Betriebe und Anlagen in der unmittelbaren Kampfzone.

                                                                               gez. Adolf Hitler.«

Der Erlaß bezog sich nur auf die Industrie; die Zerstörungen der Schiffahrt, der Bahnanlagen, der Post, der Brücken blieben unverändert befohlen.

11 Der über Jodl ergangene Befehl wurde am 29. März herausgegeben und von Bormann am 30. März den Reichs- und Gauleitern zur Kenntnis weitergesandt.
12 Diese Anordnungen und Maßnahmen sind in der »Geheimen Reichssache« vom 30. März 1945 aufgezählt.
13 Das an alle Wasserstraßendirektionen, die mir unterstanden, gerichtete Fernschreiben lautete:

»Sprengungen von Schleusen, Wehren, Talsperren, Kanalbrücken und Hafenanlagen sind auf Grund des Führererlasses vom 30. März 1945 unzulässig, solange ich nicht zugestimmt habe.
Nachrichtlich: Wehrmachtführungsstab mit der Bitte um Unterrichtung der militärischen Dienststellen.«

14 Ein Funkspruch von Gauleiter Uiberreither hatte beispielsweise folgenden Wortlaut:

»Funkspruch – PZR Nr. 5/6 0830 3. 4. 45
An den Reichsminister Albert Speer
Berlin W 8
Zum Führerbefehl vom 19. 3. bitte ich um Einzelweisung, welche Rüstungsbetriebe in meinem Gau auf keinen Fall zerstört werden müssen. Da die militärische Lage vollkommen labil ist, ist mit überraschendem Einbruch jederzeit zu rechnen. Ich mache aufmerksam auf Luftfahrtwerke Marburg, Steyr, Daimler-Puch-Graz, bzw. Verlagerungsbetriebe. Die Obersteierischen Rüstungsbetriebe sind unter dem Gesichtspunkt der mir nicht bekannten militärischen Lage in Niederdonau zu sehen. – Sollen Wasserkraft-Werke an Drau und Mur bzw. die Dampfkraftwerke, bevor sie unbeschädigt in die Hände des Feindes fallen, zerstört werden? Ihre Richtlinien gelten hier nur bedingt, da von einer zusammenhängenden Front nicht die Rede sein kann.
gez. Gauleiter Uiberreither.«

Meine Antwort lautete:
»An Gauleiter Uiberreither, Graz.   Berlin, den 3. April 1945
Laut Führer-Befehl vom 30. 3. 45 gibt es keine verbrannte Erde. Alle Anlagen und Betriebe sind so nachhaltig zu lähmen, daß dem Gegner keinerlei neue Kampfkraft zuwächst. In fast allen Fällen ist nachhaltige Lähmung durch Fachmänner ausreichend und erfüllt den vom Führer herausgestellten Zweck. Dies betrifft auch die in Ihrem Funkspruch benannten Werke. Mit seinem Befehl vom 30. 3. 45 hat der Führer absichtlich die verschiedenen Auslegungsmöglichkeiten des Befehls vom 19. 3. 45 beseitigt und sich eindeutig zu der Lähmung bekannt. Zerstörung also nur noch in den Fällen, in denen durch Lähmung der beabsichtigte Zweck nicht erreicht werden kann. Im übrigen erklärt der Führer: Arbeiten bis zum letztmöglichen Zeitpunkt. Elektrizitätswerke dürfen nur gelähmt werden.
gez. Speer.«

15 Der Erlaß Hitlers vom 7. April 1945 hatte folgenden Wortlaut (mit den von Hitler durchstrichenen Stellen):
Zur einheitlichen Durchführung meines Erlasses vom 19. 3. 1945 ordne ich für den Verkehr und für das Nachrichtenwesen an:
1. Operativ wichtige Brückenbauwerke müssen so zerstört werden, daß eine Benutzung durch den Gegner unmöglich wird.
Die Räume bzw. Abschnitte (Flußläufe, Autobahnstrecken usw.), in denen diese operativ wichtigen Brückenbauwerke zu zerstören sind, werden vom OKW jeweils im einzelnen festgelegt. Es sind schärfste Strafen auszusprechen, wenn diese Brückenbauwerke nicht zerstört werden.
2. Alle sonstigen Brückenbauwerke sind erst dann zu zerstören, wenn die Reichsverteidigungskommissare mit den zuständigen Dienststellen des Reichsverkehrsministeriums und des Reichsministers für Rüstung und Kriegsproduktion wegen Feindannäherung und Feindeinwirkung die Einstellung ihrer Produktion oder die Unmöglichkeit ihres Abtransportes feststellen.
Um die von mir mit Erlaß vom 30. März 1945 geforderte Produktion bis zum letztmöglichen Zeitpunkt durchführen zu können, ist ~~auch~~ der Verkehr bis zum letzten Augenblick ~~selbst unter der Gefahr aufrecht~~ zu erhalten~~, daß bei schnellen Bewegungen des Gegners einmal ein Brückenbauwerk, mit Ausnahme der unter »1« bezeichneten, unzerstört in seine Hände fällt.~~

3. Alle anderen verkehrswichtigen Objekte und Einrichtungen (andere Kunstbauten jeder Art, Gleisanlagen, Betriebsmittel und Werkstätteneinrichtungen) sowie die Nachrichtenanlagen der Reichspost, Reichsbahn und privater Gesellschaften sind nachhaltig zu lähmen.
Für alle Zerstörungs- und Räumungsmaßnahmen muß bedacht werden, daß mit Ausnahme der unter »1« genannten und gesondert befohlenen Vorhaben bei Rückgewinnung verlorener Gebiete diese der deutschen Produktion wieder nutzbar gemacht werden können.
Hauptquartier, am 7. 4. 1945

Adolf Hitler.«

Der Erlaß hatte folgende Vorteile: Es war kaum anzunehmen, daß jemals rechtzeitig alle beteiligten Dienststellen die notwendigen Feststellungen trafen. Die bis dahin befohlene Zerstörung von Bahn- und Postanlagen, Lokomotiven und Waggons, die Versenkung von Schiffen war einzustellen. Die Androhung schärfster Strafen wurde auf die operativ wichtigen Brücken beschränkt, da sie für Punkt 2. und 3. ausdrücklich ausgeschaltet blieb.

16 Keitel gab durch KR – Blitz-Fernschreiben Nr. 003403/45 gKdos vom 7. April 1945 lediglich Ausführungsbestimmungen zur totalen Zerstörung der operativ wichtigen Brückenbauwerke, vermied aber, die positiven Elemente des Erlasses Hitlers durch eine ebenfalls positive Auslegung wirksam zu machen.

31. Kapitel · *Fünf Minuten nach zwölf*

1 Der Entwurf zu dieser Rede stammt vom 8. April 1945, der mit den Pressekorrekturen vom 10. April 1945.
2 Nach Saur soll, wie er mir während der Nürnberger Gefangenschaft berichtete, Hitler in diesen Tagen gesagt haben, daß Speer doch der Beste von allen sei.
3 Der Teilungsplan Deutschlands war bekanntgeworden; Holstein gehörte zur englischen Zone. Ich glaubte, daß die Engländer sich den Familien der NS-Prominenz gegenüber fair verhalten würden; zudem lag das Gut im Befehlsbereich von Dönitz, zu dem ich mich begeben wollte, wenn die letzten Tage gekommen waren.
4 Dr. Gerhard Klopfer erklärte dazu in seiner eidesstattlichen Erklärung vom Juli 1947: »Kurze Zeit später ließ Speer durch Dr. Hupfauer meine Ansicht zu seinem Vorhaben erfragen, sich in dem Verfahren gegen Dr. Brandt auch öffentlich für Dr. Brandt einzusetzen. Ich ließ ihn hierauf wissen, es sei mein bestimmter Eindruck, jenes gegen Brandt eingeleitete Verfahren ziele gleichzeitig auf Speer selbst. Ich bat ihn, den Urheber jenes Verfahrens (Bormann) gerade in jener so überaus heiklen Situation nicht durch ein Auftreten in der Öffentlichkeit den erwünschten Anlaß zu geben, den möglicherweise gegen ihn selbst geplanten Schlag herbeizuführen.«
5 Hitlers Luftwaffenadjutant v. Below brachte diese Angelegenheit in Ordnung.
6 Diese Folgen hatte ich Hitler in meiner Denkschrift vom 15. März 1945 auseinandergesetzt. Siehe 29. Kapitel, Anmerkung 6.
7 Von 950 Berliner Brücken wurden 84 zerstört. Zweifellos trug zu diesem günstigen Ergebnis auch die Haltung Heinricis bei. Außerdem verpflichteten sich

ANMERKUNGEN ZUR SEITE 472

zwei meiner Berliner Mitarbeiter, Langer und Kumpf, auch während der Kampfhandlungen die Sprengung der Brücken nach Möglichkeit zu stören.
8 Der volle Wortlaut dieser am 16. April 1945 niedergeschriebenen Rede: »Noch niemals wurde ein Kulturvolk so schwer getroffen, noch niemals sind die Verwüstungen und Kriegsschäden so groß gewesen, wie in unserem Land und noch niemals hat ein Volk die Härten des Krieges mit einer größeren Ausdauer, Zähigkeit und Gläubigkeit getragen, als Ihr. Nun seid Ihr alle niedergeschlagen und auf das schwerste erschüttert. Eure Liebe verwandelt sich in Haß und Eure Ausdauer und Zähigkeit in Müdigkeit und Gleichgültigkeit.
Das darf nicht sein. Das deutsche Volk hat in diesem Kriege eine geschlossene Haltung gezeigt, die in einer späteren Zukunft die Bewunderung einer gerechten Geschichte hervorrufen wird. Wir dürfen gerade in diesem Augenblick nicht trauern und Vergangenem nachweinen. Nur durch verbissene Arbeit läßt sich unser Los weiter tragen. Wir können uns aber helfen, wenn wir real und nüchtern festlegen, was in diesem Augenblick notwendig ist.
Hier gibt es nur eine wichtige Aufgabe: Alles zu vermeiden, was dem deutschen Volk seine so sehr verkleinerte Lebensbasis vollends zu nehmen in der Lage ist. Die Erhaltung unserer Arbeitsstätten, der Verkehrsanlagen und aller übrigen, für die Versorgung des Volkes wichtigen Einrichtungen ist die erste Voraussetzung für die Erhaltung unserer Volkskraft. Daher muß in dieser Phase des Krieges alles vermieden werden, was weitere Schädigungen unserer Wirtschaft auslösen kann.
Als der für die Produktion aller Betriebe, für die Erhaltung der Straßen, Wasserstraßen, Kraftwerke und als der für die Wiederherstellung des Verkehrs verantwortliche Reichsminister befehle ich daher im Einvernehmen mit den obersten Kommandodienststellen der Wehrmachtteile:
1. Jede Zerstörung oder Lähmung einer Brücke, eines Betriebes gleich welcher Art, einer Wasserstraße oder von Bahn- und Nachrichtenanlagen ist ab sofort untersagt.
2. Alle Brücken sind zu entladen, alle übrigen Vorbereitungen zu sonstigen Zerstörungen und Lähmungen zu beseitigen. Bei bereits durchgeführten Lähmungen sind die herausgenommenen Einzelteile wieder in die Betriebe zu verbringen.
3. Maßnahmen zum Schutz der Werke, Bahn- und Nachrichtenanlagen sind sofort örtlich zu treffen.
4. Diese Anordnung gilt sowohl im deutschen Reichsgebiet wie auch im besetzten Norwegen, in Dänemark, in Böhmen und Mähren und in Italien.
5. Jeder, der sich dieser Anordnung widersetzt, schädigt bewußt und entscheidend das deutsche Volk und ist damit sein Feind. Die Soldaten der Wehrmacht und der Volkssturm sind hiermit angewiesen, gegen diese Volksfeinde mit allen Mitteln, notfalls mit der Schußwaffe, einzugreifen.
Mit dem Verzicht auf die Sprengung der hierzu vorbereiteten Brücken geben wir unseren Gegnern bei ihren operativen Maßnahmen einen Vorteil. Deswegen, aber noch mehr aus Gründen einer humanen Kriegsführung, fordern wir unsere Gegner auf, die Angriffe aus der Luft auf deutsche Städte und Dörfer einzustellen, selbst wenn sich darin kriegswichtige Anlagen befinden. Für eine ordnungsgemäße Übergabe der allseits umschlossenen Städte und Ortschaften ist

ANMERKUNGEN ZUR SEITE 472

unsererseits zu sorgen. Städte ohne wesentliche Verteidigungsmöglichkeiten sind zu offenen Städten zu erklären.

Um Ungerechtigkeiten und schwere Verfehlungen in dieser letzten Phase des Krieges zu vermeiden, wird hiermit im Interesse des deutschen Volkes angeordnet:

1. Die Kriegsgefangenen und ausländischen Arbeiter verbleiben an ihrem Arbeitsplatz. Soweit sie bereits wandern, sind sie in Richtung Heimat zu bewegen.
2. In den Konzentrationslagern sind die politischen Häftlinge und damit auch die Juden von den asozialen Elementen zu trennen. Erstere sind unversehrt im Lager den besetzenden Truppen zu übergeben.
3. Die Strafvollziehung an allen politischen Häftlingen einschließlich der Juden ist bis auf weiteres auszusetzen.
4. Der Dienst des Volkssturms im Einsatz gegen den Feind ist freiwillig. Im übrigen ist der Volkssturm verpflichtet, für Ruhe und Ordnung im Lande zu sorgen. Auch die Mitglieder der NSDAP haben bis zur Besetzung die Pflicht, an den Aufgaben des Volkssturms mitzuwirken, um damit zu zeigen, daß sie dem Volk bis zuletzt einen Dienst erweisen wollen.
5. Die Tätigkeit des Werwolf und ähnlicher Organisationen ist sofort einzustellen. Sie gibt dem Gegner berechtigten Anlaß zu Repressalien und sie schädigt außerdem die zur Erhaltung der Volkskraft notwendigen Voraussetzungen.

Ordnung und Pflichterfüllung ist eine wesentliche Voraussetzung zur Erhaltung des deutschen Volkes.

Die Verwüstungen, die dieser Krieg Deutschland brachte, sind nur mit denen des Dreißigjährigen Krieges vergleichbar. Die Verluste der Bevölkerung durch Hunger und durch Seuchen dürfen aber niemals das damalige Ausmaß annehmen. Es liegt ausschließlich in der Hand des Gegners, wieweit er dem deutschen Volk die Ehre und Möglichkeiten eines zwar besiegten, aber heldenhaft kämpfenden Gegners zukommen lassen will, um auch selbst einmal in die Geschichte als großzügig und anständig einzugehen.

Aber Ihr könnt jeder an seinem Platz trotzdem noch dazu beitragen, das Volk vor den schwersten Schäden zu bewahren. Ihr müßt dazu den Aufbauwillen, mit dem Ihr, deutsche Arbeiter und deutsche Betriebsführer und Ihr deutsche Reichsbahner immer wieder die Folgen der Fliegerangriffe zu beseitigen versucht habt, in verstärktem Maß in den nächsten Monaten aufbringen. Die verständliche Lethargie, die durch das lähmende Entsetzen und die maßlose Enttäuschung der letzten Monate über das Volk kam, muß verschwinden. Gott wird nur dem Volk helfen, das sich in dieser verzweifelten Lage nicht selbst aufgibt.

Für die nächste Zukunft gebe ich Euch auch für die bereits besetzten Gebiete folgende Richtlinie:

1. Das wichtigste ist die Beseitigung der Schäden an den Reichsbahnanlagen. Soweit es der Gegner nur irgend zuläßt oder befiehlt, ist daher unter Einsatz aller Mittel und auch mit primitivsten Behelfen dieser Wiederaufbau zu betreiben. Denn der Verkehr ermöglicht die Ernährung großer Gebiete, in denen sonst die Bevölkerung schweren Hungerkrisen ausgesetzt ist. Und nur durch ein notdürftig instandgesetztes Verkehrsnetz könnt Ihr einmal wieder

zu Euren Familien finden. Daher ist es im eigensten Interesse eines Jeden, die Wiederherstellung des Verkehrs mit allen Mitteln zu fördern.

2. Die Industrie und das Handwerk, die in diesem Krieg so unvergleichliches leisteten, sind verpflichtet, jeden Auftrag zur Wiederherstellung der Bahnanlagen auf das schnellste durchzuführen und den anderen vorliegenden Aufträgen vorzuziehen.

3. In sechs Kriegsjahren hat der deutsche Bauer Disziplin gehalten und seine Produkte nach den bestehenden Anordnungen vorbildlich abgegeben. Jeder deutsche Bauer muß in der kommenden Zeit seine Ablieferungen auf das höchstmögliche Maß bringen. Daß der deutsche Bauer seine Arbeiten zur diesjährigen Ernte mit äußerster Pflichterfüllung betreibt, ist selbstverständlich. Er weiß, welche Verantwortung er hier vor dem ganzen deutschen Volk trägt.

4. Ernährungsgut muß vor jedem anderen Gut gefahren werden. Die Ernährungsbetriebe sind mit Strom, Gas und Kohle oder Holz vor allen anderen Betrieben zu versorgen.

5. Die Behörden dürfen nicht auseinanderlaufen. Die Behördenchefs sind hierfür voll verantwortlich. Es macht sich jeder vor dem Volk strafbar, der seinen Arbeitsplatz ohne Genehmigung seines Vorgesetzten verläßt. Auch die Verwaltung ist notwendig, um das deutsche Volk vor dem Chaos zu bewahren. Wenn wir mit derselben Zähigkeit arbeiten, wie wir es in den letzten Jahren getan haben, ist das deutsche Volk ohne weitere große Verluste zu erhalten. Der Verkehr kann in zwei bis drei Monaten wieder in genügendem Umfang laufen. Die Ernährung kann nach unseren Berechnungen im Raum westlich der Oder bis zum nächsten Ernteanschluß, wenn auch unter bescheidensten Umständen, aufrechterhalten werden. Ob unsere Gegner das zulassen, ist noch nicht abzusehen. Ich bin aber verpflichtet, bis zum letzten Augenblick meine Arbeitskraft für die Erhaltung unseres Volkes einzusetzen.

Die militärischen Schläge, die Deutschland in den letzten Monaten erhalten hat, sind erschütternd. Es liegt nicht mehr in unserer Hand, wohin sich unser Schicksal wendet. Nur eine bessere Vorsehung kann unsere Zukunft ändern. Wir selbst können aber dazu beitragen, indem wir entschlossen und fleißig unserer Arbeit nachgehen, indem wir würdig und selbstbewußt dem Gegner begegnen, indem wir innerlich aber bescheidener werden und Selbstkritik üben und indem wir unerschüttert an die Zukunft unseres Volkes glauben, das immer und ewig bleiben wird.

Gott schütze Deutschland.«

9 Der Brief lautet: »16. April 1945. Lieber Herr Fischer, da die Nachrichtenverbindungen bald abreißen werden, muß ich u. U. für grundsätzliche Weisungen – Lähmungen statt Zerstörungen usw. – auf die Sender zurückgreifen. Sie sind persönlich dafür verantwortlich, daß die Stromlieferungen bis zum letzten Moment durchgeführt werden – einschließlich Werwolf-Sender = Königswusterhausen. Abschaltungen nur durch Sie persönlich, nachdem Sie sich vergewissert haben, daß Feindbesetzung durch Feindsendungen bewiesen. Herzlichst Ihr Speer.«

10 Anschließend fuhr ich zum Oberbefehlshaber der Heeresgruppe, Feldmarschall Busch, der damit einverstanden war, daß selbst bei Kampfhandlungen die

Hamburger Elbbrücken unzerstört übergeben würden. Er sagte mir gleichzeitig zu, das Torfkraftwerk Wiesmoor im Emsland (15 000 kW) nicht als militärischen Stützpunkt zu benutzen. Dieses Kraftwerk war für eine Notversorgung Hamburgs wichtig, da für die nächste Zukunft weder mit Kohletransporten noch mit Überlandversorgung zu rechnen war.

32. Kapitel · *Die Vernichtung*

1 Kaufmann hatte bereits damals mit den Engländern Fühlung aufnehmen lassen, um das von Hitler zur Festung erklärte Hamburg kampflos zu übergeben. Königswusterhausen stand am 22. April nicht mehr zur Verfügung.
2 Obergruppenführer Berger bestätigte mir in Nürnberg, daß Hitler am 22. April 1945 die Absicht gehabt hatte, Selbstmord zu begehen.
3 Es war bereits entschieden, daß bei einer militärischen Teilung Deutschlands ein Nordraum unter Dönitz entstehen sollte, während sich Hitler für den Südraum noch die Regierungsgewalt vorbehalten hatte.
Am 2. April 1945 hatte Bormann allerdings die Parteifunktionäre aufgefordert: »Ein Hundsfott, wer seinen vom Feind angegriffenen Gau ohne ausdrücklichen Befehl des Führers verläßt, wer nicht bis zum letzten Atemzug kämpft. Er wird als Fahnenflüchtiger geächtet und behandelt. Reißt hoch die Herzen und überwindet alle Schwächen. Jetzt gilt nur noch eine Parole: Siegen oder fallen.«
4 Krebs führte die Geschäfte des »erkrankten« Guderian. Hitler hatte zwar Keitel offiziell den Oberbefehl über die Wehrmacht abgegeben und sich selbst auf das Kommando über die in Berlin befindlichen Truppen beschränkt. Ich hatte jedoch nicht den Eindruck, daß er diese Tatsache anerkennen wollte. Auch als Befehlshaber über Berlin verließ Hitler nicht seinen Bunker, sondern befahl weiter von seinem Schreibtisch aus. – Wahrscheinlich handelte es sich am 23. April um eine sogenannte »kleine Lagebesprechung«, da weder der Berliner Stadtkommandant noch sonstige Truppenführer anwesend waren.
5 Der erste Funkspruch, vom 30. April 1945, aufgenommen 18.35 Uhr, lautete: »FRR Großadmiral Dönitz: Anstelle des bisherigen Reichsmarschalls Göring setzte der Führer Sie, Herr Großadmiral, als seinen Nachfolger ein. Schriftliche Vollmacht unterwegs. Ab sofort sollen Sie sämtliche Maßnahmen verfügen, die sich aus der gegenwärtigen Lage ergeben. Bormann.«
Der Funkspruch vom 1. Mai 1945, aufgenommen 15.18 Uhr, hatte folgenden Wortlaut:
»FRR Großadmiral Dönitz (Chefsache! Nur durch Offizier). Führer gestern 15.30 Uhr verschieden. Testament vom 29. 4. überträgt Ihnen das Amt des Reichspräsidenten, Reichsminister Goebbels das Amt des Reichskanzlers, Reichsleiter Bormann das Amt des Parteiministers, Reichsminister Seyss-Inquart das Amt des Reichsaußenministers. Das Testament wurde auf Anordnung des Führers an Sie, an Feldmarschall Schörner und zur Sicherstellung für die Öffentlichkeit aus Berlin herausgebracht. Reichsleiter Bormann versucht, noch heute zu Ihnen zu kommen, um Sie über die Lage aufzuklären. Form und Zeitpunkt der Bekanntgabe an Truppe und Öffentlichkeit bleibt Ihnen überlassen. Eingang bestätigen. Goebbels Bormann.«

6 Strenggenommen konnte sich Dönitz nicht auf eine verfassungsmäßig legale Nachfolge Hitlers berufen, die nach der Verfassung des deutschen Reiches wohl durch Wahlen hätte vorgenommen werden müssen. Seine Legitimität als Nachfolger Hitlers beruhte vielmehr auf dem Charisma seines Vorgängers, was er übrigens dadurch bestätigte, daß er sich in der Öffentlichkeit bei der Ausübung seines Amtes ausdrücklich auf Hitlers letzten Willen bezog. Illegitim war also diese erste Regierungshandlung von Dönitz nur insofern, als er damit den Willen Hitlers, den er nach Empfang des ersten Telegramms durch die Übernahme seiner Funktionen akzeptiert hatte, nun in einem wesentlichen Teil mißachtete. Übrigens war wohl Hitlers Forderung, für seinen Nachfolger zwangsweise die Kabinettsmitglieder zu benennen, eine der skurrilsten Eingebungen seiner staatsmännischen Tätigkeit. Dabei verfehlte er, wie auch in anderen Fällen der vergangenen Jahre, zu bestimmen, wer nun letzten Endes zu entscheiden hatte: Der Reichskanzler über seine Minister oder der Reichspräsident als oberste Instanz bei Streitigkeiten innerhalb des Kabinetts. Absetzen konnte Dönitz, dem Buchstaben nach, weder den Reichskanzler noch einen der Minister, selbst wenn sie sich als untauglich herausgestellt hätten; diese wichtigste Entscheidungsgewalt jedes Reichspräsidenten war ihm von vornherein genommen worden.

33. Kapitel · *Stationen der Gefangenschaft*

1 Der grönländische Kontinent war für damalige Begriffe so entlegen und einsam, daß selbst eine intensive Flugaufklärung kaum gefährlich werden konnte. Die Versorgungsflugzeuge dieser Wetterstationen konnten genügend Treibstoff tanken, um von Grönland bis nach England zurückzufliegen, wo wir uns im Spätherbst 1945 stellen wollten.
2 Es handelte sich um einen verkürzten Text der Rede, die ich am 21. April 1945 im Hamburger Funkhaus aufnehmen ließ. Der von Schwerin-Krosigk verlangte Zusatz hatte folgenden Wortlaut: »Nur aus diesem Grund (daß Verluste der Bevölkerung vermieden werden) sieht sich der Großadmiral genötigt, die Waffen nicht niederzulegen. Es ist der einzige Sinn des Kampfes, der jetzt noch geführt wird, deutsche Menschen, die vor den Sowjetarmeen auf der Flucht oder von ihnen bedroht sind, nicht sterben zu lassen. Diese letzte Pflicht in dem Heldenkampf Deutschlands muß unser Volk, das alle Leiden dieses Krieges so tapfer getragen hat, noch auf sich nehmen.«
3 Die Berliner Zeitung druckte am 8. Mai 1945 einen Bericht aus Schukow's Hauptquartier ab: »Nach der Unterzeichnung wurden Keitel und seine Begleiter in der ihnen zur Verfügung gestellten Villa mit Kaviar, Wodka und Champagner bewirtet. Das Mahl unterschied sich in keiner Weise von dem Festessen der Alliierten.«
4 Vgl. Brief an Dönitz vom 7. Mai 1945. Am 5. Mai hatte ich Dönitz bereits über seinen »Chef des Zivilkabinetts« Wegener mitgeteilt: »Sowie die Frage der Übergabe der jetzt noch besetzten Gebiete (des Gegners) und der noch unbesetzten deutschen Restgebiete vollzogen ist, trete ich von der Führung der Geschäfte der beiden Reichsministerien zurück und scheide damit aus der jetzt zu bildenden Reichsregierung aus.« Dönitz bat mich, zu bleiben. Am 15. Mai forderte ich

Schwerin-Krosigk nochmals auf: »Bei der Übergabe der Liste der Persönlichkeiten der Regierung sind folgende Vermerke notwendig:
1. Herr Speer hält es für notwendig, als geschäftsführender Reichswirtschafts- und Produktionsminister durch einen geeigneten Nachfolger ersetzt zu werden, um danach zur Verfügung der Alliierten zu stehen. Vorübergehend und zur Überleitung können seine Erfahrungen beim Wiederaufbau der Produktion und der Bauwirtschaft ausgenutzt werden . . .«
5 Den deutschen Truppen am Regierungssitz Dönitz war auch nach dem Waffenstillstand das Tragen leichter Waffen gestattet. – Ich stellte bei dieser Begegnung, laut Sitzungsprotokoll vom 19. Mai 1945, fest, daß ich, »um keine falsche Auslegung meiner Handlungsweise aufkommen zu lassen, es nicht notwendig habe, Gutpunkte zu sammeln. Die politische Seite wird von anderer Seite untersucht werden.«

34. Kapitel · *Nürnberg*

1 In jede der schweren eichenen Zellentüren war eine etwa 25/25 cm große Öffnung gesägt worden, um die Gefangenen besser beobachten zu können.
2 Vgl. Brief an meine Frau vom 27. Oktober 1945.
Zu diesem Thema schrieb ich am 15. Dezember 1945 an meine Frau weiter: »Es ist eben meine Pflicht, hier zu stehen. Bei dem Gesamtschicksal des deutschen Volkes darf man nicht zu sehr auf sein eigenes sehen.« – (März 1946): »Ich kann hier keine billige Verteidigung durchführen. Ich glaube, das wirst Du verstehen, denn sonst müßten letzten Endes Du und die Kinder Euch schämen, wenn ich vergessen würde, daß auch viele Millionen Deutsche für ein falsches Ideal fielen.« – (25. April an meine Eltern): »Gebt Euch nicht der Illusion hin, daß ich zu sehr um meinen eigenen Fall kämpfe. Hier muß man Verantwortung tragen und nicht um ›Gutes Wetter‹ bitten.«
3 Brief vom 15. Dezember 1945 (an meine Frau): »Hätte ich meine Aufgabe nicht gehabt, dann wäre ich Soldat gewesen und was wäre dann? Fünf Jahre Krieg sind lang, und ich hätte mit großer Wahrscheinlichkeit mehr Strapazen und vielleicht ein schweres Schicksal gehabt. Ich füge mich gerne in meine Lage, wenn ich dadurch dem deutschen Volk noch einen Dienst erweisen kann.« – Vom 7. August 1946: »Man soll in solchen Lagen seinem eigenen Leben nicht nachlaufen. Jeder Soldat im Kriege trägt ein Risiko, ohne seinem Schicksal entgegenarbeiten zu können.«
4 Vor Gericht legte ich während meiner Vernehmung meine Mitverantwortlichkeit für das Zwangsarbeiterprogramm fest: »Ich war Sauckel für jede Arbeitskraft dankbar, die er mir vermittelte. Ich habe ihn oft genug dafür verantwortlich gemacht, wenn durch zuwenig Arbeitskräfte die Rüstung nicht die möglichen Leistungen erzielt hatte.« – »Selbstverständlich wußte ich, daß ausländische Arbeiter an Rüstungsgegenständen arbeiteten. Ich war damit einverstanden.« – »Ich habe klar genug ausgeführt, daß ich die Arbeitspolitik Sauckels aus den besetzten Gebieten nach Deutschland (Zwangsarbeiter zu bringen) für richtig gefunden habe.« – »Die Arbeitskräfte wurden zum großen Teil gegen ihren Willen nach Deutschland gebracht, und ich hatte nichts dagegen einzuwenden,

ANMERKUNGEN ZU SEITEN 518 BIS 521

daß sie gegen ihren Willen nach Deutschland kamen. Ich habe im Gegenteil in der ersten Zeit, bis zum Herbst 1942, meine ganze Energie eingesetzt, daß möglist viele Arbeitskräfte nach Deutschland kamen.«

5 Diese Zitate entstammen dem Verhör durch Flächsner und dem Kreuzverhör durch Jackson.
6 Brief vom Juni 1946 (an meine Frau): »Mir ist das wichtigste, daß ich die Wahrheit über das Ende sagen konnte. Das mußte das deutsche Volk wissen.« – Von Mitte August 1946: »Durch die Wahrheit über den ganzen Wahnsinn helfe ich dem eigenen Volk am besten. Ich will und werde dadurch keine Vorteile haben.«
7 Meiner Frau schrieb ich über die Reaktion der Mitangeklagten (August 1946): »Die meisten Angeklagten machten mir das Leben schwer, soweit sie es konnten, nachdem sie meine Tätigkeit in der letzten Phase des Krieges gehört hatten. Ich konnte mir so ungefähr denken, wie sie gehandelt hätten, wenn sie sie vor Kriegsende erfahren hätten. Von der Familie wäre da nicht viel übrig geblieben.«
8 Dem Gericht antwortete ich nach der Pause: »Ich schildere Einzelheiten nur sehr ungern, weil derartige Dinge etwas Unsympathisches an sich haben. Ich tue es nur, weil das Gericht es wünscht. ... Ich habe nicht die Absicht, diese Phase für meinen Fall geltend zu machen.«
9 Aus dem Kreuzverhör von Jackson.

35. Kapitel · *Folgerungen*

1 Auch von den Verteidigern wurde die Echtheit der vorgelegten Dokumente im allgemeinen ebensowenig angezweifelt, wie von den Angeklagten. Wo es geschah, zog die Anklage ihr Dokument zurück, bis auf eine Ausnahme: Das Hossbach-Protokoll der Sitzung mit Hitler, in der er seine Kriegsziele bekanntgab. Hosbach bestätigte unterdes in seinen Erinnerungen dessen Echtheit.
2 Diese Bereitschaft der Techniker beschränkte sich natürlich nicht nur auf unser Land. Ein Jahr später schrieb Henry L. Stimson (Außenminister der Vereinigten Staaten von Amerika von 1929 bis 1933, Kriegsminister von 1911 bis 1913 und von 1940 bis 1945) in »Foreign Affairs« in einem Artikel: ›Der Nürnberger Prozeß: Markstein im Rechtsleben‹: »Wir dürfen nie vergessen, daß durch die neuzeitlichen Fortschritte sowohl der Lebensbedingungen wie der Wissenschaft und der Technik jeder Krieg außerordentlich brutalisiert wird. Selbst wer in einen Verteidigungskrieg verwickelt wird, muß weitgehend diesen Prozeß der Brutalisierung mitmachen. Es ist unmöglich geworden, in einem modernen Krieg die Zerstörungsmethoden und die unvermeidliche Entwürdigung aller am Kampf Beteiligten noch einzudämmen ... Die beiden letzten Weltkriege bewiesen eindeutig, daß die Unmenschlichkeit der Waffen und Methoden unaufhaltsam ist; sie werden sowohl vom Angreifer wie vom Verteidiger verwandt. Um der japanischen Aggression zu begegnen, waren wir, wie Admiral Nimitz bezeugt hat, gezwungen, eine Technik des unbeschränkten U-Boot-Krieges anzuwenden, nicht unähnlich der deutschen U-Boot-Kriegsführung, die uns fünfundzwanzig Jahre zuvor veranlaßte, in den ersten Weltkrieg einzutreten. Die Führung des strategischen Luftkrieges tötete Hunderttausende von Zivilisten in Deutschland

und Japan ... Wir haben genauso gut wie unsere Gegner zu dem Beweis beigetragen, daß das Zentralproblem nicht der Krieg an sich und nicht die Art seiner Durchführung ist. Aller Wahrscheinlichkeit nach würde ein weiterer Krieg mit der Zerstörung unserer Zivilisation enden.«

3 Nahezu zwei Jahrzehnte später sagte Kennedy in der Pressekonferenz vom 20. August 1963: »Wir haben jetzt die Möglichkeit, in einer Stunde 300 Millionen Menschen zu töten.« (Aus »Kennedy and the Press« 1965.)

4 Über das Schlußwort und meine Aussichten in dem Prozeß schrieb ich an meine Angehörigen Mitte August 1946: »Ich muß auf alles gefaßt sein. Es ist noch gar nicht gesagt, wer mehr zu bedauern ist nach dem Urteil.« – »Flächsner ist Pessimist geworden. Ich tröste ihn mit philosophischen Gesprächen. Für meine Person darf ich nicht ein persönliches Schicksal in den Vordergrund stellen. Mein Schlußwort geht daher auf meinen Fall überhaupt nicht ein.«
Anfang September 1946: »Gestern war das Schlußwort. Ich habe nun noch einmal versucht, meine Pflicht zu tun. Aber ich bezweifle, daß es anerkannt wird. Ich muß einen geraden Weg gehen, auch wenn man ihn heute vielleicht nicht versteht.«

5 Allerdings hatten diese Hoffnungen getrogen. Wie Eugene Davidson in »The Trial of the Germans« (New York 1966) ausführt, wurde bereits am 17. Februar 1946 durch Kontrollratgesetz Nr. 3 von General Clay die Zwangsarbeit für die amerikanische Zone Deutschlands eingeführt. In meinem Nürnberger Tagebuch schrieb ich am 28. März 1947: »Die Deportation von Arbeitskräften ist ohne Zweifel ein internationales Vergehen. Ich lehne das Urteil nicht ab, weil andere Nationen jetzt das gleiche tun. Ich bin davon überzeugt, daß hinter den Kulissen in den Besprechungen über die deutschen Kriegsgefangenen Hinweise auf die Gesetze über Zwangsarbeit, ihre Auslegung und ihre Strafverfolgung durch den Nürnberger Prozeß zur Sprache kommen. Könnte die Diskussion über diese Frage in unserer Presse so offen und kritisch sein, wenn nicht in aller Öffentlichkeit monatelang die Zwangsarbeit als Verbrechen festgelegt worden wäre? ... Die Überzeugung von einer ›ungerechten‹ Strafe, weil die ›Anderen‹ jetzt die gleichen Fehler begehen, müßte mich unglücklicher machen als die Gefangenschaft selbst. Denn die Chancen auf eine kulturell hochstehende Welt wären dahin. Trotz aller Fehler war der Nürnberger Prozeß ein Fortschritt zu einer Re-Zivilisation. Und wenn durch meine zwanzig Jahre Haft alle deutschen Kriegsgefangenen nur einen Monat früher nach Hause kämen, wäre sie schon gerechtfertigt.«

6 Natürlich wurde nun sichtbar, daß Sieger über Besiegte zu Gericht saßen, am deutlichsten durch einen Passus der Urteilsbegründung des Falles Dönitz: »Diese Befehle (einer warnungslosen Versenkung von Schiffen) beweisen, daß Dönitz der Verletzung des Protokolls (von London) schuldig ist ... In Anbetracht der Beantwortung des Fragebogens durch Admiral Nimitz, daß im Pazifischen Ozean von den Vereinigten Staaten vom ersten Tage des Eintritts dieser Nation in den Krieg der uneingeschränkte U-Boot-Krieg durchgeführt worden ist, ist die Dönitz zuteilwerdende Strafe nicht auf seine Verstöße gegen die internationalen Bestimmungen für den U-Boot-Krieg gestützt.«
In diesem Falle hatte eine technische Entwicklung (Einsatz von Flugzeugen, bessere Ortungsverfahren) die rechtliche Lage überspielt, ausgeschaltet, terro-

risiert. Ein Beispiel dafür, daß die Technik heute in der Lage ist, zuungunsten der Humanität neue Rechtsbegriffe zu schaffen, die den legalisierten Tod von zahllosen Menschen zur Folge haben kann.

7 Hitler wiederholte seine Ankündigung am 30. Januar 1942: Dieser Krieg wird nicht so ausgehen, »wie es sich die Juden vorstellen, nämlich daß die europäisch-arischen Völker ausgerottet werden, sondern das Ergebnis dieses Krieges (wird) die Vernichtung des Judentums sein«.

Register

Abel, Adolf, Architekt 63
Alexander d. Gr., König von Makedonien 378
Alfieri, Dino, italienischer Diplomat und Propagandaminister 162, 536
Aman Ullah Chan, König von Afghanistan 30
Amann, Max, nationalsozialistischer Parteifunktionär und Verleger 48, 100
Anderson, F. L., amerikanischer General 501
Ardenne, Manfred von, Kernphysiker 241
Arent, Benno von, Reichsbühnenbildner 124
Aristoteles, griechischer Philosoph 195
Attolico, Bernardo, italienischer Botschafter in Berlin 178
Axmann, Arthur, Reichsjugendführer 469

Baarova, Lida, tschechoslowakische Filmschauspielerin 161, 266
Bach, Johann Sebastian, Komponist 332
Backe, Herbert, Reichsernährungsminister 500
Badoglio, Pietro, italienischer Marschall und Ministerpräsident 320
Baumbach, Werner, Kampfflieger 469, 496–498
Bauer, Hans, Flugkapitän von Hitler 143
Beck, Ludwig, Generaloberst 574
Beethoven, Ludwig van, Komponist 25, 467
Begas, Reinhold, Bildhauer 129
Behrens, Peter, Architekt 34, 55, 159
Below, Nikolaus von, General, Adjutant der Luftwaffe bei Hitler 177, 274, 288, 353, 429–431, 443, 539, 569, 588
Berger, Gottlob, SS-Obergruppenführer 383, 469, 479, 592
Bergmann, Gustav von, Mediziner 119
Bergner, Elisabeth, Schauspielerin 28
Bernadotte, Folke Graf, Präsident des Schwedischen Roten Kreuzes 489
Bestelmeyer, German, Architekt 159
Bevin, Ernest, britischer Gewerkschaftsführer und Außenminister 547, 548
Bichelonne, Jean, französischer Minister 322–324, 562, 566
Bismarck, Fürst Otto von, Reichskanzler 67, 129, 132, 143, 164, 171, 270, 467, 481, 537
Blomberg, Werner von, Generalfeldmarschall und Reichskriegsminister 61, 83, 121, 151, 257
Bode, Wilhelm von, Generaldirektor der Berliner Museen 160
Bodenschatz, Karl Heinrich, General der Flieger 275
Bohr, Erwin, Personalchef bei Speer 339, 543, 563
Bonatz, Paul, Architekt 63, 93 f., 159
Bordone, Paris, italienischer Maler 104
Bormann, Martin, Leiter der Parteikanzlei, Sekretär des Führers 53, 60, 69, 80, 98–107, 109, 111 f., 134, 136 f., 140, 143, 145, 161, 164, 166, 176, 182, 189–192, 209, 218, 227, 230 f., 233, 265 f., 268, 271–278, 280 f., 284 f., 287–291, 306, 320, 324–327, 330, 333 f., 339–341, 343, 347, 349, 353 f., 355 f., 369, 371, 391, 399, 402, 405, 406 f., 412 f., 425 f.,

433 f., 438, 445, 453, 455, 457, 462, 466–468, 470, 475, 478, 482, 485–487, 490 f., 534, 546 f., 551, 555, 562, 567 f., 570, 574 f., 577, 582, 588, 592
Borries, Siegfried, Musiker 331 f.
Bose, Herbert von, Oberregierungsrat, Mitarbeiter Papens 66
Bothe, Walter, Physiker 242
Bouhler, Philipp, Reichsleiter, Chef der Kanzlei des Führers der NSDAP 121, 166
Boullée, Etienne L., französischer Architekt 169, 174, 536
Brandt, Karl, Begleitarzt Hitlers 78, 118 f., 161, 164, 194, 208, 288, 381, 421, 468 f., 470, 479, 504, 566 f., 588
Brauchitsch, Walther von, Generaloberst, Oberbefehlshaber des Heeres 121, 470
Braun, Eva, Lebensgefährtin und Ehefrau Hitlers 59 f., 102–107, 113–115, 117, 144, 161, 190, 269, 310, 315, 353, 468 f., 479, 483, 487, 534
Braun, Wernher von, Raketenkonstrukteur 375–378, 381, 571
Breker, Arno, Bildhauer 104, 128 f., 151, 160 f., 185–187, 193, 324, 335
Brix, Joseph, Professor für Stadt- und Straßenbau 30
Bruckmann, Verlegerfamilie 54 f.
Bruckner, Anton, Komponist 113, 145, 466
Brückner, Wilhelm, SS-Obergruppenführer, Adjutant Hitlers 48, 56, 64, 78, 80, 83, 96, 125, 187
Brugmann, Walter, Mitarbeiter von Speer 349, 567
Bülow, Fürst Bernhard von, Reichskanzler 132
Bürkel, Joseph, Gauleiter 325, 577
Buhle, Walter, General, Chef der Heeresrüstung 248, 427, 462
Busch, Ernst, Generalfeldmarschall 591

Cassirer, Ernst, Philosoph 62, 532
Chaplin, Charlie, Schauspieler 49

Churchill, Sir Winston Leonhard Spencer, britischer Staatsmann und Premierminister 130, 180, 189 f., 229, 312, 319, 579
Clay, Lucius DuBignon, amerikanischer General 596
Cocteau, Jean, französischer Dichter und Filmregisseur 174, 505
Cortot, Alfred, französischer Pianist 505
Coudenhove – Kalergi, Richard Nikolaus, Graf von, Schriftsteller und Politiker 24

Dagover, Lil, Schauspielerin 49
Darius I., König von Persien 81
Degrelle, Leon, wallonischer nationalsozialistischer Führer 136
Derain, André, französischer Maler 199
Despiau, Charles, französischer Bildhauer 174, 199, 505
Dietrich, Otto, Reichspressechef 48, 53, 60, 78, 105, 164, 311, 391
Dietrich, Sepp, SS-Obergruppenführer, Kommandeur der SS-Leibstandarte 48, 205 f., 281, 343, 364, 373, 425
Dönitz, Karl, Großadmiral, letzter Chef der Reichsregierung 284–288, 347, 420, 434, 478, 482 f., 490 f., 495 f., 498 f., 502 f., 563, 588, 592–594, 596
Dornberger, Walter, Leiter der Versuchsanstalt in Peenemünde 375–377
Dorpmüller, Julius, Reichsverkehrsminister 236 f., 500, 505
Dorsch, Xaver, Mitarbeiter Todts und Speers 214, 245, 282, 330, 339–341, 347 f., 351–354, 398, 554, 565–567, 570

Ebert, Friedrich, Reichspräsident 77
Eckart, Dietrich, Schriftsteller 114
Eduard VIII., König von Großbritannien 86
Eicken, Karl von, Arzt 118
Eisenhower, Dwight David, General und Präsident der Vereinigten Staaten von Amerika 489, 500, 506

Elisabeth Petrowna, Kaiserin von Rußland 581
Engel, Gerhard, Major, Adjutant des Heeres bei Hitler 177, 288, 391, 408
Esser, Hermann, nationalsozialistischer Parteifunktionär, Staatssekretär im Verkehrsministerium 48, 105, 114, 308, 534

Faulhaber, Kardinal Michael von, Erzbischof von München–Freising 115
Fellgiebel, Erich, General der Nachrichtentruppe 389, 392, 399 f.
Fellner, Ferdinand, Architekt 54
Feuerbach, Anselm, Maler 104
Finck, Werner, Kabarettist 154
Fischer, Richard, Industrieller, Beauftragter für die Energieversorgung 472, 557, 591
Fischer von Erlach, Johann Bernhard, Baumeister 549
Flächsner, Hans, Rechtsanwalt 278, 595 f.
Flettner, Anton, Ingenieur und Flugzeugkonstrukteur 506, 581
Förster-Nietzsche, Elisabeth, Schwester Friedrich Nietzsches 77 f.
Fränk, Gerhard, Mitarbeiter von Speer 339, 349, 351, 505, 533, 567
François-Poncet, André, französischer Diplomat und Politiker 95
Frank, Hans, Generalgouverneur von Polen 75
Frank, Karl Hermann, SS-Obergruppenführer 462, 489
Frank, Robert, Generaldirektor der Preußischen Elektrizitätswerke 160 f., 342
Frick, Wilhelm, Reichsinnenminister 73, 138, 269, 325
Friedrich II., Deutscher König und Römischer Kaiser 162
Friedrich II., d. Gr., König von Preußen 92, 155, 457, 467, 535
Friedrich III., König von Preußen und Deutscher Kaiser 118
Friedrich Wilhelm d. Gr. Kurfürst von Brandenburg 90
Friedrich Wilhelm I., König von Preußen 155
Fries, Ernst, Maler 56
Fritsch, Werner Freiherr von, Generaloberst, Oberbefehlshaber des Heeres 121
Fritzsche, Hans, Leiter der Rundfunkabteilung im Propagandaministerium 418, 513, 552
Fromm, Friedrich, Generaloberst, Oberbefehlshaber des Ersatzheeres 182, 215 f., 220, 229, 239 f., 248–250, 255, 258, 283, 288, 347, 376, 379, 388, 390, 392, 394, 396 f., 450 f., 573 f.
Funk, Walther, Reichswirtschaftsminister 67, 90, 138 f., 195, 212, 216 f., 267, 269, 276, 287 f., 325, 340, 343, 347, 367, 391, 452, 510, 532, 542, 574
Furtwängler, Wilhelm, Dirigent 25, 73, 466, 535

Galland, Adolf, General der Jagdflieger 302 f., 362, 415–417, 469, 570 f.
Ganzenmüller, Theodor, Staatssekretär, Spezialist für Transportfragen 237, 239
Garniers, Charles, französischer Architekt 54, 186
Gaulle, Charles de, französischer General und Staatspräsident 185
Gebhardt, Karl, SS-Gruppenführer, oberster Kliniker beim Reichsarzt der SS 339, 342 f., 345, 347, 351, 489, 499, 565–567
Geilenberg, Edmund, Leiter der Munitionsherstellung 361
Georg VI., König von Großbritannien 122
George, Heinrich, Schauspieler 269
George, Stefan, Dichter 25, 388
Gercke, Rudolf, General der Infanterie, Heerestransportchef 207
Giessler, Hermann, Architekt 158, 185 f., 209, 310

Gilbert, G. M., Gefängnispsychologe in Nürnberg 512
Goebbels, Joseph, Reichspropagandaminister und Gauleiter von Berlin 33, 38 f., 40–42, 44, 48 f., 58, 62, 67, 69, 73, 87, 90, 101, 104 f., 109, 120, 123, 126, 134, 136, 138–141, 143 f., 160–162, 164 f., 172, 176 f., 182, 189 f., 227, 233, 241, 249, 251, 266–276, 280 f., 289, 304 f., 308, 311 f., 319, 330, 339 f., 355, 367, 390–399, 402, 405–407, 418, 421, 426 f., 433–436, 438, 455, 465–467, 469, 473, 475, 484 f., 487 f., 490, 498, 532, 535, 538, 542, 546–548, 553, 561, 571, 574 f., 592
Goebbels, Magda, Ehefrau von Joseph Goebbels 161, 164 f., 484, 487
Goerdeler, Karl Friedrich, Oberbürgermeister von Leipzig, einer der Hauptträger des Widerstandes 574 f.
Göring, Hermann, Reichsmarschall, Oberbefehlshaber der Luftwaffe 48–51, 58, 64 f., 71, 76, 98, 101, 105 f., 109 f., 119, 123, 133, 139 f., 148, 150–153, 159, 170, 174, 176 f., 180, 183, 189 f., 192 f., 197 f., 201, 210–212, 214–217, 220–223, 231, 233–235, 238 f., 250, 254, 258 f., 262–264, 270–279, 283, 287–289, 292, 295 f., 300, 302–305, 308, 328, 330, 334, 341, 344–350, 352–360, 362, 366, 373, 434, 437, 456 f., 483, 485 f., 489, 491, 501, 503, 506, 509, 512, 535, 547, 549, 552 f., 563, 567 f., 592
Goethe, Johann Wolfgang von, Dichter 44, 107
Grawitz, Ernst-Robert, Reichsarzt der SS 534
Gropius, Walter, Architekt 34, 55, 159
Grützner, Eduard, Maler 56, 104, 194
Guderian, Heinz, Generaloberst, Generalstabschef des Heeres 248, 283 f., 288, 347, 373, 392, 396, 423, 428–430, 432, 434, 442, 450, 456, 575, 592
Gürtner, Franz, Reichsjustizminister 65

Haasemann, Konrad, Oberregierungsrat, persönlicher Referent von Todt 213 f., 340, 565
Hacha, Emil, Staatspräsident der Tschechoslowakei 130
Hadamowski, Eugen, Reichssendeleiter 139 f.
Hahn, Otto, Kernphysiker 239
Haile Selassie I., Negus Negesti von Äthiopien 85
Halder, Franz, Generaloberst, Generalstabschef des Heeres 252
Hanfstaengl, Eberhard, Direktor der Nationalgalerie in Berlin 40
Hanfstaengl, Ernst Franz »Putzi«, Auslandspressechef 141
Hanke, Karl, Sekretär von Goebbels, Gauleiter 35, 37–41, 60, 136, 140, 154, 160 f., 164 f., 170, 184, 233, 344, 385, 430
Hansen, Theophil, Architekt 54
Harris, Sir Arthur Travers, britischer Luftmarschall 558
Haupt, Albrecht, Kunsthistoriker und Architekt 28
Haushofer, Karl, Professor für Geopolitik 190
Haussmann, Georges Eugène Baron, französischer Stadt- und Straßenbaumeister 89 f.
Heinemann, Danny, belgischer Industrieller 565
Heinkel, Ernst, Flugzeugkonstrukteur 372, 505
Heinrich I., Deutscher König 10
Heinrici, Gotthardt, Generaloberst 181, 441, 471–473, 478, 575, 588
Heisenberg, Werner, Kernphysiker 239–242
Helldorff, Wolf Heinrich, Graf, Polizeipräsident in Berlin 123
Helmer, Hermann, Architekt 54
Henderson, Nevile, britischer Botschafter in Deutschland 70, 72, 157, 533, 536, 539
Henne, Willi, Mitarbeiter von Todt und Speer 349

Herrera, Juan de, spanischer Baumeister 199, 215
Hess, Rudolf, Stellvertreter des Führers der NSDAP 41, 53, 58, 69, 74 f., 93, 101, 105, 114, 133 f., 152, 189–191, 265, 289, 511
Hettlage, Karl M., Professor für Verwaltungs- und Finanzrecht, Berater von Speer 155, 470
Hewel, Walther, Diplomat, ständiger Beauftragter des Reichsaußenministers beim Führer 111, 195, 309, 311
Heydrich, Reinhard, SS-Obergruppenführer, Chef des Reichssicherheitshauptamtes 383
Himmler, Heinrich, Reichsführer der SS 48, 58, 66, 101, 108, 134, 136, 140, 156, 158 f., 167, 189, 231, 254, 277, 279, 284, 289, 325–327, 333 f., 339–341, 343, 346 f., 352–356, 378 f., 381–385, 390, 393 f., 399, 407, 420, 427, 435, 441, 456, 469 f., 472, 477 f., 480, 482 f., 489–491, 497 f., 502, 561, 564, 566–568, 574, 581
Hindemith, Paul, Komponist 466
Hindenburg, Paul von Beneckendorf und von H., Generalfeldmarschall und Reichspräsident 30, 38, 62, 64, 66 f., 77, 85, 532
Hölderlin, Friedrich, Dichter 388
Hoffmann, Ludwig, Architekt, Stadtbaurat in Berlin 22
Hofmann, Heinrich, Photograph 48, 53, 56 f., 63, 79, 97, 100, 118, 143, 194, 199, 241, 499
Horthy von Nagybánya, Nikolaus, Admiral, Reichsverweser in Ungarn 345, 509
Hossbach, Friedrich, General der Infanterie, Adjutant der Wehrmacht bei Hitler 74, 595
Hugenberg, Alfred, Führer der deutschnationalen Volkspartei 40
Hupfauer, Theodor, politischer Vertreter von Speer, Reichsamtsleiter im Zentralamt der Deutschen Arbeitsfront 435, 462, 470, 588

Ibsen, Henrik, norwegischer Dichter 25
Ihne, Ernst von, Architekt 55

Jackson, Robert H., Hauptanklagevertreter für die Vereinigten Staaten von Amerika in Nürnberg 595
Jaenecke, Erwin, Generaloberst 283
Jannings, Emil, Schauspieler 49, 104
Jeans, Sir James, englischer Astrophysiker 38
Jeschonnek, Hans, Generaloberst 294, 303
Jodl, Alfred, Generaloberst, Chef des Wehrmachtsführungsstabes 188, 253–256, 258 f., 315 f., 320, 373, 387 f., 409, 413–415, 434, 442, 462, 479, 481–483, 496, 498, 503, 517, 519, 554, 573, 578
Jüttner, Hans, SS-Obergruppenführer 383, 581
Jugo, Jenny, Schauspielerin 49

Kaiser, Georg, Dramatiker 25
Kaltenbrunner, Ernst, SS-Obergruppenführer, Chef des Reichssicherheitshauptamtes 227, 397, 401, 404, 431, 435, 574
Kammler, Hans, SS-Gruppenführer 383, 456, 544, 573
Karl d. Gr., König der Franken und Römischer Kaiser 100, 108, 181
Kaspar, Hermann, Maler 160 f.
Kaufmann, Karl, Gauleiter von Hamburg 296, 355, 462, 470, 473, 478 f., 490 f., 495, 562, 592
Kaulbach, Wilhelm von, Maler 132
Keaton, Buster, Schauspieler 49
Keitel, Wilhelm, Generalfeldmarschall, Chef des Oberkommandos der Wehrmacht 121, 177, 188, 198, 231, 249–251, 253 f., 256–258, 263–265, 269, 276 f., 281, 284, 308 f., 316, 320, 333 f., 357 f., 388 f., 399, 405, 421, 426, 434, 442, 444 f., 462, 464, 475, 479, 483, 489–491, 496, 498, 510, 554, 564, 569 f., 576, 580, 582, 588, 592 f.

Kempff, Wilhelm, Pianist 160
Kennedy, John Fitzgerald, Präsident der Vereinigten Staaten von Amerika 596
Kerrl, Hanns, Reichskirchenminister 80
Kesselring, Albert, Generalfeldmarschall 258, 444, 446 f., 454, 463 f., 583
Kleiber, Erich, Dirigent 25
Klopfer, Gerhard, Staatssekretär bei Bormann 340, 555, 588
Kluge, Hans Günther von, Generalfeldmarschall 284, 403 f.
Knirr, Heinrich, Maler 532
Kobell, Franz Ritter von, Maler 56
Koch, Erich, Gauleiter 251, 498, 554
Koch, Friedrich, Mediziner 342, 345, 352, 566 f.
Körner, Paul »Billy«, Staatssekretär bei Göring 216, 235, 270, 549
Kollwitz, Käthe, Malerin und Graphikerin 429
Korten, Günther, Generalstabschef der Luftwaffe 295
Krauch, Carl, Industrieller, Leiter der chemischen Industrie 357, 568, 572
Krebs, Hans, General 462 f., 483 f., 592
Kreis, Wilhelm, Architekt 150, 159–161
Krencker, Daniel, Professor für Architekturgeschichte 27

Lammers, Hans-Heinrich, Reichsminister, Chef der Reichskanzlei 47 f., 90, 192, 265, 269, 271, 273, 277, 284, 287 f., 333, 354, 564
Lange, Hans, Berliner Auktionator 194
Laval, Pierre, französischer Ministerpräsident 323 f.
Leander, Zarah, Schauspielerin 49
Le Corbusier, Charles, Architekt 250
Leeb, Emil, General, Chef des Heereswaffenamtes 215, 300
Ledoux, Claude-Nicolas, französischer Architekt 169
Leibl, Wilhelm, Maler 57
Lenard, Philipp, Physiker 242
Lenbach, Franz von, Maler 52

Lenin (Uljanow), Wladimir Iljitsch, sowjetrussischer Revolutionär und erster Vorsitzender des Rates der Volkskommissare 170, 470
Leopold III., König der Belgier 565
Ley, Robert, Leiter der Deutschen Arbeitsfront 70, 101, 136 f., 156, 158, 190, 227, 230–232, 267, 270, 276, 304, 308, 347, 381, 421, 433 f., 438, 467 f., 470 f., 475, 542, 573 f.
Liebel, Willy, Oberbürgermeister von Nürnberg, Mitarbeiter Speers 79 f., 347, 411, 543, 567
Lindemann, Fritz, General 389
Lippert, Julius, Oberbürgermeister von Berlin 87
Ludwig II., König von Bayern 155
Lüschen, Friedrich, Leiter der Elektroindustrie 436 f., 468, 473, 479 f., 482, 487
Luther, Martin, Reformator 79

Mächler, Martin, Architekt 533
Mafalda, Prinzessin von Hessen, Tochter König Victor Emanuels III. von Italien 320
Mahler, Gustav, Komponist und Dirigent 25
Maillol, Aristide, Bildhauer 160
Makart, Hans, österr. Maler 57
Manstein, Fritz Erich von, Generalfeldmarschall 282, 284, 563
March, Werner, Architekt 94
Maria von Medici, Gemahlin König Heinrichs IV. von Frankreich 284
Max, Prinz von Baden, Reichskanzler 488
May, Ernst, Architekt 250
Meissner, Otto, Staatsminister 77, 166, 377
Meister, Rudolf, Generalleutnant 295
Mendelsohn, Erich, Architekt 34
Merker, Otto, Ingenieur, Mitarbeiter Speers 286, 555
Messerschmidt, Willy, Flugzeugkonstrukteur 433

Metschnikow, Elias, russischer Bakteriologe 118, 534
Michelangelo Buonarroti, italienischer Bildhauer, Maler und Baumeister 104
Mies van der Rohe, Ludwig, Architekt 34, 159
Milch, Erhard, Generalfeldmarschall 198, 215 f., 218–220, 223, 229, 235, 238, 258, 262, 264, 270, 272, 277 f., 288 f., 292, 295, 302 f., 335, 343 f., 347, 351, 357, 366, 372, 376, 429, 465, 542, 552, 557, 567, 570
Mille, Cecil B. de, Filmregisseur 28, 174
Model, Walter, Generalfeldmarschall 373, 424 f., 442, 447 f., 450 f., 453 f., 462, 581, 584
Molotow, (Skrjabin), Wjatscheslaw Michailowitsch, sowj. Staatsmann 194
Montgomery, Bernard Law, Viscount of Alamein, britischer Feldmarschall 498
Morell, Theodor, Leibarzt Hitlers 118–120, 311, 313, 367, 566
Morgenthau jr., Henry, amerikanischer Politiker 440
Mosley, Sir Oswald, englischer Faschistenführer 136
Müller, Ludwig, nationalsozialistischer Reichsbischof 109
Munch, Edvard, norwegischer Maler 41
Mussert, Anton Adrian, niederländischer nationalsozialistischer Politiker 136
Mussolini, Benito, Gründer und Führer des italienischen Faschismus, Diktator 68, 85, 123 f., 157, 178 f., 193, 321, 397, 536, 561

Nagel, Will, nationalsozialistischer Parteifunktionär, Mitarbeiter Speers 36 f., 182
Napoleon I. Bonaparte, Kaiser der Franzosen 90, 149, 175, 187, 378
Naumann, Friedrich, Theologe und Politiker 24

Naumann, Werner, Staatssekretär 285, 427, 436, 465 f.
Negus, siehe Haile Selassie I.
Nero, Lucius Domitius, römischer Kaiser 81, 171
Neumann, Erich, Ministerialdirektor bei Göring 220, 339
Neurath, Konstantin Freiherr von, Reichsaußenminister und Reichsprotektor in Böhmen und Mähren 96, 121 f., 162
Niemöller, Martin, Theologe der Bekennenden Kirche 111, 500, 506
Nietzsche, Friedrich, Philosoph 77 f.
Nimitz, Chester W., amerikanischer Admiral 595 f.
Nolde, Emil, Maler 40 f.
Nüll, Eduard van der, Architekt 54

Örtel, Curt, Filmregisseur 104
Ohlendorf, Otto, SS-Obergruppenführer, Chef des Sicherheitsdienstes der SS 340, 462, 499
Ohnesorge, Wilhelm, Reichspostminister 100, 241
Olbrich, Joseph M., Architekt 55
Olbricht, Friedrich, General der Infanterie, stellvertretender Befehlshaber des Ersatzheeres 220, 389, 392, 394, 397, 573
Oshima, Hiroshi, japanischer Diplomat, Botschafter in Berlin 428
Owens, Jesse, amerikan. Sportler 86

Pallenberg, Max, Schauspieler 28
Pannini, Giovanni Paolo, italienischer Maler 104
Papen, Franz von, Diplomat und Reichskanzler 66
Pappenheim, Reichsgraf Friedrich Ferdinand zu, Reichserbmarschall 19
Patton, George Smith, amerikanischer General 501
Paul, Bruno, Architekt und Illustrator 55

Perret, Auguste, französischer Architekt 95
Pétain, Henri Philippe, Marschall von Frankreich und Staatschef 259
Pfundtner, Hans, Staatssekretär im Reichsinnenministerium 94
Phidias, griechischer Bildhauer 82 f.
Philipp II., König von Spanien 199
Philipp, Prinz von Hessen 320
Piscator, Erwin, Regisseur 28
Pleiger, Paul, Industrieller, Reichsbeauftragter für Kohle 357, 383, 556, 568
Poelaert, Joseph, belgischer Architekt 54
Poelzig, Hans, Architekt 27, 31, 34
Pohl, Oswald, SS-Obergruppenführer, Wirtschaftsfachmann der SS 383, 573
Pompadour, Jeanne Marquise de, Mätresse Ludwigs XV. 107
Porsche, Ferdinand, Kraftwagenkonstrukteur 248, 281, 507
Popitz, Johannes, Preußischer Finanzminister 390
Porten, Henny, Schauspielerin 49
Poser, Manfred von, Oberstleutnant, Verbindungsmann zwischen Speer und dem Generalstab 426, 430, 432, 446, 456, 466, 471 f., 478, 482, 488
Posse, Hans, Direktor der Dresdner Gemäldegalerie 194
Praun, Albert, General, Chef des Heeresnachrichtenwesens 456, 462, 464
Puccini, Giacomo, italienischer Komponist 25
Puttkamer, Karl-Jesko von, Admiral, Adjutant der Marine bei Hitler 177

Raeder, Erich, Großadmiral 121, 196, 284 f.
Rathenau, Walther, Reichsaußenminister 223, 225, 542
Reinhardt, Max, Theaterleiter und Regisseur 28
Rembrandt, Harmensz van Rijn, holländischer Maler 56
Remer, Otto Ernst, Major 394–396, 574

Ribbentrop, Joachim von, Reichsaußenminister 101, 111, 121 f., 176, 178, 183, 189 f., 195, 270, 273, 311, 430, 485–487, 551
Riefenstahl, Leni, Regisseurin 74 f., 507
Rimsky-Korsakow, Nikolai, Andrejewitsch, russischer Komponist 25
Röchling, Hermann, Industrieller 328, 410, 447
Röhm, Ernst, Stabschef der SA 48, 64 f., 101, 114, 405
Rohland, Walter, Industrieller, Leiter des Ruhrstabes 328, 350 f., 368, 452, 454, 463, 556
Rolland, Romain, französischer Schriftsteller 25
Rommel, Erwin, Generalfeldmarschall 363 f., 366
Roosevelt, Franklin Delamo, Präsident der Vereinigten Staaten von Amerika 467
Rosenberg, Alfred, Theoretiker des Nationalsozialismus, Reichsminister 75, 101, 109 f., 139, 159, 167, 197, 242, 498, 540 f.
Rottmann, Karl, Maler 56
Rubens, Peter Paul, flämischer Maler 50
Rühmann, Heinz, Schauspieler 49, 148
Ruff, Ludwig, Architekt 82
Rundstedt, Gerd von, Generalfeldmarschall 365

Sauckel, Fritz, Gauleiter, Generalbevollmächtigter für Arbeitseinsatz 137, 227, 230, 233–235, 269, 276 f., 291, 322 f., 333 f., 340, 344, 420, 455 f., 510, 548 f., 553, 562, 564, 576
Sauerbruch, Ferdinand, Mediziner 342
Saur, Karl, nationalsozialistischer Parteifunktionär, Mitarbeiter von Todt und Speer 245, 330, 351, 361, 364, 378, 383, 389, 398–401, 403, 416 f., 422, 427, 432 f., 440, 451, 456, 488, 505, 543, 550 f., 563, 581, 588
Schacht, Hjalmar, Reichswirtschaftsmi-

nister und Reichsbankpräsident 111, 213, 400, 505–507, 512
Scharoun, Hans, Architekt 34
Schaub, Julius, SS-Gruppenführer, Adjutant bei Hitler 48, 67, 123, 199, 210 f., 298, 311, 344, 398, 416, 443, 457, 467, 481 f.
Schieber, Walter, Chemiker, Mitarbeiter von Speer 347, 543, 567
Schinkel, Karl Friedrich, Baumeister 39, 132, 390, 430
Schirach, Baldur von, Reichsführer der Hitler-Jugend, und Gauleiter 273 f., 289, 575
Schleicher, Kurt von, General und Reichskanzler 65
Schmundt, Rudolf, General, Adjutant der Wehrmachtsführung bei Hitler 131, 177, 250, 258, 288 f., 308 f., 314, 388, 570
Schörner, Ferdinand, Generalfeldmarschall 429, 592
Schukow, Grigorij Konstantinowitsch, sowjetischer Marschall 593
Schulenburg, Friedrich Werner Graf von der, Diplomat, deutscher Botschafter in Moskau 183
Schultze-Naumburg, Paul, Architekt 77 f.
Schuschnigg, Kurt, von, österreichischer Bundeskanzler 111, 123 f.
Schwarz, Franz Xaver, Reichsschatzmeister der NSDAP 48, 105, 540
Schwerin-Krosigk, Johann Ludwig Graf von, Reichsfinanzminister 155, 435, 491, 500, 566, 593 f.
Semper, Gottfried, Architekt 54
Severing, Karl, preußischer und Reichsinnenminister 67
Seyss-Inquart, Arthur, Reichskommissar 462, 490, 498, 512 f., 592
Shaw, George Bernhard, englischer Dichter 28
Siedler, Eduard Jobst, Architekt 47, 538
Skorzeny, Otto, SS-Sturmbannführer 397
Smend Günther, Oberstleutnant, Adjutant bei Zeitzler 400

Speidel, Hans, General 186 f., 571
Spengler, Oswald, Geschichtsphilosoph 28, 33, 200
Sperrle, Hugo, Generalfeldmarschall 284, 541
Spitzweg, Carl, Maler 57, 104
Stahl, Dieter, Industrieller, Leiter des Sonderausschusses Leuchtspurmunition 437 f.
Stalin (Dschughaschwilij), Josef Wissarionowitsch, sowjetischer Staatsmann 170, 176, 183, 250, 319, 399
Stauffenberg, Claus Schenk Graf von, Oberst, Attentäter des 20. Juli 1944 388–390, 392, 394, 397, 574
Steinle, Eduard von, Maler 104
Stieff, Helmut, General 389, 392, 573
Stimson, Henry, Lewis, amerikanischer Politiker 595
Stinnes Hugo, Industrieller 575
Strasser, Gregor, Reichsorganisationsleiter der NSDAP 74
Streicher, Julius, Gauleiter 48, 72, 75, 114
Stuck, Franz von, Maler und Bildhauer 52
Stuckardt, Wilhelm, Staatssekretär im Innenministerium 270, 499
Suhrkamp, Peter, Verleger und Publizist 575
Syrup, Friedrich, Reichskommissar für Arbeitsbeschaffung 548

Taut, Max, Architekt 34
Tessenow, Heinrich, Architekt, Lehrer von Speer 27 f., 30–32, 34, 36, 38, 40, 45, 51, 53, 75, 159, 531
Thierack, Otto Georg, Reichsjustizminister 270, 450 f., 573 f., 584
Thoma, Hans, Maler 57
Thoma, Ludwig, Schriftsteller 56
Thomas, Georg, General, Chef des Wehrwirtschafts- und Rüstungsamtes 197 f., 216, 220, 315 f., 570
Thorak, Josef, Bildhauer 160 f.
Thyssen, Fritz, Industrieller 506

Tix, Arthur, Industrieller, Leiter des Hauptausschusses Stahl 405
Tizian Vecellio, italienischer Maler 104
Todt, Fritz, Reichsminister für Bewaffnung und Munition 90, 94, 96 f., 122, 159, 195, 198, 200, 207 f., 210–214, 223, 245, 282, 330, 339, 341, 352, 356 f., 572
Troost, Ludwig, Architekt 42 f., 52–56, 62 f., 75, 94, 103, 131–133, 150, 174, 213, 346
Truman, Harry S., Präsident der Vereinigten Staaten von Amerika 467
Tschechowa, Olga, Schauspielerin 49
Tuchatschewski, Michail, sowjetischer Marschall 399

Udet, Ernst, Generaloberst, Chef der technischen Luftwaffe 189, 303, 496
Uiberreither, Siegfried, Gauleiter 586 f.

Verdi Guiseppe, italienischer Komponist 25
Vlaminck, Maurice de, französischer Maler und Graphiker 199, 505
Vögler, Albert, Generaldirektor, Chef der Vereinigten Stahlwerke 215 f., 227, 239, 423, 575

Wackerle, Josef, Bildhauer 52, 132
Wagner, Adolf, Gauleiter 48, 53
Wagner, Eduard, Generalquartiermeister 389, 392, 567, 573
Wagner, Richard, Komponist 25, 104 f., 142, 263
Wagner, Robert, Gauleiter 454
Wagner, Winifred, Schwiegertochter von Richard Wagner 79, 145, 164 f.
Wallot, Paul, Architekt 166
Warlimont, Walter, General, Stellvertreter von Keitel 258
Weber, Christian, nationalsozialistischer Parteifunktionär 114, 534
Wegener, Paul, Gauleiter 499
Weidemann, Hans, nationalsozialistischer Parteifunktionär 41
Westermann, Gerhard von, Intendant der Berliner Philharmoniker 466
Widukind, Sachsenführer 108
Wiedemann, Fritz, Hauptmann, persönlicher Adjutant Hitlers 135
Wilhelm II. König von Preußen und Deutscher Kaiser 55, 80, 185
Wilson, Thomas Woodrow, Präsident der Vereinigten Staaten von Amerika 433
Witzell, Karl, Generaladmiral, Rüstungschef der Marine 215 f., 219, 239, 376
Witzleben, Erwin von, Generalfeldmarschall 404
Wolf, Johanna, Chefsekretärin von Hitler 59, 349, 469, 475

Xerxes I., König von Persien 81

Zangen, Wilhelm, Leiter des Reichsverbandes der Deutschen Industrie 215
Zeitzler, Kurt, General, Generalstabschef des Heeres 253 f., 262 f., 282 f., 288 f., 318, 328 f., 347, 392, 400 f., 566, 575

Wegen seiner häufigen Nennung im Text wurde Adolf Hitler nicht in das Register aufgenommen.

Bildnachweis

Bilderdienst Süddeutscher Verlag (2); blick + bild Verlag S. Kappe KG (3); Bundesarchiv Koblenz (1); Daily Express (1); Photo Associated Press (3); Photo Harren (1); Speer-Archiv (35); Spiegel-Archiv (11); Ullstein Bilderdienst (2); Zeitgeschichtliches Bildarchiv Heinrich Hoffmann (19).